Quellen zur Geschichte der Justizverwaltung (1917-1934)

Rechtshistorische Reihe

Band 500

Zur Qualitätssicherung und Peer Review der vorliegenden Publikation

Die Qualität der in dieser Reihe erscheinenden Arbeiten wird vor der Publikation durch einen der Herausgeber der Reihe geprüft.

Notes on the quality assurance and peer review of this publication

Prior to publication, the quality of the work published in this series is reviewed by one of the editors of the series.

Werner Schubert

Quellen zur Geschichte der Justizverwaltung (1917-1934)

Beratungen der bayerischen und preußischen Justizministerien mit den Präsidenten der Oberlandesgerichte und den Generalstaatsanwälten sowie die Tagungen der Landesjustizminister (1933/34)

PETER LANG

Bibliografische Information der Deutschen Nationalbibliothek
Die Deutsche Nationalbibliothek verzeichnet diese Publikation in der Deutschen Nationalbibliografie; detaillierte bibliografische Daten sind im Internet über http://dnb.d-nb.de abrufbar.

Umschlagabbildung:
Justitia. Allegorie der Gerechtigkeit. Druck aus dem 17. Jahrhundert.

ISSN 0344-290X
ISBN 978-3-631-89322-7 (Print)
E-ISBN 978-3-631-89329-6 (E-PDF)
E-ISBN 978-3-631-89330-2 (EPUB)
DOI 10.3726/b20375

Peter Lang – Berlin · Bern · Bruxelles · New York ·
Oxford · Warszawa · Wien

Diese Publikation wurde begutachtet.

www.peterlang.com

Inhaltsverzeichnis

Einleitung

Die Justiz- und Gerichtsverwaltung, die den Justizministerien sowie den Gerichtspräsidenten und den Ober-/Generalstaatsanwälten zusteht, ist bisher für das 20. Jahrhundert nur selten Gegenstand besonderer rechtsgeschichtlicher Darstellungen gewesen (vgl. für die Zeit bis zum 19. Jahrhundert *Adolf Stölzel*, Brandenburg-Preußens Rechtsverwaltung und Rechtsverfassung, Berlin 1888; für die NS-Zeit *Lothar Gruchmann*, Justiz im Dritten Reich (1933–1940). Anpassung und Unterwerfung in der Ära Gürtner, 3. Auf., Berlin 2001). Probleme der Justizverwaltung werden nicht selten in Festschriften zu den Jubiläen von Gerichten und Staatsanwaltschaften behandelt (vgl. insbes. die Jubiläumswerke zum Reichsgericht und zum BGH). Einen Teilbereich der Justizverwaltung bildet die Juristenausbildung, über die insbes. die Darstellung von *Ina Ebert:* Die Normierung der juristischen Staatsexamina und des juristischen Vorbereitungsdienstes in Preußen (1849–1934), Berlin 1995, vorliegt.

Eine wichtige Quelle für die Justizverwaltungsgeschichte bilden die Protokolle/Niederschriften der Beratungen der Justizministerien Bayerns und Preußens mit den Präsidenten der Oberlandesgerichte und den Generalstaatsanwälten (in Bayern zunächst den OLG-OStA). Hier kam ein Großteil der Probleme zur Sprache, der insbesondere aus der Sicht der Ministerialbürokratie für die Handhabung der Justiz von Bedeutung war. Ob derartige Besprechungen in der Kaiserzeit insbesondere nach dem Inkrafttreten der Reichsjustizgesetze ab Ende der 70er Jahre des 19. Jahrhunderts stattgefunden haben, konnte nicht ermittelt werden. Nicht berücksichtigt wurden evtl. Besprechungen der Justizminister der Länder, die nur über ein OLG und eine GStA verfügten. Aufzeichnungen über solche Gespräche konnten bisher so gut wie nicht aufgefunden werden.

Im dritten Teil der Edition werden die Niederschriften von vier Tagungen der Landesjustizminister von 1933/1934 wiedergegeben, die sich mit Fragen der Justizverwaltung beschäftigten (u.a. mit der Stellung der jüdischen Rechtsanwälte sowie mit der Verreichlichung der Justiz). Seit 1935 fanden regelmäßig Arbeitstagungen unter *Franz Gürtner, Franz Schlegelberger* und *Otto Georg Thierack* statt. Die Protokolle und sonstige Arbeitsmaterialien sind enthalten in der vom Verf. herausgegebenen Edition: „Das Reichsjustizministerium und die höheren Justizbehörden in der NS-Zeit (1935–1944)“, Frankfurt/Main 2015.

1. Die Besprechungen des *bayr. Staatsministeriums der Justiz* beginnen mit dem 16.12.1919, wohl veranlasst durch Pläne des Reichsjustizministeriums, einige Fragen der Justizverwaltung zentral zu regeln (u.a. Altersgrenzen, Besoldung, Titelwesen, Regelung der Ausbildung, Zulassung von Frauen zu den juristischen Staatsprüfungen [letzteres von Bayern abgelehnt]). Für den 09./10.02.1917 war bereits eine Besprechung mit den OLG-Präs. und den OStA geplant. Im bayr. Staatsarchiv findet sich eine Akte mit der Überschrift: „Material zur Besprechung mit den Oberlandesgerichtspräsidenten und Oberstaatsanwälten am 9. und 10.02.1917“, deren Inhalt in

der vorliegenden Edition im Wesentlichen wiedergegeben wird. In den Materialien werden die Probleme behandelt, die sich der bayr. Justiz mitten im 1. Weltkrieg stellten und welche Reformen insbesondere der Justizverfassung hilfreich wären. Insgesamt enthält die Edition Niederschriften über die Besprechungen, abgesehen von 1919, in den Jahren 1921, 1925, 1926, 1928–1932. Für 1922 und 1923 konnten keine Protokolle aufgefunden werden; für 1924 und 1927 liegen Einladungen bzw. Themenübersichten vor. Ob in diesen beiden Jahren die angekündigten Tagungen stattgefunden haben, konnte nicht ermittelt werden. Die Protokolle enthalten im Gegensatz zu den Niederschriften der Treffen der preuß. Justizminister Anwesenheitslisten, bei denen allerdings die Ministerialbeamten nicht aufgeführt sind.

Behandelt wurden in den Tagungen u.a. folgende Themen: Richterstellvertretungsgesetz von 1917, Richterbesoldungsgesetz/Besoldung der Staatsanwälte, dienstl. Beurteilung von Richtern und Justizbeamten, bedingte Begnadigung, Verhältnis zur Presse, Pressedelikte, Geschäftsbelastung der OLG und der Staatsanwaltschaften, Gerichtshilfe, Aufwertungssachen, Einzelrichtertum, Simultanzulassung von Anwälten, Altersgrenze, lange Dauer der Straf- und Zivilprozesse, Beleidigung von Justizbehörden (Ehrenschutz), Schnellverfahren, Notariat, Grundbuchwesen, gerichtliche Pressestellen, Juristenausbildung, Amtsanwälte, Strafbefehlsverfahren, Geldstrafe statt kurze Freiheitsstrafe, Bildberichterstattung aus dem Gerichtssaal, lange Dauer der Voruntersuchungen, Spar- und Entlastungsmaßnahmen (1931), Strafverfolgung von Übertretungen, Bettelwesen, Rote Hilfe (Strafvollstreckung).

Für die frühe NS-Zeit sind lediglich zwei Niederschriften von Besprechungen des bayr. Justizministers Hans Frank mit den OLG-Präs. und GStA überliefert. In der Dezembersitzung 1934 ging es u.a. um das Verhältnis zwischen den Parteistellen und den Justizbehörden, um die Juristenausbildung, die Laufbahnen des mittleren und unteren Justizdienstes, die Simultanzulassung von Rechtsanwälten sowie die Probleme des Strafrechts, des Strafprozesses (beschränkte Auskunft aus dem Strafregister) sowie des Strafvollzugs (u.a. Luftschutz in den Strafanstalten und Gerichtsgefängnissen). Ab 1935 nahmen die bayr. OLG-Präs. und GStA an den Tagungen der Gerichtsspitzen zwischen 1935 und 1945 teil.

2. In *Preußen* fanden bis 1930 Tagungen der Justizminister jeweils nur mit den OLG-Präs. oder den GStA statt. Erst an der Besprechung vom 12.12.1931 nahmen die OLG-Präs. und GStA gemeinsam teil. Überliefert sind die Niederschriften über die Besprechungen mit den OLG-Präs. in den Jahren 1922, 1923, 1924, 1926–1929, mit den GStA in den Jahren 1924, 1929 und 1930; eine für 1925 vorgesehene Besprechung ist ausgefallen. Ob bereits vor 1922 Justizministerialbesprechungen stattgefunden haben, ist anhand der Überlieferungen der in Betracht kommenden Staatsarchive nicht zu ermitteln. Folgende wichtige Themen wurden in den Beratungen von 1922–1931 behandelt: Simultanzulassung, Gerichtsassessoren (numerus clausus), soziale Gerichtshilfe für Erwachsene, Armenrechtsverfahren (Missstände), prozessuale Neuregelungen 1924, Amtsanwaltschaften, Einschränkung des Verfolgungszwanges, Gnadensachen (bedingte Strafaussetzung), Presseberichterstattung über gerichtliche Verhandlungen, Pressestellen, republikanische

Beschwerdestellen, Strafanträge wegen Beleidigung von Justizangehören, Nachwuchs bei den Gerichten und StA, Jurastudium/erste Staatsprüfung und Referendariat, Einstellung nach § 153 StPO, Entwicklung des Zeichnungsrechts bei der StA, Angriffe auf Richter und StA, kurze Freiheitsstrafen, Schnellschöffengerichte, Beschleunigung von Strafsachen, Anwendung der §§ 153, 154 StPO sowie Sparmaßnahmen. – Besprechungen des preuß. JMin. Kerrl mit den OLG-Präs. und GStA fanden am 27.07.1933 sowie am 09.01. und 25.06.1934 statt. Amtliche Niederschriften konnten nicht aufgefunden werden; wiedergegeben wird ein Aktenvermerk des Hammers GStA über diese Sitzungen.

Die Protokolle der Beratungen der preuß. JMin. sind insgesamt ausführlicher als die bayr. Niederschriften und geben insbesondere die Stellungnahmen der einzelnen OLG-Präs. und GStA wieder.

3. In der Weimarer Zeit dürften regelmäßige institutionalisierte *Besprechungen der LJMin.* (GStA PK Rep. 84 a, 874–878) nicht stattgefunden haben. Diese waren an der Vorbereitung der Justizgesetze in Vorbesprechungen mit dem RJMin. sowie im Justizausschuss des Reichsrats beteiligt. Hier war immer die Gelegenheit gegeben, Absprachen über die Justizverwaltung zu treffen. Abgesehen hiervon fanden 1926 bis 1929 Besprechungen zwischen den Justizministerien der Länder über die persönlichen und dienstlichen Verhältnisse der Justizbeamten des Büro-, Kanzlei- und Wachtmeisterdienstes statt. Bereits am 24./25.05.1929 hatte die dritte Besprechung in München zwischen den Justizverwaltungen aller Länder, Österreichs, Danzigs und des Saargebiets stattgefunden, nachdem auf der Besprechung von 1928 eine „Kleine Kommission“ mit dem Auftrag eingesetzt worden war, Vorschläge zu einer sog. Kleinen Justizreform vorzulegen. Gegenstand der Besprechungen von 1929 waren die Stellung und Tätigkeit des Rechtspflegers (hierzu das Referat des OLG-Rats Zehrfeld aus Sachsen) sowie die Einrichtung des Grundbuchs und dessen Bereinigung (hierzu das Referat von Staatsrat Dr. Appel aus Bremen). Eine weitere und letzte Sitzung der Justizverwaltungen fand am 28.09.1929 in Dresden statt.

In der frühen NS-Zeit kam es zur Verreichlichung der Justiz nachweisbar zumindest zu fünf Besprechungen der Justizminister der Länder (zu diesen Besprechungen *Gruchmann,* S. 86 ff., 91 ff., 142 ff., 831 ff., 835 ff.) statt. Zu der Sitzung am 07.04.1933 hatte der StS des RJM, Schlegelberger, eingeladen, zu der nach einer kurzen Unterbrechung der Beratungen zum Schluss auch der RJMin. Gürtner hinzustieß. Der preuß. und der bayr. Justizminister hatten Anfang April 1933 den jüdischen Rechtsanwälten das Betreten der Gerichtsgebäude verboten. Die Niederschrift über die Sitzung vom 07.04.1933 zeigt anschaulich, mit welchen Argumenten die Länderchefs der Justizverwaltungen die von ihnen gegen die jüdischen Rechtsanwälte getroffenen brutalen Maßnahmen gebilligt und fortgeführt wissen wollten. Der von ihnen vorgelegte Gesetzentwurf sollte den Länderregierungen volle Freiheit geben, die Zulassung zur Rechtsanwaltschaft zu widerrufen und über Zulassungsgesuche „auch bei Vorliegen der gesetzlich festgelegten Voraussetzungen nach freiem Ermessen“ zu entscheiden. Allerdings hatte Hitler bereits entschieden, dass für Rechtsanwälte eine ähnliche Regelung wie im Gesetz über die Wiederherstellung des Berufsbeamtentums vom 07.04.1933 getroffen werden sollte. Dies bedeutete, dass das Berufsverbot für Rechtsanwälte nicht gelten sollte, „die bereits seit dem 1. August 1914 zugelassen sind oder im Weltkriege an der Front für das Deutsche Reich oder für seine Verbündeten gekämpft haben oder deren Väter und Söhne im Weltkriege gefallen sind". Gürtner teilte im zweiten Teil der Besprechung mit, er habe den Eindruck gehabt, der Reichskanzler wünsche die Berücksichtigung von „Frontkämpfern und von Vätern Gefallener". Das unter dem 07.04.1933 ausgefertigte Gesetz über die Zulassung zur Rechtsanwaltschaft wurde am 10.04.1933 im RGBl. I (S. 188) veröffentlicht. Damit hatten die Länder ihr Ziel nach Legalisierung und Ausweitung der von ihnen bereits getroffenen Maßnahmen nicht erreicht.

Die nächste Konferenz der Landesjustizminister fand in München am 22.04.1933 unter dem Vorsitz von Frank als Reichsjustizkommissar ohne Teilnahme des RJM statt. Preußen sah nach Freisler (zu dieser Zeit MinDir. im preuß. JM) eine „ungeheure Gefahr", wenn das RJM Ausführungsbestimmungen erlasse: Auf diesem Gebiete müsse „das pflichtgemäße Ermessen der Länderminister möglichst frei und ohne Kontrolle walten können". Insbesondere sollte der Begriff des „Frontkämpfers" restriktiv ausgelegt werden. In den Fällen, in denen dem Einzelminister die Entscheidung zweifelhaft erscheine, sollte die Sache dem von den Justizministern gebildeten Ausschuss vorgelegt werden. Die Minister wünschten, dass ein aus den Justizministern Preußens, Bayerns und Sachsens bestehender Ausschuss an der am 25.04.1933 stattfindenden Konferenz des Reichsinnenministers, der Ministerpräsidenten der Länder und deren Justizminister teilnehmen sollten. An dieser Besprechung, die sich mit dem Berufsbeamtengesetz beschäftigte, waren die drei LJMin. jedoch nicht anwesend. In der Konferenz hatte der Reichskanzler „ausdrücklich darauf hingewiesen, dass es zwei Dinge gebe, an denen bei der Handhabung des Gesetzes nicht vorbeigegangen werden dürfe, 1. die Person des Herrn Reichspräsidenten, 2. das Ausland" (*Hans Mommsen,* Beamtentum im Dritten Reich, mit ausgewählten zur nationalsozialistischen Beamtenpolitik. Stuttgart 1966, S. 200 ff.): Nach einer Aufzeichnung des Hamburger Staatsrats Dr. Schultz über diese Besprechung heißt es: „Reichspräsident und Reichskanzler wünschten übereinstimmend, dass namentlich hinsichtlich der Entziehung von Pensionen schonend und mit einer gewissen Großzügigkeit vorgegangen werde. Eine kleinliche Handhabung würde nur Brutstätten des Hasses und der Verbitterung schaffen ... Deutschland könne nicht einfach sagen, wir machen, was wir wollen. Die Isolierung Deutschlands sei einzigartig. An der Verschärfung werde außerordentlich gearbeitet von den Juden. Wir müssen daher die Juden scharf treffen, aber wir dürfen nicht Gelegenheit geben, uns dort, wo es falsch aufgefasst werden könnte, als Barbaren zu verschreien. Ein Jude, der wissenschaftlich wirklich Bedeutendes für die Menschheit geleistet habe, dürfe nicht entfernt werden, das würde die Welt nicht verstehen. Der Reichspräsident wird sich nochmals damit beschäftigen, ob nicht derartige wissenschaftliche Kapazitäten den Frontkämpfern gleichzustellen sind."

Die nächste von Frank als Reichsjustizkommissar einberufene Konferenz der LJMin. fand am 06.05.1933 in Stuttgart statt, zu der auch *Gürtner* eingeladen war.

Gürtner sprach zunächst über die Errichtung des Reichsjustizkommissariats und über die zu erwartende StGB-Novelle, die am 26.05.1933 erging (RGBl. I 1933, 295). Zum Abschluss berichtete Gürtner von einer Unterredung mit Hitler, der von der Gefahr gesprochen habe, „jeden Tag von irgendjemand, der davon Kenntnis hat, beim StA oder einer anderen Stelle denunziert zu werden". Dies habe eine „ungeheure Unruhe in die gesamte Wirtschaft gebracht. Man sollte versuchen, irgendwie die Vergangenheit abzuschließen". *Kerrl* stellte zum Rechtsanwaltsgesetz fest, dieses entspreche „nicht unserem Willen und auch nicht dem unseres Führers", mit dem er sehr häufig darüber gesprochen habe. Er werde „das Gesetz so durchführen, wie ich aufgrund der reichsgesetzlichen Bestimmung dazu verpflichtet bin. Ich bin auch nicht mehr in der Lage, das vielleicht peu à peu zu tun, sondern ich bin nach meinem Dafürhalten verpflichtet, es mit einem Schlag zu tun. Wir müssen dann abwarten, was kommen wird." *Gürtner* stellte in seiner Entgegnung fest, „den Weg, der an sich der nächstliegende wäre, eine Änderung der Bestimmungen des Berufsbeamtengesetzes und des Anwaltsgesetzes vorzunehmen, glaube ich, können wir in diesem Augenblick nicht gehen, und zwar nicht aus irgendwelchen Gründen der Sympathie für die Betroffenen, sondern aus Gründen, die ganz abseits vom Inhalt der Gesetze liegen". Diskutiert wurde auf der Tagung u.a. über eine Dislozierung insbesondere der Berliner Anwälte, wozu Gürtner weitere Überlegungen zusagte. Ein Punkt, so stellte Gürtner fest, sei „dabei, über den nicht diskutiert werden kann, der betrifft die Frontkämpfer. Ich glaube, von allen Richtungen ist dies untragbar. Ich meine, da ist kein Wunsch geltend gemacht worden. Ich habe bestimmte Anhaltspunkte zu glauben, dass sich das der Diskussion entziehen würde". Ferner wurde beraten über die Freizügigkeit der Rechtsanwälte und Referendare, das Notariatswesen, die Möglichkeit einer Einflussnahme der Justizverwaltungen auf die Besetzung der juristischen Lehrstühle und am Rande über das Mischehenproblem und die eugenische Sterilisation.

Am 22.07.1933 erging eine VO des RJMin. zur Durchführung der Gesetze über die Zulassung zur Rechtsanwaltschaft und zur Patentanwaltschaft (RGBl. I 1933, 528). Nach § 1 Abs. 2 der VO sollte, wenn bei einem Rechtsanwalt die Frontkämpfereigenschaft verneint worden war, der Betroffene bei dem Reichsminister der Justiz eine Entscheidung über die Frage nachsuchen. Die Entscheidung sollte vom Reichsminister der Justiz im Benehmen mit dem Reichswehrminister getroffen werden; sie war endgültig und bindend.

Auf der Konferenz der Landesjustizminister vom 02./03.08.1933 (wohl in Berlin; Vorsitzer StS Schlegelberger), deren Protokoll nicht mehr auffindbar ist (auch nicht ein Bericht des GStA von Hamburg; vgl. *Gruchmann*, S. 832), ging es um den Entwurf zu den am 13.10.1933 ergangenen Gesetz zur Gewährleistung des Rechtsfriedens (RGBl. I 1933, 723), das auf einem preußischen Entwurf beruhte. „Auf Drängen der Justizverwaltungen", so Gruchmann, „wurden in den Kreis der zu schützenden Personen auch Richter, Schöffen und Geschworene sowie Sachverständige und Zeugen in politischen Prozessen aufgenommen, die oftmals nachträglicher Rache seitens der Anhängerschaft der Verurteilten ausgesetzt waren". Von Seiten der Justiz stand dahinter die Absicht, die Justizbeamten und Prozessbeteiligten bei Verfahren wegen Ausschreitungen von Nationalsozialisten auch vor Drohungen und Übergriffen durch NS-Verbände zu schützen – ein Bestreben zu beenden. Nach einer Pressemitteilung im „Völkischen Beobachter“ vom 04.08.1933 sollte „auf Grund der in der „Beratung gegebenen vielfachen Anregungen die Fassung in gemeinsamer Arbeit der zuständigen Ministerien des Reichs und Preußens einer Nachprüfung unterzogen werden.“

Nach § 1 des Gesetzes vom 13.10.1933 sollte mit dem Tode bestraft werden, oder, soweit nicht bisher eine schwerere Strafe angedroht war, „mit lebenslangem Zuchthaus oder mit Zuchthaus bis zu fünfzehn Jahren“ bestraft werden, „wer es unternimmt, einen Schöffen oder Geschworenen wegen seiner Tätigkeit als Schöffe oder Geschworener oder einen Zeugen oder Sachverständigen wegen einer von ihm in Erfüllung seiner Zeugen- oder Sachverständigenpflicht gemachten Bekundung zu töten oder wer zu einer solchen Tötung auffordert, sich erbietet, ein solches Erbieten annimmt oder eine solche Tötung mit einem anderen verabredet…“.

Die letzte bekanntgewordene Tagung des RJMIn. mit den Länderjustizverwaltungen fand am 12.02.1934 in Dresden statt, nachdem das Gesetz vom 30.01.1934 über den Neuaufbau des Reichs ergangen war (RGBl. I 1934, 75). Gürtner kündigte auf der Tagung das (1.) Gesetz zur Überleitung der Rechtspflege auf das Reich, das am 16.02.1934 im RGBl.I 1934, 91 veröffentlicht wurde. Im Einzelnen erläuterte Gürtner, wie die Verreichlichung der Justiz vonstattengehen sollte. Anschließend sprach *Kerrl*, der am 31.01.1934 Gürtner angerufen hatte, um von ihm eine Aussprache über das zu erbitten, was werden solle. Gürtner war nach Kerrl „in liebenswürdiger Weise sofort bereit, und schon nach einer halben Stunde waren wir völlig über den Weg einig, der zu dem durch das Gesetz vom 30.01. gesteckte Ziel führen muss“. Die vom RJMin. vorgeschlagene Methode (Bildung von Ländergruppen) werde „uns am schnellsten dem ersehnten Ziele näher führen. Sie lässt uns in den Länderverwaltungen auch jede Selbständigkeit, die gerade für uns Nationalsozialisten notwendig ist, wenn wir innerhalb eines Gebietes die volle Verantwortung für unsere Maßnahmen tragen sollen. Verantwortung und Freiheit bedingen sich gegenseitig …“. Auch er sei der Überzeugung, dass „nicht immer alles für das gesamte Reichsgebiet einheitlich geregelt zu werden braucht, haben wir doch selbst in Preußen in den verschiedenen Provinzen nicht alles einheitlich gestaltet“. Für *Meukel* (MinRat im bayr. StM der Justiz) hatte Gürtner die „Besorgnisse von Grund aus zerstreut“. Diese waren dahin gegangen, „es möchte gewisse Systeme etwa – wenn auch bewährte – Verwaltungs- und Rechtssysteme des größten deutschen Landes, ohne weiteres in größerem oder geringerem Umfange auf unser Land übertragen werden“. Gürtner stellte abschließend fest, es dürfe „nicht der Eindruck entstehen, dass etwas kaputt regiert werden soll, damit in Zukunft die Karte des Deutschen Reiches anders aussieht.“ Ein Pressebericht sollte ausschließlich vom RJM veröffentlicht werden. Hier heißt es, dass „Unterschiede, wie sie sich aus der Eigenart der deutschen Stämme oder aus betrieblichen Gesichtspunkten ergäben“, sollten nach wie vor beachtet werden. Lebenswerte Eigenart solle nicht vernichtet werden.

Biografische Hinweise

1. Bayern

Appelmann, Hans (geb. 1867 in Ebern; gest. 1930). 1898 Eintritt in den bayr. Justizdienst. 1929 GStA OLG München.

Aschenbrenner, Karl (geb. 1964 in München; gest. 1945). 1891 Eintritt in den Justizdienst. 1919 OStA beim OLG Nürnberg, 1924–1930 GStA beim OberstLG.

Aull, Hans (geb. 1869 in Ainring; gest. 1948). 1929–1932 OLG-Präs. in Augsburg; 1932/1933 OLG-Präs. in Bamberg.

Becker, Friedrich (geb. 1866 in Rhodt/Landau; gest. 1938). 1894 Amtsanwalt in Frankenthal; 1897 StA in Kaiserslautern; 1927–1933 OLG-Präs. in Zweibrücken. 1943 Selbstmord seiner jüdischen Witwe aus Angst vor der Deportation.

Bertram, Otto (geb. 1871 in Krummenab; gest. 1949). 1899 Eintritt in den bayr. Justizdienst, 1933–1937 OLG-Präs. in Nürnberg (Mitglied der NSDAP seit 01.12.1933).

Bilaber, Alexander (geb. 1856 in Heinfeld bei Landau/Pf.; gest. 1935). 1910–1919 OStA beim OLG Zweibrücken, 1919–1926 Präs. ebd.

Burkhardt, Friedrich (geb. 1869 in Cadolzburg; gest. 1934). 1897 Amtsrichter in München, 1930 GStA beim OberstLG; 1933 OLG-Präs. in Nürnberg (seit Nov. 1933 auf Ansuchen im Ruhestand).

Degen, Richard (geb. 1872 in Bayreuth; gest. 1945). 1900 Eintritt in den bayr. Justizdienst; 1904 im StaatsMin. der Justiz, 1920 MinRat (1928 MinDir.), 1934–1939 SenPräs. am OLG München.

Döll, Nikolaus (geb. 1869 in Hammelburg; gest. 1941). 1896 StA in Augsburg. 1924–1934 OStA/GStA in Bamberg.

Dürbig, Alfred (geb. 1861 in Schweinfurt; gest. 1930). 1907 Eintritt in den bayr. Justizdienst. 1919–1929 OLG-Präs. in Augsburg.

Frank, Hans (geb. 1900 in Karlsruhe; 1946 in Nürnberg hingerichtet). 1924 Dr. iur., 1926 Ass.Prüfung; 1927 Rechtsanwalt; ab Okt. 1930 Mitglied des Reichstags. April 1933 bayr. StMin. der Justiz (März 1933 kommissarischer des StMin.); April 1933–1934 Reichskommissar für die Gleichschaltung der Justiz in den Ländern und die Erneuerung der Rechtsordnung (Reichsjustizkommissar). 1933 Gründer der Akademie für Deutsches Recht (bis 1942 deren Präsident), 1939–1945 Generalgouverneur für die besetzten polnischen Gebiete (Krakau). – *Werke:* Im Angesicht des Galgens. Deutung Hitlers und seiner Zeit auf Grund eigener Erlebnisse und Erkenntnisse, München-Gräfelfing 1953; *W. Präg/Wolfgang Jacob Meyer* (Hrsg.), Das Diensttagebuch des deutschen Generalgouverneurs in Polen 1939–1945, Stuttgart 1975. – *Lit.: Christian Schudnagis,* Hans Frank. Aufstieg und Fall des NS-Juristen und Generalgouverneurs, Frankfurt a.M. 1989; *Dieter Schenk,* Hans Frank – Hitlers Kronjurist und Generalgouverneur, Frankfurt a.M. 2006.

Gerber, Alexander (geb. 1874 in Würzburg; gest. 1971). 1901 III. StA in München, 1906 im StMin. der Justiz (1918 ORR; 1920 MinRat). 1931–Aug. 1933 OLG-Präs. in München.

Gürtner, Franz (geb. 1881 in Regensburg; gest. 1941). 1908 Ass.-Prüfung, 01.10.1909 Eintritt in den bayr. Justizdienst. 1914–1919 Teilnahme am 1. Weltkrieg. 1922–1932 bayr. StM der Justiz, 1932–1941 Reichsjustizminister. – *Lit. L. Gruchmann*, Justiz im Dritten Reich (1933–1940), 3. Aufl., Berlin 2001.

Hahn, Matthias (geb. 1868 in München; gest. 1932). 1897 bei der StA; 1928–1932 OLG-Präs. in Nürnberg.

Heinzelmann, Friedrich Ritter v. (geb. 1853 in München; gest. 1945). 1882 Amtsrichter in München I (ab 1885 im StMin. der Justiz; 1886 wieder StA). 1896 im StMin. der Justiz (1902 MinRat; 1907 Generalsekretär des Ministeriums). 1910–1923 OLG-Präs. in München. – 1911–1918 Mitglied der Kammer der Reichsräte.

Heuwieser, Albert (geb. 1872 in Eggenfelden; gest. 1947 in München). 1902 Amtsrichter in Kissingen; Teilnahme am 1. Weltkrieg. 1933–1938 OLG-Präs. in Bamberg.

Kahl, Otto (geb. 1875 in Erlangen; gest. 1957 in Bamberg). 1900 Ass.; 1934–1944 GStA in Bamberg.

König, Ludwig (geb. 1863 in Frankenthal; Todesdatum unbekannt). 1889 Gerichtsass.; 1919 OStA (GStA) in Zweibrücken.

Kraus, Hermann (geb. 1869 in Dettelbach; Todesdatum nicht bekannt). 1921–1928 OStA/GStA beim OLG Augsburg.

Leuchs, Edwin (geb. 1870; Todesdatum nicht bekannt). 1898 III. StA; 1924–1935 OStA (GStA) am OLG Nürnberg.

Manglkammer, Friedrich (geb. 1878 in Regensburg; gest. 1957). 1904 Ass.-Prüfung; 1919 Rat im StMin. der Justiz (1920 ORR; 1923 MinRat). 1933–1935 GStA bei dem OberstLG, 1935 SenatsPräs. am OLG München.

Marth, Georg Ritter v. (geb. 1859 in Kronach; gest. 1941/42). 1883 Gerichtsass.; 1885 Amtsrichter; 1897 im StMin. der Justiz (1901 ORR; 1903 MinRat; 1910 GenSekretär des StMin. der Justiz). 1910–1926 OLG-Präs. in Bamberg.

Menzel, Artur (geb. 1858 in Weiden; Todesdatum nicht bekannt). 1914 OStA beim OLG Augsburg.

Meyer, Karl (geb. 1862 in Ansbach; gest. 1937). 1909 Einberufung in das StMin. der Justiz (1919 MinDir.), 1923–1933 Präs. des OLG München. Gründungsmitglied der Akademie für Deutsches Recht.

Müller, Gustav, Dr. iur. (geb. 1871 in München; gest. 1943). 1896 Gerichtsass., 1908 im StMin. der Justiz (1917 MinRat, 1923 MinDir.). 1929–1935 Präs. des Bayr. OberstLG.

Müller(-Meiningen), Ernst (geb. 1866 in Mühlhof b. Nürnberg; gest. 1944). 1892 Dr. iur. Erlangen. 1893 Gerichtsass., 1911 OLG-Rat. 1919–1920 bayr. JMin. Ab August 1920 beim OberstLG (1928 Senatspräs.), 1918–1924 Mitglied der DDP.

Roth, Christian (geb. 1873 in Forchheim; gest. 1934), Dr. iur. 1899 Gerichtsass. Mitglied der DNVP, Juli 1920–Sept. 1921 StMin. der Justiz. 1923 Mitglied der NSDAP (erneut ab 01.04.1933 in der NSDAP). 1928 GStA am bayr. Verwaltungsgerichtshof.

Sartor auf Gansheim, Eugen Frhr. v. (geb. 1857 in Eichstätt; gest. 1922). 1913 OStA beim OLG Augsburg; anschl. OStA beim OLG München.

Siegel, Karl (Lebensdaten nicht bekannt). Dienstlaufbahn im OLG-Bezirk Zweibrücken nicht rekonstruierbar.

Sotier, Adolf (geb. 1873; Todesdatum nicht bekannt). 1899 Gerichtsass. 1918 im StMin. der Justiz (1921 MinRat), 1931–1938 GStA am OLG München.

Seidenschwarz, Philipp (Lebensdaten nicht bekannt). 1918–1925 OStA am OLG Bamberg.

Spangenberger, Heinrich (geb. 1870 in Karlstadt; gest. 1942 in München). 1895 Ass.-Prüfung, 1902 im StMin. der Justiz (1914 ORR, 1919 MinRat). 1923 GenSekretär des StMin. der Justiz. 1926–1932 OLG-Präs. in Bamberg. 1932–1934 StRat im JMin., zugleich beauftragter Leiter des Ministeriums, mit dessen Abwicklung er beauftragt war.

Troeltsch, Rudolf (geb. 1870 in Augsburg, gest. 1950). Bis 1899 Rechtsanwalt, danach als StA tätig. 1928–1932 OStA (GStA) am OLG Augsburg, 1932–1935 GStA am OLG Zweibrücken.

Unzner, Karl Ritter v. (geb. 1865 in Donauwörth; gest. 1929). Dr. iur. 1891 Ass.-Prüfung, Schriftführer bei der 2. BGB-Kommission. Erneut Einberufung in das StMin. der Justiz 1898 (1899 MinRat). 1915 MinDir. im JMin., 1919 Präs. des OberstLG.

Ziegler, Otto (geb. 1863 in Höchstadt a.d. Aisch; gest. 1927). 1888 bei der StA. 1919–1927 Präs. des OLG Nürnberg.

2. Preußen

Anz (geb. 1870). Dr. iur. 1906 Gerichtsass., 1909 MinRat. 1925 OLG-Präs. in Kassel.

Becker, Ludwig (geb. 1871 in Lorsch; gest. 1950 in Naumburg/Saale). Dr. iur. 1899 Gerichtsass., 1927–1936 GStA in Naumburg.

Berndt. Gerichtsass. 1890; 1909 im JMin. (1920 MinRat).

Bluhme, Fritz (geb. 1869 in Bonn; gest. 1932). Dr. iur.; 1920 GStA in Frankfurt/Main.

Buß, Georg (Lebensdaten nicht bekannt). 1890 Gerichtsass., 1914 Präs. des OLG Celle, 1921 des OLG Marienwerder und 1923 des OLG Kiel.

Cormann, Paul (geb. 1868 in Koblenz; gest. 1952). 1985 Gerichtsass.; 1907 MinRat. 1912–1914 in der Strafrechtskommission. 1919–1933 OLG-Präs. in Stettin.

Crusen, Georg (geb. 1867 in Gifhorn; gest. 1949). Dr. iur.; 1895 Gerichtsass. (anschl. im Reichsjustizamt). 1899 nach Tokio beurlaubt, 1902 in Kiautschou. 1920 Oberjustizrat im preuß. JM. 1925–1932 Präs. des Danziger Obergerichts. – Zahlreiche Veröffentlichungen seit der Promotion 1890.

Danckwortt. 1903 Gerichtsass. 1921 OStA in Naumburg; 1923 MinRat.

Dörffler. Oberjustizrat.

Dronke, Ernst (geb. 1865 in Koblenz; gest. 1933 in Frankfurt/Main). 1913 MinRat. 1920–1930 OLG-Präs. in Frankfurt/M. Vors. des Deutschen Sprachvereins. 1930 Honorarprof. der Frankfurter Jur. Fakultät.

Eichner, Karl. 1886 Gerichtsass., 1921–1925 OLG-Präs. in Königsberg.

Frenken, Josef (geb. 1824 in Löcken; gest. 1943). Dr. iur.; 1883 Ass.-Prüfung. 1900 Vortr. Rat im preuß. JMin. (1904 Oberjustizrat; 1913 MinDir.). 1916–1922 OLG-Präs. in Köln; Jan.–Nov. 1925 Reichsjustizminister.

Fritsch, Hans (geb. 1860 in Glogau; gest. 1945). 1917–1925 OLG-Präs. in Kassel.

Geissler. 1888 Gerichtsass. 1911 LG-Dir. in Oppeln. 1916 GehJR.

Goldschmidt. MinDir.

Greiff, Max (geb. 1862 in Berlin; gest. 1932). 1887 Gerichtsass., zunächst im Reichsjustizamt tätig. 1899 Vortr. Rat im preuß. JMin., 1903 Oberjustizrat. 1913–1917 Präs. des OLG Kassel, 1918–1927 des OLG Breslau.

Hansen, Heinrich (geb. 1871); Dr. iur.; 1899 Gerichtsass., 1921 GStA in Kiel, 1923 zugl. Präs. des Strafvollzugsamts.

Hartung, Fritz (1884–1973). 1912 Gerichtsass.; 1920 im preuß. JMin. (1923 MinRat). 1929 RG-Rat (ab 1934 im 3. Strafsenat). Im Spruchkammerverfahren verurteilt (ab 1951 reguläre Pension). Seit 1949 Strafrechts- u. Strafprozesskommentator. Mitglied StGB-Kommission des BMJ.

Hartwig, Otto (geb. 1874). Dr. iur. Gerichtsass. 1900. 1919 MinRat (1926 MinDir.)

Hesse, William (geb. 1883). Ass. 1909. 1928 MinRat im JMin., 1935 im RJmin.

Hohmann (geb. 1868). Ass. 1895. 1923 GStA in Hamm.

Hölscher (geb. 1875). 1903 Gerichtsass. 1923 MinRat im preuß. Finanzmin. 1927 Staatssekretär im preuß. JMin.

Huber (geb. 1867). Gerichtsass. 1893. 1911 MinDirig.(1921 MinDir.; 1923 MinDir.).

Jockwer. Dr. iur.; 1896 Gerichtsass. 1916 im JMin.; 1923 OLG-Präs. in Hamm.

Krinke (geb. 1873). 1900 Gerichtsass. 1928 Senatspräs. am OLG-Breslau.

Kuhnt, Gottfried (geb. 1884 in Jena; gest. 1967). Dr. iur. 1910 Gerichtsass., 1921 MinRat. 1927–1933 OLG-Präs. in Kiel. 1945 erneut Präs. des OLG Kiel, 1946/1947 JMin. von Schleswig-Holstein, danach bis 1952 erneut Präs. des OLG

Kiel. – *Lit.: Klaus-Detlef Godau-Schüttke,* Ich habe nur dem Recht gedient. Die „Renazifizierung“ der schleswig-holsteinischen Justiz nach 1945, Baden-Baden 1993, S. 29 ff.

Meyer, Otto (geb. 1867 in Göttingen; gest. 1951). 1893 Gerichtsass. 1921 LG-Dir. in Kiel, 1923–1931 Präs. des OLG Celle; anschl. Rechtsanwalt ebd. (Verlust der Zulassung 1933 wegen der jüdischen Abstammung seines Vaters).

Mosler, Willy (geb. 1873). Dr. iur. 1900 Gerichtsass., 1925 GStA in Stettin.

Mügel, Oskar (geb. in Saarbrücken-St. Johann; gest. 1947). 1883 Gerichtsass. 1895 Vortr. Rat im JMin. (1910 MinDir.), 1917 StS. ebd.

Rasch, Georg (1854–1931). 1883 Gerichtsass., 1907 LG-Präs. in Altona; 1916 OLG-Präs. in Marienwerder, 1921–1923 in Celle.

Reichartz (geb. 1867). Gerichtsass. 1894. OLG-Präs. in Köln 1922.

Reich, Franz Ludwig (geb. 1856 in Beckum; gest. nach 1929). 1909 Rat am RG. 1919–1924 Präs. des OLG Hamm.

Reuter, Georg (geb. 1855 in Höxter; gest. 1930). 1917–1923 Präs. des OLG Naumburg.

Schäfer, Ernst (geb. 1882 in Marburg; gest. 1945). 1909 Gerichtsass. 1921 MinRat (1927 MinDir.; an der Strafrechtsreform beteiligt), 1929 MinDir. im RJMin. (Leiter der Strafrechtsabteilung). Mitglied der Akademie für Deutsches Recht (Jugendstrafrecht). 1942 Antrag auf Versetzung in den Ruhestand (Ausscheiden aus dem Ministerium im März 1943).

Schmidt, Hermann (geb. 1880–1945). Dr. iur.; 1920 KG-Rat; 1927 Senatspräs. ebd.; 1925–1933 MdL (Preußen); 1927–1932 (1933) Justizminister.

Schneider-Neuenburg (geb. 1867; Todesdatum nicht bekannt), Dr. iur. 1895 Gerichtsass., 1923 GStA in Düsseldorf.

Schneller (geb. 1885). 1921 MinRat (1927 MinDirig.)

Schollen (geb. 1874; Todesdatum nicht bekannt). Dr. iur.; 1900 Gerichtsass., 1918 MinRat, 1921 OLG-Präs. in Düsseldorf.

Schönfeld (geb. 1873; Todesdatum nicht bekannt). Gerichtsass. 1900, OStA in Allenstein 1917, in Stettin 1921 und 1924 in Berlin (KG).

Steuber. 1887 Gerichtsass. 1904 Vortr. Rat im JMin. (1908 Oberjustizrat); 1921 Präs. des Justizprüfungsamts.

Storp (geb. 1866). 1892 Gerichtsass.; 1921 GStA in Celle.

Tigges, Eduard (geb. 1874 bei Schwerin; gest. 1945). Dr. iur.; 1911 Vortr. Rat, 1921 OLG-Präs. in Düsseldorf, 1922 KG-Präs., 1933 Rücktritt vom Amt.

Versen (Lebensdaten nicht bekannt). Gerichtsass. 1887, 1906 Rat im JMin. (1910 Oberjustizrat, 1920 MinDirig., MinDir. 1921).

Werner, Georg (geb. 1868 in Luckau; gest. 1947 in Naumburg). 1895 Gerichtsass., 1907 im JMin., 1921 OLG-Präs. in Kiel, 1922–1933 in Naumburg.

Wichmann, Bernhard (geb. 1875). 1902 Gerichtsass. 1927 GStA in Marienwerder.

Wirth (geb. 1886; Todesdatum nicht bekannt). Dr. iur. Gerichtsass. 1913, 1925 Justizrat im JMin. (1925 Oberjustizrat, 1927 MinRat).

Witte, Max (geb. 1871). 1898 Gerichtsass., 1925 Präs. des OLG Königsberg, 1927 des OLG Breslau.

Zehnhoff, Hugo am (geb. 1855 in Walldorf; gest. 1930). 1882 Gerichtsass., Rechtsanwalt am OLG Köln (1901 Justizrat), 1906 Geh. Justizrat, ab 1906 Rechtsanwalt beim OLG Düsseldorf, Mitglied des preuß. Abgeordnetenhauses von 1899–1908 und des Reichstags von 1899–1918. 1919–1928 Mitglied des preuß. Landtages. 1919–1927 preuß. JMin. – *Lit.: B. Müllenbach,* in: Jahrbuch des öffentlichen Rechts der Gegenwart, Bd. 67 (2019), S. 509 ff.

3. Landesjustizminister 1933/1934

Borgholter, Wilhelm. Dr. Vertreter von StMin. Dr. Scharf, Mecklenburg-Schwerin.

Frank, Hans, bayr. JMin.; s. unter 1.

Freisler, Roland (1893–1945). Gerichtsass. 1919. 1924 Rechtsanwalt in Kassel. 1925 Eintritt in die NSDAP. 1932/1933 Mitglied des preuß. Landtags. 1933 MinDir. im preuß. JMin. (Juni 1933 StS ebd.), 01.04.1935 StS im RJMin. 1942 Präs. des Volksgerichtshofs. – *Lit.: M. Blazeck,* Zur Biographie Roland Freislers (1893–1945): in: Journal der Juristischen Zeitgeschichte, 2010, S. 35 ff.

Freyberg. 1902 StA in Dessau, 1923 Mitglied des OVerwG, 1928 Präs. des LG Dessau.

Hollensteiner, Wolfgang (geb. 1903 in Oldenburg i.H.). Dr., 1929 Rechtsanwalt in Lübeck, Reichskommissar ebd.

Kerrl, Hanns (1897–1941). 1923 Justizbeamter im preuß. Justizdienst. 1923 Eintritt in die NSDAP, 1928–1933 Mitglied des preuß. Landtags (danach des Reichstags). 1933/1934 preuß. JMin. 1935 Reichsminister für die kirchlichen Angelegenheiten. – *Lit.: Hansjörg Buss,* Das Reichskirchenministerium unter Hanns Kerrl und Hermann Muhs, in: Manfred Gailus (Hrsg.), Täter und Komplizen in Theologie und Kirche 1933–1945, Göttingen 2015, S. 140 ff.

Kinner, Fritz. LG-Präs. in Anhalt (ab 1928), Vertreter des Ministerpräs. Freyberg.

Klagges, Dietrich (1891–1971). 1918 Mittelschullehrer in Wilster/Holstein; 1925 Eintritt in die NSDAP. 1931 Kultusmin. des Landes Braunschweig; betrieb die Einbürgerung Hitlers nach § 14 des Staatsangehörigkeitsgesetzes (Feb. 1943). Mai 1933 Ministerpräs. Braunschweigs. – *Lit.: Michael Wettern,* Dietrich Klagges, in: R. Bein, Hitlers Braunschweiger Personal, Braunschweig 2017, S. 94 ff.

Krappe, Dr. Präsident der Landesregierung Schaumburg-Lippe.

Küchenthal, Staatsminister in Braunschweig.

Laue, Th. L. Heinrich, Senator für Inneres und Justiz in Bremen. – *Lit.:* Bremische Biographien, hrsg. von W. Lührs, Bremen 1969, S. 309 ff.

Mergenthaler, Christian Julius (1884–1980). 1911 Oberrealschullehrer in Leonberg; 1920 Gymnasialprof. in Schwäbisch Hall. 1922 Eintritt in die NSDAP (1927 erneut Mitglied der NSDAP). 1933 zunächst Kultus- und Justizminister von Württemberg, Mai 1933 Ministerpräsident und Kultusminister.

v. Michael, Vertreter aus Neustrelitz.

Müller, Heinrich (1896–1945). Dr. iur. u. rer. pol. 1920. 1922 Assessorprüfung. 1921 (1925) Mitglied der NSDAP, 1931/1932 Abg. im Landtag für Hessen. März 1933 StMin. u.a. für Justiz. Mai 1933 Oberbürgermeister von Darmstadt. Ab 1934 bei der Finanzverwaltung. 1938 Präs. des Reichsrechnungshofs. – *Quellen:* NDB, Bd. 18, Berlin 1997, S. 406 f. (H. A. Dommach, E. G. Franz).

Neuroth, Friedrich. Vertreter der Justiz Hessens.

Rinke. Vertreter der Justiz aus Schaumburg-Lippe.

Rothenberger, Curt (1896–1959). 1920 Referendarexamen (2. Staatsprüfung 1922). 1925 am LG Hamburg, 1928 RegRat in der Landesjustizverwaltung. 1931 LG-Dir. März 1933 Justizsenator. 1935 Präs. des HansOLG. 1942/1943 StS im RJMin. – *Lit.: Klaus Bästlein,* Vom hanseatischen Richtertum zum nationalsozialistischen Justiz-Verbrechen. Zur Person und Tätigkeit Curt Rothenbergers 1896–1959, in: Justizbehörde Hamburg (Hrsg.), Hamburg 1992, S. 74–145.

Rupp, Ludwig, Dr. Beauftragter Badens für die Justiz bis 1933. – *Lit.: H. Ferdinand,* Bad.-Württ. Biographien, Bd. II, Stuttgart 1999, S. 374.

Scherf, Dr. iur.; Staatsmin. im Land Mecklenburg-Schwerin.

Spangenmacher, Heinz (1885–1958). 1923 Eintritt in die NSDAP, 1930 Reichstagsabgeordneter. 1932/1933 Oldenb. StMin. für Justiz, Kirchen und Schulen.

Stichtenoth. Staatrat (Mecklenburg-Strelitz).

Thierack, Otto Georg (1889–1946). 1920 Gerichtsass. (bei der StA beschäftigt). 1932 Eintritt in die NSDAP. 1933 JMin. Sachsens. 1935 Präs. des Reichsgerichts. 1942–1945 ReichsJMin. – *Lit.: Constanze Braun,* Dr. Otto Georg Thierack (1889–1946), Frankfurt a.M. 2005; *Sarah Schädler,* „Justizkrise" und „Justizreform" im Nationalsozialismus. Das Reichsjustizministerium unter Reichsjustizminister Thierack (1942–1945), Tübingen 2009.

Wacker, Otto (1899–1940), Dr. phil. (Literaturwissenschaft). Ab April 1933 JMin., ab Mai auch Minister f. Kultus und Unterricht in Baden. – *Lit.: Katja Schrecke,* Zwischen Heimaterde und Reichsdienst. Otto Wacker, Badischer Minister des Kultus, des Unterrichts und der Justiz, in: M. Kißener/J. Scholtyseck, Die Führer der Provinz. NS-Biographien aus Baden und Württemberg, Konstanz 1999, S. 705 ff.

Weber, Otto (1894–1973), Dr. iur. (1921). 1923 Assessorexamen. 1931 Eintritt in die NSDAP, 1932 in den Thüringer Landtag gewählt. In der Landesregierung von F. Sauckel JMin.; 1934/35 RegPräs. des Reg.-Bezirks Erfurt. – *Lit.: Dieter Marek:* Dr. Otto Weber, Regierungspräsident in Erfurt 1935 bis 1945. Biographische Skizze, in: Das preußische Thüringen, hrsg. vom Thüringer Landtag, Rudolstadt 2001, S. 181 ff.

Hauptquellen für Bayern: Joachim Lilla/Friedrich Becker: Staatsminister, leitende Verwaltungsbeamte und (NS-)Funktionsträger in Bayern 1918 bis 1945.

URL: https://verwaltungshandbuch.bavaricon.de/Becker.

Für Preußen: Dienstlaufbahn der Preußischen Richter und Staatsanwälte, 5. Ausgabe, Berlin 1925; und: Die Preußischen Justizbeamten des höheren Dienstes, 6. Ausgabe, Berlin 1930.

Erster Teil Niederschriften über die Besprechungen der OLG-Präsidenten und Generalstaatsanwälte im Bayr. Staatsministerium der Justiz

I. Material zur Besprechung mit den OLG-Präs. und OStA am 9. und 10.02.1917

A. Personalwesen. I. Der Vollzug des Richterstellvertretungsgesetzes (v. 14.03.1917, Bayr. GVBl. 1917 S. 57):

Art. I. Das Präsidium des Oberlandesgerichts kann Richter des Oberlandesgerichts oder eines dem Oberlandesgerichte nachgeordneten Landgerichts oder Amtsgerichts mit der Stellvertretung eines Richters des Oberlandesgerichtsbezirks beauftragen oder sie zur Geschäftsaushilfe einem Gerichte des Oberlandesgerichtsbezirks zuweisen. Es kann auch bestimmen, dass ein Richter eines Gerichts des Oberlandesgerichtsbezirks gleichzeitig als Richter an einem anderen Gerichte des Oberlandesgerichtsbezirks tätig ist.

Art. II. Die Vorschriften des Ausführungsgesetzes zum Reichs-Gerichtsverfassungsgesetze vom 23. Februar 1879 über die Stellvertretung bei den Gerichten werden durch dieses Gesetz nicht berührt.

Art. III. Die Vorschriften dieses Gesetzes gelten nur für die Dauer des durch den gegenwärtigen Krieg geschaffenen Notstandes. Durch Königliche Verordnung wird bestimmt, wann sie außer Kraft treten.

Der Zweck des Gesetzes über die Stellvertretung bei den Gerichten während des Krieges erschöpft sich nicht damit, dass eine zweckmäßigere Verteilung der richterlichen Kräfte erreicht werden soll, als sie jetzt nach den Vorschriften des Ausführungsgesetzes zum GVG zu erreichen ist; ein weiterer Zweck des Gesetzes ist vielmehr, durch die bessere Ausnützung der Kräfte möglichst viele Richter für das Heer und den vaterländischen Hilfsdienst verfügbar zu machen. Die Mitwirkung an den Aufgaben des Hilfsdienstes ist für die Richter eine vaterländische Ehrenpflicht; sie ist aber auch dringend durch das Ansehen der Gerichte und der Richter geboten, das eine nicht wieder gutzumachende Einbuße erleiden würde, wenn in dieser Zeit des äußersten Kräfteeinsatzes die Richter beiseite blieben. Die Geschäfte aller Gerichte sind sehr stark zurückgegangen und mit dem Friedensanfall nicht mehr zu vergleichen. Zwar hat sich auch die Richterzahl durch die Einberufungen vermindert, allein diese Verminderung steht außer Verhältnis zu dem Rückgange der Beschäftigung. Wenn die Zahlen der Statistik auch nicht ohne jede Einschränkung zugrunde gelegt werden können, weil nicht alle für den Dienst verbliebenen Richter volle und überall verwendbare Arbeitskräfte sind, und weil das Personal der Gerichtsschreibereien knapp geworden ist, so stimmen doch die sämtlichen Herren Präsidenten der OLG mit dem StMin. der Justiz darin überein, dass es möglich ist, bei energischer und zielbewusster Durchführung des

Stellvertretungsgesetzes eine erhebliche Zahl von Richtern für den Hilfsdienst freizumachen. Der passive Widerstand, auf den die OLG-Präs. hin und wieder gestoßen sind, wird sich überwinden lassen.

Damit keine Zeit verloren geht und der Vollzug des Gesetzes sich sofort an die Erlassung anschließen kann, werden die OLG-Präs. schon jetzt die erforderlichen und möglichen Vorkehrungen treffen. Sie werden zunächst den Richterbedarf eines jeden Gerichts nach seinen Geschäftsverhältnissen prüfen und feststellen. Dabei werden sie einen strengen Maßstab anlegen. An manchen AG, die mit drei Richtern besetzt sind, werden für die jetzigen Verhältnisse zwei genügen, manches Gericht mit zwei Richtern wird sich für die Kriegszeit mit einem Richter behelfen können. Je nach den Verhältnissen kann es sein, dass ein Richter sich entbehrlich machen lässt, wenn dem verbleibenden Richter ein Rechtspraktikant oder auch nur eine gewandte Schreibkraft zur Verfügung gestellt oder wenn für seine ständige Entlastung vom Schreibwerk gesorgt werden kann. Dabei wird auch geprüft werden, ob nicht durch eine zweckmäßigere, dem Rückgange des Geschäftsanfalls entsprechende Neuverteilung der Geschäfte eine Ersparung an Richtern zu erreichen ist. Bei manchen größeren Gerichten scheint die vermeintliche Knappheit an richterlichen Kräften nur auf der unzweckmäßigen Verteilung der Geschäfte und der ungenügenden Ausnützung der Kräfte zu beruhen. Wo dies der Fall ist, wird man nicht davor zurückschrecken dürfen, auch unter dem Jahre die Geschäfte neu einzuteilen. Bei einzelnen besonders kleinen und wenig beschäftigten AG kann auch die Frage aufgeworfen werden, ob sie nicht von einem Richter eines benachbarten Gerichts von seinem Amtssitz aus mit besorgt werden können, wie das in der Pfalz schon einige Male geschehen ist (Anwesenheit des Richters an bestimmten Tagen, sonst auf telefonische Benachrichtigung nach Bedarf, Postzusendung des Einlaufs).

Bei der Bedarfsaufstellung ist davon auszugehen, dass die bisher noch zurückgestellten felddiensttauglichen Richter aus den Geburtsjahren 1876 und später zu den Waffen eingeholt werden (vgl. dazu Nr. II). Dagegen ist die Einberufung der Felddiensttauglichen aus den früheren Geburtsjahren und der bloß Garnisonsdiensttauglichen nicht in Rechnung zu ziehen. Eine Reserve für die Verluste, die durch solche Einberufungen späterhin eintreten können, darf jedenfalls nur in ganz bescheidenem Umfange zurückbehalten werden; eine Zurückbehaltung in größerem Umfang ist schon um deswillen nicht geboten, weil eine gewisse Reserve in der ziemlich erheblichen Zahl der im Heere stehenden Richter, die nur Garnisonsdienst tun und im Bedarfsfalle vom Heere zurückgerufen werden können, schon vorhanden ist.

Aufgrund der Bedarfsaufstellung wird sich beurteilen lassen, welche Abordnungen zur Stellvertretung und Geschäftsaushilfe innerhalb des OLG-Bezirks noch notwendig sind. Diese Abordnungen werden, soweit es möglich ist, schon jetzt durch die Präsidien der LG, im Übrigen nach dem Inkrafttreten des Gesetzes durch die Präsidien der OLG vorzunehmen sein. Dabei wird nicht schroff, sondern mit Rücksicht auf das Alter und die Rüstigkeit der Richter verfahren werden. In der Regel wird es sich empfehlen, die Richter der OLG bei den LG zu verwenden und dafür Richter der LG an die AG abzugeben. Unnötige Kosten werden vermieden werden.

Von dem Überschuss ist zunächst im Benehmen mit den Herren OStA der Bedarf der StA und AmtsA nach Aushilfe zu decken, die nach den Feststellungen der Herren OStA in Personalschwierigkeiten sind und der weiteren Aushilfe durch richterliche Beamte bedürfen. Der Rest ist durch die Verwendung im vaterländischen Hilfsdienst in Aussicht zu nehmen. Hierfür werden vorwiegend die jüngeren Kräfte ins Auge zu fassen sein.

Als Verwendung wird für diese Richter namentlich die Aushilfe bei den Behörden der inneren Verwaltung, die unter großer Überlastung und schwerem Personalmangel leidet und dringend um Hilfe bittet, in Betracht kommen. Soweit sie sich dazu bereit erklären, wie das von ihrem vaterländischen Gefühle erwartet werden darf, wird es einer Verfügung des Kriegsamts im Rahmen des Hilfsdienstpflichtgesetzes nicht bedürfen.

Mancher Richter wird zwar nicht ganz für den vaterländischen Hilfsdienst abgegeben werden können, aber bei Gericht nicht in seiner vollen Arbeitskraft ausgenützt sein. Solche Kräfte können bei anderen Behörden, namentlich bei den Versorgungsstellen der Kommunalverbände und bei den Behörden der inneren Verwaltung an ihren Amtssitzen neben ihrer Amtstätigkeit ersprießliche Mitarbeit leisten. Namentlich wird für sie die Aufstellung als stellvertretende Vorsitzende der Versicherungsämter (§ 39 der ReichsversicherungsO) in Betracht kommen. Die Bezirksämter würden durch diese auch mit der Stellung von Richtern wohl vereinbare selbständige Mithilfe eine dankenswerte Entlastung erfahren.

Die Zahl der Richter, die für den Hilfsdienst tätig werden können, wird sich vielleicht vermehren lassen, wenn jene Notare, die infolge der Abnahme ihrer Geschäfte während des Krieges nicht voll beschäftigt sind, zur Mitarbeit bei den Gerichten herangezogen werden (vgl. hierüber Nr. X). – Auch Sekretäre und rechtskundige Hilfsarbeiter können für eine Verwendung im vaterländischen Hilfsdienste namentlich für Mithilfe bei den Behörden der inneren Verwaltung an ihren Amtssitzen in Betracht kommen. Die OLG-Präs. werden auch hierauf ihr Augenmerk richten. – Zu einer wirksamen Durchführung aller dieser Maßnahmen bedürfen die Präs. der OLG der verständnisvollen und energischen Unterstützung der LG-Präs. Sie werden mit diesen alsbald in geeignetes persönliches Benehmen treten.

Zur Erleichterung des Überblicks und zu dem veranlassten Berichte an das StMin. der Justiz werden sich die OLG-Präs. des beigefügten Formblattes bedienen. – Von den verfügbaren Richtern werden voraussichtlich einige in der Zivilverwaltung für Belgien Verwendung finden können. Die OLG-Präs. werden auf hierfür besonders geeignete Beamte die Aufmerksamkeit lenken. Von einer Aufforderung zu Bewerbungen soll aber abgesehen werden.

II. Das Personal der Gerichtsschreibereien: …

III. Die Zurückstellung felddiensttauglicher Beamter …

IV. Die Reklamationen im Heere dienender zur garnisonsverwendungsfähiger Beamter …

V. Die Stellenbesetzung ist durch die Kriegsverhältnisse stark behindert.

1. Die Besetzung von AG-Richterstellen ist nahezu unmöglich, weil die an der Reihe befindlichen Anwärter im Heere stehen und nicht übergangen werden dürfen.

2. Die gleichen Verhältnisse erschweren auch die Ernennung von Sekretären, Amtsanwälten außerordentlich und es wird deshalb mehr und mehr die bloße funktionsweise Versehung aufgehender Posten durch Rechtspraktikanten in Betracht gezogen werden müssen.

3. Die Richterstellen an höheren Gerichten können für die Regel nicht besetzt werden, weil kein dringliches Bedürfnis nach ihrer Wiederbesetzung besteht, während die AG die Richter, die ihnen zu diesem Zwecke entzogen würden, sehr schwer vermissen würden.

4. Die StA müssen während des Krieges auf ihren Stellen gehalten werden, weil die StA überlastet sind und der Geschäftserfahrung der eingearbeiteten Kräfte nicht entraten können.

5. Notariate können nur dann wieder besetzt werden, wenn die Einnahmen des Notariats so groß sind, dass ein Notar sein Auskommen finden kann, da vom Staatsmin. der Finanzen in solchen Fällen eine Einkommensergänzung nicht zu erwarten ist.

VI. Anstellung im Gerichtsschreibereidienst…

VII. Die Aushilfskräfte bei den Justizbehörden [Bezahlung]…

VIII. Die Bezahlung der rechtskundigen Hilfsarbeiter…

IX. Vergütungen an Richter oder Gerichtsschreiber, die für einberufene Notare die Notariatsverwesung führen…

X. Verwendung der Notare im Gerichtsdienst…

Vorzugsweise anzustreben ist die Verwendung eines Notars als Grundbuchkommissär, als stellv. Gerichtsschreiber oder als rechtskundiger Hilfsarbeiter. Die Aufstellung als Vertreter des Amtsanwalts soll nur bei Notaren erwogen werden, die früher schon in der Amtsanwaltschaft beschäftigt waren und mit einer Wiederverwendung sich einverstanden erklären, ohne dass ein Druck ausgeübt wird.

Eine Verwendung des Notars als Grundbuchkommissär kann namentlich in Frage kommen, wenn Gerichtsvorstände sich scheuen, das Grundbuchwesen zu übernehmen und gerade mit Rücksicht hierauf der Abberufung des Amtsrichters Schwierigkeiten in den Weg legen.

XI. Verwendung der Notariatsgehilfen im Gerichtsdienst: Bei der Festsetzung des Tagegelds der im Gerichtsdienst zu verwendenden Notariatsgehilfen ist eine tunlichste Entlastung der Notare anzustreben. Wenn die Notariatsgeschäfte auch im Jahre 1916 sich gegenüber dem Vorjahre nicht unerheblich gebessert haben und ein weiteres Ansteigen im Jahre 1917 erwartet werden darf, so kann doch nicht außer Acht gelassen werden, dass die Lage des Notariats im Allgemeinen noch eine sehr ernste und schwierige ist. Eine größere Zahl von Notaren musste, um durchzukommen, beim Pensionsverein Darlehen aufnehmen; abgesehen davon ist auch die Gesamtheit der Notare der Staatskasse gegenüber mit erheblichen Summen im Rückstande; die von den Notaren durch Abgaben aufzubringenden

Beträge konnten in der vom Etat geforderten Höhe schon für das Jahr 1914 nicht mehr aufgebracht werden; überdies werden die Unterhaltsbeträge, welche den Familien der zum Heeresdienst einberufenen Gehilfen gewährt werden und schon sehr stark angewachsen sind, aus der Staatskasse auf Rechnung der Notare nur vorgeschossen.

In der Justizministerialentschließung vom 19.01.1917 Nr. 3235 wird für die Gehilfen, „deren Dienstleistungen im vollen Umfange genügen", ein Tagegeld bis zu 5 M vorgesehen. Bei Würdigung der Voraussetzung ist im Interesse der Notare kein zu strenger Maßstab anzulegen, insbesondere gilt dies bei kränklichen und bresthaften Gehilfen, denen der Notar ja auch das volle Gehalt bezahlen muss. – Ein besonderer Mangel in der Leistungsfähigkeit der Gehilfen wird häufig darin erblickt, dass diese nicht Maschinenschreiben können. Der Notar wird dafür nicht verantwortlich gemacht werden können, weil die Schreibmaschine erst seit kurzer Zeit im Notariatsdienste voll zugelassen ist. Es soll deshalb das Tagegeld in einem solchen Falle auch nicht zum Nachteile des Notars gekürzt werden; vielmehr empfiehlt es sich die Gehilfen anzuhalten, das Maschinenschreiben zu lernen und dadurch ihre Leistungsfähigkeit zu erhöhen. Die Gewährung von Kriegssteuerungsbeihilfen an Notariatsgehilfen ist anzuregen, soweit dies zur Gleichstellung mit den im gleichen Dienstalter stehenden Gerichtsschreibereibeamten erforderlich ist.

XII. Rückberufung der aushilfsweise verwendeten Notariatsgehilfen in den Notariatsdienst…

B. Strafrecht

I. Durchführung der Strafverfahren, insbesondere wegen Kriegswuchers. Die Strafverfahren wegen Zuwiderhandlungen gegen die wirtschaftlichen Vorschriften, insbesondere wegen Kriegswuchers, sind unbeschadet der Gründlichkeit möglichst rasch durchzuführen, selbst wenn wichtige Strafverfahren dadurch zurücktreten müssen. Dies gilt namentlich von den Strafverfahren wegen der Malzschiebungen, deren rasche Erledigung die Allgemeinheit erwartet (Entschließung vom 30.01.1917 Nr. 4768). Die Erhebungen sollen auf das Wesentliche gerichtet sein; sie sollen in den Strafverfahren einschließlich der Erhebungen bei Begnadigungs- und Strafaufschubgesuchen, soweit als möglich, gleichzeitig nach einem festen Plane und nicht nacheinander vorgenommen werden. Die StA sollen ihre öffentlichen Klagen so umgrenzen, dass nicht die allerletzte ganz weit zurückliegende fortgesetzte Handlung ermittelt werden muss und auf diese Weise die Strafverfahren beträchtlich verzögert werden, sofern natürlich nicht dieser Tätigkeitsakt für den Schuld- und Strafausspruch und für die Erfassung des übermäßigen Gewinns von Belang ist. Bei ihren Anträgen zur Straffrage, insbesondere bei Höchstpreisüberschreitungen und übermäßigen Preissteigerungen, haben die StA die einzelnen Fälle nach ihrer Bedeutung zu individualisieren und nicht schablonenhaft zu behandeln; sie haben dabei insbesondere den erzielten oder erhofften übermäßigen Gewinn gebührend zu würdigen. Bei der Vollstreckung von Strafen wegen

Kriegswuchers ist die Vorschrift in § 2 Abs. 2 der Bekanntmachung vom 06.05.1911 (JMBl. S. 155) über das Verfahren der Justizbehörden in Begnadigungs- und Strafaufschubssachen entsprechend zu beachten. Danach soll mit der Einleitung der Strafvollstreckung nicht gezögert und die schon eingeleitete Strafvollstreckung nicht eingestellt werden, wenn es sich um ein offenbar aussichtsloses, nur der Verschleppung dienendes Gesuch handelt; denn die Allgemeinheit erwartet auch, dass die Kriegswucherer rasch der verdienten Strafe zugeführt werden.

Es empfiehlt sich deshalb dringend, dass die StA Fälle, die gegen die Hauptschuldigen an den Malzschiebungen durch Geständnis oder durch die Erhebungen glatt und verhandlungsreif sind, rasch herausgreifen und zur Sühne und Beruhigung der Allgemeinheit möglichst bald durch Erzielung naher Hauptverhandlungstermine zur Aburteilung bringen. Verfahren gegen andere Personen, die nach den Ermittlungen an den Malzschiebungen in geringem Maße beteiligt sind oder geringerer Verfehlungen verdächtig erscheinen, sind zunächst abzutrennen. Es handelt sich darum, dass die Allgemeinheit sieht, dass die Justiz gerade in dieser Angelegenheit rasch arbeitet. Dabei werden die OStA diese Angelegenheiten weiter einheitlich in ihrem Bezirke behandeln und nach Maßgabe der Entschließung vom 24.01.1917 Nr. 3941 Sorge tragen, dass bei Durchführung der einzelnen Strafverfahren geprüft wird, ob nicht auch der Tatbestand der Preistreiberei nach § 5 Nr. 1 der BRVO gegen übermäßige Preissteigerung in der Fassung der Bekanntmachung vom 23.03.1916 (RGBl. I S. 183) gegeben ist, bei dem im Falle der vorsätzlichen Zuwiderhandlung die Geldstrafe nach dem übermäßigen Gewinn zu bemessen ist.

II. Überweisung an die Schöffengerichte. Über die zu große Milde der Strafkammern insbesondere der Berufungsstrafkammern ist mehrfach in der Öffentlichkeit geklagt und dabei hervorgehoben worden, dass die Schöffengerichte strenger sind. Es wird deshalb auch in weitem Umfange von den StA wegen Vergehen Anklage zu den Schöffengerichten erhoben. Eine Erweiterung der schöffengerichtlichen Zuständigkeit steht möglicherweise bevor. Durch die stärkere Heranziehung der Schöffengerichte ist den Bestrebungen Rechnung getragen, dass die Laienrichter in Strafsachen stärker tätig werden und dass andererseits das Rechtsmittel der Berufung in Strafsachen erweitert wird. Allein es gibt gewisse Vergehen, die wohl besser an der Strafkammer behalten werden, so z.B. Majestätsbeleidigungen oder kompliziertere Erpressungen. Es empfiehlt sich, dass sich die OStA in dieser Richtung mündlich mit ihren StA benehmen, damit nicht allgemein alle Vergehen abgegeben werden, sondern in solchen Fällen die erforderliche Einzelwürdigung eintritt.

III. Vornahme der Erhebungen bei Erlassung von Strafbefehlen. In Nr. 1 der Entschließung vom 29.06.1916 Nr. 25869, betr. Strafrechtspflege und Begnadigungswesen, ist auf die Notwendigkeit etwaiger sachentsprechender Erhebungen hingewiesen worden, wenn vom StA die Erlassung eines Strafbefehls beim Amtsrichter beantragt wird. Auf diese Vorschrift ist erneut hinzuweisen. Denn in der Gnadeninstanz ist es mangels zureichender Erhebungen vor Erlassung der Strafbefehle namentlich wegen Zuwiderhandlungen gegen die wirtschaftlichen Anordnungen wiederholt vorgekommen, dass neue Tatsachen vorgebracht und ermittelt wurden, die bei dem Schuld- und Strafausspruch im Strafbefehle nicht gewürdigt worden sind und namentlich bei rechtzeitigem Bekanntwerden zur Bemessung einer anderen Strafe geführt hätten.

IV. Berufungseinlegung durch die Amtsanwälte, insbesondere im Strafmaß. Nach den Dienstvorschriften für die StA § 68 Abs. 2 und für die Amtsanwälte § 91 Abs. 2 soll zur Erzielung eines höheren Strafmaßes ein Rechtsmittel nur beim Vorliegen eines öffentlichen Interesses eingelegt werden. Schon nach Kriegsausbruch ist durch die Entschließung vom 12.11.1914 Nr. 41285 die Aufmerksamkeit der StA und Amtsanwälte darauf gelenkt worden, dass sie bei der Einlegung von Rechtsmitteln den besonderen Zeitverhältnissen Rechnung tragen und zur Verhütung von Störungen in der Erwerbstätigkeit des Einzelnen sowie zur Vermeidung von Kosten für den Beschuldigten und die Staatskasse Rechtsmittel nur einlegen, wenn dies durch die Interessen der Rechtspflege unbedingt geboten ist. Nach § 13 Abs. 2 Nr. 4 und § 69 Abs. 1 der Dienstvorschrift für die StA gehört es zu den dem I. StA vorbehaltenen Verfügungen, über die Einlegung und die Zurücknahme von Rechtsmitteln zu entscheiden und insbesondere die Amtsanwälte anzuweisen, Berufungen zurückzunehmen. Es empfiehlt sich dringend, dass die I. StA beim Eingange amtsanwaltschaftlicher Berufungen im Schuld- und Strafausspruche sofort prüfen, ob die Berufung notwendig und aussichtsvoll ist. Die I. StA haben dann ggfs. die erforderlichen Anordnungen zu treffen.

V. Entschädigung für unschuldig erlittene Haft. An die Gesuche um Entschädigung für unschuldig erlittene Haft legen die StA und OStA in der Regel einen strengen Maßstab an. Es empfiehlt sich jedoch, namentlich mit Rücksicht auf die jetzigen Zeitverhältnisse, dass solche Gesuche wenn nicht besondere Umstände entgegenstehen, wohlwollend behandelt werden sollen und dass der Entschädigungsbetrag zum allermindesten *alle baren Auslagen* des Gesuchstellers für Reisen, für den Verteidiger, für den Rechtsanwalt, der das Gesuch um Entschädigung gestellt hat usw. decken und noch darüber hinaus eine Vergütung enthalten soll. Die Haftkosten sollen dem Gesuchsteller nur dann angerechnet werden, wenn sie einen erheblichen Betrag ausmachen und den Entschädigungsbetrag nicht zu sehr mindern.

Die StA und OStA halten sich auch in ihren Gutachten fast durchweg daran, dass nach dem Gesetze nur der durch die Haft verursachte *reine Vermögensschaden* ersetzt werden darf. Bei Bescheidung der Gesuche ergibt sich für das StMin. der Justiz aus den besonderen Umständen der Fälle jedoch häufig die Notwendigkeit, aus *Billigkeitsgründen* einen höheren Betrag als den des reinen Vermögensschadens zu erstatten. Die Gutachten der StA und OStA erschweren dann dem StMin. der Justiz gegenüber dem StMin. der Finanzen die Zubilligung einer höheren Summe. Die StA und OStA sollen deshalb in jenen Fällen, in denen sie das für angezeigt halten, also nicht immer, gleichfalls die Gewährung einer *Entschädigung aus Billigkeitsgründen* befürworten. Diese Entschädigung und die aufgrund *des Gesetzes* zu gewährende Entschädigung sollen aber stets getrennt aufgeführt und begründet werden, damit es, wenn die richterliche Entscheidung vom Gesuchsteller angerufen wird, erkennbar ist, wie sich der Betrag, der schließlich an den Gesuchsteller ausgezahlt wurde, zusammensetzt.

C. Niederschlagung von Dienststrafverfahren gegen Kriegsteilnehmer. Das Gesetz vom 04.12.1915 über die Niederschlagung von Strafverfahren gegen Kriegsteilnehmer (GVBl. S. 727) erstreckt sich nur auf das Strafverfahren, nicht auf das Dienststrafverfahren und das ehrengerichtliche Verfahren gegen Rechtsanwälte. Es wurde deshalb die Frage erörtert, ob gesetzgeberisch durch eine Ergänzung dieses Gesetzes einer Niederschlagung von Dienststrafverfahren oder ehrengerichtlicher Verfahren gegen Rechtsanwälte näher getreten werden solle. Die OLG-Präs. und die OStA waren übereinstimmend der Ansicht, dass hierfür ein zureichendes Bedürfnis nicht gegeben sei. Das Dienststrafverfahren steht nicht unter dem Verfolgungszwange wie das eigentliche Strafverfahren. Die Ausübung des Dienststrafrechts ist ein Recht, keineswegs eine Pflicht des Dienstherrn; es steht daher in seinem Ermessen, ob er von seinem Rechte Gebrauch machen will. Soweit Staatsbeamte, die Kriegsteilnehmer sind, nach Maßgabe des Beamtengesetzes vom 16.08.1908 in Betracht kommen, kann der Antrag auf Einleitung des Disziplinarverfahrens bei geringfügigen Verfehlungen in Berücksichtigung der Kriegsteilnehmereigenschaft entweder unterlassen oder, wenn er schon anhängig war, nach Art. 151 des BeamtenG zurückgenommen werden. Diese Zurücknahme ist im Dienststrafverfahren gegen Richter und Notare nicht möglich; allein es kann, wenn ein solcher Fall zur Entscheidung kommen müsste, den besonderen Verhältnissen in der Strafzumessung Rechnung getragen werden. Das Gleiche gilt, sofern ehrengerichtliche Verfahren gegen Rechtsanwälte, die Kriegsteilnehmer sind, durchgeführt werden müssen. Stehen aber nur geringfügige Sachen in Frage, so kann der Vorstand der Anwaltskammer nach § 49 Nr. 1 der RAO verfahren. Die OStA werden dem weitgehend Rechnung tragen.

D. Begnadigungswesen. Das Begnadigungswesen nimmt schon seit einigen Jahren, ganz besonders aber seit Kriegsbeginn, an Umfang zu. Es ist nicht zu verwundern, dass die äußeren Behörden, deren Arbeitskräfte zufolge zahlreicher Einberufungen zum Heere gemindert sind, über die große Arbeit klagen, die ihnen die Behandlung der Begnadigungsgesuche verursacht. Auch hier muss auf die Vermeidung jeder unnötigen Arbeit Bedacht genommen werden. – Viel Arbeit würden AmtsA und StA sich und ihrem Kanzleipersonal ersparen, wenn sie die Vorschrift in § 5 Abs. 3 Buchst. c der Bekanntmachung vom 06.05.1911, das Verfahren der Justizbehörden in Begnadigungs- und Strafaufschubssachen betreffend, beachten und von der Befugnis in Buchst. c häufiger Gebrauch machen würden.

Nicht selten ist der Fall derart gelagert, dass für die Entscheidung auf das Begnadigungsgesuch das, was in dem Gesuche vorgebracht ist, gar keinen Einfluss haben kann. In solchen Fällen wird von Ermittlungen abgesehen werden können. Befindet sich der Verurteilte in Strafhaft und reicht für ihn ein Dritter ein aussichtsloses Begnadigungsgesuch ein, so ist es auch nicht nötig, den Verurteilten fragen zu lassen, ob er sich dem Gesuch anschließt, und unter Einforderung der Personalakten der Strafanstalt diese zu einer Äußerung aufzufordern, wie sich der

Verurteilte am Straforte führt und wie sich der Anstaltsvorstand und die Beamtenkonferenz zu dem Begnadigungsgesuche stellen.

Der Bekämpfung der nicht selten geradezu frivolen Begnadigungsgesuche dient auch die Vorschrift in § 2 Abs. 2 der Bekanntmachung vom 06.05.1911, wonach mit der Einleitung der Strafvollstreckung nicht gezögert und die schon eingeleitete Strafvollstreckung nicht eingestellt werden soll, wenn ein Begnadigungsgesuch eingereicht wird, dass offenbar aussichtslos ist und nur der Verschleppung dient.

Selbstverständlich ist eine Ausnahme zu machen in denjenigen Fällen, in denen Seine Majestät der König Berichterstattung angeordnet haben; in diesen Fällen müssen, auch wenn das Gesuch aussichtslos erscheint, eingehende Ermittlungen über das Vorbringen im Gesuche angestellt und die Strafvollstreckung muss eingestellt werden, bis die allerhöchste Entschließung ergangen ist. – Viel Mühe und Arbeit wird insbesondere den Boten und Dienern aller Instanzen, die mit einem Begnadigungsgesuche beschäftigt sind, dann aber auch der Post erspart werden können, wenn recht sorgfältig geprüft wird, ob und welche Akten mit dem Bericht über ein Begnadigungsgesuch dem Ministerium vorgelegt werden sollen; dabei ist auch nicht außer Acht zu lassen, dass die Versendung der Akten viel Geld kostet. Lagen die Akten über das Strafverfahren dem Ministerium schon einmal vor und kommt wieder ein Begnadigungsgesuch, das nach der Lage des Falles keinen Erfolg haben kann, so wird es in der Regel nicht nötig sein, die Akten wieder vorzulegen.

Ganz überflüssig ist eine nochmalige Vorlage der Akten über das Strafverfahren, wenn auf die Anordnung des Ministeriums, den Verurteilten zur Bewilligung einer Bewährungsfrist vorzuschlagen, dieser Vorschlag erfolgt oder wenn nach Ablauf der Bewährungsfrist der Erlass der Strafe beantragt wird. – Die AO in der Ziff. II der allgemeinen Entschließung Nr. 25869 vom 29.06.1916, Strafrechtspflege- und Begnadigungswesen betreffend, muss sorgfältigst beachtet, der manchmal wahrzunehmenden Bestrebung, das gerichtliche Verfahren durch das Begnadigungsverfahren zu ersetzen, muss entschieden entgegengetreten werden.

Die bedingte Begnadigung ist bei Jugendlichen gewiss ein Erziehungsmittel von größter Bedeutung. Für sich allein genügt sie aber häufig nicht; es werden gleichzeitig Fürsorgemaßnahmen getroffen werden müssen. Auf diesen Gesichtspunkt wird von den AmtsA und den StA mehr als das bisher der Fall gewesen ist, Rücksicht genommen und in den geeigneten Fällen bei dem Vormundschaftsgericht auch Fürsorgemaßnahmen hingewirkt werden müssen. – Bedauerlicherweise nimmt die Kriminalität der Jugendlichen während des Krieges sehr erheblich zu; damit werden die monatlichen Vorlagen, die bedingte Begnadigung betreffend, immer umfangreicher. Es besteht keine Erinnerung, wenn diese Vorlagen, um sie nicht allzu groß werden zu lassen, in Abweichung von der in der Bekanntmachung vom 14.12.1908 aufgestellten Regel *zweimal* im Monat dem Ministerium unterbreitet werden. – Der Herr OStA in Augsburg hat wegen der Behandlung der Gesuche um Aufhebung von Straffolgen, insbesondere wegen der Zuständigkeit zur Behandlung solcher Gesuche am 25. v. Mts. eine Anfrage an das JMin. gerichtet; sie gibt zu folgenden Bemerkungen Anlass: Der Übung entspricht es, dass in denjenigen Fällen, in denen ein Gesuch um Aufhebung von Straffolgen mit einem Gesuch um Erlass, Minderung oder Unterbrechung der Vollstreckung der Freiheitsstrafe verbunden ist und die Gesuche von vornherein als aussichtslos erscheinen, zunächst *nur* das Gesuch um Erlass oder Minderung der Freiheitsstrafe oder um Unterbrechung der Vollstreckung der Freiheitsstrafe behandelt wird.

Was sodann die Zuständigkeitsfrage anlangt, so ist zunächst auf die Bekanntmachung vom 06.02.1917, die Wiederverleihung der Heeresfähigkeit betreffend, hinzuweisen, die in der Nr. IV des Hauptblattes zum JMBl. abgedruckt wird; sie enthält für die Fälle dieser Bekanntmachung eine Sonderregelung. Von diesen Fällen abgesehen ist Folgendes zu bemerken: Die Zuständigkeit des OStA bestimmt sich nach dem Wohnsitze des Verurteilten, beim Fehlen eines bayerischen Wohnsitzes nach dem gewöhnlichen Aufenthalt, beim Fehlen eines gewöhnlichen Aufenthalts in Bayern nach dem letzten Wohnsitz in Bayern, in dessen Ermangelung nach dem letzten gewöhnlichen Aufenthalt in Bayern, falls auch ein solcher nicht festzustellen ist, nach dem aburteilenden Gerichte.

Der Herr OStA beim OLG Augsburg hat dann noch angeregt, es solle in denjenigen Fällen, in denen ein Gesuch um Aufhebung von Straffolgen mit einem Begnadigungsgesuch verbunden ist, das sich auf die Freiheitsstrafe bezieht, *ohne Rücksicht auf den Wunsch oder den gewöhnlichen Aufenthalt des Verurteilten* derjenige OStA, welcher zur Behandlung des auf die Freiheitsstrafe sich beziehenden Gesuches zuständig ist, auch zur Behandlung des Gesuchs um Aufhebung der Straffolgen zuständig sein; dieser Anregung kann im Hinblick auf die Vorschrift im § 1 der Allerhöchsten Vollzugsverordnung vom 04.09.1861 nicht näher getreten werden.

Weitere vorgesehene Verhandlungsgegenstände

1. Aburteilung durch den Amtsrichter ohne Schöffen. 1. Nach § 23 Abs. 3 des Entwurfs einer Novelle zum GVG von 1909 [hierzu *W. Schubert,* Entwurf einer StPO und einer Novelle zum GVG sowie RT-Verhandlungen, 2 Bde., Frankfurt a.M. 1991] sollte die Zuziehung von Schöffen bei Übertretungen und leichten Vergehen unterbleiben. Die Reichstagskommission schränkte diese Vorschrift auf Übertretungen nach § 361 Nr. 3–8 StGB ein. 2. Eine Aburteilung durch den Amtsrichter *ohne Schöffen* kann jetzt schon *nach § 211 StPO* im schleunigen Verfahren erfolgen. Voraussetzung ist, dass der Beschuldigte vorgeführt, nur wegen Übertretung verfolgt wird und geständig ist. Dieses schleunige Verfahren sollte nach dem Entwurf einer StPO von 1909 bedeutend ausgebaut werden. Abgesehen vom Falle der Verhaftung und des Geständnisses des Beschuldigten (§ 419) sollte es nach § 410 auch zulässig sein, wenn ein Verdächtiger auf frischer Tat betroffen oder verfolgt und vorläufig festgenommen wird. Seine Zulässigkeit sollte überdies auf alle zur Zuständigkeit der AG gehörenden Sachen und die Sachen ausgedehnt werden, in denen der StA die Zuständigkeit des AG durch Anklageerhebung bei ihm sollte begründen können. Hierdurch eröffnete der Entwurf in Verbindung mit § 23 Abs. 2 des Entwurfs einer Novelle zum GVG die Möglichkeit, auch rückfällige Diebe und Betrüger ohne Schöffen abzuurteilen, wenn sie auf frischer Tat betroffen oder verfolgt werden oder in Haft genommen, ein Geständnis ablegen. Die Vorschriften des Regierungsentwurfs, wonach auch das schleunige Verfahren vom StA *und von dem*

Beschuldigten beantragt werden konnte, blieben in der Reichstagskommission in der Hauptsache unverändert.

Einer erheblichen Erweiterung der Zuständigkeit des Amtsrichters zur Aburteilung ohne Schöffen ist aus Anlass des Krieges zuzustimmen. Insbesondere erscheint der Ausbau des schleunigen Verfahrens im Sinne der Entwürfe von 1909 empfehlenswert.

2. Erweiterung der Zuständigkeit der Schöffengerichte. Eine solche sah der Entwurf einer Novelle zum GVG von 1909 hauptsächlich in der Weise vor, dass der StA bei einer Reihe von Vergehen, die zur Zuständigkeit der Strafkammern gehören, ferner bei Diebstahl und Betrug im Rückfall und bei einzelnen Verbrechen Jugendlicher die Zuständigkeit des AG durch Anklageerhebung bei hm sollte begründen können. Die Reichstagskommission ging noch darüber hinaus. Nach ihren Beschlüssen sollte der StA ermächtigt werden, die Zuständigkeit des AG bei allen zur Zuständigkeit der LG gehörigen Vergehen *und Verbrechen* zu begründen (§ 23 Abs. 2 der Novelle zum GVG von 1909). Dieser Gedanke hat in der Beschränkung auf die zur Zuständigkeit der Strafkammern gehörigen Vergehen durch *§ 3 der BundesratsVO vom 07.10.1915* Verwirklichung gefunden. Gegen die Übernahme dieses § 3 besteht kein Bedenken. Im Gegenteil empfiehlt sich die Ausdehnung auf *Rückfalldelikte* und *Verbrechen Jugendlicher.*

3. Herabsetzung der Zahl der Geschworenen. Einer Herabsetzung der Zahl der Geschworenen für die Spruchliste und auch für die Geschworenenbank ist nicht entgegenzutreten, wenn sie die Kriegsverhältnisse erforderlich machen. Schon in der Novelle zum GVG von 1909 war in § 118 eine Herabsetzung der Spruchliste, für die jetzt 30 Hauptgeschworene auszulosen sind, auf *23 Geschworene* vorgeschlagen. Die Reichstagskommission hatte dies angenommen. Außerdem war damals vorgeschlagen, dass mit der Bildung der Geschworenenbank begonnen werden durfte, wenn *18 Geschworene* zur Stelle sind (§ 271 Abs. 1 des Entwurfs einer StPO). Nach dem geltenden Rechte (StPO § 280) beträgt jetzt die Zahl *24.*

4. Entlastung der Schwurgerichte. Nach § 75 des Entwurfs einer Novelle zum GVG von 1909 war die Zuweisung folgender der schwurgerichtlichen Zuständigkeit unterfallender Verbrechen an die Strafkammer vorgeschlagen:

1. für die Verbrechen der Urkundenfälschung in den Fällen des § 268 Nr. 2 und der §§ 272, 273 StGB:;
2. für die Verbrechen im Amte in den Fällen der §§ 349, 351 StGB;
3. für die nach §§ 239 und 242 der KO und die nach § 11 oder § 12 Abs. 2 Nr. 2 des Gesetzes betr. die Pflichten der Kaufleute bei Aufbewahrung fremder Wertpapiere vom 05.07.1896 strafbaren Verbrechen.

Dieser Vorschlag wurde in 1. und 2. Lesung der Reichstagskommission angenommen.

In diesem Umfange empfiehlt sich jedenfalls aus Anlass des Krieges eine Entlastung der Schwurgerichte. Dagegen empfiehlt sich eine Abtrennung der Verbrechen der *Meineide mit Rücksicht auf die in Süddeutschland bestehende Wertschätzung* der Schwurgerichte aus politischen Gründen nicht.

5. Besetzung der Strafkammern. Es empfiehlt sich, an der Besetzung der Strafkammern 1. Instanz mit *fünf Richtern* festzuhalten, zumal wenn Verbrechen, die bisher der schwurgerichtlichen Zuständigkeit unterfallen sind, der Strafkammer zugewiesen werden. Dagegen kann die *Berufungsstrafkammer* mit drei Richtern besetzt werden. Eine solche Besetzung war auch schon in §§ 76, 77 Abs. 1 der Novelle zum GVG von 1909 vorgesehen.

Die bayerische Regierung hatte in ihren Noten vom 2. und 07.12.1908 Nr. 48451 und 49581 die Durchführung der Schöffeneinrichtung auch für die Berufungsstrafkammern vorgeschlagen und beantragt, dass die Berufungsstrafkammern bei Übertretungen, bei geringfügigeren Vergehen und in Privatklagesachen mit drei Richtern, nämlich einem Vorsitzenden und zwei Schöffen, zu besetzen seien. – Dieser Antrag fand im Bundesrat keine Annahme und wurde späterhin nicht mehr verfolgt. – Im Übrigen war die Ausgestaltung der Berufungsstrafkammer mit zwei richterlichen Mitgliedern und mit drei Schöffen vom bayer. JMin. vorgeschlagen.

6. Besetzung der Senate der OLG mit drei Richtern. Im Entwurf eines Gesetzes über die Zuständigkeit des RG vom Dezember 1909 (BR-Ds. 184/1909 Art. I 4) war beantragt, die Senate des RG mit fünf Richtern zu besetzen. – Bayern hatte sich dagegen ausgesprochen, weil die Maßregel dem ganzen Aufbau der Gerichtsorganisation widerspreche, die darauf beruhe, dass das höhere Gericht immer stärker besetzt sei als das nächstniedere. Auch nach der Volksanschauung stünden sich Gerichte mit gleicher Besetzung gleich. Übrigens sei die größere Zahl von Richtern für die Entscheidung schwieriger Fälle nach der eigenen Erfahrung des bayerischen JMin. nicht gleichgültig. Damit decken sich auch die Erfahrungen des RG-Rats Hagens, der in der DJZ 1909 gegen den Vorschlag Stellung genommen habe. – Der Bundesrat hat die Herabsetzung abgelehnt. – Diese Gründe sprechen auch gegen den Vorschlag, die Zahl der Senatsmitglieder bei den OLG herabzusetzen. Die Tradition des Senats verkörpert sich in dem Vorsitzenden. Die Vermehrung der Senate ist darum möglichst zu vermeiden. Zwei Beisitzer können natürlich nur weniger arbeiten als vier. Die Herabsetzung der Senatsmitglieder unter gleichzeitiger Vermehrung der Senate trägt mithin zur Bewältigung der Arbeit nicht bei. Für Bayern besteht jedenfalls auch als Kriegsmaßnahme kein Bedürfnis.

6 a) Entschädigung für unschuldig erlittene Haft. Gesuche um Entschädigung für unschuldig erlittene Haft werden von den StA und OStA nicht *immer wohlwollend* behandelt. Es empfiehlt sich wohl deshalb den OStA zu sagen, dass solche Gesuche, wenn nicht besondere Umstände entgegenstehen, wohlwollend behandelt werden sollen und dass der Entschädigungsbetrag zum allermindesten *alle baren Auslagen* des Gesuchstellers für Reisen, für den Verteidiger, für den Rechtsanwalt, der das Gesuch um Entschädigung gestellt hat usw. decken und noch darüber hinaus eine Vergütung enthalten soll. Die Haftkosten sollen dem Gesuchsteller nur dann angerechnet werden, wenn sie einen erheblichen Betrag ausmachen und den Entschädigungsbetrag nicht zu sehr mindern.

Auch auf Folgendes würde hinzuweisen sein: Die StA und OStA halten sich in ihren Gutachten fast durchweg daran, dass nach dem Gesetze nur der durch die Haft verursachte *reine Vermögensschaden* ersetzt werden darf. Bei Bescheidung der

Gesuche ergibt sich für das StMmin. der Justiz aus den besonderen Umständen der Fälle jedoch häufig die Notwendigkeit, aus *Billigkeitsgründen* einen höheren Betrag als den des reinen Vermögensschadens zu erstatten. Die Gutachten der StA und OStA erschweren dann dem StMin. der Justiz gegenüber dem StMin. der Finanzen die Zubilligung einer höheren Summe. Die StA und OStA sollen deshalb in jenen Fällen, in denen sie das für angezeigt halten, also nicht immer, gleichfalls die Gewährung einer *Entschädigung aus Billigkeitsgründen* zu befürworten. Diese Entschädigung und die aufgrund *des Gesetzes* zu gewährende Entschädigung sollen aber stets getrennt ausgeführt und begründet werden, damit es, wenn die richterliche Entscheidung vom Gesuchsteller angerufen wird, erkennbar ist, wie sich der Betrag, der schließlich an den Gesuchsteller ausgezahlt wurde, zusammensetzt.

7. Gerichtsverfassung. Der Gedanke, die Zivilkammer in 1. Instanz nur mit einem Richter zu besetzen, zielt zweifellos darauf ab, die Einrichtung der einzelrichterlichen Entscheidung bei den Collegialgerichten von Österreich zu übernehmen. Die österreichische Einrichtung beruht auf der kurz vor dem Ausbruche des Kriegs aufgrund des NotVOrechts ergangenen kaiserlichen VO vom 01.06.1914, betr. Änderungen des Verfahrens in bürgerlichen Rechtsangelegenheiten, der sog. Gerichtsentlastungsnovelle (RGBl. I 1914, 659).

Die österreichischen LG, die den deutschen LG entsprechen, sind in der Hauptsache für Klagen über Streitgegenstände von mehr als 1.000 Kronen (also rund 800 M) zuständig. Ihre Senate sind wie die Kammern der LG mit drei Richtern besetzt. – Schon vor der Gerichtsentlastungsnovelle vom 01.07.1914 wurden nach der österreichischen ZPO einzelne richteramtliche Handlungen der LG nicht vom Senate, sondern von einem Mitglied des Collegiums als Einzelrichter vorgenommen. Namentlich wird der Vortermin des österr. Verfahrens, die sog. erste Tagsatzung, die den Zweck hat, „klärend zu wirken, die wahren von den bloß scheinbaren Streitfällen zu sichten", die letzteren durch Versäumnisurteil, Anerkenntnisurteil, Urteil aufgrund Verzichts sofort zu erledigen; in den ersteren einen Vergleich zu versuchen und die Frage der Sicherheitsleistung und der Klageänderung sowie einzelnen minder wichtige prozessuale Fragen (prozesshindernde Einreden) sofort der Entscheidung zuzuführen, vom Vorsitzenden des Senats oder von einem durch diesen bestimmten Richter des Senats abgehalten. Dieser Richter fällt als Einzelrichter die aufgrund der ersten Tagsatzung ergehenden Urteil und sonstigen Entscheidungen und entscheidet auch über die Wiedereinsetzung gegen die Versäumung des Vortermins. Außerdem entscheidet der Einzelrichter beim Collegialgericht über eine Reihe untergeordneter Angelegenheiten, so bei der Liquidierung von Advokatengebühren, unter gewissen Voraussetzungen über die Festsetzung der Prozesskosten, ferner fakultativ in Exekutionsbewilligungssachen und beim Verfahren in Bagatellsachen und Besitzstörungssachen, wenn es sich um Klagen von oder gegen einen Richter handelt (vgl. hierzu *Pollak,* System des österr. Zivilprozessrechts, S. 216, 217, 626; *Gruchot,* Bd. 59 S. 287). Im Übrigen aber wurden die Rechtsstreite bei den LG bis zur Novelle vom 01.06.1914 von den Senaten als Collegium entschieden.

Die Novelle brachte hierin eine einschneidende Änderung. Nach § 7 a der Jurisdiktionsnorm verhandelt und entscheidet nunmehr in Rechtsstreitigkeiten über vermögensrechtliche Ansprüche, die vor die LG (Kreisgerichte) gehören, wenn der Streitgegenstand den Betrag von 2.500 Kronen nicht übersteigt, oder bis zum Beginn der mündlichen Streitverhandlung auf oder unter diesen Betrag eingeschränkt wird, ein vom Vorsteher des Gerichtshofes bestimmtes Mitglied des Gerichts als Einzelrichter. Wird das Klagebegehren über den Betrag von 2.0500 Kr. erweitert, nachdem die mündliche Streitverhandlung schon begonnen hatte, so bleibt die Durchführung der Verhandlung beim Einzelrichter. Für das Verfahren vor diesem gelten die Vorschriften für das Verfahren vor dem Collegialgericht 1. Instanz, hiernach u.a. auch der Anwaltszwang, und der Vortermin. Der Einzelrichter tritt hiernach in diesen Fällen vollständig an die Stelle des Collegiums und schaltet dieses ganz aus.

Die Gerichtsentlastungsnovelle hat außerdem noch den Kreis der einzelnen Angelegenheiten, in denen ein vom Vorsitzenden des Collegiums bestimmter Einzelrichter entscheidet, erweitert, namentlich in Kostenangelegenheiten (Festsetzung des Kostenbetrags bei Zurücknahme der Klage in der mündlichen Verhandlung, fakultative Festsetzung der Kosten bei der Erledigung des Rechtsstreits durch Urteil). Der Einzelrichter entscheidet auch über die Sicherung des Beweises ([als der] der Vorsitzende), über die Zeugen- und Sachverständigengebühren und über die Bewilligung der sog. einverständlichen Entscheidung, wenn infolge einer Scheidungsklage außerhalb einer mündlichen Streitverhandlung ein Vergleich zustande kommt, demzufolge beide Teile einverständlich um die Scheidung nachsuchen.

Die Einführung der Einzelrichter-Organisation bei den LG ist aus Richterkreisen angeregt worden. Sie betrifft nach den Erhebungen des österr. JMin. ungefähr 40–50% aller landesgerichtlichen Sachen (vgl. *Gruchot*, S. 285). Abschließende Erfahrungen über den Erfolg der grundlegenden Änderung können bei der Kürze der Zeit noch nicht gesammelt sein; in der Literatur scheinen Äußerungen hierüber noch nicht vorzuliegen.

Sicher ist, dass die österr. Einrichtung die Wirkung der Entlastung, die sie ausschließlich bezweckt, in hohem Maße erreicht; sie würde auch bei den bayer. LG kaum erreicht; sie würde auch bei den bayer. LG kaum eine geringe Wirkung äußern. Sicher ist aber ebenso sehr, dass sie keine Verbesserung der Rechtspflege bedeutet, sondern die höheren Garantien, mit denen die Entscheidung über größere Vermögensinteressen zum Unterschied von der über Bagatellsachen und geringe Streitwerte in allen Prozessordnungen umgeben ist und im Interesse einer guten Rechtspflege umgeben sein soll, nahezu völlig beseitigt. Das Verfahren vor dem Einzelrichter des Collegiums kann keine nennenswert größere Rechtsbürgschaft bieten als das Verfahren vor dem Einzelrichter der ersten Instanz (Bezirksgericht) und es wäre, wenn es in Österreich als dauernde Einrichtung gedacht ist, eigentlich folgerichtig, diese Rechtsstreitigkeiten dem LG ganz abzunehmen und der Zuständigkeit des Bezirksgerichts zuzuschlagen. Annehmbar ist eine solche Verschlechterung der Rechtspflege nur dann, wenn sie durch die Verhältnisse geradezu aufgezwungen wird. Tatsächlich hat sich Österreich nur deshalb zu dieser Maßnahme entschlossen, weil die Geschäftslast der Gerichte in solchem Maße angewachsen war, dass andere Mittel versagten, und weil namentlich Personalvermehrungen wegen des Mangels an Nachwuchs in einzelnen Teilen des Reichs nicht in genügendem Umfange durchzuführen waren (*Gruchot*, S. 282). Für die bayer. LG besteht ein Zwang zu einer gleichen Ausnahme und Notmaßregel vorerst nicht, trotz der Einberufung von Richtern, und es ist auch nicht zu befürchten, dass eine solche Notlage, die von jeder Rücksicht auf die Güte der Rechtsprechung entbinden würde, eintreten wird. Die Besetzung der Zivilkammern mit nur einem Richter dürfte hiernach abzulehnen sein. Nur für den sog. Vortermin wäre sie annehmbar und zweifellos am Platze. Die Einführung des Vortermins aber wird zurzeit nicht in Betracht kommen, weil sie ohne durchgreifende Änderung des landgerichtlichen Verfahrens nicht geschehen könnte und deshalb der seinerzeitigen allgemeinen Änderung der ZPO vorbehalten bleiben muss.

Dagegen, dass einzelne minderwichtige richteramtliche Handlungen bei den LG von einem Collegialmitgliede als Einzelrichter vorgenommen werden würden (z.B. Festsetzung der Zeugen- und Sachverständigengebühren, Kostenentscheidungen), ließe sich am Ende nicht viel einwenden. Von Bedeutung wäre eine solche Entlastung des Collegiums aber nicht.

8. Aufhebung der Ausschließung des Berichterstatters über die Eröffnung des Hauptverfahrens von der Mitwirkung in der Hauptverhandlung. Die Vorschrift in § 23 Abs. 3 der StPO, wonach an dem Hauptverfahren vor der Strafkammer mehr als zwei von denjenigen Richtern, welche bei der Entscheidung über die Eröffnung des Hauptverfahrens mitgewirkt haben, und namentlich der Richter, welche Bericht über den Antrag der StA erstattet hatte, nicht teilnehmen dürfen, wurde in den Entwurf einer neuen StPO nicht übernommen. Die Reichstagskommission hat dem zugestimmt. – Gegen die Mitwirkung des Berichterstatters in der HV steht auch kein Bedenken, wenn die Strafkammern für die HV in erster Instanz mit fünf Richtern besetzt bleiben.

9. Durchbrechung des Legalitätsprinzips. Nach § 183 des Entwurfs einer StPO von 1909 war die StA ermächtigt, in Sachen, die vor den AG ohne Schöffen zu verhandeln sind, von Erhebung der Klage abzusehen, wenn die Verfolgung des Verdächtigen wegen Geringfügigkeit der Verfehlung nicht geboten erschien. In den Beschlüssen der Reichstagskommission in erster Lesung wurde diese Vorschrift auf Übertretungen beschränkt und die Zustimmung des zuständigen Gerichtes erfordert. Im Beschlusse 2. Lesung (§ 155 a) verblieb es bei der Beschränkung auf Übertretungen, jedoch fiel die Zustimmung des Gerichts.

Eine Durchbrechung des Legalitätsprinzips kann aus Anlass des Krieges bei Übertretungen und Vergehen eintreten, wenn die Verfehlung so geringfügig ist, dass eine Bestrafung nicht geboten ist. Allein zur Abschneidung von Angriffen gegen die Justizverwaltung und nach dem Vorgange der BundesratsVO vom 18.01.1917 (Berücksichtigung des unverschuldeten Irrtums) ist das Absehen von Erhebung der Klage von der Zustimmung des Gerichts abhängig zu machen. Würden ernstliche Bedenken gegen die Durchbrechung des Verfolgungszwangs bei allen Vergehen geltend gemacht, dann würde es sich jedenfalls empfehlen, die Ermächtigung für Vergehen zu geben, die mit Gefängnis bis zu einem Jahre bedroht sind, obwohl auch bei höher strafbaren Vergehen sich Verfehlungen ereignen, die nach den Umständen des Falles, insbesondere nach dem Grunde der Verschuldung so geringfügig sind, dass eine Bestrafung nicht geboten sein kann.

10. Erweiterung des Strafbefehlsverfahrens. Eine erhebliche Ausdehnung des Strafbefehlsverfahrens sah § 421 des Entwurfs einer StPO von 1909 vor. Sie fand die Zustimmung der Reichstagskommission. Inzwischen ist das Strafbefehlsverfahren für die Zuwiderhandlungen gegen die KriegsVO des Bundesrats und der Militärbefehlshaber in § 1 der BR-VO vom 07.10.1915 zugelassen worden. – Einer ergiebigen weiteren Ausdehnung des Strafbefehlsverfahrens wird unbedenklich zugestimmt werden können. Empfehlenswert erscheint aber auch die Zulassung des Strafbefehlsverfahrens in Privatklagesachen, soweit es sich um geringfügige Fälle, insbesondere um einfache Beleidigungen nach § 185 StGB handelt.

11. Änderung des Privatklageverfahrens. Eine Befugnis des Richters in geringfügigen Sachen bei Privatklagen abweisen zu dürfen, wird sich mit Rücksicht auf den Ehrenschutz in keiner Weise empfehlen. Wohl aber empfiehlt sich die Erwägung, ob nicht für geringfügige Privatklagesachen des Strafbefehlsverfahren zuzulassen ist. – Gegen die Befugnis des Richters in Privatklagesachen bis zur Beendigung des Krieges aussetzen zu dürfen, besteht keine Erinnerung. Wohl aber wird es geboten sein, gegen einen Aussetzungsbeschluss des erkennenden Gerichtes mit Rücksicht auf § 347 der StPO, den Beteiligten das Rechtsmittel der Beschwerde zu geben, weil die Verhältnisse in Privatklagesachen so gelagert sein können, dass eine Durchführung notwendig ist. Ebenso wenig besteht eine Erinnerung gegen die Einführung des richterlichen Sühnetermins in Privatklagesachen, bei dem aber die Rechtsanwälte nicht ausgeschlossen werden dürfen. – Es ist möglich, dass auch eine Ausdehnung des Privatklageverfahrens auf andere Vergehen bei der Besprechung angeregt wird. Der Entwurf einer StPO hatte auch in § 377 eine solche von der Reichstagskommission grundsätzlich gebilligte Ausdehnung vorgeschlagen.

12. Revision per saltum in Strafsachen. Einer Revision per saltum in Strafsachen ist aus Anlass des Krieges nicht entgegenzutreten, wenn diese Revision alternativ neben der Berufung in Strafsachen zugelassen wird.

13. Erhöhung der Berufungssumme. Durch die BR-VO vom 09.09.1915 [RGBl. I 1915, 562] ist für Berufungen in Rechtsstreitigkeiten über vermögensrechtliche Ansprüche die Zulässigkeit der Berufung an einen 50 M übersteigenden Betrag der Beschwerdesumme geknüpft worden. Eine Rechtsbeschwerde ist nicht gegeben. – Wenn jetzt eine Erhöhung der Berufungssumme zugelassen werden soll, so dürfte diese doch jedenfalls nicht weitergehen als bei den Gewerbegerichten, d.h. 100 M nicht übersteigen. Für diesen Betrag könnte als Kriegsmaßnahme eine Berufungssumme befürwortet werden, dann aber ohne Rechtsbeschwerde.

Denn wenn man eine Rechtsbeschwerde einführt, muss man sie auch bei den Gewerbegerichten und den Kaufmannsgerichten geben. Andererseits ist die Ansetzung einer höheren Berufungssumme als 100 M ohne eine Rechtsbeschwerde wohl nicht angängig. Denn wie die nachstehende Statistik zeigt, fallen bei einer Berufungssumme von mehr als 100 M eine erhebliche Zahl von Berufungen weg. Die Erhöhung der Berufungssumme ist also für die Sicherheit der Rechtsprechung von wesentlicher Bedeutung.

Von den bei den LG der OLG Zweibrücken, Bamberg und Augsburg in den Jahren 1913 und 1915 anhängig gewordenen Berufungen würden wegfallen: [die Statistik wurde erst jüngst erhoben, da noch nicht alle Bezirke eingetroffen sind, konnten nur obige OLG-Bezirke verwertet werden.]

Erhöhung der Berufungssumme

a) wenn die Berufungssumme auf 100 M erhöht wird in *Zweibrücken* 1913: 37%, 1915: 35%; in *Bamberg* 1913: 39%, 1915: 37,7%; in *Augsburg* 1913: 37%, 1915: 37,7%.

b) wenn die Berufungssumme auf 200 M erhöht wird in *Zweibrücken* 1914: 54,6%, 1915: 50,7%; in *Bamberg* 1914: 61%, 1915: 59%; in *Augsburg* 1913: 50%, 1915: 49%.

c) wenn sie auf 300 M erhöht wird in *Zweibrücken* 1913: 64,3%, 1915: 59%; in *Bamberg* 1913: 75%, 1915: 74%; in *Augsburg* 1913: 62%, 1915: 65%.

14. Erweiterung der amtsgerichtlichen Zuständigkeiten in Zivilsachen. Im Jahre 1907 wurde die Frage der Erhöhung der Wertgrenze für die amtsgerichtliche Zuständigkeit erörtert. Aus diesem Anlass wurden vom JMin. Erhebungen gepflogen. Als gegenwärtig die Frage wieder auftauchte, wurden abermals Erhebungen gepflogen, deren Ergebnisse liegen jedoch nur für die OLG selbst, nicht für die LG bzw. AG vor. Die Erhebungen des Jahres 1907 erstreckten sich für die LG auf die Zeit von 1902–1905, für die OLG auf das Jahr 1904 (letzteres im Anschluss an die entsprechende preuß. Statistik). Die gegenwärtigen Erhebungen umfassen die Zeit von 1912–1915.

I. Wertgrenze von 1.200 M. 1. LG. Im Durchschnitt der Jahre 1902–1905 machten die gewöhnlichen und Urkunden- und Wechselprozesse, in denen der Wert des in der Klage geltend gemachten Anspruchs den Betrag von 1.200 M nicht übersteigt, 68,04% der vermögensrechtlichen Prozesse aus. Bei dieser Zahl ist natürlich zu berücksichtigen, dass damals die amtsgerichtliche Zuständigkeit nur bis 300 M ging. Auf die einzelnen OLG-Bezirke verteilt sich die obige Zahl wie folgt: München 60,4%, Zweibrücken 67,9%, Bamberg 70,2%, Nürnberg 67,9%, Augsburg 67,8%. Berücksichtigt man, dass inzwischen die amtsgerichtliche Zuständigkeit auf 600 M erhöht wurde, so geht wohl die Schätzung nicht fehl, die annimmt, dass bei einer Erhöhung der amtsgerichtlichen Zuständigkeit auf 1.200 M die LG über 50% ihrer vermögensrechtlichen Prozesse verlieren.

2. OLG. Im Jahre 1904 machten von den bei den OLG eingelegten Berufungen in vermögensrechtlichen Rechtsstreitigkeiten diejenigen, bei welchen der in der Klage geltend gemachte Anspruch den Betrag von 1.200 M nicht übersteigt, 48,7% aus. Auch bei dieser Zahl ist zu berücksichtigen, dass die LG schon von 300 M an damals zuständig waren. Auf die einzelnen OLG verteilt sich obige Zahl wie folgt: München 48,5%, Zweibrücken 50,4%, Bamberg 50,7%, Nürnberg 54,1%, Augsburg 45,9%. Im Durchschnitte der Jahre 1912–1918 machen die Berufungen mit einem Streitwert von nicht mehr als 1.200 M 35,1% der vermögensrechtlichen Rechtsstreitigkeiten aus.

Auf die einzelnen Jahre verteilt sich dies wie folgt: 1912: 38%, 1913: 37%, 1914: 36 %, 1915: 35,5%, 1916: 27%.

II. Wertgrenze von 1.000 M. 1. LG. Im Durchschnitte der Jahre 1902–1905 entfallen von den landgerichtlichen gewöhnlichen und Urkunden- und Wechsel [...]

II. Besprechung vom 16.12.1919

Verzeichnis der Teilnehmer:
Dr. Ernst Müller, Staatsminister der Justiz
Dr. Karl Meyer, Staatsrat im StM der Justiz
v. Heinzelmann, OLG-Präsident (München)
v. Marth, OLG-Präsident (Bamberg)
Dürbig, OLG-Präsident (Augsburg)
Ziegler, OLG-Präsident (Nürnberg)
H. Schmitt, MinDir., StM der Justiz
Frhr. v. Sartor auf Gansheim, OStA (München)
Menzel, OStA (Augsburg)
Seidenschwarz, OStA (Bamberg)
Dr. Müller, MinRat, StM d. Justiz
Spangenberger, MinRat, StM d. Justiz
Aschenbrenner, OStA (Nürnberg)
Degen, ORR, StM d. Justiz

Themenübersicht:
Anschluss Koburgs an Bayern – Mitteilung über die Berliner Besprechungen – Vereinfachung der Staatsverwaltung – Besoldungsfragen – Expeditorenfrage – Beamtenbeiräte und Beamtenausschüsse – Übernahme von Militärrichtern und elsass-lothringischen Beamten – Sondergerichte, Rechtsauskunftsstellen, Jugendfürsorgeämter, Mieteignungsämter – Bedingte Begnadigung – Anregungen und Wünsche.

Staatsminister Dr. Müller begrüßt die Erschienenen. Er bespricht zunächst die Bedeutung, welche dem von ihm freudig begrüßten *Anschluss Koburgs an Bayern* zukommt und führt hierbei u.a. Folgendes aus: Mit der Ausarbeitung der über die Durchführung des Anschlusses auf dem Gebiete der Justizverwaltung zu erlassenden Bestimmungen ist bereits begonnen worden. Die in Koburg schon bestehenden Einrichtungen sollen beibehalten und, soweit als möglich, ausgebaut werden. So soll die in Koburg bestehende Strafkammer und Kammer für Handelssachen spätestens bei der bestehenden Neuorganisation der Gerichte zu einem eigenen Landgerichte ausgebaut werden. Dem neu zu errichtenden Landgericht Koburg werden oberfränkische Amtsgerichte unter Abtrennung von dem Bezirk des LG Bamberg zugeteilt werden. Die Koburg in dieser Richtung gegebenen Zusagen waren mit ausschlaggebend für seine Anschließung an Bayern. – Die übrigen Bestimmungen über die Durchführung des Anschlusses betreffen insbesondere die Rechtsanwaltschaft und die Notariate.

Der *StM der Justiz* macht hierauf eingehende Mitteilungen über den Verlauf und die Ergebnisse der *Besprechung* der Vertreter der Justizverwaltungen der einzelnen Länder mit den Vertretern des Reiches *in Berlin am 27. u. 28.11. ds. Js.*[hierzu unten

S. 65 ff.]: Die *Wuchergerichte*, führt der Minister aus, sind im Wesentlichen auf bayerische Initiative geschaffen worden. Leider sind unsere Vorschläge mit nicht unwesentlichen Abschwächungen Gesetz geworden, die u.U. ihrer vollen Wirksamkeit entgegenstehen.

Die Notwendigkeit, die *Volksgerichte* zur Bekämpfung innerer Unruhen auch über die Beendigung des Kriegszustandes hinaus beizubehalten, wurde in Berlin allgemein anerkannt.

Des Weiteren legt StM Dr. Müller zu folgenden, in Berlin besprochenen Gegenständen die dort eingenommene Stellung der bayerischen Justizverwaltung und – soweit solche überhaupt erzielt werden konnten – auch die Ergebnisse der Berliner Verhandlungen, dar. Festsetzung der *Altersgrenzen*, bei deren Erreichung Richter in den Ruhestand treten, *Besoldung* der Richter, *Titelwesen* bei der Justiz, Regelung des *Ausbildungsganges* der Juristen, *Zulassung von Frauen* zu den juristischen Staatsprüfungen, Aufklärung der Öffentlichkeit durch die *Presse* über die Ergebnisse der Strafrechtspflege, *Zusammenwirken* der Strafverfolgungsbehörden und der Gerichte *mit Vereinen* und anderen Organisationen, die sich freiwillig in den Dienst des Kampfes gegen Missstände im Wirtschaftsleben stellen, *Anwaltsgebühren in Armensachen*, Errichtung von *Sondergerichten für die Arbeitsrechtsprechung*. Hierbei hebt der StM hervor, dass die Stellung der bayerischen Justizverwaltung in der Frage der Schaffung von Sondergerichten auf dem Gebiete des Arbeitsrechts inzwischen durch das Vorgehen des bayerischen Städtebundes unterstützt worden sei. Dieser habe unter dem 15.12. ds. Js. eine Eingabe an das bayerische Justizministerium und u.a. auch an das RJM gerichtet, in der er – im Wesentlichen aus finanziellen Gründen – verlange, dass nicht nur alle bisher geschaffenen Sondergerichte auf die Justizverwaltung übernommen würden, sondern dass auch die etwa noch zu errichtenden Rechtsauskunftsstellen und Vermittlungsämter sowie vor allem etwaige Sondergerichte für die Arbeitsrechtsprechung den ordentlichen Gerichten angegliedert würden.

Hierauf wendet sich StM Dr. Müller dem Hauptgegenstande der Besprechung, der *Vereinfachung der Staatsverwaltung* mit folgenden Ausführungen zu: Die notwendige Vereinfachung der Verwaltung muss den Geschäfts- und Verkehrsverhältnissen und der Notwendigkeit der raschen und einfachen Erledigung der Geschäfte entsprechen. Ihre Schwierigkeit ist unter den heutigen Verhältnissen außerordentlich groß. Die innere Verwaltung hat bereits mit Vorbereitungsmaßnahmen begonnen. Auch die Justizverwaltung muss mit allem Ernst an die Vorbereitung der Vereinfachung und Neuorganisation herantreten. Sie ist dabei abhängig von der Reichsjustizgesetzgebung. Wir stehen vor tief eingreifenden Reformen derselben: Ausdehnung und Zuständigkeit der AG in Zivilsachen bis zu 1.200 M, der Schöffengerichte auf die Aburteilung der Delikte, die mit Strafen bis zu fünf Jahren Zuchthaus bedroht sind. Dies verändert das ganze Bild unserer Organisation. Unsere Volksgerichte, die das Reich als Vorbild der Wuchergerichte genommen hat, sind in ihrem Aufbau als große Schöffengerichte wohl das Zukunftsgericht. Auch in Juristenkreisen ruft man jetzt nach Laien. Ihre Zuziehung in immer weiterem Umfange als bisher ist staatspolitische Notwendigkeit geworden. Das Vertrauen zum Gerichte wächst, wenn das Volk sieht, dass bei unseren unabhängigen Gerichten nur nach Recht und Gerechtigkeit verfahren wird.

Der Apparat unserer Schwurgerichte, die neben den Schöffengerichten, die Normalgerichte für die schweren Verbrechen werden sollen, ist zu schwerfällig. Wir hätten ohne die Volksgerichte in den letzten Monaten glatten Geschäftsbankrott mit den Schwurgerichten machen müssen. Der Verbrauch der Kräfte ist durch die Überanstrengung der bayerischen Gerichte in den letzten Jahren außerordentlich gewesen. Die Konsequenzen muss der Landtag ziehen: Das Vorrückungssystem und ein besonderes Richterbesoldungsgesetz nach der Eigenart des Richteramtes wären die beste Lösung der wichtigen Frage. In einem solchen Zeitpunkt bevorstehender tiefgehender Änderungen der Gesetzgebung an eine Zusammenlegung von Ämtern heranzugehen, erscheint sehr schwierig. Unsere finanzielle Not zwingt uns aber zur Prüfung, ob wir weiter rund 270 AGs und 29 LGs in Bayern behalten dürfen.

Freilich, eine falsche Sparsamkeit kann gerade der Justiz nicht wiedergutzumachenden Schaden zufügen. Die bayerische Richterschaft lebt seit langem in dem Glauben, gegenüber anderen Ressorts zurückgesetzt zu sein. Diese Meinung darf sich nicht einfressen: Sie muss durch Beachtung der gerechten Wünsche der Richterschaft beseitigt werden. Die soziale und materielle Stellung des einzelnen Richters, der sich in den schwersten Zeiten als stärkste Säule des Staates erwiesen hat, muss gehoben werden, je mehr der Laienrichter Eingang findet. – Zu allen großen Reformen gehört aber Ruhe, Ordnung und Sicherheit, ohne die Nervosität einer unruhigen Zeit. Solche Ordnung baldigst zu schaffen ist höchste Pflicht der Regierung im Reiche und in Bayern.

Ich möchte nun die Herren OLG-Präs. und OStA bitten, uns ihre Meinung in der Frage der Vereinfachung der Verwaltung auf dem Gebiete des Justizwesens mitzuteilen, namentlich soweit die Neueinteilung unserer Gerichtsbezirke in Betracht kommt.

Staatsrat Dr. Meyer: Der Herr StM der Justiz hat schon vor einigen Wochen eine unter dem Vorsitz des Staatsrats gestellte Kommission zur Bearbeitung aller mit der Vereinfachung der Staatsverwaltung zusammenhängenden Fragen eingesetzt. Dass das StM der Justiz der Frage der Verwaltungsvereinfachung auch für seinen Bereich die größte Aufmerksamkeit zuwendete, war schon deshalb nötig, weil das StM des Innern diese Frage mit größtem Nachdruck von sich aus betreiben zu müssen glaubte. Wie der Herr StM bereits hervorgehoben hat, muss daran festgehalten werden, dass die Vereinfachung des bayerischen Justizwesens 1. *abhängig* von den Reformmaßnahmen des Reiches, aber 2. vollkommen *unabhängig* von der Vereinfachung der Verwaltung in dem Geschäftsbereiche der übrigen Ressorts zur Durchführung zu kommen hat.

Der Herr StM der Justiz hat diesen seinen Standpunkt auch gegenüber dem StM des Innern in einer Note, die den zur Besprechung geladenen Herren mit der Einladung in Abdruck zugegangen ist, auf das Entschiedenste vertreten. – Die innere Verwaltung selbst denkt, wie aus einer von ihr dem Ministerrate unterbreiteten vertraulichen Denkschrift hervorgeht, für die nächste Zeit gar nicht daran, z.B.

Kreisregierungen aufzuheben. *Keinesfalls aber darf sich die Vereinigung der Staatsverwaltung im Wesentlichen auf Kosten der Justiz abspielen.*

Jede wirklich durchgreifende Verwaltungsvereinfachung hat eine sachliche Vereinfachung, d.h. eine Vereinfachung der zu erledigenden Geschäfte, zur Voraussetzung. In dieser Hinsicht muss aber unbedingt die *Entwicklung der Reichsgesetzgebung abgewartet* werden. Wie unumgänglich notwendig dies ist, wird den Herren ein Blick in die von dem Herrn Referenten vorgelegte Zusammenstellung der hauptsächlichsten Neuerungen, welche der Entwurf eines Gesetzes zur Änderung des GVG bringt, dartun. – In jedem Falle ist es wünschenswert, dass sich die Herren *OLG-Präs.* und *OStA* im Verlaufe der Vorarbeiten zur Verwaltungsvereinfachung *vor Erstattung von Gutachten an die Zentralstelle miteinander ins Benehmen setzen,* damit nicht eine Behörde gegen die andere ausgespielt werden kann. Wenn wir uns ferner auch darüber einig sind, dass eine der Neuzeit entsprechende Einrichtung der Behörden unter allen Umständen zu schaffen ist, so müssen wir doch andererseits unbedingt daran festhalten, dass diese Neueinrichtung vor allem den neuzeitlichen Verkehrsverhältnissen und auch den historischen und wirtschaftlichen Zusammenhängen Rechnung zu tragen hat. Daher ist es wünschenswert, dass sich die Herren *OLG-Präsidenten auch mit den Regierungspräsidenten* hinsichtlich der Abgrenzung der Regierungsbezirke in Fühlung halten.

Bei der nun folgenden Aussprache bitte ich die Herren OLG-Präs. und OStA, vor allem die Beantwortung der Frage im Auge zu behalten, inwieweit sie ihre bereits abgegebenen Gutachten unter den gegenwärtigen Verhältnissen – namentlich mit Rücksicht auf die bevorstehenden Justizreformen – noch aufrecht erhalten wollen. Selbstverständlich muss *alles über die örtliche Gerichtsorganisation Besprochene streng vertraulich behandelt* werden, damit jede unnötige Beunruhigung der Öffentlichkeit vermieden wird.

OLG-Präs. v. Heinzelmann: Auch bei Berücksichtigung der inzwischen eingetretenen Änderung der Verhältnisse kann ich mein schriftliches Gutachten in allen wesentlichen Punkten aufrecht erhalten. In Oberbayern hätten demnach bestehen zu bleiben die LG München I und II und Traunstein, in Niederbayern die LG Landshut und Passau.

OLG-Präs. Dürbig: Nach reiflichem Überlegen halte ich für den OLG-Bezirk Augsburg nur den Fortbestand der LG Augsburg und Kempten für erforderlich.

Staatsrat Dr. Meyer: Der erstrebenswerteste Zustand wäre wohl der, dass *jeder Regierungsbezirk nur zwei LG* besäße und dass *bei jedem dieser LG ein Schwurgericht* bestände.

OLG-Präs. Ziegler: In Mittelfranken wäre das LG Fürth sicher aufzuheben. – Außerdem könnte in der Oberpfalz das LG Weiden oder das LG Amberg aufgehoben werden. Darüber, welches von beiden Gerichten aufzuheben ist, bin ich noch zu keinem endgültigen Urteil gekommen.

Staatsrat Dr. Meyer: Vielleicht äußert sich Herr MinDir. Schmitt über die Frage, ob das LG Weiden oder das LG Amberg aufzuheben sei, da er die Verhältnisse aus eigener Anschauung genau kennt.

MinDir. Schmitt: Nach meiner Ansicht muss das LG Amberg unter allen Umständen bestehen bleiben. Amberg ist eine viel bedeutendere Stadt als Weiden. Zudem besteht am LG Amberg bereits ein Schwurgericht.

OLG-Präs. v. Marth: Acht LG sind für den Bezirk meines OLG zu viel. Aufgehoben können die LG Hof und Schweinfurt werden, dann bleiben in Unterfranken die LG Würzburg und Aschaffenburg, in Oberfranken die LG Bamberg und Bayreuth bestehen. Als neues LG wird das neu zu errichtende LG Koburg dazutreten.

Staatsrat Dr. Meyer: Die *Frage der örtlichen AG-Organisation* kann heute nicht gelöst werden. Sobald infolge des Fortschreitens der Justizreformen zu dieser Frage Stellung genommen werden kann und muss, wird das Justizministerium die Herren OLG-Präsidenten und OStA verständigen, damit diese zu Vorberatungen zusammentreten können. Hierauf wird dann eine abschließende Besprechung im Justizministerium zu folgen haben.

Was den Anschluss Koburgs anlangt, den wir vor allem der Tatkraft des Herrn StM der Justiz verdanken, so wird das zu errichtende *LG Koburg dem OLG-Bezirk Bamberg* angeschlossen werden, so dass dieser dann – wenn für den Regierungsbezirk Oberfranken und den Regierungsbezirk Unterfranken je zwei LG beibehalten werden, insgesamt sechs LG umfassen wird.

Der Herr Justizminister hat mit voller Absicht in seinen Ausführungen der OLG keine Erwähnung getan. Denn von einer *Aufhebung von OLG* kann ebenso wenig die Rede sein, wie die innere Verwaltung an die Aufhebung von Kreisregierungen denkt. Die Justizreform mit ihrer Geschäftsverschiebung zwischen Land- und Amtsgerichten lässt sich ohne die Mitwirkung der Herren OLG-Präs. und OStA nicht durchführen.

Staatsmin. Dr. Müller: Die *Aufhebung von OLG* ist für mich *vollständig ausgeschlossen.*

Staatsrat Dr. Meyer: Auch an dem *Fortbestand des Bayerischen Obersten Landesgerichts,* dem in letzter Zeit neue Aufgaben zugewiesen worden sind – ich verweise nur auf das Gebiet des staatlichen Prüfungswesens – wird festgehalten werden müssen. Die Aufhebung des Obersten Landesgerichts würde auch zu keiner Einsparung an Personal oder Sachbedarf führen, sondern durch die Mehrbelastung der OLG und die Notwendigkeit der Schaffung einer Art Kammergericht wieder ausgeglichen werden.

OLG-Präs. v. Marth: Schon durch die Aufhebung der Fideikommisse sind die OLG zurzeit so in Anspruch genommen, dass eine Aufhebung von OLG nicht tunlich wäre. Denn die Durchführung der Fideikommissaufhebung muss mit Rücksicht auf ihre glatte und sachgemäße Erledigung von Herren weitergeführt werden, denen die genaueste Kenntnis der Verhältnisse ihres Bezirkes zu Gebote steht.

Staatsmin. Dr. Müller: Dass das OLG Bamberg aufgehoben würde, halte ich schon deswegen für undenkbar, weil Bamberg während der Rätezeit der Regierung ein Asyl geboten hat.

Staatsrat Dr. Meyer: Der Zusammenhang der *Pfalz* mit Bayern ist durch die Bestimmungen des Friedensvertrages einer so schweren Belastung ausgesetzt, dass die Pfalz so schonend wie möglich behandelt werden muss. Die Aufhebung pfälzischer Gerichte wird deshalb aus der heutigen Erörterung vollkommen auszuscheiden haben.

Die Herren OStA schließen sich in der Frage, welche LG ihres Bezirks aufzuheben seien, unter Erörterung namentlich des Bau- und Gefängniswesens den Ausführungen der Herren OLG-Präs. an.

Staatsmin. Dr. Müller: Die Besprechung hat also bisher zur Aufstellung folgender *Richtlinien* geführt:

1. Aufzuheben sind möglichst viele LG, aber möglichst wenig AG, und zwar sollen in jedem Regierungsbezirke künftig nur zwei LG bestehen mit Ausnahme des Regierungsbezirks Oberfranken, der infolge der Errichtung eines LG in Koburg drei LG aufweisen wird.

2. Über die Durchführung der örtlichen Neuorganisation der Gerichte werden die Herren OLG-Präs. und OStA zunächst miteinander in Meinungsaustausch treten, in der Frage der örtlichen Neuorganisation der AG werden sich die Herren OLG-Präs. auch mit den Herren LG-Präs. ins Benehmen setzen.

3. Nach Abschluss dieser Vorbesprechungen (Ziff. 2) wird im StM der Justiz eine neuerliche Besprechung stattfinden, welche die endgültige Regelung der örtlichen Neuorganisation der Gerichte, insbesondere der AG, zum Gegenstande haben wird.

Damit wären die Punkte 1–5 der Tagesordnung erledigt. Zur Besprechung steht nunmehr Punkt 6: *Personal- und Gehaltsfragen.*

MinRat Dr. Müller: Die *neue bayerische Gehaltsordnung* [vgl. GehO v. 1908, GVBl. S. 681 ff.] ist so gedacht, dass zu einem festen Grundgehalt ein beweglicher Gehaltsbestandteil tritt, der automatisch die Hauptkriterien der Teuerung berücksichtigt. Die Ortszulagen sollen einen Teil dieses beweglichen Gehaltsbestandteils bilden. Die Einzelheiten stehen noch nicht fest. Die Gehaltsklassen sollen ganz außerordentlich vermindert, die Zeit zwischen den Gehaltsvorrückungen verkürzt werden.

Für die Justizbeamten wäre das Bedeutungsvollste die Schaffung eines besonderen *Richterbesoldungsgesetzes.* Die Forderung nach einem solchen Gesetze hat das StM der Justiz mit allem Nachdruck vertreten, hat damit aber bei den übrigen Ressorts nicht das geringste Verständnis gefunden. Bleiben wir aber mit den übrigen Ressorts in dieselbe Gehaltsordnung zusammengespannt, dann bleibt die Gefahr bestehen, dass die Beamten dieser anderen Verwaltungszweige die Leiter der Gehaltsklassen ersteigen, dass aber unsere Justizbeamten zurückbleiben. Deshalb hat die Justizverwaltung den Gedanken des Richterbesoldungsgesetzes durchaus nicht aufgegeben, sie wird ihn vielmehr auf das Entschiedenste weiter verfechten. In den letzten Besprechungen unter den Ministerien hat sich bereits bei den übrigen Ressorts ein leiser Unterton des Entgegenkommens vernehmen lassen, offensichtlich deshalb, weil befürchtet wird, dass sich die bayerische Richterschaft sonst an das Reich um Hilfe wendet. Aus dieser Befürchtung heraus sind wohl auch die Zugeständnisse entsprungen, welche die Justizverwaltung bisher erreichen konnte: Pension der Richter mit vollem Gehalt, weitgehende Beförderung auf dem Amte.

Auch in Abgeordnetenkreisen beginnt der Gedanke eines besonderen Richterbesoldungsgesetzes allmählich Wurzel zu fassen. Dies ist umso erfreulicher, als sich nach der Durchführung der Neuorganisation der Gerichte, welche die Justizreform nach sich zieht, die Basis, auf der sich die Möglichkeit des Vorankommens für den Richter aufbaut, ganz gewaltig erweitern wird: Die Lebensstellung der überwiegenden Zahl der Richter wird die des AG-Richters sein, nur wenig mehr als etwa ein Fünftel oder ein Achtel aller Richter werden die Möglichkeit des Aufrückens in höhere Stellen haben.

Daraus wird folgen, dass die Stelle des Richters der ersten Instanz bei den AG und bei den LG, also die des Amtsrichters und die des Landrichters, in die erste Gehaltsklasse zusammenzulegen sein wird. Die nächste Gehaltsklasse wird die Direktoren der LG und AG, die Räte der OLG und die auf dem Amte in diese Klasse beförderten übrigen Richter der LG und AG umfassen. Die dritte Klasse wird die Senatspräsidenten der OLG, die Räte des Obersten LG, die Präsidenten der LG und die Präsidenten der größten AG umfassen. Eine weitere besondere Gruppe mit festen Grundgehalten werden endlich zu bilden haben der Präsident des Obersten LG, die Präsidenten der OLG und die Senatspräsidenten des Obersten LG. – Dabei müsste die Justizverwaltung die Ermächtigung bekommen, einen bestimmten Hundertsatz von Richtern der ersten Gehaltsklasse alljährlich im Amte bis zur Stellung des OLG-Rats zu befördern. Damit wäre der gewaltige Vorteil erreicht, dass die jetzt bestehende unangebrachte Zusammenspannung der Richter mit verschiedenen Beamtenklassen der anderen Ressorts wie Geometern, Turnlehrern und dgl. beseitigt würde.

Was die *Staatsanwaltschaften* anlangt, so müssen die großen Schöffengerichte StA in der Stellung des bisherigen II. StA erhalten. Ob die Einrichtung der III. StA bestehen bleiben soll, ist eine Frage, deren Beantwortung ich mir noch vorbehalten möchte. Es wäre wohl möglich, dass wir die Stellung des III. StA entbehren können, wenn der Zugang zum Justizstaatsdienst beschränkt wird und wenn wir dann die Anwärter in entsprechend bezahlten Hilfsarbeiterstellen beschäftigen. Wir würden so in der Lage sein, uns von der Eignung der jungen Leute rechtzeitig ein Bild zu machen und sie andererseits entsprechend rasch in feste Stellungen zu bringen. Zu StA wären dann bei der von der StA künftig zu tragenden großen Verantwortung nur ältere und erfahrene Richter zu ernennen.

In die Besoldungsordnung wären die StA so einzugliedern, dass unser bisheriges System des Wechsels zwischen richterlicher und staatsanwaltschaftlicher Tätigkeit beibehalten werden kann und zwar so, dass für die staatsanwaltschaftlichen Kräfte keinerlei Nachteil, sondern eher ein gewisser Vorteil entstände. Jedenfalls müsste der Übergang von der staatsanwaltschaftlichen zur richterlichen Tätigkeit und umgekehrt im Richterbesoldungsgesetz Erwähnung finden.

Staatsrat Dr. Meyer: Das StM der Justiz hat zu der Frage der Richterbesoldung noch keine abschließende Stellung genommen. Bei der Wichtigkeit der Frage möchte ich die Herren OLG-Präs. und OStA bitten, recht offen sich zu äußern. Sie werden dann gleichzeitig dem Herrn Minister eine wertvolle Stütze für die kommenden Verhandlungen mit anderen Ressorts und im Landtag schaffen. – Nach der Übernahme der Beamten der Finanz- und der Verkehrsverwaltung durch das Reich werden die *Justizbeamten die zahlenmäßig stärkste Gruppe unter der bayerischen Beamtenschaft* bilden. Mir persönlich wäre es am liebsten, wenn es gelänge, sämtliche Justizbeamten einschließlich der StA und der Gefängnisbeamten in einer in sich geschlossenen Sondergehaltsordnung zusammenzufassen. Der Wechsel zwischen staatsanwaltschaftlicher und richterlicher Tätigkeit sollte unter allen Umständen erhalten bleiben. Ob auf die Stelle des III. StA verzichtet werden kann, ist eine Frage, die noch reiflichster Erwägung bedarf. Ich neige der Ansicht zu, dass sie beizubehalten ist. Denn sie bildete bis jetzt und wird dies auch fernerhin bilden, einen Anreiz für tüchtige Leute, sich der Justizlaufbahn zuzuwenden.

OLG-Präs. v. Heinzelmann: Wir OLG-Präsidenten, meine ich, können die Vorschläge des Herrn MinRat Dr. Müller nur auf das Wärmste begrüßen. Ein eigenes Richterbesoldungsgesetz wird eine wirksame Maßnahme gegen die herrschenden großen Missstände bilden. Ohne ein solches Gesetz kommen wir, wenn ich mich so ausdrücken darf, aus dem Gefängnis, in dem wir jetzt eingeschlossen sind, nicht heraus. Aus meiner jahrelangen Tätigkeit im Justizministerium weiß ich recht wohl, auf wie geringes Entgegenkommen wir bei den anderen Ressorts bei der Vertretung der Interessen der Justizbeamten stoßen. Ein eigenes Richterbesoldungsgesetz ist dringend erforderlich. – Ich bin auch mit dem Grundsatz einverstanden, dass nicht das reine Vorrückungssystem greifen soll, sondern eine Verbindung des Vorrückungs- und des Beförderungssystems. Denn wenn bloß die Vorrückung nach dem Dienstalter eingeführt würde, so könnte dies die schlimmsten Folgen für die Güte der Rechtspflege nach sich ziehen. Andererseits wird die Möglichkeit der Beförderung auf dem Amte die Justizverwaltung in die Lage versetzen, Beamte, die sich z.B. hervorragend für die Tätigkeit am AG eignen, aber weniger für die Tätigkeit an einem höheren Gerichte, in ihrer Stellung zu belassen. Wir sollten deshalb keine Gelegenheit vorübergehen lassen, um für die Gestaltung des Besoldungswesens nach dem uns heute mitgeteilten Plane zu werben.

OLG-Präs. v. Marth: Auch ich würde die Durchführung der Besoldung nach den im StM der Justiz ausgearbeiteten Vorschlägen als besonderen Erfolg der Justizverwaltung begrüßen. Unser Bestreben wird vor allem dahin gehen, die Befähigten möglichst rasch vorwärts zu bringen. Der Gedanke, den Tüchtigen auf derselben Stelle zu befördern, ist mir sehr sympathisch. Ich möchte hierbei zur Erwägung stellen, ob nicht Mittel und Wege zu finden wären, diejenigen Kräfte, die sich besonders in der eigentlichen Richtertätigkeit, d.i. der streitigen Rechtsprechung, bewähren, rasch in möglichst hohe und möglichst gut bezahlte Stellen kommen zu lassen. Die Stelle eines Oberamtsrichters wird wohl jedem Richter erreichbar sein müssen. Bei der weiteren Beförderung aber könnte man – bei aller Wertschätzung, die ich für die freiwillige Gerichtsbarkeit hege, vielleicht die in der streitigen Rechtspflege bewährten Richter herausheben. So könnte man daran denken, den Richter der freiwilligen Gerichtsbarkeit etwa mit dem gleichen Gehalte anfangen zu lassen wie den Bezirksamtsassessor in der Verwaltung, den Streitrichter bei den AG und LG dagegen in eine besondere Klasse mit höherem Anfangsgehalt einzustellen. Man könnte dann etwa den Richter zuerst in der freiwilligen Gerichtsbarkeit oder als Vermittlungsrichter verwenden. Hierbei würde sich ohne besondere Schwierigkeiten bald ein Bild von seinen Fähigkeiten und seiner Eignung gewinnen lassen, aufgrund dessen er dann zum Streitrichter ernannt und damit in eine gehobene Gehaltsklasse gebracht werden könnte. Jedenfalls möchte ich die Gleichstellung der Streitrichter am AG und am LG dringend befürworten. Beide Richter sollten ohne Beförderung bis in das Gehalt etwa des Regierungsrates vorrücken können. Aus ihnen wären dann wiederum die tüchtigsten Richter für leitende Stellen und für die Richterstellen an den OLG auszuwählen. Mein Bestreben geht also dahin, diejenigen, auf die wir unsere Hoffnung für die Zukunft setzen, und die sich um den Staat hervorragend verdient machen, besonders auszuzeichnen.

OLG-Präs. Dürbig: Den Ausführungen des Herrn OLG-Präs. Exzellenz von Marth möchte ich durchaus beistimmen. Zu Streitrichtern sollten nur Richter bestellt werden, die sich hierfür ganz besonders eignen, nicht schlechterdings diejenigen, die sich hierzu melden.

OLG-Präs. v. Marth: Zur Vermeidung von Missverständnissen möchte ich meine Ausführungen dahin ergänzen, dass die von mir zur Erwägung gestellte Heraushebung der Streitrichter nicht durch den Gerichtsvorstand, sondern aufgrund der Gutachten der Gerichtsvorstände durch die Justizverwaltung zu erfolgen hätte. Die Justizverwaltung müsste eine bestimmte Zahl von Streitrichterstellen zur Verfügung haben, die sie dann dem Tüchtigsten verleihen könnte.

OLG-Präs. Ziegler: Das Gedeihen der Rechtsprechung erfordert, dass der Richter ideell und materiell in jeder Hinsicht gehoben wird. Bis heute lässt sich kein Richter durch materielle Vorteile bestimmen, einem Streitsteil zum Nachteil des anderen zuzuneigen. Wir dürfen uns aber vor der Notwendigkeit nicht verschließen, dass zur Erhaltung der Unantastbarkeit unseres Richterstandes sofort etwas zur Sicherung seines Auskommens geschehen muss. Der von dem Herrn OLG-Präs. v. Marth vertretene Grundgedanke ist sehr gut. Unter Richter stellt man sich in erster Linie den vor, der Recht spricht. Das Vollkommenste wäre es wohl, wenn sich erreichen ließe, dass der Richter tatsächlich nur mit der Rechtsprechung befasst wäre. Aber solange dieses Ziel nicht erreicht ist, dürfen wir doch wohl nicht den Eindruck aufkommen lassen, als ob es eine Art richterlicher Tätigkeit gebe, die geringer zu werten wäre als die andere. Die Gerichtsvorstände kämen sonst bei der Geschäftsverteilung leicht in große Verlegenheit, denn sie müssen die Geschäfte verteilen, wie sie anfallen. Bei einer bevorzugten Stellung der Streitrichter würde aber jeder Richter den Streitrichter machen wollen, so dass leicht ein gewisses Strebertum einreißen könnte.

Auch wenn wir die Tätigkeit des Richters in der streitigen und in der nichtstreitigen Gerichtsbarkeit gleichwerten, können wir dadurch, dass wir den Richter in verschiedenen Stellen tätig sein lassen, seine Fähigkeiten und seine besondere Eignung feststellen und dann die tüchtigsten Kräfte besonders rasch voranbringen.

Staatsrat Dr. Meyer: Wir müssen gegenwärtig alles vermeiden, was die Lage der Justizbeamten weiter verschlechtern und den Tätigkeitsbereich der Justiz weiter einengen könnte. Der Gedanke der Abtrennung der freiwilligen Gerichtsbarkeit von den richterlichen Tätigkeiten dürfte deshalb besser nicht zur Erörterung zu stellen sein. Wir können nicht zugleich mit der Forderung nach Abtrennung der freiwilligen Gerichtsbarkeit und nach Neugewinnung der prozessverhütenden Tätigkeit wie Rechtsauskunft und dergl. hervortreten. Wenn uns die Neuregelung des Zivilprozesses nicht Neuland auf dem Gebiete des Prozessverhütungs- und des Güteverfahrens bringt, so verliert die Justiz allmählich im Bereiche des bürgerlichen Rechts ihre Lebensfähigkeit, zumal wenn ihr zu den bereits bestehenden Gebieten der Sonderrechtsprechung auch noch die ganze Arbeitsrechtsprechung entzogen werden sollte.

Was die mittleren Beamten anlangt, so erwägt die Justizverwaltung gegenwärtig, welche Geschäfte im Verwaltungswege vom Kassenwesen bis zur freiwilligen Gerichtsbarkeit zur Entlastung der Richter an die mittleren Beamten abgegeben werden könnten. Aber auch bei dieser Abgabe ist Maß und Ziel zu beobachten, wenn nicht der Lebensnerv des höheren Juristenstandes berührt werden soll. Denn die Ansprüche der mittleren Beamten gehen äußerst weit und es bestände sonst leicht die Gefahr, dass die mittleren Beamten auch Anspruch auf die Besorgung rein richterlicher Geschäfte erheben.

OStA Frhr. v. Sartor: Die Schaffung eines Richterbesoldungsgesetzes würde ich lebhaft begrüßen. Ich bitte aber zu berücksichtigen, dass die StA während des Krieges einen außerordentlich schweren Dienst zu leisten hatten und dass ihre Tätigkeit auch jetzt keine einfachere geworden ist. Zum Nutzen der Strafrechtspflege würde es daher gereichen, wenn die neue Besoldungsordnung so gestaltet würde, dass die StA möglichst lange in ihrer Stelle als StA bleiben könnten. Stehen sie aber außerhalb des Richterbesoldungsgesetzes, dann werden sie danach trachten, möglichst bald der Wohltaten dieses Gesetzes teilhaftig zu werden. Die Regelung müsste also dahin gehen, dass die StA nach Gehalt und Pension den Richtern mit gleichen Dienstaltern möglichst gleichgestellt würden. Die Ersetzung der III. StA durch Hilfsarbeiter möchte ich nicht empfehlen; denn wir haben im Kriege durch das Hilfsarbeitertum zu sehr gelitten. Die Herren haben als Hilfsarbeiter keine eigene Verantwortung und können auch keinen Sitzungsdienst leisten.

Die *Einrichtung der Amtsanwälte* wird bei der Erweiterung der Zuständigkeit der Amts- und Schöffengerichte wohl verschwinden müssen. Ich bin mir nur noch nicht recht klar, was nach der Schaffung der zentralisierten Schöffengerichte auf dem Gebiete der Strafrechtspflege für die Zuständigkeit der kleineren AG übrig bleiben wird. Man wird diesen AG wohl das Strafbefehlsverfahren und das Verfahren in Bagatellsachen (Bettler, Landstreicher und dergl.) belassen. Dann werden wohl auch die Amtsanwälte im Nebenamte bleiben und nur die Amtsanwälte im Hauptamt beseitigt werden.

OStA Menzel: Ich schließe mich dem Herrn Vorredner darin an, dass die StA schon mit Rücksicht auf das, was sie geleistet haben und noch werden leisten müssen, keinesfalls schlechter gestellt werden dürfen als die Richter.

OStA Seidenschwarz: Die StA haben gegenwärtig und für eine zunächst gar nicht absehbare Zeit einen äußerst schweren Stand. Wir brauchen nicht bloß kenntnisreiche, sondern namentlich auch äußerst geschäftsgewandte Herren als StA. Auch mit Rücksicht auf die neu geschaffenen Wuchergerichte müssen der

StA ganz vorzügliche Beamte zugeführt werden. Denn vor den Wuchergerichten muss der StA die Anklage in weit ausführlicherer und wirksamerer Weise vertreten als vor den Berufsrichtern. In jedem Fall muss die Zahl der StA vermehrt werden. Dies ergibt sich schon rein zahlenmäßig aus der starken Zunahme der Anzeigeverzeichnisnummern.

OStA Aschenbrenner: Bis jetzt wurde die Wichtigkeit der Strafrechtspflege vielfach unterschätzt. Mit wie großem Unrecht, das haben die Ereignisse des laufenden Jahres gezeigt. Bei der Erledigung der künftig den zentralisierten Schöffengerichten zufallenden Aufgaben werden insbesondere die StA in hervorragendem Maße mitzuwirken haben.

Staatsrat Dr. Meyer: Bei der beabsichtigten Reform des Strafverfahrens soll die *Einrichtung des Untersuchungsrichters* beseitigt werden, so dass der StA der betreibende Teil im ganzen Vorverfahren sein wird. Auch dies wird dazu führen müssen, der StA eine ihrer großen Bedeutung entsprechende Stellung auch äußerlich zu geben.

OStA Aschenbrenner: Die Ausführungen des Herrn Staatsrats Dr. Meyer bestärken mich in der Ansicht, dass die Bedeutung und das Ansehen der staatsanwaltschaftlichen Tätigkeit eine große Steigerung erfahren wird. Auch für meinen Bezirk kann ich bestätigen, dass sich die Zahl der Anzeigeverzeichnisnummern in den letzten Jahren ganz erheblich, bis auf das Doppelte des Friedensstandes vermehrt hat. Ich möchte deshalb dafür eintreten, dass die StA unter keinen Umständen irgendwie schlechter gestellt werden als die Richter.

OStA Frhr. v. Sartor: In meinem Bezirk waren in der letzten Zeit Zunahmen der Anzeigeverzeichnisnummern bis zum dreifachen des früheren Standes zu beobachten. Wenn künftig dem StA auch die Aufgabe des Untersuchungsrichters zufallen werden, dann brauchen wir ganz vorzügliche Kräfte als StA, die fähig sind, schnell und richtig zuzugreifen.

MinRat Dr. Müller: Der Gedanke, den Exzellenz v. Marth ausgeführt hat, ist in dem Richterbesoldungsgesetz, wie ich es mir vorstelle, bereits verwertet. Denn das Besoldungsgesetz schafft an den Amtsgerichten gehobene Richterstellen. Allerdings sind diese gehobenen Stellen nicht bloß für die Streitrichter, sondern auch für die Richter der freiwilligen Gerichtsbarkeit gedacht. Die Erreichung der gehobenen Stellen hängt ausschließlich von der Tüchtigkeit und Bewährung des Richters ab, gleichgültig in welcher Art der richterlichen Tätigkeit die Bewährung stattgefunden hat. Damit ist also auch dem Bedenken des Herrn OLG-Präs. Ziegler Rechnung getragen.

Wie wichtig und verantwortungsvoll in diesen schweren Zeiten der Dienst der *StA* ist, wird wohl nirgends mehr gewürdigt als im StM. Es ist nur außerordentlich schwer, jetzt schon zu sagen, welche Stellung die StA in der künftigen Gehaltsordnung einnehmen sollen. Sie können überzeugt sein, meine Herren, dass wir günstige Plätze für die StA in der Gehaltsordnung zu finden bestrebt sein werden. Eben mit Rücksicht auf die Schwierigkeit, die Stellung der StA in der Zukunft schon heute genau vorzusehen, habe ich die Frage der Beibehaltung der III. StA nur gestreift. Nicht zu vergessen ist, dass uns künftig vielleicht von den übrigen

Ressorts vorgehalten wird: Auf so wichtige Stellen wie die des StA setzt ihr so junge Leute! In jedem Falle aber muss ein Gedanke festgehalten werden: Die Rolle des StA, sei es nun die des III., II. oder I. StA wird künftig so wichtig sein, dass keinesfalls die Stellung auch nur des III. StA mit der des Bezirksamtsassessors auf der gleichen Stufe wird belassen werden können.

Die *Mehrung der staatsanwaltschaftlichen Geschäfte* ist dem Justizministerium wohl bekannt. Das JM hat deshalb bei der Aufstellung des letzten Haushalts eine erhebliche Zahl von neuen StA beantragt und erhalten. Es wird auch für das neue Rechnungsjahr mit der Forderung einer weiteren Mehrung der StA-Stellen hervortreten. Leider sind wir bei den übrigen Ressorts nicht auf das nötige Verständnis gestoßen. So hat das Finanzministerium vor kurzem das Gehalt für sechs StA a.d.St., welche die Justizverwaltung über die im Etat bewilligte Stellenzahl hinaus ernennen musste, einfach gesperrt.

Das JM wird deshalb die Herren OStA nochmals um Bericht ersuchen. Ich bitte die Herren OStA hierbei die Geschäftsbelastung der StA kurz, aber desto nachdrücklicher darzustellen und zwar in einer Form, die es ermöglicht, nötigenfalls auch die Berichte selbst dem Landtag vorzulegen. Wenn das Richterbesoldungsgesetz die Zusammenlegung der Stellen des AG- und des LG-Richters bringt, so werden wir bei *der ersten Anstellung als Richter die größte Vorsicht* walten lassen müssen. Denn der einmal zum Richter Ernannte wird auch ohne Beförderung in einem ganz anderen Maße im Gehalte vorrücken als bisher. Wenn aber die Kontingentierung der Anwärteraufnahmen durchgeführt wird und wenn die Herren Gerichtsvorstände bis hinauf zum OLG-Präsidenten die schärfste Auswahl treffen und mitleidslos alle ungeeigneten Elemente ausscheiden, dann werden auch die Schwierigkeiten dieser ersten Auswahl zu überwinden sein. Die Einrichtung der *juristischen Sekretäre* wird allerdings wohl verschwinden müssen.

Die *neuen Qualifikationsvorschriften* haben sich sehr gut bewährt. Das JM bekommt jetzt tatsächlich Bilder von den Beamten, die von den früheren ganz erheblich abweichen. Nur in einem Punkte scheint noch Unklarheit zu bestehen, d.i. die Bezeichnung: Ausgezeichnet! Ausgezeichnet ist ein Beamter nur dann, wenn er auch zu den höchsten Leistungen befähigt ist. Als ausgezeichnet werden also immer nur ganz wenige Beamte bezeichnet werden können, zurzeit vielleicht beispielsweise 50 Richter. Was ich für die Bezeichnung ausgezeichnet ausgeführt habe, gilt mit dem entsprechenden Abmaße auch für die Würdigung als „besonders tüchtig".

Wiederholt ist die Meinung aufgetaucht, es könnten die *Beamtenbeiräte* irgendeinen Einfluss auf die Feststellung der Qualifikation ausüben. Diese Meinung ist irrig. Der Beamtenbeirat erhält vom JM lediglich die Mitteilung, welche Herren von der Justizverwaltung zur Beförderung usw. in Aussicht genommen sind. Es steht dem Beamtenbeirat frei, gegen die vom JM beabsichtigten Verfügungen Bedenken zu erheben. Dies ist bis jetzt nur in zwei bis drei Fällen geschehen. Im Übrigen aber kann keine Rede davon sein, dass der Beamtenbeirat irgendeinen Teil an der dem Herrn StM der Justiz obliegenden Verantwortung habe. – Ganz unzulässig wäre es vollends, wenn örtlichen Beamtenorganisationen irgendein Einfluss auf die Qualifikation eingeräumt würde. – Bei dieser Gelegenheit möchte ich auch auf eine Eingabe des Rats der Justizbeamten vom 7. ds. Mts. zu sprechen kommen, in der eine Anweisung an die Vorstände der Justizbehörde beantragt wird, vor Aufstellung der Geschäftsverteilung jeweils ein Mitglied des Beamtenausschusses zu hören.

StM Dr. Müller: Ich stelle zunächst fest, dass die *Herren OLG-Präs. und die Herren OStA einstimmig der Meinung sind, dass ein Richterbesoldungsgesetz unter Gleichstellung der StA mit den Richtern des gleichen Dienstalters anzustreben sei, welches das Beförderungssystem mit dem Vorrückungssystem verbindet und es namentlich ermöglicht, besonders tüchtige Richter auf derselben Stelle zu befördern.* – Die Frage der *Zuständigkeit der Beamtenbeiräte* und *Beamtenausschüsse* ist besonders brennend wegen der bedenklichen Zustände, die sich bei der Verkehrsverwaltung herausgebildet haben und die leicht auch auf andere Verwaltungszweige einen gefährlichen Einfluss ausüben können. Eine Nebenregierung der Beamtenbeiräte müsste aus verfassungsmäßigen Gründen auf das Schärfste bekämpft werden. Wenn z.B. ein solcher Beamtenbeirat in den ganzen Einlauf Einsicht bekommt und in alle Personalsachen hineinredet, so ist das nichts anderes als ein Rückfall in das Rätesystem.

Da das Reich selbst ein Gesetz über Beamtenausschüsse erlassen will, ist für die Justizverwaltung allerdings die Gefahr zur Übernahme der Einrichtungen der Verkehrsverwaltung gezwungen zu werden, beseitigt. Gleichwohl möchte ich die Herren OLG-Präs. und die Herren OStA dringend bitten, alle Vorkehrungen zu treffen, dass bei der Justizverwaltung das Rätesystem, wie es bei der Verkehrsverwaltung Platz gegriffen hat, keinen Eingang findet. *Die Beamtenbeiräte können nichts anderes sein als begutachtende Stellen. Was darüber ist, das ist von Übel.* Dieser mein Standpunkt entspricht allein der Reichs- und Landesverfassung. Ich möchte jedenfalls die Frage der Beamtenbeiräte heute zur Erörterung stellen. Dagegen wird *Punkt 7 der Tagesordnung* durch die bis jetzt erfolgten Aussprachen wohl erledigt angesehen werden können.

OLG-Präs. v. Heinzelmann: Ich würde bitten, auch die *Expeditorenfrage,* die zu großer Beunruhigung Anlass gegeben hat, zur Besprechung zu stellen.

MinRat Dr. Müller: Die Justizverwaltung muss an dem Grundsatz festhalten, dass der Zugang zum Gerichtsschreiberdienst nur durch die Ableistung der Gerichtsschreiberamtsprüfung eröffnet wird. Dieser Grundsatz wurde durch die Beförderung von Expeditoren, die tatsächlich Sekretärdienst leisteten oder sich als Spezialisten außerordentliche Verdienste erworben haben, nicht verlassen. Denn es handelte sich hier bloß um Übergangsmaßnahmen. – Da der vorige Landtag die Umwandlung der beantragten Zahl von Expeditorenstellen in Sekretärstellen nicht bewilligt hatte, andererseits aber bereits die Zusage der prüfungsfreien Beförderung gegeben war, konnte nach Rücksprache mit den Standesorganisationen die zugesagte Beförderung ungeprüfter Expeditoren zu Sekretären nur in der Weise durchgeführt werden, dass den ungeprüften Expeditoren freiwerdende Sekretärstellen verliehen wurden.

Die Justizverwaltung wird aber für das Haushaltsjahr 1920 neue Forderungen stellen und hofft, 800 umgewandelte Expeditorenstellen zu bekommen. Damit wird die Spannung beim unteren und mittleren Personal wohl eine Entlastung erfahren.

Die Bewegung unter den Gerichtssekretären geht, wie aus ihrer Denkschrift bekannt ist, sogar bis zum Anstreben richterlicher Funktionen in der freiwilligen Gerichtsbarkeit. Gegen solche Forderungen muss die Justizverwaltung natürlich Stellung nehmen. Auf der anderen Seite darf aber das Ziel der Entlastung der Richter nicht aus dem Auge verloren werden. Wenn wir den Richterstand heben wollen, müssen wir auf eine Verminderung der Zahl der Richter hinarbeiten. Zu diesem Zweck müssen untergeordnete Tätigkeiten, die bisher dem Richter oblagen, anderen Organen übertragen werden. Als solche kommen bloß die Gerichtssekretäre in Betracht. Es ist nun sehr wohl möglich, dass die abgetrennten Funktionen immerhin eine solche Bedeutung haben, dass ihre Erledigung nicht mehr im Rahmen des bisherigen Sekretärdienstes möglich ist. Maßlose Wünsche der Sekretäre können aber keine Befriedigung finden, so der Wunsch nach Übertragung der Amtsanwaltschaft im Hauptamte oder gar etwa der ganzen Tätigkeit des Vormundschafts- oder Nachlassrichters. Die Tätigkeit des Amtsanwalts unterscheidet sich, wenn überhaupt, nur noch um Haaresbreite von der Tätigkeit des StA.

OLG-Präs. v. Heinzelmann: Darüber, welche *Geschäfte des Richters an die Gerichtssekretäre übertragen* werden können, haben wir bereits im vorigen Jahre Gutachten erstattet. Aus meinem Gutachten geht hervor, dass ich mich zwar für die Übertragung einer Reihe kleinerer Einzelgeschäfte aussprechen kann, keinesfalls aber für eine Übertragung in solchem Umfange, dass der Sekretär einen Richter ersetzen könnte.

Was die *Expeditorenfrage* anlangt, so hat der Umstand, dass die Justizverwaltung von dem Grundsatze abgewichen ist, nur Beamte, welche die Gerichtsschreiberamtsprüfung bestanden haben, zu Sekretären zu befördern, unter dem Personal große Erregung hervorgerufen. Ich gebe zu, dass vielleicht besondere Erwägungen das eingeschlagene Verfahren notwendig erscheinen ließen, aber es hält sich eben fast jeder Expeditor für eine solche Persönlichkeit, dass er ohne Prüfung zum Sekretär befördert werden müsse. Eine Reihe von Herren, die sich bereits zur Prüfung gemeldet hatten, ist deshalb von der Prüfung wieder zurückgetreten. Die Gesuche um Beförderung zum Sekretär ohne Prüfung liefen denn auch bei uns so zahlreich ein, dass es äußerst schwer war, zu ihnen Stellung zu nehmen. Umso mehr, als fast jeder AG-Vorstand nach seinem Gutachten einen äußerst vortrefflichen Expeditor besaß und als die LG-Präsidenten nur sehr wenig Siebung vornahmen, die Gesuche vielmehr meist unter Anschließung an das Gutachten des AG-Vorstandes vorlegten. Der OLG-Präs. wird aber auch, wenn er, wie ich, schon lange Jahre auf seinem Platze steht, die einzelnen Expeditoren doch nicht so kennen, dass er jeden einzelnen aufgrund eigener Anschauung würdigen könnte. – Ich habe es deshalb sehr begrüßt, als im September ds. Js. durch eine neue Entschließung eine strenge Auswahl unter den zur Beförderung vorgeschlagenen Expeditoren angeordnet wurde.

Nun ist aber von den Expeditoren, die ich in die neue Liste aufgenommen habe, nur ein einziger befördert worden, während von den nicht in die Liste aufgenommenen Expeditoren drei befördert wurden. Dies hat unter dem Personal, das, ich weiß nicht auf welchem Wege, von den Vorschlägen Kenntnis erhalten hatte, die größte Unruhe hervorgerufen. – Ich möchte daher meinen, es sollte sich das StM der Justiz in der Beförderung von Expeditoren ohne Prüfung die größte Beschränkung auferlegen und nur noch ganz ausnahmsweise Herren ohne Prüfung zu Sekretären befördern.

MinRat Dr. Müller: In den Einzelheiten der prüfungsfreien Beförderung von Expeditoren bin ich nicht informiert. Herr ORR Dr. Bezold, der die Angelegenheit behandelt hat, konnte leider dem gegenwärtigen Abschnitt unserer Besprechung nicht mehr anwohnen. Ich möchte nur hervorheben, dass sich die Justizverwaltung, wie ich bereits vorhin betont habe, in einer Zwangslage befand, indem sie die gegebene Zusage einlösen musste, obwohl der Landtag die hierzu erforderlichen Stellen nicht bewilligt hatte. Die Justizverwaltung musste also, um ihre Zusage zu erfüllen, zu den freiwerdenden Sekretärstellen greifen. Dabei mussten aber unter den jetzigen Wohnungsschwierigkeiten Herren befördert werden, die bereits am Platze wohnen. Aus diesem Zwang der Verhältnisse erklärte es sich, dass ungeprüfte Expeditoren Sekretäre wurden, die unter normalen Verhältnissen vielleicht erst später oder erst nach besser qualifizierten Bewerbern befördert worden wären. Betonen muss ich aber, dass kein Expeditor zum Sekretär befördert wurde, der nicht durch die übereinstimmenden Gutachten seiner vorgesetzten Stellen als hierzu geeignet und würdig erklärt worden war.

OLG-Präs. v. Marth: Ich kann mich im Wesentlichen den Ausführungen des Herrn Kollegen v. Heinzelmann anschließen. Damit will ich aber nicht sagen, dass ich nicht die Schaffung der Möglichkeit begrüßt hätte, *Expeditoren* auch ohne Prüfung in die Klasse der Sekretäre überzuführen. Denn wir haben unter diesen Herren eine große Zahl älterer vorzüglich eingearbeiteter Beamter, die für den Dienst ganz unentbehrlich sind, denen wir aber schon infolge ihres vorgerückten Alters unmöglich zumuten können, noch eine Prüfung abzulegen. Ich freue mich zu hören, dass im nächsten Haushalt für diese tüchtigen Leute Stellen vorgesehen werden sollen. Die von Herrn Kollegen v. Heinzelmann erwähnte Justizministerialentschließung hat das Gute gehabt, dass eine scharfe Auswahl unter den Expeditoren getroffen worden ist.

Die *Entlastung der Richter* durch Übertragung untergeordneter Dienstgeschäfte halte ich für unbedingt geboten, wenn ich auch nicht die großen Schwierigkeiten verkenne, die der richtigen Auswahl dieser Geschäfte entgegenstehen.

OLG-Präs. Dürbig: Die Übertragung von *Geschäften* untergeordneter Art, die bisher dem Richter oblagen *auf Sekretäre* halte ich für wünschenswert und für möglich. Was die Beförderung ungeprüfter *Expeditoren* zu Sekretären anlangt, so habe ich in mein Vorschlagsverzeichnis nur Herren aufgenommen, die eine selbständige Tätigkeit zur vollkommenen Zufriedenheit ausgeübt haben. Allerdings konnte auch von den durch mich vorgeschlagenen Expeditoren nach meiner Erinnerung keiner oder höchstens einer Berücksichtigung finden.

OLG-Präs. Ziegler: Wenn ich auch die *Entlastung der Richter* von allen sehr formellen Dienstgeschäften für geboten halte, so bin ich doch als Vorstand des AG

München seinerzeit zu dem Ergebnisse gekommen, dass hierdurch nur eine unbedeutende Einsparung von Richtern erzielt werden kann. Denn die Verantwortung für die richtige Erledigung der Geschäfte wird wohl immer dem Richter verbleiben. Auch werden sich gewisse Schwierigkeiten bei der Auswahl der mit der selbständigen Erledigung der untergeordneten Geschäfte zu betrauenden mittleren Beamten ergeben. Vielfach sind die alten eingearbeiteten Expeditoren die hierfür geeignetsten Kräfte. Sie würden es sich nicht gefallen lassen, dass ihnen ein jüngerer Sekretär vorgezogen und vorgesetzt wird.

Auch in meinem Bezirk hat die letzte *Expeditorenbeförderung* große Erregung hervorgerufen. Wenn nun die Nichtbeförderten sich bei mir beschwerten, so konnte ich ihnen keine Aufklärung geben. Ich gebe aber zu, dass schon allein die Wohnungsfrage die Berücksichtigung der Vorschläge der OLG-Präs. aufs Äußerste erschwerte. Wenn aber im nächsten Haushalt 800 Expeditorenstellen umgewandelt werden, dann glaube ich, wird die entstandene Missstimmung wieder beseitigt oder wenigstens sehr herabgemindert werden.

StM Dr. Müller: Wie wir gesehen haben, konnte die Frage der Beförderung der ungeprüften *Expeditoren* nicht ohne Härten gelöst werden. Auf die ausschlaggebende Rolle, welche hierbei die Wohnungsfrage spielte, hat der Herr MinRat Dr. Müller bereits hingewiesen. Das Justizmin. wird natürlich sein Möglichstes tun, um diese Härten zu beseitigen und hierbei den möglichsten Einklang mit den Vorschlägen der Herren OLG-Präs. anstreben. Die Einschränkung der Beförderung zum Sekretär auf geprüfte Herren muss freilich kommen, sobald einigermaßen normale Verhältnisse wiedergekehrt sind.

MinRat Dr. Müller: Ich möchte nochmals hervorheben, dass es sich bei der Überführung der ungeprüften *Expeditoren* zu Sekretären nur um eine unumgänglich notwendige Übergangsmaßnahme handelt. Es ist nur natürlich, dass die Expeditoren mit Rücksicht auf die Möglichkeit der Vorrückung in einem höheren Gehalt danach drängen, in die Klasse der Sekretäre zu gelangen. Denn die Expeditoren sind die einzigen, die bei der seinerzeitigen Neuregelung der Gehaltsverhältnisse in der Klasse 18 hängengeblieben sind, während die anderen Beamten der früheren gleichen Stufe in höhere Klassen gelangten. So kann es so kommen, dass die jungen Assistenten, welche von den Expeditoren seinerzeit unterwiesen wurden, Sekretäre und Vorgesetzte der Expeditoren werden. Es ist nun kein Wunder, wenn sich verdiente ältere Expeditoren, die stets ihre Pflicht zur allseitigen Zufriedenheit erfüllt haben, dadurch zurückgesetzt fühlen. Im Übrigen denkt die Justizverwaltung gar nicht daran, wenn diese Übergangsmaßnahmen ihre Wirkung getan haben, weiterhin Herren ohne Prüfung zu Sekretären zu befördern. Aber jetzt habe wir Kriegsteilnehmer und Herren mit 45 Jahren vor uns, von denen wir nicht verlangen können, dass sie sich der Prüfung unterziehen.

Unter gar keinen Umständen möchte ich aber auch nur den leisesten Anschein entstehen lassen, als ob etwa der Herr Referent, dem die Bearbeitung der Angelegenheit oblag, irgendeinen Fehlgriff getan habe. Es war dem Justizministerium, wie ich immer wieder betonen muss, gar nicht möglich, alle von dem Herrn OLG-Präs. vorgeschlagenen Herren zu befördern. Wären wir den tatsächlich eingeschlagenen Weg nicht gegangen, so wäre uns nichts anderes übrig geblieben, als die freiwerdenden Sekretärstellen eben überhaupt nicht mit geprüften Expeditoren zu besetzen.

StM Dr. Müller: Ich kann ebenfalls nur bestätigen, dass der Herr Ministerialreferent zu seiner Sachbehandlung durch triftige und zwingende Gründe veranlasst worden ist.

Staatsrat Dr. Meyer: Der Feststellung des Herrn StM möchte ich mich auch von meiner Seite nach jeder Richtung anschließen.

OLG-Präs. v. Heinzelmann: Auch mir lag die Annahme vollkommen fern, als ob eine unzutreffende Sachbehandlung durch den Herrn MinReferenten vorgelegen habe. Mir war es, wie ich ausdrücklich feststellen möchte, lediglich darum zu tun, Mittel zur Beseitigung der unter dem Personal herrschenden Missstimmung zu finden.

OStA Menzel: Wenn die StA die ihnen neu zufallenden großen und schweren Aufgaben bewältigen sollen, dann ist es unbedingt notwendig, dass die *Sekretäre* in weiterem Umfange zur *Erledigung formeller Geschäfte* herangezogen werden.

Beamtenbeiräte und Beamtenausschüsse.

OLG-Präs. v. Heinzelmann: Was die von dem Herrn StM in Erötertung gestellte Frage des Tätigkeits- und Zuständigkeitsbereiches der Beamtenbeiräte und Beamtenausschüsse anlangt, so möchte ich feststellen, dass ich die Einmischung von Beamtenbeiräten oder -Ausschüssen in meine Befugnisse, um eine Schädigung des Dienstes zu verhüten, unter allen Umständen zurückweisen müsste.

OLG-Präs. v. Marth: Ich müsste es als durchaus unangebracht ansehen, wenn Beamtenbeiräte oder Beamtenausschüsse bei der Geschäftsverteilung mitbestimmen würden.

OLG-Präs. Dürbig: Ich schließe mich dieser Ansicht an.

OLG-Präs. Ziegler: Ich schließe mich ebenfalls an. Ich habe mir zwar einmal aus rein praktischen Gründen den Beamtenausschuss zur Besprechung der Einteilung der Dienststunden kommen lassen. Darüber hinaus hat aber niemals eine Zuziehung oder gar eine Einmischung des Beamtenausschusses stattgefunden.

OStA Frhr. v. Sartor: Meiner Auffassung nach darf den Beamtenbeiräten oder Ausschüssen unter keinen Umständen ein Einfluss auf die Geschäftsverteilung oder gar ein Teil der Verantwortung hinsichtlich der Stellenbesetzungen zugestanden werden. Im Strafvollstreckungsgefängnis zu München bestand anfangs in dieser Hinsicht eine starke Neigung zu Übergriffen. Ich habe mir aber jedes Eingreifen in meine Dienstgeschäfte auf das Entschiedenste verbeten.

OStA Wenzel: In meinem Bezirk hat lediglich das Gefängnis- und Aufseherpersonal einmal Neigungen gezeigt, seinen Vertretern ihnen nicht zustehende Befugnisse beizulegen. Es handelte sich damals insbesondere um unbefugte Auskunftserteilung über dienstliche Verhältnisse. Ich bin dem aber sofort mit Erfolg entgegengetreten.

OStA Aschenbrenner: In meinem Bezirk hat lediglich einmal ein Ausschuss des Gefängnispersonals mir unter voller Wahrung der Form ein Anliegen vorgetragen, das sich auch in seiner Begründung recht wohl hören ließ. Ich habe den Ausschuss nicht in Zweifel darüber gelassen, dass sie sich mir gegenüber nur um ein Vorbringen von Wünschen handeln könne. Ich habe auch sonst keinen Versuch von Beamtenausschüssen wahrgenommen, sich in meine oder der mir nachgeordneten Behörden Befugnisse einzumengen.

OStA Seidenschwarz: Mir ist keine Mitteilung zugekommen, dass in meinem Geschäftsbereich Beamtenausschüsse irgendwelche Eingriffe versucht hätten.

StM Dr. Müller: Ich kann sohin feststellen, dass sich die Herren sämtlich gegen die Einmischung von Beamtenbeiräten oder Ausschüssen in die Geschäfte der Behörden namentlich der Amtsvorstände, ausgesprochen haben.

Wir kommen nun noch auf die Übernahme von *Militärrichtern und elsass-lothringischen Beamten* zu sprechen.

Staatsrat Dr. Meyer: Die *Militärgerichtsbarkeit* soll nach dem vorliegenden Entwurfe eines Reichsgesetzes mit Wirkung vom 05.04.1920 ab auf die bürgerlichen Gerichte übergehen. Gegenüber der Verlangen auf Übernahme von Militärrichtern in den bayerischen Justizstaatsdienst hat die bayerische Justizverwaltung auf die einer solchen Übernahme entgegenstehenden zahlreichen Schwierigkeiten sachlicher und persönlicher Art hingewiesen. Die Militärrichter haben zum Teil recht weitgehende Wünsche laut werden lassen, die unmöglich erfüllt werden konnten, wenn nicht das Bestreben der Justizbehörden nach einer endlichen Besserung der unerträglichen Missstände in der Anstellung und Beförderung ihrer Beamten zunichtewerden sollte. Es ist dann zu einer Einigung gekommen: Der Übernahme von Herren des Reichsmilitärgerichts in den bayerischen Justizstaatsdienst steht schon die Höhe ihres Ranges und Gehaltes entgegen. Wird dem Reichsgerichte ein besonderer Senat für Militärstrafsachen angegliedert, so wird der eine oder andere dieser Herren dort Verwendung finden können. Die bayerische Justizverwaltung übernimmt nur jüngere Herren in Stellen vom LG-Rat oder II. StA abwärts. Hiernach kommt die Übernahme von 15 Herren in Betracht, aber auch wiederum nur unter der Voraussetzung, dass der Landtag der Justizverwaltung die Übernahme durch Bewilligung einer gleichen Zahl neuer Stellen ermöglicht. Wir werden dann an großen Gerichten wie München, Nürnberg und Augsburg für Militärstrafsachen eigene Kammern bilden, die namentlich die ganz enormen Rückstände der Militärjustiz auszuarbeiten haben werden.

Hierbei hat uns der Grundgedanke geleitet: Wir können die gegenwärtigen Militärrichter, darunter Herren in vorgeschrittenen Jahren und hohen Stellen, nicht auf die Dauer lediglich in Strafsachen beschäftigen. Daher können für die Übernahme nur jüngere Herren in Frage kommen, die noch die für den Wechsel zwischen straf- und zivilrichterlichen Tätigkeit nötige Anpassungsfähigkeit besitzen. Mit aller Entschiedenheit wird die bayerische Justizverwaltung aber an einer Regelung der Sache festhalten, die eine weitere Verschlechterung des Fortkommens der Beamten ihres Geschäftsbereichs ausschließt.

MinRat Dr. Müller: Trägt die Stellungnahme der bayerischen Justizverwaltung zur *Übernahme elsass-lothringischer Beamter* unter ausführlicher Begründung vor, wie sie im Wesentlichen in einer Note des StM der Justiz an das StM des Äußern vom 25.11.1919 Nr. 37580 niedergelegt ist dahingehend, dass die bayerische

Justizverwaltung mit Rücksicht auf die bei ihr herrschenden geradezu trostlosen Anstellungs- und Beförderungsverhältnisse, besonders auf die überaus bedenkliche Überalterung der Beamten, grundsätzlich nur so viele Beamten in den bayerischen Justizstaatsdienst übernehmen könne, als das Reich an bayrischen Beamten in gleichwertigen Stellen des Reichsdienstes übernehme. Nur für Gerichtsassessoren, untere Gefängnisbeamte, für Angehörige des unteren Kanzleipersonals, für Gerichtsvollzieher, Diener und Boten sei schon jetzt unabhängig von einer entsprechenden Übernahmebereitschaft des Reiches die Übernahme durch die bayerische Justizverwaltung in Aussicht gestellt.

StM Dr. Müller: Der von Bayern in der Frage der Übernahme der *elsass-lothringischen Beamten* eingenommene ablehnende Standpunkt hat uns in Berlin eine Flut von Vorwürfen zugezogen. Mit Rücksicht darauf, dass die Justizverwaltung anderer Länder ein weiteres Entgegenkommen als Bayern hinsichtlich der Übernahme elsass-lothringischer Justizbeamter gezeigt haben und bei dem Umstande, dass Preußen auf die Schwierigkeiten hinweisen konnte, die dort infolge der Notwendigkeit der Zurückziehung von Beamten aus den abzutretenden Gebieten entstehen, wird der ablehnende bayerische Standpunkt sich wohl nicht streng aufrechterhalten lassen. Nichtsdestoweniger wird die bayerische Justizverwaltung tun, was in ihren Kräften steht, um eine weitere Verschlechterung der Anstellungs- und Beförderungsverhältnisse ihrer Beamten zu verhindern.

Die Herren OLG-Präs. und OStA teilen hinsichtlich der Übernahme der Militärrichter und der elsass-lothringischen Beamten vollkommen den ihnen eröffneten Standpunkt des StM der Justiz.

Zu Punkt 7 der Tagesordnung besteht völlige Übereinstimmung dahin, dass die *bestehenden Sondergerichte* tunlichst den AG anzugliedern seien, dass die Errichtung neuer Sondergerichte möglichst hintanzuhalten sei und dass endlich Jugendfürsorgeämter, Mieteinigungsämter und Rechtsauskunftsstellen gleichfalls den AG anzugliedern seien.

Bedingte Begnadigung

StM Dr. Müller: Die Erörterung über die bedingte Begnadigung wird von zwei Gesichtspunkten aus zu führen sein:

1. Welche Erfahrungen sind bisher mit der Übertragung der bedingten Begnadigung auf die Gerichte gemacht worden? – 2. Ist die Belassung der bisherigen Regelung des Beschwerdewesens angezeigt? Hierbei ist namentlich die wiederholt aufgetauchte Forderung zu berücksichtigen, es sei das Beschwerderecht des StA zu Ungunsten des Angeklagten zu beseitigen.

OStA Frhr. v. Sartor: Nach meinen Erfahrungen haben die Gerichte die ihnen übertragene neue Aufgabe noch nicht recht erfasst. Ich kenne Gerichte, die nahezu wahllos Bewährungsfristen bewilligen. So hat z.B. ein LG einem vorbestraften Wilderer, der in seiner Umgegend die Jagden zum großen Teil ausgeschossen hat, mit drei Wochen Gefängnis bestraft und ihm obendrein noch Bewährungsfrist bewilligt. Ich verweise ferner auf die Bewilligung der Bewährungsfrist an Schleichhändler, die zu dem jüngst in der Staatszeitung veröffentlichen Beschluss des Obersten LG geführt hat. – Wenn unter diesen Umständen das Beschwerderecht des StA zu

Ungunsten des Verurteilten beseitigt wird, dann werden sich geradezu erschreckende Ergebnisse einstellen. Die Tätigkeit des Obersten LG auf dem Gebiete der bedingten Begnadigung kann nicht entbehrt werden. Sie wird und muss ausgleichend wirken. Es wird sich vielmehr sogar empfehlen, die Entscheidungen des Obersten LG in geeigneten Fällen mit den Gründen zu veröffentlichen, damit der Allgemeinheit der richtige Maßstab vor Augen geführt und den Gerichten eine gewisse Richtschnur gegeben wird.

Staatsrat Dr. Meyer: Es wird gut sein, wenn die Herren OStA in ihren Jahresberichten den mit der bedingten Begnadigung gemachten Erfahrungen unter Zurückstellung anderer weniger wichtiger Gegenstände eine besonders eingehende Darstellung widmen. Die ist schon deshalb notwendig, weil die Angelegenheit auch im Landtag zur Sprache kommen wird. – Die bedingte Begnadigung soll, gleichwie die angestrebte bedingte Verurteilung, einen Ersatz für die kurzzeitige Freiheitsstrafe bilden und demjenigen, der das Gefängnis noch nicht betreten hat, die Möglichkeit geben, sich noch einmal vor dem Eintritt in das Gefängnis zu bewahren. Für rückfällige Diebe und Wilderer und für Schleichhändler ist sie selbstverständlich nicht gedacht. Ich wünsche nur, dass sich unsere Richter bei der Handhabung der bedingten Begnadigung vor dem ganzen Lande des großen Vertrauens würdig erweisen, das die Justizverwaltung durch die Übertragung der bedingten Begnadigung an die Gerichte in sie gesetzt hat. Ohne dem Gange der Erörterung vorzugreifen, möchte ich mich jedenfalls schon jetzt dahin aussprechen, dass auf die Beschwerdeentscheidung durch das Oberste LG nicht wird verzichtet werden können. Denn Aufgabe des Obersten LG wird es sein, einheitliche Grundsätze für die Bewilligung und die Versagung der bedingten Begnadigung für das ganze Land zu schaffen.

StM Dr. Müller: Es ist tief bedauerlich, wenn mit der bedingten Begnadigung, die sich in der Gestalt der bedingten Verurteilung die ganze Welt erobert hat, bei uns so wenig erfreuliche Erfahrungen gemacht wurden. Wenn Gerichte die bedingte Begnadigung wahllos bewilligen, so zeigen sie, dass sie den Sinn der Einrichtung durchaus nicht erfasst haben.

OStA Menzel: Ich habe ähnliche Erfahrungen gemacht wie der Herr OStA Frhr. v. Sartor. Wenn das Beschwerderecht des StA zu Ungunsten des Verurteilten fällt, dann geraten wir auf eine völlig falsche Bahn.

OStA Seidenschwarz: Da ich in der kurzen Zeit des Bestehens der neuen Einrichtung selbst noch keine genügenden Erfahrungen sammeln konnte, habe ich mich mit den I. StA meines Bezirks ins Benehmen gesetzt. Ihre Erfahrungen gingen dahin, dass jetzt viel häufiger Bewährungsfrist bewilligt wird als früher. Bisher kam die Bewährungsfrist vor allem Jugendlichen zugute. Jetzt werden Jugendliche und Erwachsene gleich behandelt. Ich bin ganz entschieden dafür, dass das Beschwerderecht des StA zu Ungunsten des Verurteilten erhalten bleibt.

OStA Aschenbrenner: In meinem Bezirke hat sich kein Anlass zu besonderen Klagen, wie sie die Herren Vorredner vorgebracht haben, ergeben. Im Großen und Ganzen scheinen die Gerichte des OLG-Bezirks Nürnberg die bedingte Begnadigung ihrem Zweck entsprechend angewandt zu haben. Das AG Burglengenfeld freilich scheint vollkommen versagt zu haben. Hier musste das Oberste LG eingreifen. Zunächst bestand die Befürchtung, es möchten Unruhen entstehen, wenn trotz der zunächst erfolgten Bewilligung von Bewährungsfristen die Strafen nun doch vollzogen werden. Durch eine Besprechung mit dem Regierungspräsidenten konnten diese Bedenken jedoch beseitigt werden. – Jedenfalls halte ich die Möglichkeit der Beschwerde zu Ungunsten des Verurteilten an das Oberste LG für unerlässlich. Sonst wird die ganze Einrichtung der bedingten Begnadigung in der Praxis ihren Sinn verlieren und der Ernst der Strafrechtspflege wird verschwinden.

Die von Herrn OStA Frhr. v. Sartor angeregte Veröffentlichung von Entscheidungen des Obersten LG in Sachen der bedingten Begnadigung samt Gründen halte ich ebenfalls für sehr wünschenswert.

OStA Seidenschwarz: Die Missgriffe bei der Anwendung der bedingten Begnadigung möchte ich nicht ausschließlich unseren Richtern zur Last legen. Denn vor allem sind es doch wohl die Volksgerichte, die von der bedingten Begnadigung zu reichlich Gebrauch machen. Die Richter mögen eben bei den Volksgerichten sehr häufig nur dann eine Verurteilung erreichen, wenn sie zugleich auch der Bewilligung einer Bewährungsfrist zustimmen.

StM Dr. Müller: Die Annahme des Herrn OStA Seidenschwarz, dass die Richter der Volksgerichte häufig bei den Laienbeisitzern die Verurteilung des Angeklagten nur dann erreichen können, wenn sie gleichzeitig der Bewilligung einer Bewährungsfrist zustimmen, ist nicht von der Hand zu weisen. Man wird überhaupt die gegenwärtigen unliebsamen Erfahrungen mit der Handhabung der bedingten Begnadigung zum großen Teil, wenn ich mich so ausdrücken darf, auf Kinderkrankheiten zurückführen müssen, als die neue Einrichtung durchzumachen hat. Die Richter werden sich wohl in die richtige Anwendung der bedingten Begnadigung noch hineinfinden. Die Beschwerde des StA zu Ungunsten des Angeklagten und die Tätigkeit des Obersten LG als Beschwerdegericht darf freilich keinesfalls beseitigt werden.

Damit wären die Gegenstände der Tagesordnung erschöpft. Wenn die Herren OLG-Präsidenten und OStA vielleicht noch *Wünsche* mitgebracht haben, die sie gerne zur Sprache bringen würden, so bitte ich, sie jetzt vorzutragen.

OLG-Präs. v. Heinzelmann: Ich bitte die *Fristen zur Erstattung von Gutachten* wenn irgend möglich, weiter zu bemessen als bisher. Unter den gegenwärtigen Verhältnissen nimmt schon die Expedition der das Gutachten einfordernden Ministerialentschließung und der von den OLG-Präs. zu treffenden weiteren Verfügungen bei kurzen Fristen einen ganz erheblichen Teil der Frist in Anspruch. – Des Weiteren möchte ich bitten, dass den *Ministerialentschließungen,* welche von den OLG-Präs. wieder anderen Stellen mitgeteilt werden müssen, gleich die *nötige Zahl von Abdrucken* beigefügt wird.

OStA v. Sartor schließt sich den Anregungen des Herrn OLG-Präs. v. Heinzelmann an.

StM Dr. Müller sagt die Berücksichtigung der vorgebrachten Anregungen zu.

OLG-Präs. Ziegler: Die angestrebte eingehende und strenge Qualifikation der Richter wird sich nicht ohne zahlreiche Dienstreisen durchführen lassen. Ich bitte zu erwägen, ob deshalb nicht eine *Erhöhung* der Bezüge*der OLG-Präsidenten* ins Auge zu fassen ist.

OStA Aschenbrenner bringt die gleiche Anregung für die Reiseaversen der OStA.

MinRat Dr. Müller: Es ist richtig, dass eine zutreffende Qualifikation meistens zur Voraussetzung haben wird, dass die Herren OLG-Präs. und OStA an die Sitze der äußeren Behörden hinausfahren. Es ist dies umso wichtiger, als wir für die Durchführung der beabsichtigten Reformen unsere Beamten ganz genau kennen müssen. Mit den Besuchen der äußeren Behörden wird sich aber nicht immer eine förmliche Visitation der Behörden verbinden müssen. In vielen Fällen wird eine Rücksprache mit den zu würdigenden Beamten und ihren Vorgesetzten schon ein genügend deutliches Bild ergeben.

OLG-Präs. Dürbig: Die Qualifikation lässt sich bedeutend leichter und rascher durchführen, wenn rechtzeitig und in genügendem Umfang Akten mit Arbeiten der zu würdigenden Beamten eingefordert werden.

OLG-Präs. v. Heinzelmann unterstreicht die Ausführungen des Vorredners.

OStA Menzel fragt an, ob *§ 18 der Hausordnung für die Gerichtsgefängnisse* durch die Einführung des Achtstundentages beseitigt sei.

ORR Degen verneint dies.

OStA Menzel: Der Herr RegPräs. von Mittelfranken hat mich ersucht, ihn für den in seinen Regierungsbezirk fallenden Teil meines Bezirkes einen *StA für die Bearbeitung der Schutzhaftfragen* [zur Schutzhaft in Bayern u. Preußen 1914–1923 *A. Keil/M. Stibbe,* Vierteljahreshefte für Zeitgeschichte, Bd. 68, 534–573] zur Verfügung zu stellen. Ich bin nun der Ansicht, dass den bestehenden Bestimmungen entsprochen ist, wenn lediglich ein Mitglied der StA des Regierungssitzes hierfür benannt wird.

StM Dr. Müller: Die Auffassung des Herrn OStA Menzel ist zutreffend. Der StA soll nicht etwa einen Regierungsreferenten ersetzen, er soll den RegPräs. vielmehr nur insoweit unterstützen, als es sich um Fragen handelt, die in den Bereich der staatsanwaltschaftlichen Tätigkeit fallen.

Da weitere Wünsche oder Anregungen nicht vorgebracht werden, *schließe ich die Besprechung*. Ich danke den Herren für ihr Erscheinen und für ihre eifrige und ersprießliche Beteiligung an der Besprechung. Ich hoffe und wünsche, dass unsere heutigen Beratungen für die gesunde Weiterentwicklung der bayerischen Justiz und damit für das ganze bayerische Volk wertvolle Früchte tragen werden.

Anhang: Besprechung mit dem Reichsjustizminister und den Landesjustizverwaltungen am 27./28.11.1919

1. Einladung des RJM vom 11.11.1919

Auf den verschiedenen Gebieten der Justizverwaltung, die an sich landesgesetzlich zu regeln sind, erscheint es wünschenswert, dass eine Reihe von schwebenden Fragen für das ganze Reichsgebiet möglichst gleichartig behandelt wird. Es kommen hier namentlich folgende Fragen in Betracht:

1. Festsetzung der Altersgrenzen, bei deren Erreichung Richter in den Ruhestand treten (Art. 104 Abs. 1 Satz RV).

2. Die Besoldung der Richter.

3. Vereinfachung des Titelwesens bei der Justiz im Hinblick auf Art. 109 RV und Änderung des Titels Gerichtsschreiber.

4. Regelung des Ausbildungsganges der Juristen.

5. Zulassung von Frauen zu den juristischen Staatsprüfungen.

6. Aufklärung der Öffentlichkeit durch die Presse über die Ergebnisse der Strafrechtspflege im Kampfe gegen Straftaten, an deren Sühne die Öffentlichkeit ein besonders starkes Interesse hat, z.B. im Kampfe gegen Wucher, Schleichhandlungen und sonstige Zuwiderhandlungen wider Vorschriften zum Schutze der Volksernährung, sowie Bestechungen und Glücksspiel.

7. Zusammenwirken der Strafverfolgungsbehörden und der Gerichte mit Vereinen und anderen Organisationen, die sich freiwillig in den Dienst des Kampfes gegen Missstände im Wirtschaftsleben stellen, z.B. mit dem Verein gegen das Bestechungswesen, den Verein zur Bekämpfung von Schwindelfirmen.

Zur Erörterung dieser Fragen beabsichtige ich deshalb eine Beratung *am Donnerstag, den 27.11.1919, vormittags 10 Uhr* im Dienstgebäude des Reichsjustizministeriums stattfinden zu lassen.

Ich beehre mich, um Entsendung von Vertretern ergebenst zu ersuchen. – Die Einladung habe ich an alle Regierungen der in dem Justizausschuss des Reichsrats vertretenen Länder gerichtet. gez. Schiffer.

Entwurf

2. Besprechung des Bayr. Staatsministeriums der Justiz über die Note des RJM (Entwurf) vom 11.11.1919 als *Gegenstand der am 27. d. Mts. im RJMin. abzuhaltenden Beratung* bezeichneten Fragen.

Anwesend waren: Staatsrat Dr. Meyer, MinDir. Schmitt, MinRat Dr. Müller, MinRat Spangenberger, ORR Degen, ORR Gerber, ORR Dr. Bezold, I. StA Dr. Leeb, Vors. des Bayer. Richtervereins und des Deutschen RB, RegRat Sotier, RR Manglkammer, RR Dr. Dürr, II. StA Dittrich, II StA Dr. Siegel, Amtsrichter Stauffer.

Zu den einzelnen Fragen ergab sich folgende Stellungnahme der Anwesenden:

Frage I. Einigkeit besteht darüber, dass aufgrund der reichsgesetzlichen Ermächtigung ein *Landesgesetz zu erlassen sei, das die Ruhestandsversetzung der Richter, die eine bestimmte Altersgrenze überschritten haben, ermögliche. Meinungsverschiedenheit* bestand *über die Altersgrenze* selbst. [Es stimmen für A. *66 Jahre:* Leeb, Müller, Sotier; B. *70 Jahre:* Spangenberger, Gerber, Degen, Manglkammer, Dürr; C. *Mittelweg:* StR Dr. Meyer, MinDir. Schmitt, Dr. Bezold, Dittrich.]

Dr. Leeb ist für eine Altersgrenze von *65 Jahren;* keinesfalls dürfte über 70 Jahre hinausgegangen werden. *MinRat Dr. Müller* spricht sich für die Grenze von *65 Jahren* aus. *MinDir. Schmitt* hat Bedenken, ob die Altersgrenze mit 65 Jahren nicht zu früh gelegt sei; übrigens werde wohl die Stellung Preußens den Ausschlag geben. *MinRat Spangenberger* hält die Grenze von 65 Jahren jedenfalls für zu niedrig, dagegen eine solche von *70* als angemessen; tiefer als 67 Jahre dürfe sie keinesfalls gelegt werden. *ORR Gerber* findet auch eine Altersgrenze von 67 Jahren noch als zu niedrig und nur eine Grenze von *70 Jahren* als angemessen. *ORR Degen teilt den Standpunkt* des Vorredners. *ORR Dr. Bezold* ist der Ansicht, dass 65 Jahre zu niedrig gegriffen sei und 67 oder 68 Jahre die richtige Grenze bildeten. *RR Sotier* vertritt mit MinRat Dr. Müller eine Altersgrenze von *65 Jahren. RR Dr. Manglkammer* betrachtet mit ORR Gerber die Festlegung der Grenze auf *70 Jahre* als zutreffende Lösung. *RR Dr. Dürr* ist grundsätzlich gegen jede Altersgrenze. Wenn aber eine Grenze bestimmt werde, müsse sie möglichst hoch sein, und nach dem Vorschlag ORR Gerbers *70 Jahre* betragen. *II. StA Dittrich* stimmt für eine Altersgrenze von 67 Jahren. Als das Beste erschiene ihm die Schaffung der Möglichkeit, dass zwar eine Altersgrenze von 65 Jahren festgesetzt, die Justizverw. jedoch ermächtigt würde, auf den Vorschlag eines Richterkollegiums auch Herren, die diese Altersgrenze überschritten hätten, aber noch voll leistungsfähig seien, zum Verbleiben im Amte einzuladen. Dieses Verfahren wird jedoch von den Erschienenen als nicht mit der Bestimmung des Art. 104 der RV vereinbart und als praktisch die Altersgrenze illusorisch machend erachtet. *StR Dr. Meyer* schlägt als Mittelweg eine Altersgrenze von 67 oder höchstens 68 Jahren vor. Bei Festlegung der Altersgrenze auf 65 Jahre müssten aus der Stelle eines OLG-Präs. oder eines oberstlandesgerichtlichen oder oberlandesgerichtlichen Senatspräs. Herren ausscheiden, die ihre Dienstaufgabe noch ausgezeichnet zu bewältigen imstande seien und vermöge ihrer reichen Erfahrung namentlich in der oberst- und oberlandesgerichtlichen Rechtsprechung nicht zu entbehren seien.

Einigkeit bestand ferner darüber, dass *Bayern keinesfalls anders vorgehen könne als Preußen,* sowie endlich in der Richtung, dass den Richtern, die nach Erreichung eines bestimmten Lebensalters zwangsweise in den Ruhestand versetzt würden, das *volle Gehalt als Ruhegehalt* zu gewähren sei.

Zu Frage 2. Die einhellige Ansicht ging dahin: Die Eigenart der richterlichen Tätigkeit und des Aufbaus der Gerichtsorganisation erfordere die *Schaffung eines Richterbesoldungsgesetzes.* Zur Wahrung der Justizhoheit der Einzelstaaten müsse aber versucht werden, in Berlin zunächst nur eine *Vereinbarung der Länder* über die bei den von *ihnen* zu erlassenden Richterbesoldungs- und Richterdienstgesetzen einzuhaltenden *Richtlinien* zu erzielen. Nur wenn in Bayern die Schaffung eines Richterbesoldungsgesetzes nicht durchzusetzen sei, sei seine Erlassung durch das Reich anzustreben. Angestrebt werden müsse auch die Festlegung eines *Mindestgehalts* für den Richter. Wenn demnächst die Neuorganisation der Strafgerichte – abgesehen von den später zu erwartenden Neuerungen auf dem Gebiet des Zivilprozesses – die Zuständigkeit der Amts- und Schöffengerichte und damit die Verantwortung des Richters erweitere, seine Vorrückungsmöglichkeiten aber vermindere, müsse er aus der übrigen Beamtenschaft herausgehoben werden und dürfe keinesfalls, wie dies in Bayern beabsichtigt worden sei, mit Turnlehrern, Geometern usw. gleichbehandelt werden. Werde in Berlin in den angeführten Richtungen eine Einigung erzielt, so werde die bayerische Finanzverwaltung leichter zum Nachgeben zu bewegen sein.

Zu Frage 3. Übereinstimmung ergab sich dahin: *Art. 109 der RV hat für die Bayer. Justizverwaltung keine praktische Bedeutung, weil sie keine Titel verleiht, die nicht Amts- oder Berufsbezeichnungen sind.* Im Übrigen steht die Frage der den Richtern zu verleihenden Titel in untrennbarem Zusammenhang mit der Frage der Erlassung eines Richterbesoldungsgesetzes. *Die Titelfrage kann erst nach der Besoldungsfrage gelöst* werden. Grundsatz muss sein, dass möglichst wenig Titel geschaffen, überhaupt *in der Titelfrage möglichste Einfachheit* beobachtet wird. Voraussetzung hierfür ist jedoch eine *für alle Länder einheitliche Regelung:* Die Frage des *Gerichtsschreibertitels* scheidet für Bayern aus. Gerichtsschreiber ist hier nur eine Bezeichnung des Amtes. Beamten erhalten den Titel Sekretär und Obersekretär. Sie sind mit diesen Titeln nicht nur zufrieden, sondern streben ihre Erreichung sogar mit großem Nachdruck an.

Zu Frage 4. Die allgemeine Meinung geht dahin: Die *Festlegung gewisser allgemeiner Richtlinien für den Ausbildungsgang der Juristen im ganzen Reiche wird sich nicht umgehen lassen.* Sie darf *jedoch nicht* bis zu einem *Eingriff in die Selbständigkeit der Länder* auf dem Gebiete der Justizverw. und der Einrichtung des Prüfungswesens gehen. Die Vereinheitlichung der Richtlinien darf *vor allem weder* zur *Freizügigkeit im Vorbereitungsdienst noch* zur *Aufgabe der* in Bayern bestehenden *Gemeinschaftlichkeit der Vorbildung der Justiz- und der Verwaltungsbeamten* führen. Wenn *dagegen* z.B. *einheitliche Richtlinien* über den Umfang der Ausbildung in der *Rechtsgeschichte,* dem *sozialen und Arbeitsrecht* u. dgl. geschaffen werden wollen, so ist dagegen nichts einzuwenden.

Zu Frage 5. Einstimmige Meinung: *Frauen sind weder zum Richter- noch zum Rechtsanwaltsberuf zuzulassen.* Um dieser Zulassung von vornherein den Boden zu entziehen, sind Frauen *weder zum juristischen Vorbereitungsdienst noch zur juristischen Staatsprüfung zuzulassen.*

Zu Frage 6. Die *Justiz,* die viel zu lange bloß Amboss war, muss dazu übergehen, sich *unberechtigter Angriffe in der Öffentlichkeit zu erwehren.* – Ein *mit Maß und Ziel gepflogener Verkehr der Justiz mit der Presse* gereicht beiden nur zum Vorteil. Dieser *Verkehr* wäre aber *nicht* den *Richtern* zu übertragen, *sondern den StA* als Justizverwaltungsbeamten und in engeren Grenzen den Gerichtsvorständen, die ja auch Verwaltungsaufgaben haben.

Zu Frage 7. Das *Zusammenwirken der Strafverfolgungsbehörden und der Gerichte* mit den in der Note des RJMin. genannten *Vereinen und Organisationen* zur Verbrechensbekämpfung ist etwas *Selbstverständliches. Ausführendes Organ* für dieses Zusammenwirken muss die *StA* sein. Bayern wird sich bereit erklären können, unter Wahrung seiner Justizhoheit seine StA mit entsprechender Weisung zu versehen.

Schlussbemerkung: Als *Gegenstände, die bei der Beratung in Berlin* außerdem *zur Sprache zu bringen seien,* wurde aus dem Kreise der Erschienenen noch vorgeschlagen:

1. Verleihung des Justizratstitels an Rechtsanwälte,

2. Hintanhaltung der Errichtung von *Sondergerichten für die Arbeitsrechtsprechung,* wie sie nach einem Berichte des bayer. st. Bevollmächtigten zum Bundesrat MinDir. Dr. Rohmer vom 25. v.Mts. nach den Verhandlungen des Untersuchungsausschusses 4 des Arbeitsausschusses für einheitliches Arbeitsrecht beabsichtigt ist. Die Rechtsprechung im Arbeitsrecht ist den ordentlichen Gerichten, allenfalls in einem dem gewerbegerichtlichen Verfahren ähnlichen Verfahren zu übertragen.

3. Niederschrift über die Sitzung im RJMin. am 27./28.11.1919

Teilnehmer:

Vom RJMin.: Reichsmin. Schiffer, UnterStS Delbrück, Dir. Dr. Joël, Geh. ORR Dr. Bumke, Geh. ORR Dronke, Geh. RR Zweigert, KG-Rat Volkmar, StA Dr. Schäfer, Ass. Dr. Hoche.

Für Preußen: JM Dr. am Zehnhoff, UnterStS Freymutz, Geh. OJR Versen, Geh. OJR Dr. Cormann, Geh. OJR Werner, Geh. JR Dr. Hartwig.

Für Bayern: JMin. Dr. Müller, StR Dr. Meyer, MinDir. Dr. von Nüsslein, MinRat Dr. Müller.

Für Sachsen: JMin. Dr. Harnisch, Geh. R Dr. Mannsfeld, Geh. JR Nitsche.

Für Württemberg: GStA Röcker, zeitweilig: MinDir. Schäffer.

Für Baden: Geh. ORR Dr. Schmidt.

Für Hessen: MinRat Dr. Schwarz.

Für Braunschweig: JMin. Dr. Hampe.

Für Sachsen-Weimar und Schwarzburg: Geh. StR Werner.

Für Gotha: StR Muther.

Für Altenburg: RR Nitzsche.

Für die Hansestädte: Senator Schaefer, LG-Dir. Dr. Meyer-Lüerssen.

Zeitweilig war ferner als Vertreter des Herrn Reichspräsidenten Gesandter Riezler anwesend.

Tagesordnung: [vgl. unter 1]

Ergebnisse der Beratung.

Zu Punkt 1: Es bestand Einigkeit darüber, dass es sich im Augenblick nicht empfiehlt, die Frage im Wege der Reichsgesetzgebung oder durch Übereinkommen zwischen den Ländern allgemein zu regeln, weil z.Zt. in einzelnen Ländern, insbesondere Preußen, infolge der Überfüllung Sonderzustände vorliegen, die für die Einführung einer Altersgrenze nur vorübergehende Bedeutung hätten. – Wenn es künftig zu einer allgemeinen Regelung kommt, so empfiehlt es sich, nicht eine Regelung lediglich für den Richterstand zu schaffen, vielmehr die Frage nur gleichzeitig für sämtliche Beamtengattungen zu lösen. Dabei erschien, soweit der Richterstand in Frage kommt, die Annahme einer Altersgrenze von 65 Jahren als zu niedrig. Ob dagegen die Altersgrenze von 70 Jahren oder eine Zwischenstufe gewählt werden soll, soll späteren Erwägungen vorbehalten bleiben. – Einigkeit bestand darüber, dass jedenfalls die Versetzung in den Ruhestand bei Erreichung der vorgeschriebenen Altersgrenze von Gesetzes wegen einzutreten hat, dass keine Ausnahme für gehobene Stellen statthaben sollen, und dass nicht im einzelnen Falle eine individuelle Prüfung der Dienstfähigkeit gestattet werden darf.

Zu Punkt 2: Auch hier wird eine einheitliche Regelung noch solange zurückzustellen sein, bis die in Aussicht stehenden Reformgesetze zu einem gewissen Abschluss dahin gekommen sind, dass sich die künftige Gestaltung der richterlichen Tätigkeit und der Bedarf an Richtern übersehen lässt. – Einigkeit bestand darüber, dass das Ziel dieser Entwicklung sein muss: Verminderung der Zahl der Richter, Hebung ihrer Qualifikation und ihrer Bedeutung. Als wünschenswert erschien dabei eine Besoldung in der Art, dass der Richterstand aus den übrigen akademischen Berufen herausgehoben wird.

Zu Punkt 3: a) Es bestand Einigkeit darüber, dass eine einheitliche Regelung dahin herbeigeführt werden soll, dass Amtsbezeichnungen wie Amtsrichter, Landrichter, OLG-Rat, RG-Rat, bestehen bleiben, ebenso die Direktoren- und Präsidententitel, ferner die bestehenden besonderen Bezeichnungen für aufsichtsführende Amtsrichter, wie Ober-Amtsrichter, AG-Direktoren und -Präsidenten; dagegen fallen reine Titel, wie AG-Rat, LG-Rat, Geh. JR, fort. Es bleibt zu prüfen, inwieweit bereits verliehene Titel der letztbezeichneten Art als wohlerworbene Rechte erhalten bleiben. Verabschiedete Beamte werden von dieser etwaigen Titeleinziehung an sich wohl nicht betroffen. Es empfiehlt sich, vor Regelung der Frage mit dem Deutschen Richterbunde Fühlung zu nehmen, um insbesondere auch in letzterer Beziehung möglichst Einheitlichkeit herbeizuführen. – Die Bayer. Justizverw. behält sich ihre Stellungnahme zu Vorstehendem vor.

b) Ob die Amtsbezeichnung StA aufrecht erhalten werden oder ob stattdessen eine andere Bezeichnung eingeführt werden soll (z.B. Land[es]anwalt), bleibt späterer Prüfung vorbehalten. Hinsichtlich der Beibehaltung des Titels Staatsanwaltschaftsrat stellten sich die Ansichten wie vorstehend zu a).

c) In den Ministerien empfiehlt sich die Einführung folgender Bezeichnungen: Ministerialräte, Ministerialdirektoren, Staatsräte und Minister.

d) Die Bezeichnungen Gerichtsassessoren und Referendare sind einheitlich einzuführen.

e) Die Titel Kanzleirat und Rechnungsrat fallen fort.

f) Die Bezeichnungen Gerichtsschreiberei und Gerichtsschreiber fallen fort; an ihre Stelle treten Geschäftsstelle und Beamter der Geschäftsstelle, hinsichtlich der Bezeichnung der einzelnen Gruppen dieser Beamten ist eine Einheitlichkeit erwünscht. Das RJM wird in dieser Richtung Vorschläge machen.

g) Den Rechtsanwälten werden die Titel Justizrat und Geheimer Justizrat hinfort nicht mehr verliehen.

Zu Punkt 4: a) Mit Ausnahme von Preußen und Bayern stimmten die anwesenden Vertreter der Länder der Schaffung eines Ausschusses beim RJM zu, der einheitliche Richtlinien für die Vorbildung zum Richteramte aufstellen soll.

b) Über die Notwendigkeit, mindestens für die Kriegsteilnehmer die zweijährige Frist des § 25 der RAO auf $1^{1/2}$ Jahre abzukürzen, bestand Einigkeit. Für die gleiche Kürzung bei sämtlichen Referendaren sprachen sich Preußen, Bayern, Baden, Sachsen und Württemberg aus. Die Frage einer entsprechenden Änderung des § 139 StPO [Referendare als Rechtsbeistand; neue Fassung des § 139 1924] wurde bejaht.

Zu Punkt 5: Einigkeit bestand darüber, dass nach dem GVG nur ein Mann zum Richter ernannt werden kann. Ferner darüber, dass durch Art. 109 RV dieser Zustand nicht unmittelbar geändert worden ist. Zweifelhaft ist, ob der Art. 109 RV eine Gesetzesänderung notwendig macht. Hinsichtlich der Rechtsanwälte liegt die Frage ebenso. Der überwiegende Teil der Anwesenden war der Ansicht, dass eine Gesetzesänderung gegenwärtig nicht vorzunehmen ist, weil die programmatische Vorschrift des Art. 109 RV hier bei ihrer Ausführung auf Schwierigkeiten stößt, die in der besonderen Beschaffenheit der weiblichen Natur liegen. – Die Zulassung von Frauen zur ersten juristischen Prüfung wird allgemein als notwendig erkannt: Braunschweig und Hessen stellen eine Änderung ihrer bisherigen abweichenden Meinung in Aussicht. – Die Zulassung zur zweiten Prüfung wollen Sachsen, Württemberg und Baden gewähren, eine Ernennung soll auch in diesem Falle nicht erfolgen.

Zu Punkt 6, 7: Es bestand Einigkeit darüber, dass auf die Presse in der Weise eingewirkt werden soll, dass die Gerichtsberichterstattung in die Hand geeigneter Kräfte gelegt wird. In einzelnen Fällen wird es sich auch entsprechend dem schon bisher von Bayern geübten Verfahren empfehlen, der Presse eine Darstellung wichtiger Prozesse von amtlicher Seite zuzuleiten. – Die RJVerw. wird die LJVerw. auffordern, ihr das Material solcher Prozesse vor den Wuchergerichten zugänglich zu machen, das zur Weiterleitung in einer Denkschrift an die Nationalversammlung geeignet ist.

Zu Punkt 7: Es empfiehlt sich, in eine engere Fühlungnahme mit den Vereinen und Organisationen der bezeichneten Art zu treten.

8. Der Preuß. JMin. regt an, im Hinblick auf den gesunkenen Geldwert die Zuständigkeit der AG auf 1.200 Mark zu erhöhen und die Berufungssumme bei den Gewerbegerichten auf 200, bei den Kaufmannsgerichten auf 600 Mark festzusetzen. – Dieser Vorschlag fand allgemeine Zustimmung. Es bestand Einverständnis darüber, ihn alsbald durch eine Gesetzesnovelle zu verwirklichen.

III. Besprechung vom 24./25.01.1921

Gegenwärtig:

StM der Justiz Dr. Roth, Staatsrat Dr. Meyer, MinDir. H. Schmitt und die zuständigen Referenten, außerdem: die Präsidenten der OLG und die OStA bei den OLG

StM der Justiz Dr. Roth sprach einige Begrüßungsworte und dankte den Herren für ihr Erscheinen.

Der folgenden Besprechung wurde die beiliegende Übersicht [nicht bei den Akten] zugrunde gelegt.

I. Zu Nr. I der Übersicht [nicht bei den Akten]. Staatsrat Dr. Meyer gab einen Überblick über den gegenwärtigen Stand der Reform der Reichsjustizgesetzgebung und über die künftigen Pläne der Reichsjustizverwaltung. Im Anschluss daran machten ORR Sauerländer und ORR Dr. Dürr noch einige ergänzende Mitteilungen über Einzelheiten des Entwurfs eines Gesetzes zur Entlastung der Gerichte, Reichsrats-Ds Nr. 334 (im Folgenden kurz mit „Entwurf" bezeichnet [= Gesetz vom 11.03.1921; hierzu W. Schubert, in: W. Schubert/J. Regge, Quellen zur Reform des Straf- und Strafprozessrechts, I. Abt., Bd. 4, Berlin 1999, S. XIII ff.].

II. Zu Nr. II Abs. 1 der Übersicht. StM Dr. Roth und Staatsrat Nr. Meyer wiesen vor Beginn der Aussprache nachdrücklich darauf hin, dass eine Vermehrung der Zahl der Beamten bei den Justizbehörden zur Durchführung des im Entwurf vorliegenden Justiznotgesetzes auf keinen Fall in Frage kommen könne, dass überdies der Landtag sicherlich jede Stellenvermehrung unbedingt ablehnen werde.

Im Laufe der Aussprache wurde auch die Frage erörtert, ob das Gesetz vom 13.04.1917, betr. die Stellvertretung bei den Gerichten während des Krieges, GVBl. S. 57, heute noch gelte. Es wurde übereinstimmend die Meinung vertreten, dass das Gesetz praktisch auf keinen Fall entbehrt werden könne. Dabei wurde Folgendes erwogen: Die Veranlassung zu dem Gesetz mögen die zahlreichen Einberufungen von Richtern zum Heere während des Krieges und die hiernach geschaffenen unerträglichen Geschäftsverhältnisse namentlich an manchen Gerichten gebildet haben. Das Gesetz selbst ist aber nicht auf diese ganz besonderen Fälle beschränkt, sein Wortlaut sichert ihm im Gegenteil ein viel größeres Geltungsgebiet und steht der ferneren Anwendung nicht im Wege.

Nach eingehender Aussprache stellte Staatsrat Dr. Meyer als einstimmige Anschauung Folgendes fest: Das Gesetz zur Entlastung der Gerichte muss, wie dies schon in der Begründung zu dem Entwurf ausdrücklich hervorgehoben ist, unbedingt ohne Vermehrung der Zahl der Beamten bei den Justizbehörden durchgeführt werden. Gerade deshalb ist es aber besonders für die Übergangszeit notwendig, nicht genügend beschäftigte Richter zur Geschäftsaushilfe einem anderen Gericht zuweisen oder sie an ein anderes Gericht versetzen zu können. Es stehen hierzu folgende gesetzliche Mittel zur Verfügung: Einmal das Gesetz vom 14.03.1917 [bayr. GVO 1917, S. 57], betr. die Stellvertretung bei den Gerichten während des Krieges; der Wortlaut des Gesetzes (Art. III) lässt eine weitere Anwendung zu;

außerdem könnten gemäß § 58 Abs. 2 des GVG Richter bei den LG gleichzeitig zu Amtsrichtern im Bezirke des LG ernannt werden, endlich könnte die Bestimmung des § 8 Abs. 3 GVG herangezogen werden, um unfreiwillige, infolge des Gesetzes zur Entlastung der Gerichte notwendig werdende Versetzungen zu verfügen.

Um jedoch ganz sicher zu gehen, dass bei der praktischen Anwendung des Gesetzes vom 14.03.1917 und des § 8 Abs. 3 GVG keine Schwierigkeiten entstehen, soll zunächst ein Rechtsgutachten des Obersten LG darüber eingeholt werden, ob das Gesetz vom 14.03.1917 auch jetzt noch uneingeschränkt anwendbar ist und ob die gesetzlichen Voraussetzungen des § 8 Abs. 3 GVG auch dann für vorliegend erachtet werden, wenn es sich um die Durchführung des Gesetzes zur Entlastung der Gerichte handelt. Sollte dieses Gutachten des Obersten LG ausfallen – aber nur in diesem Falle! –, so könnte auch erwogen werden, ob nicht bei der Beratung des Gesetzes zur Entlastung der Gerichte zu beantragen wäre, dass die Landesregierung durch ausdrückliche gesetzliche Vorschrift zu unfreiwilligen Richterversetzungen und dgl. zum Zwecke der Durchführung des Gesetzes ermächtigt werden sollte.

Zu Nr. II Abs. 2 der Übersicht. Es wurde zunächst eingehend die Frage erörtert, ob es überhaupt möglich und zweckmäßig ist, die Erledigung einzelner Geschäfte, die bisher vom Richter besorgt wurde, künftig dem Gerichtsschreiber zu übertragen. Dabei wurden mehrfache grundsätzliche Bedenken geltend gemacht. Im Anschluss daran wurde die im Art. V des Entwurfs vorgesehene Regelung im Allgemeinen gewürdigt. Hierbei wurde einstimmig hervorgehoben, dass eine bedingungslose Übertragung für das ganze Land, wie sie namentlich Art. V § 1 des Entwurfs vorsieht, als vollkommen unzweckmäßig abzulehnen sei; denn eine solche Übertragung würde im Gesamtergebnis keineswegs zu einer irgendwie wesentlichen Entlastung der Richter und zur Verbilligung der Rechtspflege führen, sie würde im Gegenteil besonders bei manchen Justizbehörden sicher zur Folge haben, dass einerseits keine Richter eingespart werden könnten, andererseits aber eine Vermehrung des Gerichtsschreiberpersonals unvermeidlich wäre.

Staatsrat Dr. Meyer würdigte die geltend gemachten grundsätzlichen Bedenken und hob sodann hervor, dass es praktisch weder möglich noch zweckmäßig sei, sich in der Frage ablehnend zu verhalten, dass überdies das StM der Justiz durch die Vorlage der Gesetzentwürfe, wie sie in der Denkschrift für das StM der Justiz über die Frage der Neuverteilung der Geschäfte zwischen Richtern und mittleren Beamten – unter C enthalten sind, grundsätzlich schon Stellung genommen habe und dass diese Gesetzentwürfe vom Landtag sehr beifällig aufgenommen worden seien. – Die geltend gemachten grundsätzlichen Bedenken wurden daraufhin nicht weiter aufrechterhalten, es wurde jedoch nachdrücklich betont, dass jede Personalvermehrung nicht nur bei den Richtern, sondern auch bei den Gerichtsschreibern unbedingt vermieden werden müsse. – Das einstimmige Ergebnis der weiteren Aussprache über Art. V § 1 des Entwurfs im Einzelnen fasst Staatsrat Dr. Meyer wie folgt zusammen.

Die Stellungnahme des bayerischen StM der Justiz zu § 1 des Art. V des Entwurfs, wie sie vom Reichsratsbevollmächtigten in Berlin, MinDir. Dr. von Nüsslein, auftragsgemäß vertreten wird, wird allgemein gebilligt. Die bayerische Justizverwaltung muss es unbedingt in der Hand haben, von einer Ermächtigung i.S. des Art. V, je nach den Bedürfnissen der einzelnen Justizbehörden Gebrauch zu machen oder dies zu unterlassen. Eine Ermächtigung, die dazu zwingt, von ihr entweder für das ganze Land schematisch, ohne Rücksicht auf die örtlichen Bedürfnisse, Gebrauch zu machen oder aber schlechthin davon abzusehen, ist abzulehnen, weil sie dem Zweck des Gesetzes durchaus zuwiderläuft. Wird den Anregungen Bayerns in Berlin stattgegeben, so wäre es den OLG-Präs. zu überlassen, ob und in welchem Umfange sie von der Ermächtigung in ihren Bezirken Gebrauch machen wollen und können. Würde dagegen den Anregungen Bayerns nicht Rechnung getragen, würde also Art. V § 1 des Entwurfs unverändert Gesetz, so wäre es notwendig, zunächst einmal eingehende, statistisch belegte Gutachten der OLG-Präs. zu erholen, ehe eine Entscheidung darüber getroffen werden könnte, ob von der Ermächtigung Gebrauch zu machen sei oder nicht.

Sodann wurden Art. V § 2 des Entwurfs und der Entwurf einer Bekanntmachung, die Geschäftsvereinfachung betreffend, im Einzelnen besprochen. Das Ergebnis war Folgendes: Zu Art. V § 2 des Entwurfs: der Wortlaut der Ermächtigung des § 2 ermöglicht es der Justizverwaltung, unter Berücksichtigung der Bedürfnisse der einzelnen Behörden eine Übertragung von Geschäften an den Gerichtsschreiber an dem einen Ort vorzunehmen, an anderen Orten dagegen von einer solchen Übertragung abzusehen. Nur in diesem Sinne verstanden und durchgeführt wird die Ermächtigung den Zwecken des Gesetzes gerecht. Die Handhabung der Ermächtigung in diesem Sinne soll von der Landesregierung ebenfalls den OLG-Präs. übertragen werden.

Zum Entwurf einer Bekanntmachung, die Geschäftsvereinfachung betreffend: Die Erteilung eines Befähigungszeugnisses (vgl. unter B der Bekanntmachung) ist abzulehnen. Die Gerichtsvorstände sollen versuchsweise ermächtigt werden, die geeigneten Personen des Gerichtsschreiberdienstes, denen die einschlägigen Geschäfte übertragen werden können, auf eigene Verantwortung auszuwählen. Der Beamte ist zur Übernahme der ihm übertragenen Geschäfte verpflichtet, die Übertragung darf nicht von seiner Zustimmung abhängig gemacht werden.

Gegen B I und II des Entwurfs einer Bekanntmachung wurde keine Erinnerung erhoben. Zu B III äußerten die OLG-Präs. übereinstimmend, dass ihnen eine Übertragung dieser Geschäfte der Vormundschafts- und Nachlassgerichte, namentlich der Geschäfte unter III 1 bedenklich und zudem praktisch nutzlos erscheine, weil sie den Richter tatsächlich nicht entlaste und ihm insbesondere nicht die Verantwortung nehme, sie erklärten aber, dass sie ihre sachlichen Bedenken jetzt zurückstellen und das Ergebnis einer versuchsweisen Übertragung abwarten wollten. – Zu C und D des Entwurfs einer Bekanntmachung wurden keine Bedenken erhoben. In E Nr. II soll es statt „... zur selbständigen Erledigung zu übertragen“ heißen: „zur Erledigung zu übertragen“. In F soll die ganze Ziff. III gestrichen werden.

Die OLG-Präs. sollen bis zum 01.01.1922 an das StM der Justiz berichten, welche Erfahrungen sie mit der Übertragung von bisher richterlichen Geschäften auf Gerichtsschreiber gemacht haben.

III. Die Aussprache über die einzelnen Punkte der Nr. III der Übersicht hatte folgendes Ergebnis:

Zu Nr. 1: Schwierigkeiten bei der Durchführung der neuen Qualifikationsvorschriften (Bekanntmachung v. 18.09.1919, JMBl. S. 317 ff.) haben sich nicht ergeben; es hat sich nur das Bedürfnis gezeigt, zwischen die Bezeichnungen „mittelmäßig" und „tüchtig" noch eine Zwischenstufe einzuschalten. Eine Änderung der Bekanntmachung v. 18.08.1919 ist jedoch nicht notwendig, man kann den Begriff „tüchtig" nach unten praktisch noch etwas abstufen, etwa durch „noch tüchtig" oder Ähnliches. Dem StM der Justiz ist eine solche Abstufung sehr erwünscht. Im Übrigen wurde wiederholt hervorgehoben, dass bei der dienstlichen Würdigung der Beamten im Allgemeinen, ganz besonders aber derjenigen, die in leitende Stellungen kommen sollten, der allerstrengste Maßstab anzulegen sei. Von den OLG-Präs. wurde bedauert, dass die Amtsvorstände sich öfter dazu verleiten ließen, eine unbegründete Milde bei dienstlichen Würdigungen ihrer Beamten walten zu lassen. Auch die Frage der Kontingentierung wurde in diesem Zusammenhang berührt; es wurde anerkannt, dass die Bekanntmachung vom 09.12.1919, JMVl. S. 491, geeignet sei, in einigen Jahren wieder gesunde Zustände zu schaffen.

Zu Nr. 2: Bei der Schaffung der neuen Besoldungsordnung wurde davon ausgegangen, dass der Beamte ein ausreichendendes Gehalt bekommen solle, dass aber neben dem Gehalt besondere Vergütungen grundsätzlich nicht mehr zu gewähren seien. Die OLG-Präs. wurden deshalb ersucht, künftig Gesuche um Bewilligung besonderer Vergütungen nur noch in ganz besonders begründeten Ausnahmefällen vorzulegen, weil die Vorlage anderer Gesuche zwecklos sei. In der Aussprache wurde betont: Möglichste Einschränkung der Gewährung von Sondervergütungen ist anzustreben, ganz können solche besondere Vergütungen aber auf keinen Fall entbehrt werden; im Übrigen sollen Vergütungen, wo sie wirklich angezeigt sind, auch einigermaßen den heutigen Geldverhältnissen entsprechen.

Zu Nr. 3: Schwierigkeiten bestehen nicht mehr; soweit sich solche ergeben haben, sind sie inzwischen restlos und ohne Reibungen beigelegt worden.

Zu Nr. 4: Die Notwendigkeit der Benachrichtigung des StM der Justiz, wann Gerichte Gesetze für ungültig erklären, wurde allgemein anerkannt. Es wäre sehr erwünscht, wenn das JM schon vor der Entscheidung von dem Sachverhalt Kenntnis bekäme und Gelegenheit zur Darlegung der nicht immer ganz klaren Rechtslage hätte. Es ist aber sehr schwer, auf den Richter in diesem Sinne einzuwirken, ohne der richterlichen Unabhängigkeit zu nahe zu treten, doch empfiehlt es sich vielleicht, die Richter mündlich aufzuklären. Die OLG-Präs. würden ersucht, in diesem Sinne tätig zu werden.

Zu Nr. 5: Die bewährte Einrichtung der Zeitungskonzerne ist beizubehalten, doch wäre anzustreben, dass kleinere Zeitungen mit geringer Auflage und deshalb geringeren Kosten (für Papier usw.) sich mit etwas niedrigeren Beträgen zufrieden geben.

IV. Das einstimmig gutgeheißene Ergebnis der Aussprache über die einzelnen Punkte der Nr. IV der Übersicht fasste Staatsrat Dr. Meyer folgendermaßen zusammen:

Zu Nr. 1 mit 4: Die StA sollen durch kluge Prozessökonomie und Prozesstaktik den Streitstoff möglichst scharf abgrenzen; sie sollen kriminalpolitisch wichtige Fälle unter Ausscheidung alles Nebensächlichen rasch und gründlich aufklären und die rasche Aburteilung auch dann herbeiführen, wenn eine Voruntersuchung notwendig ist. Der StA hat durch die Bestimmung des § 194 StPO die Möglichkeit, sich jederzeit von dem Stande der Voruntersuchung zu überzeugen und durch geeignete Anträge auf Beschleunigung hinzuarbeiten. Aussichtslose geringfügige Strafsachen sollen möglichst frühzeitig eingestellt, von der Bestimmung des § 208 Abs. 1 StPO soll viel weitgehender Gebrauch gemacht werden, als dies jetzt noch geschieht. Nur auf diese Weise kann eine fühlbare Entlastung von der Unmenge kriminalpolitisch nebensächlicher, nicht strafwürdiger Sachen erreicht werden.

Was die Verteilung der Geschäfte unter die staatsanwaltschaftlichen Referenten anlangt, so ist namentlich bei den kleineren StA nur eine Verteilung nach Orten oder Namen möglich, bei größeren StA aber empfiehlt es sich, Sonderreferate für einzelne Materien zu schaffen, so z.B. für Wuchersachen, Zollsachen, Urheberrechtsverletzungen, Münz- und Weinfälschungen, u.U. auch für politische Verfehlungen. Es sind mit solchen Sonderreferaten teilweise schon recht gute Erfahrungen gemacht worden.

Eine weitgehende Entlastung der StA von untergeordneten Geschäften ist unerlässlich. Besonders geklagt wird über die kaum mehr zu überblickende Zahl von Mitteilungen, die an die verschiedensten Stellen zu machen sind. Es ist dringend erwünscht, die angeordneten Mitteilungen scharf auf ihre Notwendigkeit nachzuprüfen. Die Mitteilungen an Kommunalverbände in Ansehung der Zwangswirtschaft können bei unbedeutenden, nicht mitteilenswerten Sachen schon jetzt möglichst eingeschränkt werden. Die Erledigung der Mitteilungen soll möglichst einem Sekretär übertragen werden.

Auf die Bedeutung der Vorschrift des § 146 GVG ist besonders hinzuweisen. Die Amtsanwälte im Hauptamt sollen zur Entlastung der StA namentlich in den Fällen möglichst herangezogen werden, in denen der StA die Zuständigkeit des Schöffengerichts dadurch begründen kann, dass er bei Einreichung der Anklageschrift die Eröffnung des Hauptverfahrens vor dem Schöffengericht beantragt. Es ist angeregt worden, dass man in dem Gesetz zur Entlastung der Gerichte eine Bestimmung aufnehmen sollte, wonach der StA in diesen Fällen berechtigt sei, den Amtsanwalt mit der weiteren Bearbeitung (Antrag auf Erlass eines Strafbefehls, Anklageschrift usw.) zu beauftragen. Das JM wird diese Anregung prüfen und sie, wenn es zweckmäßig erscheint, unterstützen.

In diesem Zusammenhang wurde auch die Qualifikation der StA besprochen und insbesondere hervorgehoben, dass es notwendig ist, bei der Qualifikation zum zweiten StA einen strengen Maßstab anzulegen, dabei auch zu berücksichtigen, dass an einen Anklagevertreter vor den Wuchergerichten und den Volksgerichten keineswegs geringere Anforderungen zu stellen sind, wie an einen Anklagevertreter vor dem Schwurgericht. Es ist anzustreben, dass die Geschäfte der Amtsanwaltschaft baldmöglichst nur mehr von Beamten im Hauptamte versehen werden. Die Erweiterung der Zuständigkeit der Schöffengerichte wird wohl ohnedies dazu führen, dass die Geschäfte der Amtsanwaltschaft nur mehr von Beamten im Hauptamt versehen werden können.

Zu Nr. 5: Es wird allgemein anerkannt, dass es notwendig ist, mit der Presse entsprechend Fühlung zu halten. Auf eine Anfrage aus den Reihen der OStA, ob eine ältere Justizministerialentschließung noch gelte, wonach es den Behörden untersagt sei, ohne ausdrückliche Genehmigung des JM mit der Presse in Verbindung zu treten, antwortete Staatsrat Dr. Meyer, dieses Verbot sei durch die Verhältnisse überholt, eine derartige ausdrückliche Genehmigung des JM müsse nicht mehr eingeholt werden; man könne es dem Geschick und dem Takt der Behörden überlassen, im Verkehr mit der Presse den richtigen Weg zu finden.

Zu Nr. 6: Die Erfahrungen über die Handhabung der bedingten Begnadigungen durch die Gerichte waren im Anfang im Allgemeinen überwiegend schlecht, allmählich ist jedoch eine Besserung eingetreten, so dass man annehmen darf, die Schwierigkeiten der ungewohnten Neuerung seien jetzt überwunden. Ganz befriedigend sind die Ergebnisse allerdings heute noch nicht. Vielfach zeigt es sich, dass die Gerichte sich über den eigentlichen Zweck der bedingten Begnadigung noch nicht klar sind. So wird es noch vollkommen verkannt, dass man einerseits unbestraften Personen die Verbüßung ganz kurzer Freiheitsstrafen, wenn irgend möglich, ersparen, dass man es andererseits vermeiden sollte, die Vollstreckung kurzer Freiheitsstrafen zu unterbrechen. Es widerspricht z.B. vollkommen dem Zweck der bedingten Begnadigung, wenn Gerichte bei Freiheitsstrafen von nur wenigen Tagen nach Verbüßung einiger Tage Gewährungsfristen für die Strafreste bewilligen. Gegen kurzzeitige Freiheitsstrafen bestehen überhaupt erhebliche kriminalpolitische Bedenken. Die bedingte Begnadigung hat ja u.a. gerade den Zweck, diesen Bedenken abzuhelfen. Einigkeit besteht darüber, dass es vollkommen unmöglich ist, auf das Beschwerderecht des StA im Verfahren über die bedingte Begnadigung zu verzichten. Es ist wünschenswert, dass die OStA die unterstellten StA und Amtsanwälte mit einheitlichen Richtlinien über die Handhabung der bedingten Begnadigung versehen. – In diesem Zusammenhang wurde auch darauf hingewiesen, dass der allmähliche Abbau der Zwangswirtschaft je nach den Umständen des einzelnen Falles möglicherweise eine Berücksichtigung im Begnadigungsverfahren gerechtfertigt erscheinen lasse.

Zu Nr. 7: Man einigte sich auf einen Einheitssatz von 3 M.

Zu Nr. 8: Es hat sich keinerlei Bedürfnis zu einer von der gegenwärtigen abweichenden Regelung ergeben. Irgendwelche neue Maßnahmen, etwa im Sinne der Anregung des Handelsministeriums, sind nicht veranlasst. Die Sachverständigen der bayerischen Landeswucherabwehrstelle entsprechen den Anforderungen, die man an sie stellen muss, nicht in allen Fällen, dagegen werden die Sachverständigen der amtlichen Preisprüfungsstellen allgemein gelobt. Sachverständige aus Handelskreisen immer von Amts wegen beizuziehen, wird entschieden abgelehnt; denn es besteht häufig die Gefahr, dass solche Sachverständige sich von den Interessen ihres eigenen Handelskreises zu wenig frei machen können. Hervorgehoben wird auch, dass in sehr vielen Fällen, in denen heute Sachverständige beigezogen werden, ohne solche entschieden werden könnte.

V. Zu Nr. 1: Die Präsidenten der OLG sicherten zu, dass sie der Angelegenheit ihre besondere Aufmerksamkeit zuwenden und darauf hinwirken werden, dass die Vormundschaftsgerichte den Bedürfnissen des praktischen Lebens möglichst weit entgegenkommen.

Zu Nr. 2: MinDir. H. Schmitt führte Folgendes aus: Die von den Notaren aufgrund des Gesetzes vom 04.01.1910 (JMBl. S. 1) zu entrichtende Abgabe wird von den Präsidenten der LG festgesetzt und ist nach den jetzt geltenden Vorschriften (vgl. Bekanntmachung vom 12.04.1920, JMBl. S. 51) von den Notaren in monatlichen Teilbeträgen bei den Finanzämtern einzuzahlen. Da die Finanzämter sich um die Kontrolle der Einzahlungen nicht besonders kümmern können, entstehen bei diesem Verfahren häufig größere Rückstände, deren Beitreibung schließlich auf Schwierigkeiten stößt. Um eine bessere Kontrolle über die Einzahlungen zu haben und säumige Zahler rechtzeitig mahnen zu können, wird deshalb vorgeschlagen, die Gerichtsschreibereien der OLG mit der (bargeldlosen) Einkassierung der eingehenden Beträge und mit der Kontrolle über vollständige und rechtzeitige Einzahlung zu beauftragen. Säumige Zahler könnten auf diese Weise rasch festgestellt und durch Schreiben der OLG-Präs. oder, wenn es notwendig ist, durch Justizministerialentschließung gemahnt werden. Die Festsetzung der Abgabe soll nach wie vor Sache der Präsidenten der LG bleiben.

Der Vorschlag wird allgemein gutgeheißen.

VI. Zu Nr. VI der Übersicht: In der Aussprache zeigte sich, dass die Gerichte die Frage, ob vertraglich vereinbarte Zuschläge zu den gesetzlichen Gebühren der Rechtsanwälte erstattungsfähig sind, verschieden beantworten. Im Allgemeinen wird die Erstattungsfähigkeit verneint.

VII. Zu Nr. VII der Übersicht: Dieser Punkt wurde durch die Aussprache unter Nr. I und II als erledigt betrachtet.

VIII. Zu Nr. VIII der Übersicht: Es wurde angeregt, es möchte den äußeren Behörden möglichst bald Kenntnis davon gegeben werden, wenn das JM die Anschaffung namentlich größerer Werke, die nur in einem Stück notwendig sind, aus Zentralmitteln beschlossen hat.

Nach einem Schlusswort des StM der Justiz Dr. Roth wurde die Tagung geschlossen.

IV. Einladung zur Besprechung vom 21.10.1924 (Themenübersicht)

Die Herren OLG-Präs. und OStA werden hiermit eingeladen, sich zu einer Besprechung wichtiger Angelegenheiten der JVerw. am 21.10.1924 vormittags 9.15 Uhr im Sitzungssaale des JMin. einfinden zu wollen. Zur Erörterung werden insbesondere gelangen:

Personalabbau, Behördenorganisation, und zwar insbesondere staatsanwaltschaftliche Organisation, Dienstaufsicht (Qualität der Urteile der erstinstanziellen Gerichte), dienstliche Würdigungen, Einsparung von Richtern und mittleren Beamten, Behandlung der Presse durch die Außenstellen, Titelverleihungen an Justizbeamte und Rechtsanwälte, Notariatsgebührenfragen, Kontrolle der Notariatseinnahmen, Heranziehung der Beamten der Gruppen VII, VIII und IX zum eigentlichen Gerichtsschreibereidienst, Erfahrungen mit der Neuordnung des Strafverfahrens und mit den Neuerungen auf dem Gebiete des Zivilprozesses, Verwendung von Kostenmarken, Geschäftsaufsicht, Akteneinsicht in Zivil- und Strafsachen, Ausstattung der Bibliotheken. [Das Sitzungsprot. ist nicht auffindbar.]

gez. Gürtner

V. Besprechung vom 20. u. 21.11.1925

Einleitend hebt die Justizverwaltung hervor: Die *Amtsrichter* haben bei der Behandlung ihrer Forderungen auf Schaffung von Vorrückungsstellen im Landtag (Besoldungsausschussverhandlungen vom 10. u. 11.07.1925) kein Verständnis für die Privilegien der Richter gezeigt. Die Bayerische Volkspartei will ein etwaiges Entgegenkommen zwangsläufig mit einer Verkürzung des Dienstalters verketten. Der aufgetauchte Gedanke der Verreichlichung des Justizpersonals hat nur schwachen Widerspruch gefunden; die innere Abkehr des Beamtentums von der landesrechtlichen Installierung greift immer mehr um sich.

Der *Etat* wird ein großes Defizit aufweisen, das durch die Regelung des Finanzausgleichs zu erklären ist. Der Justizetat zeigt eine zahlenmäßige Erhöhung von 4% gegenüber dem Vorjahre. Motto: „Kein Neubau, kein Personal". Auch die Geschäftsbedürfnisse können keine Erhöhung erfahren. Nur die Position der Geschäftsbedürfnisse bei den AG ist um ein Sechstel erhöht; dies ist jedoch keine tatsächliche Mehrung, da Überschreitungen im gleichen Umfang schon im laufenden Geschäftsjahr notwendig wurden. Bei der Regie der AG ist die Ausscheidung einer großen Zentralreserve geplant; die einzelnen Spezialetats werden keine Mehrung erfahren.

Die Kosten für die Vergütung der *Gebühren in Armenrechtssachen* belaufen sich im Jahr auf 850.000 M; sie müssen von Bayern getragen werden. Die Mittel für *Unterstützungen* sind nach dem Vorbilde Preußens um 100% erhöht worden.

Dem *Arbeitsgerichtsgesetz* sind in den Finanzministern der Länder heftige Gegner entstanden, da der fast völligen Gebührenlosigkeit der Prozessführung hohe Kosten für die Diäten der Laienbeisitzer gegenüberstehen. Die endgültige Verbescheidung des Gesetzes ist noch nicht abzusehen. Das Arbeitsgericht ist trotz des Schlagworts: „Kein Sondergericht" tatsächlich als Sondergericht zu betrachten, wenn der Vorsitzende nicht allein von der Justizverwaltung bestellt wird, sondern auch – wie das wegen der „Sozialen Garantien des Verfahrens" geplant ist – die Sozialverwaltung mitbestimmend eingreifen kann.

Das Schicksal des Entwurfs zum neuen *StGB* ist noch höchst ungewiss.

I. 1 a. Die Justizverwaltung kündigt an, dass den OLG-Präs. und OStA ein Verzeichnis der *Bewerber zum III. StA und zum Amtsrichter,* deren Beförderung noch fraglich ist, zugehen wird. Über diese Bewerber ist eine abschließende Würdigung vorzulegen, damit aufgrund der Nachqualifikation nunmehr endgültig über die Beförderungsmöglichkeit in den einzelnen Fällen entschieden werden kann. Herren aus den Jahrgängen vor 1913 kommen nicht mehr in Betracht. Diese Bereinigung ist notwendig, da eine Reihe von Herren aus alten Jahrgängen mit tiefen Noten mit ganz jungen Jahrgängen konkurriert. So steht die Anstellung von Herren bevor, die 1924 den Konkurs bestanden haben; daneben stehen Herren aus dem Jahrgang 1910. Auch bei einigen Herren – Grundbuchkommissären – aus dem Jahre 1913 ist es fraglich, ob sie noch Amtsrichter werden können.

In den *Anforderungen,* die bei den Bewerbern für den Richterdienst gestellt werden, wird nunmehr erheblich höher gegangen. Nur Herren mit besten Noten werden angestellt. Die Anstellung erfolgt nur mehr nach persönlicher Vorstellung. Den Assessoren ist deshalb nahezulegen, beim Ministerium persönlich vorzusprechen. Den jungen Herren ist von Anfang an zu eröffnen, dass sie, solange sich nicht Richter sind, sich von der Justizverwaltung unbedingt und überall verwenden lassen müssen.

Die Justizverwaltung beabsichtigt im Haushalt 1926 die Amtsanwälte und III. StA in einem Titel aufzuführen. *An den LG-Sitzen sollen* nämlich *nur mehr III. StA* ernannt werden, damit die Amtsanwälte auch in 2. Instanz auftreten können. Amtsanwälte wird es künftig nur mehr an den Orten mit AGs geben. Amtsanwälte an den LG haben die Voraussetzungen für den III. StA zu erfüllen; es wird ersucht, bei der Begutachtung von Beförderungssachen hierauf besondere Rücksicht zu nehmen. Auf Anfrage erklärt die Justizverwaltung, dass es die „Dritte-Staatsanwalts-Note“ nicht mehr gibt, da eben nur mehr Herren mit besten Noten genommen werden.

Die Justizverwaltung ersucht dringend, die *Abgangszeugnisse der Amtsanwälte und StA,* die von größter Bedeutung für die Frage der Beförderung zum II. StA ist, nicht zu kurz, wie das vielfach geschieht, sondern eingehend zu behandeln.

Auf die Anregung von *Staatsrat Dr. Meyer,* nur wirklich tüchtige Leute zu OLG-Räten zu bestellen, ersucht die Justizverwaltung, dem Ministerium hierbei durch entsprechende *Qualifikation* an die Hand zu geben. Die Nachqualifikation werde erfahrungsgemäß oft plötzlich wesentlich besser, wenn ein Gesuch um Beförderung nach der Besoldungsgruppe III eingereicht werde. *OLG-Präs. Dürbig* erwähnt, dass die LG-Präs. die Qualifikationen oft nachsichtig abfassen, weil sie es mit ihren Leuten nicht verderben wollen.

Auf Anfrage von *OLG-Präs. Bilabel* erklärt die Justizverwaltung, dass zum stellv. Direktor nur qualifiziert werden darf, wer sich zum LG-Direktor und OLG-Rat eignet. *OLG-Präs. Marth* fordert auch strenge Qualifikation für LG-Räte, da der Einzelrichter besonders tüchtig sein muss.

I. 1 b. Die Justizverwaltung würde es begrüßen, wenn sie bei geeigneter Gelegenheit, besonders *bei der Erledigung von Stellen einen Hinweis auf bestimmte Persönlichkeiten* bekäme, die besondere Qualitäten besitzen. Dies gilt vor allem für die Stellen der Besoldungsgruppe XIII wie OLG-Räte und LG-Präs. Für LG-Präs. wird an der Altersgrenze von 60 Jahren festgehalten.

Es kommt nicht selten vor, dass selbst bei Erledigung von guten Plätzen Gesuche um Beförderung auf die freigewordene Stelle nicht vorliegen. Die Justizverwaltung hat erwogen, ob nicht freigewordene Stellen ausgeschrieben werden sollen; sie hat jedoch aus grundsätzlichen Erwägungen davon Abstand genommen. Vielfach haben Herren beim Ministerium erklärt, sie wären nicht auf den Gedanken gekommen, ein Gesuch um Beförderung einzureichen, wenn der Präsident sie nicht dazu aufgefordert hätte. So hat die Justizverwaltung von den älteren Amtsrichtern mittlerer Schicht vielfach kein Gesuch um Beförderung in der Hand; sie hat also keinen Überblick darüber, was die einzelnen Herren anstreben. Wer die Beförderung nach der Besoldungsgruppe XI wünscht, muss bereit sein, an ein kleineres Gericht zu gehen. Er wird nicht ständig dort bleiben. Die Justizverwaltung beabsichtigt, nach Behebung der Wohnungsnot wieder einen regen Wechsel zwischen kleinen und großen Gerichten eintreten zu lassen. Die OLG-Präs. und OStA sollen draußen Sorge tragen für die Verbreitung des Gedankens, dass der Beamte sich grundsätzlich für jede Stelle zur Verfügung halten muss, widrigenfalls er eine Übergehung bei der Beförderung in Kauf zu nehmen hat; denn die *Personalbewegung* muss lebhafter werden, damit eine Überalterung vermieden wird und tüchtige Leute nicht zu lange auf unangenehmen Plätzen belassen werden müssen. Bei III. StA wird der Verwendungsort nicht diskutiert. Die geforderte Auffassung muss jedoch auch bei den unversetzbaren Richtern Platz greifen. Es sollten also bei Beförderungsgesuchen Beschränkungen auf bestimmte Orte vermieden werden. In der letzten Zeit wurden freigewordene Stellen den Richtern geradezu serienweise angeboten; die Zahl der Ablehnungen ist, hauptsächlich in München, außerordentlich groß. Die Herren werden jetzt in solchen Fällen darauf aufmerksam gemacht, dass sie sich durch die Ausschlagung der angebotenen Stelle selbst schädigen.

I. 2. Bei der *StA* bestand die *Gefahr der Überalterung* ebenso wie bei den Richtern, da eine Zeit lang auch bei der StA Leute genommen werden mussten, die nicht alle erforderlichen Qualitäten aufwiesen. Einhellig wird die Ansicht vertreten, dass das System des Wechsels zwischen Justizverwaltungs- und richterlicher Tätigkeit beizubehalten ist. Es erscheint wünschenswert, III. StA nicht allzu lange auf ihrer Stelle zu belassen, sie dafür aber umso länger als Amtsrichter zu verwenden, damit sie vielseitig ausgebildet werden und sich auch die Zahl der Bewerber zum II. StA vergrößert. Durchschnittlich soll die Verwendung als III. StA zwei bis drei Jahre, die Verwendung als Amtsrichter fünf Jahre dauern. Dieser Grundsatz lässt sich aber zurzeit noch nicht ganz durchführen, da infolge der Kriegsverhältnisse und auch der Überaufnahme vor dem Kriege eine gewisse Krisis zu überwinden ist; noch sind III. StA alter Jahrgänge vorhanden, die bei den gegebenen Verhältnissen sehr lange III. StA bleiben mussten und infolgedessen nicht allzu lange als Amtsrichter verwendet werden können. Bei den späteren Jahrgängen kann der geforderte Grundsatz bereits durchgeführt werden (als Zahlenbeispiele werden angegeben: Von 1914 haben wir noch drei StA; der Jahrgang 1915 war bisher stark zusammengeschnürt, jetzt nur mehr sechs Herren; Jahrgang 1916 elf Herren; Jahrgang 1917 sechs Herren; Jahrgang 1918 vier Herren).

OLG-Präs. Marth fordert, dass zum II. StA nur qualifiziert wird, wer sich zum *LG-Rat* eignet. *OLG-Präs. Dürig* schließt sich dem an; er legt ferner größten Wert darauf, dass die Leute *auch im Zivilrecht bewandert* sind. Erfahrungsgemäß gehen die Leute mit ungenügenden zivilrechtlichen Kenntnissen zur Strafkammer, nach einigen Jahren werden sie I. StA; bei der späteren Verwendung ergeben sich dann Schwierigkeiten. Die Justizverwaltung erklärt, dass der *II. StA* bei der Beförderung zum LG-Rat *dem Amtsrichter um drei Jahre vorgeht.* Gegenwärtig beträgt die Spanne sechs Jahre. Ein gewisser Unterschied muss trotz der hierüber erhobenen Klagen aufrecht erhalten bleiben, da sonst keine Bewerber für den wegen seiner Unselbständigkeit und Arbeitslast weniger beliebten Posten des II. StA zu finden sind. Einfacher wäre das Problem zu lösen, wenn bei einer etwaigen Änderung der Besoldungsordnung für die II. StA eine besondere Gruppe gebildet und die LG-Räte höher eingestuft werden; denn der II. StA wird von vorwärtsstrebenden tüchtigen Leuten sofort eifriger begehrt, wenn er als besondere Gruppe zwischen Amtsrichter und LG-Rat geschaffen wird. Zurzeit kommt noch der Jahrgang 1912 für den II. StA in Frage. Wir haben Leute mit 39–41 Jahren, die noch nicht II. StA sind. Angestrebt wird, dass die Leute durchschnittlich im Alter von 36 Jahren II. StA werden; das wäre nicht zu erreichen, wenn die Justizverwaltung wieder auf die Jahrgänge 1911 oder gar 1910 zurückgreifen würde, was noch von mancher Seite gefordert wird. Die OLG-Präs. erklären sich damit einverstanden, dass nicht hinter den Jahrgang 1912 zurückgegriffen wird. *OLG-Präs. Ziegler* und *Bilabel* treten dafür ein, dass die II. StA nicht zu sehr bevorzugt werden, da sonst die Missstimmung in den Amtsrichterkreisen groß werde.

I. 3. Der Vorstand eines AG hatte nach der Mitteilung der Justizverwaltung die Gewohnheit, Lebensmittel auf dem Markte selbst zu kaufen und selbst zu kochen. Die Bevölkerung machte sich darüber lustig und nahm den Mann nicht mehr ernst. Das Ministerium wusste hiervon nichts. Im Interesse der Erhaltung des Ansehens der Justizbehörden ist es aber wichtig, dass die Präsidenten nicht bloß auf dienstliche Äußerungen hören, sondern auch sonst sich geeignete Unterlagen für die Beurteilung ihrer Beamten verschaffen. Auf entsprechendes *gesellschaftliches Auftreten der Justizbeamten,* die sich bedauerlicherweise allzu häufig von dem gesellschaftlichen Verkehr zurückziehen, ist Wert zu legen. *OLG-Präs. Bilabel* berichtet, dass die gleiche unliebsame Beobachtung in der Pfalz zu machen ist; allerdings sind auch die Verwaltungsstellen zum Teil mit daran schuld, da zu größeren Veranstaltungen auch prominente Justizbeamte vielfach nicht eingeladen werden. In Einzelfällen hat er für Abhilfe gesorgt. Es wäre wünschenswert, dass insbesondere den LG-Präs. bei geeigneter Gelegenheit Aufwandsentschädigungen für die Teilnahme an größeren Veranstaltungen gewährt würden. Die Justizverwaltung erklärt, dass das Finanzministerium angesichts der Knappheit der Mittel für einen solchen Zweck keine Gelder bewilligen wird; ein Ausweg könnte aber in der Weise geschaffen werden, dass die Herren gelegentlich abgeordnet würden; man solle mit solchen Abordnungen nicht zu ängstlich sein, zumal nicht in der Pfalz, wo die Verhältnisse besonders gelagert sind.

I. 4. Es sind Klagen darüber laut geworden, dass die *schiedsrichterliche Tätigkeit* der Richter erheblich zugenommen hat und die Vergütungen hierfür teilweise außerordentlich hoch sind, so dass sie manchmal in keinem Verhältnis zum Gehalte des Beamten stehen. So hat ein Richter in der Zeit vom 01.01. bis 15.04. über 8.000 M, ein anderer für einen Fall 6.000 M bezogen. Eine allzu umfangreiche schiedsrichterliche Tätigkeit der Richter kann leicht der Anschauung Nahrung geben, als seien die Herren in ihrem Amte nicht voll beschäftigt; sie wird außerdem Proteste der Rechtsanwaltschaft über die unerwünschte Konkurrenz hervorrufen, was u.U. unangenehme Erörterungen in der Öffentlichkeit nach sich zieht. Das RJM hat bereits ersucht, der schiedsrichterlichen Tätigkeit der Richter ein besonderes Augenmerk zuzuwenden, das Preuß. JM hat die Genehmigung zur Ausübung des

Schiedsrichteramtes an sich gezogen. Die bayer. Justizverwaltung will die Kompetenz zur Genehmigung nicht an sich ziehen, sie will auch keine Bekanntmachung oder Entschließung hierüber erlassen; denn sie möchte nicht den in der Übertragung schiedsrichterlicher Tätigkeit liegenden Bekundungen des Vertrauens in die Richter öffentlich entgegentreten. Immerhin werden die OLG-Präs. ersucht, den in Frage kommenden Herren wissen zu lassen, dass bei zu starkem Überhandnehmen der schiedsrichterlichen Tätigkeit u.U. ein Verbot dieser Nebenbeschäftigung in Erwägung gezogen werden müsste. *StR Meyer* wäre dankbar, wenn sich die Zentralstelle die Genehmigung vorbehalten würde; er unterscheidet auch zwischen den nicht ersprießlichen Fällen mehr privater Natur, in denen Richter der Rechtsanwaltschaft stark Konkurrenz machen und solchen Fällen, in denen nach Lage des Falles besondere öffentliche Interessen, seien es Staatsinteressen oder auch Interessen von Banken, hereinspielen und die Beurteilung des Sachverhalts durch einen Richter erwünscht ist.

Es wird zum Schlusse festgestellt, dass die schiedsrichterliche Tätigkeit in der letzten Zeit abgenommen hat. Das wird auf die durch die Zivilprozessreform erweiterte Tätigkeit des Einzelrichters sowie auf die durch die Reform erhöhte Beweglichkeit und Beschleunigung des Verfahrens zurückgeführt.

I. 5. Die Justizverwaltung hebt hervor, dass zur statistischen Erfassung der *Geschäftsbelastung* die Zahlen des laufenden Jahres nicht mit denen des Jahres 1924 verglichen werden können, sondern mit den Zahlen von 1913 zu vergleichen sind. Die von dem Ministerium errechneten Schlüsselzahlen für die Geschäftslast werden übereinstimmend als zutreffend anerkannt. *StR Meyer* erklärt, dass darin allerdings manche Aufgaben nicht berücksichtigt sind, z.B. die Erledigung von Rechtshilfe- und Mahnsachen. *OStA Kraus* vermisst die Berücksichtigung der Bearbeitung von Bewährungsfristen, Stundungs- und Strafaufschubgesuchen sowie der Bescheide nach § 170 StPO. Die Beamten seien täglich ca. zwei Stunden mit all diesen Angelegenheiten befasst. Die Justizverwaltung erklärt, dass dies allerdings zutrifft; bei der statistischen Erfassung wurden aber nur die größten Beschäftigungsgebiete als Grundlagen herangezogen. Die sich hierbei ergebende Lücke wurde dadurch ausgeglichen, dass die Geschäftsbelastungszahlen in einer den Beamten sehr entgegenkommenden Weise – die mögliche Geschäftsbelastung wurde verhältnismäßig niedrig angesetzt – errechnet wurden. Außerdem haben die Geschäftslastzahlen zu dem gleichen Zweck prozentuale Zuschläge erfahren, die reichlich hoch bemessen sind. Dieses Verfahren erscheint auch im Hinblick darauf gerechtfertigt, dass die Nebenarbeiten wohl stets im gleichen Maße wie die Hauptarbeitszweige zu- und abnehmen. Die Justizverwaltung kündigt den Erlass einer Entscheidung an, welche das bei der Ermittlung der Schlüsselzahlen angewandte Berechnungsverfahren klarlegt, damit den OLG-Präs. und OStA Gelegenheit geboten ist, dazu endgültig Stellung zu nehmen und allenfalls Abänderungsvorschläge einzubringen (diese Entschließung ist inzwischen ergangen; vgl. die Entschließung v. 28.11.1925 Nr. 46460 mit Anlage).

a) Es wird festgestellt, dass die Entwicklung der Geschäfte bei den OLG mit dem Personalstand im Einklang steht. Dabei spielen die neuen

Aufgaben: Landesdisziplinarsachen bei allen OLG, Reichsdisziplinarsachen bei den OLG, die Fideikommisssachen sowie das Anwachsen der Zivilsachen eine Rolle. *StR Meyer* hebt besonders hervor, dass namentlich die Untersuchungen in den Notariatsdisziplinarsachen, die ehrengerichtlichen Anwaltssachen und die Voruntersuchungen, hauptsächlich in den großen Städten, vielfach sehr kompliziert sind.

Auch die Geschäftsbelastung des Obersten LG bereitet für die Rechtfertigung des Personalstandes keine Schwierigkeit.

Bei den LG ist dagegen die Zahl der Richter durch die Geschäfte nicht gedeckt. Dies ist darauf zurückzuführen, dass die landgerichtlichen Geschäfte im eigentlichen Sinne geringer geworden sind. Dafür werden auch jetzt LG-Dir. zu Schöffengerichtsvorsitzenden bestellt und LG-Räte an die AG abgegeben. Die Frage der Justizverwaltung, ob LG-Räte noch in weiterem Umfange abgestellt werden können, wird von den OLG-Präs. mit Ausnahme des *OLG-Präs. Bilabel* bejaht. Die Justizverwaltung ersucht dringend, energisch auf eine größtmögliche Abstellung von LG-Räten bedacht zu sein, damit Richter für die Erledigung der Aufwertungsgeschäfte frei werden; dies kann umso eher geschehen, als es sich bei der Behandlung der Aufwertung nur um eine vorübergehende Aufgabe handelt.

Im *Einzelnen* wird noch hervorgehoben: Bei den LG ist eine Zunahme der erstinstanziellen Verfahren, eine Abnahme der zweitinstanziellen Verfahren, außerdem ein starkes Anwachsen der Vergleiche zu beobachten. Bei den AG zeigt sich: ein beträchtlicher Rückgang der Prozesse (auf 60%; das Mahnverfahren wird einstimmig als Ursache hierfür angesehen. Es handelt sich hier also nicht um einen Rückgang der Geschäftsbelastung, sondern nur um eine Verschiebung von Zahlen, die sich aus der Änderung der Gesetzgebung erklärt) eine sehr starke, wohl nur vorübergehende Abnahme der Zwangsversteigerungen; ein voraussichtlich bleibendes Anziehen der Grundbuchgeschäfte; gleichbleibende Geschäftslast in Vormundschaftssachen; keine wesentliche Zunahme der Strafbefehle, bei Strafurteilen dagegen eine beträchtliche Abnahme.

b) Die OStA stellen fest, dass das vorhandene höhere Personal bei der StA genügt; eine Überbesetzung mit akademisch gebildetem Personal besteht jedoch nicht. *OStA Aull* erklärt, er habe zu wenig Personal für die Erledigung formeller Arbeiten. – Die Justizverwaltung vertritt unwidersprochen die Anschauung, dass als Maßstab für die Arbeitsbelastung der staatsanwaltschaftlichen Beamten im Jahre 2000 Fälle pro Kopf ohne Überlastung der Beamten zugrundegelegt werden können; hierbei sind die amtsanwaltschaftlichen und staatsanwaltschaftlichen Geschäfte zusammengenommen. Bei rein staatsanwaltschaftlichen Geschäften dürfte eine Zahl von 1500–1800 anzunehmen sein. Die durchschnittliche Geschäftsbelastung der StA ist nicht zu hoch. Die Zahl 2.500 wird nur von ganz wenigen StA erreicht oder überschritten. Es ist in Erwägung zu ziehen, ob nicht bei den verhältnismäßig gering beschäftigten StA Kräfte eingespart werden können.

Inkongruenz zwischen den statistischen Zahlen der Strafurteile und Strafbefehle und den Zahlen der Gefangenenstatistik: Die schwurgerichtlichen Urteile haben um ein Fünftel zugenommen; die absolute Zahl der Zunahme ist aber sehr gering. Dagegen haben die Strafurteile, im Ganzen genommen, eine überraschende

Abminderung erfahren (so bei den LG von 17.938 auf 6.296). Die Zahl der Strafbefehle ist nach der Statistik nicht erheblich gewachsen. Demgegenüber zeigt sich die merkwürdige Erscheinung, dass die *Kriminalität* nicht abgenommen hat: Im Jahre 1913 wurden 633 Personen in die Zuchthäuser aufgenommen, 1924 waren es 853. Die *OStA Kraus* und *Döll* halten die Zahlen der Strafbefehle für viel zu niedrig gegriffen. Demgegenüber weist die Justizverwaltung darauf hin, dass die Statistik nicht die beantragten Strafbefehle, sondern nur die erlassenen Strafbefehle berücksichtigt. Die Inkongruenz ist dadurch zu erklären, dass die wirtschaftlichen Vergehen größtenteils weggefallen sind, die Einstellungen infolge der Durchbrechung des Legalitätsprinzips stark zugenommen haben, die Kumulativurteile (Landfriedensbruch, Abtreibung), die nur einmal gezählt werden, häufiger geworden sind, und auch viele Delikte in Antragsdelikte umgewandelt wurden. Eine gewisse Fehlerquelle der Statistik mag insofern zugegeben werden, als die für das 4. Vierteljahr eingesetzten fiktiven Zahlen zu niedrig gehalten sind; denn erfahrungsgemäß bleibt eine größere Zahl von Strafsachen während der Gerichtsferien liegen, außerdem steigt die Kriminalität in den Wintermonaten regelmäßig.

Es wird festgestellt, dass die schwere Kriminalität, besonders Verbrechen gegen das Leben, Sittlichkeitsverbrechen, Meineid, Brandstiftung und schwerer Diebstahl zugenommen haben. – Ferner wird hervorgehoben, dass die *Zahl der Berufungen* außerordentlich zurückgegangen ist.

c) *StR Meyer* berichtet, dass die *Abordnungen zur Geschäftsaushilfe* bei den Gerichten notwendigerweise einen sehr großen Umfang angenommen haben. Für die Beamten ist die lange Trennung von ihrer Familie misslich, zumal die Dienstaufwandsentschädigungen zu niedrig gehalten sind. Die Justizverwaltung betont, dass diese Abordnungen sich nicht zur Dauereinrichtung auswachsen dürfen. Eine Erhöhung der Aufwandsentschädigungen ist bei der gegenwärtigen Finanzlage nicht zu erwarten. Wiederholte Anregungen auf generelle Erhöhung hatten beim Finanzministerium keinen Erfolg, jedoch wurde in geeigneten Einzelfällen Abhilfe geschaffen.

II. Die Justizverwaltung beabsichtigt, die Richter für ihre bevorstehende Tätigkeit bei den zu erwartenden Arbeitsgerichten durch *Veranstaltung von Vorträgen und Besprechungen* vorzubereiten. Es erscheint dies erforderlich, da die Richter im Allgemeinen mit dem Schlichtungswesen und den tarifrechtlichen Fragen nicht vertraut sind.

Die Polizeidirektion München hat sich erboten, gegen den Ersatz ihrer Auslagen Kurse und Vorträge über den polizeilichen *Erkennungsdienst* zu halten. Es ist beabsichtigt, hiervon Gebrauch zu machen. Die OLG-Präs. erklären, dass das Interesse an diesen Kursen sehr groß sein wird, und begrüßen einstimmig die vorgesehenen Maßnahmen. Die Justizverwaltung wird deshalb, soweit es die zu diesem Zwecke zur Verfügung stehenden, recht bescheidenen Mittel gestatten, ihre Absicht verwirklichen.

III. 1 a) Die Justizverwaltung gibt eine kurze Darstellung der zur Entlastung der Richter *den mittleren Beamten zur selbständigen Bearbeitung übertragenen Geschäftsaufgaben;* sie hebt hierbei hervor, dass die Reichsvorschriften durch die bayerischen Vorschriften eingeengt worden sind. Anschließend hieran werden die weitergehenden Forderungen der mittleren Beamten bekanntgegeben.

Die LG-Präs. gehen darin einig, dass im Allgemeinen den mittleren Beamten weitere Geschäfte nicht übertragen werden sollen. Die Gerichtsschreibereien haben zur Bewältigung neuer Aufgaben nicht das nötige Personal; die Folge wäre lediglich, dass im eigentlichen Gerichtsschreibereidienst noch weniger gearbeitet werden würde. Auch ist die Geschäftslast der Richter nicht so groß, dass ihnen Arbeit abgenommen werden muss. Übrigens ist durch die bisherige Regelung nicht ein einziger Richter eingespart worden. Die preuß. Regelung soll kein Vorbild für Bayern sein. Insbesondere ist die Übertragung von Aufgaben der freiwilligen Gerichtsbarkeit grundsätzlich abzulehnen, da hier vielfach schwierige Rechtsfragen zu entscheiden sind; so kann z.B. schon die Ermittlung von Erben nicht dem Gerichtsschreiber überlassen werden. Es ist zudem noch nicht außer Zweifel gestellt, ob Geschäfte der freiwilligen Gerichtsbarkeit rechtswirksam übertragen werden können. Allenfalls kann den mittleren Beamten zur Erledigung noch überlassen werden: Festsetzung der Notariatsgebühren; Bewilligung des Armenrechts in Sachen, die dem Gerichtsschreiber übertragen sind; die formelle Behandlung der Aufwertung wie das Ausstellen von Bescheinigungen, das formelle Rückwirkungsverfahren bis zum Einspruch und die Registerführung. – Die weitergehenden Ansprüche der mittleren Beamten, die leider genährt werden durch die nicht selten bei den Amtsrichtern beobachtete Unsitte, aus Bequemlichkeit richterliche Geschäfte durch den Gerichtsschreiber erledigen zu lassen, zielen auf die Schaffung von Justizämtern ab. Die Bildung von Justizämtern wird aber abgelehnt.

b) Die OStA stimmen darin überein, dass die bisherige Regelung der Übertragung von Geschäften an die Kanzleibeamten sich bewährt hat; auch im Strafvollzug haben sich entgegen den vorherigen Bedenken keine Schwierigkeiten ergeben. Eine weitere Übertragung von Aufgaben ist nicht veranlasst. Höchstens die Führung der Anzeigeverzeichnisse könnte ihnen allgemein überlassen werden, wie dies bereits in München und Nürnberg geschehen ist; es erscheint jedoch auch dies nicht erforderlich, da hierdurch kein Referent eingespart werden kann. Allenfalls könnte noch daran gedacht werden, den mittleren Beamten die Führung der Sachbedarfskasse zu überlassen.

III. 2. u. 3 a) Die Justizverwaltung hebt hervor: Die Belastung der *Gerichtsschreibereien* der AG hat stark zugenommen, besonders durch die Aufwertungsgesetzgebung, durch das Anschwellen der Gerichtsvollziehergeschäfte, deren Zunahme eine erhebliche Rückwirkung auf die Gerichtsschreibereien äußert, ferner durch erhebliches Anwachsen der Grundbuchgeschäfte und Mahnsachen. Bei den Grundbuchämtern tritt der Mangel an ausgebildeten Schreibern immer empfindlicher in Erscheinung. Die AG-Vorstände müssen darauf dringen, dass die Gerichtsschreiber auch in Grundbuchsachen sich die erforderlichen Kenntnisse aneignen. Geradezu ungeheuer ist die Belastung der Gerichtsvollzieher gestiegen, auch bei den kleinen AG; die Überlastung hat hier bereits zu einem auffallend hohen Krankheitsstand geführt. – Die genaue Verfolgung der Geschäftsziffern ist auch in der Folge sehr wichtig, da die Justizverwaltung Klarheit darüber bekommen muss, ob die starke

Belastung, namentlich auf dem Gebiete der Zwangsvollstreckung, zu einem dauernden Zustand geworden ist.

Seit eineinhalb Jahren sucht die Justizverwaltung der *Personalnot der großen Gerichte* dadurch zu steuern, dass sie Beamte von kleinen Gerichten abordnet; sie ist bis zur Grenze des Möglichen gegangen. Desgleichen ist die Übertragung von Gerichtsvollzieherstellen von kleinen Gerichten an größere in noch weiterem Umfange, als dies bereits geschehen ist, ausgeschlossen. Offene Stellen für das mittlere Personal sind nicht mehr vorhanden. Auch Anträge auf Wiederbesetzung der 106 abgebauten Stellen können nicht berücksichtigt werden. Bedauerlicherweise können die Abgänge nicht immer durch geschulte Kräfte ersetzt werden; denn die Hälfte der Stellen sind den Versorgungsberechtigten vorbehalten, ferner muss jede 5. Stelle mit einem Schwerkriegsbeschädigten besetzt werden. Die Ausbildung dieser Leute ist aber, wenn sie sich auch in der letzten Zeit etwas gehoben hat, nicht derart, dass die Versorgungsanwärter als geschulte Kräfte für die Justizverwaltung angesprochen werden können. Das Reichsverkehrsministerium ist neuerdings mit dem Verlangen hervorgetreten, dass künftig drei Viertel aller zu besetzenden Stellen an Versorgungsanwärter vergeben werden sollen. Das Reichswehrministerium findet hierbei eine starke Stütze in der Reichsregierung. Seine Wünsche kann man nicht gut bekämpfen. Die Justizverwaltung wird aber bei der Militärverwaltung dahin vorstellig werden, dass schon während der Militärdienstzeit auf die Ausbildung der späteren Versorgungsanwärter Rücksicht genommen wird und dass hierbei nicht so sehr auf die Wissenszweige als vielmehr auf die Könnenszweige wie Stenografie, Maschinenschreiben und Rechnungswesen Gewicht gelegt werden solle.

Es wäre zu erwägen, ob noch Personal der LG an die AG abgegeben werden kann. Normalerweise soll auf jeden Richter ein Gerichtsschreiber treffen. Die LG haben allerdings teilweise mehr Gerichtsschreibereibeamte. Demgegenüber ist es aber fraglich, ob nicht durch das Einzelrichtertum die Schreiber so stark in Anspruch genommen werden, dass die bisherige Schlüsselzahl nicht mehr aufrechterhalten werden kann. – Auf die Möglichkeit, mehr Inzipienten aufzunehmen, kann aus beamtenpolitischen Gründen nicht zurückgegriffen werden, da die Inzipienten schon jetzt fünf Jahre auf Anstellung warten. Auch die Anforderung neuer Stellen würde nicht den gewünschten Erfolg zeitigen, da von den Stellen, die dann allenfalls bewilligt würden, wieder die Hälfte mit ungeschulten Kräften – Versorgungsanwärtern – zu besetzen wäre

IV 2 a) Wenn also die Geschäfte nicht mehr bewältigt werden können, ist es das Zweckmäßigste, Aushilfen, besonders aus Anlass der Aufwertungsgesetzgebung, aufzunehmen. Geschulte Kräfte werden jederzeit aus dem Kreise der abgebauten Staats- und Bankbeamten in dem benötigten Umfange zur Verfügung stehen. – Das Personal kann ferner dadurch glücklich ergänzt werden, dass die neugeprüften Gerichtsvollzieheranwärter – über 100 – als Hilfsgerichtsvollzieher Verwendung finden.

StR Meyer ersucht die Justizverwaltung, dahin zu wirken, dass die Zahl der den Versorgungsberechtigten vorbehaltenen Stellen nicht erhöht wird. Schwierigkeiten haben sich besonders bei der Verwendung von Schwerkriegsbeschädigten ergeben. Die Justizverwaltung muss sich ihren Nachwuchs selbst schaffen und heranziehen. Die Ausbildung der mittleren Beamten im Grundbuchwesen könnte dadurch gefördert werden, dass man die in Grundbuchgeschäften bewanderten Beamten etwas bevorzugt. Wesentliches Erfordernis für die glatte Erledigung der Aufgaben der Gerichtsvollzieher ist, dass die Gerichtsvollzieher nicht mit Schreibarbeit belastet werden. Demnach sollen den Gerichtsvollziehereien Schreibkräfte zugeteilt werden. StR Meyer bittet um möglichst baldige Ermächtigung, Aushilfskräfte nicht nur für die Erledigung von Aufwertungsgeschäften, sondern auch für die sonstigen Aufgaben der Gerichtsschreibereien und Gerichtsvollziehereien aufnehmen zu dürfen.

OLG-Präs. Marth, Dürbig und Bilabel sprechen sich ebenfalls gegen die Erhöhung der Zahl der Versorgungsanwärterposten aus. *LG-Präs. Ziegler* hat keine Bedenken dagegen, dass die Zahl dieser Stellen erhöht wird; er hat mit den als Gerichtsvollzieher verwendeten Versorgungsberechtigten sehr gute Erfahrungen gemacht.

OLG-Präs. Bilabel fragt an, ob auch im rechtsrheinischen Bayern *Gerichtsvollzieher von Finanzämtern zur Vornahme von Vollstreckungshandlungen angefordert* werden können, wie dies beim AG Kandel geschehen ist. Die Justizverwaltung verneint das und ersucht, weiteren Anforderungen der Finanzämter ein striktes Nein entgegenzusetzen.

b) Die Justizverwaltung stellt fest, dass bisher nur bei der StA München I Antrag auf Vermehrung des staatsanwaltschaftlichen Personals gestellt worden ist und ersucht, auch künftig größte Zurückhaltung in diesem Punkte zu üben.

OStA Aull will den gesteigerten Personalbedarf in Traunstein, Deggendorf und München II durch Abordnungen decken. *OStA Leuchs* kommt mit seinem Personal aus; er hat zugunsten der Gerichte bei der StA mehr Versorgungsanwärter aufgenommen als er aufnehmen muss. Die *OStA Döll* und *König* wollen auch keine Anträge auf Personalvermehrung stellen. *OStA Döll* weist darauf hin, dass die Regelung der Vertretung der Gefängnisbeamten bei Beurlaubungen mangels geeigneten Personals Schwierigkeiten ergeben hat; diese werden nunmehr dadurch behoben, dass auf pensionierte Gendarmerie- und Gefängnisbeamte als Stellvertreter zurückgegriffen wird.

OLG-Präs. Bilabel berichtet, dass die Gerichte die *Zustellungen von Amts wegen in Strafsachen* ablehnen und den staatsanwaltschaftlichen Beamten überlassen. Es wird festgestellt, dass die gleiche Praxis im rechtsrheinischen Bayern besteht.

IV. 1. Die Justizverwaltung schildert den derzeitigen Stand der *Jugendwohlfahrtsgesetzgebung*. Irgendein Konflikt zwischen dem Reichsrecht und den bayerischen Vorschriften besteht nicht. Die Bemühungen, dem Richter die Leitung des Vollzugs zu sichern, sind nicht durchgegangen. Die Vorschrift in § 9 JWG ist eine sehr akademische Maßnahme; Sitzungen der hier vorgesehenen Art werden sicher sehr selten stattfinden. Der Gegensatz zwischen Justiz und Verwaltung hat bei der Gesetzgebung eine große Rolle gespielt. Die Jugendämter zeigen einen starken Ausdehnungsdrang, sie suchen besonders die Aufsichtsrechte der

Vormundschaftsrichter zu lockern. Den Vormundschaftsrichtern fällt die schwierige Aufgabe zu, sich hier zu behaupten, sich dem Richtung gebenden Einfluss auf die Jugendämter zu sichern und ein ersprießliches Zusammenarbeiten mit diesen zu erreichen. Auch auf die Fürsorgesicherung haben die Vormundschaftsrichter noch zu wenig Einfluss. Leider muss festgestellt werden, dass die Richter nur geringes Interesse für diese Aufgaben an den Tag legen; gerade von richterlicher Seite wurde schon wiederholt betont, es sei, da eine Pflichtenkollision befürchtet werden müsse, unzweckmäßig, Richter in Jugendämter zu setzen. Die Justizverwaltung bedauert das außerordentlich. Sie legt größten Wert darauf, dass diese Auffassung nicht Platz greift. Die *OLG-Präs. Meyer, Marth, Ziegler* und *Dürbig* berichten, dass eine derartige Stimmung bei ihren Richtern bis jetzt nicht beobachtet werden konnte. Nach den Angaben des *OLG-Präs. Bilabel* halten es die pfälzischen Richter nicht für zweckmäßig, dass der Vormundschaftsrichter dem Jugendamt angehört. Die Justizverwaltung ersucht, in der Pfalz dieser Auffassung entgegenzutreten und den Geist der Aktivität zu wecken.

IV. 2 a) Die Justizverwaltung gibt einen Überblick über den Stand der Gesetzgebung in der *Aufwertung*. Die Durchführung der Vorschriften bereitet Schwierigkeiten wegen der systemwidrigen Zusätze, die der Reichstag auf Betreiben bestimmter Wirtschaftskreise unter dem Druck von rechts und links in das Gesetz aufgenommen hat. Das technische Problem der Aufwertung lautet für die Justizverwaltung: Aus Prestige- und wirtschaftlichen Gründen muss rasch aufgewertet werden. Kann die Aufwertung in ein bis zwei Jahren erledigt werden? Genügt hierzu das vorhandene Personal? Die Justizverwaltung folgt dem Grundsatze, sich nicht durch die vorübergehende außerordentliche Geschäftsmehrung zur Heranzüchtung eine Überzahl von Richteramtsbewerbern drängen zu lassen. – *StR Meyer* vertritt unter Zustimmung der übrigen LG-Präs. die Anschauung, dass die Aufwertungsgesetze bei kleinen Gerichten wohl in einem Jahr, bei größeren Gerichten günstigenfalls in zwei Jahren erledigt werden können.

IV. 2. u. 3 a) Voraussetzung für die rechtzeitige Erledigung dieser Aufgaben ist jedoch, dass hierfür *Aushilfskräfte* zur Verfügung gestellt werden, da die Geschäftslast nicht nur auf dem Gebiete der Aufwertung, sondern auch im Grundbuch- und Vollstreckungswesen außerordentlich gewachsen ist. Zur Durchführung der Aufwertungsgesetze sind erforderlich: In OLG-Bezirk München vier bis fünf Richter, im OLG-Bezirk Nürnberg drei Richter, im OLG-Bezirk Augsburg drei Richter, im OLG-Bezirk Bamberg drei bis vier Richter (für Kronach, Kulmbach und Schweinfurt wird je ein Richter beantragt; der OLG-Präs. wäre dankbar, wenn er für Kronach und Würzburg einen Assessor bekommen könnte; leider sind an dem einen AG Lohr drei Richter, die nichts zu tun haben und regelmäßig krank werden, wenn sie zur Aushilfe benötigt werden), im OLG-Bezirk Zweibrücken zwei Richter (für Ludwigshafen und Kaiserslautern). Es werden sohin im Ganzen 16–17 Richter benötigt.

Diesem Bedarfe stehen folgende Reserven gegenüber: Die 14 Grundbuchbereinigungsrichter und vier Grundbuchkommissare, die durch Sistierung der Grundbuchbereinigung teilweise für die Aufwertung zur Verfügung gestellt werden können. Von diesen 18 Richtern können fünf Richter im Coburger Bezirk nicht für die Aufwertung verwendet werden, da nach dem Berichte des *OLG-Präs. Marth* die Grundbuchbereinigung in Coburg aus Prestigegründen und wegen des außerordentlich großen Umfangs der Bereinigungsarbeiten nicht eingestellt werden kann. Es gehen ferner noch zwei nicht besonders leistungsfähige Herren ab, die im ordentlichen Dienst beschäftigt sind. Es stehen sohin elf Grundbuchrichter und Hilfsrichter zur Verfügung.

Außerdem sind noch zehn dauernd offengehaltene Stellen vorhanden, die vorübergehend besetzt werden können; es ist also ohne Schwierigkeiten möglich, insgesamt 21 Kräfte sofort bereitzustellen. – Auch die Abordnung von LG-Räten an AG ist, wie *StR Meyer* und *OLG-Präs. Bilabel* berichten, noch in einigen Bezirken möglich. – Im äußersten Notfalle könnte auch an die Schaffung von Aufwertungshilfsrichtern und Aufwertungskommissaren im Wege der Gesetzgebung gedacht werden. Da solche Kommissare keine dauernde Belastung des Etats bedeuten, wäre die Zustimmung des Landtags zur Schaffung solcher Stellen wohl nicht allzu schwer zu erreichen. – Nach der Anschauung aller LG-Präs. muss als wesentlichste Voraussetzung für die rasche Erledigung der Aufwertung baldige Beigabe von Aushilfskräften für Schreibarbeiten nach dem Vorbilde der Finanzverwaltung gefordert werden. Eine Genehmigung des Landtags für die Anstellung von Schreibaushilfen ist nicht erforderlich.

Ferner erscheint die sofortige Anschaffung von Schreibmaschinen in größerem Umfange geboten.

Die Justizverwaltung ersucht die LG-Präs., sofort nach ihrer Rückkehr eine Bedarfsanzeige auszuarbeiten; bei deren Aufstellung muss natürlich das Bestreben nach möglichster Einsparung von Richterpersonal, Schreibkräften und Schreibmaschinen obwalten. Die Justizverwaltung beabsichtigt, die OLG-Präs. zur Einstellung von Schreibaushilfen zu ermächtigen, da das Ministerium selbst nicht in der Lage ist, die territorial verschiedenen Bedürfnisse zu überblicken. Die OLG-Präs. begrüßen diesen Vorschlag. Nach Anschauung der Justizverwaltung, der allgemein beigepflichtet wird, kann die Aufwertung auch dadurch gefördert werden, dass die Personen, die mit Aufwertungsgeschäften betraut sind, sich zugleich im Grundbuch betätigen. Ferner können, wie schon oben erwähnt, gewisse formelle Aufwertungsarbeiten den mittleren Beamten, auch Assessoren und Rechtspraktikanten, übertragen werden: Ausstellung von Bescheinigungen, formelle Abwicklung der rückwirkenden Aufwertung und Registerführung. Die Aufnahme selbst einfacher Vergleiche wird dagegen dem Richter vorbehalten bleiben müssen, da hierbei immerhin oft schwierige Rechtsfragen hereinspielen und es auch zweifelhaft ist, ob eine reichsgesetzliche Ermächtigung zur Übertragung dieser Arbeiten vorliegt.

Von großer Wichtigkeit für die sachgemäße Erledigung der *Aufwertungsgeschäfte* ist auch die Fortbildung der Richter. Die Gerichte werden mit den erforderlichen Kommentaren und der vom RJM periodisch herausgegebenen Sammlung von Entscheidungen in Aufwertungssachen ausgestattet werden. Die Abhaltung großer Kurse für die Richter erscheint nicht zweckmäßig. Dringend erforderlich ist aber, dass die Aufwertungsrichter zu regelmäßigen Besprechungen, am besten unter dem Vorsitz des LG-Präs., zusammenkommen, um grundsätzliche Fragen zu erörtern und Erfahrungen auszutauschen. Solche Besprechungen könnten etwa alle zwei oder vier Wochen abgehalten werden. Die Zusammenkünfte können nicht vom Ministerium geregelt werden. Es werden sich hier Verschiedenheiten, je nach den örtlichen Verhältnissen, ergeben. Auf diese Weise kann ein einheitlicher und praktischer Vollzug der Aufwertung gesichert werden. Die LG-Präs. werden sich auch nicht scheuen dürfen, unter Einsatz ihrer Autorität in einzelnen Fragen einen bestimmten Standpunkt zu vertreten und gegenteilige Anschauungen als falsch zu bezeichnen. Die Richter sind erfahrungsgemäß für jeden praktischen Hinweis dankbar und werden einen solchen nicht als Eingriff in ihre richterliche Selbständigkeit betrachten.

Bei diesen Anweisungen ist vor allem zu beachten, dass sich die Gerichte voraussichtlich zu einer gewissen Schematisierung der Aufwertungsgeschäfte verstehen müssen, wenn sie überhaupt die umfangreichen Arbeiten bewältigen wollen. Bedenken dagegen werden umso weniger stichhalten, als auch bei größter Individualisierung der Aufwertung nach dem geltenden Rechtszustande sich Ungerechtigkeiten nicht vermeiden lassen. Hauptsächlich der organisierte Hausbesitz und die Landwirtschaft werden massenhaft Abwertungsanträge einreichen. Wollte man hier in jedem Fall Erhebungen pflegen, würde man sich jahrelang unfruchtbare Arbeit aufbürden. Derartige Massenanträge müssen zweckmäßigerweise formularmäßig abgewiesen werden (vgl. auch unter c). Aufgabe der in Aussicht genommenen Besprechungen ist es, diese und ähnliche Probleme zweckentsprechend zu lösen.

b) Die Anwesenden sind sich darüber einig, dass die vorhandenen Aufwertungsregister völlig genügen zur Erfassung der durch die Aufwertung den Gerichten verursachten Belastung. *OLG-Präs. Ziegler* wünscht nur, dass in der Statistik eine Rubrik über die vorgenommenen Beweiserhebungen aufgenommen wird.

c) Die Justizverwaltung bringt einige grundsätzliche Fragen der Aufwertungspraxis zur Sprache: Das Hinausschieben des Aufwertungsantrags im Hinblick auf § 8 des Aufwertungsgesetzes ist bedauerlicherweise in die Praxis der Gerichte übergegangen. – Zugunsten des Gläubigers einer eingetragenen Hypothek wird der Betrag der zur Aufwertung angemeldeten Hypothek vermutet. – Bei Behandlung der Abwertungsanträge muss mit einer gewissen Gewaltsamkeit vorgegangen werden. Sie sind am besten formularmäßig abzuweisen. Ein solches Verfahren liegt auch im Sinne des Gesetzes, das die Abwertung als Ausnahmefall gedacht hat.

Die Behandlung des persönlichen Schuldners bei rückwirkender Aufwertung: In Bayern sind die Fälle des § 416 BGB ganz selten. Es wäre trotzdem unsinnig, anzunehmen, dass der erste Eigentümer noch persönlich haftet, denn § 416 ist nicht der einzige Weg des Übergangs der Schuld, da ja nichts den Gläubiger hindert, die persönliche Schuldübernahme seitens späterer Eigentümer durch konkludente Handlung zu genehmigen. Die Rechtsprechung hat diese Frage schon längst geklärt. Der entgegenstehenden Ansicht des Amtsrichters Krinner muss man, bevor sie Schule macht und Unheil stiftet, begegnen. Das Ministerium wird offiziell in einer Entschließung zur Bedeutung des § 416 BGB Stellung nehmen.

Zuständig für die Aufwertung der Bankhypotheken sind die örtlichen Aufwertungsstellen. – Ein geschlossenes Grundstücksblatt darf nicht wieder eröffnet werden, damit ein Widerspruch eingetragen werden kann.

Es wäre zweckmäßig, wenn bei der Anmeldung der rückwirkenden Aufwertung gleich veranlasst würde, dass die Partei für den Fall des Ausbleibens eines Widerspruchs gleich den Antrag auf Eintragung im Grundbuche stellt. – Eine Änderung der Vorschrift des § 28 Abs. 2 des Aufwertungsgesetzes über den Beginn des Zinsenlaufes ist nicht zu erwarten. – Die Mitwirkung des Vormundschaftsgerichtes bei der Aufwertung von Mündelforderungen wird man nicht verhindern; andererseits wird man aber davon absehen müssen, dem Vormundschaftsrichter ausdrücklich einen Auftrag hierzu zu erteilen. Anweisungen sind übrigens nicht nötig, weil die Vormundschaftsrichter auf diesem Gebiete sehr viel aus eigener Initiative getan haben.

Zusammenfassend stellt die Justizverwaltung fest: Alle Anwesenden stimmen darin überein, dass im Interesse aller Beteiligten keine Überindividualisierung bei der Aufwertung Platz greifen darf; ferner dass es unbedenklich erscheint, auf die richtige Auslegung des § 416 BGB in einer Entschließung hinzuweisen; dass es den Vormundschaftsrichtern nicht zur formellen Dienstaufgabe gemacht werden soll, die Aufwertung zu betreiben, jedoch die LG-Präs. die Vormundschaftsrichter anweisen sollen, die Vormünder entsprechend anzuhalten, und auf Fristenablauf aufmerksam zu machen; dass die zur Fortbildung der Richter geplanten Besprechungen tunlichst einmal im Monat stattfinden sollen.

V A 1. Nach der Ansicht der OLG-Präs. hat sich die *Einrichtung des Einzelrichtertums* im Allgemeinen als prozessfördernd bewährt. Die erforderliche Zahl der Räume ist allerdings oft schwer zu beschaffen. Bei kleinen Gerichten lebt sich das Institut des Einzelrichters langsamer ein. – *OLG-Präs. Bilabel* berichtet, dass in der Pfalz nur das LG Landau von der Möglichkeit des Einzelrichters Gebrauch macht; bei den anderen Gerichten ist der Einzelrichter eine Ausnahme; auch die Rechtsanwälte verhalten sich völlig ablehnend wegen der durch das Einzelrichtertum hervorgerufenen Terminkollisionen.

OLG-Präs. Ziegler hält die Klagen darüber, dass der Zeitpunkt der Aufstellung des Einzelrichters nicht zweckentsprechend gewählt ist, für berechtigt; man sieht es nur wenigen Sachen an, ob sie sich für den Einzelrichter eignen. Zuerst sollte eine Verhandlung vor dem Gerichte stattfinden. Das Gericht sollte dann erst erforderlichenfalls einen Einzelrichter beauftragen, dessen Machtvollkommenheit zu erhöhen wäre. Ferner beklagen sich nach der Mitteilung von *OLG-Präs. Ziegler* die Rechtsanwälte darüber, dass sich die Termine durch das Einzelrichtertum sehr gehäuft haben.

Die Justizverwaltung wirft die Frage auf, ob nicht der Häufung der Termine und den hierdurch hervorgerufenen Übelständen – Lahmlegung des Einzelrichters durch Nichterscheinen der Anwälte und lange, nutzlose Inanspruchnahme des Personals – abgeholfen werden kann. Die Zuweisung einer Sache an den Einzelrichter dient der Vorbereitung. Es ist also verfehlt, Sachen, in denen eine Vorbereitung nicht nötig ist, dem Einzelrichter zuzuteilen. Ob eine Vorbereitung erforderlich ist, lässt sich allerdings aus der Klageschrift meist nicht ersehen. Aber vielleicht könnte mit der Anwaltschaft eine Verbindung dahin erzielt werden, dass die Klageschrift schon gewisse Rücksicht auf die Vorbereitungsbedürftigkeit der Sache nimmt. Auf diese Weise ließen sich die Versäumnissachen im großen Ganzen vorweg abfangen und bei der Kammer behalten. Eine andere Möglichkeit bestünde darin, dass die Anwälte veranlasst würden, bereits in der Klageschrift zu der Frage Stellung zu nehmen, ob mit der Entscheidungsreife im ersten Termine gerechnet werden kann. Vor den Einzelrichter gehören vor allem auch keine Wechselsachen. Es sollen eben nicht alle Sachen schematisch in ein und dasselbe Verfahren gezwängt werden. Die OLG-Präs. wollen auf Einführung der von der Justizverwaltung vorgeschlagenen Praxis hinwirken.

V A 2. Das *Güteverfahren* ist nach der Anschauung der OLG-Präs. unbeliebt. Es wirkt prozessverschleppend, besonders weil hier für die Rechtsanwälte keine Vergleichsgebühr vorgesehen ist. Die Vergleiche haben zwar zugenommen; diese Zunahme hängt aber nicht mit der Einführung des Güteverfahrens, sondern mit der durch die wirtschaftliche Depression hervorgerufenen Häufung der Prozesse zusammen.

OLG-Präs. Ziegler hält es aus politischen Gründen für bedenklich, das Güteverfahren nach außen hin ganz abzulehnen, da die Verwaltungsbehörden nur darauf warten, ihrerseits Sühnestellen zu errichten, sobald die Justizbehörden das Sühneverfahren ganz aufgeben. Das höhere Interesse spricht also für die Beibehaltung dieses unbefriedigenden Verfahrens. Die Justizverwaltung stimmt diesen Ausführungen zu. – Die Justizverwaltung weist darauf hin, dass es sich wohl erreichen ließe, das Sühneverfahren da, wo es sinnlos sei, zu umgehen; so könnte der Gläubiger bei der Erhebung der Klage veranlasst werden zu erklären: „Die Schuld ist nicht bestritten, ich erwarte Versäumnisurteil." Auf diese Weise wäre die Möglichkeit geschaffen, die Versäumnissachen, also einen großen Teil der Prozesse, von vornherein gleich zur Verhandlung zu bringen. Allenfalls könnte auch der Gerichtsschreiber angehalten werden, bei der Entgegennahme von Zahlungsbefehlen die Frage der Abstandnahme von dem Güteverfahren zu klären. Bei Streitwerten von 50 M erscheint das Güteverfahren unnötig. Die Umgebung des Güteverfahrens lässt sich nach den §§ 500 a, 495 a Ziff. 6 ZPO rechtfertigen. Bei Mietaufhebungssachen ist nach überwiegender Ansicht das Güteverfahren obligatorisch. Die OLG-Präs. erklären sich bereit, den Gerichtsschreibern die von der Justizverwaltung angedeuteten Anweisungen zu geben. Sie wollen auch darauf hinwirken, dass die Gerichte von der Einleitung des Güteverfahrens in Bagatellsachen absehen; eine Entschließung des Justizministeriums hierüber wäre allerdings wünschenswert.

V A 3. Die *Terminherrschaft* hat sich nach der Anschauung der *OLG-Präs.* bewährt. Die Zahl der Termine und Vertagungen hat sich wesentlich vermindert. – Es ist eine fühlbare Prozessbeschleunigung eingetreten, besonders bei den OLG (hier eine Verkürzung der Umtriebszeit um die Hälfte; die Berufungen werden jetzt durchschnittlich in 2–3 Monaten erledigt). Am meisten wird vom Publikum anerkannt, dass jetzt die Berufungsbegründung befristet ist.

V A 4. Die abschreckende Wirkung der *Zurückweisungsbefugnis* reicht nach dem übereinstimmenden Urteil der OLG-Präs. schon allein aus, um Verzögerungen hintanzuhalten. Von dieser Befugnis musste nur sehr wenig Gebrauch gemacht werden.

V B. Aus der *Aufhebung des obligatorischen Mahnverfahrens* für gewöhnliche Prozesse haben sich keine nachteiligen Folgen ergeben. Die Versäumnisurteile haben stark zugenommen, doch hängt diese Erscheinung mit der durch die wirtschaftliche Notlage verursachten Mehrung der Prozesse zusammen; so hat ja auch die Zahl der Mahnverfahren eine Mehrung erfahren.

V C. Die *Verschmelzung des Güteregisters mit dem Zivilprozessregister* wird allgemein begrüßt.

VI 1. Die Justizverwaltung ersucht, die *Untersuchungsrichter* nur nach ihrer Befähigung auszuwählen. Früher war die Beschäftigung als Untersuchungsrichter sehr begehrt, da die hierfür gewährten Aufwandsentschädigungen verhältnismäßig reichlich bemessen waren; hierauf nahm man früher bei der Geschäftsverteilung Rücksicht. Eine derartige Rücksicht braucht angesichts der heute sehr knapp bemessenen Diäten nicht mehr genommen zu werden.

VI 2. Die Justizverwaltung schildert den Stand der Entwicklung der *Landeskriminalpolizeibehörden.* In der Einrichtung solcher Behörden sind die anderen Staaten Bayern vorausgegangen. Das Reichskriminalpolizeigesetz wird wohl nie in Kraft treten. Über die ganze Angelegenheit finden Besprechungen unter den Ländern statt.

VI 3. Die Justizverwaltung teilt mit, dass Klagen darüber laut geworden sind, dass nicht immer richtige Auszüge aus dem *Strafregister* gemacht werden. Neue Verurteilungen, die Veranlassung zum Widerrufe laufender Bewährungsfristen geben, werden oft nicht rechtzeitig mitgeteilt; das erweist sich als außerordentlich misslich, da die Bewährungsfristen dann später nicht mehr oder nur mehr sehr schwer widerrufen werden können. Die OStA werden ersucht, die Aufmerksamkeit der StA, besonders der Ersten StA, auf die Überwachung genauer Strafregisterführung hinzulenken.

VI 4. Die Justizverwaltung weist darauf hin, dass unter *wichtigen Vorkommnissen,* die Anlass zur staatsanwaltschaftlichen Berichterstattung geben sollen, nicht nur Morde zu verstehen sind. Hierzu zählen vielmehr auch andere Ereignisse von Interesse, wie Angriffe gegen die Justiz in der Lokalpresse oder Zusammenstöße mit anderen Behörden. Die StA sollen gelegentlich hierauf aufmerksam gemacht werden. Die Justizverwaltung möchte es vermeiden, periodische Berichterstattung anzuordnen. Da die Berichterstattung, wenn sie nicht ihren Zweck verfehlen soll, jeweils sofort erfolgen muss, erscheint nur Individualberichterstattung angezeigt.

Das *Verhältnis zu anderen Behörden* gibt besonders Anlass zu Erörterungen: *OStA Döll* klagt darüber, dass die Verhältnisse der *Gendarmerie in Coburg* sehr im Argen liegen. Die Leute sind nicht ausgebildet. Die Gendarmerieoffiziere stellen sich nicht, wie dies sonst üblich ist, beim StA vor.

OStA König und *Leuchs* berichten von *Versuchen der Verwaltungsbehörden, in die Strafrechtspflege einzugreifen:* § 62 der Gendarmerieinstruktion ordnet an, dass Anzeigen von Übertretungen dem Bezirksamte vorzulegen sind. Der Bezirksamtmann veranlasst dann nach seinem Ermessen, ob die Sache weiterverfolgt werden soll oder nicht; er ist also in der Lage, ein Strafverfahren einzustellen. Das Publikum hat sich schon wiederholt über diese Einstellungspraktik der Bezirksämter beschwert, die natürlich auch zu Reibungen zwischen Justiz und Verwaltung führt. Die Justizverwaltung weist darauf hin, dass § 62 aaO. seinerzeit bei der Übernahme der Amtsanwaltschaften durch die Justiz ein Zugeständnis an die Verwaltung bedeutete. Dieses Zugeständnis hat jetzt allerdings im Hinblick auf § 153 StPO, erhöhte Wichtigkeit gewonnen. Übrigens kommen umgekehrt Klagen aus München, wo die Verwaltungsbehörden sich beschweren, dass angezeigte Übertretungen von der StA nicht entsprechend scharf angefasst werden; hier soll also die StA auf die Prüfung der Anzeigen unter dem Gesichtspunkt des § 153 StPO verzichten. Die Polizeidirektion war sogar für die Einführung von Polizeistrafverfügungen durch andere als Polizeibehörden. Diesem Bestreben muss entgegengetreten werden. Wenn Polizei- und gerichtliche Befugnisse noch anderen Behörden, z.B. den Gewerbeinspektoren, zugestanden werden, so führt das zu einer Atomisierung und damit zu einer Verneinung der Polizei überhaupt.

VI 5. Die Justizverwaltung teilt mit, dass etwas über 30.000 volksgerichtliche Urteile ergangen sind. Das *Wiederaufnahmeverfahren bei den volksgerichtlichen Urteilen* hat sich bis jetzt erst recht geräuschlos abgespielt. Es hat sich gezeigt, dass der Verlauf der Wiederaufnahmeverfahren keine Basis zu großen Angriffen gegen die Justiz abgibt. Der Prozentsatz der abgeänderten Urteile ist so gering, dass er wohl den Prozentsatz der Wiederaufnahmeverfahren bei den ordentlichen Strafprozessen nicht wesentlich übersteigt. Eine wesentliche Belastung der Gerichte ist also durch die Einführung des Wiederaufnahmeverfahrens bei volksgerichtlichen Urteilen nicht eingetreten. Es besteht kein Bedürfnis, die Statistik hierüber eingehender zu gestalten. Lediglich das Oberste LG hat vorübergehend eine merkliche Zunahme der Geschäftslast erfahren. Dem Obersten LG können aus diesem Anlass vorübergehend Aushilfskräfte zur Verfügung gestellt werden. Die OLG-Präs. stimmen diesen Ausführungen vollständig zu und geben zur Erläuterung noch folgende Zahlen bekannt:

Im OLG-Bezirk Bamberg wurden im Ganzen bisher 49 Wiederaufnahmeverfahren anhängig gemacht; davon wurden 42 für unzulässig erklärt; nur eines ist bis jetzt zur Verhandlung gediehen, in der das Urteil aufgehoben wurde; die übrigen sechs Prozesse schweben noch. Im OLG-Bezirk Augsburg wurden bisher 58 Wiederaufnahmeverfahren anhängig gemacht. Im LG-Bezirk Nürnberg waren es 62 Verfahren, von denen sechs für zulässig erklärt wurden; darüber, ob der Antrag in den sechs Fällen begründet ist, wurde noch nicht entschieden.

VI 6. Die Justizverwaltung stellt unter Zustimmung der Anwesenden fest, dass die *Durchbrechung des Legalitätsprinzips* keine Schwierigkeiten in der Praxis ergeben hat, da die Befugnis, von einer Strafverfolgung abzusehen, sehr vorsichtig gehandhabt werden wird.

Die Anwesenden treten der Anschauung der Justizverwaltung bei, dass auch bei der Bejahung des *öffentlichen Interesses an der Verfolgung von Beleidigungen* sehr vorsichtig vorgegangen werden soll. OStA Aull berichtet, dass er bei Beleidigung von Geistlichen jeweils eine Äußerung des zuständigen Ordinariats darüber erholt, ob eine Strafverfolgung gewünscht wird. Die Justizverwaltung begrüßt diese Praxis, die geeignet ist, etwaigen Klagen über mangelnden Rechtsschutz von vornherein zu begegnen und weist darauf hin, dass es überhaupt durchaus zweckmäßig ist, die Frage des öffentlichen Interesses mit den Standesvertretungen zu erörtern. Wie bei den Geistlichen die Ordinariate, so können bei den weltlichen Beamten die Kreisregierungen zur Stellungnahme veranlasst werden.

Die Justizverwaltung erwähnt, dass die *Beiziehung des zweiten Richters beim Schöffengericht* offenbar sehr verschieden gehandhabt wird. Die Anwesenden stimmen darin überein, dass das Gesetz keine Handhabe zur Aufstellung von Richtlinien für diesen Fall bietet. Die Frage, ob die Anregung auf Beiziehung des zweiten Richters vom Gericht oder der StA ausgeht, lässt sich nicht einheitlich beantworten. Jedenfalls wird aber oft ein zweiter Richter nicht deshalb beigezogen, weil es sich um einen großen Prozess handelt, sondern aus Scheu vor der Urteilsfällung. Eine derartige Praxis lässt allerdings Rückschlüsse auf die Besetzung und Geschäftslast des Gerichtes zu. Wenn auch nicht eingegriffen werden kann, so ersucht die Justizverwaltung die OLG-Präs. doch, diese Angelegenheit zum Gegenstand ihrer Aufmerksamkeit zu machen. Es kommt hier besonders Ansbach in Frage.

VII 1. Die *Zeitschrift „Die Justiz"* hat sich die Aufgabe gestellt, „das erschütterte Vertrauen zur Justiz wieder herzustellen". Da es sich nicht um eine wissenschaftliche, sondern um eine politische Zeitschrift handelt, soll sie nach dem übereinstimmenden Urteile der Anwesenden den Außenbehörden nicht empfohlen werden.

2. Der Bezug der *„Deutschen Richterzeitung"* wurde zwar im Jahre 1919 (Beiblatt zum Justizministerialbl. 1919 S. 123) den Vorständen der Gerichte und StA empfohlen. Die Anwesenden gehen aber darin einig, dass keine Notwendigkeit besteht, die DRiZ von Amts wegen zu halten. Die Kosten eines Abonnements für alle Behörden wären auch unverhältnismäßig hoch: 3.340 M, bei der in Aussicht stehenden Ermäßigung immer noch 2.500 M. Zudem würde die Unterstützung des Blattes, das die Interessen der höheren Beamten vertritt, die Forderung der mittleren Beamten, auch ihre Zeitschrift zu berücksichtigen, nach sich ziehen.

VIII. Die Justizverwaltung stellt mit kurzen Zügen die Entwicklung der *Simultanzulassung* der Anwälte dar. Die Justizverwaltung hat die Simultanzulassung, die zu einer Verzögerung und Verschlechterung der Rechtspflege führt, bekämpft. Die Durchführung der Simultanzulassung wird eine Abwanderung der bei den kleinen und mittleren LG zugelassenen Anwälte an die AG nach sich ziehen. Den Berichten der OLG-Präs. zufolge haben sich die OLG in ihren Plenarbeschlüssen einstimmig gegen die Simultanzulassung ausgesprochen, desgleichen die Anwaltskammern in München, Augsburg und Bamberg.

Die Justizverwaltung beabsichtigt, die Einführung der Simultanzulassung unter möglichster Ausnutzung der eingeräumten Übergangsfrist zu verzögern. Für den Übergang müssen objektive Linien geschaffen werden. Es ist vorgesehen, dass die

Höchstzahl der bei den LG zuzulassenden AG-Anwälten bestimmt wird durch die Zahl der bei diesem LG bereits vorhandenen Anwälte. Ferner soll als Voraussetzung für die Simultanzulassung eine 10jährige Praxis bei den AG gefordert werden. Die hiernach zur Simultanzulassung noch in Frage kommenden Rechtsanwälte sollen nur schubweise an die LG kommen: Im ersten Jahre 10%, im zweiten Jahre 15%, im dritten Jahre 20%, im vierten Jahre 25% und im fünften Jahre 30%. Die OLG-Präs. werden ersucht, sich mit diesen Fragen zu beschäftigen und ggfs. mit praktischen Vorschlägen an das Ministerium herantreten.

VI. Besprechung vom 10./11.11.1926

Es sind erschienen:
der Präsident des Obersten Landesgerichts Dr. Ritter von Unzner,
der Präsident des OLG München Staatsrat Dr. Meyer,
der Präsident des OLG Augsburg Dürbig.
der Präsident des OLG Nürnberg Ziegler,
der Präsident des OLG Zweibrücken Bilabel,
der Präsident des OLG Bamberg Spangenberger,
der OStA bei dem OLG München Aull,
der StA Barthelmeß in Vertretung des OStA Augsburg,
der OStA bei dem OLG Nürnberg Leuchs,
der OStA bei dem OLG Bamberg Döll,
der OStA bei dem OLG Zweibrücken König,
der Senatspräs. beim Obersten Landesgericht Gerber.

I. Die dienstliche Würdigung der Justizbeamten (einschl. der Anwärter). Besondere Würdigung für den Übertritt von Gruppe XII [OLG-Räte; StA der OLG] in Gruppe XIII (Mitwirkung des Präsidiums des Obersten LG).

a) Die Justizverwaltung hat den Eindruck gewonnen, dass die bei den größten Gerichten jeweils von einem großen Kollegium erstellten Qualifikationen durch die Zahl der Unterschriften nicht an Sicherheit und Zuverlässigkeit gewinnen. So wurde z.B. ein Beamter (Amtsanwalt Wölzl, dessen Name übrigens nicht genannt wird) als geeignet zum Amtsrichter in München erklärt; diese Qualifikation war objektiv unrichtig, da der Beamte in der Folge sogar der Geschäftslast einer der kleinsten Amtsanwaltschaften nicht gewachsen war. Auch bei der Beförderung eines Beamten von der Gruppe XII nach XIII (Oberstlandesgerichtsrat Ansbacher, dessen Name auch nicht genannt wird) war der Qualifikation nicht zutreffend.

Von größter Bedeutung ist die Würdigung für den Übertritt aus Besoldungsgruppe XII in XIII. Die Besetzung der Stellen der Gruppe XIII zählt zu den schwierigsten Aufgaben der Personalverwaltung. Es ist vielfach die Meinung verbreitet, dass jeder Beamte normalerweise diese Gruppe erreichen müsse. Das hat sogar in den letzten Tagen dazu geführt, dass ein Beamter mit der Begründung, er genieße offenbar nicht das Vertrauen der Justizverwaltung, sein Amt zur Verfügung stellte, weil er die angestrebte Stelle in Gruppe XIII nicht erreichen konnte. Im Jahre 1925 wurden neun, im Jahre 1926 wurden sieben Richterstellen der Gruppe XIII besetzt. Zufolge der Vorschriften über die Altersgrenze werden im Jahre 1927 acht solche Richterstellen zu besetzen sein. Vergleicht man demgegenüber die große Zahl der Bewerber um diese Richterstellen – 36 bis 37 – so wird ohne weiteres ersichtlich, dass das Erreichen der Gruppe XIII nicht die Norm sein kann. Über die Liste der Bewerber soll noch in engerem Rahmen gesprochen werden.

Bei der Erörterung der Frage, ob das Präsidium des Obersten LG bei der Qualifikation für den Übertritt in das Kollegium des Obersten LG mitwirken soll, hebt die Justizverwaltung einleitend hervor, dass beim Verwaltungsgerichtshof schon seit längerer Zeit die allerdings im Gesetze nicht verankerte Übung besteht, dass das Plenum des Verwaltungsgerichtshofs in jedem Einzelfall ein Gutachten abgibt. *Oberstlandesgerichts-Präs. v. Unzner* spricht sich gegen seine Mitwirkung des Plenums des Obersten LG bei der Würdigung der Bewerber aus. Das Oberste LG bekommt nur Urteile zu sehen, für die die Referenten oft nicht verantwortlich sind; die Herren selbst kennt es nicht. Erfahrungsgemäß lagen auch beim Plenum die Mitglieder, die nicht Präsidenten sind, einen leichteren Maßstab an. Nach der Anschauung von *StR Meyer* sprechen politische Bedenken dagegen, dass das Oberste Gericht mit der Auswahl seiner Richter belastet wird. Im Interesse des Ansehens der Präsidien der OLG und um einen ambitus der Konkurrenten zu vermeiden, ersucht StR Meyer von einer Änderung der Qualifikationsordnung abzusehen. Auch die übrigen Anwesenden stimmen darin überein, dass eine offizielle Befassung des Obersten LG – sei es des Präsidiums oder des Plenums – mit der Würdigung künftiger Mitglieder des Gerichts nicht wünschenswert ist. Anschließend bemerkt die Justizverwaltung, dass bei den Qualifikationen sich regelmäßig der Ausspruch findet: „Geeignet zum Rat am Obersten Landesgericht". An der Hand dieser summarischen Würdigung ist es auch unter Zuhilfenahme früherer Qualifikationen sehr schwer, geeignete Bewerber mit besonderen Vorzügen herauszufinden. Es wäre von Bedeutung, im Einzelfalle zu erfahren, ob die Bewerber über die bloße Rechtsanwendung hinaus rechtsschöpferische Fähigkeiten aufweisen. Die Justizverwaltung ersucht, der Prüfung dieser Frage künftig das Augenmerk zuzuwenden und das Ergebnis in der Qualifikation niederzulegen. Wenn der Bewerber nicht besondere Eigenschaften aufweist, ist von einem Vorschlag abzusehen. Die Justizverwaltung weist ferner darauf hin, dass auch jüngere Leute vorgeschlagen werden sollen.

b) Die Justizverwaltung teilt mit, dass sich bei der Anstellung der juristischen Staatsdieneranwärter insofern gewisse Schwierigkeiten ergeben, als durch Zurückdatierung der Staatskonkurse infolge Kriegsteilnehmerschaft die Zeiten der ersten Anstellung wild durcheinander liegen. Es ist vorgekommen, dass Herren soweit zurückdatiert wurden, dass sie gleichaltrige Kollegen nicht mehr einholen konnten, weil diese inzwischen angestellt worden waren. Dazu kommt, dass auch die Qualifikation der Bewerber Schwierigkeiten bereitet. Infolge der Aufbesserung der Noten, der Zurückdatierung und der ganz kurzen Nachpraxis ist es schwer, ein richtiges Bild von der Leistungsfähigkeit der Leute zu gewinnen. Diese wagen es oft selbst nicht, ein Anstellungsgesuch einzureichen. Die Justizverwaltung ersucht, diese Leute besonders im Auge zu behalten und rechtzeitig dienstlich zu würdigen; die Würdigung erfordert eine gewisse Großzügigkeit; denn die Leute sollen nicht dadurch einen Nachteil erfahren, dass sie erst kurze Zeit beschäftigt sind. Die Anwärter können auch rechtzeitig zur Einreichung von Anstellungsgesuchen veranlasst werden. Die geschilderten Verhältnisse konnten bis jetzt noch hingenommen werden, weil die Konkursjahrgänge noch so weit zurück sind, dass lediglich erst Beförderungen zum II. StA in Frage kommen; zum II. StA stehen zur Zeit die Teilnehmer der Konkurse 1912 und 1913 heran. Es rückt aber auch der Zeitpunkt für die Beförderung der Leute näher, die nicht für StA-Stellen in Betracht kommen. Die Rangfrage gewinnt an Interesse beim Übertritt in die Besoldungsgruppe XI. Bei der Anstellung in Gruppe I sind weder Besoldungs- noch Rangfragen aktuell; denn das Besoldungsdienstalter wird nach dem Staatskonkurs bestimmt, in den der Einzelne eingereiht ist. Auch die Rangordnung ist hier noch ohne Bedeutung, denn die Ernennung zum Amtsrichter und die Vorrückung nach Gruppe X bestimmt sich nicht nach dem Zeitpunkte der ersten Anstellung, sondern nach dem Staatskonkurs, in den der Einzelne eingereiht ist, nach der Note und der Qualifikation. Die Sachlage ändert sich beim Übertritt in die Gruppe II. Es ist nun nicht leicht, hier eine Reihenfolge, also Dienstrangordnung, zu finden, bei der die Beamten durch ihre Teilnahme am Kriege nicht benachteiligt werden. Am zweckmäßigsten erscheint es, die Konkursjahrgänge und die Noten in diesen Jahrgängen zugrundezulegen. Es ist beabsichtigt, für jeden Jahrgang eine Liste anzulegen. Hierbei wird ein rein schematisches Verfahren durch Übergreifen der besseren Noten von drei Konkursen verhütet. Es sollen also die Brucheinser den schlechteren Noten des früheren Konkurses vorgehen. Auf diese „Verzahnung“ der Noten, die den Vorteil hat, dass auch die Qualifikationen zur Geltung kommen, kann im Hinblick auf die Kriegsteilnehmerschaft nicht verzichtet werden. Die aufgebesserten Noten der Kriegsteilnehmer sind natürlich bei der ersten Anstellung maßgebend; bei der Frage späterer Beförderung muss sich dann zeigen, ob sich die Qualifikation mit der bereinigten Note deckt. Bei diesen ganzen Fragen handelt es sich nur um einen vorübergehenden Zustand; es kommt bereits jetzt der Jahrgang 1920 zur Anstellung, dem nur mehr wenige Herren angehören, für welche die obigen Fragen von Interesse sind. Die Justizverwaltung stellt fest, dass alle Anwesenden einstimmig die dargelegten Grundgedanken billigen.

OberstLG-Präs. von Unzner teilt noch mit, dass die Reichsbehörden bei Anstellungen im höheren Finanzdienst von der Staatsprüfungskommission immer eine Bescheinigung über die nicht aufgebesserte Note verlangen. – Er bemerkt ferner, dass Zeugnisse über den Vorbereitungsdienst nicht mehr hinausgegeben werden; für AG und LG wäre es also von Wert, im Zeugnis über den Vorbereitungsdienst hervorzuheben, was die Leute geleistet haben.

c) Die Amtsanwalts- und III. StA-Stellen werden unter Angleichung an das System des preuß. Etats künftig im Haushaltsplan nicht mehr getrennt aufgeführt. Es besteht nämlich die Absicht, an den landgerichtlichen Plätzen die Amtsanwälte gleich zu III. StA zu ernennen, damit sie auch beim LG auftreten können. Eine gewisse Schwierigkeit der Überleitung der Amtsanwälte zu StA liegt darin, dass es sich bisher nicht ganz vermeiden ließ, Amtsanwaltsstellen an landgerichtlichen Plätzen mit Herren zu besetzen, die sich für den StA nicht eignen; infolgedessen ist es nicht möglich, die Amtsanwälte ohne Ausnahme einfach in StA umzutaufen. Für die Überleitung kommen 40–50 Herren, die zum StA qualifiziert sind, in Frage. Es wäre im Interesse der Geschäftsvereinfachung und einer raschen Überwindung des Übergangsstadiums gelegen, wenn man diese Herren in einem Zuge zum III.

StA ernennen könnte, statt die Ernennung nach Jahrgängen vorzunehmen. Bei der gleichzeitigen Ernennung aller Herren ist aber damit zu rechnen, dass andere Ministerien Bedenken erheben. – Alle Anwesenden halten es für das Zweckmäßigste, möglichst bald eine möglichst große Anzahl der in Betracht kommenden Amtsanwälte zu StA zu ernennen.

OStA König regt unter Billigung der Justizverwaltung an, die zwei Amtsanwälte beim AG Ludwigshafen, der größten Amtsanwaltschaft Bayerns, zu III. StA beim LG Frankenthal zu ernennen und nach Ludwigshafen abzuordnen. Die Justizverwaltung bemerkt hierzu, dass die gleiche Sachlage beim AG Weilheim im Verhältnis zu München und beim AG Kronach im Verhältnis zu Coburg gegeben ist. Die angeregte Maßnahme, der etatsrechtlich kein Hindernis entgegensteht, soll dazu dienen, dass die tüchtigen Kräfte, die bei großen Amtanwaltschaften verwendet werden, nicht gegenüber ihren Kollegen an landgerichtlichen Plätzen sitzen bleiben sollen, muss jedoch als Ausnahme gelten.

II. Mitwirkung von Mitgliedern der LG bei den AG. Die Justizverwaltung weist darauf hin, dass im Zusammenhange mit der Emminger-Reform die Geschäftsbelastung der LG außerordentlich abgenommen hat. Die Abnahme bewegt sich zwischen 2 und 34%. Nur in Coburg ist die Geschäftslast gestiegen; die Gründe hierfür sind unbekannt. Die Entlastung der LG hat es ermöglicht, dass zur Erledigung von Aufwertungs- und Grundbucharbeiten sowie zum Vorsitz beim Schöffengericht Arbeitskräfte in erheblichem Umfange mobil gemacht werden konnten. Es wurden im Ganzen 114 Personen, das sind 60 volle Arbeitskräfte, für die angeführten Arbeiten an die AG abgeordnet. Im Einzelnen vgl. die Anlage II e [nicht bei den Akten]. Auf die Dauer lassen sich aber diese Delegationen nicht aufrecht erhalten. So ist es z.B. unnatürlich, wenn zum Vorsitzenden des Schöffengerichts ein Herr des LG bestellt ist. In Bälde wird auch die Aufwertung beendet und das Gleichgewicht im Grundbuch wieder hergestellt sein. Dann wird sich erst mit aller Klarheit zeigen, dass die Lebensfähigkeit der LG in Frage gestellt ist. Bei der Staatsdienstvereinfachung wird die Frage der Aufhebung von LG eine große Rolle spielen. Immerhin wird eine Zahl von LG gehalten werden können. Die Aufhebung von LG kann sich aber personalpolitisch sehr unangenehm bemerkbar machen, denn ein Wegfall vieler Stellen der Besoldungsgruppe XI würde das Missverhältnis zwischen den Gruppen X und XI, die Ursache der Amtsrichterfrage, außerordentlich verschärfen. Mit dem Abbau von LG muss also gleichzeitig die Amtsrichterfrage geregelt werden. Die Justizverwaltung glaubt die Lösung der Schwierigkeiten in einer Durchstaffelung der Besoldungsgruppen X und XI mit festgelegten Zeitabschnitten in Gruppe X und automatischer Vorrückung zu finden. Gegen das System der Durchstaffelung kann natürlich eingewendet werden, dass mit dem Wegfall einer Beförderungsmöglichkeit auch der Antrieb zur Arbeit wegfällt. Preußen hat aber derartige Erfahrungen nicht gemacht; die Auswahl der Orte wäre wohl immer noch ein genügender Ansporn für die Leute, entsprechend zu arbeiten. Der erforderliche Finanzaufwand wäre nicht sehr groß.

Anschließend bemerkt die Justizverwaltung, dass sich noch Leute in der Mitte der Fünfziger in Klasse X befinden, allerdings durch eigene Schuld. Die

Justizverwaltung hat eine Liste der 100 ältesten Amtsrichter angelegt, in der die Ablehnung und Annahme aller angebotenen Oberamtsrichterstellen verzeichnet ist. Der Inhalt dieser Liste vermöchte für die Wortführer in der Amtrichterfrage wenig Sympathien zu erwerben. Die Justizverwaltung gibt bekannt, dass in 40–50 Fällen von Amtsrichtern bis zu 18 angebotene Stellen abgelehnt wurden. Bei der Besetzung der Vorstandsstelle in Mainburg hat erst der 61. Richter zugesagt. Zum Teil geben die Herren auf schriftliche Anfrage überhaupt keine Antwort. *StA Meyer* bemerkt hier, dass es überhaupt keine Amtsrichterfrage mehr gibt. Die Justizverwaltung erachtet es für einen groben Missbrauch der Unversetzbarkeit, wenn ein Richter, der an einem Platze bleiben will, sich darüber beschwert, dass er nicht befördert wird. Man muss allmählich auf den Gedanken wieder zurückkommen, dass sich die Richter zur Verfügung halten. Allerdings muss man, wenn man eine größere Beweglichkeit erzielen will, auch mehr auf den Personalwechsel bedacht sein. Mit der Besserung der Wohnverhältnisse wird diese Frage auch leichter gelöst werden können.

StR Meyer vertritt den Standpunkt, dass die Frage der Neuorganisation der Gerichte durch Verlegung des Schwerpunkts auf die AG und die Frage der Staatsdienstvereinfachung miteinander verkoppelt werden müssen. Die automatische Durchstaffelung der Gruppen X und XI muss als Gegengabe für die Aufhebung der LG gefordert werden. *ObstLG-Präs. v. Unzner* glaubt, dass sich, ebenso wie in Preußen als notwendige Kehrseite der Durchstaffelung die Einrichtung des Hilfsrichters zeigen wird. Wenn aber einmal die LG und AG mit Assessoren und Amtsrichtern besetzt werden, gibt es keine Vorrückungsmöglichkeiten für die bayr. Richter mehr. Den Schaden wird dann die kommende junge Generation tragen. Demgegenüber bemerkt die Justizverwaltung, dass die Zahl der außeretatmäßigen Beamten in Bayern so gering ist, dass sie überhaupt nicht ins Gewicht fällt. Anders ist dies allerdings in Preußen, wo die etatmäßigen Beamten abgebaut werden und die Zahl der Hilfsbeamten ins Ungemessene wächst.

III. Verhältnisse bei den Aufwertungsstellen.

a) Allgemeiner Überblick über die Geschäftslage, Beschwerden wegen Verzögerung…

b) *Rechtliche Behandlung der Aufwertungssachen. ObstLG-Präs. v. Unzner* teilt mit, dass die schwierigsten Rechtsfragen sich aus dem Rangvorbehalt der §§ 7 ff. ergeben. Auch bei der Behandlung der Anwaltsgebühren ist es nicht immer leicht, gerecht zu sein. Es gibt Fälle, in denen die Gebühren die ganze Aufwertung verschlingen. Hier kann man sich damit helfen, dass man darauf dringt, dass jede Partei ihre Kosten selbst trägt. Auch die Frage der Gerichtsgebühren müssen die Gerichte praktisch zu lösen bestrebt sein. So hat München früher hohe Gebühren genommen, später aber in richtiger Würdigung der Sachlage sehr niedrige Gebühren berechnet. Die Frage der Justizverwaltung, ob Beschwerden über Gerichts- und Anwaltsgebühren zu Ohren der Gerichte gekommen sind, wird vom Präsidenten des ObstLG sowie von den OLG-Präs. verneint. Der Justizverwaltung selbst sind nur zwei Beschwerden bekannt geworden. Hierbei hat sich herausgestellt, dass die Gebühren unrichtig berechnet waren, worauf sie sofort heruntergesetzt wurden.

Die Justizverwaltung stellt fest, dass die Gerichte für die Hinweisung auf zweckmäßige Erledigung der Aufwertungsgesetze dankbar waren. Kein Gericht hat darin eine Antastung der richterlichen Unabhängigkeit gefunden.

Die Justizverwaltung bemerkt, dass bei der Verzögerung der Aufwertung die Frage des Beginns des Zinsenlaufs eine gewisse Rolle spielt. Die Banken erklären, das ObstLG und einige außerbayerische OLG seien hier verschiedener Anschauung. *ObstLG-Präs. v. Unzner* teilt mit, dass hier die Hauptrolle die Frage spielt, ob § 28 Abs. 2 des Aufwertungsgesetzes auch für die persönliche Forderung gilt. Wenn dem nicht so wäre, könnte man dem Gesetzgeber vorwerfen, dass er mit der einen Hand nimmt, was er mit der anderen Hand gegeben hat. Die Angelegenheit liegt zurzeit dem RG zur Entscheidung vor. Für das RG erhebt sich hier die Frage, wie es den Banken helfen kann, da dingliche und persönliche Schuldner in 95% die gleichen sind. Die Entscheidung des RG ist noch nicht bekannt.

c) Abbau des Personals. Es wird festgestellt, dass bei allen AG insgesamt 741 Aushilfskräfte beschäftigt sind. Das führt zu einer außerordentlichen Etatüberschreitung. Der Landtag ist allerdings darauf vorbereitet worden. Die Justizverwaltung ersucht die Anwesenden, die Aushilfskräfte abzubauen sobald dies möglich ist und etwaigen Versuchen, die Aushilfskräfte zu halten, energisch entgegenzutreten.

IV. Verhältnisse bei den Grundbuchämtern.

Die Justizverwaltung hält die Zahlen der Übersicht II (vgl. Anlage IV b [nicht bei den Akten]) für beängstigend. Grundbuchrückstände auf vier Monate hätte man früher nicht für möglich gehalten. – Die Frage der Justizverwaltung, ob sich aus der Vereinfachung der Führung des Grundbuchtagebuchs Schwierigkeiten ergeben hätten, wird allseitig verneint. Die Vereinfachung ist sehr beifällig aufgenommen worden. – *StR Dr. Meyer* weist auf die Notwendigkeit hin, für den Nachwuchs von mittleren Beamten zu sorgen, die als Grundbuchtechniker ausgebildet sind. – Die Justizverwaltung hebt hervor, dass die Zeit zwischen Antrag und Eintragung im Grundbuch dann sehr wesentlich ist, wenn es sich um Auszahlung von Geldern handelt. Die Münchener Banken haben in der schwierigsten Zeit für die Auszahlung nicht mehr den Vollzugsnachweis des Grundbuchs abgewartet, sondern das Geld häufig sofort ausgezahlt. Die Rückstände in Grundbuchsachen sind teilweise auch dadurch zu erklären, dass die Aufwertung zeitlich mit einer Belebung des Kreditmarktes zusammenfiel und dass auch manchmal Vermessungen, die für die Kreditgewährungen eine Rolle spielen, die Erledigung der Anträge verzögern. Die Justizverwaltung fragt, ob Klagen über Verzögerungen bei Erledigung der Grundbucharbeiten laut geworden sind.

OLG-Präs. Dürbig berichtet, dass bei ihm angeregt wurde, die Schreibarbeit bei den Grundbuchämtern durch die Anordnung zu ermäßigen, dass der Beschrieb des Grundbuchs nicht in die Hypothekenbriefe aufgenommen werden solle, ferner, dass ihm vorgeschlagen wurde, bei dem Notar darauf zu dringen, dass bei Einreichung von Anträgen die nötigen Abschriften für die AG vorgelegt werden. Der OLG-Präs. hat beides unter Hinweis auf die bestehenden Vorschriften abgelehnt. Klagen über Verzögerung der Grundbucharbeiten sind bei ihm wie auch bei den LG-Präs. nicht, bei den AG nur vereinzelt eingelaufen; hier wurde durch

Aufklärung die Beschwerde sofort behoben. Eine Verzögerung ist teilweise beim Grundbuchamt dadurch eingetreten, dass die Flurbereinigung mit der Aufwertung zusammenfiel. Es ist natürlich außerordentlich schwierig, beide Aufgaben zugleich rechtzeitig zu lösen.

OLG-Präs. Ziegler hat durch Besprechung mit den Notaren erreicht, dass die erforderlichen Durchschläge mit vorgelegt werden und dass die Hypothekenbanken sich auf ein bestimmtes Formular einigen. Hierzu bemerkt die Justizverwaltung, dass auf ihre Anregung hin die Hypothekenbanken bei ihren Anträgen jetzt immer ein Formblatt für den Hypothekenbrief beigeben, in dem regelmäßig wiederkehrende Texte vorgedruckt sind und freier Raum für Spezialangaben gelassen ist. Zu der Mitteilung des OLG-Präs. Ziegler, dass auch die Banken vielfach Anträge auf Anfertigung von Grundbuchauszügen stellen, bemerkt *ObstLG-Präs. v. Unzner*, die Grundbuchämter sollten das einfach ablehnen; man hefte einfach die Notariatsurkunde dem Hypothekenbriefe bei, mehr könnten die Banken nicht verlangen. Die Justizverwaltung weist darauf hin, dass die Anfertigung von solchen Auszügen, die mehr enthalten als der Hypothekenbrief und die für die Bankakten bestimmt sind, nicht eilt. Mit der Erledigung solcher Anträge kann man die Banken warten lassen. Bei OLG-Präs. Ziegler ist eine einzige Beschwerde über verzögerte Erledigung einer Grundbucharbeit eingelaufen. Bei den AG werden wohl Vorstellungen erhoben, die Leute sehen aber bei entsprechender Belehrung ein, dass nicht schneller gearbeitet werden kann.

OLG-Präs. Bilabel berichtet, dass außer ganz seltenen Beschwerden in Frankenthal keine Beschwerden über langsames Arbeiten der Grundbuchämter eingelaufen sind.

Auch bei *StR Dr. Meyer* sind keine Aufsichtsbeschwerden erhoben worden. Nur zweimal wurde eine Bitte um beschleunigte Eintragung einer Hypothek an ihn gerichtet. Der Abg. Irl hat StR Meyer einmal ersucht, zu veranlassen, dass das Grundbuchamt Erding rascher arbeitet. Nach Verlauf eines Vierteljahres hat Abg. Irl bestätigt, dass die Grundbucharbeiten nunmehr in der Reihe sind. In Erding sind allein wegen der Mittleren Isar II Vermessungsbeamte tätig; StR Meyer hat die Anweisung gegeben, nicht dringliche Vermessungsoperate zurückzustellen.

V. Verhältnisse im Vollstreckungswesen

a) Die Justizverwaltung stellt anhand einer vom AG München gefertigten Statistik fest, dass auch im letzten Jahre das Vollstreckungswesen eine ungeheure Steigerung erfahren hat. Die Zahl der Wechselproteste ist allerdings zurückgegangen. *StR Meyer* teilt mit, dass besonders im Gebirge die Vollstreckungsgeschäfte in beängstigender Weise zugenommen haben. So trifft in Reichenhall auf jeden zweiten Einwohner ein Pfändungsauftrag. Diese Entwicklung hängt mit der schlechten Fremdensaison zusammen.

b) *StR Meyer* bittet, die abgebauten acht Gerichtsvollzieherstellen bei den AG Moosburg und Haag wieder zu besetzen. Die Wiederbesetzung einiger eingezogener Stellen lässt sich nicht vermeiden. In seinem Amtsbezirke sind bereits fünf oder sechs Gerichtsvollzieher wegen Arbeitsüberlastung zusammengebrochen. Zurzeit hilft man sich noch mit Abordnungen.

OLG-Präs. Dürbig bittet, die Gerichtsvollzieherstelle in Zusmarshausen wieder zu besetzen.

Die übrigen OLG-Präs. bestätigen, dass diese Darstellung auch für ihren Bezirk gilt. *OLG-Präs. Ziegler* hält es für erforderlich, dass jedes Gericht einen eigenen Gerichtsvollzieher hat, da nicht jeder Gerichtsschreibereibeamte sich für die Arbeiten eines Gerichtsvollziehers eignet.

Die Justizverwaltung bemerkt, dass bei dieser Sachlage ein künftiger Wegfall der im Jahr 1925 wieder angeforderten Stellen ausgeschlossen erscheint, die Stellen müssen wohl wieder in den Etat eingesetzt werden. Man wird überhaupt versuchen müssen, die Gerichtsvollzieherstellen im Rahmen des Friedensetats wieder herzustellen. Die Anforderung von Personal für den Vollstreckungsdienst wird beim Landtag auf keine unüberwindlichen Schwierigkeiten stoßen, da man auf die gesteigerte Einnahme von Gebühren hinweisen kann. Die Justizverwaltung ersucht die Anwesenden dringend, Anträge auf Wiedereinstellung von Gerichtsvollziehern sehr zurückhaltend zu behandeln. Bei der Vorstandschaft der Organisation der Gerichtsvollzieher hat sich übrigens ein Widerstand gegen die Wiederbesetzung der Gerichtsvollzieherstellen bei den kleineren Gerichten erhoben. Die Vorstandschaft hat sogar gegen die Einziehung weiterer solcher Stellen bei den kleinen Gerichten nichts einzuwenden; das hängt damit zusammen, dass an solchen Orten die Gerichtsvollzieher nicht voll beschäftigt sind, aber eine Beschäftigung als Gerichtswarte und Gerichtsschreiber ablehnen.

Zum Schlusse ersucht die Justizverwaltung die OLG-Präs., möglichst bald eindringlich gehaltene Berichte über die Zustände bei den Gerichtsvollziehereien vorzulegen, damit diese Berichte bei der Wiederanforderung der Gerichtsvollzieherstellen verwertet werden können.

VI. Schiedsrichterliche Tätigkeit von Justizbeamten

Die Justizverwaltung verweist auf die Behandlung dieser Frage in der letzten Konferenz. Misslich bleibt die Honorarfrage. Die Übernahme des Schiedsrichteramtes ohne vorherige Bestimmung des Honorars sollte nicht zugelassen werden. Im Allgemeinen wird das Honorar nach der Rechtsanwaltsgebührenordnung oder nach den Gerichtsgebühren bestimmt. Man könnte zur Verhinderung allzu hoher Honorare daran denken, die Genehmigung zur Übernahme des Schiedsrichteramts von gewissen Bedingungen abhängig zu machen.

ObstLG-Präs. v. Unzner führt aus, dass das Honorar des Schiedsrichters nur im Prozessweg festgestellt werden kann, wenn nicht von vornherein ein bestimmtes Honorar vereinbart wurde und die Partei sich nachträglich weigert, die Festsetzung des Honorars durch den Schiedsrichter anzuerkennen. Das RG hat neuerlich den Standpunkt vertreten, dass die Festsetzung des Honorars in das billige Ermessen des Schiedsrichters gestellt ist, wenn die Partei das Recht der Festsetzung vorher dem Richter eingeräumt hat. Im Hinblick darauf ist die Frage, bis zu welcher Höhe die Honorare gehen sollen, besonders brennend. Maßgebend für die Bemessung kann vernünftigerweise nur die geleistete Arbeit in Verbindung mit der Bedeutung sein, welche die Sache für die Partei hat. Im Interesse der Integrität des Richterstandes muss verlangt werden, dass die Vergütung die Anwaltsgebühren nicht übersteigt. Es sollen auch nicht immer die Gebühren zugrundegelegt werden, sie sie die Rechtsanwälte in erster Instanz erheben, es kommt vielmehr darauf an, welcher Instanz die Lagerung der Verhältnisse in dem Zeitpunkt entspricht, in dem das Schiedsrichteramt übernommen wird. Im Übrigen verlangen die bayerischen Richter keine zu hohen Gebühren. In Norddeutschland werden teilweise viel höhere Honorare angeboten und bezahlt. Das Honorar des Testamentsvollstreckers in Hamburg beträgt 10–20% des Bruttonachlasses. Vor Übernahme des Schiedsrichteramtes sollen sich die Beamten darüber informieren, welche Personen außer ihnen noch in dem zu bildenden Schiedsgericht sitzen werden. Es ist dem Ansehen des Beamten nicht zuträglich, wenn er sich mit jedermann zusammensetzt.

Hierzu bemerkt die Justizverwaltung, man könne wohl von dem persönlichen Takt des Einzelnen erwarten, dass er ggfs. einen entsprechenden Vorwand findet, um einem ungeeignet zusammengesetzten Schiedsgericht fernzubleiben. In irgendeine greifbare Form lässt sich aber diese Forderung bei der Genehmigung der Übernahme des Schiedsrichteramtes nicht bringen.

StR Meyer glaubt, dass es im Interesse einer einheitlichen Praxis zweckmäßig wäre, wenn sich das Justizministerium entschließen könnte, die Genehmigung an sich zu ziehen. Erhebliche Bedenken sprechen dagegen, die Höhe des Honorars einheitlich zu regeln. Als Maßstab für die Bemessung kommen die Rechtsanwaltsgebühren, die Gerichtsgebühren oder die sog. „Hamburger Norm“ in Frage. Bei einem ständigen Schiedsgericht soll die Entlohnung nach dem Zeitaufwand erfolgen. Die schiedsrichterliche Tätigkeit soll man nicht unterbinden. Solange nicht die Anordnung getroffen wird, dass die Übernahme des Schiedsrichteramts nur dann zulässig sein soll, wenn öffentliche Interessen berührt werden, ist es nicht möglich, die Genehmigung zur Übernahme des Amtes schlankweg zu versagen.

OLG-Präs. Dürbig ist ebenfalls gegen ein Verbot der Übernahme des Schiedsrichteramts. Die schiedsrichterliche Tätigkeit ist übrigens zurückgegangen. Dies hängt wahrscheinlich teilweise mit der Umgestaltung des Zivilprozesses zusammen. Der Oberbürgermeister von Augsburg hat erklärt, er habe, namentlich was die Raschheit der Erledigung anbelange, die schlimmsten Erfahrungen mit dem Schiedsgerichte gemacht. OLG-Präs. Dürbig hat die Mitwirkung der Richter als Schiedsrichter bei den Versorgungsämtern hintangehalten und auch den Richtern die Teilnahme an der Lebensmittelbörse in Kempten untersagt.

OLG-Präs. Bilabel berichtet, dass die schiedsrichterliche Tätigkeit in der Pfalz minimal ist.

OLG-Präs. Ziegler, in dessen Amtsbezirk die schiedsrichterliche Tätigkeit ziemlich groß ist, hat diese Tätigkeit früher gern gesehen, erblickt aber jetzt immer mehr darin eine Gefahr für die Integrität der Richter. In Nürnberg sind die Honorare zwar nicht besonders hoch, immerhin kommen die Richter mehr als erwünscht mit den Geldleuten zusammen. Die Industriellen wollen hierbei dem Richter etwas zukommen lassen in der Hoffnung, dass dieser sie später bei etwaigen Prozessen gut behandelt. Das Ideal wäre die unentgeltliche Übernahme des Schiedsrichteramts. Das wird sich jedoch nicht erreichen lassen. Die Justiz hat durch ihre eigene Haltung die schiedsrichterliche Tätigkeit gefördert; denn würde der Richter nicht als Obmann abgegeben, so käme in den meisten Fällen kein Schiedsgericht zustande, da die Parteien erfahrungsgemäß nur Vertrauen zu einem Obmann haben, der Richter ist. Es wäre zu wünschen, dass die Genehmigung zur Übernahme des Schiedsrichteramts vom Justizministerium erteilt wird.

OLG-Präs. Spangenberger hält es ebenfalls für zweckmäßig, dass das Justizministerium die Genehmigung an sich zieht. Im Interesse des Ansehens der Richter sollte man wenn möglich daran festhalten, dass der Richter nur als Obmann und nicht als Beisitzer im Schiedsgericht tätig wird.

Alle Anwesenden stimmen mit der Justizverwaltung darin überein, dass man die Richter zwar wohl als Schiedsrichter, dagegen nicht als Gutachter tätig werden lassen darf. Denn es besteht die Möglichkeit, dass der Beamte, der das Gutachten ausgearbeitet hat, später als Richter mit der Sache befasst wird. So wollte beispielsweise der Finanzminister vom ObstLG ein Gutachten über die Ausscheidung der Kreisanteile erholen. Die Justizverwaltung hat dem Finanzminister davon dringend abgeraten. ObstLG-Präs. v. Unzner bemerkt hierzu, ein solches Ersuchen wäre unbedingt abgelehnt worden.

VII. Die Regiebedürfnisse der Gerichte und StA [weggelassen]

VIII. Die Versetzung in den Ruhestand wegen Erreichung der Altersgrenze

Die Justizverwaltung trägt zur Entschließung vom 14.09.1926 Nr. 42871 [nicht bei den Akten] die Ausführungen vor, wie sie in den Anlagen VIII a und b enthalten sind. Eine Zwangspensionierung hat nur dann fiskalischen Wert, wenn die erledigte Stelle abgebaut wird. Es ist ein nicht zu rechtfertigender Luxus, arbeitsfähige und arbeitswillige Leute in Pension zu schicken. Landtag und Finanzminister haben sich aber seinerzeit dieser Erwägung verschlossen. Neuerdings vertritt aber das Finanzministerium infolge Anwachsens des Pensionsetats von vier auf acht Millionen RM den entgegengesetzten Standpunkt und will das Zwangspensionsgesetz dadurch praktisch außer Kurs setzen, dass es von den Möglichkeiten des Gesetzes weitesten Gebrauch macht. Die Vorschrift, dass die Fortführung der Geschäfte durch einen bestimmten Beamten notwendig sein muss, wurde früher dahin ausgelegt, dass gerade dieser persönlich bestimmte Beamte unentbehrlich ist. Bei solcher Praxis kommen natürlich nur leitende Stellen in Frage. Nach der neuen Praxis soll in jedem Einzelfalle geprüft werden, ob die Voraussetzungen des Art. 47 BeamtenG [v. 1908; Änderung 1923, GVBl. S. 123] gegeben sind. Als dienstliches Interesse soll hierbei auch das Finanzinteresse des Staates gelten. Im Übrigen kann man gerade bei der heutigen Hochspannung der Geschäftslage den Standpunkt vertreten, dass es im Interesse des Staates gelegen ist, einen eingearbeiteten Beamten, der den Dienst völlig beherrscht, möglichst lange in seiner Stellung zu halten.

Es sind drei Gesichtspunkte zu beachten:

1. Der Beamte muss noch dienstfähig sein. Der Begriff der Arbeitsfähigkeit bemisst sich nach den auch sonst geltenden Grundsätzen. Hierbei ist es im Interesse des Beamten wünschenswert, dass er schon einige Zeit – etwa ein halbes Jahr – vor Vollendung des 65. Lebensjahres Klarheit darüber bekommt, ob er im Dienste bleiben kann. – Ist der Beamte zwar noch dienstfähig, aber mittelmäßig

qualifiziert, so werden die vorgesetzten Stellen eben die Dienstfähigkeit verneinen; denn die Dienstfähigkeit umfasst auch das „Können". Eine Entschließung kann natürlich über diesen Punkt nicht ergehen, die zweckmäßigste Entscheidung im Einzelfalle muss der Praxis überlassen bleiben. – Wird der Beamte nach der Verlängerung, aber vor Ablauf der Streckungsfrist dienstunfähig, kann er selbstverständlich seine Pensionierung verlangen. – Die Anwesenden erklären sich mit diesen Ausführungen einverstanden.

2. Der Beamte muss dienstwillig sein. Beamte, die zwar noch dienstfähig, aber nicht mehr dienstwillig sind, können nicht im Amte zurückgehalten werden. Art. 47 BeamtenG enthält zwar im Gegensatz zur PersonalabbauVO keine Bestimmungen, wonach der Beamte die Pensionierung beanspruchen kann. Mit der neuen Fassung des Art. 47 wollte jedoch das schon bestehende Recht des Beamten nicht verkürzt werden. Abgesehen davon, hätte der Staat keinen Vorteil, wenn er einen Beamten ohne Dienstfreudigkeit festhalten wollte. Will der Beamte vor Ablauf der Verlängerungsfrist in Pension gehen, so muss seiner Bitte entsprochen werden, da ihm durch die Verlängerung das in Art. 47 eingeräumte Recht nicht genommen werden kann. – Die Anwesenden geben auf eine Frage der Justizverwaltung hin der Überzeugung Ausdruck, dass die Beamten mit geringen Ausnahmen sich arbeitswillig zeigen werden, zumal bei den derzeitigen Besoldungsverhältnissen der Beamte ein Interesse daran hat, möglichst lange im Dienste verbleiben zu können. – Die Anwesenden stimmen übrigens den Ausführungen der Justizverwaltung vollkommen zu.

3. Es dürften keine notwendigen Abbaumaßnahmen entgegenstehen. So kann z.B. auf den Abbau im Strafvollzugswesen nicht verzichtet werden. Sitzt ein 65jähriger Beamter auf einer abzubauenden Stelle, so ist das Interesse des Staates an seiner Weiterverwendung gering.

ObstLG-Präs. Dr. v. Unzner vertritt die Anschauung, dass eine Altersgrenze unbedingt erforderlich ist. Die Erkenntnis des Einzelnen, dass er nicht mehr dienstfähig ist, schwindet, umso mehr, je älter er wird. Für die Vorstände ist es immer eine schwierige und peinliche Aufgabe, dem Beamten klarzumachen, dass er pensionsreif ist. Das 68. Lebensjahr wird als äußerste Grenze angesehen werden müssen. Wenn auch der Verlängerung des Dienstverhältnisses der Verwaltungsbeamten keine gesetzliche Grenze gezogen ist, so dürfen die Verwaltungsbeamten doch nicht besser gestellt werden als die Richter. Hierzu bemerkt die Justizverwaltung, dass der Beamtenreferent im Finanzministerium es als selbstverständlich betrachtet, dass eine Verlängerung über das 68. Lebensjahr hinaus nicht stattfinden soll. Die Justizverwaltung ist mit Rücksicht auf das Richterpensionsgesetz berufen und geneigt, die Festlegung einer einheitlichen Praxis in den Ministerien zu veranlassen.

Weiterhin erklärt die Justizverwaltung auf Anfrage von *ObstLG-Präs. Unzner*, dass die Verlängerung des Dienstverhältnisses nie „bis auf weiteres", sondern immer für einen bestimmten, in der Entschließung angegebenen Zeitpunkt erfolgt. Durch die Verlängerung wird kein Dienstvertrag abgeschlossen, es bleibt vielmehr das Beamtenverhältnis mit seinen Rechten und Pflichten weiterbestehen, es ist damit lediglich der Zeitpunkt der Pensionierung hinausgeschoben. Der Beamte kann also während dieser Frist nicht nach Belieben pensioniert werden. Wenn aber in der Zwischenzeit Umstände eintreten, die auch sonst das Aktivitätsverhältnis beendigt hätten – Entlassung aufgrund eines Disziplinarverfahrens oder Pensionierung wegen Eintritts der Dienstunfähigkeit –, ist die Pensionierung selbstverständlich vor Ablauf der Verlängerungsfrist möglich.

Das StM des Innern hat in einigen Fällen bei Amtsärzten die auch im Reiche vielfach geübte Praxis übernommen, pensionierte Beamte als Vertragsangestellte zu beschäftigen und ihnen als vertragliches Entgelt den Unterschied zwischen aktivem Gehalt und Pension zu zahlen. Die Justizverwaltung würde der Einführung einer solchen Praxis im Kabinett widersprechen.

Zum Schluss stellt die Justizverwaltung die Einigkeit der Anwesenden in allen besprochenen Punkten fest. Über die einzuhaltende Praxis soll keine Entschließung mehr ergehen, höchstens eine Anweisung, dass eine bestimmte Zeit vor Eintritt der Pensionsreife der Beamte davon verständigt wird, ob er weiterverwendet wird oder ob er mit seiner Pensionierung zu rechnen hat.

IX. Mängel der Strafrechtspflege

a) Lange Dauer der Strafverfahren. Die Justizverwaltung bemerkt, dass die meisten Strafverfahren keinem öffentlichen Interesse begegnen. Nur ein geringer Bruchteil davon steht im Scheinwerfer der öffentlichen Beachtung. Diesen Strafprozessen sollen die Behörden besonderes Augenmerk zuwenden, da nach der Art der Behandlung dieser Prozesse erfahrungsgemäß die Justiz überhaupt beurteilt wird. Die Justizverwaltung bittet die OStA, die Ersten StA darauf hinzuweisen, dass Prozesse der erwähnten Art nicht unbedingt im gleichen Tempo wie die anderen Prozesse erledigt werden müssen. Eine gewisse Beschleunigung wäre hier außerordentlich erwünscht. Allgemeine Anweisungen hierüber lassen sich natürlich schwer geben. – Als Beispiele für verzögerliche Behandlung von Prozessen, die einem breiteren Interesse begegnen, führt die Justizverwaltung an: Am 24.02.1926 wurde eine Versammlung von Nationalsozialisten, die unter sich stritten, gesprengt; es hat neun Monate gedauert, bis man die Sache zur Verhandlung brachte. In einer Münchener Zeitung wurde am 30.03.1926 ein Gedicht von Zuckmayer veröffentlicht, das angeblich eine Gotteslästerung enthielt, das hierwegen eingeleitete Verfahren ist heute, nach sieben Monaten, noch nicht rechtskräftig. Ähnlich verhält es sich mit dem Prozess Süss in Oppau. – Die Justizverwaltung ersucht, nicht wegen der in der Presse erscheinenden Kritik, sondern aus inneren, wohl berechtigten Gründen Prozessen der hier gedachten Art ein besonderes Augenmerk zuzuwenden.

b) Grundlose Verhängung der Untersuchungshaft. SenPräs. Gerber berichtet über die Beschwerden gegen Verhängung der Untersuchungshaft, die beim ersten Strafsenat des ObstLG erledigt werden. Wenn auch diese Beschwerden sich nur als einen kleinen Ausschnitt aller Beschwerden darstellen, so geht doch aus ihnen hervor, dass die Klagen über Missbrauch der Untersuchungshaft nicht unberechtigt sind. Die Aufhebungsbeschwerden haben ungleich mehr Erfolg als andere Beschwerden. Im Januar und Februar 1926 drangen von 14 Haftbeschwerden sechs

Beschwerden durch. Man gewinnt den Eindruck, dass die Achtung vor der Freiheit der Person nicht so ausgeprägt ist, wie dies sein sollte. Nicht der Verdacht überhaupt, sondern die Annahme der Flucht- und Verdunklungsgefahr wird sehr leicht genommen. Man bemüht sich vielfach gar nicht, Umstände namhaft zu machen, aus denen auf Verdunklung geschlossen werden könnte. Besonders häufig wird dadurch die Arbeiterbevölkerung getroffen. Es wird oft nicht bedacht, dass infolge Wohnungsmangels und Schwierigkeit der Auswanderung eine Fluchtgefahr kaum besteht. Ähnlich verhält es sich mit der Verdunklungsgefahr. Die Untersuchungshaft wird einfach angeordnet, weil sie die Durchführung des Strafverfahrens wesentlich erleichtert. In manchen Fällen gewinnt man sogar den Eindruck, dass die Untersuchungshaft nur angeordnet wurde, um einen verstockten Sünder weich zu kochen und zum Geständnis zu bringen. So argumentierte z.B. ein StA bei einer Haftbeschwerde: „Es ist wahrscheinlich, dass der Mann nicht nur einmal, sondern gewerbsmäßig gehandelt hat und dass auch noch andere Personen an der Sache beteiligt sind. Erfahrungsgemäß kann man das nur herausbekommen, wenn sie Untersuchungshaft verhängt wird." In einem anderen Falle hatte ein Handwerksbursche einen kleinen Diebstahl begangen. Da man seiner nicht sofort habhaft werden konnte, erging Haftbefehl. Der Mann war inzwischen nach Hamburg gegangen und hatte dort ständige Wohnung und ständige Arbeit gefunden. Trotzdem wurde er in Untersuchungshaft genommen. Das LG hat seine Beschwerde verworfen, das ObstLG hat jedoch die Untersuchungshaft aufgehoben. Man sollte die StA veranlassen, recht vorsichtig zu sein und nur dann Untersuchungshaft herbeizuführen, wenn die gesetzlichen Voraussetzungen unzweifelhaft gegeben sind.

OStA König stellt fest, dass die Gefängnisse stark mit Untersuchungsgefangenen überbesetzt sind. Er ist in vielen Fällen darauf gekommen, dass es unnötig war, die Leute zu verhaften. Der Umstand, dass die Zahl der Untersuchungsgefangenen zugenommen, die der Strafgefangenen abgenommen hat, hängt wohl damit zusammen, dass man bei der Verhängung der Untersuchungshaft leichtherziger als wünschenswert verfährt.

Wenn auch die Haftbeschwerden vielfach Erfolg haben, so hält es *OStA Döll* doch für einen Trugschluss, deshalb anzunehmen, dass die Voraussetzungen der Untersuchungshaft nicht richtig geprüft würden. Bei den Beschwerden, die bis an das ObstLG hinaufgehen, handelt es sich doch immer um zweifelhafte Fälle. Unangenehm sind nur die Fälle, in denen später Freispruch ergeht oder Einstellung erfolgt. Im OLG-Bezirk Bamberg wurden im Jahre 1925 138.571 Personen angeklagt. Untersuchungshaft wurde gegen 3.420 Personen verhängt. Freispruch oder Einstellung des Verfahrens erfolgt bei 111 Personen. Die Untersuchungshaft war also nur in 3% ungerechtfertigt; von diesen 3% ist noch der Bruchteil abzuziehen, in dem Freisprechung wegen Mangels von Beweisen erfolgte. – *ObstLG-Präs. v. Unzner* bemerkt, dass der StGH und das RG bei der Verhängung der Untersuchungshaft noch viel weitherziger sind als die unteren Gerichte. Als Beispiel hierfür wird ein Spionageprozess angeführt, in dem ein Mann seit 11.12.1924 bis jetzt in Untersuchungshaft sitzt.

Gegenüber den Ausführungen des OStA Döll hebt die *Justizverwaltung* hervor, dass nicht nur die Fälle zu beanstanden sind, in denen Freisprechung erfolgt; dass vielmehr die Untersuchungshaft auch in Fällen, die zu einer Verurteilung kommen, vielfach ohne Grund verhängt wird. Dabei ist zu bedenken, dass die Untersuchungshaft oft viel empfindlicher wirkt als die Strafhaft; der Strafhaft geht eine Ladung voraus, so dass der Verurteilte seine Verhältnisse regeln kann. Bei der Durchführung der Untersuchungshaft ist das nicht möglich. In den Jahren 1910 ff. hat die Untersuchungshaft häufig den Landtag beschäftigt. Derartige Erörterungen sollen vermieden werden. Dem Zwecke dient auch die heutige Aussprache.

StA Barhelmeß regt an, darauf hinzuwirken, dass § 128 Abs. 1 StPO wie folgt abgeändert wird: „Der Festgenommene ist, sofern er nicht wieder in Freiheit gesetzt wird, unverzüglich in das nach den Einlieferungsbestimmungen zuständige AG einzuliefern." Nach den jetzigen Vorschriften muss ein Beschuldigter, der in einem AG-Bezirk mit aufgelassenem Gefängnis verhaftet wird, oft in ein weit abgelegenes Gefängnis gebracht werden, dort tagelang bis zum nächsten Sammelschub bleiben und dann mit Hilfe der Polizei an das zuständige Gericht geschafft werden. Die Vorschrift in ihrer jetzigen Form bedingt eigentlich die Aufrechterhaltung des Gefängnisdienstes bei allen AG. – Die *Justizverwaltung* hegt Zweifel, ob eine derartige Anregung im Reichstag Erfolg hat. Die gleiche Frage wurde übrigens bei den letzten Beratungen in Berlin besprochen. Dort war man sich allerdings darüber einig, dass § 128 StPO bei kleinen und kleinsten Gerichten nicht durchführbar ist. Bumke zeigte sich einer Abänderung der Vorschrift nicht abgeneigt. Es wurde auch der Gedanke erörtert, für die einzelnen AG ein zentral gelegenes, leicht erreichbares Gefängnis einzurichten. Die Reichsregierung wird die angeregte Frage prüfen.

c) Mangelhafte Aktenführung: Ein Herr des Femeausschusses, der selbst der StA angehört, hat der Justizverwaltung gegenüber gelegentlich privat geäußert, die bayerischen Akten wiesen von allen Akten, die er gesehen habe, den schlechtesten äußeren Zustand auf. Die Justizverwaltung hat selbst oft Gelegenheit, sich von der Richtigkeit dieser Behauptung zu überzeugen. Der mangelhafte Zustand ist wohl darauf zurückzuführen, dass teilweise sehr schlechtes Papier verwendet wird, dass alle möglichen Papierformate gebraucht werden und dass die Akten nicht gebunden sind. Dazu kommt, dass bei der in Bayern üblichen chronologischen Ordnung auch Schriftstücke ohne bleibende Bedeutung, wie Kostenrechnungen, Aufenthaltsermittlungen usw. in den Akten verbleiben. – Die anwesenden *OLG-Präs. und OStA* bemerken hierzu, dass die Behörden nicht die erforderlichen Mittel besitzen, um gutes Papier zu kaufen. Sollte hier wirklich ein Wandel geschaffen werden, so müsste auch die Polizei ein besseres Material verwenden. – Die *Justizverwaltung* glaubt, dass eine schonende Behandlung der Akten manches bessern würde. Die einzelnen Akten sollen auch nicht zu dick sein. Eine Reihe von Produkten, welche für das spätere Verfahren ohne Bedeutung sind, kann ausgeschieden werden. Die Justizverwaltung bittet die OStA, die Akten, die durch ihre Hand gehen, daraufhin anzusehen, ob sie sich in ordentlichem Zustande befinden.

Es kommt häufig vor, dass Aktenstücke zuerst blau, dann von einem späteren Zeitpunkte an rot paginiert werden, weil inzwischen einzelne Stücke ausgehoben worden sind. Das erweckt dann den Anschein, als ob Aktenstücke beseitigt worden seien. Solche Dinge lassen sich vermeiden. – Die Anwesenden würden es begrüßen, wenn die Justizverwaltung eine Anweisung über die Verwendung besseren Papiers und über die Ausscheidung nicht mehr benötigter Aktenstücke erlassen würde.

d) Führung des Anzeigeverzeichnisses: Die Justizverwaltung teilt zwei Fälle mit, in denen benötigte Strafakten längere Zeit nicht gefunden wurden. Ihr Verbleib war deshalb nicht zu ermitteln, weil die Abgabe der Akten im Anzeigeverzeichnis nicht vermerkt war. Die Vorfälle sind darauf zurückzuführen, dass die StA sich nicht vergewissern, ob das Verzeichnis richtig geführt wurde. Man kann schon verschiedener Meinung darüber sein, ob es überhaupt zweckmäßig war, die Führung des Anzeigeverzeichnisses an Hilfskräfte abzugeben. Einen wirklichen Überblick über den Stand der Geschäfte kann man wohl nur haben, wenn man das Verzeichnis selbst führt. Zum mindesten aber muss sich der Referent vergewissern, dass alle erforderlichen Eintragungen gemacht werden und muss in Zwischenräumen das Anzeigeverzeichnis zu seiner Information durchsehen. Die Justizverwaltung bittet die OStA, die StA hierzu anzuhalten und besonders darauf hinzuweisen, dass das Anzeigeverzeichnis der Lebensnerv des staatsanwaltschaftlichen Referats ist.

e) Beleidigung von Justizbehörden und Beamten, Ehrenschutz: Die Justizverwaltung legt die Gründe dar, die zum Erlass der Bekanntmachung vom 15.10.1926, JMBl. S. 240, über die Behandlung von Dienstaufsichtsbeschwerden geführt haben. Sie denkt sich den Vollzug in der Weise, dass beleidigende Eingaben ein untersiegelter Zettel – ohne Datum und Unterschrift – beigebeben wird, der darauf hinweist, dass das Gesuch nur behandelt werden kann, wenn es sich von Beschimpfungen freihält. – Dieses Verfahren ist natürlich nur in Justizverwaltungssachen angängig, in denen keine Fristen eingehalten werden müssen.

Die Justizverwaltung wirft weiter die Frage auf, ob bei ungerechtfertigten Angriffen auf die Justizbehörden in der Presse Beleidigungsprozesse durchgeführt werden sollen. In der Regel wird kein Strafantrag gestellt, da man keine Märtyrer machen will und auch die Gerichte merkwürdigerweise in Fragen des Ehrenschutzes immer wieder versagen. Die Justizverwaltung wurde schon von politischer Seite darauf aufmerksam gemacht, dass die Polizei alles tut, was in ihren Kräften steht, dass sie aber von den Gerichten im Stich gelassen wird. Die Mehrzahl der Beamten, es handelt sich meist um Vorsitzende von Gerichten, steht auf dem Standpunkt, dass ihr Angriffe gleichgültig sind. Viele erwarten von der Justizverwaltung, dass sie für die Beamten Strafantrag stellt. Eine einheitliche Regelung lässt sich auch hier nicht treffen.

StR Dr. Meyer weist auf die Haltung hin, welche die Justizverwaltung früher bei den Angriffen auf Niederschönenfeld eingenommen hat. Damals wurde kein Strafantrag gestellt, da man die Ansicht vertrat, dass Psychopathen am ehesten zur Ruhe kommen, wenn man ihnen keine Beachtung schenkt. Er bestätigt, dass die Gerichte nicht in der wünschenswerten Weise bei Beleidigungsprozessen zugreifen. In ganz schweren Fällen soll man den Täter fassen. Aber Kläffer, die sozusagen unter Ausschluss der Öffentlichkeit in kleinen Blättern schreien, soll man nicht beachten.

ObstLG-Präs. v. Unzner vertritt die Anschauung, dass Leute, die nur schimpfen oder kritisieren, keiner Beachtung gewürdigt werden sollen. Wer aber Tatsachen anführt und damit wahrheitswidrige Behauptungen aufstellt, welche die Justiz nicht auf sich sitzen lassen kann, soll strafrechtlich verfolgt werden.

OLG-Präs. Ziegler stimmt diesen Ausführungen zu. Er berichtet, dass nach seiner Erfahrung in Fällen der von Dr. v. Unzner erwähnten Art ein rasch gestellter Strafantrag oft einen raschen Widerruf beim Täter erzwingt.

Zusammenfassend stellt die *Justizverwaltung* die Übereinstimmung darüber fest, dass unwahre Behauptungen in öffentlichen Äußerungen im Strafverfahren widerlegt werden sollen. Die beklagten Zustände werden aber ohne besondere gesetzliche Maßnahme nicht beseitigt werden können, denn Pressefreiheit und Pressezensur lassen sich nicht vereinigen.

Endlich bemerkt die Justizverwaltung, dass die Bekanntmachungen über den Ehrenschutz vom 21.10.1926 und 10.11.1926, GVBl. S. 501 und S. 527 allgemeine Zustimmung gefunden haben. Lediglich die Ausgestaltung des Sühneversuchs wurde mit der Begründung kritisiert, sie laufe den Interessen des Beleidigten zuwider. Dies ist jedoch nicht der Fall, da es ja Sache des Beleidigers ist, sich zum Sühneversuch an den Wohnort des Beleidigten zu begeben.

f) Verschleppung des Strafvollzugs. Gerichtskassen. Die *Justizverwaltung* hebt hervor, dass es gegenüber den Versuchen, die Strafvollstreckung durch eine Unzahl von Begnadigungs- und Aufschubgesuchen zu verschleppen, kein anderes Mittel gibt, als den Gesuchen die aufschiebende Wirkung zu versagen. Auf diese Möglichkeit sollen die StA bei jeder Gelegenheit hingewiesen werden. Auch die Ausstattung der Entscheidung ist in vielen Fällen zweckmäßig. Die Einführung von Gebühren für die Vorbescheidung der erwähnten Gesuche wird nicht möglich sein. Verwenden sich Abgeordnete für aussichtslose Fälle, so wird der Justizverwaltung die Stellungnahme sehr erleichtert, wenn die Außenbehörden trotz der Verwendung die Strafvollstreckung einleiten.

Auf die Anfrage von StR Dr. Meyer, ob in absehbarer Zeit mit der Einführung der *Gerichtskassen* gerechnet werden kann, teilt die Justizverwaltung mit, dass zurzeit die Reichsbehörden die Geldstrafen ohne Entgelt einziehen. Der Reichsfinanzminister ist sich allerdings im Zweifel darüber, ob er auch weiterhin die unentgeltliche Besorgung bayerischer Geschäfte aufrecht erhalten kann. Dagegen wird das bayr. Finanzministerium die Einführung der Gerichtskassen nicht in Erwägung ziehen, da sie erhebliche Kosten verursachen würde. Es müssten viele Stellen geschaffen werden. Das mittlere Personal will gerade mit dem Institut der Gerichtskassen große Personalgeschäfte machen.

Alle Anwesenden stimmen darin überein, dass die Geldstrafen viel zu langsam beigetrieben werden. Statt der vorgesehenen zwei Monate dauert es in Nürnberg durchschnittlich fünf Monate, anderswo sechs bis neun Monate und im Bezirke des OLG Augsburg oft ein Jahr, bis die Uneinbringlichkeit der Geldstrafen festgestellt wird. In der Pfalz haben die Verzögerungen im Allgemeinen abgenommen.

Die Finanzämter veranlassen auch vielfach nach der Feststellung der Uneinbringlichkeit der Geldstrafen nichts. Die Beitreibung könnte viel rascher erfolgen, da erfahrungsgemäß in den meisten Fällen gezahlt wird, sobald die Vorladung zum Strafantritt ergeht. Die Justizverwaltung betont schließlich, dass die Verzögerung der Beitreibung nicht nur eine fiskalische, sondern auch eine juristische Frage ist; denn eine Geldstrafe, die erst nach einem Jahr beigetrieben wird, verliert größtenteils ihren Charakter als Strafe. MinRat Kühlwein wird beauftragt, sich mit diesem Problem näher zu befassen.

OLG-Präs. Ziegler glaubt, dass keine Personalvermehrung nötig sein wird, wenn die Einziehung der Vollstreckungsgelder allgemein den Gerichten überlassen wird, wie dies schon in München, Augsburg, Nürnberg und Würzburg geschieht. Die Rechnung führenden Sekretäre, die schon jetzt mit der Sache große Schreibarbeit haben, werden sie gerne selbständig erledigen. Demgegenüber weist die Justizverwaltung darauf hin, dass für den Fall der vorgeschlagenen Regelung bereits der Justizamtmann in Besoldungsgruppe XI für größere Gerichte und in Gruppe X für kleinere Gerichte gefordert wird. In der angeregten Angelegenheit wurden schon einmal Berichte eingefordert. Die Berichte haben sich aber dahin ausgesprochen, dass eine Personalversammlung nicht zu vermeiden wäre. Im Übrigen hätten wir damit noch nicht die Gerichtskassen gewonnen, es wäre lediglich die Einziehung der Gelder den Gerichten übertragen.

g) Besetzung der Senate der obersten Gerichte: Die *Justizverwaltung* bringt zur Sprache, dass die Absicht besteht, die Senate der OLG wieder mit fünf und die des RG wieder mit sieben Richtern zu besetzen. Zweifellos wäre es im Interesse der Rechtspflege gelegen, wenn auf die alte Regelung zurückgegriffen würde. – *ObstLG-Präs. v. Unzner* bemerkt ergänzend hierzu, dass nach Mitteilung des RG-Präs. Simons das RG bei der derzeitigen Regelung nicht imstande ist, eine einheitliche Rechtsprechung innerhalb derselben Senate herzustellen. Der Eigensinn mancher Richter bringt es zuwege, dass sogar bei verschiedenen Beratungen unter dem gleichen Vorsitzenden sich widersprechende Zufallsergebnisse nicht verhindert werden können. Bei der Wiederbesetzung der Senate mit sieben Richtern ließe sich dieser Missstand leichter vermeiden. Der Reichsfinanzminister will der Wiedereinführung der alten Besetzung nur dann zustimmen, wenn sie keine Personalvermehrung erfordert. Das RG glaubt, mit dem jetzigen Personal bei den Strafsenaten auskommen zu können, dagegen müsste im Falle der Neuregelung mindestens ein neuer Zivilsenat aufgestellt werden. Man wird also die Hoffnung auf eine Rückrevidierung begraben müssen.

StR Dr. Meyer und *OLG-Präs. Dürbig* glauben, dass sie die alte Besetzung der Senate bei ihren OLG ohne Personalvermehrung durchführen könnten.

ObstLG-Präs. v. Unzner kann das für das ObstLG nicht zusagen, da die Geschäftsbelastung des Obersten Gerichtshofs erheblich zugenommen hat.

X. Abbau des Aushilfspersonals bei den StA. [weggelassen]

XI. Verteilung der nach Kapitel 3 § 3 Titel 4 des Staatshaushalts für Jugendfürsorge und den Vollzug des JGG zur Verfügung stehenden Mittel (für 1926: 20.000 RM). [weggelassen]

XII. Einschränkung der Visitationen der Strafanstalten. Die Visitationen des Ministeriums und der OStA sollen nicht zu häufig und nicht in gleichen Zeiträumen vorgenommen werden. Früher wurden die Strafanstalten nur jedes zweite Jahr durch den Ministerialreferenten besucht. Als die OStA zur Aufsichtsbehörde über die Strafanstalten bestimmt wurden, wurde angeordnet, dass die OStA die Strafanstalten innerhalb zweier Jahre dreimal besichtigen sollen. Daneben sollte der Ministerialreferent jede Anstalt innerhalb von zwei Jahren einmal besuchen. Hiernach wurde also jede Anstalt innerhalb zwei Jahren viermal besichtigt. Die häufigsten Visitationen waren im Hinblick auf die Überfüllung der Strafanstalten, die Errichtung neuer Strafanstalten und die Umstellung des Strafvollzugs gerechtfertigt. Zurzeit besteht aber kein Bedürfnis mehr, sie in dem bisherigen Umfang aufrecht zu erhalten. Die Strafanstalten sollen deshalb künftig nur mehr zweimal im Jahre und zwar abwechselnd vom OStA und vom Ministerialreferenten besichtigt werden. Hierbei kann man sich immer noch eine öftere Visitation für besonders gelagerte Fälle vorbehalten.

XIII. Vollzug des Reichsjugendwohlfahrtsgesetzes und des Jugendamtsgesetzes.

ObstLG-Präs. v. Unzner berichtet, dass das JWG mit seiner Einrichtung der Jugendämter und der weitgehenden Heranziehung der Organe der Jugendwohlfahrtspflege für die Geschäfte, die bisher der Vormundschaftsrichter erledigt hat, eine erhebliche Gefahr für das Vormundschaftswesen bildet. Die Tätigkeit des Vormundschaftsrichters wurde zwar unberührt gelassen. In der Praxis bürgert sich aber die Übung ein, dass Erhebungen durch die Jugendämter erfolgen und diese Erhebungen dann der richterlichen Entscheidung zugrundegelegt werden. Das KG hat auch bereits ausgesprochen, dass zur Anordnung der vorläufigen Fürsorgeerziehung das von den Jugendämtern beigebrachte Material genügt; der Richter braucht nicht weiter tätig zu werden. Das ObstLG teilt diese Auffassung nicht, hat es aber bisher vermieden, die Frage dem RG zur Entscheidung vorzulegen. Es kann unmöglich zugelassen werden, dass die AG blind den Erhebungen der Jugendämter folgen. Die Jugendpflegerinnen sammeln oft nur das Geschwätz und den Klatsch übelwollender Nachbarn. Die Jugendämter haben auch gar nicht die Mittel in der Hand, Aussagen zu erzwingen und die Wahrheit zu erforschen, da ihnen eine Eidesabnahme nicht gestattet ist. Wenn das mangelhafte und unzuverlässige Material, das die Jugendämter oft ohne Quellenangabe beischaffen, von den Gerichten einfach übernommen wird, muss das Vertrauen zur Justiz in die Brüche gehen. *ObstLG-Präs. v. Unzner* bittet, die OLG-Präs. möchten ihren Einfluss dahin geltend machen, dass die Richter die ihnen zustehende Arbeit nicht aus der Hand geben.

OLG-Präs. Ziegler glaubt, dass sich bestimmte Vorschriften darüber, was im Einzelfalle zu geschehen hat, nicht geben lassen. Es kommen bei der vorläufigen Unterbringung sicher Fälle vor, in denen die Erhebungen der Jugendämter genügen und genügen müssen. Wenn der Richter überzeugt ist, dass das beigebrachte Material zuverlässig ist, wird er wohl den und jenen Fall gleich erledigen können. – *ObstLG-Präs. v. Unzner* widerspricht diesen Ausführungen mit dem Hinweise darauf, dass der Richter den Betroffenen immer das richterliche Gehör geben muss. Keine Sache ist so eilig, als dass nicht der gesetzliche Vertreter und der Minderjährige gehört werden könnten. Wenn man den Leuten ein Kind wegnimmt, so bedeutet das einen so schweren Eingriff, dass man die Betroffenen unter allen Umständen zu Worte kommen lassen muss. Man muss ihnen mitteilen, was über sie gesagt wurde und wer über sie ausgesagt hat und ihnen Gelegenheit geben, sich zu verteidigen. – Die *Justizverwaltung* muss nach ihren Erfahrungen die Ausführungen des ObstLG-Präs. bestätigen. Auch sie vertritt den Standpunkt, dass den Beteiligten Gehör gegeben werden muss. Bestreiten diese die Richtigkeit der bisherigen Erhebungen, so muss der Richter nach § 12 FGG weitere Erhebungen pflegen. An dieser Praxis ist, wenn nicht das Vertrauen in die Justiz untergraben werden soll, festzuhalten.

Anschließend wird festgestellt, dass die städtischen Jugendämter, besonders in der Pfalz, in Augsburg, Nürnberg und Würzburg sehr gut arbeiten. Die ländlichen Jugendämter bleiben aber zurück; auf dem Lande macht der Amtsrichter die Arbeit, da sich die Verwaltungsbehörden nicht recht in die Aufgabe finden, die in diesem Zusammenhang oft aufgestellte Behauptung, dass die Einrichtungen das Jugendwohlfahrtsgesetz auf großstädtische Verhältnisse zugeschnitten seien, ist zutreffend. Jedenfalls hat die Justizverwaltung kein Interesse, auf eine andere Auffassung hinzuwirken.

Von den Anwesenden wird für den Bericht über den Vollzug des Jugendwohlfahrtsgesetzes als frühester Termin der 01.04., allenfalls sogar der 01.07.1927 vorgeschlagen. Die Justizverwaltung ersucht, in diesem Berichte deutlich hervorzuheben, dass die Justizverwaltung da, wo der Vollzug sich reibungslos abspielt, kein Interesse an Änderungen hat.

XIV. Arbeitsrechtliche Kurse für Richter nach der Erlassung des ArbGG.

Die *Justizverwaltung* gibt den Stand der Gesetzgebung bekannt. Es ist damit zu rechnen, dass das Gesetz nicht schon am 01.01.1927 in Kraft tritt. – Im Landtag wurde bereits die Notwendigkeit, die Richter durch kurze Kurse in das Arbeitsrecht einzuführen, anerkannt. Die hierfür erforderlichen Mittel werden wohl vom Landtage zu bekommen sein. Ist es zweckmäßig, in München eine Reihe von Vorlesungen halten zu lassen, zu der bestimmte Beamte abkommandiert werden oder ist eine Dezentralisierung durch Vorträge bei den einzelnen OLG vorzuziehen?

ObstLG-Präs. v. Unzner hält es für am zweckmäßigsten, durch verschiedene Herren, Theoretiker und Praktiker, Vorträge in München halten zu lassen. Zu diesen Vorträgen sollen die OLG-Präs. Herren abordnen, die sich für die Weitergabe des Gehörten eignen. Die Besucher des Kurses können dann draußen wieder kleinere Kurse abhalten. Diese Art der Organisation ist wohl auch die billigste. – Die sämtlichen Anwesenden stimmen dem Vorschlage bei. Die Justizverwaltung wird einen Kurs der angeregten Art in München organisieren. Das Übrige bleibt den OLG-Präs. überlassen. – Als Vortragende für den Münchner Kurs werden genannt StA Aubels, OLG-Rat Silberschmitt, Gewerbegerichts-Präs. Held und der Münchner Gewerberichter Sartorius. – *OLG-Präs. Dürbig* weist auf die Möglichkeit hin, dass als Gegenstand der Vorträge vorerst die unter XIV 3 a und b der Tagesordnung aufgeführten Punkte (materielles Arbeitsrecht, allgemeiner und besonderer Teil, einschl. Schlichtungswesen; formelles Recht, ArbGG) behandelt werden können. Die unter c) bis e) aufgezählten Themen (Jugendwohlfahrt, öffentliche Fürsorge und Sozialversicherung) können allenfalls später in der gleichen Weise erledigt werden.

XV. Besprechungen außerhalb der Tagesordnung …

VII. Tagesordnung zur Sitzung vom 21.11.1927

I. 1. Die dienstlichen Würdigungen im Allgemeinen. Eingehende Qualifikationen bei Übertritt staatsanwaltschaftlicher Beamter in den Richterdienst (§ 33 Abs. 2 der Bek. v. 18.09.1919, JMBl. S. 317) insbesondere.

2. Staatsdienstvereinfachung.

3. Besoldungsreform: Wie sollen die tüchtigen Kräfte zur Beförderung herausgegriffen werden, wenn für die bisherigen Besoldungsgruppen A 10–12 das automatische Vorrückungssystem eingeführt wird?

4. Amtsbezeichnung der Richter und StA nach Zusammenlegung der Besoldungsgruppen A 10–12.

5. Vollzug der Bek. vom 03.03.1927, Übernahme des Amtes eines Schiedsrichters: Haben sich dabei Schwierigkeiten ergeben?

6. Öffentlichkeit der Disziplinarverhandlungen: Der Entwurf zu einem Reichsdisziplinargesetz sieht die Öffentlichkeit des Verfahrens vor. Ist diese auch für das bayer. Disziplinargesetz erwünscht?

II. 1. Dienstliche Würdigung der mittleren Beamten: a) Wünsche und Anregungen des Referenten. b) Hat die Prüfung der dienstlichen Würdigung der Vollstreckungssekretäre durch die Präsidien oder die Präsidenten der LG zu erfolgen?

2. Bei Anträgen auf Versetzung in den dauernden Ruhestand ist stets zu der Frage Stellung zu nehmen, ob eine Anerkennung ausgesprochen werden soll oder nicht.

III. 1. Erfahrungen mit der Novelle zur StPO vom 27.12.1926 [RGBl. I 1926, 529], insbesondere der mündlichen Verhandlung über den Haftbefehl und dem Haftprüfungsverfahren. Sollen die Vorschriften bei der bevorstehenden allgemeinen Reform des materiellen und formellen Strafrechts beibehalten oder geändert werden?

2. Abgrenzung der Zuständigkeit zwischen AG, Schöffengericht und erweitertem Schöffengericht im künftigen Strafrecht.

3. Abhilfemaßnahmen gegenüber der Hochflut der Begnadigungsgesuche.

4. Sind die Referenten bei den OStA ausreichend beschäftigt? Wenn nicht, inwieweit können sie bei den landgerichtlichen StA mitwirken?

5. Abfassung von Urteilen in politischen Strafsachen.

IV. 1. Die Ausübung des Vetorechts der OLG-Präsidien nach § 9 der RAO i.d.F. des RG vom 07.03.1927 (RGBl. I S. 71).

2. Die Erlassung von Übergangsvorschriften für die Einführung der Simultanzulassung in Bayern für die Zeit v. 01.01.1928 bis 31.12.1935 (Art. 2 Abs. 2 des Reichsgesetzes vom 07.03.1927, RGBl. I S. 76): Welche Rechtsanwälte sollen von der Simultanzulassung ausgeschlossen werden? Schrittweise Einführung der Simultanzulassung.

3. Sind die bei den Gerichten und StA etatmäßig vorgesehenen Hilfsarbeiterstellen (Gerichtsassessoren) zur Bewältigung des ordentlichen Dienstes notwendig?

V. 1. Hat sich der Übergang zur Vergleichsordnung reibungslos vollzogen? Besteht ein Bedürfnis nach Ausführungsbestimmungen zur Vergleichsordnung?

2. Welche Wünsche bestehen hinsichtlich der Durchführung des Reichsgesetzes vom 09.07.1927 über die Änderung der Bezeichnungen „Gerichtsschreiberei" usw. (RGBl. I S. 175)? Wie soll z.B. künftig die Prüfung für das Gerichtsschreiberamt heißen?

VI. 1. Erfahrungen mit der Einrichtung und der bisherigen Tätigkeit der Arbeitsgerichtsbehörden.

a) Sind bei Einführung der Arbeitsgerichtsbarkeit Reibungen entstanden?

b) Geschäftsanfall und Arbeitslast der Arbeitsgerichtsbehörden?

c) Bisherige Erfahrungen mit der Tätigkeit der Vorsitzenden und dem Dienstbetrieb der Geschäftsstellen der Arbeitsgerichte und der Gerichtsschreibereien der Landesarbeitsgerichte?

d) Zusammenarbeit der Vorsitzenden mit den Beisitzern?

e) Welche Beurteilung haben die Arbeitsgerichtsbehörden bisher in den Kreisen der Beteiligten und in der Öffentlichkeit, insbesondere in der Presse, erfahren?

2. Zusammenarbeit der Jugendämter mit den Vormundschafts- und Jugendgerichten.

a) Hat sich vom Standpunkte der Rechtspflege und der Justizverwaltung die Schaffung von Jugendämtern und deren Organisation bewährt?

b) Allenfallsige Reibungen zwischen Jugendämtern und Vormundschafts- oder Jugendrichtern? Etwaige Bestrebungen der Jugendämter, gerichtliche Befugnisse an sich zu ziehen?

c) Erfahrungen der Gerichte mit dem Jugendamt in seiner Eigenschaft als Amtsvormund, Behörde zur Ausübung der Schutzaufsicht, Fürsorgeerziehungsbehörde, Gemeindewaisenrat, Hilfe des Jugendgerichts.

d) Erfahrungen der Gerichte auf dem Gebiete der Anstalts- und Vereinsvormundschaft.

VII. 1. Notwendigkeit einer systematischen Grundbuchbereinigung zur Durchführung der Aufwertung. Personalfrage. Ist eine Bevorzugung dieser Bereinigungsarbeiten im Gebühren- und Kostenpunkte geboten?

2. Sachlicher Inhalt der Bereinigung:

a) Eintragung der Aufwertungsbeträge

b) Endgültige Beseitigung der nach §§ 14 ff. AufwG wieder aufgelebten, inzwischen durch Vergleich, Verzicht, Tilgung usw. wieder erloschenen Rechte (vgl. § 2 VO v. 12.09.1927 [RGBl. S. 299]).

c) Richtigstellung des unrichtig eingetragenen Rangvorbehalts nach § 7 (absolut statt relativ nach RG v. 07.07.1927 AwRspr. II 533); Schutzmaßnahmen gegen Haftung bei unrichtigen Eintragungen dieser Art?

d) Klärung und Berichtigung der unübersichtlichen Rangverhältnisse nach Wiedereintragung von gelöschten Hypotheken nach vorausgegangener Eintragung von Zwischenrechten.

e) Beseitigung und Löschung der nicht aufgewerteten oder für den Eigentümer aufgewerteten Spitzenbeträge von Hypotheken nach erfolgten Teilzahlungen.

f) Beseitigung der Zwerghypotheken, Abrundung von ungeraden Beträgen (Pfennigbeträgen), desgleichen von wirtschaftlich bedeutungslosen Rangvorbehalten nach § 7 AufwG.

g) Vereinigung von Hypotheken nach § 10 AufwErgG.

h) Prüfung, ob die Wiedereintragungen gelöschter Rechte mit Rücksicht auf die zwischen Löschung und Wiedereintragung liegenden Veränderungen im Bestande der belasteten Grundstücke in Ordnung gehen.

i) Umlegung der unzulässiger Weise an anderen Grundbuchstellen fortgesetzten Blätter.

2. Stand des Abbaus der Aushilfskräfte.

VIII. 1. Gutachtliche Äußerung der OLG-Präs. zu den Vorschlägen der Notariatskammern bei Besetzung der Disziplinarkammern, allenfalls des ObstLG-Präs. bezüglich des Disziplinarhofs? – Art. 83 a und 83 e NotG in der Fassung des Gesetzes vom 22.05.1925 (GVBl. S. 151) –

2. Fortlaufende Kontrolle der Einhaltung der Vorschriften über die Ablieferungen der Notare zur Notariatskasse?

IX. Die Büchereiverhältnisse bei den Gerichten;

a) Möglichkeit und Umfang der Bücherbeschaffung aus Sachbedarfsmitteln?

2. Sammelbestellungen (Beschwerde des ortsansässigen Buchhandels?)

3. Wahrnehmung über besondere Lücken der Gerichtsbüchereien?

4. Zeitschriftenbezug (Deutsche Juristenzeitung, Bay. Zeitschrift f. Rechtspfl.)

5. Verwendung der Deckblätter.

VIII. Besprechung vom 3./4.12.1928

Teilnehmer:
OLG-Präsident München, Staatsrat Dr. Meyer
OLG-Präs. Dürbig, Augsburg
OLG-Präs. Spangenberger, Bamberg
OLG-Präs. Becker, Zweibrücken
OLG-Präs. Hahn, Nürnberg
GStA am ObstLG, Aschenbrenner
OStA bei dem OLG Zweibrücken, GStA König
OStA Aull, OLG München
OStA Leuchs, OLG Nürnberg
OStA Düll, OLG Bamberg
OStA Troeltsch, OLG Augsburg

I. Qualifikationswesen: Die Justizverwaltung zeigt in einigen Fällen, dass die Auffassung der unteren Stellen über die Aufgaben der Dienstaufsicht immer noch zu wünschen übrig lasse: Der zuständige Richter des AG Füssen habe seit dreieinhalb Jahren überhaupt keine Privatklage erledigt. Das hätte dem LG-Präs. nicht verborgen bleiben dürfen.

In Frankenthal seien drei Prozesse anhängig, in denen die Parteien das Ruhen des Verfahrens vereinbart hätten mit der Erklärung, dass sie das zu erwartende Gesetz über die Aufwertung von Erbpachtzinsen abwarten wollten. Der Justizverwaltung sei dies aber nicht berichtet worden. – Es komme immer wieder vor, dass in Strafverfahren gegen Abgeordnete die Verfassung verletzt werde. Die Herren sollten jede Gelegenheit benutzen, in dieser Richtung aufklärend zu wirken, insbes. auf die Verschiedenheit der einschlägigen Bestimmungen der Reichsverfassung und der Bayerischen Verfassung hinzuweisen.

OStA Aull regt an, den Außenbehörden ein Verzeichnis der Abgeordneten, besonders auch der Mitglieder der Ausschüsse, zur Verfügung zu stellen.

Die Justizverwaltung wird prüfen, ob allenfalls im JMBl. ein solches Verzeichnis veröffentlicht werden kann.

Die Justizverwaltung ersucht, bei der Beurteilung der Eignung eines Beamten zum LG-Direktor einen besonders strengen Maßstab anzulegen.

OLG-Präs. Hahn vertritt die Auffassung, dass im Hinblick auf die neue Besoldungsordnung bei der Qualifikation zum stellv. Direktor geringere Anforderungen gestellt werden könnten als bei der zum Direktor.

Die Justizverwaltung billigt die Auffassung, dass die Stelle eines stellv. Direktors *in der Regel* kein Durchgangsposten mehr sein werde. Es könne daher jemand zum stellv. Direktor qualifiziert werden, von dem jetzt schon feststehe, dass er sich nicht zum LG-Direktor eigne. Nicht brauchbar sei aber die übliche

Qualifikation: „Geeignet zum stellvertretenden Direktor an einem kleinen oder mittleren Gerichte".

2. Staatsvereinfachung: Die Justizverwaltung macht Mitteilung über den Stand der Frage. Wahrscheinlich werde das Verzeichnis der aufzuhebenden Gerichte unverändert in die neue Landtagsvorlage übernommen werden.

3. Zwangsweise Versetzung dienstunfähiger Beamter in den Ruhestand: Die Justizverwaltung weist auf den gerade bei der jetzigen Finanzlage des Staates unhaltbaren Zustand hin, dass es nicht selten unterlassen werde, gegen dienstunfähige Richter die Einleitung des Verfahrens nach Art. 71 ff. des Richterdisziplinargesetzes anzuregen und dass stattdessen die Beigabe von Richtern außer dem Stande beantragt werde. Die *OLG-Präs. Meyer* und *Becker* legen dar, dass es außerordentlich schwer sei, den Weg des Art. 71 zu beschreiten.

Die Justizverwaltung erklärt, man solle dienstunfähigen Richtern wenigstens nicht das weitere Verbleiben im Dienste noch durch besondere Rücksichtnahme auf sie bei der Geschäftsverteilung erleichtern. Nach Meinung von *StR Meyer* solle man bei einer Änderung des Notariatsgesetzes die Einführung einer Altersgrenze auch für die Notare ins Auge fassen. Auch eine Erhöhung der Ordnungsstrafen sei dann anzustreben. – *Die Justizverwaltung* macht darauf aufmerksam, dass Mitteilungen über die Einkommensverhältnisse der Notare vertraulich zu behandeln seien.

4. Abbau der Aushilfskräfte: ... [weggelassen]

5. Anträge auf Personalvermehrung: Die Justizverwaltung teilt mit, dass alle Anträge auf Personalvermehrung völlig aussichtslos seien. Bei den AG, Amtsanwaltschaften und StA seien die Geschäfte erheblich zurückgegangen. Auch bei den LG seien Geschäftslast und Besetzung ausgeglichen. Die ersten drei Vierteljahre des Jahres 1928 ließen erkennen, dass auch gegenüber 1927 eine Mehrbelastung nicht eingetreten sei. Wenn sich in einzelnen Fällen ein größerer Geschäftsanfall ergebe, so könne diesem nur dadurch Rechnung getragen werden, dass an anderer Stelle Personal eingespart werde. Bei Anträgen auf Personalvermehrung sei daher zugleich vorzuschlagen, wo das erforderliche Personal weggenommen werden könne.

OLG-Präs. Becker bezeichnet es als sehr wünschenswert, dass die OLG-Präs. die Befugnis hätten, Personal aus einem LG-Bezirk in einen anderen zu überführen.

6. Titelverleihung an höhere Justizbeamte: a) Titel Oberamtsrichter für den dienstaufsichtsführenden AG-Rat? b) Titel OLG-Rat für LG-Räte? c) Titel LG-Dir. für stellv. LG-Dir.?

Die OLG-Präs. sprechen sich für die Verleihung des Titels „Oberamtsrichter" an den dienstaufsichtsführenden AG-Rat und gegen die Verleihung des Titels „Oberlandesgerichtsrat" an LG-Räte aus; den stellv. Direktoren solle der Titel LG-Direktor erst bei der Pensionierung verliehen werden.

OLG-Präs. Spangenberger ist der Meinung, dass mit der Verleihung des Titels „Oberamtsrichter" in der ersten Zeit der Einführung des Titels „AG-Rat" zugewartet werden müsse, da bisher der letztere Titel den höheren Rang bezeichnet habe.

Die *OLG-Präs. Meyer* und *Becker* halten es für erstrebenswert, die Titel für Richter und StA im ganzen Reiche durch Vereinbarung der Justizverwaltungen zu vereinheitlichen.

Die *Justizverwaltung* gibt eine Übersicht über die verschiedenen Richtertitel in den einzelnen deutschen Ländern. Danach müsse auf den Titel „Oberamtsrichter" verzichtet werden, wenn unsere Titel denen der meisten anderen Länder angeglichen werden wollten.

OLG-Präs. Becker hält ein Bedürfnis für die titelmäßige Heraushebung des AG-Vorstandes nicht für gegeben.

StR Meyer weist demgegenüber auf die ganz andere Stellung des AG-Vorstandes in Preußen hin; dort sei er nur primus inter pares.

Als einhellige Auffassung des OLG-Präs. stellt die *Justizverwaltung* fest, dass jedenfalls der Titel „Oberlandesgerichtsrat" nicht an LG-Räte verliehen werden solle.

OStA Döll macht darauf aufmerksam, dass die LG-Räte dann auch den Vorteil verlieren würden, durch die Verleihung des Titels „Oberlandesgerichtsrat" in den Genuss des längeren Urlaubs der höheren Besoldungsgruppe zu kommen. Vielleicht könne man ihnen den Titel „stellv. Direktor" verleihen.

Dieser Vorschlag findet allgemeine Ablehnung.

II. 1. Besteht ein Bedürfnis nach Verringerung der Zahl der Arbeitsgerichte und der Landesarbeitsgerichte etwa derart, dass Arbeitsgerichte mit einem Anfall von weniger als 80 Urteilssachen im Jahre verschwinden und dass in jedem OLG-Bezirk nur etwa zwei Landesarbeitsgerichte übrig bleiben?

a) Landesarbeitsgerichte: Nach den Äußerungen der zuständigen OLG-Präs. genügt für die OLG-Bezirke Nürnberg, Augsburg, Zweibrücken je ein Landesarbeitsgericht. Das pfälzische Landesarbeitsgericht müsste nach Meinung des OLG-Präs. seinen Sitz in Ludwigshafen oder Frankenthal erhalten; in Kaiserslautern seien keine Räume vorhanden. Sitz aller Gewerkschaften sei Kaiserslautern.

OLG-Präs. Spangenberger schlägt für seinen Bezirk zwei Landesarbeitsgerichte vor, Bamberg und Würzburg. Sollte nur eines errichtet werden, so müsste es seinen Sitz in Bamberg erhalten; die Verbindung zwischen Unter- und Oberfranken sei aber schlecht.

StR Meyer schlägt vor, für jeden Regierungsbezirk ein Landesarbeitsgericht zu belassen, also in seinem Bezirke eines in München und eins in Landshut. Er ersucht zu erwägen, ob nicht entgegen der Äußerung des OLG-Präs. Hahn Regensburg, das Umschlagshafen sei und zu dessen Bezirke Amberg und Weiden gehören würden, ein Landesarbeitsgericht erhalten solle.

OLG-Präs. Hahn hält nach dem Geschäftsanfall ein Landesarbeitsgericht in seinem Bezirk für genügend und dieses natürlich mit dem Sitz in Nürnberg.

Die *Justizverwaltung* stellt als Ergebnis der Aussprache über diesen Punkt fest, dass mindestens fünf und höchstens acht Landesarbeitsgerichte für erforderlich gehalten würden.

b) Arbeitsgerichte: Die *OLG-Präs. Spangenberger* und *Becker* halten die Zahl von 20 Urteilssachen als unterste Grenze eines lebensfähigen Arbeitsgerichts für zu niedrig gegriffen. Spangenberger schlägt die Zahl von 30 oder 35 Urteilssachen, Becker die Zahl von 50 Urteilssachen vor. – *OLG-Präs. Hahn* berichtet, dass in seinem Bezirke außer Nürnberg kein Arbeitsgericht da sei, bei dem 80 *Urteile* (*nicht* Urteils*sachen*) anfielen. – Die *Justizverwaltung* befürchtet, dass sich bei allzu starker Zusammenlegung der Arbeitsgerichte bald die Notwendigkeit einer Personalvermehrung herausstellen werde; das solle gerade vermieden werden. Die Zahl von 20 Urteilsverfahren sei wohl etwas zu niedrig. Übrigens könne ja auch nicht schematisch unter Zugrundelegung solcher Zahlen vorgegangen werden.

Die dem Landtage vorgelegte Statistik über den Geschäftsanfall bei den Arbeitsgerichten werde den OLG-Präs. zugeleitet werden. Die Justizverwaltung ersuche zu prüfen, ob sich der von der sozialdemokratischen Fraktion gestellte Antrag auf Errichtung von nur vier Landesarbeitsgerichten und nur 60 Arbeitsgerichten ohne Personalvermehrung überhaupt durchführen lasse, und darüber zu berichten.

OLG-Präs. Hecker meint, dass bei manchen Arbeitsgerichten, so z.B. in Pirmasens, die Geschäftslast so gewachsen sei, dass von einer Erledigung der Arbeitsgerichtsbarkeit im Nebenamte nicht mehr gesprochen werden könne.

OLG-Präs. Hahn ist der Auffassung, dass der Vorsitzende eines einzigen Landesarbeitsgerichts für den ganzen OLG-Bezirk als solcher voll ausgenützt sei. Es sei dann zu wünschen, dass für die Vorsitzenden der Landesarbeitsgerichte eigene Richterstellen geschaffen würden.

Die *sämtlichen OLG-Präs.* berichten, dass Klagen über die Tätigkeit der Arbeitsgerichte nicht aufgetaucht seien.

2. Hat sich die Bekanntmachung vom 24.12.1927 über die Erteilung von Abschriften aus den Schuldnerverzeichnissen (JMBl. 1928 S. 1) bewährt?

Die Frage wird von sämtlichen Präsidenten bejaht, nur in drei Fällen sei es Missbrauch bekanntgeworden (Veröffentlichung sämtlicher Schuldnerverzeichnisse des OLG-Bezirks Nürnberg durch eine Nürnberger Gerichtszeitung und Veröffentlichung von Schuldnerverzeichnissen in zwei Fällen in der pfälzischen Presse). Sämtliche Präsidenten sprechen sich für die Beibehaltung des bestehenden Zustandes und gegen eine Veröffentlichung von Schuldnerverzeichnissen aus.

3. Die von dem *Reichsminister a.D. Schiffer in seinen Schriften „Die deutsche Justiz“ und „Entwurf eines Gesetzes zur Neuordnung des deutschen Rechtswesens“* entwickelten Gedanken werden vielfach erörtert. Im Mittelpunkt stehen folgende Fragen, die schon vor der durch die Entschließung Nr. 45784 vom 08.11.1928 angeordneten Berichterstattung Gegenstand einer kurzen vorläufigen Aussprache sein sollen:

a) Empfiehlt es sich, die bisherige Vierteilung in unserem Gerichtsaufbau durch eine Dreiteilung zu ersetzen und dementsprechend die Gerichtsbezirke neu zu ordnen?

StR Meyer: Die Neuordnung Schiffers in der jetzigen Zeit politischer und wirtschaftlicher Gefährdung sei ein sachlich nicht begründeter kostspieliger Umsturz unserer erprobten Gerichtsordnung. Die Zusammenlegung der LG und OLG würde in Bayern 10–12 OLG mit einer Bevölkerungszahl von 500.000–600.000 erfordern. Auch die Wohnungsnot und die Interessen der Rechtsanwaltschaft kämen in Betracht. Die von Schiffer vorgeschlagene Gerichtsordnung sei vielleicht in einer

Zukunftszeit möglich. Jetzt müsse er sich gegen sie aussprechen. Er sei Gegner einer Trennung der Gerichtsbarkeit in eine höhere und eine niedere. Die dreigliedrige Organisation sei abzulehnen.

GStA Aschenbrenner steht den Schifferschen Vorschlägen, soweit sie die Strafgerichte betreffen, nicht unsympathisch gegenüber. Die jetzige Organisation der Strafgerichte habe sich nicht bewährt. Die kleine Strafkammer müsse als Unmöglichkeit verschwinden. Jetzt führe in der Regel ein jüngeres Mitglied des LG den Vorsitz in der Berufungskammer; diese sei also schlechter besetzt als die erste Instanz. Auch die Sprungrevision habe sich nicht bewährt und zwar, weil in der Regel die erstrichterlichen Urteile den Sachverhalt nicht so einwandfrei feststellten, dass es sich in der Revisionsinstanz nur mehr um die Rechtsfragen handle, und weil in sehr vielen Fällen der Oberste Gerichtshof doch immer wieder wegen der Hartnäckigkeit der Parteien nutzlos angegangen werde. – Ob nun allerdings gerade die positiven Vorschläge Schiffers durchgeführt werden sollten, das sei eine andere Frage. Eine Revision der Strafgerichtsverfassung sei aber jedenfalls zu begrüßen.

Die *OLG-Präs.* und *OStA* schließen sich der von StR Meyer vorgetragenen Auffassung an.

b) Inwieweit empfiehlt es sich, in der streitigen Gerichtsbarkeit das Kollegialsystem durch das Einzelrichtersystem zu ersetzen?

StR Meyer: Auch diese Änderung sei abzulehnen. Mit dem prozessvorbereitenden Einzelrichter seien zwar gute Erfahrungen gemacht worden. Alleine für größere vermögensrechtliche Sachen könne im Interesse der Rechtssicherheit das Kollegialsystem nicht abgeschafft werden. Ein Ausweg biete sich in der Erhöhung der amtsgerichtlichen Zuständigkeit in vermögensrechtlichen Streitsachen. Über 1.000 RM dürfe allerdings nach den wirtschaftlichen Verhältnissen Bayerns nicht hinausgegangen werden. – Diese Stellungnahme wird allseits geteilt.

c) Inwieweit ist der Instanzenzug einzuschränken, ggfs. unter grundsätzlicher Umgestaltung (Anfechtung nur bei bestehendem öffentlichen Interesse, Eröffnung des Rechtszuges durch Ausspruch des unteren Richters, Beschränkung auf das Rechtsmittel der Berufung *oder* der Revision?

StR Meyer: Die Regelung des Instanzenzuges müsse klar und eindeutig sein. Die Einschränkung bedeute eine Versagung des Rechtsschutzes und entspreche in weitem Umfange nicht dem Rechtsempfinden des deutschen Volkes. Die Rechtsverfolgung dürfe nicht aus Ersparnisgründen eingeschränkt werden. Die Entlastung sei dadurch zu suchen, dass die Berufungs- und Revisionssumme noch etwas erhöht würden. Die Vorschläge Schiffers seien abzulehnen. – Auch diese Auffassung wird von allen Anwesenden geteilt.

d) Inwieweit kann das gegenwärtig dem Richter vorbehaltene Tätigkeitsfeld anderen Beamten, insbes. Rechtspflegern, überwiesen werden?

StR Meyer: Auch in Bayern müsse die sog. kleine Justizreform fortgesetzt, d.h. es müssten den mittleren Beamten noch weitere Geschäfte übertragen werden und zwar unabhängig von einer Überlastung des Richters. Die einzelnen Vorschriften seien neu zusammenzufassen. Fraglich sei, ob die Zeichnung „K.E." beibehalten werden solle. Die jetzige Regelung, bei der der Anschein erweckt werde, als ob der Urkundsbeamte richterliche Geschäfte besorge, bedürfe grundsätzlicher Änderung. – Die *Justizverwaltung* ersucht die OLG-Präs., praktische Vorschläge einzureichen und zwar ausgehend von der jetzigen Ausbildung der mittleren Beamten.

e) Empfehlen sich als prozessvorbeugende Maßnahmen die Einschränkung des Zeugenbeweises bei Vertragsstreitigkeiten, die Verbindlicherklärung höchstrichterlicher Entscheidungen und die Beschränkung des Rechtsschutzes bei kleinsten Objekten? Die Frage wird verneint.

f) Empfiehlt sich die Einführung eines Mindestalters von 35 Jahren für Richter? Auch diese Frage wird verneint.

4. Empfiehlt sich für große Gerichte die Einrichtung eines Schnellmahnverfahrens nach Berliner Muster? (Vgl. die Anlage; fehlt). Die *Justizverwaltung* führt aus: In der Pfalz habe sich wohl an allen Gerichten die Sitte eingebürgert, dass der Entwurf des Zahlungsbefehls von der Partei selbst geschrieben werde; es werde auch ein einheitliches Formular verwendet. Auch in München sei dies der Fall.

Gegenüber dem bei dem AG Berlin eingeführten Schnellmahnverfahren bestehe aber der Unterschied, dass dort gesonderte Mahnregister geführt würden für die Firmen, die dem Schnellmahnverfahren beigetreten seien und dass dort auch die Zustellungsurkunde von dem Gläubiger ausgefüllt mit vorgelegt werde. Letzteres geschehe deshalb, weil dadurch die Zahl der unzustellbaren Sachen verringert werde. Dieses Verfahren werde aber in München vom Gerichte und von den Beteiligten abgelehnt, da es keine Geschäftsvereinfachung bedeute und da auch die Zahl der Interessenten nicht groß genug sei.

Wenn in den übrigen OLG-Bezirken die Übung, dass die Partei den ausgefüllten Entwurf des Zahlungsbefehls einreiche, noch nicht bestehen sollte, so möchten die OLG-Präs. die Geschäftsstellen anweisen, das Publikum dazu zu erreichen.

OLG-Präs. Hahn berichtet, dass diese Übung bei den Gerichten seines Bezirks schon bestehe. In Nürnberg selbst seien nur mehr fünf Anwaltskanzleien, die sich weigerten, so zu verfahren. Es würden auch Gebührenverzeichnisse an die Parteien hinausgegeben, damit sofort die Gebühren durch Verwendung von Marken entrichtet werden könnten. Bei allen Firmen, die sich nicht als kreditunwürdig erwiesen hätten, werde übriges das Mahnverfahren auch dann betrieben, wenn ausnahmsweise die Verwendung von Marken unterblieben sei. In höchsten 5% dieser Fälle seien die Gebühren nicht eingegangen. Die hieran beteiligten Antragsteller würden auf eine schwarze Liste gesetzt; ihnen werde kein Gebührenkredit mehr gewährt.

Schon wiederholt hätten sich Gläubiger beklagt, dass sie nicht mehr in der Lage gewesen seien, ihren Antrag auf Erlassung eines Zahlungsbefehls zurückzuziehen, weil das Verfahren zu schnell sei.

StR Meyer berichtet: Die früheren Beschwerden, dass es drei bis vier Wochen dauere, bis dem Antrag auf Erlassung eines Zahlungsbefehls entsprochen werde, seien in München längst verschwunden. Das AG München habe Richtlinien herausgegeben, die wie das Schnell-Mahnverfahren wirkten. jetzt werde schon innerhalb von ein bis zwei Tagen seit der Einreichung des Antrags der Zahlungsbefehl erlassen. – Es dürfte sich empfehlen, in einer Ministerialentschließung die maßgebenden Gesichtspunkte herauszustellen und dabei auf den erprobten Zustand in München hinzuweisen.

OLG-Präs. Dürbig ist überzeugt, dass in seinem Bezirke alle Anträge auf Erlassung eines Zahlungsbefehls absolut sicher spätestens am nächstfolgenden Tage erledigt würden.

Die Einrichtung eines gesonderten Mahnregisters wird *allgemein abgelehnt.*

III. A. Notariat.

Die *Justizverwaltung* gibt den Antrag des Abg. Buttmann vom 03.07.1928 und den darauf gefassten Beschluss des Landtags sei nicht neu. Die Justizverwaltung werde den Standpunkt vertreten, dass die Verstaatlichung des Notariats, so wie es jetzt sei, unter allen Umständen abgelehnt werden müsse. In Baden sei das Notariat durch die Verstaatlichung ein Defizitbetrieb geworden mit der Folge, dass die Gebühren hätten erhöht werden müssen. Die Bevölkerung wünsche, dass der Notar kein Beamter sei. Dieser Wunsch werde im Landtag in den Vordergrund zu stellen sein.

1. Prüfung des Abgabewesens bei den Notariaten; dienstaufsichtliche Tätigkeit der LG-Präs. auf diesem Gebiete.

Die *Justizverwaltung* legt dar: Durch Entschließung vom 02.01.1928 seien Prüfungsbeamte als Hilfsorgane der Dienstaufsicht bestellt worden. Die LG-Präs. hätten aufgrund der von den Prüfungsbeamten vorgelegten Berichte von sich aus das Erforderliche zu veranlassen. Es sei ihre Aufgabe, zu überwachen, ob die nach dem Prüfungsberichte ich ergebenden Nachzahlungen auch wirklich geleistet würden. Es sei nicht erst eine Anregung seitens der Verwaltung der Notariatskasse abzuwarten. Auch bei dienstlichen Würdigungen der Notare, insb. anlässlich von Gesuchen um Verleihung besserer Ämter sei auf die Erfüllung der Ablieferungspflicht Rücksicht zu nehmen.

StR Meyer: Das bayerische Notariat sei in einem Übergangszustande. Die treibenden Kräfte seien die Notariatsbeamten. Im jetzigen Augenblicke etwas Grundsätzliches an dem Notariate zu ändern, wäre durchaus verfehlt. Der Standpunkt der Bevölkerung sei der, dass der Notar Vertrauensmann bleibe und nicht Beamter werden solle. – Es müsse aber den im Landtage zu erwartenden Angriffen vorgebeugt werden. Er habe schon angeregt, dass der jetzige Zustand der Aushilfe aufgegeben werden möge und dass zur örtlichen Revision der Notariate etwa zwei selbständige Prüfungsbeamte im Hauptamte aufgestellt werden sollten, die aus der Notariatskasse zu bezahlen und jeweils dem LG-Präs. zu unterstellen seien, in dessen Bezirke die Revision vorgenommen werde. Es sei zu erwarten, dass die Aufstellung solcher Prüfungsbeamter vom Landtage verlangt werde. Durch die Bestellung von Staatsbeamten solle man dem vorbeugen, dass die Prüfungsbeamten aus den Reihen der Notariatsbeamten entnommen würden.

Die *Justizverwaltung* bezweifelt, ob sich auf längere Dauer ein Staatsbeamter für diese Aufgabe gewinnen lasse, die eine fast ständige Trennung von der Familie erfordere und sehr einseitig sei. Würden die Prüfungsbeamten aus der Notariatskasse besoldet werden, so werde erst recht die Forderung erhoben werden, dass diese Stellen mit Notariatsbeamten zu besetzen seien.

Von der für den 01.01.1929 geplanten Neuregelung sei eine ganz bedeutende Vereinfachung des Prüfungsgeschäftes zu erwarten. Dieses werde sich nur mehr auf reine Formalitäten zu erstrecken haben. Alles andere sei Sache der Notariatskasse. Es könne daher vielleicht abgewartet werden, welche Erfahrungen man mit der Neuregelung mache. Übrigens werde künftig auch der Pensionsverein an den Kosten der Prüfungsbeamten beteiligt werden.

StR Meyer: Wenn das Notariat seine Selbständigkeit behalten wolle, müsse es Opfer bringen. Im Landtage werde nicht mit der Zukunftsregelung gearbeitet werden, sondern mit der Vergangenheit. Er wiederhole deshalb seine Anregung, hauptamtliche Gebührenrevisoren zu bestellen.

2. Kostenfestsetzungsverfahren nach dem Notariatsgesetze; Notwendigkeit tunlichster Beschleunigung ... [weggelassen]

3. Errichtung von Sammelarchiven für ältere Notariatsurkunden (Beschränkung auf Maßnahmen geringeren Umfangs ohne erheblichen Kostenaufwand). Die *Justizverwaltung* teilt mit, dass die bisher verfügbaren Mittel von 1.000 RM jährlich auf 900 RM gekürzt worden seien. Sie seien auch nicht mehr auf spätere Haushaltsjahre übertragbar. Größere Projekte könnten deshalb nicht mehr ausgeführt werden.

B. Grundbuchwesen und Aufwertung. Die *Justizverwaltung* gibt bekannt, dass demnächst eine Besprechung im RJM über das Problem stattfinden werde, das sich aus der Fälligkeit der Aufwertungshypotheken am 01.01.1932 ergebe. Es sei dabei zu folgenden Fragen Stellung zu nehmen:

a) Solle man die Fälligkeit bestehen lassen, aber dem Schuldner das Recht einräumen, bei einer Behörde, vielleicht der Aufwertungsstelle, aus individuellen Gründen eine Verlängerung der Frist bzw. die Bewilligung von Teilzahlungen unter Erhöhung des Zinssatzes zu beantragen?

b) Oder solle man die Fälligkeit unter Erhöhung des Zinssatzes allgemein hinausschieben und dem Gläubiger die Befugnis geben, bei der Aufwertungsstelle eine frühere Rückzahlung zu beantragen?

c) Solle den höheren Zinsen ohne Rücksicht auf Nachberechtigte Gleichrang mit dem Hauptrecht eingeräumt werden?

d) Solle auch die Verzinsung der Annuitätenhypotheken, bei denen es das Problem des 01.01.1932 an sich nicht gebe, mit Rücksicht auf die Unzuträglichkeiten einer verschiedenen Verzinsung der Liquidationspfandbriefe der Verzinsung der anderen Hypotheken angepasst werden?

e) Wie sollten Vergleiche und rechtskräftige Entscheidungen behandelt werden? Die *übereinstimmende Auffassung* ist folgende: Der unter Buchst. b) angegebene Weg sei vorzuziehen. Die Fragen c) und d) seien zu bejahen. Auch Vergleiche und rechtskräftige Entscheidungen (Buchst. e) dürften den erforderlichen Änderungen nicht entgegenstehen.

1. Grundbuchbereinigung; Beseitigung der sog. Fortsetzungsblätter.

Die *Justizverwaltung* führt aus: a) In den Grundbüchern seien noch zahllose Rechte in Papiermark eingetragen. Preußen habe vorgeschlagen, eine Ausschlussfrist zu bestimmen, nach deren fruchtlosem Ablaufe das Recht zwar als gelöscht, aber nicht als materiell verwirkt gelten solle. Gegen diesen Vorschlag bestünden zwar Bedenken. Um aber die Bereinigung nicht noch länger hinauszuzögern, werde dem preußischen Vorschlage zuzustimmen sein.

b) Aus dem Umstande, dass gelöschte, aber infolge der rückwirkenden Aufwertung wieder aufgelebte Rechte nicht wieder eingetragen worden seien, ergäben sich große Unzuträglichkeiten, namentlich bei der Zwangsversteigerung. Es dürfte sich empfehlen, durch Reichsverordnung eine Frist zu bestimmen, innerhalb deren die Wiedereintragung oder ein Widerspruch beantragt werden müsse, widrigenfalls das Recht materiell verwirkt sei.

c) Die Bestrebungen, die auf Beseitigung des Rangvorbehalts abzielten, dürften zu fördern sein. Bei einer authentischen Interpretation über die absolute oder relative Natur des Rangvorbehalts bestehe kein Anlass, von dem Standpunkte des RG und des ObstLG abzuweichen, dass der Rangvorbehalt nur relativ wirke.

Den Darlegungen unter Buchst. a-c wird allgemein zugestimmt.

d) Beseitigung der sog. Fortsetzungsblätter: StR Meyer hält es für dringend wünschenswert, dass die Fortsetzungsblätter nach und nach beseitigt würden. Im laufenden Dienst gehe das aber sehr langsam. Beim AG Starnberg seien 2.500 Fortsetzungsblätter vorhanden. Die Übertragung sei wegen der Aufwertungsgesetzgebung auch mit rechtlichen Schwierigkeiten verknüpft. – Die *übrigen OLG-Präs.* nehmen den gleichen Standpunkt ein. Die *Justizverwaltung* ersucht, vor allem darauf zu sehen, dass keine neuen Fortsetzungsblätter angelegt würden.

2. Abbau der Aufwertungsstellen: Übernahme der Registraturbestände durch die Grundbuchämter; Aufnahme der eine Eintragungsbewilligung oder sonstigen Eintragungsgrundlagen enthaltenden Bestandteile der Akten der Aufwertungsstelle in die Grundbuchanlagen? – *Sämtliche OLG-Präs.* sind der Auffassung, das z.Zt. eine Ausscheidung der gegenstandslos gewordenen Grundbuchanlagen nicht vorgenommen werden könne und dass eine Auseinanderreissung der Aufwertungsakten nicht zu empfehlen sei. Die Aufwertungsakten dürften eben nicht ausgeschieden werden.

IV. 1. Handhabung des § 1811 BGB i.d.F. des Gesetzes vom 23.07.1923. Die Einstellung der Gerichte zu dieser Vorschrift ist nicht einheitlich. Einzelne Gerichte scheinen wiederholt den Standpunkt eingenommen zu haben, das Gesetz vom 23.07.1923 habe nur für die Inflationszeit Bedeutung gehabt, es sei aber mit der Festigung der Währung gegenstandslos geworden. Von Seiten der ländlichen Darlehenskassenvereine wird auch geltend gemacht, dass manche Gerichte grundsätzlich nicht nur die Genehmigung zur Neuanlegung von Mündelgeld bei solchen Kassen verweigern, sondern auch darauf bestehen, dass Gelder, die seit langem diesen Kassen anvertraut waren, nicht mehr dort belassen werden dürfen; dadurch würden der Landwirtschaft nennenswerte Summen, die ausschließlich aus ihren Kreisen stammten, entzogen; damit würde zugleich die ohnehin große Kreditnot der Landwirtschaft noch vermehrt.

StR Meyer berichtet, dass in seinem Bezirke nur der Oberamtsrichter von Moosburg auf dem Standpunkte stehe, dass das Gesetz vom 23.07.1923 lediglich Inflationsgesetz sei. – Das von den Darlehenskassenvereinen gerügte Verfahren könne weder als unzulässig noch allgemein als zulässig bezeichnet werden. Der einzige Weg sei, den LG-Präs. oder AG-Vorständen das Erforderliche mündlich zu sagen.

OLG-Präs. Hahn berichtet, dass kein Vormundschaftsrichter seines Bezirks das Gesetz vom 23.07.1923 nur als Inflationsgesetz ansehe.

Übereinstimmend werde berichtet, dass die Darlehenskassen vielfach nicht sicher genug seien. Sämtliche Vereine lehnten die Aufwertung ab. Sie gäben Hypothekendarlehen auch auf 3. und 4. Rangstelle.

Die *Justizverwaltung* erklärt, es habe nur auf den wirtschaftlichen Zusammenhang hingewiesen werden wollen; eine allgemeine Anweisung lasse sich nicht geben.

2. Zusammenarbeit zwischen Gerichten und Jugendämtern: Die *OLG-Präs.* berichten übereinstimmend, dass ein Abschluss der Entwicklung noch nicht eingetreten sei. Die Zusammenarbeit vollziehe sich reibungslos, in der Stadt intensiver als auf dem Lande. Auf dem Lande gewöhne sich die Bevölkerung erst jetzt allmählich an die Einrichtung des Jugendamtes. Eine allgemeine Neuregelung werde vorerst abgelehnt; wünschenswert sei dagegen eine Zusammenfassung der etwas zerstreuten Vorschriften.

Die *Justizverwaltung* weist auf die Bedeutung hin, die der Einflussnahme des Richters im Jugendamte zukommt und ersucht, diesem Punkt Aufmerksamkeit zu schenken. Von großem Wert wäre es auch, zu erfahren, welche Vereinbarungen über die Art des Zusammenarbeitens getroffen worden seien und wie sich diese ausgewirkt hätten.

V. 1. Hat sich die *Beitreibung der Geldstrafen, Kosten und durchlaufenden Gelder in Strafsachen* durch Urkundsbeamte der Geschäftsstellen der AG bewährt? Sind Änderungen der *Bekanntmachung vom 14.11.1927 (GVBl. S. 354),* insbes. der Nr. II 8 Abs. 2 veranlasst? [über die Beitreibung von Geldstrafen]

a) Nach Äußerungen der *OStA* hat sich die Neuregelung bewährt. – Die *Justizverwaltung* ersucht, bis zum Beginn der Etatverhandlung darüber zu berichten, wie sich der Ist- und Solleingang nach der jetzigen Regelung zu dem eines früheren Zeitabschnitts verhalte. Von einer allgemeinen Enquete solle aber abgesehen werden.

OLG-Präs. Dürig teilt mit, dass nach einem Berichte des LG-Präs. von Augsburg das Rückstandsregister der AG Landsberg für die Zeit vom 01.01. bis 20.06. ds. Js. lediglich 25 Einträge umfasse; davon seien bis zum 18.11. schon wieder 18 Einträge erledigt worden. Das dortige Finanzamt habe vor einigen Wochen 300 Anträge auf Umwandlung von Geldstrafen aus der Zeit vor dem 01.01.1928 gestellt. Dies beweise, dass das Finanzamt überhaupt gar keinen Beitreibungsversuch gemacht habe.

b) Übereinstimmend wird vorgeschlagen, dem Gerichtsvollzieher bei erfolgreicher Beitreibung die Aufrechnung seiner Reisekosten nach der Gebührenordnung zu gestatten und ihm bei fruchtlosem Beitreibungsversuch die baren Auslagen aus der Staatskasse zu ersetzen.

c) Die *Justizverwaltung* führt aus: Nach Nr. 100 der Bek. v. 20.06.1915 (GVBl. S. 156) seien die bei der Besorgung des Strafkostenwesens anfallenden Einnahmen und Ausgaben in ein Kassenbuch einzutragen. Nach Nr. 54 Abs. 3 dieser Bek. könne aber die Regierungsfinanzkammer die Führung des Tagebuchs auf Antrag erlassen. – Im Allgemeinen werde es bei dieser Regelung zu belassen sein; die Führung des Tagebuchs werde kaum allgemein erlassen werden können. Hingegen dürfte es sich empfehlen, anstelle der Regierungsfinanzkammern die LG-Präs. für zuständig zu erklären. – Diesem Vorschlage wird *allseitig zugestimmt.*

d) Über die *örtlichen Gebührenrevisionen* berichten die *OLG-Präs. Hahn* und *Becker*, dass solche von Zeit zu Zeit vorgenommen würden. – *StR Meyer* erklärt, dass diese Revisionen fast vollkommen eingeschlafen seien. Er weise daher auf den seinerzeitigen Vorschlag von Exzell. v. Unzner hin, dass in jedem OLG-Bezirke ein Revisionsbeamter aufgestellt werden solle, der zugleich Prüfungsbeamter für das Notariat sei. – Die *OLG-Präs. Dürbig* und *Spangenberger* berichten, dass die örtlichen Revisionen nur sehr spärlich vorgenommen würden. Die darauf verwendete Zeit sei auch so kurz, dass nur ein summarischer Überblick gewonnen werden könne. Jahrelang hätten die Prüfungen überhaupt geruht.

e) OStA Döll führt aus: Nach § 81 der Begn. Vorschr. sei für jede *Stundung von Kosten* die Finanzbehörde zuständig. Die Praxis habe sich über diese Bestimmung bereits hinweggesetzt; in den meisten Fällen entscheide in analoger Anwendung der Bek. v. 24.04.1922 betreffend die Kosten in den reichsgerichtlichen Strafsachen, die Geschäftsstelle. Diese Übung stütze sich weiter darauf, dass durch die Bek. v. 14.11.1927 [GVBl. S. 354] die Geschäftsstellen an die Stelle der Finanzämter getreten seien. Die Finanzämter hätten gar nicht mehr das Material (Akten, Einzugsregister) zur Entscheidung. Es sei daher zu erwägen, ob nicht der § 81 der Begn. Vorschr. aufgehoben werden solle.

OLG-Präs. Spangenberger berichtet, dass ihm die gleiche Anregung vorgetragen worden sei.

OStA Aull regt an, auch die Entscheidung über die Stundung der Geld*strafen* der untersten Stelle zu übertragen, soweit die Stundung einen gewissen Zeitraum nicht übersteige.

Sehr wünschenswert wäre auch, dass der GStA die OStA ermächtigt würden, auch die mit Gesuchen um Erlass der Minderung von Geldstrafen häufig verbundenen Gesuche um Erlass oder Minderung der Staatskosten gleichzeitig mit den ersteren Gesuchen abzuweisen.

Es dürfte doch erwartet werden, dass das Finanzministerium wenigstens diese negative Delegation zulassen werde, auch das wäre schon eine Vereinfachung.

2. Erfahrungen mit den *gerichtlichen Pressestellen.* Ausbau der Einrichtung. Kann *Ersuchen von Zeitungsunternehmungen* entsprochen werden, es möchte ihnen nach öffentlichen Sitzungen eines Strafgerichts eine *kurze Zusammenstellung der Verurteilungen zur Veröffentlichung* in ihrer Zeitung mitgeteilt werden?

a) StR Meyer berichtet: Die Pressestelle München habe sich bewährt. Ihre Artikel seien in der Münchner Presse entweder sofort oder doch nach einiger Zeit gebracht worden. Die außerbayerischen gerichtlichen Pressestellen lieferten der hiesigen Material. Er empfehle, die Pressestellen auszubauen mit dem Endziele, das schließlich jedes Landgericht über eine Pressestelle verfüge. Die hiesige

Pressestelle habe keine Beziehungen zur Provinzpresse; der Weg vom Provinzgerichte an die hiesige Pressestelle und wieder hinaus sei ziemlich weit.

OLG Präs. Hahn: In Nürnberg sei noch keine Pressestelle eingerichtet. Er werde aber noch in diesem Jahre eine solche nach Münchner Vorbild schaffen, wenn er auch bei der Nürnberger Presse zunächst auf Widerstand rechne.

OLG-Präs. Dürbig hält ein Bedürfnis nach Einrichtung einer Pressestelle in seinem Bezirke nicht für gegeben.

OLG-Präs. Spangenberger berichtet: In Coburg, Hof, Aschaffenburg und Bamberg seien Pressestellen eingerichtet. Ihre Tätigkeit sei aber sehr gering. An den LG, bei denen noch keine Pressestellen bestünden, sträubten sich die Präsidenten dagegen mit der Begründung, dass im Bedarfsfalle schon bisher Benachrichtigungen an die Presse gegeben worden seien.

OLG-Präs. Becker berichtet, dass bei jedem pfälzischen LG eine Pressestelle bestehe. Wegen des Verhältnisses zur Besatzung hätten sich der OLG-Präs. und der OStA die Oberleitung vorbehalten. Eine bes. Pressestelle für Ludwigshafen, die von der dortigen Presse gewünscht werde, halte er für zuviel des Guten. Es müsste dann doch immer in Frankenthal angefragt werden; dies würde das Verfahren verlangsamen.

Die *Justizverwaltung* bemerkt, dass bei der Einrichtung einer Pressestelle nicht etwa eine große Organisation aufgezogen werden solle. Vielmehr solle dadurch nur erreicht werden, dass an jedem LG ein Rat als Pressereferent herangebildet werde. In dieser Form könne eine Pressestelle wohl bei jedem LG geschaffen werden. Unter allen Umständen müsse dies in Nürnberg versucht werden. Die Justizverwaltung bittet zu berichten, wenn etwa die Artikel der Pressestellen nur bruchstückweise gebracht oder mit hämischen Bemerkungen versehen würden. – Jeder Polemik und aller politischen Äußerungen hätten sich die Pressestellen zu erhalten. Sie dürften auch keine Auswahl unter den Zeitungen treffen.

OStA Tröltsch glaubt, dass eine Pressestelle auch für Augsburg Wert hätte. Es werde dadurch vermieden, dass der LG-Präs. oder der StA oder der Gerichtsvorsitzende mit seinem Namen in der Presse hervortreten müsse.

b) Die regelmäßige Mitteilung von Gerichtssaalberichten an Zeitungsunternehmungen wird *allgemein abgelehnt* (Bloßstellung der Verurteilten).

OLG-Präs. Dürbig teilt mit: In Eichstätt bestehe seit langem die Einrichtung, dass ein Beamter der Geschäftsstelle bestimmten Zeitungen den Urteilstenor der Strafurteile mitteile. Weiterungen seien bisher daraus nicht erwachsen. Die Zeitungen lieferten dafür dem Gericht ein Freiexemplar. Er werde dieses Verfahren abstellen.

Die *Justizverwaltung* hält es für zweckmäßig, dass keine Ausnahme gemacht werde.

In der Werbeschrift für das Obsorgewesen sei übrigens der Appell an die Presse gerichtet worden, bei Mitteilung von Verurteilungen Namensnennungen möglichst zu vermeiden.

3. Erfahrungen mit dem durch die Bekanntmachung des StM des Innern vom 24.12.1927 (JMBl. 1928 S. 5) eingerichteten *Landeskriminalpolizeidienst.* Wie stellen

sich die örtlichen Polizeibehörden und die Gendarmerie zu der neuen Einrichtung? Haben sich Reibungen ergeben?

OStA Leuchs berichtet: Außer in Nürnberg und Fürth sei der Landeskriminalpolizeidienst nur wenig in Anspruch genommen worden. Soweit dies aber der Fall gewesen sei, seien nur gute Erfahrungen gemacht worden, insbes. bei Brandstiftungen. Reibungen hätten sich nicht ergeben, wenn auch eine gewisse Empfindlichkeit bei den Gendarmeriebehörden und -Kommandeuren nicht zu verkennen sei. Über die Zweckmäßigkeit der Einrichtung sei sich alles einig.

OStA Döll berichtet, dass der Erfolg der Beiziehung ein sehr geringer gewesen sei. Etwa in zehn oder elf Fällen sei der Landeskriminalpolizeidienst zugezogen worden, nur in zwei Fällen habe er Erfolg gehabt. Es bestehe Neigung zu Vielschreiberei und Vielreiserei. Auch über Eifersüchteleien werde berichtet; die Gendarmeriebeamten freuten sich, wenn auch der Landeskriminalpolizeidienst keinen Erfolg habe.

OStA Tröltsch berichtet, dass die Fälle der Zuziehung des Landeskriminalpolizeidienstes nicht sehr häufig seien; in Augsburg sei er etwa viermal, in Eichstätt dreimal von der StA in Anspruch genommen worden. Im Allgemeinen habe sein Eingreifen zweifellos den großen Vorteil des besseren Rüstzeugs, aber auch den Nachteil, dass er die örtlichen Verhältnisse nicht kenne. Es wäre sehr zu bedauern, wenn es durch allzu häufige Inanspruchnahme dahin käme, dass die ortsansässige Gendarmerie in ihrem Eifer erlahme.

StR Meyer teilt mit, dass nach einem Berichte des Präs. des LG München II die frühere Empfindlichkeit der Gendarmerie wegen des Eingreifens des Landeskriminalpolizeidienstes zurückgegangen sei.

OStA Aull berichtet, dass der Landeskriminalpolizeidienst häufig eingesetzt worden sei in München II und Traunstein. Es habe allerdings Gendarmeriestationen gegeben, die sich beleidigt zurückgezogen und passive Resistenz geleistet hätten. Seitdem aber die Einrichtung organisationsmäßig anerkannt sei, sei dies nicht mehr zu bemerken.

GStA König berichtet: Die Pfalz habe in dieser Frage sehr wenig Erfahrungen (räumliche Entfernung – Besetzung). Es werde nichts übrig bleiben, als den pfälzischen StA besonders ausgebildete Gendarmeriebeamte zur Verfügung zu stellen. Sehr gut arbeite die Kriminalpolizei in Ludwigshafen, die sich vielleicht durch die Überwachung der Beamten der sûreté (Werkspionageprozess) bei den Franzosen verhasst gemacht habe. Er bitte die bayerische Regierung, sich beim AA mit Nachdruck dafür einzusetzen, dass diesen Beamten der nötige Schutz gewährt werde.

Die *Justizverwaltung* weist auf die Notwendigkeit des Zusammenwirkens von Eisenbahn- und Justizbehörden bei Eisenbahnunfällen hin. Es müsse vermieden werden, dass zwei Verwaltungen gegensätzliche Berichte in die Öffentlichkeit brächten.

OStA Tröltsch berichtet, dass er in dieser Beziehung gute Erfahrungen anlässlich des Eisenbahnunglücks in Dinkelscherben gemacht habe. Dem StA sei das Eisenbahnpersonal restlos zur Verfügung gestellt worden.

4. Bestellung der Untersuchungsrichter. Welche Gesichtspunkte sind für die Vorschläge maßgebend? *OStA Tröltsch* berichtet, ihm sei von einem StA gemeldet worden, dass die Bestellung der Untersuchungsrichter einfach nach dem Dienstalter erfolge. *OStA Döll* bestätigt dies. Es werde allgemein so verfahren. *OLG-Präs. Spangenberger* weist darauf hin, dass die StA zu den Vorschlägen gehört werde. *OStA Döll* regt an, dass die Vorschläge von vornherein im Benehmen mit der StA aufgestellt werden möchten. Bis jetzt sei es so, dass der LG-Präs. den Vorschlag zunächst dem OLG-Präs. vorlege; dieser gebe ihn an den OStA, von dem er dem Ersten StA zugeleitet werde.

Die *Justizverwaltung* ersucht, künftig nach dem Vorschlage des OStA Döll zu verfahren.

OStA Döll bringt noch vor: Es werde allgemein über die geringe kriminalistische Schulung der Untersuchungsrichter geklagt. An den kleinen LG werde der Untersuchungsrichter meist noch als Mitglied einer Kammer verwendet. Er schlage vor, den nicht vollbeschäftigten Untersuchungsrichter als Ermittlungsrichter zu verwenden. – In einzelnen Fällen habe sich auch als Mangel gezeigt, dass für den Untersuchungsrichter kein Sonntagsdienst besteht.

5. Empfiehlt es sich, die *Abhaltung des Sühneversuchs* in Privatklagesachen anstelle der Bürgermeister nach dem Vorbilde Preußens und Sachsens *Schiedsmännern oder Friedensrichtern zu übertragen,* die grundsätzlich für den Bezirk einer Gemeinde vom AG aufgestellt werden und der Dienstaufsicht des AG und des LG-Präs. unterstehen? – Diese Frage wird *allgemein verneint. OLG-Präs. Spangenberger* berichtet, dass man diesem Gedanken sogar in Coburg, wo früher die Einrichtung bestanden habe, ablehnend gegenüberstehe. Wenn überhaupt eine Änderung erfolgen solle, dann möge man in den Städten mit der Vornahme des Sühneversuchs das Gericht selbst (Richter oder Geschäftsstelle) betrauen.

OLG-Präs. Becker teilt mit: Mehrere pfälzische AG nähmen von sich aus noch einen Sühneversuch vor. Die Parteien würden schon vor Anberaumung eines Termins geladen und sie erschienen auch. – Warnen möchte er vor einer Übertragung der Funktion an die Geschäftsstelle.

Die *Justizverwaltung* führt aus: In München habe sich ein System herausgebildet, das keine gesetzliche Grundlage habe, sich aber sehr bewährt habe. Die Beteiligten würden vom Gerichte vorgeladen und erschienen auch. Die Öffentlichkeit und die Presse werden ausgeschlossen. Dadurch solle verhindert werden, dass Prestigefragen eine Rolle spielten. – Fraglich sei, wie man sich in diesen Fällen zur Zuziehung der Rechtsanwälte verhalten solle. Aus Ansbach sei eine Beschwerde eingelaufen, weil ein Rechtsanwalt zu einem solchen Verfahren nicht geladen worden sei. – *StR Meyer* ist der Ansicht, dass in einem Privatklageverfahren, an dem ein Anwalt beteiligt sei, dieser nicht ausgeschlossen werden könne. – *OLG-Präs. Hahn* glaubt, dass man es den Parteien überlassen könne, ihren Anwalt mitzubringen. Wenn es sich um einen auswärtigen Anwalt handle, so verursache dessen Zuziehung so viele Kosten, dass das Zustandekommen eines Vergleichs erschwert werde.

OLG-Präs. Dürbig erklärt: Wenn ein Anwalt die Klage gestellt habe, so solle das Gericht nicht hinter seinem Rücken mit den Parteien verhandeln.

Auch *StR Meyer* befürchtet, dass ein solches Verfahren als unfair bezeichnet werden könnte.

6. Bestehen Bedenken dagegen, den Ersten StA *anstelle von StA Amtsanwälte* in einer Zahl die unter normalen Geschäftsverhältnissen der Zahl der früheren Amtsanwälte am LG-Sitz entspricht, beizugeben?

Die *Justizverwaltung* teilt mit: Nach den derzeitigen Personalverhältnissen sei es nicht möglich, den Bedarf an StA unter Einhaltung der bisherigen Notengrenze (II 15:40 = 75) zu befriedigen. Das sei aber nur ein vorübergehender Zustand. – Es bestünden nun zwei Möglichkeiten: Vorübergehende Herabsetzung der Notengrenze oder Bestellung von Amtsanwälten anstelle von III. StA. – *Alle Anwesenden* sind der Auffassung, dass die zweite Möglichkeit vorzuziehen sei.

7. Umfang der *Inanspruchnahme der Amtsanwälte durch die Verwaltungsbehörden für statistische Arbeiten.* Ist eine Einschränkung geboten und möglich? ... [weggelassen]

VI. 1. Das Obsorgeheim in Lichtenau als Arbeitsunterkommen im Falle bedingten Erlasses einer Reststrafe....

Die *Justizverwaltung* weist darauf hin, dass in jedem einzelnen Falle erst vorher beim Obsorgeamt angefragt werden müsse, dieses prüfe, ob die Aufnahme erfolgen könne.

2. Wäre durch Anordnungen gem. § 58 des GVG die *Auflassung weiterer Gerichtsgefängnisse* möglich) (Entsch. v. 05.11.1928 Nr. 40624)....

Außerhalb der Tagesordnung:

1. Unterhaltszuschüsse für Inzipienten: ...

4. Vereinheitlichung der Vorbildung der Juristen: Die *Justizverwaltung* gibt bekannt, dass über diese Frage unlängst eine Besprechung in Berlin stattgefunden habe. Vermutlich werde das bayerische System einheitlicher Ausbildung für Verwaltung und Justiz im ganzen Reiche übernommen werden. – Was den Ausbildungsgang selbst anlange, so verlange Preußen drei Jahre Universitätsstudium, drei Jahre Justizpraxis und ein Jahr Verwaltungspraxis. Der Vorsitzende der preuß. Prüfungskommission habe den Widerspruch gegen die Verlängerung des Universitätsstudiums damit begründet, dass die Anwärter mit einem Universitätsstudium von nur sechs Semestern die besten Noten erzielten. Die preuß. Ressorts seien aber in diesem Punkte untereinander selbst nicht einig. Die weitere Entwicklung sei noch nicht zu übersehen. – Eine Herabsetzung des Universitätsstudiums auf sechs Semester wird *allgemein abgelehnt.*

IX. Besprechung vom 02./03.12.1929

Anwesend:
der Präs. des OLG München, StR Dr. Meyer,
der ObstLG-Präs. Dr. Müller,
der Präs. des OLG Bamberg, Spangenberger,
der Präs. des OLG Zweibrücken, Becker,
der Präs. des OLG Nürnberg, Hahn,
der Präs. des OLG Augsburg, Aull
der GStA bei dem ObstLG Aschenbrenner,
der OStA bei dem OLG Zweibrücken, GStA König,
der OStA bei dem OLG Nürnberg, Leuchs,
der OStA bei dem OLG München, Appelmann,
der OStA bei dem OLG Bamberg, Düll,
der OStA bei dem OLG Augsburg, Troeltsch.

I. 1. Qualifikationswesen: Die *Justizverwaltung* teilt einleitend mit, dass seit zwei Jahren die Personalveränderungen sehr zahlreich geworden seien und in den nächsten Jahren noch zahlreicher werden würden. Bei diesen Veränderungen spiele die örtliche Bewegung eine besonders wichtige Rolle. Leider gebe es Pläne, die von Richtern nicht mehr verlassen werden wollten. Das führe zu einer Überalterung, die z.B. in München schon zur Folge gehabt habe, dass eine Reihe von an sich geeigneten Herren für die Stelle eines I. StA nicht mehr in Betracht kämen. Die Justizverwaltung würde sehr dankbar sein, wenn beim Verkehre mit dem Personal immer wieder darauf hingewiesen werden würde, dass bei Beförderungsgesuchen persönliche Wünsche im Sinne einer örtlichen Beschränkung jedes Mal ein Zeitrisiko bedeuten.

a) Änderung der Bekanntmachung über die dienstlichen Würdigungen usw. [JMBl. 1919, S. 317; 18.09.1919] Die *Justizverwaltung* ersucht die Anwesenden, sich zu folgenden Punkten zu äußern: Qualifikationsperiode, Ausschluss der periodischen Qualifikation bei Beamten über 55 Jahren und bei den Spitzenstellen, Zahl der Qualifikationsstufen, Vereinfachung des Qualifikationsapparates, Beschwerde zum Ministerium.

StR Dr. Meyer erklärt die Beschwerde zum Ministerium für unentbehrlich. Mit der Notenskala des Entwurfes sei er einverstanden, eine weitere Vermehrung sei nicht wünschenswert. Die periodische Qualifikation könne alle vier Jahre stattfinden.

Auch *OLG-Präs. Spangenberger* spricht sich für die vierjährige Qualifikationsperiode, die Zulassung der Beschwerde zum Ministerium, aber gegen die Vermehrung der Qualifikationsstufen aus. Es sei zu überlegen, ob man nicht mit vier Stufen auskommen könne. Das Geschäft der Qualifikation würde dadurch mehr vereinfacht werden.

ObstLG-Präs. Dr. Müller: An der vierjährigen Qualifikationsperiode sei unbedingt festzuhalten, die Vermehrung der Qualifikationsstufen zu billigen, weil eine möglichste Differenzierung nötig sei, um das Bild der Qualifikation der Wirklichkeit zu nähern.

OLG-Präs. Hahn spricht sich mit Rücksicht auf die Geschäftsbelastung für die fünfjährige Periode aus. Die bisherigen sechs Notenstufen genügten vollauf, die Beschwerde zum Ministerium sei nicht zuzulassen, weil dem Ministerium die Unterlagen für eine Würdigung der Beamten fehlten.

OLG-Präs. Becker billigt die Vermehrung der Qualifikationsstufen auf sieben und die Zulassung der Beschwerde zum Ministerium, spricht aber im Interesse der Geschäftsvereinfachung einer Ausdehnung der Qualifikationsperiode auf fünf Jahre das Wort.

OLG-Präs. Aull ist gegen die Zulassung der Beschwerde zum Ministerium. Er regt an, in § 41 Abs. 6 statt „ist" „kann" zu setzen, weil es für die Außenstellen eine außerordentliche Belastung sei, wenn sie gehalten würden, jeden Beschwerdeführer persönlich zu hören.

GStA Aschenbrenner erklärt sich für die vierjährige Periode, damit der Beamte möglichst von ein und demselben Vorgesetzten mehrmals qualifiziert werde, was eine größere Stabilität der dienstlichen Würdigungen sichere.

Im Übrigen bestand Einverständnis darüber, dass der Entwurf den Wünschen der Anwesenden entspreche.

b) Anlegung eines besonders strengen Maßstabes bei Würdigung von Bewerbern um Stellen der Gruppen A 1 a und A 2 a: Die Justizverwaltung weist auf die schwierige Frage hin, ob die Stelle eines stellv. Direktors, der als Vorsitzender des großen Schöffengerichts häufig mit den wichtigsten Prozessen befasst sei, Durchgangs- oder Endstellung sein soll.

StR Dr. Meyer hält es nach dem dermaligen Stande der Gerichtsverfassung für ausgeschlossen, die Laufbahn des stellv. Direktors zu einem Nebengleise zu machen. Der stellv. Direktor müsse nach wie vor aus den verschiedensten Gründen seine doppelte Funktion, Durchgangs- und Schlussstellung zu sein, beibehalten.

Die übrigen Anwesenden stimmen zu.

Die *Justizverwaltung* ersucht, bei den Vorschlägen für RG-Ratsstellen zu berücksichtigen, dass die Bewerber das 50. Lebensjahr nicht überschreiten sollten.

c) Beteiligung des ObstLG bei der Prüfung der Eignung von Bewerbern im Oberstlandesgerichtsratsstellen: OBstLG-Präs. Dr. Müller: Die Erfahrung habe gezeigt, dass eine Reihe von Mitgliedern des ObstLG den hohen Anforderungen des schwierigen Dienstes nicht entsprächen. Daran sei vielfach schuld, dass die Qualifikation zum ObstLG-Rat nicht immer den Bedürfnissen dieses Gerichts Rechnung trage. Die Arbeit am ObstLG verlange Kräfte, die im Vollbesitz ihrer Leistungsfähigkeit stünden und nicht nur über hervorragende Rechtskenntnisse, sondern auch über bedeutendes allgemeines Wissen, scharfen Verstand, Tatkraft und ein gewisses Maß von Vortragskunst (Darstellung der Sach- und Rechtslage für die Beisitzer des Disziplinar- und Staatsgerichtshofs!) verfügten. Die Justizverwaltung möge dem ObstLG nur Richter zuweisen, die im Alter von 55–57 Jahren stünden und ältere

Herren nicht mehr berücksichtigen. Er halte es für zweckmäßig, dass die Begutachtung der Bewerber nicht durch das Präsidium des ObstLG, sondern nur durch den Präsidenten und die Senatspräsidenten erfolge.

OStA Troeltsch fragt an, ob die gleichen Anforderungen auch an die Bewerber für StA-Stellen bei dem ObstLG zu stellen seien.

ObstLG-Präs. Dr. Müller und *GStA Aschenbrenner* bejahen die Frage.

d) Besondere Fälle: Die *Justizverwaltung* teilt mit, dass ihr verschiedene Fälle bekannt geworden seien, in denen disziplinarwidriges Verhalten von Richtern in und außer Dienst erst sehr spät zur Kenntnis der Aufsichtsbehörde gelangt sei. Es sei zu wünschen, dass die Aufsichtsstellen ihr Augenmerk auch auf Dinge richteten, die nicht gerade auf offiziellem Wege zu ihrer Kenntnis gebracht würden.

2. Mitteilung der Justizverwaltung über die Grundsätze, die sie bei der Einbehaltung von Teilbeträgen der Schiedsrichtervergütungen zugunsten wohltätiger Zwecke beobachte. …

3. Vergütungen der Warte und Offizianten für die Besorgung des Hausmeisterdienstes. …

4. Mitteilung über die Erledigung der Titelfrage: Nach Mitteilung der Justizverwaltung über den Stand der Titelfrage wurde Einstimmigkeit darüber festgestellt, dass von der Verleihung von Diensttiteln möglichst abgesehen werden solle. Die Justizverwaltung ersucht, für Verbreitung der Ansicht zu sorgen, dass es mit der Würde der Justiz durchaus vereinbar sei, auf die Verleihung von Titeln zu verzichten.

II. Besteht ein Bedürfnis für eine allgemeine Dienstanweisung für die Justizwarte? Die Anwesenden erklären übereinstimmend, dass die Notwendigkeit und Vordringlichkeit einer allgemeinen Dienstanweisung nicht bestehe. Schon die Verschiedenheit der Betriebsgrößen schließe eine allgemeine Regelung aus. Eine örtliche Regelung sei vorzuziehen. – *StR Dr. Meyer* bezeichnet als Hauptwunsch der Justizwarte die Beschaffung von Uniformen und regt an, Dienstblusen gegen geringes Entgelt in den Gefangenenanstalten herstellen zu lassen. – Die Justizverwaltung erklärt, dass dies tatsächlich ohne weiteres möglich sei und sagt Prüfung der Frage der Uniformherstellung in den Strafanstalten zu.

III. 1. Dauer der Zivilprozesse: Die Herren *OLG-Präs.* geben statistische Überblicke über die Zahl der sog. „alten Prozesse".

StR Dr. Meyer: Inwieweit die geringe Geschicklichkeit des einzelnen Berichterstatters zu Verzögerungen Anlass gegeben habe, entziehe sich seiner Kenntnis. Der Geist der neuen Vorschriften der ZPO sei noch nicht in alle Gerichte, insbesondere der Provinz, eingedrungen. Je jünger die LG-Räte seien, desto rascher würden die Prozesse erledigt. Für unzweckmäßig halte er es auch, die Räte allzu viel in loco avancieren zu lassen, damit es nicht vorkomme, dass Direktor und Räte 20 oder 30 Jahre am selben Orte wirkten.

OLG-Präs. Spangenberger bezeichnet als Gründe für die lange Dauer der Prozesse im Allgemeinen: Revisionseinlegung, Aussetzung, Zurückverweisung, Abwartung des Ausgangs von Vorprozessen, ausführliche Gutachten, Vergleichsverfahren, Konkursverfahren, Aufwertungsverfahren, Beweisaufnahmen im Auslande.

OLG-Präs. Becker führt folgende Gründe für die Prozessverlängerung an: Frist für die Erlegung der Prozessgebühr, Berufungsbegründungsfrist, Nichterteilung von Informationen durch die Parteien, vielseitige Beschäftigung der Anwälte. Entscheidend für die Beschleunigung der Prozesse sei die Persönlichkeit des Vorsitzenden. Einzelrichter, die dem Einfluss des Vorsitzenden entzogen seien, ließen die Sachen gerne etwas länger liegen. Von gesetzlichen Maßnahmen verspreche er sich keinen Erfolg.

OLG-Präs. Hahn: Die Praxis habe gezeigt, dass der Einzelrichter langsamer arbeite als das Kollegium. Das hänge mit der Überalterung der Räte zusammen. Vertagungen von Amts wegen wegen Überlastung des Gerichts seien ihm unbekannt. Er würde eine gesetzliche Maßnahme dahin begrüßen, dass ruhende Prozesse nach einer bestimmten Frist für beendet erklärt würden. Ausschlaggebend für die Fortführung von Prozessen sei die Persönlichkeit der Vorsitzenden, daher seien für solche Stellen Persönlichkeiten mit Führerqualität zu fordern.

OLG-Präs. Aull meint, dass gesetzgeberische Maßnahmen sich schwer treffen lassen würden.

Auf Frage der Justizverwaltung erklären die Anwesenden, dass Klagen über lange Dauer von Rechtsstreitigkeiten bei den Arbeitsgerichten ihnen gegenüber nicht laut geworden seien. Nur OLG-Präs. Becker berichtet von dem Einlauf einer Beschwerde, die aber noch nicht erledigt sei.

2. Aufsicht auf die Gerichtsvollzieher: Die Justizverwaltung weist darauf hin, dass die Kriminalität der Gerichtsvollzieher einen auffallenden Umfang angenommen habe und gibt einen Überblick über die Verurteilungen. In ganz wenigen Fällen sei von den Angeklagten Arbeitsüberlastung vorgeschützt worden; auch in diesen Fällen habe sich aber das Vorbringen nicht als stichhaltig erwiesen. Sie gibt dem Wunsche Ausdruck, die Dienstaufsicht möge strenger gehandhabt werden als bisher. Auch bei geringeren Verfehlungen solle sofort und unnachsichtig eingeschritten, bei der Würdigung der Gesuche um Aufnahme in den Gerichtsvollzieherdienst eine strengere Auslese getroffen und bei der Anstellung Vermögens- und Familienverhältnisse und Führung einer strengeren Prüfung unterzogen werden.

StR Dr. Meyer erklärt, die Gerichtsvollzieher seien über alle Maßen angestrengt, so drohten gesundheitliche Schädigungen durch den Dienst. Irgendwelcher Abbau auf dem Gebiete des Vollstreckungswesens sei, wenn man nicht das Eingreifen des Reiches herbeiführen wolle, völlig ausgeschlossen.

ObstPräs. Dr. Müller wünscht, es möchten allgemein die Dienstaufsichtsstellen ihr Augenmerk auf die außerdienstliche Führung der Beamten richten. Bei zahlreichen Disziplinarverfahren sei ihm aufgefallen, welche Lebensführung ungetreue Beamte sich leisten konnten, ohne dass Verdacht geschöpft worden sei.

OLG-Präs. Becker: Die Belastung der Gerichtsvollzieher in der Pfalz steige weiterhin. Die großen Einnahmen, die mit der Vermehrung der Geschäfte verbunden seien, verdürben die Vollstreckungsbeamten. Die Prüfung der Register nach einem Vierteljahr sei viel zu spät. Man sollte es den Amtsvorständen zur Pflicht machen, jede Woche erledigte Akten durchzuprüfen. Zu fragen sei, ob nicht die Aufsicht beweglicher zu gestalten sei; die alten Vorschriften seien zu schematisch.

Zu beklagen sei, dass man bei der Ausübung der Dienstaufsicht selten die Unterstützung der Kollegen des betreffenden Beamten finde. Mit dieser allzu großen Dienstfreundlichkeit müsse gebrochen werden.

3. Bekanntgabe der Geschäfte, die vom 01.01.1930 an auf Rechtspfleger übertragen werden sollen: Die Justizverwaltung gibt die neuen Vorschriften bekannt. Sie finden die Zustimmung der Anwesenden.

4. Handhabung der Dienstvorschriften im Sinne der Geschäftsvereinfachung: Die *Justizverwaltung* verweist auf die schriftlich mitgeteilten Beispiele.

5. Richterbesprechungen: Die *Justizverwaltung* bezeichnet es als wünschenswert, dass die LG-Präs. bei den Visitationen die Gelegenheit benutzen, mit den Richtern allgemeine Fragen (Behandlung neuer, noch *ungeklärter* Rechtssätze; neu auftauchende Streitfragen) besprechen. Auf Anfrage sichert sie die Prüfung der Frage zu, ob für die Abhaltung von Richterbesprechungen Ausbildungsmittel zur Verfügung gestellt werden können.

OLG-Präs. Spangenberger regt an, das ObstLG möge in beachtenswerten Fällen, die zu seiner Entscheidung standen, die Akten über das Ministerium zurückzuleiten, damit dieses von besonders häufigen Fehlern der Gerichte Kenntnis bekomme. – Die Justizverwaltung hält diesen Vorschlag für bemerkenswert und ersucht den Herrn Präsidenten des ObstLG, die Frage im Auge zu behalten.

6. Auswahl von Zeitungen zur Bekanntmachung amtlicher Veröffentlichungen: Die Anwesenden erklären auf Befragen der Justizverwaltung, dass sich Schwierigkeiten wegen umstürzlerischer Betätigung von Blättern bisher nicht ergeben hätten. Streitigkeiten über die Auswahl der Amtsblätter (Zeitungskonzernfrage) seien mit Ausnahme eines Falles nicht bekannt geworden.

OLG-Präs. Spangenberger: Die Zeitungen legten das Hauptgewicht auf das Recht zur Führung der Bezeichnung „Amtsblatt". Die Bekanntmachung von 1912 biete nur die Möglichkeit, eine Zeitung als „Amtsblatt" aufzustellen, auch dort wo ein Konzern bestehe. Er möchte zur Erwägung geben, ob nicht im Falle der Konzernbildung eine Erweiterung dahin möglich sei, dass, wenn die Blätter sich unter sich einigen, alle beteiligten Blätter die Bezeichnung „Amtsblatt" führen dürfen.

Die *Justizverwaltung* weist auf die Schwierigkeiten hin, die sich nun dem Nebeneinanderbestehen mehrerer „Amtsblätter" für den gesetzlich vorgeschriebenen Nachweis der Veröffentlichung im Amtsblatt entstehen könnten. Es bestünden daher Bedenken gegen die offizielle Verleihung der Bezeichnung „Amtsblatt". Dagegen sei nichts zu erinnern, wenn die Zeitungen, die nicht offiziell als Amtsblatt bestimmt seien, am Kopf etwa den Beisatz aufführten: „Veröffentlicht die Bekanntmachungen des ...". Sie sagt nähere Prüfung dieser Frage zu, insbes. soweit nur zwei Zeitungen in Betracht kämen; ebenso Prüfung der Frage, ob einzuschreiten sei, wenn ein Blatt unberechtigterweise die Bezeichnung „Amtsblatt" führe. Sie bezeichnet es als wünschenswert, die Bildung von Zeitungskonzernen zu fördern. – Die Anwesenden erklären, dass ein Bedürfnis, wegen der Auswahl der Zeitungen mit den örtlichen Reichsbehörden ins Benehmen zu treten, nicht hervorgetreten sei.

7. Bestellung der Konkursverwalter: Die *Justizverwaltung* verweist einleitend auf die Aschaffenburger Praxis, zu Konkursverwaltern in der Regel nicht Rechtsanwälte, sondern Kaufleute zu bestellen, und ersucht um Äußerung über die Praxis in den übrigen Bezirken.

OLG-Präs. Becker berichtet von der Klage des Anwaltskammervorstandes in Zweibrücken über zu geringe Beteiligung der Rechtsanwälte bei der Aufstellung von Konkursverwaltern. Der Grund für die Abneigung der Gerichte in der Pfalz, Rechtsanwälte zu bestellen, seien üble Erfahrungen, insbes. Verschleppung von Konkursen, namentlich bei reinen Wirtschaftskonkursen, die sich nicht für Rechtsanwälte eigneten. Bei anderen Sachen würden sowieso durchgehend Rechtsanwälte aufgestellt.

IV. I. Notariat.

a) Empfiehlt sich der Austausch der mit der Prüfung des Gebühren- und Abgabenwesens bei den Notariaten betrauten Beamten unter den einzelnen OLG-Bezirken?

b) Manche Notare entrichten die Abgaben pünktlich nach Anfall, stunden aber den Klienten entgegen § 305 NotGeschO in weitgehendem Maße; sie treiben dadurch unlauteren Wettbewerb gegenüber den Amtsgenossen, die auf schnelle Beitreibung bedacht sein müssen, da ihre Verhältnisse eine Vorschussleistung gegenüber der Notariatskasse nicht erlauben.

c) Die Rechtmäßigkeit der Erhebung der Notariatsabgaben nach dem Sollanfall soll angezweifelt worden sein; dieser Auffassung muss mit Entschiedenheit entgegengetreten werden.

StR Dr. Meyer; Zu a): Er sei kein Freund des Austausches, habe sich aber bisher gefügt. Bei der Zunahme der Disziplinarsachen sei es fast unmöglich, für die Vornahme der Revisionen einen Beamten des Präsidialbüros abzutreten. Er halte es für dringend wünschenswert, dass die Prüfungsbeamten von der Notariatskasse bestellt und bezahlt würden. – Zu b): Er habe in dieser Beziehung keine Bemerkungen gemacht. – Zu c): Abgesehen von einem Falle habe er keine Klage gehört.

OLG-Präs. Spangenberger hält den Austausch für zweckmäßig. Zu b) und c) seien ihm Klagen nicht zu Ohren gekommen.

OLG-Präs. Becker: Zu a): Der Austausch bringe für die OLG große Unannehmlichkeiten mit sich. Er schlage statt des Austausches vor, die Prüfungsbeamten zusammenzurufen und sie auf die Punkte aufmerksam zu machen, auf die sie ihr Augenmerk besonders zu richten hätten. Zu b): Die Fälle übermäßiger Stundung seien in der Pfalz noch nicht ganz verschwunden. Zu c): Nur in der Voruntersuchung gegen einen Pfälzer Notar sei der schüchterne Versuch gemacht worden, die Zulässigkeit der Erhebung nach dem Sollanfall anzuzweifeln. Man könne aber sagen, dass jetzt niemand mehr es wagt, mit einem solchen Zweifel hervorzutreten.

OLG-Präs. Hahn spricht sich gegen den Austausch von Prüfungsbeamten aus. Zu b) und c) seien ihm Klagen nicht zugetragen worden.

OLG-Präs. Aull schlägt statt des Austausches der Prüfungsbeamten Austausch der Prüfungsergebnisse und entsprechende Anweisung an die Prüfungsbeamten vor. Zu b) und c) seien ihm Klagen nicht zu Ohren gekommen.

Die *Justizverwaltung* sichert zu, die Frage der Zusammenfassung der Revisionsbeamten zum Zwecke des Austausches ihrer Erfahrungen im Auge zu behalten.

2. Grundbuchwesen: Der Neigung von AG-Vorständen, als Ersatz für die auszustellenden oder nicht mehr zulässigen Aushilfskräfte Assessoren (Grundbuchkommissäre) anzufordern, ist nicht entgegenzukommen. Den Assessoren müssen, soweit möglich, Verrichtungen gehobener Art vorbehalten bleiben, Assessoren Wochen, ja Monate lang ausschließlich mit dem technischen Vollzuge von Blattumlegungen zu beschäftigen, ist ein Missbrauch dieser Arbeitskräfte. – Diese Erklärung der Justizverwaltung wird zur Kenntnis genommen.

3. Bericht über den Stand der Entwürfe der Gesetze über die Grundbuchbereinigung und über die Fälligkeit der Aufwertungsansprüche. Hinweis auf die Wahrscheinlichkeit, dass die Aufwertungsstellen spätestens von 1931 an neue Aufgaben zugewiesen erhalten werden. Der Bericht der Justizverwaltung diente zur Kenntnis.

V. 1. Justiz und Presse: Die *Justizverwaltung* erklärt, das Verbot der Gerichtssaalberichterstattung durch Beamte habe den Beifall der Landesarbeitsgemeinschaft der bayerischen Presse gefunden, nur ein Memminger Blatt habe dagegen remonstriert. Das Verbot solle auch gegenüber Referendaren, die bei Gericht beschäftigt seien, durchgeführt werden. Die Förderung der Bildberichterstattung sei nicht erwünscht, die Verhältnisse bei der bayerischen Presse gäben aber zu besonderen Maßnahmen keinen Anlass. Die Vorlage der Mitteilungen der gerichtlichen Pressestellen an das Ministerium sei nicht erforderlich. Es sei erwünscht, dass an allen LG für Verbindung mit der Presse gesorgt werde. Allgemein interessierende Mitteilungen seien gleichzeitig mit der Bekanntgabe an die örtliche Presse der Amtlichen Pressestelle beim StM des Äußerns in München zuzuleiten. – Die Justizverwaltung gibt weiter ihrem Bedauern Ausdruck, dass in der Presse Mangel an populären Rechtsdarstellungen herrsche. Sie würde es begrüßen, wenn jüngere Herren angespornt würden, diesem Mangel abzuhelfen.

2. Behandlung der Kosten, die staatlichen oder gemeindlichen Polizeibehörden oder Beamten des Polizei- und Sicherheitsdienstes durch die Aufklärung des Sachverhalts einer strafbaren Handlung vor der Einleitung eines staatsanwaltschaftlichen oder gerichtlichen Verfahrens oder während eines solchen Verfahrens ohne einen Auftrag des StA oder des Gerichts erwachsen. Inwieweit werden solche Kosten von den StA als Kosten des Strafverfahrens behandelt und ersetzt? Empfiehlt sich eine einheitliche Regelung, ggfs. in welcher Weise? ...

3. Vierundzwanzigstundenzählung bei den Justizbehörden, insbesondere in den Strafanstalten und Gerichtsgefängnissen und bei den Strafvollstreckungsbehörden für die Berechnung der Strafzeit.

StR Dr. Meyer: Die Außenstellen stünden auf dem Standpunkte, dass die Vierundzwanzigstundenzählung noch nicht allgemein eingeführt werden solle, bezeichnen dagegen ihre Einführung im Gefängnisdienst als möglich und nicht unzweckmäßig. – *OLG-Präs. Becker* erklärt, die Einführung der Vierundzwanzigstundenzählung werde ganz allgemein gewünscht.

Die *Justizverwaltung* fasst das Ergebnis der Aussprache dahin zusammen, dass die Mehrzahl der Anwesenden sich für die allgemeine Einführung der Vierundzwanzigstundenzählung bei den Justizbehörden ausspreche.

4. Handhabung der §§ 11 und 106 der Dienstvorschriften für die StA.

Die *Justizverwaltung* führt darüber Klage, dass die I. StA teilweise ihre Aufgabe nur in der Führung ihres Referates erblickten, nicht aber in der sachlichen Ausübung der Dienstaufsicht. Diese dürfe sich nicht bloß auf die Inganghaltung des formellen Betriebes beschränken, sondern müsse sich auch sachlich insbesondere in der Prüfung der Aussichten der von den Referenten eingelegten Revisionen auswirken. Es erscheine bedenklich, wenn beispielsweise von 52 staatsanwaltschaftlichen Revisionen nur 28 Erfolg gehabt hätten, 14 ohne Erfolg geblieben und zehn als aussichtslos zurückgenommen worden seien.

OStA Döll weist auf die Zahl der von den Verwaltungsbehörden gewünschten Revisionen hin, die das Verhältnis der erfolglosen Revisionen ungünstig beeinflusse, ohne dass hierfür die StA verantwortlich gemacht werden könne.

OLG-Präs. Hahn: Die Revision des StA solle ein Rechtsgutachten darstellen. Wenn sich hiervon 50% als nicht stichhaltig erwiesen, so sei das ein ungewöhnlich hoher Satz. – Die *Justizverwaltung* ist der Meinung, dass ungeachtet der im Interesse der Verwaltungsbehörden eingelegten Revisionen zahlreiche Revisionen eingelegt worden seien, die sicherlich nicht notwendig gewesen wären. Das mache nach außen keinen guten Eindruck.

GStA Aschenbrenner: Es würden sehr häufig Revisionen von jungen StA eingelegt, ohne dass der I. StA sich um ihre sachliche Begründung bekümmere. Nach seiner Erfahrung seien die Wünsche der Verwaltungsbehörden nicht ausschließlich maßgebend für die hohe Zahl der Zurückweisung staatsanwaltschaftlicher Revisionen.

Die *Justizverwaltung* spricht den Wunsch aus, die Vorstände der StA möchten sich etwas mehr um die sachliche Prüfung der Rechtsmittel bekümmern. Sie bittet die Herren OStA, bei jeder Gelegenheit darauf hinzuwirken, dass die persönliche Fühlungnahme zwischen den Vorständen der StA und den Referenten nach Möglichkeit gefördert werde.

VI. Die Zuwendung gerichtlich auferlegter Bußen an das Obsorgeamt. ...

Außerhalb der Tagesordnung: Die *Justizverwaltung* gibt bekannt, dass sich bei den Disziplinarverfahren gegen nichtrichterliche Beamte hinsichtlich der Stellung der StA zu der zuständigen Verwaltungsbehörde schwer erträgliche Meinungsverschiedenheiten ergeben haben.

GStA Aschenbrenner: Ausgangspunkt der Meinungsverschiedenheiten bei Art. 126 BG [Beamtengesetz], der die OStA und den GStA anweise, den Weisungen des Ministeriums und den Anregungen der Stelle, welche die Einleitung des Verfahrens veranlasst habe, Rechnung zu tragen. Das könne doch nur bedeuten, dass solchen Weisungen insoweit Rechnung zu tragen sei, als es die Lage des Falles gestatte. Indes habe er die Beobachtung gemacht, dass bei den StA der Disziplinargerichte verschiedene Auffassungen hierüber herrschten. Es sei bei den StA der ersten Instanz der Brauch, direkt bei der Verwaltungsbehörde anzufragen, welche

Anträge sie in der Hauptverhandlung gestellt wissen wolle. Der StA müsse aber selber wissen, welche Anträge er in der HV zu stellen habe. Er sei nach seiner Meinung nur verpflichtet, *den* Antrag zu stellen, der sich aufgrund des Ergebnisses der HV aufrechterhalten lasse. Nur wenn die Sache zweifelhaft sei, dürfe er sich dem Standpunkte der Verwaltungsbehörde anschließen. Manche StA folgten aber diesen Weisungen absolut, ja es sei sogar formularmäßig um Weisung gebeten worden. Dieses Verfahren halte er für unzulässig. Dieselben StA berichteten über den Ausgang des Verfahrens erster Instanz an die Verwaltungsbehörden und erbäten sich Direktiven für die Berufungsbegründung. Das könne an und für sich nicht beanstandet werden; doch dürfe diese Korrespondenz nicht in die Gerichtsakten eingelegt werden. Denn der GStA müsse sich mit der Zentralstelle in Verbindung setzen und es sei dann misslich, wenn in den Gerichtsakten, die der Verteidiger einsehen könne, der Schriftwechsel mit der Mittelstelle liege und dieser sich mit der Ansicht des Ministeriums nicht decke.

StR Dr. Meyer klagt, dass die Verwaltungsbehörden Sachen zur Verfolgung im Dienststrafverfahren herübergäben, die im Ordnungsstrafverfahren erledigt werden könnten. Die *Justizverwaltung* erklärt, Weisungen für die HV könnten weder erbeten noch erteilt werden, weil das Ergebnis der HV nicht vorausgesehen werden könne. Die OStA teilen diesen Standpunkt. Die Justizverwaltung bittet, die OStA möchten dafür sorgen, dass entsprechend verfahren werde, dass die formularmäßige Einholung von Weisungen bei der Verwaltungsbehörde unterbleibe und die von den StA mit der Verwaltungsbehörde geführte Korrespondenz nicht zu den Gerichtsakten gebracht werde.

ObstLG-Präs. Dr. Müller klagt über die schlechte Aktenführung und bittet die Herren OLG-Präs., dafür zu sorgen, dass bei der Vorlage der Akten an das ObstLG eine weitere Urteilsabschrift zum persönlichen Gebrauch des Senatsvorsitzenden beigelegt werde.

OLG-Präs. Hahn klagt über die geringen Leistungen der Beamtenkrankenkasse. – Die *Justizverwaltung* glaubt nicht, dass mit einer Erhöhung dieser Leistungen in der nächsten Zeit gerechnet werden könne; es sei sogar zu besorgen, dass auf der gegenwärtigen Basis nicht weitergewirtschaftet werden könne.

X. Besprechung vom 15./16.12.1930

Teilnehmer:
der Präs. des ObstLG, Dr. Müller,
der Präs. des OLG Bamberg, Spangenberger,
der Präs. des OLG Zweibrücken, Becker,
der Präs. des OLG Nürnberg, Hahn,
der Präs. des OLG Augsburg, Aull,
der GStA b.d. ObstLG, Burkhardt,
der Senats-Präs. am ObstLG, Gerber,
der GStA b.d. OLG Zweibrücken, König,
der GStA b.d. OLG Nürnberg, Leuchs,
der GStA b.d. OLG Bamberg, Döll,
der GStA b.d. OLG Augsburg, Troeltsch,
der Senats-Präs. am OLG München, Dr. Schultz,
der OStA am OLG München, Groß.

I. Angelegenheiten des höheren Personals und Haushaltsangelegenheiten.

1. Vollzug der Bekanntmachung über die Behandlung der Personalangelegenheiten vom 17.05.1930 (JMBl. S. 59).

a) Die Justizverwaltung erklärt, dass der Maßstab der bei der Qualifikation in den einzelnen Bezirken angelegt werde, nicht immer das Gleiche sei. Wesentlich sei nicht die „absolute Qualifikation", vielmehr müsse erstrebt werden, die Maßstäbe in den einzelnen Bezirken einander anzugleichen. Ergebe sich bei der Qualifikation ein besonders auffallender Widerspruch des Ergebnisses mit der Prüfungsnote, so sei eine besonders eingehende Begründung erwünscht. Das Verfahren bei der Qualifikation zum Rat am ObstLG habe sich bewährt.

b) Es frage sich, ob es sich nicht empfehle, das gleiche Verfahren auch bei der Qualifikation zum Rat am OLG einzuführen. In diesem Falle bedürfe es einer besonderen Würdigung der richterlichen Tätigkeit des Beamten, die vor allem anhand von Urteilen zu erfolgen habe.

OLG-Präs. Spangenberger: Die neuen Vorschriften hätten sich im Allgemeinen bewährt; nur werde der Unterschied zwischen dem früheren „besonders tüchtig" und dem jetzigen „ganz besonders tüchtig" noch immer nicht recht beachtet. Die Anforderung von Akten komme in der Regel nur dann in Frage, wenn Zweifel bestünden. Dabei dürfe aber die Auswahl der Akten nicht dem Qualifikanten überlassen werden. Bei der Qualifikation von Notaren empfehle sich die Durchsicht von Urkunden.

Auch OLG-Präs. Becker berichtet von der Neigung der LG-Präs., das frühere „besonders tüchtig" einfach in „ganz besonders tüchtig" umzuwandeln. Es helfe wenig, wenn eine solche Qualifikation zur Nachprüfung zurückgegeben werde, da wenig Bereitschaft zum Nachgeben bestehe. Es bleibe nur der Weg übrig, dass das Präsidium des OLG die Qualifikation selbst abändere.

ObstLG-Präs. Dr. Müller weist darauf hin, dass bei der Qualifikation zum ObstLG-Rat vielfach die Beurteilung des ObstLG mit der Beurteilung der anderen Stellen nicht übereinstimme, namentlich was die Würdigung der rechtsschöpferischen und rechtsgestaltenden Begabung anlange. Je kleiner die Behörde sei, desto besser falle in der Regel die Qualifikation aus, was sich aus kollegialer Rücksichtnahme erkläre. Schwierigkeiten mache die Beurteilung aufgrund von Einzelheiten dann, wenn es sich um Direktoren handle, denn diese beteiligten sich an der Urteilsfassung nicht in genügendem Maße.

2. Unter welchen Voraussetzungen darf das dienstliche Mitglied eines Senats oder einer Kammer den Vorsitz führen, ohne dass dadurch gegen die Bestimmungen des GVG verstoßen wird? (vgl. das Urteil des ObstLG vom 05.11.1930, Reg. I Nr. 140/30).

Die Justizverwaltung gab zunächst einen eingehenden Überblick über die Rechtsprechung des RG zu dieser Frage und bat sodann um Meinungsäußerung zu der durch das Urteil des ObstLG geschaffenen Lage.

ObstLG-Präs. Spangenberger: Durch das Urteil sei ein höchst unerfreulicher Zustand geschaffen worden. Den Anforderungen des ObstLG könne praktisch überhaupt nicht entsprochen werden. In der Urteilsbegründung spiele eine große Rolle die Frage, ob der Senatsvorsitzende die außerhalb der Sitzung zu treffenden Verfügungen zu zeichnen habe. Solche Verfügungen seien teilweise ganz belangloser Art, teilweise hätten sie die Kenntnis der Akten zur Voraussetzung. Der OLG-Präs. müsste also, um eine solche Verfügung zu treffen, Akten lesen und studieren, ohne dass von vornherein feststehe, ob er in der Sache auch an der Urteilsfindung beteiligt sei. Die gleiche Sachlage bestehe auch hinsichtlich der Beteiligung an Beschlüssen, die ohne mündliche Verhandlung ergingen. Auch hier sei in der Mehrzahl der Fälle das Studium der Akten erfordert. Dazu habe der OLG-Präs. keine Zeit. Die Hauptsache sei und bleibe nach seiner Ansicht die Beteiligung des Präsidenten an der Urteilsfindung. Daran habe er sich in jeder vierten Sitzung beteiligt. Nun habe das ObstLG darauf abgestellt, wie viele Urteile in der betreffenden Sitzung herauskämen. Dabei sei es zu einem ganz zufälligen Ergebnis gekommen, weil seine Rechnung sich auf eine Zeit bezogen habe, in der er sich in Urlaub befunden habe. In der Folgezeit sei fast ein Drittel der Urteile unter seinem Vorsitz ergangen. Da könne man doch nicht von einer unerheblichen Beteiligung am Vorsitz sprechen. Er habe den Versuch gemacht, sich noch weiter zu beteiligen. Das sei aber nicht möglich, ohne dass beide Tätigkeiten, die richterliche und die in der Justizverwaltung, darunter litten. Die Verwaltungsgeschäfte nähmen immer mehr zu. Er habe keine Hilfskraft mehr. Das OLG Bamberg sei seit Jahren unterbesetzt. Selbst wenn ihm ein Präsidialrat beigeordnet werde, so entbinde ihn das nicht von der Pflicht zu eigener Prüfung. Die Entlastung durch eine solche Hilfskraft sei daher nicht allzu hoch anzuschlagen.

OLG-Präs. Becker: Das Urteil des ObstLG habe auch in der Pfalz Aufsehen erregt. Seiner Meinung nach habe es sowohl die rechtliche Seite der Frage als auch die tatsächliche Beurteilung im Einzelnen überspannt. Es hätte auf die praktischen Verhältnisse mehr Rücksicht nehmen müssen. Eine Abhilfe halte er nur auf folgendem Wege möglich: Der Präsident kann den Vorsitz in allen jenen Sachen übernehmen, bei denen die Revision an das ObstLG geht; er könne auch die formalen Geschäfte übernehmen, soweit sie nicht eingehendes Aktenstudium erfordern. Auch könne man einen neuen Senatspräsidenten schaffen; dann habe aber der Präsident keine Möglichkeit mehr, sich an der Rechtsprechung zu beteiligen, es sei denn, man bilde für ihn einen ganz kleinen Präsidialsenat. Endlich könne man auch an eine Gesetzesänderung denken.

OLG-Präs. Hahn: Er sei betroffen über den Geist, in dem das Urteil des ObstLG vorbereitet und abgefasst worden sei. Die Forderungen, die es aufstelle, könnten unmöglich erfüllt werden. Auch in Nürnberg sei die Aufstellung eines Präsidialrats zur Entlastung des Präsidenten bei den Justizverwaltungsgeschäften wegen der großen Geschäftslast des Gerichts nicht möglich. Seine Vorgänger hätten sich am Vorsitz überhaupt nicht beteiligt. Er habe den Versuch gemacht, sich an der Rechtsprechung zu beteiligen und führe im Monat einmal den Vorsitz. Im Übrigen müsse er den Vorsitz im ersten Zivilsenat dem ältesten Rat überlassen. Er sehe keinen anderen Ausweg, als den Präsidialsenat mit einem eigenen Senatspräsidenten zu besetzen.

SenPräs. Gerber: Redner berichtet über den sog. schwarzen Strafsenat beim ObstLG.

Die Justizverwaltung erklärt, dass der Gedanke, den Präsidialrat neben dem Präsidenten noch mit einem Senatspräsidenten zu besetzen, vom RJM abgelehnt werde.

SenPräs. Dr. Schultz sieht die Möglichkeit, für München den Anforderungen des Urteils des ObstLG gerecht zu werden, darin, dass ein erheblicher Prozentsatz der Justizverwaltungsgeschäfte, soweit sie rein schematisch seien, von einem gut eingearbeiteten Hilfspersonal erledigt werden, während andere Teile von einem Präsidialrat vorbereitet oder auch auf einen SenPräs. abgewälzt werden könnten.

Die Justizverwaltung fasst die Meinung der Anwesenden dahin zusammen, dass ein Ausweg dahin, den OLG-Präs. die nicht aufgrund mündlicher Verhandlung zu treffenden Verfügungen einfach unterschreiben zu lassen, nicht für würdig angesehen werde.

ObstPräs. Dr. Müller erklärt, das ObstLG habe seinem Urteil keinesfalls die Quantentheorie zugrunde gelegt; es habe sich auch kein Vergnügen daraus gemacht, der Justizverwaltung Schwierigkeiten zu bereiten. Das Urteil sei im ganzen Zivilsenat beraten und einstimmig beschlossen worden. Zu einer so großzügigen Behandlung der Sache wie das RG habe man sich nicht entschließen können. Die Gerichte seien nicht dazu da, den Bedürfnissen der Verwaltung unter allen Umständen Rechnung zu tragen; das Publikum habe einen Anspruch, dass das Gericht richtig besetzt sei.

Zu I, 4 der TO: Einsparungsmöglichkeiten im Justizhaushalt. ...

Zu VII der TO: Strafrecht und Strafprozess: Die Justizverwaltung stellt die Frage der Verzögerung der Strafverfahren durch Sachverständige zur Debatte.

OLG-Präs. Hahn: Die Verzögerung habe in der Regel daran gelegen, dass die Gutachten nicht rechtzeitig erstattet würden. In München und Nürnberg seien wenig geeignete Leute vorhanden, die als verlässige Sachverständige anzusprechen seien. Der Mangel an Konkurrenz verursache die schleppende Tätigkeit. – Auch die GStA von Nürnberg, Augsburg und München klagen über die geringe Zahl zuverlässiger Sachverständiger. – Die Justizverwaltung hält es für wünschenswert, der Frage Aufmerksamkeit zu schenken, auf welche Weise die Zahl der Sachverständigen vermehrt werden könne. Sie sagt Fühlungnahme mit dem Verband der Büchersachverständigen und den Handelskammern zu.

Von dem § 212 StPO werde nach ihrer Beobachtung sehr wenig Gebrauch gemacht. Das Haftjourverfahren eigne sich nur für gewisse Delikte. Eine große Zahl könnte nach § 212 StPO erledigt werden, wenn Gericht und StA mehr davon Gebrauch machen würden. Es wäre wünschenswert, dass wenigstens in München und Nürnberg von diesem Verfahren häufiger Gebrauch gemacht würde.

OStA Groß: Der Einführung dieses Verfahrens stünden in München Geschäftsrücksichten entgegen. Bedenken würden auch nach der Richtung erhoben, dass die Vorbereitung der Sache darunter leide, wenn nicht ein glattes Geständnis vorliege. Bei schlechter Vorbereitung drohe Berufung, die gründliche Vorbereitung müsse dann in zweiter Instanz nachgeholt werden, was keine günstige Beurteilung finde.

OLG-Präs. Hahn: Das Schnellverfahren werde in Zeiten gewünscht, in denen die Volksseele erregt sei. Es sei bedenklich, ihrem Drängen nachzugeben. Eine genaue Ermittlung des Sachverhalts sei nur dann möglich, wenn man genügend Zeit habe, der Sache nachzugehen.

GStA Döll erklärt, das Berliner Schnellverfahren sei als ein „eines Kulturstaates unwürdiger Massenbetrieb" bezeichnet worden.

Die Justizverwaltung bittet, man möge dafür Sorge tragen, dass die gerichtliche Erledigung der sog. Straßenschlachten nach Möglichkeit beschleunigt werde. – Sie weist darauf hin, dass das Strafbefehlsverfahren nur dann eine Kostenvorbilligung mit sich bringe, wenn es weise gehandhabt werde. Die Zahl der Fälle, in denen begnadigt werden müsse, weil der Strafbefehl falsch sei, sei so groß, dass es der Mühe wert sei, die StA zu erinnern, das Strafbefehlsverfahren nicht falsch zu gebrauchen. Die Justizverwaltung erörtert sodann die Versuche eines pfälzischen AG, durch Beifügung eines Formblattes die Erhebung von Einsprüchen zu vermindern. – OLG-Präs. Becker erklärt hierzu, er habe dieses missbräuchliche Verfahren sofort abgestellt.

Die Justizverwaltung führt weiter aus, es zeige sich nicht selten, dass mit der Verbüßung kurzer Freiheitsstrafen der Verlust der Arbeitsgelegenheit verbunden sei. Es frage sich in solchen Fällen oft, ob es zweckmäßig war, eine Freiheitsstrafe zu verhängen. Naheliegend wäre es in solchen Fällen, statt der Freiheitsstrafe eine Geldstrafe auszusprechen oder sie bedingt zu erlassen. Dagegen sei es misslich, wenn dies erst im Wege der Begnadigung geschehen müsse.

Bei dem Zusammenwirken der Justizbehörden mit den Stellen der Reichsbahngesellschaft hätten sich wiederholt Schwierigkeiten ergeben. Die Justizverwaltung bittet daher, davon Kenntnis zu nehmen, welche Verhandlungen zwischen ihr und der Gruppenverwaltung Bayern nach dieser Richtung gepflogen worden seien. Nach dem Eisenbahnunfall bei Siegelsdorf sei die Reichsbahngesellschaft an die

Justizverwaltung mit dem Ersuchen herangetreten, es möchten doch die Justizbehörden im Interesse eines gedeihlichen Zusammenwirkens auf das Wesen und den Zweck der Reichsbahngesellschaft hingewiesen werden. In einer Besprechung am 08.09.1930 habe der Vertreter der Gruppenverwaltung Bayern ausgeführt, dass seiner Ansicht nach die Ursache der feindseligen Einstellung der Justizbehörden darin zu suchen sei, dass die Justizbeamten über Wesen und Bedeutung der Reichsbahngesellschaft nicht unterrichtet seien. Es herrsche vielfach die Ansicht, die Reichsbahngesellschaft sei eine Privatgesellschaft, die eigennützigen Zwecken und ausländischen Interessen diene.

Die Justizverwaltung habe demgegenüber darauf hingewiesen, dass der Grund der Misshelligkeiten nicht in der Verkennung des rechtlichen Charakters der Reichsbahngesellschaft durch die Justizbehörden zu finden sei. Die Rechtsprechung des RG, die das Wesen der Reichsbahngesellschaft klarstelle, sei vielmehr den Gerichten bekannt. Die Fehlerquellen seien andere: Vor allem § 17 der Unfallmeldevorschriften der Reichsbahn, sodann aber die Weisung der Hauptverwaltung, dass die Bediensteten der Reichsbahn der Kriminalpolizei oder der StA über Vorgänge im Betrieb der Reichsbahn zwar bereitwillig Auskunft erteilen sollten, aber sich auf die Pflicht zur Amtsverschwiegenheit berufen müssen, wenn dazu Anlass bestehe. Die Folge sei, dass die Bediensteten der Reichsbahn sich allzu häufig hinter das Amtsgeheimnis verschanzten. Weiter habe die Justizverwaltung den gelegentlichen Mangel der Beistandsleistung beklagt und die Meinungsverschiedenheiten über das Recht zur Einstellung des Betriebs zum Zwecke der Sicherung des Beweises. Das Ergebnis der Aussprache sei die Zusage gewesen, die Reichsbahndirektionen würden veranlasst, den § 17 der Unfallmeldevorschriften stets im Zusammenhalt mit § 33 auszulegen. Wegen einer Änderung des § 17 schwebten zurzeit Verhandlungen. Bei Berufung auf das Amtsgeheimnis möge die StA fernmündlich bei der Direktion um Entbindung nachsuchen. Jeder Beamte sei über die Person des zuständigen Dezernenten unterrichtet. Bei größeren Unfällen sei der Dezernent selbst an der Unfallstelle, so dass dort die Entbindung vom Amtsgeheimnis erfolgen könne.

Anerkannt wurde, dass die Reichsbahndirektion zur Herausgabe von Akten verpflichtet sei, wenn die StA darum nachsuche. Erwünscht sei die unmittelbare Anforderung bei der Direktion, nicht bei untergeordneten Stellen. Die Beschlagnahme von Akten sei von dem Vertreter der Gruppenverwaltung Bayern als unzulässig bezeichnet und der Wunsch ausgesprochen worden, die Justizbehörden darauf hinzuweisen. Die Justizverwaltung habe dies abgelehnt, weil eine solche Weisung einen Eingriff in die Rechtsprechung der Gerichte darstellt. Zur Sachverständigenfrage habe die Gruppenverwaltung Bayern erklärt, sie werde als Sachverständige nur Beamte aus anderen Direktionsbezirken als dem Unfallbezirk benennen, andere Sachverständige als Reichsbahnbeamte könne die Reichsbahn nicht als vollwertig anerkennen. Zugegeben wurde, dass der StA das Recht zustehe, zur Sicherung des Beweises den Betrieb einzustellen, wenn nicht die Sicherheit des Betriebes dadurch gefährdet werde. Die Gruppenverwaltung Bayern habe sich aufs Höchste daran interessiert erklärt, ein reibungsloses Zusammenarbeiten mit den Justizbehörden herbeizuführen und gebeten, es möge die Kunde von diesem Bestreben der Gruppenverwaltung bis zu den untersten Stellen dringen. Die Justizverwaltung knüpft daran die Bitte, es möchten Reibungen wenigstens in der Öffentlichkeit unter allen Umständen vermieden werden.

Die Justizverwaltung macht darauf aufmerksam, dass es vorgekommen sei, dass bei tödlichen Autounfällen primär auf Geldstrafe erkannt worden sei. Sie bittet zu erwägen, ob nicht durch Einlegen von Rechtsmitteln auf die Verhängung von Freiheitsstrafen hingewirkt werden könne. Allgemeine Weisungen halte sie nicht für erforderlich, hegt aber den Wunsch, die GStA möchten diese Frage gelegentlich mit den OStA besprechen.

Die Berichterstattung über wichtige Vorkommnisse habe nicht immer den Erwartungen entsprochen. Von einem Mordfalle habe das Justizministerium einmal erst durch Mitteilung des Schwurgerichtsurteils in der Presse Kenntnis erhalten. Was im Einzelfalle als wichtiges Vorkommnis zu betrachten sei, lasse sich allerdings nicht spezifizieren. Die Herren GStA möchten aber die OStA darauf hinweisen, dass es sich bei dieser Berichterstattung nicht um eine bürokratische Einrichtung handle. – § 77 der Dienstvorschriften für die StA gehe seinem Wortlaut nach über das Bedürfnis hinaus. Formelle Zustellung sei nur dann erforderlich, wo Beschwerde möglich sei. – Die Anwesenden sind darüber einig, dass an der Fortführung der Alkoholstatistik kein Interesse bestehe.

Was die Bildberichterstattung im Gerichtssaale anlange, so sei daran festzuhalten, dass die Sitzung nicht zur Filmbühne gemacht werden dürfe. Bildaufnahmen seien zu verhindern, wenn damit irgendwie eine Beeinträchtigung der Würde des Gerichts verbunden sei.

VIII. Gerichtsbücherei…

VI. Grundbuchwesen. Die Justizverwaltung berichtet über den Vollzug der Bekanntmachung [über das Grundbuchwesen] vom 21.12.1929 [JMBl. 1919, 143]. – Wünsche nach einer Erweiterung der Zuständigkeit der Rechtspfleger wurden nicht vorgebracht. OLG-Präs. Hahn erklärt, die bisherige Regelung reiche vollständig aus. OLG-Präs. Becker erwähnt, die Rechtspfleger drängten sich selbst nicht nach einer Übertragung gem. § 2 der Bekanntmachung. Sodann wurden der Katalog der übertragbaren Geschäfte und die Möglichkeiten einer Erweiterung besprochen. Hinsichtlich der Heranbildung des Nachwuchses zum Rechtspflegeramt bestand Übereinstimmung dahin, dass das Hauptgewicht auf die Erziehung durch den Richter zu legen sei. Der Wert der Kurse der Verwaltungsakademie wurde zurückhaltend beurteilt.

OLG-Präs. Hahn erklärte, er habe einen Teilnehmer des letzten Kurses nach seinem Urteil über die praktischen Erfolge gefragt. Das Urteil des Befragten und seiner Kollegen gehe dahin, dass sie für die Praxis nichts gelernt hätten. Diejenigen Beamten, die im Grundbuchwesen bereits ausgebildet seien, hätten nichts Neues erfahren, die übrigen hätten den Vorträgen nicht folgen können, weil das Niveau zu hoch gewesen sei. Allgemein sei man sehr enttäuscht darüber gewesen, dass die Dozenten sich nicht darauf eingelassen hätten, Streitfragen zu besprechen. Er habe den Eindruck gewonnen, als seien die Beamten des mittleren Dienstes in ihrer

Mehrheit gar nicht fähig, einen solchen Kurs mit Erfolg mitzumachen. Sie besäßen nicht die Ausdauer, den Vorträgen eine ganze Woche lang zu folgen. Schon nach einer Stunde träten Ermüdungserscheinungen auf.

SenPräs. Dr. Schultz: Es sei ein großes Wagnis gewesen, in dieser Form und in so kurzer Zeit einen Grundbuchkurs abzuhalten. Nach seiner Meinung sei allerdings für Anfänger nicht zu hoch gegangen worden. Jedoch seien die Teilnehmer rasch ermüdet und hätten kein allzu großes Interesse an den Tag gelegt. Manche hätten sich auch nur beteiligt, um auf einige Zeit nach München zu kommen. Der Versuch möge nicht wiederholt werden. Die theoretische Ausbildung sei zwar wünschenswert, aber nicht unbedingt notwendig. Ihm schwebe vor, in Kursen, über deren Ausgestaltung im Einzelnen noch zu reden sein werde, einzelne besonders geeignete Beamte auszubilden, die dann im kleineren Rahmen ihre so erworbenen Kenntnisse ihren Kollegen vermitteln könnten.

2. Durchführung der Grundbuchbereinigung: OLG-Präs. Becker: Die Durchprüfung der Grundbücher werde in der Pfalz nicht ohne Personalvermehrung möglich sein.

OLG-Präs. Hahn: In Nürnberg werde man mit dem vorhandenen Personal auskommen.

SenPräs. Dr. Schultz: Für München glaube er, ohne Personalvermehrung nicht durchzukommen.

3. Vollzug des § 5 der Bekanntmachung vom 06.09.1930 (JMBl. S. 143). OLG-Präs. Spangenberger: Im Vollzuge des § 5 aaO. sei die Durchprüfung sämtlicher nicht erledigter Aufwertungsakten bereits erfolgt.

OLG-Präs. Becker: Die Durchsicht sei auch in der Pfalz im Wesentlichen beendet. In der Hauptsache sei fast nichts gefunden worden. Dagegen habe Ludwigshafen über 1.000, Zweibrücken 60–70 unerledigte Sachen. Welche Arbeit sich daraus für die Grundbücher ergebe, könne nicht gesagt werden.

SenPräs. Dr. Schultz: In München seien 1.500 Akten schon an das Grundbuchamt geleitet worden, etwa 500 würden ihm noch zuzuleiten sein.

4. Wiederbesetzung der Aufwertungsstellen. Über Kündigungen aufgrund des Verzinsungsgesetzes seien keine besonderen Beobachtungen gemacht worden. Auch ein Massenanfall von Stundungsgesuchen sei nach den bisherigen Beobachtungen kaum zu erwarten. Doch könne man sich hierüber noch kein sicheres Bild machen.

Kritik an Genossenschaften. Die Justizverwaltung erwähnt Äußerungen von Richtern, die sich über die Darlehenskassen abfällig aussprechen. Sie knüpft daran die Bitte, die Herren OLG-Präs. möchten dahin wirken, dass eine solch allgemeine Kritik künftig unterbleibe.

IV. Angelegenheiten des Arbeitsgerichts und Vormundschaftsgerichts.

1. Die bayerischen Arbeitsgerichtsbehörden haben besondere Wahrnehmungen über die Verwahrlosung Jugendlicher nicht machen können. Wer das Zusammenarbeiten mit dem Vormundschaftsgericht und dem Jugendamt anlange, so könne die Vorschrift in Art. 28 Abs. 2 des Jugendamtsgesetzes für ausreichend angesehen werden. Diese Vorschrift werde in der Praxis keineswegs so eng ausgelegt, dass sie sich nur auf die Fälle der Fürsorgeerziehung im technischen Sinne beziehe. Bei einer nicht

allzu engherzigen Auslegung der Vorschrift bestehe auch kein Bedürfnis nach einer allgemeinen Weisung.

2. Die Justizverwaltung berichtet von einer Beschwerde, die über mangelnde Unterstützung einer Jugendfürsorgebehörde durch das Vormundschaftsgericht klage. Umgekehrt seien auch Beobachtungen dahin gemacht worden, dass der Vormundschaftsrichter keineswegs immer die erforderliche Unterstützung des Jugendamts erhalte. Die Herren OLG-Präs. erklären, sie hätten Beobachtungen ähnlicher Art bisher nicht gemacht.

3. Das Mahnverfahren spielt nach Ansicht der Herren OLG-Präs. bei den Arbeitsgerichten nur eine zahlenmäßig geringe Rolle. Zweifel an seiner Zulässigkeit seien jedoch nirgends hervorgetreten.

V. Zivilprozessangelegenheiten.

1. Die Verhältnisse der Rechtsagenten wurden besprochen.

2. Die Justizverwaltung teilt mit, dass an sie wegen der Aufstellung einer Prorogationsstatistik herangetreten worden sei. Sie habe kein Interesse an der Aufstellung einer allgemeinen Statistik dieser Art. Einzelwünsche blieben der Erledigung durch die Herren OLG-Präs. vorbehalten.

3. Die Bildung von ständigen Schiedsgerichten (Viehhandelsschiedsgericht, Schiedsgericht zur Erledigung von Servituten-Streitigkeiten) sei nicht mit Unterstützung der Justizverwaltung geschehen, sie konnte nur trotz Widerspruchs nicht verhindert werden.

4. Die Justizverwaltung führt aus, dass die Klagen über die lange Dauer von Zivilprozessen noch immer nicht verstummt seien. Nach der Novelle von 1924 hätten sich zwar die Verhältnisse gebessert, ja es sei eine beträchtliche Beschleunigung der Verfahren feststellbar gewesen. Im Laufe der Jahre hätten sich aber die Verhältnisse wieder verschlechtert und jetzt habe man fast überall die gleichen Zustände wie vor 1924. Man sehe, dass das Gesetz, das den Gerichten sehr wirksame Mittel zur Beschleunigung an die Hand gebe, praktisch nicht ausreiche. Die Justizverwaltung stehe daher vor der Aufgabe, durch andere Mittel Abhilfe zu schaffen. Die Gründe der Prozessverschleppung lägen in Folgendem: Entscheidungsreife eines Rechtsstreites werde erst dann als gegeben angesehen, wenn die Anwälte zum Schluss zu verhandeln bereit seien. Das Gericht unterlasse es, gleich bei Eingang der Klage auf eine klare Sichtung der Rechts- und Sachlage hinzuwirken. Dagegen gäbe es nur ein wirksames Mittel, nämlich die Art der Prozessführung durch den Richter zu einem entscheidenden Gegenstand der Qualifikation zu machen und schließlich auch die Folgen in Gestalt schlechter Qualifikation eintreten zu lassen. – Die Herren OLG-Präs. bezeichnen das als selbstverständlich. – OLG-Präs. Becker wünscht die Abschaffung der förmlichen Vertagungsprotokolle.

III. Allgemeine Beamtenangelegenheiten. Die Justizverwaltung gibt eine Zuschrift des RIM und des RJM über kommunistische Propaganda unter den Justizbeamten und Angestellten bekannt. – Die Anwesenden erklären, sie hätten Beobachtungen über eine solche Propaganda nicht gemacht.

II. Angelegenheiten des mittleren Personals....

Zu I 3 der Tagesordnung: Die Justizverwaltung gibt die Grundsätze für die Besetzung von Hilfsrichterstellen am RG und die Ernennung zum RG-Rat bekannt.

XI. Besprechung vom 16./17.11.1931

1. Personalangelegenheiten: Die Herren OLG-Präs. werden gebeten, bis zum 01.04.1932 dem JMin. einen Besetzungsplan für die Geschäftsstelle jedes einzelnen Gerichts des OLG-Bezirks vorzulegen. Die Besetzungspläne sollen angeben den Bedarf an Urkundsbeamten sowie an Kanzleikräften (Kanzleibeamten und Aushilfskräften). Erwünscht wäre bei den Urkundsbeamten eine Unterteilung nach Oberinspektoren sowie Inspektoren auf der einen und den übrigen Urkundsbeamten auf der anderen Seite; bei den Kanzleibeamten empfiehlt sich entsprechende Unterteilung nur, soweit ganz große Gerichte in Frage kommen.

Bei der Aufstellung der Besetzungspläne ist zu beachten, dass sich die Gesamtzahl der Geschäftsstellenbeamten eines OLG-Bezirks nicht erhöhen darf, wobei unter Geschäftsstellenbeamten die sämtlichen Beamten, Beamtenanwärter, Kanzleiangestellten und Aushilfsschreiber zu verstehen sind. Dagegen können bei dem einen Gericht Personalmehrungen vorgeschlagen werden, wenn sich bei dem anderen die Besetzung entsprechend mindert. Ebenso ist eine Verschiebung in dem Zahlenverhältnis, in dem bisher Urkundsbeamte, Kanzleibeamte und Aushilfskräfte innerhalb des OLG-Bezirks zueinander standen, zulässig und häufig wohl auch möglich und nötig, zumal die Übertragung minder wichtiger Arbeiten auf minder besoldete Kräfte einen Hauptzweck der Neuregelung bildet.

Urkundsbeamte sind: Justizamtmänner, Rechnungsräte, Justizoberinspektoren, Justizinspektoren, Justizobersekretäre, Justizsekretäre; Anwärter auf Urkundsbeamtenstellen (ohne Prüfung!); Justizassistenten und Justizanwärter (Inzipienten). – Kanzleibeamte und Anwärter sind: Kanzleiobersekretäre, Kanzleisekretäre, Kanzeleiassistenten, Kanzleigehilfen und Kanzleianwärter.

Die Herren GStA werden gebeten, für ihren Geschäftsbereich entsprechende Besetzungspläne vorzulegen.

II. Spar- und Entlastungsmaßnahmen.

1. Es ist dringend notwendig, alle Möglichkeiten auszuschöpfen, um durch technische Vereinfachung der Geschäfte, zweckmäßige Dienstaufteilung und Vereinfachung des Dienstbetriebs Ersparnisse zu erzielen. Die Herren OLG-Präs. und GStA werden ersucht, die unterstellten Behörden immer wieder auf diese Notwendigkeit hinzuweisen.

Den Herren OLG-Präs. und GStA werden demnächst die Vorschläge des Landesverbands des Bundes Deutscher Justizamtmänner zur Geschäftsvereinfachung zugehen; sie werden ersucht, nach Fühlungnahme mit den Außenbehörden dazu Stellung zu nehmen und ihre Stellungnahme zusammen mit etwa weiteren ihnen zugegangenen brauchbaren Vorschlägen dem Staatsministerium der Justiz bis etwa 01.02.1932 vorzulegen. Die Entschließung über die weitere Verarbeitung und Verwertung dieser Vorschläge bleibt vorbehalten. – Die Herren GStA werden ersucht, etwaige Vorschläge zur Ergänzung und Berichtigung der Dienstvorschriften in Strafsachen und der Begnadigungsvorschriften *sofort* vorzulegen, soweit solche

Vorschläge unschwer noch im Rahmen der vor dem Abschluss stehenden Bereinigung des JMBl. berücksichtigt werden könnten.

2. Durch die Aussprache vorerst erledigt.

Außerhalb der Tagesordnung:
1. In den Beratungszimmern und auf den Sitzungstischen einiger außerbayerischer *Pachteinigungsämter* sollen mehrfach „Richtlinien für die Beisitzer bei den Pachteinigungsämtern" aufgelegt worden sein, die einseitig von einer Interessentengruppe aufgestellt offensichtlich den Zweck hatten, die Beisitzer in ihrem Sinne zu beeinflussen. In Bayern ist das bisher nicht beobachtet worden. Vom Standpunkte der Justizverw. kann eine solche einseitige Werbung für die Anschauungen einer Interessentengruppe in den Räumen des Gerichts nicht geduldet werden.

2. Der Vertrag über die *Annahme an Kindes Statt* – kann nach § 1750 Abs. 1 Satz 1 BGB nicht durch einen Vertreter geschlossen werden, auch dann nicht, wenn es sich nur um eine Stellvertretung in der Übermittlung der Willenserklärung handelt (vgl. ObLG Ziv. Bd. 31 S. 50). Das Jugendamt Nürnberg weist darauf hin, dass mehrfach beim Abschluss von Adoptionsverträgen gegen dieses Verbot verstoßen worden sei, es regt an, die Adoptionsverträge auf eine gewisse Zeit zurück allgemein nachzuprüfen und auf eine Erneuerung der wegen Verstoßes gegen das gesetzliche Verbot nichtigen Verträge hinzuwirken. – Nach übereinstimmender Meinung der Herren OLG-Präs. ist es weder notwendig noch zweckmäßig, dieser Anregung zu folgen, im Interesse aller Beteiligten ist es vielmehr gelegen, von Amts wegen nichts weiter zu unternehmen. Der Herr Präs. des OLG Nürnberg wird Gelegenheit nehmen, mit dem Leiter des Jugendamts Nürnberg Rücksprache zu nehmen.

3. In einer Eingabe an das StM. d. Justiz und in der Nr. 48 der Münchener Bürger- und Hausbesitzerzeitung vom 07.11.1931 wird behauptet, § 49 a des Mieterschutzgesetzes werde neuerdings vielfach und zwar mit Erfolg von Mietern zu dem Zwecke in Anspruch genommen, um bei freiwillig abgeschlossenen langfristigen Mietverträgen den seinerzeit vereinbarten Mietzins nachträglich herabzudrücken oder von dem Mietvertrag überhaupt loszukommen, weil sich die wirtschaftlichen und persönlichen Verhältnisse inzwischen geändert haben (sog. nachfolgender Raumwucher). Für das StM d. Justiz wäre es von Wert, bedeutsamere gerichtliche Entscheidungen über solche Fälle kennen zu lernen, gleichviel, ob sie der Klage stattgeben oder nicht.

4. Nach einer Mitteilung des Herrn Reichsmin. der Justiz haben sich in der letzten Zeit mehrfach sog. „Ausgleichskassen" gebildet, die den Zweck verfolgen, Kredite unter Verwendung sog. Ausgleichsschecks zu gewähren. Die Kreditnehmer erhalten in Anrechnung auf den Kredit Ausgleichsscheckvordrucke, in denen bereits runde Geldsummen angegeben sind und die sie nach Ausfüllen in den Verkehr geben sollen, ähnlich wie Bankschecks, die auf einem Barguthaben beruhen. Die Ausgleichsschecks sind nicht gegen Bezahlung, sondern nur gegen Gutschrift einlösbar. Es fehlt jede Bardeckung für sie. Es besteht die Gefahr erheblicher Schädigung der Bevölkerung, die sich zur Annahme solcher Schecks herbeilässt. Die

Kassen sind auf genossenschaftlicher Grundlage errichtet und müssten deshalb in das Genossenschaftsregister eingetragen werden. Die Registergerichte werden sorgfältig zu prüfen haben, ob die Voraussetzungen für diese Eintragung gegeben sind; allem Anscheine nach verstoßen diese Gründungen nicht nur gegen die Vorschriften des Genossenschaftsgesetzes, sondern auch gegen das Gesetz über die Ausgabe und Einlösung von Notgeld vom 17.07.1922 (RGBl. I S. 693) i.d.F. vom 28.10.1923 (RGBl. I S. 1065). – Angeblich ist beabsichtigt, auch in Bayern solche Ausgleichskassen zu gründen und zwar zunächst in München. Die Herren Präs. der OLG werden daher ersucht, die Registergerichte auf diese Gründungsversuche besonders aufmerksam zu machen und zu berichten, wenn solche Gründungen auftauchen.

Weitere Entschließung bleibt vorbehalten, sobald Näheres über die Sache bekannt geworden ist.

III. Zivilprozess, Arbeitsgerichtsbarkeit, Rechtsanwaltsangelegenheiten.

1. Mitteilungen. a) Zivilprozessreform. Amtliche Stellungnahme der Gerichte zunächst nicht erforderlich. Änderung vorbehalten.

b) Anwaltsfragen. aa) Wohnsitzfrage. Jedes Gesuch und jedes Gutachten soll ersehen lassen, ob es auf § 18 Abs. 3 RAO (Wohnung *und Geschäftslokal* außerhalb des Gerichtsorts) oder auf § 18 Abs. 5 (nur die Wohnung außerhalb, das Geschäftslokal dagegen am Gerichtssitz) abzielt. Gesuche der ersteren Art werden grundsätzlich abgelehnt, Gesuche der zweiten Art regelmäßig befürwortet und genehmigt. – Wenn ein Zulassungsgesuch mit einem Wohnsitzgesuch (einerlei welcher Art) verbunden ist, wolle die delegierte Zulassung nur dann *vor* der Bescheidung des Wohnsitzgesuchs (die dem Ministerium verblieben ist) ausgesprochen werden, wenn feststeht, dass die Zulassung auch für den Fall der Ablehnung des Wohnsitzgesuchs erbeten wird.

bb) Ablehnende Präsidial- und Plenarbeschlüsse nach §§ 9, 10 RAO mit einer förmlichen Begründung versehen, die so gefasst ist, dass sie dem Gesuchsteller mitgeteilt werden kann.

cc) Bei delegierter Zulassung § 15 RAO (vgl. auch § 8 Nr. 3 RAO) beachten, da für Fälle, in denen diese Zulassungsversagungsgründe vorliegen, keine Delegation besteht.

c) Rechtsmittel bei den Arbeitsgerichtsbehörden. Es wird gebeten, den Inhalt der der TO beiliegenden Note [fehlt in den Akten] der Reichsministerien den Arbeitsgerichtsbehörden auf geeignete Weise zur Kenntnis zu bringen.

2. Bayerische Revisionen in Zivilsachen: Erster Halbsatz: Da Verzicht der Anwälte und generelle Übernahme auf die Staatskasse nicht in Betracht kommt, bleibt nur eine Gesetzesänderung übrig. Der Versuch, eine solche zu erreichen, wäre aber für das ObstLG gefährlich und sollte daher unterbleiben. – Zweiter Halbsatz: ObstLG und Ministerium werden einen Ausweg suchen, der den Übelstand beseitigt.

IV. Notariat, Grundbuchwesen, Aufwertung.

1 a) Anregung der Justizverw. [fehlt] ohne Debatte zur Kenntnis genommen. – b) Bestellung eines besonderen Prüfungsbeamten wird von den OLG-Präs. begrüßt; *OLG-Präs. Gerber* erachtet die Beibehaltung des bisherigen Zustands indessen

nicht für undiskutabel. Übereinstimmung besteht darin, dass das Amt etwa auf 4–5 Jahre zu beschränken ist. – c) Die OLG-Präs. wurden ersucht, dahin zu wirken, dass die LG-Präs. die Ausführungen und Anregungen der Prüfungsbeamten beachten und insbesondere die Erledigung und Beseitigung der Beanstandungen überwachen; wenn z.B. nach dem Prüfungsberichte nachträglich eine Gebühr usw. in die nächste Monatsrechnung aufzunehmen ist, soll der LG-Präs. prüfen, ob dies in der Tat geschieht.

2. Es bestand Übereinstimmung in folgenden Punkten: Eine allgemeine Weisung an die Grundbuchämter, dass eilige Sachen sofort und außer der Reihe zu vollziehen sind, ist nicht notwendig und empfiehlt sich nicht. Ebenso wenig wird eine Justizministerialentscheidung etwa des Inhalts angeregt, dass die Dienstaufsichtsstellen in einzelnen Fällen Weisungen über die Reihenfolge des Vollzugs erteilen sollen.

3. Der Sachbearbeiter erstattete kurzen Bericht über das Ergebnis der Umfrage bei den Notariaten über die Zwangsversteigerungen im laufenden Jahre. Danach ist bis 20.10. der Zuschlag erfolgt in 2.866 Fällen; in 64 Fällen davon nehmen die Versteigerungsbeamten eine „Verschleuderung“ an; Vertagungen von Amts wegen (Bek. v. 27.07.1931 StAnz., Nr. 171) erfolgten in 17 Fällen, spekulativer Erwerb von Nachhypotheken konnte nicht festgestellt werden; die Auffassung der Notare über die Verkürzung der Frist des § 10 Abs. 1 Nr. 3 ZVG sind geteilt (158 für, 142 gegen Abkürzung).

V. Strafrecht und Strafprozess

1. Ein Bedürfnis zur Einrichtung von *Schnellgerichten* ist bisher nur in der Großstadt hervorgetreten. Erfahrungen mit dem Schnellgericht München günstig (s. die beiliegende Übersicht [weggelassen]).

2. Zunehmende Milde des Gerichts, zum Teil aber auch der StA gegenüber Berufsverbrechern – Scheu vor Verhängung von Zuchthausstrafen (vgl. den übergebenen Auszug aus der Kriminalstatistik des Reiches und die beiliegende Aufstellung über Art und Maß der erkannten Strafen in Bayern im 1. und 2. Vierteljahr 1931 [weggelassen]). Hinweis auf § 59 StGB-Entwurf, der für die Anordnung der Sicherungsverwahrung u.a. eine Verurteilung zu Zuchthaus voraussetzt. Gewohnheitsmäßige Bettler mit 40 und noch mehr Bettelvorstrafen werden nicht selten dem Obsorgeheim empfohlen; Überweisung an die Landespolizeibehörde erfolgt nur ganz ausnahmsweise. – Ursache: Nichterholung der Strafregisterauszüge. Hinweis auf § 370 des StGB-Entwurfs.

3. a) Eingabe des ersten Vorsitzenden des Bayer. Richtervereins vom 21.10.1931: „Es ist dem pflichtgemäßen Ermessen der StA überlassen, im einzelnen Falle festzustellen, ob das öffentliche Interesse die Verfolgung einer Übertretung erfordert oder nicht, die StA braucht die Wünsche der Verwaltungsbehörde nicht zu beachten, wenn sie die Wünsche für unbegründet hält.“ Zur Entscheidung der Frage, ob die Strafverfolgung mit Rücksicht auf das öffentliche Interesse geboten ist, wird in den Fällen, in denen damit zu rechnen ist, dass die Verwaltungsbehörde auf die strafrechtliche Ahndung Wert legt, auf ein Benehmen mit der Verwaltungsbehörde nicht verzichtet werden können. In keinem OLG-Bezirk hat es

bisher wegen der Strafverfolgung von Übertretungen nennenswerte Meinungsverschiedenheiten gegeben. Eine Änderung des § 48 DV-StA wird nicht für erforderlich erachtet.

b) Für die Anwendung des Kap. I § 7 des 6. Teils der VO vom 06.10.1931 sind die in Nr. 7 der Bek. vom 09.10.1931 (StAnz. Nr. 234) gegebenen Richtlinien gewissenhaft zu beachten. In der Regel wird sich die Einstellung auf Fälle von Formalbeleidigungen beschränken müssen. Einstellung erst in der Berufungsinstanz wird im Allgemeinen für nicht zweckentsprechend erachtet. Zur Frage der Kostenverteilung wird das ObstLG demnächst grundsätzlich Stellung nehmen.

Eingabe des Deutschen Anwaltsvereins vom 12.11.1931: Die Einstellung soll sich auf Fälle beschränken, in denen die missbräuchliche Anrufung des Gerichts offenkundig ist – dem Richter wird es häufig unmöglich sein, die Zusammenhänge richtig zu erkennen. – Die zu diesem Zwecke vom Deutschen Anwaltsverein gewünschte Anhörung des Privatklägers wird nicht gutgeheißen.

4. Ausdrückliche Feststellung des Vorliegens oder Nichtvorliegens der Überzeugungstäterschaft in den Urteilsgründen ist im Hinblick auf § 59 DVO v. 15.03.1924 (GVBl. S. 85) geboten. Die Herren Präs. der OLG werden gebeten, auf die Beachtung des § 62 Abs. 3 der Vorschriften für die Behandlung der amts- und schöffengerichtlichen Strafsachen hinzuwirken (s. auch § 87 Abs. 2 dieser Vorschriften und § 46 Abs. 3 DV-StA). – Die StA werden in ihren Schlussausführungen zu einem diesbezüglichen Antrag des Angeklagten stets Stellung nehmen. Beschlüsse über die Auslegung des Strafurteils nach § 458 StPO sollen vermieden werden.

5. Die Anträge auf Genehmigung zur Strafverfolgung von Abgeordneten müssen so gehalten sein, dass sie in Urschrift an den Reichstag oder den Landtag weitergeleitet werden können.

6. Die Bek. vom 22.10.1929 über die Zuständigkeit der AG in Strafsachen (JMBl. S. 83) hat sich ohne wesentliche Schwierigkeiten eingelebt.

7. Auf die feierliche Gestaltung der Eidesabnahme zielen § 60 Abs. 3 der Vorschriften für die Behandlung der amts- und schöffengerichtlichen Strafsachen und Nr. 7 der Bek. vom 29.12.1879 (JMBl. S. 1909) hin. In den OLG-Bezirken München und Nürnberg besteht die allgemeine Übung, dass sich während der Eidesabnahme sämtliche im Verhandlungsraum anwesenden Personen, also auch die Zuhörer, während der Eidesleistung von den Sitzen erheben. Diese Einführung hat keine Schwierigkeiten bereitet. In den übrigen OLG-Bezirken (besonders in der Pfalz) noch keine einheitliche Übung. Die allgemeine Durchführung des in den Bezirken München und Nürnberg angewandten Verfahrens wäre erwünscht.

8. Vorsicht bei der Handhabung des § 29 Abs. 6 StGB [RGBl. I 1924, 44] wird empfohlen; laxe Handhabung der Vorschrift schädigt die Strafrechtspflege.

9. Die Gerichte bewilligen bisweilen bedingten Straferlass unter der Auflage des Aufenthalts im Obsorgeheim, ohne dass der Verurteilte seine Zustimmung gegeben hat. In solchen Fällen erkennt die Ortskrankenkasse die Voraussetzungen der krankenversicherungspflichtigen – freiwilligen – Beschäftigung nicht an, so dass für anfallende Krankenkosten der Staat aufzukommen hat. Ich ersuche die Gerichte, auf diese unerwünschten Folgen aufmerksam zu machen.

10. (außerhalb der TO): In der Frage der Sozialen Gerichtshilfe für Erwachsene wird die Justizverw. weiterhin Zurückhaltung üben. Auf die von der Deutschen Strafrechtlichen Gesellschaft beschlossenen Leitsätze (s. Beilage [fehlt bei den Akten]) wird verwiesen.

VI. Strafanstalten

1. Die Auflassung kleiner Gerichtsgefängnisse empfiehlt sich im Interesse der Kostenersparnis und der besseren Organisation des Arbeitsbetriebs. – Für die Unterbringung der vorläufig Festgenommenen gilt die Entschließung vom 08.03.1930 Nr. 2073 b 12. Die durch die Unterbringung erwachsenden Kosten werden von der inneren Verwaltung zum Ersatz angefordert. Ergeben sich wegen der Bewachung und Verpflegung der vorläufig Festgenommenen bei einem aufgelassenen Gerichtsgefängnisse Schwierigkeiten, so wird es sich u.U. empfehlen, das Gebäude der allgemeinen Finanzverwaltung zu überlassen.

2. Die Zahl der beschäftigten Gefangenen und die Arbeitserträgnisse bei den einzelnen Gerichtsgefängnissen weisen außerordentlich große Unterschiede aus. Aus erzieherischen wie aus finanziellen Gründen ist es wünschenswert, dass die Gefängnisvorstände der Beschaffung von Arbeitsgelegenheiten besonderes Augenmerk zuwenden. Die Gefangenen könnten in vielen Fällen zum Streichen und Tünchen von Gefängnis- und sonstigen Amtsräumen herangezogen werden. Auf diese Weise wäre es u.U. möglich, Instandsetzungsarbeiten vorzunehmen, die auf andere Weise infolge der erwachsenden hohen Kosten nicht durchgeführt werden können. Das erforderliche Material wird von den Bauämtern jederzeit geliefert werden.

3. Eine allgemeine Kürzung der Arbeitszeit bei den Gefangenenanstalten erscheint untunlich. Ob im Einzelfall wegen mangelnder Beschäftigungsmöglichkeit die Arbeitszeit einzuschränken ist, bleibt besonderer Prüfung vorbehalten. Grundsätzlich ist davon auszugehen, dass eine Kürzung der Arbeitszeit, wenn irgend möglich, zu vermeiden ist.

4. Bis zur Neuordnung der wirtschaftlichen Verwaltung der Gerichtsgefängnisse wird voraussichtlich mit Wirkung vom 1.12.1931 eine Zwischenregelung im Sinne der Entschließung vom 31.10.1931 Nr. 46260 ergehen. Die in der Entschließung angekündigten Kürzungssätze von 5, 10, 15 und 20 Pfg. werden jedoch nach Beratung mit den GStA auf 4, 8, 12 und 16 Pfg. ermäßigt.

XII. Besprechung vom 05./06.12.1932

Anwesend sind:
der Präs. des ObstLG Dr. Müller,
der Präs. des OLG Zweibrücken Becker,
der Präs. des OLG Bamberg Aull,
der Präs. des OLG München Dr. Gerber,
der Senatspräs. am OLG Nürnberg Cnopf,
der GStA bei dem ObstLG Burkhardt,
der GStA bei dem OLG Nürnberg Leuchs,
der GStA bei dem OLG München Sotier,
der GStA bei dem OLG Bamberg Döll,
der GStA bei dem OLG Zweibrücken Troeltsch.

1. Allgemeines.

Allgemeine Aussprache über die Geschäftslage bei den Gerichten und StA.

ObstLG-Präs. Dr. Müller erörterte die Geschäftslage des ObstLG, wobei er zu dem Ergebnis kam, dass ein Abbau von Richterkräften beim ObstLG zurzeit vollständig ausgeschlossen sei. Er übergibt eine grafische Darstellung über den Anfall an Revisionen und Beschwerden in Strafsachen (Anlage 1).

OLG-Präs. Becker führte aus, dass bei den Gerichten und Geschäftsstellen seines Bezirks eine starke Abnahme der Geschäfte in Zivilsachen, ein kleiner Rückgang der Geschäfte in Strafsachen festgestellt werden konnte. Die Klagen über unzureichende Besetzung seien schwächer geworden, bei den meisten Gerichten sogar verstummt, man könne aber nirgends Kräfte als entbehrlich bezeichnen, da es sich überall nur um ein Nachlassen der bisherigen Überbelastung handle.

OLG-Präs. Aull bezeichnete das richterliche Personal beim OLG Bamberg (nach Besetzung einer offenen Stelle) als ausreichend, wünschenswert sei aber eine Verjüngung. Eine erhebliche Belastung des OLG bilde das Entwerfen und Korrigieren der Staatsprüfungsaufgaben.

Bei den LG und AG werde über quantitativ und qualitativ ungenügende Besetzung der Geschäftsstellen mit mittlerem und Kanzleipersonal geklagt. Die Aufhebung der Einmännergerichte werde als wünschenswert bezeichnet. Bei den Grundbuchämtern und Gerichtsvollziehern seien trotz Aushilfe vielfach noch Rückstände vorhanden. Geklagt werde namentlich über die Länge der Grundbucheinträge, insbesondere bei Bankeintragungen. Besondere Schwierigkeiten ergäben sich bei der Aktenausscheidung. Die Anlegung der Aktenausscheidungsverzeichnisse sei vielfach nicht mehr möglich. Über die Geschäftslast in Strafsachen seien die Meldungen zwiespältig, teils sei kein Rückgang der Geschäfte, teils nur ein Stillstand zu verzeichnen. Die Privatklagen seien zurückgegangen, dafür hätten die Beschwerden wegen ihrer Einstellung zugenommen.

OLG-Präs. Dr. Gerber: Man könne zwar nicht mehr von einem Anschwellen der Geschäfte reden, es sei aber auch noch keine Wendung zum Besseren festzustellen.

Man könne nur von einer Atempause sprechen, die angenehm empfunden werde. Gleich geblieben seien die Geschäfte bei den Gerichtsvollziehern, zurückgegangen die Geschäfte in Zivilsachen, eine Erschwerung bilde hier nur die Instruktion der Armenrechtsgesuche. In Strafsachen sei ein leichter Rückgang zu verzeichnen, im Grundbuchwesen wenigstens ein Stillstand, ausgenommen in den Osthilfegebieten und in der Hallertau. Bei den Gerichtsvollziehern könne man von einem Stillstand, aber auch nur von einem solchen sprechen. Das gerichtliche Vollstreckungswesen (namentlich die Offenbarungseide und die Beschwerden in Zwangsvollstreckungssachen) hätten eine Zunahme aufzuweisen. Misslich empfänden es die Gerichte, dass sie mit immer neuen Aufgaben belastet würden, so mit der Grundbuchbereinigung, dem landwirtschaftlichen Vermittlungsverfahren, der Hypothekensperre, der Aktenausscheidung. Zusammenfassend könne man sagen: Die Gerichte sind gerade so belastet, als im Dauerzustand erträglich ist. Von einem Personalabbau könne daher nicht die Rede sein.

SenPräs. Cnopf: Im OLG-Bezirk Nürnberg seien alle Gerichte voll beschäftigt, bei einzelnen Gerichten werde die Lage sogar als gespannt bezeichnet. Eine Personaleinsparung sei nicht möglich.

GStA Burkhardt: Die Geschäftslage der GStA sei jetzt so, dass man wieder einigermaßen arbeiten könne, während das bisher nicht möglich gewesen sei.

GStA Leuchs: In der Geschäftslage der StA seines Bezirks sei keine wesentliche Änderung eingetreten. Allgemein geklagt werde über die Zunahme der Gnadensachen und der Forstrügesachen. Ein Personalabbau sei unmöglich.

GStA Sotier: Die Geschäftslast habe sicher nicht abgenommen. Einem Rückgang der Geschäftszahlen stehe eine Zunahme der schweren Kriminalität gegenüber. Der Sitzungsdienst habe erheblich zugenommen, hauptsächlich geklagt werde über die Zunahme aussichtsloser Gesuche in Gnadensachen. Bei der OStA mache sich das Anwachsen der ehrengerichtlichen Verfahren gegen Rechtsanwälte außerordentlich fühlbar. Einer seiner Referenten sei fast ausschließlich damit beschäftigt. Auffallend sei auch die Mehrung der Querulanten. Die StA München I sei bis zu 40% mit Gnadengesuchen und Berichten beschäftigt.

GStA Döll: Die Geschäftslage sei in seinem Bezirk im Wesentlichen die Gleiche wie im Vorjahr. Gegenüber 1925 sei eine Abnahme festzustellen. Die StA seien im Allgemeinen ausreichend besetzt. Ein Personalabbau sei aber nicht möglich. Zugenommen hätten die Dienststrafsachen, namentlich die ehrengerichtlichen Verfahren gegen Rechtsanwälte. Auch die Verwaltungsgeschäfte (namentlich die Gnadensachen und die Beschwerden nach § 172 StPO) hätten derart zugenommen, dass die StA von ihrer eigentlichen Tätigkeit abgezogen würden. Er empfehle zu überlegen, ob nicht für die Beschwerden nach § 172 StPO die Gebührenpflicht einzuführen sei.

GStA Troeltsch: Ein kleiner Rückgang der Geschäfte sei feststellbar, dem stehe aber die größere Schwierigkeit der Sachen (Zollsachen, politische Strafsachen) gegenüber, so dass eine Personaleinsparung ausgeschlossen sei. Eine bedenkliche Erscheinung stellten die Einschüchterungsversuche der nationalsozialistischen Presse gegenüber StA (Fall Dr. Eckstein) dar. Die Notverordnung wirke sich hinsichtlich der Übertragung der Sachen an die große Strafkammer noch nicht aus, es sei aber eine Entlastung zu erwarten. Sehr stark belastet sei die StA beim OLG durch das Anschwellen der Dienststrafsachen, namentlich durch deren größere Schwierigkeit. Bedenklich sei die Mehrung von Dienststrafsachen gegen Richter. Er habe den Eindruck, dass die Richter zum Teil keinen Sinn mehr für die Pflichten hätten, die ihnen ihr Amt auferlege.

OLG-Präs. Becker schaltet hier ein, dass Dienststrafverfahren gegen Richter früher alle zehn Jahre einmal vorgekommen seien. Jetzt wirke sich die wirtschaftliche Lage katastrophal aus. In einem Fall habe ein Amtsrichter es so weit kommen lassen, dass das eigene Gericht gegen ihn Haftbefehl zur Erzwingung des Offenbarungseides habe ergehen lassen.

II. Personalangelegenheiten

1. Besetzung der Vorstandsstellen bei den AG.

OLG-Präs. Dr. Gerber: Zur Behebung der Schwierigkeiten bei der Besetzung von Vorstandsstellen an AG seien ihm von den Außenstellen folgende Vorschläge gemacht worden, über deren Problematik er sich allerdings nicht im Unklaren sei:

a) Gewährung einer Funktionszulage (50 RM im Monat),

b) vorzugsweise Berücksichtigung der Oberamtsrichter bei der Besetzung der Vorstandsstellen größerer Gerichte, Versetzung mit Umzugskosten,

c) Voraussetzung einer Tätigkeit als Oberamtsrichter für die Erreichung von Spitzenstellen,

d) Eröffnung der staatsanwaltschaftlichen Laufbahn für die Oberamtsrichter,

e) Verbesserung der Ortsklasseneinteilung,

f) Hebung der Stellenbezeichnung (AG-Direktor).

2. Rechtzeitiges Eingreifen der Dienstaufsicht bei Verschuldung von Beamten.

Die Justizverwaltung weist auf die sich häufenden Fälle starker Überschuldung von Beamten, auch von Richtern hin, die schon wiederholt zur Dienstentlassung geführt habe. Ein derartiger Vermögensverfall pflege im Allgemeinen nicht plötzlich einzutreten. Die Justizverwaltung habe aber wahrgenommen, dass die Dienstaufsichtsstellen mehrfach die Dinge haben treiben lassen und erst dann darüber berichteten, wenn eine Sanierung des Beamten (Unterstützung, Besoldungsvorschüsse, Verhandlung mit den Gläubigern) nicht mehr möglich gewesen sei. Die allzu große Rücksichtnahme wirke sich in solchem Falle als Härte für den Beamten aus. Die Justizverwaltung ersucht, dafür Sorge zu tragen, dass künftig ein rechtzeitiges Eingreifen der Dienstaufsichtsstellen sichergestellt werde.

OLG-Präs. Becker weist darauf hin, dass die wirtschaftliche Lage der Beamten zurzeit eine sehr prekäre sei. Vielfach seien sie nicht mehr in der Lage, das zum täglichen Leben Notwendige bar zu zahlen, sie müssten aufschreiben lassen.

GStA Dr. Troeltsch betont die bedenklichen Wirkungen des Rollsystems bei der Gehaltszahlung. Es zwinge die Beamten zum Schuldenmachen und gewöhne sie schließlich daran.

3. Dienstliche Beurteilung.

Die Justizverwaltung gibt eine statistische Übersicht über die dienstlichen Beurteilungen nach der Bekanntmachung vom 17.05.1930 (Stand vom 01.05.1932) bekannt (Anlage 2 [weggelassen]).

OLG-Präs. Gerber bezeichnet als Mangel der Bekanntmachung, dass das Gesamturteil „tüchtig“ und „entsprechend“ nicht genügend distanziert sei.

OLG-Präs. Becker: Das Wohlwollen der LG-Präs. sei so groß, dass das Gesamturteil „entsprechend“ ohne energische Mitwirkung der höheren Instanz überhaupt nicht verwendet würde. Er habe „entsprechend“ immer als die normale Qualifikation angesehen, man könne bei der Qualifikation gar nicht scharf genug sein.

GStA Döll fragt, ob ein Wachtmeister, der mit „entsprechend“ qualifiziert werde, zeitlich bei der Beförderung zum Oberwachtmeister zurückgesetzt werde.

Die Justizverwaltung erklärt hierauf, für die Beförderung sei allgemein in erster Linie nicht das Gesamturteil, sondern der Inhalt der dienstlichen Würdigung im Einzelnen maßgebend. Im Zweifelsfall werde selbstverständlich der Beamte mit dem besseren Gesamturteil vorgezogen. Das gelte auch für die Beförderung vom Wachtmeister zum Oberwachtmeister.

4. Allmähliche Verminderung der Zahl der Justizanwärter.

Die Justizverwaltung teilt mit, sie beabsichtige nicht, die Zahl der Geschäftsstellenbeamten zu vermindern, dagegen werde sie fortfahren, einen Ausgleich unter den Geschäftsstellen in der Weise herbeizuführen, dass Kräfte von überbesetzten Gerichten abgezogen würden, namentlich werde sie auch versuchen, einen Ausgleich in der Qualität der Beamten herbeizuführen. Das werde möglich sein im Verhältnis zwischen LG und AG und zwischen StA und Gerichten. Die höheren Gerichte hätten zu viel erstklassiges Personal. Allgemein werde darüber geklagt, dass die Qualität des Beamtennachwuchses sich verschlechtere. Für Abhilfe zu sorgen, sei in erster Linie Sache der Außenstellen, die ungeeigneten Anwärtern den Zugang verwehren müssten und zwar möglichst früh, schon im ersten und zweiten Jahr. Bisher sei von einer solchen Ausscheidungstätigkeit der Außenstellen wenig zu bemerken gewesen, am wenigsten gegenüber den Versorgungsanwärtern. Der Versorgungsanwärter habe kein Anrecht auf eine bestimmte Verwendung. Wenn er für den Dienst einer Stelle nicht geeignet sei, so müsse er eben einer anderen Laufbahn zugeführt werden.

Die Zahl der Justizanwärter sei gegenwärtig größer als der Bedarf, der jährlich 100 betrage. Die Hälfte dieser Stellen sei für Versorgungsämter bestimmt. Die Gesamtzahl der Justizanwärter belaufe sich gegenwärtig auf 340. Daraus ergebe sich, dass ein Justizanwärter sechs bis sieben Jahre warten müsse, bis er etatmäßig angestellt werden könne. Es liege im Interesse der Anwärter, eine Verminderung der Wartezeit durch Verminderung der Anwärterzahl herbeizuführen. Die Justizverwaltung wolle vorerst nicht selbst eingreifen. Aber vielleicht sei es den Herren OLG-Präs. möglich, gelegentlich die eine oder andere Stelle, insbesondere bei den LG einzuziehen.

OLG-Präs. Dr. Gerber äußert Bedenken, ob die Anregung der Justizverwaltung sich werde durchführen lassen; denn die Anwärter seien vollbeschäftigte Kräfte und jeder Ausfall müsse ersetzt werden.

5. Verwendung der Angestellten

Die Justizverwaltung führt aus, dass nach dem Angestellten-Tarifvertrag die Angestellten entsprechend ihrer Beschäftigung in Vergütungsgruppen eingereiht seien. Die großen Gerichte, die die überwiegende Mehrzahl von Angestellten hätten, hätten stets über den Mangel an Schreibkräften geklagt. Trotzdem bestehe bei ihnen die Neigung, die ihnen zugewiesenen Angestellten nicht zu Schreibarbeiten, sondern zu hochwertigen Arbeiten zu verwenden, während sie die Schreibarbeit durch Obersekretäre und Inspektoren erledigen ließen. Das habe – von allem anderen abgesehen –, die unerwünschte Folge, dass die Angestellten in die höhere Vergütungsgruppe eingereiht werden müssten. Die Justizverwaltung ersuche, die Angestellten möglichst nur zur Erledigung des formalen Dienstes zu verwenden.

6. Entlastung der Gerichtsvollzieher durch Beigabe von geprüften Bewerbern

Die Justizverwaltung erklärt, sie sei nicht in der Lage, die etatmäßigen Gerichtsvollzieher zu vermehren, es stünden ihr aber etwa 90 geprüfte Anwärter zur Verfügung, die als Hilfsgerichtsvollzieher aufgestellt und notleidenden Gerichtsvollziehereien zur Entlastung beigegeben werden könnten. Sie ersucht, falls irgendwo eine solche Maßnahme notwendig sein sollte, entsprechende Anträge zu stellen. Die Verwendung der Hilfsgerichtsvollzieher werde sich nach den örtlichen Verhältnissen zu richten haben, sie könnten sowohl für den Innen- wie für den Außendienst herangezogen werden.

7. Vollzug der Landtagsbeschlüsse vom 07.07.1929 und 09.07.1929

Die Justizverwaltung führt aus, dass von den sämtlichen Obersekretären der Gruppe A 5 a bisher mehr als die Hälfte nach A 4 b befördert worden sei. Man mache die Erfahrung, dass jetzt auch der Rest nachträglich zur Beförderung befürwortet werde. Sie bittet, an Gesuche dieser Art einen möglichst strengen Maßstab anzulegen.

8. Beförderung von Oberwachtmeistern zu Gefängnisverwaltern

Die Justizverwaltung teilt mit, sie wolle Oberwachtmeister nur an größeren Gefängnissen zu Verwaltern befördern, da sonst jeder befördert werde. Gefängnisverwalter sollten nur an Gefängnissen mit 4.000–5.000 Hafttagen ernannt werden, Hauptverwalter nur an Gefängnissen, an denen sich noch ein weiterer Beamter befindet, Oberverwalter nur an ganz großen Gefängnissen (LG-Gefängnisse und AG-Gefängnisse mit mehr als 10.000 Hafttagen).

9. Mitteilung der Justizverwaltung über Änderung der Anstellungsgrundsätze

10. Mitteilung der Justizverwaltung über Kassenübergaben

Die Justizverwaltung ersucht, Kassenübergaben unter sorgfältiger Beobachtung der Vorschriften vorzunehmen, insbes. dann, wenn in der Person des Kassenführers ein dauernder Wechsel eintrete.

11. Beschwerden der Amtswarte über Samstagnachmittags- und Sonntagsdienst...

III. Spar- und Entlastungsmaßnahmen

ObstLG-Präs. Dr. Müller warnt, jetzt schon eine Einsparung an Richterkräften bei dem ObstLG vorzunehmen. Die Geschäftslast des ObstLG sei noch nicht entfernt auf den Stand von 1923/1924 zurückgegangen, obwohl die Zahl der Räte die gleiche geblieben sei. In Zukunft könnten vielleicht einmal die im Etat als wegfallend bezeichneten Stellen eingezogen werden, wenn ein qualitativ ausgezeichneter Ersatz der Abgänge gewährleistet sei.

OLG-Präs. Becker teilt mit, dass die Entlastungsverordnung vom 14.06.1932 in Richterkreisen freudig begrüßt worden sei. Die Auswirkung der Entlastungsmaßnahmen lasse sich aber noch nicht übersehen, man könne nicht sagen, dass jetzt schon ein Richter überflüssig geworden sei.

OLG-Präs. Aull meint ebenfalls, dass eine abschließende Beurteilung noch nicht möglich sei. Bei den LG und Handelskammern sei ein Rückgang der Zivilsachen, dagegen eine Zunahme der Beschwerden festzustellen. In Strafsachen habe die Zuständigkeitsverschiebung zugunsten der Großen Strafkammer eine Mehrbelastung der LG herbeigeführt. Das Gesamturteil der LG-Präs. gehe dahin, dass die Mehrbelastung größer sei als die Entlastung. Namentlich hätte die Vorbereitung der Armenrechtssachen eine erhebliche Mehrarbeit für Richter und Urkundsbeamte verursacht.

Bei den AG habe sich die Erhöhung des Streitwertes auf 1.000 RM nicht besonders belastend ausgewirkt. Die Lockerung des Mieterschutzes habe eine Mehrung der Räumungsklagen gebracht. Dem stehe eine kleine Erleichterung durch den Wegfall der Beisitzer gegenüber. Die Erhöhung der Grenze für das Schiedsurteil sei auf die Geschäftslage einflusslos geblieben. In Zwangsvollstreckungssachen seien die Geschäfte des Vollstreckungsrichters angewachsen. Eine erhebliche Mehrbelastung sei verursacht durch das landwirtschaftliche Vermittlungsverfahren, die Grundbuchgeschäfte, die Vermehrung der Arbeitslast durch die Namensänderungen und die Aktenausscheidung (die fünfjährige Frist sei zu kurz, sie sollte auf mindestens zehn Jahre erhöht werden). Die Privatklagen hätten wesentlich abgenommen; dem stehe eine Mehrarbeit durch die Einstellungs- und Zurückweisungsbeschlüsse entgegen. Die Nichtverfolgung von Übertretungen habe die AG nicht wesentlich entlastet, weil es sich meist um Verkehrsübertretungen handle, bei denen das öffentliche Interesse bejaht werden müsse. Die Beweisbeschränkung wirke ebenfalls kaum entlastend, da nur ein sehr vorsichtiger Gebrauch möglich sei. Mehrarbeit sei durch die Verordnung gegen die politischen Ausschreitungen entstanden. Das Gesamturteil laute auch hier, dass die Belastung größer sei als die Entlastung. Stelleneinsparungen seien nicht möglich.

OLG-Präs. Dr. Gerber: Die LG hätten auf dem Gebiete der bürgerlichen Rechtspflege eine große Entlastung erfahren, wenn sie es auch nicht wahrhaben wollten. Die Erhöhung der Zuständigkeit der AG auf 1.000 RM habe die LG stark entlastet, die Zahl der Berufungen sei dadurch nicht mehr vermehrt worden. Die Beschwerden hätten zugenommen, aber nicht in dem erwarteten Maße. Die Zunahme treffe zum größten Teil auf Zwangsvollstreckungssachen und habe mit der Zuständigkeitsverschiebung nichts zu tun. Auch die Mehrung der Arbeit infolge der Vorbereitung der Armenrechtsentscheidung gleich den Rückgang nicht aus. Trotzdem sei keine Verminderung des Personals möglich; denn den Gerichten sei nur ein Teil ihrer Überbelastung abgenommen worden. Sie seien heute noch überbelastet, man müsse froh sein, dass das sturzflugartige Anschwellen der Geschäfte nachgelassen habe. Hinsichtlich der Auswirkung der Notverordnung vom 14.06.1932 auf dem Gebiete der Strafsachen könne man noch kein Urteil abgeben; die Rechtsmittelbeschränkung habe zu einer Zunahme der Berufungen geführt.

Auch bei den AG sei eine Personaleinsparung nicht möglich, zumal sie ständig mit neuen Aufgaben belastet würden.

SenPräs. Chopf verneint ebenfalls die Möglichkeit von Personaleinsparungen. Ein endgültiges Urteil über die Auswirkungen der Notmaßnahmen lasse sich noch nicht abgeben.

GStA Leuchs konnte bei den StA noch keine fühlbare Entlastung feststellen.

GStA Sotier klagt über vermehrten Sitzungsdienst bei den StA und Geschäftsvermehrung auf dem Gebiete der Zustellungen und des Strafvollzugs infolge der Zuständigkeitsverschiebung. Die Beschränkung der Rechtsmittel wirke für die StA nicht entlastend. Die Beschränkung des Haftprüfungsverfahrens sei ziemlich einflusslos geblieben. Der Einzelrichter in Jugendsachen werde begrüßt.

2. Aufhebung von Amtsgerichten

a) ObstLG-Präs. Dr. Müller weist auf die Schwierigkeiten hin, die sich für die Revisibilität alten Rechts aus den Aufhebungen von AG ergeben könnten.

OLG-Präs. Dr. Gerber ist der Meinung, dass, wenn zwei OLG an der Aufhebung eines LG-Bezirks beteiligt seien, unbedingt eine Regelung der Zuständigkeitsfrage getroffen werden müsse. Im Übrigen empfiehlt er die Vorschriften Preußens, die dieses aus Anlass der Aufhebung von AGs getroffen habe, zu übernehmen.

b) Die Justizverwaltung ersucht, künftig bei der Auflösung von Gerichten auf feste Vertragsabschlüsse für den Transport des Inventars hinzuwirken, damit nachträgliche Überforderungen verhütet werden.

c) Die Justizverwaltung teilt mit, dass sich bei der Zuteilung von Zwangsversteigerungen aus dem Bezirke eines aufgehobenen AG an die Notariate gewisse Ungleichheiten ergeben hätten. Es sei geplant, diese Fälle den OLG-Präs. mitzuteilen und um Auskunft über die bestehende Übung zu ersuchen.

3. Empfiehlt sich die Aufhebung von weiteren AG-Gefängnissen?

GStA Leuchs kann weitere Vorschläge nicht machen.

GStA Sotier teilt mit, dass das AG-Gefängnis in Kipfenberg als aufhebungsreif bezeichnet werde. Er würde es aber sehr bedauern, wenn dieses schönste Gefängnis seines Bezirks beseitigt würde.

Auch GStA Döll kann keine weiteren Gefängnisse zur Aufhebung vorschlagen.

GStA Troeltsch verneint für die Pfalz jede weitere Aufhebungsmöglichkeit. Die LG-Gefängnisse seien bis an die Grenze belegt. Die benachbarten AG-Gefängnisse müssten herangezogen werden. Auch die Urlaubsfrage würde bei weiteren Aufhebungen Schwierigkeiten bereiten.

Die Justizverwaltung ersucht die GStA, trotzdem nochmals sorgfältig zu prüfen, ob nicht da und dort die Aufhebung eines AG-Gefängnisses möglich sei....

4. Behandlung von Beschwerden

Die Justizverwaltung ersucht, die Außenstellen möchten dem Beschwerdeführer auch dann einen kurzen Bescheid erteilen, wenn die Beschwerde vom StM der Justiz nur „zur weiteren Behandlung“ hinausgegeben werde, damit nicht an das JMin. immer wieder Anfragen des Beschwerdeführers über den Stand der Angelegenheit kämen.

Bei der Berichterstattung zu Landtagseingaben sei das Hauptgewicht nicht so sehr auf die Prozessgeschichte als auf den Sachverhalt zu legen, da der Landtag sich in erster Linie für diesen interessiere. Dabei empfehle es sich auch, gelegentlich auf Nebensächlichkeiten, wie Behauptungen über unangemessene Behandlung durch Beamte u.ä. kurz einzugehen.

5. Vereinfachung im Grundbuchwesen...

IV. Zivilprozess.

1. Die Justizverwaltung erörterte die vorgelegten Statistiken (Anlage 3–5; weggelassen) und bat dringend, der Prozessbeschleunigung unvermindertes Augenmerk zu widmen. – Sie kündigte an, dass demnächst eine Entschließung über die Führung der Nebenregister ergehen werde.

2. Besprechung einiger Fragen des landwirtschaftlichen Vermittlungsverfahrens. – Die Justizverwaltung bringt den Wunsch der Rechtsanwälte zur Kenntnis, man möge sie nach Möglichkeit als Vermittlungspersonen usw. aufstellen. – Die Justizverwaltung bittet um Bericht, wer in der Praxis zur Einstellung der Immobiliarversteigerung (§ 13 VermVO) als zuständig angesehen werde. Die Justizverwaltung selbst hält das Vermittlungsgericht für zuständig. Weiter möge berichtet werden, ob weitere landesrechtliche Ausführungsvorschriften, namentlich die Anordnung von Mitteilungspflichten und die ... [?] notwendig seien. – Die Justizverwaltung weist darauf hin, dass die Eintragung der Anordnung des Vermittlungsverfahrens in Abt. 2 des Grundbuchs zu geschehen habe.

OLG-Präs. Dr. Gerber klagt darüber, dass den Gerichten nicht die notwendige Literatur zu der Verordnung über das landwirtschaftliche Vermittlungsverfahren, wie überhaupt zu den NotVO zur Verfügung stehe. Die Justizverwaltung erklärt es für ausgeschlossen, dass solche Literatur aus zentralen Mitteln beschafft werde; kleinere Literatur (etwa bis zum Preis von 10 RM) müsste aus den Regiemitteln angeschafft werden.

Der Justizverwaltung sind Klagen vorgetragen worden, dass die Gerichte dem Schuldner sehr häufig das Ergebnis der Beweisaufnahme nicht mitteilen. Sie verweist auf Stein-Jonas, Amn. I, 1 zu § 573.

3. Beurkundung der Vaterschaftsanerkennung durch die Jugendämter. Die Präs. der OLG stehen nach wie vor auf dem Standpunkt, dass die Beurkundungsbefugnis den Gerichten vorzubehalten sei, da die Jugendämter nicht über das im Beurkundungswesen erfahrene Personal verfügen.

4. Statistiken. Die Jugendverwaltung bittet die vorgeschriebenen Termine pünktlich einzuhalten, da sie selbst wiederum an die Einhaltung von Terminen gegenüber dem RJM gebunden sei.

V. Grundbuchwesen.

Die Justizverwaltung ersucht um Stellungnahme zu folgenden Fragen:

1. In welcher Weise wird die Tätigkeit des Rechtspflegers überwacht?

2. Ist für Ausbildung geeigneten Personals für die Rechtspflegertätigkeit gesorgt?

3. In welcher Weise ist die Zuständigkeit unter mehreren Rechtspflegern abgegrenzt, denen die Ermächtigung nach § 2 der Rechtspflegerbekanntmachung erteilt ist?

OLG-Präs. Becker: In der Pfalz sei die Ermächtigung nach § 2 aaO. nur an einem AG für den Fall der Verhinderung des Amtsrichters erteilt. Die Urkundsbeamten wollten diese Ermächtigung gar nicht. Der tüchtige Urkundsbeamte strebe vom Grundbuchamte weg, um eine abwechslungsreichere Tätigkeit zu bekommen. Aus diesem Grunde fehle es in der Pfalz an einer besonderen Ausbildung für die Rechtspflegertätigkeit im Grundbuchamt. Auch die Frage nach der Überwachung der Rechtspfleger sei nicht aktuell geworden, ebenso nicht die Frage der Zuständigkeitsabgrenzung. Wenn eine solche Abgrenzung notwendig sei, so halte er die örtliche Trennung für angezeigt.

OLG-Präs. Aull: Im OLG-Bezirk Bamberg sei in 22 Fällen die große Ermächtigung erteilt worden. Man habe günstige Erfahrungen damit gemacht. Eine Überwachung finde nicht statt. Ob für die Ausbildung von Urkundsbeamten für die Rechtspflegertätigkeit etwas Besonderes geschehe, darüber sei er nicht unterrichtet. Eine Zuständigkeitsregelung sei in seinem Bezirk bisher nicht getroffen worden. Würde sie verlangt, so werde sich eine örtliche Abgrenzung empfehlen.

OLG-Präs. Dr. Gerber berichtet über günstige Erfahrungen mit der Rechtspflegerbekanntmachung. Ein endgültiges Urteil sei jedoch nicht möglich. Bedenklich sei die Neigung der Richter, sich vom Grundbuchdienste durch die Heranziehung von Rechtspflegern zu entlasten. Er halte es für angezeigt, mit der Erteilung der großen Ermächtigung zurückzuhalten. Zur Frage der Ausbildung: Besondere Maßnahmen seien in seinem Bezirke nicht vorgesehen. Geeignete Beamte für das Grundbuchwesen könne man nicht heranzüchten. Die Eignung erwerbe sich nur im Laufe langjähriger Erfahrung. Deshalb nehme er auch das Ergebnis der letzten Urkundsbeamtenprüfung in der Grundbuchaufgabe nicht allzu tragisch. Zur Frage der Überwachung: Hier herrsche die irrige Meinung, dass die mit der Ermächtigung versehenen Urkundsbeamten nur der Dienstaufsicht des Gerichtsvorstandes, nicht aber der Überwachung durch den Grundbuchrichter unterstünden. Er trete diesem Irrtum überall entgegen. Wesentlich sei die richtige Anwendung des § 7 der Rechtspflegerbekanntmachung. Zur Zuständigkeitsabgrenzung: Er empfehle weder eine örtliche noch eine andere Abgrenzung. Die Rechtspfleger seien Gehilfen des Grundbuchrichters und der Grundbuchrichter habe ihnen das Arbeitspensum zuzuteilen. In welcher Weise er das vornehmen wolle, sei seine Sache. Eine geschäftsordnungsmäßige Abgrenzung der Zuständigkeit halte er für bedenklich, weil sie den Richter in den Hintergrund schiebe.

SenPräs. Cnopf berichtet über gute Erfahrungen mit den Rechtspflegern; über die Art der Überwachung und der Zuständigkeitsabgrenzung ist er nicht unterrichtet.

OLG-Präs. Aull teilt mit, dass von einer Einsparung an Richterkräften durch die Rechtspflegertätigkeit keine Rede sein könne.

Dagegen ist OLG-Präs. Dr. Gerber der Meinung, dass sie tatsächlich eine sehr erhebliche Einsparung von Richterkräften zur Folge gehabt habe; zahlenmäßig lasse sich das aber nicht ausdrücken.

Auch SenPräs. Dr. Cnopf berichtet über Einsparung von Richterkräften in seinem Bezirk.

Gegenüber den Ausführungen des OLG-Präs. Dr. Gerber über das Verhältnis zwischen Rechtspfleger und Richter betont die Justizverwaltung, dass es die Tendenz der Rechtspflegerbekanntmachung gewesen sei, nichtakademische Beamte mit einem Teil bisher richterlicher Tätigkeit zu betrauen. Sie stellt in Aussicht, das Verhältnis zwischen Rechtspfleger und Richter näher zu präzisieren.

VI. Strafrecht und Strafprozess

1. Eine Änderung der bestehenden Regelung über die Errichtung von Schöffengerichten wird von den OLG-Präs. und GStA abgelehnt.

2. Die OLG-Präs. berichten, dass die in der Tagesordnung vorgesehene Regelung über die Vorsitzführung in der Praxis im Allgemeinen schon durchgeführt sei, eine schematische Regelung wird nicht für zweckmäßig gehalten.

3. Die Aussprache ergibt Übereinstimmung darüber, dass die Zuständigkeit der Schwurgerichte für die mittels eines Presseerzeugnisses verübten Verbrechen und Vergehen nicht ganz unbeachtliche Mehrkosten verursacht. Eine ziffernmäßige Schätzung stoße auf Schwierigkeiten. OLG-Präs. Becker schätzt die Mehrkosten in der Pfalz für 1930 auf 3.700 RM, für 1931 auf 450 RM, für 1932 auf 250 RM; OLG-Präs. Dr. Gerber für das LG Augsburg auf jährlich 700 RM, für München I auf jährlich 1.000 RM, für die übrigen Gerichte seines Bezirks auf jährlich 300 RM, für den ganzen OLG-Bezirk München sonach auf jährlich 2.000 RM. SenPräs. Cnopf teilt mit, dass die Mehrkosten in Nürnberg auf jährlich 300 RM, in Regensburg ebenfalls auf jährlich 300 RM geschätzt würden. Nach Ansicht des GStA Sotier belaufen sich die Mehrkosten für den einzelnen Fall auf 50 bis 200 RM.

4. Zur Frage der Bekämpfung des Bettelunwesens wird auf die beiliegende Vormerkung (Anlage 6) verwiesen.

5. Verschiedene Mitteilungen.

a) Berichterstattung über wichtige Vorkommnisse. Die Justizverwaltung verweist auf die anliegende Vormerkung (Anlage 7; unten S. 177 ff.).

Bei Strafverfolgungen gegen Abgeordnete wird empfohlen, gleichzeitig mit der Genehmigung zur Strafverfolgung auch die Genehmigung zur Erlassung und Vollziehung eines gerichtlichen Vorführungs- oder Haftungsbefehls zu erholen.

b) Die Justizverwaltung teilt mit, dass der Präsident des Landesarbeitsamts München über zu milde Beurteilung von strafbaren Missbräuchen der Einrichtungen der Sozialversicherung Klage geführt habe. Sie weist auf die Entschließung vom 29.08.1931 Nr. 32498 hin.

c) Auswahl der Pflichtverteidiger vor dem Schwurgericht. Die Justizverwaltung verweist auf die Übersicht (Anlage 6) und führt aus, dass die Frage, ob Referendare als Pflichtverteidiger bestellt werden sollen, von Fall zu Fall entschieden werden müsse. In allen schwierigen Fällen werde es sich empfehlen, Rechtsanwälte aufzustellen.

d) Aufwendungen für Unterstützung mittelloser Beschuldigter: Die Justizverwaltung verweist auf die Übersicht (Anlage 9 [weggelassen]), aus der sich ergebe, dass sich die Aufwendungen seit dem Jahre 1924 mehr als vervierfacht hätten. Wenn man auch die wirtschaftliche Entwicklung berücksichtige, so frage es sich doch, ob das Ansteigen der Aufwendungen nicht auch auf ein größeres Entgegenkommen in der Praxis schließen lasse. Die Präsidenten und GStA werden gebeten, der Entwicklung der Sache ihr Augenmerk zu schenken und jedes Übermaß zu verhindern.

e) Die Justizverwaltung teilt mit, dass eine Verwaltungsbehörde über unzureichende Strafen bei fahrlässigen Tötungen durch Kraftfahrzeugführer geklagt habe.

f) Unterlassung von Leichenöffnungen aus fiskalischen Gründen. [...]

g) Dauer der Voruntersuchungen. Auf Anlage 10 und 11 [weggelassen] wird Bezug genommen.

h) Offizialverfahren wegen der in § 374 StPO bezeichneten strafbaren Handlungen.

Die Justizverwaltung macht darauf aufmerksam, dass häufig bei Vergehen, die nach § 374 StPO im Wege der Privatklage verfolgt werden können, ohne ersichtlichen Grund ein Offizialverfahren durchgeführt werde, namentlich auch, wenn es sich um Körperverletzungen unter den Mietparteien eines Hauses handle. Eine derartige Praxis sei schon aus Gründen der Geschäftsvereinfachung zu vermeiden.

6. Können Urkundsbeamte der Geschäftsstelle zum Amt eines Schöffen berufen werden?

Die Justizverwaltung legt dar, dass die Frage vom Rechtsstandpunkte aus zu bejahen sei, bezeichnet es aber als nicht empfehlenswert, Urkundsbeamte als Schöffen aufzustellen.

7. Unterstützung der Gerichte durch die Beamten des Polizei- und Sicherheitsdienstes in Privatklagesachen und bürgerlichen Rechtsstreitigkeiten. Die Justizverwaltung teilt mit, dass von den Polizeibehörden über eine allzu große Inanspruchnahme in dieser Richtung geklagt werde. Man werde auf die Mitwirkung der Polizei in diesen Sachen zwar nicht verzichten können, doch empfehle sich möglichste Zurückhaltung.

8. Presseangriffe gegen Strafrichter und StA.

Es bestand Einverständnis darüber, dass die GStA in München und Nürnberg, erforderlichenfalls unter Beiziehung des Leiters der Justizpressestelle in einer Besprechung mit Vertretern der Presse ein engeres Zusammenarbeiten der Justizpressestellen mit der Presse anbahnen sollten. Auf Anlage 12 wird verwiesen.

9. Beitreibung von Geldstrafen.

Die Justizverwaltung ersucht die Präsidenten der OLG, im Benehmen mit den GStA, den Präs. des ObstLG, im Benehmen mit dem GStA bei diesem Gerichte, zu den in der Tagesordnung aufgeworfenen Fragen schriftlich Stellung zu nehmen.

10. Außerhalb der Tagesordnung berichtet die Justizverwaltung über sich häufende Klagen hinsichtlich des Verfahrens bei der Vollstreckung von Ersatzfreiheitsstrafen. Die Akten würden, wenn die Geldstrafe nicht einbringlich sei, vom AG der StA zur Vollstreckung der Ersatzfreiheitsstrafe zugeleitet. Der zum Strafantritt

Vorgeladene biete häufig bei der StA Teilzahlungen auf die Geldstrafe an. Der Vollstreckungsbeamte bei der StA sei jedoch an sich nicht ermächtigt, Geldbeträge entgegenzunehmen und müsste den Verurteilten zum AG schicken. Dort stoße die Annahme der Zahlung auf Schwierigkeiten, weil die Akten nicht zur Verfügung stünden. Es sei daher vielfach üblich, dass der Vollstreckungsbeamte der StA Geldbeträge für den rechnungsführenden Urkundsbeamten der Geschäftsstelle des AG in Empfang nehme. Dieses Verfahren sei der mangelnden Kontrolle wegen nicht ganz unbedenklich. Der Justizverwaltung wäre es wertvoll, von den GStA Vorschläge zur einheitlichen Regelung des Verfahrens in derartigen Fällen zu bekommen.

VII. Strafvollzug:

1. Die Justizverwaltung macht auf die Missstände aufmerksam, die sich beim Strafvollzug aus der Zubilligung der Überzeugungstäterschaft ergeben haben. Sie ersucht die GStA, darauf hinzuwirken, dass die StA mit allem Nachdrucke sich dafür einsetzen, dass die Überzeugungstäterschaft nur in wirklich geeigneten Fällen zugebilligt werde.

2. Die Justizverwaltung überreicht den GStA eine Vormerkung über die Rote Hilfe (Anlage 13; unten S. 179 ff.]) und ersucht, diese Vormerkung auch den Vorständen der Strafanstalten zugänglich zu machen.

Die Justizverwaltung ersucht, mit Rücksicht auf die Zeitlage für straffste Disziplin bei den Strafanstalten zu sorgen. Sie hält es für notwendig, gelegentlich in nächster Zeit Probealarme durchzuführen.

Anlage 6. Betreff: Bekämpfung des Bettelns: Um die Bettlerplage einzudämmen, haben verschiedene Gemeinden und karitative Verbände Bettlermarken oder Gutscheine ausgegeben, aufgrund deren Wanderer von der gemeindlichen Fürsorgebehörde oder dem privaten Fürsorgeverband nach Prüfung ihrer Lage Gelegenheit zum Übernachten sowie Verpflegung erhalten. Verschiedene Gerichte und StA haben den Standpunkt vertreten, dass Wanderer, die derartige Marken oder Gutscheine bei der Einwohnerschaft sammeln, gleichwohl wegen Bettels strafbar seien. Gegen diese Auffassung haben der Bayerische Städtebund sowie verschiedene Gemeinden und karitative Verbände Vorstellungen erhoben. – Die beteiligten Staatsministerien der Justiz und des Innern haben hierzu folgende Stellung eingenommen: Soweit Personen lediglich Bettlermarken oder Gutscheine zur unmittelbaren Verwendung für ihre persönlichen Bedürfnisse erbitten, wird Betteln im Sinne des StGB nicht in Frage kommen. Danach haben insbesondere Personen, die sich solche Marken oder Gutscheine bei den Ausgabestellen erbitten, keine Bestrafung wegen Bettelns zu besorgen. Das Gleiche wird für Leute gelten, die von Haus zu Haus ausschließlich um Bettlermarken oder Gutscheine nachsuchen. Beim Betteln von Haus zu Haus wird dies aber nur ganz ausnahmsweise in Frage kommen. Die Regel wird sein, dass Hausbettler allgemein um eine Gabe nachsuchen und Marken oder Gutscheine zusammen mit Sach- und Geldspenden in Empfang nehmen. Soweit dies der Fall ist, wird Betteln anzunehmen sein. Der Besitz von Bettlermarken oder Gutscheinen wird für sich allein weder als unwiderleglicher Beweis für noch gegen die Ausübung des Bettelns angesehen werden können.

Was die Strafverfolgung wegen Bettelns im Allgemeinen anlangt, so wird unter den heutigen Zeitverhältnissen eine Rücksichtnahme auf die besonderen Verhältnisse des Einzelfalles geboten sein. In Fällen, in denen der Bettel nachgewiesenermaßen durch die Notverhältnisse bedingt ist, wird mangels öffentlichen Interesses die Verfolgung unterbleiben können.

Anlage 7: Berichterstattung über wichtige Vorkommnisse.

Nach § 52 DVStA n.F. sind dem StM der Justiz Berichte über besonders wichtige Fälle vorzulegen, wenn sie für die Justizverwaltung von Interesse sein können. Nach den in den letzten Jahren gemachten Wahrnehmungen beruht die ganz erhebliche Zunahme der Berichte und die dadurch hervorgerufene Belastung der StA und des JM zu einem wesentlichen Teil darauf, dass in Anwendung des § 52 vielfach zu weit gegangen wird. An dem Grundsatz, dass das Ministerium über wirklich bedeutsame Straftaten und Maßnahmen zu unterrichten ist, wird freilich auch in Zukunft festzuhalten sein. Wenn aber, wie es den Anschein hat, die Auffassung Platz gegriffen haben sollte, als werde beispielsweise bei allen Ausschreitungen im politischen Kampfe ohne Rücksicht auf die Schwere und Bedeutung des Falles ein Bericht erwartet, so entspricht dies nicht den Absichten der Justizverwaltung. Auch bei derartigen Ausschreitungen wird nur in besonderen Fällen zu berichten sein, so wenn sie z.B. durch ihren Umfang oder ihre Folgen besonderes, über den Bezirk hinausreichendes Aufsehen erregt haben. Bei der Entschließung vom 11.08.1932 Nr. II 36511, wonach über die Einleitung und über den Verlauf von Strafverfahren wegen Zuwiderhandlungen gegen die VO des Reichspräsidenten gegen politischen Terror vom 09.08.1932 zu berichten ist, muss es bis auf weiteres sein Bewenden haben. Über Strafsachen gegen Beamte wird, weil ja die vorgesetzte Dienststelle immer verständigt werden muss, in der Regel Berichterstattung nur erforderlich sein, wenn besondere Umstände vorliegen, die eine Mitteilung angezeigt erscheinen lassen.

Dementsprechend allgemein die Berichterstattung in Strafsachen auf die notwendigen Fälle zu beschränken, muss der Umsicht der leitenden staatsanwaltschaftlichen Beamten überlassen bleiben. Dies gilt nicht nur hinsichtlich der Frage, ob es überhaupt eines Berichtes bedarf, sondern auch für die Erwägung, ob laufend oder nur über die wesentlichen Verfahrensakte zu berichten ist. Vielfach kann die formlose Einreichung einer Abschrift der Anklage oder des ergangenen Urteils genügen, ja sogar zweckentsprechender sein als ein mehr oder minder nichtssagender Bericht. – Soweit im Einzelfalle nichts anderes verfügt wird, wird es genügen, dass in angemessenen Zeitabständen (längstens zwei Monate) über den Fortgang eines Falles berichtet wird. Wenn die StA im Regelfall diesen Zeitraum einhalten, werden sich unerwünschte Mahnschreiben erübrigen.

Zur Entlastung der Kanzlei des JM wird es beitragen, wenn in den Fällen, in denen voraussichtlich der Bericht einer anderen Stelle mitgeteilt werden muss, die erforderliche Zahl von Durchschlägen beigefügt wird. Dies gilt vor allem bei Anträgen auf Herbeiführung der Genehmigung zur Strafverfolgung von Abgeordneten, bei Berichten über Münzfälschungen, bei Beleidigungen des Reichspräsidenten, des Reichskanzlers, von Reichs- oder Staatsministern oder einer gesetzgebenden Versammlung, wenn die Erholung eines Strafantrags (der Ermächtigung) in Frage kommt.

Aus Gründen der Geschäftsvereinfachung für die Registratur ist es erwünscht, dass bei fortlaufender Berichterstattung mit dem Betreff nicht gewechselt wird und dass in Fällen, in denen mehrere Strafverfahren gegen den gleichen Angeschuldigten gleichzeitig nebeneinander laufen, die Sache jeweils im Betreff des Berichts durch ein Stichwort näher bezeichnet wird. – Besonderes Gewicht ist darauf zu legen, dass die Berichte nur das Wesentliche, für das JM Wissenswerte enthalten und ein klares Bild des Falles geben. Überflüssige Einleitungen, insbesondere Bezugnahmen auf frühere Berichte in der Einleitung und Wiederholungen sind zu vermeiden.

Anlage 10: Dauer der Voruntersuchungen.

Auch im vergangenen Jahre wieder sind der Justizverwaltung Fälle bekannt geworden, in denen Voruntersuchungen überlang gedauert haben. In einem OLG-Bezirk z.B. ist eine am 12.07.1928 eröffnete Voruntersuchung wegen Betrugs u.a. am 14.07.1932, also nach vierjähriger Dauer, geschlossen worden. Nach einem Bericht vom 03.11.1932 ist die Anklageschrift noch nicht eingereicht. Bis zur Eröffnung des Hauptverfahrens werden voraussichtlich noch Monate vergehen. – Die Justizverwaltung hat von diesem Fall erstmals zu Beginn des Jahres 1932 erfahren. Die StA muss den Fall gekannt haben; denn nach § 87 Abs. 3 DVStA erhält sie, um über den Fortgang der Voruntersuchungen auf dem Laufenden zu sein, vom Untersuchungsrichter monatlich eine Übersicht mitgeteilt, aus der der Stand der einzelnen Sachen und die Umstände zu ersehen sind, die der Erledigung einer Sache entgegenstehen. Ob diese Übersichten auch den Herrn GStA vorgelegt werden, ist hier nicht bekannt.

Für die Justizverwaltung besteht jedenfalls großes Interesse daran, einmal im Jahre über die Zahl und den Stand der Voruntersuchungen in den einzelnen OLG-Bezirken unterrichtet zu werden. Die beste Gelegenheit hierzu bieten die Jahresberichte der Herren GStA. Die tabellarische Übersicht, die der Herr GStA in München seinem heurigen Jahresbericht beigelegt hatte, gab sehr wertvollen Aufschluss über die durchschnittliche Dauer der Voruntersuchungen im OLG-Bezirk München. Es ist erwünscht, dass künftig auch aus den anderen OLG-Bezirken solche Übersichten mit den Jahresberichten eingereicht werden (Anlage 11 [weggelassen]).

Anlage 12: Justiz und Presse: Die Angriffe in der Presse haben in letzter Zeit an Zahl und Heftigkeit zugenommen. Tagesblätter aller Parteirichtungen öffnen ihre Spalten unbedenklich solchen Angriffen und machen sich die damit verbundenen Vorwürfe gegen die Justizbehörden zu Eigen. Nur ein verschwindend kleiner Teil der erhobenen Klagen ist sachlich berechtigt. Alle übrigen sind zurückzuführen auf Mangel an Sachkunde, auf Übelwollen oder auf Unzufriedenheit. Solche öffentlichen, unwidersprochenen Angriffe sind geeignet, das Ansehen der Rechtspflege und der Gerichte in hohem Maße zu schädigen. Diese Erkenntnis ist nicht neu. Sie hat bereits vor Jahren auf besondere Anregung des damaligen Präsidenten des LG München zur Schaffung einer Auskunftsstelle für die Presse in München der jetzigen gerichtlichen Pressestelle München, und in der Folge zur Bildung von gerichtlichen Pressestellen bei weiteren 18 LG geführt.

Als die zwei Hauptaufgaben der gerichtlichen Pressestellen sind seinerzeit bezeichnet worden: Aufklärung und Abwehr. Hat sich nun die Hoffnung erfüllt, dass durch die Schaffung von Justizpressestellen ein engeres Zusammenarbeiten der Justizbehörden mit der Presse erreicht und ein besseres gegenseitiges Verstehen zum Nutzen der Rechtspflege angebahnt wird? Die Wahrnehmungen, die man nahezu täglich machen muss, sprechen dagegen, und man möchte versucht sein, zu zweifeln, ob der Presse überhaupt noch daran gelegen ist, mit den gerichtlichen Pressestellen zusammenzuarbeiten. – Sollte die Ursache dieses unerfreulichen Zustandes vielleicht auch auf eine allzu große Zurückhaltung der Justizbehörden gegenüber der Presse zurückzuführen sein? Einen gangbaren Weg zu finden, auf dem eine Besserung erreicht werden kann, ist der Zweck der Aussprache über diesen Programmpunkt.

Anlage 13: Rote Hilfe (RHD Deutschland). Richtlinien für den Aufbau der Strafvollzugsabteilungen und für die Rote-Hilfe-Korrespondenten. – Der Zentralverband [ZV] der RHD [hierzu H.-J. Schneider/E. Schwarz, Die Rechtsanwälte der Roten Hilfe, Bonn 2002] hat in der Sitzung am 03.07.1932 beschlossen, die Arbeit der Roten Hilfe auf dem Gebiete des Strafvollzugs („Kampf gegen den barbarischen Strafvollzugs und die solidarische Betreuung der proletarisch- politischen Gefangenen in den Kerkern") zu verstärken und zu erweitern. Zu diesem Zwecke ist beim ZV der RHD eine zentrale Strafvollzugsabteilung eingerichtet worden, die sieben Mitglieder zählt und folgende Gebiete bearbeitet: Gefangenenpflege, Gefangenenbeiräte, Gefangenenkorrespondenz, Gefangenenbibliothek und Literatur, Pressebearbeitung, Gefangenenkartothek und -Registratur. Die Bildung der Strafvollzugsabteilungen bei den Bezirksvorständen der RHD erfolgt nach den in der Anlage zur gefälligen Kenntnisnahme abschriftlich beigefügten „Richtlinien" für den Aufbau der Strafvollzugsabteilung vom 10.08. d.J. (s. Anlage 1; unten S. 181 ff.). Beachtung verdienen vor allem die Ziff. 8, 3 und 4 über die Aufgaben der Gefangenenpfleger und -beiräte sowie über die Gefangenenkorrespondenz bzw. Briefkommission.

Aus der „Mitteilung" B/107 des Zentralvorstandes der RHD (Agitprop) vom 26.09. d.J. wird ersichtlich, dass die Ressorts: Gefangenenkorrespondenz bzw. Briefkommission bei den Strafvollzugsabteilungen der Bezirksvorstände der RHD mit besonderen Aufgaben betraut werden; es heißt in der „Mitteilung" vom 26.09.1932: „Eine der wichtigsten Aufgaben der Roten Hilfe ist es, ständig die engste Verbindung zwischen den Gefangenen-Klassenkämpfern und den Arbeitern in der kapitalistischen Freiheit aufrecht zu erhalten. Bei der Fülle der Anklagen und Verurteilungen darf diese Aufgabe nicht dem bloßen Zufall überlassen werden, sonst würde sich bald ergeben, dass ein großer Teil unserer Gefangenen ohne Verbindung bleiben. Deshalb muss in jedem Bezirk die organisatorische Voraussetzung für diese notwendige enge Verbindung geschaffen werden. In jedem Bezirk muss eine Briefkommission gebildet werden. Die Aufgabe dieser Kommission ist es, dafür zu sorgen, dass der Gefangene ständig über die Ereignisse durch laufende

Korrespondenz unterrichtet wird, dass bei Maßnahmen der Strafvollzugsbehörden gegen unsere Gefangenen ein Briefsturm aus Betrieben, Stempelstellen und Arbeiterorganisationen einsetzt usw. Bevor hierüber nähere Richtlinien herausgehen, bitten wir alle Bezirke, uns ihre Erfahrungen auf dem Gebiete der Gefangenenkorrespondenz mitzuteilen. Insbesondere bitten wir folgende Fragen zu beantworten:

1. Ist schon eine Briefkommission vorhanden?
2. Wie viele Genossen korrespondieren mit Gefangenen?
3. Was für Erfahrungen sind bei der Korrespondenz mit Gefangenen gemacht worden?

Die in der Anlage 2 zur gefälligen Kenntnisnahme beigefügten „Richtlinien für die Arbeit der RH-Korrespondenten", hrsg. vom Zentralvorstand der RHD Abt. Presse, zeigen, welche Aufgaben den Rote-Hilfe-Korrespondenten übertragen sind. Ergänzend hierzu wird aus einem Rundschreiben des Zentralvorstandes der RHD an alle Rote-Hilfe-Korrespondenten vom 17.09.1932 bekannt, dass der Zentralvorstand der RHD im Hinblick auf das Verbot der Schrift „Tribunal" bis zum 15.11.1932 besonderen Wert auf die verstärkte Berichterstattung der Rote-Hilfe-Korrespondenten legt. Wörtlich heißt es in dem Rundschreiben: „Die Papen-Regierung ist dazu übergegangen, unsere Waffe, das „Tribunal", für ein Vierteljahr außer Gefecht zu setzen. Deshalb konnten auch eine ganze Reihe von Berichten unserer RH-Korrespondenten, die bereits bearbeitet waren, nicht mehr veröffentlicht werden. Vom 15.08. bis zum 15.11.1932 ist unser „Tribunal" verboten! Aber ebenso wie die Werbung für unsere Presse trotz Verbot unentwegt fortgesetzt werden muss, genauso darf die Berichterstattung unserer Rote-Hilfe-Korrespondenten keinen Augenblick aussetzen. Sie muss sogar verstärkt fortgesetzt werden. Ihr müsst weiter berichten! Eure Berichte wirken und nützen ja nicht nur, indem sie im „Tribunal" abgedruckt werden. Sie sind vor allem in der Zeit des Verbotes der revolutionären Presse wertvolle Hinweise für die Leitung der Organisation. Sie helfen ihr, den Kurs der Arbeit zu bestimmen und die praktischen Erfahrungen, die Ihr in Euren Berichten vermittelt, für den weiteren Kampf der Organisation auszunutzen.

Mit dem zeitweiligen Verbot einer Zeitung hört auch nicht die Redaktionstätigkeit auf. Die Redaktion muss weiter über die Vorkommnisse, die in Beziehung zu unserem Kampf stehen, informiert werden. Sie kann sich nicht nur darauf beschränken, die Fragen der großen Politik als Richtschnur ihrer ferneren Redaktionsarbeit zu nehmen. Ihr gerade wollt zeigen, wie die sog. hohe Politik sich nach unten auswirkt, wie sie sich in den Massen spiegelt und wie die Massen darauf reagieren. Gerade jetzt in diesen Tagen steht Ihr auf verantwortungsvollem Posten und werdet unerhört viel zu berichten haben. Der verschärfte Polizei- und Justizterror, die Sondergerichte, die neueste Notverordnung des Herrn von Papen, all das steht heute im Mittelpunkt der Diskussion und des Interesses der Massen und wühlt sie auf das Tiefste auf. Darüber müsst ihr jetzt vor allem berichten. Und nicht vergessen: Berichte darüber, wie die Rote-Hilfe-Organisation reagiert, wie sie ihren Aufgaben unter den verschärften Bedingungen des Klassenkampfes gerecht wird, welche Fortschritte sie macht usw. Solche Berichte sind immer notwendig und wertvoll, gleichgültig, ob unsere Zeitung verboten oder erlaubt ist“ ...

Das Material zeigt, dass der Zentralvorstand der Roten Hilfe bestrebt ist, die gegenwärtig stärkste kommunistische Hilfsorganisation weiter auszubauen und dass er dabei zu Mitteln und Methoden greift, die seit Jahren in Sowjetrussland erprobt worden sind wie z.B. die Korrespondentenbewegung.

RHD Zentralvorstand Abt. Strafvollzug. Richtlinien vom 10.08.1932 für den Aufbau der Strafvollzugsabteilung (*Anlage 1*)

Der Zentralvorstand der RHD hat in seiner Sitzung vom 03.07.1932 beschlossen, die Arbeit der RH auf dem Gebiete des Strafvollzugs bedeutend zu verstärken und zu erweitern. Der Kampf gegen den barbarischen Strafvollzug und die solidarische Betreuung der proletarisch politischen Gefangenen in den Kerkern muss eine Massenarbeit werden, die nur allein imstande ist, wirkliche Erfolge zu erzielen.

Beim Zentralvorstand der RHD wurde eine zentrale Strafvollzugsabteilung gebildet, die bis jetzt sieben Mitglieder zählt, die die einzelnen Ressorts auf dem Gebiete des Strafvollzugs bearbeiten.

Bei sämtlichen Bezirksvorständen der RHD sind ebenfalls Strafvollzugsabteilungen zu bilden. Es sind sofort geeignete Genossen heranzuziehen, die für die einzelnen Ressorts wie folgt eingeteilt werden müssen:

1. Vorsitzender
2. Gefangenenpflege
3. Gefangenenbeiräte
4. Gefangenenkorrespondenz
5. Gefangenenbibliothek und Literatur
6. Pressebearbeitung
7. Gefangenenkartothek und Registratur.

Die auf die genannten Ressorts eingeteilten Mitglieder bilden die Strafvollzugsabteilung und haben folgende Arbeiten und Aufgaben zu erledigen.

1. Vorsitzender: Der Vorsitzende der Strafvollzugsabteilung gehört dem Bezirksvorstand der RHD an. Er hat die gesamte Arbeit auf dem Gebiete des Strafvollzugs verantwortlich zu führen, zu überwachen und zu kontrollieren. Die Strafvollzugsabteilung tritt zu regelmäßigen Sitzungen zusammen, in denen die einzelnen Arbeiten besprochen werden.

2. Gefangenenpflege. Der Gefangenenpfleger der Strafvollzugsabteilung des Zentralvorstandes hat dafür zu sorgen, dass in all den Orten, wo sich eine Strafanstalt befindet, ein örtlicher Gefangenenpfleger der RH ernannt wird. Er muss dafür sorgen, dass der örtliche Gefangenenpfleger ständig darüber informiert ist, welche proletarisch politischen Gefangenen in seiner Strafanstalt sitzen und wie er sie zu betreuen hat. Der örtliche Gefangenenpfleger muss versuchen, in der Strafanstalt Zutritt zu erlangen und die proletarisch politischen Gefangenen regelmäßig – im Monat ein- bis zweimal – zu besuchen. Ein behördliches Recht für diese Besuche gibt es allerdings nicht. Der örtliche Gefangenenpfleger muss daher die verschiedensten Mittel und Methoden anwenden, um die Besuchsmöglichkeiten zu erlangen. In den meisten Fällen werden von der Strafvollzugsleitung

keine besonderen Schwierigkeiten gemacht. Dort, wo es der Fall sein sollte, muss der örtliche Gefangenenpfleger mit dem Strafanstaltsdirektor verhandeln und ihm klarmachen, welche gewaltigen Aufgaben die Rote Hilfe auf dem Gebiete der Gefangenenpflege und Fürsorge erfüllt. Wenn weitere Schwierigkeiten bestehen, so muss unser Gefangenenpfleger mit den Angehörigen gemeinsam in die Anstalt gehen und bei diesen Besuchen auch eine Aussprache mit anderen Gefangenen fordern, die keinen Besuch ihrer Angehörigen erhalten. Wiederholtes Vorstelligwerden und ein zäher Kampf um die Besuchserlaubnis wird in fast allen Fällen auch Erfolg bringen. Die notwendige ständige Veröffentlichung von Artikeln über Missstände, Schikanen gegen unsere Genossen usw. wird mit dazu beitragen, auch die Besuchserlaubnis zu erzwingen. Regelmäßig muss mit solchen Artikeln der Gefangenenpfleger evtl. ein Stadtverordneter, und wenn möglich der proletarische Gefangenenbeirat zum Strafanstaltsdirektor gehen und anhand des veröffentlichten Materials Auskunft über diese Zustände verlangen.

Die Strafvollzugsabteilung muss sich über die Zustände im Gefängnis ständig informieren und wenn bedeutendere Vorkommnisse sich ereignen, die Entsendung von Arbeiterdelegationen, Durchführung von Versammlungen und evtl. Demonstrationen vor dem Gefängnis organisieren. Auch dies wird dazu beitragen, das Recht des ständigen Besuches der proletarisch politischen Gefangenen durch den Gefangenenobmann zu erzwingen.

3. Gefangenenbeiräte. In allen größeren Strafanstalten (über 300 Mann Belegungsfähigkeit) sind Gefangenenbeiräte gebildet, die in größeren Orten vom Gemeindeparlament, in kleineren Orten vom Kreisparlament gewählt werden. Ihre politische Zusammensetzung entspricht im Allgemeinen der des betreffenden Parlaments, so dass in fast allen Fällen auch Arbeiter und Vertreter der KPD-Fraktion als Gefangenenbeiräte gewählt sind.

Die Strafvollzugsabteilung des Bezirksvorstandes der RH respektive der Genosse, der das Ressort der Gefangenenbeiräte bearbeitet, muss dafür sorgen, dass die Adressen sämtlicher Gefangenenbeiräte des Bezirks festgestellt werden. Die proletarischen Gefangenenbeiräte sind im Besonderen mit Material, wie Namen der proletarisch politischen Gefangenen, Missstände in der Anstalt zu beliefern, an ihre Pflichten als Gefangenenbeiräte zu erinnern und zur aktiven Mitarbeit im Kampf gegen den Strafvollzug heranzuziehen. Sie müssen von der Kommission ständig mit Anweisungen versorgt werden.

Bei Neuwahl des Gemeinde- resp. Kreisparlaments wird auch von dem neu zusammentretenden Parlament eine Neuwahl der Gefangenen-Beiräte vorgenommen, wenn nicht, müssen die KPD-Fraktionen dies fordern. Von der Strafvollziehungsabteilung ist dafür zu sorgen, dass vor der Neuwahl in allen Orten geeignete Rote-Hilfe-Mitglieder und Funktionäre als Gefangenenbeiräte in Vorschlag gebracht werden.

4. Gefangenenkorrespondenz. Die Strafvollzugsabteilung muss die Gefangenenkorrespondenz zu einer Massenarbeit ausbauen. Zu diesem Zweck ist von dem zuständigen Ressortarbeiter der Strafvollzugsabteilung eine Briefkommission zu bilden, die eine Massenkorrespondenz mit unseren Gefangenen organisiert. Bei

den verschiedensten Ereignissen in den Strafanstalten, wie z.B. Terrorurteile gegen Genossen, Verhängung von Arreststrafen, Schikanen, Misshandlungen und auch bei anderen besonderen Anlässen, sind an die betreffenden Genossen Briefe zu schreiben, die von den Vertretungen der Betriebsbelegschaften, Organisationsleitungen usw. unterzeichnet sind.

Ein Beispiel: Genosse A wird vom Gericht zu zehn Jahren Zuchthaus verurteilt. Die Briefkommission sorgt sofort dafür, dass der Genosse A zahlreiche Briefe aus Betrieben, von Organisationen, aus Versammlungen und auch von Einzelpersonen, möglichst auch namhafte intellektuelle Persönlichkeiten, erhält, damit der Genosse die wirkliche Massensolidarität spürt. – Ein anderes Beispiel: Genosse B wird wegen seines revolutionären und klassenbewussten Auftretens in dem Gefängnis mit Arrest bestraft oder von einem Nazibeamten misshandelt. Sofort sorgt die Briefkommission dafür in der gleichen Weise wie vorher, dass dieser Genosse unzählige Briefe erhält, die zu seinem Fall Stellung nehmen. Die Anstaltsleitung, die ja sämtliche Briefe zensiert, wird merken, dass die Öffentlichkeit sich mit unserem Genossen beschäftigt und wird sich hüten, den Genossen weiter zu schikanieren. – Noch ein Beispiel: Wenn ein proletarisch politischer Gefangener erkrankt ist, so ist zur Erreichung einer besseren ärztlichen Behandlung nicht nur die Absendung der o.g. Briefe richtig, sondern es sind auch Ärzte zu gewinnen, die, nachdem sie über den Krankheitszustand unseres Genossen informiert wurden, an den erkrankten Genossen Briefe schreiben und sich für Vornahme einer ärztlichen Untersuchung bereit erklären.

Sämtliche Briefe sind selbstverständlich von der Briefkommission zu überwachen, und da die Briefe einer Zensur unterliegen, sind alle abfälligen und beleidigenden Äußerungen zu vermeiden.

Für solche Genossen, die wegen ihrer langen Strafe besonders unter der Haft leiden oder leicht schädlichen Einflüssen unterliegen und durch diese Beeinflussung politische Schwankungen oder Irrungen aufweisen oder für solche Genossen, die eine ständige politische Information durch Briefe wünschen, muss die Briefkommission geeignete Genossen namhaft machen, die diesen proletarisch politischen Gefangenen regelmäßig schreiben. Auch diese Korrespondenz ist von der Briefkommission der Strafvollzugsabteilung ständig zu kontrollieren.

6. Gefangenenbibliothek und Literatur. Das Lesen von in den Strafanstalten hineingebrachten Büchern ist im Allgemeinen nur den Untersuchungsgefangenen und den anerkannten Überzeugungstätern gestattet. In sehr vielen Fällen gestattet aber die Anstaltsleitung auch unseren übrigen Genossen das Lesen von wissenschaftlichen Marxistisch-Leninistischen Büchern und anderer revolutionärer Literatur. Nur kommunistische Propagandaliteratur und Zeitungen werden überall zurückgewiesen. Die Strafvollzugsabteilung des Bezirksvorstandes muss dafür sorgen, dass die Belieferung der proletarisch politischen Gefangenen oder der Bibliothek befreundeter Organisationen oder durch die Belieferung mit gespendeten Büchern systematisch erfolgt.

6. Pressebearbeitung. Durch Briefe der Gefangenen, Mitteilung von Angehörigen und besonders auch durch die Berichte der entlassenen proletarisch politischen

Gefangenen erhalten wir eine Unmenge Material über die barbarischen Zustände in den deutschen Strafanstalten. Dieses Material muss unbedingt in der Öffentlichkeit und besonders auch in der Presse ausgewertet werden. Der zuständige Ressortarbeiter muss dieses Material ständig sammeln und dafür sorgen, dass es in Form von Artikeln, Arbeiter- oder Gefangenenkorrespondenzen in der Presse erscheint. Mit diesem Material ist aber nicht nur die Presseabteilung des Zentralvorstandes der RHD und die kommunistische Presse des Bezirks zu beliefern, sondern der größte Wert ist auch auf die Belieferung der linksbürgerlichen Presse zu legen, die sehr häufig über die Zustände in den Strafanstalten schreibt.

7. Gefangenenkartothek und Registratur. Die Strafvollzugsabteilung des BV ist für die richtige Registrierung aller proletarisch politischen Gefangenen verantwortlich. In einem Verzeichnis sämtlicher Strafanstalten des Bezirks sind die in den einzelnen Strafanstalten sitzenden proletarisch politischen Gefangenen unter Angabe des Strafantritts und des Strafendes zu führen. Durchschläge dieser Listen sind monatlich kontrolliert und ergänzt, regelmäßig der zentralen Strafvollzugsabteilung in Berlin und den örtlichen Gefangenenpflegern zu übermitteln.

Im Übrigen ist über den Auf- und Ausbau der Strafvollzugsabteilungen des FV ständig an die zentrale Strafvollzugsabteilung der ZV der RHD, zu Hd. des Gen. Erich Steinfurth MdL Berlin SW 11, Prinz-Albrecht-Straße 5 (Preußischer Landtag) zu berichten. Abschrift ist an den ZV [Zentralvorstand] einzusenden. Bis zum 01.09.1932 muss bei allen Bezirksvorständen eine arbeitsfähige Strafvollzugsabteilung vorhanden sein. Der Vorsitzende der Strafvollzugsabteilung muss einen abschließenden und ausführlichen Bericht bis zum 04.09. eingesandt haben.

Zentralvorstand – Strafvollzugs-Abteilung

Anlage 2:
Richtlinien für die Arbeit der RG-Korrespondenten
Rote-Hilfe-Korrespondenten voran!

Die Arbeiterkorrespondentenbewegung ist in der gesamten Presse in den letzten Jahren zu einem entscheidenden Faktor geworden. Besonders die Presse der Sowjetunion besitzt ein Netz von Millionen Arbeiter- und Bauernkorrespondenten, die durch ihre Mitarbeit an der Presse das Leben der werktätigen Massen im Prozess des Aufbaus des Sozialismus in ihren Erfolgen und Schwierigkeiten widerspiegeln. Die Erfolge der Sowjetunion sind nicht zuletzt zurückzuführen auf diese Millionen Arbeiter- und Bauernkorrespondenten, deren Schilderungen von Erfolgen ein Mittel sind, anzuspornen, deren Festnagelung von Schwächen und Schwierigkeiten dazu dienen, sie auszumerzen.

Durch das Netz der Arbeiterkorrespondenten in Deutschland ist es der revolutionären Presse möglich, viel stärker besonders in den Betrieben vorzudringen und die Ausbeutung der Arbeiter an einzelnen Beispielen plastisch darzustellen und so dazu beizutragen, die Betriebe für den Kampf zu mobilisieren.

Wenn die Rote Hilfe und die Redaktion des „Tribunals“ in der letzten Zeit dazu übergegangen ist, Rote-Hilfe-Korrespondenten zu schaffen, so deshalb, um den breitesten Kreis von Mitkämpfern gegen die faschistische Klassenjustiz und den faschistischen Terror zu gewinnen.

Welche Aufgaben stehen vor unserem Rote-Hilfe-Korrespondenten? Der Rote-Hilfe Korrespondent hat in seinen Berichten darauf zu achten, dass er sich streng an den Aufgabenkreis hält, der der Roten Hilfe obliegt. Also nicht Berichte schreiben, die in das Aufgabengebiet anderer revolutionärer Massenorganisationen fallen. – Innerhalb dieses Aufgabenkreises gibt es natürlich die verschiedensten Möglichkeiten. – Kurze und knappe Schilderungen von richtigen Methoden der Arbeit und daraus resultierenden Erfolgen. Sie regen in stärkstem Maße durch ihre Veröffentlichung andere Rote-Hilfe-Gruppen an, diese Methoden auch bei sich anzuwenden. Unter diese Art von Korrespondenten fallen in erster Linie Beispiele *guter Betriebsarbeit der RH-Gruppen* (siehe Tribunal Nr. 18/1932 – eine gelungene Betriebsversammlung aus der Knopffabrik Prym) oder die Korrespondenz in Nr. 11 des „Tribunals" unter der Überschrift „Eine vorbildliche politische Arbeit", die in guter Weise den Massenkampf der Werktätigen für die Angeklagten zeigt oder antifaschistische Aktionen der Roten Hilfe, gute Einheitsfrontbeispiele mit sozialdemokratischen, parteilosen und christlichen Arbeitern.

Erst in zweiter Linie sind gut gelungene Veranstaltungen der Roten Hilfe, besonders in Gebieten, wo wir noch nicht verankert sind (nicht zu vergessen Versammlungen auf dem Lande, wo Kleinbauern und Landarbeiter anwesend sind), wichtig. Besonders dann, wenn sie zahlreiche Neuaufnahmen, guten Umsatz der Literatur, rege politische Diskussionen mit sich brachten.

Auch die *vorbildliche Einzelarbeit* eines Roten Helfers ist als Unterlage für eine Rote-Hilfe-Korrespondenz wünschenswert.

Diese Art von RH-Korrespondenzen gewinnen natürlich an Wichtigkeit bei *besonderen Kampagnen* (Tribunal-Werbewoche, Wettbewerbe etc.). Es gilt, das ist besonders die Aufgabe des politischen Leiters, die Rote-Hilfe-Korrespondenten darauf hinzuweisen, was für ihre Berichterstattung zurzeit besonders wichtig und aktuell ist.

Aber damit erschöpft sich nicht die Arbeit unserer RH-Korrespondenten. Sie sollen nicht nur Tatsachen der Arbeit schildern, sie sollen auch Maulwürfe sein in der Herbeischaffung neuen und wichtigen Materials. – Zustände und Tatsachen aus den Gefängnissen (Äußerungen von Gefängniswärtern, Gefängnisärzten, Gefängnispfaffen) berichten, besondere Aussprüche faschistischer Richter gegen revolutionäre Werktätige bei Prozessen in ihren Korrespondenzen festnageln. Aus gegnerischen, besonders Naziversammlungen und der örtlichen Nazipresse Morddrohungen gegen die revolutionären Arbeiter und ihrer Organisation mitteilen. Bei Überfällen und Morden der Nazis kleine Details erforschen, die den Ermordeten oder Verwundeten den Massen menschlich näher bringen und die Verbrechen der braunen Hitlersoldateska im richtigen Lichte erscheinen lassen.

All dies gehört zum Inhalt der Rote-Hilfe-Korrespondenten. Es ist sehr wichtig, dass die Rote-Hilfe-Korrespondenten nicht nur für das Tribunal ihre Berichte schreiben, sondern auch dafür Sorge tragen, dass diese ihre Berichte in der revolutionären Tagespresse unter Nennung der Roten Hilfe Verwendung finden.

XIII. Besprechung vom 31.03.1933

Anwesend:
1. der Kommissarische StM der Justiz
2. die Präsidenten des ObstLG und der OLG
3. die GStA bei diesen Gerichten
4. der StR und die Referenten des StMin. der Justiz
5. I. StA Lechner als Schriftführer.

Der Kommissarische StM der Justiz *Dr. Frank* führte aus: Meine Herren, ich danke Ihnen für Ihr Erscheinen. In einer ganz ungewöhnlich ernsten und an Erregungen überreichen Epoche hat die Justizverwaltung Bayerns bis heute Ruhe, Nerven und Staatssicherheit bewahrt. Ich hoffe, dass es auch jetzt in den noch stürmischer werdenden Wochen dabei bleiben wird. Seien Sie versichert, dass ich nach wie vor auch innerhalb der revolutionären Bewegung immer dafür sorgen werde, dass das uralte Gut des deutschen Rechtes, dass die richterliche Unabhängigkeit, eines der wertvollsten Güter des menschlichen Kulturlebens, unangetastet bleiben, dass an den bewährten Grundsätzen des Berufsbeamtentums nichts im Wesentlichen geändert wird. Wir können dann allen Stürmen des Lebens ruhig entgegensehen. Solange ich an der Spitze dieses Ministeriums stehe, können Sie sich auf mich verlassen. Ich werde stets hinter Ihnen stehen, wenn Sie mit allem Nachdruck jedermann gegenüber die Staatsautorität hochhalten. Wir haben unter die Vergangenheit einen Strich gemacht. Unsere Augen sind auf die Zukunft gerichtet. Die kommenden Wochen werden ganze Männer erfordern. Richterkönige, die auf den Gebieten des Rechtes Führer des Volkes sind und bleiben. Ich werde es Ihnen nicht zum Vorwurf machen, wenn Sie mir sagen: Ich habe in Treue dem Staate gedient in einer Zeit der Ruhe und der Bürgerlichkeit, ich fühle mich nicht geeignet für die kommende Zeit. Meine Herren, dann sollen Sie ihren ehrenvollen Abschied nehmen. Denn von jetzt an brauchen wir ganze Männer, nicht nur den Typus des stillen Beamten, sondern aufrechte Kämpfer im Dienste des Deutschtums. Niemals nehme ich ein scharfes Wort übel, niemals wenn jemand im Dienste dieser Sache rasch handelt. Diese Entschiedenheit muss ich von Ihnen in Zukunft fordern, wenn Sie mir nicht heute sagen, dass Sie lieber Ihren Abschied wollen. Der Entscheidungskampf über die Grundlagen des Staates ist gekommen. Die Verantwortung für diesen Kampf trage ich allein innerhalb der bayerischen Justiz.

In dieser Zeit der Greuelberichte ist auch über mich manches behauptet worden. So stand in einer Londoner Zeitung, ich hätte zehn jüdische Richter und Rechtsanwälte vor dem Justizpalast aufhängen lassen. Sie wissen, was daran Wahres ist.

Meine Herren, Sie müssen sich frei machen von den liberalistischen Gedankengängen des gleichen Rechtes. Es gibt in Zukunft dieses gleiche Recht nicht mehr. Nicht etwa in dem Sinne, dass die Rechtsgarantien der Einzelnen aufgehoben würden. Das Recht der kommenden Art wird dafür sorgen, dass dem Begriffe des Staatsbürgers das Moment der Gleichheit genommen wird. Staatsbürgerschaft wird wieder die Bezeichnung für die Volkszugehörigkeit werden. Daran müssen Sie sich gewöhnen. Der Begriff der Rasse ist bisher überhaupt noch nicht im Rechtsleben in die Erscheinung getreten. Es wird eine unerlässliche Umstellung sein, die Sie nach dieser Richtung vorzunehmen haben.

Meine Herren, ich danke Ihnen dafür, dass Sie sich schon bisher gut und elastisch in die Ereignisse gefügt haben. Autoritätsschädliche Vorkommnisse sind in Bayern verhütet worden. Ich werde niemals dulden, dass die Domäne des Rechts von Leuten betreten wird, die nicht kraft Rechtens dazu legitimiert sind.

Auch die Frage des Boykotts jüdischer Rechtsanwälte wird so geregelt werden, wie es sich für die Justiz geziemt. – Ich habe Veranlassung genommen, dafür zu sorgen, dass die polizeilichen Beschränkungen der Mensurfreiheit, soweit sie bisher bestanden haben, beseitigt werden.

Zu den entscheidenden Maßnahmen der letzten Tage folgende Worte: Die Auflösung der Anwaltskammern war nötig, weil die Justizverwaltung so elastisch sein muss, dass wir der Revolution immer zwei Schritte voraus sind. Nur so halten wir das Heft der revolutionären Entwicklung in der Hand. – In der Frage der Zulassung jüdischer Rechtsanwälte werde ich Sie von einer großen Verantwortung befreien. Die Zulassung zur Rechtsanwaltschaft wird in Zukunft ausschließlich durch das StM erfolgen. – Was die Ausschaltung jüdischer Richter und StA aus der Strafjustiz und vom Sitzungsdienste anlangt, so haben wir uns in diesem Punkte das zur Grundlage gemacht, was unser Führer Adolf Hitler erklärt: „Die Angelegenheit des Boykotts des Judentums berührt die Staatsstellen nicht. Es ist eine Angelegenheit der Partei, der Bevölkerung. Der Staat mengt sich nicht ein." Darüber hinaus gilt das Wort des Führers von der Gebundenheit an die derzeitige Rechtslage in Deutschland. Der bayerischen Justizverwaltung ist es nicht möglich, über die Schranken des Reichsrechts hinwegzuspringen. Das bitte ich auch Ihrer Kollegenschaft mitzuteilen.

Wir werden aber tun, was geschehen kann und muss. Geschehen kann die Verlegung der jüdischen Richter usw. aus dem Sitzungsdienst und der Strafjustiz in stillere Gelasse des juristischen Betriebes oder die Beurlaubung aller Juden ab sofort.

Es handelt sich um einen menschlich schweren Fall. Ich will Sie auch hier vor Verantwortung behüten. Die Verantwortung trage auch hier ausschließlich *ich*. Ich werde in all diesen Fällen ausschließlich persönlich zeichnen. – Ich bitte Sie, meine Herren, persönliche Beziehungen mit Juden nicht weiter zu pflegen. Ich möchte nicht haben, dass außerdienstliche Beziehungen zur jüdischen Rasse aufrecht erhalten bleiben und sich dadurch eine stimmungsmäßige Sympathie entwickelt. Dagegen muss der persönliche Kontakt zwischen Ihnen und mir auf das Beste gestaltet werden. Jegliche Sonderaktion, mag sie kommen von wem immer, ist innerhalb der bayerischen Staatsverwaltung durch den kommissarischen Ministerrat verboten. Ich bitte, mir alle diejenigen zu melden, die trotzdem derartige Versuche unternehmen. Unzulässig ist, dass Beamten- oder Parteiabordnungen von den Außenstellen die Entfernung von Beamten fordern. Solches Vorgehen müssen Sie sich verbitten. Die Herren haben die Möglichkeit, sich an die Zentralstelle zu wenden. Derartige Maßnahmen werden ausschließlich vom Ministerium getroffen.

Wenn auch solche Sonderaktionen auszuschalten sind, so müssen Sie sich doch die Elastizität bewahren, die jetzt notwendig ist. Es geht nicht an, dass die Wünsche von Parteistellen (z.B. die Beseitigung von Bildern von Marxisten, Hissen von Hakenkreuzfahnen bei besonderen Anlässen) in brüsker Form abzulehnen. Sie müssen derartigen Wünschen, wenn es irgendwie geht, stattgeben. – Wir müssen uns darüber klar sein, dass es für die Justizverwaltung keine Schwierigkeiten geben wird, auch in den kommenden ernsten Tagen nicht, wenn wir selbst die größte eiserne Ruhe bewahren. Ein Beispiel sei Ihnen unsere vierzehnjährige Bewegung, deren Erfolg darauf beruht, dass sie niemals sich aus ihrem Gleichgewichte bringen ließ. Vornehm, sachlich, gewählt in der Form, aber unerbittlich im Ziel wollen wir der bayerischen Rechtspflege die alte Höhe bewahren, an den Grundsätzen des Berufsbeamtentums und der persönlichen Sauberkeit festhalten. Die Zeiten sind vorbei, wo man das Recht zum Spielball liberalistischer Gedankengänge gemacht hat. *Der Verbrecher soll wieder zittern vor dem Recht, der anständige Mann soll seines Schutzes gewiss sein.* Wir wollen die Justiz wieder zu einem Machtinstrument des Staates machen zum Nutzen eines großen freien schönen mächtigen deutschen Vaterlands.

ObstLG-Präs. Dr. Müller: Im Namen der Anwesenden danke ich Ihnen, Herr Minister, dass Sie uns Gelegenheit gaben, Sie persönlich kennenzulernen und Ihre Grundsätze zu hören. Seien Sie überzeugt, die Justiz wird Ruhe, Nerven und Staatssicherheit bewahren. Sie hat sie 1918/1919 bewahrt und die Justiz durch kritische Verhältnisse hindurchgeführt, so dass sie, von ganz verschwindenden Ausnahmen abgesehen, absolut sauber geblieben ist. Wir freuen uns, dass Sie sich als Wahrer des guten Deutschen Rechtes und der Unabhängigkeit der Richter bekannt haben und dass Sie auch an den bisher in objektiver Weise durchgeführten Grundsätzen der Beamtenpolitik festhalten wollen. Dass wir zum Staate stehen, darüber besteht kein Zweifel. Das ist unsere Natur. Aber es hat mich geschmerzt, dass doch ein gewisser Zweifel an unserer Einstellung durch Ihre Worte geklungen ist. Wir waren, wir sind und werden bleiben deutsche Richter, dem deutschen Volk verpflichtet und dem deutschen Gesetz. Daran bindet uns unser Richtereid. Denn wir sind alle tief unserem Gott verbunden und wir werden nichts tun, was gegen das Gesetz oder gegen unser Gewissen zu Gott von uns verlangt werden soll. Werden die Gesetze geändert, so sind wir ihnen verpflichtet. Solange sie nicht geändert sind, sind wir an die bisherigen gebunden. Verlassen Sie sich darauf, Herr Minister, wir haben immer von uns geglaubt, wir seien ganze Männer. Es ist eine Reihe unter uns, die den Weltkrieg mitgefochten haben, die mit Schmerzen die Wandlungen mit ertragen mussten, die das deutsche Volk nach dem Kriege durchgemacht hat. Wir atmen jetzt in vielen Beziehungen auf, aber wir bleiben stets unserem Gesetz verpflichtet.

Der *Kommissarische StM Dr. Frank:* Ich danke für die offenen Worte des Herrn Präs. des ObstLG. Nichts lag mir ferner, als ein grundsätzlicher Zweifel in die Gesinnung der Herren. Ich weiß, dass die bayerische Justizverwaltung ihre Sauberkeit bewahrt hat. Zustände, wie sie sich in Preußen eingeschlichen hatten, gab es in Bayern gottlob kaum. Nicht zuletzt ist das ein Verdienst des früheren StM der Justiz Dr. Gürtner, das ich rückhaltlos anerkenne. – Wenn ich Zweifel in die Gesinnung der Herren gehabt hätte, dann wäre vielleicht manches in den ersten Tagen der nationalen Revolution auch personalpolitisch hier sogleich anders verlaufen. Ich bitte Sie überzeugt zu sein, dass ich nach keiner Richtung ungerecht sein werde. In diesem Sinne bitte ich die Herren um vertrauensvolle Zusammenarbeit.

Der *Kommissarische StM Dr. Frank* gab noch Folgendes bekannt: Als Kriterium des Judentums ist in erster Linie das Bekenntnis zum jüdischen Glauben anzusehen. Nur da, wo der Betreffende sich als religiös bezeichnet, wird festzustellen sein, ob er der Abstammung nach Jude ist. Darüber hinaus bitte ich im einzelnen Falle zu untersuchen, was an der Angabe, es handle sich um einen Juden, wahr ist. Grundsätze werden zu diesem Punkte nicht aufgestellt, sondern der reichsrechtlichen Regelung vorbehalten. Nur so viel kann gesagt werden: Sind beide Eltern Juden, dann ist auch der Abkömmling Jude. In Zweifelsfällen muss die Entschließung des Ministeriums eingeholt werden.

MinRat Sauerländer berichtete noch über die im heutigen Staatsanzeiger erscheinende Bekanntmachung vom 30.03.1933 zum Vollzuge der Verordnung über die Rechtsanwälte.

In seinem Schlusswort bat der Minister um die Mitwirkung der Praxis bei der kommenden Rechtsreform als Ausgleich gegen das bisherige Übergewicht der Rechtstheorie.

Es lebe das endlich wieder deutsch sprechende Recht der kommenden Epoche!

XIV. Besprechung vom 07./08.12.1934

Tagesordnung:

I.Allgemeines

1. Wie hat sich in letzter Zeit das Verhältnis zwischen den Parteistellen und den Justizbehörden gestaltet?

2. Aussprache über die Einstellung des Volkes zur Justiz.

3. Sammlung der bei den Justizbehörden vorhandenen geschichtlichen Unterlagen aus der Kampfzeit.

II. Personalangelegenheiten

1. Aussprache über die Justizausbildungsordnung.

2. Übersicht über die Laufbahnen des mittleren und unteren Dienstes in der bayer. Justizverwaltung und die voraussichtliche Entwicklung im Zuge der Vereinheitlichung der Justiz. [weggelassen]

3. Altersgrenze der Justizanwärter, die das Abschlusszeugnis einer neunklassigen Mittelschule besitzen. [weggelassen]

4. Tätigkeit der Fachschaftsleiter des Beamtenbundes. Welche Erfahrungen wurden gemacht?

III. Zivilprozess, Angelegenheiten der Rechtsanwälte

1. Die Erfahrungen des 2. und 3. Vierteljahres bei der praktischen Durchführung der neuen Verfahrensgrundsätze (Beschleunigung der Verfahren, Vertagungen, Unmittelbarkeit der Beweisaufnahme). – Sind in der Vertagungsstatistik Terminaufhebungen und Terminverlegungen bisher mitgezählt worden? [weggelassen]

2. Simultanzulassung der Rechtsanwälte. Soll an der fünfjährigen Sperrfrist, wie sie die Bestimmung in Nr. 5 der Bek. vom 28.11.1927 (JMBl. n.F. Bd. II S. 872) vorsieht, festgehalten werden?

3. Erfahrungen mit der Berücksichtigung der Simultananwälte bei Zuteilung von Armensachen nach § 115 ZPO und § 36 RAO. – Inwieweit haben sich hierbei Schwierigkeiten ergeben? Wie wurde ihnen begegnet?

IV. Landwirtschaftliche Schuldenregelung, Erbhofangelegenheiten [insgesamt weggelassen]

1. Aussprache über den Vollzug des landwirtschaftlichen Schuldenregelungsgesetzes.

2. Stand der Arbeiten zur Anlegung der Erbhöferolle.

3. Ist ein Musterbeispiel einer Erbhöferolle über das Muster in der Anlage 1 der Bek. vom 20.03.1934 (JMBl. S. 72 ff.) mit den Ergänzungen in Nr. II, 3–6 der genannten Bek. hinaus notwendig?

4. Kurze Besprechung der Berichte der Vorsitzenden der Anerbengerichte zur Entschließung vom 07.02.1934 Nr. I 7455 über den Vollzug des Reichserbhofgesetzes (vgl. Beilage). – Wird vom Standpunkt der Erbhofgerichte auf die Berichtigung von Unstimmigkeiten besonderer Wert gelegt oder genügt es, wenn die

Vorsitzenden der Anerbengerichte auf die für die Entscheidung der Fragen maßgebenden rechtlichen Gesichtspunkte in irgendeiner Form hingewiesen werden und im Übrigen die Entscheidung der Anerbenbehörden im Einzelfall abgewartet wird?

V. Strafrecht und Strafprozess

1. Bericht über die Reformarbeiten auf dem Gebiete des Strafrechts und des Strafverfahrens.

2. Verschiedene Mitteilungen aus dem Gebiete der Strafrechtspflege.

3. Aussprache über die Frage, ob und inwieweit politischen Leitern oder sonstigen Führern der NSDAP und ihren Untergliederungen die Eigenschaft von Beamten im strafrechtlichen Sinne zukommt. Findet auf Amtsträger der NSDAP § 54 StPO [Aussagegenehmigung für Beamte] Anwendung?

4. Es mehren sich die Fälle, in denen die Anordnung beschränkter Auskunft aus dem Strafregister oder die Teilung des Strafvermerks mit der Begründung erbeten wird, dem Verurteilten sei eine Anstellung im öffentlichen Dienst oder das Verbleiben in ihm trotz der oft nicht unbedeutenden Vorstrafe unter der Voraussetzung zugesichert worden, dass die Justizverwaltung eine entsprechende Strafregistermaßnahme anordnet. Derartige bedingte Zusicherungen belasten die Justizverwaltung mit der Verantwortung für die Personalpolitik anderer Verwaltungen und mit dem Odium der Arbeitslosigkeit für den Betroffenen. Kann dem durch geeignete Fühlungnahme mit den in Betracht kommenden Anstellungsbehörden entgegengewirkt werden?

VI. Strafvollzug

1. Welche Schwierigkeiten haben sich bei der Durchführung der Sicherungsmaßnahmen ergeben?

2. Änderung der Vorschriften über die örtliche Aufnahmezuständigkeit der Strafanstalten, derzufolge künftig erstmals bestrafte Zuchthausgefangene in einer besonderen Anstalt verwahrt werden sollen (Entschließung vom 17.09.1934 Nr. IV 46898).

3. Luftschutz in den Strafanstalten und in den großen Gerichtsgefängnissen.

Beilage zur Tagesordnung: Die Prüfung der aufgrund der Entschließung vom 07.02.1934 Nr. I 7455 vorgelegten Berichte der Vorsitzenden der Anerbengerichte hat in zahlreichen Fällen Unstimmigkeiten ergeben, die auf einer verschiedenen Auslegung der §§ 21 Abs. 3 und 25 Abs. 1 RErbHG, und damit der zu beantwortenden Frage beruhen.

a) Die Frage, ob Ältesten- oder Jüngstenrecht Brauch gewesen ist, wurde vielfach dahin ausgelegt, dass sie nur dann bejaht werden könne, wenn in einer Gegend dem ältesten oder jüngsten Sohn des Hofbesitzers aufgrund eines Gesetzes oder wenigstens einer Rechtsüberzeugung ein *Anspruch* auf den Hof zuerkannt worden ist. Wie sich jedoch schon aus dem Worte „Brauch“ ergibt und auch in den meisten Erläuterungsbüchern zum RErbHG angenommen wird, besagt die Wendung: „Ältesten- oder Jüngstenrecht war Brauch“ in § 21 Abs. 3 Satz 1 RErbHG, ebenso wie die entsprechenden Wendungen in § 25 Abs. 1 Nr. 1 und 2 RErbHG nichts anderes als eine überwiegende Gewohnheit, also eine tatsächliche, nur in Ausnahmefällen durchbrochene Übung (vgl. *Siefert,* § 21 Anm. 4, *Vogels,* § 35

Anm. II „Zu Abs. 1 Nr. 1" RErbHG Oldenburg in *Vogels-Hopp,* Rechtsprechung in Erbhofsachen § 25 Nr. 5; abweichend *Wöhrmann,* § 21 Anm. 3).

b) Entsprechend ist auch die Frage, ob Anerbenrecht nicht Brauch gewesen ist, nur als Frage nach einer bestehenden tatsächlichen Übung aufzufassen. Dabei setzt der Begriff Anerbenrecht nicht etwa voraus, dass der Übergang des Hofs auf den Nachfolger sich nur im Wege der Erbfolge habe vollziehen können. Entscheidend ist vielmehr, ob nach dem herrschenden Brauch der Hof ungeteilt auf einen Nachfolger, sei es durch Erbfolge, Übergabevertrag, Vereinbarung unter den Miterben oder auf sonstige Weise übergegangen ist. Unrichtig ist es daher z.B., wenn in einer Reihe von Berichten die Fragen unter a) und b) dahin beantwortet wurden, dass Ältestenrecht Brauch, Anerbenrecht nicht Brauch gewesen ist. Vielmehr schließt die Feststellung, dass Ältesten- oder Jüngstenrecht gegolten habe, die Feststellung des Bestehens eines Anerbenbrauches bereits in sich.

In gleicher Weise setzt auch die Frage, ob freie Bestimmung durch den Bauern üblich war, das Bestehen einer Anerbensitte voraus. Dies ergibt sich ohne weiteres aus einer Gegenüberstellung der Nr. 1 und 2 des § 25 Abs. 1 RErbHG (vgl. auch *Wagemann-Hopp,* § 25 Anm. 3, *Siefert,* § 25 Anm. 2 b, Landeserbhofgericht Celle in *Vogels-Hopp,* Rechtsprechung in Erbhofsachen § 25 Nr. 2). Die Frage unter 3 konnte daher nicht wohl bejaht werden, wenn unter 2 das Bestehen einer Anerbensitte verneint wurde.

Anwesenheitsliste

Für die bayer. Justizverwaltung nehmen teil: StMin. Dr. Frank, StRat Spangenberger, der Präs. des ObstLG Dr. Müller, der Präs. des OLG Zweibrücken Dr. Siegel, der Präs. des OLG München Neithardt, der Präs. des OLG Bamberg Heuwieser, der Präs. des OLG Nürnberg Bertram, der GStA bei dem ObstLG Manglkammer, der GStA bei dem OLG Nürnberg Leuchs, der GStA bei dem OLG München Sotier, der GStA bei dem OLG Zweibrücken Troeltsch, der GStA bei dem OLG Bamberg Kahl, MinRat Dr. Meukel, MinRat Döbig, MinRat Drescher, MinRat Kallenbach, MinRat Resch, MinRat Dr. Gipser, MinRat Engert, MinRat Castner, ORR Dr. Strauß, ORR Holzbauer, ORR Lechner.

Für das RJMin. nehmen teil: MinRat Dr. Jonas, MinRat Rietzsch, MinRat Dr. Richter.

Die Sitzung wird um 10.18 Uhr von dem Herrn StMin. der Justiz Dr. Frank eröffnet.

StMin. Dr. Frank: Meine Herren! Ich eröffnet die für heute Morgen anberaumte Jahresbesprechung über Angelegenheiten der Justizverwaltung. – Wir wollten uns zu einer einfachen sachlichen Aussprache treffen. Durch die Entwicklung der Dinge hat sich unser rein sachliches Beisammensein eigentlich verwandelt in eine stille Feierstunde; denn es ist, meine Herren, nicht unangebracht zu betonen, dass in diesem Augenblick zum letzten Mal ein bayer. Justizminister zu bayer. OLG-Präs. und GStA spricht. Es ist dies umso mehr zu betonen, als ich, der ich die Ehre habe, die stolze Reihe der bayer. JMin. abzuschließen, mir in diesem Augenblick bewusst bin, dass gerade wir bayer. Juristen allen Anlass haben, auf die Tradition unserer engeren Heimat auf dem Gebiet des Rechtslebens stolz zu sein. Dies soll bedeuten, dass wir diesen ganzen Stolz und die Liebe zu unserem Beruf und insbesondere das Bewusstsein, dass die verantwortlichen Träger des bayer. Rechtslebens stets ohne Makel und ohne irgendeinen Vorwurf ihr Amt geführt und getragen haben, in unsere neuen Aufgaben mit hinübernehmen. Ich bin glücklich in dem Bewusstsein, dem Deutschen Reich eine Justizverwaltung übergeben zu können, die in sich geschlossen das hohe Gut des deutschen Rechtslebens, Unabhängigkeit des deutschen Richtertums, Sauberkeit der Justizverwaltung, Klarheit und Wahrheit der Rechtsfindung in sich birgt. – Dies veranlasst mich darüber hinaus, meine Herren, Sie zu bitten, sich mit mir zu Ehren der Toten der bayer. Justizverwaltung zu erheben. Sie sind gefallen in dem Glauben an dieses deutsche Werden, dessen Zeuge wir sind. – Ich danke Ihnen.

Die rein technische Frage der Überleitung der bayer. Justizverwaltung in das Reich ist im Wesentlichen klargelegt. Die Angelegenheiten, die sich mit der Überleitung beschäftigen, sollen nicht unmittelbar das Thema unserer heutigen Unterredung sein. Ich bitte aber, bei Behandlung der einzelnen Themen immer die Neugestaltung der Verhältnisse nach dem 01.01. zu bedenken.

Ich bitte Sie, meine Herren Vertreter des Herrn RJM, für deren Erscheinen ich ganz besonders danke, dem Herrn RJM unsere Grüße zu übermitteln und ihm mitzuteilen, dass diese Überleitung in das Reich von der bayer. Justizverwaltung und all ihren Angehörigen aufs Herzlichste begrüßt wird, und dass wir mit voller Kraft bereit sind, diese neue Entwicklung, die der Nationalsozialismus, wie ich wiederholt betone, als einen seiner Programmpunkte auf dem Gebiet der Rechtspolitik ansieht, und die von uns mit allem Nachdruck gefordert wurde, zu unterstützen. – Ich bitte Sie, jetzt in die Besprechung der TO, und zwar zunächst des Punktes I Nr. 1 und 2 einzutreten.

OLG-Präs. Dr. Siegel: Die Gestaltung des Verhältnisses zwischen Partei und Justizbehörden kann man wohl scheiden in das Verhältnis zur Gauleitung (GL) und in das Verhältnis zu den unteren Parteiinstanzen. Das Verhältnis zur GL ist in der Pfalz ausgezeichnet. Ich habe schon früher mit Genugtuung feststellen können und kann heute wiederholen, es besteht sowohl seitens des Herrn GStA wie auch von mir gegenüber der GL ein ausgesprochen vertrauensvolles Verhältnis. Die GL hat durchaus Verständnis gezeigt für autoritäre Bedürfnisse des Staates. Nicht so reibungslos vollzieht sich das Verhältnis zwischen den unteren Parteistellen und den Justizbehörden. Zwar ich selbst kann heute nicht mehr darüber klagen, weil ich, nachdem einige ungeeignete Schreiben von Kreisleitern und Ortsgruppenführern an mich gelangt waren, es abgelehnt habe, mit den Kreisleitern zu verhandeln und die Schreiben an die GL geschickt habe. Seit dieser Zeit verhandle ich nur mit der GL, und zwar mit einem guten Erfolg. Dagegen muss ich immer wieder gewisse Eingriffe und Entgleisungen von unteren Parteiinstanzen feststellen. Ich möchte einige praktische Fälle kurz behandeln.

Zunächst der Fall des StA Spiegel, der ja bekannt ist. Dieser StA ist in Landau in einem Judencafé verkehrt, das heute unter Ausschluss der Öffentlichkeit vegetiert; es war früher ein besuchtes Café. Dieser StA ist nicht in dieses Café gegangen, weil er Freude an dem jüdischen Kaffee hatte, sondern er hatte zarte Beziehungen zu einer Dame und wusste, dass dort sein tête-à-tête wenig gestört würde. Es ist davon gesprochen worden, dass er dort verkehrt. Statt dass sich der Kreisleiter an den OStA gewandt hat, ist er an die Öffentlichkeit getreten, eine Flucht an die Öffentlichkeit, die nicht begründet war. Es ist in der Zeitung ein Artikel erschienen, es war von großer Beunruhigung der Bevölkerung – eine Wendung, die wir immer hören –, die Rede. Der Herr GStA hat die Sache beigelegt und es wurde vom JMin. der StA Spiegel versetzt nach Hof. Nun hätte man annehmen können, dass von Seiten der Partei nichts mehr erfolgt. Der Kreisleiter hat aber einen neuen Artikel erscheinen lassen mit dem Motto „Unverständlich" und hat sich darüber aufgehalten, dass dieser StA die Treppe hinaufgefallen sei. Das war nicht richtig. Der StA war an der Reihe. Man hätte fürchten müssen, dass, wenn er als StA versetzt worden wäre, man dann gesagt hätte, wie kann man diesen Mann als StA gebrauchen. Dann hat sich der Herr GStA neuerdings mit dem Kreisleiter ins Benehmen gesetzt, ich habe mit der GL gesprochen und die Sache wurde durch eine entsprechende Erklärung beigelegt.

Bei diesem Fall kommt zum Ausdruck ein gewisses Popularitätsbedürfnis der Kreisleitung, die weiß, dass sie bei solchen Dingen eine gewisse Resonanz findet. Es ist nicht so, dass sie führt, sondern dass sie sich von gewissen, nicht immer guten Instinkten der Bevölkerung leiten lässt. Es kommt auch immer ein Motiv zum Durchbruch, nämlich eine Beamtenunfreundlichkeit. Eine solche besteht heute zweifellos in der Bevölkerung. Sie besteht bei dem Bauern, da sind atavistische Einflüsse maßgebend, sie besteht aber auch sonst. Man weiß, dass, wenn man gegen die Beamten etwas unternimmt, man eine gewisse Resonanz in der Bevölkerung findet. Auf diese Weise erklären sich Dinge, die innerhalb der Familie ohne weiteres erledigt werden könnten.

Ein ähnlicher Fall hat sich in Kandel abgespielt, wo ein Ortsgruppenführer einen Oberamtsrichter, der junges Parteimitglied ist, angegriffen hat, ohne es der Mühe wert zu finden, mit diesem zu sprechen. Dann hat sich Folgendes abgespielt auf dem Gebiet des Vollzugs von Räumungsurteilen. Die Sache ist durch den Fall Köppen zu einer Volkssache geworden. In diesem Fall waren aber sachliche Motive maßgebend. Der Fall spielt in Pirmasens. Pirmasens ist ein besonderer Boden, es wurde schon das pfälzische Mexiko genannt, in Pirmasens muss man besonders vorsichtig sein. Dort hatte ein Bauer gegen einen Mieter, von dem er schon lange keinen Mietzins mehr bekommen hatte, Räumungsurteil erwirkt. Da hat ihn der stellv. Kreisleiter kommen lassen und wollte haben, dass diese Geschichte nicht vollzogen wird. Der Bauer hat nicht nachgegeben. Der Kreisleiter hat mit Verhaftung gedroht, der Bauer hat sich aber nicht einschüchtern lassen, er hat sich an mich gewandt, hat sich beklagt und hat Strafanzeige erstattet. Diese Strafanzeige habe ich pflichtgemäß weitergegeben und habe mit dem OStA gesprochen, dass man aus subjektiven Gründen einstellen müsse. Es war dieser Weg vorbereitet und der stellv. Kreisleiter wurde vom Ermittlungsrichter vernommen. Dort hat er erklärt, ich bin nicht verpflichtet, eine Äußerung gegenüber dem Gericht abzugeben, die Partei befiehlt dem Staat und ich gebe daher dem Gericht keine Auskunft. Dann hat das Gericht gesagt, schön, jetzt machen wir weiter und daraufhin ist das

Verfahren weitergeführt worden. Nun hat sich die GL gemeldet und der stellv. Gauleiter war bei mir und hat gebeten, dass man unter allen Umständen diesen Fall nicht zur Verhandlung kommen lassen möchte. Nun muss ich sagen, dass man ihn nicht durchführen sollte. Wir haben aber verlangt, dass dieser stellv. Kreisleiter nachträglich eine Erklärung abgibt, die eine Grundlage für eine Einstellung aus subjektiven Gründen bildet.

Ich möchte noch darauf hinweisen, dass die GL ihrerseits mich gebeten hat, wir möchten dafür sorgen, dass die unteren Stellen überhaupt keine Anträge mehr an die Gerichte stellen. Es sollten alle Anträge von Kreisleitern oder Ortsgruppenführern an die Gerichte über die GL gehen, weil die GL selbst die Erfahrung gemacht hat, dass es viel zweckmäßiger ist, wenn sie selbst zunächst siebt. Ich habe der GL gesagt, sie möchte selbst ihre Stellen entsprechend anweisen und habe die Gerichte in diesem Sinne verständigt. Das hat sich bis jetzt bewährt.

Ich habe auch ganz allgemein gesagt, die Gerichte möchten uns unterrichten, wenn ein politischer Fall spielt. Ich möchte hier einen Fall erwähnen; das ist die Einsicht von früheren Strafakten gegen Nationalsozialisten. Es spielt hier der bekannte Bombenprozess in Pirmasens eine Rolle. Da ist innerhalb des Stadtrats eine Spaltung eingetreten. Nun hat die eine Partei, der Bürgermeister, um Überlassung der Bombenakten gebeten, um sie gegen den anderen Teil des Stadtrats zu verwenden. Die GL hat gesagt: Nein, wir wollen das nicht und wir haben dann abgelehnt, die Akten abzugeben. Es funktioniert ganz gut, solche Dinge über die GL zu leiten und wenn ein entsprechendes Verhältnis besteht, kann man günstige Erfolge erzielen.

Die Frage der Einstellung des Volkes zur Justiz: Da wird der alle Satz bestehen bleiben, dass wer verliert, schimpft. Schlimmer wäre es, wenn allgemein über die Justiz geschimpft würde. Das ist nicht der Fall. Ich habe nicht die Erfahrung gemacht, dass in der Pfalz irgendein Prozess unliebsames Aufsehen erregt hätte, dass man gesagt hätte, die Justiz hat ihre Aufgabe nicht richtig erfüllt. Das Letzte, was bekannt wurde, war die Sache mit dem LG-Dir. von Frankenthal und dem Pfarrer von Kaiserslautern, wo es sich um eine Äußerung über die Partei handelte; das ist längst beigelegt. Viele Monate ist nach der Richtung nichts mehr vorgekommen. Es kommt aber immer noch vor, dass einzelne Parteien, wenn sie fürchten, ihren Prozess zu verlieren, sich darauf berufen, dass sie Parteimitglied sind, dass sie glauben, sie müssten besser behandelt werden. Ich glaube, dass man diese Erfahrung niemals hat machen können. Aber das Umgekehrte, dass Parteiangehörige glauben, besser behandelt werden zu müssen, weil sie Parteiangehörige sind, wird immer wieder berichtet.

Etwas, was die Stimmung der Bevölkerung beeinträchtigt, das ist das Erbhofgesetz. In dem klassischen Land der Erbteilung ist es klar, dass hier ein Stein des Anstoßes besteht. Im Saargebiet hat diese Sache ziemlich viel Aufsehen erregt, und wenn man einen Prüfstein über die Aufnahme haben will, so kann man sehen, dass im Saargebiet, wo noch die Möglichkeit bestand, den Erbhof zu verhindern, man so gut wie völlig den Erbhof verhinderte, indem man geteilt hat. Bei den Notaren stehen die Leute Schlange, um noch schnell aufzuteilen, damit, wenn die deutschen

Gesetze kommen, die Voraussetzungen für den Erbhof nicht mehr gegeben sind. Herr Gauleiter Bürckel hat mit mir gesprochen, dass unsinnigerweise im Saargebiet verbreitet worden ist, das nützt Euch nichts, das wird nachträglich als unzulässig erklärt. Das Erbgesundheitsgesetz wird von Einzelnen angegriffen. Ebenso wird das Entschuldungsgesetz bei den Gläubigern gerade nicht sehr günstig aufgenommen und ich muss selbst sagen, dass dadurch, dass das ganze Entschuldungsverfahren sich durch die Überhäufung der Entschuldungsstellen so hinauszieht, der Gläubiger, wenn er eine Reihe von Entschuldungsschuldnern hat, in eine üble Situation kommt. Dagegen wird berichtet, dass in der Bevölkerung sehr günstig aufgenommen wird die Verschärfung des Strafvollzugs und die Tatsache, dass jetzt strenger gestraft wird.

StMin. Dr. Frank: Ich danke Ihnen, Herr Präs. Siegel. Ich glaube, dass wir nach diesem Schema, das der Herr Präs. Siegel uns durch sein Referat vorgeschlagen hat, weiter vorgehen könnten: Verhältnis zur GL, Verhältnis zu den unteren Parteiinstanzen, Verhältnis zu der Bevölkerung im Allgemeinen und dann die Fragen des Erbhofgesetzes, des Erbgesundheitsgesetzes, des Entschuldungsgesetzes und was sonst noch an Detailfragen vorhanden wäre.

Die Saarfrage – um sie vorwegzunehmen – ist so gut wie entschieden. Es ist an dem, dass Frankreich, um einem Prestigeverlust schlimmsten Ausmaßes vorzubeugen, das Saargebiet aufgegeben hat. Diese Übereinkommen, die in Rom geschlossen worden sind und die auch vom juristischen Standpunkt aus eine vorzügliche positive Leistung darstellen, sind auf dem Gedanken aufgebaut, dass die Rechtsverhältnisse der Saareinwohner, die zurückkehren in das deutsche Mutterland, so ungefähr auf die Frist eines Jahres unberührt bleiben von der unmittelbaren Auswirkung der deutschen Gesetze; Sie werden darüber ja im Bilde sein. Dieser Gesichtspunkt würde eine Antwort darstellen auf den konkreten Fall, den Sie Herr Präs. Siegel, angeschnitten haben. Es wäre vielleicht nicht unzweckmäßig, wenn Sie als grenznächster OLG-Präs. dafür sorgen würden, dass dieses Moment in der Propaganda verwertet wird. Vielleicht würden Sie in Form eines Vortrags in Zweibrücken oder eines Interviews, das Sie einem pfälzischen Pressevertreter geben, diese Frage vor dem 13.01. zu klären. Ich stelle mich gerne zur Verfügung, um das zu ermöglichen.

OLG-Präs. Neithardt: Im OLG-Bezirk München hat sich in der letzten Zeit das Verhältnis zwischen den Parteistellen, sowohl den oberen wie den unteren, und den Justizbehörden völlig reibungslos gestaltet. Es mag dazu beigetragen haben, dass zwischen den an der Führung Beteiligten ein Vertrauensverhältnis geschaffen worden ist. Man kann sagen, dass auch hier der 30.06. wie ein reinigendes Gewitter gewirkt hat. Das Vertrauen des Volkes zur Justiz kehrt offensichtlich wieder. Das ergibt sich schon äußerlich aus dem Nachlassen der zu Anfang der nationalsozialistischen Regierung übergroßen Anzahl von Aufsichtsbeschwerden. Unter der Einwirkung der nationalsozialistischen Regierung hat sich das Vertrauen der Bevölkerung zu den Gerichten in den letzten zwei Jahren gestärkt. Die Schlagwörter „Vertrauenskrise, Klassenjustiz, Weltfremdheit der Richter“ sind von der Tagesordnung verschwunden. Das ist für das Ansehen der Rechtspflege von hohem

Wert. Die Hetze gegen die Justiz hat aufgehört. Die Festigung der Autorität tritt schon rein äußerlich hervor in dem veränderten Bild, welches die Sitzungssäle zeigen. Die Disziplin ist merklich besser geworden. Auch bei harten Auseinandersetzungen genügt in der Regel ein Wort des Vorsitzenden, um die Disziplin zu wahren. Das Interesse des Volkes an der Rechtspflege hat zugenommen. Die Kenntnis der Bevölkerung in rechtlichen Angelegenheiten hat sich gebessert. Das dürfte wohl dem Umstand zuzuschreiben sein, dass Änderungen im Rechtsleben in der Presse eingehend und auch dem einfachen Mann verständlich behandelt werden. Dass von dem rechtsuchenden Publikum zuweilen die Grenze zwischen lege lata und lege ferenda übersehen wird, muss hingenommen und durch entsprechende Aufklärung im Einzelfall richtiggestellt werden. Wie bereits vom Präs. Siegel gesagt wurde, wird es mit der Justiz Unzufriedene immer geben, weil bei vielen Leuten der Gerechtigkeitssinn nicht weit genug entwickelt ist, um auch die Berechtigung einer ihnen nachteiligen Entscheidung einzusehen. Ebenso wenig wird man das Treiben der Querulanten unterbinden können.

Ich glaube, dass ich in diesem Zusammenhang erwähnen kann, dass es erstrebenswert wäre, die Befugnisse des Streitrichters nach der Richtung hin zu erweitern, dass er stärker als bisher auf einen Ausgleich der widersprechenden Interessen Einfluss nehmen kann. Es gehört dazu eine Ermächtigung des Streitrichters, dem Schuldner aus Billigkeitsgründen Ratenzahlungen oder ähnliche Leistungen zu gewähren. Auch könnte wohl dem Gerichtsvollzieher dieses Recht zugebilligt werden, allerdings mit der Einschränkung, dass er im Falle von Ratenzahlungen nur auf gewisse Zeit den Versteigerungstermin aufheben darf.

StMin. Dr. Frank: Wie ist zurzeit der Anfall an sog. SA-Prozessen? Wie wirkt sich das Uniformtragen der SA aus?

OLG-Präs. Neithardt: Wir haben keine Anstände. Es kommt noch vor, dass vereinzelt Leute in Uniform erscheinen, sogar als Verteidiger, aber das ist selten.

StMin. Dr. Frank: Es war doch so, dass man glaubte, wenn man in Uniform erscheint, dann hat man bessere Prozesschancen. Das ist jetzt durch die in Nr. 41 des VO-Blattes der Obersten SA-Führung vom 12.11.1934 veröffentlichte Verfügung der OSAF [Oberste SA-Führung] abgestellt.

OLG-Präs. Neuwieser: Das Verhältnis zu den obersten Parteistellen war immer gut. In manchen Bezirken sind zwei GL zuständig: Bayreuth und Würzburg. Die Verhältnisse zu diesen sind auch heute noch gut. Weniger gut war es zu den unteren Stellen. Hier ist eine wesentliche Besserung seit dem Sommer dieses Jahres eingetreten. In manchen Köpfen besteht noch die irrtümliche Auffassung über die Auslegung des Begriffs der Einheit von Partei und Staat. Das können sich manche Leute nicht recht denken. Sie meinen immer, sie hätten Funktionen gegenüber den Beamten, sie könnten den Beamten befehlen und anordnen, wie die Dinge sich abwickeln sollen. Das führt dann zu verschiedenen Eingriffen. Solche Eingriffe sind im Allgemeinen seltener geworden, in der letzten Zeit sind nur zwei vorgekommen. Ich habe darüber dem Ministerium berichtet.

Hier ist insbesondere der Fall im Bezirk Aschaffenburg, AG Obernburg, erwähnenswert, den ich kurz streifen will. Da ist ein SA-Mann beleidigt worden von irgendjemand. Die Beleidigung mag schwer gewesen sein. Der SA-Mann hat den Beleidiger sofort zu Boden geschlagen und ist ihm mit den Füßen auf dem Kopf herumgetreten mit der Wirkung, dass der Mann zwei Tage bewusstlos war. Es wurde ein Strafbefehl von drei Monaten ausgesprochen. Es wurde Einspruch eingelegt und die HV sollte am 14.11. stattfinden. Nun hat der Ortsgruppenführer eingegriffen und erklärt, wir dulden nicht, dass der SA-Mann bestraft wird, das kann schlimm ausgehen für den Richter, wir werden die Presse in Bewegung setzen usw. Das hat der Ortsgruppenführer dem Bezirksoberamtmann gesagt und dieser hat es dem Amtsrichter mitgeteilt. Es war damals projektiert, in die Verhandlung vom 14.11. SA-Leute zu bringen und in der Tat sind eine ganze Reihe von uniformierten SA-Leuten gekommen. Inzwischen war aber der Termin wegen Vernehmung eines auswärtigen Zeugen abgesetzt worden und die Sache verfloss im Sand. Man hat nun gemeint, die Angelegenheit könne dadurch beigelegt werden, dass sich der OLG-Präs. mit den zuständigen Parteistellen ins Benehmen setze. Er hat volles Verständnis bei der SA-Führung gefunden und man hat ihm gesagt, die Sache wird abgestellt.

Nun ist aber ein Volksschullehrer des Bezirks Obernburg, der Schulungsleiter ist, in einer Versammlung der NS-Gemeinschaft „Kraft durch Freude" wieder mit schweren Angriffen hervorgetreten. Er hat gesagt, sie lassen es sich nicht bieten, dass der SA-Mann verurteilt wird, er brauche einige handfeste Leute, um die Dinge abzustellen. Auch hier ist zugesagt worden, dass nichts unternommen wird. Das hat die SA versprochen, von der PO hat man aber keine bestimmte Erklärung. Es steht zu erwarten, dass bei der neuen Verhandlung, die demnächst stattfinden soll, nichts passieren wird. Es handelt sich um ein glattes Vergehen nach § 114 StGB [Widerstand gegen Personen, die Vollstreckungsbeamten gleichstehen]. Das ist ein schwerer Angriff, der umso mehr zu verurteilen ist, als der Richter hier unter einen Druck gesetzt wird. Es ist ein gewisser Druck, der auf den Richtern, namentlich auf solchen ruht, die früher der klerikalen Partei, der Bayerischen Volkspartei, angehört haben. Sie leben in einer gewissen Angst, es könnte ihnen etwas passieren. Es wäre sehr zu wünschen, wenn hier einmal ein Exempel statuiert werden könnte. Ich weiß ja, dass die Leute, die sich in solcher Weise gegen das Gesetz vergehen, das nicht böswillig tun, sondern aus irrtümlichen Vorstellungen heraus. Es muss etwas geschehen, das spricht sich herum und das stärkt dann beim Volke das Vertrauen zum Richtertum und diese Stärkung des Vertrauens ist für das Richtertum notwendig. Ohne eine solche Stärkung des Richtertums kommen wir nicht durch.

In diesem Zusammenhange darf ich vielleicht die Frage anregen, ob es nicht angezeigt wäre, den § 5 des Gesetzes vom 07.04.1933, der sich auf die Zwangsversetzung bezieht, im Interesse der Unabhängigkeit der Rechtspflege bei den Richtern aufzuheben. Das Gesetz bleibt ja bestehen bis zur Änderung des Beamtengesetzes. Der Richter hat immer schon in dieser Hinsicht eine Ausnahme gebildet. Er sollte die Säule des Staates sein und kann es nur sein, wenn er unabhängig ist und frei urteilen kann. Ich glaube nicht mehr, dass das Bedenken erhoben werden könnte, dass unter unseren Richtern noch Elemente sind, die staatsfeindlich wären, auch wenn sie früher anderen Parteien angehört haben. Diese Bestimmung sollte nicht mehr weiterbestehen und es könnte daher wohl erwogen werden, ob man nicht diesen Paragraphen mit Rücksicht auf die Unabhängigkeit der Richter etwas einschränken könnte.

Ich möchte einen weiteren Fall kurz besprechen. Das Wesentliche daran ist Folgendes: Es wurde da eine glatte Erpressung vorgenommen. Die NS-Volkswohlfahrt hat von einem Kriegsinvaliden verlangt, dass er seinem Schuldner die Hälfte der Schuld nachlasse, auf Zinsen verzichte, seine Bevollmächtigung des Rechtsanwalts aufgebe, und hat ihn unter Druck gesetzt. Der Kriegsinvalide sollte alles tun, was in diesem Falle von ihm verlangt wurde. Eine Strafverfolgung wegen Erpressung konnte mit Rücksicht auf die Amnestie, die gerade für diese Zeit eintrat, nicht vorgenommen werden. Derartige Fälle schaden dem Ansehen der Rechtspflege und wirken sich auch aus auf die Einstellung des Volkes zur Justiz. Solche Dinge erzählen sich ja herum und gerade für Miesmacher und Meckerer sind solche Fälle wie geschaffen. So ein Fall tut der Autorität und dem Ansehen der Partei und des Staates Abbruch. Man sollte da doch nicht immer allzu mild denken und vielleicht doch erwägen, da und dort einmal ein Exempel zu statuieren. Das wird sich günstig auswirken für den ganzen Staat.

Was das Vertrauen des Volkes zur Justiz anlangt, so hat eine Vertrauenskrise in dem Umfang, wie sie früher in der Systempresse dargestellt wurde, nicht bestanden. Das Volk hat immer Vertrauen zur Justiz, zu den Justizbehörden gehabt, die ja aus dem Volke selbst hervorgegangen sind. Dass natürlich der Verlierende schimpft und der Unterlegene erst recht unzufrieden ist mit der einzelnen Entscheidung, ist eine selbstverständliche Tatsache, die uns aber weiter nicht berühren kann.

Das Erbhofgesetz ist schon erwähnt worden und es wurde darauf hingewiesen, welche Zweifel es ausgelöst, welche Bedenken es beim Volke hervorgerufen und wie es auch manche Erbitterung bewirkt hat. In meinem Bezirke, wo ja Realteilung Brauch ist, hat man sich mit der Sache noch nicht ganz abgefunden. Es sind Aufläufe beim Gericht und beim Notar vorgekommen; die Leute kommen schimpfend und weinend und sind unzufrieden mit der Handhabung des Gesetzes. Sie wissen sehr wohl, dass die Behörde nicht schuld ist, dass das Gesetz die Ursache bildet und dass der Richter gegen das Gesetz nichts machen kann. Man hat eine Zeitlang in der Weise zu helfen gesucht, dass man bei Besitzveränderungen ein Auge oder manchmal auch beide Augen zugedrückt hat, indem man annahm, dass das betreffende Ereignis schon früher erfolgt sei. Die Fälle sind erledigt. Das Volk muss nun allmählich glauben, dass das Gesetz energisch durchgeführt wird. Ich meine annehmen zu dürfen, dass die Verhältnisse sich auch schon gebessert haben und dass das Misstrauen, das dem Erbhofgesetz entgegengebracht wird, allmählich verschwindet. – Auf das Entschuldungsverfahren werden wir vielleicht später noch zurückkommen. Es ist nach wie vor die Crux. Namentlich die Gläubiger lehnen sich dagegen auf. Man hört auch seitens der Banken große Bedenken gegen dieses Gesetz äußern. – Im Übrigen aber ist die Einstellung des Volkes zur Justiz gut und das Vertrauen wächst.

StMin. Dr. Frank: Ich danke dem Herrn Präsidenten. Ich komme auf die einzelnen Dinge dann zu sprechen. Mich würde zunächst nur das Eine interessieren, wie sich der Druck, insbesondere seitens der Presseorgane, der Zeitungen auf Richter und Rechtspflege mit Rücksicht auf die Zugehörigkeit von Richtern zu einer der früheren Parteien gestaltet hat.

Präs. Heuwieser: Es sind da allerdings verschiedene Fälle vorgekommen, in denen gesagt wurde: Das ist auch ein schwarzer Richter, auf dem und dem Gerichte ist manches schwer. Das war jedoch nicht von besonderer Bedeutung in den einzelnen Fällen.

Präs. Bertram: Das Verhältnis zur GL ist seit einiger Zeit besser geworden, d.h., ich möchte sagen: Das Verhältnis zwischen dem Herrn Gauleiter und mir. Wir stehen sehr gut miteinander. Ich hatte mit ihm einmal eine sehr eingehende Aussprache und der Herr Gauleiter hat mir in allem zugestimmt. Es ist im Wesentlichen von dieser Seite nichts mehr gekommen.

Aber etwas anderes ist es mit den Herren der GL. Der Gauleiter selbst ist sehr viel abwesend und, wenn der Gauleiter selbst nicht da ist, dann toben sich eben die anderen aus und das macht sich sehr unangenehm geltend. Es ist vor kurzem eine Sache vorgekommen beim Stadtrat, über die ich schon berichtet habe. Im Stadtrat Nürnberg ist ein Mann, der an sich zweifellos ein übler Bursche ist, schwer misshandelt worden, ganz schwer. Daraufhin ist ein Strafverfahren eingeleitet worden und nun kam von der GL. d.h. unterschrieben von einem Herrn Hag (?), der Antrag, das Verfahren solle eingestellt werden. Es sind dann die betreffenden Personen vernommen worden, insbesondere der eine, der diesen Mann misshandelt hat. Er hat nach einigen Ausflüchten den Tatbestand zugegeben und hat gesagt: „Ja, das ist schon vorgekommen. Wenn einer bei uns frech wird, dann haut man ihm halt ein paar herunter und das habe ich auch nach diesem Falle vielleicht noch acht- bis zehnmal getan." Charakteristisch ist, dass dieses Büro, in dem der Fall vorgekommen ist im Stadtrat in Nürnberg, das sog. Entladungsbüro ist. Wenn irgendetwas los ist, kommt der Betreffende in diese Folterkammer und wird gehauen, bis er, wie man zu sagen pflegt, schwarz wird. Nun hat sich, um auf dieses Schreiben der GL zurückzukommen, nachher herausgestellt, dass der Herr Gauleiter selbst nichts davon wusste. Der Herr Hag ist von einem, der bei den Misshandlungen beteiligt war, gebeten worden, doch in der Sache einzuschreiten, und daraufhin ist dann dieses Schreiben der GL zustande gekommen.

Das Volk – das muss ich hier mit einschalten – hat zur Justiz durchaus Vertrauen; aber das Vertrauen des Volkes schwindet dadurch, dass es heißt: Ja aber, wie kommt es, dass derartige Sachen vom Gericht geduldet werden? Und das ist es, was den Leuten nicht gefällt, und es sind das nicht etwa nur Leute, die außerhalb der Partei stehen, welche solches aussprechen, sondern auch solche Leute, die in der Partei stehen, und zwar nicht die schlechtesten. Es kommen da eben Sachen vor auch innerhalb der Partei, die sehr betrüblich sind. Ich habe über einen solchen Fall bereits berichtet; da handelte es sich um Angriffe, die gegen einen Amtsrichter gerichtet worden sind, um einen Fall, wo Mitglieder der Partei von Parteistellen aus schwerstens misshandelt worden sind, wo einer sogar in Geisteskrankheit verfallen ist infolge dieser Misshandlungen. An uns geht man dann hin und sagt: Wie wird etwas Derartiges geduldet? Diese Misshandlungen sind eben im Gau Mittelfranken in einer Weise vertreten, die geradezu fürchterlich ist. Ich konnte einem bestimmten Falle nicht nachgehen, ich werde aber dem Falle noch nachgehen, wo ganz schwere Misshandlungen alten Parteikämpfern gegenüber vorgekommen sind. Ich möchte aber ausdrücklich sagen: An allen diesen Vorfällen ist nicht etwa schuld die GL, sondern das sind andere, die teilweise in der GL sitzen, und sind namentlich immer und immer wieder die unteren Stellen. Diese unteren Stellen sind, wie jetzt von verschiedenen Herren schon ausgeführt worden ist, eine Crux für uns. Je niedriger der Betreffende steht, desto unverschämter ist er. Die machen die reinsten Erpressungen den Behörden gegenüber. Es heißt etwa: Wenn du das und das nicht tust, ich weiß schon, an wen ich mich zu wenden habe, und dann kommt die in Nürnberg so beliebte Redensart: Dann kommst du eben nach Dachau. Dieses Dachau spukt in der Bevölkerung in einer Weise, dass man sich davon gar keinen Begriff macht. Es besteht in Nürnberg die allergrößte Beunruhigung. Ich möchte ausdrücklich darauf hinweisen. Die Parteistellen, die unteren namentlich, mischen sich eben auch in alles ein. Ich habe da eine Mitteilung vom BNSDJ bekommen. Da hat es sich um eine Frage gehandelt, die den BNSDJ und den Bund Deutscher Beamter sehr interessieren musste. Der Vorsitzende des NS-Juristenbundes hat mir mitgeteilt, dass es vorgekommen ist, dass der Kreisleiter erklärt hat: Ich bin der Vorgesetzte der Beamten in meinem Bezirke.

Ich habe auch über einen Fall Bruckner berichtet. Herr Bruckner ist Amtsrichter in Neumarkt und dort ist auch ein Justizinspektor Hofmann, der Amtsanwalt ist. Nun hat eine Verhandlung stattgefunden gegen einen Angehörigen der Partei, einen SA-Mann, glaube ich, der an verschiedene Häuser mit einem ätzenden Mittel hingeschrieben hat: Jude, Judenknecht usw. Der Betreffende ist dann wegen groben Unfugs gepackt worden. Man sieht es vielleicht zunächst als einen einfachen Fall an; aber dieses ätzende Mittel ist nur mit der allergrößten Schwierigkeit zu beseitigen und die Beseitigung kostet u.U. Hunderte von Mark. So einfach ist die Sache also nicht. In der Verhandlung hat der Amtsanwalt, ich glaube 14 Tage Haft beantragt und darauf hingewiesen, dass hier Haft allein möglich sei, und zwar deshalb, weil zu erwarten wäre, dass eine Geldstrafe von dem Betreffenden selbst nicht bezahlt, sondern ihm das Geld von anderer Seite zur Verfügung gestellt wird. Damit ist natürlich nichts gedient. Das Gericht hat eine Geldstrafe von 100 Mark ausgesprochen. Der betreffende Amtsrichter ist dann in öffentlicher Versammlung schwer angegriffen worden. Er ist als kleiner Mann usw. verächtlich behandelt worden, während bezüglich des Justizinspektors die Sache etwas übler war; er ist in einer Versammlung als Arschloch bezeichnet worden. Darauf hat man sich beschwert und die maßgebende höhere Stelle, nicht der Gauleiter, hat dann schriftlich erklärt: Ja, der Justizinspektor Hofmann ist ein Arschloch und sogar ein Arschloch mit Fransen. Das sind natürlich Sachen, die etwas übler Natur sind. Es sind derartige Sachen des Öfteren schon vorgekommen. Insbesondere hat sich sehr unangenehm geltend gemacht die Sache mit dem Herrn Handelsrichter Scheuerle. Dieser ist Kaufmann und hat auf Rechnungen einen Stempel aufgedrückt: Geldentwertung geht auf Kosten der Käufer. Darüber hat man sich aufgeregt, d.h. verschiedene, die die Rechnungen bekommen haben, haben sich aufgeregt, haben sich an die GL gewendet und es ist dann veranlasst worden seitens der GL, dass Herr Handelsrichter Scheuerle in Schutzhaft genommen worden ist. Ich glaube, er war zwei Tage in Schutzhaft.

Es ist ihm dann gesagt worden, er komme aus der Schutzhaft wieder heraus, wenn er sich zu Hause zur Verfügung stelle, worauf Herr Scheuerle in sehr anerkennenswerter Weise erklärt hat: Fällt mir nicht ein, ich will hier bleiben, wenn ich es verdiene. Darauf wurde er schleunigst entlassen. Herr Scheuerle hat dann an das Reichswirtschaftsministerium geschrieben und dieses hat bestätigt, es bestehe keinerlei Grund zum Vorgehen, insbesondere auch nicht vom Standpunkte des ehrbaren Kaufmanns aus. Er habe völlig richtig gehandelt. Im 8-Uhr-Abendblatt ist dann eine Rede des Gauleiters gestanden, in der Herr Scheuerle übel heruntergemacht worden ist, und es wurde dann erklärt: Der Scheuerle ist eben ein gut angezogener Schweinehund. Nun kam die Sache mit dem Wirtschaftsministerium – in der Frankfurter Zeitung ist das mitgeteilt worden –, die Fränkische Tageszeitung hat lange nichts gebracht. Die Frankfurter Zeitung hatte gemeldet, dass das Wirtschaftsministerium erklärt habe, es sei nichts einzuwenden. Die Fränkische Tageszeitung hat dann einen sehr mauen Widerruf gebracht, in dem sie sagte: Der Stempel ist verwendet worden mit Wissen des Scheuerle, obwohl er darauf aufmerksam gemacht worden war, dass das nicht sein darf; Herr Scheuerle gelte als rehabilitiert, aber er sei ein gut angezogener Schweinehund. Ich habe an das Ministerium berichtet, weil Herr Scheuerle Handelsrichter ist, und habe erklärt, dass keinerlei Veranlassung besteht, auf disziplinärem Wege etwas zu tun.

Herr Rechtsanwalt Hutter in Wassertrüdingen ist in Schutzhaft genommen worden für drei oder vier Tage. Die Sache war die: Es hat irgendwelche Schwierigkeiten gegeben, infolgedessen ist Herr Hutter dann verprügelt worden von bestimmter Seite und dagegen hat er sich auch gewehrt und hat geschimpft und wegen dieser Beschimpfung ist er in Schutzhaft genommen worden. Er ist allerdings jetzt entlassen worden, nachdem gegenseitig auf der einen Seite die Prügel und auf der anderen Seite die Beleidigungen zurückgenommen worden waren.

In Schutzhaft genommen wurde weiter ein Rechtsanwalt Marx in Nürnberg. Ich habe mich da auch an die Polizei gewendet. Er ist auch wieder nach drei Tagen, glaube ich, entlassen worden. Ich habe dann bei der Polizei angefragt und es wurde mir mitgeteilt, er hätte in ungebührlicher Weise mit Anderen, die der SA und SS angehören sollen, über den Gauleiter sich ausgesprochen.

Das sind die Schutzhaftangelegenheiten, die bei mir vorgekommen sind. Dann ein Fall, dem ich, wie gesagt, erst nachgehen muss, weil ich nicht weiß, was alles daran ist. Da handelt es sich aber um ganz schwere Dinge. Dann ein weiterer Fall, der Fall Sitzmann. Ein gewisser Sitzmann ist sehr schwer misshandelt worden im Stadtrat Nürnberg. Ich weiß nicht, ob im Entladungsbüro. Und zwar hat er einen Schädelbasisbruch und einen Wadenbeinbruch erlitten. Er hat dann eine Erklärung unterschreiben müssen, wonach er dort sehr anständig behandelt worden wäre. Er ist später, nach zwei Monaten, wieder misshandelt worden und hat Schadensersatzansprüche gegen den Stadtrat gerichtet. Das ist ein Zivilprozess. Also vollkommen ruhig geht es in Nürnberg nicht zu.

Das Verhältnis zur Presse ist gut, soweit nicht die Fränkische Tageszeitung in Betracht kommt. Die Fränkische Tageszeitung haut hie und da wieder über die Schnur; es wird gesagt, das Urteil sei falsch oder die Strafe sei zu gering usw. Dann ist einmal ein Artikel in der Fränkischen Tageszeitung erschienen, dessen Angriff sich entweder gegen mich oder gegen AG-Dir. Bems deswegen richtete, weil man die Bilder im Justizpalast nicht aufhänge. Darin hieß es: Es sind Personen da, denen der Kalk aus der Hose rieselt. Ich habe dem Betreffenden meine Meinung persönlich gesagt. Es ist dann auch eine Art Widerruf in der Fränkischen Tageszeitung erschienen. Was ich gesagt habe, das hat er sich nicht hinter den Spiegel zu stecken gebraucht. Die Zeitung „Der Stürmer" macht sich sehr gut. Ich habe kurze Zeit, nachdem ich nach Nürnberg kam, mir einmal den Redakteur des „Stürmer", Stadtrat Fink in Nürnberg, kommen lassen. Es hat sich damals um einen Notar gehandelt. Wir haben ausgemacht, der „Stürmer" möchte, wenn etwas kommt, mir das Betreffende sofort mitteilen, es wird dann von mir das Nötige geschehen; wenn etwas zu beanstanden ist, dann werde ich dagegen sofort einschreiten und, wenn nichts zu beanstanden ist, werde ich dem „Stürmer" mitteilen: Ihr seid wieder einmal angelogen worden.

Seit der Zeit ist im „Stürmer" nichts mehr gekommen. Die Sache hat aber für mich insofern unangenehme Nachwehen, als ich infolge einer gewissen Erklärung des „Stürmers" sozusagen zum Oberrichter im Deutschen Reiche geworden bin; denn ich habe in den letzten zwei Monaten sechs Sachen nacheinander bekommen, worin ich z.T. aus Frankfurt, Essen, Köln, Dortmund, ich weiß nicht woher, ganze Aktenstücke zugeschickt bekommen habe, worin mir mitgeteilt wurde, dass etwa vom OLG beispielsweise Frankfurt oder sonst wo die gröbsten Fehler gemacht worden sind, ich möchte der Sache nachgehen; der „Stürmer" hätte einmal erklärt: Wenn Sie etwas wollen, dann wenden Sie sich an den OLG-Präs. Bertram in Nürnberg, der wird die Sache in Ordnung bringen. Für mich war die Sache sehr einfach. Ich habe den Betreffenden die Aktenstücke zurückgeschickt und erklärt: Ich bin selbstverständlich nicht zuständig; ich kann in andere Bezirke nicht hineinregieren; wenden Sie sich an den betreffenden OLG-Präs. Wenn es sich jedoch um irgendein Rechtsmittel handeln sollte, das Sie einlegen müssen, so müssen Sie an die Geschäftsstelle gehen und die Erklärung abgeben. Sie können sich auch mit der NS-Rechtsbetreuungsstelle ins Benehmen setzen. Damit war in diesen Fällen die Sache zu meiner Zufriedenheit erledigt und wohl auch zur Zufriedenheit der preuß. Gerichte bzw. der Gerichte, die da in Betracht kamen. Ich habe dann nichts mehr davon gehört.

Dann habe ich noch schwer zu klagen wegen der Räumungsurteile. In Nürnberg ist ein eigener Schlichtungsausschuss da, der sich in alle Mietsachen, auch wenn sie richterlich längst erledigt sind, hineinmischt und seine Tätigkeit darin sieht, man kann sagen, grundsätzlich, wenn jemand seinen Mieter angebracht, zwangsgeräumt hat, einfach die betreffenden Mieter dem Vermieter wieder in die Wohnung zu setzen. In einem Falle war es so, dass der Hausherr bereits das eine Stockwerk, das zwangsgeräumt war, weiter vermietet hatte. Der neue Mieter hat gesagt: Fällt mir nicht ein, daran etwas zu ändern, ich werde einziehen. Der

Hausherr war gezwungen, in zwei Dachkammern zu hausen, während der andere Mieter eingezogen ist und der zwangsweise Geräumte vergnügt in der Wohnung war. Neuerdings hat der Schlichtungsausschuss wieder erklärt: Ja, da muss noch eine Frist gewährt werden, innerhalb deren wir eine Wohnung beschaffen; aber es hat ihm nichts geholfen. Das sind natürlich Sachen, die sich äußerst unangenehm geltend machen und auch das ist wieder etwas, was für das Vertrauen zur Justiz von Bedeutung ist.

Das Volk hat in solchen Fällen kein Vertrauen zur Justiz. Ich habe den Fall mit dem Schlichtungsausschuss zu regeln versucht dadurch, dass ich mich an die Regierung von Mittelfranken gewendet und erklärt habe: Das geht nicht, dadurch werden unsere Urteile sabotiert, der Schlichtungsausschuss tut, was er will, der Schlichtungsausschuss ist vollkommen souverän. Ich habe dann um Entscheidung gebeten, ob dieses Verfahren zulässig ist und habe nach ungefähr einem halben Jahr oder dreiviertel Jahren die Mitteilung bekommen, nachdem ich soundso oft angefragt hatte: Die Sache ist erledigt. Die Sache ist allerdings erledigt, aber nicht die Sache mit dem Schlichtungsausschuss, der sich hineinmischt. Gelegentlich einer Abendunterhaltung war ich Herrn Oberbürgermeister Liebel gegenüber gesessen. Er sagte: Herr OLG-Präs., das wird nicht mehr sein; es wird nicht mehr so weitergehen, aber wir haben schon wieder einen neuen Trick. Das ist bezeichnend: ein neuer Trick! Natürlich ist es für das Ansehen der Gerichte im allerhöchsten Grade peinlich und ich muss wirklich sagen: Das geht nicht so weiter. Das Volk ist uns an und für sich günstig gesinnt, das Volk kennt uns. In Bayern konnte man überhaupt auch schon früher sagen, dass es eine Justizkrise nicht gibt. Wenn je eine solche bestehen sollte, so wäre es teilweise infolge der unverantwortlichen Hetze der Blätter, aber sonst gibt es eine Justizkrise bei uns nicht.

Im Übrigen kann ich mich dem anschließen, was die anderen Herren gesagt haben.

StMin. Dr. Frank: Ich danke Ihnen, Herr Präs. Bertram für Ihren Bericht über die Lage auf dem schwersten Platz, den die bayerische, vielleicht die deutsche Justiz besitzt. – Die Krisis, die Sie angedeutet haben und die teilweise sehr stark zum Ausdruck kommt, ist nicht eine Krisis der Justiz. Das Problem liegt nicht auf der Justizseite, sondern auf der Machtseite des Staates. Das ist keine Justizkrise, sondern eine Krisis der inneren Verwaltung, eine Polizeikrisis. Die Situation in Nürnberg wäre wesentlich besser, wenn wir in Bayern nicht merkwürdig vereinsamt unseren Kampf hätten führen müssen. Wir haben wiederholt beobachtet, dass wir ohne Schutz der inneren Verwaltung versuchen mussten, uns durchzulavieren. Die Vereinheitlichung der RJVerw., Herr Präsident, wird Ihre Autorität in Nürnberg ganz gewaltig steigern. Ich bin fest überzeugt, dass es dann viel leichter möglich sein wird, die Autorität der Justiz zu wahren als hier von der Regierung in Bayern aus. Gerade für Nürnberg begrüße ich es ganz besonders, dass diese Reichsübernahme kommen wird.

OLG-Präs. Bertram: Darf ich noch etwas anfügen! Zur Heruntersetzung der Autorität der Gerichte hat auch beigetragen, dass bei jeder sich überhaupt bietenden Gelegenheit immer über die Juristen wie über die Akademiker überhaupt in einer Weise losgezogen worden ist, die unerträglich war. Es ist vorgekommen, dass bei einem Vortrag in der Verwaltungsakademie der damalige Polizeipräsident Obernitz nach einem an und für sich ganz vernünftigen Vortrag auf einmal in Wut gekommen ist und erklärt hat: Einen gibt es, das ist der Schweinehund, den hassen meine SA- und SS-Leute glühend, das ist der Akademiker, das ist ein Schweinehund, ein Tropf, ein getarnter Lump, wenn ich meinen SA- und SS-Leuten sage, auf geht's, dann wissen sie, was sie zu tun haben. Nun hat vor einigen Tagen der Herr Gauleiter in einer Versammlung von Ärzten in Fürth die Gelegenheit wahrgenommen und erklärt: Ja, die Akademiker, die haben wir eigentlich gern, die Akademiker brauchen wir ja, ohne die Akademiker können wir nicht sein und man darf selbstverständlich nicht allenfallsige Ausnahmen auf die Allgemeinheit ausdehnen. Wenn das früher gesagt worden wäre, dann wäre das recht angenehm gewesen. Ich kann sagen, dass sowohl ich als auch verschiedene andere Herren vielen Veranstaltungen in Nürnberg ferngeblieben sind, weil regelmäßig unter dem Gejohle der mittleren und unteren Beamten auf die Akademiker in einer Weise losgezogen worden ist, dass es höher nicht mehr ging. Das ist eine Herabsetzung der Autorität.

StMin. Dr. Frank: Ich bin über diesen Tatbestand völlig im Klaren. Sie wissen, dass gerade mein Bemühen dahin ging, für die Akademiker eine ständige Heimstätte sicherzustellen. Dieser Kampf gegen die Akademiker und die Justiz hat noch einen anderen taktischen Hintergrund, es ist ein Kampf, den man mit billigen Mitteln gegen die Stelle errichtet, die sich am wenigsten wehren kann. Wie immer in solchen Fällen sucht sich der Schwächling den Punkt aus, der am geringsten Widerstand leistet, das ist die vornehm zurückhaltende Art unseres gebildeten Bürgertums und Menschentums und das ist die Justiz; denn der Richter und der StA sind eben hilflos, wenn sie von oben her von der Polizei nicht geschützt werden. Wenn der Staat uns die Macht nicht gibt, wenn er beim Vorbereitungsverfahren und beim Vollstreckungsverfahren nicht genügend Nachdruck walten lässt, dann sind wir in der Justiz ein schwacher Punkt. Das ist einer der Gründe, warum derartige Dinge möglich sind.

Ich möchte wünschen, dass sich auch allmählich in Nürnberg die Staatsautorität findet, die der Justiz den nötigen Rückhalt gibt. Jedenfalls ist das das Problem unserer inneren politischen Situation. Wenn wir zu dieser Rechtssicherheit, zu diesem Vertrauen in unsere öffentlichen Zustände nicht zurückkehren, hat alles andere keinen Sinn. Das ist meine These vom ersten Tag an gewesen und ich werde nicht nachgeben, bis wir soweit sind, dass einigermaßen diese Ordnung zurückgekehrt sein wird.

GStA Leuche: Über die Verhältnisse in Nürnberg hat der Herr OLG-Präs. alles gesagt. Ich möchte nur wünschen, dass endlich einmal ein Exempel statuiert wird, es würde zur Beruhigung der Bevölkerung beitragen. – Die StA selbst befand sich in Nürnberg nicht in einer so ungünstigen Lage, und zwar deshalb, weil der Erste StA Denzler zugleich Leiter der Gaurechtsstelle war und in dieser Doppeleigenschaft oft vermittelnd eingreifen konnte. Es kommt auch hinzu, dass alle Beschwerden über Staatsanwälte über Kollegen Denzler geleitet werden. Es hat sich regelmäßig gezeigt, dass sie unbegründet waren oder aus Missverständnissen hervorgingen und die GL hat sich immer wieder überzeugen können, dass von Querulanten die Partei aus eigennützigen Motiven vorgespannt worden ist. – Für die übrigen LG-Bezirke des OLG-Bezirks Nürnberg kann ich sagen, dass die übereinstimmenden Berichte meiner OStA dahin gehen, dass der Verkehr mit den Rechtsberatern der SA-Gruppe und Gauleitern sich durchweg reibungslos vollzieht. Was speziell die SA anlangt, so haben sich in Nürnberg die Verhältnisse seit Juni wesentlich gebessert.

Was das Vertrauen des Volkes zur Justiz anlangt, so kann ich nur von der Strafrechtspflege sagen und hier muss ich feststellen, das Vertrauen des Volkes zur Justiz ist vorhanden und war in Bayern eigentlich immer vorhanden. Aber besonders das schärfere Zupacken gegenüber den Verbrechern und die neuen Maßnahmen, Sicherheitsverwahrung und Entmannung, finden volles Verständnis und werden von der Bevölkerung durchweg gebilligt. Und wenn man einmal Kritik an einem Urteil findet, dann ist es nur noch in der Richtung, dass entweder die beantragte oder die verhängte Strafe noch zu mild war.

GStA Sotier: Ich kann mich nur dem Ausspruch des Kollegen Leuche anschließen, dass es notwendig ist, einmal ein Exempel zu statuieren. Wir haben seinerzeit im Rottal diese Unruhen gehabt, die Papierbölleranschläge, und wie wir zugegriffen und den verantwortlichen Standartenführer in Haft genommen haben, ist Ruhe eingetreten. In gleicher Weise hat das schärfere Zupacken im Bezirk Sonthofen dazu geführt, dass Ruhe geworden ist. – Im Großen und Ganzen haben die OStA meines Bezirks berichtet, dass die Beziehungen zwischen der Partei und der StA sich reibungslos abspielten.

Der schwierigste Bezirk wird München II sein mit dem KZ Dachau. Hier ist die bayer. Politische Polizei tätig. Sie hat in einer Entschließung vom 5. und 15.07. angeordnet, dass bei Anzeigen gegen Mitglieder der NSDAP, der SA und SS und Hitlerjugend die Erhebungen reibungslos und schnell gemacht werden. Meiner Ansicht nach steht aber diese Entschließung zurzeit noch vielfach auf dem Papier und es kommen mehrfach gerade mit der bayer. Politischen Polizei noch Verzögerungen vor. Ich darf hier auf einige spezielle Fälle hinweisen.

Bei dem Volksfest in Dachau hat sich eine große Schlägerei zwischen den Angehörigen des SS-Hilfswerks Dachau und Bürgern abgespielt. Da ist auch der Bezirksamtmann von Dachau mit hineingekommen, er hat eingegriffen, ist aber derart in die Verteidigung gedrängt worden, dass er mit der Gendarmerie ins Schulhaus fliehen musste. Es ist das Überfallkommando von Dachau ausgerückt und hat 15 Leute vom SS-Hilfswerk festgenommen. Die Erhebungen sind an die bayer. Politische Polizei gegangen, die Akten sind bis heute noch nicht zurück. Es hat in monatelangen Erhebungen die bayer. Politische Polizei in dieser Richtung bisher noch nichts erreicht, hat wenigstens nichts mitgeteilt.

Eine zweite Geschichte war der Landfriedensbruch von etwa 100 österreichischen SA-Leuten in Egmating. Damals hat das Bezirksamt und die bayer. Politische Polizei vereinbart, diese Sache überhaupt nicht an die StA abzugeben, um abträgliches Aufsehen zu vermeiden, wie sie gesagt haben. Erst über das Kommando der Gendarmerie ist die StA im September von dieser Sache verständigt worden.

Auch darüber sind die Erhebungen der bayer. Politischen Polizei noch nicht an uns zurückgekommen.

In einer Sache eines SA-Truppenführers Merkl in Dachau wegen Körperverletzung wurde die Anzeige am 30.10. an die Kommandantur Dachau geleitet zwecks Vernehmung des Beschuldigten. Die Kommandantur teilte mit, dass erst angefragt worden sei, ob sich Merkl vor dem gewöhnlichen Gericht zu verantworten habe. Man stellte sich auf den Standpunkt, dass zur richterlichen Vernehmung die Genehmigung des Reichsführers der SS notwendig sei und die Erholung dieser Genehmigung Sache der StA sei. Das widerspricht den Anordnungen in den von mir erwähnten Entschließungen vom 3. und 15.07. Die StA München II fasst das Ganze dahin zusammen: Es ist die Frage, ist die bayer. Politische Polizei ein Hilfsorgan der StA oder die StA ein Hilfsorgan der bayer. Politischen Polizei? In dieser Beziehung muss Wandel geschaffen werden.

Aus dem Bezirk Deggendorf wird mitgeteilt, dass in einer HV gegen einen Sturmführer der SS Bichler von Plattling vor dem Schöffengericht eine Schar von SS-Angehörigen in Uniform als Zuhörer abkommandiert waren. Wie einer der Leute auf eine Frage angab, wurde dadurch versucht, einen Druck auf das Gericht auszuüben.

Dann haben wir die Sache mit dem Ruhpoldinger Bürgermeister Sollinger, der sich in einer unqualifizierbaren Weise gegenüber dem Gendarmeriekommandanten aufgeführt hat. Als er verhaftet war, wurde vom Gaupersonalamt der NSDAP im Auftrag des stellv. Gauleiters Nippold Haftentlassung begehrt. Das Begehren wurde abgelehnt. Hinsichtlich Sollingers wurde auf dem Generalappell einer hiesigen Ortsgruppe gesagt, der Mann würde seine Strafe keineswegs verbüßen, auch sonst würden keine Nachteile für ihn entstehen. Solche Äußerungen erwecken in der Bevölkerung den Eindruck, als ob nicht gleiches Recht für Alle gelte. – Ein Punkt ist noch bezüglich des Vertrauens der Bevölkerung zur Justiz hervorzuheben. Mehrfach können sich Leute, die geschädigt waren, nicht mit der Amnestie abfinden und damit, dass die Leute, die ihnen Schaden zugefügt haben, so ohne weiteres und ohne Strafe durchkommen.

Im Großen und Ganzen ist also der Verkehr reibungslos vor sich gegangen, aber diese Verzögerungen mit der bayer. Politischen Polizei, diese mangelnde Unterstützung, die insbesondere die StA München II findet, sollten m.E. abgestellt werden.

StMin. Dr. Frank: Ich darf zu diesem Punkt sagen, dass es jetzt geglückt ist, Dr. Stepp an die Spitze der bayer. Politischen Polizei wenigstens kommissarisch zu bringen. Ich habe Dr. Stepp ausdrücklich Parteigenossen Wagner vorgeschlagen. Ich hoffe, dass es auf diesem Weg möglich ist zu erreichen, dass die Klage über die Polizei in Bayern verstummt.

GStA Troeltsch: Dr. Siegel hat bereits das Nötige zum Fall Spiegel bemerkt. Der Fall ist eine Illustration dafür, dass man mit den oberen Stellen sehr gut verkehren und volles Verständnis für die Belange der Justizverw. finden kann, dass das aber nicht immer bei den unteren Stellen, insbesondere auch bei den Kreisleitungen der Fall ist.

Wie mir der Fall berichtet wurde, habe ich mich sofort daran erinnert, dass vor ungefähr Jahresfrist ein StA in Landau von SA-Leuten aus seiner Wohnung geholt und verprügelt wurde, weil er sich durch Führung von Anklagen missliebig gemacht hat. Dieser StA ist aus Landau versetzt worden. Es ist Landau auch sonst ein Boden gewesen, in dem sich die Volksleidenschaft manchmal unliebsam geltend gemacht hat. Nachdem ich den Artikel des Kreisleiters über den Fall Spiegel gelesen hatte, in dem angedeutet war, es solle sich die Bevölkerung, auch wenn sie eine berechtigte Empörung empfindet, nicht zu Gewalttätigkeiten hinreißen lassen, habe ich mich sofort nach Landau begeben, um zu verhüten, dass dieser Artikel etwa zu Weiterungen führt, insbesondere zu Tätlichkeiten gegen den StA. Ich habe in Landau sofort die Fühlung aufzunehmen gesucht mit dem dortigen Kreisleiter. Der dortige Obmann des Juristenbundes Rechtsanwalt Dr. Steigelmann hat den Kreisleiter telefonisch verständigt, dass ich erschienen bin, um im Benehmen mit der Kreisleitung einer derartigen möglichen Wendung der Sache die Spitze abzubiegen. Der Kreisleiter hat mir durch Herrn Dr. Steigelmann fernmündlich mitteilen lassen, er lehne es ab, bei mir zu erscheinen, er betrete überhaupt den Boden der StA nicht mehr, weil die StA wiederholt gezeigt habe, dass sie nicht das nötige Verständnis für Anzeigen, insbesondere solche der Kreisleitung habe. Von dieser Ablehnung hat sich der Kreisleiter nicht abbringen lassen.

Ich habe die Sache zunächst so gemacht, dass ich mit dem StA eine Erklärung abgefasst habe, die die Mitteilung erhielt, dass die vorgesetzten Stellen das Verhalten des StA missbilligen und dienstaufsichtlich würdigen werden und in der weiter stand, dass nach dieser im Benehmen mit der Kreisleitung erfolgten Erklärung zu einer weiteren Empörung der Bevölkerung keine Veranlassung mehr gegeben sei. Ich verständigte sofort den Kreisleiter davon, dass eine Erklärung formuliert sei und dass es sich nur darum handle, sein Einverständnis zu ihr zu bekommen. Darauf erklärte er mir abermals, er komme nicht. Er hat sich aber bereit erklärt, an einem dritten Ort im Nebenzimmer eines Hotels mit mir zusammenzukommen. Ich habe überlegt, ob es nicht unter meiner Würde ist, diesem Wunsch nachzugeben, habe aber die Notwendigkeit der Erledigung der Sache im Benehmen mit der Kreisleitung dieser Erwägung vorangestellt und bin mit dem Kreisleiter in diesem Hotel zusammengekommen. Dort habe ich zunächst Veranlassung genommen, nachdrücklich zu erklären, dass ich es für befremdlich und bedauerlich erachte, dass der Kreisleiter, wenn er an dem Verhalten des StA Spiegel etwas auszusetzen habe, nicht den Weg über die vorgesetzte Dienststelle gegangen ist. Diese Erklärung hat den Kreisleiter offensichtlich verstimmt und hat die Verhandlungen sehr erschwert.

Es ist mühsam verhandelt worden über die einzelnen Sätze der Erklärung und schließlich ist eine Erklärung zustande gekommen, bei der allerdings der Satz weggelassen werden musste, weil der Herr Kreisleiter darauf nicht einging, dass diese Erklärung im Benehmen mit der Kreisleitung erfolgt ist. Ich habe dabei dem Kreisleiter gesagt, dass ich selbstverständlich diese Sache missbillige und dass ich den StA veranlassen werde, schleunigst sein Versetzungsgesuch einzureichen, nachdem er ohnedies an der Reihe der Versetzung zum Richter war. Ich habe auch verhandelt, dass der StA für die Dauer seines Verbleibens in Landau nicht mehr in öffentlicher Sitzung auftritt. Trotzdem der Kreisleiter davon Kenntnis hatte, dass es sich um eine Versetzung handelt – ich habe ausdrücklich gesagt, es ist keine Beförderung, sondern eine Versetzung – ist der von OLG-Präs. Dr. Siegel erwähnte weitere Artikel erschienen, in dem gesagt wurde, jetzt ist der Mann auch noch befördert worden. Ich habe daraufhin mit dem Kreisleiter Fühlung genommen und seine Zustimmung zu einer Erklärung geholt, worin der richtige Sachverhalt gesagt ist. Damit ist die Sache erledigt.

Aber es zeigt dieser Fall, dass mit den unteren Stellen schwerer zu verhandeln ist als mit den oberen. Das Verhältnis zur GL gegenüber der StA ist ein ganz gutes. Es ist ein Beweis dafür, dass auch die GL als politische Stelle an dem Verhalten der StA im Wesentlichen nichts auszusetzen hat. Ein Beweis dafür ist auch, dass der stellv. Gauleiter Leiser, der hauptsächlich die Geschäfte führt, nachdem Herr Bürckel durch die Saargeschäfte in Anspruch genommen ist, wie dem Herrn OLG-Präs. so auch mir versichert hat, dass wir das volle Vertrauen der GL besäßen.

Nur ein Fall, der sich in der letzten Zeit abgespielt hat, wäre vielleicht dazu angetan, dieses vertrauensvolle Zusammenarbeiten mit der GL etwas zu erschüttern. Es ist ein Sanitätsrat in Dürkheim bei der Wahl vom 19.08. nicht zur Wahl gegangen und hat diesen Entschluss damit begründet, dass bei der letzten Wahl, die sich im neuen Reich abgespielt hat, er zur Wahl gegangen wäre, dass ihm da sofort erklärt worden sei, Sie brauchen nicht hinter den Vorhang zu treten, die Stimmabgabe ist öffentlich. Aus diesem etwas fadenscheinigen Grund ist er also nicht zur Wahl gegangen. Daraufhin hat sich am Abend nach Abschluss der Wahl vor der Wohnung des Sanitätsrats eine ungefähr 200–300 Köpfe starke Volksmenge eingefunden, darunter auch SA-Leute, und es waren drei von den SA-Leuten, die in die Wohnung eindringen wollten. Der Sanitätsrat hatte die Wohnung verschlossen, es wurde nicht geöffnet, es war also ein Eindringen ohne weiteres nicht möglich. Es ist nun der Versuch gemacht worden, die Türe aufzusprengen durch die drei Leute, die eingedrungen sind. Die Türe hat Widerstand geleistet. Dann ist das Oberlicht der Türe zertrümmert worden, es sind Fenster zertrümmert worden, kurzum, es ist dann ein Tatbestand gewesen, der rechtlich nur unter den Tatbestand des Landfriedensbruchs zu fassen war.

Auf eine Anzeige des Sanitätsrats hat die StA das Verfahren eingeleitet. Sie ist von der Ansicht ausgegangen, die ich ebenfalls vollkommen billigte, dass es wünschenswert ist gerade im Hinblick auf das Saargebiet, zu zeigen, dass keine terroristische Beeinflussung der Wahlen bei uns stattfindet, ein Standpunkt, den ich in anderen Fällen auch noch vertreten habe. Es sind nach der Wahl noch Fälle vorgekommen. Einer Verwandten eines OLG-Rats in Zweibrücken ist in der Vorderpfalz, nachdem sie als alte, achtzigjährige Frau, die nichts mehr hört und sieht, nicht zur Wahl gegangen ist, mit unverlöschbarer Farbe an das neu getünchte Haus die Aufschrift „Landesverräterin“ angebracht worden. Dann, in einem anderen Falle ist ein Jude, der nicht zur Wahl gegangen ist, in Kaiserslautern verprügelt worden und es sind auch noch andere Akte vorgekommen.

M.E. war es also wünschenswert, dass man auch in diesen anderen Fällen einschritt, die z.T. daran gescheitert sind, dass die Täter nicht zu ermitteln waren. Es war wünschenswert, dass festgestellt wird, dass derartige terroristische Akte zur Beeinflussung der Wahl, auch wenn sie nachträglich erfolgen, nicht geduldet werden könnten.

Nun sind bei dem Verfahren, das durch das Verhalten des Sanitätsrats ausgelöst war, Erhebungen gepflogen worden. Diese Erhebungen haben sich sehr lange hingezogen. Es sollten sonstige Teilnehmer an der Versammlung festgestellt werden, das ist nicht leicht. Infolgedessen hat sich die Sache sehr lange hinausgezogen. Eines Tages ist nun der Herr Gaurechtsstellenleiter mit dem Herrn stellv. Gauleiter Leiser bei mir erschienen und hat erklärt, ja, es sei im Hinblick auf das Saargebiet doch äußerst unliebsam, wenn solche Sachen zur Verhandlung kämen. Ich habe demgegenüber den Standpunkt, den ich vorher schon bezeichnet habe, vertreten. Die Herren sagten, insbesondere der Herr Gauleiter, dass es überhaupt kein Landfriedensbruch sei. Auch der Herr Gaurechtsstellenleiter hat die Ansicht vertreten, es sei kein Landfriedensbruch; denn dieser Paragraph setze eine Stellungnahme gegen den Staat voraus, einen Angriff gegen den Staat, was hier nicht zutreffend sei. Ich habe dann mich mit den Herren dahin geeinigt, ich hätte nichts dagegen, wenn der Herr Gauleiter oder der Herr Gaurechtsstellenleiter sich mit dem Richter ins Benehmen setzten in dem Sinne, dass die Sache, die damals noch nicht eröffnet worden war, etwa nur als Hausfriedensbruch, grober Unfug usw. frisiert werde. Ich würde die StA veranlassen, dann keine Schwierigkeiten zu machen. Das war die Einigung die erzielt wurde.

Nun hat sich aber der Herr Gaurechtsstellenleiter nicht mit dem Richter ins Benehmen gesetzt; wie ich durch den Herrn OStA hörte, ist der Richter nicht recht geneigt, den Landfriedensbruch fallen zu lassen, weil er sagt: Es ist ein Landfriedensbruch. Aber ich meine, dass man doch mit dem Richter hätte sprechen können. Der Herr Gaurechtsstellenleiter ist beim Herrn OStA erschienen und hat nun erklärt, er habe über die Sache auch mit dem Herrn Gauleiter Bürckel gesprochen und dieser habe gesagt, wenn die Sache wegen Landfriedensbruch verhandelt werde, dann komme er selbst nach Frankenthal und setze sich in die vorderste Reihe. Und der Herr Gaurechtsstellenleiter hat dem Herrn OStA erklärt: Und ich werde die Verteidigung führen und dann werden Späne fliegen. Es ist das, auch wenn man dem Untergrund der Erklärung des Herrn Gauleiters nachgeht, der Anschein einer versuchten Beeinflussung des Richters.

Ich habe den Herrn Gauleiter selbst über die Sache noch nicht gehört. M.E. müsste sie vielleicht jetzt auf dem Wege erledigt werden, dass man, nachdem das Verfahren noch nicht eröffnet ist, vielleicht die Niederschlagung des Verfahrens verfolgt. Es würde dafür sprechen, dass, nachdem inzwischen durch die Verhandlungen mit dem Herrn Gaurechtsstellenleiter und dem Herrn Gauleiter sehr viel Zeit vertragen worden ist, die Verhandlung sehr unmittelbar nahe an den Abstimmungstermin im Saargebiet gerückt wird. Es ist ohnedies von diesem Standpunkte aus vielleicht wünschenswert, wenn die Sache nicht mehr zur Verhandlung kommt. Ob die Sache noch dadurch abgebogen werden könnte, dass man etwa die

Anklage noch zurückzieht, weiß ich nicht. Vielleicht ist der Weg gangbar, dann wäre die Sache ohnehin erledigt. Wenn nicht, wäre vielleicht die Niederschlagung zu empfehlen, die natürlich nicht durch die bayerische Stelle zu erfolgen hätte, sondern durch den Führer.

Das ist der einzige Fall, in dem noch in letzter Zeit eine Differenz zwischen der Gauleitung als solcher und der StA eingetreten ist. Im Übrigen haben wir großes Verständnis, insbesondere auch bei dem Herrn Gaurechtsstellenleiter gefunden. Es sind schon mehrmals Fälle von Unterschlagungen von Parteigeldern durch Amtswalter vorgekommen und da haben die unteren Stellen mit der Auskunft etwas zurückgehalten. Die Sache ist dann unter die Amnestie gefallen. Da hat der Herr Gaurechtsstellenleiter unter Verkennung der zwangsmäßigen Lage erklärt, solche Sachen dürften unter keinen Umständen eine derartige Erleidung finden, sondern das müsste auf das Allerstrengste und Allerschärfste bestraft werden, ein Standpunkt, der zweifellos sehr richtig ist. Es gibt kein niedrigeres Verhalten als die Veruntreuung von Geldern durch Parteifunktionäre. Diese Auffassung wird von der GL mit Recht vertreten. In den unteren Stellen dagegen ist eine gegensätzliche Auffassung zu finden. In einem Falle hat ein Amtswalter Parteigelder unterschlagen und in diesem Falle hat sowohl der Ortsgruppenführer als auch der Kreisleiter sich der Gendarmerie gegenüber auf den Standpunkt gestellt: Wir geben keine Auskunft, diese Sache ist einzig und allein Parteigerichtssache und hat mit einer staatlichen Bestrafung gar nichts zu tun. Die Sache ist aber dann unter die Amnestie gefallen und hat damit ihre Erledigung gefunden.

Ich darf vielleicht noch in Bezug auf zwei Fälle etwas sagen, weil ich gerne hören würde, ob auch in anderen OLG-Bezirken diese Frage zur Behandlung gekommen ist. Auch sie schlägt in das vertrauensvolle Zusammenarbeiten mit den Parteistellen ein. Das ist die Frage der Heranziehung der Jugendorganisation der Hitlerjugend zur Jugendgerichtshilfe.

Ich darf erwähnen, dass der ständige oberste Leiter der Gebietsführung der HJ in der Pfalz, der in Wiesbaden sitzt, durch seinen Rechtsberater oder Rechtsreferenten an den Herrn OLG-Präs. und an mich gemeinsam herangetreten ist, es möchte die Jugendgerichtshilfe in der Pfalz auch den Stellvertretern der HJ übertragen werden. Ich habe das Verlangen, das von mir schon vorher bei den StAen angeregt worden war, für durchaus gerecht gehalten und bin nun mit dieser Stelle dahin einig geworden, dass m.E. kein Bedenken dagegen besteht, die Organisation der HJ zur Jugendgerichtshilfe heranzuziehen, ebenso, wie das geschieht in Beziehung auf sonstige zur Pflege der Jugendfürsorge bestimmte Vereinigungen. Ich bin auch schon daran, den Modus, der notwendig sein wird, um diese Einrichtung in Gang zu setzen, zu formulieren. Ich bin auch mit der Regierung ins Benehmen getreten, ob sie die Jugendämter, die nicht übergangen werden können, veranlassen möchte, mit den Jugendorganisationen zusammenzuwirken. Nach der Mitteilung dieses Rechtsreferenten ist er auch schon mit dem OLG-Präs. und dem GStA in Frankfurt a.M. ins Benehmen getreten. Er habe vollkommene Billigung gefunden und die Zusicherung erhalten, dass jene Einrichtung getroffen wird.

StMin. Dr. Frank: Ich würde bitten, dass Sie an das Ministerium berichten.

OLG-Präs. Dr. Siegel: An mich ist auch herangetreten worden wegen Fürsorgeerziehung und wegen Maßnahmen der Vormundschaftsgerichte. Ich habe mich bereit erklärt, die Dinge den Herren LG-Präs. zur Kenntnis zu bringen und mir darüber, ob ein Bedürfnis danach besteht, Vorschläge machen zu lassen. Ich werde darüber berichten.

GStA Kahl: Ich habe genau dieselben Erfahrungen gemacht, wie die Herr GStA Leuche vorgebracht hat. Die einzigen Bezirke, wo im OLG-Bezirke Bamberg noch Schwierigkeiten bestehen, sind die Bezirke Aschaffenburg und Würzburg. Sonst ist eine ganz wesentliche Beruhigung eingetreten und persönliches Eingreifen hat in den letzten Monaten immer zur vollständigen Klärung geführt. Ich habe weitere Klagen nicht zu führen.

MinRat Döbig: Ich darf vielleicht bemerken, dass ich die ersten Fälle von Übergriffen, die seit 30.06.1934 bekanntgeworden sind, sofort zum Anlass genommen, habe zu einer gründlichen Aussprache mit dem Rechtsberater der Obersten SA-Führung. Sie ist – wie mir zugesagt wurde, – gewillt, in diesen beiden Fällen einzugreifen und mit uns in gleicher Richtung zu marschieren.

StMin. Dr. Frank: Auch in den übrigen Fällen wird es sehr wichtig sein, einen gewissen Druck auf die beteiligten Stellen auszuüben. – Ich schließe damit die Besprechung der Ziff. 1 und 2 und möchte ganz kurz noch den Punkt I Nr. 3 (Sammlung von geschichtlichen Unterlagen aus der Kampfzeit) zur Erörterung stellen.

MinRat Dr. Meukel: Ich glaube, eine Aussprache ist überhaupt nicht notwendig. Ich hätte nur ganz kurze Mitteilungen zu machen. – Die Herren wissen selbst, dass in unseren Registraturen, namentlich in Strafsachen wertvolles und außerordentlich interessantes Material aus der Zeit des Werdens und aus der Kampfzeit der Bewegung sich befindet. Der Gedanke liegt nahe, dass man dieses kostbare Aktengut nicht in dem Wuste der sonstigen Aktenbestände versinken und vergessen werden lässt; denn es wird einmal eine Zeit kommen, da der Historiker auch auf diesen Grundlagen aufbauen muss und sie wissenschaftlich zu verarbeiten haben wird. Es muss deshalb frühzeitig dafür gesorgt werden, dass dieses Material – es handelt sich in der Hauptsache um die großen politischen Strafprozesse – zur rechten Zeit ermittelt, gesichtet, verzeichnet und hinsichtlich der Verwahrung sichergestellt wird. Schon im Juli dieses Jahres hat sich der BNSDJ in einem Rundschreiben an seine Gauführer gewandt, worin er darauf hingewiesen hat, dass er bei der Schulungsleitung der NSDAP ein Archiv für geschichtliche Vorgänge aus der Kampfzeit einrichten und zu diesem Zwecke die Unterlagen sammeln wolle. Er hat damals betont, dass die Geschichte des Kampfes um das deutsche Recht auch in den Tausenden von Prozessen um Ehre und Freiheit der Kämpfer niedergelegt sei und dass dieses Material sichergestellt werden müsse, und hat die Gauleiter gebeten, wegen Überlassung des Materials an die Behörden heranzutreten.

Es sind in vereinzelten Fällen Gauführer an die Gerichte gegangen und haben um Überlassung von Akten nachgesucht. Wir haben uns bisher ablehnend verhalten und dieser Standpunkt wird auch in Zukunft bis auf weiteres einzunehmen sein. Selbstverständlich muss diese Frage ganz grundsätzlich geklärt werden. Die Dinge müssen vorbereitet werden und es muss eine einheitliche Regelung für das ganze Reich erfolgen. Wir werden selbst in dieser Sache an das Reich herantreten, eine solche Regelung anregen und an die Herren Richtlinien hinausgeben. Es ist aber heute schon, da die Ereignisse noch in der Erinnerung aller haften, notwendig, dass die Herren von sich aus vorbereitende Maßnahmen treffen, dass sie nämlich die Register durchsehen lassen, dass sie die Akten in Verzeichnisse bringen und dass vielleicht auch für eine gesonderte Verwahrung dieser Akten schon jetzt Vorsorge getroffen wird. Es ist mir aber auch jede andere Maßnahme recht, die zu dem Ziele führt, dass dieses Material, wenn es gebraucht wird, jederzeit greifbar ist. Mehr hätte ich zu diesem Punkte nicht zu sagen.

OLG-Präs. Dr. Siegel: Ich bin weiter gegangen. Ich habe, wenn die Rechtsberater darum gebeten haben, Einsicht gewährt. Gegenüber anderen Personen habe ich abgelehnt. Aber den Vertretern des BNSDJ habe ich es gestattet, weil ich angenommen habe, dass keine Bedenken dagegen bestehen.

MinRat Dr. Meukel: Gegen die Einsichtnahme bestehen keine Bedenken, aber mit der Überlassung von Akten und ihrer Abschrift würde ich bitten zu warten, bis eine Regelung getroffen ist. Auch diese Aufgabe wird für die Gerichte eine außerordentliche Belastung mit sich bringen.

OLG-Präs. Dr. Siegel: Ich habe gesagt: Wenn Sie Abschriften von Urteilen haben wollen, müssen Sie das selbst machen.

StRat Spangenberger: Wir kommen jetzt zu *Punkt II* der TO: *„Personalangelegenheiten“*, und zwar zunächst zu Nr. 1: *„Aussprache über die Justizausbildungsordnung“*.

MinRat Dr. Meukel: Ich wäre bereit, den Herren einige Gesichtspunkte zur Justizausbildungsordnung (JAO [RGBl. I 1934, S. 727; 1. DVO S. 831]) darzulegen. Für einzelne Zweifelsfragen, deren es ja genug gibt, würde ich mich den Herren gerne zur Verfügung stellen, vielleicht nach Schluss der Sitzung. Für die Erörterung von Einzelfragen ist hier weder Zeit noch Raum.

Im Mittelpunkte der neuen JAO, die, wie Sie wissen, einen vollen Bruch mit unserer bisherigen Prüfungs- und Ausbildungspraxis bedeutet, steht – das möchte ich unterstrichen haben – nach wie vor eine gründliche Fachausbildung. Es ist von Interesse, dass Herr StS Freisler, auf dessen Initiative auch die Vereinheitlichung des Justizausbildungswesens zum großen Teile zurückzuführen ist, im Vorwort zur JAO den Satz vorausschickt: „Eins wäre vor allem falsch, nämlich an den jungen Juristen weniger Anforderungen zu stellen als bisher. Wir dürfen diese Anforderungen nicht nur nicht herabsetzen, sondern müssen sie steigern und erhöhte Kenntnisse verlangen.“

Daneben geht aber jetzt – und das ist für uns in Bayern etwas wesentlich Neues – eine starke Betonung der Gesamtpersönlichkeit des Studierenden bzw. des Referendars. Es hat hier auch eine gewisse Erziehung eingesetzt, es soll vor allem eine Erziehung des Charakters nach den weltanschaulichen Grundsätzen des neuen Staates erfolgen. Es sind Einrichtungen vorgesehen, die in erster Linie diesem Zweck zu dienen haben. Ich denke dabei an die Bildung der Arbeitsgemeinschaften, an die Schulungseinrichtungen, an die Rücksprache des Vorsitzenden mit dem Prüfling vor der Prüfung usw.

Wegen der Freizügigkeit ist aber ein Wort zu sagen. Die Ländergrenzen sind natürlich für die Ausbildung unserer jungen Juristen mit der Vereinheitlichung grundsätzlich gefallen. Jedem Studierenden steht jetzt eine Anzahl von Prüfungsorten zur Verfügung, wo er die Prüfung ablegen kann. Nur ausnahmsweise werden Stammes- und ähnliche Beziehungen zu wahren sein, namentlich wenn es sich darum handelt, dass gewisse Bezirke überfüllt zu werden drohen.

Der Verwaltungsdienst ist eine Frage, die bis in die jüngste Zeit hinein nicht klar war. Auch er kann jetzt in verschiedenen Bezirken abgeleistet werden, nicht als Regel, aber als Ausnahme. Wenn der Wohnort des Referendars, der in einem bestimmten Bezirke gemeldet ist, sich verändert, kann auch der Rest seiner Ausbildung in einem anderen als diesem Bezirke geleistet werden. Sogar die dauernde Übernahme in einen anderen Bezirk ist möglich. Hierzu bedarf es nur mehr noch der Vereinbarung zwischen den beiden in Frage kommenden OLG-Präs. Auch hier spielen die Ländergrenzen keine Rolle mehr und es ist nach dem, was ich bei meinem letzten Besuche in Berlin am Reichsprüfungsamte erfahren habe, sogar erwünscht, wenn die Referendare die Verhältnisse in anderen Bezirken kennenlernen. Solchen Gesuchen wäre also möglichst entgegenzukommen.

Das Rechtsstudium selbst wird jetzt in der JAO nicht geregelt. Das ist kein Zufall, sondern volle Absicht. Die erste Prüfung war bisher eine akademische Abschlussprüfung, sie ist künftig eine staatliche Eingangsprüfung für den Vorbereitungsdienst. Nur in dem Sinne befasst sich die JAO mit den Fachstudien, als sie gewisse Voraussetzungen für die Zulassung zur ersten Prüfung aufstellt. Die Fächer der Rechtsgeschichte und der Rechtsphilosophie, die bisher doch eine wesentliche Rolle gespielt haben, sind künftig nicht mehr als Fachstudium mit aufgeführt, aber man wird doch gleichwohl aus dem Grundgedanken der JAO herauszulesen haben, dass auch hier wenigstens die allgemeinen Grundsätze bei den Studierenden haften sollen. Es ist uns mitgeteilt worden, dass auch das Reichssteuerrecht jedenfalls nicht Gegenstand der schriftlichen Prüfung sein wird. In der Sozialversicherung sollen nur allgemeine grundsätzliche Bestimmungen Gegenstand der schriftlichen Arbeit sein und auf dem Gebiete des Verwaltungsrechts soll in den schriftlichen Arbeiten nur das Reichsstaatsrecht und das Reichsverwaltungsrecht geprüft werden, während es der mündlichen Prüfung überlassen sein muss, auch Landesverwaltungsrecht zu prüfen. Kirchenrecht, Völkerrecht, Finanz- und Steuerrecht sind weggefallen, immerhin wird man natürlich auch hier sagen müssen, dass der Studierende wenigstens über die allgemeinen Grundsätze auf diesen Rechtsgebieten Bescheid wissen muss.

Wie Ihnen bekannt ist, ist auch die Frage des Arbeitsdienstes geregelt. Durch die DurchführungsVO werden gewisse Erleichterungen und übergangsweise gewisse Befreiungen gebracht. Es ist von den Herren Präsidenten angeregt worden, diese Befreiungen noch weiter zu erstrecken. Ich darf sagen, dass das RJM weitere Erleichterungen abgelehnt hat; aber der Herr RJMin. bittet, Fälle, in denen sich die bisherigen Vorschriften nicht als ausreichend erweisen und in denen offensichtliche Härten zutage treten, mitzuteilen.

Bei der ersten Prüfung ist für uns in Bayern neu einerseits das System der fortlaufenden Prüfung, die jeweils nach Bedarf stattfindet, und andererseits auch, dass das Schwergewicht nunmehr auf der mündlichen Prüfung liegt, wo, wie die Herren auch wissen, ein gewisses Führerprinzip maßgebend ist. Der Vorsitzende bewertet das Ergebnis der Prüfung in der Hauptsache selbständig. Allgemein wäre hier darauf zu sehen, dass angesichts der hohen Anforderungen, die an den späteren Rechtswahrer und Rechtswalter gestellt werden müssen, ein zu milder Maßstab nicht am Platze sein dürfte. Er würde auch nicht im Interesse der Studierenden liegen; denn wer nicht für das juristische Studium sich eignet, scheidet am besten möglichst bald aus.

Jetzt kommt dann ein Punkt, der namentlich die Herren Präs. besonders interessieren wird. Es ist das der Vorbereitungsdienst. Auf ihn legt die JAO das Schwergewicht. Mit den bisherigen Gepflogenheiten, die sich daraus ergeben, dass man mehr auf die theoretische Ausbildung der jungen Juristen Wert gelegt hat, ist in der JAO gebrochen. Die Referendare müssen jetzt intensiv zur Arbeit herangezogen werden. Die Beamten, denen die Referendare zugewiesen werden, sollen sich dringend mit ihnen befassen. Es ist namentlich in der ersten Zeit des Ausbildungsdienstes bei den Referendaren auch darauf zu sehen, dass, soweit es irgend möglich ist, – die Raumverhältnisse sind oft unzulänglich, besonders bei der Verwaltung –, die Dienststunden eingehalten werden.

Ein anderes Kapitel sind die Zeugnisse. Da muss damit Schluss gemacht werden, dass die Zeugnisse schematisch erstellt werden. Sie müssen jetzt erstellt werden nach Art einer Qualifikation. Sie müssen sich über eine Reihe von Punkten: Fähigkeiten, Leistungen, Ausbildung, persönliche Eigenschaft, Führung usw. wirklich eingehend und differenziert äußern. Das ist schon deshalb wichtig, weil diese Zeugnisse tatsächlich bei der großen Prüfung eine nicht unerhebliche Bedeutung erlangen. Man wird deshalb auch in geeigneten Fällen nicht davor zurückschrecken dürfen, völlig unbefähigte oder unfleißige Referendare aus dem Vorbereitungsdienst aufgrund der maßgebenden Bestimmungen auszuscheiden.

Was die Arbeitsgemeinschaften anlangt, so sollen sie nach dem Zweck der Ausbildungsordnung auch dazu dienen, dem Referendar gründliche fachwissenschaftliche Kenntnisse zu verschaffen. Bei der Auswahl des Leiters ist hierauf Bedacht zu nehmen. Sie sollen nicht nur die Fähigkeit zur Erziehung im Sinne und Gedankengang des neuen Staates haben, sondern sie sollen auch in der Lage sein, den Leuten etwas zu lehren. Hier ist die Frage aufgetaucht, ob man für diese Gemeinschaftsleiter Akten zu Übungszwecken herausgeben kann und darf. Das ist zu bejahen, auch wenn es sich um Akten handelt, die sich sonst zur Vorlage an das Reichsjustizprüfungsamt eignen würden. Dagegen haben wir es bis jetzt abgelehnt, Aktenmaterial den Privatkursen zur Verfügung zu stellen. Wir werden uns dieserhalben mit dem RJM in Verbindung setzen. Bis dahin bitte ich, sich diesen Wünschen gegenüber ablehnend zu verhalten.

Eine Sache, die noch im Fluss ist, ist die Bewilligung von außerordentlichem Urlaub und die Frage der Zuständigkeit für die Entlassung. Selbstverständlich werden auch hier die Herren OLG-Präs. als die zuständigen Organe erklärt.

Dann wird es für die Herren zu wissen von Wert sein, dass wir versuchen, im Haushaltsjahr 1935 für Unterhaltszuschüsse eine wesentlich höhere Summe bei der Finanzverwaltung zu erreichen als bisher. Wir haben außerdem Mittel angefordert, um auch bedürftigen Referendaren die Reise zur großen Staatsprüfung zu ermöglichen. Ob freilich diese Mittel und in welchem Ausmaß sie bewilligt werden, ist fraglich. Aber vielleicht – und das wäre ein Gedanke, den ich zu erwägen bitte – wird es richtiger sein, in den kommenden Jahren die vorhandenen Mittel nicht mehr wie bisher auf möglichst viele, sondern vielmehr auf wenige Köpfe zu verteilen und hier wirklich zu helfen. Dann könnte natürlich nicht bloß davon ausgegangen werden, dass der Referendar bedürftig ist, sondern dann müsste namentlich auch die Würdigkeit und die Tüchtigkeit des Referendars mit in Betracht gezogen werden. Zur Frage der Würdigkeit und Tüchtigkeit eines Referendars sollten sich die Herren OLG-Präs. auch schon jetzt bei der Beantragung der Unterhaltszuschüsse eingehend äußern.

Die Frage der Nebenbeschäftigung der Referendare namentlich beim Anwalt ist bei uns noch nicht geregelt. In Preußen kennt man eine eingehende Regelung. Eine solche Regelung wird im Anschluss an das preußische Verfahren getroffen.

Haushaltsfragen brauche ich nicht weiter zu erörtern. Über die Frage der Verrechnung der Einnahmen und Ausgaben der ersten Prüfung, die noch nicht ganz geklärt ist, gehen den Herren Mitteilungen zu. Das Eine steht fest: Die sachlichen Ausgaben für die erste Prüfung müssen aus den Sachetats, die die Behörden haben, bestritten werden.

Was die große Staatsprüfung anlangt, so sind mit dieser die Herren OLG-Präs. nur mit den Vorstellungsberichten befasst, im Übrigen ist ihre Durchführung der Zweigstelle München des Reichsjustizprüfungsamtes vorbehalten.

Die Lagerdienstfrage ist bei uns noch nicht geklärt; sie wird in absehbarer Zeit bei uns eine Klärung finden müssen.

OLG-Präs. Bertram: Ich habe hier, gerade weil die Frage der Würdigung in Betracht kommt, folgenden Fall zu besprechen. Ein Herr, der sich jetzt zur ersten Prüfung bei mir gemeldet hat, hat seine häusliche Arbeit zu spät eingeliefert und scheidet aus. Es wird die Frage sein, ob ihm die Wiederholung der Prüfung zu gestatten ist, Nun habe ich bezüglich dieses Herrn von einem Mitglied des Prüfungsausschusses Folgendes erfahren: Der betreffende Herr hatte mit der Frau eines Universitätsprofessors ein ehebrecherisches Verhältnis und die Sache hat an der betreffenden Universität ganz schweres Aufsehen erregt. Bei der zweiten Zulassung zur Prüfung ist das m.E. in Betracht zu ziehen. Wenn ein Referendar sich derart benimmt, so kann er nach meiner Auffassung zur Wiederholung der Prüfung nicht zugelassen werden. Ich habe natürlich jetzt angeordnet – es ist mir erst vor wenigen Tagen mitgeteilt worden –, dass die betreffenden Ehescheidungsakten erholt werden, so dass ich aus ihnen das Nötige ersehe.

MinRat Dr. Meukel: Ich bin Ihrer Meinung.

OLG-Präs. Heuwieser: Ich hätte gebeten, dass zu der Frage der Residenzpflicht der Referendare Stellung genommen wird. § 28 bestimmt, dass die amtsgerichtliche Praxis geteilt wird in die Praxis am kleinen und am großen AG. Die meisten

Referendare wohnen in größeren Städten, in denen die Praxis am kleinen AG nicht abgeleistet werden kann. Die meisten bleiben an ihrem bisherigen Wohnsitz wohnen und fahren mit der Bahn, oft nicht alle Tage, sondern wie es ihnen passt und wie es dem Herrn Oberamtsrichter genehm ist, hinaus. Ich glaube es wäre wünschenswert, wenn diese Frage geregelt werden könnte. Im Kommentar von Palandt-Richter ist ausgeführt – und ich teile diese Ansicht durchaus –, dass es sehr wünschenswert, wenn auch kostspielig ist, dass die Referendare am Ort des kleinen AG wohnen, weil sie nur so die Fühlung mit dem Volk haben und die notwendigen Kenntnisse, die am kleinen AG zu erlangen sind, wirklich erlernen. Es ist erforderlich, dass sie sich diese Kenntnisse aneignen. Wir haben es wiederholt erlebt, dass ein Oberamtsrichter versagt, weil er niemals in die Geschäftsstellen hineingesehen hat. Er kann die Leute nicht einteilen und dann kommen die Klagen über die Belastung der Gerichte. Deshalb halte ich es für notwendig, dass nur ganz wenige Ausnahmen von der Residenzpflicht zugelassen werden. Allerdings muss dann der Staat eingreifen und muss dafür sorgen, dass die Kosten dieser Residenzpflicht durch Zuschüsse gemildert werden.

Wünschenswert wäre auch, dass die Angelegenheit mit den Dienststunden geregelt wird. In unseren alten bayerischen Vorschriften ist es geregelt. Es ist das ja an sich selbstverständlich, es wäre aber vielleicht zweckmäßig, um einen gewissen Druck auf die Referendare auszuüben, die ein gewisses Eigenleben führen und sich nicht gerne hineinreden lassen wollen. Wenn man es schwarz auf weiß hätte und sagen könnte, hier steht es, haltet es ein, so wäre das vielleicht nicht ganz ohne Bedeutung.

Hier darf ich noch eines erwähnen, was ich auch nicht geregelt gefunden habe, das ist die Frage der arischen Abstammung. Nun werden Sie sagen, die arische Abstammung ist bereits geprüft bei der Zulassung zur ersten Staatsprüfung. Ich habe aber Fälle kennengelernt, in denen es sich erst hinterher herausgestellt hat, dass der Mann nicht arisch ist. Man wird selbstverständlich annehmen müssen, dass auch hier die arische Abstammung zu prüfen ist. Es wäre aber vielleicht erwünscht, wenn einmal eine Bestimmung aufgenommen werden könnte. Ich habe hierüber schon berichtet.

Dann möchte ich auf eine Frage zurückkommen, die alle betrifft und die mit der Justizausbildung zusammenhängt, das ist die Frage der Belastung der OLG. Ich habe in meinem Bezirk etwa 300 Referendare zu erfassen. Das erfordert außerordentliche Arbeit, insbesondere in der Kanzlei und dem Sekretariat des OLG-Präs. Der mir beigegebene Beamte arbeitet Tag für Tag. Er braucht die Samstage und Sonntage noch für die Angelegenheiten. Wir bräuchten daher unter allen Umständen eine Verstärkung unserer Hilfskräfte. Es ist schon etwas Besonderes, wenn plötzlich 300 Referendare zu einem OLG kommen, das ist mehr als etwa 300 andere Beamte; denn ein Beamter beschäftigt mich ein- oder zweimal im Jahr, ein Referendar beschäftigt uns aber ständig. Hierauf möchte ich die Aufmerksamkeit der Staatsregierung lenken, dass den OLG in dieser Hinsicht geholfen wird. Wir haben ein Interesse daran, dass die Dinge gut laufen und die Leute richtig erfasst und beaufsichtigt werden, das ist aber nur möglich mit dem nötigen Personal.

OLG-Präs. Neithardt: Bei uns hat die Frage eine Rolle gespielt, inwieweit das Studium anderer Wissenschaften und insbesondere das Auslandsstudium angerechnet werden kann. Ich glaube, dass man das nicht generell regeln kann und dass man das in jedem einzelnen Fall machen muss. Wir haben uns auf den Standpunkt gestellt, dass wir zunächst ein Semester angerechnet haben.

OLG-Präs. Dr. Siegel: Wenn ich an die Frage der Belastung anknüpfe, so habe ich auch, obwohl mein Bezirk verhältnismäßig klein ist, die Beobachtung gemacht, dass uns die JAO große Arbeit gebracht hat. Ich habe auch die Passivität der Referendare bewundert, die sich um nichts gekümmert haben. Ich muss sagen, was wäre schon besser gewesen, wenn man in Bayern eine kleine Übergangszeit eingeführt hätte.

Was die Einzelheiten anlangt, so ist es schwer, eine Grenze zu ziehen zwischen grundsätzlichen und Einzelfragen. In der Frage der Dienststunden und der Residenzpflicht bin ich weit entgegengekommen. Es ist doch so, dass draußen für selbstverständlich angenommen wurde, dass, wer in der Nähe eines AG wohnt, jeden Tag hinfährt, so wie es bei uns bisher der Fall gewesen ist, dass die Leute, die am Sitze eines AG wohnten, jeden Tag zum LG hin- und hergefahren sind. Einzelne LG-Präs. haben über die Dienststunden berichtet. Ich habe es den LG-Präs. überlassen unter der Bedingung, dass die Ausbildung keine Not leidet. Ob man sich bei Leuten, die von auswärts kommen, streng an die Dienststunden halten kann, ist mir doch etwas fraglich. Ich kann hier dem Herrn OLG-Präs. Heuwieser nicht ganz zustimmen. Ich glaube, man sollte zunächst in der Übergangszeit wohl den Referendaren aus der Großstadt in der Frage der Residenzpflicht am kleinen AG entgegenkommen. Man kann später die Kandare mehr anziehen, aber zurzeit ist schon darauf hinzuweisen, dass die JAO Dinge auferlegt, die wir bisher nicht gehabt haben.

Was die Zeugnisse anlangt, so habe ich die Beobachtung gemacht, dass die Zeugnisse nach dem Schema F ausgestellt werden und ich habe eine ganze Reihe von Zeugnissen zurückgegeben. Aber auch in Preußen sind die Zeugnisse nicht ausgesprochen individuell gewesen, es ist auch sehr schwer, ein Zeugnis auszustellen nach der Art einer Qualifikation. Wir wissen ja, dass die Qualifikation der Beamten selbst an einem Schema leidet.

Was die Arbeitsgemeinschaft anlangt, so ist es natürlich für uns eine ganz neue Einrichtung. Ich habe für meinen OLG-Bezirk es so geordnet, dass ich nur am Sitze der LG Arbeitsgemeinschaften eingerichtet habe, um eine möglichst große Zahl zu erfassen. Wenn ich es auch bei den großen AG getan hätte, so wäre die ganze Ausbildung stark zersplittert worden. So wird zwar eine finanzielle Belastung der Referendare herbeigeführt, aber ich habe keine Klagen gehört, im Gegenteil ist es begrüßt worden, wenn hier die Kurse ausgiebiger gestaltet werden können.

Wegen der Nebenbeschäftigung bin ich auch in passiver Weise vorgeprescht. Ich habe von einem Referendar einen Bericht bekommen, dass er lateinische Nachhilfestunden gibt und Kurse in der Staatsrechtslehre und ich glaube, dass man gerade mit Rücksicht auf die Schwierigkeiten, die jetzt für die Leute in finanzieller Hinsicht bestehen, entgegenkommen soll.

Bei den Vorstellungsberichten wollte ich eine Frage anschneiden, die mir nicht ganz klar ist. Es ist vom JMin. eine Bekanntmachung erlassen worden, dass für die Referendare, die am 01.10.1934 den Vorbereitungsdienst beendet haben und die Prüfung machen wollen, die Akten vorzulegen seien. Wie hier das Verhältnis ist zur Vorschrift der JAO in § 41, wonach für alle Referendare, die den Vorbereitungsdienst beendet haben, die Akten vorzulegen sind, ist mir nicht klar. Ich habe eine ganze Reihe von Referendaren und ich habe sie alle erfasst und bin davon ausgegangen, dass ich für alle die Akten vorlegen muss ohne Rücksicht darauf, ob die Referendare zur Prüfung zugelassen werden wollen oder nicht; in der JAO steht nichts darüber, ob sich die Vorlegung auf die Leute beschränkt, die die Prüfung machen wollen.

Wegen der arischen Abstammung habe ich auch die gleichen Beobachtungen gemacht. Ich habe gesagt, bei den Vorstellungsberichten ist die arische Abstammung noch einmal festzustellen und es muss ein Fragebogen ausgefüllt werden. Es könnte höchstens das Eine in Betracht kommen, dass man den Betreffenden den Vorbereitungsdienst ableisten lässt, obwohl er nicht zugelassen werden wird.

Was die Belastung anlangt, so muss ich auch sagen, wir haben eine größere Arbeit. Ich habe vor, durch die sog. fliegende Reserve Luft zu schaffen.

StMin. Dr. Frank: Zur JAO möchte ich zwei Worte vorweg sagen. Die Erfahrung, die ich bis jetzt gemacht habe, ist die, dass sie in der jetzigen Form wohl nicht restlos beibehalten werden wird. Einige Bestimmungen müssen binnen kurzer Zeit geändert werden, sonst erreichen wir chaotische Gebilde. Ich möchte nur erst den Januar abwarten, der die endliche Durchführung der einheitlichen Justizverwaltung bringt, um die folgenden Detailfragen in den Vordergrund einer Erörterung in Berlin zu stellen.

Ist es überhaupt möglich, so schroff daran festzuhalten, dass die jungen Leute auf ein ländliches, kleines AG kommen? Hier kommen die meisten Klagen. Es sieht so aus, als wenn es fast unmöglich wäre. Dann hat irgendein Kommentar, der von Berlin herausgegeben wurde, einen Sturm der Entrüstung erregt, weil er festgestellt hat, das wäre gleichgültig, die Mittel müssten aufgebracht werden. Es gibt aber doch Fälle, wo der Betreffende zu Hause gerade noch durchgehalten werden kann; wenn er nun aufs Land soll, so ist die Familie einfach nicht imstande, das aufzubringen. Ich würde bitten, diese Frage als eine der Hauptfragen anzusehen. Wir wollen keine plutokratischen Einengungen in diesem System haben.

Dann ist von Seiten der Hochschulen gegen mich Sturm gelaufen worden wegen der weltanschaulichen Prüfungen. Was soll das heißen? Was bedeutet es? Wir haben damals die JAO sehr schnell besprochen, in keiner Sitzung haben wir uns über Detailfragen unterhalten. Aber jetzt sieht man nachträglich, dass wir unsere Arbeit aus den Angeln heben, wenn wir nicht das Recht und die Rechtserziehung nicht als Basis der Weltanschauung anerkennen. Welches Schema gibt es überhaupt? Welche Anhaltspunkte habe ich, die einigermaßen eine objektive Gerechtigkeit darstellen, wenn ich jemand frage? Ich kann Daten wählen aus dem Leben Cortes des Eisernen und ich kann über die Dynastie Mu II. in China fragen. Aber über die konkretesten politischen Punkte habe ich da keinen Anhalt, und festzustellen, ob jemand politisch gebildet ist, ist das bei einem jungen Mann von 26, 27 Jahren nicht eine recht dilettantische Angelegenheit. Und ob wir nicht auf diese Weise eine Dilettantisierung der ganzen Sache erreichen, darüber bin ich mir noch nicht klar.

Ich habe mit Pg. Freisler und Dr. Gürtner darüber gesprochen. Wir müssen gerade jetzt, wo das RJM die Möglichkeit hat, diese Dinge zentral und mit Autorität auszubauen, sie uns noch einmal überlegen. Die Professoren sagen, es ist eine Unmöglichkeit, was sollen wir da prüfen? Diese Detailfragen zeigen, dass es sehr viel leichter ist, eine JAO zu erlassen, als sie in die tatsächliche Welt überzuführen. – Davon abgesehen ist es trotzdem zu begrüßen, dass ein einheitlicher Modus für die deutschen Juristenprüfungen besteht und wir können uns mit den Grundsätzen, die in der JAO angeschnitten sind, vom nationalsozialistischen Standpunkt aus einverstanden erklären. Man darf nur die Schwierigkeiten der Übergangszeit nicht verwechseln mit den berechtigten kritischen Ansätzen, die bei der Justizausbildung an sich vorhanden sind.

Absolut wünsche ich, dass das Niveau des deutschen Juristen nicht sinkt, dass es hinsichtlich des Wissens, der Zuverlässigkeit, der Klarheit der Erkenntnis und der Vorbildung absolut gehalten wird. Denn abgesunken ist das Niveau eines Beamtentums sehr schnell, aber nur sehr schwer wieder aufgebaut. So wie wir in der Reichsreform vorangehen, so müssen wir Juristen in den ganzen weltanschaulichen Fragen vorangehen. Die Mediziner, die Philosophen, die Erziehungspraktiker haben nicht die Macht, wie wir sie haben. Wir kämpfen damit nicht nur für die Justiz und das Rechtsleben, sondern für das gesamte akademische Leben unserer Nation. Aus diesem Grunde sehe ich diese Dinge sehr ernst an und werde mich ihnen mehr widmen als es bisher der Fall war.

OLG-Präs. Bertram: Ein Wort zur Frage der Einhaltung der Dienststunden. Ich habe, nachdem die JAO gekommen ist, am nächsten Tag eine Entschließung an die LG-Präs. erlassen dahingehend, dass nach der JAO das Schwergewicht in die Praxis verlegt worden ist und habe weiter erklärt, dass die Referendare die Dienststunden unter allen Umständen einzuhalten haben. Wenn das nicht der Fall ist, dann gehen die Herren einfach nicht bei.

Nun kommt die weitere Frage, die gebracht worden ist, nämlich die Frage des Aufenthalts an kleinen AGs, für mich insbesondere an solchen, die sich in der Nähe von Nürnberg befinden. Die Referendare möchten hier natürlich hinausfahren und möglichst bald wieder hereinfahren. Das geht nicht. Sie müssen ihre Dienststunden soweit als möglich einhalten, sonst schlupfen sie überall durch. Selbstverständlich kommt nun die andere Frage, die äußerst schwierig ist, dass einzelne Referendare es geldlich nicht machen können. Da wird sich ungeheuer schwer ein Ausgleich finden lassen, und zwar deshalb, weil dann, wenn das durchgeführt werden sollte, wie es durchgeführt werden müsste, das Studium ausschließlich in die Hände der besitzenden Klasse käme. Das wäre das Allerschlimmste. Ich habe aus den Noten, die im letzten Staatskonkurs bei uns eingelaufen sind, die erfreuliche Einsicht bekommen, dass gerade von den Referendaren aus sog. niederen Ständen sehr viele darunter sind, die die besten Noten haben und es wäre höchst bedauerlich, wenn diesen Leuten das Studium bzw. die Weiterbildung abgeschnitten würde.

Dann ist weiter die Frage: Inwieweit kommt das Hören von Studenten auf ausländischen Universitäten zur Anrechnung? Wenn sie dort gehört haben, so ist das schon recht, aber ich stehe auf dem Standpunkt: Es kann dem betreffenden Studenten nur das angerechnet werden, was er allenfalls an ausländischen Universitäten über deutsches Recht gehört hat. Ich habe jetzt einen praktischen Fall. Ein Herr hat in Mailand Handelswissenschaften usw. gehört. Das kommt für mich nicht in Frage. Was er allenfalls im Interesse der rechtlichen Ausbildung gehört hat, könnte für unsere Prüfung in Frage kommen. Die Sache müsste vollständig klargestellt werden, worum es sich handelt, das ist doch das Rechtsstudium, das Studium des deutschen Rechts.

Eine weitere Frage ist die folgende. Ich habe mich mit den Herren Professoren der Univ. Erlangen und mit anderen Prüfungsausschussmitgliedern vor einigen Tagen über die Prüfung unterhalten. Da ist mir die gleiche Frage entgegengebracht worden, die ein Herr schon angeführt hat: Ja, was wollen wir eigentlich prüfen bei dieser weltanschaulichen Prüfung oder in der Geschichte? Bezüglich der Geschichte möchte ich bemerken, dass die Studenten gerade vor dieser Prüfung die allergrößte Angst haben, eine geradezu fürchterliche Angst, weil sie nicht wissen, wie weit sich diese Prüfung allenfalls ausdehnt. Die Fassung des § 5 RJAO redet von den Grundzügen. Was heißt: Grundzüge? In Erlangen können auch nicht sämtliche Vorlesungen, welche die Studenten brauchen, gehalten werden. Z.B. ist, glaube ich, in den letzten zwei Jahren keine Vorlesung über Urheberrecht in Erlangen gewesen; das Urheberrecht wird geprüft. Ich glaube allerdings, dass wir als OLG-Präs. in der Beziehung eine ziemliche Macht haben insofern, als wir sagen können: Wenn du das nicht hast hören können, so kann das selbstverständlich nicht gegen die Zulassung geltend gemacht werden, aber geprüft muss natürlich auch aus diesem Gegenstande werden.

Dann haben wir große Schwierigkeiten bei der Prüfung insbesondere auch in folgender Beziehung: Ich habe nach Mitteilung der Universitäten in Würzburg und Erlangen für den Schluss des Wintersemesters 1934/1935 220 Studenten zur Prüfung zu erwarten. Nun besteht die Anordnung, dass die einzelnen Prüfungsausschussmitglieder nicht öfter als zweimal im Monat zur Prüfung herangezogen werden sollen. Das ist also ausgeschlossen. Wir haben mit 220 Studenten für die Prüfung zu rechnen. Außerdem müssen wir noch damit rechnen, dass wir noch eine nicht unerhebliche Anzahl von norddeutschen Studenten bekommen, die sich hier nachmelden. Die Zahl wird so groß, dass es ganz ausgeschlossen ist, dass wir die Herren, die für die Prüfung zur Verfügung stehen, nur zweimal im Monat heranziehen.

Dann haben wir große Schwierigkeiten mit den Professoren selbst. Wir haben da alle Disziplinen vertreten, teilweise auch solche, die für uns überhaupt gar keinen Wert haben; andererseits fehlen aber teilweise Vertreter von Disziplinen, die wir für die Prüfung brauchen. Die Herren von der Hochschule haben sich über die Dinge sehr zweifelhaft ausgesprochen. Sie sagen eben auch: Du lieber Gott, was sollen wir denn prüfen? Dann kommt noch etwas Weiteres hinzu. Dem Prüfungsausschuss gehören zwei Richter, zwei Universitätsprofessoren und ein fünftes Mitglied an. Dieses fünfte Mitglied kann z.B. irgendjemand aus der Partei oder irgendein Herr, der in der Praxis draußen steht, sein. Die sagen erst recht: Was sollen wir eigentlich prüfen? Zum Teil sind sie für eine solche Prüfung nicht vorbereitet und für eine solche Prüfung vielleicht auch gar nicht geeignet. Also, da bestehen die allergrößten Bedenken und ich muss sagen, den größten Teil dieser Bedenken teile ich selbst.

StMin. Dr. Frank: Wir befassen uns heute keineswegs mit einer speziellen Debatte über die Reformfragen, die sich auf die Justizausbildung beziehen, wir sind vielmehr zur Besprechung bayerischer Verhältnisse zusammengekommen. Die Anregungen der Herren aus der Praxis bilden ein außerordentlich wertvolles Material. Ich würde sehr bitten, dass Sie sich diese Dinge angelegen sein lassen, nicht nur im Zusammenhange der gegenwärtigen Besprechung, sondern vielleicht auch nach der Rückkehr an Ihren Dienstsitz. Ich ersuche Herrn OLG-Präs. Bertram, durch eine Art zentralen Bericht uns seine eigenen Erfahrungen mitzuteilen. Es ist wertvolles Material, das wir hier bekommen, und ähnlich ist es auch in Preußen und anderen Ländern, auch dort werden diese Erfahrungen zusammengetragen. Diese Fragen sind ja z.T. noch in ganz lebendigem Fluss.

MinRat Dr. Richter (RJM): Herr Minister! Meine Herren! Ich bin außerordentlich dankbar, dass ich in diesem Kreise zu einigen Zweifeln und Schwierigkeiten Stellung nehmen darf, die die Einführung der JAO mit sich gebracht hat. – Es ist selbstverständlich, dass diese Neuregelung, die eine grundlegende Änderung in das Prüfungswesen, in die gesamte Ausbildung der Referendare bringt, in der Übergangszeit überall zu Schwierigkeiten und zu Hemmungen führt, und dann darf ich grundsätzlich vorausschicken, dass der Herr Minister durchaus damit einverstanden ist, dass in dieser Übergangszeit von Ihnen mit der lockeren Hand der Verwaltung, die der Herr Minister uns bei jeder Gelegenheit anempfiehlt, und mit der Selbständigkeit, die der Führer haben muss, diese Dinge zu meistern gesucht werden. Es sollen möglichst wenig allgemeine Anordnungen erbeten werden; denn es liegen tatsächlich die Verhältnisse fast in jedem Bezirke, fast bei jedem Prüfungsamte anders, und wenn wir hier auf der einen Seite eine Anordnung auf Anregung von jemand bringen, können wir sicher sein, dass diese Anordnung in anderen Fällen einige Zweifelsfragen aufwirft. Sie können sicher sein, dass Ihnen kein Mensch einen Vorwurf macht, wenn Sie in der Auslegung der gegebenen Vorschriften so weit gehen, wie es irgendwie möglich ist, und wenn Sie da, wo Sie eben mit der gegebenen Vorschrift nicht weiterzukommen vermögen, im einzelnen Falle sich um die Ermächtigung bewerben, in der Übergangszeit von der Vorschrift abzusehen. Der Herr Minister hat sich nicht dahin entschließen können, wie von einigen LJVerw. beantragt war, eine ganz generelle Ermächtigung zu erteilen, wonach man von allen Vorschriften in der Übergangszeit einfach absehen könnte, und zwar deshalb, weil man gar nicht übersieht, wohin die Reise geht. Sobald aber in einem einzelnen Falle gebeten wird, von dieser oder jener Vorschrift für die Übergangszeit abzusehen, ist diese Ermächtigung fast regelmäßig erteilt worden.

Ich darf vorwegnehmen: Was die Schwierigkeiten anlangt, die sich wohl in Nürnberg gezeigt haben oder zeigen werden, die Prüfung der 220 Studenten am Ende dieses Wintersemesters durchzuführen, so darf ich darauf hinweisen, dass da schon verschiedenen Prüfungsämtern ohne weiteres die Ermächtigung erteilt worden ist, dass die einzelnen Prüfer mehr als zwei Prüfungen im Monat wahrnehmen können. Die andere Regelung war notwendig, weil sich herausgestellt hatte, dass einige Herren dieses Prüfungsgeschäft als sehr angenehme Einnahmequelle betrachteten und ihr Hauptamt darüber vernachlässigten. Das möchte ich als Grund für die Entstehungsgeschichte angeben. Wenn es aber notwendig ist, die Prüfungen zu beschleunigen, wird selbstverständlich jederzeit die Ermächtigung erteilt, die Prüfer auch zu mehreren Prüfungen als zu zwei im Monat heranzuziehen. Ferner ist auf Antrag auch noch genehmigt worden, dass nicht vier Studenten gleichzeitig geprüft werden, sondern bis zu sechs. Es ist selbstverständlich, dass die Studenten und Referendare unter diesen Vorschriften nicht leiden können.

Ferner ist in mehreren Verfügungen erklärt worden, dass die OLG-Präs. ermächtigt sind, von der Bestimmung der §§ 1 und 2 der Ersten DurchführungsVO Befreiung zu erteilen. Ich glaube, dass, wenn an wohlwollend und weitherzig ist, diese 220 Studenten ganz gut auf einen größeren Zeitraum verteilt werden können. Jedenfalls in Preußen, wo wir die großen Prüfungsämter und die durchlaufenden Prüfungen seit Jahrzehnten haben, haben sich nie Schwierigkeiten ergeben. Ohne jeden Zwang haben die Studenten ganz automatisch, je nachdem sie die Prüfung beschleunigen oder noch etwa eine private Vorbereitung einschieben wollten, sich ziemlich gleichmäßig auf das ganze Semester verteilt, so dass die Durchführung der Prüfung keine Schwierigkeit gemacht hat. Es ist selbstverständlich, dass in Ländern, wo diese durchlaufende Prüfung bisher nicht üblich ist, die Durchführung sich nicht so reibungslos vollziehen wird; aber, wie gesagt, es wird von allen einengenden Vorschriften Befreiung gewährt werden, soweit es nötig ist.

Im Übrigen ist hier von Herrn MinRat Dr. Meukel die Frage des Arbeitsdienstes angeschnitten worden. Sie hat allerdings zu großen Schwierigkeiten geführt. Wir haben eine sehr große Anzahl Gesuche um Befreiung bekommen. In einem Punkte wird sicher Befreiung gewährt werden; da handelt es sich um die alten Kämpfer, die immer vom studentischen Arbeitsdienst befreit sind. Jeder, der sechs Monate in der PO, SA, SS vor der Erhebung Dienst getan hat, ist vom Arbeitsdienste befreit. Diese Studenten haben sich vor der Machtübernahme zur Verfügung gestellt. Es wird gesagt: Wir sollen sechs Monate Arbeitsdienst leisten, die anderen sind mit zehn Wochen durchgekommen. Das ist sicher eine Härte, die nicht getragen werden kann. Deshalb ist der Herr Minister schon an den Reichskommissar für den Arbeitsdienst herangetreten, um die Zustimmung dafür zu bekommen, dass diese Studenten auf alle Fälle mit zehn Wochen durchkommen. Darüber hinaus ist der Antrag unterwegs, sie auch ganz zu befreien, wenn sie im Pflichtheft der Studenten befreit sind. Ob der Antrag sich wird durchsetzen lassen, steht dahin. Die Verkürzung auf zehn Wochen jedoch wird sich sicher durchsetzen lassen. In den nächsten Universitätsferien von März bis Mai sollen die alten Kämpfer Gelegenheit haben, diese zehn Wochen abzuleisten. In diesem Kreise darf, wenn auch die Sache vertraulich ist, gesagt werden, dass Studenten, die bei der Reichswehr Dienst tun, die nicht nur einen Kurs mitmachen, sondern regelmäßig ein halbes oder ganzes Jahr dort Dienst leisten, die also eine militärische Ausbildung genossen haben, für den Arbeitsdienst nicht mehr in Frage kommen; darin kommt der Gedanke zum Ausdruck, dass der Arbeitsdienst als Vorschule für die militärische Ausbildung angesehen wird. Es kann also vielleicht in der Weise geholfen werden, dass man darauf hinweist: Wenn ihr doch noch diese Zeit abdienen wollt, seid ihr vom Arbeitsdienst befreit, könnt von der Bestimmung des § 5 der 3. DurchführungsVO befreit werden und die Pflicht zum Arbeitsdienst vor Ernennung zum Referendar in solcher Art ableisten.

Dann die Frage der Arbeitsgemeinschaften. Hier werden auf eine Anregung, die die bayer. JVerw. gegeben hat, demnächst Richtlinien herausgegeben werden. Sie liegen im Entwurfe vor und müssen nun dem Herrn Minister vorgetragen werden. – Aufgrund der Erfahrungen, die im letzten Vierteljahre gemacht wurden, muss vor allem auf die richtige Auswahl der Gemeinschaftsleiter gedrungen werden. Die ganze Einrichtung steht und fällt mit dem Gemeinschaftsleiter. In Preußen haben wir mit den Arbeitsgemeinschaften infolge des Vorhandenseins tüchtiger Leiter ganz ausgezeichnete Erfahrungen gemacht. Natürlich erleidet man Schiffbruch, wo richtige Leiter nicht zur Verfügung stehen. Man wird in solchen Fällen den Grund des Misserfolges festzustellen und wirkliche Führer aufzustellen trachten müssen. Die Arbeitsgemeinschaften sind in Preußen nur an dem Sitz der LG eingerichtet worden. Das ergibt sich m.E. schon daraus, dass der Referendar während der ganzen Dauer seiner Ausbildung (großes AG, StA, LG, Rechtsanwaltsstation) bei der gleichen Arbeitsgemeinschaft bleiben soll. Denn nur dann kann der Gemeinschaftsleiter wirklich Einfluss auf die Referendare nehmen und ein Zeugnis geben, das nicht nur schematisch ist, sondern wirklich der Persönlichkeit des Referendars gerecht wird. Gerade auf diesem Gebiete haben wir sehr gute Erfahrungen gemacht. Die Gemeinschaftsleiter haben bestätigt, dass sie bei den Referendaren, die sie ein bis zwei Jahre unter sich gehabt haben, einen tiefen Einblick in den Charakter und in die ganze geistige Haltung der Referendare gewonnen haben.

Schwierigkeiten macht dabei natürlich die finanzielle Frage, wie überhaupt die finanzielle Frage – das ist schon betont worden – die Crux ist, unter der wir zu leiden haben und die schon zu erheblichen Angriffen gegen die JAO geführt hat. Die Frage ist eben, ob man jene Art der Ausbildung durchsetzen will, die man für richtig und notwendig hält, oder ob man unter dem finanziellen Gesichtspunkte eine schlechtere Ausbildung in Kauf nimmt, weil sie schließlich billiger ist, also, anders ausgedrückt, ob der Staat diejenigen Referendare, die für ihn von Wert sind, d.h. die bedürftigen und tüchtigen Referendare, so unterstützt, dass sie auch diese teurere Ausbildung zu tragen vermögen. An der Ausbildung von Referendaren dagegen, die nur Geringes leisten, hat der Staat gerade bei der Überfüllung des juristischen Berufes wenig Interesse.

Im Übrigen, glaube ich, wird die Gefahr etwas überschätzt. Wir haben auch in Preußen diese Schwierigkeiten gehabt, es wurde darauf gesehen, dass die Beschäftigung der Referendare gerade an Gerichten kleinerer Orte, nicht der großen Städte erfolgte. Die Referendare einer großen Stadt wurden beispielsweise auf zehn oder zwölf kleine AG verteilt; die Referendare fahren da eben u.U. jedes Mal auf das Land hinaus, was freilich dem Gedanken an sich nicht entspricht und in Bezug auf die Einhaltung des Dienstes Schwierigkeiten macht; nach dieser Richtung hat man ja Klagen hören können. Hier bekommt natürlich die Frage der Unterhaltszuschüsse eine große Bedeutung. Wir haben sie auch Referendaren in der ersten Station gegeben, das ist ja die teuerste. Tatsächlich ist mir in der ganzen Zeit kein Fall vorgekommen, wo wirklich ein Referendar seine Ausbildung mit Rücksicht auf die neue Einrichtung hätte abbrechen müssen und nicht ordnungsgemäß hätte durchführen können. Es hat freilich Eingaben und Beschwerden gegeben, aber tatsächlich ist die Sache gelungen, wobei ich zugeben muss, dass die OLG-Präs., soweit es möglich war, mit Unterhaltszuschüssen geholfen haben. In der Übergangszeit wird man in den Ländern, wo Mittel für die Gewährung von Unterhaltszuschüssen nicht in genügendem Maße vorhanden sind, nicht umhin können, da eine gewisse Nachsicht walten zu lassen. Denn nichts wäre gefährlicher, als wenn die Referendare, die bedürftig und dabei brauchbar sind, ihre Ausbildung abbrechen müssten lediglich deshalb, weil sie die erforderlichen Mittel nicht aufbringen können. Da wird man vorübergehend kurz treten müssen.

Als Ziel muss aber immer vor Augen stehen, dass die Referendare wirklich an dem Sitze kleiner AG Dienst leisten und dort aufgrund der Residenzpflicht wohnen. Damit, dass die Referendare nur die Dienststunden dort abmachen, wäre ja noch nicht viel gewonnen. Sie sollen doch gerade deshalb aus der Großstadt heraus auf das Land, um die Verhältnisse dort kennenzulernen. Allerdings wird das in jenen Bezirken wieder ganz anders liegen, wo die Referendare vom Land kommen. Es gibt ja Gebiete, wo die Referendare fast ausschließlich aus ländlichen Kreisen stammen. Diese Tatsache wird man natürlich zu berücksichtigen haben. Wo es sich aber um Großstädte handelt, sei es in Preußen, Bayern oder anderswo, da wird darauf gedrungen werden müssen, dass die Referendare einmal die Verhältnisse in Kleinstädten, in ländlichen Gebieten kennenlernen. Nur dadurch können wir den Zug nach der Großstadt hemmen, der ja in Preußen sich schon so stark ausgeprägt hat, dass etwa auf eine Anstellung in Lübben verzichtet wurde, weil man u.U. lieber in der Großstadt verhungert als in einer Kleinstadt Amtsrichter wird.

Nun aber haben die Gemeinschaftsleiter berichtet, dass die Referendare ganz begeistert seien von dem Leben in den Kleinstädten und sich darüber freuten, dass sie als Referendare diese Verhältnisse kennenlernten und ein Gefühl für diese Verhältnisse erhielten und später einmal gern dort in den Kleinstädten sich ihrem Berufe und ihrer Arbeit widmeten. Das ist außerordentlich wichtig. Aber auch ein anderer Gesichtspunkt ist hier von ausschlaggebender Bedeutung, dass nämlich der Referendar dort in die kleinen Verhältnisse hineinsieht und sich einarbeitet, wo der Richter oder Doppelrichter alle Sachen selbst bearbeitet, wo die Parteien zu dem Richter Vertrauen haben und mit allen Sachen an ihn herankommen. Da lernt der Referendar das Volk kennen, er gewinnt ein Gefühl für die Volksverbundenheit, auch für die Verbundenheit von Volkstum und Rechtspflege, wie sie uns als Ideal vorschwebt, während bei den großen Gerichten infolge der Masse und Hetze bei der Arbeit diese Volksverbundenheit und die Erkenntnis ihrer Notwendigkeit von vornherein in verhältnismäßig geringem Maße besteht.

Dann wäre die Frage, ob Akten an private Kursusleiter hinausgegeben werden sollen. Ich möchte natürlich nicht der Entscheidung des Ministeriums vorgreifen, ich glaube aber kaum, dass, wenn im RJM angefragt würde, das dort gewünscht werden sollte, denn die ganze JAO geht doch darauf hinaus, die Ausbildung der Referendare in die amtlichen Hände zu bekommen. Wir haben alles Interesse, dass unsere Akten aufliegen und für die amtlichen Stellen in so reichlichem Maße zur Verfügung stehen, wie es wünschenswert ist. Gegen die Tätigkeit der privaten Kursleiter wird ja immer geltend gemacht, dass es sich um ein Vorrecht der Begüterten, um einen plutokratischen Zug handle, und diesen plutokratischen Zug bekämpfen wir, indem wir die Ausbildung in die Hand der Beamten, der Amtsstellen legen.

Dass bei den Unterhaltszuschüssen die Würdigkeit berücksichtigt wird, möchte ich dringend empfehlen. Die öffentlichen Mittel sind allerdings wohl überall noch knapp. Der Staat hat aber m.E. ein Interesse daran, dass alle, die versprechen, tüchtige Juristen zu werden, ohne Rücksicht auf die Vermögensverhältnisse erfasst werden, während der Staat kein Interesse an der großen Masse wenig befähigter Juristen hat, die heutzutage nach dem Assessor doch nicht zu einer Existenz kommen können.

In der Frage der Nebenbeschäftigung wird man darauf abstellen müssen, dass die Ausbildung nicht darunter leiden darf. Man wird aber diese Fälle nur ganz individuell behandeln können; der eine Referendar kann nebenher eine Nebenbeschäftigung durchführen, der andere wird nicht dazu imstande sein. Man darf hier möglichst weitherzig sein, denn m.E. ist ein Referendar, der sich durch Nebenbeschäftigung seinen Bedarf selbst verdient, das Schönste, was man sich denken kann, und Leute, die aus eigener Kraft in solcher Weise vorwärtsstreben, sind nach meiner Auffassung für den Staat außerordentlich wertvoll.

Die Frage der Dienstverhältnisse wurde auch mit größter Aufmerksamkeit behandelt. In Bayern sind die Referendare allerdings noch nicht Beamte. Wir haben gebeten, ob Bayern nicht diese Einführung treffen könne. Nach der JAO sind die Referendare grundsätzlich Beamte, in Bayern unterstehen die Referendare auch der Dienstpflicht. Namentlich für die erste Zeit, wenn bei der Geschäftsstelle eines kleinen AG die Ausbildung erfolgt, wird auf die Einhaltung der Dienststunden gesehen werden müssen. Weiterhin kann aber die Einhaltung der Dienststunden u.U. eine Zeitvergeudung bedeuten und Schwierigkeiten hervorrufen. Ich kenne die Verhältnisse in Bayern nicht so genau, aber wenn ich mir vorstelle, dass die Sitzung um zehn Uhr beginnt, die Bürostunden aber um halb acht, die Sitzungen eine entsprechende Länge haben, der Referendar dazu noch Arbeitsgemeinschaftsstunden usw. hat, so halte ich die Einhaltung der Dienststunden für wenig zweckmäßig. Allerdings, wenn der Richter die Dienststunden einhält, was nur selten der Fall sein wird, oder wenn der Referendar an der Geschäftsstelle ausgebildet wird, dann muss er die Dienststunden beobachten.

In der Frage von Semestern an ausländischen Hochschulen ist eine allgemeine Regelung vollständig unmöglich. Man muss eben sehen, ob der Referendar in den sechs oder sieben Semestern, die ihm zur Verfügung stehen, das Rechtsstudium, also das Studium des deutschen Rechts bezwingt. Das GVG erlaubt drei Semester im Auslande; der Student wird dort natürlich nie alles hören können, was er hören muss. Wenn er aber z.B. im Ausland auch nur ein paar allgemeine Vorlesungen hört, etwa staatsrechtliche, kirchenrechtliche Vorlesungen, vielleicht Vorlesungen über römisches Recht, so besteht kein Bedenken dagegen, diese Semester anzurechnen; er muss natürlich in den übrigen Semestern die Sache hereinholen und muss dann alles gehört haben, was von ihm gehört werden musste. Im Übrigen gibt es z.T. an ausländischen Universitäten deutsche Vorlesungen, namentlich in der Schweiz; es werden da bürgerlich-rechtliche Übungen abgehalten auch für deutsche Studenten sowie Vorlesungen über deutsches Recht. Auch da wird man nur von Fall zu Fall entscheiden können. Im Übrigen, wenn Vorlesungen, die wir jetzt verlangen, noch nicht gelesen worden sind, dann können wir das nicht ändern, aber es ist selbstverständlich, dass darunter der Student nicht leiden darf und dass kein Bedenken dagegen besteht, einen solchen Studenten zur Prüfung zuzulassen. Er kann ja über Urheberrecht einen Leitfaden lesen.

Was unter Grundzügen zu verstehen ist, da muss das verständige Ermessen des Prüfers eingreifen. Man kann dem Studenten nicht sagen, da und da wirst du geprüft und da nicht. Er ist auch nicht durchgefallen, wenn er die Antwort schuldig bleibt auf eine Frage, die über die Grundzüge hinausgeht. Es sind ja hier die Vorsitzenden da, wenn einmal ein Spezialist zu weit frägt.

Dann ist vor allem gefragt worden über die Prüfung aus der Allgemeinbildung und aus dem Gebiete der Geschichte. Das ist aufgenommen worden, weil der Umfang – von Umfang wollen wir lieber nicht sprechen –, das Maß von Kenntnissen, das unsere Referendare in der großen Staatsprüfung auf außerjuristischem Gebiet aufwiesen, uns ein derart erschreckendes Bild gezeigt hat, dass irgendetwas geschehen musste. Im Übrigen wird nur das Allerdringlichste verlangt. Es werden – von welcher Seite weiß ich nicht – ganz systematisch über die Geschichtsklausur Greuelmärchen, man kann nur diesen alten Ausdruck gebrauchen, verbreitet. Es ist in Hamburg passiert, dass die Professoren erklärten, wir würden uns gerne mit der Ausbildung der Juristen befassen, aber wenn Themen gegeben werden, wie der Verlauf der Sommerschlacht oder die Gebietserwerbungen Albrechts des Bären oder die Bedeutung irgendeines Malers aus dem Mittelalter, dann wissen wir nicht, was wir den Leuten beibringen sollen. Von den Themen, die bisher ausgegeben worden sind, sind einige den OLG-Präs. mitgeteilt worden und, Sie werden daraus ersehen haben, dass nur allgemeine Gegenstände zur Bearbeitung gegeben wurden, Sachen, über die in Referendar als einigermaßen gebildeter Mensch wirklich etwas muss schreiben können.

Ich habe neulich eine Prüfung beim KG leiten dürfen. Da hat auch ein Prüfer, der das erste Mal prüfte, angefangen zu prüfen damit, indem er fragte: Was versteht man unter allgemeiner Bildung? Er hat die Sache sehr nett durchgeführt, ist von einem Thema zum anderen gegangen, über die Außenpolitik zur Stellung

Japans und Englands und über den Unterschied der Kolonialpolitik Deutschlands, Englands und Amerikas. Es war ein Genuss, dieser Prüfung zuzuhören und die Rechtskandidaten kamen auch mit. Es ist eine Frage der Prüfer, ob die Sache in vernünftiger Weise gehandhabt wird oder nicht. Es ist eine sehr wertvolle und wichtige Aufgabe der Herren Vorsitzenden der Prüfungsämter, dass sie die Abneigung, die sich in den Professorenkreisen gegen die JAO selbstverständlich breit macht, überwinden helfen. Die Professoren fühlen sich etwas gekränkt, weil sie gar nicht gehört worden sind, weil ihnen die Prüfung, die sie in einigen Ländern in der Hand hatten, aus der Hand genommen worden ist und sie sind auch gekränkt über die Einführung des Führerprinzips. Soweit wir solche Prüfungen bis jetzt durchführen konnten, haben sich kaum Schwierigkeiten ergeben.

Ich glaube, dass ich damit wohl die meisten gestellten Fragen behandelt habe und schließe mit der Bitte, dass alle Stellen sich bemühen, dieser Hemmungen und Schwierigkeiten Herr zu werden und dass es dann doch gelingen wird, im Großen und Ganzen die guten Gedanken der Ausbildungsordnung zum Wohl unserer jungen Juristen durchzuführen.

StMin. Dr. Frank: Ich danke Ihnen, Herr MinRat, für Ihre Ausführungen. Es war eine große Freude zu sehen, dass der Idealismus in den Zentralstellen regiert. Mit diesem Idealismus können wir mit den taktischen Schwierigkeiten fertig werden. Ich würde nur eines bitten, dass vielleicht bei den Fragen der Reform und der Verbesserung der JAO mehr wie bei ihrer Entstehung die Praxis zum Wort kommt.

Eines scheint wichtig zu sein, dass wir vor allem an die dringende Frage der Aufrechterhaltung des Existenzminimums des jungen Juristen herangehen. Wir haben 12.000 junge Juristen im Juristenbund. Es ist unmöglich, dass man jungen Leuten zumuten kann, mit 25–30 M im Monat zu leben. Wenn man dem Arbeitslosen eine gewisse Existenzsicherung verleiht, so müssen wir auch dem jungen Akademiker und Jungjuristen im Besonderen monatlich das traurige Existenzminimum der Arbeitslosen fest geben. Wir haben die traurigen Fälle, dass Referendare Zeitungen verteilen müssen, mit Semmeln handeln usw. Das liegt nicht im Interesse der Heranbildung eines Streitschlichters und Streitführers, wie er uns vorschwebt. – Wenn gesagt wird, es sei erfreulich, wenn Referendare durch Nebenerwerb ihren Unterhalt zu sichern trachten, so halte ich es gerade für gefährlich, wenn dieser Nebenerwerb nicht mit juristischen Dingen zusammenhängt.

Eine zweite kritische Frage ist die, was machen wir mit den 5.000 Assessoren in Preußen? – Ich nehme an, meine Herren, dass Sie den Eindruck gewonnen haben, dass das RJM diese Fragen nicht vom grünen Tisch aus erledigt, sondern dass man bemüht ist, dem Einzelnen gerecht zu werden. Ich bin der Meinung, wie Herr MinRat Dr. Richter, dass die Professoren und diese Bildungsfachleute oft durch ein bisschen allzu große Zurückhaltung die Einrichtung lächerlich zu machen oder ad absurdum zu führen suchen.

Ich hatte den Herrn RJMin. Dr. Gürtner gebeten, ob er nicht Lust hätte, an unserer Besprechung teilzunehmen. Er hat zugesagt unter der Bedingung, dass er nicht verhindert wäre. Er schickt eben ein Telegramm: „Leider verhindert von Berlin abzukommen, übersende ich der Tagung die besten Grüße." Ich entledige mich dieses Auftrags und übermittle Ihnen die Grüße von Herrn Dr. Gürtner, der mit größtem Interesse dieser Tagung gedenkt.

(Die Sitzung wurde von 13.28 Uhr bis 15.37 Uhr unterbrochen)

... Wir kommen zum Punkt II Nr. 4 der TO: *Tätigkeit der Fachschaftsleiter des Beamtenbundes*

OLG-Präs. Dr. Siegel: Ich habe feststellen lassen, wie viele Beamte in meinem Bereich als Fachschaftsleiter tätig gewesen sind. Es sind insgesamt zwölf. Ihre Tätigkeit beschränkte sich im Großen auf die Wiedergabe von Referaten über die Richtlinien des Beamtenbundes. Eine Einmischung in andere Dinge ist nicht erfolgt. Lediglich ein Justizinspektor Engel spielt eine unangenehme Rolle. Er hält für den Reichsbund der Beamten Werbevorträge und greift dabei in den BNSDJ ein. Ich habe ihm bei einem Vortrag entgegentreten müssen, weil er sagte, die höheren Beamten seien ein Hort der Reaktion und von Standesdünkel erfüllt. Ich habe das zurückgewiesen und bekam dann von den mittleren Justizbeamten eine Erklärung, die von Engel abrückte. Der Versuch, Unfrieden zu säen, ist misslungen. Ich habe dem Mann entgegengehalten, dass sein Verhalten nicht im Sinne der Volksgemeinschaft liegt.

OLG-Präs. Neithardt: In meinem Bezirk hat sich nur ein Fall ereignet. Ein Fachschaftsleiter hat sich angemaßt, in den inneren Dienst einzugreifen. Die Sache ist jetzt beigelegt.

OLG-Präs. Heuwieser: Aus meinem Bezirk sind mir nur aus Bamberg und Bayreuth Klagen zugegangen. Es handelt sich um unhöfliche Behandlung der höheren Beamten. Es wird bei Versammlungen ein maßloser Ton angeschlagen, besonders von einem Zollbeamten von Staffelstein, der eine Hetze gegen die höheren Beamten betreibt. Der Präs. des LG Bayreuth hat mir einige Einladungen vorgelegt, die in sehr befehlendem Ton an ihn ergangen sind und eine rein militärische Meldung bzw. Entschuldigung verlangen. In einem anderen Fall war die Sache noch etwas stärker. Hier sind die höheren Beamten direkt angeprangert worden. Der LG-Präs. hat sich an die zuständige Stelle gewandt und ist erfreulicherweise gehört worden. Bei späteren Einladungen wurde der Ton wesentlich zurückgeschraubt und jetzt ist die Sache in guter Ordnung.

Noch eines muss ich erwähnen, nämlich das Verhältnis des BNSDJ zur Justizverw. In der letzten Zeit habe ich Wahrnehmungen gemacht, dass Erhebungen gepflogen wurden, die sich gegen die Justizverwaltung gerichtet haben. Es heißt, dass eine zu große Belastung der Richter und StA festzustellen sei; damit wird gesagt, dass die Justizverwaltung nicht nach dem Rechten sehe. Das richtet sich gegen das Ministerium, welches darüber zu wachen hat, dass die Stellen an den Gerichten ordnungsgemäß besetzt sind. 90 Prozent aller Beamten klagen über Arbeitsbelastung. Das ist ein alter Brauch und eine alte Krankheit. Man weiß, dass die Beamten nicht zu viel zu tun haben. Wenn diese Beamten wissen, dass sie beim BNSDJ viel Gehör finden, dann ist das der Justizverw. abträglich. Ich habe zufällig von der Sache erfahren, weil ein LG-Präs., der Gaufachberater ist, mir das mitgeteilt hat. Dieser hat gesagt: Ich bin in einer furchtbaren Verlegenheit; ich soll alle möglichen Sachen erheben und möchte am liebsten dieses Amt niederlegen.

Ich tue es aber nicht, denn, wenn ich es nicht mache, macht es ein Niederer, während ich diese Erhebungen doch etwas abbiegen und in das richtige Format bringen kann. Aus diesen Gründen wäre es erwünscht, wenn die Zuständigkeiten des BNSDJ abgegrenzt würden. Nach dem gegenwärtigen Zustand sind die Klagen über unzulängliche Stellenbesetzung unberechtigt; höchstens in Krankheitsfällen ergibt sich eine höhere Belastung. Wenn solche Erhebungen gepflogen werden, wird die Unzufriedenheit genährt. Besonders die Mittelstellen draußen kommen in eine missliche Lage und es heißt, deren Leiter kümmern sich um die Nöte ihrer Beamten nicht.

OLG-Präs. Bertram: Die Zusammenarbeit mit der Fachschaft des Beamtenbundes verläuft jetzt gut. Am Anfang hat es ausgerechnet in Nürnberg wieder Schwierigkeiten gegeben, weil insbesondere der Kreisleiter des Amts für Beamte des Kreises Nürnberg und der Kreisfachschaftsleiter sich einer arg überheblichen Tonart bei Zirkularen befleißigt haben. Die Zirkulare gehen durch meine Hand. Ich habe mir zweimal die betreffenden Herren vorgefangen und ihnen in der bei mir üblichen sanften Tonart meine Meinung ganz energisch gesagt. Daraufhin sind verschiedene Dinge unterblieben und es ist jetzt im Allgemeinen ganz ordentlich.

Das Zusammenleben zwischen dem Reichsbund Deutscher Beamten und dem BNSDJ ist kein gutes eheliches Zusammenleben. Der Reichsbund versucht immer wieder gegen den Juristenbund Stänkereien hervorzurufen. Da muss man von Zeit zu Zeit eingreifen und versuchen, die Sache in Ordnung zu bringen. Es ist bedeutend besser geworden, seitdem in der Gauleitung sich der energische Kollege LG-Rat Denzler befindet. Durch alle möglichen Zirkulare wird versucht, die Machtbefugnisse des Beamtenbundes in ein möglichst helles Licht zu stellen. Das hängt mit Folgendem zusammen: Je mehr wir an mittleren Beamten für den Juristenbund gewinnen, desto mehr wird der Reichsbund Deutscher Beamten in der Fachschaft Justiz ausgehöhlt, und das können diese Herren nicht vertragen. In der allerletzten Zeit ist das Zusammenarbeiten zwischen den beiden Bünden ein besseres geworden. Ich möchte aber nicht verhehlen, dass ich der Ansicht bin, dass gerade die zwei Genannten (die Justizinspektoren Popp und Erhardt) eine gewisse Gefahr insofern bedeuten, als sie versucht haben, sich hinter die Gauleitung zu stecken. Aber das ist anscheinend misslungen. Man muss aber immer noch mit Schwierigkeiten rechnen. Es handelt sich eben um den Konkurrenzneid zwischen dem Beamtenbund und dem Juristenbund.

StR Spangenberger: Die Ausführungen haben gezeigt, dass Eingriffe zu den Seltenheiten gehören. Ich würde bitten, dass ihnen jeweils entgegengetreten wird. Die Herren LG-Präs. werden in diesem Sinne unterrichtet werden. Bezüglich der Erhebungen des BNSDJ wird das Weitere veranlasst.

Wir kommen zu Punkt III Nr. 1 der TO: *Erfahrungen* des zweiten und dritten Vierteljahres *bei der praktischen Durchführung der neuen Verfahrensgrundsätze* [ZPO-Novelle v. 27.10.1933, RGBl. I 1933, 780].

MinRat Dr. Gipser: In dem Zahlenmaterial, das in dieser Zeit angefallen und teilweise auch dem RJM vorgelegt worden ist, sind Fortschritte erkennbar.

Aus der *Vertagungsstatistik* ergibt sich Folgendes: Der Hundertsatz der Vertagungen, gemessen am Hundertsatz der Verhandlungstermine betrug bei sämtlichen AG Bayerns im Februar ds. Js. 32. Er ist von Monat zu Monat gesunken, und zwar von 32 im Februar auf 29 im März, auf 21 im April, 19 im Mai, 17 im Juni, 16 im Juli und jetzt im Oktober auf 13,1. Bei den LG ist die Sache ähnlich. Hier betrug der Hundertsatz der Vertagungen im Februar 39, in den folgenden Monaten 36, 32, 30, 28, 22 und jetzt im Oktober 15,8%. Bei den OLG belief sich der Hundertsatz im Februar auf 32 und im Oktober auf 12,4. Die Gesamtzahl der Vertagungen bei sämtlichen bayerischen Gerichten betrug im Februar 33,2 und im Oktober 13,6%. Dieses Ergebnis muss man als günstig bezeichnen, wenn es auch noch um etwas hinter dem letzten preußischen Ergebnis (8,77%) zurücksteht.

Um Unstimmigkeiten bei den Zählungen zu vermeiden, ist die Frage in die TO aufgenommen worden, ob in der Vertagungsstatistik Terminaufhebungen und Terminverlegungen bisher mitgezählt wurden. Selbstverständlich sollten sie nicht mitgezählt werden. Soweit ich aus den eingegangenen Berichten ersehe, sind sie auch tatsächlich nicht mitgezählt worden, so dass die statistischen Ergebnisse einen Vergleich mit denen Preußens gestatten. Einzelne Gerichte haben allerdings einen derart günstigen Stand nicht erreicht und drücken bedauerlicherweise das Gesamtergebnis. Die günstigsten Verhältnisse mit nur 8% Vertagungen bestehen bei den AG des OLG-Bezirks Nürnberg und beim OLG München. Das ungünstigste Ergebnis weist 23,8% auf.

Was die *Unmittelbarkeit der Beweisaufnahme* anlangt, so ergibt sich anhand des Zahlenmaterials folgendes Bild: Der Hundertsatz der vor den Senaten oder Kammern durchgeführten Beweisaufnahme betrug im OLG-Bezirk München im heurigen Februar 35,8; er stieg in den folgenden Monaten auf 49,7, 66,7, 68,8, 73 und im Oktober auf 80,4. Beim OLG Nürnberg betrug der Satz im Februar ds. Js. 25,9 und ist im Oktober auf 53,3 gestiegen. Für Bamberg sind die Zahlen 22,7 und 61,8%, für Zweibrücken 36,4 und 81,4%. Letzteres ist das günstigste Ergebnis unter den bayerischen Gerichten. Der Gesamtdurchschnitt betrug im Februar 31,2 und ist im Oktober auf 71% gestiegen.

Bedauerlicherweise sind auch hier noch einzelne Gerichte vorhanden, bei denen die unmittelbare Beweisaufnahme vor Senat oder Kammer noch eine große Ausnahme zu bilden scheint (so im LG mit nur 6%). Es wäre wünschenswert, wenn auch bei diesen Gerichten bald das Erforderliche veranlasst würde. Im Übrigen sind beim JM besondere Erfahrungen in den letzten beiden Vierteljahren nicht bekannt geworden. Vielleicht können die Herren OLG-Präs. hierüber Näheres mitteilen.

OLG-Präs. Dr. Siegel: Man sieht aus den Berichten, dass es tatsächlich von Tag zu Tag besser wird. Man hat ursprünglich damit gerechnet, dass nach einem Anlauf zur Besserung ein Zurücksinken in das alte Fahrwasser erfolgen würde, aber durch die Statistik wird eine heilsame Kontrolle ausgeübt. Es wird immer noch darüber geklagt, dass die Rechtsanwälte die Schriftsätze zu spät beibringen. Gegen diese üble Gewohnheit ist etwas ganz Durchgreifendes nicht zu machen. Wir als Vorsitzende bemängeln es, aber mit Gewalt kann man hier nur sehr schwer etwas erreichen. Das Hauptziel des Prozesses ist eben die richtige Entscheidung und nicht die schnelle Entscheidung.

Die LG-Präs. berichten übereinstimmend, dass bezüglich der Pflicht zur Wahrheitsangabe nicht sehr günstige Erfahrungen gemacht worden sind. In dieser Beziehung wird es auch kaum besser werden.

Wegen der Beschleunigung des Verfahrens habe ich eine Statistik eingeführt, in der ich mir jedes Vierteljahr berichten lasse, wie viele alte Prozesse aus den Jahren 1930 und 1931 noch anhängig sind. Dadurch wird erreicht, dass diese alten Prozesse allmählich wegfallen. Vor dem LG Frankenthal waren Ende 1933 aus dem Jahre 1930 noch 21 Prozesse nicht beendigt, heute ist es nur noch ein Prozess. Ich halte diese Art, die Gerichte zu einer Selbstkontrolle zu zwingen, für zweckmäßig.

OLG-Präs. Neithardt bemerkt, er habe im Allgemeinen nicht zu klagen, und meint, man könnte gegen ein zu langes Hinausschieben schon helfen (Versäumnisurteil).

OLG-Präs. Dr. Siegel bemerkt, dass Terminabsetzungen nicht gerechnet worden sind.

OLG-Präs. Heuwieser: Von einigen LG-Präs. ist gewünscht worden, man möge diese Statistik abschaffen, sie stelle eine unwürdige Beaufsichtigung dar. Diese Kritik kann ich nicht unterstützen. Wenn wir diese Statistik beseitigen, wird das eintreten, was früher war: Man kümmert sich nicht darum. Jetzt hat man ein Ehrgefühl und will unter den Besten sein. Ich würde bitten, diese Statistiken in der nächsten Zeit noch zu lassen.

MinRat Dr. Jonas: Wir gehen davon aus, dass die Prozessbeschleunigung sich nicht unter dem Druck einer Statistik, sondern aufgrund der inneren Überzeugung von der Güte des neuen Verfahrens durchsetzen soll. Das ist der Punkt, wo man bei den Anwälten etwas Geduld haben muss. Das Gericht kann sich nicht auf ein Kriegführen mit den Anwälten einlassen. Ich bin der Überzeugung, dass jeder, auch jeder Anwalt, der sich innerlich auf das neue Verfahren umgestellt hat, im Laufe der Zeit eine große Freude damit haben wird. Es ist klar, wenn man bisher lang nach einer anderen Methode gearbeitet hat, kann man sich nicht sofort umstellen. In Berlin hat das neue Verfahren beim Landesarbeitsgericht schon früh einen großen Umfang angenommen. Die Anwälte, die am Landesarbeitsgericht tätig sind, kennen diesen Betrieb schon seit 1927/1928 und sind von dem neuen Verfahren begeistert. Von Berlin kann man sagen, dass es sich durchgesetzt hat. Auch beim KG kenne ich verschiedene Richter, die mir zuerst erklärt haben, das geht nicht, das ist unbequem. Aber jetzt sind sie alle begeistert, wenn bei einem Prozess mit umfangreicher Beweisaufnahme kurz nach derselben das Urteil erfolgt. Ich erinnere an das Wort des JMin. Dr. Frank: Der Richter soll schnell judizieren und so, dass auch der Unterlegene überzeugt ist, hier ist Recht gesprochen worden. Das wird am besten erreicht, wenn das Urteil unmittelbar unter dem Eindruck der Beweisaufnahme gefällt wird. Es ist gefährlich, wenn zwischen der Beweisaufnahme und dem Urteil vertagt und damit den Parteien nochmals Gelegenheit gegeben wird, das Protokoll durchzusehen, hinter einem Wort oder Satz einzuhaken und Gegenbeweisanträge zu stellen. Das Wesentliche ist, dass nicht nur die Beweisaufnahme vor der Kammer oder dem Senat stattfindet und dass nach der Beweisaufnahme nicht vertagt wird, sondern dass gleich das Urteil kommt. Uns kann es nur aufrichtig freuen, wenn die Tendenz, die sich in der Statistik zeigt, in der gleichen läuft wie unsere Bestrebungen. Selbstverständlich liegen an einem kleinen LG mit großen Gerichtsbezirken, wo die Zeugen nicht alle vom Ort genommen werden können, die Dinge anders als bei einem Gericht in der Großstadt.

Zunächst ist es zweckmäßig, dass noch ein gewisser Druck durch die Statistik ausgeübt wird. In Preußen haben wir die Sache etwas abgeschwächt. Dort wird jetzt vierteljährlich gezählt. Vielleicht können wir in ein paar Monaten empfehlen, von der laufenden Statistik abzusehen. In der neuen Aktenverwaltungsordnung gibt es eine Spalte 6 b, die lautet: Terminergebnisse, und eine Spalte 7: Neue Termine. Aus diesen beiden Spalten lassen sich die reinen Terminvertagungen ohne weiteres ablesen. Uns schwebt vor, eine Statistik nur zwischen hinein für diesen oder jenen Monat durchzuführen. Wenn eine Statistik über die Vertagungen in der Weise geführt wird, dass im Terminkalender bei den Eintragungen ein roter Strich zu machen ist, braucht nur mehr ausgezählt zu werden. So wird vielleicht im Mai und dann wieder im Oktober durchgezählt. Man kann die Einschränkung auch für einzelne Gerichtsbezirke durchführen. Was wir anstreben, ist eine Beweglichmachung der Statistik. Wenn man eine Statistik unter einem psychologischen Druck weiterführt, besteht die Gefahr, dass man sich, wenn ein solcher Druck zu lange dauert, schließlich daran gewöhnt. Bezüglich der Statistik muss die Entwicklung zeigen, wie die Sache am zweckmäßigsten gemacht wird.

OLG-Präs. Bertram: Beim AG Weiden ist die Beweisaufnahme vor dem Prozessgericht selten. Ich habe für die letzten Monate einen Bericht bekommen, wonach elf Beweiserhebungen vor dem Einzelrichter stattgefunden haben und vor der Kammer gar keine. Daraufhin habe ich eine Entschließung ergehen lassen, sofort zu berichten, wie es kommt, dass diese elf Beweiserhebungen nicht vor der Kammer stattgefunden haben. Das hängt vielleicht teilweise damit zusammen, dass die Prozesse, die in Weiden anfallen, ganz besonders schwieriger Natur sind und sich tatsächlich z.T. nicht zur Beweiserhebung vor der Kammer eignen. Diese ist namentlich bei Abrechnungsprozessen ausgeschlossen, weil die Kammer dazu zu lange brauchen würde. Ich bin gehörig dahinter her, dass die Beweiserhebungen vor dem Senat bzw. der Kammer stattfinden.

Alte Prozesse sind in meinem Bezirk nur ganz wenige anhängig. Auch Prozesse, die ruhen, sind darunter. Im Allgemeinen wird seitens der LG-Präs. gehörig darauf gedrückt, dass alles aufgearbeitet wird. Besonders günstige Erfahrungen sind gemacht worden – das kann ich auch für meinen Zivilsenat, dem ich vorsitze, bestätigen –, wenn das persönliche Erscheinen der Parteien angeordnet wird. Hier bringt man sehr viel heraus, was sonst von den Anwälten schamhaft verschwiegen wird, vorausgesetzt, dass der Vorsitzende die entsprechenden Fragen zu stellen versteht. Durch Fragen kann man die überraschendsten Feststellungen machen, die zu einer sofortigen Erledigung der Prozesse führen. Ich bin dafür, dass, soweit sich die Parteien am Orte befinden, unter allen Umständen in einem bestimmten Stadium des Prozesses das Gericht das persönliche Erscheinen der Parteien anordnet.

StR Spangenberger: Wir kommen nun zu Punkt III Nr. 2 der TO: *Simultanzulassung der Rechtsanwälte.*

MinRat Dr. Gipser: Durch das Gesetz zur Änderung der RAO vom 07.03.1927 [RGBl. I 1927, 71] wurde die Simultanzulassung der AG-Anwälte bei den LG obligatorisch eingeführt. Durch Art. 2 des Gesetzes wurden die LJVerw. zu Übergangsvorschriften ermächtigt. Von dieser Ermächtigung haben Bayern, Preußen, Thüringen und Hessen Gebrauch gemacht und entsprechende Übergangsvorschriften für eine quotenweise Zulassung der AG-Anwälte zu den LG erlassen. In Bayern sind die sog. Altanwälte nunmehr vollständig zu den LG zugelassen. Anders liegen die Verhältnisse bei den jungen Anwälten, die nicht bereits fünf Jahre lang zur Rechtsanwaltschaft zugelassen sind. Wenn diese bis 31.12.1935 simultan zugelassen werden müssten, also keine weitere Verlängerung der Übergangsvorschriften erfolgen sollte, so würde das für die bayer. LG-Anwälte, die ohnehin schon teilweise in einer sehr schlechten Lage sind, bedenkliche Folgen haben. Zurzeit sind etwa 80 Anwälte in Bayern vorhanden, die im Laufe des Jahres 1935 die fünfjährige Karenzzeit vollenden. Dazu kämen mit Ablauf des 31.12.1935 noch weitere 179 Anwälte, die bei Wegfall der fünfjährigen Karenzzeit simultan zugelassen werden müssten. Rechnet man hierzu noch die aus der letzten Staatsprüfung neu zugelassenen jungen Anwälte (schätzungsweise etwa 30), so müssten im Falle der Antragstellung mit Ablauf des Jahres 1935 in Bayern schlagartig etwa 290 Anwälte simultan zugelassen werden.

Es ist daher die Frage aufgetaucht, ob heuer schon eine Lockerung in der Weise eintreten soll, dass man von der fünfjährigen Karenzzeit auf eine drei- oder vierjährige zurückgeht und so einen Teil der für Ende 1935 bevorstehenden Simultanzulassungen vorwegnimmt. Ich glaube kaum, dass sich ein derartiger Vorschlag empfehlen würde, da wohl im Zuge der Verreichlichungsmaßnahmen mit einer einheitlichen Regelung der Simultanzulassung zu rechnen sein wird. Vielleicht könnte Herr MinRat Dr. Jonas darüber Auskunft geben.

MinRat Dr. Jonas: Die Ziffer ist in Bayern so hoch, dass man dem 31.12.1935, wenn nichts geschehen würde, in der Tat mit großer Sorge entgegensehen müsste. Die Frage, um die es sich jetzt handelt, wurde bei verschiedenen Besprechungen mit der Anwaltschaft schon angeschnitten. Im Augenblick geht die Auffassung in der Fachgruppe des BNSDJ sehr stark dahin, dass die Simultanzulassung für 1935 bereits vorgesehen ist und dass man daran nichts ändern soll. Das ist mir gesprächsweise mitgeteilt worden. Ich glaube, das ist ein Thema, über das wir uns im kommenden Jahr mit der Anwaltschaft sehr eingehend werden unterhalten müssen.

Eine Mitteilung über ein wahrscheinlich in den nächsten Tagen zur Verabschiedung gelangendes Gesetz zur Änderung der RAO wird interessant sein. Es ist in Aussicht genommen, im Anschluss an Besprechungen, bei denen auch MinRat Dr. Gipser zugegen war, Erschwerungen der Zulassungsvorschriften für Rechtsanwälte vorzusehen. Eine Bestimmung wird dahin gehen, die Großstädte zu Sperrgebieten zu erklären. In Großstädten mit einer Einwohnerzahl von über 150.000 könnte demnach die Zulassung nicht bezirkseingesessener Antragsteller versagt werden. Der RJMin. kann diesen Großstädten andere Gebiete gleichstellen, wenn in diesen die Zahl der zugelassenen Rechtsanwälte verhältnismäßig groß ist. Natürlich muss man die Bezirkseingesessenen, die ihre Beziehungen zu dem Ort haben, dort zulassen. Eine vollständige Sperre wäre für die Jugend unerträglich. Bezirkseingesessen ist, wer innerhalb der letzten fünf Jahre mindestens drei Jahre in dem Bezirk seinen Wohnsitz gehabt hat. Wenn man einerseits die Großstädte teilweise absperrt, muss man sich natürlich darüber klar sein, wo der Überfluss hin soll. Geht er auf das Land, so ist es sehr schwer, wenn man die Betätigungsmöglichkeiten auf dem Lande erschwert. Diese Fragen hängen alle miteinander zusammen. Ich glaube, man kann im Augenblick nur sagen: Die Frage muss im kommenden Jahre sehr eingehend erwogen werden. Das ganze Anwaltsgesetz von 1927 ist ja seinerzeit auf einmütigen Wunsch aller Reichstagsparteien zustande gekommen. Ob es glücklich war oder nicht, möchte ich hier nicht erörtern; für Bayern nicht und in Preußen gilt es auch nicht als eine wesentliche Verbesserung. Es wird im Augenblick kaum zweckmäßig sein, im Laufe dieses Jahres eine Maßnahme zu treffen, die praktisch darauf hinausliefe, dass die 80 in Frage kommenden Anwälte ein paar Monate eher zugelassen werden. Es wird sich empfehlen, daran zunächst nichts zu ändern und das Weitere abzuwarten.

OLG-Präs. Dr. Siegel: Ich wollte keine Vorschläge machen. Wir hoffen ja auf eine generelle Regelung.

StR Spangenberger: Wir kommen zu Punkt III Nr. 3 der TO: Erfahrungen mit der *Berücksichtigung der Simultananwälte bei Zuteilung von Armensachen.*

MinRat Dr. Gipser: Ich möchte bitten, dass die Herren OLG-Präs. ihre Erfahrungen mitteilen. Den Anlass hat ein Spezialfall in Traunstein gegeben. Dort bestehen seit längerer Zeit gewisse Unstimmigkeiten zwischen der amtsgerichtlichen und landgerichtlichen Anwaltschaft. Es ist erfreulicherweise der einzige Bezirk, aus dem fortgesetzt Klagen der beiderseitigen Anwälte an das Ministerium herangebracht werden. Die Unstimmigkeiten sind bei der Verteilung der Armensachen entstanden. Die Traunsteiner Regelung war zuletzt folgende: Man hat dort zunächst *den* Anwalt als Armenanwalt aufgestellt, der mit der Bearbeitung des Streitfalles von der Partei beauftragt war, in zweiter Linie den Anwalt, den die Partei in einem Armenrechtsgesuch oder sonst benannt hatte. In dritter Linie wurden die Armensachen, die beim LG angefallen sind, unter die LG-Anwälte turnusmäßig verteilt und zwar unter Ausschluss der Simultananwälte. Diese Regelung hat den Simultananwälten Anlass zur Beschwerde gegeben. Sie wollten an dem Turnus beteiligt werden ohne Rücksicht darauf, ob es sich um erstinstanzliche oder Berufungssachen aus Traunstein selbst oder einem auswärtigen AG-Bezirk handelte. Es wäre nun von Interesse, zu erfahren, ob sich auch in den anderen OLG-Bezirken solche Schwierigkeiten ergeben haben und ob auch dort die Simultananwälte bei Armensachen berücksichtigt werden.

OLG-Präs. Dr. Siegel: Mir haben sämtliche LG-Präs. berichtet, dass keine Schwierigkeiten und Beschwerden aufgetreten sind. Die Praxis ist verschieden. In Zweibrücken werden die Simultananwälte mit in den Turnus hereingenommen und, abgesehen von ganz besonderen Fällen, innerhalb des Turnus berücksichtigt.

Im LG-Bezirk Frankenthal werden nur die reinen LG-Anwälte berücksichtigt, die Simultananwälte nur dann, wenn eine Partei diesen Anwalt ausdrücklich benennt und dergleichen. Ich stehe auf dem Standpunkt, dass, wenn keine Beschwerden kommen, man in diese Praxis, wie sie sich herausgebildet hat, nicht eingreifen soll.

OLG-Präs. Neithardt: In unseren sämtlichen LG-Bezirken werden die Simultananwälte nicht berücksichtigt. Das entspricht der Gerechtigkeit. Die LG-Anwälte haben mehr verloren als die AG-Anwälte, denn der Schwerpunkt der Prozesse liegt beim AG. Die Traunsteiner Regelung hängt mit der Übung zusammen, die in den übrigen LG-Bezirken gilt.

OLG-Präs. Heuwieser: In meinem Bezirk gab es keine Schwierigkeiten. Es ist Übung, dass die amtsgerichtlichen Anwälte die Armensachen ihres Bezirkes erhalten. Das hat den Vorteil, dass die Information durch die Parteien erleichtert wird und dass die Beweisaufnahmen draußen erfolgen können. Die Anwälte sind übereingekommen, dass besondere Gebühren zum LG nicht berechnet werden, sondern nur die Gebühren, die tatsächlich anfallen (nicht die Reisekosten). Sie haben nur die Armensachen des Bezirks, in dem sie wohnen. Ein Nachteil hat sich herausgestellt, wird aber hingenommen. Die Anwälte, die am AG sind, kommen dann zur Vertretung nie ans LG (wegen der Reisekosten) und bitten einen Kollegen, der dort ist, die Vertretung zu übernehmen. Das hat den Nachteil, dass der Anwalt am LG nicht so informiert ist, und dass darum eine Vertagung leichter möglich wird. Besondere Schwierigkeiten haben sich nicht ergeben.

OLG-Präs. Bertram: In meinem Bezirk sind keine Schwierigkeiten aufgetreten. Bei den einzelnen LG wird es verschieden gehandhabt. Beim LG Nürnberg wird die Sache so gemacht: Die Simultananwälte werden bei Zuteilung von Armensachen ebenso berücksichtigt wie die am LG-Sitz anwesenden Rechtsanwälte. Sie bekommen aber im Wesentlichen nur Sachen solcher Rechtsuchenden zugeteilt, welche im Bezirk des AG, bei dem der Simultananwalt zugelassen ist, ansässig ist.

MinRat Dr. Gipser: Aus den Ausführungen der Herren OLG-Präs. ergibt sich, dass die allgemein übliche Regelung die ist, dass die Simultananwälte die Armensachen bekommen, die aus ihrem Bezirk anfallen. Diese Regelung wird da, wo keine Reibungen entstanden sind, zweckmäßigerweise beizubehalten sein. Vielleicht liegen die Verhältnisse in Traunstein insofern etwas anders, als sich dort eine verhältnismäßig große Anzahl von Anwälten vor Einführung der obligatorischen Simultanzulassung niedergelassen hat. Hier haben sich vor 1927 16 Anwälte niedergelassen, wobei zu bedenken ist, dass Traunstein eine Rentnerstadt mit 10.000 Einwohnern ohne Industrie und Handel ist. Diese Anwälte haben durch die Einführung der Simultanzulassung eine empfindliche Einbuße an Mandaten erlitten, zumal gerade die AG-Bezirke des LG Traunstein offenbar wesentlich mehr abwerfen als der AG-Bezirk Traunstein selbst. Es dürfte billig sein, für Traunstein eine besondere Regelung vorzusehen.

Ich möchte unmaßgeblichst den Vorschlag machen, die Berufungssachen aus auswärtigen AG-Bezirken grundsätzlich den Simultananwälten der betreffenden Bezirke zuzuteilen, besonders wenn der betreffende Anwalt die Partei schon im ersten Rechtszug vertreten hat. In diesem Falle wird er allerdings in der Regel zu den Anwälten gehören, die von der Partei ausdrücklich benannt werden, oder für die Partei die Berufung oder das Armenrechtsgesuch eingereicht haben. Eine Ausnahme von diesem Grundsatz der Zuteilung von Berufungssachen an die auswärtigen Simultananwälte könnte aber gemacht werden im Interesse der Rechtspflege, nämlich dann, wenn von der Bestellung der im Gerichtsbezirk der Armenpartei wohnhaften Anwälte Schwierigkeiten für den ordentlichen Ablauf des Verfahrens zu befürchten wären. Solche Schwierigkeiten scheinen in Traunstein teilweise infolge mangelhafter Zugverbindungen eingetreten zu sein, insbesondere aber auch dadurch, dass die Herren Simultananwälte vielfach kein besonderes Gewicht auf ihr persönliches Erscheinen gelegt haben, zu spät gekommen sind, sich vertreten ließen und dergleichen. Dinge, die dem Fortgang des Prozesses nicht förderlich waren. Wenn daher in diesen Fällen auch die Berufungssachen den Simultananwälten entzogen werden, so könnte das immerhin eine gewisse erzieherische Wirkung auf diese ausüben. Für erstinstanzliche landgerichtliche Sachen müsste aber auch dann, wenn sie aus den auswärtigen Amtsbezirken anfallen, grundsätzlich der LG-Anwalt herangezogen werden, namentlich für alle Statussachen, Ehescheidungssachen und dergleichen, insbesondere auch für alle revisiblen Sachen. Eine Ausnahme wäre in diesem Falle vielleicht nur dann zu machen, wenn zur zweckentsprechenden Rechtsverfolgung ein häufigerer unmittelbarer Verkehr zwischen der auswärts wohnenden Partei und ihrem Anwalt wünschenswert erscheinen würde oder wenn der Verkehr zwischen der Partei und dem Traunsteiner LG-Anwalt durch irgendwelche Umstände, z.B. schlechte Zugverbindungen besonders erschwert wäre. Also grundsätzlich Berufungssachen aus auswärtigen AG-Bezirken, soweit nicht Interessen der Rechtspflege entgegenstehen, den Simultananwälten und alle erstinstanzlichen Sachen den LG-Anwälten! Aber, wie gesagt, nur für den Traunsteiner Bezirk im Hinblick auf die dort besonders gelagerten Verhältnisse.

MinRat Dr. Jonas: Ich darf mitteilen, dass der Herr RJMin. in diesen Tagen eine allgemeine Verfügung über die Beiordnung von Armenanwälten unterzeichnet hat, die in der nächsten Nummer der DJ zur Veröffentlichung gelangen wird. Es ist im Wesentlichen das, was nach der bisherigen preußischen Regelung schon bestand. Grundsatz: In erster Linie Wunsch der Partei und zwar ausdrücklicher Wunsch der Partei, in zweiter Linie der – sagen wir – nicht ausdrücklich ausgesprochene Wunsch in der Form, dass der Anwalt das Armenrechtsgesuch eingereicht hat oder dass ein Rechtsanwalt als Beauftragter der NS-Rechtsbetreuungsstelle mitgewirkt hat usw. Selbstverständlich kann es sich nur um berechtigte Wünsche der Partei handeln. Ich brauche nur auf den Fall zu exemplifizieren, dass alle Armenparteien in Berlin den Grafen von der Goltz zum Armenanwalt bestellt haben wollten. Das geht natürlich nicht. Wenn ein Wunsch nicht geäußert ist und auch ein solcher Wunsch nicht zu entnehmen ist, dann sollen die berechtigten Belange der Parteien und ihr mutmaßlicher Wunsch maßgebend sein. Ich habe deutlich hineingeschrieben – ich nehme an, dass der Herr Minister das auch so unterzeichnet –, es sei davon auszugehen, dass die arische Partei einen arischen Anwalt haben wolle; es ist dann noch näher ausgeführt, dass für Spezialfragen möglichst auf dem betreffenden Sondergebiet erfahrene Anwälte ausgewählt werden sollen usw.; im Übrigen haben wir uns auf den Satz beschränkt, dass bei der Verteilung der Armenmandate auf die zur Verfügung stehenden Anwälte jede Bevorzugung einzelner zu vermeiden sei. Das schließt aber nicht aus, dass in vernünftigen Grenzen auf die wirtschaftlichen Verhältnisse der Anwälte Rücksicht genommen wird. Wir haben somit den Gedanken des Turnus nur sehr vorsichtig zum Ausdruck gebracht. Es wird Sache der Gerichte sein, darauf zu achten, dass irgendwelche Bevorzugungen vermieden und die Armensachen so verteilt werden, wie es den Verhältnissen am besten entspricht; dabei kann der Schwerverdiener ebenso ausgeschaltet werden wie der Anwalt, der gewisse Nebenbezüge hat. *Die Verteilung muss nur gerecht sein.* Unter dem Gesichtspunkt dieser Regelung lassen sich wohl diese Gedanken, die Herr MinRat Gipser eben für Traunstein entwickelt hat, ganz zwanglos durchführen. Man kann für das ganze Deutsche Reich in diesem Punkte keine allgemeine Regelung treffen, sondern bloß das hervorheben, was erwünscht ist. Darauf haben wir am Schlusse hingewiesen. Es ist zweckmäßig, dass überall eine listenweise Nachweisung geführt wird, aus der man ersehen kann, wie die Anwälte in Armensachen bedacht werden.

OLG-Präs. Dr. Siegel: Ich möchte mir nur erlauben, gegenüber den Ausführungen von Herrn MinRat Dr. Jonas, aus den Erfahrungen insbesondere von Zweibrücken her, Bedenken nach folgender Richtung zu äußern: Wir hatten früher in Zweibrücken die Praxis, dass der Wunsch der Partei ausschlaggebend war. Der Wunsch der Partei ist aber häufig nicht unbeeinflusst von den Rechtsanwälten. Wir hatten in Zweibrücken den Fall, dass ein Rechtsanwalt es verstanden hatte, durch Beziehungen und durch andere Dinge, die man nicht greifbar erfassen konnte, sich allmählich sehr viele Armenrechtsgesuche zu verschaffen. Wir führten eine Liste ursprünglich nur zu dem Zweck, um zu sehen, wie sich denn ungefähr die Armensachen verteilen, und da ergab sich, dass für die einen Rechtsanwälte eine lange Spalte vorhanden war und für andere eine kurze, weil man immer die einen berücksichtigte mit Rücksicht darauf, dass die Partei darum gebeten hatte.

Man kann mit dieser Regelung den Schlusssatz, das möglichst auf wirtschaftliche Verhältnisse Rücksicht genommen werden soll, kaum mehr vereinbaren. Man muss entweder dann den Grundsatz, dass der Wunsch der Partei berücksichtigt werde, fallen lassen oder einfach resignieren und sagen, gut, wir berücksichtigen den Wunsch der Partei. Aber dann kommt es soweit, dass betriebstüchtige RA das Gros aller Sachen bekommen. Das spielt in der Kleinstadt eine Rolle.

Jüdische RA haben wir dadurch ausgeschlossen, dass wir in den Turnus Juden nur nehmen, wenn es die Partei ausdrücklich wünscht. Das entspricht einer Verfügung des Herrn JMin. Frank. Ich weiß nicht, ob sie auch für Preußen besteht. Dadurch kommt der Jude eigentlich sehr selten daran.

MinRat Dr. Jonas: Selbstverständlich handelt es sich bei Parteiwunsch und Turnus um zwei Systeme und um Gegenpole. Der Turnus kann zu Extremen, zu Unmöglichkeiten führen und der Wunsch auch. Es ist vorgekommen, dass das Gericht die Partei fragt, weshalb hast du denn den Anwalt genommen, und die Antwort lautet: Ja, der und der Anwalt hat es mir gesagt, ich kenne den Anwalt meines Vertrauens gar nicht. Aus dem Grunde wollten wir dahin abschwächen: Berechtigte Wünsche oder ernste Wünsche der Partei! Wir alle gingen doch davon aus: An sich steht die Zuweisung des Armenanwalts unter dem pflichtmäßigen richterlichen Ermessen und das Ganze sind doch nur Gesichtspunkte, auf die der Richter hingewiesen werden und die er eben billigerweise berücksichtigen soll. – Die Verhältnisse sind zu verschieden. Lieber einmal eine Unklarheit lassen. Das ist besser, als etwas in ein Schema hineinzupressen, was u.U. an dieser betreffenden Stelle nicht passt.

StR Spangenberger: Ich habe die Sache so aufgefasst, dass der Wunsch der Partei nicht ausschlaggebend ist, sondern es ist immer noch dem richterlichen Ermessen überlassen, ob er berücksichtigt werden soll. Wenn gegen den Anwalt der Verdacht besteht, dass er sich auf unlautere Weise diese Wünsche verschafft, braucht der Richter nicht darauf einzugehen. Die Regelung hat sich in der Hauptsache bewährt und zu Schwierigkeiten nicht geführt. Der Traunsteiner Fall kann in der von Herrn MinRat Dr. Gipser vorgetragenen Weise wohl erledigt werden.

MinRat Dr. Gipser: Ich darf vielleicht im Anschluss daran noch kurz eine Frage streifen, die in der letzten Zeit zwischen der Anfertigung der TO und der heutigen Besprechung aufgetaucht ist. Vorausschicken muss ich, dass wir in Bayern bei den rechtsrheinischen OLG durch Plenarbeschlüsse der OLG eine fünfjährige Sperrzeit für die gleichzeitige Zulassung vom LG zu dem am Sitze des LG befindlichen OLG haben. Da hat sich die Frage erhoben: Setzt die gleichzeitige Zulassung eines bei einem LG zugelassenen Anwalts bei dem am Orte seines Wohnsitzes befindlichen OLG nach den Plenarbeschlüssen der rechtsrheinischen OLG die fünfjährige Zulassung bei einem LG *am Sitze des OLG* voraus? Beispielsweise wenn die Zulassung beim OLG Nürnberg beantragt wird, muss der Anwalt dann fünf Jahre beim LG Nürnberg zugelassen sein oder genügt es, wenn er an irgendeinem LG innerhalb oder außerhalb Bayerns die fünfjährige Sperrzeit zugebracht hat? Hier ist die Auffassung merkwürdigerweise geteilt. Ich bin der Auffassung, dass es genügt, wenn er an irgendeinem LG die fünfjährige Probezeit hinter sich gebracht hat; denn der Grundgedanke war doch der, man wollte nicht ganz junge Anwälte zu den OLG zulassen. Anwälte, denen alle Erfahrung und Prozesspraxis fehlte. Und diesem Grundgedanken wird wohl dadurch Rechnung getragen, dass der Anwalt an irgendeinem LG – es braucht nicht innerhalb des OLG-Bezirks zu sein – eine fünfjährige Anwaltspraxis ausgeübt hat. Ich wollte den Punkt lediglich zur Sprache bringen und die Äußerungen der Herren erbitten, weil ein oberlandesgerichtliches Plenum und eine Anwaltskammer auf dem gegenteiligen Standpunkt stehen.

OLG-Präs. Dr. Siegel: Der Fall ist bei mir nicht praktisch, weil Plenarbeschlüsse nicht erlassen werden. Aber ich würde mich auch auf den Standpunkt stellen, dass es genügt, dass der Anwalt bei einem auswärtigen Kollegialgericht einen Teil seiner Praxis (etwa vier Jahre) abgelegt hat.

OLG-Präs. Neithardt: So ist es auch bei uns.

OLG-Präs. Dr. Siegel: Wir haben in Zweibrücken einen strengeren Grundsatz beim OLG. Bei uns sind so viele Anwälte zugelassen, dass auf absehbare Zeit keine mehr zugelassen werden. Wir haben keinen Beschluss gefasst, weil aus einem Beschluss gewisse Schlüsse gezogen werden könnten.

OLG-Präs. Neithardt: Nach unserer Auffassung genügt die Praxis bei jedem deutschen Kollegialgericht.

OLG-Präs. Heuwieser: Die Praxis bei den verschiedenen LG ist zusammenzurechnen.

OLG-Präs. Bertram: Wir haben bisher beim LG Nürnberg fünf Jahre verlangt. Aber ich glaube, man muss doch davon abgehen. Diese fünf Jahre sind beim LG Nürnberg verlangt worden, weil wir teilweise mit den Herren, die aus anderen LG-Bezirken gekommen sind, ganz üble Erfahrungen gemacht haben. Es war haarsträubend, was für Leute hereingekommen sind, und wir haben uns gesagt, wir sind nicht dazu da, solche Anwälte immer beim OLG trocken zu legen; das ist uns allmählich zu dumm geworden. Aber ich glaube auch, dass so, wie die Dinge jetzt liegen, man von der Praxis abweichen und fünf Jahre Sperrfrist genehmigen kann für alle bei irgendeinem Kollegialgericht überhaupt zugelassenen Anwälte.

StR Spangenberger: Das kann in dem Sinne festgestellt werden. Es entspricht übrigens auch der früheren Praxis.

Damit ist Punkt IV der TO erledigt. Wir kommen nunmehr zu *Punkt V: Strafrecht und Strafprozess,* und zwar zu *Punkt 1: Bericht über die Reformarbeiten auf dem Gebiete des Strafrechts und des Strafverfahrens.* – Vielleicht darf ich den Herrn Vertreter des RJM bitten, uns einen kurzen Bericht zu geben.

MinRat Rietzsch: Die amtliche Strafrechtskommission hat die Beratung des künftigen StGB in erster Lesung in dreiwöchiger, sehr arbeitsreicher Tätigkeit abgeschlossen. Es hat sich doch eine große Zahl offener Fragen ergeben, die es notwendig gemacht haben, eine Redaktionskommission einzusetzen, die den Auftrag hat, den Entwurf in der beschlossenen Reihenfolge der Paragraphen aufzustellen und nach einheitlichen Gesichtspunkten zu revidieren. Diese Tätigkeit der Redaktionskommission ist im RJM vorbereitet worden. Dabei hat sich ergeben, dass die Zahl der Fragen, die noch zu behandeln sind, außerordentlich groß ist, dass auch gegen die bisherigen Formulierungen vielerlei Bedenken sprechen.

Diese Bedenken teilen sich in zwei Gruppen. Die eine Gruppe bilden die Bedenken, die man geneigt wäre, im Rahmen der Redaktionskommission erledigen zu lassen, wenn man den Auftrag sehr weit ausdeuten darf. Die zweite Reihe sind grundsätzliche Bedenken, deren weitere Erörterung vorbehalten bleiben muss.

Es soll nun in der nächsten Woche die Redaktionskommission zusammentreten und das, was wir im Ministerium vorbereitet haben, durchgehen, daneben selbst Anregungen geben und den Text in erster Lesung, wie wir ihn herausgeben wollen, feststellen. Dieser Text wird den Reichsressorts und den LJVerw. zugänglich zu machen sein. Ich darf bitten, diesen Text nicht als eine fertige, abgeschlossene Sache zu betrachten; niemand weiß besser als wir, welch unzählige Mängel er noch an sich hat. Ich würde es begrüßen, wenn die LJVerw. sich den Entwurf vornehmen und uns weitere Anregungen zur Ausgestaltung geben könnten. Ich würde es auch sehr begrüßen, wenn sich der BNSDJ mit diesen Fragen befasste. – Eine Veröffentlichung ist nicht geplant. Das Ergebnis soll lediglich den Reichsressorts, den

LJVerw. und einzelnen beteiligten Stellen zugänglich gemacht, im Übrigen aber vertraulich behandelt werden.

Zur Orientierung der Öffentlichkeit ist in Aussicht genommen, wie seinerzeit beim Allgemeinen Teil eine Besprechung der Dinge in populärer Form herauszugeben. Das würde den zweiten Band des Berichts über die Arbeiten der amtlichen Strafrechtskommission bilden. Sein Erscheinen ist im Januar zu erwarten. Es ist dann geplant, im Januar mit der zweiten Lesung zu beginnen. Etwa Ende Januar soll die Strafrechtskommission zusammentreten und noch im Januar den Allgemeinen Teil in zweiter Lesung durcharbeiten; ob das möglich sein wird, lässt sich noch nicht übersehen. Es soll weiter versucht werden, im April die zweite Lesung des Besonderen Teils zu erreichen und im April auch die zweite Lesung noch zu Ende zu führen. Dann würde es Zeit sein für die Ausarbeitung der Kabinettsvorlage.

Inzwischen ist auch die Strafprozesskommission energisch ans Werk gegangen. Das ist nicht eine amtliche Kommission, sondern eine vorbereitende Kommission, die im Wesentlichen aus Referenten und erfahrenen Praktikern besteht. Sie hat in erster Lesung den Entwurf fertiggestellt, er ist gedruckt und ich glaube, es sind wenigstens einige Exemplare hier. Diese Kommission soll im Januar zusammentreten und zu Anfang des nächsten Jahres die zweite Lesung endgültig abschließen.

Hand in Hand mit diesen Arbeiten gehen weitere Vorbereitungen. Es bedarf noch eines *Strafvollzugsgesetzes* und eines Einführungsgesetzes, durch welches das gesamte Nebenstrafrecht den Grundsätzen des neuen Strafrechts angepasst werden soll. Beide Arbeiten stehen in den allerersten Anfängen.

Ein weiteres Problem sind die Übertretungen. Der bisherige Entwurf behandelt nur die Verbrechen und Vergehen; wie mit den Übertretungen verfahren werden soll, das ist noch eine ziemlich dunkle Frage.

Dann bedarf es noch des Durcharbeitens einer Reihe von Nebengesetzen. Auch das MilStGB wird den neuen Gedanken angepasst werden müssen. Es wird also noch ein ganzes Bukett von Gesetzentwürfen zu erledigen sein.

Darüber, wie verfahren werden soll, wenn man einmal übersehen kann, wie die Kabinettsvorlage des neuen StGB-Entwurfs aussieht, hat sich der Herr Minister noch nicht schlüssig gemacht. Es gibt zwei Wege. Entweder geht die Vorlage an das Kabinett, ohne dass man die Fertigstellung der anderen Entwürfe abwartet, oder man wartet ab, bis das Gesamtwerk an das Kabinett gebracht werden kann. Beide Wege haben ihre Vorzüge und Nachteile. Welchen Beschluss der Herr Minister fassen dürfte, darüber kann man noch nichts sagen.

StR Spangenberger: Ich danke dem Herrn Vertreter des RJM und nun bitte ich zu *Punkt 2: Verschiedene Mitteilungen aus dem Gebiete der Strafrechtspflege* zu berichten.

MinRat Döbig: Es ist zunächst gedacht, den Herren einige Zahlen bekanntzugeben, die interessieren werden; erstens einmal über die Auswirkung des Straffreiheitsgesetzes vom 07.08. [1934, RGBl. I, 769] in Bayern. Wir hatten insgesamt am 20.11.1934 167.900 Personen, denen das Straffreiheitsgesetz zugutegekommen ist. Davon entfallen auf den politischen Teil der Amnestie 1.105 und auf den allgemeinen Teil, §§ 1 und 2 des Gesetzes, 166.795. Straferlass fand in 95.934 Fällen statt, Niederschlagung in 71.966.

Diese sehr große Zahl hat natürlich in der Geschäftsbelastung der StA ganz erheblich sich ausgewirkt; aber es ist jetzt schon wieder zu bemerken, dass die Geschäfte anziehen, und wir werden in wenigen Wochen neuerdings im alten Geleise sein.

Dann möchte ich noch einige Zahlen über die Anordnung von Maßregeln der Sicherung und Besserung bekanntgeben, soweit sie in den ersten drei Kalendervierteljahren des Jahres 1934 in Bayern rechtskräftig geworden sind. Insgesamt sind es 605 Anordnungen, und zwar 50 Unterbringungen in Heil- und Pflegeanstalten, davon 32 gegen vermindert Zurechnungsfähige und 18 gegen Zurechnungsunfähige, dann Unterbringungen in Trinkerheilanstalten oder Entziehungsanstalten sechs, Unterbringungen in einem Arbeitshaus 218, Sicherungsverwahrungen insgesamt 274, und zwar 108 im ordentlichen Verfahren und 166 im nachträglichen Sicherungsverfahren. Entmannungen wurden bis jetzt rechtskräftig angeordnet 45, 19 im ordentlichen Verfahren und 26 im nachträglichen Verfahren. Untersagung der Berufsausübung in zwölf Fällen.

Dann wird die Herren vielleicht auch noch die Zahl der Schutzhäftlinge interessieren, die wir in Bayern am 01.12.1934 hatten. Bis zum 01.12.1934 wurden in Bayern insgesamt 20.512 Personen in Schutzhaft genommen. Davon wurden 18.906 wieder aus der Schutzhaft entlassen, so dass wir am 01.12.1934 1.606 Personen in Bayern in Schutzhaft haben. Davon befinden sich in Dachau 1331, in Gerichts- und Polizeigefängnissen 275.

Für die Herren vom RJM wird es vielleicht auch interessant sein, dass in Bayern, seitdem die gesetzliche Möglichkeit zur Niederschlagung von Strafverfahren besteht, von den bis jetzt eingegangenen Niederschlagungsgesuchen – es waren insgesamt 17 – in einem einzigen Fall ein Strafverfahren niedergeschlagen wurde, und zwar wegen einer Tat, die noch vor dem 21.03. begangen wurde und zu deren Niederschlagung also der Herr Reichsstatthalter in Bayern zuständig war.

Dann darf ich noch einige kurze Mitteilungen machen. Hinsichtlich des Vollzugs des Straffreiheitsgesetzes haben sich, wie Berichte aus der letzten Zeit erkennen lassen, große Verschiedenheiten in der Auslegung des § 7 des Straffreiheitsgesetzes ergeben, nach der Richtung nämlich, ob auch rückständige Kosten erlassen sind, wenn die Hauptstrafe schon verbüßt ist. Ich möchte die Herren darauf hinweisen, dass in der letzten Nummer der „Deutschen Justiz" ein Beschluss des OLG Hamburg und auch gutachtliche Äußerungen des ersten und zweiten Strafsenats des KG veröffentlicht sind, die sich alle auf den Standpunkt stellen, dass die noch nicht beigetriebenen Kosten nicht erlassen sind, wenn die Hauptstrafe schon verbüßt ist. Es wird zweckmäßig sein, wenn die StA diesen Standpunkt einnehmen und nicht, wie es hier der Fall war, sich mit dem Gericht auf einen anderen Standpunkt stellen. Die StA werden, wenn das Gericht dieser Auffassung nicht folgt, Beschwerde einlegen müssen, so dass eigentlich nur mehr Arbeit entstehen wird. Das Finanzministerium besteht darauf, dass man hier den Standpunkt, den auch das KG vertreten hat, einnimmt.

Für die Herren GStA möchte ich noch mitteilen, dass in der letzten Zeit wiederholt Klagen an uns herangetragen wurden über zu geringe Bestrafung von Verfehlungen gegen das Lebensmittelgesetz und gegen das UWG. Ich möchte das bekannt geben, weil ich selbst einige Fälle in die Hand bekommen habe, wo tatsächlich bei recht gefährlichen Verfehlungen gegen das Lebensmittelgesetz geradezu lächerlich niedrige Geldstrafen verhängt worden waren. Es wird gut sein, wenn die GStA die OStA entsprechend anweisen.

Dann möchte ich die Herren OLG-Präs. darauf aufmerksam machen, dass in dieser Woche das Reichskabinett ein Gesetz zur Änderung des § 40 des GVG verabschiedet hat, wonach die Zusammensetzung des Vertrauensmännerausschusses geändert ist, und dass jetzt noch im Dezember die Neuwahlen für die Schöffen und Geschworenen stattzufinden haben. Soweit Wahlen etwa schon stattgefunden haben, müssen sie nachgeholt werden nach dem neuen Verfahren. In einer Entschließung ist den Herren Präs. bereits mitgeteilt worden, wie künftig das Gesetz lauten wird. Eine weitere Anordnung seitens der Justizverw. wird nicht mehr ergehen und es wird dahin zu wirken sein, dass die Sitzung des Vertrauensmännerausschusses baldigst stattfindet, damit am 01.01. die neuen Schöffen und Geschworenen gewählt sind.

Ferner möchte ich darauf hinweisen, dass die Aktenordnung, die ja bekanntlich am 01.01.1935 in Kraft tritt, ganz erhebliche Neuerungen für die Registerführung in Strafsachen bringt. Unsere Anzeigeverzeichnisse, an die wir gewohnt waren, fallen weg. Dafür tritt für die amtsanwaltschaftlichen Geschäfte die Strafprozessliste und für die staatsanwaltschaftlichen das Register für Vorverfahren und das Register für Hauptverfahren. Das Strafprozessregister und das Register für Hauptverfahren enthalten zugleich Spalten, die unser bayer. Vollstreckungsregister ersetzen sollen. Weil nun die Überleitung ganz ungeheure Schwierigkeiten bereitet hätte, zumal bei der kurzen Zeit, die uns zur Verfügung steht, haben wir vom RJM die Genehmigung erhalten, dass in Bayern *für Strafsachen* mit Ausnahme der OLG und des ObstLG die Aktenordnung erst am 01.01.1936 in Kraft tritt. Wir können also in Bayern in Strafsachen bis zum 01.01.1936 noch im Wesentlichen unsere alten Register verwenden. Es werden sich aber einzelne Neuerungen unschwer schon ab 01.01.1935 einführen lassen, z.B. führen wir das unseren bayer. Ausführungsbestimmungen beigegebene Vollstreckungsregister, das wir mit Genehmigung des RJM aus praktischen Gründen weiterführen dürfen, schon ab 01.01.1935 ein, weil es auch die Anordnungen für die Registerführung enthält hinsichtlich der Maßregeln der Sicherung und Besserung, die bis jetzt im Vollstreckungsregister noch gefehlt haben. Selbstverständlich können die alten Formblätter noch aufgebraucht werden. Ich wollte das nur erwähnen, weil in Bayern den Herren GStA die Beschaffung der Formblätter in Strafsachen obliegt und auch hier große Eile geboten ist.

Ferner möchte ich die Herren GStA darauf hinweisen, dass die Berichte der StA zum Zwecke der Herbeiführung von Entschließungen des Führers oder von Mitgliedern der Reichsregierung oder Landesregierungen über die Stellung von Strafanträgen wegen Beleidigung bisweilen schon recht dürftig sind und nur schwer eine Entscheidung darüber ermöglichen, ob von der Herbeiführung einer

Entscheidung abgesehen werden kann, oder die Weiterleitung an die beteiligten Stellen veranlasst ist. Es wird also darauf zu achten sein, dass die Berichte ein ausreichendes Bild über den Täter und die Tat geben. In diesem Zusammenhang darf ich auch erwähnen, dass gerade aus Parteikreisen schon sehr häufig an mich Klagen darüber herangetragen wurden, dass die StA hinsichtlich der Beleidigung des Führers nicht vorgingen, dass die StA nicht nationalsozialistisch genug eingestellt seien usw. Ich habe immer wieder bei den Rechtsberatern und verschiedenen Parteidienststellen auf eine Belehrung darüber hingewirkt, dass der Führer grundsätzlich keinen Strafantrag stellt. Wenigstens ist in Bayern bis jetzt noch nicht ein Strafantrag eingegangen, auch wenn wir die Sache an das RJM gegeben haben. Ein Vorgehen aufgrund der Verordnung vom 21.03.1933, bzw. wegen Übertretung des groben Unfugs ist oft nicht möglich und mit der Schutzhaft, mit der man früher immer in solchen Fällen gearbeitet hat, ist man bekanntlich zurückhaltender geworden.

Die Oberste SA-Führung hat mir erst in den letzten Tagen die Frage unterbreitet, ob es nicht möglich wäre, beim Führer zu erreichen, dass er etwa die Reichsführung SS ermächtigt, in ganz krassen Fällen für ihn Strafantrag zu stellen. Es ist ja tatsächlich misslich. Erst jüngst hatte ich einen Fall, dass ein Mann, der schon zweimal in Dachau untergebracht war, und zwar wegen Beschimpfung des Führers, als er das zweite Mal aus Dachau entlassen war, neuerdings den Führer wieder in der gemeinsten Weise beschimpfte. Es kann nichts unternommen werden. Der Tatbestand des groben Unfugs liegt nicht vor. Also bleibt nur die Wahl, entweder nichts zu unternehmen oder wieder Dachau! Ich weiß nicht, wie in Preußen bisher in dieser Beziehung verfahren wurde. Befriedigend ist das Ergebnis nicht.

MinRat Rietzsch: Wir haben folgendes Verfahren. In Preußen besteht eine Rundverfügung an die StA, die die StA anweist, in Fällen, in denen mangels Strafantrag des Führers oder der Reichsminister nichts strafrechtlich veranlasst werden kann, die Täter vorzuladen, den Fall mit ihnen zu besprechen und ihnen in geeigneter Weise Vorhalt zu machen, ihnen zu zeigen, wie weit die Milde geht und die Erwartung auszusprechen, dass sie sich nunmehr dieses Entgegenkommens würdig erweisen. Es soll diese Gelegenheit benutzt werden, um die ganze Einstellung des Betreffenden zu erforschen und zu versuchen, ihn auf den rechten Weg zu führen. Die Äußerungen über dieses Verfahren sind verschieden. Es hängt ganz von der Persönlichkeit des Bearbeiters ab. In einzelnen Fällen wird berichtet, dass es gelungen ist, die Aussprache sehr fruchtbar zu gestalten, in anderen Fällen verpufft das Mittel wirkungslos.

MinRat Döbig: Ich verspreche mir von einer solchen Verwarnung – um eine solche handelt es sich eigentlich – sehr wenig und darf noch auf den Gesichtspunkt hinweisen, dass SA und SS im Regelfalle bei Beleidigung der SS oder SA Strafantrag stellen, während der Führer nie Strafantrag stellt, obwohl es sich oft um üble Nachrede schlimmster Art handelt, und dass daraus Übelwollende wieder ihre Folgerungen ziehen. Der Gesichtspunkt darf nicht unterschätzt werden.

Über die Strafrechtspflege im Einzelnen glaube ich mich nicht weiter verbreiten zu müssen, nachdem gestern schon bei den ersten Punkten die wesentlichen Schwierigkeiten, die hier in Bayern bestehen, zur Sprache gekommen sind.

StR Spangenberger: Wenn die übrigen Herren nicht mehr das Wort nehmen wollen, können wir zu Punkt V Nr. 3 übergehen.

MinRat Döbig: Dieser Punkt ist auf die TO gesetzt worden, weil aus Kreisen der Praxis wiederholt die Frage an uns gestellt worden ist, ob nicht im Wege einer Verwaltungsanordnung die Frage, *ob und inwieweit den politischen Leitern oder sonstigen Führern der NSDAP und ihrer Untergliederungen die Eigenschaft von Beamten im strafrechtlichen Sinne zukommt,* geregelt werden könnte. Bekanntlich wird diese Frage noch sehr verschieden beurteilt. Der strafrechtliche Beamtenbegriff des § 359 des StGB deckt sich ja nicht mit dem des Staatsrechts. Es fällt darunter auch jeder Amtsträger, der, ohne in einem öffentlich-rechtlichen Dienstgewaltverhältnis zum Staate zu stehen, kraft seiner Stellung berufen ist, Verrichtungen öffentlich-rechtlicher Art vorzunehmen, die aus der Staatsgewalt abgeleitet dem Staatszweck unmittelbar oder mittelbar dienen. Nach der durch Gesetz vom 01.12.1933 bekundeten Verbindung zwischen Partei und Staat kann wohl kein Zweifel darüber bestehen, dass zur Tätigkeit politischer Leiter und Führer der NSDAP und ihrer Untergliederungen öffentlich-rechtliche, aus der Staatsgewalt abgeleitete Aufgaben gehören. Daraus folgt m.E., dass die politischen Leiter wie überhaupt die Funktionäre der NSDAP und ihrer Untergliederungen Beamte im strafrechtlichen Sinne sein können.

Damit ist aber nicht gesagt, dass nun jeder Amtsträger der NSDAP, nur um dieser seiner Stellung willen Beamter im strafrechtlichen Sinne sein muss. Es wird sich vielmehr nach den Verhältnissen des Einzelfalles richten, im Wesentlichen nach der dienstlichen und parteiamtlichen Aufgabe und der Zuständigkeit des einzelnen Amtsträgers. Bekanntlich hat das RG in einer Entscheidung vom 18.01.1934, in welcher es sich mit der Frage zu befassen hatte, ob der Bannführer der HJ Erzieher im Sinne des § 174 StGB [sexueller Missbrauch] ist, auch zur Frage Stellung genommen, ob ein solcher Führer als Beamter im Sinne des § 359 anzusehen ist. Das RG hat diese Frage bejaht. Aus ähnlichen Gründen wird man auch annehmen können, dass bei Gauleitern, Kreisleitern, auch Ortsgruppenleitern u.U. Beamteneigenschaft im strafrechtlichen Sinne vorliegen wird. Letzten Endes wird aber die Frage stets nach den tatsächlichen Verhältnissen des einzelnen Falles zu entscheiden sein und man wird die Klärung dieser Frage in den Einzelheiten der Rechtsprechung überlassen müssen. Eine reichsgesetzliche Regelung wird nicht zu erwarten sein. Soviel mir bekannt ist, hat es auch die Strafrechtskommission des RJM bei ihren Beratungen abgelehnt, die Amtswalter der NSADP und ihrer Untergliederungen als Beamte im Sinne des § 359 ausdrücklich zu erklären.

Auch die Frage, ob § 54 StPO [Amtsverschwiegenheit] auf Amtsträger der NSDAP Anwendung findet, ist noch sehr umstritten. Zweifellos kann die Pflicht zur Amtsverschwiegenheit und die Notwendigkeit einer Aussagegenehmigung auch bei politischen Leitern und sonstigen Führern der NSDAP und ihrer Untergliederungen gegeben sein. Dem Sinn und Zweck des § 54 StPO und entsprechend

§ 376 ZPO auf jeden Amtsträger Anwendung zu finden hat, der in seiner Tätigkeit für Staat und Volksgemeinschaft sich mit geheim zu haltenden Angelegenheiten befassen muss. Dem entspricht es auch, dass nach den Vorschlägen der Strafprozesskommission anstelle des Begriffs „öffentlicher Beamter“ der Begriff „Amtsträger“ eingeführt werden soll.

Wenn hiernach auch kein Zweifel bestehen kann, dass § 54 StPO und § 376 ZPO auf Amtsträger der NSDAP nach Lage des Einzelfalles Anwendung finden können, so muss doch gerade im Hinblick auf die Vorkommnisse in der Praxis immer und immer wieder darauf hingewiesen werden, dass für politische Leiter selbstverständlich so wenig wie für öffentliche Beamte eine Pflicht zur Amtsverschwiegenheit besteht, soweit sie die Umstände nicht in ihrer amtlichen Eigenschaft erfahren haben. Der Ortsgruppenleiter z.B. bedarf selbstverständlich keiner Genehmigung zu seiner Zeugenaussage, wenn er zufällig Tatzeuge einer Schlägerei geworden ist, und zwar auch dann nicht, wenn an dieser Parteigenossen beteiligt waren oder sie sich nur unter Parteigenossen abgespielt haben sollte.

Die Justizverw. hat in diesem Sinne auch der Reichsleitung-Rechtsabteilung der NSDAP gegenüber Stellung genommen und im Interesse einer möglichst raschen Rechtspflege angeregt, die politischen Leiter zur Aussage allgemein zu ermächtigen, soweit die Ablegung des Zeugnisses dem Wohl des Reiches, eines deutschen Landes, der Partei oder des deutschen Volkes keinen Nachteil bereiten kann. Was darauf geschehen ist, ist mir nicht bekannt. Die Reichsleitung wollte sich deswegen mit dem RJM in Verbindung setzen. Es wurde weiter bei der Reichsleitung-Rechtsabteilung angeregt, dass Parteidienststellen, die zur Erteilung der Aussagegenehmigung berufen sein sollen, von vornherein allgemein bestimmt und den Gerichten und StA bekanntgegeben werden. Ich habe dabei auch auf die Ausführungen des LG-Dir. Koch in der DRiZ hingewiesen, der wohl mit Recht die Notwendigkeit betont, dass möglichst einer höheren Parteidienststelle das Recht zur Erteilung einer Ausnahmegenehmigung übertragen wird.

Eine dritte Frage in diesem Zusammenhang, die auch schon wiederholt an mich herangetragen wurde, ist die, ob der politische Leiter der NSDAP bezüglich seiner parteiamtlichen Berichte und Urteile über Verlässlichkeit oder Geeignetheit einer Person hinsichtlich nationalsozialistischer Gesinnung den Schutz des § 193 StGB in gleichem Umfang und mit gleichen Beschränkungen genießt wie ein Beamter des Staates. Es liegt nahe anzunehmen, dass er als Amtsträger der NSDAP öffentlich-rechtliche Funktionen zu erfüllen hat, die die Anwendung des § 193 StGB unter dem Gesichtspunkt der dort aufgeführten „ähnlichen Fülle“ rechtfertigen. Es ist aber auch das eine Angelegenheit der Rechtsprechung und es wäre mir interessant, falls sich die Gerichte mit diesen Fragen befasst haben, wenn die Herren Präs. vielleicht über ihre Erfahrungen sich äußern würden und auch künftig die Justizverw. über derartige Entscheidungen unterrichten wollten, damit wir über diese Fragen auf dem Laufenden bleiben.

OLG-Präs. Dr. Siegel: Ich habe lediglich rein theoretische Berichte bekommen. Die Ansichten sind ganz verschieden. Von vier LG-Präs. hat jeder eine andere Anschauung vertreten. Der eine hat sich auf den Standpunkt gestellt, dass keine

Beamteneigenschaft im Sinne des StGB vorliege, der andere, dass die politischen Leiter doch darunter fallen; der dritte erklärte, sie sind zwar Beamte im Sinne des StGB, aber sie fallen nicht unter § 54 StPO. Nur einer hat sich ungefähr der Anschauung genähert, die Herr MinRat Döbig vertreten hat, dass es Sache des Einzelfalles sei, bzw. dass grundsätzlich die Frage zu bejahen, aber im Einzelfalle zu prüfen sei. Praktische Fälle sind mir aber nicht berichtet worden.

OLG-Präs. Neithardt: Ich habe das Gleiche zu sagen.

Herr StM Dr. Frank übernimmt den Vorsitz.

OLG-Präs. Heuwieser: Die Frage der Beamteneigenschaft der politischen Leiter und sonstigen Führer der NSDAP ist gewiss sehr bestritten und wird in der Praxis verschieden gehandhabt. Ich kann vor zwei mir aus Würzburg vorgelegten Fällen berichten, wobei das Würzburger LG die Beamteneigenschaft verneint hat. Es entspricht vielleicht dem Wunsche von Herrn MinRat Döbig, wenn ich hier einige Einzelheiten vortrage. (Redner trägt aus seinem Akt den Fall des Truppführers Kaiser und des Gauwarts der NS-Gemeinschaft Kraft durch Freude A. E. vor, welch letzterer in dieser Eigenschaft Untreue begangen und Urkunden verfälscht hatte und nur wegen gewöhnlicher Untreue und Urkundenfälschung und Betrug verurteilt wurde, und zwar vom Schöffengericht in Würzburg am 06.11.1924. Im Gegensatz dazu stehe die Entscheidung des RG Bd. 68 S. 70.)

Der Herr Referent hat ausgeführt, dass eine Entscheidung seitens des RJM in dieser Hinsicht nicht zu erwarten sei. Eine gesetzliche Interpretation dieser Frage wäre aber, nachdem die Praxis so auseinandergeht, doch vielleicht wünschenswert und bei dieser Gelegenheit wäre die Frage anzuschneiden hinsichtlich der Zeugnisverweigerung nach § 54 StPO. Die Fälle kommen doch wohl häufig vor und es wäre schon wünschenswert, wenn hier eine einheitliche Linie festgelegt werden könnte, an die sich die verschiedenen Gerichte halten könnten. In diesem Sinne haben sich sämtliche LG-Präs. ausgesprochen.

StM Dr. Frank: Die Frage, ob der Begriff der Beamteneigenschaft im strafrechtlichen Sinne Anwendung auf die Führer der NSDAP findet, hat deswegen ihre Komplikation erfahren, weil vor allem in der Kommissariatszeit, wenn ich so sagen darf, die verschiedensten Amtsträger der Bewegung mit amtlichen Funktionen tatsächlich betraut waren. Ich erinnere an die Parallele, an die Soldatenräte. Es war lange Zeit eine kolossal wichtige, auch rechtlich wichtige Frage, ob man die Soldatenräte mit Beamtencharakter versehen soll oder nicht. Ich kann nur sagen, auch ich würde wünschen, bald zu einer autoritativen Erklärung zu kommen. Fest steht, dass die NSDAP eine öffentlich-rechtliche Körperschaft des Reiches ist, aber die Beamten oder Angestellten einer öffentlich-rechtlichen Körperschaft sind eben bekanntlich doch nicht Staatsbeamte. Nun käme es hier freilich bei dem Begriff auch nicht gerade darauf an.

Welcher Weg soll nach Ihrer Meinung beim RJM eingeschlagen werden?

OLG-Präs. Heuwieser: Einen bestimmten Vorschlag kann ich nicht machen.

MinRat Rietzsch: Herr RJMin. Dr. Gürtner hat in Aussicht genommen, mit Herrn Reichsmin. Heß die Frage zu besprechen.

StM Dr. Frank: Dann müsste man sich mit den Zentralämtern der Reichsleitung in Verbindung setzen. Was mein Amt in der Reichsleitung, die Rechtsabteilung mit ihren Unterstellen (Gaurechtsstellen) anlangt, so wird strikte daran festgehalten, dass keinerlei Beamtencharakter angenommen werden kann. Hier handelt es sich lediglich um ein privates Angestelltenverhältnis.

Damit können wir Ziff. 3 abschließen, wenn nicht noch besondere Bemerkungen dazu gemacht werden wollen. Wir kommen zu Punkt V Nr. 4 der TO.

ORR Lechner: Nach den Erfahrungen, die wir in den letzten zehn Monaten gemacht haben, entwickelt sich das Begnadigungsreferat, dem auch die Bearbeitung der *Gesuche um Anordnung der beschränkten Auskunft und die Tilgung der Strafvermerke* obliegt, allmählich zu einem Personalreferat für Vorbestrafte, namentlich für die in Bayern befindlichen Reichsbehörden. Aus dem Kreise der Landesbehörden sind mir derartige Sachen kaum untergekommen. Dagegen schickt mir die Reichspost und auch die Reichsbahn und die Reichsfinanz zahlreiche Petenten ins Büro, vor allem, soweit es sich um Münchener Behörden handelt. Der Gang der Dinge ist meist der: Ein jahrelang Arbeitsloser wird vom Arbeitsamt an eine Reichsstelle für irgendeine untere Beamtenstelle vermittelt. Dort wird ein Leumundszeugnis von ihm verlangt. Er legt ein solches vor, oder gibt persönlich an, dass er vorbestraft ist. Darauf erteilt ihm der betreffende Referent der Reichspost oder Reichsbahn usw. den Bescheid: Wir würden dich außerordentlich gern nehmen, trotz der Vorstrafe, bedauerlicherweise können wir das nicht, weil deine Vorstrafe im Strafregister steht; sobald das StMin. der Justiz, an das du dich wenden kannst, eine entsprechende Anordnung trifft, dass die Strafe der beschränkten Auskunft unterstellt oder getilgt wird, sind wir bereit, dich anzustellen! Der Mann kommt mit dieser Auskunft dann zu mir und ist schließlich außerordentlich enttäuscht, wenn sein Gesuch abgewiesen wird, macht auch letzten Endes bei einem persönlichen Besuche mir den Vorwurf, dass die Justizverwaltung ein erheblich geringeres soziales Verständnis aufbringe als die übrigen Verwaltungen.

Ich habe nun schon verschiedentlich versucht, diesen Dingen entgegenzutreten, namentlich dadurch, dass ich in einem Falle den betreffenden Petenten veranlasste, mir eine schriftliche Bestätigung des betreffenden Referenten vorzulegen. Er ist wiedergekommen und hat erklärt, schriftlich gebe der Herr nichts aus der Hand. Nun sieht das so aus, als ob die betreffenden Behörden den Mann gar nicht anstellen wollten, weil er eben vorbestraft ist, sie wollen aber nicht persönlich die Verantwortung für die Ablehnung übernehmen. – Auf die Dauer besteht für die Justizverw. kein Anlass, diese Belastung zu tragen. Das soll die betreffende Anstellungsbehörde doch selbst verantworten, auch dem Bewerber gegenüber.

Ich würde daher vorschlagen, bei solchen Gesuchen, die den StA zur Bearbeitung hinausgegeben werden und bei denen der betreffende Gesuchsteller die Behauptung aufstellt: „Ich habe vom Personalreferenten, etwa einer Oberpostdirektion oder eines Finanzamtes, die Auskunft bekommen, dass ich genommen werde, wenn beschränkte Auskunft oder Tilgung angeordnet wird", diese Erklärung aktenkundig zu machen und die Akten der Anstellungsbehörde zu übersenden mit dem Ersuchen um Äußerung. Ich bin überzeugt, dass in allen solchen

Fällen die betreffenden Herren die Verantwortung nicht übernehmen, sondern erklären werden: Wir können ihn nicht anstellen, weil er vorbestraft ist. Damit, glaube ich, würde dieser Missstand allmählich abgestellt werden.

Allerdings scheint es mir auch so zu sein, dass diese Auskünfte nicht immer von den eigentlich verantwortlichen Stellen gegeben werden, sondern von untergeordneten Stellen, die den persönlichen Verkehr mit dem betreffenden Beamtenanwärter zu besorgen haben. Wenn dann eine Rückfrage an den Amtsvorstand oder an die vorgesetzte Stelle, die die eigentliche Anstellungsbehörde ist, von uns aus erfolgt, wird wohl allmählich dieses Abwälzen der Verantwortung auf die Justizverw. aufhören.

Einen weiteren Vorschlag, dass man ein allgemeines Verbot erwirken solle, dass derartige Auskünfte gegeben werden, glaube ich, soll man im Augenblick nicht verfolgen. Man wird mit dem angegebenen Mittel wohl durchkommen. In einzelnen Fällen kann es natürlich tatsächlich der Fall sein, dass die betreffende Behörde, wenn es sich etwa nur um geringfügige Bettelstrafen während der Arbeitslosigkeit handelt, ein Interesse daran hat, dass die Strafliste formell bereinigt wird. Dagegen bestehen keine sachlichen Bedenken. In schweren Fällen dagegen, wo es sich um ernste Delikte, um Leute handelt, die erheblich wegen Betrugs, Diebstahls und ähnlicher Handlungen vorbestraft worden sind, sollte man zum Farbebekennen zwingen.

Wenn der Herr Minister es gestattet, würde ich die Herren GStA um Äußerung bitten.

GStA Leuchs: Ich stimme dem Herrn Referenten durchaus bei. Es handelt sich regelmäßig um Verlegenheitsbescheide. Maßgebend ist für die Verwaltungen die Vorstrafe als solche, nicht ihre Löschung. In der Regel wissen sie gar nicht, weshalb der Betreffende vorbestraft ist, sie wollen den Mann nur wieder hinausbringen und machen ihm eine Zusage für den Fall, dass die Strafe gelöscht wird.

Der Weg, den der Herr Referent vorgeschlagen hat, geht dahin, dass die StA sich an die Anstellungsbehörde als solche wendet und sagt: Ist denn das richtig, dass der Mann wirklich angestellt würde? Dieser Weg ist durchaus gangbar, man kann es aber auch so machen, dass man sich an die Stellen wendet und sie veranlasst, solche Zusicherungen überhaupt nicht zu geben. Ich halte es für besser, wenn diese mehr oder minder verklausulierten Zusicherungen nicht gegeben werden; die Sache geht dann an die StA und eine Zurücknahme ist schwer zu erreichen. Man soll von vornherein den Gesuchstellern zu sagen: Wenn ihr vorbestraft seid, wird über ein Gesuch um Anstellung nicht gesprochen, bevor ihr nicht den Bescheid des JM vorlegt, dass alle Strafen erlassen sind.

GStA Sotier: Im Allgemeinen sind die Ausführungen des Herrn Referenten und des Herrn GStA Leuchs auch bei mir in den Berichten zu finden. So schreibt ein StA in Passau in seinem Bericht: „Die Angabe der Parteien, sie hätten eine Zusicherung erhalten, ist meist falsch." Auch der StA in Memmingen sagt: „Es werden solche Zusicherungen offenbar manchmal gemacht, um den Petenten loszuwerden und man hofft dabei, dass dem Gesuch nicht stattgegeben wird. Ausschlaggebend ist die Bestrafung, nicht die Eintragung in das Strafregister." Der StA des

LG München I steht auf dem Standpunkt, dass man grundsätzlich Löschungen, Tilgungen, beschränkte Auskunft versagen sollte. Sein Vorschlag geht dahin, ob es nicht möglich wäre, dass die Zentralstelle mit den obersten Verwaltungsstellen sich in Verbindung setze und dabei klargemacht werde, dass es in der bisherigen Weise nicht weitergehen könne.

Weiter weist der StA in Memmingen darauf hin, dass es zweckmäßiger sei, die Sache in der Presse mehr zu behandeln.

StM Dr. Frank: Bekanntlich war die Frage der Fürsorge für die Vorbestraften auch rechtspolitisch schon immer kein unbeachtliches Problem. Es ist Tatsache, dass, wenn jemand einmal etwa pecciert hat, er für sein ganzes Leben, auch wenn er noch so guten Willen hat, sich emporzuarbeiten, mit diesem Makel behaftet bleibt und dass er u.U. gar nicht einmal mehr in die Ausübung seines Berufes eintreten kann. Wir sind da an eine weit über das Formale und über die Auswertung der Berichte hinausgehende soziale Frage gekommen.

Es ist grundsätzlich zuzugeben, dass nach einer gewissen Zeitspanne das Bedürfnis besteht, die Tatsache der Bestrafung etwas diskreter zu behandeln und hier etwas vorsichtiger mit den Auskunftserteilungen zu sein. Die Gefahr des Missbrauchs kann allerdings ebenfalls hell aufflammen; solcher Missbrauch ist ja z.B. ans Tageslicht gekommen, als die schriftliche Bestätigung einer Zusage auf Anstellung für den Fall der Löschung verlangt wurde. Leider gehen nicht nur Behörden, nicht nur Staatsdienstträger, sondern auch private Firmen, Siemens usw. in der vom Referenten angegebener Weise vor. Es wird deshalb eingehender Untersuchungen bedürfen, wie man den verschiedenen Interessen gerecht wird. Das grundsätzliche Verbot einer Zusage scheint mir ein Ding der Unmöglichkeit und ich möchte nicht, dass dadurch der Eindruck erweckt wird, als ob die Justizverw. von unbeschreiblich grausamer Härte wäre. Wir würden dann gerade erst recht den Vorwurf zu hören bekommen, dass mit Juristen über die Not der Menschen vernünftig nicht geredet werden kann. Andererseits könnte ein solches Verfahren als Einflussnahme auf die Dienststellen, und zwar als eine Art Mahnung erscheinen: Stellt um Gottes Willen keine Vorbestraften ein! Auch das ist nicht im Sinne der sozialen Entwicklung, vor allem nicht im Sinne des sozialistischen Gedankens meiner Bewegung.

Es gibt Fälle, wo jemand in seiner Jugend etwas begangen hat. Solche Dinge hängen dann dem Täter u.U. das ganze Leben lang nach. In allen Berichten des Vereins zur Obsorge für entlassene Sträflinge kehrt immer wieder – es wird beinahe schon banal – der Hinweis, dass solche Leute neuerdings dem Verbrechen ausgeliefert werden, was gewiss nicht im Interesse der Justizverw. liegt. Dieses Problem wird nun sehr geschickt auf das deklaratorische Moment des Strafvollzugs, auf die Statistik usw. abgewälzt. Ich glaube, dass man dieses Problem nicht so einfach durch Ukas oder Rundschreiben lösen kann; hier handelt es sich vielmehr um das ernste Gesamtproblem der Behandlung Straffälliger nach Verbüßung der Strafe, um ein großes rechtspolitisches Kapitel. Ich würde bitten, dass im RJM eine zentrale Besprechung stattfindet, nicht so sehr, um immer von Strafvorschriften usw. zu sprechen, sondern um uns auch mit dem Schicksal derjenigen abzugeben, die nun einmal im Verfolg des Strafanspruches des Staates straffällig geworden sind. Im Zusammenhang damit wird es notwendig, dass wir uns mit den zentralen Stellen des Reiches, der Länder und der Gemeinden zusammensetzen und zusammen mit den ständigen Organisationen der Wirtschaft eine zentrale Regelung für das ganze Reich vorbereiten. Dann weiß jeder, wie er daran ist. Ich glaube, dieser Weg wird der bessere sein, lieber Lechner. Ich möchte nicht irgendeine vorzeitige Regelung in Bayern wiederum unternehmen, besonders wenn sie von Reichs wegen nicht gut kritisiert würde, sondern ich halte eine zentrale Regelung für geboten.

ORR Lechner: Das, worauf es mir ankommt, das sind die Fälle, wo die Verantwortung ohne Veranlassung auf die Justizverw. abgewälzt wird. Die Personalreferenten der anderen Ressorts sollen selbst Farbe bekennen, wie sie sich zu dem einzelnen Falle ernstlich stellen. – Damit ist nicht gesagt, dass ich nun grundsätzlich jedes Gesuch abweise oder billige je nach der Stellungnahme der betreffenden Behörde. Meine Verantwortung richtet sich nach den allgemeinen kriminalpolitischen Gesichtspunkten. Danach ist zu unterscheiden. Gefährlich erscheint es natürlich, einen Mann, der wegen Diebstahls erheblich bestraft ist, etwa als Posthelfer anzustellen. In solchen Fällen lehne ich ab, auch wenn der Justizverw. dann der Vorwurf angelastet wird, dass sie die Arbeitslosigkeit des Vorbestraften dadurch noch um fünf Jahre verlängere. Worum es sich handelt, ist, dass die Verantwortung nicht einfach dem JM aufgebürdet wird.

StM Dr. Frank: Ich habe dieses Argument wohl verstanden. Ich spreche meinerseits auch nur von den Fällen, die nicht so unbedingt klar liegen, die einen Übergang darstellen. Ein klarer Fall ist es natürlich, dass man einen schweren Verbrecher nicht in einen Vertrauensposten nimmt, davon kann keine Rede sein. Es gibt aber bei allen Dingen bestimmte Übergangszonen. Da ergeben sich zunächst diese rechtspolitischen Probleme und ich würde bitten, daraus die Schlussfolgerung zu ziehen.

Hat sonst jemand noch etwas über Punkt 4 zu sagen? Nein!

Dann kommen wir zu *Punkt 6 der TO:* „Strafvollzug".

MinRat Resch: In *Nr. 1* ist gefragt: *„Welche Schwierigkeiten haben sich bei der Durchführung der Sicherungsmaßnahmen ergeben?"*

Wir wollen hier nicht von weniger bedeutenden, untergeordneten Einzelfragen sprechen, die Sache des Vollzuges im Einzelnen sind, sondern nur von den größeren Schwierigkeiten. – Schwierigkeiten ergaben sich hauptsächlich infolge der Raumnot. Wir haben bei der Gefangenenanstalt St. Georgen-Bayreuth eine Abteilung für Sicherungsverwahrungshäftlinge eingerichtet. Deren Zahl beträgt bereits 142. Dann besteht in Aichach eine Abteilung für weibliche Sicherungshäftlinge; deren haben wir aber nur zwei. Die Abteilung Sicherungsverwahrung von St. Georgen ist ein ehemaliges Arbeitshaus, das in Bezug auf die Sicherheit nicht die notwendigen Einrichtungen besitzt, auch nicht die entsprechenden Beschäftigungsmöglichkeiten bietet.

Wir haben eine Arbeitshausabteilung bei dem Zuchthause Straubing eingerichtet, da wir die Arbeitshaushäftlinge für gefährliche Elemente hielten, die sehr scharf bewacht werden müssten. Die Zuchthausdirektion hat jedoch berichtet, die meisten seien Existenzen, die im Leben gescheitert seien, willenlose, schwache Leute, die überhaupt mehr oder weniger nur den Wunsch hätten, für den Rest des Lebens irgendwie ein Unterkommen zu finden.

Die Platzfrage bereitet immer größere Schwierigkeiten. Die Zuchthäuser und Gefangenenanstalten sind zurzeit schon so überfüllt, dass wir ab und zu nur durch Hin- und Herschieben von Gefangenen aus den Gerichtsgefängnissen in die Strafanstalten und umgekehrt wieder Platz schaffen können.

Was bei der Sicherungsverwahrung und beim Arbeitshaus eine reine Raumfrage für die Justiz ist, das ist bei der Unterbringung in Heil- und Pflegeanstalten, in Trinkerheilanstalten und Erziehungsanstalten auch eine Finanzfrage. Die Justiz hat keine Anstalten zur Verfügung, in denen sie diese Maßnahmen durchführen kann. Es gibt in Bayern solche Anstalten nur als Anstalten der Kreisgemeinden. Ursprünglich ergaben sich außerordentliche Schwierigkeiten, die Leute überhaupt unterzubringen. Die Anstalten haben sich geweigert, kriminelle Geisteskranke aufzunehmen mit der Begründung, es könne den Angehörigen der Geisteskranken, die nicht kriminell geworden sind, nicht zugemutet werden, dass ihre Angehörigen mit Schwerverbrechern unter einem Dache verwahrt werden. Außerdem sind diese Anstalten großenteils nicht so gebaut und ausgestattet, dass sie entsprechende Sicherheit gewähren gegen den Ausbruch von Leuten, die durch die Justiz eingeliefert werden. Wir haben uns an das Innenministerium gewandt mit dem Ersuchen um Unterstützung, weil wir die Verurteilten nicht unterbringen konnten. Nun haben die GStA für ihren Bezirk mit den in Betracht kommenden Anstalten ein Übereinkommen getroffen, dass die Verurteilten zur Durchführung von Sicherungsmaßnahmen aufgenommen werden. Diese behelfsmäßige Regelung hat große Nachteile. Die Justiz hat zwar die Sicherungsmaßnahme angeordnet, hat aber nicht die geringste Möglichkeit, den Vollzug entsprechend zu überwachen. Auch die Kosten fallen ins Gewicht. Wir zahlen für den Tag und Kopf den im Vergleich mit den Kosten bei den Strafanstalten ungeheuerlichen Satz von 3 RM bis 3,50 RM.

Wir haben uns von Anfang an auf den Standpunkt gestellt, dass alle Maßnahmen, die von der Justiz getroffen werden, auch in justizeigenen Anstalten durchzuführen sind und dass die Kosten die Justizverw. treffen. Diesen Standpunkt hat ursprünglich auch der Herr RJM eingenommen, er hat sich dahin ausgesprochen, er sehe auf die Dauer das Ziel der Entwicklung darin, dass die Justizverw. die Verantwortung für den Vollzug aller Maßregeln der Sicherung und Besserung, auch derjenigen, die nicht Sicherungsverwahrung sind, tragen und für die Vollzugskosten aufkommen muss, soweit die Kosten nicht von den Verurteilten beigetrieben werden können.

Hält man an diesem Standpunkt fest, so ist es folgerichtig, wenn Bayern die Bestrebungen weiter betreibt, die es vor einem Jahre eingeleitet hat. Wir haben im vorigen Jahre beim Reiche den Antrag auf Errichtung einer neuen Anstalt in Lichtenau gestellt, um der Raumnot endgültig zu begegnen.

Wir hatten in Lichtenau ein Obsorgeheim, ein besseres Hotel für entlassene Gefangene, die sozusagen auf Kosten des Staates leben wollten, ohne sich einem weiteren Zwange zu unterwerfen. Wir haben es glücklicherweise angebracht [!] und es ist jetzt zweckmäßiger für den Arbeitsdienst verwendet. Wir haben uns aber die Grundstücke zurückbehalten, die außerordentlich wertvoll sind; wir haben sehr gute Bonitäten an Äckern und Wiesen, besitzen sogar Wald, haben auch eine moderne Ziegelei, daneben auch Musterstallungen. Hierzu ist nur noch eine neue Anstalt erforderlich. Lichtenau ist eine ehemalige Vauban'sche Festung; sie wurde als Festung späterhin aufgelassen und als Gefangenenanstalt benützt. Später wurde es Obsorgeheim. Schon im Jahre 1914 wollte man den Festungsbau auflassen und inmitten der vorhandenen Grundstücke eine neue Anstalt errichten. Wir greifen also mit unserem Plan nur auf eine Absicht zurück, die bereits im Frieden bestand. Der Herr RJMin. hat erklärt, dass ihn das Projekt sehr interessiere, und hat uns mit den Vorarbeiten betraut.

Es ist, soweit ich die Dinge überblicke, für Süddeutschland dringend notwendig, dass eine solche Anstalt errichtet wird. Württemberg und Baden sind erst in letzter Zeit wieder mit Hilferufen an uns herangetreten und haben angefragt, ob wir nicht schon jetzt Sicherungsverwahrungs- und Arbeitshaushäftlinge übernehmen könnten, sie brächten ihre Verurteilten nicht unter. Wir sind aber selbst wegen Raummangels in Nöten und müssen uns durch Hin- und Herschieben zwischen den Strafanstalten und Gerichtsgefängnissen helfen. Ich hoffe, dass das Reich weiterhin unsere Bestrebungen unterstützt und die wenigen Millionen, die wir brauchen, uns von Seiten des Reichsfinanzministeriums verschaffen kann. Das wäre der eine Weg.

Nun haben wir in der „Deutschen Justiz" gelesen, Preußen habe ein Gesetz herausgebracht, demzufolge Maßnahmen der Sicherung und Besserung, soweit hier die Unterbringung in Heil- und Pflegeanstalten, in Trinkerheilstätten und Entziehungsanstalten in Betracht kommt, auf die Fürsorgeverbände abgewälzt wurden. Das Gesetz selbst habe ich nicht gesehen. Wir haben das Gesetzblatt bis heute nicht bekommen, obwohl das Gesetz vom 16.10. datiert ist und die Nummer längst herausgegeben worden sein müsste.

Nun wird sich auch für uns die Frage erheben, ob die Unterbringung in Heil- und Pflegeanstalten, in Trinkerheilstätten und Entziehungsanstalten nicht den Fürsorgeverbänden statt der Justizverw. zur Last zu fallen hätte. Ich glaube aber, selbst wenn wir in dieser Spur wandeln, bleibt immer noch die Notwendigkeit, dass wir für die Zwecke der Sicherungsverwahrung und der Unterbringung im Arbeitshaus neue Unterkunft schaffen. Wir beabsichtigen beim Reich anzufragen, auf welchen Standpunkt es sich in Zukunft stellen wird. Vielleicht könnte einer der anwesenden Herren vom RJM darüber Auskunft geben, wohin der Weg führt. In Bayern haben wir zurzeit keine Handhabe, es so zu machen, wie es in Preußen geschieht, weil es sich um Anstalten der Kreisgemeinden handelt, also um Anstalten, bei denen selbst das Ministerium des Innern nicht die Möglichkeit hat, einen Druck auszuüben, dass Verurteilte aufgenommen werden. Es handelt sich da rein um guten Willen, der allerdings dadurch gefördert wird, dass die Anstalten ein gutes Geschäft mit uns machen.

Hinsichtlich der Entmannungen hat es keine größeren Schwierigkeiten gegeben. Wir haben jetzt die Mehrzahl der Strafanstalten so eingerichtet, dass dort die Entmannung und Sterilisierung vorgenommen werden kann, so ist Stadelheim, Landsberg, Amberg und Bayreuth. Wenn wir mehr Geld gehabt hätten, wären noch weitere Anstalten entsprechend ausgebaut worden.

StM Dr. Frank: Es handelt sich um räumliche Schwierigkeiten in der Unterbringung und vor allem um eine Klärung auf dem Gebiete der allgemeinen Vorschriften für die Unterbringung und um die Beziehung der staatlichen Fürsorgepflicht zu irgendwelchen anderen Fürsorgepflichtträgern. Da nicht anzunehmen ist, dass einer der Herren Vertreter des RJM jetzt eine feste Zusage machen wird, würde ich diese Herren vom RJM bitten, nur die Ausführungen des Herrn MinRats Resch zur Kenntnis zu nehmen, aber darauf nicht weiter einzugehen. Immerhin würde ich die Herren bitten, das eine nach Berlin mitzunehmen, dass es der dringende Wunsch der bayer. Justizverw. wäre, dass, wenn an ein solches staatliches Institut gedacht wird, Bayern mit seinen geradezu vorbildlichen Strafvollzugseinrichtungen als die gegebene Heimat für eine solche Anstalt betrachtet werde. Wir haben bereits eine Art vornehm gehaltenen, diplomatisch verklausulierten Angebots des Herrn RJMin. in Händen, aus dem der gute Wille klar zu erkennen ist. Sie, Herr MinRat, haben wenigstens herausgelesen – ich konnte es nicht ohne weiteres erkennen – dass es eine Zusage ist. Jedenfalls kann man mit dieser Äußerung sehr wohl operieren und ich wäre sehr dankbar, wenn die Vertreter des RJM mündlich den Gedanken verträten, es wäre nicht schlecht, diese Anstalt nach Bayern zu verlegen.

Was diese Unterbringung und die ganzen Verhältnisse anlangt, so kann man draußen im Vollzuge der Gesetze nur zu oft beobachten, dass es unendlich viel leichter ist, ein Gesetz auf ein weißes Blatt Papier drucken zu lassen, als den Vollzug durchzuführen, der eine Fülle von Verpflichtungen für die Beamten, Ämter und Behörden mit sich bringt, Verpflichtungen, mit denen die Behörden im Lande tatsächlich in aufreibendster Kleinarbeit sich abschleppen müssen. Wenn ich daran denke, was jedes kleine, durchschnittliche AG durch die Gesetzgebung des Dritten Reiches an Mehrbelastung erhalten hat, ohne auch nur andeutungsweise eine Vorsorge für Entlastung zu verspüren, dann muss ich hier schlechterdings im Namen der bayer. Justizverw. erklären, dass ich die Arbeitskraft der bayer. Justizbehörden bewundere. Ich habe das Gefühl gehabt – das gehört in diesen Zusammenhang –, man müsse bei jeder Neugestaltung des Rechtes auch die Durchführungsmöglichkeit irgendwie in Rechnung setzen. Nach der Verreichlichung der Justiz wird ja von einem zentralen Mittelpunkt aus diese Forderung besonders durchgreifend berücksichtigt werden können. Jedenfalls bitte ich die Herren des RJM, den Gesichtspunkt, den Herr MinRat Resch ausführte, mit nach Berlin zu nehmen, damit er dort die notwendige Unterstützung finde. Das ist eine sehr wichtige Sache. Vielleicht kann der Herr Referent das, was die Herren vom RJM an dieser Frage interessiert, nochmals irgendwie zusammenfassen.

Wir kommen dann zu *Nr. 2,* die sich auf die *Verwahrung erstmals bestrafter Zuchthausgefangener in einer besonderen Anstalt* bezieht. Dieser Punkt wird wenig Zeit erfordern.

MinRat Resch: Wir haben bis jetzt die Trennung der Erstbestraften von den Vorbestraften nur in den Gefangenenanstalten. In den Zuchthäusern haben wir diese Scheidung nicht, wir haben kein Zuchthaus, das nur die Erstbestraften enthielte. Nun befinden sich aber, gerade auch unter den Zuchthausgefangenen, sehr viele Menschen, die besser sind als vorbestrafte Gefängnisgefangene, Leute, die etwa einen Totschlag, eine Meineidsverleitung begangen haben. Wir haben eine Zählung veranstaltet, wie viele Erstbestrafte unter den Zuchthausgefangenen sind, und es wurde uns überraschenderweise die Zahl von 671 Erstbestraften gemeldet. Das überschreitet die Belegungsfähigkeit des Zuchthauses Ebrach, das für diesen Zweck vor allem in Betracht gezogen worden war. Straubing kommt nicht in Betracht, weil es eine reine Zellenanstalt für gefährliche Verbrecher ist. Kaisheim hat nur eine kleine Landwirtschaft, während Ebrach eine größere ausgedehntere Landwirtschaft hat, zu deren Bearbeitung man eine größere Zahl Strafgefangener bräuchte, die unbedenklich im Freien verwendet werden können. Ebrach würde sich also gerade für die erstbestraften Zuchthausgefangenen empfehlen.

Nun werden wir, um die Sache einigermaßen durchführen zu können, noch eine Anfrage an die Herren GStA richten, nämlich, wie viele Erstbestrafte in den Zuchthäusern vorhanden sind, welche bis zu fünf Jahren und welche über fünf Jahre zu verbüßen haben. Man könnte daran denken, die erstbestraften Zuchthausgefangenen mit einer Strafzeit bis zu fünf Jahren in einem Zuchthaus, nämlich in Ebrach unterzubringen. Es könnte auch daran gedacht werden, die Arbeitshausabteilung von Straubing nach Ebrach zu verlegen. Es hat sich nämlich gezeigt, dass die Zellenanstalt Straubing für Arbeitshausgefangene wenig geeignet ist und dass es besser wäre, sie in Gemeinschaftshaft zu belassen, statt sie in Einzelhaft unterzubringen. Dadurch ergäbe sich für die großen Räume des ehemaligen Klosters Ebrach auch eine viel bessere Ausnützungsmöglichkeit; im Zuchthause Straubing würden Räume für andere Zwecke frei.

Vielleicht können sich die Herren GStA darüber äußern, ob nach ihrer Anschauung dem Plane besondere Schwierigkeiten entgegenstehen.

StM Dr. Frank: Ich mache dann darauf aufmerksam, dass wir noch einen dritten Punkt auf die TO gesetzt haben, der lautet: *„Luftschutz in den Strafanstalten und in den großen Gerichtsgefängnissen"*.

MinRat Resch: Die Einführung von Luftschutzvorrichtungen wird gerade in Strafanstalten großen Schwierigkeiten begegnen; es sind allerdings bei den Strafanstalten gewisse Vorteile gegeben, nämlich militärische Disziplin und geschulte Arbeitskräfte, die in kurzer Zeit entsprechende technische Maßnahmen durchführen können.

Andererseits haben wir den Nachteil, dass jede Anstalt ein sehr auffallendes Ziel bietet, dass die Anstalten bei ihrer Bauart (kreuzförmige Bauart) teilweise im Zentrum die lebenswichtigen Einrichtungen, die Kesselräume usw. haben, und dass bei dem Menschenmaterial, das verwahrt ist, die Gefahr einer Meuterei besteht. Vor einiger Zeit hat Medizinalrat Dr. Dusch der Strafanstalt Landsberg eine Denkschrift über Fliegerschutz der Strafanstalt Landsberg herausgegeben, die ausgezeichnet ist. Sie wurde vom RMin. für Luftfahrt ausdrücklich belobt und der Herr RMin. hat sich eine große Anzahl von Exemplaren als Muster dafür, wie man solche Fragen behandelt, schicken lassen. Wir haben Abdrucke dieser Denkschrift an alle Strafanstalten und größeren Gerichtsgefängnisse gegeben, damit sie Anregungen für ihre örtlichen Verhältnisse daraus schöpfen können. Wir haben noch angefügt, dass die Gefangenen bei allenfalsigem Alarm in ihren Zellen oder Gemeinschaftsräumen belassen werden müssen, weil die Gefahr der Meuterei wohl sehr groß sein wird. ORR von Dreer, der Vorstand der Gefangenenanstalt Landsberg, in der Erstbestrafte verwahrt sind, hat mir versichert, er habe schon wiederholt Übungen veranstaltet und innerhalb zehn Minuten sämtliche Gefangene in den Keller verbringen können, er habe keine Befürchtung, dass eine Meuterei entstehe, selbst wenn man die anormalen Verhältnisse (Aufgeregtheit) bei Fliegeralarm, Gefährdung) in Rechnung ziehe. Die wenigen böswilligen Gefangenen, die er bei den Erstbestraften habe, lege er jetzt schon vorsorglich in einer Abteilung zusammen und die lasse er einfach in den Zellen.

Infolgedessen wollen wir bei allen Strafanstalten anfragen, wie sie sich im Einzelfalle die Regelung des Luftschutzes denken. Es wird sich also jeder Strafanstaltsvorstand Gedanken darüber machen müssen, welche kleinen Maßnahmen er zu treffen hat in Bezug auf Speicherentrümpelung, Anbringung von Sand vor den Kellerfenstern, Einrichtung von Gasschleusen usw., Maßnahmen, die ohne großen Kostenaufwand getroffen werden können. Die Vorstände werden sich aber weiter darüber klar werden müssen, ob sie es bei ihren Anstalten verantworten können, dass sie die Gefangenen aus ihren Räumen heraus in die Keller bringen. Das wird bei den wenigsten Anstalten möglich sein. Es ist vielleicht in Nürnberg und Landsberg möglich; ich kann mir aber nicht vorstellen, dass in Amberg, wo der Abschaum der Großstädte München und Nürnberg sitzt, die Gefangenen gesammelt in den Keller geführt werden können. Das würde Mord und Totschlag geben und eine Gefährdung der näheren und weiteren Umgebung von Amberg bedeuten, die wir nicht verantworten können.

Es wird noch eine Entschließung hierüber ergehen. Baumittel können für Fliegerschutzzwecke nicht zur Verfügung gestellt werden.

StM Dr. Frank: Auf diesem Gebiete haben wir zunächst noch keine zentrale Anweisung des Reichsluftfahrtministeriums. Wir werden auch diese Anregung nach Berlin weiterleiten, dass vom RJMin. und Reichsluftfahrtmin. aus für zentrale Vorschriften gesorgt wird. Das wäre das Beste. Man könnte dabei unsere Erfahrungen vor allem in Landsberg mit verwerten.

Diese Frage der Luftschutzkeller ist ein Problem auch für die Justizgebäude an sich. Wir müssen auf diesem weiten Gebiet überall an Neueinrichtungen denken. Es handelt sich ja nicht nur um die Luftschutzkeller allein, sondern auch um die Verpflegung stundenlang dort festgehaltener Menschen, um den Schutz von Leib und Leben. Man muss bedenken, ein moderner Fliegerangriff bringt auch die Gefahr des Einatmens von giftigen Gasen, zersetzenden Ätzstoffen und dergl. mit sich. Für Schutzapparate, Gasmasken usw. wird Vorsorge zu treffen sein. Es gibt einen Fall von vorbereitenden Maßnahmen und finanziellen Aufwendungen.

MinRat Dr. Meukel: Die einschlägigen Arbeiten z.B. für dieses Haus und das Nachbarhaus sind zurzeit in vollem Flusse. Der Kostenvoranschlag sieht einen Aufwand von rund einer halben Million vor.

StM Dr. Frank: Für einen einzigen Komplex! Wenn Sie an Komplexe wie in Straubing und Amberg denken, wird es sehr schwierig sein, Massen von 600 und 1000 Menschen in die Keller zu zwingen.

MinRat Dr. Meukel: Vor einiger Zeit hat eine Besprechung über alle diese Luftschutzfragen zwischen sämtlichen Verwaltungen unter Zuziehung der militärischen Sachverständigen stattgefunden und dabei hat man grundsätzlich den Standpunkt vertreten, dass neben der eigentlichen Aufgabe des Luftschutzes (Freimachung der Räume) die Sorge für die Gefangenen erst in letzter Linie in Betracht kommt.

StM Dr. Frank: An sich wäre es ein Moment der menschlichen Fürsorge, die nun einmal der Staat für die Gefangenen übernommen hat. Es ist an sich so, dass der Staat gleichsam doch der Fürsorgeträger, der Lebensverantwortliche für die Gefangenen mehr oder weniger ist. Das kann man auch im neuen Prinzip nicht ganz ablehnen, daran muss auch bei der technischen Durchführung gedacht werden.

MinRat Dr. Meukel: Der Ausschuss hat namentlich betont, dass bei Fliegeralarm oder Luftalarm solche Elemente viel gefährlicher sind als in normalen Zeiten; denn gerade da muss vom polizeilichen Standpunkt aus alles vorgekehrt werden, damit keinerlei Schwierigkeiten entstehen.

StM Dr. Frank: Über alle diese Fragen muss unbedingt gesprochen werden. Wie immer hält alles in erster Linie von den Mitteln ab. Ich habe neulich selbst mit Herrn Minister Göring über diese Frage gesprochen. Das ganze Gebiet des Luftfahrtministeriums ist zunächst für andere Zwecke gedacht. Es ist hier sehr schwierig, den ganz großen schwerfälligen Reichsapparat in Bewegung zu bringen. Immerhin muss etwas geschehen.

Wünscht einer der Herren noch das Wort? Wie steht es denn in anderen OLG-Bezirken? Ist hier schon für Luftschutzkeller Vorsorge getroffen? Vielleicht in Nürnberg?

OLG-Präs. Bertram: Wir stehen in Unterhandlungen. Die Sache bereitet große Schwierigkeiten, speziell in Nürnberg, da wir damit rechnen müssen, dass, wenn untertags etwas passiert, wir eine Unmenge von Parteien im Gebäude haben. Ich kann mich auch des Gedankens nicht erwehren, dass die verschiedenen Räume, die wir in Betracht gezogen haben, u.U. selbst wieder eine große Gefahr bieten. Es kommen Gänge bzw. Ausbuchtungen in Betracht und bei allen diesen Gängen ziehen sich oben an der Decke die Röhren der Heizung hin. Wenn nun alles versammelt ist und irgendeine Bombe einschlägt und ein solches Rohr zerrissen wird, ist die größte Gefahr stärkster Verbrühungen gegeben. Es wurde gesagt, dem kann dadurch abgeholfen werden, dass eben die Heizung abgestellt wird. Es braucht bloß eine Bombe einschlagen und die Heizung zerreißen, ohne dass an den Apparaten etwas geschieht! Wer kann da die nötigen Vorbereitungen treffen?

Aber ich glaube, dass man so, wie es bei uns ist, ganz schön die Sache machen kann. Es werden allerdings ungeheure Kosten entstehen; denn wir haben für einen riesigen Komplex zu sorgen. Es ist auch einmal die Rede davon gewesen, ob bei uns nicht für das Untersuchungsgefängnis und den Justizpalast gemeinsam etwas geschaffen werden könnte. Das halte ich allerdings für vollständig ausgeschlossen.

StM Dr. Frank: Jedenfalls eine Fülle von Details! Ich würde bitten, das doch noch einmal zentral zusammenzufassen, so, dass die einzelnen Herren uns kurz ihre Anregungen und Beobachtungen auf diesem Gebiete mitteilen.

MinRat Dr. Meukel: Das ist im Gange.

StM Dr. Frank: Wir können dann den Reichsstellen unsere zentral erfassten Beobachtungen mitteilen.

Damit sind wir am Ende der Tagesordnung.

Präsident des Obersten Bayer. Landesgerichts Dr. Müller: Wenn ich zum Schlusse, Herr Minister, das Wort ergreife, so geschieht das, um Ihnen im Namen meiner Kollegen herzlichen Dank zu sagen für alles, was Sie als letzter bayerischer Justizminister für die bayerische Richterschaft und die bayer. StA getan haben.

Mit Genugtuung haben wir es von allem Anfang an begrüßt, dass Sie die Integrität und die Güte der bayerischen Justizbeamtenschaft voll anerkannt haben. Seien Sie aber insbesondere dafür bedankt, dass Sie sich rückhaltlos zu dem Grundsatze: jus fundamentum regnorum, zur Unabhängigkeit der Richter und zum Schutze der Rechtspflege bekannt haben. Wir brauchten das in dieser verflossenen Zeit in ganz besonders hohem Maße. Wir Richter und StA können es ja im Großen und Ganzen, obwohl es unsere Aufgabe wäre, nie recht machen. Wir wurden weltfremd genannt, man sagte von uns, dass wir bald mit dieser, bald mit jener Krise behaftet seien, und wir sollten, so hieß es, bald mit mehr, bald mit weniger, meist aber mit weniger gesundem Menschenverstand durch einen märchenhaften Urwald von Paragraphen wandern.

Allen diesen Aufstellungen und Entstellungen sind Sie, Herr Minister, mit Erfolg entgegengetreten und das danken wir Ihnen ganz besonders.

Wenn einmal Yorck von Wartenberg sagte, der Deutsche verlangt zu begreifen, dass er in einer Weise regiert wird, die in ihm das Gefühl des Einklangs seines Gewissens mit seinem Gehorsam erweckt, dann galt das insbesondere für die Justiz; und unter Ihrer Führung, Herr Minister, ist das geschehen. Wir danken Ihnen, dass Sie unsere Bemühungen, die Überzeugung von der Berechtigung dieses Bewusstseins zu schaffen, immer unterstützt haben.

Stolz darauf, deutsche Richter zu sein und als solche dem Vaterlande dienen zu dürfen, dessen freilich bewusst, dass Unabhängigkeit der Richterschaft nicht Losgelöstsein von allen Bedingungen bedeutet, sondern dass im Gegenteil Richterpflicht engste Gebundenheit an die Vollstreckung des Volksrechtswillens und seiner Führung bedeutet, dürfen wir Sie zum Abschied noch bitten, der restlosen Hingabe unser aller an Volk und Führung versichert zu sein. Nehmen Sie es, bitte, auch in dieser letzten Stunde nicht übel, wenn wir aus unserer Bescheidenheit heraustreten und in diesem Moment, wo die bayerische Justizverwaltung sozusagen ihren Abschluss findet, Ihnen die Versicherung restloser Hingabe an Volk und Staat und Führung zu geben.

Nehmen Sie auch unsere besten Wünsche für Ihr ferneres Wirken mit!

Unser letzter Ruf aber in der letzten Versammlung bayer. OLG-Präs. und GStA gilt unserem Deutschland und seinem Führer.

StM Dr. Frank dankt für diese Worte und führt dann aus: Ich bin im Kampfe des Nationalsozialismus groß geworden und habe als RA in sämtlichen deutschen OLG-Bezirken verteidigt. So habe ich die deutschen Richter, die deutschen StA, die deutschen RA und deutschen Rechtspfleger in ihrem Wirken während des Kampfes kennengelernt.

Und aus dieser unmittelbaren Erkenntnis des deutschen Richtermenschentums heraus habe ich mir den hohen und unverrückbaren Glauben an diese Gruppe deutscher Staatsdiener geholt, die für mich das Fundament meines Glaubens an die Wiedererstehung des deutschen Rechts und des deutschen Staates darstellt.

Es war für mich daher bei Übernahme des Amtes, das mir der Führer anvertraute, eine Verpflichtung, dafür zu sorgen, dass die Autorität des deutschen Rechtsstandes hergestellt wird.

Es hat auch von Anfang an ein Kreis der Verbindung zwischen mir als altem nationalsozialistischen Kämpfer und Herren der verschiedensten Richtungen und Weltanschauungen bestanden und aus diesem beglückenden Zusammenarbeiten erwuchs das fundamentale Erkennen, dass nämlich, soll Deutschland wieder groß werden, zwei Dinge durchgehalten werden müssen: Die Achtung vor dem deutschen Wissen als dem großen nationalen Eigentum der Gesamtbildung unseres Volkes, und der Gesichtspunkt der Treue, der im Mittelpunkt unseres öffentlichen Lebens zu stehen hat.

Die Treue des deutschen Beamtentums hat dem deutschen Staate die äußere und innere Sicherung in dem völligen Zusammenbruch des November 1918 gegeben und dieses unvergleichliche Verdienst ist auch eine der Voraussetzungen gewesen, dass es dem Führer möglich war, die Entwicklung des Nationalsozialismus in staatlicher Form unverzüglich in Angriff nehmen zu können.

Ich kann nach $1^{3/4}$ jährigem Wirken in diesem Hause sagen: Es erfüllt mich mit tiefstem Beglücktsein, Ihnen einmal Vorgesetzter gewesen zu sein und daraus wollen Sie entnehmen, dass der Führer und seine engsten Mitarbeiter in Ihnen eine der wesentlichsten Voraussetzungen des Staatsaufbaus sehen.

Ein Wort des Führers, dass die Revolution als historisches Ereignis vorüber ist und dass nunmehr der Aufbau eines gesicherten deutschen Reiches nach innen und außen zu geschehen hat, beinhaltet für die deutschen Rechtswahrer ein ungeheures Maß von Verantwortung.

Von dem Aufbau der Rechtsordnung und der Aufrichtung der Rechtssicherheit in Deutschland hängt die Existenz des nationalsozialistischen Staates ab. Diesen Fundamentalsatz nicht nur erkannt, sondern in aller Öffentlichkeit wiederholt verkündet zu haben, danken wir deutschen Rechtsdiener dem Führer. Mit seinem Wort möchte ich mich deshalb auch von Ihnen als meinen Mitarbeitern verabschieden.

Die bayer. Justizverw. kann auf eine weit über 100 Jahre alte ebenso interessante wie ehrenvolle Geschichte zurückblicken. – Wenn das bayerische Justizleben nunmehr auf das Reich übergeleitet wird, so bedeutet das eine neue Entfaltung und ein neues Aufströmen starker Kräfte und Gewalten. – Möge aus dieser Einheit des deutschen Rechtslebens entsprechend der Einheit des deutschen Gemüts und des deutschen Geistes die erstrebte Befriedigung des nationalsozialistischen Staats-, Kultur- und sozialen Lebens erstehen.

Die deutschen Juristen waren immer Träger des Reichsgedankens. Niemals fanden sich partikularistische oder irgendwie gegen das Reich gerichtete Bestrebungen innerhalb der bayer. Justizverwaltung. Das ist ein Ehrenmal für sie und ebenso ist es ein Ehrenmal, dass die nationalsozialistische Bewegung hier in Bayern, was die Behandlung durch die Gerichte anbelangt, eine Behandlung erfuhr, die mustergültig war. Überall haben wir deutsche Männer als deutsche Richter gefunden und keinen habe ich irgendwo gesehen, der nicht, selbst unter Hintanstellung seiner persönlichen Interessen, der Bewegung zu ihrem Rechte verholfen hätte.

Und so möchte ich Ihnen in dieser Abschiedsstunde mit dem Danke für die Treue dem Führer gegenüber zurufen: Immer vorwärts und nie zurück! Es gilt, mit der zähen, unerbittlichen, idealistischen, aber doch in dem sachlichen Wirken aufgebauten Willenshaltung, dem freien Deutschland den Weg in die Zukunft zu bahnen.

Ein dreifaches Siegheil auf das deutsche Vaterland und den Führer beschließt die Besprechung.

(Schluss der Besprechung um 11.35 Uhr)

Zweiter Teil Niederschriften über Besprechungen des preußischen Justizministeriums mit den OLG-Präsidenten/Generalstaatsanwälten

I. Besprechung mit den OLG-Präsidenten am 05.01.1922

Zu Punkt 1 der TO: (Bewährung der Entlastungsvorschriften [Ges. v. 11.03.1921, RGBl. I 229]*)* bemerkte zunächst der *Staatssekretär* einleitend: Der Grund der Entlastungsvorschriften liege einerseits in dem Bestreben, eine Entlastung der richterlichen Beamten von minderwichtigen Geschäften herbeizuführen und den Büro- und den Kanzleibeamten Gelegenheit zur Betätigung in wichtigeren und verantwortungsvolleren Geschäften zu geben, hiermit ihre Dienstfreudigkeit zu heben und ihnen die Möglichkeit zu einem Aufstieg zu eröffnen. Andererseits sei damit das Ziel verfolgt worden, durch Übertragung von Geschäften auf geringer besoldete Beamte Ersparnisse zu machen. Inwieweit diese Ziele erreicht worden seien, lasse sich bisher noch nicht völlig übersehen. Nach der vorliegenden Statistik vom 16.09.1921 seien in ganz Preußen 208 richterliche Kräfte erspart worden; dieser Ersparnis stehe in Mehrbedarf von 271 Büro- und Kanzleibeamten gegenüber. Ob aber diese Ersparung ausschließlich auf die Entlastungsvorschriften zurückzuführen sei, könne noch nicht mit Sicherheit festgestellt werden.

Der Referent *MinRat Breme* führte sodann aus: Die umfangreicheren Besichtigungen hätten in jeder Beziehung ein buntscheckiges Bild ergeben; Auslegung und Anwendung der Bestimmungen seien sehr ungleichmäßig. Auch lasse sich deshalb zurzeit ein einheitliches Bild über die Bewährung nach der Richtung der Entlastung und Ersparnis sowohl, wie auch nach der Seite der materiellen Richtigkeit nicht gewinnen.

Die *Ersparung* sei Voraussetzung für die Einführung, aber auch für etwaige Wiederaufhebung in Einzelfällen und Einschränkungen der erteilten Ermächtigungen. Hiernach sei nicht überall verfahren. Insbesondere sei teilweise die Reform durchgeführt, ohne dass eine Ersparnis in Frage gekommen sei. Selbstverständlich könne sich die Ersparung erst nach einer gewissen Übergangszeit der Einarbeitung auswirken. Es frage sich aber, ob nicht auch ohne Ersparung eine vorübergehende Übertragung richterlicher Geschäfte von Nutzen sein könne und zuzulassen sein werde, nämlich zur Erprobung und auch zur Sicherstellung in Notfällen (vorübergehende Überbelastung, Verhinderung des Richters) aber auch zur Heranbildung von Nachwuchs für die Rechtspflegeorgane.

Bei der Beurteilung sei es wohl nicht immer richtig, den früheren und jetzigen Zustand zu vergleichen, man müsse vielmehr nach dem Umfange der Geschäftslast (Pensenzahl) den Richterbedarf nach altem Verfahren (ohne Reform) der erreichten Verminderung gegenüberstellen, das Gleiche gelte von den Zahlen der mittleren und Kanzleibeamten. Auch die Vergleichung der gezahlten Gehälter zu denen bei Besetzungen ohne Reform werde ein Bild geben.

Es sei zutage getreten, dass früher die Grundbuchrichterzahl ganz erheblich höher gewesen sei wie die entsprechende Pensenzahl. *Im Grundbuchverfahren* habe sich die Anwendung als sehr verschieden erwiesen. Teilweise habe der Grundbuchrichter *alles* dem Rechtspflegeorgan zur selbständigen Bearbeitung übertragen, und zwar auch in Bezirken mit nicht einfachen Rechtsverhältnissen, teilweise sei nur wenig übertragen, oder auch in ganz einfachen Sachen „nach Antrag" verfügt worden. Die Eingänge seien meist mit den Grundakten vorgelegt worden, was überwiegend als zweckmäßig, wenn nicht unbedingt nötig bezeichnet worden sei, nur in wenigen Fällen sei die Vorlegung ohne Akten erfolgt. Es sei aber auch beobachtet worden, dass die einzelnen Eingänge ohne Vorlegung (den Vorschriften zuwider) vom Rechtspflegeorgan bearbeitet worden seien. – Die Auswahl rechtlich schwieriger Sachen sei natürlich von der persönlichen Beurteilung mit abhängig. Es frage sich daher, inwieweit der Richter für befugt zu erklären sei, sich von der zutreffenden Bearbeitung durch gelegentliche Einsichtnahme (keine Kontrolle der Einzelsache) zu überzeugen.

Rückgabe rechtlich schwieriger Sachen sei so gut wie gar nicht festgestellt. Meist sei Belehrung durch den Richter eingeholt worden. Zu betonen sei dabei, dass die Verantwortlichkeit dem Rechtspflegeorgan verbleibe und es werde zu erwägen sein, ob nicht dem Richter die Befugnis einzuräumen sei, die übertragene Sache wieder an sich zu ziehen.

Die Bearbeitung der Sachen durch die Rechtspflegeorgane erfolge meist so, dass sie gleichzeitig Kostenrechnungen und Expeditionen, jedenfalls die kleineren, mit abverfügten. Das bedeute eine Ersparnis und sei sachgemäß. Die Bearbeitung nur im Umfange der Tätigkeit der Richter liege nicht im Sinne der Entlastung. – Die Tagesbuchführung habe *durchweg* sehr zu wünschen übrig gelassen. – Im Allgemeinen seien Beanstandungen der sachlichen Bearbeitungen nicht zutage getreten, wohl dagegen Verzögerungen, die auf das Konto der Kanzlei zu verbuchen gewesen seien.

Da die Entlastung nicht auf Kosten der sachlichen Richtigkeit der Bearbeitung gehen dürfe und es daher erforderlich sei, hierüber bald ein Bild zu erhalten, so werde eine sehr umfassende Nachprüfung durch die Herren LG-Präs., falls nötig unter Zuziehung bewährter Grundbuchrichter unentbehrlich sein. Nicht nach der Gefahr der Regresse, sondern nach der Richtigkeit der Arbeit schlechthin sei diese Frage abzustellen.

Nicht unwesentlich sei eine Ausbildung der Rechtspflegeorgane durch Vorträge der Richter. Die Stellungnahme hierzu sei verschieden. Von besonderer Bedeutung sei Art und Ziel dieser Vorträge. Ersatz für ein Rechtsstudium sei nicht möglich und nicht beabsichtigt. Besprechung der allgemein vorkommenden Regeln formeller und materieller Art und Hinweis auf schwierige Rechtsgebiete würden der Durchführung der Reform förderlich sein können.

Im *Vormundschaftsgebiet* liege wohl der Kern der Schwierigkeiten, die sich aus der bisherigen Regelung ergäben. Auch hier hätte sich eine wesentliche Verschiedenheit in der Beurteilung und Handhabung gezeigt. Zum Teil seien die Entlastungsvorschriften begrüßt worden wegen der Entlastung von doch nur schematischer Bearbeitung (vorwiegend, aber nicht ausschließlich in Großstädten und Industriegebieten), z.T. seien sie kritisiert worden wegen der Beseitigung der Vertrauensstellung des Richters (vorwiegend auf dem Lande und in kleineren Städten). Von der Vorhaltung der Verpflichtung des Vormundes durch den Richter sei trotz geäußerter Bedenken auffallend wenig Gebrauch gemacht worden. In sehr vielen Fällen seien die Akten dem Richter (trotz des Vermerks „des durch den Richter bestimmten Vormundes") nicht vorgelegt worden. Es dürfe dabei nicht verkannt werden, dass die „Anordnung der Vormundschaft oder Pflegschaft usw." eine Entscheidung sei, für die das Rechtspflegeorgan bislang nicht zuständig sei, wie auch das KG in einer vor kurzem gefällten Entscheidung betone. An manchen Stellen bestimme das Rechtspflegeorgan, ob eine Sache dem Richter vorzulegen sei oder nicht; der Richter erfahre von den anderen Sachen nichts. Zu gleichartigen Ergebnissen habe die Anordnung der „Überwachung der Vormundschaft (Vermögen und Erziehung)" stellenweise geführt.

Es sei stellenweise eine scharfe Abgrenzung der Zuständigkeiten verlangt worden. – Das sei jedoch in Vormundschaftssachen nicht durchführbar, vielmehr werde der Richter der Leiter bleiben und auch über alle Vorkommnisse unterrichtet sein müssen; bei dieser grundsätzlichen Handhabung sei aber zu erwägen, ob der Richter nicht in Einzelfällen in größerem Umfange übertragen könne. – *Im Allgemeinen* sei zu betonen, dass nicht etwa zwei getrennte richterliche Dezernate, das des Richters und das des richterliche Geschäfte wahrnehmenden Rechtspflegeorganes geschaffen werden dürften, dass vielmehr der Richter Leiter seiner Abteilung bleiben müsse.

Bedenken seien auch erhoben wegen der Übertragung der Testamentseröffnungen, insbesondere bei Bekanntgabe gemeinschaftlicher Testamente, Auswahl der zu benachrichtigenden Personen, Begutachtung der Gültigkeit der Testamente.

Was die *Zusammenlegung von Gerichtsschreibereiabteilungen* angehe, so seien die Versuche zu jung, um ein Urteil zuzulassen. Wesentlich sei aber, dass die Zusammenlegung nur erfolge, wenn erspart werde oder eine Erleichterung herbeigeführt werden könne. Dabei könne eine Befreiung von erschwerenden bürokratischen Gewohnheiten (persönliche Rücksprache, Weitergabe der Akten von Hand zu Hand usw.) wertvolle Hilfe leisten.

Die *Justizsekretäre* seien der Meinung, dass sie allein durch die Reform benachteiligt seien und ihre Arbeitsart herabgedrückt sei. Rechtlich sei das zwar nicht richtig, tatsächlich sei es aber stellenweise das Ergebnis der mit der Reformdurchführung verbundenen Handhabung. – Diesem Punkte sei daher Aufmerksamkeit zuzuwenden.

Über die Bewährung der *Registraturassistenten* lasse sich gleichfalls noch nicht viel sagen, teilweise liege aber die Sache so, dass sie in den Zweigen, in denen sie früher nicht beschäftigt gewesen seien, den Anforderungen nicht zu genügen vermöchten.

Sodann äußerten sie die OLG-Präs. wie folgt:

OLG-Präs. Greiff: Die Reform habe sich im Allgemeinen bewährt. Das Bestreben der Bürobeamten gehe allerdings dahin, durch weitere Ausbildung immer mehr richterliche Geschäfte an sich zu ziehen. Die *Unterrichtskurse* seien daher nicht weiter auszudehnen, als es für den Zweck der Justizreform notwendig sei. Den

Richtern im OLG-Bezirk Breslau sei von den Bürobeamten Bezahlung für die abzuhaltenden Kurse angeboten; diese sei indes abgelehnt worden.

OLG-Präs. Rasch: Im Bezirk des OLG Celle würden schätzungsweise 38 Richterkräfte erspart werden. Die Tätigkeit der Obersekretäre in *Grundbuchsachen* habe sich bewährt, zu Beanstandungen ihrer Arbeiten sei es in keinem Falle gekommen. Die Handhabung der Entlastungsvorschriften sei sehr verschieden. Von älteren Richtern seien etwa 75–80% der Geschäfte zur eigenen Bearbeitung zurückbehalten worden, von jüngeren Richtern dagegen nur 25–30%. Die *Unterrichtskurse* seien im Gang und hätten sich gut bewährt; die Richter hätten auch in seinem Bezirk die ihnen von den Bürobeamten angebotene Bezahlung abgelehnt.

OLG-Präs. Reuter: Im Bezirk des OLG Naumburg seien schätzungsweise 19 Richterstellen *erspart* worden. Die Bewährung der Entlastungsvorschriften sei bei kleineren AG besser als bei größeren. Beim AG Magdeburg sei z.B. seit Einführung der Reform ein erheblicher Mehraufwand an Kosten zu verzeichnen; dort seien bei gleichgebliebener Arbeitsleistung 5½ Büro- und Kanzleikräfte mehr tätig als im Jahre 1913; die Ursache dieses Übelstandes sei noch nicht aufgeklärt. – Die Beschwerden in *Grundbuchsachen* seien auffallend im Abnehmen begriffen, das könne ein Zeichen dafür sein, dass von den Bürobeamten den Anträgen in zu großem Maße stattgegeben werde. – Bei der Kanzlei werde über die *Militäranwärter* sehr geklagt, es sei zu wünschen, dass an ihrer Stelle mehr Zivilanwärter verwendet werden könnten.

OLG-Präs. Tigges: Im Bezirk des OLG Düsseldorf stehe schätzungsweise einer Ersparung von 33 Richterkräften ein Mehraufwand von 13 Kanzlei- und Bürobeamten gegenüber. Es sei ihm aber zweifelhaft, ob im Endergebnis eine Ersparnis eintreten werde. In welcher Zahl gehobene Stellen bei völliger Durchführung der Reform erforderlich sein werden, und zu welcher Mehrbelastung der Finanzen diese Stellenumwandlung bei dem bekannten Streben nach höheren Beförderungsstellen führen werde, sei wohl noch nicht zu schätzen. Zudem müsse mit vermehrten Regressansprüchen gerechnet werden. – Auf der anderen Seite zeigten sich unerfreuliche Wirkungen der Reform. Ob, wie von manchen Seiten befürchtet werde, eine Verschlechterung der Rechtspflege eintreten werde, lasse sich zurzeit wohl noch nicht beurteilen. Es mehrten sich aber Anzeichen dafür, dass die Durchführung der Reform ungünstigen Einfluss auf das Verhältnis der Richter und Bürobeamten untereinander haben werde, jedenfalls dann, wenn nicht auf beiden Seiten der gute Wille nach einer reibungslosen Durchführung bestehe. Dieser gute Wille fehle anscheinend bei manchen Richtern, weil diese das Hineinwachsen der Bürobeamten in die richterlichen Geschäfte, namentlich bei der bisher unsicheren Abgrenzung der Geschäftsbereiche bedauerten und ein weiteres Fortschreiten auf dieser Bahn fürchteten und zu verhindern suchten (Beispiele namentlich auf dem Gebiete des Vormundschaftswesens). In der Tat gehe das Streben in weiten Kreisen der Bürobeamten dahin, in möglichst großem Umfange die Ersetzbarkeit der Richter durch Bürobeamte darzutun, und das führe manchmal zu hässlichen Folgen, z.B. systematischer Beobachtung der Richter in dem Maße ihrer Arbeitsleistung mit anschließender Kritik. – Aus dieser Stimmung erkläre sich auch die

Abneigung vieler Richter gegen die Mitwirkung bei den – durchaus erwünschten – Vortragskursen für die Ausbildung von Rechtspflegeorganen und auf der anderen Seite das Streben von Bürobeamten, diese Kurse unabhängig von der Justizverwaltung zu einem Ersatz für die Hochschule auszugestalten, was die Gefahr einer bedenklichen Halbbildung hervorrufe.

Inwieweit die Dienstfreudigkeit der Bürobeamten durch die Reform gefördert werde, müsse abgewartet werden. Bisher seien unzufrieden zunächst – nicht ohne Grund – die Justizsekretäre und von den Obersekretären diejenigen, die keine Stellen als Rechtspflegeorgane auf ihre Gesuche erhalten hätten, namentlich soweit sie mit minder wichtigen Arbeiten beschäftigt werden mussten. Auch unter den Oberinspektoren und Inspektoren seien manche mit dem gegenwärtigen Zustande unzufrieden, weil ihnen neben den richterlichen Geschäften noch Büroarbeiten, z.B. Kostenrechnungen zugemutet würden. – Über die Bewährung der Registraturassistenten lasse sich ein Urteil noch nicht abgeben, die bisherigen Erfahrungen litten wesentlich darunter, dass nach den bestehenden Vorschriften nur Kanzleiassistenten zugelassen würden, die zum größten Teil bei ihrem Lebensalter nicht mehr die erforderliche geistige Frische besäßen.

OLG-Präs. Reiff: Im Bezirk des OLG Hamm seien bisher 34 Richterkräfte *erspart* worden. Bei restloser Durchführung sei die Ersparung von 45 Richtern möglich. – Was die *Grundbuchsachen* angehe, halte er die Entlastungsvorschriften für sehr unglücklich, da die Obersekretäre die rechtlichen Schwierigkeiten des Immobiliarsachenrechts, des Ehegüterrechts und Erbrechts nicht beurteilen könnten. Gerade das Liegenschaftsrecht biete die größten rechtlichen Schwierigkeiten, deren Beurteilung ohne Durchdringung der Grundsätze unseres Rechts, die ein wissenschaftliches Studium erfordere, nicht möglich sei. Es sei deshalb auch nötig, dass der Richter vor Abgabe eines Eingangs an den Grundbuchführer die Grundakten auf rechtliche Schwierigkeiten durchsehe, da der Eingang allein dieses Urteil nicht ermögliche. Darin aber, dass der Grundbuchführer den vom Richter vorher geprüften Eingang abverfüge, könne keine Ersparnis gesehen werden.

Gegenüber den *Kursen* sei von den Richtern allgemein eine ablehnende Haltung eingenommen worden. Nur in Münster hätten Richter sich zur Abhaltung von Kursen bereit erklärt.

In *Vormundschaftssachen* sei die Übertragung richterlicher Geschäfte auf Bürobeamte unzweckmäßig, da das Publikum nur mit dem Richter verhandeln wolle, in dieser engen Beziehung zwischen Richter und Publikum auch die Vertrauensstellung des Richters begründet sei. Auch die erforderlichen Verhandlungen mit der Geistlichkeit, mit den verschiedenen Vereinen usw. müssten dem Richter vorbehalten bleiben.

OLG-Präs. Fritsch: Die Übertragung richterlicher Geschäfte auf Bürobeamte komme im OLG-Bezirk Cassel mit seinen vielen kleinen, schwach beschäftigten AG wenig in Frage. Beim AG Cassel seien zwei Richter erspart worden ohne Vermehrung der Bürokräfte. Die Übertragung habe aber auch unerfreuliche Ergebnisse gezeitigt. So sei von den Obersekretären der Antrag gestellt worden, auf

Staatskosten versichert zu werden; der Antrag sei mit dem Hinweise darauf abgelehnt worden, dass eine solche Versicherung auch für die Richter nicht bestehe.

Den *Unterrichtskursen* seien die Richter zum großen Teil abgeneigt. Es bestehe die Befürchtung, dass es durch solche Unterrichtung zu einer juristischen Halbbildung der Bürobeamten komme, die nur schädlich wirken könne. – Eine Kostenersparnis durch die Justizreform sei nicht zu erwarten, da mit einer Erweiterung des Tätigkeitsgebiets der Bürobeamten auch die Gehaltsansprüche eine Steigerung erfahren würden.

OLG-Präs. Eichner [Königsberg]: Das Bestreben der Obersekretäre gehe dahin, nach Absolvierung einiger Hochschul*kurse* ein Diplom zu erlangen, das die ihnen fehlenden Staatsprüfungen ersetzen solle. Das Ergebnis der Entlastungsvorschriften sei äußerst gering, weil die Ersparung eines Richters immer den Mehraufwand zweier Hilfsarbeiter erfordere.

OLG-Präs. Buss [Marienwerder]: Auch er halte es für richtig, dass der Richter sowohl in Grundbuch- als auch in Vormundschaftssachen immer die Akten einsehe, bevor er die Erledigung eines Eingangs dem Obersekretär übertrage. – Der Erfolg der *Unterrichtskurse* sei gut.

Präs. von Staff: Die Absichten der Obersekretäre sei: Hineindringen in die richterliche Laufbahn ohne Examen. Es müsse den Bürobeamten klar gesagt werden, dass der von ihnen verfolgte Weg ungangbar sei. – Deshalb sei auch die Ausbildung durch *Kurse* auf das nötige Maß zu beschränken; den Bürobeamten müsse zum Bewusstsein gebracht werden, dass die Kurse kein Ersatz für die Hochschulbildung sein könnten. – Das Bestreben, in höhere Stellungen zu gelangen, habe sich auch schon auf die Kanzleibeamten übertragen. Richtig durchgeführt könne die Reform wesentlichen Erfolg versprechen. Ein Zurück gebe es nicht, es sei nötig, die Bestrebungen in die richtigen Bahnen zu lenken.

OLG-Präs. Cormann [Stettin]: Die restlose Durchführung der Reform setze genauestes Zusammenwirken von Richter und Bürobeamten und deshalb längeres Zusammenarbeiten voraus. Das sei im Bezirk des OLG Stettin nach den gemachten Erfahrungen bisher schlecht möglich gewesen, weil der Wechsel der Bürobeamten zu häufig gewesen sei. – Die Rückwirkung der Reform auf das Verhältnis zwischen Richter und Bürobeamten sei teilweise unerfreulich. Es sei schon zu Beschwerden von Bürobeamten gekommen, weil angeblich der Richter zu wenig Geschäfte übertragen habe; der Richter habe geglaubt, es liege eine Verschwendung von Arbeitskraft vor, wenn die Eingänge noch von den Bürobeamten bearbeitet würden, nachdem er sie zuvor geprüft hatte. In einem anderen Falle sei von den Bürobeamten eines dreigliedrigen AG eine Eingabe gemacht worden, dass eine Richterstelle überflüssig sei und erspart werden könne, während die Richter sich auf den entgegengesetzten Standpunkt gestellt hätten und nicht bereit gewesen seien, einer Verwendung an anderen Orten zuzustimmen. Die notwendige Folge sei die teilweise Rückgängigmachung der Übertragung richterlicher Geschäfte auf die Bürobeamten gewesen, um ihre Überlastung zugunsten der tatsächlich nur schwach beschäftigten Richter zu vermeiden. Der Fall sei von den Bürobeamten bei ihrer Verbandsleitung als Material zur Sprache gebracht und werde noch von sich reden machen. – Die Bewährung der *Registraturassistenten* sei im Allgemeinen gut, doch sei es zu schwierig, sie, wie die Entlastungsvorschriften voraussetzen, immer an die Stelle zu versetzen, wo sie gerade gebraucht würden.

OLG-Präs. Werner [Kiel]: Die Reform sei nicht aufzuhalten und müsse durchgeführt werden, könne aber auch Ersprießliches bringen, wenn sie in die richtigen Bahnen gelenkt werde. Dass die mittleren Beamten zu höheren Gehaltsgruppen strebten, sei erklärlich, wesentlich sei aber, dass ihnen die richtigen Geschäfte übertragen werden würden. Es müsse den Obersekretären aufs Bestimmteste gesagt werden, wie weit ihren Bestrebungen stattgegeben werden könne, dass nur gewisse richterliche Handlungen zur Übertragung geeignet seien und dass auch nur besonders befähigte Bürobeamte für eine solche Übertragung in Frage kämen.

OLG-Präs. Dronke [Frankfurt a.M.] trat den Ausführungen des Herrn Präs. Werner im Wesentlichen bei.

OLG-Präs. Frenken äußerte sich kurz im Sinne der von Präs. Tigges erhobenen Bedenken.

Der Herr *StS* bemerkte zu dem Ergebnis der Besprechung: Den geäußerten Bedenken, die auch im Justizministerium bekannt seien, werde Rechnung getragen werden. Eine Verfügung, durch die versucht werden solle, einem Missbrauch der Entlastungsbestimmungen vorzubeugen, liege bereits im Entwurf vor, in ihr solle klar zum Ausdruck gebracht werden, dass für die weitergehenden Pläne der Obersekretäre kein Raum sei. – Für die Durchführung der vorhandenen Bestimmungen sei aber unter allen Umständen der Anschein zu vermeiden, als ob die Richter nicht vorurteilsfrei dem Versuche der Übertragung richterlicher Geschäfte auf die Bürobeamten gegenüberständen. Es müsse vielmehr darauf Bedacht genommen, objektiv festzustellen, inwieweit eine solche Übertragung überhaupt möglich sei.

Zu Punkt 2 der TO (Simultanzulassung der Rechtsanwälte) führte der Berichterstatter *GehOberjuistizRat Berndt* aus: der Standpunkt des Herrn Ministers sei kurz folgender: Grundlage der Frage sei der Lokalisierungsgrundsatz des § 8 RAO, wonach die Zulassung bei *einem bestimmten* Gericht erfolge. Damit vertrüge es sich nicht, wenn die AG-Anwälte allgemein die gleichzeitige Zulassung bei dem übergeordneten LG forderten. Nach § 9 RAO *könne* die Simultanzulassung gewährt werden; sie *müsse* es aber nur, wenn sie nach dem übereinstimmenden Gutachten des OLG und des Vorstandes der Anwaltskammer *dem Interesse der Rechtspflege* förderlich sei. Sinn und Wortlaut dieser Bestimmung und ihr Zusammenhang mit dem Lokalisierungsprinzip ergäben, dass es sich in § 9 nur um eine Ausnahme von dem Grundsatze der Lokalisierung handle.

Dementsprechend bestehe im JMin. bisher die Übung, Anträgen der AG-Anwälte auf gleichzeitige Zulassung bei dem LG nur dann stattzugeben, wenn im *Einzelfalle* und wegen der besonderen Umstände eines Ausnahme wirklich berechtigt sei, also in erster Linie und in der Regel nur, wenn darin die Gutachten des OLG und des Vorstandes der Anwaltskammer übereinstimmten. Nur wenn AG und LG denselben Sitz hätten, werde dem Antrag auf gleichzeitige Zulassung ohne Weiteres entsprochen, weil dann das Interesse der Rechtspflege ein für allemal als gegeben angenommen werde. Wo sich also Anwälte darauf beriefen, das JMin.

habe in früheren Fällen die Simultanzulassung auch bewilligt, da handle es sich in der Regel darum, dass übereinstimmende Gutachten vorgelegen hätten, die Entscheidung also im JMin. nicht mehr frei gewesen sei.

Bei der Prüfung, ob die Simultanzulassung dem Interesse der Rechtspflege förderlich sei, könnten aber nur *sachliche* Gründe berücksichtigt werden, nicht auch Gründe, die in den *persönlichen Verhältnissen* des Gesuchstellers lägen (hierbei trug der Berichterstatter einen jüngst zur Erörterung gekommenen Fall vor).

Den preußischen Standpunkt teile sowohl Bayern als auch Hessen. Bayern halte die Ausnahme des § 9 nur für begründet, wenn durch die Simultanzulassung eine *Verbilligung* und *Beschleunigung* der Prozesse herbeigeführt und ein reibungsloses Zusammenarbeiten der Anwälte unter sich, wie mit den Gerichten geschaffen werde. Bayern glaube aber, diese Frage im Allgemeinen verneinen zu müssen und dagegen werde sich schwerlich Durchgreifendes anführen lassen.

Die hauptsächlichsten Gründe, die die AG-Anwälte für die allgemeine Gewährung der Simultanzulassung vorbrächten, also im Wesentlichsten, dass sie vom Publikum als *Anwälte zweiten Ranges* betrachtet würden und dass die Simultanzulassung für sie ein wirtschaftliches Bedürfnis sei, seien nicht durchschlagend. Die wirtschaftliche Lage der AG-Anwälte sei durch die neuerliche Erhöhung der Gebühren, durch die Erweiterung der Zuständigkeit der AG in der Prozesstätigkeit, durch die wesentliche Vermehrung der Zuständigkeit der Schöffengerichte erheblich gebessert worden. Auch hätten die Anwälte in den Städten, in denen sich nur AG befänden, großenteils noch immer einen Vorsprung bei der Verleihung des Notariats. Die Justizverwaltung könne aber nicht die Interessen der AG-Anwälte einseitig begünstigen, sie müsse auch auf die Interessen der LG-Anwälte Rücksicht nehmen, auf deren Kosten die Neuerung gehen würde. Es sei sehr zu befürchten, dass die allgemeine Simultanzulassung nach § 9 zu dem wirtschaftlichen Ruin einer großen Zahl von LG-Anwälten führen würde, mindestens bei den mittleren und kleineren LGs. – Wenn man aber den Klagen der AG-Anwälte über ihre angebliche Stellung als Anwälte zweiter Klasse Raum gäbe, dann stünde bald ein Übergreifen der Bewegung auf die Anwälte bei den LG gegenüber den OLG zu erwarten, und das sei in hohem Maße unerwünscht. – Es werde also bei der bisherigen Übung im JMin. verbleiben müssen, solange nicht etwa die RAO geändert werde.

OLG-Präs. Werner betonte, dass die Simultanzulassung nach den gemachten Erfahrungen häufig zur Folge habe, dass der ausnahmsweise beim LG zugelassene Anwalt seine Kollegen an den AG gegen Übertragung des Mandats an den Gebühren teilnehmen lasse.

Die *OLG-Präs. Frenken* und *Dronke* stimmten den Ausführungen des Berichterstatters im Wesentlichen zu.

Die *KG-Präs. Tigges* und *OLG-Präs. von Staff* sprachen sich für eine größere Berücksichtigung der Zulassungsgesuche aus in dem Falle, wo Rechtsanwälte aus Vororten zugleich bei dem LG der Stadt, mit der der Vorort baulich und wirtschaftlich verbunden sei, zugelassen zu werden wünschten. Im Übrigen stimmten aber auch sie der Beschränkung der Simultanzulassung zu.

Zu Punkt 3 der TO (Beschränkung der Zahl der Anwärter für die verschiedenen Beamtengruppen)

führte *MinRat Schneller* aus: Nach § 13 Abs. 2 Satz 3 des Beamtendiensteinkommensgesetzes müsse die Beschränkung der Anwärterzahl auch im höheren Justizdienst durchgeführt werden. Es sei zwar zu wünschen, den numerus clausus bereits bei den Referendaren eintreten zu lassen, um den Kreis der für die Gewährung von Unterhaltszuschüssen in Betracht kommenden Referendare festzulegen. Wegen der hierbei bestehenden Schwierigkeiten könne jedoch zunächst die Einführung des numerus clausus nur für die Assessoren in Angriff genommen werden. Die Durchführung sei so gedacht:

Nach bestandener großer Staatsprüfung sollten die Referendare wie bisher zu Assessoren ernannt und einem Gericht zur Beschäftigung zugeteilt werden. Die Ernennung dieser „Probisten" zu Anwärtern solle spätestens nach einer gewissen Probezeit (etwa ein Jahr) erfolgen, innerhalb deren die Justizverwaltung sich schlüssig zu machen habe, ob sie den Assessor endgültig übernehmen wolle oder nicht. Die Auswahl der Anwärter werde durch den Justizminister zu erfolgen haben. Die zu Anwärtern ernannten Assessoren sollten dann dauernd besoldet sein, während die Probisten ggfs. als Hilfsrichter Beschäftigung finden könnten oder Unterhaltszuschüsse erhalten würden. Die Probisten, die innerhalb der Probezeit nicht zu Anwärtern ernannt werden würden, müssten gezwungen werden, aus dem Justizdienst auszuscheiden. Es müsse versucht werden, die für die erstrebten Neuerungen etwa erforderliche Änderung des AGGVG durchzusetzen. Wenn die Reform in dieser Weise durchgeführt werde, würden sich die Assessoren aus Anwärtern und „Probisten" zusammensetzen. Aus ihnen hätte die Justizverwaltung ihren Bedarf an Hilfsarbeitern in erster Linie zu decken, doch müsste durch eine weitere Abänderung des AGGVG dafür gesorgt werden, dass im Notfalle auch auf andere Personen, die die Befähigung zum Richteramt besäßen, zurückgegriffen werden könnte, wie die Justizverwaltung andererseits auch bei der Auswahl der Anwärter nicht ausschließlich auf die „Probisten" angewiesen sein dürfe. – Der Finanzminister sei mit den Grundsätzen dieses Planes einverstanden, doch bestünden hinsichtlich der Bemessung der Anwärterzahlen noch weitgehende Differenzen.

Es sei erwünscht, die Stellungnahme des OLG-Präs. zu diesem Plane zu erfahren, insbesondere auch unter dem Gesichtspunkt, ob für die Anwärter die Gewährung der vollen Anwärterbezüge, die natürlich auch eine volle Beschäftigung voraussetze, zu verantworten sei oder ob vielmehr auch bei den Anwärtern nur die Gewährung von Unterhaltszuschüssen beim Fehlen eines Kommissoriums vorgesehen werden müsse.

Bei der Aussprache stimmte *OLG-Präs. Reiff* dem Berichterstatter darin zu, dass der numerus clausus für Anwärter nötig sei.

OLG-Präs. Dronke bemerkte, er halte es für geboten, dass die Bezüge der entgeltlich beschäftigten Anwärter hinter denen der planmäßigen Beamten zurückblieben. Die Erfahrung zeige jetzt schon, dass sonst der Anreiz zur Bewerbung um minder begehrte Stellen fehle. *OLG-Präs. Werner* schloss sich gleichfalls dem Berichterstatter an, stellte aber zur Erwägung, ob es besser sei, statt von vornherein alle

Assessoren in den Justizdienst zu übernehmen und nach einem Jahre die weniger geeigneten auszusondern, zunächst keinen und erst nach einem Jahre die geeigneten zu übernehmen. Er machte ferner bei dieser Gelegenheit darauf aufmerksam, dass die „Amts"- und „Landrichter", die an angenehmen Orten säßen, jetzt wegen der günstigen Regelung ihrer Bezüge häufig kein Interesse mehr an planmäßiger Anstellung hätten und dass daraus Schwierigkeiten erwüchsen, denen man nur dadurch werde begegnen können, dass der Justizminister in geeigneten Fällen planmäßige Stellen anböte, um bei deren Ausschlagen das weitere Aufsteigen in den Bezügen aufzuhalten.

Die *OLG-Präs. Cormann* und *von Staff* warnten davor, Assessoren und Hilfsrichter gegen ihren Willen zu versetzen, weil dadurch das Abschwenken der befähigten Elemente in Industrie und Handel begünstigt werde.

Zu Punkt 4 der TO (Einwirkung der Entscheidung des RG vom 12.02.1921, RGSt 55, S. 236 auf die Geschäftsverteilung bei den LG) äußerten sich die Herren OLG-Präs. wie folgt:

Präs. Fritsch: Die Entscheidung mache für das LG Hanau die Schaffung einer neuen Direktorstelle erforderlich.

Präs. Reiff: Die Schaffung neuer Direktorenstellen werde erforderlich sein; bei der Zuteilung dieser Stellen seien in erster Linie die größeren LG zu berücksichtigen.

Präs. von Staff: In Berlin seien an neuen Direktorenstellen infolge der Entscheidung erforderlich: Beim LG I sieben, beim LG II sechs, beim LG III sieben, bei den LG in Potsdam, Landsberg und Prenzlau je eine.

Präs. Greiff: Es stehe wohl noch nicht fest, ob die RG-Entscheidung gleichermaßen auf Zivilsachen Anwendung finde; sei dies der Fall, so sei allerdings ein erheblicher Mangel an Direktoren vorhanden.

Präs. Tigges: Im OLG-Bezirk Düsseldorf ergebe sich aus der Anwendung der Entscheidung des RG keine Schwierigkeit.

Präs. Reiff: Bei Anwendung der Entscheidung auch auf Zivilsachen sei erheblicher Mangel an Direktorenstellen vorhanden.

Die *Präs. Werner* und *Frenken* halten die Entscheidung und ihre Wirkungen gleichfalls für höchst bedenklich.

Zu Punkt 5 der TO (Geschäftsentwicklung) erklärten die Herren OLG-Präs. Folgendes:

OLG-Präs. Greiff und *Frenken:* Die Geschäfte der OLG seien im Zunehmen begriffen, die Geschäfte der LG dagegen seien in der Abnahme.

OLG-Präs. Fritsch: Nur bei den LG sei eine geringe Abnahme zu verzeichnen.

OLG-Präs. Cormann: Beim OLG herrsche starke Zunahme; bei den LG sei zunächst eine Abnahme der Geschäfte zu verzeichnen gewesen, zurzeit mache sich aber auch dort eine Steigerung bemerkbar. Die Strafsachen seien allgemein sehr zurückgegangen.

OLG-Präs. Werner: Beim OLG scheine der Höhepunkt bei der Zunahme der Zivilsachen überschritten zu sein, in Ehesachen zeige sich bereits eine Abnahme, in Strafsachen dagegen herrsche geringe Zunahme. Bei den LG herrsche starke

Abnahme, während bei den AG ein Ansteigen zu verzeichnen sei. Über die Dauer der Prozesse sei nicht zu klagen.

Die *OLG-Präs. Eichner* und *Buss:* Im Allgemeinen seien die Geschäfte im Abnehmen begriffen.

OLG-Präs. Tigges: Beim OLG herrsche Zunahme in Zivilsachen, Abnahme in Strafsachen. Die Geschäfte der LG seien bei den Zivilkammern konstant, bei der Kammer für Handelssachen sei eine Zunahme zu verzeichnen, in Strafsachen seien die Geschäfte allgemein im Abnehmen begriffen.

OLG-Präs. Dronke: Beim OLG sei in Zivilsachen eine Zunahme zu verzeichnen, bei den LG seien die Zivilsachen einschließlich der Handelssachen im Abnehmen begriffen.

OLG-Präs. Reiff: Beim OLG seien die Geschäfte in Strafsachen im Zunehmen begriffen. Bei den LG herrsche im Allgemeinen Abnahme, nur in Ehesachen und Handelssachen sei eine Zunahme zu verzeichnen. Die *Dauer* der Prozesse sei nur beim OLG lang.

OLG-Präs. Reuter: Beim OLG herrsche in Zivilsachen Zunahme, in Strafsachen seien die Geschäfte konstant geblieben. Bei den LG sei in Strafsachen Abnahme, in Zivilsachen Zunahme zu verzeichnen. Bei den AG herrsche Zunahme.

OLG-Präs. Rasch: Beim OLG herrsche in Zivilsachen Zunahme. Bei den LG sei allgemein eine Abnahme zu verzeichnen, die in Zivilsachen sogar 20% betrage. Bei den städtischen AG sei eine Zunahme zu verzeichnen, bei den ländlichen dagegen nicht. – Die *Dauer* der Prozesse weise sowohl beim OLG als auch bei den LG ein günstiges Bild auf.

OLG-Präs. von Staff: Beim KG sei eine Zunahme zu bemerken. – Bei den LG herrsche im Allgemeinen Abnahme, zuletzt aber wieder etwas Zunahme. Bei den AG, besonders beim AG Berlin-Mitte sei die Tätigkeit sehr gesteigert (20–50%).

Bei der Besprechung des *Punktes 6 der TO (Bewährung der in Ziff. II, 1 der Allg. Verfügung vom 08.03.1921 enthaltenen Delegation von Hilfsarbeiterbewilligungen auf die Provinzialbehörden)* herrsche allseitiges Einverständnis darüber, dass sich die Delegation gut bewährt habe, dass aber eine Ausdehnung auf die LG-Präs. nicht zweckmäßig sei.

Zu Punkt 7 der TO (Wohnungsfürsorge für die Beamten)…

Zu Punkt 9 der TO (Verschiedenes) sprachen zunächst *MinRat Schäfer* und *OJRat Hartung* über den *Stand der Strafrechtsreform.*

MinRat Schäfer wies besonders darauf hin, dass seitens der Gerichte vielfach Verstöße bei der Anwendung neuer Strafvorschriften gemacht würden; insbesondere auch bei der Anwendung der Vorschriften des Militärstrafgesetzbuchs und der Novelle zum Forstdiebstahlsgesetz.

Alsdann sprach *OJRat Hartung* über die *Reform der Gerichtsverfassung und des Strafprozesses:* Die endgültige Reform solle erst nach der Reform des materiellen Strafrechts durchgeführt werden. Bis dahin solle mit einigen Novellen geholfen werden:

a) Es solle die *Berufung gegen alle Strafurteile 1. Instanz* eingeführt werden mit Ausnahme der Schwurgerichts- und RG-Urteile.

b) Die *Laienbeteiligung* solle für alle Tatsacheninstanzen mit Ausnahme der Sachen, die zur erstinstanzlichen Zuständigkeit des RG gehören, durchgeführt werden.

In *1. Instanz* solle in allen Sachen, soweit nicht die Zuständigkeit des Schwurgerichts oder des RG begründet sei, das Schöffengericht entscheiden; bei Verbrechen, desgl. bei Vergehen, wenn die StA bei ihnen Anklage erhebe; das Große Schöffengericht werde voraussichtlich mit zwei Richtern und drei Laien besetzt werden. Über die *Berufung* solle in allen Fällen die Strafkammer des LG entscheiden, die voraussichtlich für die Entscheidung über die Berufung gegen die Urteile des „Kleinen Schöffengerichts" mit zwei Richtern und drei Laien, für die Entscheidung über die Berufung gegen die Urteile der „Großen Schöffengerichte" mit drei Richtern und vier Laien besetzt werden würden. Die *Revision* solle in Sachen des „Kleinen Schöffengerichts" an das OLG, in Sachen des „Großen Schöffengerichts" an das RG gehen. Die Revision gegen Schwurgerichtsurteile solle wie bisher beim RG verbleiben.

c) In *Hochverratssachen* solle die Möglichkeit einer Abgabe an das OLG geschaffen werden; in diesen Fällen solle Revision ans RG zugelassen werden.

Die bevorstehenden Änderungen stellen die Justizverwaltung vor eine Reihe von organisatorischen Schwierigkeiten:

a) es ergebe sich die Notwendigkeit einer Dezentralisation der StA; b) es erhebe sich ferner die Frage, inwieweit das vorhandene Personal, insbesondere an Richtern ausreiche, um die Reform durchzuführen; c) fraglich sei weiter, ob die vorhandenen Räumlichkeiten für die Sitzungen der Strafgerichte ausreichen würden; d) für die Deckung des größeren Bedarfs an Laienrichtern müsse gesorgt werden; hierbei werde das Verfahren bei der Aufstellung der Urlisten verbessert werden müssen; ferner liege über die Beteiligung der Frauen am Laienrichteramt ein Gesetzentwurf vor; endlich müsse auf die stärkere Heranziehung von Arbeitern zum Schöffen- und Geschworenenamt Bedacht genommen werden. Bei den Geschworenen solle zukünftig die Auswahl durch das Präsidium des LG beseitigt werden und die Spruchliste der Geschworenen solle auf 20 beschränkt werden.

Die Reform mache erforderlich, dass in weit größerem Maße als bisher darauf Bedacht genommen werde, dass nur *besonders tüchtige Richter zu Strafrichtern* ernannt werden würden. – Bei dieser Gelegenheit müsse auch nochmals darauf hingewiesen werden, dass das *Verhalten der Richter in den Strafsitzungen* so einzurichten sei, dass nach außen kein ungünstiger Eindruck gemacht werde. Lesen und Schreiben von Beisitzern sei daher nach Möglichkeit zu unterlassen.

Die Frage, ob *Unterrichtskurse für die Schöffen und Geschworenen* eingerichtet werden sollten, bedürfe einer besonders vorsichtigen Behandlung, da u.U. mit solchen Kursen mehr geschadet als genützt werden könne. – Die *„soziale Gerichtshilfe"* sei an sich im Interesse der Justizverwaltung sehr zu begrüßen, sie sei insbesondere geeignet, die Anpassung der Justiz an die modernen Forderungen der Besserung der Verurteilten und der Sicherung der Gesellschaft zu fördern. Durch die Unterstützung der „sozialen Gerichtshilfe" dürfe dem Fiskus aber keine finanzielle Mehrbelastung auferlegt werden. – Die *Erledigung der Gnadensachen* erfolge zu langsam, es sei dringend nötig, die Beauftragten für Gnadensachen auf eine schnellere Bearbeitung hinzuweisen...

OLG-Präs. Fritsch stelle noch die Frage nach der angeordneten *Abschaffung des Telefons* bei den AG zur Erörterung und bat, die Abschaffung nicht zu schroff durchzuführen; auch bei der Bewilligung der *elektrischen Beleuchtung* für die AG möge den Wünschen der Beamten nach Möglichkeit Rechnung getragen werden. – *Geheimrat Anz* [MinRat ab 1920] erwiderte, dass der Finanzminister mit der Beibehaltung des Telefons einverstanden sei, sofern nur ein genügender Grund hierfür geltend gemacht werden könne. Es genüge schon der Hinweis auf die besonderen Bedürfnisse des Gerichtsbezirks oder z.B. auf die Abgelegenheit des Gerichtsorts, Wünsche der anderen Behörden und der Gerichtseingesessenen oder dergl.

Bezüglich der Bewilligung der elektrischen Beleuchtung sei der Finanzminister zurzeit allerdings sehr zurückhaltend. Doch werde den Anträgen auf Bewilligung elektrischer Beleuchtung mit der zunehmenden Kohlenot auch in höherem Maße stattgegeben werden müssen. Dies sei insbesondere der Fall, wo der Nachweis erbracht werde, dass die Beleuchtung mit Petroleum oder Gas kostspieliger sei als die elektrische und die Anlagekosten für die Leitungen daher durch einen sparsamen Betrieb wieder hereingebracht werden könnten.

II. Besprechung mit den OLG-Präsidenten am 10.03.1923

Justizminister Dr. am Zehnhoff eröffnet die Besprechung um 9.15 Uhr mit folgenden Worten: „Meine Herren. Ich begrüße Sie und danke Ihnen, dass Sie trotz der Ungunst der Zeitverhältnisse sich eingefunden haben, besonders den Herren aus der Rheinprovinz. Deutschland befindet sich zurzeit in der kritischsten Lage, in der es sich vielleicht jemals befunden hat. Im Ruhrgebiet wird gekämpft um Sein oder um Nichtsein des Reichs und des preußischen Staates. Indem Sie nun heute hierher kommen, um wie im Frieden über die Verbesserungen, die in der Rechtspflege vorgenommen werden können, zu beraten, legen Sie ein beredtes Zeugnis ab von Ihrem Vertrauen auf den Sieg der deutschen Sache und auf den Bestand des Reichs und des preußischen Staates."

Er erteilt hierauf zu Punkt 1 der TO: *„Stand der Prozesserledigung. Empfiehlt es sich, zur Erzielung größerer Beschleunigung (Geldentwertung!) und zur Verhütung weiterer Abwanderung an die Schiedsgerichte Hilfskammern (Verwendung überzähliger Assessoren) und Hilfssenate zu bilden?"* das Wort dem *MinRat Becker*, welcher um Mitteilungen über den Stand der Prozesserledigung und um Stellungnahme zu der in Punkt 1 der TO gestellten Frage bittet und ausführt, dass die Zahlen der Prozessstatistik für 1923 im Vergleich zu den Zahlen des Vorjahres für die Zivilkammern 1. Instanz und für die OLG eine Abnahme der Prozesse, für die Zivilkammern in der Berufungsinstanz und für die Kammern für Handelssachen dagegen eine Zunahme zeigten. Der Stand der Erledigung sei im Allgemeinen im Verhältnis zu den entsprechenden Zahlen aus 1921 ungünstig, nur bei den OLG etwas günstiger; auffallend sei die lange Dauer der neueren Sachen. Es liege auf der Hand, dass die zunehmende Geldentwertung eine besonders rasche Erledigung der Prozesse wünschenswert mache. Viele Parteien gingen, durch den langsamen Gang des gerichtlichen Verfahrens abgeschreckt, zur schiedsgerichtlichen Austragung ihrer Streitigkeiten über, wodurch die Gefahr entstehe, dass die Gerichte nicht mehr ausreichend beschäftigt würden.

Gewisse Mittel zur Prozessbeschleunigung gebe bereits das geltende Recht an die Hand; in einigen Bezirken (z.B. Düsseldorf) seien diese Mittel in Rundverfügungen zusammengestellt und zur Anwendung empfohlen worden. Von gesetzgeberischen Maßnahmen in gleicher Richtung seien hervorzuheben die bevorstehende Erhöhung der Zuständigkeit der AG in vermögensrechtlichen Streitigkeiten auf 300.000 M, sowie die Erhöhung der Berufungssumme auf 30.000 M und der Revisionssumme auf 500.000 M, wodurch eine Entlastung der Kollegialgerichte eintreten würde. Ferner sei in Aussicht genommen, in die Entlastungsnovelle von 1915 eine Anzahl neuer Bestimmungen einzufügen, teils prozessrechtlicher Natur, indem das Erfordernis der mündlichen Verhandlung eingeschränkt, der § 501 ZPO auch auf das Verfahren vor den LG und in der Berufungsinstanz angewandt, den Parteien die Möglichkeit, die ordentlichen Gerichte als Schiedsgerichte in Anspruch zu nehmen, gewährt werden soll, teils materiell-rechtlichen Charakters, indem eingeklagte Geldforderungen wertbeständig gemacht werden sollen.

OLG-Präs. Greiff: Im OLG-Bezirk Breslau sei der Stand der Prozesserledigung nicht ungünstig. Bei den LG sei der Wunsch nach Errichtung von Hilfskammern nur in Breslau, so schon eine Hilfskammer bestehe, hervorgetreten. Bei dem OLG seien zwei Hilfssenate vorhanden, weitere Abhilfe könne hier durch eine andere Geschäftsverteilung geschaffen werden. Übrigens seien Arbeitsgemeinschaften mit den Rechtsanwälten gebildet, durch welche dafür gesorgt werden soll, dass die durch Vertagung freiwerdenden Stunden für weit heraus angesetzte Sachen nutzbar gemacht werden.

OLG-Präs. Reuter: Im OLG-Bezirk Naumburg sei die Lage bei den LG gleichfalls nicht ungünstig. Die LG-Präs. hätten sich gegen die Errichtung von Hilfskammern ausgesprochen; die großen LG hätten schon viele Hilfsrichter und könnten nicht einmal die ordentlichen Kammern durchweg mit ständigen Richtern besetzen. Beim OLG sei der Stand günstig; im Jahre 1922 seien 540 Berufungen mehr erledigt als eingegangen seien (3495:2945); allerdings seien die Berufungen seit Jahresbeginn wieder an Zahl gestiegen. Doch würde dies durch die Zahl der seitdem ergangenen Urteile mehr als ausgeglichen.

KG-Präs. Dr. Tigges: Im KG-Bezirk könne der Stand der Prozesserledigung nicht als günstig bezeichnet werden. Bei den LG brauchten 37 v.H. der erstinstanzlichen Sachen, beim KG 31 v.H. der Sachen mehr als ein Jahr. Durch Hilfskammern oder Hilfssenate sei daran kaum etwas zu ändern, da die Beobachtung zeige, dass nicht gerade die am meisten belasteten Kammern und Senate am langsamsten arbeiten. Dass bei den Parteien die Neigung wachse, die Gerichte schon jetzt als Schiedsgerichte in der Form anzurufen, dass die Mitglieder einzelner Kammern oder Senate gebeten würden, das Amt als Schiedsrichter zu übernehmen, sei auch im KG-Bezirk beobachtet worden. Hilfskammern würden demnächst für einige LG beantragt werden; für das KG, das schon 33 Senate besitze, könne die Errichtung eines Hilfssenats nicht in Frage kommen.

OLG-Präs. Eichner: Für das LG in Königsberg sei ein Versuch mit Hilfskammern erwünscht. Beim OLG bestehe ein Hilfssenat zur Abarbeitung der älteren Sachen aus der Kriegszeit.

OLG-Präs. Rasch: Beim OLG Celle sei der Stand der Prozesserledigung nicht schlecht, ebenso nicht bei den LG. Für die momentan schnellere Erledigung der Prozesse sei es von Vorteil, wenn beim OLG ein Hilfssenat errichtet würde; auch die Vertreter der Anwaltschaft hätten hierum gebeten. In Hannover sei seit einigen Monaten eine auffällige Absonderung der Prozesse in die Schiedsgerichtsbarkeit zu beobachten.

OLG-Präs. Dronke: In Frankfurt/M. sei bei dem LG je eine Hilfskammer für Zivil- und für Handelssachen errichtet worden. Ein Hilfssenat beim OLG sei nicht erforderlich.

StS Exzellenz Dr. Mügel weist für die weiteren Erörterungen darauf hin, dass nach der Justizstatistik das Tempo der Prozesserledigung sich immer sehr verlangsame.

Während im Jahre 1921 von allen im gleichen Jahr anhängig gewordenen Sachen noch 33 v.H. erledigt wurden, sank diese Zahl für 1922 auf 18,3 v.H., gleichzeitig sei die Zahl der überalterten Sachen gestiegen, z.B. die Zahl der zwei bis drei Jahre alten Prozesse von rund 10.000 im Jahre 1920 auf rund 26.000 im Jahre 1922, die Zahl der drei bis vier Jahre alten Prozesse im gleichen Zeitraum von rund 4.600 auf rund 9.000; diese Zahlen ließen freilich nicht ersehen, inwieweit die Nichterledigung in diesen Fällen auf dem Willen der Parteien beruhe.

OLG-Präs. Fritsch: Im OLG-Bezirk Cassel sei die Lage günstig. Auch er habe übrigens wahrgenommen, dass gerade die kleineren und weniger belasteten Gerichte (z.B. LG Marburg) am langsamsten arbeiten.

OLG-Präs. Werner: Im OLG-Bezirk Kiel sei eine bedenkliche Abwanderung der Prozesse in die Schiedsgerichtsbarkeit nicht wahrzunehmen. Die Errichtung von Hilfskammern halte auch er nicht für eine überall anwendbare Maßnahme, sondern nur da für geboten, wo eine wirkliche Überlastung festzustellen sei. Eine solche Überlastung bestehe im OLG-Bezirk Kiel nicht.

OLG-Präs. Dr. Cormann: In Stettin seien die Voraussetzungen für die Bildung eines Hilfssenates günstig, weil tatsächlich Überlastung bestehe. Bei den LG könne über den Stand der Prozesserledigung nicht geklagt werden; für das LG in Köslin, wo sich aus örtlichen Gründen ein ungünstiger Stand der Prozesserledigung gezeigt habe, sei kürzlich die Bildung einer Hilfskammer beantragt und genehmigt worden.

OLG-Präs. Dr. Schollen: Im OLG-Bezirk Düsseldorf sei die Lage insofern nicht ungünstig, als sowohl bei dem OLG als auch bei den LG die Zahl der erledigten Sachen größer sei als die Zahl der neuen Sachen, immerhin seien trotz Höchstleistungen, die die Gerichte im Jahre 1922 vor sich gebracht hätten, noch so viele Sachen anhängig geblieben, dass das OLG damit 1¼, die LG ¾ Jahr zu tun hätten, was praktisch bedeute, dass die Durchschnittsdauer eines Prozesses bei den LG immer noch ¾ Jahr, bei dem OLG 1¼ Jahr betrage. Durch Einrichtung eines Hilfssenats und durch Hilfsrichter bei den LG sowie durch Herausgabe von Merkblättern über die Mittel der Prozessbeschleunigung seien Erfolge erzielt.

OLG-Präs. Buss: Der Stand der Prozesserledigung sei im Allgemeinen günstig, am ungünstigsten bei dem kleinsten LG Meseritz. Ein Bedürfnis zur Einrichtung von Hilfskammern und Hilfssenaten liege nicht vor.

OLG-Präs. Reiff: Bei dem OLG seien etwas mehr Berufungen erledigt als eingegangen seien, die Durchschnittsdauer der Instanz betrage etwa 1⅓ Jahr. Es seien ziemlich viele alte Prozesse vorhanden, insbesondere Bergschädenprozesse. Bei den LG habe im Jahre 1922 ein starkes Drittel der Prozesse mehr als ein Jahr erfordert. Beim OLG Hamm sei ein Hilfssenat geschaffen, ein weiterer nicht notwendig; bedauerlich sei, dass die Anwälte fast nie bereit seien, eine Berufung schon im ersten Termin zu verhandeln. Auch bei den LG seien weitere Hilfskammern nicht erforderlich. Dagegen würde auf Vermehrung der Kammern für Handelssachen gedrängt, die besonders dort, wo ein tüchtiger Vorsitzender vorhanden sei, stark belastet wären. Über die Abwanderung in die Schiedsgerichtsbarkeit seien besondere Klagen nicht laut geworden.

OLG-Präs. Dronke erwähnt noch, dass die Überalterung der Sachen überwiegend auf dem Verhalten der Parteien beruhe. Allerdings sei auch zu bemerken, dass bei den neuen Sachen der Prozentsatz der rechtlich schwierigen Fälle in stetem Ansteigen begriffen sei.

OLG-Präs. Reichartz: Im OLG-Bezirk Köln sei der Stand der Prozesserledigung nicht ungünstig, das Jahr 1922 weise sogar seit Jahren die günstigste Ziffer auf. Eine besonders erhebliche Abwanderung an die Schiedsgerichte sei nicht festzustellen. Beim OLG bestehe ein Hilfssenat, ein weiterer sei nicht erforderlich.

Justizminister Dr. am Zehnhoff fasst das Ergebnis der Aussprache dahin zusammen, dass die Notwendigkeit der Prozessbeschleunigung und das Bedürfnis dafür, dass die Gerichte nach Art der Schiedsgerichte tätig werden könnten, allgemein anerkannt wurde.

Er erteilt hierauf zu Punkt 2 der TO *„Verwendung der Gerichtsassessoren bei Einführung des numerus clausus"* das Wort dem *MinRat Becker,* welcher ausführt, dass für die Gerichtsassessoren die Einführung des numerus clausus beabsichtigt sei und zwar in der Weise, dass die Assessoren nach bestandenem Examen zunächst sämtlich eine einjährige Probezeit abzuleisten hätten (mit Besoldung in Höhe von ¾ der Anfangsbezüge des Richters), und dass nach Ablauf der Probezeit die geeigneten Assessoren als Stellenanwärter (mit der im BDEG vorgesehenen Besoldung) übernommen würden, soweit die im Einvernehmen mit dem Finanzministerium festzusetzende Bedarfszahl es gestatte, während die übrigen endgültig aus dem Justizdienst ausschieden. Es sei nun notwendig, die Probeassessoren so zu beschäftigen, dass man nach Ablauf der Probezeit über ihre Eignung urteilen könne, und die Stellenanwärter in Anbetracht dessen, dass sie volle Bezahlung erhielten, so zu beschäftigen, dass ihre Arbeitszeit voll ausgenutzt werde. In der einen wie in der anderen Beziehung entständen gewisse Schwierigkeiten durch den wechselnden Bedarf der Gerichte, durch die Wirkungen der kleinen Justizreform und durch die Abnahme der Geschäfte; bei einem Mangel an Beschäftigungsmöglichkeiten könne freilich durch Zwangsbeurlaubung Abhilfe geschaffen werden.

KG-Präs. Dr. Tigges: Die Beschäftigung der Probeassessoren müsse, damit man über ihre Eignung urteilen könne, möglichst an den LG erfolgen; geschehe dies, so sei die einjährige Probezeit ausreichend. Auch die jetzt vorhandenen Assessoren seien übrigens bereit, sich einer Probezeit zu unterwerfen. Bei einem Überfluss an Stellenanwärtern müsse eine ausgiebige Beurlaubung zu den Reichsbehörden stattfinden, zu welchem Zweck es wohl ratsam sei, eine Assessorenverteilungsstelle in Berlin einzurichten, damit alle Bezirke gleichmäßig zum Abschub in der Lage wären. Die Beschäftigung der Stellenanwärter müsse im Übrigen den LG-Präs., denen sie zugeteilt seien, tunlichst selbständig überlassen werden.

OLG-Präs. Rasch erklärt eine einjährige Probezeit ebenfalls für genügend.

OLG-Präs. Reiff befürwortet die Probezeit auch hinsichtlich der schon vorhandenen Assessoren, weil die besten – nach Examen oder Leistungen – von diesen schon abgewandert seien und sich unter den verbliebenen nicht wenige für eine richterliche Stellung nicht eigneten, wohl aber als Rechtspflegeorgane Verwendung finden könnten. Als Nachteil der „ständigen Hilfsarbeiter" mache sich übrigens schon jetzt bemerkbar, dass es schwer halte, Bewerber für wenig begehrte Richterstellen zu finden.

OLG-Präs. Dr. Cormann hält die Probezeit von einem Jahre nicht für ausreichend, weil sie den OLG-Präs. ein eigenes Urteil nicht ermögliche.

OLG-Präs. Werner hält es hingegen für möglich, sich innerhalb der einjährigen Probezeit ein zuverlässiges Urteil zu bilden, da es sich praktisch nicht um Abstufungen in der Eignung, sondern nur um die markante Frage handeln könne, ob der Assessor überhaupt geeignet sei oder nicht. Die Beschäftigung der Probeassessoren müsse an den LG erfolgen; auch eine Beschäftigung bei der StA sei nützlich und gut kontrollierbar, wogegen eine Beschäftigung bei den AG ein Urteil über die Eignung schwer möglich mache (am ehesten noch in Prozesssachen). Die zu anderen Verwaltungen beurlaubten Assessoren dürften nicht zu Stellenanwärtern ernannt werden; hierdurch werde nur das Fortgehen der tüchtigen Kräfte befördert.

OLG-Präs. Dronke erachtet die einjährige Probezeit für etwas kurz, aber für immerhin ausreichend. Zur Erleichterung der Beurteilung der Assessoren würde es bedeutend beitragen, wenn sich die Justizprüfungskommission bereits im Prüfungszeugnis über die Eignung des Assessors zur Anstellung äußern würde. Ferner sei zu erwägen, die Probeassessoren nur bestimmten LG zu überweisen, da es auch sehr auf die Person des beurteilenden Präs. ankomme.

Präs. der Justizprüfungskommission Steuber hat Bedenken dagegen, dass die Justizprüfungskommission neben dem Urteil über die Befähigung zum Richteramt ein weiteres Urteil über die – größere oder geringere – Eignung zum Richter abgebe. Angängig sei es dagegen, dass die Einzelergebnisse der Assessorprüfung näher dargelegt und zu den Prozessakten gebracht würden, wie es bei der Referendarprüfung bereits geschehe.

OLG-Präs. Dronke begrüßt dies als einen sehr wesentlichen und dankenswerten Anhalt für die Beurteilung der Probeassessoren.

Justizminister Dr. am Zehnhoff stellt fest, dass die Aussprache ergeben zu haben scheine, dass in mehrfacher Hinsicht noch eine Klärung erforderlich sei und sagt die reifliche Prüfung aller Anregungen zu.

Sodann erteilt er das Wort zu Punkt 3 der TO: *„Soziale Gerichtshilfe für Erwachsene“* dem *MinRat Hartung,* welcher ausführt, nachdem die moderne Strafrechtspflege zur Zurückdrängung des Vergeltungsgedankens und zur stärkeren Betonung des Besserungsgedankens geführt habe, sei es erforderlich, dass sich das Strafverfahren von Anfang an nicht nur auf die Feststellung der Tat, sondern auch auf die Feststellung der persönlichen Verhältnisse des Täters erstrecke. Hierzu genüge die Mitwirkung der Polizei nicht; am besten seien vielmehr die kommunalen Wohlfahrtsämter zur Mitarbeit geeignet. Fehle es an solchen, so müsse auf private Vereinigungen zurückgegriffen werden. Das letztere führe freilich den Nachteil mit sich, dass diese Vereinigungen, die selbst nur geringe Geldmittel besäßen, Staatszuschüsse beanspruchen, für welche nur unbeträchtliche Summen verfügbar seien. Es sei daher wünschenswert, die Entwicklung der Dinge in der Richtung zu fördern, dass tunlichst die Gemeinden die Mitarbeit übernehmen.

OLG-Präs. Werner teilt mit, dass mit der Mitwirkung der Gemeindewohlfahrtsämter im LG-Bezirk Altona sehr gute Erfahrungen gemacht seien, dass er den unmittelbaren Verkehr empfehle, hingegen das Bielefelder System für wenig geeignet erachte.

KG-Präs. Dr. Tigges: In Berlin stecke die soziale Fürsorge noch in den Kinderschuhen; die Bezirksämter leisteten nur zum Teil brauchbare Mitarbeit, so dass man auf Berufsorganisationen zurückgreifen und dabei freilich politische Nebenwirkungen in Kauf nehmen müsse. Unter Beteiligung der Justiz sei neuerdings ein Ausschuss für die soziale Schutzaufsicht gebildet, der sich der Verurteilten im Alter von 18–21 Jahren annehmen solle.

OLG-Präs. Dr. Schollen berichtet, dass das Bielefelder System im OLG-Bezirk Düsseldorf wenig Anklang gefunden habe.

OLG-Präs. Reiff teilt das Gleiche für den OLG-Bezirk Hamm mit; allerdings habe sich das Bielefelder System in Bielefeld selbst bewährt.

OLG-Präs. Dronke trägt vor, dass beim LG Frankfurt der Dezernent der Stadt Frankfurt gebeten habe, ihm ein Zimmer zur Verfügung zu stellen, damit er an Gerichtsstelle Einsicht in die Strafakten nehmen könne. Dies letztere zu gestatten sei bedenklich, da kaum zu vermeiden sein werde, dass der Dezernent auf den Gang des Strafverfahrens einzuwirken versuche.

MinRat Hartung bemerkt hierzu, dass der Versuch von Fürsorgeorganisationen, auf den Gang des Strafverfahrens einzuwirken, allerdings durchaus zurückgewiesen werden müsse. Grundsätzlich sei jedoch gegen die Zuweisung von Zimmern und Gestattung der Akteneinsicht, sobald diese im Einzelfall unbedenklich erscheine, nichts einzuwenden; die Entscheidung über die Gestattung der Akteneinsicht müsse natürlich von Fall zu Fall in der Hand der Justizbehörden bleiben, wie überhaupt die Heranziehung der Fürsorgeorganisationen nicht dazu führen dürfe, dass die Initiative auf sie übergehe.

OLG-Präs. Rasch teilt die Bedenken des OLG-Präs. Dronke nicht, soweit Jugendliche in Frage kommen. Beim LG Altona seien die Akten dem Leiter des Jugendamtes schon vor der HV zugänglich gemacht worden.

OLG-Präs. Dr. Cormann spricht sich dafür aus, dass die Justizverwaltung möglichst selbst die Initiative beim Ausbau der sozialen Fürsorge für Bestrafte übernimmt. In der Sache selbst empfiehlt er möglichst enge unmittelbare Fühlungnahme zwischen Justizbehörden und Wohlfahrtsorganisationen unter Vermeidung aller bürokratischen Vermittlungsstellen.

OLG-Präs. Reuter schätzt die Hoffnungen auf zentrale Regelung des Ausbaus und der Entwicklung der Wohlfahrtsämter nicht sehr hoch ein. Am besten sei es, wenn die LG-Präs. angewiesen würden, sich der Sache anzunehmen und bei den Richtern anzuregen, dass sie sich nicht nur der Jugendlichen, sondern auch der Erwachsenen annehmen.

OLG-Präs. Fritsch fragt an, ob nicht Mittel für Reisen zum Zwecke der Information über soziale Fürsorge (z.B. Besichtigungen von Erziehungsanstalten) bereitgestellt werden könnten.

MinRat Hartung erwidert, dass solche Mittel auch in Zukunft in beschränktem Maße zur Verfügung stehen.

Hierauf erhält das Wort zu Punkt 4 der TO: *„Lehrgänge für Justizanwärter; Aufstellung allgemeiner Richtlinien"…*

Er erteilt hierauf zu Punkt 6 a der TO: *„Stand der Gesetzgebungsarbeiten – StGB"* das Wort dem *MinRat Schäfer,* welcher berichtet, dass im Reich die Reform des StGB im letzten Jahre nicht wesentlich gefördert sei; der RJM Dr. Radbruch habe zwar dem Reichskabinett den Entwurf eines neuen StGB vorgelegt, doch sei dessen Verabschiedung durch das Kabinett zurzeit nicht zu erwarten. In Preußen sei die Vorarbeit zur Durchsicht und zusammenfassenden Neukodifikation des Landesstrafrechts im Gange; diese Arbeit könne aber naturgemäß nicht abgeschlossen werden, bevor nicht das Schicksal des RStGB entschieden sei. Unmittelbar bevorstehend sei dagegen eine Abänderung des Geldstrafengesetzes, durch welche nunmehr nicht nur die Strafmaxima, sondern auch die Strafminima heraufgesetzt werden sollten.

Von den Neuerungen des Geldstrafengesetzes [RGBl. I 1921, 1604] sei, soweit der Ersatz kurzer Freiheitsstrafen durch Geldstrafen in Frage käme, recht umfangreicher Gebrauch gemacht; das Anwendungsgebiet der Geldstrafen habe sich um etwa 50 v.H. erweitert. Wenig befriedigend sei hingegen das Ergebnis der Erhöhung der Strafmaxima; die Gerichte folgten bei der Bemessung der Höhe der Geldstrafe nur sehr zögernd der Geldentwertung, so dass z.B. im 3. Vierteljahr 1922 noch etwa 4/5 aller Geldstrafen und im 4. Vierteljahr 1922 immer noch über die Hälfte aller Geldstrafen weniger als 1.000 M betragen habe. Von der Befugnis, für Geldstrafen Fristen oder Teilzahlungen schon im Urteil zu gewähren, sei hinreichend Gebrauch gemacht; die Möglichkeit der Abarbeitung von Geldstrafen sei mangels Ausführungsbestimmungen noch nicht aktuell.

Hierauf erhält das Wort zu Punkt 6 a der TO *„Stand der Gesetzgebungsarbeiten – Neuordnung der Strafgerichte, Jugendgerichtsgesetz"* und zu Punkt 6 b der TO *„Zusammenarbeiten zwischen Ermittlungs- und Untersuchungsrichtern einerseits und Kriminalpolizei andererseits. Auswahl der Ermittlungs- und Untersuchungsrichter; kriminalwissenschaftliche Ausbildung" MinRat Hartung,* welcher ausführt, dass auf dem Gebiete der Weiterentwicklung des Strafprozessrechts im letzten Jahre erfreuliche Fortschritte gemacht seien. Die Vorlage über die Neuordnung der Strafgerichte liege gegenwärtig dem Reichsrat vor. Es sei darin der völlige Fortfall der kleinen Schöffengerichte, an deren Stelle der Einzelrichter treten werde, sowie die Vereinfachung des schwurgerichtlichen Verfahrens durch Umwandlung der Schwurgerichte in große Schöffengerichte vorgesehen, ferner der obligatorische Sühneversuch in fast allen Privatklagesachen, wodurch man deren wesentliche Verminderung zu erreichen hoffe. Unentschieden sei noch die Besetzung der Strafkammern. Wo der Einzelrichter tätig werde, sollte das vereinfachte Verfahren des § 211 Abs. 1 StPO durchgeführt werden.

In der Praxis müsse eine Abkürzung der Dauer der Strafprozesse stattfinden, worauf auch der Landtag in einem Beschluss hingewiesen habe. Besondere Bedeutung habe die Beschleunigung der Verfahren naturgemäß bei der Wucherbekämpfung.

Das Wuchergerichtsverfahren werde viel zu selten in Anspruch genommen, nicht energisch genug durchgeführt und dauere zu lange. Aus der Statistik ergebe sich, dass eigentlich nur das Wuchergericht in Köln zweckentsprechend arbeite und insbesondere auch auf höhere Strafen erkenne.

Rücksichtlich der Voruntersuchungen habe der Präsident des RG Klage darüber geführt, dass in reichsgerichtlichen Sachen die Voruntersuchungen besonders in Preußen mit außerordentlicher Lässigkeit und Langsamkeit geführt würden. Ebenso klage die Polizei darüber, dass sie bei den Untersuchungsrichtern häufig nicht genügend Verständnis für die Aufgaben und die Tätigkeit der Kriminalpolizei fände. Dies sei darauf zurückzuführen, dass die kriminalistische Schulung der Richter zu wünschen übrig lasse. Es werde erwogen, diese Schulung zu fördern; ganz allgemein müsse aber darauf geachtet werden, dass zu Ermittlungs- und Untersuchungsrichtern nur besonders tüchtige jüngere und energische Richter bestellt würden. Eine möglichst enge Fühlungnahme mit der Kriminalpolizei sei erforderlich. Auch eine Abkürzung der Dauer der Voruntersuchungen müsse nachdrücklich angestrebt werden.

Das JGG werde demnächst im RGBl. [1923, 135, 252] veröffentlicht werden. Die Jugendrichter führten Klage darüber, dass sie als Spezialisten betrachtet und daher in der Beförderung schlechter gestellt würden; dies dürfe nicht geschehen.

Erwünscht sei endlich eine Beschleunigung der Petitionssachen. Da jetzt von der Aktenbeifügung meist Abstand genommen werden müsse, so müssten die Berichte der Beauftragten für Gnadensachen ausführlicher gehalten werden.

Hierauf erhält das Wort zu Punkt 5 d der TO *„Behandlung politischer Strafsachen" MinRat Dr. Kuhnt,* welcher darauf hinweist, dass die Klagen über die Behandlung der politischen Strafsachen den Kernpunkt der Klagen gegen die Justiz bilden. Es werde den Gerichten der Vorwurf der sog. „Klassenjustiz" gemacht, teils der bewussten Klassenjustiz, der jeglicher Begründung entbehre, teils der unbewussten Klassenjustiz, in dem Sinne, dass die Richter vermöge ihrer Erziehung, ihrer sozialen Stellung und ihrer politischen Einstellung nicht zu einer objektiven Beurteilung politischer Gegner gelangten. Was den letzteren Vorwurf betreffe, so lasse sich in der Tat in einer gewissen Zahl der hierfür vorgebrachten Fälle nicht verkennen, dass die Richter sich einer gewissen Einseitigkeit bei Aburteilung politischer Gegner nicht freigemacht haben. Dies habe sich insbesondere in einzelnen Fällen von Verurteilungen wegen Streiks, wegen Störung von Wahlversammlungen und bei politischen Beleidigungsklagen gezeigt. Es werde daher notwendig sein, dass die Strafgerichte mehr als bisher mit Richtern besetzt werden, die über dem Streit der Parteien stehen und bestrebt und in der Lage sind, sich den Gedankengängen eines politischen Gegners nicht zu verschließen. Auch in den Referendarkursen müsse auf das Erfordernis größter Objektivität in politischen Strafsachen hingewiesen werden.

Zurückhaltung müsse auch bei Stellung von Strafanträgen wegen angeblicher Beleidigung von Richtern geübt werden. Bei Berichtigungen in der Presse müsse darauf gesehen werden, dass sie möglichst kurz gehalten werden und schnell erfolgen.

OLG-Präs. Reiff erklärt, dass er den Ausführungen des Referenten in mehrfacher Beziehung nicht folgen könne.

OLG-Präs. Fritsch äußert sich zu einem von dem Referenten angeführten Einzelfall, den er anders als der Referent beurteilt.

Hiernach erhält das Wort zu den Punkten 6 h bis k der TO *„Erledigung der internationalen Rechtshilfe durch die LG-Präs.; Entscheidung der Gerichte in Friedensvertragssachen (rechtzeitige Einholung des amtlichen Materials zur Auslegung des Friedensvertrages); Mitteilung von Entscheidungen in Friedensvertragssachen" Geh. Oberjustizrat Dr. Crusen,* welcher darauf hinweist, dass die internationalen Rechtshilfeersuchen wenig befriedigend erledigt würden; ein ungewöhnlich hoher Bruchteil von Sachen müsse den LG-Präs. zurückgegeben werden. Es sei geboten, dass die LG-Präs. die ihnen übertragene Kontrolle dieser Sachen schärfer handhabten und selbst mangelhafte Ersuchen zurückgäben; auch bei Geschäftsrevisionen möchte hierauf gesehen werden. Falls für die Prüfung beim LG geeignetes Büropersonal nicht vorhanden sei, müssten Richter zur Prüfung herangezogen werden.

Der Friedensvertrag sei den Gerichten zu wenig bekannt. Die Folgen zeigten sich darin, dass nicht selten Urteile ergingen, in denen der Friedensvertrag unrichtig und in einer den deutschen Interessen höchst abträglichen Weise ausgelegt werde; solche Entscheidungen würden dann von den Gegnern gegen uns politisch verwertet. Es sei daher dringend erwünscht, dass sich die Gerichte bei den vielen Zweifelsfragen des Friedensvertrages jeweils um Auskunft und Mitteilung des amtlichen Materials an die zuständigen Amtsstellen zu wenden. Entscheidungen in Sachen des Friedensvertrages seien möglichst bald zur Kenntnis des Justizministeriums zu bringen.

Hiermit schloss die allgemeine Besprechung; die Punkte 5 und 6 c, e, f, g der TO blieben unerledigt.

III. Besprechung mit den OLG-Präsidenten am 15.03.1924

Der Minister begrüßt die anwesenden Herren OLG-Präs., insbesondere die Herren *Jockwer* und *Ehrhardt,* die heute zum ersten Mal an der alljährlichen Besprechung teilnehmen.

In der TO tritt eine Änderung ein: Der Punkt 1 soll erst zuletzt besprochen werden.

Zu Punkt 2 der TO (Missstände bei Armenrechtssachen, Ausstellung der Armutszeugnisse durch die Gemeindebehörden usw.) ergreift zunächst *MinDir. Versen* das Wort. Er führt aus: Die finanziellen Lasten, die dem Staat durch die Armenprozesse auferlegt werden, seien auf die Dauer untragbar. Eine Rundfrage, wie es bei der Ausstellung der Armutszeugnisse gehandhabt werde, habe ergeben, dass in allen Bezirken Missstände gröbster Art bestehen. In zahllosen Fällen würden Armutszeugnisse ausgestellt, wo es sich in keiner Weise rechtfertigen lasse. Die Polizeibehörden gingen in den meisten Fällen sehr wenig sorgfältig bei der Prüfung der Voraussetzungen für die Erteilung der Armutszeugnisse vor; sie verließen sich in der Hauptsache auf die Angaben des Antragstellers und verschwiegen häufig sogar Tatsachen, die ihnen bekannt sein müssten, nur um dem Antragsteller zu Willen zu sein.

Bei der Frage, welche Wege beschritten werden können, um hier Wandel zu schaffen, eröffneten sich drei Möglichkeiten:

1. Das wirksamste Mittel sei, die Gemeinden selbst an den Kosten der Armenprozesse finanziell zu beteiligen; das erfordere allerdings eine Gesetzesänderung. Sollte dieser Weg beschritten werden, dann müsse dafür Sorge getragen werden, dass in Zukunft überall die Armenverbände die Zuständigkeit für die Ausstellung der Armutszeugnisse erhielten. Der jetzige Zustand, wonach hierfür zum Teil die Polizeibehörden, zum Teil die Magistrate und die Landbürgermeister zuständig seien, müsse dann aufhören.

2. Ein weniger starkes Mittel bestehe darin, die Gemeinden auf eine gewissenhaftere Prüfung der Voraussetzungen für die Erteilung des Armutszeugnisses durch den Volkswohlfahrtsminister hinweisen zu lassen. Dieses Mittel sei allerdings schon zweimal ohne Erfolg versucht worden.

3. In Betracht komme auch eine Änderung des Formulars für die Armutszeugnisse. Das jetzige Formular, worin am Schlusse „aufgrund vorstehender Angaben“ bescheinigt wird, dass Bedürftigkeit vorliege, verführe leicht die bescheinigende Behörde zu der Annahme, dass es lediglich auf die Angaben des Antragstellers ankomme. Es sei erwägenswert, ob man nicht eine Zweiteilung des Formulars dahin vornehmen solle, dass auf der einen Hälfte die Angaben des Antragstellers fixiert werden, auf der anderen Spalte das Ergebnis der amtlichen Ermittlungen zu diesen Angaben.

Der *Herr Minister* stimmt diesen Ausführungen zu und sagt insbesondere zu, dass nochmals durch Vermittlung des Volkswohlfahrtsministers ein energischer Druck auf die Gemeindebehörden ausgeübt werden solle.

Präs. Werner ist der Ansicht, dass der durch den zurzeit dem Reichsrat vorliegenden Gesetzentwurf über die Reduzierung der Anwaltskosten in Armenrechtssachen beschrittene Weg der richtige sei. Es komme vor allem darauf an, die Rechtsanwälte dafür zu interessieren, die Zahlungsfähigkeit der Rechtsuchenden festzustellen. – Eine Besserung der bestehenden Zustände sei aber auch durch eine Verschärfung der über die Bewilligung des Armenrechts bestehenden gesetzlichen Bestimmungen oder durch eine schärfere Handhabung dieser Bestimmungen möglich:

1. Von der Möglichkeit der Entziehung des Armenrechts (§ 21 ZPO: das Armenrecht „kann", besser „muss" entzogen werden) müsse ausgiebigerer Gebrauch gemacht werden als bisher. Hierauf müsse man die Gerichte hinweisen.

2. Auch von der Möglichkeit der teilweisen Bewilligung des Armenrechts bei teilweiser Zahlungsfähigkeit müsse in größerem Umfange Gebrauch gemacht werden.

3. Nach § 119 Abs. 2 ZPO seien die Voraussetzungen für die Bewilligung des Armenrechts in der Berufungsinstanz dann ohne weiteres erfüllt, wenn die Partei in erster Instanz das Armenrecht bewilligt erhalten hatte. Ihr könne also das Armenrecht in der Berufungsinstanz nicht mehr entzogen werden, selbst dann nicht, wenn sich nachträglich herausstelle, dass die Rechtsverfolgung völlig aussichtslos sei. Hier müsse eine Änderung der gesetzlichen Vorschriften eintreten.

4. In Fällen, in denen das Armenrecht durch falsche Angaben erschlichen sei, müsse es in größerem Umfange als bisher wieder entzogen werden, und die Entziehung müsse ex tunc wirken, nicht, wie in der gerichtlichen Praxis jetzt noch meistens angenommen werde, ex nunc.

Würden diese Maßnahmen durchgeführt, dann könne erhofft werden, dass die ungeheuren Kosten für Armenprozesse erheblich vermindert werden. Zurzeit sei der Zustand in seinem Bezirk so, dass diese Kosten im Januar ds. Js. sich auf 40.000 M belaufen haben, während die sächlichen Kosten der Rechtspflege im gesamten Bezirk für acht LG und 110 AG nur 28.000 M betragen hätten.

Präs. Tigges begrüßt es gleichfalls außerordentlich, dass auf diesem Gebiet eine Änderung der nachgerade unhaltbar gewordenen Zustände geplant sei. An einem LG seines Bezirks überstiegen zurzeit die Kosten für Armenprozesse die Kosten für das gesamte LG um ein Erhebliches. – Von einer Einwirkung auf die Gemeinden im Sinne einer sorgfältigeren Prüfung der Voraussetzungen für die Erteilung der Armutszeugnisse verspreche er sich keinen Erfolg. Wenig Hoffnung knüpfe er auch an die von Herrn *Präs. Werner* befürwortete Anweisung an die Gerichte, von den Möglichkeiten der Entziehung und der nur teilweisen Bewilligung des Armenrechts in größerem Umfange als bisher Gebrauch zu machen. Die Gerichte machten, soviel ihn bekannt sei, von diesen Möglichkeiten schon jetzt ausgiebigen Gebrauch. Überdies sei die Praxis so, dass, wenn einer Partei wegen nicht ausreichenden Armutszeugnisses das Armenrecht verweigert werde, die Partei alsbald mit einem verbesserten Zeugnis wieder erscheine.

Der einzige gangbare Weg scheine ihm der von *MinDir. Versen* an erster Stelle genannte: Die Gemeinden müssten an den Kosten der Armenprozesse beteiligt sein.

Präs. Fritsch empfiehlt jedoch, es nochmals mit einer scharfen Anweisung an die Gemeindebehörden zu versuchen und dabei insbesondere auch den Landräten die äußerst bedenklichen finanziellen Folgen des bisherigen Verfahrens vor Augen führen zu lassen.

Präs. Cormann schließt sich dem an und empfiehlt insbesondere, in der Verfügung an die Gemeindebehörden auf die Regressgefahr hinzuweisen, die sich aus falschen Armutszeugnissen für die Gemeinden ergeben könne. Im Übrigen hält auch er eine finanzielle Interessierung der Landverbände an den Kosten der Armenprozesse für das beste Mittel, den herrschenden Missständen zu steuern.

Präs. Schollen betrachtet die Vermehrung der Armensachen als eine zwangsläufige Folgeerscheinung der Erhöhung der Gerichts- und Anwaltskosten. Diese Kosten seien gegen früher vervierfacht, zum Teil verfünffacht worden und könnten nur von wenigen Rechtsuchenden getragen werden. Eine Herabsetzung dieser Kosten werde zweifellos eine Verminderung der Armensachen zur Folge haben, andererseits werde dadurch allerdings auch wieder eine Verminderung der Einnahmen des Fiskus hervorgerufen. Es müsse versucht werden, einen Überblick darüber zu bekommen, ob nicht eine Herabsetzung der Gerichts- und Anwaltskosten dennoch eine finanzielle Ersparnis zur Folge hätte.

Präs. Meyer schlägt vor, eine Änderung der Vorschrift des § 114 ZPO dahin in Erwägung zu ziehen, dass anstelle der Bestimmung, dass die Rechtsverfolgung „nicht aussichtslos" sein müsse, die Bestimmung gesetzt wird, sie müsse „aussichtsvoll" sein. Nur dann werde der unerfreuliche Zustand geändert, dass das Armenrecht immer dann bewilligt werde, wenn auch nur einer der Beisitzer in der Kammer die Rechtsverfolgung für nicht ganz aussichtslos erkläre, eine Erklärung, die ein rechtsgelehrter Richter trotz der allmählich eingetretenen schärferen Auffassung auch heute noch eher abzugeben geneigt sei, als die Erklärung, die Rechtsverfolgung sei völlig aussichtslos. – Weiter hält *Präs. Werner* eine Besserung des bestehenden Zustandes für möglich, wenn man in den Fällen von Armensachen, in denen ausschließlich die Anwaltskosten eine Rolle spielen (z.B. Klagen unehelicher Kinder) erreichen könnte, dass anstelle der Anwälte billigere Parteivertreter (z.B. Kanzlisten usw.) die Vertretung übernähmen.

Präs. Dronke teilt mit, dass in Frankfurt die städtische Berufsvormundschaft schon jetzt zur Ersparung der Anwaltskosten die Vertretung in Alimentenprozessen auch für auswärtige Mündel übernehme. Im Übrigen ist auch er der Ansicht, dass es zweckmäßig sei, den Gemeinden durch die zuständige Zentralstelle in Bezug auf die Ausstellung der Armenzeugnisse das Gewissen schärfen zu lassen. In Frankfurt habe allerdings die Gemeindebehörde erklärt, sie sei nicht mehr in der Lage, richtige Zeugnisse auszustellen, nachdem ihr die Steuerveranlagung entzogen worden sei; sie müsse sich auf die Angaben des Finanzamts verlassen. Es sei deshalb gut, wenn in der zu erwirkenden Anweisung an die Gemeindebehörden auch darauf hingewiesen würde, dass es Sache der Gemeindebehörden sei, sich die zur Bescheinigung der Bedürftigkeit der Antragsteller erforderlichen Unterlagen selbst zu beschaffen und die erforderlichen Untersuchungen selbst anzustellen.

Zu Punkt 3 der TO (Die Notlage der Assessoren) führt zunächst der Referent *MinRat Becker* aus: ... [weggelassen]

Zu Punkt 4 der TO (Abbau der Referendare) ergreift zunächst der Referent *Geh. Justizrat Sattelmacher* das Wort. Er verweist bezüglich der Notwendigkeit des Abbaus der Referendare und des geplanten Vorgehens im Einzelnen auf den den Herren OLG-Präs. bereits zugegangenen Entwurf einer Verfügung. Danach ist erforderlich, dass von den am 01.08.1923 vorhandenen 4.111 Referendaren nur ein kleiner Teil, etwa 1.000, im Justizdienst verbleiben, während die übrigen entlassen werden müssen. Die Frage, ob den Referendaren trotz ihrer Entlassung nicht doch gestattet werden könne, den Vorbereitungsdienst fortzusetzen und sich der großen Staatsprüfung zu unterziehen, wird in dem Verfügungsentwurf dahin beantwortet, dass in solchen Fällen die ausgesprochene Entlassung erst wirksam werde, wenn der Referendar die große Staatsprüfung bestanden oder endgültig nicht bestanden habe. Solche Referendare würden nach bestandenem Assessorexamen nicht mehr zu Gerichtsassessoren ernannt werden können; ob man ihnen – wie in Bayern – den Titel als Assessor oder eine andere Bezeichnung geben solle, stehe dahin; jedenfalls würden sie nicht mehr Justizbeamte sein....

Zu Punkt 5 der TO (Hebung der Leistungen in der Kanzlei) führt der Referent *MinRat Weber* aus ... [weggelassen]

Zu Punkt 6 der TO (Aussprache über die Erfahrungen, die mit den neuen Änderungen auf dem Gebiet des Zivil- und Strafprozesses und bei der Durchführung und Vorbereitung der damit zusammenhängenden organisatorischen Änderungen gemacht worden sind – Verfahren nach der BeschleunigungsVO v. 22.12.1923, RGBl. I S. 1239, Zahl der den Zivilsenaten der OLG zuzuteilenden Beisitzer, Einzelrichter beim LG, gemeinschaftliche Schöffengerichte, Vorsitz der LG-Präs. in der großen Strafkammer bei kleineren LG, Heranziehung der Bürobeamten der AG zu Amtsanwaltsgeschäften) erwähnte zunächst der Referent *MinRat Hartung* kurz die bevorstehenden Neuregelungen auf dem Gebiet des Straf- und Strafprozessrechts, die Neuredaktion der StPO, die zurzeit dem Reichsrat vorliege und voraussichtlich Ende dieses Monats herauskomme, die VO über die Aufhebung der Wuchergerichte, die demnächst gleichfalls im Reichsrat verabschiedet werden würde, die Novelle zum Forstdiebstahls- und zum Feld- und Forstpolizeigesetz, die in den nächsten Tagen in der Gesetzsammlung abgedruckt werde, die der neuen Fassung des § 420 StPO Rechnung tragende Novelle zur Schiedsmannsordnung und endlich die in Bearbeitung befindliche Neuredaktion der Geschäftsordnungen für die verschiedenen Sekretariate und Gerichtsschreibereien sowie die Umarbeitung der Formulare, die gleichfalls im Gange sei.

Sodann geht *MinRat Hartung* kurz auf verschiedene Einzelheiten der VO über Gerichtsverfassung und Strafrechtspflege vom 04.01.1924 (RGBl. I S. 15) ein, nachdem er betont hat, dass es dem Herrn Minister in der Hauptsache darauf ankomme, die Ansichten der Herren OLG-Präs. über die in der TO erwähnten

Punkte kennenzulernen. Einer der schwierigsten Punkte dieser VO sei die Bestimmung des § 10 Abs. 2, wonach es von dem Antrage der StA abhänge, ob eine Sache von dem Amtsrichter allein oder von dem erweiterten Schöffengericht entschieden und demgemäß in letzter Instanz an das RG als Revisionsgericht gelangen werden. Es sei erforderlich, darauf hinzuwirken – und es werde gebeten, dies auch den GStA mitzuteilen –, dass bei der Prüfung der Erfordernisse des § 10 Abs. 2 nicht engherzig verfahren wird, damit für das RG ein genügend großer Wirkungskreis gewahrt bleibt.

Eine weitere Frage, die in der Praxis vermutlich große Schwierigkeiten mache, sei die Frage der Gestaltung der Beschlusskammern bei den kleinen Strafkammern. Er bitte die Herren OLG-Präs., sich auch hierzu zu äußern.

Anlässlich der VO vom 04.01.1924 seien weiter auch verschiedene Fragen aufgetaucht, die er als „Taktfragen" bezeichnen zu müssen glaube: 1. Ist es zweckmäßig, dass der Einzelrichter sich nach stattgehabter Beweisaufnahme zur Beratung zurückzieht? Ihm scheine das für die Regel dringend erwünscht. 2. Wo sollen in der großen Strafkammer und im erweiterten Schöffengericht die beiden Schöffen ihren Platz am Richtertisch haben, zwischen den drei Richtern oder an den Flügeln des Richterkollegiums? Ersteres sei seiner Meinung nach das Richtigere. 3. Wohin sollen die Geschworenen des neuen Schwurgerichts gesetzt werden, soll die Geschworenenbank beibehalten werden, oder soll, wie es in Bayern geschehen ist, der neue Charakter des Schwurgerichts dadurch betont werden, dass die sechs Geschworenen mit den drei Richtern am Richtertisch zusammensitzen? Er hält aus baulichen Gründen und weil nach außen der neue Charakter des Schöffengerichts nicht zu stark betont werden dürfe, die Beibehaltung der Geschworenenbank für richtiger.

Auf Vorschlag des *Präs. Fritsch* soll zunächst aus der Fülle der Fragen die VO zur Beschleunigung des Verfahrens in *bürgerlichen Rechtsstreitigkeiten* vom 22.12.1923 (RGBl. I S. 1239) besprochen werden. Herr *Präs. Fritsch* äußert sich selbst zu der in § 27 a dieser VO vorgesehenen Möglichkeit, ein „Schiedurteil" zu fällen, dahin, dass in seinem Bezirk von dieser Möglichkeit fast kein Gebrauch gemacht worden sei. Die Anwälte seien einem solchen Verfahren sowohl im Verfahren vor den LG als auch vor den OLG abhold. Sie hätten übrigens in Cassel selbst ein Schiedsgericht eingerichtet.

Präs. Cormann bestätigt auch für seinen Bezirk, dass die Vorschriften über das Schiedsverfahren wenig praktisch geworden seien. Auch in Stettin hätten die Rechtsanwälte selbst ein Schiedsgericht eingerichtet, ohne es allerdings bisher schon in Gang gebracht zu haben; ein Erfolg sei schwerlich zu erwarten.

Präs. Werner kann für seinen Bezirk bezüglich der Schiedsurteile nur die gleiche Feststellung treffen. Er ist der Ansicht, dass mit Aufhören des Währungsverfalls die Bedeutung des Schiedsverfahrens überhaupt sehr zurückgegangen sei. Dagegen verspreche man sich von der Anwendung des durch Art. 1 der VO vom 22.12.1923 abgeänderten § 23 der Bekanntmachung zur Entlastung der Gerichte vom 19.09.1915 (Ausdehnung des § 401 ZPO – vorbereitende Aufklärung vor der mündlichen Verhandlung – auf die LG und OLG) guten Erfolg.

Präs. Eichner bestätigt die Erfahrungen der Herren Präs. Fritsch, Cormann und Werner bezüglich der Schiedsurteile auch für den OLG-Bezirk Königsberg und führt diesen Misserfolg gleichfalls auf die ablehnende Haltung der Rechtsanwälte zurück.

Das Gleiche tut *Präs. Reichartz.* Ihm sind im OLG-Bezirk Köln bisher nur zwei Schiedsgerichtsurteile bekannt geworden.

Auch in den Bezirken der *Präs. Buss* und *Ehrhardt* sind keine günstigen Erfahrungen in Bezug auf Schiedsurteile gemacht worden.

Dagegen glaubt *Präs. Meyer,* dass die Einrichtung des Schiedsverfahrens sich nicht schlecht bewährt habe. Als Mangel sei aber wohl anzusehen, dass das Schiedsurteil vor der Verkündung nicht schriftlich begründet zu werden brauche.

Präs. Schollen stellt fest, dass Schiedsurteile in seinem Bezirk bei den LG kaum zu verzeichnen seien. Mehr Gebrauch sei von dieser Möglichkeit bei den AG gemacht worden. Er schlage vor, die Grenze für das obligatorische Schiedsverfahren bei den AG von 50 M auf 100 M zu erhöhen (Art. I § 27 c der VO vom 22.12.1923).

Präs. Reiff bestätigt, dass auch im Bezirk Hamm der § 27 s der VO kaum angewandt worden sei. Die Großindustrie seines Bezirks ziehe es vor, ihre eigenen Schiedsgerichte zu bestellen. So habe das Kohlensyndikat in Essen drei aktive LG-Präs. in ihrer Eigenschaft als LG-Präs. zu Schiedsrichtern für seine Rechtsstreitigkeiten bestellt.

Präs. Tigges kann für den KG-Bezirk feststellen, dass die Anfänge von Schiedsurteilen verhältnismäßig günstig sind. Allerdings sträube sich die Anwaltschaft gegen das Schiedsverfahren, und zwar insbesondere bei Kollegialgerichten mit der Begründung, dass man nie wisse, welches richterliche Mitglied dem Schiedsgericht angehören werde; die Vorschrift des § 27 b, dass „tunlichst" das von den Parteien genannte Mitglied den Vorsitz des Schiedsgerichts übernehmen solle, schließe nicht aus, dass ein keiner der Parteien genehmes Mitglied Vorsitzender werde. Er habe eine Besprechung dieser Frage bei den Rechtsanwälten angeregt und halte eine Einigung in dem Sinne einer vermehrten Schiedsgerichtstätigkeit für wahrscheinlich. Die Rechtsanwälte seien bereit, in diesem Punkte Entgegenkommen zu zeigen, wenn ihnen andererseits das Versprechen gegeben wird, dass von der Prozessleitungsbefugnis von den Gerichten nicht zum Nachteil der Anwälte Gebrauch gemacht werde.

Präs. Dronke stellt für den OLG-Bezirk Frankfurt fest, dass insbesondere bei den AG sehr wenig schiedsgerichtliche Tätigkeit entwickelt worden sei. Vom LG in Frankfurt seien im acht Schiedsurteile bekannt geworden, die meist ohne schriftliche Begründung (§ 27 a Abs. 2 der VO) ergangen seien.

Präs. Greiff schließt sich den für den OLG-Bezirk Breslau an. Ihm ist nur ein Schiedsurteil bekannt geworden, das beim LG in Oppeln erlassen worden sei. Auch in Breslau sei ein Anwaltsschiedsgericht in der Bildung begriffen.

Zu der Frage, welche praktischen Erfahrungen mit der *strafprozessualen Neuorganisation* gemacht worden seien, führt zunächst Herr *Präs. Tigges* aus: Nach den ihm bisher zugegangenen schriftlichen Berichten habe der Wegfall der Schöffen gute Erfolge auch für das Verfahren gehabt. Es werde besonders rühmend die eingetretene Beschleunigung der Strafverfahren hervorgehoben und betont, dass eine Vermehrung der Zahl der Berufungen nicht eingetreten sei, auch die Beteiligung der Anwälte sei zurückgegangen. Er selbst sei etwas weniger optimistisch, nachdem er sich durch Besuch seiner Gerichte von den Auswirkungen der VO vom 04.01.1924 unterrichtet habe. Die Beschleunigung der Verfahren scheine ihm zuweilen zu groß und der sachlichen Erledigung nachteilig zu sein. Viele Richter hätten ihm auch anvertraut, dass das Gefühl der Verantwortung sie, seitdem sie allein zu urteilen hätten, viel mehr belaste als früher, sie kamen häufiger zu Freisprechungen als vordem.

Zu der formellen Frage, ob sich der Einzelrichter zur Beratung zurückziehen solle, erklärt *Präs. Tigges,* dass das allerdings einen seltsamen Eindruck mache; auffallend sei indessen die Zahl der Fälle, in denen der Richter den Gerichtsschreiber gleich mit sich ins Beratungszimmer nehme. Früher sei es üblich gewesen, den Gerichtsschreiber erst nach erfolgter Feststellung der Urteilsformel ins Beratungszimmer zu rufen, um ihm den Tenor des Urteils zu diktieren; jetzt könnte man sich des Eindrucks nicht erwehren, dass der Gerichtsschreiber die Rolle der fehlenden Schöffen übernehmen müsse. Bemerkenswert sei weiter, dass ihm Richter des Öfteren das Gefühl zum Ausdruck gebracht hätten, dass sie mehr dem Hass und der Rachsucht der von ihnen allein Verurteilten ausgesetzt seien als früher, und dass sie glaubten, bald versetzt werden zu müssen, da ihnen das Vertrauen des Publikums, namentlich in Vormundschaftssachen, durch ihre Einzelrichtertätigkeit in Strafsachen verloren gehe.

Im Übrigen habe er nicht sehr erfreuliche Erfahrungen bei der Vorbereitung der neuen Schöffengerichte gemacht. Seine Vorschläge in dieser Beziehung, die er nach Fühlungnahme mit den Präsidenten gemacht habe, seien leider zum Teil nicht genehmigt worden. Bei einzelnen Präsidien habe man den Versuch unternommen, den Richtlinien über die Besetzung der Schöffengerichte dadurch den praktischen Erfolg zu nehmen, dass man den als Vorsitzenden des Schöffengerichts gewünschten Direktoren zugleich den Vorsitz in einer Zivilkammer übertrug, um dann sagen zu können, dass sie neben ihrer Tätigkeit in Zivilsachen nicht auch noch Vorsitzende des Schöffengerichts sein könnten.

Bei der Einrichtung der „gemeinsamen Schöffengerichte", der keine große praktische Bedeutung zukomme, habe sich als sehr lästig die Notwendigkeit gezeigt, aus sämtlichen in Betracht kommenden Bezirken die Schöffen auszuwählen. Man habe sich in der Praxis daher zuweilen über diese Notwendigkeit hinweggesetzt.

Praktisch bewährt und ausbaufähig sei die Vorschrift des § 211 StPO. In Berlin seien drei Richter zu Hilfsrichtern bei sämtlichen Großberliner Gerichten zur Aburteilung von Strafsachen gemäß § 211 StPO bestellt worden. Die Zahl der von ihnen erledigten Sachen sei sehr groß, die Zahl der Berufungen gegen ihre Urteile gering.

Die Frage der Besetzung der kleinen Strafkammern in Beschlussverfahren bereite bei den kleinen Gerichten häufig Schwierigkeiten, die indessen behoben werden müssten.

Präs. Werner bedauert zunächst, dass infolge der Durchführung der neuorganisatorischen Änderungen bei den mittleren und kleineren LG eine unerfreuliche Festlegung des ganzen Richterpersonals habe stattfinden müssen. Dort sei es schwer, einen Untersuchungsrichter, einen Vorsitzenden der Kammer für Handelssachen und Vorsitzende für die Schöffengerichte zu finden. Die Bestimmung, dass alle drei Jahre der Untersuchungsrichter und der Vorsitzende der Kammer für Handelssachen gewechselt werden sollen, sei keinesfalls mehr durchführbar und müsse aufgehoben werden. – Die Anweisung, dass zum Vorsitzenden der Schöffengerichte vorzugsweise nicht nur LG-Dir., sondern auch LG-Räte zu bestellen seien, habe große Schwierigkeiten verursacht. Es sei mitunter außerordentlich schwer, unter den vorhandenen LG-Räten die genügende Zahl von geeigneten Vorsitzenden herauszufinden, und auf der anderen Seite fühlten sich die AG-Räte, die sich übrigens vielfach bedeutend besser zum Vorsitzenden eignen würden, nicht ganz ohne Grund durch die Bevorzugung der LG-Räte verletzt.

Zu der Frage, in welchen Fällen bei der Verhandlung vor dem Schöffengericht ein zweiter Amtsrichter zugezogen werden soll (§ 10 Abs. 2 der VO vom 04.01.1924), bemerkt *Präs. Werner*, dass sich die Zuziehung eines zweiten Richters je nach der Bedeutung und dem Umfange der abzuurteilenden Straftat richten müsse. In umfangreichen Sachen sei es für einen Richter nicht möglich, die Verhandlung zu leiten und sich zugleich Notizen für das später abzusetzende Urteil zu machen. Was die Frage angehe, ob die StA eine Sache vor das große Schöffengericht bringen soll, so habe der GStA in Naumburg die StA seines Bezirks dahin angewiesen, von der Befugnis, die Sache zur Entscheidung des großen Schöffengerichts zu bringen, einen der Sache nach angemessenen Gebrauch zu machen, insbesondere dann, wenn ein umfangreicher Prozessstoff vorläge oder wenn es angemessen erscheine, die Möglichkeit, die Sache in letzter Instanz durch das RG entscheiden zu lassen, nicht auszuschließen.

Präs. Fritsch bezeichnet es als höchst unerwünscht, dass es ausschließlich von dem Ermessen der StA abhängt, ob zu der Verhandlung vor dem Schöffengericht ein zweiter Amtsrichter zuzuziehen ist.

MinDir. Geissler weist darauf hin, die in Nr. 4 der Verfügung vom 24.01. ds. Js. vorgesehene Einrichtung von Doppelrichtern in der Hauptsache darauf beruhe, dass die Neuorganisation der Strafgerichte ein Wegfallen aller erstinstanzlichen Strafsachen bei den Strafkammern mit sich bringe und dass es erforderlich sei, die dadurch überflüssig werdenden LG-Dir. anderweit zu beschäftigen, und zwar dort, wo ein Arbeitszuwachs eintreten werde: bei den AG. Es habe sich ferner gezeigt, dass auch LG-Räte bei den AG beschäftigt werden müssten. Es müsse späterer Prüfung vorbehalten bleiben, ob die von *Präs. Werner* bedauerte Festlegung des Richterpersonals nicht wenigstens zum Teil darauf zurückzuführen ist, dass bei den kleineren LG zu viele Schöffengerichte errichtet werden sollten.

Präs. Werner stellt zur Erwägung, ob nicht an den Orten, wo LG und AG gemeinsam ihren Sitz haben, eine größere Beweglichkeit des Richterpersonals dadurch herbeigeführt werden könne, dass man ein gemeinsames LG und AG einrichtet und alle Richter zugleich zu Amts- und Landrichtern macht.

Der *Minister* hält diesen Vorschlag für sehr beachtenswert.

MinRat Hartung macht darauf aufmerksam, dass auch in solchen Fällen einige Richter des LG für andere AG des Bezirks und für detachierte Strafkammern zur Verfügung bleiben müssten.

Präs. Dronke glaubt, dass die Einrichtung der erweiterten Schöffengerichts – Zuziehung eines zweiten Richters gemäß § 10 Abs. 2 der VO – leicht zu unerfreulichen Auftritten Veranlassung geben könne, wenn sich die beiden Richter über die Beurteilung der Straftat nicht einigen könnten und ihre Meinungsverschiedenheiten vor den Schöffen austrügen und der Vorsitzende letzten Endes den Ausschlag gebe. Zweckmäßiger wäre es, wenn die Möglichkeit bestände, das erweiterte Schöffengericht außer mit den beiden Schöffen mit dem Vorsitzenden und einem rechtsgelehrten Schriftführer (Assessor) zu besetzen, der sich Notizen macht, das Urteil absetzt und in der Beratung nur beratende Stimme hat, die Stellung des Vorsitzenden also nicht so sehr erschüttern könne, wie der jetzt vorgesehene „zweite Amtsrichter".

Der *StS* bemerkt demgegenüber, dass früher auch diese Möglichkeit erwogen worden sei. Indessen habe man davon abgesehen, eine solche Bestimmung zu treffen, weil die Stellung eines solchen Schriftführers wenig glücklich sei und deshalb tüchtige Assessoren sich zu ihrer Ausfüllung auf die Dauer kaum bereitfinden würden, während untüchtige den Richter nicht wirksam entlasten würden. Außerdem bestehe bei besonderer Tüchtigkeit des Schriftführers die Gefahr, dass er die Stellung des Vorsitzenden erschüttert, in gleichem Maße, wie bei der jetzt getroffenen Regelung. Immerhin sei richtig, dass man der Einrichtung des „zweiten Amtsrichters" recht skeptisch gegenüberstehen könne.

Präs. Cormann macht darauf aufmerksam, dass es auch zwischen den LG-Dir. am selben LG, die häufig fast gleichaltrig seien, zu Reibungen und Misshelligkeiten kommen könne, wenn der eine von ihnen der großen, der andere der kleinen Strafkammer vorsitze. Die LG-Präs. seien nicht dafür zu haben, den Vorsitz in der großen Strafkammer selbst zu führen.

MinRat Hartung glaubt, dass die bei der Frage der Zuziehung des zweiten Richters erörterten Schwierigkeiten weniger darin ihren Grund haben, dass es im Ermessen der StA steht, die Zuziehung zu beantragen oder einen solchen Antrag zu unterlassen, sondern darin, dass die StA bezüglich dieses Antrags, der bei Einreichung der Anklageschrift gestellt werden müsse, an eine zu kurze Frist gebunden sei; es fehle ihr dadurch an der Möglichkeit, sich mit dem Richter über die Zweckmäßigkeit der Zuziehung eines zweiten Richters in Verbindung zu setzen. Dem könne aber dadurch in etwa abgeholfen werden, dass der StA in zweifelhaften Fällen nach Fertigstellung, aber vor Einreichung der Anklageschrift wegen der Stellung des Antrags aus § 10 Abs. 2 sich mit dem zuständigen Richter verständige.

Bezüglich der Anwendung des von *Präs. Tigges* erwähnten § 211 StPO seien die in Berlin gemachten Erfahrungen in der Tat ermutigend, und es könne den anderen Herren Präs. warm empfohlen werden, auch in ihren Bezirken auf eine möglichst weitgehende Anwendung des Verfahrens, wie es in Berlin angewandt werde, hinzuwirken.

MinDir. Huber bemerkt hierzu, dass es sich in Berlin besonders gut bewährt habe, dass die zur Aburteilung gemäß § 211 StPO berufenen Richter ihren Sitz im Polizeipräsidium selbst genommen hätten. Vielleicht sei eine ähnliche Einrichtung auch in anderen größeren Städten möglich.

Präs. Werner spricht sich zu der Frage, ob die LG-Präs. den Vorsitz in einer großen Strafkammer übernehmen sollen, dahin aus, dass bei den LG-Präs. hierzu keine Neigung bestehe; sie betrachteten es mit Recht als ihre Hauptaufgabe, einen Überblick über ihren ganzen Bezirk zu haben, und den erhielten sie am besten, wenn sie in der Berufungskammer oder Beschwerdekammer vorsäßen. Überdies müssten sich die LG-Präs. hüten, in politische Prozesse verwickelt zu werden, und diese Gefahr bestehe zweifellos in erhöhtem Maße, wenn sie in der großen Strafkammer den Vorsitz selbst führten.

Weiter bittet *Präs. Dronke,* den *OLG-Präs.* bei der Besetzung der Senate beim OLG möglichst freie Hand zu lassen (…)

Zu Punkt 6 der TO (Verschiedenes)…

IV. Besprechung mit den GStA vom 15.11.1924

MinDir. Huber eröffnet die Besprechung kurz nach 9 Uhr, nachdem der Herr Minister die anwesenden Herren GStA bei sich begrößt hatte, und erteilt zu Punkt 1 der TO *„Dezentralisation der StA, Leitung der Amtsanwaltschaft am Sitze der Schöffengerichte, Verwendung von Beamten des höheren Dienstes (auch von Referendaren) bei der Amtsanwaltschaft“*

Herrn MinRat Dahm das Wort. Dieser führt aus: Infolge des Inkrafttretens der VO vom 04.01.1924 habe der gerade in Ausführung begriffene Abbau der nebenamtlichen Amtsanwaltschaften überstürzt zu Ende geführt werden müssen, da die nebenamtlichen Amtsanwälte den Anforderungen der VO nicht gewachsen gewesen seien. Den Umfang des Abbaus zeigten folgende Zahlen: Im Dezember 1923 habe die Zahl der planmäßigen Amtsanwaltschaften 57, die der hauptamtlichen Amtsanwälte 43 und die der nebenamtlichen noch 390 betragen, heute seien 60 planmäßige Amtsanwaltschaften, 71 hauptamtliche und nur noch zehn nebenamtliche Amtsanwälte vorhanden. Das Ministerium danke den Herren GStA für ihre erfolgreiche Mitarbeit auf diesem Gebiet.

Anlangend die Frage der Beschäftigung mittlerer oder höherer Beamten bei den Amtsanwaltschaften, so sei der häufig wiederkehrende Einwand, dass der höhere Beamte bei der Amtsanwaltschaft seine Sache besser mache als der mittlere, angesichts der erschöpften Staatskasse hinfällig. Ausschlaggebend sei heute vielmehr, auch in dieser Frage, ob der mittlere Beamte auf diesem Gebiete durchschnittlich Befriedigendes zu leisten vermöge. Es werde bei diesen Erörterungen weiter häufig verkannt, dass die Beantwortung der Frage, ob bei den Amtsanwaltschaften den Beamten des höheren oder denen des mittleren Dienstes der Vorzug zu geben sei, von der Beantwortung der anderen Frage abhänge, welche Geschäfte den Amtsanwaltschaften zugewiesen werden sollten. Umgekehr hänge wieder die Beantwortung dieser letzten Frage davon ab, ob und in welchem Umfange bei den Amtsanwaltschaften neben den Beamten des mittleren Dienstes solche des höheren Dienstes Verwendung fänden. Man bewege sich also in einem Zirkel, und man müsse suchen, von anderen Gesichtspunkten aus zu einer gleichzeitigen Lösung beider Fragen zu gelangen.

Da sei zunächst von der Tatsache auszugehen, dass die Amtsanwälte sich in ihrer bisherigen Zuständigkeit den an sie gestellten Anforderungen durchaus gewachsen gezeigt hätten, dass ihnen also von vornherein der Kreis ihrer bisherigen Geschäfte unbedenklich belassen werden könne. Darüber hinaus zeige aber auch die tägliche Erfahrung, dass sich im Dienstgange der landgerichtlichen StA noch immer eine Fülle von Sachen bewege, von denen niemand behaupten könne, dass sie der Bearbeitung durch einen Beamten des höheren Dienstes bedürften. Gelänge es, die StA von diesen Sachen zu befreien, so sei das umso freudiger zu begrüßen, als damit ihre Kräfte in gleichem Maße für die bessere Bearbeitung wichtigerer und schwierigerer Strafsachen frei würden. Bilde doch auch gerade die landgerichtliche StA das Rückgrat der Strafrechtspflege; es müsse daher alles vermieden werden, was das feste und bewährte Gefüge ihres Aufbaus erschüttern könne; der OStA beim LG müsse die Führung in allen Strafsachen von erheblicher Bedeutung behalten. Würden nun höhere Beamte, also StA, an die Amtsanwaltschaften als Bearbeiter abgeordnet, so müssten sie dort einen Kreis von Geschäften vorfinden, der ihrer bedürfte; damit würden aber diese zweifellos wichtigen Sachen der Hand des OStA mehr oder weniger entzogen.

Allen diesen Schwierigkeiten habe die Justizverwaltung dadurch am besten zu begegnen geglaubt, dass sie zunächst die Bearbeitung und Anklagevertretung in den vor dem Schöffengericht zu verhandelnden Strafsachen der landgerichtlichen StA, dagegen in den vor dem Einzelamtsrichter zu verhandelnden Strafsachen der Amtsanwaltschaft übertrug. Indem sie dann die Amtsanwaltschaften möglichst am Sitze der LG zusammenfasste, glaubte sie weiter, der aus jener Teilung sich ergebenden Erweiterung der amtsanwaltschaftlichen Zuständigkeit nach Zahl und Schwierigkeit der Sachen dadurch hinreichend Rechnung zu tragen, dass sie die Abordnung eines – in besonderen Fällen auch mehrerer – staatsanwaltschaftlichen Beamten zur Leitung der Amtsanwaltschaften zuließ. Diese Organisation habe sich nach den vorliegenden Berichten bewährt, und sie bedürfe jetzt noch des Ausbaus dahin, dass durch Verwaltungsvorschriften wie durch Handhabung der täglichen Dienstaufsicht dafür Sorge getragen werde, dass die im Geschäftsgange der Amtsanwaltschaften eingehenden oder laufenden Sachen an die landgerichtliche StA abgegeben würden, sobald es auch nur zweifelhaft erscheinen könne, ob sie sich nach Schwierigkeit und Bedeutung für die Hand eines Amtsanwalts eigneten.

Ein Bedürfnis, auch die Amtsanwaltschaften am Sitze der Schöffengerichte außerhalb des LG-Sitzes durch detachierte StA besetzen zu lassen, sei nur an wenigen Stellen hervorgetreten. Es spreche auch gegen diese Detachierung höherer Beamten der Umstand, dass der detachierte Beamte leicht dazu neige, sich mit seinen Geschäften der Aufsicht des OStA zu entziehen. Darum seien auch hier die Geschäfte unbedenklich den Amtsanwälten zu überlassen.

Die Beschäftigung von Referendaren bei den Amtsanwaltschaften sei auch im Interesse ihrer Ausbildung wünschenswert, wenn die Abordnung ohne Schematismus unter Berücksichtigung der Eigenart des einzelnen Referendars erfolge; gleicher Ansicht sei auch der Präsident des Landesprüfungsamtes. Die Amtsanwälte seien schon für die Abordnung von Referendaren zum Sitzungsdienst, die sie erheblich entlaste, dankbar. Bei der Vertretung von Amtsanwälten durch Referendare habe sich allerdings bisweilen der Umstand ergeben, dass diese dem Bürodienst nicht gewachsen seien; auf diese Ausbildung könne aber in der staatsanwaltschaftlichen Station hingewirkt werden....

Zu Punkt 2 der TO: „Geschäftsverteilung zwischen StA und Amtsanwaltschaft, Leitung der Anzeigen“ führt MinRat Hartung aus:

I. Man müsse Wünsche auf Änderung der Gesetzgebung zurückstellen und sich darauf einrichten, mit der VO vom 04.01.1924 auch insoweit auszukommen, als sie de lege ferenda verbesserungsbedürftig erscheine; die Reichsregierung beabsichtige nicht irgendwelche Änderungen der VO schon jetzt vorzuschlagen.

II. Nach den gesetzlichen Grundsätzen (§§ 143 f. GVG) sei für Schwurgerichts- und Berufungssachen die StA, für alle amtsgerichtlichen Sachen die Amtsanwaltschaft zuständig; doch lasse das Gesetz selbst erkennen, dass man es nicht für möglich gehalten habe, die Bearbeitung aller dieser Sachen, insbesondere der Schöffensachen, dem nicht juristisch vorgebildeten Amtsanwalt zu überlassen. Preußen und die anderen deutschen Länder hätten daher die Bearbeitung der Schöffensachen der StA übertragen; die Grundlage dafür bilde das Devolutions- und Substitutionsrecht des § 145 GVG.

Für die Geschäftsverteilung zwischen StA und Amtsanwaltschaft stünden danach zwei Grundsätze fest: Sachen, die zu der geborenen Zuständigkeit des Amtsrichters gehören (§ 25 Ziff. 1, 2 b GVG), gehören auch ganz und gar zur Zuständigkeit des Amtsanwalts; Schöffensachen (wobei zunächst an die Jugendsachen nicht gedacht werden soll) dagegen sind von der StA zu bearbeiten und zwar ebenfalls ganz und gar, also einschließlich der Terminvertretung; hier gebe es keine irgendwie geartete Tätigkeit des Amtsanwalts. Auf die Wünsche des Verbandes der Amtsanwälte nach einer Änderung dieses Grundsatzes beabsichtige das Justizministerium nicht einzugehen.

Für das überaus wichtige Gebiet der flüssigen, zwischen Amtsrichter und Schöffengericht geteilten Zuständigkeit gelte folgender Grundsatz: Einfache Sachen ohne besondere Bedeutung gehören vor den Amtsrichter und damit zur Zuständigkeit des Amtsanwalts; schwierigere Sachen und auch an sich einfach liegende Sachen, wenn ihnen eine besondere Bedeutung z.B. wegen Schwere der Tat, zukommt, gehören vor das Schöffengericht und damit zur Zuständigkeit der StA. Auf diesen Grundsatz gehen die Richtlinien der AV v. 24.01.1924 Ziff. II zurück: Berufsverbrecher, auch wenn der Einzelfall nicht besonders schwer oder schwierig erscheint, gehören vor das Schöffengericht, schon um die Zuständigkeit der, der alten Strafkammer ähnlichen und von dem Berufsverbrecher gefürchteten, großen Strafkammer in der Berufungsinstanz zu begründen; Verbrechen (§ 26 GVG) sollten nur dann vor den Amtsrichter gebracht werden, wenn Freiheitsstrafe von nicht mehr als einem Jahr zu erwarten sei; denn Strafsachen von besonderer Bedeutung und Schwierigkeit gehörten nicht vor den Amtsrichter.

III. Die richtige Lösung der Frage der flüssigen Zuständigkeit sei eine der Schicksalsfragen der VO vom 04.01.1924; sie fordere eine ganz andere Einstellung der StA als bisher und stelle insbesondere an die staatsanwaltschaftlichen Aufsichtsbehörden große Anforderungen, da sie eine dauernde, sorgfältige Beaufsichtigung des ganzen Geschäftsbetriebs der StA voraussetze. – Die erste Schwierigkeit setze schon bei der Polizei ein: an welche Stelle sollen die dort eingehenden Anzeigen abgegeben werden? Allgemeine Anweisungen seien darüber bisher absichtlich nicht erlassen worden; man habe abwarten wollen, wie sich die Praxis dazu stelle. Diese habe mehrere Wege eingeschlagen:

1. Alle Sachen gehen an den Amtsanwalt, der bestimmte Sachen dem OStA sofort vorzulegen habe, so Stettin. Vorzug sei klare Richtlinien für die Polizei, Nachteil aber, dass der Amtsanwalt leicht zu viel behalte.

2. Der zweite – dem ersten am stärksten entgegengesetzte – Weg, den die süddeutschen Länder gewählt haben, gehe dahin, alle Sachen an die StA zu leiten; er sei für Preußen nicht empfehlenswert, da hierdurch die StA zu sehr belastet werde.

3. Von den Zwischenlösungen schließen sich die einen an den alten § 27 GVG an (Königsberg, Düsseldorf, Köln, Hamm), wobei die Wertgrenzen für Diebstahl und Betrug teils sehr niedrig, teils sehr hoch bemessen seien; Vorteil dieses Systems sei: klare Richtlinie für die Polizei, Nachteil: dass die StA verhältnismäßig viel (durchgehende) Sachen erhalte. Die andere Zwischenlösung (Berlin, Frankfurt, Breslau, Marienwerder) leite grundsätzlich alles an die Amtsanwaltschaft, ausgenommen bestimmte Sachen, die stets unmittelbar an die StA zu leiten seien; der Kreis dieser Sachen sei in den einzelnen Bezirken, die diesem System folgen, recht verschieden weit. In der Regel gehören zu den Ausnahmen Pressesachen, politische Sachen, Beamtenvergehen, Preistreiberei, auch militärische Sachen; in Frankfurt ferner alle Verbrechen (auch Rückfallverbrechen), in Marienwerder, das am weitesten gehe, auch Vergehen gegen das geistige Eigentum, Nahrungsmittelvergehen, unlauterer Wettbewerb, Vergehen wider die Freiheit, Sittlichkeit und Religion, Untreue, Urkundenfälschung u.a.; in Breslau auch Vergehen gegen das geistige Eigentum. In der Hand der StA liege es, einzelne Sachen an den Amtsanwalt abzugeben. Der Vorteil dieser Regelung sei, dass nur wenige Abgaben erfolgen müssen; der Nachteil aber, dass die Polizei oft nicht recht wisse, wem sie eine Anzeige vorzulegen habe.

Eines dieser Systeme müsse in Preußen allgemein eingeführt werden; das Justizministerium bitte um Vorschläge.

Die Schwierigkeiten bestehen aber weiter auch im späteren Laufe des Verfahrens bis zur Anklageerhebung, ja, darüber hinaus bis zur Eröffnung des HV (denn solange könne die Begründung der Zuständigkeit durch Antrag der StA äußerstenfalls korrigiert werden). Erforderlich sei, neben einer genauen Durchsicht aller Eingänge durch die leitenden Beamten der StA und Amtsanwaltschaften eine stete Kontrolle über den Stand einer jeden Sache, insbesondere vor einschneidenden Verfügungen, also bei der Amtsanwaltschaft vor Anklageerhebung und Einstellung (stets oder nur dann, wenn die Sache nicht von der StA abgegeben, sondern unmittelbar an den Amtsanwalt gelangt ist?), bei der StA vor einer etwaigen Abgabe an den Amtsanwalt. Als Mittel für diese Kontrolle komme die Gegenzeichnung dieser Verfügungen in Betracht. Der OStA müsse ferner alle Einzelrichtersachen, die an ihn gelangen, insbesondere bei Einlegung von Rechtsmitteln und Dienstaufsichtsbeschwerden, daraufhin prüfen, ob der Amtsanwalt die Sache nicht hätte abgeben müssen (der GStA in Marienwerder habe angeordnet, dass über diese Prüfung ein besonderer Vermerk in den Akten zu erfolgen habe); die Dienstaufsicht, insbesondere auf Dienstreisen, müsse sich auch auf diese Prüfungen erstrecken. Auch eine ständige Überwachung der Geschäftsstatistik sei zu wirksamer Handhabung der Dienstaufsicht auf diesem Gebiete ein unerlässliches Hilfsmittel. Der Justizminister sei bereit, den GStA die monatlichen Zusammenstellungen der Geschäftszahlen zu übermitteln, um ihnen einen Vergleichsmaßstab in die Hand zu geben. Die preußische Statistik zeige eine sehr bedenkliche Abnahme der von der StA bearbeiteten J-Sachen: während im Durchschnitt der Jahre 1921/1923 die Zahl der von der StA bearbeiteten Sachen ungefähr gleich der der amtsanwaltschaftlichen Sachen war, wenn sich auch bereits ein Steigen der letzteren zeige, so werde für 1924 bisher nur ein Drittel und weniger aller Sachen von der StA bearbeitet. Bleibe es dabei, so werde die Folge leicht eine Qualitätsverschlechterung der Arbeit sein können, da die Amtsanwaltschaft mehr auf Massen- als auf Qualitätsarbeit eingestellt bleiben müsse. Auch werde ein starker Abbau der StA unvermeidlich.

Stelle sich nach Anklageerhebung seitens des Amtsanwalts vor dem Amtsrichter, aber vor der Eröffnung des HV heraus, dass die Sache schwieriger sei als zunächst angenommen wurde, so müsse die Amtsanwaltschaft die Akten sofort der StA zwecks Zurücknahme der Anklage und Erhebung einer neuen Anklage vor dem Schöffengericht vorlegen. Das JMin. bitte um Stellungnahme, ob über die Richtlinien vom 24.01.1924 hinaus die StA angewiesen werden sollen, sich mit Amtsrichtersachen, die bestimmte, fernerliegende Materien betreffen, zu befassen (einschl. Anklage oder Strafbefehlsantrag), ggfs. für welche Arten von Delikten. ...

Zu Punkt 3 der TO: „Einrichtung der Amtsanwaltschaft, Verteilung der Zeichnungsbefugnis (Gegenzeichnung). Auswahl und Ausbildung der Anwärter. Örtliche Sitzungsvertreter. Pensenberechnung" ergreift als Referent das Wort MinRat Dahm, der zunächst auf den wichtigsten Unterpunkt der Auswahl und Ausbildung der Anwärter eingeht: Die vorgesehene Ausbildungszeit sei freilich recht kurz, jedoch könne andererseits nach den geltenden Vorschriften der Ausbildungsgang individuell gestaltet werden. Die Entscheidung der Frage, ob ein mittlerer Beamter sich zum Amtsanwalt eigne, sei nicht erst dem eigentlichen Vorbereitungsdienst zu überlassen, es empfehle sich vielmehr, schon vorher eine Auswahl derart zu treffen, dass die Beamten, die Lust und Neigung zur amtsanwaltschaftlichen Tätigkeit zeigten, dem Büro einer größeren Amtsanwaltschaft als Sekretariatsbeamte zugewiesen und dort neben der Tätigkeit im Büro auch als Vertreter beurlaubter oder erkrankter Amtsanwälte und als Sitzungsvertreter im Dezernatsdienste Verwendung fänden. Auf Beamte, die sich hier bewähren, könne später in erster Linie zurückgegriffen werden. Im Übrigen müsse es als notwendiges Übel hingenommen werden, dass sich unter den älteren Amtsanwälten auch solche befänden, die nach Persönlichkeit und Leistungen den gesteigerten Anforderungen der VO vom 04.01.1924 nicht voll genügten. Im Wege der Dienstaufsicht sei hier nach dem Rechten zu sehen.

Was die Einrichtung der Amtsanwaltschaften angehe, so sei nicht beabsichtigt, die veraltete Geschäftsanweisung für Amtsanwälte neu zu bearbeiten, da die jetzige Ausbildung jeden Amtsanwalt instand setze, die Gesetze selbst nachzuschlagen und zu handhaben. Wohl aber werde eine Neufassung der sich auf das Büro beziehenden Vorschriften als Anhang zu der Geschäftsordnung für die landgerichtlichen StA in Betracht kommen. – Die Frage der Gegenzeichnung löse sich einfach, wenn ein höherer Beamter die Behörde leite, seien nur mehrere mittlere

Beamte vorhanden, so müsse einer von ihnen die Dienstaufsicht mit Zeichnungsrecht erhalten, um der Vorschrift des § 144 GVG nachzukommen. Von der Gegenzeichnung müssten insbesondere auch alle Fälle des § 153 StPO erfasst werden.

Dass der örtliche Sitzungsvertreter ein Notbehelf schlimmster Sorte sei, erkenne auch das Ministerium an; er sei aber bei der Zersplitterung der AG ein notwendiges Übel. Viel zu ändern sei an dem an sich unerfreulichen Zustand nicht. Es sei immer zu bedenken, dass bei den kleinen und kleinsten AG der örtliche Sitzungsvertreter nur dadurch beseitigt werden könne, dass man die alte nebenamtliche Amtsanwaltschaft wieder einrichte, und diesen Zustand wünsche doch niemand zurück. – Hinsichtlich einer Änderung der Pensenberechnung schwebten noch die Erwägungen. Es komme insbesondere in Betracht, Anklage, Antrag auf Strafbefehl und Einstellung des Verfahrens mehr oder weniger gleich zu bewerten....

Zu Punkt 4 der TO: „*Die Stellung des Antrags auf Zuziehung des zweiten Amtsrichters zur HV vor dem Schöffengericht und auf Entscheidung durch den Amtsrichter allein*" führt MinRat Hartung aus: Die Stellung der StA sei nach der VO vom 04.01.1924 sehr einflussreich; die StA sei die Beherrscherin der Zuständigkeit. Die Neuordnung stelle aber auch die größten Anforderungen an sie. Besonders viel hänge von dem Antrag auf Zuziehung des zweiten Amtsrichters ab. Es handle sich hier um die Aufrechterhaltung der Güte-Rechtsprechung; die Rücksicht darauf müsse höher stehen als die Rücksicht auf mögliche Ersparnisse. Versage die StA auf diesem Gebiete, so werde die Strafrechtspflege notwendig einen nicht gutzumachenden Schaden erleiden.

Das eigentliche Schöffengericht der VO sei das erweiterte Schöffengericht; das kleine Schöffengericht sei im Wesentlichen gedacht als Gericht für einfach liegende Verbrechen, die nicht vor den Amtsrichter gebracht werden können. Das ergebe sich aus der Entstehungsgeschichte und sei auch der Sinn des Schiffer'schen Zusatzes zum § 29 GVG. Vergehen, Rückfallsverbrechen, Verbrechen des schweren Diebstahls und der Hehlerei gehörten in der Regel nicht vor das kleine Schöffengericht, sondern, wenn es einfach liegende Sachen seien, vor den Amtsrichter, sonst vor das erweiterte Schöffengericht. Natürlich sei das nur als eine Regel aufzufassen, von der je nach Lage des Einzelfalles auch Ausnahmen gemacht werden könnten. Als ein Fall, in dem auch einfach liegende Sachen dieser Art vor das kleine Schöffengericht gebracht werden müssen, kämen z.B. solche in Betracht, bei denen der Täter dem gewerbs- und gewohnheitsmäßigen Verbrechertum zuzurechnen sei. Unsachliche Motive dürften bei der Frage, ob ein zweiter Richter zugezogen werden solle, nicht aufkommen. Richtlinien im Einzelnen ließen sich nicht geben.

Demgegenüber zeige die Statistik ein sehr bedenkliches Bild: Im Gesamtdurchschnitt des ersten Halbjahres 1924 sei ein zweiter Richter zugezogen worden, bei Verbrechen nur bei einem auf fünf Fälle, bei Vergehen nur in einem auf sieben Fälle. Die geringe Besserung im Sept. 1924 (bei Verbrechen 1 zu 4, bei Vergehen 1 zu 6) sei kaum nennenswert. Die Allg. VO vom 07.06.1924 (JMBl. S. 250) habe offensichtlich noch nicht die nötige Wirkung gehabt. Es werde gebeten, dass die GStA ständig an der Hand der Geschäftsstatistik und durch Nachprüfung im Einzelfall die Tätigkeit ihrer StA überwachen möchten.

Am günstigsten lägen nach den Septemberzahlen die Verhältnisse in den Bezirken des KG, in Breslau und Köln; am wenigsten günstig in Düsseldorf (durchschnittlich 1 zu 10), Kiel (bei Verbrechen 1 zu 5 ½, bei Vergehen 1 zu 12), Naumburg (1 zu 7, 1 zu 12), Marienwerder (kein Vergehen!), Königsberg (1 zu 7 bei Verbrechen), Hamm (1 zu 8 ½ bei Vergehen), Cassel (1 zu 10 bei Vergehen), Frankfurt (1 zu 17 bei Vergehen).

Wünsche der Richter, der Verteidiger und der Angeklagten seien im weitestgehenden Maße zu berücksichtigen. – Möglicherweise habe der Umstand, dass die AV v. 24.01.1924 bei Stellung des Antrags auf Zuziehung eines zweiten Richters die Gegenzeichnung verlange, hemmend gewirkt; das Ministerium bitte die GStA um Stellungnahme dazu, ob ihre Aufhebung zu empfehlen sei. – In Jugendsachen sei nach einer neueren Entscheidung des RG die Zuziehung eines zweiten Richters zulässig.

Das beschleunigte Verfahren lasse sich noch weiter ausdehnen; es habe eine besonders günstige Entwicklung genommen, wenn auch in den einzelnen Bezirken noch recht ungleichmäßig, und biete unzweifelhaft große Vorzüge; andererseits dürfe man nichts Unmögliches von ihm verlangen. Es eigne sich nicht, wenn entweder die Persönlichkeit des Täters nicht feststehe, wenn sehr schwere Strafen zu erwarten seien oder der Fall tatsächlich oder rechtlich zu kompliziert liege; seine Vorzüge lägen in seiner Billigkeit, Ersparnis an Schreibwerk, Schnelligkeit und besseren, weil unmittelbareren Wahrheitsermittlung. Vorstrafen müssten und könnten telefonisch (mit Rückfrage) oder telegrafisch erfordert werden, insbesondere in Haftsachen. Eine sorgfältige Verhandlung sei unerlässlich.

Bedenklich sei eine Entscheidung des OLG Frankfurt, nach der der Richter des beschleunigten Verfahrens jedes Mal erst prüfen müsse, ob die Voraussetzungen der vorläufigen Festnahme vorliegen, ehe er das beschleunigte Verfahren anwende. Das Gesetz verlange das nicht, sondern begnüge sich mit der Tatsache, dass die vorführende Behörde sich zur vorläufigen Festnahme für befugt erachtet habe.

Für Übertretungen müsse das beschleunigte Verfahren die Regel werden. Förmliche Anklagen in Übertretungssachen hätten nur noch in Ausnahmefällen Berechtigung; nach der Statistik würden sie aber noch recht oft erhoben.

Möglich sei auch eine Erweiterung des Anwendungsgebiets des § 212, wenn man durch Ladung ohne Zwangsandrohung die freiwillige Gestellung herbeiführe, was wohl auch in Haftsachen mit dem Einverständnis des Beschuldigten möglich erscheine. Es lasse sich dadurch eine bessere Ausnutzung der Termine (z.B. beim Wegfall einer angesetzten Sache) und eine wesentliche Beschleunigung des Verfahrens, die insbesondere in Haftsachen ins Gewicht falle, herbeizuführen. Nur dürfe man natürlich auch hier nicht ungeeignete Sachen im beschleunigten Verfahren aburteilen wollen. Die Beschuldigten lassen sich nach den gemachten Erfahrungen fast immer gern auf das beschleunigte Verfahren ein, da es die Qual der Ungewissheit verkürze.

Nach den Ergebnissen des ersten Halbjahres 1924 sei bei Einzelrichtersachen (DL + D Sachen) ein Fall auf 18 und bei Schöffensachen (L + M Sachen) ein Fall auf 80 im beschleunigten Verfahren abgeurteilt worden. Nach den Ergebnissen des

September werde das Verfahren in Einzelrichtersachen am häufigsten angewendet in Breslau (1 zu fast 8), Köln (1 zu 8 ½) und Berlin (1 zu 10); am wenigsten Königsberg (1 zu 85), Hamm (1 zu 50), Naumburg (1 zu 42), Stettin (1 zu 64), Düsseldorf (1 zu 32)....

Zu Punkt 5 der TO: „Die Einschränkung des Verfolgungszwanges und die damit zusammenhängenden Aufgaben der StA“ legt MinRat Hartung Folgendes dar: Auch § 153 StPO gehöre zu den Vorschriften, die der StA neue, verantwortungsreiche Aufgaben stelle, Missgriffe könnten dem Ansehen der Justiz schwersten Schaden zufügen. Unsachliche Motive seien durchaus fern zu halten, ebenso jede Rücksichtnahme auf Bequemlichkeit usw. – Die öffentlichen Interessen an der Strafverfolgung seien sorgfältig abzuwägen: Bei der Anwendung des § 153 dürfte die Rücksicht auf die Generalprävention und auf die Spezialprävention niemals außer Acht gelassen werden, das sei insbesondere nötig, wenn sich, wie es in den letzten Jahren vielfach vorgekommen sei, bestimmte Verbrechenstypen häuften und einen sozusagen epidemischen Charakter annähmen. Delikte, die eine Gefährdung der öffentlichen Sicherheit in sich schließen (z.B. Verkehrs- oder seuchenpolizeiliche Zuwiderhandlungen) seien – abgesehen von besonderen Ausnahmefällen – zu verfolgen, ebenso Delikte, die sich gegen das jedermann zugängliche Eigentum richten (Feld- und Forstdiebstähle). Sei der Täter in einem früheren Fall gewarnt worden, so sei er das nächste Mal unbedingt zu verfolgen (Spezialprävention).

Die Interessen des Verletzten seien ebenfalls tunlichst zu berücksichtigen; es sei zweckmäßig, ihn über die Folgen der Tat zu hören. Die Einstellungsbegründungen seien stets sorgfältig auszuarbeiten. – Interessieren sich öffentliche Behörden an der Strafverfolgung, so seien diese auch zu einer beabsichtigten Einstellung zu hören. Gegen ihren Willen sei von § 153 in der Regel kein Gebrauch zu machen.

Bei Übertretungen, die die Polizei selbst durch Strafverfügung geahndet, oder bei denen sie sonst ihr Interesse an der Verfolgung zum Ausdruck gebracht habe, sei regelmäßig die Einstellung nach § 153 StPO nicht angezeigt.

Auf die Wünsche der größeren Interessentenverbände sei ebenfalls Rücksicht zu nehmen; sie müssen ähnlich, wie die Wünsche von Fachbehörden behandelt werden. – Das JMin. bittet um Äußerung, wie sich nach den Erfahrungen in der Praxis die Kontrolle gestalten solle, insbesondere, ob die Gegenzeichnung von Verfügungen aus § 153 allgemein für erforderlich gehalten werde – für die StA, für die Amtsanwaltschaft – oder ob die Gegenzeichnung auf einen bestimmten Kreis von Delikten oder auf Einstellung gegen den Widerspruch des Verletzten, einer Behörde usw. beschränkt werden solle....

Zu einer Darlegung außerhalb der TO „*Verfahren gegen Abgeordnete*“ erhält sodann MinRat Kuhnt das Wort: Nach Auflösung des Reichstags sei die Immunität der Reichstagsabgeordneten weggefallen, indes mit einer Einschränkung: die Mitglieder der ständigen Ausschüsse des Art 35 RV seien immun bis zum Zusammentritt des neuen Reichstags. Dieser Ansicht des RMI habe sich auch das RMJ angeschlossen. Die GStA würden daher gebeten, diese Ansicht künftig zu vertreten. In Preußen schwebten, soweit er unterrichtet sei, nur gegen zwei Mitglieder der ständigen Ausschüsse (Abg. Wulle und Katz) Verfahren.

Die Mitglieder des preuß. Landtags seien bis zum Ablauf des 06.12.1924 immun; von da ab bis zum Zusammentritt des neuen Landtags bestünde nur für die Mitglieder des ständigen Ausschusses des Art. 26 pr. Verf. Immunität.

Listen der Mitglieder der ständigen Ausschüsse beider Häuser werden den Teilnehmern der Besprechung vorgelegt. – Bezüglich der Behandlung von Strafverfahren gegen Abgeordnete bitte er, in allen Fällen, in denen zur Verfolgung die Genehmigung der Parlamente erforderlich sei, die Akten dem JMin. vorzulegen; die Parlamente hätten ein erhebliches Interesse daran, zu erfahren, ob und welche Abgeordnete in den Verdacht, strafbare Handlungen begangen zu haben, gekommen seien; ob Aussicht bestehe, die Genehmigung des Parlaments zur Strafverfolgung zu erlangen, sei ohne Bedeutung.

Werde ein Beschuldigter während des Strafverfahrens Abgeordneter, so gehe das Verfahren weiter, bis seine Aufhebung vom Parlament verlangt werde (Art. 37 Abs. 3 RV). Die Vollstreckung bisher nicht ausgeführter Freiheitsentziehungen sei jedoch nur mit Genehmigung des Parlaments zulässig; solle eine Verhaftung oder Vorführung herbeigeführt werden, so sei der Erlass des Haft- oder Vorführungsbefehls zu beantragen und nach seinem Erlass die Genehmigung des Parlaments zur Vollstreckung einzuholen; der Erlass solcher Befehle sei zulässig.

Bezüglich der Behandlung der Strafverfahren wegen Beleidigung von Abgeordneten wolle er nur hervorheben, dass hinsichtlich der Annahme des öffentlichen Interesses an der Strafverfolgung die Grundsätze der RV vom 30.04.1921 – I 4537 – nicht immer beachtet würden. – Ferner bitte er darauf zu achten, dass nicht diplomatische Verhandlungen, wie das in der letzten Zeit zweimal geschehen sei, dadurch gestört worden, dass die HV in einschlägigen Strafverfahren während der diplomatischen Verhandlungen stattfänden; es sei bereits darauf hingewirkt worden, dass die Verwaltungsbehörden das Stattfinden diplomatischer Verhandlungen, das nicht durch die Presse bekannt würde, den in Betracht kommenden GStA mitteilen.

Zu den Punkten 6 bis 8 der TO: „Strafvollstreckung, Geschäftsordnung, Bezeichnung der Amtsanwaltschaften im dienstlichen Verkehr (§ 144 GVG)“ bittet MinDir. Huber, von der Entgegennahme von Referaten Abstand zu nehmen und sich nur zu einzelnen Punkten zu äußern. GStA Rohde bedauert, dass der Titel eines OStA nicht mehr für den Leiter der Amtsanwaltschaften frei sei; andere Herren schließen sich dem an.

Dem Vorschlage des Herrn GStA Schneider – Neuenburg, dem Amtsrichter, soweit ihm die Strafvollstreckung obliegt, dieselbe Befugnis zur Erteilung von Strafaufschub und Urlaub zu geben wie dem OStA, stößt auf den Widerspruch der überwiegenden Mehrzahl der Teilnehmer, insbesondere befürchtet man, dass dann eine zu große Milde Platz greifen werde.

Gegen ¾ 1 Uhr schließt MinDir. Huber die Besprechung.

V. Besprechung mit den OLG-Präsidenten vom 04.05.1926

Justizminister Dr. Am Zehnhoff eröffnet die Besprechung und begrüßt die vollzählig erschienenen Herren OLG-Präs., besonders die Herren *Anz* und *Witte,* die heute zum ersten Male an der alljährlichen Besprechung teilnehmen. Im Vorjahre habe wegen seiner Erkrankung die Jahresversammlung ausfallen müssen. Infolgedessen sei die Zahl der zu besprechenden Punkte in diesem Jahre besonders groß. – Vor vier Jahren sei von den derzeit anwesenden Herren ein Bild aufgenommen worden. Das solle in diesem Jahre wiederholt werden, zumal von den damaligen Herren inzwischen bereits sieben Herren ausgeschieden seien.

Der Minister erteilt hierauf zu *Punkt 1 der TO „Welche Vorschläge sind für den Umfang der Befugnisse und das Verfahren der Gerichte und der Beauftragten bei der Bearbeitung von Gnadensachen zu machen?"* das Wort dem *MinRat Hartung*. Dieser führt aus: Von mehreren OLG-Präs. und GStA sei Bericht über Mängel des gegenwärtigen Gnadenverfahrens erstattet worden. Die dann gegebenen Anregungen seien in den „Vorschlägen zur Umgestaltung der Vorschriften über die bedingte Strafaussetzung und über das Verfahren in Gnadensachen" zusammengefasst:

[Zu einem im März 1924 ohne Auftrag erstatteten Bericht des Präs. und des GStA eines OLG, der sich mit Vorschlägen über die Behebung von Mängeln des Gnadenverfahrens einschließlich des Verfahrens bei der bedingten Strafaussetzung befasste, haben sich auf Ersuchen des Justizministers mehrere OLG-Präs. und GStA geäußert. Einige andere Stellen haben unaufgefordert ihre Erfahrungen über die Bewährung der bestehenden Vorschriften mitgeteilt.

A. Mängel des heutigen Verfahrens: Die Berichterstatter bezeichnen als die hauptsächlichsten Mängel der gegenwärtigen Regelung die folgenden:

1. Vergünstigungen im Gnadenwege würden zu häufig gewährt; es sei nahezu zur Regel geworden, dass der Verurteilte sich in irgendeiner Weise an die Gnade wende. Das Begnadigungsverfahren habe sich zu einem selbständigen, schriftlichen und geheimen Nachverfahren entwickelt, das zu einer Urteilsnachprüfung führe; von der Bevölkerung werde vielfach die „Gnadenkommission" als eine über den Gerichten stehende letzte Instanz angesehen, von der eine Milderung des Urteils zu verlangen das gute Recht jedes Verurteilten sei; dadurch werde die Stellung der Strafgerichte geschädigt und die Berufs- und Arbeitsfreudigkeit der Richter und StA beeinträchtigt. Die zu weit gehende Gewährung von Vergünstigungen mache einen Widerruf häufig notwendig.

2. Den Grundfehler im Aufbau des Verfahrens sieht die Mehrzahl der Berichterstatter darin, dass es in anderen Händen liege als die Strafvollstreckung. Dadurch werde die Vollstreckung gehemmt, ein Nachteil, der sich auch durch Anlage von Vollstreckungsheften nicht beheben lasse. Die Akten müssten vielfach hin- und

hergesandt werden und seien in der Regel nicht da, wo sie am notwendigsten gebraucht würden, nämlich bei der Vollstreckungsbehörde.

3. Außer diesen allgemeinen Bedenken werden noch folgende besondere Einwendungen vorgebracht.

a) Bei der *bedingten Strafaussetzung* durch die Gerichte (AV v. 19.10.1920, JMBl. S. 565) sei es als fehlerhaft anzusehen, dass die Gerichte auch noch nach der HV bedingte Strafaussetzung bewilligen könnten. Die Richter, die in diesem Falle zu entscheiden hätten, seien auch vielfach nicht mehr dieselben, die das Urteil gesprochen hätten. Insbesondere seien auch die Laienrichter bei der Entscheidung über die nachträgliche Aussetzung ausgeschlossen.

b) *Verfahren in Gnadensachen* (AV v. 19.06. u. 26.08.1919, JMBl. S. 341, 405): Die Einreichung der Gnadengesuche an den JMin. und die häufige Berichterstattung habe eine Verzögerung des Verfahrens zur Folge. – Unvereinbar mit einer geordneten Strafrechtspflege sei es, dass die Beauftragten für Gnadensachen regelmäßig und wahllos die Strafvollstreckung auszusetzen sich gewöhnt hätten. Gerade dieser in der Bevölkerung und bei den Anwälten allgemein bekannte Zustand führe häufig dazu, dass das Gnadenverfahren von den Verurteilten und deren Angehörigen und Rechtsvertretern missbraucht werde, namentlich in Sachen mit mehreren Verurteilten.

B. Verbesserungsvorschläge. Die vorgebrachten Verbesserungsvorschläge wollen z.T. das gegenwärtige Verfahren grundlegend umgestalten; z.T. glauben die Berichterstatter, mit einigen Maßnahmen zur Beschleunigung und Vereinfachung auskommen zu können.

I. Zur Reform des Verfahrens bei der bedingten Strafaussetzung: Mehrere Berichterstatter heben hervor, es sei wünschenswert, die bedingte Strafaussetzung aus einer Verwaltungs- in eine Rechtseinrichtung in Anlehnung an die im JGG enthaltene Regelung umzugestalten (ein anderer Berichterstatter ist dagegen der Meinung, dass die gesetzliche Übertragung des Aussetzungsrechts auf die Gerichte für sie eine unerträgliche Belastung zur Folge haben werde). – Mehrere Berichterstatter schlagen folgendes Verfahren vor: Das erkennende Gericht solle stets im unmittelbaren Anschluss an die HV von Amts wegen über die Frage der bedingten Strafaussetzung entscheiden oder sich mindestens die Entscheidung ausdrücklich vorbehalten. Eine spätere Entscheidung durch das Gericht – abgesehen von dem Falle des ausdrücklichen Vorbehalts – müsse ausgeschlossen werden; insbesondere sei diesem auch eine spätere Reststrafenaussetzung nicht mehr zu gestatten, da die gleiche Besetzung nicht mehr gewährleistet sei. Insoweit müsse stets der Beauftragte für Gnadensachen oder die Vollstreckungsbehörde eintreten.

II. Zur Umgestaltung des Verfahrens in Gnadensachen werden folgende Meinungen geäußert: Es sei notwendig, dass das Gnadenverfahren auf Ausnahmefälle beschränkt bleibe. Eine solche Einschränkung sei heute auch möglich, da der Richter in der Strafbemessung (insbesondere nach dem Geldstrafengesetz) und bei der Gewährung der bedingten Strafaussetzung den größten Spielraum zur Verfügung habe, um die Strafe der Straftat und der Persönlichkeit des Verurteilten anzupassen, und da außerdem dem Verurteilten in der Mehrzahl aller Fälle heute zwei Tatsacheninstanzen zur Verfügung ständen.

a) Hinsichtlich der Zuständigkeit und der Befugnisse der für die Bearbeitung der Gnadensachen in Betracht kommenden Behörden werden folgende Vorschläge gemacht:

1. Vorschlag: Der Beauftragte für Gnadensachen solle alle nach der HV eingehenden Gnadengesuche bearbeiten, auch insoweit, als sie bedingte Strafaussetzung erstreben; in Übereinstimmung mit dem OStA und dem Rechtsanwalt solle er bedingte Strafaussetzung bewilligen und die Strafe später erlassen können; bei Übereinstimmung aller beteiligten Stellen könne er das Gnadengesuch ablehnen (mehrere Berichterstatter halten die Mitwirkung eines Rechtsanwalts in Gnadensachen für entbehrlich).

2. Vorschlag: Federführend müsse im Gnadenverfahren die Vollstreckungsbehörde sein. Der Beauftragte für Gnadensachen solle nur gehört werden; er solle Ermittlungen verlangen und Berichterstattung an den JMin. erzwingen können.

3. Vorschlag: Die Bearbeitung der Gnadensachen solle der Strafvollstreckungsbehörde obliegen; um die Unparteilichkeit der Entscheidung zu gewährleisten, seien das erkennende Gericht und der Rechtsanwalt zu hören (von anderer Seite wird Ausschaltung des Rechtsanwalts für nötig erklärt); sofern eine Stelle befürworte, sei zu berichten. Befürwortung der Strafanstalt solle nicht zum Bericht zwingen.

b) Zur Regelung der vorläufigen Strafaussetzung werden folgende Vorschläge gemacht: Nur beim ersten Gesuch dürfe der Beauftragte für Gnadensachen die Befugnis haben, Strafaussetzung zu bewilligen. Die Bewilligung der vorläufigen Strafaussetzung durch den Beauftragten für Gnadensachen müsse an die Zustimmung des Gerichts oder des OStA gebunden werden; für zweite und fernere Gnadengesuche dürfe sie regelmäßig nicht mehr gewährt werden.

c) *Gnadenverfahren bei Gesamtstrafen:* Das Gnadenverfahren bei Gesamtstrafen sei einfacher zu gestalten. Eine Vereinbarung der nach II Abs. 3 AV v. 26.08.1919 in Betracht kommenden Beauftragten für Gnadensachen könne dahin zugelassen werden, dass die alleinige Bearbeitung demjenigen Beauftragten für Gnadensachen obliegen solle, in dessen Bezirk die schwerste Strafe verhängt worden sei oder bei dem sonst der Schwerpunkt des Gnadenverfahrens liege. Zuständig solle der Beauftragte für Gnadensachen sein, in dessen Bezirk die Gesamtstrafe gebildet worden sei. Nur bei Beteiligung mehrerer Länder sei das heutige Verfahren erforderlich. Ein anderer Berichterstatter hält es schon für hinreichend, wenn Ausnahmen von der gegenwärtigen Zuständigkeitsregelung für die hier in Betracht kommenden Fälle aus besonderen Gründen zugelassen würden.

d) *Einzelheiten.* Die Strafregisterauszüge müssten bei den Strafakten bis zur Verbüßung der Strafe belassen werden, damit sich der Beauftragte für Gnadensachen über Vorstrafen stets unterrichten könne. Die nach III 1 Abs. 2 AV v. 26.08.1919 vorgeschriebene Äußerung der Strafanstalt sei, da sie regelmäßig erst nach Einsicht der Strafakten abgegeben werden könne, erst auf Anfordern des Beauftragten für Gnadensachen zu erstatten, der dabei die Strafakten zu übersenden habe. Gleichzeitig seien §§ 116 Abs. 1 und 141 Abs. 2 DVO entsprechend zu ändern (eine

Änderung des letztgenannten Paragraphen wird von einem anderen Berichterstatter für nicht erforderlich gehalten). Die Gnadenakte seien nicht bei den Strafakten, sondern in der Registratur des Beauftragten für Gnadensachen aufzubewahren und auf dem inneren Aktendeckel der Strafakten zu verzeichnen. Die Beauftragten für Gnadensachen seien anzuweisen, in ablehnenden Bescheiden nicht zum Ausdruck zu bringen, dass die Strafanstalt nicht befürwortet habe. Von Zeit zu Zeit solle eine Zusammenkunft der Beauftragten für Gnadensachen des OLG-Bezirks unter Teilnahme des zuständigen Ministerialreferenten stattfinden. Alle das Gnadenverfahren und die bedingte Strafaussetzung betreffenden Vorschriften seien in einer einheitlichen Verfügung zusammenzufassen.]

Dass das Verfahren in Gnadensachen in der Praxis zu mancherlei Reibungen geführt habe, sei auch im JMin. bekannt. Mängel seien besonders nach zwei Richtungen hin hervorgetreten: Zum Ersten habe sich eine Überdehnung des Gnadenverfahrens (Inflation) entwickelt und zum Anderen hätten sich gewisse Mängel in der Organisation gezeigt.

Die Überdehnung des Gnadenverfahrens ergebe sich hauptsächlich daraus, dass Strafaussetzung und Strafausstand, die im engen Zusammenhange mit der Urteilsfällung ständen, als Ausfluss des Gnadenrechts geregelt seien und also zunächst erst in der Vollstreckung wirksam würden. Infolgedessen seien sie in der Praxis vielfach an einen zu späten Punkt des Verfahrens gerückt. Ein weiterer Mangel sei der, dass die Gerichte noch immer geneigt seien, der Frage der Strafzumessung, zu der in weiterem Sinne auch die Strafaussetzung gehöre, eine zu geringe Bedeutung beizumessen. Eine der Hauptvoraussetzungen für eine befriedigende Regelung des Gnadenverfahrens sei, dass in dieser Hinsicht Besserung geschaffen werde. Diesen Zweck verfolge insbesondere auch die AV v. 08.03.1926 (JMBl. S. 88).

Was dann die Fehler in der Organisation anlange, so sei zunächst auf die Vielgestaltigkeit der Zuständigkeiten hinzuweisen. Nebeneinander bestünden: a) bedingte Strafaussetzung in Gnadenverfahren, b) als richterliche Handlung nach dem JGG und c) vorläufige Entlassung. Dazu kämen noch die Vorschriften des § 455 StPO, und davon in der Zuständigkeitsregelung verschieden die des § 456 StPO sowie diejenigen des § 28 des Geldstrafengesetzes (VO über Vermögensstrafen und Bußen v. 06.02.1924) neben denen die AV v. 22.11.1911 für die Regelung des Strafausstandes gelte. Für Sonderfälle – so für das weite Feld der Finanzdelikte – gelten noch besondere Regelungen. Dazu komme, dass in jedem deutschen Lande und für die Gerichte des Reichs wieder andere Vorschriften vorhanden seien. Die Fülle und Verschiedenheit der Zuständigkeitsregelungen rufe in der Praxis Verwirrung hervor. Durch die Unklarheit der heutigen Zuständigkeitsregelung und dadurch, dass Strafausstand und Strafaussetzung in einen falschen Abschnitt des Verfahrens gelegt seien, entstünde eine starke Belastung des Gnadenverfahrens, die gewisse dunkle Existenzen sich zunutze zu machen wüssten.

Alles dies seien jedoch typische Schwierigkeiten einer Übergangszeit. Unser Strafrecht dränge nach neuen Formen, die teilweise im JGG sowie in § 28 des Geldstrafengesetzes [RGBl. I 1924, 44] bereits einen befriedigenden Ausdruck gefunden hätten. In dem Entwurf eines neuen StGB fänden sich eingehende Vorschriften über Strafaussetzung, desgleichen werde der Entwurf eines Gesetzes über den Strafvollzug eingehende Vorschriften über die Regelung des Strafausstandes enthalten. Heute sei daher hier nur noch zu besprechen, was als Zwischenregelung auf diesem Gebiete noch geschehen könne. In dieser Beziehung sei insbesondere vorgeschlagen worden, es möchte den Gerichten die bedingte Strafaussetzung nur noch soweit belassen werden, als sie im Zusammenhange mit der Urteilsfällung erfolge. Zu erwägen sei jedoch, ob durch solche Zwischenregelungen die Verwirrung nicht vielleicht nur noch vergrößert werden würde.

Anders sei es mit dem Gnadenverfahren im eigentlichen Sinne. Neben bedingter Strafaussetzung und Strafausstand werde das Gnadenrecht immer erhalten bleiben müssen. Immer werde die Befugnis der obersten Justizbehörde bestehen müssen, rechtskräftig erkannte Strafen im Gnadenwege zu erlassen.

Die Frage, ob die Regelung des Gnadenverfahrens, wie sie in der AV v. 26.08.1919 erfolgt sei, sich bewährt habe, habe ein Teil der Herren Präs. bejaht, ein anderer, wohl größerer Teil – darunter der KG-Präs. – meine das nicht. Einig seien allerdings alle Herren darin, dass man bei einer Gnadenkommission bleiben solle. Über deren Zusammensetzung gingen jedoch die Meinungen auseinander. Einige wollten auf den Rechtsanwalt verzichten, andere an Stelle des OStA die Vollstreckungsbehörde – evtl. also das AG – setzen. – Auch darüber, wer den Bericht erstatten solle, gingen die Meinungen auseinander. Einige wollten die Berichterstattung des Beauftragten für Gnadensachen belassen. Andere meinten, nach der Rechtskraft des Urteils gehöre das Verfahren in die Hand der Vollstreckungsbehörde. Diese müsse daher auch federführend sein und es genüge, dass man ihr die Gnadenkommission an die Seite stelle. Dieser Punkt erscheint dem Berichterstatter als der Kernpunkt der heutigen Besprechung.

Ferner sei eine Erweiterung der Gnadenbefugnisse angeregt worden. Insbesondere sei vorgeschlagen worden, es möchte der Beauftragte für Gnadensachen ermächtigt werden, von sich aus bedingte Strafaussetzung zu gewähren und zwar – dieser Vorschlag stamme allerdings nicht aus diesem Kreise – besonders dann, wenn das Gericht die Gewährung von Strafaussetzung abgelehnt habe. Demgegenüber werde jedoch sehr zu bedenken sein, ob durch eine solche Regelung nicht Reibungen zwischen dem Beauftragten für Gnadensachen und den Gerichten entstehen könnten, wenn auch andererseits anzuerkennen sei, dass dadurch die Zentrale sehr entlastet werden würde. Ein anderer Vorschlag mit dem Ziele der Entlastung der Zentralbehörde gehe dahin, es solle nicht schon auf die befürwortende Äußerung eines der Mitglieder der Gnadenkommission, sondern nur bei Stimmenmehrheit an den JMin. berichtet werden müssen. Zur Regelung der vorläufigen Strafaussetzung schließlich sei angeregt worden, die Befugnis des Beauftragten für Gnadensachen dahin zu beschränken, dass dieser nur beim ersten Gnadengesuch Strafaufschub bewilligen dürfe und dabei an die Zustimmung des Gerichts oder des OStA gebunden werde. – Im Übrigen verweist der Berichterstatter auf die Zusammenstellung der Vorschläge. Durch das Referat habe das zur Erörterung gestellte Problem nur in seinem gesetzgeberischen Zusammenhange vorgeführt und das Thema der Erörterungen abgegrenzt werden sollen. –

Weiter ergreift zu diesem Punkte der TO das Wort und führt aus:

KG-Präs. Dr. Tigges: Am meisten beunruhige den Strafrichter die grundlegende Änderung gegenüber der früheren Ordnung, die darin bestehe, dass sich vielfach die Meinung herausgebildet habe, als ob die Straffestsetzung durch die erkennenden Gerichte nur ein Vorschlag sei, die endgültige Regelung aber erst im Gnadenverfahren erfolge. Dazu habe besonders der Einfluss des Rechtsausschusses beigetragen. Das Formular des Rechtsausschusses, mit dem in den Fällen, in denen der JMin. noch nicht entschieden habe, die Eingaben den Gesuchstellern zurückgegeben würden, erwecke den Eindruck, als ob der Landtag eine dem Ministerium übergeordnete Instanz sei. Eine Änderung dieses Formulars sei daher erwünscht. Im Übrigen werde sich freilich das hier geübte Verfahren schwer ändern lassen, wenn auch erhofft werden dürfe, dass auch der Rechtsausschuss im Laufe der Zeit erkennen werde, dass er nicht alle Urteile nachprüfen könne. – Bedauern würde er es, wenn man nicht versuchen würde, das heutige Gnadenverfahren an die Regelung des neuen StGB anzugleichen. Ob und wann das neue StGB kommen werde, sei ihm noch sehr zweifelhaft.

Die Strafaussetzung im Anschluss an das Urteil gehöre zur Urteilsfindung. Die Beschränkung der Gerichte bei der Strafaussetzung auf höchstens sechs Monate Zuchthaus erscheine ihm nicht begründet. Dagegen schlage er vor, dass, wenn das Gericht nicht gleich bei Urteilserlass die Strafe aussetze, die Gerichte nunmehr mit der Strafaussetzung nichts mehr zu tun haben sollten. Durch diese Beschränkung der Befugnisse der Gerichte, würden auch Konflikte zwischen I. und II. Instanz vermieden werden. Auch darin sei dem Entwurf zu einem neuen StGB zu folgen, dass die bedingte Strafaussetzung durch den bedingten Erlass der Strafe ersetzt werden möchte. Damit werde viel unnütze Arbeit gespart werden. Denn die Zahl der Widerrufe, die lediglich wegen schlechter Führung erfolgten, sei verhältnismäßig sehr gering, auch bezweifle er, ob in allen diesen Fällen die Vollstreckung wirklich nötig und in den anderen Fällen die eingezogenen Erkundigungen über die gute Führung des Verurteilten wirklich zutreffend seien.

Die Hauptschwierigkeiten des Gnadenverfahrens lägen nach seiner Meinung nicht so sehr in der Beteiligung der vielen Stellen. Nur die bürotechnische Einrichtung müsse vereinfacht werden. Der Beauftragte für Gnadensachen und der Gnadenanwalt seien beizubehalten. Über die Mitteilung der Rechtsanwälte sei ihm nichts Nachteiliges bekannt geworden. Insbesondere habe sich daraus auch keine wesentliche Verzögerung ergeben. Nicht richtig sei auch, dass die Rechtsanwälte besonders zur Milde neigten. Die erwünschte technische Vereinfachung werde sich am besten dadurch erzielen lassen, dass man die Federführung in die Hand der Strafvollstreckungsbehörde lege, denn diese habe die Akten. Sie sei auch in der Federführung an gewandtesten. Der Einfluss des Beauftragten für Gnadensachen werde dadurch nicht beeinträchtigt werden. Vielmehr schlage er eine Erweiterung der Kompetenz des Beauftragten für Gnadensachen vor dahin, dass nach Rechtskraft des Urteils eine Strafaussetzung nicht mehr das Gericht, sondern nur noch der Beauftragte für Gnadensachen im Einvernehmen mit der StA bewilligen könne. Ein Konflikt mit den Gerichten sei nicht zu befürchten, weil dann diese ja nicht mehr zuständig seien. Weiter möge dem Beauftragten für Gnadensachen im Einvernehmen mit dem OStA und Rechtsanwalt die Befugnis gegeben werden, geringere Strafen zu erlassen; so besonders im Falle doppelter Verurteilung, sowie bei kleineren Geldstrafen. Solche Fälle, die sich infolge der wirtschaftlichen Not häuften, dürften nicht das Ministerium belasten.

Den Vorschlag, dass nicht so viel Strafaufschub gewährt werden solle, begrüße auch er, weil sonst jede ordnungsmäßige Vollstreckung unmöglich gemacht werde. Die Beauftragten für Gnadensachen könnten, weil nicht im Besitze der Akten, meist gar nicht erkennen, ob es sich um ein erstes Gnadengesuch handle. Aber auch bei wiederholten Gesuchen lasse sich vielfach nicht voraussehen, welchen Ausgang das Gnadenverfahren nehmen werde. Außerdem setzten die Beauftragten für Gnadensachen die Vollstreckung sehr häufig schon um deswillen aus, weil sonst die Gesuchsteller sich an das Ministerium wendeten und alsdann regelmäßig von hier die Aussetzung der Vollstreckung angeordnet werde.

Besonders erwünscht sei schließlich eine Vereinfachung des Gnadenverfahrens bei Gesamtstrafen.

OLG-Präs. Witte: Die Richter klagten darüber, dass sie zwar Recht sprächen, die Straffestsetzung jedoch in der Gnadeninstanz erfolge. Es bestehe daher der Wunsch, dass die Gnadeninstanz, die lediglich infolge der besonderen Verhältnisse der Nachkriegszeit so ausgebaut worden sei, nunmehr wieder abgebaut und dass die erkannten Strafen auch vollstreckt werden möchten. – Wolle man diesem Gedanken aber nicht näher treten, so sei zu erwägen, ob nicht der Beauftragte für Gnadensachen für den Fall der Einigkeit der Gnadenkommission zur selbständigen Bewilligung bzw. zur Ablehnung der Strafaussetzung ermächtigt werden könne. Ferner würde es sich empfehlen, Verurteilte, die ihre Strafe verbüßten, bei Ablehnung eines Gnadengesuchs dahin zu bescheiden, dass ihr Gnadengesuch nach einiger Zeit erneut geprüft werde und sie auf frühere weitere Gnadengesuche keinen Bescheid erhalten würden.

OLG-Präs. Dr. Schollen erklärt: Wenn nach der jüngsten AV über die Strafzumessung verfahren werde und die Strafzumessungsgründe auch im Urteil niedergelegt würden, so sei damit eine ausreichende Grundlage für das spätere Gnadenverfahren geschaffen. Leider geschehe das nicht immer. Besonders aber ließen die auf beiderseitigen Rechtsmittelverzicht ergehenden Urteile die Strafzumessungsgründe nicht erkennen. Daher müsse das Gericht gehalten werden, in allen Fällen sich darüber auszusprechen, ob es eine Strafaussetzung für angezeigt erachte oder nicht, und diese Entscheidung auch zu begründen. Damit würde dann die erforderliche Grundlage für das Nachverfahren geschaffen sein. Nunmehr sollte der Beauftragte für Gnadensachen nur noch im Einvernehmen mit der Vollstreckungsbehörde die Strafvollstreckung aussetzen können. Das Gericht würde an diesem Nachverfahren nicht mehr zu beteiligen sein, denn es habe ja schon gesprochen. Schließlich stimmt auch er dem Vorschlage bei, dass bei Gesamtstrafen nur *ein* Beauftragter für Gnadensachen mit der Sache befasst werden möge.

OLG-Präs. Dr. Cormann ist auch der Ansicht, dass die sehr kurzen Verzichtsurteile ebenso wie für ein Wiederaufnahmeverfahren so auch für eine spätere

Strafaussetzung keine ausreichende Grundlage bildeten. Auch er befürwortet, dass das neue StGB noch nicht so bald zu erwarten sei, und empfiehlt als Zwischenregelung die vom KG-Präs. vorgeschlagene klare Zweiteilung des Gnadenverfahrens. Nur für den Fall, dass die vor Urteilserlass angestellten Ermittlungen nicht ausgereicht hätten, solle sich das Gericht die Entscheidung über eine Strafaussetzung innerhalb bestimmter Zeit vorbehalten dürfen. Dieser Vorbehalt sei jedoch an die weitere Voraussetzung zu knüpfen, dass das Gericht bei der späteren Entscheidung über die Strafaussetzung noch ebenso besetzt sei wie in der Hauptverhandlung, da nur dann die Kenntnis der besonderen Lage des Falles noch verbürgt sei. Alles Weitere sei dann Sache des Beauftragten für Gnadensachen. Demgegenüber erscheine es ihm als eine Frage von geringerer Bedeutung, ob der Beauftragte für Gnadensachen oder die Vollstreckungsbehörde federführend sei, wenngleich die Übertragung der Federführung auf die Vollstreckungsbehörde, da die federführende Instanz naturgemäß stets auch den größeren Einfluss habe, eine Beeinträchtigung der Stellung des Beauftragten für Gnadensachen bedeuten würde. Einer Änderung der Gnadenkommission widerrät er. Ob man in Sachen von geringerer Bedeutung (Geldstrafen oder Freiheitsstrafen bis zu drei Monaten) bei Einstimmigkeit der Gnadenkommission dem Beauftragten für Gnadensachen die Befugnis geben solle, die Strafe zu annullieren, sei vorzugsweise eine Prestigefrage. Er glaubt, dass auch in diesen Fällen die Arbeit der Berichterstattung an das JMin. sich doch lohne. Dagegen erscheint ihm die Frage der Hemmung der Strafvollstreckung einer Neuregelung bedürftig.

OLG-Präs. Werner: Geklagt werde vor allem darüber, dass die Strafe immer mehr ihres Charakters als ein Übel entkleidet werde. Zu einem großen Übelstand habe sich die häufige Aktenversendung entwickelt, deren Folge sei, dass die Akten niemals an der Stelle seien, wo sie gebraucht würden. Dem Vorschlage des KG-Präs., dass das Gericht gehalten sein sollte, in jedem Falle mit Gründen sich darüber auszusprechen, ob es eine bedingte Strafaussetzung für angezeigt erachte oder nicht, tritt er bei. Ein Recht, sich diese Entscheidung vorzubehalten, dürfe das Gericht nur haben, wenn nicht allgemein, sondern wenn Aufklärungen über ganz bestimmte Punkte noch erforderlich seien. Habe das Gericht einen solchen Vorbehalt nicht gemacht, so solle es zu einer Strafaussetzung nicht mehr befugt sein. Im Übrigen möchte er das Gnadenverfahren straffer gestalten und, soweit möglich, das Ministerium ausschalten. Seien alle Gnadenstellen über die Ablehnung einig, so sollte der Beauftragte für Gnadensachen ohne Weiteres das Gesuch als aussichtslos ablehnen dürfen. Erwünscht sei, dass das Ministerium die Strafaussetzung zurückhaltender handhaben möchte und auch die Beauftragten für Gnadensachen durch besondere Vorschriften dazu angehalten würden etwa in der Weise, dass auf ein ferneres Gnadengesuch der Beauftragte für Gnadensachen nur mit Einverständnis der Vollstreckungsbehörde die Strafvollstreckung hemmen dürfe. Die Übertragung der Federführung auf die StA werde – so fürchte er – einen Abbau der Beauftragten für Gnadensachen bedeuten und somit dahingehenden Bestrebungen der StA entgegenkommen, auch unnötige einen reaktionären Eindruck erwecken. Für Gesamtstrafen, die aus Strafen verschiedener Länder gebildet seien, müsse eine

Vereinbarung der Länder über eine einfachere Handhabung des Gnadenrechts herbeigeführt werden. Schließlich schlägt er noch vor, den Zwang zur Berichterstattung für jeden Fall der Befürwortung des Gnadengesuchs seitens der Strafanstalt wieder zu beseitigen.

OLG-Präs. Dr. Jockwer betont, dass an dem Formular des Rechtsausschusses auch im Bezirk des OLG Hamm Anstoß genommen werde. Die Beauftragten für Gnadensachen empfänden es als Druck. Eine Zwischenlösung erscheint auch ihm notwendig und zweckmäßig. Dem KG-Präs. stimmt er darin bei, dass die Vollstreckungsbehörde federführend sein, ferner dem OLG-Präs. Werner darin, dass der Einfluss der Gefängnisse gemildert werden müsse.

OLG-Präs. Dronke ist auch der Ansicht, dass die Herbeiführung einer strengen Trennung vom Urteil und Gnadenerweis besonders wichtig sei. Jedes richterliche Urteil sollte sich über Aussetzung oder Nichtaussetzung der Strafe aussprechen. Habe das Gericht diese Entscheidung beim Erlass des Urteils zu treffen versäumt, so müsse sie nachgeholt werden. Eine inzwischen eingetretene Änderung in der Besetzung des Gerichts hält er zwar für nachteilig, aber nicht für so bedeutsam, als dass dadurch eine Nachholung der Entscheidung des Gerichts ausgeschlossen werden sollte, zumal die Gnadeninstanz ja auch mit Personen besetzt sei, die beim Erlass des Urteils nicht mitgewirkt hätten. Diese scharfe Trennung werde dahin führen, dass das Gnadenverfahren wieder mehr als Ausnahme erscheine. – Er spricht sich ebenfalls für die Übertragung der Federführung in Gnadensachen auf die Vollstreckungsbehörde aus. Die geäußerten politischen Bedenken würdigt er, hält sie aber nicht für ausschlaggebend. – Was weiter die Zusammensetzung der Gnadenkommission angeht, so möchte er an der Mitwirkung des Gnadenanwalts unter allen Umständen festhalten – nicht nur, weil dessen Beseitigung als Rückschritt angesehen werden würde, sondern auch aus sachlichen Gründen. Zu erwägen sei ferner, ob in die Gnadenkommission nicht auch ein Laie, etwa ein Gnadenschöffe, zu setzen sei. Die Stellung des Beauftragten für Gnadensachen scheine ihm nicht so bedeutsam, dass sie besonderer Sicherung bedürfe. Dass besonders tüchtige Richter für diese Stellen ausgewählt würden, glaubt er nicht. Die scharfe Herausarbeitung der Trennung zwischen Gericht und Verwaltung oder zwischen Urteil und Gnadensache erscheint ihm die Hauptsache. Dass der Zeitpunkt der endgültigen Neuregelung unseres Strafrechts schon nahe sei, wagt auch er nicht zu hoffen.

OLG-Präs. Dr. Anz: Das OLG in Cassel sei besonders mit Landesverratssachen befasst worden. In den diese betreffenden Gnadenverfahren habe sich als besonders unzweckmäßig erwiesen, dass bei Gesamtstrafen, die durch Einbeziehung von nur geringfügigen anderen Strafen gebildet worden seien, nach den geltenden Vorschriften auch die Gerichte zu hören seien, die auf die geringfügigen einbezogenen Strafen erkannt hätten. Warnen möchte er vor der Beseitigung der Gnadenanwälte. Diese arbeiteten in seinem Bezirk mit großem Eifer mit. Ihre Ausschaltung aus der Gnadenkommission würde weder bei den Anwälten noch in der Öffentlichkeit verstanden werden. Der Schaffung von Gnadenschöffen möchte er widerraten, denn sie würde dazu führen, dass jede Partei ihren besonderen Gnadenschöffen verlangen würde. Die Trennung von Urteils- und Gnadenverfahren empfehle dagegen auch er. Die Federführung in dem Gnadenverfahren möchte er – aus technischen Gründen – ebenfalls der StA übertragen, ohne dadurch den Einfluss des Beauftragten für Gnadensachen irgendwie beschränken zu wollen, lediglich weil die StA die Akten habe und auch schneller arbeite. Besonders drückend werde der Zwang zur Berichterstattung im Falle der – vielfach sehr weitgehenden – Befürwortung der Gnadengesuche durch die Strafanstalten empfunden.

OLG-Präs. Greiff erklärt, Urteil und Gnadenerweis seien wesensverschieden. Auch äußerlich sollten sie daher getrennt werden. Die Verkündung des Strafaussetzungsbeschlusses durch das Gericht unmittelbar im Anschluss an die Verkündung des Urteils mache die Wirkung des letzteren illusorisch. Die Befürwortung des Gefängnisses sollte nicht zum Bericht zwingen.

MinDir. Huber bemerkt: Zu dem Vorschlage des OLG-Präs. Dronke betreffend die Einführung von Gnadenschöffen lasse der Herr Minister auf die Ziff. 6 der AV vom 19.06.1919 hinweisen, wo die Erwartung ausgesprochen sei, dass die Beauftragten für Gnadensachen bei ihren Ermittlungen besonderen Wert auf die Anhörung nichtbeamteter Auskunftspersonen legen würden, um deren Benennung erforderlichenfalls geeignete berufliche, wirtschaftliche oder Fürsorgeorganisationen zu ersuchen seien. Dadurch sei bereits eine Mitwirkung von Laien gewährleistet.

OLG-Präs. Meyer hält es ebenfalls für zweckmäßig, die Federführung in Gnadensachen wieder der StA zu übertragen. Auf die politischen Bedenken will er nicht eingehen. Sodann wendet er sich dagegen, dass die Gerichte gezwungen werden sollten, zu der Frage der Strafaussetzung Stellung zu nehmen. Ein solcher Zwang würde eine gewisse Schwäche in das Urteil tragen, auch wenn das nach außen nicht hervortreten sollte. Der Richter müsse das Urteil sprechen mit dem Glauben [an] die Vollstreckung seines Spruches. Er meint, dass die Bedeutung der vorherigen Ermittlungen wohl überschätzt würde. Die meisten Fälle seien doch typisch. Die Strafe müsse notwendig etwas Katalogartiges haben, wenn nicht Willkür ins Urteil hineingetragen werden solle. Auf die Mitwirkung der Anwälte im Gnadenverfahren zu verzichten, erscheint ihm unbedenklich. In Hildesheim habe die Anwaltschaft es abgelehnt, einen Gnadenanwalt abzuordnen. In Stade habe zeitweise in allen Fällen berichtet werden müssen, weil der Anwalt stets befürwortet habe. Ein vielbeschäftigter Anwalt habe für die Gnadensachen auch nicht die nötige Zeit. Vielleicht würde es sich empfehlen, den Präs. des LG zu ermächtigen, für den Fall der Verhinderung des Gnadenanwalts an dessen Stelle einen Richter am Gnadenverfahren zu beteiligen.

OLG-Präs. Buß meint, dass Ermittlungen, die nach Urteilserlass angestellt seien, im Allgemeinen eine bessere Grundlage für das Gnadenverfahren geben würden, als vorher angestellte. Häufig hätten die Schöffen abgelehnt, sich an der Beschlussfassung über die bedingte Strafaussetzung zu beteiligen mit der Begründung, dass sie das nicht für ihre Aufgabe hielten. Sie hätten nach ihrer Meinung als Schöffen lediglich die Strafe zu verhängen und nicht aus Gründen, die sie bei der Strafzumessung bereits berücksichtigt hätten, zugleich dem Verurteilten Strafaussetzung in Aussicht zu stellen und damit ihr eben gesprochenes Urteil zu sabotieren. Diese

Gründe würden bei der vom KG-Präs. vorgeschlagenen Trennung des Urteilsverfahrens vom Gnadenverfahren wegfallen.

Wenn die Einrichtung der Beauftragten für Gnadensachen nicht beseitigt werden solle, dann müsse der Beauftragte für Gnadensachen im Gnadenverfahren auch federführend bleiben. In seinem Bezirke könne er über die Beauftragten für Gnadensachen nicht klagen, wenn es auch mehrfach energischen Zuredens bedurft hätte, die für dieses Amt vorgeschlagenen Richter zu dessen Übernahme zu bewegen. Die Frage der Beteiligung der Rechtsanwälte am Gnadenverfahren sei eine reine Personenfrage. Wo über die Tätigkeit des Gnadenanwalts geklagt worden sei, habe es meist daran gelegen, dass nicht die für diese Aufgabe geeignete Persönlichkeit gewählt worden sei. Die Anwaltskammer müsse nicht zunächst feststellen, welcher Anwalt zur Mitwirkung am Gnadenverfahren bereit, sondern welcher Anwalt dazu geeignet sei. Wenn die Anwaltskammer so verfahren würde, dürften die als geeignet ausgewählten und nach ihrer Bereitwilligkeit zur Mitwirkung befragten Anwälte sich schwerer zu einer Ablehnung entschließen als bei einer allgemeinen Rundfrage. – Die Einräumung der Befugnis zur selbständigen Entscheidung an die Gnadenkommission hält er in gewissen Grenzen für unbedenklich. In technischer Hinsicht bezeichnet er es als empfehlenswert, dass zum Vollstreckungsheft eine vollständige Urteilsabschrift gebracht und ferner die Registraturen des Beauftragten für Gnadensachen und der StA vereinigt würden.

OLG-Präs. Reichartz hält ebenfalls eine Zwischenregelung für notwendig. Auch er spricht sich für die vom KG-Präs. vorgeschlagene Zweiteilung des Verfahrens aus. Er widerrät der Beseitigung des Beauftragten für Gnadensachen. Behalte man den Beauftragten für Gnadensachen aber bei, so müsse er im Gnadenverfahren auch die Hauptperson und damit federführend bleiben. Auch auf die Mitwirkung der Rechtsanwälte möchte er nicht verzichten. In seinem Bezirke habe er damit nur gute Erfahrungen gemacht. Nur im Bezirke des LG Trier hätten die Anwälte eine Vergütung für ihre Mitwirkung am Gnadenverfahren gewünscht, auf Vorstellung jedoch dieses Verlangen wieder fallen lassen. Die StA müsse wie bisher beteiligt bleiben. Jedoch würde zweckmäßig an ihre Stelle die Vollstreckungsbehörde treten. – Zum Schluss warnt er vor der allzu häufigen Strafaussetzung.

Der *Minister* dankt den Herren für ihre wertvollen Anregungen und versicherte, dass diese geprüft und tunlichst berücksichtigt werden sollen.

Zu Punkt II der TO: „Ergebnis der Berichte über Bewährung der Entlastungsverfügung" erteilt er nunmehr das Wort dem *MinRat Dr. Weber.* Dieser führt u.a. etwa Folgendes aus: Ihm sei die Aufgabe gestellt, über die Durchführung und Bewährung der Kleinen Justizreform aufgrund der von den Provinzialbehörden erstatteten Berichte aber lediglich vom Standpunkt des Beamtenreferenten zu referieren.

Im vergangenen Jahre habe der Richterverein eine private Erhebung über die Bewährung der Kleinen Justizreform veranstaltet; hierbei sei insbesondere über Mängel bei der Bearbeitung der Grundbuch- und Vormundschaftssachen geklagt worden. Auf der anderen Seite habe der Verband der Amtmänner vorgebracht, dass auch da, wo die sachlichen und persönlichen Voraussetzungen gegeben seien, die Kleine Justizreform nicht durchgeführt werde. Die Justizverwaltung habe es daher für geboten gehalten, die ganze Angelegenheit aus dem Meinungsstreit der Parteien herauszuheben und von sich aus den Sachverhalt zu klären, sei auch der Ansicht gewesen, dass der damalige Augenblick mit seiner ungeheuren Belastung der Richter sich zu einem Hinweis auf die Möglichkeit der weiteren Durchführung der Kleinen Justizreform besonders eigne. – Die nunmehr vorliegenden Berichte, die sich vorsichtig abwägen und Licht und Schatten gleichmäßig verteilend über das ganze Problem ausließen, ermöglichten es, sich ein zutreffendes Bild über den gegenwärtigen Stand der Frage zu machen.

Was die Frage der Durchführung der Kleinen Justizreform angeht, so sei bei den StA – worüber er aber hier nicht weiter sprechen wolle – eine weitere Ausdehnung möglich. Auch bei den LG ergebe sich die Möglichkeit weiterer Durchführung. Mehrfach werde hervorgehoben, dass sich die Erziehung hier nicht recht lohne. Es sei dies ein Einwand, der nach Klage der Justizwachtmeister z.B. auch hinsichtlich der Durchführung der §§ 12 und 16 der JustizwachtmeisterO erhoben sei. Die Justizverwaltung sei der Ansicht, dass auch von geringfügigen Übertragungsmöglichkeiten allerwärts da, wo eine Personalvermehrung nicht in Frage komme, schon aus beamtenpolitischen Gründen Gebrauch gemacht werden solle. Es möge daher in den Fällen, in denen nach den Berichten bei LG die Kleine Justizreform nicht eingeführt sei, in eine nochmalige Prüfung eingetreten werden.

Bei den AG liege die Sache so, dass bei etwa 300 AG – im Wesentlichen den großen und mittelgroßen – die Kleine Justizreform ganz oder doch überwiegend durchgeführt sei. Hier seien Spezialisten vorhanden und das erleichtere und ermögliche die Durchführung wesentlich; bei etwa 375 AG sei die Reform wenigstens teilweise durchgeführt; bei dem Rest sei von der Durchführung Abstand genommen; es handle sich hier im Wesentlichen auch um einstellige Gerichte, bei denen die Geschäftslage die Entlastung nicht erfordere. Als Gründe, aus denen die Reform nicht durchgeführt sei, würden vorgebracht, einmal dass die Richter der Entlastung nicht bedurften, für eine weitere Gruppe von Fällen, dass das Büro eine weitere Belastung nicht vertrage und schließlich, dass es an für die Rechtspflege geeigneten Beamten mangele.

Kritisch möchte er Folgendes bemerken: Man gewinne aus den Berichten nicht die Überzeugung, dass die Durchführung der Kleinen Justizreform allerwärts schon *systematisch* bearbeitet werde; es habe den Anschein – und dies werde durch sonstige Beobachtungen bestätigt –, dass es vielfach vom Zufalle, nicht selten auch von der zustimmenden oder ablehnenden Einstellung des LG-Präs. abhänge, ob und in welchem Umfange die Kleine Justizreform ein- und durchgeführt sei. Die persönliche Einstellung des LG-Präs. dürfte keinen entscheidenden Einfluss haben; sofern nach objektiver Prüfung die sachlichen und persönlichen Voraussetzungen für die Entlastung nach der Kleinen Justizreform vorlägen, sei sie – gleichgültig, wie der LG-Präs. grundsätzlich zu ihr stehe – durchzuführen. Die Herren OLG-Präs. würden gebeten, der Frage des *systematischen* Ausbaus der Kleinen Justizreform ihre besondere Aufmerksamkeit zuzuwenden und den für diese Aufgabe besonders geeigneten Verwaltungsreferenten mit der Bearbeitung und der fortlaufenden Kontrolle zu beauftragen. Es werde sich dann sicher ermöglichen lassen, noch bei manchen Behörden die Entlastung weiter auszubauen, indem z.B. durch Verschiebung zwischen oberem und unterem Bürodienst eine Kraft für die Rechtspflege freigestellt oder bei Vakanz ein tüchtiger Rechtspfleger an eine eines solchen bisher entbehrende Behörde versetzt werde.

Wenn man nun frage, wie sich die Kleine Justizreform insgesamt auswirke, wie viele Richterkräfte eingespart, wie viele Rechtspfleger dafür tätig seien und welche Ersparnisse erzielt würden, so lasse sich darauf eine auch nur einigermaßen zutreffende Antwort nicht geben. Er wolle nur an dem Beispiel des AG Berlin-Mitte, dessen Präsident eine günstige Auffassung von der Kleinen Justizreform habe, zeigen, wie sich bei einer großen Behörde das Ergebnis stelle: Dort wurden durch die Übertragung richterlicher Geschäfte über 50 und bei Einbeziehung der Aufwertungsgeschäfte sogar 60 Richterkräfte durch Rechtspfleger ersetzt. (Auf eine Zwischenfrage bemerkte dazu der Herr KG-Präs., dass sich die Zahl der Rechtspfleger nur wenig höher stelle als die der eingesparten Richter.)

Was die Bewährung anlange, so geht das Urteil durchgehend dahin, dass die Kleine Justizreform notwendig und zweckmäßig sei. In anderem Zusammenhange habe sich jüngst einer der Herren OLG-Präs. sogar dahin ausgesprochen, dass die Kleine Justizreform, falls sie noch nicht vorhanden wäre, jetzt erfunden werden müsse. In den Berichten seien allerdings zahlreiche Fehlgriffe von Rechtspflegern, z.T. recht bedauerlicher und bedenklicher Art zur Sprache gebracht worden. Es werde aber in Berichten zu Recht betont, dass Fehler auch bei Richtern vorkämen und allgemein werde eine Verallgemeinerung abgelehnt unter Hinweis darauf, dass es sich um Missgriffe einzelner ungeeigneter Personen handle.

Über die Frage der Entlastung in *Aufwertungs*sachen, die ja in Bälde ihre Bedeutung verlieren werde, wolle er sich nicht weiter verbreiten. Die Bestimmungen hierüber hätten erst so spät erlassen werden können, dass es zu einer vollen Auswirkung nicht gekommen sei. Damit hänge es wohl auch zusammen, dass die Beurteilung nicht besonders günstig sei.

In Strafvollstreckungssachen und in Mahnsachen habe sich die Kleine Justizreform trotz einzelner Anstände im Allgemeinen bewährt. Diese Gebilde würden wohl einmal am ehesten für eine Übertragung unter Ausschaltung richterlicher Mitprüfung reif werden. – In Vormundschaftssachen werde gerügt, dass den Rechtspflegern die zur Bearbeitung mancher Fragen erforderliche systematische Durchbildung abgehe, insbesondere aber, dass der Vormundschaftsrichter durch die Einschaltung des Rechtspflegers vielfach die notwendige Fühlung mit dem Publikum verliere.

Hinsichtlich der Entlastung in Grundbuchsachen werde bemängelt, dass vielfach Doppelarbeit geleistet werde, dass der Richter durch die Beschränkung auf die schwierigen Sachen der ganzen Materie stark entfremdet werde, dass die Rechtspfleger vielfach nicht die Schwierigkeiten erblickten, auch die Ausbildung der Referendare leide.

Was die Vorschläge zur Abstellung der Mängel angehe, so sei ja schon vorher darauf hingewiesen, dass es als wünschenswert erachtet sei, dass auf die Dauer ganze Gebiete auf die Rechtspfleger übertragen würden. In anderem

Zusammenhang habe der Herr KG-Präs. darauf hingewiesen, dass nach seinen Erfahrungen gewisse Bestimmungen der Entlastungsverfügung als zu kompliziert und zu sehr ins Einzelne gehend bei den Behörden nicht die vorgeschriebene Beachtung fänden, wie denn überhaupt die Arbeit anhand eines Katalogs in der Praxis zu unüberwindlichen Schwierigkeiten führe. Den Anregungen nach dieser Richtung hin (Vereinfachung, Abbau der Kataloge) solle nachgegangen werden. Von besonderer Bedeutung für die Behebung der Mängel sei nach allseitigem Urteile die hinreichende Aus- und Fortbildung der Rechtspfleger. Der Frage der Heranbildung eines den Anforderungen der Rechtspflege gewachsenen Nachwuchses wende die Justizverwaltung ihre besondere Aufmerksamkeit zu. Sie begünstige die darauf abzielenden Lehrgänge der Verwaltungsakademien und hoffe, dass die daneben in einzelnen OLG-Bezirken eingerichtet gewesenen Sonderkurse zwecks Fortbildung der Rechtspflege wieder aufgenommen und möglichst in allen Bezirken eingerichtet würden. Den Justizanwärter schon in der Rechtspflege auszubilden, sei bei der Fülle des sonstigen von ihm zu bewältigenden Stoffes unmöglich; die Ausbildung für diesen Zweig der Tätigkeit werde zweckmäßig in die Aktuarzeit und die dann anschließende Zeit verlegt. Die Verbände erstrebten die Ertüchtigung des Nachwuchses für die Rechtspflegetätigkeit wesentlich durch theoretische Fortbildung. Die Justizverwaltung habe darüber hinaus in Aussicht genommen, demnächst die Frage des Vorverfügens zum Zweck der Ausbildung durch besondere Verfügung zu regeln und verspreche sich hiervon einen ganz besonderen Nutzen. Da die Bearbeitung der fraglichen Geschäfte vielfach ganz in den Händen der Rechtspfleger liege, sei es unvermeidbar, dass die Aktuare und jungen Obersekretäre auch geeigneten Rechtspflegern vorzuverfügen hätten.

Durch geeignete Kontrolle werde sich ein etwaiger Missbrauch verhüten lassen. Ganz wesentlich für die Behebung der hervorgetretenen Mängel sei es, dass nur solche Beamte zur Rechtspflege herangezogen würden, die sich tatsächlich hierfür eigneten. Solange die Tätigkeit in der Rechtspflege allerdings noch Aussicht auf eine Beförderungsstelle gebe, sei es nicht vermeidbar, dass sich auch solche Kräfte dazu drängten, deren Begabung und Fähigkeiten auf einem anderen Gebiet lägen. Es dürfe keine Gelegenheit versäumt werden, die Beamten der Justizobersekretärlaufbahn immer wieder darauf hinzuweisen, dass die Rechtspflege nur ein Teilgebiet ihrer Tätigkeit sei, und dass die großen Gebiete des Kosten-, Kassen- und Rechnungswesens sowie der Büroleitung und der sonstigen Verwaltung gleich große Bedeutung hätten und an Wissen und Können die gleichen Anforderungen stellten wie die Rechtspflege. Die Aufmerksamkeit der Justizobersekretäre auf die Bedeutung des Geschäftsbetriebes hinzulenken, sei die RV über die Vereinfachung des Geschäftsbetriebes mitbestimmt. Als Besserungsvorschläge seien schließlich noch zu erwähnen, die periodische Kontrolle durch den Aufsichtsrichter und zuletzt, aber nicht am wenigsten die vertrauensvolle Zusammenarbeit von Richter und Rechtspfleger, die sich, wie die Berichte bestätigen, bisher trotz gelegentlicher Gefährdung im Wesentlichen erhalten habe.

Zum Schluss bemerke er, dass in den Berichten zurzeit von einer Erweiterung der Entlastungs*bestimmungen* abgeraten werde, dass solchen Bestrebungen aber am besten dadurch begegnet werden könne, dass im Rahmen der gegenwärtigen Bestimmungen die Kleine Justizreform *systematisch* ausgebaut werde. – Der Herr KG-Präs. und die Herren OLG-Präs. von Hamm, Naumburg und Stettin nehmen zu einigen Punkten kurz das Wort.

Zu Punkt III der TO spricht zunächst über *„das goldene Buch" MinDir. Dr. Hartwig ...*

Zu dem nächsten Punkte *„Berichterstattung der Presse über gerichtliche Verhandlungen"* führt *MinRat Dr. Kuhnt* etwa Folgendes aus:

1. Erhebliches Aufsehen in der hiesigen Öffentlichkeit habe vor kurzem die Hinausweisung eines Presseberichterstatters aus dem Gerichtssaal erregt, von dem der Vorsitzende aufgrund von Mitteilungen des Angeklagten zu Unrecht angenommen hätte, dass er die Prozessbeteiligten hätte zeichnen wollen. Der Fall selbst habe alsbald befriedigende Erledigung gefunden. Daran anknüpfend sei aber in der Presse und in Pressekonferenzen die Frage aufgeworfen, ob denn das Zeichnen im Gerichtssaal eine Hinausweisung des Berichterstatters rechtfertige. – Bei der Entwicklung, die die bildliche Darstellung in der Journalistik genommen habe, werde die vorliegende Frage auch anderwärts voraussichtlich bald praktisch werden. Denn die meisten hiesigen Blätter brächten heute täglich Zeichnungen und Bilder der aufsehenerregenden Ereignisse und Prozesse und man nähme im Kreise der Presse an, dass das Gleiche in Kürze auch die Presse außerhalb Berlins tun würde.

Theoretisch lasse sich die Frage, ob Zeichnen im Gerichtssaal zulässig sei, nicht für alle in Betracht kommenden Fälle lösen. Von Seiten der Presse werde der Standpunkt vertreten, dass die Berichterstattung durch bildliche Darstellung immer mehr und mehr gleichzeitig neben die Berichterstattung durch das Wort träge und dass sie daher ebenso wenig wie diese das Gericht berechtige, den Zeichner zu entfernen, sofern nicht besondere Umstände vorlägen, die eine Ungebühr enthielten oder die Feststellung rechtfertigen, dass die Ordnung im Gerichtssaal gefährdet sei. Solche Umstände könnten vielleicht darin erblickt werden, dass der Zeichner verzerrte karikaturistische Bilder herstelle. Sie könnten ferner vielleicht in dem Aufbauen eines fotografischen Apparates gesehen werden. Es werde das aber – wie gesagt –, Frage des Einzelfalls sein.

Bei der Bedeutung aber, die die Presse habe, werde es sich vielleicht empfehlen, und das bitte er zur Erwägung anheimgeben zu dürfen, bei passender Gelegenheit die Gericht auf diese Fragen, die voraussichtlich bald an sie herantreten würden, wie überhaupt auf die Frage der Behandlung der Presse im Gerichtssaal (Anweisung geeigneter Plätze usw.) hinzuweisen.

2. Von besonderer Bedeutung sei – damit wiederhole er nur Anregungen früherer Jahre – die Herbeiführung von Richtigstellungen und Berichtigungen in der Presse. Bei der Bedeutung, die die Presse für unser ganzes öffentliches Leben habe, lägen eine fortdauernde Beobachtung derselben und die Erwirkung von Richtigstellungen im dringenden staatlichen Interesse. Auch in diesem Jahre sei im Hauptausschuss des Justizhaushalts wieder gefragt worden, in welchem Umfang Richtigstellungen erfolgt seien. Man begegne z.T. der Ansicht, dass hier noch mehr

als bisher geschehen müsse, um unberechtigten Kritiken an der Rechtspflege mit Nachdruck entgegenzutreten.

3. Zur Frage der Strafantragstellung weist der Vortragende auf die darüber hier ergangenen bekannten Rundverfügungen hin. Ihr Inhalt sei im Wesentlichen der: nur wenn konkrete Tatsachen behauptet würden, die, wenn sie wahr wären, den Richter erheblich diskreditierten, oder: wenn es sich um Schimpfereien *besonders* gröblicher Art handle, komme Strafantragstellung in Frage. In der großen Mehrzahl der OLG-Bezirke sei die Strafantragstellung in dem hierdurch gegebenen Rahmen erfolgt. In einzelnen Bezirken sei wiederholt über diesen Rahmen hinausgegangen und auch da Strafantrag gestellt worden, wo es sich um nach den RV ungeeignete Fälle gehandelt habe. So käme es, dass die Zahl der Strafanträge für Richter und StA in der Zeit von ca. 3 ½ Jahren die beträchtliche Zahl von 185 ausmache. Auffallend sei ferner die Feststellung, dass, während sonst bei Beleidigungen, auch hochgestellter Beamter, regelmäßig nur auf Geldstrafen erkannt werde, bei Beleidigung von Richtern fast ausnahmslos Freiheitsstrafen von z.T. nicht unbeträchtlicher Dauer auferlegt würden. Auch die Frage der Strafantragstellung werde der besonderen Prüfung der Herren OLG-Präs. empfohlen mit der Bitte, auf eine möglichst einheitliche Praxis im Sinne der ergangenen RV hinzuwirken.

KG-Präs. Dr. Tigges weist darauf hin, dass in dem ersten Falle es nicht ein Presseberichterstatter gewesen sei, der die Zeichnungen im Gerichtssaal gemacht habe. Er meint, auch der Angeklagte habe doch ein Interesse daran, dass er gegen Übergriffe der Berichterstattung in Schutz genommen werde. Man solle daher die Vorsitzenden, die den Angeklagten schützen wollten, nach Möglichkeit decken.

Sodann lenkt der KG-Präs. die Aufmerksamkeit darauf, dass die Berichtigung unrichtiger Presseberichte in der Praxis meist undurchführbar sei. Bis die dazu nötigen Unterlagen beschafft worden seien, sei meist so viel Zeit vergangen, dass es nachteiliger sei, durch eine Berichtigung die Sache noch einmal anzurühren, als auf die Berichtigung zu verzichten. Um die Provinzialbehörden in die Lage zu versetzen, von unrichtigen Presseberichten über Angelegenheiten der Justiz alsbald Kenntnis zu erhalten und erforderlichenfalls rechtzeitig eine Berichtigung herbeiführen zu können, sei es dringend erwünscht, dass für die Provinzialbehörden Mittel zum Halten der bedeutenderen Zeitungen ihrer Provinz bereitgestellt würden.

OLG-Präs. Greiff ist der Ansicht, dass in der Zurückhaltung bei der Stellung von Strafanträgen doch eine gewisse Grenze eingehalten werden müsse. Die von MinRat Dr. Kuhnt angezogene AV habe man bisher nur auf Richter bezogen, nicht dagegen auch auf andere Justizbeamte.

Der Herr *Minister* bestätigt diese letztere Annahme.

OLG-Präs. Dr. Cormann bemerkt, dass im Falle Jürgens über die Tätigkeit des Untersuchungsrichters in der Presse völlig entstellt berichtet worden sei (der Untersuchungsrichter hätte mit Jürgens bei Kaffee und Kuchen zusammengesessen). Diese unrichtigen Berichte seien auf das hiesige sozialdemokratische Pressebüro zurückzuführen. Von dort seien sie in allen diejenigen Zeitungen übernommen, die ihre Nachrichten von diesem Korrespondenzblatt bezögen. Er fragt, wie man eine solche Hydra unrichtiger Pressenachrichten bekämpfen solle.

Der *StS* antwortet darauf, die Richter sollten sich zwar nicht schutzlos fühlen, aber im Ganzen bitte er doch die Auffassung zu verbreiten, dass die Mehrzahl der Anwürfe an einen Beamten mit gutem Gewissen nicht heranreichten. In Fällen von erheblicherer Bedeutung könnte man sich schließlich im Parlament Fragen stellen lassen und dann durch die Beantwortung dieser Fragen eine öffentliche Rechtfertigung der durch die Anwürfe Verleumdeten herbeiführen.

Wenn falsche Pressemeldungen wie in den vom OLG-Präs. Dr. Cormann berichteten Falle lawinenartig durch das Land gingen, so sei dagegen wenig zu machen. Berichtigungen kämen zu spät. Man müsse sich, wenn man im öffentlichen Leben stehe, schon ein gewisses Maß von Hornhaut anschaffen. Schon aus diesem Grunde halte er es für sehr wünschenswert, dass, soweit nicht finanzielle Beschränkungen im Wege stünden, auch bei den Justizbehörden mehr Zeitungen aller politischen Richtungen gehalten und gelesen werden möchten. Dadurch würden die Justizbeamten am besten erkennen, wie ihre Tätigkeit vom öffentlichen Leben reflektiert werde, und so lernen, wie sie sich in der Ausübung ihrer Tätigkeit vor Missdeutungen in der Öffentlichkeit am besten schützen könnten. Es müsse verhindert werden, dass die Gerichte sich zu sehr abkapselten. Was irgend möglich sei, solle daher geschehen, um Mittel für mehr Zeitungen bereitzustellen.

OLG-Präs. Dr. Schollen fragt, ob nicht in besonders wichtigen Fällen eine Berichtigung durch das Wolff'sche Telegraphenbüro [WTB] möglich sei. Er hält es doch für recht bedenklich, die Berichterstattung durch Zeichnungen der Berichterstattung durch das Wort gleichzustellen und bezweifelt, ob es tunlich sei, auf die Bedeutung der Berichterstattung durch das Bild noch besonders hinzuweisen.

Der *StS* empfiehlt, bei Berichtigungen durch das WTB sich Beschränkungen aufzuerlegen, weil sonst die Gefahr drohe, dass die Zeitungen diese Berichtigungen nicht mehr aufnähmen. – Der Hinweis auf die Bedeutung der Berichterstattung durch das Bild sei nicht dahin zu verstehen, dass die Zulassung des Zeichnens im Gerichtssaal von hier aus propagiert werden solle. Man sei an das Justizministerium herangetreten mit der Bitte, es möchte durch eine AV auf die Bedeutung der Berichterstattung durch das Bild hingewiesen werden. Das sei nicht geschehen. Stattdessen habe man dem Wunsche der Presse dadurch Rechnung getragen, dass die Angelegenheit in diesem Kreise zur Besprechung gestellt worden sei. Ein Schutz der Prozessbeteiligten vor der Wiedergabe durch Zeichnungen im Gerichtssaal solle keineswegs unterbunden werden. Nur würde es sich vielleicht empfehlen, von Amts wegen nicht einzugreifen, solange keiner der Prozessbeteiligten sich angegriffen fühle.

OLG-Präs. Dr. Cormann fragt noch mit Rücksicht auf den Fall Jürgens, ob Berichtigungen, die durch das WTB verbreitet werden sollten, durch das Ministerium gehen müssten.

Der *StS* bejaht diese Frage und gibt anheim, sich ggfs. sofort telefonisch an MinRat Dr. Kuhnt zu wenden. Die Annahme des OLG-Präs. Dronke, das ein Korrespondenzbüro nicht eine Zeitung im Sinne des Pressgesetzes sei, bestätigt er. –

Zu dem *nächsten Punkt „Mitteilungen über Einrichtung und Bewährung von Aufwertungskursen durch die bei dem Kursus in Berlin instruierten Richter"* äußert sich zunächst *OLG-Präs. Greiff:* ... [weggelassen]

Zu dem *letzten Punkt der TO: „Entwicklung der Rechtsprechung auf der Grundlage der VO vom 04.01.1924 über Gerichtsverfassung und Strafrechtspflege"* führt *OLG-Präs. Greiff* aus: Das Urteil über diese Reform ist sehr günstig. Besonderen Beifall habe das neue Schwurgericht gefunden, und zwar auch bei Laien und Rechtsanwälten. Schwierigkeiten mache jedoch die Auswahl der Schöffen. Er würde es begrüßen, wenn die Möglichkeit geschaffen werde, besonders geeignete Schöffen für mehrere Jahre heranzuziehen, und sich so einen Stamm erprobter Schöffen heranzubilden. Er warnt vor der allzu weitgehenden Heranziehung der unteren Kreise, weil die aus ihnen hervorgegangenen Schöffen meist gar zu hilflos seien. Ferner empfiehlt er, für Angelegenheiten von geringer Bedeutung die Zuständigkeit des Vorsitzenden der Beschlusskammern zu erweitern, damit nicht für alle Angelegenheiten immer die ganze Beschlusskammer herangezogen zu werden brauche. Als unbefriedigend werde empfunden, dass die Zuziehung eines zweiten Richters von der StA abhinge. In seinem Bezirk werde jetzt in der Mehrzahl der Fälle ein zweiter Richter zugezogen. Insoweit habe sich anscheinend jetzt eine gewisse Praxis herausgebildet.

Der *StS* gibt eine Statistik über die Verteilung der Strafsachen auf Einzelrichter, kleine und große Schöffengerichte usw. bekannt. Er stellt daraus fest, dass im Ganzen die Beteiligung des zweiten Richters zugenommen habe, nachdem von hier aus auf die Zweckmäßigkeit einer weitgehenderen Heranziehung eines zweiten Richters hingewiesen worden sei. Bei Sachen von größerer Bedeutung sei die Zuziehung eines zweiten Richters schon allein aus dem Grunde ratsam, damit für diese Sachen die Zuständigkeit des RG für die Revisionsinstanz begründet werde. Auch das RJM habe noch jüngst aus denselben Erwägungen heraus die ausreichende Heranziehung eines zweiten Richters empfohlen.

KG-Präs. Dr. Tigges bestätigt ebenfalls, dass die Reform sich überraschend bewährt habe. Das gelte besonders auch von der Tätigkeit der Einzelrichter. Auffallend sei in dieser Beziehung, dass 1923 gegen 14% der Urteile der Schöffengerichte, 1925 dagegen nur gen 8% der Urteile der Einzelrichter Berufung eingelegt worden sei. Er ist aber der Ansicht, dass dem Einzelrichter zu viel zugemutet werde. In größeren Sachen könne der Einzelrichter nicht gleichzeitig die Verhandlung leiten und sich Notizen für das Urteil machen. Der KG-Präs. hält es daher für wünschenswert, dass auch für diese Fälle die Möglichkeit zur Zuziehung eines zweiten Richters gegeben werden möge. Auf diesem Wege könne man auch eine Stärkung der Autorität der kleinen Strafkammer erzielen. Ganz besonders gute Erfahrungen seien auch mit dem beschleunigten Verfahren gemacht worden. Dieses habe insbesondere den Vorzug, dass die schon alsbald nach ihrer Ergreifung Abgeurteilten sich ihr Verteidigungssystem noch nicht so zurechtgelegt hätten. – In den ganz großen Prozessen wie z.B. in der Sache betr. die Landespfandbriefanstalt wirke die Zuziehung von Schöffen, die solche Sachen gar nicht übersehen könnten, doch mehr humoristisch. – Zur Illustration dafür, dass die Praxis der Gerichte sich immer neue Wege suche, weist schließlich der KG-Präs. noch auf den gegen Sklarz erlassenen bedingten Haftbefehl (wenn dieser nicht binnen 14 Tagen 20.000 RM hinterlegt haben werde) hin.

OLG-Präs. Dronke schließt sich in der günstigen Beurteilung der Reform den Vorrednern an. In der Anwaltschaft, meint er jedoch, werde vielfach die Wiederherstellung der alten Schwurgerichte gewünscht. Die jetzt wieder eingetretenen Richter hätten sich in die Tätigkeit des Einzelrichters sehr gut hineingefunden. Vor der Heranbildung eines Stammes ständiger Schöffen (Vorschlag des OLG-Präs. Greiff) etwa gar durch Einrichtung besonderer Ausbildungskurse warnt er.

In dem durch die Zeitungsfehde besonders bekannt gewordenen Mordprozess Flessa sei besonders beklagt worden, dass in diesem Prozess keine Frau mitgewirkt hätte. Das sei nach Lage der Verhältnisse aber nicht möglich gewesen. Mit Rücksicht hierauf möchte er jedoch anregen, ob nicht für bestimmte Prozesse die Mitwirkung einer Frau als Schöffe vorzuschreiben sei.

OLG-Präs. Dr. Schollen hebt hervor, dass die Einzelrichter auch in seinem Bezirke sich bewährt hätten. Nur 5% aller ihrer Sachen seien in die Berufungsinstanz gelangt. Auch er ist der Meinung, dass ein Weg gefunden werden müsse, um dem Einzelrichter in den Sachen eine Hilfe zu geben, deren Erledigung wegen ihres Umfanges oder ihrer Bedeutung über seine Kraft ginge.

OLG-Präs. Dr. Cormann weist auf die bedauerliche Zunahme der Meineidsprozesse hin und besorgt, dass hieraus ein Grund gegen das neue Schwurgericht entnommen werden könnte.

MinRat Hartung antwortet darauf, dass dieser Frage hier besondere Aufmerksamkeit gewidmet werde. Es werde eine Statistik über den Ausgang sämtlicher Meineidsverfahren aufgestellt, um so festzustellen, in welchem Umfange diese zu einer Verurteilung führen. Nach dem bisherigen Ergebnis sei auffallend, dass die neuen Schwurgerichte im größeren Umfange freisprächen als die alten.

OLG-Präs. Greiff bemerkt noch, es sei ein wenig erfreulicher Zustand, wenn ein LG-Rat als Vorsitzender der kleinen Strafkammer in die Notwendigkeit versetzt werde, Urteile eines LG-Dir. als Vorsitzenden des Schöffengerichts abzuändern.

OLG-Präs. Buß weist darauf hin, in seinem Bezirk habe der GStA allgemein angeordnet, dass in allen Vergehenssachen die Zuziehung eines zweiten Richters zu beantragen sei. Das seien bei einzelnen Gerichten 80% aller Sachen. Dieses Verfahren habe naturgemäß zu einer starken Belastung der dortigen Richter geführt. Es scheine ihm auch dem Sinne des Gesetzes nicht zu entsprechen, das doch davon ausgehe, dass das normale Schöffengericht mit dem Einzelrichter besetzt sei.

Dazu erklärt *MinRat Hartung*, bei der Verteilung der Zuständigkeit zwischen Einzelrichter und erweitertem Schöffengericht sei der Gesetzgeber von vornherein davon ausgegangen, dass der Einzelrichter nur mit ganz einfachen Sachen befasst werden solle. Die Stimmung in den Parlamenten sei dem Einzelrichter nicht besonders freundlich, wenngleich sie im preuß. Landtag ziemlich umgeschlagen sei. Immerhin sollte man gerade im Interesse der Beibehaltung des Einzelrichters diesen nicht in zu starkem Maße heranziehen.

OLG-Präs. Meyer bemerkt, im OLG-Bezirk Celle sei wohl wegen der überwiegenden ländlichen Bevölkerung die Stimmung der Mitwirkung der Frauen und an der Rechtsprechung nicht günstig.

OLG-Präs. Witte macht auf die Gefahr aufmerksam, die sich daraus ergäbe, dass Herren, denen der Vorsitz im Schwurgericht sozusagen nur als Prüfstein übertragen worden sei, dann unerwarteter Weise in ihrer Tagung große Sachen bekämen, die der Leitung eines erfahrenen Schwurgerichtsvorsitzenden bedürften. Er rege deshalb an, ob es nicht zweckmäßig sei, für jeden einzelnen Schwurgerichtstermin einen besonderen Vorsitzenden zu ernennen.

Der *StS* weist auf die dem entgegenstehenden parlamentarischen Schwierigkeiten hin und bemerkt, dass man in Berlin – insbesondere bei den großen Prozessen gegen Spritweber [hierzu *Hermann Weber,* Der Weltkulturkampf, 1929] und Barnat – schon die Jahresbesetzung als ad hoc herbeigeführt („Schiebung!“) angefochten habe.

Alsdann dankt er den Herren und schließt die Besprechung.

VI. Besprechung mit den OLG-Präsidenten am 18.06.1927

Justizminister Dr. Schmidt eröffnet die Besprechung und begrüßt die vollzählig erschienenen Herren OLG-Präs. Er bittet, ihm das gleiche Vertrauen wie seinem Amtsvorgänger entgegenzubringen.

KG-Präs. Dr. Tigges dankt im Namen der Erschienenen für die Einladung zu der Besprechung und versichert, dass sie ihre ganze Kraft der Lösung der schweren Aufgaben, die auf dem Gebiet der Rechtspflege zu bewältigen sind, widmen würden.

Der Minister erteilt hierauf zu *Punkt I der TO „Justiz und Presse (Besprechung des Kreises der von den Justizbehörden zu lesenden Zeitungen: Tätigkeit und bisherige Erfahrungen der Pressestelle Moabit; Sachleistungsanordnungen gegenüber Pressevertretern)“* das Wort dem *MinRat Dr. Kuhnt.* Dieser führt aus: Bei der Frage der Zeitungslektüre werde man zweierlei unterscheiden müssen: Einmal die Zeitungslektüre durch die StA, damit sie auf möglichst schnellem Wege erfährt, ob und welche strafbaren Handlungen vorgekommen sind, und sodann die Zeitungslektüre, um die Kritik kennen zu lernen, die die Presse an Maßnahmen von Justizbeamten übt, um geeignetenfalls dieser Kritik entgegenzutreten oder bestehende Mängel abzustellen.

Das Erste – durch Zeitungslektüre strafbare Handlungen kennen zu lernen – sei eine Angelegenheit der *Strafverfolgung.* Gewisse strafbare Handlungen könne die StA überhaupt nur durch die Presse kennenlernen, so alle Beleidigungen durch die Presse und andere Pressedelikte. Über viele strafbare Handlungen werde sie zuerst durch die Presse unterrichtet werden. Diese Zeitungslektüre sei ein Ausfluss des Legalitätsprinzips. Sie könne daher nur durch die StA erfolgen.

Demgegenüber sei die Lektüre der Zeitungen zu dem Zweck, die Kritik der Presse kennen zu lernen, ihr ggfs. entgegenzutreten oder Mängel abzustellen, eine reine *Justizverwaltungsangelegenheit.* So wie sich die Presse entwickelt habe, sei sie das Sprachrohr der öffentlichen Meinung geworden. Sie spiegele die Auffassungen wider, die die Öffentlichkeit über Maßnahmen von Beamten usw. habe. Diese Auffassungen kennen zu lernen, sei für jede Verwaltung heute ein *unabweisliches Bedürfnis.* Denn nur so sei es möglich, einer unberechtigten Kritik schnell entgegenzutreten oder einer berechtigten Kritik durch Abstellung der Mängel abzuhelfen. Im Landtage sei wiederholt, mit Nachdruck auch bei den diesjährigen Haushaltsberatungen, betont worden, dass – was die Verwaltungsbehörden schon seit längerem tun – die Justizbehörden die Presse in erhöhtem Maße beachten und die von ihr geübte Kritik daraufhin prüfen müssen, ob sie berechtigt oder ob ihr entgegenzutreten sei. Nach den dem JMin. vor kurzem erstatteten Berichten lasse sich nun nicht leugnen, dass die Zeitungslektüre in einer Reihe von Bezirken zu gering sei. Einzelne LG und StA läsen überhaupt keine Zeitungen. Der von einzelnen OLG-Präs. gemachte Vorschlag, von einer Erweiterung der Presselektüre abzusehen und nur die Regierungs- und Polizeipräs. zu bitten, den Justizbehörden die für sie in Betracht kommenden Ausschnitte zu übersenden, erscheine nicht ausreichend; denn eine *Gewähr* dafür, dass alle Angriffe alsbald zur Kenntnis der Justizbehörden gelangen, würde durch eine solche Vereinbarung nicht geschaffen werden; es erscheine vielmehr eine *eigene* Zeitungslektüre durch die Justizbehörden unabweislich.

Diese Zeitungslektüre als Justizverwaltungssache werde Aufgabe der Präs. sein müssen. Bereits mit der RV vom 03.08.1921 (I 5721) sei der Weg beschritten worden, die Richtigstellungen in der Presse in die Hand der Präs. zu legen; es sei nur eine Fortführung dieses Gedankens, die Zeitungslektüre als Justizverwaltungsangelegenheit ihnen zu übertragen. Dadurch, dass diese wichtige Aufgabe von der Zeitungslektüre, die zu Zwecken der Strafverfolgung geschehen müsse, losgelöst und den Präs. übertragen werde, werde nach Ansicht des Ministeriums eine stärkere Gewähr dafür geschaffen, dass sie in erschöpfender Weise erfolgt.

Und zwar erscheine es ratsam, diese Presselektüre bei den OLG-Präs. zu zentralisieren, sofern nicht in einzelnen Bezirken nach deren besonderer Beschaffenheit – was die Präs. aus ihrer Kenntnis der örtlichen Verhältnisse am besten würden beurteilen können – die Übertragung an die LG-Präs. zweckmäßig erscheine. Das von einer Seite geäußerte Bedenken, es könne durch eine Übertragung der Presselektüre an die OLG-Präs. eine Verlangsamung der Richtigstellungen usw. herbeigeführt werden, werde nicht geteilt.

Ein Versuch nach dieser Richtung hin sei – wie bekannt sein dürfte – im Bezirk des KG gemacht worden. Es sei eine Pressestelle für den KG-Bezirk geschaffen worden. Sie werde von einem LG-Rat versehen, der früher journalistisch tätig gewesen sei. Er sei, um sich seiner Aufgabe voll widmen zu können, von seinen sonstigen Dienstgeschäften befreit worden und unterstehe unmittelbar der Dienstaufsicht des KG-Präs. Er habe ein Büro mit einem Beamten des mittleren Dienstes, einer Stenotypistin und einem Laufmädchen. Die Pressestelle lese fast alle Groß-Berliner, ferner die Potsdamer und einen Teil der Zeitungen der Provinz Brandenburg. Sie sei ferner bei einem Ausschneideinstitut abonniert, das ihr alle auf Angelegenheiten der Justiz bezüglichen Zeitungsartikel übersende. Der Leiter der Pressestelle habe bei Antritt seines Dienstes persönliche Fühlung zu den Vertretern der Presse genommen, ferner zu den Presseausschüssen des Richtervereins und zu den Vertretern der Rechtsanwaltschaft, um auch deren Unterstützung zu gewinnen. Wenn Angriffe auf Justizbehörden kämen, setze er sich selbst mit der in Betracht kommenden angegriffenen Stelle in Verbindung, um auf schnellstem Wege den Sachverhalt aufzuklären. Seine Aufgabe sei es, die Kritik kennen zu lernen, um Unrichtigkeiten alsbald entgegenzutreten, ferner der Presse Auskünfte zu erteilen und die Kritik an die zuständigen Verwaltungsstellen weiterzuleiten. Er solle bestrebt sein, in ein Vertrauensverhältnis mit der Presse zu kommen, damit diese sich an ihn wende, *bevor* sie etwas veröffentliche.

Die Tätigkeit dieser Pressestelle sei noch zu kurz, als dass man jetzt schon von Erfahrungen auf diesem Gebiet sprechen könne. Das aber werde man aber wohl schon heute sagen können, dass sie mit besonderer Schnelligkeit arbeite. Und Schnelligkeit sei ja für die Presse Lebenselement. Es liege auf der Hand, dass, wenn ein Beamter sich nur mit Pressesachen beschäftige, er intensiver und schneller arbeiten werde, als wenn die verschiedensten Stellen hierfür zuständig seien.

Es möchte dem JMin. nun zweckmäßig erscheinen, es bei diesem einen Versuche nicht bewenden zu lassen, sondern auch anderwärts Versuche zu unternehmen. Gedacht sei daran, etwa an zwei weiteren OLG eine ähnliche Einrichtung zu treffen. Eine Anregung hierzu sei bereits für Breslau aufgrund des Falles Rosen gegeben worden. Ohne weiteren Anregungen vorgreifen zu wollen, käme neben Breslau vielleicht ein OLG im Westen, Köln oder Düsseldorf, in Frage. Bei Einrichtung und Umfang der Pressestelle würden natürlich die besonderen Verhältnisse jeder Provinz, die ja den OLG-Präs. am besten bekannt seien, eine entscheidende Rolle spielen. Die Pressestelle in Breslau würde die schlesische, eine Pressestelle in Köln die Presse des Kölner Bezirks zu lesen haben. Während hier in Berlin eine volle Arbeitskraft gebraucht werde, würde anderwärts der Richter wohl nur zu einem Teil seiner Arbeitskraft in Anspruch genommen werden.

Neben diesen Pressestellen werde die Zeitungslektüre durch die LG und AG in dem bisherigen, geringeren Umfange fortbestehen müssen. Es solle nur durch die Einrichtung von Pressestellen jetzt in jeder Provinz eine oder mehrere Stellen geschaffen werden, die die ganze dortige Presse beobachten.

Neben der Zeitungslektüre als Strafverfolgungs- und Justizverwaltungsangelegenheit komme noch ein Drittes in Frage: Die Einrichtung von Lesezimmern in Justizgebäuden. Auch dieser Gedanke sei bereits von einzelnen OLG-Präs. angeregt worden. Die Einrichtung von Lesezimmern, in denen Blätter der *verschiedenen* Richtungen ausliegen, würde den Zweck verfolgen, den Richtern Gelegenheit zu geben, die Presse der verschiedenen Parteien kennen zu lernen und zu sehen, wie ihre Handlungen in der Öffentlichkeit beurteilt würden. Es sei wohl ohne Zweifel, dass die Kenntnis der öffentlichen Meinung belehrend und fördernd auf den einzelnen Richter wirken werde, und es sei wohl auch zu hoffen, dass, wenn auch zuerst der Besuch des Lesezimmers nur gering sein werde, er sich doch allmählich immer mehr und mehr durchsetzen werde. Auch nach dieser Richtung hin sei zunächst nur ein Versuch in Aussicht genommen, und es wäre wohl das Beste, zunächst an einem großen und an einem kleinen Gericht ein Lesezimmer einzurichten und abzuwarten, wie dieser Versuch einschlage. Von einem der Herren OLG-Präs. sei der Vorschlag gemacht worden, diese Lesezimmer zu *öffentlichen* Lesezimmern zu machen, zu denen auch das Publikum, das auf dem Gericht zu tun habe, Zutritt haben solle. Dies erscheine jedoch nicht unbedenklich. Der Zweck, der mit den Lesezimmern erstrebt werde, werde wohl besser erreicht, wenn das Lesezimmer – etwa in räumlicher Verbindung mit dem Büchereizimmer – nur den Justizbeamten zugänglich wäre, und Auseinandersetzungen mit dem Publikum, die sich in öffentlichen Lesezimmern nie ganz würden ausschalten lassen, vermieden würden.

Dies seien die verschiedenen Gesichtspunkte, die hier in Frage kämen und zu erörtern seien. Die finanzielle Frage werde keine hemmende Rolle spielen;

vielmehr würden die erforderlichen Mittel zur Verfügung gestellt werden. – Aus der großen Zahl der durch seine Hände gehenden Fälle wolle der Berichterstatter einen kurz erwähnen, der gestern durchgelaufen sei: Es betreffe kein Gericht, sondern eine StA und sei daher ganz neutral. In einer Berliner Zeitung sei folgender Artikel erschienen, der zunächst durch die Schlesische Presse gegangen und von da in die Berliner Presse gelangt sei: *„Im Gericht gestorben.* Ein Seitenstück zu dem plötzlichen Tode des Generals v. Wrisberg infolge von Aufregung ereignete sich in den letzten Märztagen im Amtsgericht zu Hoyerswerda in der Oberlausitz. In einer Strafsache wegen versuchter Nötigung regte sich die Ehefrau des Tischlermeisters Haase, weil ihr als Belastungszeugin kein Glaube geschenkt und der Angeklagte freigesprochen wurde, derartig auf, dass sie im Gerichtsflur vom Herzschlag getroffen zusammenbrach und bald darauf verschied. In der Todesanzeige der Angehörigen wird bezeichnenderweise der Tod der lieben arbeitsamen und „wahrheitsliebenden" Gattin usw. beklagt." – Zur Äußerung aufgefordert, habe der OStA berichtet, ihm sei weder von dem Zeitungsartikel noch von der ganzen Angelegenheit bisher etwas bekannt gewesen. Der Angriff der Zeitung sei durchaus unberechtigt; irgendeine Äußerung seitens des Richters, dass die Aussage der Zeugin nicht glaubhaft erscheine, sei überhaupt nicht gefallen. Die Freisprechung sei wegen Notwehr erfolgt.

Das sei an sich gewiss kein Fall von besonderer Bedeutung. aber er zeige, dass die Presselektüre, wie sie bisher gehandhabt werde, nicht ausreiche, und es liege auf der Hand, dass bei einer sorgfältigen Nachprüfung der Presse durch eine Pressestelle dieser die Notiz nicht entgangen, sondern alsbald richtiggestellt worden wäre und daher nicht ihren Lauf durch die ganze deutsche Presse genommen hätte. – In einer gewissen Beziehung hiermit stehe der letzte Teil des Referats, die Behandlung von Pressevertretern im Gerichtssaal. Es sei bekannt und wohl auch verständlich, dass die Presse besonders empfindsam sei, wenn ihre Vertreter aus dem Gerichtssaal verwiesen würden. Während noch vor etwa einem Jahr ein sog. Bildberichterstatter des Saales verwiesen worden sei, würden jetzt nach Mitteilung der Pressestelle beim Staatsministerium die Bildberichterstatter allgemein zugelassen; die Gerichte seien mit ihnen auf einen modus vivendi gekommen. Dies sei ein glückliches Zeichen im Sinne der Verständigung zwischen Justiz und Presse. Ein Fall der Verweisung eines Presseberichterstatters aus dem Sitzungssaal, der sich seitdem ereignet und größeres Aufsehen erregt habe und auch allen Anwesenden bekannt sein werde, sei der des LG-Dir. Westerkamp in Potsdam. Ohne auf diesen Fall näher einzugehen, solle nur ganz allgemein gesagt werden, dass bei der Bedeutung, die unsere Presse habe, und im Interesse eines guten Einvernehmens zwischen Justiz und ihr eine Verweisung von Pressevertretern aus dem Gerichtssaale sich nur in *schwerwiegenden* Fällen empfehlen werde, und dass das Ministerium den OLG-Präs. zu Dank verpflichtet wäre, wenn sie bei gelegentlichen Besprechungen ihren Einfluss in diesem Sinne geltend machen würden.

KG-Präs. Dr. Tigges bemerkt, dass der Vorschlag, Lesezimmer einzurichten, von ihm herrühre. Er halte die Einrichtung von Lesezimmern für sehr nützlich.

Was die Pressestelle in Moabit anlange, seien die Erfahrungen mit ihr noch zu kurz, als dass man ein endgültiges Urteil darüber abgeben könne, ob sich diese Einrichtung bewährt habe oder nicht. In einem Punkte, nämlich in der Versorgung der Justizverwaltungsstellen mit Zeitungsausschnitten über Rechtspflege usw., habe die Pressestelle ihre Aufgabe jedenfalls sehr gut bisher erfüllt. – Er habe gehofft, dass sich die Presse häufiger mit der Pressestelle in Verbindung setzen würde, *bevor* sie irgendeine Nachricht bringe. Dass dies nicht geschehen sei, sei daraus zu erklären, dass die Presse schnell arbeiten müsse und wolle. Der Schnelligkeit in der Arbeit der Pressestelle sei es auch abträglich, dass sie selbst nichts von sich aus in die Presse bringen dürfe, sondern nur im Namen und Auftrage des Präs. oder OStA, mit dem sie sich stets zuvor ins Benehmen setzen müsse. Erwünscht sei es, wenn die Justizbehörden bei Angelegenheiten, die aller Wahrscheinlichkeit nach zu Erörterungen in der Presse führen würden, alsbald der Pressestelle Nachricht gäben, damit diese gewappnet sei, um etwaigen Angriffen alsbald entgegentreten zu können. Zu einer Steigerung der Erfolge werde es führen, wenn der Leiter der Stelle mehr als bisher *persönlich* auf die in Frage kommenden Schriftleiter einwirke. Zu vermeiden sei es unbedingt, dass die Pressestelle selbst irgendwie kritisch zu den zu ihrer Kenntnis kommenden Angelegenheiten Stellung nehme. Auch sei er der Meinung, dass nicht überall sich die Einrichtung einer Pressestelle empfehle, da vielfach der LG-Präs. selbst die Funktion einer solchen mit ausüben könne.

Was die Behandlung der Berichterstatter anlange, sei ihm von den Vorsitzenden der Kammern fast einhellig berichtet worden, dass die Zeichner im Gerichtssaale sich zu einer Plage ausgewachsen hätten. Die Mehrzahl der Vorsitzenden sei für ein Verbot des Zeichnens im Gerichtssaal, dies sei aber s.E. ohne gesetzliche Grundlage nicht möglich. Dagegen könne wohl nichts eingewendet werden, wenn die Vorsitzenden Bildberichterstatter aus dem Saale wiesen, falls zu besorgen sei, dass durch das Zeichnen das Gericht, die Angeklagten, Parteien oder Zeugen beunruhigt würden. Der erste Zivilsenat des KG halte derartige vorbeugende Maßnahmen durchaus für zulässig.

OLG-Präs. Witte hat gegen eine Zentralisierung der Zeitungskontrolle am OLG Bedenken. In der Provinz wären besondere Wirtschaftsgebiete mit besonders zu behandelnder Bevölkerung vorhanden und sei es erwünscht, an diesen Orten bereits eine Zeitungskontrolle zu schaffen, da andernfalls bei der Zeitungskontrolle am Sitze des OLG nur Verzögerungen bei der Aufklärung der einzelnen Fälle eintreten würden. Die Einrichtung von Lesezimmern begrüße er ebenfalls sehr. Da der Kreis der Leser beim OLG verhältnismäßig nur klein sei, empfehle es sich auch aus diesem Grunde unbedingt, die Zeitungskontrolle und die Lesezimmer bei den LG einzurichten.

Von Berichtigungen in der Presse verspreche er sich wenig. In Breslau habe man es vielfach mit der sog. Schundpresse zu tun, die Berichtigungen gegenüber unzugänglich sei. Gegen die Sensationsnachrichten in dieser Schundpresse seien auch Berichtigungen in anderen Blättern nicht möglich, da die anderen Blätter in Breslau den grundsätzlichen Standpunkt haben, auf irgendwelche Nachrichten der Schundpresse in keiner Weise einzugehen und weil ferner etwaige in diesen

Blättern aufgenommene Berichtigungen doch nicht zu den Lesern der Sensationsblätter drängen. – Eine weitere wichtige Aufgabe der Pressestellen erblicke er darin, dass sie dem Verlangen der Presse, bei der Untersuchung großer Angelegenheiten möglichst während des Laufes der Untersuchung etwas zu erfahren, entsprechend Rechnung trage. Überhaupt werde ein verständiger Untersuchungsrichter darauf Wert legen, die Presse schnellstmöglich und tunlichst ausreichend zu unterrichten. Es müsse unbedingt vermieden werden, dass die Presse des betreffenden Gebietes von wichtigen Entschließungen der Justizbehörden erst auf Umwegen erfahre, wie es z.B. kürzlich im Falle Rosen geschehen sei.

OLG-Präs. Dr. Cormann erblickt die Hauptaufgabe der Pressestellen in prophylaktischer Tätigkeit, der Verhinderung unrichtiger Mitteilungen. Die Erfahrung habe gezeigt, dass die Einrichtung der sog. Korrespondenzbüros die Wirksamkeit etwaiger späterer Berichtigungen dadurch zunichtemache, dass die Korrespondenzbüros die ihnen zugehenden Nachrichten schlagartig an eine große Anzahl Blätter weitergäben. Es sei dann hinterher fast ausgeschlossen, an alle die von dem Korrespondenzbüro versorgten Blätter heranzutreten. Auch die Durchführung von Strafverfahren stoße auf erhebliche Bedenken, weil in diesen Fällen regelmäßig mehrere Gerichte mit ihnen befasst werden müssten und dadurch die Gefahr verschiedenartiger Urteile über den gleichen Tatbestand entstehen würde. – Nicht zu unterschätzen sei die Wirkung der Zeichnung. Der in ihr dargestellte Vorgang bleibe in den Köpfen der Leser haften; eine spätere Richtigstellung oder selbst eine strafrechtliche Verurteilung hinterher sei kaum geeignet, die Wirkung der Zeichnung abzuschwächen.

Im Allgemeinen könne festgestellt werden, dass es am guten Willen der anständigen Presse nicht fehle, und diese den Berichtigungen im Allgemeinen gern Raum gebe, besonders wenn, wie dies häufig der Fall sei, Nachrichten ohne Vorwissen des Hauptschriftleiters oder der Mitschriftleiter veröffentlicht würden, bei denen letztere zu der Überzeugung gelangten, dass es besser gewesen wäre, sie nicht zu veröffentlichen.

Hand in Hand mit der vorbeugenden Tätigkeit der Pressestelle müsse der erziehliche Einfluss der Presse selbst auf ihre Organe gehen. – Auch er stehe der Einrichtung von Lesezimmern sympathisch gegenüber und trete hinsichtlich des Ortes ihrer Einrichtung dem Vorredner bei.

Nicht zu unterschätzen sei die Gefahr, dass die Pressestelle und der örtliche Presseausschuss des Richtervereins neben- und dadurch in der Wirkung vielleicht gegeneinander arbeiten. Es sei eine Fühlungnahme beider Stellen unumgänglich nötig, bei der allerdings wiederum die Schnelligkeit der Nachrichtenübermittlung leiden müsse, auf die es der Presse entscheidend ankomme.

OLG-Präs. Werner: Die Einrichtung von Lesezimmern sei zwar sehr dankenswert, es fehle aber überwiegend bei den LG seines Bezirkes an geeigneten Räumlichkeiten. Die Erfahrung zeige, dass die Zeitungen zwar erfreulicherweise fleißig gelesen würden, jedoch meist nicht in der Richtung, auf die es der Justizverwaltung ankäme, sondern aus allgemeinem Interesse. Bedenklich sei auch die Auslegung einer zu großen Anzahl radikaler Zeitungen. Es habe sich herausgestellt, dass gerade diese mit Vorliebe von den Beamten des unteren Dienstes gelesen würden, und es könne nicht gut die Aufgabe der Justizverwaltung sein, im Sinne dieser Blätter auf die Beamten einzuwirken. Aus diesen Gründen stehe er daher der Einrichtung von Lesezimmern einigermaßen skeptisch gegenüber.

Die Schaffung von Pressestellen erfülle ihn dagegen mit großer Genugtuung. Allerdings müsse hierbei den geschichtlich begründeten Eigentümlichkeiten jeder Provinz gebührend Rechnung getragen und jeder Schematismus vermieden werden. So wäre es z.B. in seinem Bezirke zwecklos, etwa in Naumburg eine derartige Stelle einzurichten; die geeigneten Orte seien vielmehr Magdeburg, Halle und Erfurt. Auch er befürchte im Übrigen eine Überschneidung der Tätigkeit der Pressestelle und des örtlichen Presseausschusses des Richtervereins. Ebenso werde es in der Provinz oftmals schwierig sein, geeignete Richter als Leiter der Stellen zu finden; in seinem Bezirk bestehe bei der Richterschaft wenig Neigung, ein derartiges Amt zu übernehmen.

Was die Berichtigungen in der Presse betreffe, so sei das früher beliebte Mittel, der Hinweis auf § 11 des PresseG, ganz ungeeignet. Mehr wirke öfters ein Appell an den Anstand. Noch besser sei in der Regel, wenn der angegriffene Richter unmittelbar mit der betreffenden Zeitung sich ins Benehmen setze. In dieser Beziehung habe er früher in Kiel recht gute Erfahrungen gemacht; auch in Halle hätten wenigstens bürgerliche Zeitungen nach Aufklärung der Sachlage umgehend Berichtigungen gebracht. Anders sei es bei der kommunistischen Presse, die ja planmäßig darauf ausgehe, das Vertrauen zu den bestehenden Staatseinrichtungen zu untergraben. Hier sei es angezeigt, überhaupt von Maßnahmen abzusehen. Eine Berichtigung von Artikeln der kommunistischen Presse durch andere Blätter komme in seinem Bezirk nicht in Frage, da die bürgerliche Presse einschließlich der sozialistischen Presse ein Eingehen auf derartige Artikel ablehne. Im Übrigen sei er der Meinung, dass sonst der Weg, durch die anders gerichtete Presse Berichtigungen zu finden, empfehlenswert sei, weil erfahrungsgemäß Angehörige der radikalen Parteien oftmals, wenn auch nur gelegentlich, Blätter anderer Richtungen läsen und auf diese Weise auch deren Anschauungen kennen lernten.

Bildberichterstatter hätten sich im Naumburger Bezirk bisher noch nicht gezeigt. Er glaube sagen zu können, dass die Kammervorsitzenden überwiegend diese nicht dulden würden. Eine befriedigende Lösung hier zu finden, sei äußerst schwierig.

Der *Minister* bemerkt hierauf, dass eine Zentralisierung der Pressestellen keineswegs beabsichtigt sei. In Berlin habe man besonders mit der demokratischen Presse im Punkte der Berichtigungen gute Erfahrungen gemacht; auch die sozialistische Presse sei ihnen im Allgemeinen zugänglich. Mit der Presse müsse nun einmal als mit einer Macht gerechnet und eine Verständigung gesucht und gefunden werden. Der Idealzustand sei noch nicht erreicht. Dies liege zum Teil daran, dass es der Presse an justizverständigen Journalisten fehle, obwohl nicht verkannt werden dürfe, dass einzelne Blätter, wie z.B. die Vossische Zeitung auf recht hohem juristischen Niveau stünden. Es müsse auch angestrebt werden, dem Bedürfnis der Presse nach schneller Information zu genügen. Die Hauptaufgabe der Pressestellen erblicke auch er in der prophylaktischen Tätigkeit. Beachtlich sei auch die Fühlungnahme mit den Organisationen der Presse, den Presseverbänden.

Auf den Einwurf des *OLG-Präs. Dr. Jockwer*, der eine Äußerung des MinDir. Falck anführt, nach der die Presse sozusagen ein öffentliches Amt ausübe, erklärt der *Minister*, dass dies nicht anerkannt werden könne; wohl aber habe die Presse die Aufgabe, das Volk zu bilden und alle in seinen Gesichtskreis tretenden Lebenserscheinungen zu erörtern, wofern sie es nur zum Zwecke der Volksbildung tue, nicht aber lediglich aus Lust am Kritisieren. Das Ziel der Justizbehörden müsse ein gutes Einvernehmen, keine Kampfstellung gegen die wohlanständige Presse sein; bei radikalen und Sensationsblättern sei natürlich nichts auszurichten. Hinsichtlich des Zeichnens im Saale stehe er auf dem Standpunkte, dass dagegen kaum etwas wirksam unternommen werden könne.

OLG-Präs. Reichartz führt aus, dass als Sitz der Pressestelle im Westen wohl nur Köln in Frage komme, weil dort maßgebende Zeitungen verschiedener Richtungen erscheinen. Er habe die Einrichtung einer Pressestelle bereits ins Auge gefasst und sie auf einer gemeinschaftlichen Tagung der rheinischen Verleger- und Redakteurvereine in Koblenz angekündigt. Im Allgemeinen sei die Berichterstattung in Justizsachen im Bezirk Köln sachgemäß. Angriffe auf die rheinischen Richter seien, abgesehen von der kommunistischen Presse, selten. Das Zeichnen im Saale komme im Bezirke nur wenig vor; von einer Verweisung der Bildberichterstatter verspreche er sich wenig Erfolg. Richtigstellungen würden von den Zeitungen, außer den kommunistischen, im Allgemeinen bereitwillig aufgenommen. Mit der Presse sei mündlich vereinbart, dass Verlagswerke, die zu Beanstandungen Anlass geben könnten, und Zeitungsaufsätze, die Angriffe gegen die Justizverwaltung enthalten, vor der Drucklegung der zuständigen Stelle zur Äußerung vorgelegt werden. Diese Vereinbarung werde von der Presse auch im Allgemeinen innegehalten.

Der *Minister* betont nochmals, dass sich das Zeichnen im Saale kaum unterbinden lasse. Auch im Landtage sei diese Frage anlässlich der Sitzungen des Femeausschusses unter dem Abg. Goebel eingehend erörtert worden mit dem Ergebnis, dass von einer Verweisung der Bildberichterstatter abgesehen worden sei.

OLG-Präs. Meyer hält die Einrichtung von Pressestellen an jedwedem LG nicht für erforderlich. In seinem Bezirk komme höchstens Hannover in Frage, während in Celle kein Bedürfnis bestehe. In Hannover hätten die dortigen Vorstandsbeamten zur gesamten Presse, abgesehen der kommunistischen, gute Beziehungen, durch die es regelmäßig gelinge, falsche oder entstellte Nachrichten fernzuhalten. – Auf die Haltung von mehreren Blättern beim OLG sei von ihm bereits früher Gewicht gelegt worden; er habe jedoch dabei ein Monitum seitens der Oberrechnungskammer erhalten. Das Zeichnen im Gerichtssaal sei bisher in seinem Bezirk nur in Hannover praktisch geworden. Er persönlich stehe auf dem Standpunkt, dass eine Verweisung der Bildberichterstatter möglich sei.

Der *Minister* bemerkt, dass es für die Richter nur nützlich sein könne, wenn sie Gelegenheit hätten, die Presse der verschiedenen Richtungen kennen zu lernen. Er glaube, dass die Richter jede Gelegenheit gern nutzen würden, dies zu tun.

OLG-Präs. Dr. Jockwer teilt hinsichtlich der Lesezimmer die vom OLG-Präs. Werner vorgebrachten Bedenken. Auch der Einrichtung der Pressestellen stehe er sehr skeptisch gegenüber und glaube nicht an *dauernde* Erfolge. In dieser Beziehung könne er nur den Ausführungen Dr. Cormanns über die Korrespondenzbüros beipflichtetn. In seinem Bezirk kämen für die Einrichtung Essen und Dortmund, nicht aber Hamm in Frage.

OLG-Präs. Dr. Anz schlägt vor, die Lesezimmer zunächst einmal probeweise bei einigen größeren Justizbehörden zweier OLG-Bezirke einzurichten und etwa nach zwei Jahren die gemachten Erfahrungen auszutauschen; es sei zu berücksichtigen, dass die Verhältnisse an den einzelnen Orten ganz verschieden lägen. In seinem Bezirk seien die Zeitungsverleger vielfach mit der Lieferung von Freistücken entgegenkommend. – Was die Berichtigungen bei Presseangriffen angehe, sei auch er gegen eine Zusammenfassung beim OLG, der LG-Präs. stehe den Verhältnissen regelmäßig näher. Das Zusammenwirken der Justiz mit der Presse habe in seinem Bezirk, insbesondere im LG-Bezirk Hanau in den Fällen gute Erfahrungen gezeitigt, so die Vorstandsbeamten durch Richter verschiedener Parteirichtungen in die diesen nahestehende Presse aufklärende Artikel usw. hätten bringen lassen. Auf diesem Wege solle man weiter vorgehen. Demgegenüber träte die Hilfe der örtlichen Presseausschüsse der Richtervereine an Wirksamkeit zurück, zumal regelmäßig deren Verkehr mit der Berliner Zentrale des Richtervereins zu Zeitverlusten führe. Berichtigungen in die kommunistische Presse zu bringen, sei regelmäßig zwecklos; die Verwaltungsbehörden ständen, soweit bekannt, auf dem gleichen Standpunkte. Im Allgemeinen müsse noch gesagt werden, dass die Richter gegenüber Presseangriffen vielfach zu empfindlich seien.

KG-Präs. Dr. Tigges berichtet kurz über die Erfahrungen beim Großen Disziplinarsenate des KG, die eine überraschend einseitige politische Einstellung mancher Richter erkennen und es als notwendig erscheinen ließen, dass die Justizverwaltung den Richtern die Möglichkeit geben müsse, die Darstellung der politischen Verhältnisse aus Zeitungen der verschiedensten Richtungen kennen zu lernen. Die Pressestelle des KG wirke im Einvernehmen mit dem Presseausschuss des Richtervereins. Er habe feststellen können, dass die Pressestelle schneller als der Richterverein arbeite. Die Herren Jockwer und Meyer unterschätzten die Bedeutung der Pressestellen; auch die Personalfrage sei nicht so schwer zu lösen, wie Herr Werner glaube. Richtig sei allerdings, dass die großen Verbände der Angestellten usw. so gut wie gar keinen Einfluss auf die Haltung der Presse hätten.

Der *Minister* weist darauf hin, dass hinsichtlich tendenziöser Berichterstattung von Zeitungen aller Richtungen gesündigt werde, und verweist hierzu besonders auf die Angriffe gegen den Staatssekretär in der Rechtspresse anlässlich des Falles Barmat.

Der *StS* führt aus, dass die Richter, die schon aus wirtschaftlichen Gründen vielfach ohne rechte Fühlung zu den gerade im Rechtsleben auftauchenden neuen Problemen seien, unbedingt auch den Standpunkt anderer Parteien als ihrer eigenen kennen lernen müssten. Die Form aber, in der dies geschehe, müsse den jeweiligen Verhältnissen individuell angepasst werden. Die Einrichtung der Lesezimmer und

Pressestellen sei eine produktive Ausgabe, die der Justizverwaltung manche Arbeit ersparen werde. Man dürfe sich nicht durch etwa zu erwartende Schwierigkeiten abschrecken lassen.

Auf die Frage *Dr. Cormanns,* wie sich das Verhältnis zwischen Presseausschuss des Richtervereins und Pressestelle gestalten werde, entgegnet *MinRat Dr. Kuhnt,* dass der Vorsitzende des Richtervereins für diesen die tatkräftige Unterstützung der Pressestellen zugesagt habe.

OLG-Präs. Dr. Jockwer bemerkt ergänzend zu seinen früheren Ausführungen, dass selbst nähere persönliche Beziehungen zur Presse es in seinem Bezirke nicht verhindert hätten, dass entstellende Nachrichten erschienen wären; seiner Bitte, sich doch zuvor zu erkundigen, habe die Presse, und zwar in dem ihm vorschwebenden Falle die Rechtspresse, nicht entsprochen.

Auf Fragen des *OLG-Präs. Werner* erklärt der *Minister* zusammenfassend, dass für die notwendigen Mittel im nächsten Etat gesorgt werden solle. Er hoffe überhaupt, dass der Etat ein besseres Aussehen als die bisherigen aufweisen werde; u.a. beabsichtige er auch Mittel für die Anschaffung von Kraftwagen für die OLG-Präs. anzufordern.

Der StS macht im Anschluss hieran auf ein kürzlich erschienenes Buch des Rechtsanwalts *[Ludwig] Bendix* „Die irrationalen Kräfte der zivilrichterlichen Urteilstätigkeit" [Breslau 1927] und das den Herren wohl schon bekannte Werk des LG-Dir. *Albert Hellwig* „Psychologie und Vernehmungstechnik bei Tatbestandsermittlungen" [Berlin 1927] aufmerksam, aus welchen beiden – selbstverständlich unbeschadet kritischer Nachprüfung – vielerlei Anregungen für die Praxis gewonnen werden könnten.

Zu Punkt II der TO: „Beschäftigungsverhältnisse der Gerichtsassessoren: Erweiterte Urlaubserteilung; Zurückführung der in andere Bezirke abgeordneten Assessoren; Austausch von Assessoren zwischen den einzelnen Bezirken (Wünsche des Landtags)" erteilt der Minister das Wort dem *MinDir. Dr. Hartung.* Dieser führt etwa Folgendes aus: Wenn auch nicht zu verkennen sei, dass der Mangel an Gerichtsassessoren seit einiger Zeit nicht mehr so stark wie zuvor sei, so sei dennoch der derzeitige Stand immer noch unbefriedigend. Es seien am 02.06.1927 trotz der Beschäftigung von 141 Hilfsrichtern aufgrund des Hilfsrichtergesetzes insgesamt noch 102 Fehlstellen vorhanden gewesen; hinzu kämen die erheblichen Anforderungen, die durch das am 01.07.1927 in Kraft tretende AGG gestellt würden. Die Fehlstellen seien zum Teil gar nicht, zum Teil unzureichend mit Referendaren besetzt. Der Landtagsausschuss habe unter diesen Umständen trotz mancher Bedenken der Verlängerung des HilfsrichterG vom 23.03.1926 (GS S. 99) zugestimmt, jedoch zwei Bedingungen dabei gestellt: Einmal sollten, sobald Assessoren verfügbar seien, die als Hilfsrichter tätigen pensionierten alten Richter alsbald entlassen werden; hiernach sei übrigens auch schon bisher verfahren worden. Sodann sei darauf zu halten, dass die alten Richter in den Hilfsrichterstellen tunlichst nicht als Spruchrichter verwandt würden. Insbesondere gelte dies von der Verwendung als Spruchrichter in Strafsachen. Das Ministerium bitte darum, die LG-Präs., denen ja im Verein mit dem Präsidium die Geschäftsverteilung bei den Gerichten obliege, entsprechend zu unterrichten. Besonderes Augenmerk müsse auch darauf gerichtet werden, dass nicht etwa Assessoren aus anderen deutschen Ländern oder frühere Assessoren als Hilfsrichter in Strafsachen beschäftigt würden, wie es in dem in RGStr. 60, 409 behandelten Fall geschehen sei.

Es entspreche ferner einem Wunsch des Landtags, wenn bei Beurlaubungen der Assessoren größeres Entgegenkommen als bisher gezeigt würde; namentlich gelte dies für die Abstandnahme von der Einhaltung der zweimonatigen Sperrfrist, wenn Assessoren den Anwaltsberuf ergreifen wollen....

Dies sei besonders notwendig, damit in den östlichen Landesteilen, besonders in Ostpreußen, nicht das Gefühl der Verlassenheit entstehe. Es dürfte zweckmäßig sein, derartigen Austausch jeweils auf sechs Monate vorzunehmen. Hierbei sei darauf hingewiesen, dass bei den Verwaltungsbehörden von jeher der Grundsatz befolgt worden sei, die jüngeren Beamten, namentlich vor der Anstellung, möglichst verschiedene Landesteile kennenlernen zu lassen. Das Ministerium werde dieser Frage noch näher treten....

Zu Punkt III der TO: „Neugestaltung des Büro- und Kanzleidienstes (Stand der Büroreformen; Ausbildung der Justizanwärter; Verlängerung der Ausbildungszeit; Versorgungsanwärter als Justizanwärter; Ergebnis der auf die RV vom 05.03.1927 – I 12485 – erstatteten Berichte)“ ... erhält das Wort *MinRat Dr. Weber: ...*

Zum nächsten Punkt der TO: „Behandlung von Eingaben der republikanischen Beschwerdestelle (Hausverfügung vom 26.03.1927 – ZB 536 -)“ teilt *MinRat Dr. Hempen* [MinRat seit 1925] die genannte Hausverfügung mit und empfiehlt, auch in der Provinz entsprechend zu verfahren.

OLG-Präs. Dr. Schollen weist darauf hin, dass diese Verfügung einen bereits vor längerer Zeit gefassten Kabinettsbeschluss ergänze.

OLG-Präs. Dr. Cormann macht darauf aufmerksam, dass die republikanische Beschwerdestelle in seinem Bezirke sich unmittelbar an die LG-Präs. wende. Er habe diese ersucht, in solchen Fällen zunächst einmal bei ihm Rückfrage zu halten, um ihm die Möglichkeit zur Stellungnahme zu gewähren. Eine Abgabe an ihn erfolge dadurch noch nicht; vielmehr lasse er die Bescheide alsdann durch die LG-Präs. erteilen, sofern er keinen besonderen Anlass sehe, die Sache schon in diesem Stadium an die Provinzialinstanz zu ziehen.

OLG-Präs. Dronke bringt zur Sprache, dass ein ihm unterstellter LG-Präs. lediglich dem Unterzeichner einer durch die kommunistische Landtagsfraktion eingereichten Eingabe Bescheid erteilt habe, späterhin hierüber beim Ministerium Beschwerde geführt worden sei, dass die Sache nicht erledigt wäre. Das Ministerium habe ihm mitgeteilt, dass es sich empfehle, der Fraktion, nicht dem Unterzeichner der Eingabe, den Bescheid zu erteilen.

Der *Minister* bestätigt aus seiner parlamentarischen Erfahrung, dass es in derartigen Fällen stets ratsam sei, die Fraktion als solche zu bescheiden. Im Übrigen wahre gerade die kommunistische Fraktion im Verkehr mit dem Ministerium durchaus angemessene Formen.

MinRat Dr. Hempen führt zum *nächsten Punkt der TO: „Ermöglichung einer jährlichen Dienstreise der LG-Präs. nach Berlin zwecks Rücksprache im Justizministerium*

(Schreiben des Abg. Rose – I 9491/27 -)" aus, dass eine allgemeine derartige Einrichtung wohl nicht notwendig sei, dass aber nichts im Wege stehe, wenn die LG-Präs. zur Besprechung wichtiger Angelegenheiten einmal nach Berlin kämen, nachdem sie sich zuvor mit ihrem OLG-Präs. ins Benehmen gesetzt hätten.

OLG-Präs. Dr. Cormann und *Witte* treten dem bei. Letzterer bittet auch, dass den OLG-Präs. gestattet werde, eine jährliche Zusammenkunft der LG-Präs. beim OLG-Präs. zu veranstalten, worauf verschiedene OLG-Präs. erklärten, dass dies in ihren Bezirken bereits üblich sei.

Zum nächsten Punkt der TO: „Flaggenschmuck bei Teilnahme von Vertretern der Justizverwaltung an Veranstaltungen (Schrb. des MdI vom 02.04.1927 – I 9733/27)" weist *MinRat Dr. Hempen* darauf hin, dass Regierungsvertreter an öffentlichen Veranstaltungen nur teilnähmen, wenn die Gewähr bestehe, dass die verfassungsmäßigen Farben des Reichs in angemessener und würdiger Weise gezeigt würden. Hiernach müsse auch seitens der Vertreter der Justizverwaltungsbehörden verfahren und tunlichst schon bei den Vorbereitungen derartiger Veranstaltungen darauf hingewirkt werden, dass die Farben des Reiches in angemessener Weise gezeigt würden.

OLG-Präs. Werner wirft die Frage auf, was unter derartigen Veranstaltungen zu verstehen sei. Es müsse sich doch wohl um solche handeln, die öffentlichen Interessen zu dienen bestimmt seien. Oftmals werde sich aber der Charakter der Veranstaltungen gar nicht von vornherein klar erkennen lassen, und es sei so sehr wohl die Möglichkeit gegeben, dass er Veranstaltungen auf private Einladung hin, wie z.B. das Kirschenfest in Naumburg, besuche, wo die verfassungsmäßigen Farben des Reiches nicht gezeigt würden.

OLG-Präs. Dr. Jockwer hat vor einiger Zeit an einer Veranstaltung teilgenommen, bei der auch ein Minister des Reiches und Preußens sowie der Oberpräsident zugegen waren, ohne dass die verfassungsmäßige Reichsflagge gezeigt wurde.

MinRat Dr. Hempen weist demgegenüber darauf hin, dass bei der Einweihung des Potsdamer Stadions der Oberpräsident, der Regierungspräsident und der Polizeipräsident ihre Teilnahme abgelehnt hätten, als sie erfuhren, dass die verfassungsmäßigen Farben des Reiches nicht gezeigt würden.

Zum folgenden Punkt der TO: „Stellung von Strafanträgen wegen Beleidigung von Justizbeamten" führt *MinRat Dr. Kuhnt* aus: Aufgrund der RV vom 26.06.1922 seien im Jahre 1927 bisher etwa 30 Fälle berichtet worden, in denen Strafanträge aus § 196 StGB gestellt worden seien. Das bedeute gegenüber dem Vorjahre eine geringe Zunahme. Ohne auf die einzelnen Fälle eingehen zu wollen, müsse doch gesagt werden, dass in manchen Fällen das Ministerium Bedenken gehabt habe, ob die Stellung des Strafantrages wirklich erforderlich gewesen sei. Es sei nicht zu verkennen, dass es für einen gewissenhaften und pflichttreuen Richter oder StA wie für jeden Beamten kränkend sei, abfällig kritisiert zu werden. Mit Recht sei aber schon heute von einem der Herren OLG-Präs. darauf hingewiesen worden, dass manche Richter besonders Presseangriffen gegenüber zu empfindlich seien. Wer im öffentlichen Leben stehe, sei nun einmal öffentlicher Kritik ausgesetzt und müsse sie hinnehmen, sofern sie nicht ein erträgliches Maß übersteige. Bei voller Würdigung des Empfindens des Richters dürfe bei dieser Frage auch nie außer Acht bleiben, dass ein Angeklagter, der wegen Beleidigung eines Richters von dessen engeren Berufskollegen abgeurteilt werde, nur selten das Gefühl haben werde, gänzlich unvoreingenommenen Richtern gegenübergestanden zu haben. Dieses Gefühl finde dann beredten Ausdruck, wenn empfindliche Freiheitsstrafen verhängt würden. Es sei auch nicht zu leugnen, dass, während bei Beleidigung hochgestellter Persönlichkeiten fast ausnahmslos mit Geldstrafen gesühnt würde, Beleidigungen von Richtern regelmäßig mit Freiheitsstrafen, und zwar zum Teil von nicht unbeträchtlicher Dauer, gebüßt würden. Das mache naturgemäß böses Blut. In einem Falle habe unlängst der Rechtsausschuss des Landtages sich für Aussetzung der gesamten neun Monate Gefängnis betragenden Strafe ausgesprochen.

Demnach liege im wohlverstandenen allseitigen Interesse, nicht bloß der Richter und der Justizverwaltung, bei der Stellung von Strafanträgen Zurückhaltung zu üben, wie es die RV vom 26.06.1927 empfehle. – Oftmals werde auch mit einer Richtigstellung in der Presse mehr und vor allem schneller geholfen werden, als durch ein sich monatelang hinziehendes Beleidigungsverfahren.

LG-Rat Dr. Kriege führt zum *nächsten Punkt der TO: „Klagen über mangelhafte Rechtsprechung in Sachen des gewerblichen Rechtsschutzes (Verfügung vom 11.10.1907)“* aus: In letzter Zeit sei verschiedentlich, u.a. bei Besprechungen im RJM und auf der Tagung des Vereins für gewerblichen Rechtsschutz in München aus Kreisen des Handels und der Industrie sowie der Rechtsanwälte und Patentanwälte lebhaft über die Rechtsprechung der Gerichte in Sachen des gewerblichen Rechtsschutzes geklagt worden. Diese Klagen richteten sich in erster Linie gegen die kleineren, aber auch gegen größere Provinzgerichte, während die Rechtsprechung des KG und des LG I allgemein gelobt würde. Hauptsächlich würde darüber geklagt, dass die Gerichte sich völlig in die Hand der Sachverständigen begäben. Am meisten trete dies bei der Beweiserhebung hervor. So werde in vielen Fällen die Rechts- von der Tatfrage nicht getrennt und die Beweisfrage unsachgemäß dahin gestellt, „ob der Beklagte durch seine Einrichtung oder sein Verfahren das Patent- oder Musterschutzrecht des Klägers verletzt“ oder „ob das Patent des Beklagten von dem des Klägers abhängig ist“. In anderen Fällen würde der Sachverständige ganz allgemein gefragt, „welches die wesentlichen Merkmale des dem Kläger geschützten Patentes sind und ob diese wesentlichen Merkmale, sei es in gleicher oder technologisch gleichwertiger Art bei der angeblichen Nachahmung vorliegen“, während es doch Aufgabe des Gerichts sei, durch Auslegung des Patents selbst festzustellen, welches die wesentlichen Merkmale des Schutzes sind. Manche Gerichte wieder legten dem Sachverständigen zunächst überhaupt keine bestimmte Beweisfrage vor, sondern forderten ihn auf, ein vorläufiges Gutachten nach Lage der Akten zu erstatten. Von Abfassung eines schriftlichen Gutachtens würde dann häufig überhaupt abgesehen. Dieses Verfahren sei, wie die Erfahrung gezeigt habe, schon im Hinblick darauf nicht unbedenklich, dass sich nachher leicht Streit über die Erklärungen des Sachverständigen erhebe. Weiter lasse die Fassung der Urteile des Öfteren die Nichtvertrautheit mit den Bestimmungen des materiellen Rechts und unzutreffende Beweiswürdigung erkennen.

Dem Ministerium seien auch eine Reihe von Einzelfällen mitgeteilt worden, bei deren Nachprüfung die erwähnten Mängel in der Tat zutage getreten wären. Übrigens hätten ähnliche Klagen die Justizverwaltung bereits vor 20 Jahren beschäftigt und seinerzeit zu der RV vom 11.10.1907 – I 1578 – geführt. – In Verfolg dieser Klagen seien von den beteiligten Kreisen eine Reihe für die ordentliche Rechtspflege sehr bedenklicher Anträge gestellt worden; Zusammenfassung der gesamten Rechtsprechung auf dem Gebiete des gewerblichen Rechtsschutzes in Berlin, Besetzung der Kammern mit technologischen Beisitzern, welche die Mehrheit bilden sollten; Verlegung des ersten Rechtszuges ans Patentamt; Zuziehung der Sachverständigen zu den Beratungen des Gerichts u.a.m. Diese Anträge seien gerade jetzt umso ernster zu nehmen, als wesentliche Änderungen der Gesetze über den gewerblichen Rechtsschutz in Vorbereitung seien und sich den beteiligten Kreisen damit leichter Gelegenheit biete, diese Wünsche unter Hinweis auf die Reformbedürftigkeit der Rechtsprechung vorzubringen und durchzusetzen.

Es sei deshalb dringend erforderlich, dass die Aufsichtsbehörden der Hebung dieses Zweiges der Rechtsprechung besondere Aufmerksamkeit widmeten. Dies könne einmal im Verwaltungswege dadurch erfolgen, dass, soweit es noch nicht geschehen sei, Spezialkammern gebildet und mit Richtern, welche technischen Fragen besonderes Interesse entgegenbrächten, besetzt würden und dass ein möglichst geringer Wechsel in der Besetzung dieser Kammern vorgenommen würde. Weiter empfehle es sich, die betreffenden Richter mit den erhobenen Klagen und den der ordentlichen Rechtspflege drohenden Gefahren bekannt zu machen. Auch käme in Frage, Einzelfälle nachzuprüfen und die Gerichte auf besonders hervortretende Fehler und die Mittel zu ihrer Abhilfe hinzuweisen. Als solche Mittel seien zu nennen: Genaue Fassung der Beweisbeschlüsse und ihre Beschränkung auf Tatfragen, Herbeiziehung der Akten des Reichspatentamts, schriftliche Begutachtung und mündliche Erläuterung des Gutachtens durch den Sachverständigen vor Gericht, Einnahme des Augenscheins, Versuche und Vorführungen des Sachverständigen vor dem Gericht u.a.m., wie es im Einzelnen bereits in der Verfügung vom 11.10.1907 ausgeführt sei.

Nun sei allerdings nicht zu verkennen, dass die Bildung von Spezialkammern in kleineren Bezirken, wo nur selten Patentstreitigkeiten vorkämen, kein ausreichendes Hilfsmittel sei. Das RJM beabsichtige infolgedessen, bei der bevorstehenden Änderung des Patentgesetzes besondere LG für Patentstreitigkeiten vorzusehen, dergestalt, dass *ein* LG für die Patentstreitigkeiten aus den Bezirken mehrerer LG zuständig sei. Diese LG sollten auch für Streitigkeiten auf dem Gebiete des Warenzeichen- und des Gebrauchsmusterschutzes, bei letzteren unter Aufhebung der Zuständigkeit der Kammern für Handelssachen, zuständig sein. Die Länder hätten diesem Vorschlage bereits zugestimmt mit der Maßgabe, dass die Einrichtung dieser LG den Landesregierungen überlassen bleiben solle; auch im Reichstag würde der Vorschlag voraussichtlich nicht auf Schwierigkeiten stoßen. Es sei zu hoffen, dass durch diese Neuregelung in den einzelnen Landesteilen Mittelpunkte für die Rechtsprechung auf dem Gebiete des gewerblichen Rechtsschutzes gebildet und damit wesentlich zu ihrer Hebung beigetragen werden würde.

Da die vorgesehene Gesetzesänderung möglichst schon im nächsten Jahre in Kraft treten solle, würde es sich empfehlen, dass die OLG-Präs. bereits jetzt ihre Aufmerksamkeit darauf richteten, an welchen Orten diese besonderen LG für Patentstreitigkeiten eingerichtet werden sollen.

Zum letzten Punkt der TO: „Mitteilungen der Strafanstaltsabteilung über Auswahl und Ausbildung von Richtern und StA zu planmäßigen Strafanstaltsdirektoren sowie von Richtern und Bürobeamten zu nebenamtlichen Gefängnisvorstehern oder -inspektoren, Ausbildung von Referendaren im Gefängniswesen und stärkere Interessierung der höheren Justizbeamten für den Strafvollzug überhaupt" führt *MinRat Dr. Wackermann* aus: ...

Der *Minister* dankt den Herren und schließt sie Besprechung.

VII. Besprechung mit den OLG-Präsidenten am 24.09.1928

JMin. Dr. Schmidt eröffnet die Besprechung und begrüßt die vollzählig erschienenen Herren OLG-Präs. Die Besprechung finde später statt als eigentlich beabsichtigt. Die auf den 20.05. ds. Js. fallenden Wahlen hätten es ratsam erscheinen lassen, von einer Besprechung im Frühjahr abzusehen. Nun sei das Jahr so vorgerückt, dass ein weiterer Aufschub nicht angängig erschien, obwohl eine Klärung der politischen Lage nicht eingetreten sei und man für den Winter mit politischen Komplikationen rechnen müsse.

Lebhaft zu bedauern sei das Fehlen des OLG-Präs. Krüger. Ein tragisches Geschick habe ihn verhindert, seinen Dienst in Königsberg anzutreten. Die Bemühungen der Justizverwaltung, den auf ihm lastenden Druck zu erleichtern, die Hoffnungen, die man bei einem Besuch des Herrn Ministers und MinDir. Dr. Hartwig bei dem Erkrankten im Riesengebirge noch gehegt, seien vergeblich gewesen. Der ausgezeichnete Mann würde, wenn es seine Gesundheit es ihm erlaubt hätte, auch als OLG-Präs. treffliche Dienste geleistet haben.

Dem neu ernannten OLG-Präs. von Königsberg, MinDgt. Holthöfer, spricht der Herr Minister herzliche Glückwünsche aus und weist hin auf die Größe der Aufgabe, den bedeutsamen, schwierigen Bezirk zu leiten. Ein besonderer Dank gelte dem gleichfalls an der Besprechung teilnehmenden Vizepräs. Springer, der in entsagungsvoller Arbeit die Last und Mühe der Vertretung getragen habe. – Der Herr Minister hoffe, bald die Verhältnisse im Bezirk Königsberg persönlich kennen zu lernen. Die Wirkung der Besuche in der Provinz sei recht günstig gewesen. Für den ihm gebotenen Empfang danke er den OLG-Präs. herzlich.

Bei der Neufassung der Besoldungsordnung sei trotz lebhaften Kampfes der Justizverwaltung im Kabinett und Parlament durchaus nicht alles erreicht, mancher Wunsch am Widerstand des Finanzministers gescheitert. Die Stellung der OLG-Präs. habe man besser gestalten können, als anfangs zu fürchten war. Aufwandsentschädigung und für einige Bezirke Automobile seien durchgesetzt worden. Man hoffe, später für die Chefs aller Bezirke Automobile zu erlangen.

Den Juristentag in Salzburg persönlich mit größerer Begleitung zu besuchen, habe der Herr Minister für notwendig gehalten, da bei den letzten drei Tagungen des Juristentags die Spitze der preußischen Justizverwaltung gefehlt habe. Leider seien recht wenig Richter anwesend gewesen; bei der nächsten Tagung solle Vorsorge für eine stärkere Beschickung durch die Richterschaft getroffen werden. Der aus der Presse bekannte Angriff des Präs. des Bayer. ObstLG habe nicht der preußischen Justizverwaltung, sondern allgemein den preußischen Verhältnissen, vor allem der inneren Verwaltung gegolten. Einer schädigenden Wirkung der Rede habe der Herr Minister durch sein Auftreten vorzubeugen gesucht. Ein persönliches Schreiben des Bayer. JMin. mit dem Ausdruck des Bedauerns könne als völlige

Erledigung des Vorfalls angesehen werden. Erfreulich sei die Wahl des OLG-Präs. Dronke in den Vorstand des Juristentages.

Nachdem er allen Herren seinen herzlichen Dank für ihre Mitarbeit ausgesprochen hat, erteilt der Herr Minister zu *Punkt I Ziff. 1 der TO: Erhaltung eines geeigneten Nachwuchses für den höheren Dienst bei den Gerichtsbehörden (Verhinderung der Abwanderung der tüchtigen Kräfte; Einschübe aus anderen Bezirken)* das Wort dem *LG-Rat Veltman* führt aus: Bei allen Erörterungen der Justizreform, ob sie in den Parlamenten, auf den Juristentagen, in wissenschaftlichen Abhandlungen oder in der Tagespresse erfolgen, stehe die Forderung nach Verbesserung der Richterqualität im Vordergrunde. Beziehe sich die Erörterung nur auf Einzelgebiete, auf das Strafrecht, das Jugendrecht, das Arbeitsrecht, so kehre stets das Verlangen wieder, nur die tüchtigsten Richter für das betreffende Einzelgebiet zur Verfügung zu stellen. Das sei verständlich, denn tatsächlich seien den Aufgaben des Richteramtes heute nur noch wirklich befähigte, charaktervolle Persönlichkeiten mit bester wissenschaftlicher und praktischer Durchbildung gewachsen.

Leider rufe man nach besseren Richtern gerade in einer Zeit, in der die besten Kräfte des richterlichen Nachwuchses in Scharen die Justiz verlassen. Wenn man allerdings das Gesamtergebnis der Anstellungen in den Jahren 1919 bis 1927 unter dem Gesichtspunkt prüfe, wie viele Prädikatsassessoren sich die Justizverwaltung erhalten konnte, so erscheine es noch nicht allzu günstig. In den neun Jahren haben 7842 Referendare die große Staatsprüfung bestanden, darunter 766 oder rund 10% mit „gut". In der gleichen Zeit seien 2486 Gerichtsassessoren als Richter oder StA angestellt worden, darunter 250 Prädikatsassessoren, also ebenfalls 10%. Bei der StA allein seien die Verhältnisse schon wesentlich ungünstiger, da unter 354 zur Anstellung gelangten Beamten nur neun Prädikatsassessoren gewesen seien, d.h. ganze 2½%. Aber auch bei den Richtern könne es nicht ausreichen, wenn bessere Kräfte nur in dem Verhältnis angestellt würden, in dem sie sich unter der Unmenge der zu Assessoren Ernannten befänden.

Gerade in der letzten Zeit sei aber vielfach wieder ein besonderes starkes Abwandern der guten Kräfte beobachtet worden. Der OLG-Präs. in Celle habe vor einigen Monaten eine Zusammenstellung von 20 über dem Durchschnitt stehenden Gerichtsassessoren vorgelegt, die in kurzer Zeit zur Rechtsanwaltschaft oder zu anderen Behörden übergegangen seien. Er habe hinzugefügt, erheblich über dem Durchschnitt stehende Gerichtsassessoren seien, abgesehen von ganz wenigen Kräften, nicht mehr vorhanden; der einzige Prädikatsassessor sei im JMin. beschäftigt. Ähnliche Klagen, die ja an dieser Stelle schon häufiger erhoben seien, könnten alle anderen Herren gewiss auch vorbringen.

Vielleicht noch beklagenswerter sei aber die Tatsache, dass die mehr oder weniger erheblich unter dem Durchschnitt stehenden Kräfte in großem Umfange bei der Justiz zurückblieben. In zwei westlichen OLG-Bezirken seien in den Jahren 1927 und 1928 bisher 103 Gerichtsassessoren zu ständigen Hilfsarbeitern ernannt worden. Davon hätten 29, d.h. fast ein Drittel, die große Staatsprüfung erst nach Wiederholung bestanden. Eine Vorschlagsliste enthalte unter acht zur Ernennung zum ständigen Hilfsarbeiter vorgeschlagenen Assessoren sieben Repetenten.

Fast erfülle es einen mit Neid, wenn die Hessische JVerw. mit deutlichem Unterton von Stolz mitteile, sie könne sich bei der Erteilung von Verwendungsaufträgen und bei der Anstellung auf die Assessoren mit gutem Prüfungsergebnis beschränken.

Dass gerade in der letzten Zeit besonders viele nur eben den Anforderungen genügende Assessoren zur Ernennung zum ständigen Hilfsarbeiter vorgeschlagen seien, sei gewiss z.T. auf den jetzt zu Ende gehenden Assessorenmangel zurückzuführen. Manche dieser Assessoren möchten jahrelang mit Aufbietung aller Kräfte gearbeitet haben und könnten jetzt nicht leicht mehr von der Anstellung ausgeschlossen werden. Die Rücksicht, die notgedrungen auf sie genommen werde, ermuntere aber weitere schlechte Kräfte zu dem Versuch, sich die Anstellung auch zu ersitzen. Allzu häufig bearbeiteten schwache Kräfte jahrelang einfachere Sachen, ohne dabei allzu sehr aufzufallen, und wenn ihre Unzulänglichkeit schließlich in die Erscheinung trete, sei es sehr misslich, sie noch wegzuschicken. Es sei unbedingt notwendig, dass die Assessoren gerade im ersten Jahr ihrer Tätigkeit dauernd beobachtet würden, damit diejenigen Kräfte erkannt würden, auf die Wert gelegt werden müsse, aber auch diejenigen, denen rechtzeitig eröffnet werden müsse, dass sie auf entgeltliche Beschäftigung und Anstellung im Justizdienst nicht zu rechnen hätten.

Leider wirke sich auch die Ernennung ständiger Hilfsarbeiter nicht selten zu Ungunsten der tüchtigen Kräfte aus. In einzelnen westlichen Bezirken betrage die Zahl der ständigen Hilfsarbeiter ein Siebtel der Planstellen, ein volles Drittel der Assessorenzahl. Bei einem Rückgang der Beschäftigungsaufträge könne es dort nicht ausbleiben, dass die kaum den Durchschnitt erreichenden ständigen Hilfsarbeiter eine entgeltliche Beschäftigung auch der tüchtigsten Assessoren unmöglich machten. Dazu käme noch, dass die ständigen Hilfsarbeiter durchweg gerade in den beliebtesten Städten säßen, vielfach verheiratet seien und Kinder hätten und gar nicht daran dächten, sich auf Richterstellen an weniger begehrten Orten zu melden. Die Rücksicht auf diese überalterten ständigen Hilfsarbeiter dürfe aber nicht zu einer Schädigung der Rechtspflege führen. Die Preuß. Besoldungsvorschriften gäben in Nr. 102 die Möglichkeit, das Anwärterdienstalter um den Zeitraum zu kürzen, um den die Anstellung des Anwärters auf seinen eigenen Wunsch, wegen unzureichender Befähigung oder aus einem sonstigen in seiner Person liegenden Grunde – ausgenommen Krankheit – verzögert werde. In solchen Fällen sei nach Ziff. 96 der Anlage zur RV vom 01.09.1928 unter Angabe der Gründe zu berichten. Werde überall beachtet, wie sehr die überalterten ständigen Hilfsarbeiter die Erhaltung eines guten Nachwuchses gefährden, so werde sich sicher in größerem Umfange als bisher Anlass ergeben, überalterte ständige Hilfsarbeiter namhaft zu machen, denen eine Stelle unter Hinweis auf Nr. 102 der Preuß. Besoldungsvorschriften anzubieten sei. In Zukunft werde sich vielleicht die Bestimmung des neuen Besoldungsgesetzes als nützlich erweisen, wonach die Anwärter nicht über das Anfangsgehalt ihrer Eingangsgruppe hinauskämen (§ 17 Abs. 2 Satz 2).

Die Verhältnisse in den mit Assessoren ohnehin überlasteten westlichen Bezirken würden teilweise auch dadurch verschlechtert, dass auch die jüngeren Kräfte gar keine Neigung zeigten, sich um Stellen außerhalb ihres Heimatbezirks zu bemühen. Es liege aber im dringenden Interesse der Rechtspflege, dass ein Austausch zwischen den verschiedenen Landesteilen, wie er in der Verwaltung von jeher üblich gewesen sei, vor dem Kriege vielfach auch in der JVerw. erfolgt sei, in möglichst großem Umfange gefördert werde. Die Herren Chefpräsidenten der mit Assessoren überlasteten Bezirke würden sich daher ein besonderes Verdienst erwerben, wenn sie in geeigneten Fällen bewährte Assessoren auf die Möglichkeit aufmerksam machten, in den östlichen OLG-Bezirken zu einer erheblich früheren Anstellung zu gelangen. Sie könnten ihnen dabei unbedenklich sagen, dass bewährte Kräfte begründete Aussicht hätten, später, d.h. nach nicht allzu kurzer Zeit, wieder in begehrtere Bezirke zurückkehren zu können. Ein guter Teil der zeitweise in die östlichen OLG-Bezirke abgeordneten Assessoren habe sich dort schnell eingelebt und wohlgefühlt, so dass eine Reihe von ihnen im Osten geblieben sei. Rühmlich hervorzuheben sei ein westlicher Bezirk, aus dem eine ganze Anzahl von Assessoren im Osten zur Anstellung gelangt sei. Natürlich dürften auch die begehrteren Bezirke sich nicht sträuben, hin und wieder bewährte Kräfte aus anderen Bezirken zu übernehmen.

Wie aber sollten besonders tüchtige Kräfte festgehalten werden, wenn anderswo höhere Dienstbezüge, größere Beförderungsaussichten und dienstliche Annehmlichkeiten lockten? Das sei gewiss nicht leicht und es sei darum sehr wertvoll und dankenswert, wenn die Herren Chefpräs. ihre Erfahrungen auf diesem Gebiete zur Verfügung stellen würden. Immerhin habe die JVerw. doch den Vorteil, dass die jungen Juristen durch ihre Ausbildung von selbst in die Dienstaufgaben des Richters und StA hineinwüchsen, und dass in recht vielen von ihnen die Neigung zum Richteramt geweckt oder vertieft werde. Ein großer Teil gerade der tüchtigen Assessoren verlasse den Justizdienst nur mit Bedauern. Diese Assessoren mit ernstlichen Neigungen für den Richterberuf gelte es frühzeitig herauszusuchen und dann nicht aus dem Auge zu lassen. Es lohne sich, wenn bei der Vergebung der Beschäftigungsaufträge nach den ständigen Hilfsarbeitern zunächst die tüchtigsten Assessoren berücksichtigt werden. Es lohne sich auch, ihre berechtigten Wünsche bei der Auswahl der Beschäftigungsorte in erster Linie zu erfüllen. Vor allem aber müsse bei der Geschäftsverteilung darauf geachtet werden, dass junge und interessierte Kräfte auch befriedigende und der Ausbildung förderliche Aufgaben erhalten. So könnten wirklich tüchtige Kräfte rasch erprobt und so weit gefördert werden, dass die frühzeitig zur festen Anstellung vorgeschlagen werden können. Denn die frühzeitige feste Anstellung sei schließlich der sicherste Weg, gute Kräfte festzuhalten. In den letzten Jahren seien daher auch in fortgesetzt steigendem Umfange über dem Durchschnitt stehende Assessoren schon mit sehr geringem Dienstalter angestellt worden. Im Jahre 1927 seien es schon über 40 Gerichtsassessoren gewesen, die mit einem Dienstalter von weniger als vier Jahren fest angestellt worden seien, und ihre Zahl werde gewiss noch erheblich steigen, wenn die tüchtigen Kräfte aus allen Bezirken frühzeitig zur Anstellung vorgeschlagen würden. Natürlich könne nicht immer gleich dem ersten oder zweiten Vorschlage entsprochen werden; dann müsse eben der Vorschlag in allen geeigneten Fällen wiederholt werden, damit über dem Durchschnitt stehende Kräfte in möglichst großer Zahl für den Justizdienst erhalten bleiben. Und wo eine feste Anstellung trotzdem nicht gleich möglich sei, könne vielfach auch schon die vorzeitige Ernennung zum ständigen Hilfsarbeiter einen tüchtigen Assessor von dem Ausscheiden abhalten.

Zu Punkt I Ziff. 2 der TO: Erhaltung eines geeigneten Nachwuchses für den Höheren Dienst bei der StA (Anreiz zur Fälligkeit bei der StA; Wechsel zwischen den Dienstzweigen, Versetzung und Beförderung von Beamten der StA in Richterstellen) erhält das Wort: *MinRat Dr. Wirth.* Er sei beauftragt, als Referent für die StA den Ausführungen des LG-Rats Veltman Einiges über die Lage des Nachwuchses bei der StA hinzuzufügen. Bei der Zusammenkunft der GStA im Frühjahr ds. Js. sei diese Frage eingehend erörtert worden. Hier solle sie nur kurz und in einigen Punkten gestreift werden, um das Interesse der Anwesenden zu wecken und ihre Mitwirkung bei der Behebung der bestehenden Schwierigkeiten zu erbitten.

Es bedürfe keiner Ausführungen, dass auch heutigentags, vielleicht gerade heutigentags, die StA sowohl für die Zwecke der Justizverwaltung als auch für die Zwecke der Strafrechtspflege einen außerordentlich bedeutsamen Dienstzweig bilde, dessen Pflege auch im besonderen Interesse der Strafgerichte liegen müsse. Dabei solle gar nicht davon gesprochen werden, dass nach den Bestrebungen, wie sie namentlich bei den letzten Verhandlungen des Juristentags in Salzburg hervorgetreten sind, möglicherweise in Zukunft mit einer Erweiterung des Aufgabenkreises der StA gerechnet werden könne. Es sollen vielmehr diese Darlegungen auf dem derzeitigen Zustand beruhen und den Anwesenden die Notlage schildern, wie sie sich aufgrund der heutigen Verhältnisse nach den Erfahrungen der Verwaltung darstelle.

Es sei eine starke Abneigung gegen den Dienst bei der StA festzustellen, die sich nicht nur auf die jungen Assessoren beschränke. Diese Abneigung, deren Gründe hier nicht näher erörtert werden sollten, äußere sich für die Verwaltung nach zwei Richtungen hin in bedauerlicher Weise. Einmal sei quantitativ der Zustrom junger Kräfte zur StA zu gering, so gering, dass bei der Besetzung einiger StA-Ratsstellen überhaupt keine Meldungen eingegangen seien, und zwar nicht nur im Osten in assessorenarmen Bezirken, sondern sogar letztlich noch in Mönchengladbach, und es sei gewiss bezeichnend, dass für so begehrte Plätze wie beispielsweise Halle a.S., Düsseldorf und Trier/Mosel sich auf freie Stellen nur je ein Bewerber gemeldet habe.

Aber auch *qualitativ* sei der Nachwuchs bei der StA schlechter geworden als früher. Während beispielsweise in den Jahren 1909/1910 von den 64 zur planmäßigen Anstellung gelangten StA neun Prädikatsassessoren waren, also 14%, hatten wir in den Jahren 1919 bis 1927 unter den zur Anstellung gelangenden StA nur 2 ½ % Prädikatsassessoren. – Wolle man die Abneigung gegen den Dienst bei der StA, die zu dem heutigen bedauerlichen Zustand geführt habe, bekämpfen, so werde man einen *Anreiz* zum Dienst bei der StA bieten müssen, und zwar einen Anreiz, der praktisch und sichtbar in die Erscheinung trete. Die erbetene Mitwirkung der Chefpräsidenten könne einmal darin bestehen, dass gut qualifizierten Assessoren der Dienst bei der StA *empfohlen* würde. Es müssten ihnen allerdings dabei zunächst *befriedigende Arbeitsverhältnisse* bei der StA in Aussicht gestellt werden können. Hierfür zu sorgen, sei die Verwaltung bemüht. Mit Rücksicht auf die Klagen, die laut geworden seien, seien in diesem Jahre in erheblich größerem Umfang als früher Ferienhilfsarbeiter bei der StA zur Verfügung gestellt worden und zwar in der Regel bis zu 75%, und beim Fehlen eingearbeiteter und zeichnungsberechtigter Hilfsarbeiter auch darüber hinaus, in manchen Orten bis zu 100%. Die Verwaltung wolle auch nach Möglichkeit die im Besitz des Zeichnungsrechts befindlichen Hilfsarbeiter soweit bevorzugen, dass sie solche Herren selbst dann entgeltlich weiter beschäftige, wenn Amtsrichter oder Landrichter, die Zeichnungsrecht bei der StA nicht besäßen, auftragslos würden.

Als zweites Mittel zum Anreiz für den Dienst bei der StA komme in Frage die Erwartung, dass mit einer *mindestens gleich frühen planmäßigen Anstellung*, möglichst sogar früheren Anstellung als bei Gericht gerechnet werden kann. Das Anstellungsdienstalter sei im Jahre 1928 gerade wegen des quantitativ geringen Nachwuchses bei der StA erheblich unter das der früheren Jahre heruntergegangen. Dies träfe in besonderem Maße noch für die ständigen Hilfsarbeiter in festen Stellen bei der StA zu, die zum großen Teil aus den Jahrgängen 1926/1927 entnommen worden seien. Hier bestehe zurzeit für junge, fleißige Assessoren eine ganz besonders günstige Chance, auf die hinzuweisen sicherlich im besonderen Interesse der jungen Herren läge. Die Verwaltung sei, um dies möglichst allen Interessenten zur Kenntnis zu bringen, dazu übergegangen, die freiwerdenden Stellen von ständigen Hilfsarbeitern in festen Stellen im Justizministerialblatt auszuschreiben. Sie habe mit diesem Verfahren bisher gute Erfahrungen gemacht und hoffe, dass es weiter dazu führen werde, das Interesse der Assessoren für diese Stellen, die ja mit mancherlei Vorteilen verbunden seien, auch weiterhin zu beleben. Freilich werde das auf die Dauer nur gelingen, wenn man den jungen Herren versprechen könnte, dass ihnen mit ihrem Übertritt zur StA *nicht endgültig* und gleichgültig, ob sie gerade für diesen Dienstzweig sich besonders eignen und besonders vorankommen, die *Rückkehr zum Gericht verschlossen* werde.

Der berechtigte Wunsch eines Teils der Beamten, in älteren Jahren, falls ihnen eine Beförderung innerhalb der StA nicht mehr zuteilwerden könne, einen ruhigen Richterposten zu erhalten, decke sich übrigens durchaus mit den Bedürfnissen der Verwaltung, die sich aus Folgendem ergäben: Das Personal der StA, namentlich der StA-Räte, sei gegenüber der Vorkriegszeit stark verjüngt. Während in den Jahren 1913/1914 nur etwa die Hälfte der StA in den zehn jüngeren, für planmäßige Beamte in Frage kommenden Jahrgängen sich befunden haben, haben wir heute etwa zwei Drittel der StA in diesen jüngeren Jahrgängen. Das sei im Interesse der Eigenart des Dienstes bei der StA zu begrüßen. Wolle man aber diesen glücklichen Zustand erhalten, so müsse man in den älteren Jahrgängen für den erforderlichen Abfluss sorgen. Die Justizverwaltung sei durchaus des Willens, diesen Weg zu gehen. Es seien im Jahre 1926 16 Beamte der StA, 1927 neun Beamte der StA und 1928 bisher sechs Beamte der StA in gleichwertige Richterstellen versetzt worden. Es sei zu hoffen, dass in diesem Jahre noch eine Anzahl weiterer Beamter folgen werde. Beteiligt an diesem Austausch seien bisher in diesem Jahre der KG-Bezirk und die OLG-Bezirke Düsseldorf, Frankfurt a.M., Breslau und Hamm mit je einem Beamten.

Man werde tüchtige Kräfte endlich nur dann veranlassen können zur StA zu gehen, wenn man ihnen mit gutem Gewissen in Aussicht stellen könne, dass die *Beförderungsverhältnisse bei der StA mindestens nicht schlechter seien als in anderen Dienstzweigen.* Die Beförderungsverhältnisse stellen sich nun rein zahlenmäßig in ihrer Verteilung auf die einzelnen Gruppen bei Gericht und StA folgendermaßen dar:

Akademikergruppe mit kleiner Zulage (600 RM):
bei Gericht 265 = 4,85%; bei der StA 81 = 14,13%
Akademikergruppe mit großer Zulage (1.200 RM):
bei Gericht 1.016 = 18,58%; bei der StA 21 = 12,39%
In der Regierungsdirektorgruppe:
bei Gericht 54 = 0,99%; bei der StA 26 = 4,54%
In den höheren Gruppen:
bei Gericht 181 § 3,31%; bei der StA 15 = 2,65%

Daraus ergebe sich, dass die Beförderungsstellen in der 600-RM-Zulagegruppe (1. StA-Gruppe) bei der StA um etwa 10% zahlreicher seien als bei Gericht, in der 1.200-RM-Zulagegruppe (kleine OStAe und LGD) um 6% hinter dem Gericht zurückblieben, in der Regierungsdirektorgruppe (große OStA) um 4% das Gericht überstiegen und in den höheren Gruppen um 1% hinter dem Gericht zurückblieben. Daraus ergebe sich ohne weiteres, dass gute Kräfte zunächst bei der StA größere Aussichten haben auf Beförderungen in eine Stelle mit 600 RM Zulage, dass sie aber in der nächsthöheren Gruppe bei der StA zurückständen, und dass aus diesem Grunde die Beförderung einer Anzahl von Beamten der StA zu LG-Dir. oder OLG-Räten der Gerechtigkeit entspreche. Es ergebe sich dann weiter, dass in der RegDirGruppe wiederum die StA besser als die Richter ständen und aus diesem Grunde die Rückübernahme des einen oder anderen LG-Dir. in eine große StA sich empfehle. Endlich weise die Verteilung der Stellen in den noch höheren Gruppen darauf hin, dass den Beamten der StA auch der Weg zu diesen Stellen in einem gewissen Maße geöffnet bleiben müsse. So weise diese Verteilung der Beförderungsstellen schon auf einen notwendigen Ausgleich und Wechsel zwischen den beiden Dienstzweigen hin. Die Justizverwaltung habe dem bisher schon Rechnung getragen. Es seien im Jahre 1926 vier Beamte der StA zu LG-Dir., einer zum LG-Präs., zwei zu OLG-Präs. und zwei zu Senatspräs. befördert worden. Im Jahre 1927 seien zwölf Beamte der StA zu LG-Dir. und einer zum Senatspräs. und im Jahre 1928 bisher drei Beamte der StA zu LG-Dir., einer zum OLG-Rat und einer zum Senatspräs. ernannt worden. An diesem Austausch seien beteiligt das KG mit einem Beamten und die OLG Düsseldorf und Naumburg mit je zwei Beamten. Die Verwaltung werde diesen Weg weiter gehen und bitte die Herren, bei ihren Vorschlägen gelegentlich von Versetzungen oder Beförderungen diese sich rein aus dem heutigen Zustand ergebenden Notwendigkeiten zu berücksichtigen.

Es sei bekannt, dass von mancher Seite die Forderung aufgestellt werde, es solle auch in Preußen niemand in die Stelle eines leitenden Strafrichters gelangen, der nicht vorher bei der StA gearbeitet habe, die Forderung also des notwendigen Wechsels zwischen Richtern und StA. Soweit gehe die Verwaltung nicht. Aber es könne auch heute schon eine Empfehlung für eine Bewerbung um eine Strafrichterstelle sein, wenn der Bewerber das Zeichnungsrecht bei der StA besitze, und es sollte auch heute schon bei der Bewerbung um eine LG-Direktorstelle nicht schädlich sein, wenn der Bewerber vorher StA-Rat oder sogar Erster StA gewesen sei. Wenn daher Herr Veltman für einen Wechsel zwischen den *Bezirken* sich eingesetzt habe, so solle ergänzend für einen *Wechsel zwischen den Dienstzweigen* plädiert werden. Es sei auch von beiden Mitteln zu erwarten, dass sie die Möglichkeit gäben, manche berechtigte Wünsche der Beamtenschaft zu erfüllen, manche Verbitterung zu vermeiden, mancherorts die Dienstfreudigkeit zu heben und die Bewegung in die Beamtenschaft zu bringen, die manchmal gerade wegen des Fehlens einer größeren Anzahl von Beförderungsstellen von einer gewissen Stagnation bedroht sei. Dass sich auf diese Weise die glücklichsten Kombinationen finden lassen, dafür seien übrigens fünf der heute hier versammelten Herren Chefpräsidenten ein lebendiger Beweis, die selbst längere oder kürzere Zeit bei der StA gearbeitet haben....

Zum nächsten Punkt der TO: Beschleunigung des Geschäftsgangs bei den Grundbuchämtern (Richtlinien und Kontrollmaßnahmen) trägt *MinRat Dr. Hesse* vor, dass sich in letzter Zeit die Beschwerden über langsamen Geschäftsgang bei den Grundbuchämtern in bedenklicher Weise mehren. Die Beschwerden richten sich nicht so sehr gegen verzögerte Behandlung von Einzelfällen, sondern gegen langsame Erledigung der Geschäfte im Allgemeinen. – Die daraufhin veranlasste Nachprüfung habe ergeben, dass diese Beschwerden in nicht unerheblichem Umfange berechtigt seien. Einzelne AG in verschiedenen Bezirken benötigen zur vollständigen Erledigung eingegangener Anträge durchschnittlich Fristen von drei Wochen, einem Monat; selbst von zwei Monaten. Die Verzögerungen machen sich in allen Stadien der Bearbeitung, bei Richtern, Geschäftsstellen und Kanzleien bemerkbar. – Dieser Zustand sei angesichts der herrschenden Kreditnot unerträglich. Es müsse mit allen Mitteln dafür Sorge getragen werden, dass Grundbuchgeschäfte durchschnittlich in *höchstens* zwei Wochen völlig erledigt werden.

Zur Erreichung dieses Zieles seien folgende Maßnahmen erforderlich:

1. Fortlaufende (etwa sechs monatliche) Berichterstattung der Grundbuchämter in Form von Geschäftsübersichten über die Erledigung der Anträge im Allgemeinen. – Die Berichte haben die Zahl aller im Berichtszeitraum eingegangenen Anträge anzugeben; ferner die Zahl derjenigen, die innerhalb zwei Wochen (oder weniger) drei Wochen einem Monat usw. *vollständig* (d.h. einschließlich der kanzleimäßigen Behandlung) erledigt seien. – Die Berichte gehen an die LG-Präs., die nach den angegebenen Zahlen für jedes einzelne AG feststellen, welcher Prozentsatz der eingegangenen Anträge in zwei Wochen, drei Wochen usw. erledigt sei und die Gerichte mit dieser Feststellung an die OLG-Präs. weiterreichen. – Die OLG-Präs. haben die so ermittelten Zahlen in Gesamtübersichten zu vereinigen, die sie den LG-Präs. und den AG bekanntgäben. Aus diesen Übersichten könne jedes AG ersehen, inwieweit es hinter anderen AG zurückgeblieben sei. Es würde

darin ein nicht zu unterschätzender Antrieb für alle AG zu erblicken sein, mindestens nicht schlechter dazustehen als andere. – Außerdem gäben diese Übersichten den OLG-Präs. die nötige Grundlage zu besonderen Maßnahmen hinsichtlich einzelner AG.

2. Fortlaufende, etwa dreimonatliche Berichterstattung der Grundbuchämter über die einzelnen Sachen, deren Erledigung vom Tage des Eingangs an länger als einen Monat in Anspruch genommen habe. Die Gerichte haben diese Sachen einzeln zu bezeichnen, sowie den Grund für die Verzögerung und die Maßgaben, die zu ihrer Erledigung getroffen seien, anzugeben. – Es dürfte sich nicht empfehlen, diese Einzelberichterstattung *allgemein* anzuordnen. Die Nachprüfungen haben gezeigt, dass solche außergewöhnlichen Verzögerungen doch immer nur bei einzelnen Grundbuchämtern die Regel seien. Die Einzelberichterstattung bedeute eine nicht unerhebliche Mehrbelastung der Grundbuchämter und der anderen damit befassten Dienststellen und könne bei tüchtigen Grundbuchbeamten Missstimmung erzeugen und die Arbeitsfreudigkeit beeinträchtigen. Es dürfte daher wohl ausreichen, die OLG-Präs. anzuweisen, in allen Fällen, in denen sie nach den zu 1. erwähnten Geschäftsübersichten oder aus sonstigem Anlass Grund zu der Annahme hätten, dass solche Verzögerungen häufig vorkämen, die Einzelberichterstattung anzuordnen. Über die Fälle, in denen solche Berichterstattung angeordnet sei, werde zu berichten sein....

Zu Punkt III der TO: Vertretung nicht organisierter Parteien vor den Arbeitsgerichten (Beiordnung von Referendaren und Bürobeamten) erhält das Wort *AG-Rat Dr. Richter:* § 11 AGG schließe Rechtsanwälte und andere geschäftsmäßige Vertreter – mit Ausnahme der Organisationsvertreter – von der Verhandlung vor dem Arbeitsgericht aus. Diese Bestimmung habe zu erheblichen Schwierigkeiten für die Vertretung nicht organisierter Parteien geführt, ganz besonders dann, wenn die Partei nicht am Gerichtssitz wohnt und arm ist. Berichte, Einzelbeschwerden und Veröffentlichungen in der Fachpresse ließen erkennen, dass immer noch Fälle vorkommen, in denen Parteien auf die Rechtsverfolgung oder Rechtsverteidigung verzichten, weil sie nicht in der Lage sind, für ihre Vertretung vor dem Arbeitsgericht zu sorgen. Diese Fälle seien geeignet, das Ansehen der Arbeitsgerichtsbarkeit zu gefährden und müssten deshalb nach Möglichkeit vermieden werden.

Eine Änderung des Gesetzes, insbesondere die allgemeine Zulassung der Rechtsanwälte, werde für die nächste Zeit kaum erwartet werden dürfen. Es würde deshalb versucht werden müssen, den hervorgetretenen Missständen auch auf dem Boden des bestehenden Gesetzes zu begegnen. Dies sei in einigen Bezirken anscheinend auch bereits mit Erfolg geschehen.

I. Falls die Partei arm ist und ihren Wohnsitz außerhalb des Bezirks des Prozessgerichts hat, werde ihr gemäß § 116 ZPO ein Justizbeamter als Terminvertreter beigeordnet werden können. Es kämen nur Referendare und Bürobeamte in Frage; das gegen ihre Beiordnung aus § 11 AGG hergeleitete Bedenken, dass auch sie geschäftsmäßig verhandelten, erscheine nicht begründet. Der Begriff des geschäftsmäßigen Verhandelns in § 11 AGG sei aus § 157 ZPO und § 31 GGG (§ 16 KGG) übernommen. Er sei dort von der Praxis dahin ausgelegt worden, dass nur der das Verhandeln vor Gericht geschäftsmäßig betreibe, wer es als wiederkehrendes eigenes Geschäft betreibe. Das würde man aber nicht von einem Beamten sagen können, der aufgrund eines dienstlichen Auftrages gelegentlich eine arme Partei vertrete. Der Beamte betreibe keine eigenen Geschäfte, sondern erfülle eine amtliche Pflicht. Dementsprechend hätten auch fast alle bekanntgewordenen Entscheidungen der Landesarbeitsgerichte die Beiordnung von Referendaren und Bürobeamten für zulässig erklärt. Neuerdings habe allerdings eine Kammer des ArbG in Berlin in mehreren Entscheidungen wieder den gegenteiligen Standpunkt vertreten und davon ausgehend sogar den § 11 für verfassungswidrig erklärt. Ob das LAG zu diesen Entscheidungen schon Stellung genommen habe, sei hier bisher nicht bekanntgeworden.

Die Entscheidung dieser Frage liege bei den Gerichten, die Justizaufsichtsbeamten würden sich darauf beschränken müssen, die Rechtsprechung zu verfolgen und erforderlichenfalls auch bei gelegentlichen Besprechungen die Vorsitzenden der ArbG-Behörden auf die schwerwiegenden Folgen hinzuweisen, die eine Ablehnung der Beiordnung von Terminvertretern für die betroffene Partei und damit auch für das Vertrauen zur Rechtsprechung haben könne.

Die Auswahl des Terminvertreters stehe nach § 116 ZPO dem Gericht zu. Mit *Stein-Jonas* werde man aber nach der Entstehungsgeschichte dieser Bestimmung annehmen können, dass die JVerw. in der Lage ist, Grundsätze über die Auswahl der Beamten und die Verpflichtung zur Übernahme der Vertretung aufzustellen. Indessen werde es in der Regel wohl kaum erforderlich sein, das Ermessen des Gerichts in dieser Beziehung durch eine Verwaltungsanordnung zu beschränken, insbesondere sei es nicht unbedenklich, die Bürobeamten von der Vertretung durch eine Verwaltungsanordnung allgemein auszuschließen. Das würde insbesondere dann gelten müssen, wenn das betr. Gericht der Ansicht von RA Dr. Bendix folge, dass zwar Bürobeamte, nicht aber Referendare beigeordnet werden können. Nur dann, wenn durch eine übermäßige Beiordnung von Bürobeamten die ordnungsmäßige Erledigung der Büroarbeiten gefährdet werde, würde sich ein Eingreifen der Aufsichtsbehörde nicht vermeiden lassen. Im Übrigen würden die Aufsichtsbehörden ihr Augenmerk darauf richten müssen, dass bei jedem AG nach Möglichkeit geeignete Beamte zur Beiordnung als Terminvertreter zur Verfügung stehen.

Dass die Beamten gerade bei dem ArbG beschäftigt werden, dürfte nach § 116 ZPO nicht erforderlich sein. Die Entscheidung dieser Frage stehe den Gerichten zu. Falls aber in dieser Richtung Zweifel auftauchen, werden den betr. Vorsitzenden in geeigneter Form mitgeteilt werden können, dass vom Standpunkt der JVerw. gegen die Beiordnung von Beamten, die nicht bei dem ArbG tätig seien, grundsätzlich keine Bedenken beständen.

Die Anwendung des § 116 ZPO habe zur Voraussetzung, dass die Partei nicht im Bezirk des Prozessgerichts wohne. Prozessgericht sei das ArbG, nicht das AG, an dessen Sitz das ArbG errichtet ist. Eine Anwendung des § 116 ZPO erscheine deshalb in den Fällen nicht zulässig, in denen die Partei zwar im Bezirk des ArbG, aber außerhalb des Bezirks des AG wohnt.

II. Auch bei Anwendung des § 116 ZPO sei noch nicht in den Fällen geholfen, in denen die Partei nicht arm sei, aber die Kosten einer Reise zum Gerichtsort in keinem Verhältnis zum Streitgegenstand stehen, oder wo eine arme Partei zwar im Gerichtsbezirk, aber außerhalb des Gerichtsortes wohnt. Die Beiordnung eines Vertreters über den in § 166 ZPO bestimmten Rahmen hinaus werde zwar von *Stein-Jonas* für zulässig gehalten, erscheine aber nicht unbedenklich, da eine gesetzliche Grundlage fehle. Die Entscheidung liege bei den Gerichten. Die Justizaufsichtsbehörden würden in diesem Punkt sich möglichst zurückhalten müssen und jedenfalls die ausdehnende Anwendung des § 116 ZPO nicht fördern dürfen: denn sie bringe die Gefahr mit sich, dass der Justiz der Vorwurf gemacht werde, dass sie das in § 11 AGG gesetzlich festgelegte Vertretungsmonopol der Wirtschaftsverbände in gesetzlich nicht einwandfreier Weise zu umgehen versuche.

In wirklich notleidenden Fällen werde der Partei in der Weise geholfen werden können, dass auf Veranlassung des Gerichts ein Justizbeamter sich freiwillig bereit erkläre, die Vertretung zu übernehmen; jedoch könne dieses Verfahren nur dann zugelassen werden, wenn die Vertretung unentgeltlich erfolge. Da die Beamten in diesen Fällen nicht aufgrund einer gerichtlichen Beiordnung, sondern aufgrund eigener Entschließung tätig werden, sei es zumindest zweifelhaft, ob sie nicht bei der Vertretung ein eigenes Geschäft wahrnehmen; um dem Einwand des geschäftsmäßigen Verhandelns zu begegnen, würde es sich deshalb empfehlen, in der Person der vorzuschlagenden Beamten nach Möglichkeit zu wechseln. – Die Vorsitzenden der ArbG-Behörden würden erforderlichenfalls in geeigneter Form bei gelegentlichen Besprechungen auf diese Möglichkeit hingewiesen werden können, vom Gesetz nicht gewollte Härten zu vermeiden.

III. Dass die angeführten Wege ihre Mängel haben, ließe sich nicht verkennen. Es sei nur an den häufigen Wechsel der Referendare, an die unvollkommene Ausbildung der in Frage kommenden Beamten, an die Gefahr der Abhängigkeit des Vertreters vom Gericht erinnert. Die Mängel würden aber in Kauf genommen werden müssen, wenn es gelte, Fälle zu verhindern, die in ihrer Wirkung einer Rechtsverweigerung gleichkommen. Auf der anderen Seite werde man aber die Fürsorge des Gerichts auf wirklich notleidende Fälle beschränken müssen, um auch den Anschein zu vermeiden, als ob die Gerichte die den Wirtschaftsverbänden im § 11 eingeräumte Vorzugsstellung unwirksam machen wollten.

Das Ergebnis könne man kurz dahin zusammenfassen: 1. Förderung der Anwendung des § 116 ZPO innerhalb des gesetzlichen Rahmens durch Bereitstellung geeigneter Beamten und erforderlichenfalls durch gelegentliche Besprechung, 2. darüber hinaus Anregung zur Vermittlung freiwilliger Vertretungsübernahme durch Beamte in Notfällen ...

Zu Punkt IV der TO: Bewährung der Justizpressestellen erhält das Wort *MinRat Dr. Wirth:* Das JMin. wolle nicht von sich aus Stellung nehmen, wie sich die immerhin noch junge Einrichtung bewährt habe, sondern nur den Herren Chefpräs. Gelegenheit geben, zur Ergänzung der schriftlich erstatteten Berichte ihre Erfahrungen, die in den einzelnen Provinzen mit den Justizpressestellen bisher gemacht worden seien, zur Sprache zu bringen und etwa vorhandene Spezialwünsche zu äußern. Allgemein solle nur bemerkt werden, dass das Echo, welches die Einrichtung in der Öffentlichkeit gefunden habe, ein günstiges gewesen sei, und dass auch die Inanspruchnahme der Einrichtung nach den Beobachtungen, soweit sie hier in der Zentrale gemacht werden konnten, ständig im Zunehmen begriffen seien. Es solle jedoch die Gelegenheit benutzt werden, einzelne Fragen kurz zu berühren, die teils durch die erstatteten Berichte, teils durch Anregungen im Einzelfalle aufgetaucht seien.

Eine Unklarheit scheine in manchen Orten noch zu bestehen darüber, wie die Aufgaben der im Interesse der Justizverwaltung eingerichteten Organe zur Beobachtung der Presse sich unterscheiden von den Aufgaben der zur allgemeinen Unterrichtung und Bildung der Justizbeamten eingerichteten Lesezimmer. Es sei selbstverständlich, dass die erstgenannten Organe ihre Aufmerksamkeit den Zeitungen *aller* politischen Richtungen, vielleicht sogar namentlich den Zeitungen radikaler Richtungen, und zwar links- und rechtsradikaler Richtungen, zuwenden müssen mit Rücksicht darauf, dass gerade diese Zeitungen erfahrungsgemäß die schärfste Kritik am Staat und seinen Einrichtungen zu üben pflegen. Aus diesem Grunde sei es bedenklich, wenn beispielsweise die Justizpressestelle in Dortmund nicht auch ein kommunistisches Blatt beobachte. Andererseits habe die Justizverwaltung kein Interesse daran, in ihren Lesezimmern die von radikalen Seiten kommende Propaganda gegen den Staat zu unterstützen. Die Auslegung von kommunistischen und rechtsradikalen Zeitungen in Lesezimmern, wie sie nach den erstatteten Berichten z.B. in den OLG-Bezirken Düsseldorf und Hamm vorgesehen sei, könne daher bedenklich erscheinen.

Es könne zu unnötiger Doppelarbeit führen, wenn mehrere Justizpressestellen oder mehrere Pressedezernenten dieselben Zeitungen zu beobachten haben. Im OLG-Bezirk Düsseldorf sei daher die Einrichtung getroffen worden, dass allen Pressedezernenten eine Liste der in den einzelnen Bezirken gelesenen Zeitungen mitgeteilt wird; gleichzeitig sei angeordnet worden, dass von den in mehreren Bezirken gelesenen Zeitungen jeder Pressedezernent nur die seinen Bezirk berührenden Veröffentlichungen beobachte. – Eine weitere Anregung des OLG-Bezirks Düsseldorf gehe dahin, die in den Gerichten für die Berichterstatter eingerichteten Pressezimmer mit den wichtigsten und notwendigsten Büchern (Textausgaben der gebräuchlichsten Gesetze des Zivil- und Strafrechts und der Reichs- und Staatsverfassung) auszustatten, damit die Berichterstatter nach Möglichkeit sich mit den Bestimmungen rasch vertraut machen und rechtliche und tatsächliche Unrichtigkeiten, wie sie doch vielfach vorkämen, vermeiden können.

In einer Anzahl von Bezirken seien zu Leitern der Pressestelle LG-Dir. bestimmt worden. Hieraus hätten sich besondere Schwierigkeiten deshalb ergeben, weil die Zahl der LG-Dir. an sich nicht ausreiche und sie für ihre eigentlichen Aufgaben unentbehrlich seien. Die darauf erfolgten Rückfragen seien in der Regel damit beantwortet worden, dass im Augenblick ein anderer und geeigneter Beamter nicht verfügbar sei. Es werde jedoch nicht damit gerechnet werden können, auf die Dauer LG-Dir. als Leiter der Pressestellen zu verwenden, und es werde versucht werden müssen, möglichst rasch jüngere geeignete Kräfte heranzubilden, damit die LG-Dir. für ihre sonstigen Aufgaben wieder voll zur Verfügung stehen. Wenn die Justizpressestelle am Sitz eines OLG sich befindet, so könne auch ein OLG-Rat, der eher abkömmlich sei, mit der Leitung der Justizpressestelle betraut werden.

In einem Einzelfall sei die Frage erörtert worden, ob die von der preuß. Justizverwaltung eingerichteten Pressestellen sich auch mit der Bearbeitung außerpreußischer Justizangelegenheiten befassen sollen. Die Frage sei durch Erlass des Herrn Ministers dahin entschieden worden: „Die Justizpressestellen haben im Allgemeinen sich auf die Bearbeitung preußischer Justizangelegenheiten zu beschränken. Wenn außerdem eine Veröffentlichung über eine außerpreußische Angelegenheit auch das Interesse der preuß. Justizverwaltung in besonderem Maße berühre, und aus diesem Grunde eine Bearbeitung erwogen wird, so ersuche ich, mir zu berichten."

Damit seien die Einzelfragen erledigt. Die Herren Chefpräs. werden gebeten, nunmehr ihrerseits über die gemachten örtlichen Erfahrungen und etwa bestehende Wünsche sich zu äußern.

Der *Minister* tritt diesen Ausführungen völlig bei. Es sei erfreulich, wie gut sich die Pressestellen bewährt haben. Für die Leitung kommen grundsätzlich nicht LG-Dir., sondern nur jüngere Herren in Frage.

OLG-Präs. Reichartz berichtet über die Versammlung der Leiter der westdeutschen Justizpressestellen in Köln, der er beigewohnt hat. Wenn auch mancherlei Differenzen in den Anschauungen der beteiligten Herren aufgetreten seien, so sei die Besprechung doch sehr aufschlussreich gewesen und habe wichtige Zweifelsfragen erkennen lassen. Besonders eindrucksvoll sei das Auftreten und das Referat des Leiters der Berliner Justizpressestelle gewesen, der sich offenbar mit großem Geschick seiner Aufgabe entledige. Im Vordergrunde stehe die Notwendigkeit, dass die Justizpressestelle das Vertrauen nicht nur der Öffentlichkeit und der Presse, sondern auch der Gerichte und der StA finde. Leider aber lässt gerade in der Beziehung der Erfolg noch zu wünschen übrig. Die Justizbehörden beobachten eine übergroße Zurückhaltung gegenüber den Pressestellen. Dies mache sich umso peinlicher bemerkbar, als die Zeitungen natürlich Nachrichten von der Pressestelle erwarten und zwar möglichst schnelle und vollständige Nachrichten. Hinsichtlich des Vertrauens der Öffentlichkeit und der Presse sei ein Widerspruch festzustellen zwischen den Zeitungsartikeln, die die Einrichtung der Justizpressestellen im Allgemeinen sympathisch begrüßten, und der wahren, insgeheim geäußerten Ansicht vieler Presseorgane, die mit Misstrauen und Zurückhaltung die Entwicklung beobachten. Auch hier ist ständige Werbung um das Vertrauen notwendig. Zweifelsfragen seien aufgetaucht darüber, wohin Presseartikel abzugeben seien, die sich mit auswärtigen Angelegenheiten der Justiz beschäftigen. Wenn der Artikel eine Angelegenheit eines anderen OLG betrifft, sei es zweifelhaft, ob er an die Pressestelle dieses OLG oder an die angegriffene Stelle abgegeben werden soll. Sollen Zeitungsartikel, die sich mit dem RG beschäftigen, dorthin weitergeleitet werden? Für derartige Mitteilungen habe der Oberreichsanwalt seinen Dank ausgesprochen, dagegen habe der RG-Präs. überhaupt nicht geantwortet. Auch die Behandlung von Artikeln, die sich mit außerpreußischen Justizbehörden befassen, sei zweifelhaft; Sachsen habe sich dankbar geäußert, Mecklenburg habe erwidert, man lese dort selbst die Zeitung.

Häufig erhalten die Pressestellen Anfragen nach der Lage und dem bisherigen Ergebnis schwebender Ermittlungsverfahren. Könne man in solchem Falle Auskünfte erteilen, evtl. wenigstens negativen Inhalts? Verschiedene Ansichten seien laut geworden darüber, ob die Presse aller Richtungen gleichmäßig zu behandeln sei. Wenn eine Zeitung eine Anfrage an die Pressestelle richte, so haben manche Pressestellen die Praxis, alle Zeitungen gleichmäßig mit der Antwort zu versehen. Damit schädige man mitunter die anfragende Zeitung, die ja der Konkurrenz in Erkenntnis der Angelegenheit voraus war und nun diesen Vorsprung verliere. Vielfach seien auch gar nicht alle Zeitungen an der Beantwortung bestimmter Fragen interessiert. Die Klärung solcher Streitfragen werde das ersprießliche Arbeiten der Pressestellen fördern.

Der *Minister:* Die Erfahrungen, die man mit den Justizpressestellen gemacht habe, seien im Allgemeinen günstig. Man könne sich des Eindrucks nicht erwehren, dass das Verständnis der Presse für die Angelegenheiten der Justiz im Wachsen ist. In Berlin seien Reibungen zwischen der Justizpressestelle und der Presse in keinem Falle vorgekommen.

KG-Präs. Dr. Tigges hebt hervor, dass die Pressestellen das Vertrauen der Presse gefunden haben, aber nicht das der Gerichte. In Fällen von Zusammenstößen oder, falls ein Richter aus anderem Grunde eine ungünstige Presse zu befürchten hat, sei eigentlich zu erwarten, dass er sich rechtzeitig *vor* dem Erscheinen von Zeitungsangriffen an die Pressestelle wende, um sie zu informieren und ihre Hilfe in Anspruch zu nehmen. Ein derartiges Verhalten der Richterschaft sei erstaunlicherweise ausgeblieben. – Bei unberechtigten Angriffen oder falschen Pressemitteilungen habe sich die Einsendung von Berichtigungen oder die briefliche Information der Zeitungen als völlig zwecklos erwiesen. Am besten sei es, die betreffenden Journalisten zu mündlichen Besprechungen zu bitten. Meist sei es auch geglückt, berichtigende Artikel in Konkurrenzzeitungen der gleichen politischen Richtung zu lancieren. – Nur in langsamem Vorwärtsschreiten komme man dem erwünschten Ziele näher. Die unvermeidlichen Enttäuschungen in Einzelfällen, wie der Meldung der Vossischen Zeitung zu dem Fall des AG-Rats Stahlberg u.a., dürften vor weiteren Versuchen nicht abschrecken.

OLG-Präs. Dr. Cormann: Die Pressestellen können nur nützen, wenn sie ohne behördliche Schwerfälligkeit schnell arbeiten. Denn Schnelligkeit sei das Wesen der Presse. – In Stettin habe er die Einrichtung der Pressestelle mit größter Beschleunigung so betrieben, dass sie vor dem Beginn der sog. Feme-Mordprozesse bereits funktionierte. Jedoch sei von ihr gerade in diesen Prozessen kaum Gebrauch gemacht worden. Es habe sich also erwiesen, dass die Stimme der Objektivität und der Wahrheit dann notwendigerweise ungehört bleibt, wenn die Wogen der Leidenschaft hochgehen.

OLG-Präs. Dr. Jockwer hält die Ansicht, dass in Dortmund kein kommunistisches Blatt gelesen werde, für irrig; wahrscheinlich werden die betreffenden Zeitungen von der StA gelesen und stehen deshalb nicht auf der Liste. – Die Benennung der

Justizpressestellen führe mitunter zu Missverständnissen. So haben die Zeitungen fälschlich angenommen, die „Justizpressestelle Dortmund" unterstehe dem LG-Präs. in Dortmund. Es empfehle sich, für die Justizpressestellen des OLG-Bezirks, die nicht am Sitz des OLG sind, deutliche Bezeichnungen einzuführen, wie etwa „Justizpressestelle für den OLG-Bezirk Hamm in Dortmund". – Die Pressestelle klage über Mangel von rechtzeitigen Informationen seitens der StA, die sich mit Mitteilungen zu sehr zurückhielten.

OLG-Präs. Dr. Schollen: Die Einrichtung der Justizpressestellen stehe wohl nicht in Widerspruch mit der Beibehaltung der Besprechungen, die er in regelmäßigen Abständen persönlich mit den Vertretern der gesamten Presse seines Bezirks abhalte. Hierbei seien mancherlei Wünsche laut geworden, durch deren Erfüllung man die Presse befriedigt habe: So die Aufstellung eines Pressetischs in jedem Saal für Strafverhandlungen; die Einrichtung eines Pressezimmers im Gerichtsgebäude mit einer kleinen Handbibliothek und die Anbringung eines Aushangs der jeweils anstehenden Strafsachen dortselbst. Diese Besprechungen hätten sich gut bewährt. – Es erscheine ratsam, dem Pressedezernenten der StA die Befugnis zu geben, gelegentlich eine notwendig schleunige Aufklärung selbst herbeizuführen.

OLG-Präs. Werner hat ebenfalls einen günstigen Erfolg der Pressestellen beobachtet und wünscht ihre Beibehaltung. Im Allgemeinen sei die Stimmung der Presse gut; nur gelegentlich zeige sich die Konkurrenzfurcht der kleineren, nach Zeilen bezahlten Berichterstatter. – Gleichmäßige Benachrichtigung aller Zeitungen sei nicht immer erforderlich und zweckmäßig. – Soweit bei der Presse Misstrauen besteht, beruht es vielfach auf den schlechten Erfahrungen, die sie mit Pressestellen anderer Verwaltungen gemacht hat.

MinRat Dr. Wirth: Die Justizpressestelle solle Mitteilungen, die für einen anderen OLG-Bezirk von Wert sind, an dessen Pressestelle abgeben, die wiederum sich mit der zuständigen Verwaltungsstelle bzw. der angegriffenen Behörde in Verbindung setzen wird. – Die Firmierung der Pressestellen – wie z.B. „Justizpressestelle Dortmund" – sei seinerzeit aus praktischen Erwägungen heraus mit möglichster Kürze gewählt worden. Wenn sich Schwierigkeiten daraus ergäben, so sei eine Änderung unbedenklich. – Im Allgemeinen empfehle sich eine gleichmäßige Behandlung aller Zeitungen. Eine Mitteilung, auch wenn sie als Antwort auf eine Anfrage erfolgt, sei möglichst allen Interessenten zu geben. – Mitteilungen an außerpreußische Reichsstellen seien grundsätzlich nicht vorgesehen und könnten besser unterbleiben.

Nach einer *Mittagspause* von 1 ½ Stunden erteilt der Minister zu *Punkt V der TO: Aufhebung kleiner Gefängnisse* das Wort dem *MinRat Dr. Preuss:* [weggelassen]

Hierauf erhält zu *Punkt VI 1 der TO: Beteiligung der OLG-Präs. an der Rechtsprechung* das Wort *MinDir. Dr. Hartwig:* Mit Rücksicht auf die Judikatur des RG über die Beteiligung der Chefpräs. an der Rechtsprechung sei eine große Anzahl von Senats-Präs. bewilligt worden; weitere Stellen seien jetzt angemeldet worden. Dem RG sei dahin beizutreten, dass nach dem ganzen Aufbau des Deutschen GVG eine Beteiligung der Herren ChefPräs. an der Rechtsprechung notwendig und aus verschiedenen Gründen auch wünschenswert sei. In früheren Jahrzehnten hätten auch die Chefpräs. sich weit stärker als Richter betätigt. Nun seien die Zunahme der Verwaltungsgeschäfte und die starke Belastung der Herren ohne weiteres zuzugeben. Es sei erwünscht, dass sich die Herren Chefpräs. dadurch entlasteten, dass sie sich teilweise in Verwaltungssachen vertreten lassen. Für diese Vertretungen sei ja gerade die Stellung des Vizepräs. geschaffen worden. So bedauerlich es sei, dass die Vizepräs. in der Besoldungsordnung nicht die erwünschte Einstufung erhalten hätten, so hoffe man doch, dies später wieder ausgleichen zu können. Nicht ganz unbedenklich sei, dass vielfach, namentlich während der Ferien, zur Vertretung der Herren Chefpräs. nicht die Vizepräs., sondern andere, mit Verwaltungsgeschäften wenig vertraute Kräfte herangezogen würden. Eine Unterstützung der Chefpräs. durch die Vizepräs. müsse in größerem Umfange als bisher erstrebt werden.

OLG-Präs. Dr. Jockwer schließt sich diesem Wunsche völlig an. Man müsse durchaus vermeiden, dass die Justizverwaltung von der Rechtsprechung getrennt werde und dass sich der OLG-Präs. ausschließlich als Verwaltungsbeamter betätige. Dies würde sonst dazu führen, dass man die OLG-Präs. aus unabsetzbaren Richtern zu Verwaltungsbeamten macht.

OLG-Präs. Werner fordert eine weitere Vermehrung der Senatspräs.-Stellen. Die Vizepräs. seien durch den Vorsitz in ihrem Senat voll ausgefüllt. Treten sie dann noch für den Chefpräs. bei dessen Urlaub und Reisen als Vertreter ein, so sei eine noch stärkere Belastung ihnen nicht zuzumuten. Durch die Schaffung von weiteren Senatspräs.-Stellen werde die Entlastung erzielt werden, die eine stärkere Beteiligung der Chefpräs. in der Rechtsprechung erst möglich machen würde.

Hierauf erhält zu *Punkt VI 2 der TO: Einzelfragen über Studium, Prüfung und Vorbereitungsdienst* das Wort *Präs. des Landesprüfungsamts Schwieter:* An das Problem der Ausbildung des Juristen knüpfe sich eine so ungewöhnliche Fülle von Fragen – von denen viele im Augenblick das starke Interesse weiter Kreise erregen –, dass eine Erörterung des gesamten Komplexes, ja auch nur der wichtigsten Fragen im Rahmen dieser Besprechung nicht möglich sei. Er wolle sich daher erlauben, die OLG-Präs. über den gegenwärtigen Stand des Reformwerks zu unterrichten und sie zu zwei der wichtigsten Fragen um ihre Meinung zu fragen.

Im Vordergrund stehe die Forderung, der dreijährigen praktischen Ausbildung ein weiteres Jahr des Dienstes bei der Verwaltungsbehörde hinzuzufügen. Erstrebt werde dabei die gleichmäßige Ausbildung der künftigen Richter und Verwaltungsbeamten, und damit zugleich die Gleichstellung von Justiz und Verwaltung. Diese Bestrebungen deckten sich mit den Wünschen des preuß. Landtags, der bereits seit 1922 eine entsprechende Reform der Ausbildung fordere. Im Sommer 1927 habe der Minister des Innern die Anregungen des Landtags mit der Begründung aufgenommen, dass die Verwaltungsbeamten einer gründlichen juristischen Durchbildung bedürften, andererseits den Richtern eine bessere Kenntnis des öffentlichen Rechts, der Verwaltung und des wirtschaftlichen Lebens zu wünschen sei. Diese Reformbewegung lasse sich nicht mehr aufhalten oder abbiegen. Die besonderen Einrichtungen für die Vorbildung der Verwaltungsbeamten seien wohl als überlebt anzusehen. So erhebliche Bedenken sich gegen eine gleichmäßige Ausbildung der Verwaltungsbeamten und der Richter im Interesse der letzteren geltend machen ließen, so lasse sich doch nicht verkennen, dass auch die Richter aus einem Vorbereitungsdienst bei der Verwaltung viel gewinnen könnten, vor allen Dingen ein höheres Maß an Initiative, Anschauung und Anpassungsfähigkeit.

Im Januar 1928 hätten vorbereitende Besprechungen mit der Innenverwaltung stattgefunden; es sei dabei in Erwägung gezogen worden, das Ausbildungsjahr bei der Verwaltung – im Rahmen eines Gesamtvorbereitungsdienstes von vier Jahren – so einzuteilen, dass alle Referendare ein halbes Jahr bei einem Landratsamt, drei Monate bei Regierung und Bezirksausschuss oder aber bei einer Kommunalbehörde (Polizei) und die restlichen drei Monate nach eigener Wahl entweder bei irgendeiner Verwaltungsbehörde, z.B. einem Finanzamt, oder in der Wirtschaft, z.B. bei einer Bank, oder auch bei einem Verbande von Arbeitgebern oder -nehmern oder auch weiter bei einem Anwalt ausgebildet würden. – Zugleich sollte der Ausbildungsgang insofern geändert werden, dass er wieder wie früher bei den kleinen AG beginnt, und es sollte die Zweiteilung des Referendarexamens, die sich nicht bewährt habe, abgeschafft werden.

Eine derartige Regelung bringe aber gewisse Gefahren für die Justiz, namentlich in der Richtung mit sich, dass die Verwaltungsbehörden nun schon die Referendare während des Verwaltungsjahres näher kennen lernten und nun erst recht bemüht und befähigt sein würden, sich von vornherein die tüchtigsten unter ihnen auszusuchen und für später irgendwie festzulegen. Es müsse daher als Ausgleich gefordert werden, dass alsbald nach Bestehen des zweiten Examens eine Scheidung etwa dergestalt eintrete, dass die einen zu Verwaltungsassessoren und die anderen zu Gerichtsassessoren ernannt würden, am besten unter gleichzeitiger Einführung des numerus clausus auch für die Justiz. Denn sonst müsse man befürchten, dass nun auch die weniger fähigen Assessoren, die zunächst zur Verwaltung gingen, wo sie bessere Aussichten erhoffen, sich aber dort nicht bewährt hätten, von ihrem Recht Gebrauch machen, zur Justiz zurückzukehren. Man könne der Verwaltung allenfalls eine Überlegungsfrist von drei Monaten gewähren.

Wenn in diesem Zusammenhängen von der „Verwaltung“ die Rede sei, so sei damit nicht etwa nur die Verwaltung des Innern, die nur einen geringen Jahresbedarf an Assessoren habe, gemeint, sondern auch an den Verwaltungsdienst im weiteren Sinne gedacht, insbesondere bei den großen Reichs- und den Kommunalverwaltungen; die Reichsfinanzverwaltung z.B. beschäftige mehrere Tausend ehemalige Assessoren. – Als die Verhandlungen bis zu diesem vorläufigen Plan gediehen seien, habe die Justizverwaltung sich namentlich mit Rücksicht auf die sehr betriebsame und gefährliche Agitation für den „Staatsassessor“ genötigt gesehen, im Hauptausschuss des Landtags vorzeitig mit dem vorläufigen Plan hervorzutreten. Dabei seien drei Forderungen als unumgängliche Voraussetzung für das ganze Reformwerk hingestellt worden:

1. Eine weitere Herabsetzung des jetzt dreijährigen Vorbereitungsdienstes bei Gericht und Anwaltschaft komme nicht in Frage, 2. die bei den Verwaltungen angenommenen Assessoren könnten regelmäßig nicht in den Justizdienst zurückgeschickt werden, 3. ein weiterer Ausbau der Unterhaltszuschüsse sei erforderlich.

Neuerdings hat sich der Fragen der Ausbildung und insbesondere des Vorbereitungsdienstes auch das Reich bemächtigt. Die Reichsjustizverwaltung habe bereits im Sommer Verhandlungen vorgesehen, die eine Einigung der Landesjustizverwaltungen über Studium, erste Prüfung, Vorbereitungsdienst und großes Staatsexamen herbeiführen sollten. Dabei habe man an einen großzügigen Rahmen von sieben Jahren gedacht, innerhalb dessen die Verteilung auf Studium und praktische Ausbildung den Ländern überlassen werden sollte.

Nunmehr habe das Reich zu einer Sitzung im Oktober ds. Js. Einladungen ergehen lassen. Die zu behandelnden Fragen seien unverändert dieselben geblieben; aber eine bezeichnende Änderung in der äußeren Form der Einladung bestehe darin, dass nunmehr nicht nur das RJMin., sondern auch das RMin. d. Innern eingeladen hätten, und dass nicht nur die Landesjustiz- und Unterrichtsverwaltungen, sondern auch die Zentralbehörden der inneren Verwaltungen eingeladen worden seien. Aus alledem ergebe sich das lebhafte Interesse der inneren Verwaltung an diesen Fragen. Nach vertraulichen Mitteilungen werde vorläufig nur eine Einigung über die großen Grundsätze der Reform beabsichtigt. Es sei aber damit zu rechnen, dass für den Fall des Misslingens einer solchen Einigung der Versuch gemacht werde, im Wege der Reichsgesetzgebung eine Regelung über die Länder hinweg zu schaffen.

Neuerdings sei auch die Unterrichtsverwaltung, nachdem sie in diesen Fragen 20 Jahre nichts Durchgreifendes unternommen hatte, einer Reform der Ausbildung nähergetreten und – nach einer Konferenz von Hochschullehrern – sogar Pläne mit bedenklich weittragenden Maßnahmen vorbereitet. Der bisherige Vorlesungsbetrieb solle in weitem Umfang durch einen mehr schulmäßigen Unterricht ersetzt werden. Es sei sehr zu befürchten, dass dadurch die wissenschaftliche Vertiefung des Studiums Schaden leide. Gefährlicher noch sei der beabsichtigte Einbau des Repetitorenwesens in die Universität, die Einführung von Wiederholungsstunden für alle wichtigen Disziplinen und von Ferienvorbereitungskursen neben den schon vorhandenen Übungen. Die größte Gefahr aber bestehe in der anscheinend noch bestehenden Absicht, gegenwärtig die Studienzeit zu verlängern. Damit würde man zwar einem alten Wunsch der Fakultäten entgegengekommen. Es bestehen aber schwerwiegende Bedenken sozialer Art hiergegen. Dieser Auffassung seien auch die Prüfungsvorsitzenden. Die Justizverwaltung müsse daher auch nach wie vor gegen die bekannten Maßnahmen protestieren, durch die ein achtsemestriges Studium zur Voraussetzung für die Ablegung des Doktorexamens gemacht worden seien, ohne dass die Justizverwaltung vorher befragt worden sei.

Andere Schwierigkeiten drohten aus dem Ministerium des Innern, das Bedenken gegen die Verlängerung des Vorbereitungsdienstes geäußert habe. Dabei sei der Plan entwickelt worden, dass zu Regierungsassessoren nur solche Gerichtsassessoren gemacht werden sollten, die zwei Jahre bei der Verwaltung gearbeitet und sich dort bewährt haben. Dem müsse aufs Schärfste widersprochen werden, da auf diese Weise statt der gewünschten Gleichstellung erst recht eine Heraushebung der Regierungsassessoren als einer Art von Elite erzielt würde. Eine Aussprache über diese Frage stehe bevor. – Vor wenigen Tagen sei dem Herrn Minister eine Denkschrift der Berliner Handelskammer zugegangen, die sich mit Fragen der Ausbildung beschäftige. In ihr werde gefordert, dass die Ausbildung bei Verwaltungsbehörden und bei der Rechtsanwaltschaft im Range gleichgestellt werde der Ausbildung bei den Gerichten. Von mehrerer Seite werde heute die Einführung eines freien Jahres, in dem der Referendar die Art seiner Tätigkeit wählen kann, vorgeschlagen, so von dem bekannten Justizrat Loewenfeld. Dieser habe im Auftrage des Berliner Anwaltvereins Gutachten sämtlicher deutscher Anwaltskammern und Vereine eingefordert. Das Ergebnis dieser Gutachten und weiterer Äußerungen von Sachverständigen sei niedergelegt in der letzten Nummer des Berliner Anwaltsblatts, das sich fast ausschließlich mit der Reform beschäftige. Hier werde u.a. verlangt die Verlängerung der Anwaltsstation auf neun Monate, die Einführung eines freien Jahres und überdies eines Praktikantenjahres nach dem zweiten Examen für diejenigen Referendare, die Anwälte werden wollen. Andererseits biete die Anwaltschaft die Einrichtung von Übungskursen während der Anwaltsstation unter der Leitung von Rechtsanwälten an, und sie wolle Beratungsstellen einrichten, die den Referendaren solche Anwälte empfehlen oder bezeichnen sollen, die sich für die Referendarausbildung eignen und besonders interessieren.

Die gegenwärtige Situation des Reformwerks sei die, dass gute Aussichten beständen für eine Einigung mit der Verwaltung des Innern, mit der Anwaltschaft und den Vertretungen des Handels. Dagegen lasse sich nicht absehen, wie sich die Verhandlungen mit dem Kultusministerium und mit den Reichsbehörden gestalten werden. Im Mittelpunkt des gesamten Problems stehe die Frage nach der Zeitdauer der Ausbildung. In Übereinstimmung mit den Wünschen des Parlaments trete die Justizverwaltung gegen eine zu starke Verlängerung der Gesamtausbildung ein. Aber eine noch weitere Verkürzung des dreijährigen gerichtlichen Vorbereitungsdienstes sei ausgeschlossen. Das große Opfer, das 1920 durch Preisgabe des vierten Jahres und der Station beim kleinen AG aus sozialen Gründen gebracht sei, habe üble Folgen gezeitigt. Die Examensergebnisse zeigten, dass den Kandidaten heute nicht so sehr das notwendige Wissen fehlt, als vielmehr das erforderliche Maß praktischen Könnens. Im Vorbereitungsdienst seien zudem im Vergleich zu früheren Zeiten auch neue Materien zu bewältigen: Genannt seien aus jüngster Zeit nur die Beschäftigung bei den Arbeitsgerichten, die praktische Einführung in das Gefängniswesen, die soziale Gerichtshilfe u.a. Auch die Wiedereinführung der kleinen AG als Eingangsstation sei unentbehrlich. Für all das genügten drei Jahre kaum eben noch.

Andererseits sei eine obligatorische Ausdehnung des Universitätsstudiums um ein bis zwei Semester als unbillig, unsozial und schädlich zu bekämpfen. Unbillig, weil die Statistik zeige, dass immer noch diejenigen Kandidaten die besten Examina machen, die nur sechs oder sieben Semester studiert hätten. Unsozial – weil bei einer Verlängerung des Studiums noch weniger Angehörige ärmerer Kreise die Kosten des Studiums erschwingen könnten; schädlich – weil die Verlängerung nur dem Verbindungswesen und den Repetitoren zugute kommen werde.

Die Einführung eines freien Jahres mache die Frage notwendig, wie weit man die Ausbildung bei den Justizbehörden einschränken könne. Möglich sei etwa die folgende Einteilung: sechs Monate bei dem kleinen AG, sechs Monate bei der Zivilkammer des LG, sechs Monate Ausbildung in Strafsachen, die gleichmäßig auf Schöffengerichte und Strafkammer einerseits und StA und Gefängnisse andererseits zu verteilen wäre, und sechs Monate in der freiwilligen Gerichtsbarkeit. Hiermit seien die drei Zweige der Gerichtsbarkeit gleichmäßig, aber wohl auch eben noch ausreichend berücksichtigt. Dann folgt das Verwaltungsjahr, für das jeder Referendar sich die Behörde aussuchen könnte, bei der er beschäftigt zu werden wünscht, wobei Wahlfreiheit vielleicht auch noch in dem Sinne gewährt werden könnte, dass jeder Referendar notwendig nur sechs Monate bei einer Verwaltungsbehörde zubringen müsste, während er die übrige Zeit ganz oder teilweise bei einer anderen Behörde, in der Wirtschaft oder bei einem Anwalt zu beschäftigen wäre. Nach diesem freien Jahr folgten zwei obligatorische Stationen von je sechs Monaten bei Anwalt und Notar sowie schließlich beim OLG.

Denkbar sei bei den Verhandlungen mit dem Reich auch ein Kompromiss derart, dass dreieinhalb Jahre für das Universitätsstudium und dreieinhalb Jahre für den Vorbereitungsdienst eingeräumt würden. Dann könne man aber der Ausbildung im Verwaltungsdienst nur ein halbes Jahr widmen.

Der *Minister* gibt dem Wunsch Ausdruck, dass die Anwesenden die Justizverwaltung möglichst in ihrem schweren Kampf um die Ausbildungsreform unterstützen möchten. Auf die Frage, ob einer der Herren Chefs für eine Verlängerung des Universitätsstudiums oder für eine Verkürzung des gerichtlichen Vorbereitungsdienstes sei, erhob sich keine Stimme. Auch wurden gegen den Gesamtreformplan keine Einwendungen erhoben.

OLG-Präs. Werner erklärt, dass Einmütigkeit der Anwesenden in den folgenden Punkten bestehe: Indiskutabel sei die Verkürzung der dreijährigen Vorbereitungszeit; ebenso indiskutabel die Verlängerung des juristischen Studiums.

Der *Minister* schließt sich dem an und bittet, etwaige Wünsche auf anderen Gebieten zu äußern.

OLG-Präs. Dr. Jockwer führt aus, dass es schwierig sei, für die Richterschaft des Arbeitsgerichts den erforderlichen Nachwuchs zu schaffen. Die im Vorjahre eingerichteten Einführungskurse haben sich bewährt; ihre alljährliche Wiederholung sei zu empfehlen.

OLG-Präs. Dronke wendet sich gegen eine schematische Anwendung des „Pensenschlüssels". Eine größere Berücksichtigung der örtlichen Verhältnisse sei erforderlich.

OLG-Präs. Dr. Jockwer unterstützt diese Ausführungen und weist darauf hin, dass auch die Tagespresse ähnliche Bedenken geäußert habe. So sei im Anschluss an die Erkrankung des AG-Rats Stahlberg ein Zeitungsartikel mit der Überschrift „Der Schlüssel des Herrn Justizministers" erschienen.

Der *Minister* dankt den Herren und schließt die Besprechung.

VIII. Besprechung mit den Generalstaatsanwälten am 06.06.1929

Justizminister Dr. Schmidt eröffnete die Besprechung um 9.15 Uhr mit einer Begrüßung der erschienenen Herren GStA und des anstelle des Herrn GStA Reinecke in Breslau erschienenen Herrn OStA Dr. Waschow und erteilte sodann das Wort dem *MinRat Hartung* zu dem ersten Punkt der TO: *„Welche Richtlinien werden bei der Anwendung des § 153 StPO zu befolgen sein?"*

MinRat Hartung führte Folgendes aus: Bereits am 15.11.1924 hat der § 153 StPO den Gegenstand einer Besprechung gebildet, die im JMin. mit den Herren GStA stattgefunden hat. Damals waren es die vielfachen Klagen über eine zu weitgehende Anwendung des § 153, die den Inhalt der Erörterungen bestimmten. Diesmal möchten wir mit Ihnen erwägen, ob und unter welchen Voraussetzungen eine etwas weitherzige Anwendung der Vorschrift Platz greifen könnte.

Als am 04.01.1924 nach vielfachen Auseinandersetzungen in der Öffentlichkeit und in den Parlamenten, nach lebhaften Kämpfen in Rechtswissenschaft und Praxis, die Einschränkung des Verfolgungszwangs, wie sie uns heute vorliegt, Gesetzeskraft erlangte, versprach man sich viel von den finanziellen und kriminalpolitischen Auswirkungen dieses Schrittes auf einem neuen Weg. Der praktische Erfolg hat diese Erwartungen nicht voll gerechtfertigt. Nach der Statistik, die wir seit dem 01.04.1928 über die Anwendung des § 153 und (seit dem 01.01.1929) über diejenige des § 32 Abs. 2 JGG führen, kann die Zahl der Fälle, in denen in Preußen wegen Geringfügigkeit der Straftat von der Verfolgung Abstand genommen wird, auf ca. 25.000 im Jahr veranschlagt werden. 18.647 davon entfallen auf Einstellungen durch die StA einschließlich der Amtsanwaltschaft, in 6.156 Fällen hat das Gericht die Einstellung ausgesprochen. Bei 7.166 Übertretungen und 17.637 Vergehen ist in dem Jahre seit dem 01.04.1928 von Verfolgung abgesehen worden.

Das sind Zahlen, die – im Vergleich gesetzt zu etwa 1 ½ Millionen Fällen, welche im Jahre 1928 in die J-Register der StA und in die Strafprozesslisten der Amtsanwaltschaften eingetragen worden sind – nicht stark ins Gewicht fallen. – Auch im Verhältnis zu den Zahlen der Strafbefehle und der Anklagen aus dem gleichen Zeitraum: – bei Übertretungen C- und E-Sachen 192.781, bei Vergehen C-, D- und M-Sachen 348.352, zusammen 541.133 erscheint die Zahl der Fälle, in denen wegen Geringfügigkeit von Bestrafung abgesehen worden ist, recht klein.

Auf 22 Anklagen und Strafbefehle entfällt nur eine Einstellung nach § 153 StPO oder § 32 Abs. 2 JGG. Seit Jahren hat die geringe Auswirkung der den Verfolgungszwang einschränkenden Vorschriften das JMin. beschäftigt, und es ist immer wieder erwogen worden, ob nicht Maßnahmen zu treffen sein möchten, um ihnen ein weiteres Anwendungsgebiet zu erschließen. Im Landtag hat der Abg. Dr. Grzimek, der Berichterstatter für den Justizhaushalt, sich im Sinn ihrer stärkeren Anwendung ausgesprochen. Auch ein Runderlass, den der Minister des Innern unter dem

28.12.1928 – MBl. i.V. 1929 S. 19 – über die Einschränkung polizeilicher Strafverfügungen herausgegeben hat (Abschriften werde ich an die Herren GStA verteilen lassen), und das bekannte Schiffer'sche Buch „Die deutsche Justiz" haben die Erwägungen im JMin. neuerdings beeinflusst.

Um sich ein Bild darüber machen zu können, wo der Hebel angesetzt werden könnte, wird es zunächst nötig sein, sich die bestehenden Vorschriften zu vergegenwärtigen. Gesetzlich wird § 153 StPO eingeschränkt durch den § 436 StPO, der seine Anwendung bei militärischen Vergehen ausschließt. – Von Verwaltungsvorschriften ist eine gemeinschaftliche Verfügung des JM und des Ministers des Innern vom 29.05.1924 – JMBl. S. 256 – zu erwähnen, die über das Maß der polizeilichen Ermittlungen bei einstellungsfähigen Vergehensfällen Bestimmung trifft. Außerdem sind einige Einzelverfügungen zu nennen, die für Delikte gewisser Arten Vorsicht bei der Anwendung des § 153 anraten, z.B.:

Die AV v. 22.07.1924 – JMBl. S. 284 – (Feld- und Forstschutz), – die AV v. 02.06.1925 – JMBl. 1925 JMBl. S. 207 – (Zuwiderhandlungen gegen die BäckereiVO), – die AV v. 20.10.1925 – JMBl. S. 379 – (Einstellung und Beschäftigung ausl. Arbeiter), – die AV v. 03.05.1926 – JMBl. S. 182 – (Zuwiderhandlungen gegen die Vorschriften über die Ablieferung von Tierkadavern), die AV v. 31.05.1926 – JMBl. S. 215 – (über die Bestrafung von Arbeitgebern wegen Nichtablieferung von Krankenkassenbeiträgen).

Schließlich ist in der AV vom 21.07.1925 – JMBl. S. 226 – bestimmt worden, dass bei der Amtsanwaltschaft die Zeichnung der Einstellungen nach § 153 StPO dem Leiter der Amtsanwaltschaft vorbehalten bleibt. – Im Übrigen hat sich das JMin. bisher jeden Eingriffs in die Handhabung des § 153 StPO enthalten. Es hat lediglich zwei Verfügungen, welche der GStA bei dem KG nach Fühlungnahme mit dem JMin. unter dem 20.04.1924 erlassen hat, den übrigen Herren GStA zur Kenntnis übersandt.

Die GStA in Celle, Düsseldorf, Königsberg und Stettin haben – wie bei einer vor einem Jahr von hier aus durchgeführten Erhebung über die in den Provinzen erlassenen Vorschriften festgestellt werden konnte – diese Verfügung des GStA bei dem KG nahezu wörtlich übernommen. Auch die GStA in Hamm, Naumburg, Marienwerder und Breslau haben im Wesentlichen der genannten Verfügung gleichlautende, wenn auch in einzelnen Punkten etwas abweichende Anweisungen ergehen lassen. Ebenso kommen die in Kiel und Frankfurt a.M. erlassenen Vorschriften im Ergebnis auf die gleichen Grundzüge hinaus. In Köln bestehen nur für einige Einzelheiten Bestimmungen, während Kassel sich bisher anscheinend ganz ohne jede Regelung beholfen hat.

Der allen bestehenden Verfügungen gemeinsame Grundgedanke geht dahin, dass eine zurückhaltende Anwendung des § 153 StPO geboten sei, dass sich die StA dabei nicht mit anderen Behörden und möglichst auch nicht mit den großen Wirtschaftsverbänden in Widerspruch setzen dürfe, und dass sie auf berechtigte Interessen des Verletzten Rücksicht nehmen müsse. Diese Gesamteinstellung ist das Ergebnis vielfältiger Erfahrungen, die in der ersten Zeit nach dem Inkrafttreten gemacht worden sind, und der starken Widerstände, die sich einer zu weiten

Ausdehnung der Vorschrift entgegengestellt haben. Im Einzelnen ist über die erlassenen Vorschriften noch Folgendes zu sagen:

I. Anhörung der Interessenten

1. Hinsichtlich der Zusammenarbeit mit den an der Straftat interessierten Behörden besteht eine einheitliche Auffassung. Vor Einstellungen nach § 153 [StPO; RGBl. I 1924, 322] ist – so haben alle GStA, die überhaupt erschöpfendere Vorschriften erlassen haben, bestimmt – mit Behörden, die an der Sache ein mittelbares oder unmittelbares Interesse haben, Verbindung aufzunehmen, um deren Ansicht über die beabsichtigte Einstellung zu hören. Ebenso ist nahezu übereinstimmend der Fall geregelt, dass im gerichtlichen Verfahren nach polizeilicher Strafverfügung die Einstellung nach § 153 in Betracht gezogen wird, hier ist die Polizeibehörde, welche die Strafverfügung erlassen hat, um Stellungnahme zu der Frage der Einstellung zu ersuchen.

2. Ähnlich, wie die Behörden, werden die Wirtschaftsverbände behandelt, für welche der Ausgang einer Strafsache von Bedeutung ist.

3. Verschiedenheiten bestehen dagegen hinsichtlich der Regelung der Anhörung des Verletzten. – Während im KG-Bezirk und den meisten anderen Bezirken die Anhörung des Verletzten in der Regel erfolgen soll, im Fall des § 153 Abs. 3 sogar bindend vorgeschrieben worden ist, weist Kiel lediglich darauf hin, dass es „oftmals zweckmäßig sein werde, ihn zu hören“, und in der Verfügung des GStA in Breslau ist von einer Berücksichtigung der Interessen des Verletzten gar nicht die Rede.

II. Zeichnung der Einstellungsverfügung: Die Verfügung des GStA bei dem KG und ihr folgend die Verfügungen der meisten anderen GStA (auch Köln) behalten – um die Einheitlichkeit in der Handhabung des § 153 zu gewährleisten – die Zeichnung einer Verfügung, durch die entgegen der Auffassung der Behörde, des Wirtschaftsverbands oder des Verletzten das Verfahren eingestellt oder die Zustimmung des Richters zur Einstellung eingeholt wird, dem Behördenvorstand oder dem Abteilungsleiter vor. Der GStA in Hamm empfiehlt, die Zeichnung in diesen Fällen dem Behördenvorstand oder dessen Vertreter vorzubehalten. – Der GStA in Kiel überlässt es dagegen dem OStA, zu bestimmen, inwieweit eine Gegenzeichnung bei den hier fraglichen Verfügungen erfolgen soll.

Andererseits unterwirft der GStA in Frankfurt a.M. nicht nur die Einstellungsverfügung selbst, sondern darüber hinaus alle Anträge und Erklärungen, welche die Anwendung des § 153 zum Gegenstand haben, der Gegenzeichnung durch den Behördenvorstand oder Abteilungsleiter. Der GStA in Naumburg berichtet, dass er eine gleiche Regelung auch für seinen Bezirk für wünschenswert halte. – Weitgehende Bindungen scheinen hinsichtlich der Zeichnung der mit der Anwendung des § 153 zusammenhängenden Verfügungen auch der Amtsanwaltschaft auferlegt worden zu sein, hier scheint die Zeichnung vielfach dem OStA vorbehalten zu werden. Doch ist das Maß dieser Bindungen aus den uns erstatteten Berichten nicht klar erkennbar, da die GStA in dieser Hinsicht zumeist den OStA die Verfügung überlassen haben.

III. Verbot der Einstellung gegen den Willen der Interessenten. Einzelne der GStA haben für den Fall des Widerspruchs einer der zur Stellungnahme aufgeforderten Stellen oder Personen noch weitere Einschränkungen vorgesehen: – Der GStA in Frankfurt a.M. hat ausgesprochen, dass eine Einstellung gegen den Willen einer solchen Person oder Stelle nur ausnahmsweise statthaft sein soll. Nach vorangegangener polizeilicher Strafverfügung ist Einstellung nach § 153 im Bezirk Frankfurt a.M. stets, in den Bezirken Kiel und Stettin regelmäßig unzulässig.

IV. Einstellung in der Hauptverhandlung. Am stärksten sind die Unterschiede, soweit es sich um die Zustimmung zur Einstellung im gerichtlichen Verfahren und insbesondere in der Hauptverhandlung handelt. Die Verfügung des GStA bei dem KG bestimmt in dieser Hinsicht: „Ebenso ist vor Erteilung der Zustimmung gemäß § 153 Abs. 3 zu verfahren. Nur ist hier, da der Einstellungsbeschluss unanfechtbar ist, die verletzte Person, soweit eine solche vorhanden, in dem zu 1) angegebenen Umfange stets zu hören. Von diesen Grundsätzen darf auch nicht abgewichen werden, wenn es sich um die Abgabe einer zustimmenden Erklärung in der HV handelt, und die Behörde, der Verband oder die verletzte Person noch nicht gehört sind. Falls sich das nicht durch Befragung von Personen, die in der HV anwesend sind, oder durch Benutzung des Fernsprechers erreichen lässt, muss Vertagung beantragt werden. Anstelle der zu 1) vorgeschriebenen Gegenzeichnung tritt hier mündlicher Vortrag bei dem OStA oder Abteilungsvorsteher, soweit das durchführbar ist." Breslau schreibt dagegen die Anhörung der interessierten Verbände oder Behörden (nicht auch des Verletzten) vor der Erklärung der Zustimmung zur Einstellung nach § 153 Abs. 3 nur für den Regelfall vor; sind sie nicht zu erreichen, soll die Zustimmung des OStA eingeholt werden und ausreichen. Hamm empfiehlt nur, den Verletzten auch in diesem Falle zu hören, und fasst auch sonst die Verfügung in diesem Punkte weniger strikt als Berlin.

Marienwerder will auch bei Widerspruch des Verletzten die Zustimmung dem Sitzungsvertreter wenigstens für den Fall freigeben, „dass es sich ganz offensichtlich um unbedeutende Straftaten handelt." Für Köln, Kassel, Frankfurt a.M. und Kiel bestehen anscheinend gar keine Verbindungen für den Sitzungsvertreter. Auf weitere Differenzierungen in den bestehenden Vorschriften einzugehen, fehlt die Zeit.

Schlussfolgerungen: Wenden wir uns nun der Frage zu, inwieweit eine Lockerung der bestehenden Bindungen erfolgen könnte, so werden die Vorschriften über die Anhörung der Interessenten (einschl. der durch die Straftat Verletzten) hierfür wohl kaum in Betracht kommen. Es ist sogar damit zu rechnen, dass die Pflicht zur Anhörung des Verletzten künftig im Gesetz selbst festgelegt werden wird, der Entwurf eines EGStGB sieht eine derartige Vorschrift vor. – Dagegen wird wohl erwogen werden können, ob nicht die in einzelnen Bezirken bestehende Bindung an das Votum der gehörten Stellen beseitigt, und ob nicht hinsichtlich der Gegenzeichnungspflicht gewisse Erleichterungen geschaffen werden könnten.

Bei der Amtsanwaltschaft ist das Zeichnungsrecht für Einstellungen nach § 153 durch die vorher erwähnte AV des JMin. vom 21.07.1925 abschließend geregelt; dabei wird es bei der Eigenart des Geschäftsbetriebs und der Personalverhältnisse der Amtsanwaltschaft wohl verbleiben müssen. Einstellungen nach § 153 StPO hat danach der Leiter der Amtsanwaltschaft zu zeichnen. Ob darüber hinaus die Amtsanwaltschaft noch zur Vorlegung einschlägiger Verfügungen bei dem OStA verpflichtet werden kann oder soll, mag zweifelhaft erscheinen.

Bei der StA wird da, wo eine über die Verfügung des GStA bei dem KG hinausgehende Einschränkung des Zeichnungsrechts besteht, vielleicht ein Abbau dieser Vorschriften in Betracht gezogen werden können, da inzwischen die in Betracht kommenden Beamten wohl die erforderliche Sicherheit in der Handhabung der Vorschrift des § 153 erlangt haben werden. Vielleicht ließe es sich sogar ermöglichen, für ältere, erfahrene Dezernenten die Bindung in dieser Hinsicht noch etwas stärker zu lockern, als es in der Verfügung des Herrn GStA bei dem KG vorgesehen ist.

Von besonderer Bedeutung ist die Frage, ob nicht für die Zustimmung zur Einstellung in der HV Erleichterungen geschaffen werden könnten. Die derzeitige Regelung hat wiederholt zu unliebsamen Pressepolemiken geführt. Wesentliche Schwierigkeiten werden sich dabei allerdings wohl für die örtlichen Sitzungsvertreter der Amtsanwaltschaft ergeben.

Schließlich könnte erwogen werden, ob etwa in Anlehnung an die Vorschriften, welche der Minister des Innern erlassen hat, bei Übertretungen allgemein eine weitergehende Anwendung des § 153 und ein Abbau der im Verwaltungsweg für die Anwendung der genannten Vorschrift geschaffenen Bestimmungen ins Auge gefasst werden könnte. Es würde das im Sinne einer organischen Weiterentwicklung der gesetzlichen Vorschriften liegen, da, wie den Herren vielleicht bereits bekannt sein wird, das EGStGB für Übertretungen allgemein den Übergang zum reinen Opportunitätsprinzip vorsieht. – Die Herren GStA werden gebeten, zu den Fragen, welche darzulegen ich die Ehre hatte, Stellung zu nehmen.

JMin. Dr. Schmidt bemerkte zunächst für den weiteren Gang der Besprechung, dass er mit einer Erledigung der beiden ersten Punkte der TO vor und der übrigen Punkte der TO nach der Mittagspause rechne und im Übrigen sich den Gang der Besprechung so denke, dass zunächst Rückfragen wegen bestehender Unklarheiten an den Referenten des Ministeriums gestellt, und dass dann von den Herren GStA Äußerungen zu den gestellten Themen abgegeben würden. Eine besonders eingehende Aussprache sei bei dem ersten Punkte der TO erwünscht, da er dem Hause besonders wichtig erscheine, schon mehrfach zu parlamentarischen Erörterungen geführt und auch ihn, den Herrn Minister, zur Abgabe von Erklärungen in den Ausschüssen und im Plenum des Landtages veranlasst habe. Dabei seien mehrfach auch Bedenken gegen eine Anwendung des § 153 für bestimmte Vergehensgruppen geltend gemacht worden. So habe z.B. ein Abgeordneter ihm gegenüber schon mehrfach Bedenken über Einstellungen nach § 153 in Strafsachen gegen Frisöre wegen Ausübung des Gewerbes am Sonntag erhoben.

GStA Rhode (Berlin) erklärte, dass in seinem Bezirk mehrfach Angriffe in der Presse wegen Nichtanwendung des § 153 StPO erfolgt seien, ebenso seien auch Beschwerden von Rechtsanwälten öfter vorgekommen. Den Rechtsanwälten könne jedoch nicht der Vorwurf erspart bleiben, dass sie in ihren Anträgen auf Einstellung des Verfahrens gemäß § 153 StPO mitunter recht maßlos seien. So habe kürzlich der Verteidiger die Einstellung des Verfahrens gegen die Juwelendiebin Helga Graf von Monroy beantragt. Auf derartig maßlose Anträge seien dann vielfach die Presseangriffe zurückzuführen. Dem Sitzungsvertreter der StA in der HV freie Hand zu lassen, halte er für recht bedenklich. Der Zahl nach seien die Fälle, in denen die Einstellung des Verfahrens gemäß § 153 StPO in der HV beantragt würde, auch nicht bedeutend. Sie ließen sich auf ein Minimum beschränken oder ganz aus der Welt schaffen, wenn die Richter sich vor der Verhandlung die Sachen auf die Anwendbarkeit des § 153 StPO hin ansehen und ggfs. – soweit nötig, unter Verlegung des Termins – mit der StA Fühlung nehmen würden. Im Übrigen habe er sich gewundert, dass in der Presse bisher immer die Nichtanwendung des § 153 StPO, nicht auch einmal der umgekehrte Fall gerügt worden sei, dass ein Verfahren ohne Anhörung eines prominenten Beteiligten zur Einstellung gekommen sei. Die Erfahrung lehre, dass theoretisch an sich jeder für weitherzige Anwendung des § 153 StPO sei, dagegen zu einem scharfen Gegner werde, sobald seine eigenen Interessen berührt würden. Er halte es für notwendig, die Interessenten vor der Einstellung des Verfahrens zu hören. Wie man ihre Äußerungen dann verwerte, sei eine andere Frage. In Körperverletzungssachen sei es misslich, wenn der Verletzte, der etwa einen Schadensersatzprozess anzustrengen beabsichtige, durch die Einstellung des Verfahrens den Vorteil verliere, der darin liege, dass der Sachverhalt zunächst im Strafverfahren geklärt und in einem Urteil festgestellt werde. Dabei solle allerdings nicht das Bestreben mancher Verletzter gutgeheißen werden, zivilrechtliche Ansprüche auf dem Wege über ein Strafverfahren auf Kosten des Staates durchzusetzen. Ganz auszuscheiden habe bei der Frage der Anwendung des § 153 StPO die Kostenfrage. Kürzlich sei ihm ein Fall bekannt geworden, in dem zunächst auf Antrag des Verteidigers die Einstellung des Verfahrens gemäß § 153 in Erwägung gezogen worden, dann aber, nachdem der Rechtsanwalt auf die Höhe der Kosten hingewiesen habe, unterblieben sei, obwohl der Rechtsanwalt die Erstattung der Kosten durch den Beschuldigten zugesagt habe; ein derartiges Vorgehen entspreche nicht der Würde des Gerichtes. Alles in allem sei er für eine weitherzige Anwendung des § 153 StPO durchaus zu haben, nur scheine der gegenwärtige Zeitpunkt noch nicht geeignet, mit neuen allgemeinen Richtlinien in die Entwicklung einzugreifen.

GStA Krause (Königsberg i.Pr.) erklärte, dass – abgesehen von gelegentlichen Bemerkungen in Berichten über Gerichtsverhandlungen – in seinem Bezirk Angriffe in der Presse wegen Nichtanwendung des § 153 StPO nicht vorgekommen seien. Beschwerden größerer gewerblicher oder wirtschaftlicher Verbände seien ebenfalls nicht zu verzeichnen gewesen. Die Anwendung des § 153 StPO müsse auch nach seiner Meinung grundsätzlich bereits im Ermittlungsverfahren erfolgen. Allgemeine Richtlinien über die Voraussetzungen, unter denen § 153 StPO anzuwenden sei, seien in seinem Bereich weder 1924 aufgestellt worden, noch könnten sie jetzt aufgestellt werden. Die Auffassungen darüber, wann „die Schuld des Täters gering", „die Folgen der Tat unbedeutend" seien und „kein öffentliches Interesse" an der Verfolgung bestehe, ebenso darüber, inwieweit man auf die Belange des Verletzten und des Beschuldigten Rücksicht zu nehmen habe, gingen weit auseinander. Jeder Verletzte sehe seine Sache als besonders wichtig an und neige dazu, auf Kosten des Staates im Strafprozess seine Ansprüche durchzusetzen. Sicher sei nur, dass man auf die Verbände und ihre Interessen nach Möglichkeit Rücksicht nehmen müsse. Die Entwicklung der Praxis werde allmählich zu einer genaueren Festlegung der umstrittenen Begriffe führen, in etwa zehn Jahren werde man klarer sehen. Zwei Arten von Fällen, die gerade in seinem Bezirke häufiger sich ereignet hätten, könnten als Beweis dafür angeführt werden, wie schwierig die Handhabung des § 153 und insbesondere die Entscheidung über das Vorliegen des öffentlichen Interesses sei. In Fällen von Streitigkeiten zwischen Gutsarbeitern und Gutsbesitzern oder Gutsinspektoren habe die StA meist angenommen, dass die Autorität des Gutsbesitzers im Interesse der Landwirtschaft gestützt werden müsse.

Diese Auffassung sei heute nicht mehr aufrechtzuerhalten. Denn wichtiger sei der Schutz des Schwachen gegen den Starken. In den Fällen, in denen Landwirte in Ostpreußen ohne Genehmigung des Landrats ausländische Saisonarbeiter während der Ernte beschäftigten, seien StA und Gericht zu einer milden Beurteilung geneigt, weil die dortigen Landwirte infolge Mangels an Arbeitskräften die Einbringung der Ernte gefährdet sähen, während jenseits der oft ganz in der Nähe gelegenen Grenze ausländische Arbeiter in Mengen nur darauf warteten, herbeigerufen zu werden. Das Staatsinteresse verlange jedoch eine Einschränkung der Beschäftigung ausländischer Arbeiter; deshalb sei strenge Verfolgung derartiger Straftaten unbedingt nötig, sie sei in Ostpreußen noch besonders um deswillen unerlässlich, weil Polen mit den nach Deutschland gesandten Saisonarbeitern Kolonisationsbestrebungen in Ostpreußen zu betreiben geneigt sei. Alles in allem sei auch er dafür, mit der Aufstellung von allgemeinen Richtlinien noch einige Zeit zu warten. Was die Bestimmungen über die Gegenzeichnung anbetreffe, so habe er die von dem GStA bei dem KG erlassene Verfügung übernommen und für ausreichend erachtet. Eine kürzlich vorgenommene Durchsicht der Register habe ihn erkennen lassen, dass von dem § 153 StPO nur wenig Gebrauch gemacht werde; diese Beobachtung habe ihn veranlasst, die OStA seines Bezirks darauf hinzuweisen, dass eine weitherzigere und nicht zu seltene Anwendung der Bestimmung den Wünschen des Herrn Ministers entspreche. Das werde bis auf weiteres genügen.

JMin. Dr. Schmidt bemerkte, dass in der Berliner Presse die Nichtanwendung des § 153 StPO häufiger erörtert werde. In den von dem Herrn GStA Krause geschilderten Fällen der unzulässigen Beschäftigung ausländischer Arbeiter verlange das Staatsinteresse unbedingt, dass strafrechtlich eingeschritten werde.

GStA Storp – Celle stellte fest, dass in seinem Bezirk Presseangriffe und Beschwerden über die Anwendung oder Nichtanwendung des § 153 StPO nicht vorgekommen seien. Sein Bezirk sei überwiegend landwirtschaftlich. Bagatellsachen wären, weil sie bereits von den Landjägereibeamten irgendwie beigelegt oder nicht aufgenommen wurden, verhältnismäßig selten. Die „bereinigende" Tätigkeit der Landjägereibeamten gehe manchmal sogar etwas zu weit, es sei schon öfter vorgekommen, dass solche Beamte, wenn sie sich der Aufnahme von Anzeigen versagt hätten, in den Verdacht der Parteilichkeit oder der Bequemlichkeit gekommen seien. Durch den neuen Runderlass des Ministers des Innern vom 28.12.1928 werde ebenfalls im Sinne der Vermeidung von Bagatellsachen gewirkt. Infolgedessen gebe es in seinem Bezirk nur wenige Strafsachen, bei denen es noch zu einer Einstellung gemäß § 153 StPO kommen könne. Die Gegenzeichnung halte er in allen Fällen für notwendig. Der Zeitpunkt für allgemeine Richtlinien sei auch nach seiner Ansicht noch nicht gekommen. Für die Mitteilung von Zahlen über die Anwendung des § 153 StPO aus anderen Bezirken würde er dankbar sein.

MinRat Hartung bemerkte, dass solche Zahlen zur Verfügung ständen und dem Herrn GStA übermittelt werden würden.

GStA Dr. Bluhme – Frankfurt a.M. – erklärte, dass sich die Presse auch in seinem Bezirk bisher nicht mit der Anwendung des § 153 befasst habe. Zuerst seien die StA bei ihm in der Anwendung des § 153 zu eifrig gewesen; auch habe eine gewisse Neigung bestanden, sich von unbequemen Sachen auf dem Weg über die Einstellung nach § 153 zu befreien. Seine erste Verfügung habe den Zweck verfolgt, diesen Missständen entgegenzutreten. Eine Aufstellung allgemeiner Richtlinien sei zurzeit noch nicht am Platze. Er empfehle höchstens eine allgemeine Anordnung des JMin. dahin, dass bei der Anwendung des § 153 StPO nicht zu ängstlich verfahren werde. Wenn die StA dann weiterhin überwacht würden, so werde sich bald ein befriedigender Zustand herausbilden. Auf die Gegenzeichnung könne im Interesse der Gleichmäßigkeit in der Anwendung der Vorschrift nicht oder doch nicht bei allen planmäßigen Beamten verzichtet werden. Die Leistungen der Beamten seien zu verschieden, außerdem bereiteten auch einzelne Fälle oft große Schwierigkeiten. So sei z.B. die Frage der Anwendung des § 153 kürzlich mehrfach in Strafverfahren wegen Vornahme kirchlicher Trauungen ohne Ziviltrauung erörtert worden; er würde für eine Aufklärung darüber dankbar sein, wie das Ministerium über die Einstellung des Verfahrens in derartigen Fällen denke.

JMin. Dr. Schmidt antwortete, dass die Strafverfahren wegen Vornahme unzulässiger Trauungen vor einiger Zeit auch im JMin. zu Erörterungen geführt hätten, als derartige Fälle in einem OLG-Bezirk sich besonders gehäuft hätten. Als geeignete Lösung erscheine die Erledigung derartiger Verfahren durch Strafbefehl und später unter Umständen auf Gnadengesuche die Herbeiführung eines Gnadenerweises. Die Einstellung gemäß § 153 StPO erscheine für solche Fälle bedenklich.

GStA Dr. Bluhme – Frankfurt a.M. – stellte weiter die Frage, ob bei politischen Straftaten, insbesondere bei Vergehen gegen das Gesetz zum Schutze der Republik, die Einstellung des Verfahrens gemäß § 153 StPO angängig sei; er selbst sei der Meinung, dass in solchen Fällen die Einstellung wegen Geringfügigkeit abgelehnt werden müsse.

MinDir. Huber erklärte, dass – jedenfalls noch unter den gegenwärtigen Zeitverhältnissen – bei derartigen Straftaten die Anwendung des § 153 StPO unangebracht erscheine und zur Vermeidung von Angriffen in der Öffentlichkeit unterbleiben müsse.

MinRat Hartung bestätigte die Wahrnehmung, dass mitunter ungeeignete Sachen gemäß § 153 StPO eingestellt würden. So sei einmal im Bezirk des OLG Köln in einer Sache nach Wiederaufnahme des Verfahrens Einstellung gemäß

§ 153 Abs. 3 StPO erfolgt. Öfter bestehe Neigung, verwickelte Sachen, von denen man sich ein Ergebnis nicht mehr verspreche, auf dem Weg über § 153 aus der Welt zu schaffen, dem müsse mit Entschiedenheit entgegengetreten werden. Es sei auch nicht angängig, die Einstellung des Verfahrens schon in Betracht zu ziehen, wenn der Sachverhalt noch nicht genügend aufgeklärt und ein abschließendes Urteil über das Maß der Schuld und den Umfang der Folgen der Tat noch nicht möglich sei. Erst müsse eine Schuld einmal nachgewiesen sein, ehe man dazu gelangen könne, zu prüfen, ob sie gering sei.

MinDir. Huber wies darauf hin, dass im Landtag die Anwendung des § 153 StPO bei Verstößen gegen soziale Gesetze gerügt worden sei.

GStA Dr. Bluhme – Frankfurt a.M. – bat weiter um Auskunft, ob es nicht empfehlenswert gewesen wäre, die Richtlinien des Ministers des Innern vom 28.12.1928 – II D 947 – durch Abdruck im JMinBl. den Justizbehörden zur Kenntnis zu bringen, und stellte zur Erwägung, ob die Veröffentlichung im JMBl. nicht nachzuholen sein werde.

MinRat Hartung erwiderte, die Justizverwaltung sei – abgesehen von gewissen sachlichen Bedenken – der Meinung gewesen, dass man nicht das, was für polizeiliche Strafverfügungen passe, verallgemeinern könne; sie habe daher gegen die Mitteilung im JMBl. Bedenken gehabt.

GStA Dr. Schneider-Neuenburg (Düsseldorf) teilte mit, dass auch in seinem Bezirk Angriffe in der Presse wegen der Anwendung oder Nichtanwendung des § 153 StPO nicht vorgekommen seien. An Beschwerden sei ihm nur ein Fall bekannt geworden, in dem ein eines Vergehens gegen die Verkehrsvorschriften beschuldigter Rechtsanwalt um die Anwendung des § 153 StPO gebeten habe, die Einstellung des Verfahrens aber im Einvernehmen mit dem Polizeipräsidenten für nicht angängig erachtet worden sei. Das JMin. habe in diesem Falle das Verhalten der StA gebilligt. Zahlenmäßig habe die Anwendung des § 153 im Jahre 1928 in seinem Bezirk folgende Entwicklung gezeigt:

Amtsanwaltschaften	*StA*
2. Viertelj. 1928: 253,	113
3. Viertelj. 1928: 291,	114
4. Viertelj. 1928: 383,	144 (154?)
1. Viertelj. 1929: 412,	193.

Es sei also ein allmähliches Ansteigen der Zahl der Anwendungsfälle zu beobachten gewesen. Die Aufstellung allgemeiner Richtlinien scheine auch ihm noch nicht angezeigt; die Entwicklung müsse noch weiter beobachtet werden. Allgemeine Richtlinien für das ganze Land konnten auch kaum gegeben werden, weil die Verhältnisse im Osten und im Westen, in den Industriegebieten und in den ländlichen Bezirken ganz verschieden gelagert seien. Die Freistellung der Dezernenten und der Sitzungsvertreter der StA erscheine ihm bedenklich. Als Sitzungsvertreter seien bei Übertretungs- und leichteren Vergehenssachen oft weniger erfahrene junge Kräfte (Assessoren) oder bei den Amtsanwaltschaften Justizobersekretäre tätig; die letzteren ständen infolge langer Zusammenarbeit mit den Amtsrichtern nicht selten unter deren Einfluss und seien zuweilen bereit, die im § 153 Abs. 3 StPO vorgesehene Zustimmung u.U. auch aus anderen als sachlichen Gründen abzugeben. Welche Missgriffe bei der Anwendung des § 153 StPO vorkämen, zeige das Strafverfahren gegen den Kommerzienrat Falk und Genossen (Noblot, Falk und Genossen) wegen Betruges bei Reparationslieferungen, in dem die StA Düsseldorf trotz des Millionenbetrugs des Schadens die Anwendung des § 153 StPO angeregt habe. Alles in allem halte er zurzeit eine Lockerung der Gegenzeichnungsbestimmungen noch nicht für angezeigt.

JMin. Dr. Schmidt bemerkte, dass sich die von ihm zu Eingang erwähnten Fälle der Einstellung bei Sonntagsarbeit von Frisören im Bezirk Düsseldorf zugetragen hätten.

GStA Dr. Schneider-Neuenburg bestätigte dies und wies darauf hin, dass ähnliche Schwierigkeiten auch in Strafsachen wegen Zuwiderhandlungen gegen die Vorschriften über die Arbeitszeit im Bäckereigewerbe in seinem Bezirk vorgenommen seien; in diesen Fällen müsse unbedingt bestraft werden.

GStA Dr. Hansen – Kiel schloss sich den Ausführungen der vor ihm zu Worte gekommenen Herren GStA dahin an, dass auch ihm die Zeit zum Erlass allgemeiner Richtlinien noch nicht gekommen zu sein scheine. Die Verfügung des GStA bei dem KG habe er nicht wörtlich übernommen, vielmehr den einzelnen OStA freie Hand gelassen. Bei den Dienstreisen habe er die Angelegenheit wiederholt mit den OStA besprochen und dabei den Eindruck gewonnen, dass die Entwicklung im besten Flusse sei. Die Zahl der Einstellungen wegen Geringfügigkeit könne noch zunehmen. Einzelne Missgriffe – Anwendung des § 153 StPO auf ungeeignete, insbesondere unbequeme Sachen – kämen gelegentlich vor. Presseangriffe und Beschwerden seien nicht zu verzeichnen gewesen. Auch er sei der Meinung, dass die Einstellung grundsätzlich schon im Vorverfahren erfolgen solle, und dass, wenn sie in der HV beantragt werde, eine Verlegung oder Aussetzung der Verhandlung auf einige Stunden der Freistellung der Sitzungsvertreter vor der Kontrolle des Leiters der StA vorzuziehen sei. Eine gewisse Lockerung der Vorschriften über die Gegenzeichnung sei bei den Dezernenten der StA unbedenklich. Bei Vergehen gegen das Gesetz zum Schutze der Republik halte auch er die Einstellung des Verfahrens gemäß § 153 Abs. 2, 3 StPO nicht für angezeigt. Die Kostenfrage dürfe keine Rolle spielen, obwohl keine Handhabe bestehe, die Kosten dem Beschuldigten oder Angeklagten aufzuerlegen.

MinDir. Huber bemerkte, die Kontrolle könne auch auf andere Weise als durch Gegenzeichnung ausgeübt werden. Es sei an eine Einschränkung der Gegenzeichnung dahin zu denken, dass sie nur noch für schwierige und zweifelhafte Fälle vorzubehalten sei.

GStA Rasch – Kassel – erläuterte zunächst, warum in seinem Bezirk von einer Übernahme der von dem GStA bei dem KG erlassenen Verfügung abgesehen worden sei. Sein Amtsvorgänger habe sie den OStA der Bezirke zur Stellungnahme vorgelegt und nach deren Äußerungen eine der Berliner Vorschrift entsprechende Verfügung für nicht erforderlich erachtet. Dieser Auffassung habe er selbst sich nach Übernahme seines Amts angeschlossen und auch seinerseits von Anordnungen Abstand genommen. Die OStA seines Bezirks hätten bestimmt, dass Einstellungsverfügungen aus § 153 ihnen selbst oder den Abteilungsleitern zur Gegenzeichnung vorzulegen seien. Eine Verpflichtung, den Verletzten vor Abgabe der Zustimmungserklärung in der HV zu hören, bestehe in seinem Bezirk nicht. Für die Aufstellung allgemeiner Richtlinien sei der Zeitpunkt noch nicht gekommen.

GStA Dr. Becker – Naumburg a.S. – erklärte, dass die Zahl der gemäß § 153 StPO eingestellten Verfahren in seinem Bezirk recht gering sei, dass er aber bei einer Revision keinen Fall habe feststellen können, in dem § 153 StPO zu Unrecht außer Anwendung geblieben sei. Er habe bei den StA die Neigung beobachtet, die Schuld des Täters fast ausschließlich nach dem Grade des Vorsatzes oder der Fahrlässigkeit zu bemessen; dem moralischen Verschulden sei dagegen ein Gewicht in der Regel nicht beigemessen worden. Er habe auf die Notwendigkeit der Prüfung auch in dieser Hinsicht hingewiesen. Abwegig sei es, noch in der Revisionsinstanz Erörterungen über die Anwendbarkeit des § 153 StPO anzustellen. Die Freistellung der Sitzungsvertreter erscheine ihm bedenklich, insbesondere bei den Amtsanwaltschaften. Eine Vertagung lasse sich vermeiden, wenn der Sitzungsvertreter die HV für kurze Zeit unterbrechen lasse und die Zustimmung des OStA zur Einstellung des Verfahrens fernmündlich einhole. Von Bedeutung sei es, zu erfahren, ob etwa eine Änderung des § 153 im Zusammenhang mit dem neuen StGB zu erwarten sei. Bei einer Besprechung, die er kürzlich mit den OStA seines Bezirks abgehalten habe, hätten diese es als bedrückend bezeichnet, dass die StA in den Fällen des § 153 Abs. 2 StPO zur Einstellung immer erst die Zustimmung des Gerichts einholen müsste.

MinRat Hartung gab eine kurze Darstellung der Pläne, welche für die Umgestaltung des § 153 im Zusammenhang mit der Strafrechtsreform bestehen. Die Entwicklung der Gesetzgebung gehe dahin, die Frage der Behandlung geringfügiger Straffälle aus dem formellen in das materielle Strafrecht zu verlegen, nach dem StGB-Entwurf könne der Richter bei zahlreichen Vergehen in besonders leichten Fällen von Strafe absehen, in anderen Fällen anstelle von Gefängnis auf Geldstrafe bis zu 3 RM hinab erkennen. Die Anwendung dieser Vorschrift liege allein in der Hand des Richters, der Zustimmung der StA bedürfe er dazu nicht. Dadurch werde Abs. 3 des § 153 voraussichtlich überflüssig. Ob man umgekehrt in den Fällen des § 153 Abs. 2 auf die Zustimmung des *Gerichts* verzichten und die Einstellung der StA allein überlassen könne, werde geprüft. Bei Übertretungen wolle das RGStGB zum reinen Opportunitätsprinzip übergehen.

StS Hölscher bemerkte, die Fälle der Einstellung des Verfahrens in der HV seien in der Zahl nicht zu unterschätzen, weil vielfach erst die HV den Sachverhalt so aufkläre, dass die Einstellung in Erwägung gezogen werden könne. Eine Unterbrechung der Sitzung, um dem Sitzungsvertreter der StA Gelegenheit zu geben, die Zustimmung des OStA oder Abteilungsvorstehers zur Einstellung des Verfahrens einzuholen, sei besonders in den Großstädten mit Schwierigkeiten verbunden.

Unbedingt müsse die Gefahr vermieden werden, dass das Gericht das Verfahren gemäß § 153 Abs. 3 StPO nur deshalb nicht einstellen könne, weil sich die Zustimmung des zuständigen Beamten der StA nicht sofort beschaffen lasse.

GStA Rhode – Berlin – bemerkte, dass bei den räumlichen Verhältnissen in Berlin sich die Fühlungnahme des Sitzungsvertreters mit dem zuständigen Vorgesetzten ohne Schwierigkeit erreichen lasse.

MinDir. Huber wies darauf hin, dass auch das Ansehen der StA darunter leiden müsse, wenn ihr Sitzungsvertreter in der HV erkläre, dass er der Einstellung des Verfahrens nicht ohne Befragung seines Vorgesetzten zustimmen dürfe.

GStA Hepke – Köln – stellte fest, dass in seinem Bezirk die Handlungsfreiheit der Sitzungsvertreter nicht eingeschränkt worden sei. Bei den Amtsanwaltschaften hätte sich zwar gezeigt, dass die Sitzungsvertreter der Einstellung des Verfahrens mitunter zu bereitwillig zustimmten; bei den StA hätten sich aber keine Missstände gezeigt. Presseangriffe habe er in seinem Bezirk nur in der Richtung beobachtet, dass diese oder jene Anklage überflüssig gewesen sei.

MinRat Dr. Wirth erklärte, dass er es vom Standpunkt des Personalreferats aus begrüßen würde, wenn die Sitzungsvertreter freiere Hand erhielten. Man zeige den Sachbearbeitern damit Vertrauen. Die notwendige Kontrolle zur Vermeidung von Missgriffen lasse sich dadurch erreichen, dass die OStA die gemäß § 153 Abs. 3 StPO eingestellten Verfahren einer Nachprüfung unterzögen.

GStA Rasch – Kassel – bemerkte, dass die AG in seinem Bezirk überwiegend klein seien, und dass zumeist Justizobersekretäre als Amtsanwälte bei ihnen tätig seien; bei diesen erscheine eine Freistellung für die HV bedenklich.

GStA Dr. Bluhme – Frankfurt a.M. – sprach sich nunmehr für die Freistellung der Sitzungsvertreter der StA aus. Erscheine es diesem bedenklich, die Zustimmung zur Einstellung des Verfahrens unter eigener Verantwortung zu erklären, so möge er eine kurze Unterbrechung der HV zur Fühlungnahme mit dem vorgesetzten Beamten der StA herbeiführen. Die Aufhebung der Gegenzeichnungspflicht überhaupt erscheine ihm nach wie vor bedenklich; sie könne aber gemildert werden.

GStA Krause – Königsberg i.Pr. – bemerkte, es sei de lege ferenda wünschenswert, dass die Zulässigkeit der Einstellung wegen Geringfügigkeit auf Rückfalldelikte ausgedehnt werde.

MinRat Hartung bemerkte dazu, dass der Entwurf des neuen StGB Rückfallsdelikte im heutigen Sinne nicht mehr kenne. Dadurch erledige sich die Anregung.

OStA Dr. Waschow – Breslau – erklärte, dass ihm die völlige Aufhebung der Gegenzeichnungspflicht bedenklich, dagegen für die Dezernenten der StA die Gewährung voller Handlungsfreiheit für den Sitzungsdienst erwägenswert erscheine.

GStA Dr. Mosler – Stettin – erklärte, dass sich nach seinen Wahrnehmungen die StA noch viel zu selten zur Anwendung des § 153 StPO entschlössen, und dass eine etwas zu weitherzige Handhabung dieser Bestimmung viel weniger als eine engherzige schaden könne. Er schilderte zwei Fälle, in denen bei Gymnasiasten, die ihren Mitschülern geringe Geldbeträge entwendet hätten, die Anwendung des § 153 abgelehnt worden sei, dadurch hätten diese jungen Menschen jede Aussicht verloren, ihre Schulausbildung zu vollenden und den ihnen zusagenden Beruf zu ergreifen. De lege ferenda sei es zu begrüßen, wenn die Einstellung des Verfahrens auch bei Rückfalldelikten ermöglicht werde. Es sei z.B. an Straßenbahnfahrgeldhinterziehungen zu denken, wenn der Beschuldigte die Straftat im Rückfall begangen habe; in solchen Fällen sei zurzeit die Anwendung des § 153 StPO ausgeschlossen, weil es sich um ein Verbrechen handle.

GStA Hohmann – Hamm – erklärte, dass die Amtsanwaltschaften seines Bezirks bei den LG zentralisiert seien, während der Sitzungsdienst bei den einzelnen AG durch Obersekretäre wahrgenommen werde. Es sei unbedenklich, bei der Abgabe der Akten bereits zu vermerken, ob die Zustimmung zur Einstellung des Verfahrens gemäß § 153 Abs. 3 StPO erklärt werden könne oder nicht, und dem Sitzungsvertreter im Übrigen freie Hand zu lassen. Das Bedenken, dass der Sitzungsvertreter die Zustimmung zu bereitwillig erklären werde, halte er nicht für schwerwiegend. Die Verantwortung für die Vermeidung von Missgriffen bei der Anwendung des § 153 Abs. 3 StPO liege in erster Linie beim Gericht.

MinDir. Huber bemerkte, dass – nachdem der bereits erwähnte Erlass des Ministers des Innern ergangen sei – die Anwendung des § 153 Abs. 3 StPO bei Strafverfahren nach vorangegangener polizeilicher Strafverfügung in der Regel zu vermeiden sein werde, wenn nicht die Polizeiverwaltung ihr zugestimmt habe.

JMin. Dr. Schmidt regte an, nunmehr die Aussprache zu diesem Punkte der TO zu beendigen.

MinDir. Huber gab folgende Zusammenfassung der Aussprache: Einvernehmen herrsche darüber, dass von der in dem § 153 StPO gegebenen Möglichkeit der Einstellung von Verfahren bei geringfügigen Straftaten weitherziger als bisher Gebrauch zu machen sei. Einvernehmen herrsche ferner darüber, dass sich genaue Richtlinien darüber, wann § 153 StPO angewendet werden kann und wann nicht, nicht aufstellen ließen, dass aber bei bestimmten Gruppen von Straftaten, z.B. bei politischen Straftaten und bei Verstößen gegen soziale Gesetze, größte Zurückhaltung bei der Anwendung des § 153 StPO geboten sei. Einvernehmen herrsche endlich darüber, dass grundsätzlich die Interessen vor der Einstellung des Verfahrens zu hören seien.

Kein völliges Einvernehmen habe sich darüber erzielen lassen, ob und in welchem Umfange die Gegenzeichnung der Einstellungsverfügung einzuschränken, und ob und in welchem Umfange dem Sitzungsvertreter der StA in der HV in der Zustimmung zur Einstellung freie Hand zu lassen sei. Immerhin sei im Laufe der Besprechung eine gewisse Wandlung der Stimmung im Sinne einer Freierstellung von Dezernenten und Sitzungsvertretern bemerkbar gewesen. Erfreulich sei es gewesen, zu hören, dass im Bezirk Köln sich aus der Freistellung des Sitzungsvertreters Schwierigkeiten nicht ergeben hätten. Erwünscht wäre es, wenn sich auch sonst eine Freierstellung von Dezernenten und Sitzungsvertretern ermöglichen ließe.

JMin. Dr. Schmidt bemerkte noch, dass eine schriftliche Verfügung nicht ergehen werde, dass vielmehr erwartet werde, dass die Herren GStA von sich aus bei den sich ihnen bietenden Gelegenheiten die Ergebnisse der Besprechung verwerten würden. Sodann erteilte er zum zweiten Punkt der TO: „*Die Entwicklung der Personalverhältnisse bei den höheren Beamten der StA*" dem MinRat Dr. Wirth das Wort.

MinRat Dr. Wirth führte hierzu Folgendes aus: Die *Frage des Nachwuchses bei der StA* hat bei der vorjährigen Zusammenkunft in besonderem Maße den Gegenstand der Erörterungen [vgl. oben S. 346 ff.] gebildet. Die Sorgen, die uns damals beschäftigt haben, waren mit dieser Besprechung nicht abgetan, sondern sind *dauernd ein Gegenstand ernster Beachtung bei der Verwaltung* geblieben. Um die Bedürfnisse der StA *auch* den leitenden Beamten der *Gerichte* nahezubringen, ist die letzte Zusammenkunft der Herren OLG-Präs. am 24.09.1928 zu einer Aussprache über diese Fragen benutzt worden. Dabei haben die Bemühungen, das Interesse der Herren ChefPräs. für die Verhältnisse bei der StA zu beleben und ihre Mitwirkung bei der Behebung der bestehenden Schwierigkeiten zu wecken, durchaus und allseits entgegenkommendes Verständnis gefunden. Im gleichen Sinne ist auch gegenüber dem Herrn Finanzminister, namentlich in einem grundsätzlichen Schreiben vom 12.02. ds. Js., auf die bei der StA bestehenden Nachwuchsschwierigkeiten hingewiesen worden. Dabei ist besonders ausgeführt worden, dass die Verwaltung sich bemühe, durch *Schaffung erträglicher Arbeitsverhältnisse, Gewährung ausreichender Hilfskräfte, frühzeitige Anstellung, Ausgleichung der Beförderungsverhältnisse zwischen den Dienstzweigen* einen Anreiz für den Dienst bei der StA zu schaffen, und dass diesen Bemühungen seitens der Finanzverwaltung mit Rücksicht auf die besondere Bedeutung dieses Dienstzweiges der Justizverwaltung Rechnung getragen werden müsse. Schließlich hat auch der Herr Minister bei seiner großen Einführungsrede zur Besprechung des Justizhaushalts in zweiter Lesung im Plenum des Landtags am 02.03.1929 auf die Schwierigkeiten hingewiesen, die bei der StA hinsichtlich des Nachwuchses bestünden.

Aber auch *außerhalb der Verwaltung* sind seit der letzten Zusammenkunft der Herren eine Reihe beachtlicher *Stimmen* laut geworden, die sich *mit den Personalverhältnissen bei der StA* und namentlich mit der Nachwuchsfrage *befasst* haben. Ich verweise dabei auf die *Denkschrift des Bundes preuß. Gerichtsassessoren,* die den Herren zugegangen ist, auf die *Beschlüsse der Vereinigung preuß. StA* gelegentlich ihrer letzten Tagung in Essen sowie auf einen sehr sachlichen und gut informierten Artikel in Nr. 9 der „Berliner *Börsenzeitung" vom 06.01.1929,* der zur Behebung der Schwierigkeiten zu einigen präzisierten Vorschlägen gelangt, wie Ausbildung von Assessoren bis zur Verleihung des Zeichnungsrechts für Planbeamte, Erweiterung der Beförderungsstellen, Beschaffung von geübten Ferienvertretern und Verlegung und Verlängerung der Ausbildungszeit der Referendare bei der StA. Dass schließlich auch aus den Kreisen der *Parlamentarier* die Aufmerksamkeit auf die Verhältnisse bei der StA gelenkt worden ist, beweisen die Äußerungen des Abg. *Barteld (Hannover)* von der Demokratischen Partei bei der Beratung des diesjährigen Justizhaushalts in zweiter Lesung am 06.03.1929 (Sitzungsprotokoll Sp. 4753), der erklärte, er könne die Sorgen des Herrn Ministers um den Nachwuchs für die StA nur teilen und seinem Bedauern darüber Ausdruck geben, dass es seinerzeit bei der Besoldungsordnung den Bemühungen der Verwaltung, die der Redner unterstützt habe, nicht gelungen sei, die Beamten der StA anders zu stellen wie es geschehen ist. Es müsse dem Parlament daran liegen, gerade außerordentlich tüchtige Kräfte für die StA zu bekommen, und er möchte wünschen, dass das auch von der Finanzverwaltung anerkannt werde. In ähnlichem Sinne hat sich auch der Abg. *Dr. Rhode (Frankfurt a.M.* von der Wirtschaftspartei) in der gleichen Sitzung des Landtags (Sp. 4779) geäußert, indem er meinte, die Beförderungsverhältnisse bei der StA seien nicht sehr gut, und es sei zu bedauern, dass durch den Haushalt für 1929 keine neuen Aufrückungsstellen für die StA geschaffen seien. Er sei der Ansicht, dass gerade bei der StA wie bisher ein ausgesuchtes Personal nötig sei. [...]

Dritter Punkt der TO: „Die Entwicklung des Zeichnungsrechts bei der StA".

MinRat Hartung führte Folgendes aus: Die Grundlage für das Zeichnungsrecht bei der StA bildet noch heute die RV vom 05.04.1883 – I 947 –. Danach sind der Zeichnung des OStA vorbehalten:

a) die Anklageschriften in Schwurgerichtssachen;

b) die Anträge, welche am Schlusse einer Voruntersuchung gestellt werden;

c) pp.

d) die Erklärungen, welche sich auf ein von der StA eingelegtes Rechtsmittel (Beschwerde, Berufung, Revision) beziehen;

e) die Erklärungen, welche einen Antrag auf Wiederaufnahme des Verfahrens betreffen, und zwar ohne Unterschied, ob der Antrag von der StA oder von dem Verurteilten angebracht ist;

f) die Verfügungen in Begnadigungssachen;

g) die Verfügungen, welche auf ein Gesuch um Aufschub oder Unterbrechung der Strafvollstreckung ergehen, mit Ausnahme bloßer Zwischenverfügungen;

h) die Verfügungen auf Beschwerden, welche über Amtsanwälte oder Hilfsbeamte der StA erhoben werden, sowie die Verfügungen, durch welche gegenüber einem Amtsanwalt oder einem Hilfsbeamten eine Rüge oder Belehrung ausgesprochen wird;

i) die Berichte an vorgesetzte Behörden, die Schreiben an Zentral- oder Provinzialbehörden sowie alle an Behörden gerichteten Schreiben, in denen Meinungsverschiedenheiten erörtert werden.

Nach dieser Verfügung werden, abgesehen von den darin aufgeführten Fällen, alle Schriftstücke und Verfügungen, welche in den einzelnen von der StA zu bearbeitenden Strafsachen zu erlassen sein, von den Sachbearbeitern, soweit sie das Zeichnungsrecht besitzen, selbst unterschrieben, und nur für die Hilfsarbeiter ohne Zeichnungsrecht besteht eine weitergehende Gegenzeichnungspflicht. – Von den Gegenständen, welche nach der Verfügung vom 05.04.1883 der Zeichnung des OStA unterliegen, interessieren im Rahmen unserer heutigen Erörterungen im Wesentlichen nur die beiden erstgenannten: die Anklagen in Schwurgerichtssachen und die Anträge nach Abschluss einer Voruntersuchung.

Durch die AV vom 18.04.1929 – JMBl. S. 125 – ist neuerdings die Gegenzeichnungspflicht des OStA auf Anklagen in Strafsachen wegen Verletzung der Eidespflicht ausgedehnt worden, auch soweit es sich dabei *nicht* um Schwurgerichtsanklagen handelt, es ist das eine *vorübergehende* Maßnahme, die wieder aufgehoben werden wird, sobald der mit der AV beabsichtigte Zweck erreicht ist.

In der RV vom 05.04.1883 – I 947 – waren der Gegenzeichnung des OStA ferner unterstellt: die Verfügungen, durch welche Anträge auf Strafverfolgung oder Anzeigen zurückgewiesen wurden, desgleichen solche, welche die Zurücklegung eines Antrages oder einer Anzeige anordneten, sowie ferner diejenigen Verfügungen, durch welche ein Verfahren eingestellt oder eine Sache zur weiteren Veranlassung an eine andere staatsanwaltschaftliche Behörde abgegeben wurde. Diese Bestimmung sollte nicht Anwendung finden auf solche Sachen, deren Bearbeitung der StA des LG anstelle des Amtsanwalts übertragen war.

Insoweit ist die genannte RV wesentlich eingeschränkt worden durch die RV vom 07.01.1921 – I 7160 –, welche bestimmt, dass die Gegenzeichnungspflicht des OStA gegenüber StA-Räten und StA insoweit fortfällt; nur für Pressstrafsachen, für politische Strafsachen und für Strafsachen wegen Verbrechens (soweit die Verbrechenseigenschaft nicht lediglich durch den Rückfall bestimmt wird) ist für Einstellungen usw. die Gegenzeichnungspflicht des OStA bestehen geblieben.

Dass für wichtigere Strafsachen und – je nach der Eigenart des einzelnen Sachbearbeiters – u.U. darüber hinaus der OStA befugt und verpflichtet ist, die Kontrolle zu verschärfen, ist in den Abschnitten I 2, 4 der RV vom 05.04.1883 klargestellt und neuerdings durch RV vom 12.02.1926 – I 11165/25 – erneut unterstrichen worden. Im Zusammenhang mit unserer heutigen Besprechung interessieren diese Vorschriften indes weniger.

Aus den bisher erwähnten Vorschriften ergibt sich ein verhältnismäßig einfaches Bild der Zeichnungsbefugnisse bei der StA. Diese übersichtliche Regelung ist aber neuerdings etwas in Verwirrung gebracht worden durch die infolge der Verordnung vom 04.01.1924 eingetretenen Strukturwandlungen in der Arbeit der StA.

Wir haben uns heute früh beim ersten Punkt unserer TO mit einer der Auswirkungen dieser VO auf die Tätigkeit der StA, mit der Anwendung des § 153 StPO bereits beschäftigt und dabei insbesondere auch über die Frage des Zeichnungsrechts bei den aufgrund des § 153 zu treffenden Entscheidungen gesprochen. Insoweit darf ich die hier zur Erörterung stehende Frage wohl als erledigt ansehen.

Von wesentlich größerer praktischer Tragweite sind die Wirkungen, welche die VO vom 04.01.1924 für den *sachlichen Geschäftskreis* und die *Anklagepraxis* der StA gehabt hat. Durch die genannten VO ist die Bearbeitung der Strafsachen mit wenigen, zahlenmäßig nicht ins Gewicht fallenden Ausnahmen für die erste Instanz der Zuständigkeit des AG überwiesen worden. Eine dieser Zuständigkeitsverschiebung bei der StA auf der gerichtlichen Seite entsprechende Regelung hätte dazu geführt, die Vorbereitung in der öffentlichen Klage im gleichen Umfange der *Amtsanwaltschaft* zuzuweisen. Davon ist aber in Preußen Abstand genommen worden. Es ist der StA als Arbeitsgebiet im Wesentlichen derselbe Kreis von Geschäften belassen worden, den sie bis zur Neuordnung zu bearbeiten gehabt hat. Es wirken also auf dem Gebiet der amtsgerichtlichen Zuständigkeit StA und Amtsanwaltschaft nunmehr nebeneinander. Die dadurch hervorgerufenen Schwierigkeiten werden vermehrt durch den Umstand, dass die sachliche Zuständigkeit zwischen den beim AG bestehenden Strafgerichtskörpern nicht nach der Art der strafbaren

Handlungen abgegrenzt, sondern in weitem Umfang fließend gestaltet und in die Hand der Anklagebehörde gelegt worden ist.

Diese Neuerungen haben es mit sich gebracht, dass sowohl hinsichtlich der Abgrenzung der Zuständigkeit zwischen StA und Amtsanwaltschaft, als auch für die Begründung der gerichtlichen Zuständigkeit beim AG im Verwaltungsweg Regeln aufgestellt werden mussten, die recht verwickelt und nicht leicht zu handhaben sind. Sie sind enthalten in mehreren der AV, die im Heft 30 des JMBl. 1925 erschienen sind.

Zur weiteren Ausführung dieser AV ist ferner die RV vom 31.07.1925 – I 4160 – erlassen worden. Darin ist gesagt: „Die leitenden Beamten der StA und der Amtsanwaltschaft und die Abteilungsvorsteher haben die gleichmäßige Durchführung der in der AV über Anklagen beim AG, über die Geschäftsverteilung in Strafsachen und über das beschleunigte Verfahren in Strafsachen für die Staats-(Amts-)anwaltschaft gegebenen Richtlinien ständig zu überwachen. In welcher Weise diese Überwachung im Einzelnen durchzuführen sein wird, bleibt der Bestimmung des GStA und, soweit dieser Bestimmungen nicht trifft, des OStA überlassen, sie können dafür allgemeine Richtlinien aufstellen. Das Maß der Überwachung wird je nach den Verhältnissen, insbesondere nach der Erfahrung und der Eignung der bearbeitenden Beamten, der Art der in Betracht kommenden Sachen und des Umfangs des Geschäftskreises der Behörde verschieden sein können. Als Mittel der Überwachung kommen in Betracht: Die Durchsicht der Eingänge durch die leitenden Beamten und die Abteilungsvorsteher, die stetige Kontrolle über den Stand einer jeden Sache, die Gegenzeichnungspflicht bei bestimmten Verfügungen (insbes. bei der Amtsanwaltschaft der Erhebung der öffentlichen Klage oder der Einstellung, bei der StA der Abgabe von Sachen an die Amtsanwaltschaft), *soweit eine solche nach den bestehenden Verfügungen angeordnet werden kann.* Daneben ist eine ständige Beobachtung der Geschäftsstatistik erforderlich, sie zeigt, ob die Geschäftszahlen der Behörde in augenfälliger Weise von dem allgemeinen Durchschnitt abweichen, und wird, wenn das der Fall ist, Anlass zur Nachprüfung bieten müssen, ob diese Abweichung in besonderen Verhältnissen begründet ist oder auf falscher Anwendung gegebener Vorschriften beruht.

Sachen, die bei der Amtsanwaltschaft oder bei dem Amtsrichter schweben, werden, wenn sie – z.B. bei der Erledigung von Rechtsmitteln oder aus Anlass von Aufsichtsbeschwerden – an die StA des LG gelangen, in jeder Lage des Verfahrens daraufhin zu prüfen sein, ob bei der Handhabung der Zuständigkeitsvorschriften von der Staats-(Amts-)anwaltschaft richtig verfahren ist; die leitenden Beamten werden bei den Geschäftsprüfungen auf die Handhabung dieser Vorschriften besonders zu achten haben."

Der Satz über die Gegenzeichnungspflicht, den ich hervorgehoben habe, hat nun zu einer von der RV vom 05.04.1883 wesentlich abweichenden und durchaus uneinheitlichen Gestaltung der Zeichnungsverhältnisse bei den StA und Amtsanwaltschaften geführt. Dass das nicht in der Absicht der Verfügung gelegen haben kann, ergibt sich schon aus ihrem Wortlaut, für die Amtsanwaltschaft auch aus der zu den vorhin erwähnten Verfügungen gehörenden AV vom 21.07.1925, die als *abschließende* Regelung des Zeichnungsrechts bei der Amtsanwaltschaft gedacht war.

Welche Folgerungen aus der RV vom 21.07.1925 gezogen worden sind, möchte ich anhand eines Berichts illustrieren, den der OStA i.R. *Kühne* gemäß einem ihm von hier aus erteilten Sonderauftrag über die Anklagepraxis der StA von Berlin und Potsdam erstattet hat. Danach sind bei den genannten vier StA aufgrund der RV vom 31.07.1921 für die Gegenzeichnung zurzeit folgende Bestimmungen in Kraft: Es zeichnet bei der StA I Berlin der Dezernent die Anklagen vor dem erweiterten Schöffengericht sowie die Abgaben ohne Anklageerhebung an die Amtsanwaltschaft, der Abteilungsvorsteher die Anklagen vor dem kleinen Schöffengericht und die Anklagen vor dem Einzelrichter, sowie die Strafbefehlsanträge. – Bei der StA II Berlin zeichnet der Dezernent die Anklagen vor dem Schöffengericht, und zwar vor dem kleinen wie vor dem erweiterten, der Abteilungsleiter dagegen die Abgaben an die Amtsanwaltschaft, die Anklagen vor dem Einzelrichter und die Anträge auf Strafbefehl.

Bei Berlin II zeichnet der Dezernent die Anklagen vor dem kleinen Schöffengericht, die Einzelrichteranklagen und die Anträge auf Strafbefehl, der Abteilungsvorsteher die Anklagen vor dem erweiterten Schöffengericht und die Abgaben an die Amtsanwaltschaft ohne Anklageerhebung. – In Potsdam wird die Geschäftsverteilung nur an der Hand von Übersichten kontrolliert, und der OStA prüft außerdem die von dem Dezernenten gezeichneten Anklagen vor dem kleinen Schöffengericht nach.

Diese Regelung der Zeichnungsverhältnisse ist verwirrend. Sie wirkt verderblich gerade für jüngere Hilfsarbeiter, die doch oft von einer Behörde zur anderen geworfen werden und sich dann jedes Mal in die bei der neuen Dienststelle geltenden Vorschriften neu einleben müssen. Sie hebt die zu Anfang geschilderte Regelung der Zeichnungsverhältnisse, die die Gegenzeichnung des Leiters auf gewisse wichtige Akte einschränkte, praktisch auf, beschneidet die Selbständigkeit der Sachbearbeiter in übermäßiger Weise, schwächt ihr Verantwortungsgefühl und beeinträchtigt ihre Arbeitsfreudigkeit.

Außerdem erscheint sie zur Erreichung des damit verfolgten Zwecks auch ungeeignet. Der Behördenvorstand oder Abteilungsleiter, der mit einem kaum übersehbaren Wust von Einzelheiten belastet wird, verliert dabei leicht die Übersicht über die Praxis der Geschäftsverteilung und der Anklageerhebung, deren Überwachung die Maßnahme doch dienen soll. Es ist für seine überwachende Tätigkeit viel besser, wenn er die Verhältnisse mehr von oben herab beobachtet, als wenn er sich selbst mitten in das Gedränge des täglichen Dienstbetriebes stellt.

Es gibt andere Mittel, die mit wesentlich geringerem Aufwand an Arbeit und Mühe die Praxis der Geschäftsverteilung und der Anklageerhebung zu regulieren gestatten. Sie sind in der AV vom 18.07.1925 und in der RV vom 31.07.1925 aufgezählt. Ich rechne dazu insbesondere eine sorgfältig ausgebaute Geschäftsstatistik.

Wenn in der Verfügung vom 31.07.1925 als Mittel der Überwachung der Geschäftsgestaltung auch die Einführung von Gegenzeichnungspflichten erwähnt worden ist, so geschah das aus dem Gedanken heraus, dass sich für eine gewisse

Übergangszeit von kurzer Dauer und für die Folge bei einzelnen Dezernenten – entweder bei solchen, die neu in den Dienst eintreten, oder bei denen, die in der Praxis der Anklageerhebung oder der Geschäftsverteilung merkbar und dauernd aus der allgemeinen Linie herausfallen – für kürzere Zeit eine schärfere Überwachung in der Form der Gegenzeichnung als nötig erweisen könnte. An allgemeine Dauermaßnahmen von solchem Ausmaß, wie sie uns das Berliner Beispiel gezeigt hat, ist dabei nicht gedacht worden. Die Herren GStA werden zu prüfen haben, wie den geschilderten Missständen abzuhelfen sein wird.

Ferner ist zu erwägen, ob nicht die aufgrund der RV vom 05.04.1883, 07.01.1921 noch bestehenden Gegenzeichnungspflichten in einzelnen Beziehungen weiter eingeschränkt werden könnten. Gedacht wird dabei an die Freigabe der Zeichnung von Einstellungsverfügungen bei Verbrechenssachen mit Ausnahme der Schwurgerichtssachen, wie sie von der Vereinigung der Preußischen Staatsanwälte auf ihrer Versammlung im vorigen Herbst gefordert worden ist. Vielleicht könnte, wenn nicht für alle, so doch wenigstens für die älteren Dezernenten, von denen eine sachgemäße Handhabung der Anklagepraxis erwartet werden kann, die Zeichnung insoweit freigegeben werden. Auch hinsichtlich der Stellungnahme zu Gnadengesuchen ist von der Vereinigung der StA eine Befreiung von der Gegenzeichnungspflicht, wenigstens für planmäßige StA-Räte, in Anregung gebracht worden.

Die Herren GStA werden gebeten, sich auch über diese Punkte zu äußern.

GStA Dr. Hansen – Kiel – regte an, einen aus den Referenten des Justizministeriums und einigen GStA zu bildenden Ausschuss mit der Ausarbeitung neuer Richtlinien für das Zeichnungsrecht zu betreuen.

GStA Dr. Mosler – Stettin – schloss sich diesem Vorschlag an, *GStA Dr. Bluhme – Frankfurt a.M.* – und *GStA Rhode – Berlin* – ebenfalls, letzterer mit dem Bemerken, dass es ihm zweifelhaft erscheine, ob sich für ganz Preußen einheitliche Vorschriften aufstellen lassen würden.

JMin. Dr. Schmidt bat um Vorschläge für die Zusammensetzung des Ausschusses und schlug seinerseits den Herrn GStA bei dem KG sowie je einen oder mehrere Herren aus überwiegend ländlichen und überwiegend industriellen Bezirken vor. Auf Zuruf und Erwiderung aus den Reihen der Anwesenden stellte er allseitiges Einverständnis dahin fest, dass außer dem Herrn GStA bei dem KG noch die Herren GStA in Königsberg, Düsseldorf, Naumburg a.S. und Stettin oder anstelle des betreffenden GStA ein OStA als sein Vertreter in den Ausschuss zu entsenden seien.

GStA Hohmann – Hamm – bemerkte noch, dass die Gegenzeichnungspflicht in den letzten Jahren in der Hauptsache als Sicherungsmaßnahme gedient habe, um die Anklageerhebung vor dem erweiterten Schöffengericht zu überwachen.

JMin. Dr. Schmidt schloss damit die Aussprache zu diesem Punkt der TO.

MinRat Hartung brachte unter *„Verschiedenes"* (4. Punkt der TO) zunächst Folgendes zur Sprache: Die Emmingersche Strafprozessreform habe die sachliche Zuständigkeit der beim AG bestehenden Strafgerichte und damit zugleich in gewissem Umfang den Instanzenzug in die Hand der StA gelegt. Zum RG gelange eine Strafsache in der Revisionsinstanz nur, wenn die StA in I. Instanz Anklage vor dem erweiterten Schöffengericht erhoben habe. In der ersten Zeit nach dem Inkrafttreten der VO vom 04.01.1924 seien von verschiedenen Stellen Befürchtungen geäußert worden, die StA könne mit Hilfe dieser Vorschriften das RG mehr oder weniger ausschalten. Das RJM habe damals die Landesjustizverwaltungen gebeten, eine möglichst weitgehende Anklageerhebung vor dem erweiterten Schöffengericht sicherzustellen. In diesem Sinne habe dann der preuß. JMin. in der Besprechung vom 15.11.1924 die Herren GStA unterrichtet. Das Ergebnis dieser Besprechungen sei in Preußen in der AV vom 17.07.1925 – JMBl. S. 261 – niedergelegt worden. Diese Maßnahmen hätten das Ergebnis gehabt, dass in Preußen die Zahl der Anklagen vor dem erweiterten Schöffengericht sich erheblich erhöht habe. In den anderen deutschen Ländern sei man dem preußischen Vorbild aber nur teilweise gefolgt. In Preußen seien 1925 37%, 1926 46%, 1927 48% und 1928 ebenfalls 48% aller Schöffensachen vor das erweiterte Schöffengericht gebracht worden, während sich die entsprechenden Zahlen für die übrigen deutschen Länder auf 16%, 18%, 21% und 29% belaufen hätten. Die Zahl der an das RG gelangenden Revisionen gegen Urteile der Strafkammern habe sich in der Zeit von 1925 bis 1928 mehr als verdoppelt; sie sei von 1526 im Jahre 1925 auf 3198 im Jahre 1928 gestiegen. Der preußische Anteil an diesen Revisionen sei in Anbetracht der Größenverhältnisse Preußens zum Reich unverhältnismäßig hoch. Die Arbeitslage bei den Strafsenaten des RG sei infolgedessen zurzeit stark angespannt. Der RJM habe den preuß. JMin. ersucht, auf Verminderung der Anklageerhebung beim erweiterten Schöffengericht hinzuwirken und dadurch die notwendige Entlastung des RG herbeizuführen. Diesem Wunsche des RJM müsse Preußen entsprechen. Die Herren GStA würden gebeten, in diesem Sinne die OStA mit neuen Weisungen zu versehen.

MinDir. Huber bemerkte, dass die geschilderte Entwicklung keinen Anlass zur Kritik an der StA gebe. In den ersten Jahren nach der Umgestaltung der Strafgerichte und der Ersetzung der erstinstanzlichen Strafkammern durch Schöffengerichte sei die weitgehende Anklageerhebung vor dem erweiterten Schöffengericht im Interesse der allmählichen Überleitung und Gewöhnung durchaus zweckmäßig gewesen. Jetzt müsse aber eine Umstellung erfolgen.

MinDir. Dr. Hartwig bemerkte, dass durch überflüssige Anklageerhebung vor dem erweiterten Schöffengericht außer dem RG auch die Untergerichte unnötig belastet würden, und empfahl, dass die Herren GStA im Einvernehmen mit den OLG-Präs. auf Abhilfe bedacht sein möchten.

JMin. Dr. Schmidt bemerkte, die von Herrn MinRat Hartung mitgeteilten Zahlen seien derartig überraschend, dass eine Einschränkung unvermeidbar erscheine.

MinRat Hartung empfahl, mit den OStA darüber zu beraten, wie auf eine Beschränkung der Anklagen vor dem erweiterten Schöffengericht hingewirkt werden könne. Bestimmte Prozentsätze anzugeben sei nicht leicht. Sicher sei nur, dass, wenn in Preußen ursprünglich nur 17% und jetzt fast 50% aller Sachen vor dem erweiterten Schöffengericht angeklagt würden, der jetzige Zustand nicht bestehen bleiben könne. Der richtige Prozentsatz liege vielleicht in der Mitte zwischen den beiden genannten. Doch könne das nur für den Gesamtdurchschnitt gelten, im Einzelnen lägen die Verhältnisse zu verschieden, dass sich eine vollkommene Gleichmäßigkeit in der Anklagepraxis kaum werde herbeiführen lassen.

GStA Storp – Celle – bemerkte, dass sich ohne Hilfe der OLG-Präs. kaum eine wirksame Abhilfe schaffen lassen werde; es sei zu befürchten, dass die Gerichte bei einer Änderung der Anklagepraxis sonst Schwierigkeiten machen würden.

GStA Dr. Schneider-Neuenburg – Düsseldorf – wies darauf hin, dass die Art der Kriminalität je nach der Zusammensetzung der Bevölkerung in den verschiedenen Bezirken erheblich verschieden sei. Dadurch werde naturgemäß auch die Anklagepraxis beeinflusst. In Düsseldorf selbst seien im 1. Vierteljahr 1929 43,2%, im Bezirk Cleve nur 35% aller Sachen vor das erweiterte Schöffengericht gebracht worden. Im Industriebezirk sei die schwere Kriminalität im Wachsen. Dennoch glaube er, dass sich auch in seinem Bezirk eine Verminderung der vor das erweiterte Schöffengericht zu bringenden Sachen herbeiführen lassen werde.

MinDir. Huber erklärte, dass sich eine Änderung der AV vom 17.07.1925 vielleicht nicht werde vermeiden lassen. Es lasse sich kaum noch rechtfertigen, die rechtlich zweifelhaften Sachen, auch wenn sie im Tatbestand einfach lägen, grundsätzlich vor das erweiterte Schöffengericht zu bringen.

MinDir. Dr. Hartwig teilte mit, auf einer Dienstreise im Westen habe er kürzlich festgestellt, dass bei einem AG 1928 in 90% und 1929 bisher sogar in 100% aller Schöffensachen Anklage vor dem erweiterten Schöffengericht erhoben worden sei.

GStA Dr. Schneider-Neuendorf – Düsseldorf – teilte mit, eine von ihm in seinem Bezirk vorgenommene Nachprüfung der Handakten habe ergeben, dass tatsächlich zahlreiche Sachen vor das erweiterte Schöffengericht gebracht worden seien, die eigentlich vor das kleine Schöffengericht gehört hätten.

JMin. Dr. Schmidt sagte zu, dass noch eine schriftliche Verfügung ergehen werde, die auch an die OLG-Präs. sich richten werde.

MinRat Hartung erörterte sodann folgende, in einem Bericht des GStA in Kiel aufgeworfene Frage zur *Auslegung der AV vom 18.07.1925* (JMBl. S. 262). In dieser Verfügung sei u.a. Folgendes bestimmt: „Wird eine Sache von der StA erst nach Abschluss der Ermittlungen an die Amtsanwaltschaft abgegeben, so ist, sofern nicht Einstellung zu erfolgen hat, in der Regel die Anklageschrift oder der Antrag auf Strafbefehl beizufügen."

Es seien Zweifel erhoben worden, wie es mit *einstellungsreifen Sachen* zu halten sei, ob die StA berechtigt sei, eine solche Sache von sich aus sofort einzustellen, oder ob sich aus dem mitgeteilten Satz der AV für sie die Verpflichtung ergebe, auch einstellungsreife Sachen, ggfs. mit dem Entwurf der Einstellungsverfügung, an die Amtsanwaltschaft abzugeben.

MinRat Hartung teilte dazu mit, die Absicht des JMin. sei –wenn auch der Wortlaut der Verfügung vielleicht für die gegenteilige Ansicht zu sprechen scheine – dahin gegangen, dass die Abgabe einer einstellungsreifen Sache an die Amtsanwaltschaft zwar zulässig, aber nicht nötig sei.

GStA Dr. Hansen – Kiel – erklärte, dass diese Auffassung auch die seinige sei, er habe die Angelegenheit nur mit Rücksicht auf ihre grundsätzliche Bedeutung zur Sprache bringen wollen.

MinDir. Huber stimmte dieser Auffassung zu.

OStA Dr. Waschow – Breslau – stellte die Frage, ob im Fall der Abgabe einer Sache mit Anklageentwurf der beigefügte Anklageentwurf von den Beamten der StA gezeichnet, ggfs. auch gegengezeichnet, sein müsse. Werde der Entwurf der StA mit Zeichnung abgegeben, so müsse der die Anklage einreichende Beamte der Amtsanwaltschaft die Namen ausstreichen und durch seinen Namen ersetzen. Werde die Anklage ohne Zeichnung abgegeben, so wisse die Amtsanwaltschaft nicht, ob der Entwurf nicht vielleicht nur die Arbeit eines Referendars sei.

MinRat Hartung erklärte, die vom Amtsanwalt eingereichte Anklage müsse von diesem unterzeichnet sein. Er sei aber an den Wortlaut des ihm von der StA zugegangenen Entwurfs gebunden. Dies müsse in der Abgabeverfügung zum Ausdruck kommen.

GStA Dr. Mosler – Stettin – teilte in einer Zwischenbemerkung mit, er habe die sonderbare Beschwerde eines als örtlichen Sitzungsvertreters bestellten Kanzleiangestellten erhalten, der sich darüber beklagt habe, dass die StA in Stettin die Sachen immer erst, wenn sie anklagereif seien, mit einem Entwurf der Anklage abgebe.

MinDir. Huber erklärte, dass nichts dagegen einzuwenden sei, wenn die Abgabe der Sachen erst nach Abschluss der Ermittlungen mit einem Anklageentwurf erfolge. Der Anklageentwurf müsse von dem Dezernenten und ggfs. von dem gegenzeichnenden Beamten genehmigt sein, die nicht genehmigte Arbeit eines Referendars sei für die Amtsanwaltschaft ohne Bedeutung.

GStA Dr. Hansen – Kiel – stellte fest, dass die Genehmigung des Anklageentwurfs nicht nur durch seine Unterzeichnung, sondern auch in der gezeichneten und ggfs. gegengezeichneten besonderen Abgabeverfügung zum Ausdruck gebracht werden könnte.

MinRat Hartung teilte sodann zur *Auslegung des § 50 StPO* folgendes Gutachten des Staatsrechtsreferenten des JMin. mit: *Löwe-Rosenberg* Anm. 6 zu § 50 StPO vertritt im Anschluss an eine alte RG-Entsch. (RGSt. 26, S. 253) die Ansicht, dass „der Begriff der Tagung den Zeitraum einer Vertagung nicht mit umfasse." Sofern, wie anzunehmen, unter „Vertagung" hier auch die formlose Vertagung ohne förmlichen Tagungsschluss (Art. 24 RV, Art. 17 preuß. Verf.) verstanden wird, die jetzt praktisch allein noch vorkommt, ist diese Auffassung mindestens unter den gegenwärtigen Verhältnissen unhaltbar. Der Begriff der Tagung (früher Sitzungsperiode oder Session) ist ein staatsrechtlich vollkommender und zweifelloser; es geht nicht an, ihm hier einen anderen Sinn beizulegen wie überall sonst.

Hiernach fallen Gerichtstermine auch dann in die „Tagung" [eines Parlaments], wenn sie während einer Vertagung stattfinden. Für die praktische Befolgung der §§ 50 StPO, 382 ZPO entsteht nun eine gewisse Schwierigkeit daraus, dass die Gerichte bei der Terminanberaumung im Allgemeinen nicht wissen können, ob der Abgeordnete sich am Termintag in Berlin aufhalten wird oder nicht. Zur Behebung dieser Schwierigkeiten bieten sich verschiedene Wege. Einer besteht darin, in geeigneten Fällen sich mit dem Abgeordneten über Zeit und Ort des Termins vorher in Verbindung zu setzen. Ein anderer besteht darin, wenn der Abgeordnete nach einem Orte außerhalb Berlins geladen werden soll, der Ladung hinzuzufügen: „Diese Ladung gilt nur für den Fall, dass Sie sich an dem Termintage nicht an dem Orte der Versammlung des Reichstags (Landtags) aufhalten werden; falls Sie beabsichtigen, sich an dem genannten Tage an diesem Orte aufzuhalten, so werden Sie ersucht, dies dem Gericht möglichst frühzeitig anzuzeigen."

JMin. Dr. Schmidt erklärte, bei den Vorladungen müsse von den StA und Gerichten auch mehr Rücksicht auf die zeitliche Inanspruchnahme und die Dispositionen der Parlamentarier genommen werden. Es komme noch immer vor, dass selbst er als Minister Vorladungen von einem Tage auf den nächsten Tag früh morgens erhalte. – Beim Eingehen von Strafanzeigen gegen bekannte Personen des öffentlichen Lebens sei ferner eine gewisse Vorsicht bei der Auslegung der Vorgänge geboten. Es gehe nicht an, auf jede haltlose Eingabe hin ein Aktenstück gegen die betreffende Persönlichkeit anzulegen, etwa, wie es vorgekommen sei, eine J.-Sache gegen den päpstlichen Nuntius wegen Gotteslästerung.

GStA Dr. Schneider-Neuenburg – Düsseldorf – erklärte, dass er früher als OStA in Köln in solchen Fällen die Angabe des Beschuldigten fortgelassen habe, dass ihm das aber damals von seinem GStA beanstandet worden sei.

MinRat Dr. Wirth machte sodann darauf aufmerksam, dass häufig recht alte StA-Räte oder Erste StA mit der Bearbeitung der politischen und Pressestrafsachen betraut würden. Diese Dezernate seien gerade geeignet, jüngeren tüchtigen Beamten Gelegenheit zu bieten, ihre Fähigkeiten zu entwickeln und sich die Qualifikation für Beförderungen zu erwerben. Außerdem unterlägen diese Sachen der Zeichnung durch den OStA oder Abteilungsvorsteher, und es empfehle sich daher auch aus diesem Grunde ihre Bearbeitung durch einen jüngeren Beamten.

JMin. Dr. Schmidt unterstrich die Ausführungen von Herrn MinRat Dr. Wirth und bemerkte, dass die gleichen Grundsätze bei der Bestellung der Leiter von Justizpressestellen beobachtet würden.

MinRat Dr. Wirth verwies weiter auf die *Einrichtung der Justizpressestellen.* Diese Einrichtung habe sich zweifellos sehr bewährt. Die Presse nehme die Justizpressestellen gern in Anspruch und arbeite gut mit ihnen zusammen. Schwierigkeiten beständen aber noch insofern, als die Justizbehörden sich noch nicht so recht an die Arbeit mit den Justizpressestellen gewöhnt hätten und mit Informationen zurückhielten. Die Justizpressestellen hätten nicht nur den Zweck, unbegründeten Presseangriffen entgegenzutreten, sollten vielmehr auch zur rechtzeitigen Information der Presse dienen, um falschen Nachrichten vorzubeugen. Um hier Abhilfe zu schaffen, seien die Bestimmungen unter II a und b der RV vom 13.02.1929 – I 3187/29 – ergangen. Aufgabe der StA sei es auch nach Errichtung der Justizpressestellen geblieben, die Zeitungen unter den Gesichtspunkten der Strafverfolgung zu überwachen. Hier sei die Entwicklung bis vor kurzem noch sehr im Rückstande gewesen. Die StA habe vielfach noch immer dieselben Zeitungen wie vor dem Kriege überwacht, obwohl sich die Verhältnisse grundlegend geändert hätten, eine radikale Oppositionspresse rechts und links entstanden sei. Hier habe die bereits erwähnte RV vom 13.02.1929, unter Ziff. I, ebenfalls Abhilfe schaffen sollen und größtenteils auch bereits geschafft. Trotzdem wolle er nochmals darauf hingewiesen haben, dass die StA als Strafverfolgungsbehörde die Zeitungen ebenfalls zu überwachen habe, und zwar namentlich die Zeitungen, in denen Angriffe gegen die Staatsform, die Regierung und Behörden zu erwarten seien.

GStA Dr. Bluhme – Frankfurt a.M. – teilte mit, in Frankfurt a.M. seien Schwierigkeiten dadurch entstanden, dass die Presse sehr anspruchsvoll sei und z.B. noch während schwebender Voruntersuchung Informationen über die Zeugenaussagen verlange.

JMin. Dr. Schmidt erwiderte, dass sich, insbesondere bei der auf Sensation abgestellten Presse, mitunter die Neigung zeige, die Grenze zum zulässigen Einmischen in die Verfahren zu überschreiten. Die Schwierigkeiten hätten sich bisher aber nirgends vermehrt, es handle sich um Kinderkrankheiten, die sich hoffentlich verlieren würden.

GStA Dr. Schneider-Neuenburg – Düsseldorf – berichtete, dass er sich zur Vermeidung unzulässiger Presseinformationen durch Polizeibeamte mit dem Polizeipräsidenten in Düsseldorf in Verbindung gesetzt und dabei auch Erfolg gehabt habe. [...]

GStA Dr. Schneider-Neuenburg – Düsseldorf – bat um Auskunft, ob die *Geschäftsverteilung nach Materien der Geschäftsverteilung nach Buchstaben* vorzuziehen sei.

MinRat Hartung erwiderte, dass eine Geschäftsverteilung nach Materien nur bei sehr großen StA in Betracht komme. Es würden zurzeit Versuche mit der sachlichen Geschäftsteilung in Essen und Berlin unternommen. Man verspreche sich davon ein besseres Zusammenarbeiten mit der Kripo, und wenn die Geschäftsverteilung im gleichen Sinne auch bei Gericht vorgenommen werde, wie neuerdings hier in Berlin, auch eine Einschränkung des Sitzungsvertreterunwesens.

JMin. Dr. Schmidt erklärte, dass sich die Einrichtung von Sonderdezernaten in Kapitalsachen bei größeren Behörden unbedingt empfehle. In der letzten Zeit sei es bei großen Sachen öfter aufgefallen, dass der erste Zugriff recht fehlerhaft und schlecht gewesen sei. In Schlesien insbesondere sei eine ganze Reihe von Morden unaufgeklärt geblieben, und man habe dabei, wie auch in den bekannten Strafsachen gegen Hussmann, Dujardin (Königsberg) und Frau Reinke (Stettin) das Gefühl, eine bessere und vollständigere Aufklärung des Sachverhalts wäre vielleicht möglich gewesen, wenn der erste Zugriff besser gewesen wäre. Es sei ein unerträglicher Zustand, wenn – wie es kürzlich bei einem Aufsehen erregenden Mordfall vorgekommen sei – der OStA nicht sofort zum Tatort habe reisen können, weil er nur 40 RM bei sich gehabt habe und die Banken geschlossen gewesen seien.

GStA Dr. Schneider-Neuendorf – Düsseldorf – erklärte, bei der StA in Düsseldorf ständen zwei Dezernenten stets für die Bearbeitung von besonders schwierigen und umfangreichen Sachen zur Verfügung, sie seien im normalen Dezernat stark entlastet und dadurch für gewöhnlich weniger beschäftigt, müssten dafür aber zur sofortigen Übernahme großer Sachen ständig bereitstehen.

Ein Missstand sei es, dass die Polizei auch in wichtigen Sachen meist erst von sich aus eingehende Ermittlungen anstelle, sogar unter Leitung des gar nicht zu den Hilfsbeamten der StA gehörenden Polizeipräsidenten, und die StA überhaupt nicht benachrichtige.

GStA Hohmann – Hamm – fragte, ob nicht die Erteilung von Aufträgen zur Berichterstattung in politischen Sachen eingeschränkt werden könne.

MinDir. Huber erwiderte, dass er die Notwendigkeit von Berichtsaufträgen stets sorgfältig prüfe. Er bitte, in solchen Aufträgen nicht etwa Mangel an Vertrauen zu der Arbeit der StA oder gar der Behördenleiter zu erblicken. Vielfach handle es sich nur darum, dass das Ministerium stets in der Lage sein möchte, im Parlament oder auch sonst Auskunft über das den Gegenstand des Auftrags bildende Verfahren zu geben. Die Gründe könnten allerdings für den Beauftragten nicht immer erkennbar gemacht werden.

JMin. Dr. Schmidt unterstrich die Erwiderung des Herrn MinDir. Huber und schloss sodann die Besprechung, da weitere Gegenstände nicht zu erörtern waren.

IX. Besprechung mit den OLG-Präsidenten am 28.09.1929

JMin. Dr. Schmidt eröffnet die Besprechung und heißt die vollzählig erschienenen Herren OLG-Präs. herzlich willkommen. Er habe es für zweckmäßig gehalten, die Besprechung noch vor der bevorstehenden Vertreterversammlung des Preußischen Richtervereins in Dortmund anzuberaumen. Insbesondere solle die sehr wichtige, von dem Vorstand des Preuß. Richtervereins neuerdings wieder aufgerollte Frage eines erhöhten Richterschutzes noch vor der Dortmunder Tagung mit den Herren OLG-Präs. persönlich erörtert werden.

Sodann erteilte der Herr Minister *zu Punkt I der TO „Angriffe gegen Richter und StA"* das Wort dem *LG-Rat Veltman.* Dieser führt Folgendes aus: Wie den Herren OLG-Präs. bekannt sei, habe der Vorstand des Preuß. Richtervereins angeregt, die RV vom 26.06.1922 im Sinne eines erhöhten Schutzes der Richter und StA gegen Beleidigung umzugestalten. Die OLG-Präs. seien durch die RV vom 22.08.1929 gebeten worden, zusammen mit den GStA zu den Vorschlägen des Richtervereins Stellung zu nehmen. Wenn die Angelegenheit trotzdem auch zum Gegenstande der heutigen Besprechung gemacht worden sei, so sei dies einmal wegen ihrer besonderen Bedeutung geschehen und in der Hoffnung, dass eine Aussprache die Berichterstattung erleichtern und vertiefen werde, dann aber auch, weil damit gerechnet werden müsse, dass der Schutz der Richter und StA gegen Beleidigung – wie voriges Jahr in Stettin – auch auf der Vertreterversammlung des Richtervereins in Dortmund zur Aussprache gebracht werde. Für das JMin. sei es daher von großem Interesse, ob die Eingabe des Richtervereins die Stimmung der Gesamtheit oder doch der Mehrheit der Richter und StA wiederspiegle, ob auch die OLG-Präs. die zur Handhabung der Bestimmungen berufen seien, die RV von 1922 nicht mehr als zeitgemäß ansähen und ob sie die Vorschläge des Richtervereins als geeignete Grundlage für eine Neuregelung der Bestimmungen ansähen.

Obwohl den OLG-Präs. die angegriffene RV und die Vorschläge des Richtervereins bekannt seien, werde es nicht unzweckmäßig sein, die Grundzüge der bisherigen Bestimmungen und die neuen Vorschläge kurz einander gegenüberzustellen. – Die RV von 1922 gehe davon aus, dass bloße beschimpfende Äußerungen allgemeiner Art, sofern sie nicht einen außergewöhnlichen Grad erreichten, in der Regel zur Stellung eines Strafantrages keinen Anlass geben sollten. Dabei seien als Beispiele für solche allgemeine Äußerungen angeführt: „Blutjustiz", „Klassenrichter", „Die Richter haben wieder einmal das Recht gebeugt". Konkrete Vorwürfe sollten keinen Anlass zur Stellung eines Strafantrages geben, wenn sie von vornherein absurd oder unbedeutend erschienen. Nur wenn konkrete Tatsachen behauptet würden, die die Stellung des Richters oder StA zu *erschüttern* geeignet seien (etwa: er habe sich bestechen lassen), nehme die RV an, dass vielfach das

Interesse an der Aufklärung der Vorwürfe die Stellung eines Strafantrages ratsam erscheinen lasse.

Die Eingabe des Richtervereins vertrete den Standpunkt, dass von der auch nach der RV von 1922 noch verbliebenen Möglichkeit der Stellung von Strafanträgen ein zu geringer Gebrauch gemacht werde. Sie rege ferner an, auch bei allgemeinen Schmähungen und absurden Vorwürfen konkreter Art die Stellung eines Strafantrages zuzulassen, falls es sich nicht um unbedeutende Sachen handle oder der strafrechtlichen Verfolgung dienstliche Interessen entgegenstünden. Endlich wünsche die Eingabe neben der Richtigstellung irriger Ansichten oder Nachrichten „eine entschiedene Zurückweisung unberechtigter Vorwürfe" und eine Stellungnahme auch dann, wenn die Angriffe zwar einen berechtigten Kern hätten, jedoch maßlose und entstellende Übertreibungen enthielten oder zu Unrecht verallgemeinernde Schlussfolgerungen zögen.

Die Eingabe des Richtervereins verlange demnach nicht einen völligen Systemwechsel, sondern neben einer entgegenkommenderen Handhabung der Bestimmungen deren vorsichtige Erweiterung und eine Ergänzung der Schutzmaßnahmen durch stärkere Zurückweisung von Angriffen. Die Eingabe erkenne auch ausdrücklich an, dass die Gründe für die zurückhaltende Einstellung der Justizverwaltung wohl beachtlich seien und dass in jedem Falle neben dem Interesse des angegriffenen Beamten das Gesamtwohl der Beamten und das allgemeine staatliche Interesse berücksichtigt werden müsse. Auch sonst fehle es offenbar nicht an der Erkenntnis, dass einem uneingeschränkten Eintreten für die Richterschaft erhebliche Hindernisse im Wege stünden (z.B. hohe Strafen, § 51 StGB). Der Vorschlag eines besonderen Richterschutzgesetzes habe gerade auch in der Richterschaft lebhafte Ablehnung erfahren. Mit Recht habe noch auf dem Richtertag in Köln LG-Präs. Hermsen betont, nicht ein Richterschutzgesetz, sondern nur persönliche Tüchtigkeit könne das Ansehen des Richters heben. Auch LG-Dir. Winkler habe in seinem Referat auf dem Richtertage darauf hingewiesen, dass bei den Klagen über zu geringen Schutz vielfach die geringen Schutzmöglichkeiten übersehen würden, dass die strafrechtliche Verfolgung von Angriffen gegen die Justiz nicht sehr aussichtsreich sei, dass Berichtigungen vielfach nur neue Erörterungen hervorriefen, dass aber auch im Ganzen genommen die Zahl der Angriffe abgenommen habe.

In der Richterschaft werde nicht selten darauf hingewiesen, dass Strafanträge wegen Beleidigung von Polizeibeamten und Reichswehrangehörigen in größerem Umfange erfolgten. Das sei richtig; es dürfe aber nicht übersehen werden, dass es sich bei den Polizeibeamten zumeist um untergeordnete Organe handle, und dass überhaupt in diesen Fällen der Strafverfolgung nicht die besonderen Bedenken entgegenständen, die der Aburteilung durch Berufsgenossen stets entgegenstehen würden. Wenn hin und wieder auf die verschiedenartige Behandlung von Richterbeleidigungen einerseits, und Beleidigungen der Regierung oder einzelner Regierungsmitglieder andererseits (RV vom 01.03.1929) hingewiesen werde, so sei darauf zu erwidern, dass sich die Herren Reichs- und Staatsminister bei der Stellung von Strafanträgen der größten Zurückhaltung befleißigten. Im Übrigen sei auch die Zahl der tatsächlich gestellten Strafanträge mit 65 bis 70 für das Jahr gar nicht so gering, zumal die Statistik des JMin. nicht ganz vollständig zu sein scheine.

Das JMin. erfahre regelmäßig nur von der erfolgten Stellung von Strafanträgen. Es würde daher von großem Interesse sein, von den OLG-Präs. zu erfahren, ob sie sich in erheblicherem Umfange genötigt sähen, gegenüber dem Drängen der Richter und StA und ihrer örtlichen Vertretungen die Stellung von Strafanträgen abzulehnen. Von Interesse würde es auch sein, zu wissen, wie die den örtlichen Verhältnissen und Einflüssen näherstehenden LG-Präs. sich in solchen Fällen stellten. Von großem Werte würde es ferner sein, von den OLG-Präs. zu erfahren, ob sie sich durch den Wortlaut der Bestimmungen gehindert sähen, in solchen Fällen Strafantrag zu stellen, in denen sie die Antragstellung an sich für geboten erachteten. Und endlich sei es erwünscht, von den Erfahrungen zu hören, welche die OLG-Präs. mit Berichtigungen gemacht hätten, um daraus entnehmen zu können, ob die vom Richterverein gewünschte Zurückweisung unberechtigter Vorwürfe und die Stellungnahme zu übertreibenden Vorwürfen tatsächlich der Rechtspflege und dem Ansehen der Richterschaft dienlich sein würde. Er dürfe in diesem Zusammenhang noch einmal auf das bereits erwähnte Referat des LG-Dir. Winkler zurückkommen, der Berichtigungen nur dann als zweckmäßig ansehe, wenn sie unverzüglich erfolgen könnten, aber auch dann noch vor einem Übermaß warne und besondere Pressfehden vermieden wissen wolle.

Auf eine entsprechende Frage des Herrn Ministers ergänzt LG-Rat Veltman seine Ausführungen noch dahin, dass die Zahl 65–70 den Jahres*durchschnitt* der in den letzten drei Jahren gestellten Strafanträge darstelle, in den weiter zurückliegenden Jahren sei die Durchschnittszahl etwa 45–50 gewesen.

Der *Minister* betont sodann, dass seines Wissens die Frage der erhöhten Richterschutzes zurzeit im Mittelpunkte des Interesses der Kollegenschaft stehe. Auch die Angelegenheit Bombe werde mit dieser Frage in Zusammenhang gebracht.

KG-Präs. Dr. Tigges führt aus, dass er sich hinsichtlich der Frage des Richterschutzes ständig mit dem Preuß. Richterverein in Verbindung gehalten habe. Der Richterverein habe sich nie darüber beschwert, dass er, der KG-Präs., mit der Stellung von Strafanträgen allzu sehr zurückhalte. In diesem Jahre habe er in acht Fällen Strafantrag gestellt, in sieben weiteren Fällen ein Einschreiten abgelehnt. Durch die Fassung des Runderlasses vom 26.06.1922 fühle er sich in seinem Vorgehen nicht behindert. Er sehe daher keinen Anlass, die nach der bisherigen Fassung den OLG-Präs. vorbehaltenen Befugnisse zu erweitern.

Allgemein gültige, ins Einzelne gehende Bestimmungen ließen sich zu dieser Frage nicht treffen. In der Provinz lägen die Fälle anders als in Berlin. Er lasse neuerdings die Beleidiger im Wege über die StA polizeilich vernehmen und habe damit gute Erfolge erzielt. Oft stelle sich heraus, dass der Beleidiger aufgrund eines Missverständnisses gehandelt habe, oft handle es sich um Geisteskranke und bisweilen habe auch der Beleidiger seine Äußerung gar nicht so böse gemeint.

Sofern er, der KG-Präs., die Stellung eines Strafantrages ablehne, teile er die Gründe der Ablehnung dem LG-Präs. mit. Die LG-Präs. seines Bezirks seien auch bis auf einen mit der Art seines Vorgehens einverstanden. – Der KG-Präs. *schlägt vor, die RV in ihrer derzeitigen Fassung zu erhalten,* jedoch ihre weitherzige Auslegung durch die OLG-Präs. zuzulassen.

Die Ergebnisse der angestrengten Strafverfahren seien verschieden. Im Strafmaße schienen die Gerichte neuerdings sehr zur Milde zu neigen, sie verhängten in der Regel kleine Geldstrafen. Erhebliche Freiheitsstrafen seien in neuerer Zeit – außer im Falle Marschner – nur in zwei Fällen ausgesprochen worden, und zwar einmal sechs Wochen und einmal ein Monat Gefängnis. Mehr und mehr nähmen die Beleidiger ihre Äußerungen zurück. Zur Zurückhaltung bei der Stellung von Strafanträgen wegen Richterbeleidigung verleite ihn insbesondere auch die Beobachtung der Beleidigungsverfahren, die auf Angriffe gegen andere Justizbeamte anhängig gemacht würden und deren Verlauf ihm oft erheblichen Kummer bereite.

Wenn die Richter über Einzelfälle, in denen ein angeregter Strafantrag nicht gestellt worden sei, sich erregten, so kennten sie meistens die Gründe für die ablehnende Haltung der OLG-Präs. nicht. Die Erregung beruhe auch weniger auf der Annahme, dass die Richter gegen Einzelangriffe von Privatpersonen nicht genügend geschützt würden, als auf dem angeblichen Versagen des Schutzes gegen Presseangriffe. Allerdings verspreche man sich von Strafanträgen gegen die Presse keinen Erfolg, glaube jedoch, dass mehr mit Berichtigungen gearbeitet werden müsste. In jüngster Zeit habe z.B. auch der LG-Dir. Masur zunächst die Berichtigung eines in der DAZ gegen ihn gerichteten Angriffs gefordert, von seinem Verlangen aber Abstand genommen, als er gehört habe, dass das JMin. keinen Wert auf die Verfolgung der Angelegenheit lege.

OLG-Präs. Dr. Cormann: Im Bezirke des OLG Stettin seien seit dem Bestehen der RV vom 26.06.1922 insgesamt 35 Strafanträge gestellt und 51 weitere Anträge abgelehnt worden. Zur Kennzeichnung seiner, des OLG-Präs., Stellungnahme könne er den Fall des Assessors Gottschalk in Bütow aus dem Jahre 1926 anführen. Dieser habe auf eine Verfügung die schriftliche Antwort eines Musikers bekommen, des Inhalts, dass er, der Musiker, „ein dümmeres, blödsinnigeres Schreiben wie dieses (die Verfügung) nie gesehen habe; so etwas könne nur in Bütow vorkommen“. Der beleidigte Richter habe, unterstützt von dem LG-Präs. in Stolp, die Stellung des Strafantrags nach § 196 StGB beantragt und er, der OLG-Präs., habe im Einvernehmen mit dem GStA diesen Antrag auch gestellt, da das beleidigende Schreiben eine „konkrete Tatsache“ im Sinne der RV enthalten und der Beleidigte besonders scharf reagiert habe. Das Ministerium habe darauf eine Äußerung erfordert, aus welchen Erwägungen die Stellung des Strafantrags als in Einklang mit der RV vom 26.06.1922 stehend erachtet werde (Verf. vom 09.11.1926, II a 4553). Er habe in einem Bericht vom 20.11.1926 darauf geantwortet, dass er die meisten der bei ihm angeregten Strafanträge schon damals abgelehnt habe, jedoch glaube, dass mit der Zurückhaltung nicht zu weit gegangen werden dürfe, vielmehr auch der Einstellung der beleidigten Beamten Rechnung getragen werden müsse, um sie nicht auf den Weg des Selbstschutzes durch eigene Strafanträge und evtl. Privatklagen zu drängen, wenn sie ihrer das Gefühl bemächtige, dass ihnen der dienstliche Schutz nicht in ausreichendem Maße zuteilwerde. An dieser Stellungnahme ändere nichts, dass z.B. im erörterten Falle er, der OLG-Präs., anstelle des beleidigten Richters einen Strafantrag nicht gestellt bzw. gefordert haben würde.

Er stimme dem KG-Präs. darin zu, dass die *Verf. von 1922 das Richtige treffe.* Die Kontrolle über die Strafanträge müsse in den Händen der Provinzialinstanz verbleiben, da die LG-Präs., hauptsächlich in den kleineren Orten, die Angelegenheiten zu tragisch nähmen. Jeder Einzelfall sei – auch darin trete er dem KG-Präs. bei – gesondert für sich zu betrachten. Es müsse angestrebt werden, die Berufsfreudigkeit der Richter zu erhalten. Zurzeit erfordere er einen Bericht, in welchen Fällen Richter mit der Ablehnung von Strafanträgen durch ihn, den OLG-Präs., nicht einverstanden gewesen seien. Er glaube, dass dieser Bericht negativ ausfallen werde.

In einigen Fällen habe allerdings er, der OLG-Präs., die Stellungnahme des Ministeriums zur Frage der Stellung von Strafanträgen oder Zurückweisung von Presseangriffen in den betreffenden Presseorganen als zu zurückhaltend und eng empfunden, was er deshalb im Rahmen der heutigen Besprechung, von der eine Orientierung über die Gesamtlage erwartet werde, erwähnen zu müssen glaube, weil in der Eingabe des Preußischen Richtervereins vom Juli 1929 u.a. ein Beschwerdegrund darin erblickt werde, dass „die maßgeblichen *Dienststellen* (OLG-Präs. bzw. GStA) der Verf. vom 26.06.1922 eine zu enge Auslegung gäben". Er denke hierbei insbesondere an einen Fall, in dem von einer Zeitung zwei Gerichtsurteile in Beleidigungsprozessen besprochen, unter der Überschrift „Zweierlei Maß" einander gegenübergestellt und in der allerschärfsten Weise kritisiert worden seien. Als er, der OLG-Präs., die Fälle geprüft habe, habe sich die völlige Haltlosigkeit des Presseangriffs ergeben. Er habe daraufhin – mit Rücksicht auf die Schärfe der erhobenen Kritik – beabsichtigt, in der angreifenden Zeitung selbst oder in einem anderen Blatte eine Berichtigung in die Wege zu leiten, doch habe das Ministerium hiervon abgeraten. So erinnere er sich auch noch einiger anderer Fälle einer gleichartigen Meinungsverschiedenheit zwischen der eigenen Stellungnahme und derjenigen des JMin.

OLG-Präs. Dronke tritt KG-Präs. Dr. Tigges darin bei, dass die *RV vom 26.06.1922 sich bewährt* habe. Ihre bisherige Fassung gebe dem OLG-Präs. bisweilen einen nützlichen Rückhalt, wenn er einen Strafantrag glaube ablehnen zu müssen. Auch ihm sei bisweilen berichtet worden, dass in Richterkreisen Missstimmung über die Handhabung des Richterschutzes bestehe. Vielleicht empfehle es sich, bei der Ablehnung von Anträgen eine gewisse Milderung in der Form eintreten zu lassen, um den Eindruck zu vermeiden, dass die Vorgesetzten sich nicht um die Beleidigungen ihrer Richter kümmerten. Im Allgemeinen gewähre die Verfügung den OLG-Präs. den nötigen Spielraum.

Auch OLG-Präs. Dronke ist der Auffassung, dass die vorhandene Missstimmung in der Hauptsache durch den ungenügenden Schutz gegen Presseangriffe hervorgerufen sei. Berichtigungen in der Presse seien aber zwecklos, wenn sie nicht sofort erfolgten und verschlimmerten oft nur die Angelegenheit. In einem Falle, in dem ein Frankfurter Schwurgerichtsvorsitzender in der Presse heftig angegriffen worden sei, während gleichzeitig andere Vorsitzende namentlich lobend erwähnt worden seien, habe der LG-Präs. sich den Verfasser des Artikels kommen lassen und ihm nachgewiesen, dass er auch die jetzt von ihm gelobten Vorsitzenden früher schon schlecht gemacht habe. Von derartigen persönlichen Unterredungen verspreche er, der OLG-Präs., sich guten Erfolg.

OLG-Präs. Werner: Ihm sei mitgeteilt worden, dass die Richterschaft einmütig hinter der Eingabe des Preußischen Richtervereins stehe. Er glaube jedoch, dass die Mehrzahl der besonnenen Richter der Auffassung sei, dass es bei der bisherigen Regelung verbleiben könne. Er schlage vor, in jedem Einzelfall die Gründe für die Ablehnung eines Strafantrags dem beleidigten Richter persönlich und gleichzeitig dem örtlichen Vertrauensmann der Richtervertretung mitzuteilen. – Er persönlich habe sich durch die bisherige Fassung der Verf. nicht behindert gefühlt, habe die Verf. aber auch frei ausgelegt. Er stelle Strafantrag, wenn die Beleidigung so erheblich sei, dass der betroffene Richter nicht ohne Schutz gelassen werden dürfe, oder wenn durch das Unterbleiben eines Strafantrags die Autorität der Gerichte leiden würde. Bei der Beurteilung des Einzelfalles stelle er ganz auf die Persönlichkeit des Täters ab. Gröbliche Beschimpfungen der Gerichte durch einzelne Personen hätten zugenommen. Bei ihrer Beurteilung sei zu unterscheiden, ob der Täter nur ein törichter, belangloser Mensch oder ein Mann sei, auf den man höre.

In seinem Bezirke sei die Zahl der Ablehnungen von Strafanträgen wesentlich größer als die der gestellten Strafanträge. In zwei oder drei Fällen seien die beleidigten Richter mit der ablehnenden Entscheidung des Ministeriums nicht einverstanden gewesen. Er, der OLG-Präs., prüfe selbst jeden Einzelfall. Sei der Erfolg zweifelhaft, lehne er einen Strafantrag mit der Begründung ab, dass eine Freisprechung des Angeklagten für den beleidigten Richter schlimmere Folgen haben würde, als die Beleidigung selbst. Stets werde geprüft, ob der Beleidiger auch normal sei. Jede Sache werde darauf angesehen, ob sie einen Sühneversuch zulasse, ggfs. werde der Beleidiger geladen und es werde ihm zugeredet. Auf diese Weise habe in vielen Fällen mit Zustimmung des Beleidigten ein Strafantrag vermieden werden können; die Richter hätten – außer in einem Falle – bereits gestellte Strafanträge dann zurückgenommen. – Früher habe die Richterschaft gerügt, dass nicht genügend mit offiziösen Presseberichtigungen eingeschritten werde. Die allgemeine Meinung gehe jetzt aber dahin, dass mit den eigentlichen „Berichtigungen" nichts anzufangen sei; dagegen hätten vielfach die Justizpressestellen mit gutem Erfolge Gegenartikel in anderen Blättern gebracht. Nachgelassen hätten auch die Klagen über mangelnden Schutz der Richter gegen das Parlament.

Mit Rücksicht auf den jetzt vom Ministerium erforderten Bericht habe er besonders zwei Tatsachen zur Erwägung der ihm unterstellten LG-Präs. gestellt und zwar

1. Die Missstimmung der Richter darüber, dass sie allein einem Sondergesetz unterworfen seien, während bei allen anderen Beamtenklassen die unmittelbaren Dienstvorgesetzten Strafantrag stellen könnten, und

2. die Häufung unflätiger Eingaben von Privatpersonen. Zum ersteren Punkte habe er, der OLG-Präs., den Standpunkt vertreten, dass die Richter sich auch in einer besonderen Lage gegenüber den anderen Beamten befänden, da es ja ihre Berufsgenossen seien, die über die Strafanträge urteilten. Jedoch halte er es für erträglich, bei völlig zweifelsfreier Sachlage die LG-Präs. zur Stellung der Strafanträge zu

ermächtigen, während sie in nach den Richtlinien irgendwie zweifelhaften Fällen und bei Beleidigungen mit politischem Einschlag die Entscheidung des OLG-Präs. einzuholen hätten. Auf diese Weise könne viel überflüssige Belastung des OLG-Präs. vermieden werden, denn heute gelangten an ihn viele Fälle, die ebenso gut von den LG-Präs. entschieden werden könnten, in denen es zweifelsfrei sei, entweder, dass der Strafantrag gestellt werden, oder dass er abgelehnt werden müsse. Zum zweiten Punkte sei er dazu übergegangen, dem Schreiber unflätiger Eingaben die Wiederholung seines Anliegens in sachlicher Form anheimzustellen, da sonst auf sein Schreiben nichts veranlasst werden könnte. Meistens ließen dann die Eingeber nichts mehr von sich hören.

OLG-Präs. Kuhnt: Im OLG-Bezirk Kiel habe die RV vom 26.06.1928 zu keinerlei Schwierigkeiten geführt. Wiederholt sei von den LG-Präs. zum Ausdruck gebracht worden, dass sie gegenüber besonders empfindlichen Richtern die Übertragung der Strafantragstellung an die Provinzialinstanz als große Annehmlichkeit empfänden. Beschwerden von Richtern über die Ablehnung der Strafantragstellung seien im Bezirk Kiel nicht erhoben worden. Die RV lassen ja auch der Provinzialinstanz die nötige Freiheit, unter Berücksichtigung der besonders lokalen Verhältnisse zu entscheiden; denn in Abs. 3 der RV heiße es ausdrücklich: „Im Einzelnen werden sich Richtlinien darüber, wann es geboten erscheint, einen Strafantrag aus § 196 StGB zu stellen, bei der Vielgestaltigkeit der Fälle und *den jeweiligen besonderen örtlichen und zeitlichen Verhältnissen* nicht aufstellen lassen."

Irgendein sachliches Bedürfnis nach Abänderung der RV bestehe daher nicht. Es sei anzunehmen, dass eine Abänderung der RV zu Erörterungen im Parlament führen werde. Denn die RV sei auf Anregung des Parlaments, und zwar in erster Linie des Abg. Kuttner, erlassen worden, der anhand einer ganzen Reihe von Fällen dargelegt habe, dass von den LG-Präs. wiederholt wegen Beleidigungen, die sich zur Strafantragstellung nicht geeignet hätten, Strafanträge gestellt, und dass demnächst Strafen auferlegt worden seien, die zu den wegen Beleidigung anderer Personen, auch solcher des öffentlichen Lebens, auferlegten Strafen in auffälligem Missverhältnis gestanden hätten. Auf diese Anregung hin, der sich das Ministerium nach Prüfung der einzelnen Fälle nicht habe verschließen können, sei von dem Vortragenden als damaligem Ministerialreferenten die RV entworfen worden. Sie sei wiederholt und eingehend innerhalb des Ministeriums von dem damaligen MinDir. Fritze und StS Mügel mit dem Vortragenden besprochen und dann, bevor sie erlassen sei, auch noch dem Vorsitzenden des Richtervereins, LG-Präs. Neuenfeldt, zur Kenntnis gebracht und mit ihm erörtert worden. Dieser habe ihr zugestimmt. Die Verfügung sei daher in vollem Einverständnis mit dem Richterverein erlassen worden. Auch im Parlament sei die Verfügung besprochen worden; sie habe die Zustimmung der großen Mehrheit er Abgeordneten erhalten.

Im Ministerium sei dann eine Statistik der wegen Beleidigung von Richtern auferlegten Strafen geführt worden. Diese Statistik, die sich über mehrere Jahre hin erstreckt habe, habe gezeigt, dass die Strafen auffällig hoch seien, verglichen z.B. mit den Strafen wegen Ministerbeleidigungen. Auch dieser Umstand mahne davor, die Strafantragstellung wegen Richterbeleidigungen zu erleichtern. – Soweit die

Beleidigungen in der Presse erhoben würden, komme man mit Richtigstellungen viel weiter als mit Strafanträgen, über die erst Monate später, wenn die Angelegenheit längst in Vergessenheit geraten sei, verhandelt werde.

OLG-Präs. Dr. Schollen: Das Vorhandensein einer Missstimmung unter den Richtern über mangelnden Richterschutz sei nicht zu leugnen. Schon vor einem Jahre sei über diesen Gegenstand in der Börsenzeitung ein Artikel von „F. F." erschienen. Es müsse nur geprüft werden, inwieweit diese Missstimmung begründet sei. Ihre eigentliche Ursache bildeten die Angriffe in der Presse und im Parlament, nicht die sich mehrenden Beleidigungen durch Einzelpersonen, die nur die natürliche Folge jener öffentlichen Angriffe seien. Er, der OLG-Präs., glaube jedoch, dass man sich hier auf dem Wege der Besserung befinde. Wenn die Justizpressestellen in der gleichen Weise weiterarbeiteten, werde sich der Ton der Presse bald mäßigen und die Presse werde in Zukunft vielfach *vor* ihren Angriffen mit den Pressestellen Fühlung nehmen. Auch die Missstimmung über Parlamentsangriffe habe wohl nachgelassen und sei mehr ein Rückstand aus der Vergangenheit. Mit der Zeit werde auch diese Quelle der Missstimmung spärlicher fließen.

Mit den Angriffen einzelner Personen halte er es wie OLG-Präs. Werner: Dem Querulanten werde mitgeteilt, dass er auf seine unflätige Eingabe eine Antwort nicht zu erwarten habe. *Die in der RV vom 26.06.1922 gegebenen Richtlinien halte er für zweckmäßig.* Als übermäßige Bindung habe er sie nicht empfunden. Auch er verhalte sich mit der Stellung von Strafanträgen sehr zurückhaltend. In den letzten zwei Jahren seien ihm zwölf Anregungen zur Stellung eines Strafantrags zugegangen. Sechs Anregungen habe er stattgegeben, die übrigen habe er abgelehnt. In drei der sechs anhängig gemachten Verfahren sei Verurteilung erfolgt, in den restlichen sei die Beleidigung zurückgenommen worden. Recht bedenklich seien aber zum Teil die ergehenden Urteile. So bekümmere ihn noch heute ein Fall, in dem ein Facharzt einem Richter in ständiger Wiederholung Rechtsbeugung vorgeworfen habe. Der Angeklagte sei im ersten Rechtszuge mit einer Geldstrafe von 100 RM bestraft, im zweiten Rechtszuge aber mit der Begründung freigesprochen worden, „Rechtsbeugung" sei zwar für einen Richter die schwerste Beleidigung, wenn jedoch der Arzt angenommen habe, die Entscheidung des beleidigten Richters sei Rechtsbeugung, so habe er in Wahrnehmung berechtigter Interessen gehandelt. Hieran habe sich eine geradezu vernichtende Kritik der Vorentscheidung geknüpft, über die der betroffene Richter außer sich gewesen sei. Gegen das freisprechende Urteil sei Revision mit der Begründung eingelegt worden, dass aus der ständigen Wiederholung des Vorwurfes der Rechtsbeugung auf die Absicht der Beleidigung geschlossen werden könne. Nach Zurückverweisung der Sache an ein anderes LG habe dieses LG den Angeklagten mit einer Geldstrafe von 30 RM belegt. Allerdings habe er auch Richter in seinem Bezirke, die seine Beurteilung der hier erörterten Fragen nicht teilten. Doch glaube er sich in Übereinstimmung mit den Besonnensten zu befinden.

MinDir. Dr. Hartwig: Nachdem sich der KG-Präs. dahin ausgesprochen habe, dass die bei Richterbeleidigungen verhängten Strafen im Allgemeinen angemessen seien, und OLG-Präs. Schollen sogar angedeutet habe, dass er die Strafen im

Allgemeinen für zu milde halte, wolle er zwei gegenteilige Fälle zur Kenntnis der Herren bringen. Im ersten sei der Beleidiger ein wegen Diebstahls zu zwei Jahren Zuchthaus verurteilter Angeklagter. Er habe während des Schwebens der Sache in höherer Instanz behauptet, der vorsitzende Richter habe das Beweisergebnis gefälscht und u.a. Urkunden aus den Akten verschwinden lassen. Von einem bei den Ermittlungen beteiligten Landjäger habe der Angeklagte behauptet, er habe versucht, Zeugen zu beeinflussen. In dem wegen dieser Äußerungen angestrengten Strafverfahren habe das Gericht wissentlich falsche Anschuldigung und Beleidigung für erwiesen erachtet und auf eine Strafe von zwei Jahren Gefängnis und fünf Jahren Ehrverlust erkannt.

Im zweiten Falle habe ein Mädchen anlässlich eines Zivilprozesses einen anonymen Brief geschrieben, des Inhalts, man wisse ja, warum der Richter die eine Partei den Rechtsstreit gewinnen lasse. Die Partei, eine Frau, sei Wirtin und es sei ja bekannt, wie es der Richter in ihrer Wirtschaft mit den Weibern halte. Wenn er die Frau nicht gewinnen lasse, so könne er sich in der Wirtschaft nicht mehr sehen lassen. Für diese Beleidigungen habe das Mädchen 1 ½ Jahre Gefängnis erhalten.

Selbstverständlich müssten derartige Urteile zu neuen schwersten Angriffen gegen die Justiz führen.

OLG-Präs. Dr. Jockwer: Er sei *mit der RV vom 26.06.1922 gut ausgekommen.* Auch die Mehrzahlt der ihm unterstellten LG-Präs. sei mit der Beibehaltung ihrer bisherigen Fassung einverstanden. Eine allgemeingültige Regelung lasse sich für den Richterschutz nicht finden. In den ländlichen Bezirken herrsche eine andere Auffassung als in den industriellen. Ein Fall, in dem ein Richter eine Privatklage angestrengt habe, nachdem der OLG-Präs. den Strafantrag abgelehnt habe, sei ihm nicht bekannt.

Dem Vorschlage des OLG-Präs. Werner, die Befugnis zur Stellung des Strafantrages auf die LG-Präs. zu übertragen, müsse er widerraten, weil die LG-Präs. den beleidigten Richtern zu nahe stünden. – Ein auffallender Unterschied bestehe zwischen der Behandlung der Richterbeleidigungen und dem Verhalten der Vorgesetzten bei Beleidigung anderer Justizbeamten. Diesem Missstand könne wohl durch eine entsprechende Einwirkung auf die Dienstvorgesetzten begegnet werden.

OLG-Präs. Dr. Holthöfer: Mit der RV vom 26.06.1922 komme er sehr gut aus. Ihm erleichtere seine Stellung in der Frage des Richterschutzes sein eigenes Verhalten gegenüber einem anlässlich seiner Versetzung nach Königsberg gegen ihn gerichteten Presseangriff. Auf einen beleidigenden Artikel „Wer ist Holthöfer?" habe er damals nichts veranlasst. Die Richter seines Bezirks äußerten bisweilen das Bedenken, dass von der Kollegenschaft auf ihr schlechtes Gewissen geschlossen werden könnte, wenn sie anlässlich einer Beleidigung eine Anregung auf Stellung eines Strafantrags unterließen. Er versuche, auch nach dieser Richtung beruhigend auf sie einzuwirken.

OLG-Präs. Meyer hält die bisherige Fassung der RV vom 26.06.1922 gerade mit Rücksicht auf die vorgesehene Zurückhaltung bei der Stellung von Strafanträgen für sehr segensreich. Vielfach fielen die Richterbeleidigungen unter den Schutz des § 193 StGB, vielfach stellten sie sich schon bei der Vorprüfung durch den OLG-Präs.

anders dar, als es ursprünglich den Anschein gehabt habe. Eine Änderung der RV im Sinne der Anregungen des OLG-Präs. Werner würde er für sehr bedenklich halten. Die für die OLG-Präs. hieraus zu erwartende Arbeitsersparnis werde gering sein. Andererseits stünden die LG-Präs. für eine unvoreingenommene Würdigung des Einzelfalls den Richtern zu nahe. Auch die Übersicht über die Behandlung ähnlicher Fälle in anderen Bezirken würde ihnen fehlen.

Beleidigungen durch die Presse seien in seinem Bezirk nie von Bedeutung. Als geeignetes Mittel zur Bekämpfung von Presseangriffen erschienen ihm hohe Geldstrafen, welche die Unkosten der Zeitungen unverhältnismäßig steigern würden. Als Beispiel dafür, wie überempfindlich bisweilen die Richter seien, führe er folgenden Fall an: Ein Milchknecht habe seinen Dienst plötzlich verlassen, weil er von seinem Arbeitgeber geschlagen worden sei. Vor einem Arbeitsgericht habe er dann seinen Lohn eingeklagt. Der Richter habe wohl geäußert, die Prügel seien dem Kläger ganz gesund gewesen, wenn er frech geworden sei. Das Gericht habe einen Sühneversuch beschlossen, der zum Ziel geführt habe. Schon während der Beratung habe der Arbeitnehmerbeisitzer über das vom Gericht vertretene „Stockregiment" geschimpft. Nach Schluss der Sitzung habe er die Gerichtsstelle ohne Gruß verlassen. Der Richter habe angeregt, gegen den Arbeitnehmerbeisitzer Strafantrag wegen Beleidigung zu stellen.

OLG-Präs. Reichartz: Er sei mit der Fassung der Verfügung vom 26.06.1922 einverstanden. Wenn er seine Richter einzeln spreche, so verträten sie auch stets die gleiche Auffassung; nur die Vertreter der Organisationen beanstandeten zwar die Verfügung, wendeten sich aber nicht gegen die bisherige Handhabung im Bezirke. Die Berichte der LG-Präs. seien noch nicht alle eingegangen. Zwei der LG-Präs. erblickten in der RV eine Einschränkung der ihnen zustehenden Rechte, einer habe sogar ein ausführliches Rechtsgutachten übersandt, in dem die Verfügung für rechtsungültig erklärt werde. Die Wünsche nach Stellung von Strafanträgen seien in seinem Bezirke selten; etwa zwei Drittel davon würden von ihm noch zurückgewiesen. Die für Richterbeleidigungen verhängten Strafen fielen nicht zu gering aus. Beleidigungen der Richter durch die Presse seien sehr selten, da das Verhältnis zu der Presse aller Parteien mit Ausnahme der kommunistischen und nationalsozialistischen gut sei.

OLG-Präs. Anz: In den letzten vier Jahren seien an ihn 18 Anregungen zur Stellung von Strafanträgen herangetreten, von denen er fünf Anregungen stattgegeben habe. Von den fünf anhängig gemachten Verfahren hätten vier mit Verurteilung geendet; in einem Falle sei aufgrund des § 193 StGB freigesprochen worden. – Innerhalb der Richterkreise schienen ihm falsche Gerüchte über den Inhalt der RV vom 23.06.1922 umzugehen. Er rege daher an, die Richter durch ihre Organisationen mit dem Inhalte der RV bekanntzumachen. Die Anregung auf S. 3 der RV, Abs. 1 a E, die Worte „in der Regel" fortzulassen, halte er nicht für zweckmäßig. – In einem einzigen Falle habe er von einem Strafantrage entgegen der Auffassung des Beleidigten abgesehen. Anlässlich eines bürgerlichen Rechtsstreites habe der Gerichtsvorsitzende, ein LG-Dir., von der verlierenden Partei eine offene Postkarte bekommen *des Inhaltes,* dass die Partei aufgrund des Urteils die an diesem beteiligten Richter für geeigneter zum Schneeschippen als zum Richten halte. Der KG-Vorsitzende habe es wohl nicht ganz verstanden, warum er, der OLG-Präs., – übrigens in Übereinstimmung mit dem Vorschlage des LG-Präs. – wegen dieser Beleidigung keinen Strafantrag gestellt habe.

OLG-Präs. Witte: Er halte die bisherige Fassung der RV für zweckmäßig. Eine Missstimmung unter den Richtern scheine vorhanden zu sein. Allerdings habe ihm ein Organisationsvorsitzender erklärt, dass er selbst die Richtigkeit der bisherigen Handhabung einsehe, dass aber in den Versammlungen so viel geredet werde. Das Gleiche habe ihm ein LG-Präs. erzählt. Oft habe er sich mit gutem Erfolge zunächst an den Beleidiger gewandt. Auffällig sei die Zunahme unflätiger Eingaben. Bisweilen würden derartige, zunächst an das Ministerium gerichtete Schriftstücke an die OLG-Präs. zur Äußerung weitergegeben. Es empfehle sich wohl, dass bei derartigen Eingaben schon das Ministerium dem Antragsteller mitteile, dass auf sein Schreiben nichts veranlasst werden könne. – Im Allgemeinen sei er zurückhaltend mit der Stellung von Strafanträgen. Nur in einem Falle habe er bei zweifelhafter Rechtslage Strafantrag gestellt, weil der Beleidigte ein Arbeitsrichter gewesen sei.

Der *Minister:* Was er widergebe, bedeute seine eigene Meinung, aber keine captatio für die in Kürze zu erstattenden Berichte. Die Reihenfolge seiner Ausführungen sei wahllos. – Er selbst hätte während seiner Amtszeit als Minister mehrfach Gelegenheit gehabt, Strafantrag wegen Beleidigung zu stellen, so z.B. in der Stinnesangelegenheit, in der ihm und dem Reichsfinanzminister vorgeworfen worden sei, dass sie sich die Taschen gefüllt hätten, und im Falle Luthardt – Frankfurt a.M., in dem jetzt schon der zwölfte offene Brief an ihn, den Minister, geschrieben werde. Er habe jedoch stets die Stellung eines Strafantrages vermieden und sei darüber befriedigt. Er rege an, sein persönliches Verhalten den Richtern als Beispiel vorzuhalten.

In der Frage des Richterschutzes komme alles auf die Aufklärung der Richter an. Die Richter ihrerseits müssten darauf halten, dass die Richtervertreter die richtigen Leute seien. Er bitte, für die Aufklärung und Beruhigung der Richterschaft Sorge zu tragen. Er halte die Missstimmung nicht für allzu weit verbreitet und nicht für begründet. Sie beruhe wohl meistens auf ungenügender Orientierung der Missvergnügten über die Gesamtlage des Ressorts. Von seinen Ministerkollegen höre er oft die Äußerung, dass sie ihn um die „gute Presse" der Justiz beneideten. Die Presse sei eine gleichgeordnete Macht, mit der sich die Justiz freundnachbarlich stellen müsse. Anders sei ihr nicht beizukommen. Die Richter schätzten auch die Bedeutung der Presse vielfach richtig ein. Auch die Stellung und Wertung der Justiz im Parlament sei jetzt eine günstigere und er glaube, das Vertrauen nicht nur der Koalitionsparteien zu genießen. Der letzte Justizetat sei ruhig und sachlich durchverhandelt worden. Das habe sich gegen früher verbessert. In diesem Sinne bitte er, die Kollegen aufzuklären.

Nach seiner Auffassung urteile die große Mehrheit der Richter wie die OLG-Präs. Er würde es begrüßen, wenn die RV vom Juni 1922 nicht geändert zu werden brauchte. Sicherlich sei der Richterschutz nach den örtlichen Verhältnissen zu handhaben. Die Frage, ob das Recht zur Stellung von Strafanträgen den OLG-Präs.

vorbehalten bleiben solle, sei ziemlich einhellig beurteilt worden. Er würde es für zweckmäßig halten, wenn auch manchmal noch von den OLG-Präs. an das Ministerium berichtet würde.

Gegen die Zunahme der unflätigen Gefangenenbriefe wisse auch er kein Mittel. Bei anderen derartigen Eingaben sei zu erwägen, ob sie nicht schon in den unteren Instanzen vor der Weitergabe an das Ministerium ausgekämmt werden könnten. – Die Frage vom mangelnden Richterschutz scheine ihm hier und da zu einem Schlagwort ausgeartet zu sein. Die von der Richterschaft geübte Kritik halte er in ihrer Verallgemeinerung nicht für berechtigt. Nach dieser Richtung erhoffe er manches Gute von der Dortmunder Tagung. – Was das Verhalten zwischen Justiz und Presse angehe, so wirke sich die persönliche Bekanntschaft zwischen den Beamten und den maßgeblichen Leuten der Presse ausgezeichnet aus. Segensreich seien hier die Pressestellen. Ein vertrauensvolles, persönliches Zusammenarbeiten mit den führenden Männern der Presse des betr. Ortes oder Bezirkes sei sehr erwünscht. Die Gerichtsvorsitzenden würden sich in Zukunft noch mehr entschließen müssen, Presseberichterstatter zu den Gerichtsverhandlungen zuzulassen.

OLG-Präs. Witte hält die Unzufriedenheit in Richterkreisen nicht für verbreitet. In seinem Bezirke sei niemals eine Entscheidung des Ministeriums zur Frage des Richterschutzes angegriffen worden.

Der *Minister:* Auch die Reichsminister und der Kanzler pflegten nur in besonders gearteten Fällen Strafantrag wegen Beleidigung zu stellen, nicht bei den üblichen beschimpfenden Redensarten.

OLG-Präs. Werner: Er habe eine Delegation der Entscheidung über die Stellung von Strafanträgen auf die LG-Präs. nur für die ganz zweifelsfreien Fälle anregen wollen, um die Belastung der OLG-Präs. zu mindern. Er müsse sich aber unbedingt gegen die Übertragung der Entscheidung auch bei Beleidigungen anderer Justizbeamten auf die OLG-Präs. aussprechen.

OLG-Präs. Dronke: Auch er teile die Befürchtung, dass das Wort vom mangelnden Richterschutz zum Schlagwort werde. Das beruhe auf der allgemeinen Unzufriedenheit, die ihren Grund in der wirtschaftlichen Notlage und in der Überlastung der Richter habe und die sich hier ein Ventil suche.

Der *Minister* schließt sich dieser Auffassung an. Erst kürzlich habe er die Ausarbeitung eines Frankfurter Richters bekommen, in welcher die Befürchtung ausgesprochen worden sei, dass in Kürze ein Teil der Richterschaft unter der ihr auferlegten Last zusammenbrechen werde. Die Abhilfe durch Pensenverkürzung scheitere aber an dem Widerstande des Finanzministers.

OLG-Präs. Werner: Mit seinem Vorschlage auf Delegation der Entscheidung über die Strafanträge scheine er kein Glück zu haben. Um wenigstens eine Berichtsverminderung zu erreichen, schlage er vor, dass in Zukunft nicht mehr über jeden einzelnen Strafantrag, sondern nur noch über die ergangenen Urteile berichtet werden solle.

Der *Minister* erklärt abschließend, dass er auf dem Standpunkt des ausgezeichneten Hermsenschen Referates stünde, dass sich die Richter bemühen sollten, ihr altes Ansehen durch ihre Arbeit und ihre Kenntnisse zurückzuerobern, und erteilt zu *Punkt II der TO: „Auswahl der gerichtlich zu bestellenden Vermögensverwalter (Konkursverwalter, Zwangsverwalter, Nachlasspfleger)"* das Wort dem *MinRat Hesse.* [...]

Zu Punkt III der TO: „Die Wahrung der Rechtseinheit im Strafrecht nach den Vorschriften des Art. 66 Ziff. 18 des „Entwurfs eines Einführungsgesetzes zum Allgemeinen Deutschen Strafgesetzbuch und zum Strafvollzugsgesetz" führt *MinRat Hartung* Folgendes aus: Der Entwurf des EGStGB, der zurzeit dem *Reichs*rat zur Beschlussfassung vorliege, sehe in seinem Art. 66 Nr. 18 folgende Bestimmung vor: „§ 122 a: Will ein OLG als Revisionsgericht bei der Auslegung einer strafrechtlichen Bestimmung des Reichsrechts von einer Entscheidung des RG oder eines anderen OLG abweichen, so hat es die Revision unter Begründung seiner Rechtsauffassung durch die StA dem RG vorzulegen. Dasselbe gilt, wenn eine Rechtsfrage des Reichsrechts von grundsätzlicher Bedeutung zu entscheiden ist, zu der das RG noch nicht Stellung genommen hat. – Der Beschluss über die Vorlegung ist den Beteiligten bekannt zu machen. – Über die Revision entscheidet das RG. Zweck der Vorschrift sei es, die einheitliche Anwendung der strafrechtlichen Bestimmungen des Reichsrechts sicherzustellen."

Die Frage, ob eine Vorschrift dieser Art auf dem Gebiet des Strafrechts nötig sei, sei bereits bei Gelegenheit der Beratung des Entwurfs eines Gesetzes zur Neuordnung der Strafgerichte vom 19.06.1922 Gegenstand von Erörterungen gewesen. Damals habe Preußen im Reichsrat den Antrag gestellt, folgende Bestimmung in das GVG einzufügen: „Will das OLG bei der Entscheidung über eine Revision in einer Strafsache von einer vom RG veröffentlichten Entscheidung über die Auslegung einer reichsrechtlichen Vorschrift abweichen, oder hält es zur Klärung einer Rechtsfrage des Reichsrechts eine Entscheidung des RG für geboten, so hat es die Sache unter Begründung seiner Auffassung dem RG vorzulegen."

Der preußische Antrag sei damals von den anderen Ländern nahezu einstimmig abgelehnt worden. Er habe aber die Grundlage für eine Bestimmung gebildet, welche in § 27 des Entwurfs des deutschen Auslieferungsgesetzes [RGBl. I 1929, 239] enthalten sei (dieses Gesetz werde, da es der Rechtsausschuss des Reichstags bereits durchberaten habe, voraussichtlich noch in diesem Jahr verabschiedet werden). Die betreffende Bestimmung laute: „Hält das OLG eine Entscheidung des RG für geboten, um eine Rechtsfrage von grundsätzlicher Bedeutung zu klären, oder will es von einer nach dem Inkrafttreten des Gesetzes ergangenen Entscheidung des RG über eine Rechtsfrage in Auslieferungssachen abweichen, so begründet es seine Auffassung und holt die Entscheidung des RG über die Rechtsfrage ein. – Die Entscheidung des RG wird auch eingeholt, wenn der Oberreichsanwalt oder der StA sie zur Klärung einer Rechtsfrage beantragt." – Es falle ohne weiteres ins Auge, dass die Vorschrift, welche jetzt der Entwurf des EGStGB vorsehe, wesentlich weiter gehe, als diejenige, welche im Jahre 1922 zur Erörterung gestanden habe, und diejenige des Auslieferungsgesetzes. Zwei Fälle seien nach dem § 122 a des Entwurfs zu unterscheiden:

a) Die Rechtsfrage, auf welche es bei einer Revisionsentscheidung des OLG ankomme, sei bereits von einem anderen Revisionsgericht (RG oder OLG) entschieden, aber in einem Sinne, der nicht der Rechtsanschauung des jetzt entscheidenden Gerichts entspreche. In diesem Fall müsste sich nach dem Entwurf das an sich zuständige OLG der Entscheidung enthalten und die Sache dem RG vorlegen.

b) Über die Rechtsfrage liege eine Entscheidung eines Revisionsgerichts *noch nicht* vor. In diesem Falle habe das OLG selbst zu entscheiden, sofern es sich nicht um eine Rechtsfrage von *grundsätzlicher* Bedeutung handle. Sei *dies* der Fall, so *müsse* es wiederum von eigener Entscheidung absehen und die Sache dem RG unterbreiten. Das RG *müsse* sich in beiden Fällen der Entscheidung unterziehen. Es sei nicht in der Lage, die Revision an das OLG zurückzugeben.

In ihrem *ersten* Teil (Abweichung von der Entscheidung eines anderen Revisionsgerichts) gehe die Vorschrift des § 122 a des Entwurfs auf § 28 FGG und § 79 GBO zurück, die bekanntlich ganz ähnliche Bestimmungen enthielten. Sie komme den Vorschlägen nahe, welche der Reichsminister a.D. Schiffer kürzlich in seinem Buche „Die Deutsche Justiz" und in seinem „Entwurf eines Gesetzes zur Neuordnung des deutschen Rechtswesens" in der gleichen Richtung gemacht habe. Es frage sich nun, ob sich das, was für das Gebiet der freiwilligen Gerichtsbarkeit gelte und sich dort anscheinend bewährt habe, ohne weiteres auf das Strafrecht übertragen lasse. Dabei werde zu beachten sein, dass die Zahl der Revisionen in Strafsachen ungleich größer sei als die Zahl der unter § 28 FGG und § 79 GBO fallenden Beschwerden. – Zunächst werde geprüft werden müssen, ob es zweckmäßig sei, die OLG in Strafsachen zur Vorlegung der Revision an das RG auch dann zu verpflichten, *wenn sie von der Entscheidung eines anderen OLG abweichen wollten.* – Es fragt sich, ob die Vorschrift insoweit durchführbar sei; die Entscheidungen der OLG in Strafsachen würden nur zum Teil veröffentlicht und, soweit sie in einer Entscheidungssammlung oder in einer Zeitschrift erschienen, nur sehr lückenhaft in den Kommentaren oder sonstigen Erläuterungswerken erwähnt. Würde es in Zukunft möglich sein, durch Verwaltungsmaßnahmen eine weitergehende Offenlegung der OLG-Entscheidungen in Strafsachen, wie sie der Entwurf doch voraussetze, ohne Aufwendung erheblicher Kosten zu erzielen?

In dem zweiten Fall, den der Entwurf im Auge habe (Rechtsfragen von grundsätzlicher Bedeutung) habe man im geltenden Recht Vorgänge nicht. Er finde insoweit sein Vorbild in der entsprechenden Vorschrift, welche in dem schon erwähnten Entwurf eines deutschen Auslieferungsgesetzes enthalten sei. Auch die Schiffer'schen Bücher enthielten entsprechende Vorschläge. – Bei diesem Teil des Entwurfs werde insbesondere zu erwägen sein, ob ein Zwang zur Vorlegung, wie er auch bei Rechtsfragen von grundsätzlicher Bedeutung im Entwurf vorgesehen sei, zweckmäßig erscheine. Die entsprechende Bestimmung des Auslieferungsgesetzes sehe einen solchen Zwang nicht vor, sondern stelle es in das Ermessen des OLG, ob es eine Entscheidung des RG herbeiführen wolle, gebe dafür aber auch der StA das Recht, die Entscheidung des RG herbeizuführen. – Neben diesen mehr praktischen Gesichtspunkten seien gegen die Vorschläge des Entwurfs von verschiedenen Seiten *Bedenken grundsätzlicher Art* erhoben worden.

Vor allem sei der Besorgnis Ausdruck verliehen worden, ob nicht die Beschränkungen, welche die Vorschrift der Rechtsprechung der OLG auferlegen wolle, die Gefahr einer Verknöcherung der Rechtsprechung, der Unterbindung einer gesunden Weiterentwicklung des Rechts in sich berge. Diese Bedenken seien von mehreren der Herren OLG-Präs. in den Äußerungen zu dem Schiffer'schen Vorschlag geltend gemacht worden. Und im gleichen Sinne habe sich kürzlich Geheimrat *von Beling-München* in der DJZ S. 1170 ausgesprochen. Er habe dort ausgeführt: „Nicht zustimmen kann ich der Bindung der OLG an die Rechtsauffassung des RG. Man bringt dem Götzen der Dauerhaftigkeit und Einheitlichkeit der Rechtsprechung heute wenigstens für Strafsachen eine viel zu große Verehrung entgegen und übersieht, dass viel eher darauf Bedacht zu nehmen ist, die Praxis vor Einrosten zu schützen."

Die Gefahr der Vorschrift werde dabei nicht nur in der Bindung der OLG, sondern auch in der Festlegung des RG selbst gesehen. In vielen Fällen lasse sich die Tragweite einer Rechtsfrage zunächst noch gar nicht nach allen Richtungen ermessen. Oft bedürfe es einer längeren Beobachtung der Praxis, des Überblicks über eine größere Anzahl von Einzelfällen, um zu einer zutreffenden, alle Möglichkeiten umfassenden Entscheidung zu gelangen. Die Vorschrift des § 122 a, so wie sie im Entwurf gefasst sei, bringe die Gefahr mit sich, dass das RG zu einer Entscheidung genötigt werde, ehe die Rechtsprechung der unteren Gerichte das Für und Wider einer Rechtsfrage genügend klar herausgearbeitet habe, und dass das RG – um nicht Unsicherheit in der Rechtsprechung hervorzurufen –, davor zurückscheue, einen einmal eingenommenen Standpunkt aufzugeben, oder eine einmal erlassene Entscheidung nachträglich einzuschränken.

In dieser Hinsicht verdiene es besondere Beachtung, dass das RG nach dem Entwurf stets entscheiden *müsse*, wenn ihm ein OLG eine Sache nach § 122 a vorlege und dass es ihm nicht gestattet sei, den Fall an das OLG zur Entscheidung zurückzugeben. Das RG müsse im Fall des S. 1 (Abweichung von der Entscheidung eines anderen Revisionsgerichts) selbst dann entscheiden, wenn es der Meinung sein sollte, dass es auf die Rechtsfrage, welche das OLG aufgeworfen habe, in der vorliegenden Sache gar nicht ankomme; im Falle des S. 2 (Rechtsfragen von grundsätzlicher Bedeutung) müsse das RG die Entscheidung auch dann übernehmen, wenn es der Ansicht sei, dass es sich gar nicht um eine grundsätzliche Rechtsfrage handle, oder dass die Voraussetzungen der Vorschrift aus anderen Gründen nicht zuträfen; und es dürfe die Entscheidung auch nicht mit der Begründung ablehnen, dass ihm die Frage zur endgültigen Entscheidung noch nicht genügend geklärt, noch nicht *reif*, eine Entscheidung durch das RG noch nicht angebracht erscheine. Es werde erwogen werden müssen, ob etwa dem RG in dieser Hinsicht größere Freiheit des Ermessens einzuräumen sein werde.

Schließlich werde auch noch die Frage zu prüfen sein, ob *allen* reichsgerichtlichen Entscheidungen die im § 122 a vorgesehene Wirkung beigelegt werden solle. Eine gewisse Einschränkung werde schon aus rein praktischen Erwägungen heraus gemacht werden müssen. Es werde nämlich die Vorschrift auf *unveröffentlichte* Entscheidungen nicht bezogen werden dürfen. Es müsse sonst in zahlreichen

Einzelfällen das OLG erst beim RG Anfrage halten, ob dieses nicht etwa bereits einmal zu der Rechtsfrage Stellung genommen habe, oder es müssten sämtliche Entscheidungen des RG sämtlichen OLG zugesandt und bei ihnen gesammelt und bearbeitet werden. Das sei eine mehr technische Frage.

Aber darüber hinaus werde zu fragen sein, ob es angängig und zweckmäßig erscheine, die Vorschrift auf solche Entscheidungen zu beschränken, die das RG selbst für endgültig und zu allgemeiner Anwendung geeignet ansehe und daher von sich aus der Öffentlichkeit übergebe. – Dass die Vorschrift des § 122 a unter Umständen eine starke Belastung des RG – insbesondere in der Übergangszeit – hervorrufen könne, sei nicht Sorge der Länder und werde bei den Beratungen der preuß. Justizverwaltung daher ausscheiden können.

Der Herr *Minister* bitte die Herren OLG-Präs., zu den von ihm, MinRat Hartung, erörterten Fragen, die das JMin. mit Rücksicht auf die im Reichsrat zu dem geplanten § 122 a GVG zu stellenden Anträge stark beschäftigen, Stellung nehmen und Vorschläge machen zu wollen, was etwa an seine Stelle gesetzt werden könnte.

OLG-Präs. Werner: Gegen die vorgesehene gesetzliche Regelung habe er in mehrfacher Hinsicht Bedenken.

1. Nicht zu billigen sei es, dass sie sich nur auf strafrechtliche, nicht auch auf strafprozessrechtliche Bestimmungen des Reichsrechts beziehe.

2. Wenn über die Auslegung einer strafrechtlichen Bestimmung zunächst eine Meinungsverschiedenheit geherrscht habe, die dann vom RG in einem bestimmten, von einer früheren Entscheidung des RG oder eines OLG abweichenden Sinne entschieden worden sei, so müsse nach dem Wortlaut des Gesetzentwurfs jedes OLG, das sich der neueren Entscheidung anschließen wolle – da die ältere, abweichende Entscheidung ja noch bestehe –, wegen der beabsichtigten Abweichung von der älteren Entscheidung die Revision dem RG vorlegen. Gegen diese Möglichkeit der Auslegung müsse durch Änderung der Fassung Vorkehrung getroffen werden.

3. Der Entwurf lasse es unbestimmt, wie weit dadurch eine Pflicht der OLG zur Nachforschung nach abweichenden Entscheidungen des RG oder eines anderen OLG begründet werde; insbesondere lasse er die Frage offen, ob es zur Begründung einer Nachforschungspflicht genüge, wenn eine Prozesspartei das Vorhandensein einer abweichenden Entscheidung behaupte. Jedenfalls werde die Bestimmung die OLG sehr stark belasten.

4. Die Behauptung, es liege eine abweichende Entscheidung vor, werde, wenn sie eine Nachforschungspflicht des OLG zur Folge habe, den Beteiligten ein neues Mittel an die Hand geben, um die Strafprozesse in die Länge zu ziehen.

Nach seiner Auffassung müsse man den OLG zutrauen, dass sie im Interesse der Rechtseinheit nicht unnötig von der ihnen bekannten Rechtsauslegung des RG oder anderer OLG abweichen würden. Es sei ihm daher zweifelhaft, ob es der Vorschrift des § 122 a überhaupt bedürfe. Wenn aber eine Pflicht der OLG zur Vorlegung von Revisionen an das RG vorgesehen werden solle, müsse sie auf Fälle beschränkt werden, in denen das OLG von einer Entscheidung des RG abweichen wolle, die vom RG selbst in einer eigens zu diesem Zwecke geschaffenen Entscheidungssammlung veröffentlicht worden sei; und auch insoweit müsse die Pflicht in solchen Fällen, in denen das RG selbst seinen Standpunkt nachträglich geändert habe, auf die spätere Entscheidung abgestellt werden.

OLG-Präs. Kuhnt schließt sich den Ausführungen des OLG-Präs. Werner an. Nach seiner Auffassung müsse jedoch die Vorlegungspflicht noch weiterhin auf die Fälle beschränkt werden, in denen Meinungsverschiedenheiten über eine ein Verbrechen oder Vergehen betreffende Strafrechtsbestimmung bestünden. Andererseits müsse die Bestimmung neben den Vorschriften des materiellen Strafrechts auch die strafprozessrechtlichen Bestimmungen berücksichtigen.

OLG-Präs. Meyer will die Vorlegungspflicht auf die Fälle beschränkt wissen, in denen von der Auslegung der zweifelhaften Rechtsnorm die *Entscheidung* des Einzelfalls abhänge. Ein Bedürfnis für eine gesetzliche Vorschrift zur Wahrung der Rechtseinheit im Strafrecht halte er für gegeben. Das Bedenken des OLG-Präs. Werner, dass die vorgesehene Regelung zur Prozessverschleppung führen könne, teile er nicht, falls bestimmt werde, dass die Parteien, wenn sie sich auf eine RG- oder OLG-Entscheidung stützen sollten, diese bereits in der Revisionsbegründung anzugeben hätten. Die Vorlegung im Falle des § 122 a Abs. 1 Satz 2 müsse in das Ermessen des OLG gestellt werden.

OLG-Präs. Dr. Cormann hält den im § 122 a des Entwurfs sich ausdrückenden Wunsch nach besserer Sicherstellung der Rechtseinheit in strafrechtlichen Fragen für sehr berechtigt, hat aber Zweifel, ob die Bestimmung in der vorgesehenen Form durchführbar sei. Es sei unmöglich, alle Entscheidungen der OLG als bekannt vorauszusetzen. Man müsse sich auf Entscheidungen des RG beschränken und auch hier – wie OLG-Präs. Werner vorgeschlagen habe –, Entscheidungen, die nicht vom RG selbst veröffentlicht worden seien, ausschließen. Es werde eine amtliche Sammlung derjenigen Entscheidungen zu schaffen sein, die das RG selbst für wichtig genug halte, um an sie die Wirkungen des § 122 a zu knüpfen; dabei könne allerdings die Frage Schwierigkeiten machen, in welcher Weise die Entscheidungen, die in der Sammlung zu veröffentlichen sein würden, bestimmt werden sollten. Der Begriff der „Rechtsfragen von grundsätzlicher Bedeutung“ sei wenig brauchbar und besser zu vermeiden.

KG-Präs. Dr. Tigges: Die Meinung der Vorsitzenden der Strafsenate des KG gehe dahin, dass eine gesetzliche Regelung, wie sie der Entwurf vorsehe, völlig undurchführbar sei. Schon jetzt weise die beim KG geführte Kartei über grundsätzliche Entscheidungen dieses Gerichts in Fragen des Reichsstrafrechts jährlich durchschnittlich 175 Zugänge auf. Die Führung einer solchen Kartei für die Rechtsprechung *aller* OLG, wie sie die Vorschrift des Entwurfs nötig machen werde, werde auf unüberwindbare Schwierigkeiten stoßen. – Abs. 1 Satz 2 des § 122 a lasse die Auslegung zu, dass er auch für Beschwerdeentscheidungen gelte. Wenn überhaupt etwas zur Wahrung der Rechtseinheit im Strafrecht geschehen solle – und er halte es für notwendig, dass etwas geschehe –, so könne nur der Weg beschritten werden, dass das RG seine eigenen Aussprüche, die es für grundsätzlich halte, zum Rechtsentscheid erkläre und diese Aussprüche dann als maßgeblich veröffentliche.

OLG-Präs. Dr. Cormann schließt sich den Ausführungen des KG-Präs. an.

OLG-Präs. Dronke führt zu dem oben unter Nr. 2 wiedergegebenen Bedenken des OLG-Präs. Werner aus, er halte die jüngste Entscheidung für die maßgebliche und glaube nicht, dass aufgrund der Fassung des Entwurfs etwa eine Verpflichtung zur Berücksichtigung früherer Entscheidungen angenommen werden müsse. – Zweckmäßig erscheine es auch ihm, die Vorschrift des Abs. 1 Satz 1 auf Entscheidungen des RG, die in eine eigens dazu geschaffene Entscheidungssammlung aufgenommen seien, zu beschränken. Den zweiten Satz der Entwurfsfassung halte er für entbehrlich.

Zum nächsten Punkt der TO: „Auswahl der Armenanwälte" trägt *Oberjustizrat Dr. Pritsch* Folgendes vor: ... [weggelassen]

Zu Punkt V der TO: „Die Unterhaltszuschüsse der Referendare" macht sodann Präs. des Landesprüfungsamts *Schwister* folgende Ausführungen: Voraussetzungen für die Bewilligung der Zuschüsse sei nach wie vor Bedürftigkeit und Würdigkeit des Referendars. Doch habe die frühere Bestimmung, wonach ein Bedürfnis ohne weiteres anzunehmen sei, wenn nicht die Bewilligung des Zuschusses zu den Einkommens- und Vermögensverhältnissen des Referendars oder der ihm Unterhaltspflichtigen in offensichtlichem Missverständnis stehe, gegenüber den im Vorjahre neu aufgestellten Grundsätzen des Staatsministeriums (vgl. RdErl. v. 16.11.1928, JMBl. S. 473) nicht weiter aufrechterhalten werden können. Es seien auch zahlreiche Klagen darüber hervorgetreten, dass die Zuschüsse vielfach Referendaren in guten Vermögensverhältnissen zugekommen, dass bei der Bewilligung die Söhne von Beamten des höheren Dienstes bevorzugt worden seien, und dass bei der Prüfung der Leistungen nicht genügend Rücksicht auf die wirtschaftlichen Schwierigkeiten der Unbemittelten im Vorbereitungsdienst genommen worden sei. Die Neuordnung stelle schärfere Anforderungen an die Bejahung der Bedürftigkeit; diese Voraussetzung sei nicht mehr im Zweifel, sondern nur im Falle einer – nach dem Ergebnis der Ermittlungen über die Vermögens-, Einkommens- und Unterhaltsverhältnisse festgestellten – wirklichen wirtschaftlichen Bedürftigkeit als gegeben anzusehen. Dabei sei das Interesse an der Heranbildung eines juristischen Nachwuchses begabter Köpfe auch aus den wirtschaftlich schwächeren Volkskreisen, insbesondere aus der Arbeiterklasse, in den Vordergrund gestellt. Für die Übergangszeit sei die Bewilligung oder Fortzahlung der Zuschüsse an Söhne von aktiven Beamten der früheren Besoldungsgruppe XII oder höheren Gruppen an die Genehmigung des Ministers gebunden. Derartige Anträge seien in nur geringer Zahl gestellt worden. Die Umstellung, die aus sozialen Gründen unvermeidlich gewesen sei, habe allerdings zu zahlreichen Schwierigkeiten und Zweifeln in den Einzelfällen geführt. Die alsbald an das Ministerium gestellte Frage, ob nunmehr allen Bedürftigen Unterhaltszuschüsse zu gewähren seien, habe schon deshalb verneint werden müssen, weil dazu die Mittel bei weitem nicht ausreichten. Schon aus diesem Grunde müsse eine Auswahl getroffen werden: Aus den Kreisen der wirklich Bedürftigen seien diejenigen zu fördern, welche nach Begabung, Fleiß und Leistungen tüchtige Richter oder Rechtsanwälte zu werden versprächen.

Es sei also ein strenger Maßstab anzulegen bei der Beantwortung der Frage sowohl der Würdigkeit als der Bedürftigkeit; nur wirklich bedürftigen und befähigten Referendaren sei der Zuschuss zu gewähren; jedenfalls nicht dem schwachen Durchschnitt. Sonst entstünde die Gefahr, dass die Zuschüsse das Gegenteil ihres Zweckes, die Erhaltung eines geeigneten Nachwuchses für Berufsbeamtentum und Anwaltschaft, förderten und dass sie die ohnehin große Zahl derer noch weiter vermehrten, sie sich der juristischen Laufbahn ohne inneren Beruf und ohne jede juristische Begabung zuwenden. Wiederholt sei ihm in jüngster Zeit zu Ohren gekommen, dass den Abiturienten geradezu gesagt werde, wenn sie nicht wüssten, was sie werden wollten, so sollten sie Jura studieren; dann bekämen sie schon nach drei bis vier Jahren Gehalt. Am schlimmsten sei dabei, dass später gerade die am wenigsten Begabten in großer Zahl bei der Justiz blieben, während ein sehr erheblicher Prozentsatz der tüchtigen zur Anwaltschaft oder zu den Verwaltungen übergingen. Jüngsthin habe sich aus Anlass der Beschwerde eines Referendars, dem als Repetenten im großen Staatsexamen die Bewilligung eines Unterhaltszuschusses verweigert worden sei, die Gelegenheit einer näheren Prüfung darüber ergeben, inwieweit in einem der östlichen Bezirke, aus dem früher besonders viele Klagen gekommen seien, die Umstellung durchgeführt sei. Dabei habe sich herausgestellt, dass die Behauptungen des Referendars sich im Wesentlichen auf die Zeit *vor* der Neuregelung bezogen hätten, aber auch in den Hauptpunkten entstellt gewesen seien, und dass in dem gedachten Bezirk schon am 01.05. d. Js., d.h. einen Monat nach der Umstellung, von 118 Zuschussempfängern nur acht Söhne von aktiven höheren Beamten, und zwar durchweg Schul- und Kirchenbeamten, in keinem Falle von höheren Justizbeamten gewesen seien, i.g. 16 Söhne von aktiven, pensionierten oder verstorbenen höheren Beamten, dagegen 50 Söhne von mittleren Beamten, acht von Unterbeamten, 44 von Kaufleuten (9), Landwirten (8), Handwerkern (5), Angestellten (6), Arbeitern (4), Rentnern (6) und Angehörigen freier Berufe (6). …

Zu Punkt VI a der TO: „Mitteilungen über Besetzung der Prüfungsämter, Doktorprüfungen und Vorbereitungsdienst der Referendare" führte *Präs. Schwister* Folgendes aus: Bei den Vorgängen des letzten Jahres betreffend die *Doktorprüfungen* habe es sich letzten Endes um einen Kampf um die Erhaltung des dreijährigen Vorbereitungsdienstes gehandelt, der durch die Bestrebungen der Unterrichtsverwaltung, die gesetzliche Dauer des Universitätsstudiums zu verlängern, nachdem der Vorbereitungsdienst aus sozialen Gründen um ein Jahr gekürzt sei, gefährdet sei. Diesem Drängen habe die Justizverwaltung umso weniger nachgeben können, als die auf Verlangen der Unterrichtsverwaltung veranlassten statistischen Erhebungen über das Resultat der Referendarprüfungen ergeben hätten, dass die Prüflinge mit nur sechs Semestern, wie schon immer, auch 1928 bei weitem am besten abgeschnitten hätten: Es hätten nämlich nicht bestanden von den Prüflingen mit sechs Semestern ca. 20%, mit sieben Semestern ca. 30% und mit acht oder mehr Semestern ca. 40%, mit „gut" bestanden von den Prüflingen mit sechs Semestern ca. 11%, mit sieben Semestern etwas mehr als 4%, mit acht oder mehr Semestern weniger als 4%, und auch bei dem Prädikat „vollbefriedigend" hätten die Sechssemestrigen am besten abgeschnitten. Daraus folge natürlich nicht, dass ein längeres Studium schade. Aber es wäre, zumal zu so schwierigen Zeiten, eine Unbilligkeit, die tüchtigen Rechtsbeflissenen, die sich keine weiteren Semester leisten könnten und die es in sechs Semestern nicht nur schafften, sondern verhältnismäßig am besten beständen, zu einem längeren Studium zwingen zu wollen. Den Versuch der Unterrichtsverwaltung, ihr Verlangen auf dem Wege durchzusetzen, dass die zeitlichen Voraussetzungen für die Ablegung der Doktorprüfung verschärft würde, habe die Justizverwaltung daher nicht einfach hinnehmen können.

Sie habe, als sie (1927) mit der Nachricht überrascht worden sei, dass es zum Erwerb des Doktorgrades in Preußen eines achtsemestrigen Studiums bedürfe, sofort Verwahrung eingelegt. Als sich dann herausgestellt habe, dass die Referendare in größerer Zahl entweder den Vorbereitungsdienst unterbrochen hätten, um noch ein 7. oder 8. Semester zu studieren, oder während des auf drei Jahre abgekürzten Vorbereitungsdienstes einen erheblichen Teil ihrer Zeit dazu verwandt hätten, um zugleich am Ort oder in einer anderen Stadt dem Universitätsstudium obzuliegen, oder – und das sei die Mehrzahl der Fälle gewesen – in weitem Umfang Vorlesungen zu belegen und zu bezahlen genötigt worden seien, die sie nicht hätten hören können, und als die Unterrichtsverwaltung sich auch geweigert habe, selbst in dringlichen Fällen Dispens zu erteilen, sei nichts anderes übrig geblieben, als den Referendaren einstweilen, bis zur Regelung der Streitfrage, zu verbieten, sich während des Vorbereitungsdienstes immatrikulieren zu lassen. Diese Maßnahme sei, nachdem die Unterrichtsverwaltung schließlich zugestanden habe, dass bis zur endgültigen Entscheidung über die künftige Dauer des juristischen Studiums Referendare schon nach sechs Semestern zur Promotion zugelassen würden, wieder aufgehoben worden. Dies bedeute natürlich nicht, dass nun den Referendaren wieder in aller Regel zu weiterem Studium vor Ablegung des Doktorexamens Urlaub zu erteilen oder zu gestatten wäre, zum Schaden ihrer praktischen Ausbildung während des Vorbereitungsdienstes einem weiteren Studium obzuliegen, weil die Universitäten sich etwa an die erzielte Einigung nicht halten würden. Im Einzelfalle möge zuzulassen sein, dass ein Referendar, z.B. ein solcher, der sich später habilitieren wolle, sich, auch zur Vorbereitung auf die Doktorprüfung, nochmals immatrikulieren lasse, sofern damit keine ernste Störung der Interessen seiner praktischen Ausbildung verbunden sei. Sollte aber der Versuch hervortreten, dass die Referendare, die doktorieren wollen, wiederum systematisch zur weiteren Immatrikulation oder zum Belegen von Vorlesungen usw. genötigt würden, so werde zu berichten sein.

Bei der *Reform der ersten Prüfung* sei am schwierigsten die Besetzung der Prüfungsausschüsse gewesen. Eine Verminderung des Prüfungsstoffs habe sich nicht erreichen lassen; auch sei die Ausschaltung der Nationalökonomen und der Prüfer aus den Verwaltungen nicht angängig gewesen. In einem mit nur vier Prüfern besetzten Ausschuss sei daher die Erhaltung eines Sitzes für einen Richter oder Anwalt neben dem Vorsitzenden großen Schwierigkeiten begegnet. Zudem habe anerkannt werden müssen, dass die Prüfungen im Ganzen den Universitäten näherzurücken waren. Schon mit Rücksicht auf die Angleichungsverhandlungen beim Reich habe auf eine Lösung hingearbeitet werden müssen, die auch die juristischen Fakultäten befriedige. Es sei daher ursprünglich geplant gewesen, die

Ausschüsse mit drei Universitätslehrern einschließlich des Nationalökonomen und zwei Praktikern zu besetzen. Gegen diese Lösung habe sich jedoch etwa die Hälfte der eingeforderten Berichte ausgesprochen, und es habe anerkannt werden müssen, dass angesichts des dort geschilderten Verhaltens mancher Universitätslehrer in den Prüfungen es so gefährlich war, ihnen das zahlenmäßige Übergewicht zu geben, wie den Stichentscheid des Vorsitzenden zu beseitigen, und dass die Möglichkeit, dem Nationalökonomen bei Stimmengleichheit unter den übrigen Prüfern den Ausschlag zu geben, mehr gewesen wäre als ein bloßer Schönheitsfehler. Nach Beratung mit mehreren Prüfungsvorsitzenden sei der Zwischenvorschlag gemacht worden, wonach der Nationalökonom in der Beratung nur ein Gutachten über die Prüfungsleistungen in den Wirtschaftswissenschaften abzugeben hätte, während die Abstimmung über das Schlussergebnis sich nur unter den übrigen Prüfern vollziehen, dafür aber der Nationalökonom an jeder Prüfung teilnehmen sollte; diesem Vorschlag hätten aber die Unterrichtsverwaltung und die Berufsvertretung der Nationalökonomen widersprochen, und zwar auch noch, nachdem weiter zugestanden worden sei, dass der Nationalökonom gegen das Bestehen der Prüfung Veto einlegen könne, sofern zwei weitere Mitglieder des Prüfungsausschusses sich dem Widerspruch anschlössen.

Nachdem sich weiter auch der Staatsrat gegen die Verstärkung des Einflusses der Universitätslehrer und gegen Vermehrung der Prüfungssitze ausgesprochen hätte, sei auf eine Lösung zurückgegriffen worden, die im Vorjahre die preußischen Juristenfakultäten gemacht und dem Justizminister mitgeteilt hätten: Beteiligung der Theoretiker und Praktiker mit je zwei Sitzen, Stichentscheid des Vorsitzenden und als Gegengewicht dagegen Vetorecht der beiden Professoren gegen das Bestehen der Prüfung. Allerdings schienen nach der kürzlich bekanntgegebenen Stellungnahme aller Juristenfakultäten auch mit dieser Lösung weder die Juristenprofessoren noch offenbar ein Teil der Nationalökonomen zufrieden zu sein. Abgesehen von der Bestimmung des § 16 S. 2 AO, der die Gleichberechtigung der Lehrer des öffentlichen Rechts und der Wirtschaftswissenschaftler mit den übrigen Universitätslehrern sicherstellen solle, sei von Bestimmungen über die Reihenfolge, in welcher die Prüfer der verschiedenen Kategorien heranzuziehen seien, abgesehen worden. Die sachgemäße Zusammensetzung der Prüfungsausschüsse im Einzelfall sei Sache der Prüfungspräsidenten. An diese und die Prüfungsämter seien überhaupt außer den Bestimmungen der AO mit Vorbedacht keine weiteren Vorschriften gerichtet worden. Die RV vom 21.06. d. Js. (I 7357) wende sich nur an die OLG-Präs. mit dem Ersuchen, ihren persönlichen Einfluss auf das Prüfungswesen im Sinne der mitgeteilten Richtlinien geltend zu machen. Hier sei namentlich der Grundsatz betont, dass (von den Nationalökonomen abgesehen) von allen Prüfern verlangt werden müsse, dass sie sich über den Wert sämtlicher Prüfungsleistungen ein eigenes und selbständiges Urteil bildeten und bei den Zensuren wie namentlich in der Beratung zur Geltung brächten.

Wenn weiter darauf hingewirkt werden solle, dass beim Fehlen eines Vertreters des öffentlichen Rechts oder der Wirtschaftswissenschaften tunlichst ein Praktiker des Verwaltungsrechts zu beteiligen sei, so sei damit nicht gesagt, dass letztere *nur* in solchen Fällen herangezogen werden sollten. Als kürzlich mehrere Prüfer aus der Verwaltung durch den zuständigen Regierungspräsidenten bei den Ministern des Innern und der Finanzen mit der Beschwerde vorstellig geworden seien, dass durch die ihnen bekannt gewordenen neuen Richtlinien unangemessene Anforderungen an die Praktiker des Verwaltungsrechts gestellt würden, habe die Justizverwaltung in ihrer Erwiderung an den Grundsätzen der RV festgehalten, aber dabei bemerkt, die Auffassung, als ob nunmehr die Verwaltungsprüfer in aller Regel als Erstzensoren namentlich bei den häuslichen Arbeiten herangezogen werden sollten, sei irrig.

Auch hierüber würden die Prüfungsvorsitzenden nach bestem Ermessen zu befinden haben, und namentlich in der Übergangszeit bis zur Neubesetzung der Prüfungsämter würden sie zu den Prüfungen jeweils die Bestgeeigneten heranziehen müssen. Weniger geeignete Prüfer würden inzwischen zweckmäßig seltener und nur zugleich mit besonders tüchtigen anderen Prüfern beteiligt. Überhaupt werde grundsätzlich auf die Eignung der einzelnen Prüfer mehr Gewicht zu legen und auf *allmähliche* Ausscheidung der ungeeigneten hinzuwirken sein. Daher werde gebeten, bei den für Januar k.Js. erbetenen Personalberichten möglichst genaue, individuelle und ungeschminkte Angaben über die Befähigung und die Leistungen aller Prüfer zu machen. Ob es allerdings dabei gelingen werde, auch die als Prüfer ungeeignetsten Universitätslehrer auszumerzen, wie die Unterrichtsverwaltung in Aussicht gestellt habe, erscheine zweifelhaft; vielleicht könne die Sache so angefasst werden, dass für den Fall einer sich als notwendig erweisenden zahlenmäßigen Minderung der Kommissionen nur diejenigen Prüfer vorgeschlagen würden, die unzweifelhaft geeignet seien.

Die von einigen Stellen angeregte Neuaufstellung von Protokollformularen für die Prüfungen sei in Angriff genommen; dabei werde voraussichtlich wieder auf das – jetzt vom KG aus empfohlene – einheitliche Formular zurückgegriffen werden, das die Ergebnisse für alle Prüflinge zusammen auf einem Blatt darstelle.

Die Berichte über die Frage, ob für die noch nicht exmatrikulierten Prüflinge Sittenzeugnisse der Universität oder der Polizei einzufordern seien, hätten, obgleich die einzelnen Prüfungspräsidenten verschieden verführen, nicht die Notwendigkeit einer (von der Universitätsverwaltung angeregten) einheitlichen Regelung ergeben.

In der *Eingangsstation des Vorbereitungsdienstes* sollten Referendare nach § 30 Ziff. 1 a AO nur ausnahmsweise Amtsgerichten mit mehr als vier Planstellen überwiesen werden. Die hiernach erforderliche ministerielle Genehmigung werde zweckmäßig nicht für den Einzelfall erbeten, solle vielmehr für die vorgeschlagenen AG allgemein erteilt werden, wenn sichergestellt sei, dass bei dem Gericht ein geeigneter, mit der allgemeinen Anleitung der Referendare zu beauftragender Richter vorhanden sei. In einem Bezirk sei die Ermächtigung zur ausnahmsweisen Überweisung von Referendaren an bestimmte fünf- oder sechsstellige AG mit der Begründung nachgesucht worden, dass mit dem Inkrafttreten der neuen Vorschriften Anträge neu ernannter Referendare, sie für den ersten Ausbildungsabschnitt aus persönlichen, namentlich wirtschaftlichen Gründen einem mit mehr als vier

Richtern besetzten AG zu überweisen, zu erwarten seien. Die Ermächtigung sei mit der Einschränkung erteilt worden, dass von ihr nur dann Gebrauch gemacht werden solle, wenn ein geeignetes, mit weniger als fünf Planstellen ausgestattetes Gericht nicht zur Verfügung stehe oder wenn der Zweck der Ausbildung unter Berücksichtigung der persönlichen Verhältnisse des Referendars im Einzelfall die Überweisung an ein solches Gericht nicht angezeigt erscheinen lasse. Dies könne z.B. dann der Fall sein, wenn zu besorgen stehe, dass der Referendar zum Schaden seiner Ausbildung einen großen Teil seiner Zeit durch Bahnfahrten verlieren werde. Ausschlaggebend aber müsse stets das Interesse der Ausbildung sein, nicht die Rücksicht auf persönliche Ungelegenheiten des Referendars. Im vorgedachten Falle seien die Vorgänge den sämtlichen OLG-Präs. zwecks Nachachtung bei der Vorbereitung ähnlicher Anträge zur Kenntnisnahme mitgeteilt worden. Sollte dies etwa in einzelnen Bezirken als Erteilung einer allgemeinen Ermächtigung zur selbständigen Regelung aufgefasst und darauf bereits entsprechende Anordnung getroffen sein, so werde um deren baldige Mitteilung gebeten, damit die gleichmäßige Behandlung kontrolliert werden könne. In jedem Falle sei auch zu berichten, ob bei dem vorgeschlagenen Gericht ein bestimmter Richter mit der allgemeinen Anleitung der Referendare beauftragt sei oder beauftragt werden solle.

Die Geltung des neuen Aufbauplans sei allgemein nur für die seit Ende der Gerichtsferien neu eingetretenen Referendare vorgeschrieben. Natürlich müsse Umgehungsversuchen entgegengetreten werden. Von einer allgemein gültigen Bestimmung darüber, inwieweit der neue Plan auch für die älteren Referendare durchzuführen wäre, sei mit Rücksicht auf die Verschiedenheit der in der einzelnen Bezirken obwaltenden Verhältnisse abgesehen worden. Inzwischen sei in einem der schwierigsten Bezirke, nämlich dem des KG, ein den einzelnen Ausbildungsstadien nachgehender Vorschlag vorgelegt worden, der für die älteren Referendare eine weitgehende Anpassung an den neuen Plan bedeute. Er sei genehmigt und sämtlichen übrigen Chefs mitgeteilt worden, und es werde sich im Interesse einer einheitlichen Durchführung der Reform empfehlen, wenn das Beispiel des Herrn KG-Präs. möglichst weitgehende Nachahmung fände. Die übrigen Änderungen der AO und insbesondere die sonstigen allgemeinen Bestimmungen in der RV vom 22.06. d. Js. (I 7358), insbesondere diejenigen über Anfertigung von Arbeiten bei LG und OLG, über die Überweisungsgesuche und über die Übungen, hätten für alle Referendare Geltung; eine dies klarstellende RV werde vorbereitet.

Beim *Landesprüfungsamt* seien in letzter Zeit wiederholt Täuschungsversuche aufgedeckt worden, bei denen der Prüfling sich bei Anfertigung der praktischen Arbeit von den Parteien oder ihren Anwälten das Aktenmaterial verschafft oder dies versucht habe; in einem dieser Fälle sei vorgespiegelt worden, dass es sich um eine Doktorarbeit handle, für die Material aus der Rechtsprechung gesucht werde. Soweit die OLG-Präs. etwa aus Anlass der kürzlich zur Sache ergangenen RV mit den Anwaltskammern Fühlung nähmen, möchte auch auf diesen Täuschungsweg hinzuweisen sein. – Bei Prüfung der Frage, ob anstelle des Rechtsgutachtens (R-Arbeit) im großen Staatsexamen eine während des Vorbereitungsdienstes anzufertigende rechtswissenschaftliche Arbeit als Prüfungsaufgabe zuzuteilen sei (vgl. § 57 Z. 2 AO), empfehle sich bei den Äußerungen der OLG-Präs. möglichste Zurückhaltung. An solche Arbeiten müssten natürlich besonders strenge wissenschaftliche Anforderungen gestellt werden, ihre Anfertigung störe den Vorbereitungsdienst, und häufig sei auch ihr Prüfungswert nur gering.

Der berechtigte Wunsch, dass R-Arbeiten nicht gleichzeitig mehreren am gleichen Ort arbeitenden Referendaren zugeteilt würden, könne bei der fortgesetzt wachsenden Zahl der Prüflinge nur erfüllt werden, wenn genügend Themata bereitgestellt seien, was immer schwieriger werde. Die Senats- und LG-Präs. könnten das Landesprüfungsamt hier dadurch wirksam unterstützen, wenn sie nach dem Erlass von Urteilen, die schwierige, noch nicht ausgetragene Problemfragen behandelten, alsbald eine Abschrift hierher mitteilten. – Die Einrichtung, dass zur Anfertigung der Klausurarbeiten im großen Staatsexamen alle Prüflinge nach Berlin kommen müssten, führe zu immer größeren Schwierigkeiten räumlicher und persönlicher Art; es müsse erwogen werden, ob diese Arbeiten nicht künftig, statt allesamt beim KG, in den Klausursälen der einzelnen OLG zu schreiben seien.

Zu den verschiedenen noch schwebenden *Reformplänen* wurde mitgeteilt, die Beratungen der Kommission zu Vorbereitung einer Angleichung aller Ausbildungseinrichtungen in sämtlichen deutschen Ländern hätten zu dem vorläufigen Vorschlag geführt, dass das Stadium (Mindestdauer) entweder aus sechs Semestern *und* drei Ferien-Zwischenlehrgängen oder aus sieben Semestern bestehen und der Vorbereitungsdienst bei Gericht und Verwaltung dreieinhalb Jahre dauern solle; inzwischen hätten alle Fakultäten die Zwischenlehrgänge abgelehnt, ein achtsemestriges Studium und die Auslieferung der Referendarprüfung an die Universitäten gefordert. Nach wie vor bestehe die Gefahr, dass selbst der auf drei Jahre abgekürzte gerichtliche Vorbereitungsdienst noch um sechs bis zwölf Monate weiter vermindert werde. Die Frage der Ausbildung aller Referendare in Preußen auch bei den Verwaltungsbehörden ruhe bis zur Erledigung der Angleichsaktion beim Reich. Die Justizverwaltung widersetze sich mit den Universitäten den Bestrebungen, die darauf hinausliefen, die juristischen Fakultäten zu Fachschulen herabzudrücken.

Der *Minister* hält eine Diskussion über die von Präs. Schwister vorgetragenen Fragen für entbehrlich. – Die Handhabung der Unterhaltszuschüsse für die Referendare mache dem Justizministerium besonders zu schaffen. Der Landtag nehme an dieser Frage großes Interesse. Zuschriften an Abgeordnete, die sich auf diese brennende Frage bezögen, fänden bei diesen besonders starke Beachtung und verursachten dem Ministerium mancherlei Arbeit.

In dem schwebenden sog. „Doktorstreit" bitte er die OLG-Präs., das Ministerium in der geeigneten Weise zu unterstützen.

Zu Punkt VI c der TO: „Verwendung zu junger Hilfsrichter bei den OLG" erklärt *MinDr. Dr. Hartwig*, sich nur noch ganz kurz äußern zu wollen. Es falle auf, dass nicht selten besonders junge Richter als Hilfsrichter an die OLG einberufen würden. Diese Maßnahme sei bedenklich. Den Einberufenen fehle die nötige richterliche Erfahrung; auch dehne sich ihre Einberufung zu den OLG dann oft zu lange Zeit (bisweilen über sieben bis acht Jahre) aus. Daneben fänden sich bei den OLG vielfach überalterte Hilfskräfte, die bisweilen für ihre verantwortungsvolle Aufgabe nicht einmal genügend qualifiziert seien. – Durch diese Handhabung würden Hoffnungen erweckt, die nicht erfüllt werden könnten. Es habe den Anschein, dass ein Mangel an geeigneten Hilfskräften für die OLG bestehe (diese Vermutung wird von den anwesenden OLG-Präs. durch Zurufe bestätigt). Wenn dieser Mangel bestünde, so würde sich das Ministerium bei dem Finanzminister mit allem Nachdruck für die Vermehrung der planmäßigen Stellen bei den OLG einsetzen.

Der *Minister* dankt den Herren und schließt die Besprechung.

Anhang: Referat des *LG-Rats Veltman* über die *Beschäftigung von Gerichtsassessoren in Justizverwaltungssachen,* das wegen Zeitmangels nicht mehr gehalten wurde. [weggelassen]

X. Besprechung mit den Generalstaatsanwälten am 27.10.1930

Justizminister Dr. Schmidt eröffnete die Besprechung mit einer Begrüßung der erschienenen Herren GStA und des anstelle des erkrankten Herrn GStA Rhode-Berlin erschienenen Herrn OStA Schönfeld und erteilte sodann Herrn MinRat Rietzsch das Wort zum ersten Punkte der Besprechung: *„Welche Maßnahmen sind zur Beschränkung der Vollstreckung kurzer Freiheitsstrafen angezeigt?"* MinRat *Rietzsch* führte hierzu Folgendes aus:

I. Der Kampf gegen die kurze Freiheitsstrafe [k.F.] gehörte bekanntlich bereits zu den wichtigsten Programmpunkten, mit denen Ende der 1880er Jahre Franz von Liszt seinen Feldzug für eine Erneuerung der Strafrechtspflege eröffnete. Bereits damals warf *von Liszt* der kurzen Freiheitsstrafe vor, sie vermöge keine der von einen modernen Strafrechtstheorie zu fordernden Strafwirkungen – Besserung, Abschreckung, Unschädlichmachung – zu erzielen. Ihre mangelnde Eignung hierfür erweise die Kriminalstatistik; sie ergebe sich daraus, dass die kurze Freiheitsstrafe (k.F.) ihrer Natur nach mit dem unvermeidlichen Mangel behaftet sei, dass sie den Verurteilten schände und an die Schande gewöhne; sie treffe den Besseren härter als den Schlechteren. Von Liszt fasse sein Verdammungsurteil in die Worte zusammen: „Die kurzzeitige Freiheitsstrafe ist nicht nur nutzlos: sie schädigt die Rechtsordnung schwerer, als die völlige Straflosigkeit es zu tun imstande wäre".

Die Berechtigung dieser Vorwürfe wurde alsbald auch auf der Seite der Gegner der damals sog. „radikalen Reformbewegung" anerkannt. Schon 1890 schrieb ein so besonnener und vorsichtiger Beobachter wie *Wach*: „Die kurzzeitige Freiheitsstrafe beherrscht unsere Strafrechtspflege. Sie ist aber in ihrer jetzigen Gestalt, in der Form der einfachen Freiheitsentziehung, vollzogen ohne genügende Aufsicht und Arbeit, wertlos, ja schädlich: Sie schreckt nicht ab, sie bessert nicht, sie verdirbt. Für den Verwahrlosten, vom Verbrechergift bereits Ergriffenen bleibt sie ohne jeden nachhaltigen Eindruck und wird ihm daher leicht zur Versuchung. Den Unbescholtenen dagegen kann sie übermäßig hart treffen, indem sie ihm das Brandmal des Sträflings aufdrückt, dadurch sein Ehrgefühl untergräbt, ihn dem üblen Einflüssen der Verbrechergesellschaft aussetzt, ihn in seiner Berufsstellung empfindlich schädigt und so auf die Bahn des Verbrechens drängt."

In der Folge haben zwar die Anhänger der „klassischen Schule" manche Lanze für die kurze Freiheitsstrafe gebrochen; auch sie haben aber anerkennen müssen, dass die k.F. möglichst hinter anderen Maßnahmen der Verbrechensbekämpfung zurücktreten müsse.

II. Als Ersatz für die k.F. forderte von Liszt eine Heraufsetzung des Minimums der Gefängnis- und Haftstrafe, die Einführung der bedingten Verurteilung, mindestens der bedingten Strafaussetzung, sowie die Reform der Geldstrafe. Die erste Forderung ist bis heute nicht verwirklicht; die Reform der Geldstrafe dagegen ist durch die Geldstrafengesetze so erheblich gefördert, dass die neuen großen strafrechtlichen Gesetzentwürfe auf diesem Gebiet kaum mehr Neues bringen. Statt der bedingten Verurteilung ist inzwischen die bedingte Strafaussetzung durch die Justizverwaltung eingeführt worden. Der Erfolg dieser Maßnahmen ist groß: Während 1890 und ebenso 1920 noch 2/5 aller Verurteilungen wegen Verbrechen und Vergehen auf Freiheitsstrafe unter drei Monaten lauteten, sank diese Zahl 1910 auf 1/3 und im letzten Jahre, für welches die Reichskriminalstatistik vorliegt, für 1927, sogar auf 1/5. So erfreulich diese Fortschritte sind, so lässt sich doch nicht verkennen, dass noch immer in vielen Fällen k.F. verhängt und auch vollstreckt werden, in denen sie, um mit von Liszt zu reden, mehr Schaden als Nutzen stiften. Es handelt sich bei jenem Fünftel aller Strafen, die 1927 wegen Verbrechen und Vergehen verhängt wurden, und auf Freiheitsstrafe unter drei Monaten lauteten, um nicht weniger als 112.000 Fälle. Preußen hält sich anscheinend etwas unter dem Reichsdurchschnitt: 1929 sind in Preußen 50.000 Freiheitsstrafen unter drei Monaten erkannt worden, im ersten Halbjahr 1930 28.000, also 3.000 mehr als im ersten Halbjahr 1929. Zu diesen Zahlen treten noch die von keiner Statistik erfassten k.F. wegen Übertretungen und wegen Vergehen gegen landesrechtliche Strafbestimmungen. Für die Vollstreckung tritt ferner die große Zahl der Ersatzfreiheitsstrafen hinzu.

Wie viele k.F. zur Vollstreckung gelangen, ist nicht bekannt. Um eine Stichprobe zu machen, hatte der Herr Minister die Anfertigung einer Übersicht für einen bestimmten Stichtag angerechnet. Es hat sich ergeben, dass am Stichtage, *dem 17.06. ds. J., einsaßen wegen Freiheitsstrafe* von 1–3 Tagen 154, von 4–7 Tagen 335, von mehr als 1 bis 2 Wochen 475, von mehr als 2–4 Wochen 271, von mehr als 3 Wochen – 1 Monat 478 Personen. Rechnet man diese Zahlen in der Annahme, dass sie dem Durchschnitt entsprechen, vorsichtig auf das Jahr um, so ergibt sich, dass in Preußen im Jahre 50–60.000 Personen durch die Strafanstalten gehen, die Strafen bis zu zwei Wochen verbüßen. Über zwei Wochen bis einem Monat werden an rd. 10.000 Personen im Jahr vollstreckt.

III. Diese Zahlen sind recht hoch; sie müssen geradezu erschrecken. Denn die Bedenken gegen die k.F. sind heute die nämlichen wie früher. Ganz besonders gilt dies von den Strafen bis zu einer oder auch bis zu zwei Wochen. Die Justizverwaltung hat sich zwar bemüht, durch planmäßige Schließung der kleinen Strafanstalten, die von Liszt mit Recht als „Schulen des Verbrechens“ bezeichnet hatte, die Gefahren des Vollzuges der k.F. zu mindern. Einen Fortschritt bedeutet es auch, dass die k.F. jetzt in Einzelhaft vollstreckt werden. Gleichwohl bleiben Gefahrenquellen für unerwünschte Beeinflussungen naturgemäß, zumal während der Arbeit, bestehen. Es bleiben ferner die bekannten psychologischen Bedenken gegen die k.F.: Der Gefangene verliert die Scheu vor dem Gefängnis, sein Ehrgefühl stumpft ab, und es ist klar, dass hierunter die generalprävenierende Wirkung aller Strafen wesentlich leiden muss. Andererseits ist ein erziehlicher Nutzen von den k.F. nicht zu erwarten. Der Zweck des Vollzuges der Freiheitsstrafe, die Gewöhnung des Gefangenen an Ordnung und Arbeit und seine sittliche Festigung zur Verhütung von Rückfällen, lässt sich in einer oder auch in zwei Wochen nicht erreichen. Ein

Missstand besteht ferner in der Schwierigkeit der Beschaffung von Arbeit für kurzfristige Gefangene und, wenn *Arbeit* vorhanden ist, in der *Anlernung* in so kurzer Zeit. Diese Schwierigkeiten bewirken, dass die meisten kurzfristigen Gefangenen ihre Zeit einfach *„abdösen"*. Eine erziehliche Beeinflussung ist nicht durchführbar. Es bedarf keiner Ausführung, dass diese Form der Vollstreckung auch eine Verschwendung von Staatsmitteln bedeutet. Die Vollstreckung der Strafen bis zu einem Monat kostet nach hier angestellten Berechnungen etwa 1,8 Millionen im Jahr. Zu alledem treten – last not least – die wirtschaftlichen Bedenken: Der Verurteilte wird durch die Ladung zum Strafantritt womöglich aus seiner Arbeitsstelle herausgerissen und läuft Gefahr, sie ganz zu verlieren, zumal in einer Zeit wie der heutigen; er erleidet also eine Schädigung, die über das Übel der ihm zuerkannten Strafe weit hinausgeht, und auch seine Familie hart treffen kann.

Was kann nun von Seiten der Justizverwaltung geschehen, um die Vollstreckung und möglichst bereits die Verhängung von k.F. nach Möglichkeit zu beschränken?

IV. In erster Linie kommt eine zweckmäßige Handhabung des § 153 StPO in Betracht. Die hiermit zusammenhängenden Fragen sind jedoch auf der vorjährigen Besprechung mit den Herren GStA so eingehend erörtert worden, dass ich glaube, ein erneutes Eingehen auf diese Fragen heute vermeiden zu sollen. Ich möchte nur darauf hinweisen, dass die Reichstagsvorlage des Entwurfs eines Einführungsgesetzes zu dem neuen StGB zu § 153 StPO eine sehr zweckmäßige Neuerung vorsieht: Sie gestattet es, die Entscheidung über die Einstellung wegen Geringfügigkeit bis zur Dauer eines Jahres widerruflich auszusetzen, wenn „der Führung des Beschuldigten während dieser Zeit Bedeutung für die Entscheidung zukommt". Der Täter soll sich also die Einstellung des Verfahrens durch gute Führung verdienen können; die Probezeit wird in die Zeit *vor* dem Urteil verlegt. Diese „Aussetzung der Strafverfolgung", ein Gedanke des englisch-amerikanischen Rechts, würde zur Verhütung der Verhängung von k.F. außerordentlich geeignet sein; es wäre zu wünschen, dass sich demnächst eine Gelegenheit findet, diese Neuerung alsbald in die StPO aufzunehmen.

Kommt Einstellung aus § 153 StPO nicht in Frage, so ist das nächste Stadium, in welchem die Justizverwaltung auf Vermeidung k.F. hinzuwirken in der Lage ist, der Antrag des Vertreters der Anklage in der HV. Der Anklagevertreter wird in jedem Falle zu erwägen haben, ob nicht anstelle einer k.F. eine Geldstrafe angemessen ist. Hierbei wird er insbesondere auch des § 27 b RStGB [RGBl. I 1924, 44] eingedenk sein müssen; die Fälle sind noch immer keineswegs selten, in denen diese Vorschrift in der Hitze des Gefechts vergessen wird. Schwierig ist die Antragstellung, wenn der Anklagevertreter glaubt befürchten zu müssen, dass der Angeklagte eine Geldstrafe nicht bezahlen kann. Durch diese Erwägung darf er sich m.E. nicht verführen lassen, eine k.F. zu beantragen; denn der Mittellose darf um seiner Mittellosigkeit willen keinesfalls mit einer schwereren Strafart bestraft werden als derjenige, der eine Geldstrafe tragen kann. Auch bei Mittellosigkeit des Angeklagten muss nach einer Geldstrafe gesucht werden, die seinen wirtschaftlichen Verhältnissen – evtl. unter Stundung bis zur Besserung der Verhältnisse – angepasst ist.

Kann der Strafzweck durch eine Geldstrafe nicht erreicht werden und ist daher auf eine k.F. zu erkennen, so wird der Vertreter der Anklage weiter zu erwägen haben, ob er auf bedingte Strafaussetzung hinzuwirken haben wird. Gewährung bedingter Strafaussetzung trotz Ablehnung der Anwendbarkeit des § 27 b RStGB ist, wie das RG mit Recht erkannt hat, kein Widerspruch. Man kann sehr wohl eine Geldstrafe als zur Erreichung des Strafzwecks unzulänglich ansehen und gleichwohl von der sofortigen Vollstreckung der Strafe absehen, wenn man den in der Möglichkeit der Vollstreckung während der Bewährungsfrist liegenden Zwang als ausreichend ansieht, um ein gesetzmäßiges Verhalten des Täters herbeizuführen. – Entscheidet das Gericht über die bedingte Strafaussetzung nicht bereits in der HV, so wird Vorsorge zu treffen sein, dass die Akten dem Amts- oder StA nochmals zur Prüfung vorgelegt werden, ob er nach Rechtskraft des Urteils Anlass nehmen will, bedingte Strafaussetzung zu erwirken.

Vielleicht kann auch erwogen werden, ob die Justizverwaltung, wenn sie dem Anklagevertreter Richtlinien für die Stellung des Antrags in der HV geben will, dazu übergehen soll, die von mir bereits erwähnte, von der Gesetzgebung noch nicht verwirklichte Forderung von Liszt's, nämlich die Heraufsetzung des Minimums der Freiheitsstrafe, möglichst im Verwaltungswege durchzusetzen. Von Liszt verwarf grundsätzlich jede Gefängnisstrafe unter sechs Wochen. Geheimrat Krohne befürwortete, das Minimum der Gefängnisstrafe auf einen Monat festzusetzen. Der von Kahl, von Liszt, Goldschmidt und Lilienthal ausgearbeitete sog. Gegenentwurf vom Jahre 1911 sah als Minimum der Gefängnisstrafe eine Woche, der Haftstrafe drei Tage vor. Für diese Regelung haben sich eingesetzt Aschrott, von Staff, Oetker, von Hippel, Feisenberger, um nur Männer zu nennen, die gewiss nicht zu den Stürmern und Drängern für uferlose Reformpläne gehören. Auch der Entwurf des neuen StGB sieht *eine* Woche als Mindestmaß bei Gefängnis vor; für Haft lässt er es bei dem Mindestmaß von einem Tage bewenden. Der Strafrechtsausschuss des aufgelösten Reichstags hatte dies einstimmig gebilligt. Hiernach könnte man wohl erwägen, dem Anklagevertreter zu empfehlen oder zu gebieten, sofern er nur eine Freiheitsstrafe bis zu einer Woche in Betracht ziehen zu sollen glaubt, stets auf Geldstrafe anzutragen oder bedingte Strafaussetzung anzuregen. – Jedenfalls wird der Anklagevertreter durch sorgfältige Prüfung aller vorgetragenen Gesichtspunkte im Plädoyer ganz wesentlich zur Vermeidung des derzeitigen Missstandes beitragen können, dass noch immer beträchtlich viele *ganz kurze* Freiheitsstrafen an Unvorbestraften vollstreckt werden, die offensichtlich aus Not gehandelt haben.

V. Prüft man weiter, was zur Verhütung der *Vollstreckung* der k.F. geschehen kann, so ist ein besonderes Sorgenkind die Ersatzfreiheitsstrafe, die erfahrungsgemäß meist zu den ganz kurzen Strafen gehört. Ihre Vollstreckung birgt natürlich die gleichen Gefahren wie die Vollstreckung der primär erkannten k.F. Ihre Vermeidung ist aber wohl noch schwerer durchzusetzen. Leider nimmt die Vollstreckung von Ersatzfreiheitsstrafen neuerdings zu. Während 1929 in Preußen rd. 25.000 Ersatzfreiheitsstrafen wegen Verbrechen und Vergehen vollstreckt sind, betrug die entsprechende Zahl im ersten Halbjahr 1930 bereits rd. 15.400, aufs Jahr also 30.800; das bedeutet eine Vermehrung um nicht weniger als *ein Viertel.*

Diese Entwicklung ist äußerst bedenklich und erfordert sorgsame Prüfung von Abwehrmaßnahmen. Das JMin. hatte bereits in der AV vom 29.06.1921 – JMBl. S. 369 – hierzu gesagt: Die Vollstreckung von Ersatzfreiheitsstrafen ... „ist besonders unerwünscht, weil die Vollstreckung von k.F., um die es sich dabei zumeist handelt, den Verurteilten im Allgemeinen nicht bessert, vielmehr seine wirtschaftlichen Schwierigkeiten erhöht, seine Familie fast regelmäßig in Mitleidenschaft zieht und seine sozial Stellung untergräbt. Die Erkenntnis der ungünstigen Wirkungen der k.F. hat zu einer häufigeren Anwendung der Geldstrafe geführt; muss nun statt einer Geldstrafe die Ersatzfreiheitsstrafe vollstreckt werden, so ist damit der mit der Wahl der Strafart verfolgte Zweck verfehlt".

Die AV empfiehlt die Gewährung von Zahlungsfristen und von Teilzahlungen, und es kann kein Zweifel sein, dass diese Auswege der Vollstreckung der Ersatzfreiheitsstrafe in jedem Falle vorzuziehen sind. Die entstehende Mehrarbeit müssen die Justizbehörden in Kauf nehmen. Man kann sich vorstellen, dass dem Gericht, wenn immer neue Teilzahlungen notwendig beantragt werden, nicht selten die Geduld reißt und es zu Vollstreckungen kommt, damit Gerichte und Rechtspfleger einmal die Akte vom Arbeitstisch los werden. In einer Zeit so schwerer wirtschaftlicher Depression wie der heutigen aber muss ein hohes Maß von Geduld aufgewendet werden, solange nicht der Eindruck gewonnen wird, dass auf Seiten des Antragstellers böser Wille vorliegt. Auch wird auf möglichste technische Erleichterung der Einsendung von Teilbeträgen zu sinnen sein; der ungewandten Partei kann man zweckmäßig Zahlkarten mit ausgefüllten Aktenzeichen übersenden in der Art, in der die Lebensversicherungsgesellschaften ihre Prämien einziehen.

Bleiben Stundung und Bewilligung von Zahlungsfristen ohne Erfolg, so fordert die AV vom 29.06.1921 vor Vollstreckung der Ersatzfreiheitsstrafe die Prüfung, ob sie auszusetzen sein wird. Hier steht nun allerdings, soweit das Staatsministerium das Gnadenrecht auf den FM, MdJ bzw. MfL (Landwirtschaft) übertragen hat, der Umstand entgegen, dass die Gerichte insoweit zur Aussetzung der Ersatzfreiheitsstrafe nicht befugt sind. In solchen Fällen muss einstweilen noch eine Prüfung durch den Fachminister oder die von ihm etwa für zuständig erklärte Verwaltungsbehörde veranlasst werden, ob die Ersatzfreiheitsstrafe bedingt auszusetzen sei. Keinesfalls darf der geschilderte Rechtszustand dahin führen, dass in diesen Fällen aus Schematismus ohne weiteres zur Vollstreckung der k.F. übergegangen wird. Zu erwägen wird auch sein, ob es sich empfiehlt, an das Staatsministerium mit der Bitte heranzutreten, die bezeichnete Beschränkung der Befugnisse der Gerichte fallen zu lassen. Doch fragt es sich, ob dies für den Geschäftsbereich des MdJ und des Mfl. vielleicht deshalb unpraktisch ist, weil die Gerichte hier ja auch die primär erkannte Freiheitsstrafe nicht aussetzen dürfen.

Einen weiteren Weg, die Vollstreckung kurzer Freiheitsstrafen zu vermeiden, weist § 29 Abs. 6 RStGB [Fassung v. 06.02.1924; RGBl. I, 44]. Danach kann das Gericht, wenn die Geldstrafe ohne Verschulden des Verurteilten nicht eingebracht werden kann, anordnen, dass die Vollstreckung der Ersatzstrafe unterbleibt. Dieser Weg ist übrigens auch gangbar, soweit die bedingte Aussetzung der Freiheits- und Ersatzfreiheitsstrafe auf Verwaltungsbehörden übertragen ist. Dem § 29 Abs. 6

stehen die Gerichte anscheinend mit einem gewissen Misstrauen gegenüber. Auch die Kommentare sprechen mehr oder minder deutlich aus, dass die Verfasser die Bestimmung missbilligen. Hierzu liegt jedoch kein Grund vor, die Vorschrift ist wohl erwogen, und ihre häufige Anwendung in der Praxis ist auch im Strafrechtsausschuss des vorigen Reichstags von vielen Seiten empfohlen worden. § 29 Abs. 6 ist allerdings nicht schon anwendbar, wenn beim Täter Zahlungsunfähigkeit vorliegt; letztere muss vielmehr ohne sein Verschulden entstanden sein. Diese Voraussetzung aber wird heute angesichts des Umfangs der Arbeitslosigkeit keineswegs selten zu bejahen sein, und dann wird von der Vorschrift umso unbedenklicher Gebrauch gemacht werden können, als die Anordnung des Unterbleibens der Vollstreckung der Ersatzfreiheitsstrafe widerrufen werden kann, wenn die Verhältnisse des Verurteilten sich bessern. Es mag zugegeben werden, dass die Resignation auf Strafvollstreckung wenig befriedigt, wenn man dabei befürchten muss, dass damit auch auf Erreichung des Strafzwecks verzichtet werden muss. Es verbleibt auch wohl nicht mit Unrecht ein unbehagliches Gefühl bei dem Gedanken, dass die Anwendung des § 29 Abs. 6 nicht vereinzelt bleiben, sondern zur Massenerscheinung werden soll. Stehen solche Bedenken der Vorschrift entgegen, dann wird ihrer Anwendung die bedingte Aussetzung der Ersatzfreiheitsstrafe vorzuziehen sein, die dem Täter Gelegenheit gibt, sich den Straferlass zu verdienen.

Erwägenswert ist es wohl auch, ob man noch einen Schritt weitergehen und die bedingte Aussetzung der Geldstrafe einführen soll. Bisher ist das Institut der bedingten Strafaussetzung in Preußen bekanntlich auf Freiheitsstrafen beschränkt. Es ist dies wohl im Wesentlichen historisch zu erklären, nämlich daraus, dass die bedingte Strafaussetzung anfangs als Eingriff in das Gnadenrecht der Krone juristisch aufgefasst wurde, und es ist zu verstehen, dass der Verzicht auf Rechte der Krone nur allmählich erweitert wurde. Heute steht nun aber die Wissenschaft einhellig auf dem Standpunkt, dass die Herleitung der bedingten Strafaussetzung aus dem Gnadenrecht nur ein Notbehelf ist und sein darf, und dass richtig die Entscheidung über die Gewährung oder Versagung der bedingten Strafaussetzung ein Teil der gerichtlichen Entscheidung sein muss. Das Gericht muss in Würdigung der Persönlichkeit des Täters, und zwar im Urteil auch hierüber befinden. Demgemäß bringt der Entwurf des neuen StGB, der in Übereinstimmung mit den modernen kriminalpolitischen Auffassungen des In- und Auslandes den skizzierten Standpunkt vertritt, auch die Ausdehnung des bedingten Straferlasses auf die Geldstrafe. Ihm folgend haben einzelne Länder, z.B. Baden, schon jetzt ihre bedingte Strafaussetzung auf Geldstrafen ausgedehnt; es wird zu erwägen sein, ob nicht auch die Übernahme dieser Maßnahme auf Preußen geeignet sein würde, der k.F. ein weiteres Feld abzugraben.

VI. Überblickt man nach alledem die Einwirkungsmöglichkeiten, die Gesetzgebung und Verwaltung zur Verhütung und Verhängung der Vollstreckung kurzer Freiheitsstrafen vorsehen, so wird man zu der Überzeugung kommen müssen, dass – von den oben angedeuteten Verbesserungsmöglichkeiten abgesehen – doch bereits recht zweckmäßige Mittel zur Verfügung stehen, und dass die Hauptfrage dahin gehen muss, wie ihre sachgemäße Anwendung zu erreichen ist. Denn nach den bisherigen Beobachtungen des JM fehlt es noch recht vielfach an hinreichender Beachtung aller vorhandenen Aushilfswege. Besonders unerwünscht erscheint die häufig bemerkbare rücksichtslose Vollstreckung von *Rest*strafen. So ist festgestellt, dass in einem Falle einer Verurteilung zu 150 RM nach Bezahlung von 130 RM noch vier Tage Haft als Ersatz der restlichen 20 RM ohne weiteres vollstreckt sind. In einem anderen Falle war der Täter wegen eines Vergehens zu 10 RM, evtl. zwei Tagen Gefängnis, und wegen einer Übertretung zu 40 RM, evtl. 4 Tagen Haft, verurteilt und hatte 30 RM eingesandt. Es wurden an ihn zwei Tage Gefängnis und ein Tag Haft ohne weitere Nachprüfung vollstreckt. Ganz abgesehen davon, dass in diesem Falle nach allgemeinen Rechtsgrundsätzen der eingesandte Teilbetrag zunächst auf die Verurteilung wegen Vergehens, bei der Gefängnis substituiert war, hätte angerechnet werden müssen und daher nur zwei Tage Haft, nicht zwei Tage Gefängnis und ein Tag Haft, hätten vollstreckt werden dürfen, ist ein derartiges Verfahren natürlich äußerst unerwünscht. Sehr unbefriedigend ist auch die Praxis bei der Vollstreckung von Strafbefehlen. Im Strafbefehlsverfahren fehlt die Gelegenheit, die Persönlichkeit des Täters und seine wirtschaftlichen Verhältnisse zu prüfen. Die Folge ist nur zu leicht eine schematische Vollstreckung; diese Gefahr droht besonders gerade bei unerfahrenen Verurteilten, also bei solchen Personen, bei denen die Vollstreckung von k.F. eher ungünstige als günstige Folgen zeitigen kann.

In der RV vom 02.08. ds. Js. waren zunächst mündliche Einwirkungen auf die mit der Vollstreckung betrauten Beamten und daneben laufende Prüfungen von Einzelstrafakten empfohlen. Falls diese Mittel nicht hinreichend wirksam sein sollten, könnte man daran denken, den Rechtspflegern, denen nach § 15 der Entlastungsverfügung die Geschäfte der Strafvollstreckung unter Vorbehalt der Entscheidungen zu Gnadenfragen und aus den Reformbestimmungen für die Geldstrafe übertragen sind, die Vorlage der Akten in bestimmten, näher zu bezeichnenden Fällen aufzugeben, in denen die Strafvollstreckung besonders unzweckmäßig erscheint. In einem Bezirk, in dem eine solche Maßnahme getroffen war, hat sich allerdings ergeben, dass die Richter gleichwohl die Vollstreckung angeordnet haben, und zwar auch in Fällen, in denen dies zu offenbaren Härten führte. Ein letztes Mittel wäre die Einforderung von Berichten vor Einleitung der Vollstreckung gewisser kurzer Freiheitsstrafen. Da aber, wie eingangs gesagt, die Fälle der Vollstreckung auch nur von Strafen bis zu zwei Wochen bereits etwa 50.000 im Jahr ausmachen, würde auch hier eine Beschränkung auf gewisse genauer abzugrenzende Fälle erforderlich sein.

Die Herren GStA werden gebeten, zu den vorstehend erörterten Fragen Stellung zu nehmen.

GStA Storp bemerkte, dass sich in seinem Bezirk eine Anweisung an die OStA, sich vor der Vollstreckung einer Freiheitsstrafe von weniger als vier Wochen Vortrag halten zu lassen, als eine erfolgreiche Maßnahme im Sinne des Vortrages erwiesen habe. Dadurch würden indessen nicht die Strafen berührt, für deren Vollstreckung der Amtsrichter zuständig sei. Es empfehle sich deswegen, eine entsprechende Anweisung an die Rechtspfleger der AG, dass sie vor der Vollstreckung einer Freiheitsstrafe von weniger als vier Wochen dem Richter Vortrag hielten. Die k.F. führe er z.T. darauf zurück, dass besonders jüngere Sitzungsvertreter noch zu häufig kurzfristige Strafen beantragten und die Gerichte besonders bei der Besetzung mit weniger erfahrenen Herren diesen Anträgen noch zu häufig folgten.

GStA Dr. Schneider-Neuenburg erklärte, dass er in seinem Bezirke zu erheblichen Beanstandungen keinen Anlass gefunden habe. Die OStA hätten bereits von sich aus angeordnet, dass vor der Vollstreckung einer Ersatzfreiheitsstrafe die Entscheidung des Dezernenten, im Zweifelsfalle die des OStA, einzuholen sei. Auch die §§ 27 b und 29 Abs. 6 des StGB [Fassung v. 1924] würden im weiten Maße bereits berücksichtigt. Sobald das Gericht aber wegen der besonderen Lage des Einzelfalles den § 27 b StGB nicht angewendet und Strafaussetzung mit Bewährungsfrist versagt habe, erscheine auch die Vollstreckung einer kurzen Freiheitsstrafe unabweisbar.

GStA Danckwortt erklärte, dass in seinem Bezirke primäre k.F. gegen unvorbestrafte Personen kaum, aber in größerem Umfange noch immer Ersatzfreiheitsstrafen vollstreckt würden. Der OLG-Präs. habe daher angeordnet, dass die Rechtspfleger vor der Vollstreckung von Ersatzfreiheitsstrafen die Akten dem Richter vorlegten. Eine entsprechende Anweisung habe er für seinen Geschäftsbereich gegeben. Stichproben hätten einen erfreulichen Rückgang der Vollstreckung von Ersatzfreiheitsstrafen gezeigt.

GStA Hansen bemerkte, dass die Rechtspfleger bei den StA des Kieler Bezirks bereits aufgrund älterer Anweisungen vor der Vollstreckung einer kurzen Freiheitsstrafe die Entscheidung des Dezernenten und im Zweifelfalle die des OStA einzuholen hätten. Verstöße gegen die Grundsätze des Ministeriums durch die StA seien nicht bemerkt worden. Es sei aber erwünscht, dass sich die AG, bei denen noch Beanstandungen zu erheben seien, diese Grundsätze zu Eigen machten. In einzelnen Fällen sei die Vollstreckung k.F. nicht zu umgehen, so bei Strafen wegen Landstreichens und Vernachlässigung der Unterhaltspflicht.

GStA Krinke hielt es für besonders unerwünscht, wenn eine k.F. nach Widerruf der Bewährungsfrist wegen nicht rechtzeitiger oder unterbliebener Zahlung der Buße vollstreckt werde, ein Fall, bei dem § 29 Abs. 6 StGB nicht zur Anwendung kommen könne. Er erklärte, dass er bei den mündlichen Besprechungen mit den OStA seines Bezirkes bereits angeordnet habe, dass die Rechtspfleger in solchen Fällen immer die Entscheidung des Dezernenten oder des OStA einholen sollten.

GStA Storp pflichtete Herrn *GStA Hansen* darin bei, dass gegen die Vollstreckung k.F. wegen Landstreicherei, Bettelei und Entziehung der Unterhaltspflicht Bedenken nicht bestehen dürften, auch sei in sonstigen Fällen die Vollstreckung einer kurzen Ersatzfreiheitsstrafe nicht immer zu umgehen. Er habe zweimal bemerkt, dass Verurteilte anscheinend böswillig im Vertrauen auf die ihnen bekannt gewordene Vorschrift des § 29 Abs. 6 StGB den Rest von Geldstrafen nicht bezahlt hätten. Unnötige Vollstreckung sei ihm in letzter Zeit nur in zwei Fällen begegnet.

JMin. Dr. Schmidt gab dem Wunsche Ausdruck, dass bei Verurteilten in günstigen wirtschaftlichen Verhältnissen mit Nachdruck auf die Beitreibung der ganzen Geldstrafe hingestrebt werden müsse, wogegen bei Verurteilten in ungünstiger wirtschaftlicher Lage die Vollstreckungsbehörden die mit der Bewilligung von Stundungen und der ratenweisen Beitreibung von Geldstrafen verbundene Mehrarbeit nicht scheuen dürften.

GStA Hohmann berichtete über eine Anordnung des LG-Präs. in Essen, dass nämlich der Gerichtsvollzieher bei der Beitreibung einer Geldstrafe den Verurteilten auf die Möglichkeit von Stundungen, Ratenzahlungen und Erlass der Ersatzfreiheitsstrafe hinweisen und darüber einen Vermerk in das Pfändungsprotokoll aufnehmen müsse. Diese in manchen Fällen begrüßenswerte Aufklärung könne indessen in den Verurteilten leicht eine trügerische Hoffnung auf die Vergünstigungen erwecken und den Willen zur Zahlung der Strafen unter Anspannung aller Kräfte lähmen.

GStA Schneider-Neuenburg erwähnte, dass sich nach den Berichtsausführungen des OStA in Düsseldorf eine ganze Reihe von Verurteilten entsprechend den Vorschlägen des Heftes „Wie verteidigt sich der Proletarier vor Gericht?" bis zur Sitzaufforderung passiv verhielten und einen Wunsch auf eine Vergünstigung hinsichtlich von Geldstrafen überhaupt nicht verlauten ließen.

MinDir. Huber schloss dann die Besprechung dieses Punktes mit der Bitte, aus dem Vortrage des Herrn MinRat Rietzsch nicht entnehmen zu wollen, dass die Vollstreckung kurzer, insbesondere primärer, Freiheitsstrafen unter allen Umständen unerwünscht sei. Eine besonders vorsichtige und ernste Prüfung sei beispielsweise erforderlich in allen politischen Strafsachen, bei Hoheitsdelikten, Kindermisshandlungen und bei ähnlichen Straftaten.

MinDir. Dr. Wirth sprach sodann über die *Personalverhältnisse bei den höheren Beamten der StA.* [...]

Oberjustizrat Dr. Dörffler sprach sodann bei Erörterung der *Sparmaßnahmen auf dem Gebiete der Strafrechtspflege* zunächst über die Frage, ob das Strafbefehlsverfahren mehr als bisher angewendet werden könne und welche Grenzen seiner Anwendung gezogen seien. Er führte Folgendes aus: Die finanzielle Lage, vor die die Staatsverwaltung gestellt ist, erfordert auch auf dem Gebiete des Strafrechts die ernsteste Prüfung, ob und in welchem Ausmaße eine Verbilligung der Rechtspflege, eine Senkung der Ausgaben, sich praktisch verwirklichen lässt. Über alle Fragen, die in diesem Zusammenhang aufgeworfen werden könnten, zu referieren, fehlt es an der Zeit. Ich muss mich daher auf die Behandlung derjenigen Fragen beschränken, die in dem Einladungsschreiben und 3. zu a–c aufgeworfen sind.

Dabei gehe ich als Überleitung auf den ersten Punkt der Besprechung zurück auf diejenigen Rundverfügungen (20.07.1929, 24.07.1930), die mit der Anklageerhebung vor dem erweiterten Schöffengericht sich befassen. Der Zweck, der zu diesen Verfügungen geführt hat, eine Entlastung des RG herbeizuführen, greift naturgemäß auch über auf den Personalbedarf der preußischen Gerichte, so dass es auch im Interesse einer Senkung der Ausgaben, die das Land Preußen zu tragen hat, zu begrüßen wäre, wenn baldmöglichst die Verhandlungen vor dem erweiterten Schöffengericht auf die wirklich notwendigen Fälle beschränkt und in Preußen eine Annäherung an die Verhältnisse in den übrigen Ländern – zu nennen wären Bayern, Sachsen, Württemberg, in denen der Hundertsatz auf 17 oder 20% sich beläuft – erstrebt würde. Wenngleich zwar für das gesamte Staatsgebiet der Anteil der vor den erweiterten Schöffengerichten verhandelten Strafsachen an den Schöffensachen gegen früher zurückgegangen ist, so bleibt doch zu bedenken, dass der Hundertsatz in einzelnen Bezirken noch immer auf alter Höhe sich hält (Celle hat 50% zwei Richtersachen) und dass nur in wenigen Bezirken – ich nenne an erster Stelle Kassel, sodann Köln und Königsberg – eine Anpassung an die außerpreußischen Verhältnisse zu verzeichnen ist.

Die Übersicht des RJM, der die mit RV vom 24.07.1930 mitgeteilten Zahlen entnommen sind, ist aber, abgesehen von der soeben hervorgehobenen Abweichung, noch in anderer Hinsicht lehrreich. Es werden in Preußen reichlich viele Strafsachen zur Entscheidung nach voraufgegangener mündlicher Verhandlung gebracht; das Strafbefehlsverfahren wird nicht genügend gewürdigt. Dass es auch anders geht, beweist die bayerische Praxis. Diese läuft darauf hinaus, dass vor dem Amtsrichter allein im Wesentlichen nur Fälle des § 25 Abs. 1 Nr. 2 c und des § 26 GVG zur Anklage gebracht, hingegen die leichteren Vergehen und die Übertretungen im Wege des Strafbefehlsverfahrens geahndet werden. So sind im ersten Kalendervierteljahr 1930 in Bayern von 85.125 Einzelrichtersachen 91% durch Anträge auf Erlass von Strafbefehlen und nur 9% durch gewöhnliche Anklageerhebung zur Erledigung gebracht worden, und von diesen Anklagesachen entfielen 94% auf Zuwiderhandlungen, die gemäß § 25 Abs. 1 Nr. 2 c, § 26 GVG den Amtsrichter beschäftigen können, also nur 6% auf sonstige Vergehen und Übertretungen. Vergleicht man damit nun die preußischen Zahlen im gleichen Vierteljahr – diese Zahlen können die Herren GStA aus den monatlichen Übersichten über die Geschäftsentwicklung entnehmen –, so ersieht man: Von 121.697 Einzelrichtersachen sind 55,4% im Wege des Strafbefehls und 54,6% durch Anklageerhebung im gewöhnlichen Wege zur gerichtlichen Entscheidung gebracht worden. 61% der Anklagesachen betrafen Fälle, in denen die Amtsanwaltschaften von der Befugnis des § 25 Abs. 1 Nr. 2 c und des § 26 GVG Gebrauch gemacht hatten, in 39% der Sachen bildeten sonstige Vergehen und Übertretungen den Gegenstand des Verfahrens.

Beim Vergleich dieser preußischen und bayerischen Zahlen darf zwar nicht außer Acht gelassen werden, dass in Bayern die Polizeiverwaltungen nicht befugt sind, bei Übertretungen im Wege der polizeilichen Strafverfügung die Strafe festzusetzen. Andererseits ist jedoch zu bedenken, 1. dass in Bayern ein sog. gebührenpflichtiges Verwaltungswarnverfahren kennt, in welchem der auf frischer Tat Betroffene schriftlich und gegen Zahlung einer geringen Gebühr die sofort zu erlegen ist, verwarnt wird, eine Wiederholung der Übertretung zu begehen, und 2. dass in Preußen die Vergehenssachen mehr als zwei Drittteile der Strafbefehlssachen ausmachen, die Übertretungen also bei den Strafbefehlen keine allzu große Rolle spielen.

Bestehen bleiben aber auf jeden Fall zwei Tatsachen. Zum einen, dass in Bayern 91% der Einzelrichtersachen, in Preußen nur 55,4% der gleichen Sachen durch Antrag auf Erlass von Strafbefehlen gesühnt werden. Zum andern, dass in Bayern von wenigen Ausnahmen abgesehen ausschließlich Strafsachen der unter die §§ 25 Abs. 1 Nr. 2 c und 26 GVG fallenden Art zur gewöhnlichen Anklageerhebung führen, während in Preußen dies bei etwa vier Zehntel der Fälle auch dann geschieht, wenn Übertretungen und leichtere Vergehen zu ahnden sind.

Dass die Staats- und Amtsanwaltschaften mehr Sachen in das Strafbefehlsverfahren überweisen könnten, macht auch die Übersicht über die Anwendung der VO über Vermögensstrafen und Bußen wahrscheinlich. Von den im I/30, dem Kalendervierteljahr, das eingangs zugrunde gelegt wurde, rechtskräftig wegen eines Verbrechens oder Vergehens abgeurteilten Personen sind 14.000 zu Freiheitsstrafen von weniger als drei Monaten verurteilt worden, haben also eine Bestrafung erlitten, die soweit es sich um Vergehen handelt, im Rahmen des § 407 StPO sich hielt. Im gleichen Zeitraum sind 28.500 Verurteilte, denen ein Verbrechen oder Vergehen zur Last gelegt war, sei es durch Urteil, sei es durch Strafbefehl, Geldstrafen von weniger als 20 RM auferlegt und über 31.600 VU Geldstrafen von 20 bis 100 RM verhängt worden. Das sind also etwa 74.000 Verurteilte, die in einem Vierteljahr zu einer geringfügigen Geldstrafe oder einer Freiheitsstrafe von weniger als drei Monaten verurteilt sind. Wertet man diese Zahlen aus, so wird man dem Eindrucke sich nicht entziehen können, dass es wohl möglich sein sollte, jährlich in mehreren Tausenden von Fällen das Strafbefehlsverfahren auch da anzuwenden, wo bisher zur gewöhnlichen Anklageerhebung geschritten ist.

Ob die in Bayern übliche Bevorzugung des Strafbefehls zu einer Häufung der Rechtsmittel, die Anträge auf gerichtliche Entscheidung einbegriffen, führt, ist dem dem JMin. zur Verfügung stehenden statistischen Material nicht zu entnehmen. Mit ziemlicher Wahrscheinlichkeit darf aber wohl angenommen werden, dass die bayerische Praxis zu einer vermehrten Anklageerhebung im gewöhnlichen Verfahren Zuflucht genommen hätte, wenn ihr Anklagesystem bei der Einlegung von Rechtsmitteln sich ungünstig ausgewirkt haben würde. Mit diesem Grunde wird daher der Erwägung, auch in Preußen dem Strafbefehlsverfahren ein weiteres Anwendungsgebiet einzuräumen, nicht widerraten werden können, wobei ich bemerke, dass nach der im JMBl. veröffentlichten Hauptgeschäftsübersicht für 1929: vier Fünftel aller Strafbefehle alsbald rechtskräftig geworden sind. Welche sonstigen stichhaltigen Gründe aber namentlich bei den Amtsanwaltschaften dafür angeführt werden könnten, es in Preußen bei der bisherigen Anklagepraxis zu belassen, ist nicht recht ersichtlich. Dass in den Strafbefehlsverfahren der Richter regelmäßig keinen persönlichen Eindruck von dem Täter gewinnt, möchte nicht von ausschlaggebender Bedeutung sein. Denn dieser Nachteil des Strafbefehlsverfahrens lässt sich dadurch beheben, dass die StA den Beschuldigten selbst vernimmt, ihm im Vorverfahren ausreichende Gelegenheit zur Verteidigung gewährt und auch sonst die Ermittlungen mit größter Gewissenhaftigkeit betreibt. Ob etwa die Vorschriften über die Geschäftsverteilung in Strafsachen dem hinderlich im Wege stehen, dass die landgerichtlichen StA von ihr bearbeitete Strafsachen dem Strafbefehlsverfahren überweist, ist nicht bekannt. Da diese Verfügung sowieso, wie in der RV vom 12.08.1930 angedeutet, demnächst eine Ergänzung und Änderung erfahren soll, würde bei dieser Gelegenheit, wenn der Entwicklung des Strafbefehlsverfahrens Hemmnisse entgegenstehen, die auf innerdienstlichen Gründen beruhen, erwogen werden können, inwieweit diese sich beseitigen ließen. Schließlich könnte es sein, das vielleicht Vorstellungen über die pensenmäßige Bewertung der Strafbefehle Anlass gegeben haben, die gewöhnliche Anklageerhebung zu bevorzugen.

Über alles dies und über die Grenzen, in denen eine rationellere Ausnutzung des Strafbefehls sich zu halten hätte, darf ich auftragsgemäß die Stellungnahme der Herren GStA erbitten. Dabei sei die Bemerkung gestattet, dass bei großzügiger Anwendung des Strafbefehlsverfahrens nicht unwesentliche Ersparnisse an personellen Ausgaben, Zeugen- und Sachverständigengebühren und sonstigen Auslagen sich ermöglichen ließen, ohne dass die Güte der Rechtspflege darunter nur irgendwie zu leiden brauchte. Und wenn, was stellenweise der Fall sein soll, grundsätzlich Beamtenbeleidigungen und Verkehrsunfälle, hervorgerufen durch Kraftfahrzeugführer, nicht im Wege des Strafbefehls, sondern durch Anklageerhebung vor dem Schöffengericht erledigt werden, so scheint eine solche Übung dringend einer Änderung zu bedürfen.

GStA Storp glaubte, dass zu häufig die Richter, zu ihrer Entlastung bei der Absetzung der Urteile, die Hinzuziehung eines zweiten Richters wünschten. Das Strafbefehlsverfahren werde in seinem Bezirke bereits in weitem Umfange angewendet.

GStA Schneider-Neuenburg bestätigte die Beobachtungen des GStA Storp über Wünsche der Richter nach Hinzuziehung eines zweiten Richters. In seinem Bezirk sei durch die Zunahme der Einzelrichteranklagen, die er noch mehr zu fördern hoffe, der Geschäftsumfang des Strafsenats so gewachsen, dass jede Woche zwei Sitzungen stattfinden müssten. Ob in seinem Bezirk von Strafbefehlen noch mehr Gebrauch gemacht werden könne, halte er für zweifelhaft. Bedenklich erscheine ihm, dass Strafbefehlsverfahren in nicht ganz klar liegenden Betrugsfällen und in sonstigen Sachen in die zivilrechtliche Fragen hineinspielten. Auch bei den immer mehr zunehmenden Verkehrsunfällen sei in der Regel die mündliche Verhandlung erwünscht.

GStA Hansen war der Meinung, dass bei den Amtsanwaltschaften das Strafbefehlsverfahren bereits genügend angewendet werde. Bei den StA sei eine größere Anwendung des Verfahrens noch möglich. Bei ihnen zeigten sich aber Hemmungen, die auf die Pensenberechnung zurückgingen. Er halte Strafbefehle auch in politischen Sachen, besonders bei Zuwiderhandlungen gegen Uniformverbote, für zweckmäßig. Auch könne u.U. in größeren politischen Prozessen die Zahl der Angeklagten gemindert werden, wenn gegen minderbeteiligte Beschuldigte der Erlass eines Strafbefehls in Antrag gebracht würde. Erstrebenswert sei ferner, dass mit dem Strafbefehle zugleich ein Gnadenerweis ausgesprochen werden könnte.

GStA Mosler pflichtete dem Referenten darin bei, dass noch zu viele Sachen vor das Schöffengericht gebracht würden. Fälle von Widerstand und Transportgefährdung könnten durch die Amtsanwaltschaften und die Einzelrichter erledigt werden.

GStA Krinke glaubte Bedenken der Richter gegen den Erlass eines Strafbefehls festgestellt zu haben, sobald der Beschuldigte nicht geständig sei.

GStA Dr. Becker meinte, dass die Bedenken der Richter wohl mehr darin begründet seien, dass im Strafbefehlsverfahren die Persönlichkeit des Beschuldigten nicht wie in einer mündlichen Verhandlung erforscht werden könne.

JMin. Dr. Schmidt hielt dem entgegen, dass auch durch gewissenhafte Erhebungen der Polizei und der Gerichtshilfeorganisationen über die persönlichen, wirtschaftlichen und häuslichen Verhältnisse eines Beschuldigten ein klares Bild gewonnen werden könne, wie die Beobachtungen in den Gnadenverfahren zeigten.

GStA Danckwortt wies noch darauf hin, dass durch Strafbefehle häufig zu hohe Strafen verhängt würden, die später im Gnadenverfahren ermäßigt werden müssten. Dies könne vermieden werden, wenn auch im Strafbefehlsverfahren von allen vom Herrn Minister bezeichneten Mitteln zur Erforschung der Verhältnisse des Beschuldigten genügend Gebrauch gemacht werde.

Oberjustizrat Dr. Dörffler führte dann zu dem Thema: *„Erscheinen Anweisungen an die Staats- und Amtsanwaltschaften zur Einschränkung der Einlegung von Rechtsmitteln angezeigt? Welche die Einlegung von Rechtsmitteln anordnenden Verfügungen können aufgehoben oder eingeschränkt werden?"* Folgendes aus: Wünsche, die aus den Reihen des Parlaments an die Staatsregierung herangetragen sind, aber auch eigene Wahrnehmungen im JM haben die Frage entstehen lassen, ob in der Einlegung von Rechtsmitteln die Strafverfolgungsbehörden sich größere Beschränkung auferlegen könnten. Darüber, welche AV und RV in dieser Hinsicht zurzeit in Geltung sind, gibt die Ihnen vorgelegte Übersicht [nicht bei den Akten] Aufschluss. Ich darf dazu bemerken: In drei Gruppen, die wieder in Untergruppen dahin eingeteilt sind, ob die Aufhebung oder Aufrechterhaltung der Bestimmungen in Aussicht zu nehmen ist, sind in der Zusammenstellung die geltenden Verfügungen zusammengefasst. Die erste Gruppe umfasst Verfügungen von genereller Bedeutung, die zweite Verfügungen, die zwar an alle Bezirke ergangen sind, in denen aber nur hinsichtlich bestimmter strafbarer Handlungen darum ersucht ist, gegen entgegenstehende Entscheidungen das zulässige Rechtsmittel einzulegen, die dritte Gruppe endlich enthält Einzelverfügungen aus neuester Zeit, die auf bestimmte Fälle beschränkt nur an einzelne GStA gerichtet waren. Auf Vollständigkeit ist bei der letzterwähnten Gruppe kein Gewicht gelegt; hier zur Ergänzung der Übersicht beizutragen, soll vielmehr den Herren GStA überlassen bleiben. Es ist auch nicht beabsichtigt, die Debatte des heutigen Tages auf die und die Gruppe der RV zu erstrecken, die über die Einlegung von Rechtsmitteln bei bestimmten Straftaten handelt. Insoweit habe ich vielmehr die Bitte vorzutragen, die Herren GStA möchten die Angelegenheit zu Hause prüfen und über ihre Stellungnahme demnächst Bericht erstatten. Die mündliche Erörterung soll sich demnach allein darauf beziehen, ob die unter A der Übersicht aufgeführten Verfügungen allgemeiner Art in neuerer Fassung bekanntgegeben werden sollen und welche Wünsche bei der Neufassung dieser Grundsätze zu berücksichtigen wären.

Worauf nach den zurzeit bestehenden Bestimmungen bei der Einlegung von Rechtsmitteln von den Strafverfolgungsbehörden im Allgemeinen zu achten ist, ist mit wenigen Worten gesagt: Es soll mit Umsicht verfahren und ohne Not kein Rechtsmittel eingelegt werden. Wenn die Entscheidung der Sachlage und der Gerechtigkeit entspricht, sollen verfahrensrechtliche oder materiellrechtliche Verstöße nicht zum Anlass eines Rechtsmittelangriffs genommen werden. Nur dann soll in der Regel ein Rechtsmittel eingelegt und durchgeführt werden, wenn mit einiger Wahrscheinlichkeit auf Erfolg zu rechnen ist. Rechtsmittel, die gegen das Strafmaß sich wenden, sollen im Allgemeinen unterbleiben. Eine vorsorgliche Rechtsmitteleinlegung empfiehlt sich regelmäßig nur in Ausnahmefällen wie bei Strafsachen von politischer oder sozialer Bedeutung, und nur dann, wenn die mündlich verkündeten Urteilsgründe zu Bedenken Anlass bieten. Die weitergehende aus der Zeit des Kulturkampfes stammende AV vom 12.01.1874, die gegen zu milde Bestrafungen sich wendete, kann wohl als durch Zeitablauf gegenstandslos erachtet werden.

Wenn ich jedoch von meiner staatsanwaltschaftlichen Erfahrung sprechen darf, so geht sie dahin, dass ungeachtet dieser Grundsätze recht häufig Privatpersonen und Verwaltungsbehörden der Bitte Ausdruck verleihen, es möge gegen freisprechende oder im Strafmaß zu milde Entscheidungen das Rechtsmittel eingelegt werden. Der Wünsche aus privaten Kreisen werden die Staats- und Amtsanwaltschaften sich vielfach noch entziehen können. Wenn jedoch eine Behörde um Einlegung eines Rechtsmittels für den Fall bittet, dass nach ihrem Antrag nicht erkannt werde, und womöglich diesem Wunsche Nachdruck verleiht, dass sie darum ersucht, es möge das Rechtsmittel nicht ohne ihre Zustimmung zurückgezogen werden, dann gibt die Praxis vielfach diesem Wunsche statt. Es wird vorsorglich Berufung oder Revision eingelegt, über die Durchführung des Rechtsmittels demnächst verhandelt und schließlich das Rechtsmittel durchgeführt, auch wenn auf einigen Erfolg nicht zu rechnen ist. Dabei kann man sogar die Wahrnehmung machen, dass Verwaltungsbehörden ihre Bitte keineswegs auf Einzelfälle beschränken, sondern auf ganze Deliktarten erstrecken. Dass ein solch übertriebenes Verlangen der Stellung der StA nicht entspricht, unrationell und unzweckmäßig ist – man denke nur an § 267 Abs. 4 StPO, der von der abgekürzten Urteilsfassung handelt –, brauche ich an dieser Stelle wohl kaum zu betonen. Vom Standpunkt der ersuchten Stelle aus mag man Verständnis dafür haben, wenn diese die Bedeutung ihrer Strafsache überschätzt. Die StA hingegen hat das öffentliche Interesse wahrzunehmen, und sie wird dem Wunsche anderer Behörden nur in dem Umfange entsprechen können, als dies mit der Erfüllung ihrer Aufgabe vereinbar ist.

Das alles war seinerzeit einmal in der durch die AV über die Mitteilungspflicht aufgehobenen RV vom 09.07.1910/17.03.1911 – I 4845 I 4357 – ausdrücklich ausgesprochen. Ob in dieser Hinsicht nach neueren Erfahrungen eine ernste Einflussnahme auf die Strafverfolgungsbehörden, aber auch auf die Verwaltungsbehörden am Platze ist, etwa in dem Sinne, dass das Verlangen auf Einlegung von Rechtsmitteln nur gestellt werde, wenn ein besonders begründetes Interesse dies geboten erscheinen lässt (was beispielsweise in MS-Sachen bei offensichtlichen Verstößen gegen das MStGB und die sonstigen einschlägigen Bestimmungen der Fall sein würde), wird davon abhängig sein, welche Erfahrungen allgemein gemacht worden sind. Die Verwaltungsbehörden erhalten aufgrund der Mitteilungsverfügung eine solche Fülle von Nachrichten, dass man meinen sollte, sie könnten vor und in der HV ihre Interessen so eingehend zur Geltung bringen, dass es der Einlegung, auch der vorsorglichen Einlegung, von Rechtsmitteln nur in Ausnahmefällen bedürfe. Es wäre weiterhin am heutigen Tage zu erörtern, ob die StA, wenn sie selbst die Freisprechung beantragt haben, abgesehen von politischen Prozessen und Strafsachen rechtsgrundsätzlicher oder sonstiger besonderer Bedeutung, schon im Termin auf Rechtsmittel verzichten könnten, und ob von besonderen Ausnahmen abgesehen, nicht auch auf Einlegung von Anschlussberufungen Verzicht geleistet werden kann.

JMin. Dr. Schmidt billigte die Ausführungen und bat um Stellungnahme.

GStA Dr. Bluhme bemerkte, dass er bereits auf die Beschränkung von Rechtsmitteln hinarbeite und noch weitere Erfolge erhoffe. In letzter Zeit versuchten besonders häufig die Ortskrankenkassen, auf die Entscheidung über die Einlegung von Rechtsmitteln Einfluss zu nehmen. Gegenüber ihren und den Wünschen anderer Behörden und Organisationen, deren Verwirklichung auch im Beschwerdewege erstrebt werde, zeigten die StA nicht immer genügende Selbständigkeit.

GStA Hansen hielt es für erwünscht, auch gegenüber den Verwaltungsbehörden den Grundsatz stärker zu betonen, dass über die Einlegung eines Rechtsmittels die StA nach eigenem pflichtgemäßen Ermessen zu entscheiden habe.

GStAe Schneider-Neuenburg und Hohmann berichteten über gute Erfahrungen mit Rücksprachen zwischen den Dezernenten der StA und den Dezernenten der an einem Strafverfahren interessierten Verwaltungsbehörden über die Frage der Einlegung von Rechtsmitteln. Fast immer sei es gelungen, die Verwaltungsbehörden auf diese Weise von dem Wunsche auf Einlegung eines aussichtslosen Rechtsmittels abzubringen.

GStAe Storp und Schneider-Neuenburg hielten es für erwünscht, dass in Einzelrichtersachen bei einer Terminvertretung durch örtliche Sitzungsvertreter durch Einlegung der Berufung dem Leiter der Amtsanwaltschaft die Möglichkeit einer Prüfung des Urteils offengehalten werde.

GStA Hansen hielt die Berufung immer dann für unerwünscht, wenn ein Urteil nach dem Antrage des StA ergangen sei. Nur wenn die Strafe erheblich hinter dem Antrage zurückgeblieben wäre, sei eine Berufung zu billigen.

MinDir. Huber betonte, dass es recht schwer sei, eine für alle Fälle passende Fassung zu finden. Vorbehalte müssten gemacht werden in politischen Sachen, z.B. wegen Beschimpfung der Reichsfarben usw. und in Strafsachen, die die Öffentlichkeit besonders erregt hätten. In diesen Fällen müsse u.U. auch wegen des Strafmaßes Berufung eingelegt werden. Eine Anschlussberufung wegen des Strafmaßes, wenn die erkannte Strafe nicht unangemessen sei, erscheine ihm aber unerwünscht, weil der Verurteilte sie als Druckmittel empfinden könne, seine Berufung fahren zu lassen, um sich nicht der Gefahr einer höheren Strafe in der 2. Instanz auszusetzen. Unberechtigten Wünschen auf Durchführung von Rechtsmitteln werde im Ministerium immer entgegengetreten.

Oberjustizrat Dr. Dörffler trug alsdann zur Frage: *„Empfiehlt sich die Einführung von Schnellschöffengerichten? Gegebenenfalls in welchem Umfange?“* Folgendes vor: Zum dritten ist die Frage aufzuwerfen, ob nicht unbeträchtliche Ersparnisse mit einer vermehrten Anwendung des beschleunigten Verfahrens gemacht werden könnten. Die Vorteile, die dieses summarische Verfahren mit sich bringt, sind im Eingang der AV vom 19.07.1925, auf die ich der Kürze halber verweisen darf, zusammengefasst und die Ergebnisse, die im Jahre 1929 beim AG Berlin-Mitte (einen Gerichtskörper, der in den Räumen des P.P. [Preuß. Parlament?] tagt und in dem der Amtsrichter allein entscheidet) erzielt sind, lassen die verallgemeinerte Annahme berechtigt erscheinen, dass diese Form der Anklageerhebung unter völliger Wahrung der Rechtsgarantien nicht allein zu einer Beschleunigung, sondern auch zu einer Verbilligung der Rechtspflege führen könnte. Es wurden nämlich beim sog. Schnellgericht Berlin-Mitte 1929 von 2.781 Angeklagten nur 253 freigesprochen, also 2.528 verurteilt und nur in 57 Fällen ist gegen das freisprechende oder verurteilende Erkenntnis des ersten Richters ein Rechtsmittel eingelegt worden. Oder in Prozentzahlen ausgedrückt: 11% der Angeklagten (gegenüber einem Prozentsatz von 17 im ordentlichen Verfahren beim AG Berlin-Mitte) wurden freigesprochen, bei 89% (Prozentsatz des ordentlichen Verfahrens 83) erfolgte Verurteilung und bei 2,8% der zur Aburteilung gestellten Fälle kam es zur Einlegung eines Rechtsmittels.

Gewiss: Auch für das beschleunigte Verfahren bestehen Änderungswünsche. So ist bekanntlich nicht unzweifelhaft, ob ein verhafteter Beschuldigter mit seinem Einverständnis auf dem von § 212 StPO gekennzeichneten Wege abgeurteilt werden kann und in Fällen, in denen erst in der HV zutage tritt, dass sie weiterer Vorbereitung bedürfen, gibt das geltende Recht keine Möglichkeit, die summarische Verfahrensart für ungeeignet zu erklären. Hierin Abhilfe zu schaffen, wird Aufgabe einer kommenden Gesetzgebung sein. Aber im Allgemeinen genommen hat das Verfahren, was zweifellos die mitgeteilten Zahlenangaben erkennen lassen, sich bewährt. Das wird auch allenthalben, nicht allein in der Begründung zum EG ADStGB anerkannt. In der Tagespresse, die in neuerer Zeit mit der Einrichtung von Schnellgerichten sich lebhafter befasst hat, hat die Wandlung in der Anklagepraxis der Strafverfolgungsbehörden, ausgenommen bei der Presse der äußersten Linken, freundlichen Widerhall ausgelöst. Ihr erscheint gerade in den gegenwärtig politisch bewegten Zeiten die Beschleunigung der Aburteilung als das wirksamste Mittel, das turbulente Naturen, die der Staatsautorität spotten, einschüchtert und der friedfertigen Bevölkerung das Gefühl der Beruhigung wieder verleiht. Aus gleicher Erwägung heraus hat auch der Rechtsausschuss des Preuß. Landtags, in dem aus Anlass eines Entschließungsantrages Schwenk u. Gen. die Frage nach Aufrechterhaltung der Vorschrift des § 212 aufs Eingehendste beraten ist, mit überwiegender Mehrheit für Beibehaltung der Vorschrift sich eingesetzt. Abseits steht in der Lehrmeinung Zeitungsnachrichten zufolge die Kriminalbiologische Gesellschaft [1927–1967], die auf ihrer kürzlichen Tagung in München [1930] im Schnellverfahren eine Gefährdung der Persönlichkeitserfassung erblickt.

Dass gesetzlich nichts im Wege steht, auch vor dem Schöffengericht zur HV zu schreiten, ohne dass schriftlich Anklage erhoben, und ohne dass eine Entscheidung über die Eröffnung des HV herbeigeführt wird, brauche ich wohl nicht zu betonen. Zwar liegt auf der Hand, dass die Zahl der geborenen Einzelrichtersachen, in denen Anklage nur vor dem Amtsrichter allein erhoben werden kann, auch beim mündlichen Anklageverfahren dominieren muss. Die D-Übersichten für das I.–III./30 ergeben jedoch, dass auch in L- und M-Sachen – diese zusammengenommen – die von den StA bearbeitet werden oder werden können, weniger Fälle zur mündlichen Anklage gebracht werden, als in D-L-Sachen der Amtsanwaltschaften. Bei der Anklageerhebung in L- und M-Sachen haben nämlich die StA in den drei ersten Vierteljahren 1930 durchschnittlich nur in 5,09% der Fälle die Form der mündlichen Anklage gewählt, während im gleichen Zeitraum die AA in 9,59% der DL-Sachen sich dieses Verfahrens bedient haben. Noch deutlicher tritt die Vernachlässigung des Schnellverfahrens durch die StA zutage, wenn die Verbrechens- (L u. DL) Sachen zueinander in Beziehung gesetzt werden. Alsdann steht einem Prozentsatz von 9,59 bei den AA ein solcher von 3,14 bei den StA gegenüber.

Worauf beruht dies? Da die Dienstanweisung hervorhebt, dass ebenso wie bei den Amtsanwaltschaften auch bei den StA dafür zu sorgen sei, dass jederzeit, auch außerhalb der ordentlichen Sitzungstage Verhandlungen im beschleunigten Verfahren stattfinden könnten, und da die Polizeibehörden angewiesen sind, in allen geeigneten Fällen vorläufig festgenommene Beschuldigte auch den StA zum Zwecke der beschleunigten Aburteilung vorzuführen, müssen in der Praxis Hemmungen bestehen, die den Vorzügen des Verfahrens trotzen. Die Widerstände scheinen jedoch weniger bei den Polizeibehörden und den StA, bei denen es sich nur um die schleunige Aufklärung des Sachverhalts, in erster Linie die Erforschung der Persönlichkeitssphäre, die Feststellung von Rückfalldaten und die Frage der Terminvertretung handeln könnte, als bei den Gerichten zu bestehen. So hat der GStA Naumburg in einer an die OStA seines Bezirks gerichteten Verfügung angeführt, dass die G-Richter, die sonst nur mit Vernehmungen zu tun haben, durch die Absetzung der im Schnellverfahren ihnen zufallenden Urteile sich belastet fühlten, ja dass Richter sich geweigert hätten, in einem Polizeigebäude Recht zu sprechen. Dass bei den Schöffengerichten, die infolge der Geschäftsbelastung genötigt sind, auf weite Sicht zu disponieren, die Einschiebung von Schnellverfahrenssachen sich nicht so leicht bewerkstelligen lässt als bei den Einzelrichtern, soll nicht verkannt werden. Indessen möchte bei einigem Nachdruck der StA wohl auch bei den Schöffengerichten sich erreichen lassen, dass am Beginn oder am Ende der Sitzung oder beim Ausfall anderer Sachen solche Verfahren eingeschoben werden, die eine beschleunigte Aburteilung gebieten. Darüber hinaus möchte aber zu erwägen sein, ob nicht bei ganz großen Bezirken die Einrichtung besonderer Schnellschöffengerichte sich empfehlen könnte. Diesen könnten in der Regel die in § 26 GVG aufgeführten Verbrechenssachen zur Aburteilung überwiesen werden, womit einerseits die Regelung des RGADStGB – das bekanntlich die Zuständigkeit des Einzelrichters in Verbrechenssachen beseitigen will – vorweggenommen, andererseits erreicht würde, dass die Angeklagte durch seinen Widerspruch die Sache nicht zur Vertagung bringen kann. Auch sonstige Verbrechenstatbestände, beispielsweise einfache Fälle von Raub und schwerer Urkundenfälschung, könnten vor dieses Gericht gebracht werden. Vor allem aber ließe sich verwirklichen, dass Vergehenssachen, in denen mit einiger Wahrscheinlichkeit mit einer etwa einjährigen Freiheitsstrafe oder mehr zu rechnen ist, sowie die Ausschreitungen, die im politischen Kampfe verübt werden (Schlägereien, Aufruhr, Landfriedensbruch), deren schleunige Aburteilung von weiten Bevölkerungskreisen gefordert wird, vor einem mit Laien durchsetzten, jederzeit verhandlungsbereiten Strafgericht zur Erledigung gelangen.

Auf welchem Wege nun die einer nutzbringenden Anwendung des beschleunigten Verfahrens entgegenstehenden Hindernisse aus dem Wege geräumt werden können, wie namentlich diese Verfahrensart auf dem Zuständigkeitsgebiet der Schöffengerichte gefördert werden kann und in welcher sonstigen Richtung die Praxis einer Verbesserung bedürftig ist, das von den Herren GStA zu hören, ist der Wunsch des Herrn JMin. Die Rechtsgarantien des Verfolgten müssen natürlich gewahrt bleiben. Deshalb wird vorsichtig vermieden werden müssen, dass Sachen politischer Natur, die einer gründlichen Vorbereitung bedürfen, vor ein Schnellgericht gelangen. Wie im gewöhnlichen Prozess wird auch für das beschleunigte Verfahren zu fordern sein, dass das Gericht nicht nur die Tat, sondern auch den Täter würdigt, und dass die Verteidigung des Beschuldigten nicht beeinträchtigt wird. Den Herrn GStA bei dem KG habe ich in Sonderheit zu bitten, darüber zu berichten, ob, wie verlautet, die Einrichtung eines besonderen Schnellschöffengerichts in den Räumen des PolPräs. in Berlin in Aussicht genommen ist und welche Erfahrungen in letzter Zeit in Berlin mit den Verhandlungen vor dem Schnellschöffengericht gemacht worden sind. Im Zusammenhange damit wäre sodann zu erörtern, ob eine gleiche Institution auch in anderen Bezirken anzustreben ist. Auch darüber wäre eine Äußerung erwünscht, welche Strafsachen überhaupt für die Erledigung im beschleunigten Verfahren sich eignen und wie im Schnellverfahren die Grenze zwischen den vor den Amtsrichter oder das Schöffengericht zu bringenden Sachen zu ziehen wäre. In dieser Hinsicht wäre insbesondere der Erörterung wert, ob in Zukunft die Berufs- und Gewohnheitsverbrecher im Schnellverfahren die gleiche Behandlung wie im gewöhnlichen Prozess erfahren sollen, d.h. ob auch im Schnellverfahren Straftaten berufsmäßiger Verbrecher, auch wenn sie einfach liegen, nicht vor den Einzelrichter gebracht werden sollen.

OStA Schönfeld äußerte sich über das Schnellschöffengericht in Berlin in folgenden Ausführungen: Zunächst habe man gegen die im Sommer dieses Jahres vom GStA der StA I angeregte Einrichtung von Schnellschöffengerichten im Polizeipräsidium Bedenken gehabt, weil es zweifelhaft gewesen sei, ob für ein Schnellschöffengericht bei täglicher Sitzung oder bei 3–4 Sitzungen wöchentlich genügend Arbeit vorhanden sein würde. Man habe befürchtet, dass die Schöffen untätig hätten warten und schließlich ohne Verhandlung entlassen werden müssen. Deswegen habe man eine Zwischenlösung versucht und drei ordentliche Schöffengerichtsabteilungen in Moabit als Schnellschöffengerichte für zuständig erklärt. Außerdem habe man eine Parallelabteilung eingerichtet, die bei der plötzlichen Inanspruchnahme eines ordentlichen Schöffengerichts als Schnellschöffengericht dessen Arbeit habe übernehmen sollen. Durch diese Einrichtung habe man den Eindruck vermeiden wollen, dass das Schnellschöffengericht ein ad hoc zusammengesetztes Gericht sei. Bis jetzt sei das Schnellschöffengericht zweimal tätig geworden. Beide Fälle seien politischer Natur gewesen. Im ersten habe es sich um Unruhen im Friedrichshain, im zweiten um die Ausschreitungen auf der Leipziger Straße aus Anlass des Zusammentritts des Reichstages gehandelt. In diesem Falle habe die Sitzung von 4 Uhr bis nach Mitternacht gedauert. Es seien zwölf Angeklagte verurteilt worden. Die Ansichten über die Bewährung des Schnellschöffengerichts gingen auseinander. Polizei und StA lobten die neue Einrichtung wegen ihres schnellen Arbeitens, ihrer abschreckenden Wirkung und des Fortfallens aller mit der Herstellung der Anklage und Erstattung von Berichten usw. erforderlichen Arbeit sehr. Sie hoben hervor, dass die Zeugen noch ein ganz klares Bild von den Vorgängen gehabt hätten und alle Einwendungen sofort hätten widerlegen können. Sie betonten auch, dass die Verhandlungen sehr gründlich und das Urteil sehr sorgfältig begründet gewesen sei. Nachteile des Schnellschöffengerichts, die z.T. als Kinderkrankheiten angesprochen werden müssten, hätten sich besonders nach Ansicht des Gerichts bemerkbar gemacht. Die Akten seien erst bei der Vorführung der Angeklagten dem Gerichtsvorsitzenden vorgelegt worden, der daher ebenso wenig wie der Sitzungsvertreter der StA ihren Inhalt gekannt habe.

Einige Angeklagte hätten freigesprochen werden müssen, da gegen sie kein Verdacht vorgelegen habe. Unter den Angeklagten hätten sich auch zwei Jugendliche befunden. In der Verhandlung habe manchmal erst festgestellt werden müssen, für welchen Angeklagten und für welche Tatsachen die einzelnen Zeugen benannt gewesen seien. Die lange Dauer der Verhandlung habe an alle Beteiligten große Anforderungen gestellt und sei den Schöffen nicht sehr erwünscht gewesen. Seiner persönlichen Meinung, mit seinem GStA habe er über den Bericht des GStA bei dem LG I über die Bewährung des Schnellschöffengerichts noch nicht sprechen können, bitte er dahin Ausdruck geben zu dürfen, dass zur Verhandlung vor einem Schnellschöffengerichte nur einfache Sachen geeignet seien. Bei politischen Sachen sei ein Schnellschöffengericht nur mit großer Vorsicht anzuwenden, da das Verfahren leicht die Gefahr einer Überstürzung in sich berge und ein großer Mangel darin bestehe, dass die Persönlichkeit der Angeklagten nicht genügend erforscht seien. Hierüber gäben in unpolitischen Sachen vor dem Schnellgerichte des Einzelrichters im Polizeipräsidium häufig die Personalakten der Polizei und die Unterlagen der Gerichtshilfe hinreichende Aufklärung. Auch seien den Polizeibeamten in diesen Fällen die persönlichen Verhältnisse der Angeklagten häufiger bekannt. Bei einer Verhandlung vor dem Schnellschöffengerichte aus Anlass der Ausschreitungen in der Leipziger Straße erst am Tage nach der Vorführung der Beschuldigten vor das Gericht, die prozessual möglich gewesen sei, hätten wahrscheinlich die Jugendlichen und Unschuldigen ausgesondert werden könnten. Der Vorsitzende, die Schöffen und der StA wären auch frischer gewesen, die Verhandlung selbst hätte durch ein vorhergehendes Studium der Akten abgekürzt werden können.

Die Polizei habe an den Schnellschöffengerichten, solange sie in Moabit eingerichtet sind, nur ein Interesse, wenn es sich um politische Straftaten handle. Ob daher genügend Stoff für die Schnellschöffengerichte vorhanden sei, bezweifle er, obschon der GStA bei dem LG I der Meinung sei, dass 20% aller Schöffengerichtssachen von dem Schnellschöffengerichte erledigt werden könnten, sowie auch die jährlich etwa 120 Sachen, in welchen bisher das Schnellgericht (Besetzung mit einem Richter) auf mehr als ein Jahr Gefängnis oder auf Zuchthaus erkannt hätten. Letzteres sei aber nicht notwendig, denn die Schnellgerichte (Besetzung mit einem Richter) hätten sich gut bewährt. Von 120 Angeklagten hätten sieben oder acht Berufung eingelegt, die zurückgewiesen worden sei. In einem Falle sei auf Anschlussberufung hin der Angeklagte sogar zu Zuchthaus statt zu Gefängnis verurteilt worden. Ein LG-Dir. habe ferner angeregt, vor die Schnellgerichte möglichst solche Sachen zu bringen, in denen Kinder Zeugen seien, damit ihnen die mehrfache Erörterung der manchmal schmutzigen Angelegenheiten erspart bleibe, und weil ihre Aussage dann noch weniger beeinflusst sei. Hiergegen habe er aber Bedenken, weil es zur Kontrolle der Kinderaussagen gerade sehr erwünscht sei, die Verhältnisse der Angeklagten genauestens zu erforschen. Er empfehle, zunächst unpolitische Sachen von den Schnellgerichten erledigen zu lassen, diese dann auch vorsichtig mit politischen Sachen zu betrauen und bei guter Bewährung zu Schnellschöffengerichten im Polizeipräsidium überzugehen.

JMin. Dr. Schmidt dankte Herrn OStA Schönfeld für die anregenden Ausführungen und bemerkte, dass die Tätigkeit des Schnellschöffengerichts am 14.10.1930 kaum Angriffe in der Presse hervorgerufen habe. Überstürzungen müssten indessen vermieden werden.

GStA Bluhme glaubte, dass ein Schnellschöffengericht als besonderes Gericht nur für Berlin in Frage komme, da für das Gericht an keinen und mittleren Orten, auch in Städten von der Größe Frankfurts, nicht genügend Arbeit vorhanden sei. In Frankfurt urteile das jeweils tagende Schöffengericht die Schnellsachen ab.

Oberjustizrat Dr. Dörffler sprach sodann über die *Beschleunigung der Strafsachen.*

Er führte aus: Mehrfach gemachte Wahrnehmungen, dass die Beamten der StA nicht immer sich vor Augen halten, dass die Wirkung der Strafe und das Ansehen der Strafrechtspflege von einer möglichsten Beschleunigung der Strafverfahren abhängig sind, haben, dem Herrn JMin. in diesem Jahre Veranlassung gegeben, zunächst in der AV vom 02.04.1930 auf die wesentlichsten, bei allen Strafverfahren zu beachtenden, Gesichtspunkte hinzuweisen, deren nachdrücklichste Beachtung der Zweck der Strafrechtspflege erfordert. Aus Anlass der vielfachen Zusammenstöße zwischen Kampforganisationen radikaler politischer Parteien ist demnächst in der AV vom 05.06.1930 noch einmal dargelegt worden, warum das Staatsinteresse und der Schutz der Allgemeinheit verlangt, dass gerade in diesen politischen Strafsachen die Aburteilung der Begehung der Straftat unmittelbar folge. Da die in den AV angedeuteten Möglichkeiten einer Verfahrensbeschleunigung in frischer Erinnerung sind, darf ich mir wohl versagen, auf nähere Einzelheiten einzugehen. Denn es ist heute der Wunsch des Herrn JMin., dass die Praxis ausgiebig zu Worte kommt, und dass die JV aus dem Munde der Herren GStA erfährt, ob mit den erlassenen Anordnungen das vorgesetzte Ziel zu erreichen ist oder was noch getan werden könnte, um die Beschleunigung der Verfahren zu verwirklichen. Nur eine Einzelfrage will ich streifen: Wir sehen seit Jahren und machen diese Beobachtung neuerdings wieder in steigendem Maße, dass Strafsachen von größerem Umfange in der HV so sehr mit Prozessstoff überladen werden, dass schließlich Wochen und Monate dahin gehen, bis es zum Urteil kommt.

Die Gefahren, die durch diese übermäßig langen Verhandlungen der Strafrechtspflege drohen, sind unverkennbar. Denn welcher Laienrichter kann schließlich am Ende einer Verhandlung, die über Wochen und Monate sich hingezogen hat, noch zuverlässig beurteilen, was am Anfang der Sitzung verhandelt ist? Und wird nicht das verwickelte Tatsachenmaterial, um das es sich bei diesen Prozessen in der Regel handelt, im Laufe der Zeit immer schwerer erfassbar, verflüchtigt es sich nicht schließlich derart, dass oftmals das Endergebnis zu dem Aufwand an Arbeitskraft und Kosten in gar keinem Verhältnisse steht? Die Zahl dieser überlangen Prozesse ist nicht ganz gering. Erhebungen, die Anfang des Jahres veranstaltet sind, haben ergeben, dass in den Jahren 1927 bis 1929 jährlich zwischen 20 und 30 Monate, Prozesse, die in der HV länger als 14 Tage gedauert haben, stattgefunden haben und die Kosten, die diese Prozesse alljährlich verursachen, werden bei vorsichtiger Schätzung auf mindestens 300.000 RM zu veranschlagen sein.

Ein Mittel, wie diesen Riesenprozessen wirksam gesteuert werden könnte, ist bisher leider nicht entdeckt. Bei den Beratungen des EG-StGB im Reichsrat ist zwar ein Vorschlag, die Berufung in diesen Strafsachen auszuschließen, zur Erörterung gestellt; jedoch hat aus mancherlei Gründen für diesen Plan sich keine Mehrheit gefunden. Auf dem Boden des gegenwärtigen Gesetzes sieht die JVerw. die einzige Möglichkeit, wie diesen übergroßen Prozessen ein wenig gesteuert werden könnte, in einer weitherzigen Anwendung von § 154 StPO. Deshalb ist in der AV vom 02.04.1930 zum Ausdruck gebracht worden, dass bei Strafsachen von großem Umfange stets zu prüfen sei, inwieweit etwa von der Verfolgung einer verhältnismäßig unerheblichen Rechtsverletzung um deswillen abgesehen werden könne, weil wegen anderer, den hauptsächlichen Gegenstand des Verfahrens bildender Straftaten eine Strafe zu erwarten sei, neben der eine weitere Bestrafung nicht ins Gewicht falle. Da für das dritte Vierteljahr 1930 die Zahlen über die Anwendungsfälle des § 154 StPO im JMin. noch nicht vorliegen, fehlt ein neuerer Überblick darüber, ob der Hinweis in der erwähnten AV genügend befolgt wird. Im zweiten Quartal 1930 ist die Zahl der Anwendungsfälle des § 154 nur unmerklich von 131 auf 138 gestiegen. Wenn in der nunmehr einsetzenden Beratung auch diese Frage erörtert werden könnte, so würde der Herr JMin. dies dankbar begrüßen.

JMin. Dr. Schmidt eröffnete die Besprechung dieses Punktes mit dem Bemerken, dass ihm die Beschleunigung der Strafverfahren und eine straffe Zusammenfassung des wesentlichen Prozessstoffes in den größeren Strafsachen sehr am Herzen liege. In den Akten, die zur Prüfung der Gnadenfrage vorgelegt worden seien, habe er häufiger einen zu langsamen Fortgang des Verfahrens bemerkt. Die Dicke der Akten und die Zahl ihrer Bände sei kein Beweis für besonders gute Arbeit. Allerdings berühre diese Frage weniger den Geschäftsbereich der StA, als den der Untersuchungsrichter und ihrer Gehilfen. Die StA möchten hier durch Anfragen und Vorstellungen bei den gerade mit der Sache befassten Stellen auf Beschleunigung hinarbeiten.

GStA Hansen berichtete, dass er auch in seinem Bezirke den schleppenden Gang der größeren Prozesse – allerdings ohne großen Erfolg – zu bekämpfen versucht habe. In einem Falle habe er zur Beschleunigung den Sachverhalt durch den

Dezernenten der StA aufklären lassen. Durch den Antrag einzelner Beschuldigter auf Eröffnung der Voruntersuchung, dem stattgegeben worden sei, sei das Verfahren dann der StA aus den Händen genommen worden. Die lange Dauer größerer Verfahren erkläre sich einmal aus der besonders langsamen Arbeit der Sachverständigen und weiter aus den zahlreichen, während des Verfahrens zu fällenden Zwischenentscheidungen, durch welche immer neue Richter gezwungen würden, sich in erhebliche Teile des Prozessstoffes einzuarbeiten.

GStA Bluhme beklagte ebenfalls die langsame Arbeit der Sachverständigen, was ihm jetzt wieder in dem Verfahren aus Anlass des Zusammenbruchs der Frankfurter Allgemeinen Versicherungs-AG aufgefallen sei.

GStA Schneider-Neuenburg berichtete über Maßnahmen, die er zur Beschleunigung des Verfahrens gegen Kürten [Schwurgericht Düsseldorf; hierzu *V. Mariak*, Die Spirale der Gewaltkriminalität, 3. Aufl. 2021] und gegen den ehemaligen Obergerichtsvollzieher Cureck getroffen habe, glaubte aber, dass die StA nicht viele wirksame Mittel zur Beschleunigung der Strafverfahren zur Hand habe.

GStA Hepke meinte, dass der Auswahl der Untersuchungsrichter, über die in seinem Bezirke hin und wieder noch geklagt werde, größtes Augenmerk zugewendet werden müsse.

GStA Storp glaubte, dass auch ein häufiger Wechsel der Untersuchungsrichter, deren Tätigkeit erst nach längerer Beschäftigung mit kriminellen Fragen besonders ersprießlich sein könne, der Beschleunigung der Verfahren Abbruch tun könne.

MinDir. Hartwig wies darauf hin, dass die OLG-Präs. bereits angewiesen worden seien, nur besonders tüchtige und entschlussfreudige Richter zu Untersuchungsrichtern zu ernennen und dass diese entgegen der früheren Praxis jetzt meistens länger als drei Jahre als Untersuchungsrichter tätig seien. Wünschen auf Verlängerung des Auftrages werde immer stattgegeben.

GStA Wichmann warf ein, ob nicht bei Veruntreuungen der Gerichtsvollzieher wegen der dem Staate drohenden Regressansprüche häufig eine restlose Aufklärung aller Fälle erwünscht sei, die dann sehr erhebliche Zeit in Anspruch nehmen könne.

StS Hölscher hielt es für unbedenklich, bei der Abgrenzung des Umfanges der Ermittlungen gegen ungetreue Gerichtsvollzieher diesen Gesichtspunkt außer Acht zu lassen, da eine Klärung der Regressansprüche später im Zivilprozess erfolgen könne.

MinRat Dr. Goldschmidt sprach sodann über die Grundsätze für die *Auswahl der Rechtsanwälte in Rechtsstreitigkeiten, an denen der Justizfiskus als Partei beteiligt ist.* [...]

Im Anschluss daran führte Herr *MinRat Dr. Goldschmidt* in der Frage der *Stellungnahme zu den Gewerbesteuerzuschlägen der Rechtsanwälte* Folgendes aus: [...]

Unter dem Punkte *Verschiedenes* führte *MinRat Rietzsch* auf eine Anfrage des GStA Hohmann aus, dass das RJM wegen der schlechten wirtschaftlichen Lage der Dichter und Tonkünstler bei einer Verletzung des literarischen und künstlerischen Urheberrechts die Erhebung der öffentlichen Klage für erwünscht halte.

JMin. Dr. Schmidt schloss darauf die Besprechung mit einem Danke an die Referenten und für die rege Beteiligung an der Erörterung aller Fragen.

Anhang: Vorgesehene Referate

a) *Pritsch: Voruntersuchung*

Das Problem der Voruntersuchung bildet heute einen Brennpunkt nicht nur kriminal- und rechtspolitischer Erörterungen, sondern, wie namentlich die literarischen Behandlungen dieses Themas zeigen, des öffentlichen Interesses überhaupt. Bei diesem Referat kann es sich nicht um eine Stellungnahme zu den großen Fragen handeln, ob die Institution der Voruntersuchung im künftigen Strafprozess beibehalten werden soll oder nicht und wie ggfs. ihr Verfahren neu gestaltet werden soll, sondern nur darum, was bei dem heutigen Stande der Gesetzgebung für die JVerw. auf diesem Gebiete zu tun ist. Bei der letzten Besprechung mit den Herren GStA am 27.10. v. Js. ist anlässlich eines Referats über die Beschleunigung der Strafsachen in der Aussprache auf die Verzögerungen hingewiesen worden, die viele Strafverfahren durch die lange Dauer der Voruntersuchung erleiden. In der Tat ist diese Klage auch nach den im JMin. insbesondere auch bei Dienstreisen gemachten Erfahrungen nicht unberechtigt; das Erfordernis der Beschleunigung wird vielfach zu wenig beachtet. Auf die ungeheuren Nachteile, die eine Verschleppung der Strafverfahren zur Folge hat, brauche ich in diesem Kreise nicht einzugehen; sie wiegen umso schwerer, als es sich hier gerade um die wichtigsten und schwierigsten Strafsachen handelt. Für die JVerw. ergibt sich daher die Frage, wie diese Mängel vermieden werden können, mit anderen Worten, wie das Verfahren der Voruntersuchung, so wie es heute gesetzlich geregelt ist, in der Praxis möglichst zweckmäßig gestaltet und beschleunigt durchgeführt werden kann.

Die Frage ist zum großen – wenn nicht zum größten – Teil eine Personenfrage. Gerade dem Untersuchungsrichter ist ja ein besonderes Maß von Freiheit und damit auch von Verantwortlichkeit in die Hand gegeben; weit mehr als der Prozessrichter muss er sich von Zweckmäßigkeitserwägungen leiten lassen. Von seinem Ermessen und seiner Initiative hängen in erster Linie die Art der Durchführung und der Erfolg des Verfahrens ab. Es bedarf keiner weiteren Erörterung, dass in der Hand eines klugen, kriminalpolitisch geschulten, lebenserfahrenen, zielbewussten und tatkräftigen Untersuchungsrichters, der mit lebhaftem Eifer und sicherem Wirklichkeitssinn sich um die Klärung des Sachverhalts bemüht, das Verfahren einen wesentlich anderen Verlauf nehmen wird, als in der Hand eines wenig entschlussfähigen oder kriminalistisch unerfahrenen Richters. Von jeher hat daher die JVerw. auf die richtige Auswahl der Untersuchungsrichter größten Wert gelegt. Bereits in einer RV vom 08.02.1892 (I 579, Müller S. 27) wurde die Erwartung ausgesprochen, dass als Untersuchungsrichter nur geeignete und ihrer Aufgabe gewachsene Persönlichkeiten in Vorschlag gebracht würden. [...]

In engem Zusammenhange mit dem Problem der richtigen Auswahl der Untersuchungsrichter steht die Frage, wie lange ein Richter als Untersuchungsrichter verwendet werden soll. Von allgemeinen Gesichtspunkten aus erscheint es an sich wünschenswert, die Richter nicht allzu lange als Untersuchungsrichter zu beschäftigen, um sie nicht den anderen Gebieten der richterlichen Tätigkeit, insbesondere der Ziviljustiz, zu entfremden. Es ist daher in den RV vom 17.10.1923 (I 10577) und 02.10.1925 (I 10708) zum Ausdruck gebracht worden, dass die ununterbrochene Verwendung als Untersuchungsrichter sich in der Regel auf einen Zeitraum von drei Jahren beschränken solle. Andererseits aber wird gerade der Untersuchungsrichter, der durch längere Tätigkeit größere Erfahrung erlangt hat und zum Spezialisten geworden ist, besonders ersprießliche Arbeit leisten können, und es erscheint daher im Interesse der Strafjustiz nicht erwünscht, solche Richter zu früh ihrer Tätigkeit zu entziehen. Der Grundsatz, dass Untersuchungsrichter in der Regel nicht länger als drei Jahre ununterbrochen tätig sein sollen, wird daher nicht allzu schematisch angewendet werden dürfen, vielmehr wird der Wunsch nach regelmäßigem Wechsel zwischen Betätigung in Zivil- und Strafjustiz ggfs. hinter der Notwendigkeit, nur wirklich geeignete Richter als Untersuchungsrichter zu bestellen, zurücktreten müssen. [...]

Wenn ich nun zu den sachlichen Maßnahmen übergehen darf, durch die auf eine Beschleunigung der Voruntersuchungen hingewirkt werden kann, so kommt hier zunächst eine vorsichtige Auswahl der Sachen in Betracht, in denen die Eröffnung der Voruntersuchung zu beantragen sein wird. [...]

b) *Wittland: Rechtsprechung und Justizverwaltung*

Den Justizverwaltungsbehörden hat das Gesetz das Recht der Dienstaufsicht auch gegenüber richterlichen Beamten übertragen. Mit dem Recht der Dienstaufsicht verbindet sich die Pflicht, über die Gesetzmäßigkeit und Ordnungsmäßigkeit der Amtshandlungen zu wachen. Der Richter hat entsprechend der Verfassungsbestimmung, die ihn dem Gesetz unterwirft, in seiner richterlichen Amtstätigkeit das Gesetz und seine Schranken genau zu beachten und auch sonst die Pflichten innezuhalten, die ihm gesetzlich für die Ausübung des Richteramts auferlegt sind. Die Erfüllung dieser besonderen richterlichen Pflichten zu überwachen, gehört mit zum Inhalt der den Justizverwaltungsbehörden obliegenden Dienstaufsicht, hinsichtlich deren pflichtmäßiger Ausübung der JMin. dem Landtag verantwortlich ist. Damit ist die für die JVerw. gegebene Rechtslage in den Grundzügen dahin gekennzeichnet, dass die richterliche Unabhängigkeit die Beaufsichtigung der Rechtspflege keinesfalls ausschließt. [...]

Die JVerw. kann und darf also etwaigen Mängeln auf dem Gebiete der Rechtsprechung nicht untätig gegenüberstehen. Das Problem, um dessen Klarstellung es sich hier handelt, ist vielmehr nur das, ob und in welcher Weise der Grundsatz richterlicher Unabhängigkeit im Einzelnen eine Schranke für Maßnahmen der JVerw. zieht. [...]

Ein Einschreiten im Dienstaufsichtswege im Dienstaufsichtswege wird regelmäßig nicht zu umgehen sein, wenn der Richter zur Urteilsbegründung Ausführungen verwendet, die den Eindruck einseitiger oder von persönlichen oder politischen Erwägungen beeinflusster Stellungnahme hervorrufen könnten. Der Große Disziplinarsenat hat ausgeführt, dass es an erster Stelle zu den Amtspflichten des Richters gehöre, bei seinen Entscheidungen und deren Begründung alles zu vermeiden, was geeignet sein könne, Zweifel an seiner Objektivität aufkommen zu lassen; deshalb dürften die Urteilsgründe keine Ausführungen enthalten, die nicht zur Sache gehörten oder so unsachlich seien, dass sie Misstrauen gegen die Unparteilichkeit des Urteilsfassers hervorrufen könnten. Das Urteil ist nicht die geeignete Stelle, an welcher der Richter seine Meinung über alle möglichen Zustände frei von sich geben darf. Das Interesse sowohl der Rechtspflege als auch des Richterstandes erfordert es – so führt der Große Disziplinarsenat in einem anderen Urteil aus –, dass die amtliche Spruchtätigkeit nicht mit persönlichen Angelegenheiten verquickt wird; in dem Urteil ist daher kein Platz, um auf die Nöte des Richterstandes in wirtschaftlicher Beziehung hinzuweisen. In einer weiteren Entscheidung hat der Große Disziplinarsenat es missbilligt, dass ein Richter gegenüber behördlichen Maßnahmen, die Anlass zu einer zivilrechtlichen Klage gegeben hatten, auf die parteipolitischen Verhältnisse hinwies, denen seiner Meinung nach der Kläger seine Lage zu verdanken hatte; der Senat führt dazu aus, dass der Richter ohne jeden Grund und sachliche Veranlassung Parteipolitik in seine richterliche Tätigkeit hereingezogen und somit entgegen seinen besonderen Pflichten als Richter das Vertrauen in eine von parteipolitischen Erwägungen völlig unabhängige Rechtsprechung erschüttert habe. Als ungehörige Kundgebung einseitiger politischer Anschauungen im Urteil sind ferner Ausführungen folgenden Inhalts angesehen werden: „Das deutsche Volk erkennt mehr und mehr, dass das Judentum schwerste Schuld an unserem Unglück trägt. An einen Aufstieg unseres Volkes ist nicht zu denken, wenn wir nicht die Macht des Judentums brechen". Gleichermaßen zu beanstanden ist eine Urteilsbegründung, in der ausgeführt wird, dass der Kläger „unbeschadet seiner Staatsangehörigkeit der Abstammung nach nicht eine Persönlichkeit sei, die der Sprachgebrauch des Volkes zu den Deutschen rechne". Wenn ferner zur Begründung eines Strafurteils ausgeführt wird, dass Herkunft, Erziehung und gesellschaftliche Stellung den Angeklagten vor dem Verdacht des Betruges schütze, so ist auch diese Wendung geeignet, Missdeutungen in der Richtung hervorzurufen, als ob der Richter dem Verfassungssatze, dass alle Deutschen vor dem Gesetz gleich sind, nicht Rechnung trage.

XI. Besprechung mit den OLG-Präs. und GStA am 12.12.1931

JMin. Dr. Schmidt eröffnete die Besprechung mit einer Begrüßung der OLG-Präs. und GStA, die, abgesehen von dem durch die Teilnahme an einer Prüfung verhinderten OLG-Präs. Moehrs vollzählig erschienen waren, sowie der Vizepräs. von Königsberg und Celle. Er betonte, es handle sich um die *erste gemeinsame Besprechung gleichzeitig mit den OLG-Präs. und den GStA*. Damit werde ein von ihm seit langem gehegter Wunsch verwirklicht, den er bisher habe zurückstellen müssen, dessen Erfüllung aber jetzt infolge der Zuspitzung der wirtschaftlichen und politischen Verhältnisse und der dadurch gesteigerten Aufgaben der Justizpflege unabwendbar geworden sei. Die weittragende Bedeutung der Besprechung komme auch darin zum Ausdruck, dass als Vertreter des Preußischen Staatsministeriums dessen Referent für Justizangelegenheiten, MinRat Corsing, erschienen sei.

Der *Herr Minister* erteilte sodann zum 1. Punkt der TO das Wort dem *MinRat Rietzsch,* der über das Thema *„Die besonderen Aufgaben der Strafrechtspflege in der jetzigen Notzeit* (AV vom 25.11.1931 – JMBl. S. 361)" sprach. Die Ausführungen sind besonders gedruckt.

KG-Präs. Dr. Tigges betonte vorweg, dass die Richter des KG-Bezirks sich der Bedeutung der von ihnen zu erfüllenden Aufgaben bewusst seien. Im Einzelnen gab ihm das Referat des MinRat Rietzsch zu folgenden Ausführungen Anlass: Er sei der Ansicht, dass die StA von der Ausscheidungsmöglichkeit des § 154 StPO noch viel zu wenig Gebrauch mache. Für die Gerichte sei die Einschränkung der Dauer der Voruntersuchung besonders bedeutsam. Hier interessiere vor allem, ob eine Aufteilung einer Voruntersuchung zwischen mehrere Untersuchungsrichter möglich sei. Es wäre ihm lieb, wenn eine – s.E. mögliche – das bejahende Rechtsansicht Raum gewänne oder wenn im Gesetzeswege das Erforderliche veranlasst würde. Seiner Ansicht nach wirke das Haftprüfungsverfahren verzögernd. Die Anlage von Aktendoppeln sei empfehlenswert; sie werde aber durch das Verhalten anderer Behörden, insbesondere der Polizei, die der Bitte um Anfertigung von Durchschlägen oft nicht nachkomme, wesentlich erschwert.

Besonders wichtig, aber auch besonders schwierig sei die richtige Auswahl der Sachverständigen. Auch das Referat des MinRat Rietzsch habe in dieser Hinsicht keine Lösung gegeben. Die Erfahrungen mit den von den Industrie- und Handelskammern benannten Sachverständigen seien vielfach sehr traurig gewesen; die bisher bestellten „Wirtschaftsprüfer" erschienen ihm auch nicht immer geeignet, den Missständen zu begegnen, weil sie wegen ihrer anderen Aufgaben oft nicht über die erforderliche Zeit verfügten. Es sei anzuregen, dass das JMin. bei der Auswahl und der Bestellung von Sachverständigen mitwirke.

Die Vorsitzenden der Strafgerichte klagten immer wieder über die Dunkelheit der Rechtsprechung des RG hinsichtlich der Frage der Abschneidung von

Beweisanträgen. Es scheine leider, als wenn hier nur im Wege der Gesetzesänderung (Änderung des § 245 StPO [vgl. RGBl. I 1925, 475]) Besserung erzielt werden könne. – Der Ehrenschutz werde durch die Notverordnungen einmal bagatellisiert, andererseits aber auch überspannt. Diese Überspannung könne zu einer Verschlechterung des bestehenden Zustandes führen, da die Richter Scheu vor der Anwendung des hohen gesetzlichen Mindeststrafmaßes empfinden und leichter als sonst zu einer Freisprechung schreiten würden.

Die Kritik hinsichtlich der von den Gerichten verhängten Strafen sei durchaus unterschiedlich. Es würden sowohl Klagen über zu scharfe wie auch über zu milde Bestrafungen laut. Gerade in letzter Hinsicht erschienen ihm die Beanstandungen manchmal nicht ungerechtfertigt. Der Grund sei ganz klar: Kein Richter wage es mehr, von Abschreckung zu sprechen, weil er die Angriffe der Presse, und zwar auch der erstzunehmenden Presse, befürchte. Auch die Auswahl der Laienrichter, die zu einem erheblichen Teil Arbeiterkreisen entstammten, führe oft zu unangebrachter Milde. In der gleichen Richtung wirke sich wiederholt die Gnadenpraxis aus. Einige wenige Fehlentscheidungen oder Missverständnisse führten die Gerichte vielfach zu der Ansicht, dass seitens des Ministeriums besondere Milde gewünscht werde. Er rege an, um Missverständnisse zu vermeiden, den Entscheidungen über die Gnadengesuche dann eine kurze Anführung der Gründe beizugeben, wenn gegen den Vorschlag aller Gnadenstellen ein Gnadenerweis erteilt werde.

Das Schnellverfahren habe sich im Wesentlichen bewährt. Etwa ein Drittel aller Groß-Berliner Strafsachen käme vor das Bereitschaftsgericht. Die Zahl der Berufungen schwanke zwischen 3 und 4%. Eine Frage sei es noch, ob das Bereitschaftsgericht auch für politische Sachen geeignet sei. Seiner Ansicht nach sei das dann zu verneinen, wenn von vornherein damit gerechnet werden müsse, dass das Verfahren sämtliche Instanzen durchlaufen werde. Vorsicht sei auch stets dann am Platze, wenn ein schwieriger Tatbestand zu klären oder eine größere Zahl von Zeugen, insbesondere auch von Entlastungszeugen, vernommen werden müsse. – Bedeutsam sei die richtige Zusammenarbeit mit der Presse. Die Schwierigkeit liege hier darin, dass die Presse sich durch formelle Informationen nicht abspeisen lasse, materielle Mitteilungen während des Laufs des Verfahrens indessen sehr gefährlich, insbesondere den Interessen des Beschuldigten überaus abträglich sein könnten.

JMin. Dr. Schmidt bemerkte: Die ernste Entwicklung der wirtschaftlichen und politischen Verhältnisse zwinge zu einer ernsteren Einstellung auf dem Gebiet der Untersuchungshaft und in der Gnadenpraxis. Der Strafvollzug sei zwar humanisiert und veredelt, aber nicht verweichlicht.

OLG-Präs. Werner führte aus: Klagen über zu geringe Anwendung des § 154 StPO seien in dem Naumburger OLG-Bezirk nicht bekannt geworden. Es werde alles getan, um die Verfahren möglichst zu beschleunigen. Zu betonen sei, dass die bestellten Untersuchungsrichter ihren Aufgaben durchweg gerecht geworden seien. Ein Missstand sei indessen, dass nicht jeder im Allgemeinen taugliche Untersuchungsrichter auch für die Bearbeitung außerordentlicher Fälle geeignet sei. Es müsse deshalb die Möglichkeit geschaffen werden, für Sachen von besonderer Bedeutung auch besondere Untersuchungsrichter auszuwählen. Auch die Abschaffung der Voruntersuchung überhaupt und die Betrauung der in der Organisation beweglicheren StA mit den entsprechenden Aufgaben sei zu erwägen. Zu den durch die Bestimmung des § 245 StPO geschaffenen Verzögerungsmöglichkeiten meinte er, die Gerichte würden weniger durch das Gesetz als durch die Rechtsprechung des RG beeinflusst, das zudem seiner Ansicht nach nicht selten seine Kompetenzen überschreite und sich nicht nur auf die Nachprüfung der Gesetzesanwendung beschränke. Es sei durchaus zu erwägen, ob die Zulässigkeit der Revision, soweit sie sich auf den § 245 StPO in seiner heutigen Fassung oder ähnliche Vorschriften stütze, beschränkt werden solle. – Die Unabhängigkeit der Richter werde durch psychische Einwirkungen beeinträchtigt. Dahin gehöre auch die Notwendigkeit, in bestimmten Fällen überspannte Mindeststrafen verhängen zu müssen.

Der Zweck der Abschreckung durch die Strafe müsse wieder mehr in den Vordergrund gerückt werden. Das gelte nicht nur für Art und Höhe der Strafe, sondern auch für die Form ihrer Vollstreckung. Die mildere Behandlung der „Überzeugungstäter" z.B. erwecke in dieser Beziehung Bedenken, insofern sie die Erwartung erzeuge, dass durch Behaupten des politischen Zieles Nachsicht bei den Gerichten, in der Gnadeninstanz oder bei der Vollstreckung erzeugt werde, wie ihm ein Fall dargetan habe, über den kürzlich von ihm berichtet worden sei.

JMin. Dr. Schmidt bemerkte, dass die Behandlung der „Überzeugungstäter" auf den unter Mitwirkung des Reichs durch Ländervereinbarung festgestellten „Grundsätzen" beruhe, von denen das einzelne Land nicht einseitig abweichen könne.

MinDir. Huber betonte, dass die Zahl der Überzeugungstäter nur gering sei. Nachträglich wurde festgestellt, dass bei der letzten statistischen Erfassung (Juni 1931) die Gesamtzahl der in Haft befindlichen Überzeugungstäter 31 betrug.

GStA Dr. Wiechmann erklärte, dass die StA überall bemüht sei, den gesteigerten Aufgaben gerecht zu werden. Im Einzelnen erwähnte er Folgendes: § 154 StPO werde genügend angewendet. Die Statistik versage hier, da sie nicht alle Fälle zu erfassen vermöge. Die richtige Anwendung sei nicht immer leicht und vor allem dem Anfänger oft nicht möglich. – Es erscheine ihm zweifelhaft, ob es richtig gewesen sei, bei den „Monstreprozessen", bei denen mit einer Tatsacheninstanz ausgekommen werden solle, in starrer Weise die Führung einer Voruntersuchung zu verlangen. Nachdem dieses Erfordernis aber einmal aufgestellt sei, müsse es auch genau beachtet werden; die Voruntersuchung dürfe nicht zu einer bloßen Form werden. – Besondere Bedeutung verlange bei den großen Wirtschaftsprozessen die Frage der Verhaftung des Beschuldigten, der auch in den weitesten Volkskreisen erhebliches Interesse entgegengebracht werde. Das geltende Recht müsse hier weitherzig angewendet werden, insbesondere dürften nicht allzu strenge Anforderungen hinsichtlich der Verdunkelungsgefahr gestellt werden.

Die Sachverständigenfrage sei durch das vorhergehende Referat noch nicht geklärt. Eine Zentralvermittlungsstelle oder Auskunftsstelle für die StA in der Provinz, an die sie sich mit der Bitte um Benennung wirklich geeigneter

Sachverständiger wenden könne, erscheine angebracht. – Die lange Dauer der HV liege nicht nur an der Rechtsprechung des RG, es fehle gelegentlich auch das wünschenswerte Tempo in der äußeren Abwicklung. Abhilfe sei insoweit schwierig. Im Wesentlichen sei die Lösung eine Personenfrage und weiterhin eine Frage des verständnisvollen Zusammenwirkens der beteiligten Ressorts und einzelnen Beamten. Die Gerichte könnten seiner Ansicht nach auch oft mehr Mut gegenüber der die ordnungsgemäße, rasche Abwicklung der HV hemmenden Rechtsprechung des RG aufwenden und ihr entgegentreten. Von erheblicher Bedeutung sei für die rasche und sachgemäße Bearbeitung aller Sachen die richtige Dezernatsverteilung.

Die Vorsitzenden hätten vielfach Angst vor der Verteidigung und der Presse, vor allem in den Großstädten, wo mit Mitteln gearbeitet werde, die an der Grenze des Zulässigen lägen. Man müsse sich hier mehr auf die Beachtung der ernsten und anständigen Presse beschränken. – Es sei zwar sehr schwierig, aber unbedingt notwendig, der Presse sachgemäße Informationen zu erteilen.

JMin. Dr. Schmidt stimmte den bisherigen Ausführungen der Vorredner im Allgemeinen zu. Er bedauerte das häufige Erscheinen von Presseartikeln, die im Voraus Angaben über die mutmaßliche Dauer eines Prozesses bringen. Er bat, derartige Veröffentlichungen nach Möglichkeit zu unterbinden und ihren Ursprung zu ermitteln. Er äußerte weiter Zweifel darüber, ob die Zeiteinteilung bei großen Prozessen nicht häufig verfehlt sei und die Verhandlung nicht mehr konzentriert werden könne. In diesem Zusammenhang wies er darauf hin, dass er die Arbeitsüberlastung der Justizbeamten nicht verkenne und bestrebt sei, diesem Gesichtspunkt gegenüber anderen Ressorts Rechnung zu tragen. – Zur Gnadenpraxis führte er aus, eine im JMin. angestellte Kontrolle habe ergeben, dass nur in verhältnismäßig wenigen Fällen ein Gnadenerweis erteilt worden sei, wenn sich sämtliche Gnadenstellen dagegen ausgesprochen hätten.

OLG-Präs. Dr. Cormann forderte, dass der Auswahl der Untersuchungsrichter weiterhin möglichste Aufmerksamkeit geschenkt werde. Zeitmäßig verschwinde die HV gegenüber der Dauer der Voruntersuchung. Es sei aber vor allem bei kleineren Behörden sehr schwierig, die geeigneten Kräfte zu Untersuchungsrichtern zu bestellen. Dabei ergäben sich gerade auch in kleinen Orten oft unerwartet große Aufgaben. Es sei anzuregen, zur Förderung wichtiger Sachen freigebig mit der Bestellung von Assessoren als Hilfsarbeitern der Untersuchungsrichter zu sein. – Auch er halte die Anlegung von Doppelakten wenigstens hinsichtlich der wichtigeren Punkte für empfehlenswert. – § 245 StPO müsse im Wege der Gesetzgebung eingeschränkt werden; die Revisionsinstanz als solche müsse indessen unangetastet bleiben. Er regte sodann eine Klarstellung der Frage an, ob ein Revisionsgrund daraus hergeleitet werden könne, dass ein „Monstreprozess", nicht die in der Notverordnung vorgesehene Zeit von sechs Tagen gedauert habe.

Gesetzliche Mindeststrafmaße von größerer Schärfe seien gefährlich, da sie sich psychologisch als Ursache einer erhöhten Zahl nicht gerechtfertigter Freisprüche auswirken müssten. – Zahlreiche Angriffe gegen die Rechtsprechung der Gerichte, insbesondere in Strafsachen, seien auf die Mitwirkung der Laien zurückzuführen, die sich von ihrer politischen Einstellung nicht freizumachen wüssten und ganz allgemein oft zur Milde neigten. Dadurch werde die Stellung der Richter sehr erschwert.

JMin. Dr. Schmidt erklärte, dass Fälle, in denen offenkundige Fehlsprüche auf die Mitwirkung von Laienrichtern zurückzuführen seien, dem RJM als Material mitgeteilt würden. Die Zahl der bekannt gewordenen Fälle sei bisher aber nur gering.

OLG-Präs. Dr. Cormann führte weiter aus, dass die Sachverständigenfrage eng mit der Gebührenfrage zusammenhänge; die Bezahlung der Gutachten sei oft nicht so, dass wirklich gute Kräfte sich freiwillig zur Verfügung stellten.

JMin. Dr. Schmidt erwiderte, er sei im Gegenteil der Ansicht, dass die Gebühren oft recht hoch seien. Seiner Ansicht nach würden zu wenige neue Kräfte als Sachverständige bestellt, während die in die Listen eingetragenen auf den Sachen säßen und sie nicht weiterbrächten.

OLG-Präs. Dr. Cormann unterstützte die vorher vorgetragene Bitte, in geeigneten Fällen bei der Bewilligung von Gnadenerweisen kurz die Gründe mitzuteilen.

OLG-Präs. Dr. Kuhnt führte Folgendes aus: Eine Lockerung der gesetzlichen Bestimmungen über das Haftprüfungsverfahren sei erforderlich. Gerade dieses Verfahren führe vielfach erhebliche Verzögerungen herbei. – Auch er sei der Ansicht, dass § 245 StPO einer gesetzlichen Änderung bedürfe. Er trete insoweit den Ausführungen des KG-Präs. Dr. Tigges bei. – Er bitte zu erwägen, ob es nicht möglich sei, gelegentlich jüngere OLG-Räte zu Untersuchungsrichtern zu bestellen, um dadurch weitere geeignete Kräfte zu gewinnen. – Auch er trat der Ansicht bei, dass durch hohe gesetzliche Mindeststrafen die Neigung, freizusprechen oder die verhängten Strafen auszusetzen, bestärkt werde. Solche Mindeststrafen festsetzende Bestimmungen erreichten auf die Länge gesehen das Gegenteil der Erstrebten. Seiner Ansicht nach genügten die gesetzlichen Bestimmungen noch nicht restlos, um alle Terrorakte lückenlos zu erfassen. Der Kern liege oft im gesellschaftlichen und wirtschaftlichen Boykott, dessen strafrechtliche Ahndung heute noch nicht möglich sei. Er wies in diesem Zusammenhang auf die in Schleswig-Holstein vor allem bei Zwangsvollstreckungen auf dem Lande aufgetretenen Schwierigkeiten hin. – Die Erfahrungen mit den Schnellgerichten hielt er für sehr günstig, soweit die Aburteilung in der 1. Instanz in Frage stehen. Der Eintritt der Rechtskraft werde aber nicht immer beschleunigt. Zu erwägen sei deshalb, ob nicht das Schnellverfahren auf alle drei Instanzen ausgedehnt werden könne.

Die Personalbesetzung der Strafgerichte sei nicht immer befriedigend, aber die Verwaltung dürfe in dieser Hinsicht keine größere Einflussmöglichkeit gewinnen. – Zu bedauern sei es, dass die Presse sehr vielen Richtern die Tätigkeit in Strafsachen durch ihre Angriffe verleide.

JMin. Dr. Schmidt erwähnte, dass bisweilen eine gewisse Zurückhaltung in der Stellung von Strafanträgen wegen Beleidigung von Justizbeamten angebracht sei. Er selbst habe erst einen Strafantrag gestellt und freue sich, das nicht öfter getan zu haben. Die Besetzung der Gerichte habe mit Parteipolitik nichts zu tun. Etwas anderes habe auch der Schlussabsatz der AV vom 25.11.1931 nicht besagen sollen.

GStA Dr. Hansen schloss sich im Wesentlichen den Ausführungen des OLG-Präs. Dr. Kuhnt an. Er betonte die Bereitschaft der StA des Kieler Bezirks zur tatkräftigen Erfüllung ihrer Pflichten und erklärte, dass sie vor allem bestrebt sei, selbst die Initiative zu ergreifen, was sich sehr bewährt habe. Er führte weiter aus, dass sich das Schnellgericht bei seiner weitgehenden Verwendung im Kieler Bezirk durchweg als vorteilhaft erwiesen habe. Die gesteigerten Anforderungen machten indessen ein Beamtenmaterial bei der StA erforderlich, dem das vorhandene noch keineswegs immer entspreche. Wenn er auch von den in dieser Hinsicht im Interesse der StA seitens des JMin. getroffenen Maßnahmen dankbar Kenntnis nehme, so bitte er doch, weitere Anordnungen zur Hebung des Beamtenmaterials bei der StA zu treffen.

JMin. Dr. Schmidt trat den letzten Ausführungen des GStA Hansen bei, betonte aber, dass sie für das Gebiet der gesamten Rechtspflege gälten. Helfen ließe sich auf die Dauer hier nur durch eine geeignete Auslese, die schon bei den Prüfungen zu beginnen habe, bei denen in Erkenntnis dieser Sachlage bereits jetzt durchweg gesteigerte Anforderungen gestellt würden.

OLG-Präs. Dr. Jockwer meinte, die RV vom 26.06.1922 stehe in einem gewissen Zusammenhang mit der allgemeinen Einstellung der Gerichte gegenüber Fragen des Ehrenschutzes und bedürfe mit Rücksicht auf die veränderten Verhältnisse, insbesondere auch die Bestimmungen der Notverordnungen, der Überarbeitung. Besondere Aufmerksamkeit erfordere der Schutz der Richter gegen tätliche Angriffe, die sich immer mehr häuften. Die Politisierung der Laien hielt er nicht für so bedeutsam wie einige der Vorredner. Wesentlich sei, dass in den erweiterten Schöffengerichten auch der zweite Richter eine tüchtige Kraft sei. Statt dessen habe man dort in übertriebenem Maße schwache Kräfte verwendet, wodurch naturgemäß die Stellung des Vorsitzenden gegenüber den Laienrichtern geschwächt worden sei.

GStA Dr. Bluhme äußerte sich in erster Linie über den „Favag"-Prozess. Er führte aus, bei diesem Prozess seien eigentlich alle Anforderungen erfüllt worden, die von dem Referenten gestellt seien. Die lange Dauer sei letzten Endes auf die Zeit zurückzuführen, die die Sachverständigen zur Erstattung ihrer Gutachten gebraucht hätten. Auch das Haftprüfungsverfahren habe sich sehr verzögernd ausgewirkt. Für die HV wäre es wünschenswert gewesen, wenn das Gericht auch in einer solchen Sache den Umfang der Beweisaufnahme hätte beeinflussen können. – Hinsichtlich der von den Gerichten verhängten Strafen gab er der Meinung Ausdruck, dass die Strafen vielfach zu milde seien. Der Gesichtspunkt der Abschreckung sei zu sehr in den Hintergrund getreten. Auch Beeinflussungen der Laienrichter durch die Presse wirkten sich ungünstig aus.

OLG-Präs. Dr. Schollen glaubte, dass die Einrichtung der Wirtschaftsprüfer nicht unpraktisch sei. Er wies ferner auf die in erschreckendem Maße zunehmenden Terrorakte gegen Gerichtsvollzieher hin.

Zu Punkt 2 der TO „Die Anwendung der §§ 153, 154 StPO (Sechster Teil Kapitel I §§ 2, 3, 7 der VO des Reichspräsidenten vom 06.10.1931 (RGBl. I S. 357 [§ 2. (1) Übertretungen werden nur verfolgt, wenn es das öffentliche Interesse erfordert. – (2) Nach Erhebung der Klage kann das Gericht mit Zustimmung der

Staatsanwaltschaft das Verfahren wegen einer Übertretung einstellen, wenn das öffentliche Interesse die Verfolgung nicht erfordert.

§ 3. Hängt die Erhebung der öffentlichen Klage wegen eines Vergehens von der Beurteilung einer Frage ab, die nach bürgerlichem Recht oder nach Verwaltungsrecht zu beurteilen ist, so kann die Staatsanwaltschaft zur Austragung der Frage im bürgerlichen Streitverfahren oder im Verwaltungsstreitverfahren eine Frist bestimmen. Hiervon ist der Anzeigende zu benachrichtigen. Nach fruchtlosem Ablauf der Frist kann die Staatsanwaltschaft das Verfahren einstellen.

§ 7. (1) Sind bei einem im Wege der Privatklage verfolgten Vergehen die Schuld des Täters gering und die Folgen der Tat unbedeutend, so kann das Gericht von Erhebung der Privatklage an bis zur Verkündung des Urteils erster Instanz und, soweit zulässige Berufung eingelegt ist, bis zur Verkündung des Urteils zweiter Instanz das Verfahren durch Beschluss einstellen. Zur Einstellung des Verfahrens bedarf es weder der Zustimmung der Staatsanwaltschaft noch der des Privatklägers noch der des Beschuldigten. – (2) Wird das Verfahren nach Abs. 1 eingestellt, so kann das Gericht die in dem Verfahren entstandenen Auslagen sowie die dem Privatkläger und dem Beschuldigten erwachsenen notwendigen Auslagen angemessen verteilen oder dem Beschuldigten ganz auferlegen. Eine Gebühr wird nicht erhoben. Die Einstellung nach Abs. 1 kann auch erfolgen, bevor der von dem Privatkläger zu zahlende Gebührenvorschuss eingezahlt ist. – (3) Gegen die Einstellung des Verfahrens findet sofortige Beschwerde statt.])." trug *MinRat Dr. Dörffler* Folgendes vor: Die Anwendung des § 153 StPO hat wiederholt insbesondere im Juni 1929, den Gegenstand von eingehenden Besprechungen zwischen dem Herrn JMin. und den Herren GStA gebildet. Bei der erwähnten Besprechung ist besonders das Eine zum Ausdruck gebracht worden, dass die praktische Auswirkung des § 153 hinter den Erwartungen zurückbleibe, die aus finanziellen und kriminalpolitischen Erwägungen der Gesetzgeber an die Lockerung des Verfolgungszwanges geknüpft habe. Es liegt, was auch bei der diesjährigen Tagung der Vereinigung preußischer StA bemerkt wurde, eine gewisse Tragik darin, dass der großzügige, von der Öffentlichkeit und den Parlamenten begrüßte Gedanke der Einstellung wegen Geringfügigkeit (die in der VO vom 06.10.1931 hinsichtlich der Übertretungen an erleichterte Voraussetzungen geknüpft und außerdem auf die Privatklageverfahren ausgedehnt ist) oder der Beschränkung der Verfolgung auf die hauptsächlichen Verfehlungen, in die Praxis übertragen, sehr oft bei irgendeiner Stelle auf Widerstand stößt. Zwar ist bei der Besprechung im Juni 1922 Einvernehmen darüber erzielt worden, dass bei geringfügigen Straftaten von der Möglichkeit der Einstellung des Verfahrens weitherziger als bisher Gebrauch zu machen, und dass bei bestimmten Gruppen von strafbaren Handlungen, z.B. bei politischen Straftaten und bei Verstößen gegen soziale Gesetze, Zurückhaltung geboten sei, und diese Leitsätze sind jetzt in die AV vom 10.10.1931 übernommen. Man hört aber immer wieder Klagen darüber, dass vornehmlich andere an dem Verfahren interessierte Behörden oder Verbände, die Bedeutung ihres Wirkungskreises überschätzend, auf Durchführung des Verfahrens drängen und der Einstellung durch Gericht oder StA Schwierigkeiten entgegensetzen, dass in Sonderheit vielfach

Polizeibehörden in unzutreffender Auslegung der GV vom 29.05.1924 (S. 258) den Standpunkt einnehmen, dass bei Übertretungen und voraufgegangenen polizeilichen Strafverfügungen die maßgebliche Entschließung über die Einstellung ihnen – nicht der StA – vorbehalten sei.

Neuerdings wünscht der DAV [Deutscher Anwaltverein] in Leipzig – in einer anscheinend an alle Landesjustizverwaltungen gerichteten, von hier noch nicht beantworteten Eingabe –, dass für Privatklagesachen den Gerichten empfohlen werden möchte, „nur in geringstem Umfange d.h. nur bei wirklich offensichtlich missbräuchlicher Verfolgung der Verfahren" von der Einstellungsbefugnis Gebrauch zu machen. Der Verband der Tierschutzvereine meint, dass die Strafverfolgung von Tierquälereien grundsätzlich im öffentlichen Interesse liege und bittet um Erlass einer Weisung, dass auf diese Übertretungen der § 2 nicht angewendet und die darin vorgesehene Zustimmung von den StA nicht erteilt werde. Der Verband der Milchhändler hat den gleichen Wunsch hinsichtlich der Vergehen gegen das Milchverkehrsgesetz vorgetragen. Die Arbeitsgemeinschaft Deutscher Anglerbünde wendet sich dagegen, dass Fischereiübertretungen aufgrund des § 2 nicht verfolgt werden und bittet, dass die staatlichen Oberfischmeister der Provinzen stets gehört würden, ehe die StA wegen Fehlens des öffentlichen Interesses die Einstellung verfüge. Man hört aber auch, dass von den Justizbehörden selbst Restriktion geübt werde. Einige Beamte sollen befürchten, sich stark zu schädigen, wenn sie in größerem Umfange Verfahren wegen Geringfügigkeit einstellten; sie verschlechterten damit die Grundlage der Pensenberechnung, da die Einstellungen viel ungünstiger bewertet würden als die Urteile und büßten schließlich alle ihre Hilfsarbeiter ein. Einzelne Amtsanwälte sollen die Gegenzeichnung scheuen, und aus diesem Grunde, in Sonderheit bei vorangegangenen polizeilichen Strafverfügungen, dem Verfahren lieber freien Lauf lassen.

Trotz dieser Hemmungen hat, was nicht verkannt werden soll, das Streben des JMin. nach Verminderung der Strafsachen einen gewissen Erfolg gezeigt. Im Jahre 1929 sind aufgrund der §§ 153, 154 StPO und des § 23 JGG insgesamt über 29.000 Einstellungsverfügungen und -beschlüsse ergangen. Davon entfielen auf die StA etwa 21.700, auf die Gerichte etwa 7400 Fälle. Im Jahre 1930 hat sich die Zahl der Einstellungen auf über 36.600 (rd. 27.600 bei den StA, rd. 9000 bei den Gerichten) erhöht und im ersten Halbjahr 1931 sind rd. 20.000 Verfahren (nämlich 15.000 von den StA, 5.000 von den Gerichten) eingestellt worden. An den absoluten Zahlen gemessen ist also gegenüber dem Jahre 1929 eine Erhöhung von etwa 25% und im ersten Halbjahr 1931 gegenüber dem Jahre 1930 eine weitere Steigerung um 10% zu verzeichnen. Das Ergebnis ist aber weit ungünstiger, wenn man die Zahlen der Einstellungen, hierbei nunmehr Gerichte und StA zusammengeworfen, zu den Anzeigesachen gegen Erwachsene und Jugendliche in Beziehung setzt. Alsdann ergibt sich:

Von den Verfahren gegen Erwachsene sind im Jahre 1929 1,53%, im Jahre 1930 1,79% und im ersten Halbjahr 1931 2,15% der Sachen eingestellt worden und bei den *Jugendsachen* in den entsprechenden Zeiträumen: 14,09%; 16,89% 18,05%. Die Einstellungen wegen Geringfügigkeit machen also bei den Erwachsenen, wenngleich sie im Ansteigen begriffen sind, nur einen geringfügigen Anteil der Anzeigesachen aus.

Angesichts dieser wenig günstigen Ergebnisse und angesichts der durch die VO vom 06.10.1931 geschaffenen neuen Rechtslage ist es der dringende Wunsch des Herrn JMin., nochmals gemeinsam mit den Herren OLG-Präs. und den Herren GStA zu erwägen, welche Maßnahmen sich treffen lassen, um – man darf wohl sagen: endlich – eine zweckentsprechende und weitherzige Übung herbeizuführen. Dabei ist zunächst zu bemerken: Bisher hat im JMin. die Meinung bestanden, dass genaue Richtlinien sich darüber nicht aufstellen ließen, wann im Einzelfalle § 153 angewandt werden könne; diese Auffassung haben seinerzeit auch die Herren GStA geteilt. Hingegen hatte der Herr Minister des Innern in dem an die Polizeibehörden gerichteten RdErl. vom 28.12.1928 (MBliV 1929, S. 19) gewisse Hinweise gegeben, wann die Schuld gering, wann die Folgen der Tat unbedeutend seien, und er hatte darin bestimmt, dass bei Übertretungen ein öffentliches Interesse an der Bestrafung nur in besonderen Ausnahmefällen anzuerkennen, im Allgemeinen aber von einer solchen abzusehen sei.

Diese Richtlinien, die dem Vernehmen nach in der Praxis nicht durchweg befolgt sein sollen, sind nunmehr in die zu § 59 PVG erlassenen Ausführungsbestimmungen übernommen worden, haben aber gegenwärtig infolge der VO vom 06.10.1931 ihre Bedeutung mehr oder minder verloren. Weiter hat im Jahre 1924 der Herr GStA bei dem KG eine Weisung an die ihm unterstellten StA erlassen, die in der Folgezeit in etwas modifiziert und den übrigen Bezirken von hier aus jeweils mitgeteilt worden ist. Sie regelt aber im Wesentlichen rein taktische Fragen (Fühlungnahme mit den Interessenten, Gegenzeichnung, Abgabe der Zustimmungserklärung in der HV) und sagt darüber, wann die Voraussetzungen des § 153 als erfüllt angesehen werden können, nur das eine, dass, wenn Zweifel an der Rechtsgültigkeit einer Polizeiverordnung obwalten sollten, von der Anwendung des § 153 abzusehen und die gerichtliche Entscheidung herbeizuführen sei. Der Herr GStA beim KG hat zugesagt, die Verfügungen seines Herrn Amtsvorgängers einer Nachprüfung zu unterziehen. Bestimmte Entschließungen, ob von Seiten des JMin. noch etwas unternommen werden soll, sind bisher nicht gefasst. In einem früheren Stadium der Erörterungen war einmal erwogen worden, die neue Verfügung des Herrn GStA bei dem KG nach Fühlungnahme mit dem Herrn Minister des Innern den übrigen Bezirken zur Kenntnis zu bringen. Ob dieser Plan weiter verfolgt oder ob eine eigene Verfügung des Herrn JMin. ergehen soll, wird von dem Ausgang der heutigen Besprechung abhängen.

Es hat den Anschein, als ob in der Praxis über die Bedeutung der VO vom 06.10.1931 wesentliche Unklarheiten bestünden. Die Vorschriften, die sie enthält, dürfen nicht für sich allein, also losgelöst aus dem Zusammenhang mit dem übrigen Verfahrensrecht auf ihren Sinn und Zweck erforscht werden, sondern sind als Abänderungen oder Ergänzungen des geltenden Verfahrens- oder Verfassungsrechts anzusehen und in Zusammenhang mit diesen Gesetzen zu würdigen. Der § 2 Abs. 1 der VO (der besagt, dass Übertretungen nur verfolgt werden dürfen, wenn es das öffentliche Interesse erfordert), ändert z.B. den Abs. 1 des § 153 StPO ab und § 7 Abs. 2, der von der Kostenfolge bei Privatklagesachen handelt, ergänzt den Abs. 3 des § 471 [RGBl. I 1923, 1]. Die §§ 3 und 7 Abs. 1 der VO sind so anzusehen, als ob sie in die StPO etwa als § 153 a oder § 383 a eingefügt wären. Daraus ergibt sich, dass die Einstellung eines Verfahrens wegen Übertretung auch noch statthaft ist, wenn die öffentliche Klage (§ 153 Abs. 3) bereits erhoben war, und dass (letzter Halbsatz des § 153 Abs. 3) der Beschluss, durch den das Gericht das Verfahren einstellt, mit der Beschwerde nicht angefochten werden kann. Dass im § 2 Abs. 2 der VO die Einstellungsmöglichkeit des Verfahrens nach erhobener Klage noch besonders erwähnt ist, hat darin seinen Grund, dass der Reichsgesetzgeber glaubte, es sei diese Wiederholung, wenn zwar nicht nötig, so doch angebracht. An § 2 knüpft sich zudem noch ein weiterer, weit wichtigerer Streit. Es wird überraschenderweise angezweifelt, ob Abs. 2 auch polizeiliche Strafverfügungen, gegen die auf gerichtliche Entscheidung angetragen ist, betreffe.

In diesen Fällen, so wird ausgeführt, bedürfe es nach gesetzlicher Vorschrift weder der Einreichung einer Anklageschrift noch einer Entscheidung über die Eröffnung des HV; eine „Erhebung der öffentlichen Klage" finde also nicht statt; folglich sei § 2 Abs. 2 wie auch § 153 Abs. 3 unanwendbar. Dazu ist zu sagen: In der Lehrmeinung wird allgemein angenommen, dass bei der Strafverfügung die Vorlegung der Akten der Erhebung der öffentlichen Klage gleichstehe, eine Ansicht, die übrigens der Entwurf des EGADStGB zur gesetzlichen Vorschrift erheben will; die in der Begründung des Entwurfs enthaltene Bemerkung, dass diese Vorschrift eine *Lücke* des Gesetzes ausfülle, ist in dieser Zuspitzung missverständlich und wird berichtigt werden. Soweit mir bekannt, hat auch die bisherige Praxis überwiegend sich auf den Standpunkt gestellt, dass auf Strafverfügungen und ebenso auf Strafbescheide § 153 Abs. 3 anwendbar sei. Der Gesetzgeber wäre ja auch sinnwidrig verfahren, wenn er bei einer im Wege der öffentlichen Klage verfolgten Übertretung die Einstellung nach Klageerhebung für zulässig erklärt, sie hingegen nach vorangegangener Strafverfügung ausgeschlossen hätte. Bei den Besprechungen über § 2 der VO ist jedenfalls von keiner Seite in Zweifel gezogen und als allgemeine Rechtsübung unterstellt worden, dass die Praxis den Abs. 3 des § 153 auf die Strafverfügungen und Strafbescheide anwende. Endlich gehen auch die GV vom 29.05.1924 und die AV vom 10.10.1931 ersichtlich davon aus, dass zur gerichtlichen Entscheidung gelangende Strafverfügungen wegen Geringfügigkeit einstellbar seien, und in dem neuen Muster über statistische Erhebungen zum § 153 ist dieser Fall ausdrücklich vorgesehen.

Auf den Boden dieser Rechtsauffassung stellt sich die Prozesslage bei Übertretungen, welche die Polizeibehörde bearbeitet haben, wie folgt, dar:

1. Im Vorverfahren hat die verfolgende Polizeibehörde nach pflichtmäßigem Ermessen zu prüfen, ob die Voraussetzungen des § 2 Abs. 1 erfüllt sind. Sie darf die Strafverfügung nur erlassen, wenn sie das Vorliegen der Voraussetzungen verneint. Erhebt der Beschuldigte Beschwerde oder Antrag auf gerichtliche Entscheidung, so kann die Polizeibehörde die Strafverfügung noch zurücknehmen, wenn sie bei abermaliger Prüfung, etwa aufgrund der Verteidigung des Beschuldigten, die Erfordernisse des § 2 Abs. 1 als erfüllt ansieht.

2. Sind die Vorgänge von der Polizeibehörde der StA übersandt, so hat nunmehr diese zu prüfen, ob das öffentliche Interesse den Erlass der Strafverfügung und die weitere Verfolgung der Strafsache rechtfertigt. Verneint sie dies, so wird sie zweckmäßig mit der Polizeibehörde ins Benehmen treten, bei dieser unter Darlegung ihrer Gründe die Einstellung nach § 2 Abs. 1 in Anregung zu bringen und gleichzeitig die Zustimmung zur Zurücknahme der Strafverfügung (AV vom 26.10.1931 Ziff. 5) erklären. Zur selbständigen Einstellung ist die StA jedoch nicht befugt.

3. Widerspricht die Polizeibehörde der Einstellung und verlohnt es sich nicht, die Entscheidung der vorgesetzten polizeilichen Dienstbehörde einzuholen, so müssen die Akten dem Gericht vorgelegt werden, das seinerseits auf Antrag der StA oder von Amts wegen vor oder in der HV die Einstellung mit Zustimmung der StA aussprechen kann. Eine Bindung der Amtsanwaltschaft an die abweichende Stellungnahme der Polizeibehörde besteht, grundsätzlich gesprochen, nicht.

Ich übergehe im Weiteren die Bedeutung des § 3 der VO, weil ich unterstelle, dass hier allseitig der Wunsch besteht, dass zunächst einmal praktische Erfahrungen gesammelt werden, und dass nicht voreilig die Praxis durch Aufstellung von Richtlinien in ihrer Entwicklung gehemmt wird. Die Bestimmung stellt einen ersten Versuch dar, um eine unsachgemäße Inanspruchnahme der staatlichen Strafverfolgungsbehörden zu vereiteln. Auch zu § 7 der VO dürften Erörterungen allgemeiner Art entbehrlich sein. Im Vordergrund des Interesses stehen hier, angeregt durch das Schreiben des Deutschen Anwaltvereins, zwei Fragen: Soll den Gerichten empfohlen werden, vor der Einstellung des Verfahrens den Privatkläger oder seinen Vertreter, wenn möglich, zu hören; und zweitens: Soll den Gerichten geraten werden, die Frage, ob im Einzelfalle die Voraussetzungen der Einstellung gegeben sind, mit Vorsicht und Zurückhaltung zu prüfen? Eine Verständigung in dem Sinne, wie sie der Anwaltverein wünscht, dass die Gerichte von der Einstellungsbefugnis „nur bei wirklich offensichtlich missbräuchlicher Verfolgung der Verfahren" Gebrauch machen möchten, kommt wohl nicht in Frage. Ein solcher Rat würde eine mit Gesetzeskraft ausgestattete Vorschrift in einer Weise einschränken, die ihrem Sinne zweifellos nicht entspräche, würde sich auch in Widerspruch setzen mit den für die Offizialverfahren bestehenden Grundsätzen.

Die nunmehr zu erörternden Fragen darf ich wie folgt zusammenfassen:

1. Empfiehlt es sich, allgemeine Richtlinien über die Anwendung der auf Einschränkung des Verfolgungszwanges abzielenden gesetzlichen Vorschriften aufzustellen? Bejahendenfalls: Welche Bestimmungen kommen hierfür in Betracht und auf welche gesetzlichen Voraussetzungen sollen sich die Richtlinien erstrecken?

2. Soll die bisherige Auffassung, dass bei politischen Straftaten und bei Verstößen gegen soziale Gesetze Zurückhaltung zu üben sei, beibehalten werden? Ist dieser Grundsatz auf weitere Gruppen von Straftaten auszudehnen? Rechnen die Zuwiderhandlungen gegen die zur Sicherung des Verkehrs auf öffentlichen Wegen, Straßen und Plätzen (Kfz-VO) erlassenen Vorschriften zu denjenigen Straftaten, bei denen bei der Einstellung Zurückhaltung zu üben ist?

3. In welchem Umfange sollen die Gerichte bei Verfahren auf erhobene Privatklage von der Einstellung Gebrauch machen?

4. Inwieweit ist es angezeigt, Behörden, Verbände oder einzelne Personen, die an dem Ausgang des Verfahrens ein Interesse haben, vor der Einstellung des Verfahrens zu hören? Insonderheit: In welchem Umfange sollen die Polizeibehörden angehört und soll in Privatklagesachen den Gerichten die Anhörung des Privatklägers oder seines Vertreters empfohlen werden?

5. Ist eine zweckentsprechendere Handhabung der Vorschriften über die Lockerung des Verfolgungszwangs davon zu erwarten, dass die Bestimmungen über die Zeichnung der Verfügungen und Erklärungen, die die Anwendung der §§ 153, 154, 154 a StPO (jetzt auch §§ 2, 3 der VO vom 06.10.1931) betreffen, und die für die Amtsanwaltschaften in der AV vom 16.02.1931 enthalten sind, aufgehoben werden? Wenn allgemein nicht angängig: Ist die Freistellung von der Gegenzeichnung hinsichtlich einzelner – welcher – Beamten der Amtsanwaltschaft zu empfehlen?

6. Ist den Sitzungsvertretern für Abgabe der Zustimmungserklärung in der HV völlig freie Hand zu lassen? Oder soll die Übung beibehalten werden, dass in besonders wichtigen Fällen die Entscheidung des Behörden- oder Abteilungsleiters einzuholen ist? In welchem Umfange ist angeordnet, dass zur Unterrichtung der Sitzungsvertreter die Handakten Vermerke über die Auffassung der interessierten Behörden, Verbände und Einzelpersonen zu enthalten haben? Wie hat sich diese Anordnung bewährt?

KG-Präs. Dr. Tigges bedauerte die immer mehr auftretende Rechtsansicht, vor der Einstellung wegen Geringfügigkeit der Schuld müsse die Schuld festgestellt sein, eine Ansicht, die auch von einem Strafsenat des KG vertreten worden sei. Die Zahl der Einstellungen aufgrund des § 153 StPO sei im KG-Bezirk recht groß. Es seien auch schon in einer ganzen Reihe von Fällen Einstellungen ausgesprochen worden, die nicht gebilligt werden könnten. Es bestehe eine gewisse Sorge, dass die Gerichte nicht immer die richtige Mittellinie fänden. Die Aufstellung allgemeiner Richtlinien sei seiner Ansicht nach indes nicht zu empfehlen. Große Bedenken erweckten die Bestimmungen des § 153 StPO und des § 7 Teil 6 der NotVO vom 06.10.1931 über die Kostenfrage. In zahlreichen Fällen sähen sich die Gerichte in der von ihnen gewünschten Anwendung der Einstellungsvorschriften durch andere Behörden, vor allem durch die Polizei, gehemmt. Wolle man die Anwendung ausdehnen, so müsse man auf diese anderen Behörden einwirken. Die Amtsanwaltschaft sei oft durch die internen Dienstanweisungen an einer wirksamen und praktischen Anwendung der Einstellungsvorschriften behindert.

GStA Dr. Wiechmann führte aus, eine erweiterte Anwendung der Einstellungsvorschriften sei möglich, wenn die Bestimmungen über die Gegenzeichnung bei der StA und der Amtsanwaltschaft gelockert würden.

Eine noch größere Schwierigkeit bildeten die Widerstände anderer Behörden. Sie wirkten sich deshalb besonders nachteilig aus, weil bei den Justizbehörden vielfach die Auffassung vertreten werde, dass z.B. die innere Verwaltung stets Recht bekomme, wenn eine Meinungsverschiedenheit auf diesem Gebiete in den höheren Instanzen nachgeprüft werde. Hinsichtlich der Bestimmungen über die Anhörung anderer Ressorts könne man es trotzdem bei den bestehenden Zuständen lassen, man müsse aber mit Nachdruck betonen, dass der Widerspruch einer anderen Behörde nicht entscheidend sei. Eine gemeinsame Regelung, insbesondere mit der inneren Verwaltung, erscheine ihm erwünscht.

OLG-Präs. Werner erklärte, dass in seinem Bezirke ebenfalls über die Widerstände anderer Behörden bei der Anwendung des § 153 StPO geklagt werde. Ebenso werde allgemein die Zurückhaltung der Amtsanwaltschaft beanstandet. Es werde gewünscht, den Amtsanwälten größere Freiheit zu gewähren und dadurch die jetzt vielfach erforderlichen Vertagungen entbehrlich zu machen. Schließlich werde allgemein bedauert, dass man im Falle des § 153 StPO nicht dem Beschuldigten die Verfahrenskosten auferlegen könne.

MinDir. Huber gibt der Ansicht Ausdruck, dass die Widerstände der Verwaltungsbehörden zweckmäßig durch Vereinbarungen der Zentralinstanzen zu beheben seien.

OLG-Präs. Witte wies darauf hin, dass der § 7 des Teiles 6 der NotVO vom 06.10.1931 es seiner Ansicht nach nur zulasse, die Kosten zu teilen oder sie dem Beschuldigten ganz aufzuerlegen, es aber nicht gestatte, den Privatkläger damit zu belasten. Das trage dazu bei, die Anwendung zu erschweren, und veranlasse die Gerichte, die Schuldfrage vor der Einstellung zu prüfen.

MinRat Dörffler erklärte dazu, dass sich die Auferlegung der Kosten auf den Privatkläger nach den Bestimmungen der StPO (§ 471 Abs. 3) regle, die § 7 Abs. 2 der VO ergänze.

MinDirig. Schneller führte zu *Punkt 3 a der TO: „Sparmaßnahmen“* Folgendes aus: I. Da fast 3/4 aller Ausgaben der Justizverwaltung Personalausgaben sind, liegt die wichtigste Ersparnisquelle auf diesem Gebiete. Angesichts der durch die Steuerausfälle schon im Frühjahr d. Js. bedrohten Finanzlage hatte der Finanzminister bereits im Juni ein allgemeines Verbot der Neueinstellung nicht beamteter Hilfskräfte für alle Staatsverwaltungen gefordert. Im Verhandlungswege ist es gelungen, die aus der RV vom 25.08.1931 – I 7484 – ersichtlichen Milderungen zu erreichen. Die außerordentliche Verschärfung der Notlage in der letzten Zeit (Kassenkontingentierung, drei Gehaltszahlungen im Monat) hat dazu geführt, dass der Finanzminister seine Forderung mit größter Entschiedenheit selbst auf die Gefahr von Geschäftsstockungen hin wiederholt und alle noch nicht erledigten Anträge auf Neubewilligung von Hilfsstellen ohne Rücksicht auf die Dringlichkeit ihrer Begründung abgelehnt hat.

Die JVerw. wird angesichts der ihr bekannten Belastung der Justizbehörden ihr Möglichstes tun, um eine bessere Regelung zu erreichen. Angesichts der großen Notlage der Staatsfinanzen ist es aber dringendste staatsbürgerliche Pflicht, die entschiedensten Anstrengungen zur Senkung des Personalbedarfs zu machen. Der Herr Minister hat die großen Arbeitsleistungen des Personals bei jeder Haushaltsberatung dankbar anerkannt und vertraut darauf, dass sich die Beamten, Angestellten und Arbeiter der JVerw. der Einsicht in die Notlage des Staates, die ja zugleich ihre eigene Notlage ist, nicht verschließen und, wo es noch möglich ist, durch erhöhte Arbeitsleistungen dazu beitragen werden, einen Zusammenbruch der Staatsfinanzen oder eine ernste Stockung der Rechtspflege mit ihren schweren Folgen für die Wirtschaft, die JVerw. und die Rechtspflege zu vermeiden.

1. Der Herr Minister bittet deshalb, insbesondere folgenden Gesichtspunkten besondere Aufmerksamkeit zu schenken:

a) Strengste Bedarfsprüfung ist erforderlich. Auf Gewohnheiten, die sich in besseren Zeiten etwa herausgebildet haben, muss verzichtet werden. Auch die Anrechnung eines zur Fortbildung erforderlichen Zeitmaßes auf das Arbeitspensum wird vorübergehend unterbleiben müssen. Auf möglichst individuelle Prüfung einer Überlastung durch die LG-Präs. etc. anstelle bloßer Prüfung nach den Geschäftszahlen ist besonderes Gewicht zu legen. Dass Gewohnheiten noch eine Rolle spielen, zeigt das Beispiel der Behörden, die lediglich wegen Raummangels auf Kräftevermehrung verzichten und doch mit der Arbeit fertig werden.

b) Die Nutzbarmachung der durch die Zuständigkeitsverschiebung bei den LG (und künftig auch bei den OLG) entbehrlich werdenden Kräfte für die besonders stark belasteten AG wird Neueinstellungen vielfach entbehrlich machen; sie ist daher sorgfältig im Auge zu behalten (RV vom 24.11.1931 – I 8103 –). Sehr günstige Erfahrungen sind in Groß-Berlin gemacht worden.

c) Die volle Ausnutzung aller Kräfte ist sicherzustellen, z.B. durch Einwirkung auf nicht voll beschäftigte Richter kleiner AG, sich als Doppelrichter verwenden zu lassen, durch gleichmäßige Belastung aller Kräfte, soweit nicht Krankheit oder sonst verminderte Leistungsfähigkeit Ausnahmen erfordern, durch Gewährung von Entlastung an die Vorsitzenden und Mitglieder der Prüfungsämter nur im Rahmen der RV vom 15.04.1925 – I 6613 – (also unter entsprechender Kürzung der Prüfungsvergütungen usw.).

d) Auch an die Urlaubsvertretungen wird ein strengerer Maßstab als früher angelegt werden müssen, nötigenfalls unter Erstreckung der Urlaubszeit auf einen längeren Zeitabschnitt. Die ständige Abdrosselung der Vertreterbewilligung im JMin. hat den Geschäftsgang nicht gefährdet.

MinRat Dr. Goldschmidt führte zu *Punkt 3 b der TO: „Prozessbürgschaft der Großbanken"* aus: [weggelassen]

JMin. Dr. Schmidt schloss die Besprechung mit Worten des Dankes an die Teilnehmer und betonte, dass er von der Besprechung eine wesentliche Förderung bei den bevorstehenden Beratungen der Justizangelegenheiten im Staatsministerium und im Parlament erhoffe.

XII. Besprechungen mit den OLG-Präs. und GStA im Preuß. Justizministerium (1933/1934); Berichte des GStA Hamm

1. Bericht über die Besprechung am 22.07.1933

An der Besprechung, zu der tags zuvor telegrafisch der OLG-Präs. und ich eingeladen waren, nahmen sämtliche OLG-Präs. und GStA Preußens teil. Der JMin. eröffnete die Sitzung mit einigen Worten und erteilte dann das Wort dem StS. Dieser erklärte, dass der Ministerpräsident in Kürze erscheinen werde und den Anwesenden wichtige Eröffnungen zu machen habe. Er wolle jedoch zuvor einige Dinge zur Sprache bringen, deren Mitteilung dem JMin. wesentlich sei.

1. Bei den Personalvorschlägen müsse die Einstellung des Vorgeschlagenen zum nationalsozialistischen Staat zum Ausdruck gebracht werden. Es käme jedoch nicht auf die Parteizugehörigkeit an, sondern darauf, dass der Vorgeschlagene innerlich mit dem nationalsozialistischen Staate verbunden sei.

2. Die Fachschaften der Beamten-Arbeitsgemeinschaften sollten sich zwar nicht in die Verwaltung mischen, jedoch sei es erwünscht, dass die Behördenvorstände mit ihnen im Einvernehmen lebten, damit Spannungen vermieden würden, und die Beamtenschaft das Gefühl behalte, dass sie das Rückgrat des Staates sei. Durch vernünftige Beziehungen und gelegentliche Rücksprachen sei das leicht zu erreichen.

3. Das Volk müsse wissen, dass das Gericht etwas Außerordentliches sei. Die Würde des Gerichts müsse daher auch nach außen hin wesentlich gestärkt werden. Es sei eine Verfügung mit diesem Ziele in Aussicht genommen. Zur Durchführung dieser beabsichtigten Verfügung des JMin. sollten die Behördenvorstände zwecks Besprechung seiner Zeit geladen werden.

4. Unbedingt erforderlich sei die Pflege des Verkehrs zu den leitenden Stellen der NSDAP, insbesondere den Gauleitern und SA-Führern usw.

5. Ebenso sei es im Interesse der Rechtspflege und zur Vereinfachung der Verfahren dringend erwünscht, dass die Behördenvorstände persönliche Beziehungen zur Polizei (Polizeipräsidenten) pflegten.

6. Es solle vermieden werden, Einzelfragen dem JMin. zur allgemeinen Entscheidung vorzulegen. Gewisse Dinge würden besser nicht allgemein geregelt. Die Behördenvorstände, insbesondere die OLG-Präs. und GStA, sollten selbständig entscheiden nach Maßgabe der Grundtendenz des nationalsozialistischen Staates, dann müsse die Entscheidung mehr oder weniger richtig ausfallen. Im Übrigen könne damit gerechnet werden, dass der JMin. die Behördenvorstände decken werde.

7. Die GStA sollten mehr und mehr Gelegenheit nehmen, persönlich auf die Arbeit ihrer unterstellten Behörden und der Strafrechtspflege einzuwirken, indem sie häufiger die ihnen unterstellten Behörden aufsuchten. Um sie beweglicher zu

machen, sei beschlossen worden, den GStA einen eigenen Kraftwagen zur Verfügung zu stellen.

8. Mit aller Energie und schlagartig müssen die Angriffe auf den nationalsozialistischen Staat bekämpft werden unter Mitwirkung und nachdrücklichster Initiative der GStA.

9. Die OStA sollten sich darüber äußern, welches Spezialgebiet ihnen besonders läge und für welche Rechtsgebiete sie ein hervorragendes Interesse hätten und, soweit dies geschehen sei, welche praktische Arbeit sie in dieser Hinsicht schon geleistet hätten. Es sei beabsichtigt, ein Kräftereservoir zu bilden, aus dem gelegentlich zu schöpfen sei. Die GStA sollten dazu positive Vorschläge machen.

10. Es sei beabsichtigt, eine Zeitschrift herauszugeben im Einvernehmen des JMin. mit dem Kultusministerium. Näheres wurde hierzu nicht angegeben. Offenbar wird zu Punkt 9 und 10 noch besondere Verfügung seitens des JMin. ergehen, die abgewartet werden kann.

11. Nachdem das Assessorexamen eine Änderung erfahren habe, sei man nun damit beschäftigt, auch die Referendarprüfung einer Änderung zu unterziehen. Falls Vorschläge dazu zu machen seien, sei es erwünscht, dass diese sofort eingereicht werden.

Im Anschluss an diese Mitteilunge des StS erschien der Preußische Ministerpräsident und hielt eine Ansprache an uns, die im Wesentlichen Folgendes enthielt: Mit dem 15. Juli des Jahres sei die Revolution endgültig erledigt. Es könne von diesem Tage an auch nicht mehr geduldet werden, dass SA- und SS-Leute zur Selbsthilfe griffen. Vielmehr sei davon auszugehen, dass von diesem Tage an strafbare Handlungen der SA-Männer usw. gerichtlich zu verfolgen seien. Danach sei Folgendes festzustellen:

1. Die Staatsautorität müsse unbedingt nun wieder hergestellt werden. Mit dem Abschluss der Revolution habe nunmehr eine rücksichtslose Bekämpfung aller Übergriffe in die Autorität der Behörden, Gerichte usw. zu erfolgen.

Andererseits müsse aber erwartet werden, dass alle staatsfeindlichen Bestrebungen von den Gerichten auf das Energischste bekämpft werden. Der SA-Mann müsse das Gefühl haben, dass, nachdem ihm jede Selbsthilfe untersagt werde, er unbedingten Schutz, und zwar schnellen und energischen Schutz bei den Behörden finde. Insbesondere müsse dies gelten für Angriffe, die sich nicht gegen eine Person, sondern in Wirklichkeit gegen den Staat selbst richteten. Mit aller Schärfe des Gesetzes müsse gegen diese Staatsfeinde vorgegangen werden. Mildernde Umstände könnten bei solchen Angriffen nicht in Frage kommen. Die Preußische Regierung habe bei der Reichsregierung einen Gesetzentwurf in Antrag gebracht, der die Todesstrafe für derartige Angriffe und für die Einführung von staatsfeindlichen Druckschriften vorsehe.

3. Gesetz und Volk seien eins. Deshalb dürfe es keine abstrakte Rechtsprechung mehr geben. Jeder Deutsche müsse politisch sein, denn das sei nicht mehr wie früher parteipolitisch. – Auch die Gerichte und die ganze Justiz müssen sich bewusst und entschlossen in den Dienst des nationalsozialistischen Staates stellen und es als ihre Aufgabe betrachten, den Bestand und die Macht dieses Staates zu schützen.

4. Dazu sei eine blitzschnelle Rechtsprechung erforderlich. Die Polizei sei von ihm angewiesen worden, schnellstens zu arbeiten. Auch die Justiz müsse schnellste Arbeit leisten. Der Straftat müsse die Strafe sofort auf dem Fuße folgen und als Vergeltung und Abschreckung empfunden werden. Das Ziel müsse immer sein: Erhaltung des Staates und der Macht, aber nicht dieses als Selbstzweck, sondern nur zur Rettung des deutschen Volkes.

Im Anschluss daran fand eine Pressekonferenz statt, in der den Pressevertretern Mitteilungen über die geplanten Schritte der Staatsregierung gemacht wurden, insbesondere also über den bei der Reichsregierung von der Preußischen Regierung beantragten Gesetzentwurf, über die Erweiterung der Gnadenbefugnisse des Preußischen Ministerpräsidenten unter Aufhebung der diesbezüglichen Bestimmung in der Preußischen Verfassung, über die teilweise Delegation der Gnadenbefugnisse des Preußischen Ministerpräsidenten auf den JMin. und die Bildung einer ZentralStA bei dem JMin.

Im Anschlusse daran ergriff der StS noch einmal das Wort im Auftrage des abwesenden JMin. – Er wies auf die Notwendigkeit der Beschleunigung der Verfahren, insbesondere bei Angriffen auf SA-Männer usw. bei den Sondergerichten hin. Das zu erstrebende Ideal müsse sein: Urteil am Tage nach der Tat. – Bei Todesurteilen müsse sofort das Urteil an den JMin. zur Stellungnahme wegen eines Gnadenerweises gelangen, damit auch eine sofortige Vollstreckung erfolgen könne.

Die Verhandlung begann etwa um 14.30 Uhr und endete gegen 17.30 Uhr...

2. *Bericht über die Besprechung am 09.01.1934*

Am 09.01.1934 fand im Preußischen JMin. in Berlin von 10 Uhr ab bis gegen 18.30 Uhr eine Besprechung des Preuß. JMin. mit den OLG-Präs. und GStA statt aufgrund folgender Tagesordnung:

1. Rechtsprechung und Bewegung (SA, SS, Fachsch., NSBO)
a) Strafrechtspflege, b) bürgerliche Rechtspflege.
2. Justizverwaltung und Bewegung.
3. Aktuelle Fragen der Rechtspflege; Besprechung der Zivilprozessnovelle.
4. Ausbildungsfragen.

Für die StA war im Wesentlichen nur Punkt 1 a) und 2. von Bedeutung.

Hierzu wurden seitens des Herrn JMin. GStA Hardt, Königsberg, GStA Dr. Vauer, Kiel und ich zum Bericht aufgefordert. – Die beiden erstgenannten GStA brachten dringende Beschwerden über das Verhalten der pol. Leitung der Partei und der SA-Führung insbesondere vor.

Ich habe über die im Ganzen ruhigen Verhältnisse im hiesigen Bezirk in Beziehung auf die Partei und SA-Stellen berichtet.

Der Herr JMin. nahm im Rahmen der Besprechung zu den die StA interessierenden Punkten Stellung, die sich in folgender Weise zusammenfassen lässt:

1. Es ist kein Unterschied in der Strafverfolgung gegen Angehörige der pol. Organisation der NSDAP, der SA, SS usw. und anderen Volksgenossen zu machen.

2. Soweit Übergriffe im Kampf für den nationalsozialistischen Staat u.a. gegen die kommunistische Gefahr erfolgen, ist evtl. durch Bericht an den JMin. ein Ausgleich zu schaffen.

3. Bei Vollstreckung von Todesurteilen sollen nurmehr die an der Handlung Beteiligten (StA, Gericht, Arzt) zugezogen werden. – Das anliegende Formularschreiben des JMin. ergibt das Nähere.

4. Falls Standes-, insbesondere etwa Bauerngerichte, das Recht eigener Gerichtsbarkeit für sich in Anspruch nehmen sollten, ist dem JMin. sofort zu berichten.

5. Der JMin. wird bei dem BNSDJ bewirken, dass etwaige Beförderungsvorschläge und dergl. nicht mehr unmittelbar an ihn, sondern an die GStA oder OLG-Präs. gegeben werden.

6. Bei allen Beförderungsvorschlägen ist das Leistungsprinzip maßgebend. Parteizugehörigkeit usw. kann nur bei gleichwertigen Leistungen und Fähigkeiten ins Gewicht fallen.

Schließlich wurde noch eine geheime Angelegenheit erörtert.

Im Übrigen wurden Fragen des Zivilprozesses und der Referendarausbildung besprochen...

3. Bericht des GStA Hamm über die Besprechung sämtlicher OLG-Präs. und GStA am 25.06.1934

TO: 1. Grundsätzliche Ausführungen des Herren Ministers. 2. Zivilprozessfragen a) Auswirkung der Novelle, b) Gerichtsferien. 3. Ausbildung der Juristen. 4. Staat und Bewegung. 5. Propaganda. 6. Strafrechtspflege a) Umsetzung des Gesetzeswillens in die Wirklichkeit, b) Strafvollzug (Bourtanger Moor).

Die Besprechung verlief nach Maßgabe der anliegenden TO.

Von wesentlicher Bedeutung waren die Verlautbarungen des Ministers und des StS über folgende Punkte: Übertragungen von staatlichen Funktionen auf die Amtswalter usw. der Partei, Recht zur Amtsverschwiegenheit der Amtswalter usw. der Partei, Einsichtnahme in die Akten der Behörde und der Partei.

Hierbei wurde die Anweisung gegeben, nicht bürokratisch, sondern mit Fingerspitzengefühl zu verfahren. In Streitfällen solle berichtet werden. Eine definitive Entscheidung (Niederschlagung oder Einstellung oder Anklage) solle in streitigen Fällen vermieden und die Entscheidung des Ministers herbeigeführt werden. Nebenbei betonte der StS, dass unbedingt daran festzuhalten sei, dass die Führer mehr zu bestrafen seien als die Geführten.

Falls eine Einigung zwischen den Stellen der Partei, der SA usw., nicht zu erzielen sei, so solle besonders an das JM berichtet werden in Fällen

a) der Einwirkung auf Polizeibeamte als Hilfsbeamte der StA,

b) der Einwirkung auf Zeugen und Sachverständige,

c) von Personalbeschwerden über Justizbeamte.

Die Letzteren seien nachdrücklich zu prüfen und evtl. sei energisch für den angegriffenen Beamten einzutreten. Eingriffe in die Personalien seien zurückzuweisen, evtl. zu berichten.

Bei Ernennungen, die von den Provinzialjustizbehörden selbständig erfolgten, seien auch die politischen Voraussetzungen nachzuprüfen.

Der Minister fügte noch hinzu, dass die Frage, ob den Funktionären der Partei ein Zeugnisverweigerungsrecht zu gewähren sei, noch nicht abgeschlossen sei. Ebenso auch noch nicht die Frage, soweit sie nicht schon geregelt sei, über

Auskunft aus dem Strafregister, insbesondere nach Tilgung, bei Aufnahme und die Frage nach der Zugänglichkeitsmachung des Inhalts des Strafregisters für jeden Funktionär der Partei. Ein Verzeichnis der Stellen der Partei, denen Amts- und Rechtshilfe zu gewähren sei, würde bekanntgegeben werden. Was die Behandlung von Strafsachen anginge, dürften Verfahren niemals liegengelassen werden. Anzeigen wegen erpresster Aussagen seien der ZentralStA zuzuleiten.

Der Minister gab schließlich bekannt: 1. Eine kriminelle Strafgerichtsbarkeit der SA sei nicht zu erwarten. 2. Der Volksgerichtshof trete erst etwa zwei Wochen später zusammen.

Anhang: Bericht über die Besprechung im RJM am 03.04.1935

Am 3. April 1935 fand im RJM Berlin von 10 bis gegen 14.30 Uhr eine Besprechung des RJM mit den OLG-Präs. und den GStA des Reiches statt.

I. Zunächst sprach StS Schlegelberger über die neue Reichsjustizverwaltung. Das Schwergewicht werde bei den OLG-Präs. und GStA ruhen. Auch die Bau- und Grundstücksverwaltung gehöre dazu, jetzt auch nach Einvernehmen mit der Finanzverwaltung bezüglich der B.-Mittel. Hierbei sei mit größter Sorgfalt vorzugehen, da sonst die Gefahr bestehe, dass vielleicht die ganze Verwaltung verloren gehen werde. Im Übrigen würden noch eingehende Vorschriften über den Haushalt, die Reichsbesoldung, die Geschäftsordnung und Hinterlegung u.a. ergehen.

II. Alsdann sprach StS Dr. Freisler über Staat und Partei. Grundsätzliche Fragen seien hier von der Spitze der Partei und Staatsführung zu regeln. Im Übrigen seien jedoch die Geschäfte der höheren Reichs- und Justizbehörden, wie die OLG-Präs. und GStA in Zukunft bezeichnet würden, von sich aus berufen, etwaige Differenzen, Streit- und Zweifelsfragen zwischen der Partei und dem Staat durch eigene Maßnahmen zu regeln. Hier empfehle sich immer wieder persönliche Fühlungnahme insbesondere mit den Gauleitern. – Dass ein Richter oder StA Rechtsberater in der Partei, SA usw. sei, sei grundsätzlich unzulässig. Auf diesen Standpunkt habe sich auch der Reichsführer der SS und der Stellvertreter des Führers gestellt. Eine Verfügung des Stabschefs der SA sei zu erwarten. Anders lägen die Dinge bei der HJ, wobei keine Bedenken bestünden, wenn Richter oder StA Rechtsberater würden. Es sei denn, dass besondere Verhältnisse widersprächen. – Bezüglich der RV vom 21.09.1934 und der Verfügung des Reichsministers des Innern vom 29.12.1934 betr. Akteneinsicht, so sei grundsätzlich dazu zu sagen, dass Vertrauen gegen Vertrauen hier die Entscheidung gebe. Im Übrigen stünden Ergänzungsbestimmungen bevor. – Bezüglich der Aussagegenehmigung und Aussageverweigerung bei Parteifunktionären sei eine eindeutige Regelung zu erwarten....

3. Strafrecht. Das neue StGB und die neue StPO stünden bevor. Der genaue Zeitpunkt des Erscheinens dieser Gesetze könne jedoch noch nicht bestimmt werden. Es sei jedoch klar, dass die Einarbeitung in die neuen Gesetze den damit befassten Beamten gewisse Schwierigkeiten bereiten würde. Deshalb sei es notwendig, die Frage zu prüfen, ob die Vorbereitung auf diese neuen Gesetze nicht schon jetzt zu erfolgen habe. Es sei zu prüfen, ob nicht bei den StA Arbeitsgemeinschaften zwecks Einarbeitung in die neuen Gedankengänge und die neue Rechtsgestaltung zu bilden seien. Gegenstand dieser Arbeit wären u.a. die Denkschrift des RJM über

„das kommende Deutsche Strafrecht", die Preußische Denkschrift „Nationalsozialistisches Strafrecht" und die Denkschrift der Akademie für Deutsches Recht sowie weitere strafrechtliche Schriften. Nach Ostern, würde gebeten, zu dieser Frage Stellung zu nehmen und Vorschläge zu machen.

III. Alsdann sprach MinDir. Dr. Crohne über

1. Hoch- und Landesverratssachen. Er sprach zunächst allgemein über die Lage der Strafverfolgung und erwähnte hierbei, dass die Gestapo alle zwei Monate einen geheimen Bericht dem Ministerium über die Lage des Kampfes gegen die KPD usw. zukommen lasse. Die Strafen der Gerichte entsprächen nicht immer der Sachlage. Insbesondere erfolgten mitunter Freisprechungen, die die subjektive Verantwortlichkeit eines Angeklagten ungerechtfertigter Weise verneinten.

Was die Gnadenberichte anginge, so sei es notwendig, darauf hinzuweisen, dass sie individuell zu gestalten seien und die Begründung und der Antrag auf den Einzelfall abgestellt werden müssten. Allgemeine Redensarten wie „aus grundsätzlichen Erwägungen wurde ein Gnadenerweis nicht befürwortet" seien zu vermeiden. – Wenn ein Angeklagter in Schutzhaft gewesen sei, so sei diese stets in den Berichten anzugeben, ebenso der Grund dafür und weshalb evtl. das Gericht die Schutzhaft nicht angerechnet habe. Im Allgemeinen sei damit zu rechnen, dass die Schutzhaft, wenn sie nur irgendwie mit der Straftat in Zusammenhang stünde, im Gnadenwege angerechnet würde. In jedem Bericht müsse auf das politische Leben und die politische Vergangenheit des Angeklagten gründlich eingegangen werden.

IV. Kirchenpolitische Fragen.

a) Kampf gegen Rosenberg und den Mythos. Es sei zu betonen, dass das Rosenberg'sche Buch kein parteioffiziöses Buch sei. Im Allgemeinen werde deshalb eine Strafverfolgung wegen Angriffen auf dieses Buch nicht in Frage kommen und ebenso wenig bei Angriffen auf Rosenberg, wofern es sich um die Austragung innerer religiöser Gegensätze handle, Rosenberg nicht formell beleidigt würde und Angriffe gegen die Regierung nicht erhoben würden. Dann scheide insbesondere auch § 130 a im Allgemeinen aus.

b) Streit zwischen Deutschen- und Bekenntnis-Christen. Im Allgemeinen fände hier der § 4 der VO des Reichspräsidenten zum Schutze von Volk und Staat vom 28.02.1933 – RGBl. I S. 83 – Anwendung. Im Übrigen sei möglichst Aussöhnung anzustreben. Von § 153 StPO sei tunlichst Gebrauch zu machen und nicht zu schnell vorzugehen, weil viele Fälle schon nach kurzer Zeit an Bedeutung verlören. – Alle noch vorhandenen Sachen betr. den Streit zwischen Deutschen- und Bekenntnis-Christen seien im JMin. zur Vorlage zu bringen zwecks evtl. Beilegung.

c) Wahlfälschungen. Alle Verfahren wegen Wahlfälschungen seien dem JMin. mitzuteilen. Dabei sei anzugeben, ob Verurteilung erfolgt sei und ob und welche Angeklagte dieserhalb Strafe verbüßen. – In Bezug auf die Greuelpropaganda könne davon ausgegangen werden, dass die Behebung erheblicher Wahlfälschungen als unwahre oder gröblich entstellte Tatsache anzusehen sei.

d) Veruntreuung in der Partei. Alle größeren Sachen seien hier laufend dem JMin. mitzuteilen. Im Übrigen würde auf die AV vom 29.03.1935 – III a 18444.35 – betr. Fühlungnahme der Strafverfolgungsbehörden mit dem Reichsschatzmeister der NSDAP verwiesen. – Es sei im Ministerium aufgefallen, dass die Gerichte von der Befugnis des § 266 Abs. 2 [Strafschärfung bei Untreue] auch in solchen Fällen Gebrauch machen, die offenbar nicht als besonders schwer angesehen werden können. Als Beispiel wurde genannt, Verurteilung eine Parteifunktionärs wegen Unterschlagung von 27 RM zu einem Jahr Zuchthaus.

e) Greuelbericht. Es sei nicht erforderlich, die Zustimmung des Stellvertreters des Führers zu beantragen, wenn es sich um alte, erledigte, längst vergessene Vorfälle handle wie z.B. die Behauptung der Unterschlagung von Seiten Leys und Schirachs, die erwiesenermaßen unwahr seien. Es habe keinen Zweck, vergessene Dinge wieder wachzurufen.

f) Bezüglich Art. I § 1 Abs. 3 des Gesetzes gegen heimtückische Angriffe usw. vom 20.12.1934 wurde bemerkt, dass die Zustimmung des Stellvertreters des Führers auch dann erforderlich sei, wenn der Beleidigte Funktionär der NSDAP, Beamter oder Ähnliches sei. Auch dann müsse angenommen werden, dass sich die Tat ausschließlich gegen das Ansehen der NSDAP richte.

V. Es sprach dann noch MinRat Dr. Mettgenberg vertraulich über Schwierigkeiten im Auslieferungsverkehr mit Österreich. Jedes Auslieferungsersuchen sei zunächst an den Stellvertreter des Führers zu leiten, ob die Auslieferung erwünscht sei. Von Seiten der StA sei der ersuchenden österreichischen Behörde keine Mitteilung über den Aufenthalt des Gesuchten und über seine evtl. Festnahme zu machen. Diese sei vielmehr unverzüglich mit den erforderlichen Durchschlägen an das JMin. zu leiten.

Dritter Teil. Tagungen der Landesjustizminister (1933/1934)

I. Tagung vom 07.04.1933 im Reichsjustizministerium zur Vorbereitung einer einheitlichen Regelung des Auftretens und der Zulassung jüdischer Rechtsanwälte bei den Gerichten

Nach der (unvollständigen) Liste der vertretenen Länder nahmen teil: *Kerrl* für Preußen, *Frank* für Bayern, *Thierack* für Sachsen, *Mergenthaler* für Württemberg, *Rupp* für Bayern, *Weber* für Thüringen, *Müller* für Hessen, *Rothenberger* für Hamburg, *Scharf* für Mecklenburg-Schwerin, *Küchenthal* für Braunschweig, *Spangenmacher* für Oldenburg, *Freyberg* für Anhalt, *Laue* für Bremen, *Hollensteiner* für Lübeck, *v. Michael* für Neustrelitz, *Krappe* für Lippe und *Rinke* für Schaumburg-Lippe.

StS Dr. Schlegelberger eröffnet 10.15 Uhr die Sitzung. Er begrüßt die Erschienenen und teilt mit, dass der Herr RJM noch im Krankenhaus weile, aber gegen 1 Uhr voraussichtlich erscheinen werde. Im Übrigen führt er aus: Er sei überzeugt, dass die Gleichschaltung der Justiz im Reich und [in den] Ländern eine der stärksten Aktionen für eine gedeihliche Reichsführung sei, und hoffe, dass es gelingen möge, das Vertrauen in die rechtsstaatlichen Grundlagen des neuen jungen Deutschland zu festigen und zu verstärken. Er kenne die Auffassung und die Wünsche des Reichsjustizministers sowie die Auffassung des Herrn Reichskanzlers zu der heute zu behandelnden Frage. Die heutige Besprechung solle die Unterlagen für eine einheitliche, reichsrechtliche Regelung des Auftretens und der Neuzulassung jüdischer Rechtsanwälte schaffen. Wünschenswert sei es, die Zahl der Anwälte 1913/1914 und jetzt sowie das prozentuale Verhältnis der jüdischen zu den nichtjüdischen Anwälten zu diesen Zeiten zu erfahren, ferner die Anordnungen der verschiedenen Landesjustizverwaltungen kennen zu lernen, von denen er bisher nur durch Zeitungsnachrichten etwas erfahren habe; sodann könne er weitere Vorschläge zur Tagesordnung entgegennehmen.

Komm. Min. Kerrl (Pr. JM): Er begrüße diese Versammlung im Reichsjustizministerium, da bisher von oben nichts geschehen und nur in den einzelnen Ländern eine tatsächliche Gleichschaltung erzielt worden sei. Man stehe jetzt auf einer neuen Rechtsbasis. Durch den 5. März [Reichstagswahl] sei die Diskontinuität der Gesetze festgelegt. Er persönlich habe dem Führer von dem Ermächtigungsgesetz abgeraten. Nur aus taktischen Gründen sei ein solches ergangen, weil vor der Welt die Legalisierung der Revolution einen anderen Eindruck mache. Tatsächlich bestehe ein neuer Rechtszustand. Der souveräne Wille des Volkes sei gegen die Juden als Beamte und Vertreter in Rechtssachen gegangen. Daraus erkläre sich der preußische Erlass. Er habe damit nicht gegen die Gesetze gehandelt, eine

Legalisierung sei aber nötig. Deshalb müsse das Reichskabinett noch heute über die Frage der jüdischen Anwälte beraten. Sentimentalität sei nicht am Platze, sondern Brutalität. In Berlin seien 3.600 Anwälte zugelassen, von denen 2.000 Juden seien. 268 jüdische Richter seien bereits herausgesetzt worden. Die Vorkriegszahlen interessierten ihn nicht, er dulde keine jüdischen Richter. Wenn etwa schöne Gesten kommen sollten wie Ausnahmen für Frontkämpfer oder dergleichen, würde er diese Richter hinstecken, wo sie niemand sehen könne, in die Grundbuchämter oder den Strafvollzug etwa. Nicht nach menschlichen, sondern nach staatsmännischen Grundsätzen müsse er vorgehen. Er werde wohl menschliche Ausnahmen zulassen, aber nicht von seinen Grundsätzen abgehen. Grundsätzlich werde er mit äußerster Brutalität dafür sorgen, dass die rassischen Gesetze eingehalten würden. Wenn er nicht mit seinem Erlass eingegriffen hätte, wären mindestens 1.000 Juden in Preußen erschlagen worden. Er habe mit seinem Erlass dem berechtigten Volkswillen Rechnung getragen und dafür gesorgt, dass alles in Zucht und Ordnung vor sich gegangen sei. Letzteres könne er nicht versprechen, wenn von oben eine andere Regelung käme. Es sei nötig, den Landesjustizverwaltungen die freie Entscheidung über die Zulassung der Anwälte zu übertragen.

J.R. Dr. Frank (Bayr. JM): Als bayerischer Justizminister und Führer des Nationalsozialistischen Deutschen Juristenbundes begrüße er die heutige Versammlung und gebe seinem Bedauern darüber Ausdruck, dass der Herr Reichsjustizminister durch seine Krankheit bisher an einem Eingreifen in der Frage der Behandlung jüdischer Rechtsanwälte verhindert worden sei. Es habe dadurch ein Bild entstehen können, als ob die Landesjustizministerien sich selbst überlassen gewesen wären. Er sehe hier zwei Parteien, die Nationalsozialisten als Träger der stürmisch vorwärts drängenden Revolution und die juristischen Objektivitätsdiener, die sie veranlassen wollten, die revolutionären Maßnahmen einzuschränken. Sie würden nicht ruhen und rasten, bis die Judenfrage in ihrem Sinne entschieden sei. Sie verlangten, dass das Reichsjustizministerium sich ihrem Kampfe anschließe. Sie wollten sich nicht von oben vorschreiben lassen, was geschehen müsse. Er erwarte, dass das Reichsjustizministerium im Reichskabinett die Meinung vertrete, dass die in den Ländern getroffenen Maßnahmen mindestens aufrecht zu erhalten seien. Sie müssten das Gefühl haben, das Reichsjustizministerium vertraue ihnen, die sie die entscheidende Entwicklung in der Hand hätten. Jüdische Kriegsteilnehmer erkenne er nicht als schonungsbedürftig an. Diese Ansicht sei nur ein Ausfluss der Dekadenzsentimentalität. Die Juden beachteten auch die Kriegsteilnehmerschaft nicht. Die Revolution sei noch nicht abgeschlossen, sondern schreite weiter fort. Er betone das Politische, damit es nicht aussehe, als ob die Landesjustizverwaltungen hier Berichte zu erstatten hätten. Sie wollten die Maßnahme des Reichsjustizministeriums kennen lernen und erfahren, wieweit dieses etwa die Maßnahmen der Länder einschränken wollte. Das Reichsjustizministerium möge sich über den Ernst der Entwicklung im Klaren sein.

Nach der positivistischen Schule sei die gelungene Revolution eine neue Rechtsschöpfungsbasis. Deshalb könne weder sachlich noch methodisch die alte Art der

Problembehandlung beibehalten werden. Auch methodisch müsse man radikal sein. Er kenne nur das schöpferische Recht des Kampfes.

Bei dem Ausschluss jüdischer Anwälte einen Katalog von Ausnahmen aufzustellen, halte er für zwecklos, selbst für die Juden, da diese doch nur als missachtete Juden ihren Beruf behalten könnten. Die in Bayern getroffenen Maßnahmen seien bekannt. Sie enthielten die restlose Entfernung sämtlicher Juden aus dem Justizdienst, der Anwaltschaft und dem Notariat. Auch die Entfernung jüdischer Referendare und Assessoren vor der Anstellung sei zu erwägen. In Bayern seien 0,67% der Gesamtbevölkerung Juden. 1870 seien von den Anwälten höchstens etwa 10%, heute rund 28% – bei Betrachtung der Großstädte allein 35,9% – Juden. Er sei gegen eine Kontingentierung der jüdischen Anwälte entsprechend dem Anteil der Juden an der Gesamtbevölkerung, da dieser Anteil lächerlich gering sei. Ein derart unbedeutender Prozentsatz der Bevölkerung habe kein Recht auf Beteiligung an der Rechtspflege. Die von ihm getroffenen Maßnahmen einschließlich der Auflösung der Vorstände der Anwaltskammern seien kaum beschränkbar. Er müsste jeden Juden unter Polizeibewachung zum Gericht bringen lassen, wenn er seine Maßnahmen auch nur zum Teil zurückzunehmen gezwungen wäre. Er bäte eine ernste Besorgnis dem Reichskabinett vorzutragen. Jede rückschrittliche Maßnahme enthielte einen schweren Eingriff in die Willenssphäre des Deutschen Volkes. Wo solle die Rechtsprechung hinkommen, wenn Juden unter dem Schutze der SS Recht sprechen oder verteidigen müssten. Ruhe und Ordnung in Bayern würden durch jede einschränkende Maßregel ernstlich gefährdet. Er wisse nicht, ob er nicht ein derartiges Reichsgesetz, soweit dies möglich sei, zur Abwendung dringender Gefahr außer Kraft setzen müsse. Er wünsche, dass das Reichsjustizministerium von gleichem Feuergeist beseelt werde, dass es sich vor die Landesjustizverwaltungen stelle, so dass sie das Gefühl hätten, das RJM sei stolz darauf, in der ersten Linie der revolutionären Kämpfer zu stehen. Er wisse, dass bei der Person seines Leiters diese Erwartung gerechtfertigt sei. Die Härte gegen die gegenwärtige Generation werde späteren Generationen zum Segen gereichen. Umgekehrt würden uns spätere Generationen verfluchen, wenn wir uns heute von weichlichen Billigkeitserwägungen leiten ließen.

StS Schlegelberger (RJM): Es müsse richtig gestellt werden, dass das Reichsjustizministerium nicht durch Krankheit des Ministers am Eingreifen verhindert worden sei. Den Zeitpunkt des Eingreifens in die Entwicklung habe der Herr Reichskanzler bestimmt. Es gebe hier nur eine Front. Er müsse durchaus den Verdacht zurückweisen, dass das RJM an anderer Stelle stehe.

J.R. Dr. Frank (Bayr. JM): Die Justiz habe jahrelang geschwiegen zu dem Kampf gegen den Nationalsozialismus, sie habe nicht zum Schutz des Volkes gearbeitet, sondern in Rechtsprechung und Gesetzgebung denen geholfen, welche die Verelendung des Volkes herbeigeführt hätten. Er debattiere mit Niemandem, der an dem nationalsozialistischen Kampf nicht teilgenommen habe. Die andere Partei, von der er gesprochen habe, seien die Juristen, die nicht den Mut gehabt hätten, im Dienst des Volkes dem Recht einen anderen Sinn zu geben. Wenn die heutige Debatte einen Sinn habe, könne es nur der sein, dass das Reichsjustizministerium erkenne, dass es in den Landesjustizverwaltungen nicht national, sondern nationalsozialistisch aussehe. Er wisse genau, was der Führer wolle. Er verlange, dass das Reichsjustizministerium sich seine Legitimation, im Namen der nationalsozialistischen Justizverwaltungen zu sprechen, durch Aufnahme der bei diesen herrschenden Gedanken verdiene. Ob es zwei Parteien gebe, interessiere ihn nicht, er kenne nur die eine.

StS Schlegelberger bittet wiederholt um Mitteilung der bisher in den Ländern getroffenen Maßnahmen.

J.R. Dr. Frank (Bayr. JM): Alles, was gesetzlich möglich sei, sei in Bayern bekanntlich geschehen. Jüdischen Notaren und Notariatsassessoren sei ebenso wie den Anwälten sowie den jüdischen Richtern und Staatsanwälten die Ausübung ihrer Tätigkeit untersagt. Ihn interessiere außerordentlich, in welcher Form Änderungen an radikalen Maßnahmen geplant seien und was das Reichsjustizministerium zur Judenfrage denke.

St. A. Dr. Thierack (sächs. JM): Er sehe jetzt noch nicht zwei Parteien. Er wolle zunächst nur zu den ersten Punkten der Tagesordnung erklären, dass der Prozentsatz jüdischer Rechtsanwälte in Sachsen kleiner sei als in Bayern, dass er nähere Zahlen aber nicht angeben könne. Sämtliche jüdischen Richter und Staatsanwälte seien in Sachsen beurlaubt, ferner sei Anweisung ergangen, dass jüdische Anwälte nicht mehr als Konkursverwalter, Aufsichtspersonen, Nachlasspfleger, Armenanwälte und dergl. bestellt werden sollten. Die endgültige Regelung könne nur im Sinne der nationalsozialistischen Bewegung erfolgen; er hoffe auf eine weitergehende reichsrechtliche Regelung.

J.M. Mergenthaler (Württ. JM): Als Ziel sei anzustreben, dass Juden keinerlei öffentliche Ämter mehr bekleiden und überhaupt nicht mehr als Anwälte tätig sein dürften. Ausnahmen dürften nicht zugelassen werden. Allerdings könnten hier politische Erwägungen mit hineinspielen. Darüber habe jedoch das Kabinett zu bestimmen. Jedenfalls sei es untragbar, dass die weitgehenden Maßnahmen, wie sie z.B. in Bayern und Preußen getroffen seien, durch Reichsrecht rückgängig gemacht würden. Sonst sei mit Explosionen zu rechnen, die gegebenenfalls der reichsrechtlichen Regelung entgegenstehende Landesnotverordnungen nötig machten. In Württemberg seien von 608 Rechtsanwälten 82, d.h. 14%, in Stuttgart von 291 Rechtsanwälten 22% Juden. Von der Gesamtbevölkerung Württembergs seien 0,9%, von 526 Richtern 8, d.h. 1,5% Juden. Vor allem in den Zentren müsse mit den jüdischen Anwälten aufgeräumt werden. Ihre völlige Ausschaltung sei das zu erstrebende Ziel. Nach dem neuen Beamtengesetz sei auch das Reichskabinett dieser Auffassung. Im Reichskabinett möge das Reichsjustizministerium dafür eintreten, dass die weitestgehenden Maßnahmen der Landesregierungen aufrechtzuerhalten seien.

Komm. Min.Dir. Freisler (Preuß. JM): Die gewünschten Zahlen von 1913 und der Jetztzeit könne er nicht angeben, zumal sie für Preußen keine Rolle gespielt hätten. Am Kammergericht seien 70 bis 80%, in Berlin 60% sämtlicher Anwälte Juden. In Frankfurt a.M. gebe es überhaupt nur drei nichtjüdische Handelsrichter. In Eschwege seien von sechs Rechtsanwälten fünf Juden. Das Hervortreten der

Juden in Richterstand und Anwaltschaft sei unerträglich gewesen. Deshalb sei es in Breslau zu Gewalttätigkeiten gekommen und in Frankfurt a.M. habe ein Sturm auf die Gerichtsgebäude gedroht. Die Oberpräsidenten der Provinzen Schlesien, Brandenburg und Schleswig-Holstein hätten berichtet, dass die Maßnahmen zum Ausschluss der Juden von den Gerichten die Provinzen beruhigt hätten, dass eine Aufhebung dieser Anordnungen aber eine Gefährdung der öffentlichen Sicherheit, Ruhe und Ordnung bedeuten würde. Den Anlass zum Einschreiten des preuß. Justizministeriums habe zwar die nationalsozialistische Grundeinstellung gegeben, daneben aber auch die Sorge, dass die Greuelpropaganda nicht Wahrheit werde. Die Rechtsgrundlage für ein Eingreifen des Landes habe einmal in dem Recht der siegreichen Revolution, des weiteren in dem Notrecht des Staates in der gegenwärtigen Krise und schließlich in der Freiwilligkeit gelegen. Bis auf verschwindende Fälle hätten jüdische Richter und Staatsanwälte Urlaubsgesuche eingereicht. Auch sei die auf Anweisung des preuß. Justizministeriums erfolgte Einwirkung der Oberlandesgerichtspräsidenten auf die jüdischen Anwälte, nur noch in einer Zahl aufzutreten, welche ihrem Anteil an der Gesamtbevölkerung entspräche, erfolgreich gewesen. Es möge allerdings sein, dass die Angst vor der Wut des Volkes dies verursacht habe, es sei aber doch eben eine Vereinbarung zustande gekommen. In Preußen amtiere kein jüdischer Richter mehr. Im Einzelnen seien die Maßnahmen des preußischen Justizministeriums aus den Belegen zu ersehen, welche er überreiche. Nach einer Verordnung von gestern dürften jüdische Anwälte auch keine Schriftsätze mehr unterzeichnen. Eine dem Anteil an der Gesamtbevölkerung entsprechende Quote jüdischer Anwälte sei nicht zugelassen worden, um irgendwelche Grundsätze aufzugeben, sondern nur, um dem Verlangen nach Objektivität etwas entgegenzukommen und weil Rechtsanwälte keine staatlichen Hoheitsrechte ausübten. Dies sei anders bei den Notaren, bei denen deshalb Juden auch völlig ausgeschlossen worden seien. Härten ergäben sich daraus allerdings für die Angestellten jüdischer Rechtsanwälte und Notare. Deshalb müsse sich jeder neu zuzulassende Anwalt verpflichten, den ersten und die Hälfte seiner späteren Angestellten aus der Zahl der jetzt arbeitslos werdenden Angestellten zu nehmen, über die beim Oberlandesgerichtspräsidenten eine Liste zu führen sei. Eine Opposition jüdischer Richter, Anwälte oder Notare sei so gut wie gar nicht vorhanden. Drei Vertreter der jüdischen Anwälte hätten erst gestern bei ihm vorgesprochen, und dabei habe Rechtsanwalt *Fließ*-Berlin ihm erklärt, er erkenne die gewonnene Revolution an, welche das Recht habe, neue Zustände zu schaffen, und er wolle sich dagegen nicht stemmen. Hunderte von Gesuchen jüdischer Anwälte um Wiederzulassung lägen vor. Die Oberlandesgerichtspräsidenten seien gestern angewiesen worden, nur unter Beachtung der in den preußischen Erlassen aufgestellten Grundsätze und nur unter der Voraussetzung der Abgabe einer Verpflichtungserklärung, dass der geschaffene Zustand als Rechtszustand anerkannt werde, in die Prüfung eingereichter Zulassungsanträge einzutreten. Dem Reichsinnenministerium sei gestern vom preuß. Justizministerium ein Gesetzentwurf zugeleitet worden, der ohne Erwähnung des Wortes Jude alle nur möglichen Maßnahmen zur Entfernung jüdischer Anwälte und Notare vorsehe.

StS Schlegelberger (RJM) erklärt hierzu, dass für Justizsachen das Reichsjustizministerium zuständig sei.

Komm. MinDir. Freisler (preuß. JM): Er bitte wegen dieser Übergehung des Reichsjustizministeriums um Entschuldigung. Sie sei nur versehentlich geschehen.

Der Entwurf beschränke nicht die Zulassung zu den beiden Staatsprüfungen und zum Vorbereitungsdienst. Doch sollten jüdische Referendare nicht als Richter kraft Auftrages beschäftigt werden. Ebenso wenig sollten Juden zum Assessor ernannt werden. Sie erhielten, wie dies nach preußischen Gesetzen schon jetzt zulässig sei, nur ein Zeugnis über das Bestehen der zweiten Staatsprüfung. Der Ausschluss der Juden von der Anwaltschaft sei nur durch das Recht der Revolution zu rechtfertigen oder durch neues Reichsgesetz zu regeln. Das preuß. Justizministerium empfehle, die Landesregierungen zu ermächtigen, in allen Fällen, in denen die Zulassung zu einem Berufe von einem staatlichen Hoheitsakt abhänge, diese Hoheitsakte aufzuheben, und soweit ein Anspruch auf Zulassung zu einem Berufe bestehe, die Landesregierung nach ihrem Ermessen über die Zulassung entscheiden zu lassen. Das preußische Justizministerium denke daran, gegebenenfalls in seinem Geschäftsbereich eine interne ministerielle Prüfung über die Stellung zur nationalen Erhebung einzuführen. Bezüglich der Richter enthalte der preußische Gesetzesvorschlag nichts. Er hoffe, dass das, was er über das Beamtengesetz [das Gesetz zur Wiederherstellung des Berufsbeamtentums vom 07.04.1937 (RGBl. I, S. 175)] gehört habe, nicht stimme. Erhebliche Ausnahmen zuzulassen, sei nicht möglich, da die in diesem Fall verbleibenden Juden nicht versteckt werden könnten. Insbesondere sei es undurchführbar, die jüdischen Anwälte in ihrem Beruf zu lassen, welche schon 1914 zugelassen gewesen seien, da ihre Zahl zu groß sei. Es drohe dann eine erhebliche Erregung in der Öffentlichkeit. Übrigens rechne man weder bei den deutschen Juden noch in der internationalen Anwaltschaft mit einer Aufhebung der getroffenen Maßnahmen. Man wünsche nur gewisse Ausnahmen. Der preußische Vorschlag ermögliche eine Rücksichtnahme auf etwaige Wünsche des Führers hinsichtlich besonderer Behandlung der Inhaber des Eisernen Kreuzes I. Kl. oder dergl. Man weiche aber vor einem Gegner zurück, der bereits kapituliert habe, wenn man erheblichere Einschränkungen reichsrechtlich anordne, Schwierigkeiten in der heute erörterten Frage seien überhaupt erst aufgetreten, als die Notwendigkeit einer reichsrechtlichen Regelung in der Presse erwähnt worden sei. Die Länder hätten durch ihr Vorgehen dem Reich die Arbeit erleichtert. Möglichst noch heute müsse das Reich ein Gesetz erlassen.

RA Rupp (bad. JM): In Baden seien 10% der höheren Justizbeamten Juden, allein in Mannheim z.B. 1/3 der Richter. Dies erkläre sich daraus, dass Baden von jeher der Hort des Liberalismus gewesen sei. Zurzeit sei kein jüdischer Beamter mehr im badischen Staatsdienst beschäftigt. Die Zahl der jüdischen Anwälte sei sehr groß. Sie träten jetzt alle vor Gericht nicht mehr auf bis auf diejenigen, welche an der vordersten Front gekämpft hätten. Eine derartige Anweisung sei ergangen, um der reichsrechtlichen Regelung nicht vorzugreifen. Schwierigkeiten hätten sich insofern ergeben, als deutsche Anwälte es teilweise abgelehnt hätten, unentgeltlich für jüdische Anwälte aufzutreten. Auch belaste die Entlassung der großen Zahl jüdischer Beamten Baden bei seinem kleinen Budget verhältnismäßig stark. Er bitte bei der reichsrechtlichen Regelung einen entsprechenden finanziellen Ausgleich vorzusehen.

Komm. MinDir. Freisler: Auch die Vorstände der Anwaltskammern seien nach dem System der erzwungenen Freiwilligkeit zurückgetreten. Alle Vorstände außer denen in Naumburg und Celle hätten auf Anregung ihre Ämter niedergelegt und auch diese beiden nur deshalb nicht, weil sie es nach ihrer persönlichen Einstellung zur gegenwärtigen Regierung für überflüssig gehalten hätten. Es sei beabsichtigt, zwei Wochen nach Ostern Neuwahlen in öffentlicher Sitzung vornehmen zu lassen, damit interessierte Kreise, evtl. auch Vertreter der SA anwesend sein könnten. Das Gesetz stehe einer öffentlichen Wahl nicht entgegen. Soweit einzelne Statuten eine nichtöffentliche Wahl anordnen sollten, würden diese noch geändert werden.

StS Schlegelberger: Aus der Besprechung scheine hervorzugehen, dass eine beschleunigte einheitliche reichsrechtliche Regelung erwünscht sei. Einigkeit dürfe darüber herrschen, dass Neuzulassungen jüdischer Anwälte nicht erfolgen sollten. Wolle man etwa wie beim Reichsgericht den Landesjustizverwaltungen nach ihrem Ermessen die Zulassung der Anwälte übertragen, dann sei diesen über die jetzt zu regelnde Frage hinaus die Möglichkeit eingeräumt, auch Nicht-Juden nach Belieben die Zulassung zu verweigern. Beim Notariat sei die Rechtslage nicht ganz einfach, weil die Stellung der Notare in den Ländern verschieden sei. Soweit sie Beamte seien, würden sie von dem neuen Beamtengesetz getroffen. Im Übrigen sei die Regelung der Notarsfrage wohl Ländersache. Einigkeit scheine darüber zu herrschen, dass alle Juden – auch Frontkämpfer z.B. – von der Bestellung zum Armenanwalt, Konkursverwalter und dergl. auszuschließen seien. Für die bereits zugelassenen Anwälte schienen zwei Systeme sich entwickelt zu haben, die völlige Ausschaltung wie in Bayern oder das Quotensystem, wie in Preußen z.B. Rein persönlich möchte er gegenüber einem Quotensystem einer Katalogisierung etwa zuzulassender Ausnahmen den Vorzug geben, weil auf diese Weise eine grundsätzliche Judenreinheit der Anwaltschaft für die Zukunft gesichert sei (Aussterbesystem).

Komm. Min. Kerrl (preuß. JM): Auch Preußens Absicht sei, dies zu erreichen. Nur um Ausnahmen zu ermöglichen, habe man das Quotensystem bisher zugelassen.

StS Schlegelberger: Die radikalste Maßnahme sei, dass sämtliche jüdischen Anwälte ihre Zulassung verlören. Doch müsse auch mit der Möglichkeit einer anderen Stellungnahme des Reichskabinetts gerechnet werden, die u.U. die Länder nötigen kann, die von ihnen getroffenen Maßregeln einer Durchsicht zu unterziehen. Klar sei z.B. schon jetzt, dass der Herr Reichskanzler Rücksicht auf Frontkämpfer nehmen wolle. In welchem Umfang dies geschehe und ob noch weitere Ausnahmen von der Ausschließung jüdischer Anwälte vorzusehen seien, sei Sache des Reichskabinetts. Der Zweck der Beratung sei, von den Landesjustizverwaltungen Material zu bekommen. Man müsse sich dabei aber auch mit der Frage beschäftigen, was mit den ausgeschlossenen Anwälten werden solle. Das hieße nicht sentimental sein, sondern real denken.

JM Dr. Frank (bayr. JM): Er stelle fest, dass das Reichsjustizministerium leider keine konkreten Vorschläge über eine reichsrechtliche Regelung mache. Er werde den Antrag stellen, dass durch Reichsgesetz die bereits ausgesprochene Zulassung jüdischer Anwälte, Notare, Richter, Staatsanwälte, Assessoren und dergl. ohne Ausnahmen zurückgenommen werde. Die Frontkämpfereigenschaft gebe keinerlei Ansprüche, da die Frontkämpfer nur ihre Pflicht erfüllt hätten. Wolle man jüdische Frontkämpfer bevorzugen, so müsse man auch den deutschen Frontkämpfern Vorrechte geben. Man solle auch dem Juden nichts schenken, was er nicht selbst erwarte. Das deutsche Volk erwarte jedenfalls die Erfüllung seines Antrags. Auf die Opfer dieser Maßnahme dürfe man keine Rücksicht nehmen. Die Geschichte frage nach den Vorteilen und nicht nach den Opfern. Das internationale Judentum verfüge überdies über die nötigen Mittel und werde diese bei seiner Verbundenheit auch seinen in Deutschland lebenden Stammesgenossen gewähren. Schließlich könne auch ein Fonds zur Linderung der gröbsten Härten in der Übergangszeit errichtet werden.

JM Kerrl (preuß. JM): Er zerbreche sich nicht den Kopf der Juden. Es sei deren Sache, sich gegenseitig zu helfen. Die Juden sollten in einem Zeppelin nach Palästina fliegen oder noch besser nach Frankreich. Den Franzosen gönne er sie am meisten. Notfalls müsse man sie in Konzentrationslager bringen. Im Übrigen seien sie massenweise bereits aus Deutschland geflohen; insbesondere aus Zürich lägen Meldungen über einen Zustrom jüdischer Anwälte aus dem Reich vor. Andererseits werde durch Maßnahmen gegen die Juden die Sorge um den deutschen Nachwuchs behoben. Dieser sei auch in der Lage, die Angestellten der jüdischen Anwälte zu übernehmen und deren Wohnungen und Kanzleien zu beziehen, wenn sie die Räume vorher ordentlich gereinigt hätten. Ausgangspunkt bei der Beurteilung der Judenfrage müsse jedenfalls sein, dass keine der getroffenen Maßnahmen zurückgenommen werden könne; andernfalls könne er für Ruhe und Ordnung nicht garantieren. Das Reichskabinett werde sich diesem Gesichtspunkt anschließen, wenn er ihm vorgetragen werde.

Im Übrigen bedaure er, dass zufolge eines Ferngesprächs mit dem Reichsinnenministerium diesem und nicht dem Reichsjustizministerium der preußische Gesetzesvorschlag zugeleitet worden sei.

JM. Mergenthaler (württ. JM) bemerkt, dass die Durchführung derselben Maßnahmen wie in Preußen oder Bayern in Württemberg nicht auf Schwierigkeiten stoße, da dort die Zahl der jüdischen Anwälte verhältnismäßig gering sei.

RA Rupp (bad. JM): Wenn auch viele Juden entlassen werden müssten, werde es diesen doch immer noch besser gehen als manchen deutschen Rechtsanwälten bisher. Bei den ausgeschlossenen jüdischen Rechtsanwälten bestehe jedoch die Gefahr des „Winkelns", zumal tatsächlich vor den deutschen Gerichten das schriftliche Verfahren vorherrsche. Einen Ausweg biete ein Verbot gegen jegliche Betätigung von Juden in Rechtssachen.

StA Dr. Thierack (sächs. JM): Er sei gegen Ausnahmen für Kriegsteilnehmer. Er glaube kaum, dass ein gesetzliches Verbot der Tätigkeit in Rechtssachen für Juden etwas helfe. Der Jude könne ja von einer Firma angestellt werden und deren

Rechtsangelegenheiten bearbeiten. Man könne aber die Einführung des englischen Systems erwägen, die Trennung der Rechtsberater in barristers, welche vor Gericht auftreten und in solicitors, welche den Verkehr zwischen Auftraggeber und barrister vermitteln. Zum Stand der solicitors, der langsam zugrunde gehen werde, könne man die Juden zulassen. Damit sei auch zunächst für die Angestellten jüdischer Anwälte gesorgt, die mindestens zu 80% Arier seien.

RA von Savigny (Preuß. Staatsmin.): Er befürworte auch das englische System. Die gegen die Auftraggeber jüdischer Anwälte laufenden Fristen müssten gesetzlich verlängert werden, da die deutschen Anwälte nicht in der Lage seien, alle von jüdischen Anwälten bearbeiteten Sachen sofort weiter zu behandeln.

JM Kerrl (preuß. JM): Man müsse stets auf das große Ziel sehen und sich dabei von der Angestelltenfrage, die ihm sehr am Herzen liege, nicht beirren lassen. Man müsse bedenken, dass es auch anderen schlecht gehe, dass etwa 7 Millionen allein zurzeit arbeitslos seien. Die Frage der jüdischen Winkeladvokatur sei eine cura posterior.

Komm. MinDir. Freisler (preuß. JM): Unter dem Vorbehalt, dass die geäußerten Bedenken eigentlich gar nicht hierher gehörten, wolle er vorsorglich doch zu ihnen Stellung nehmen. An jeglicher Tätigkeit in Rechtssachen könne man die Juden kaum hindern. Sie könnten stets noch als Syndici bei jüdischen Firmen unterkommen. Eine ernstliche Konkurrenz bedeuteten sie dort für die deutschen Anwälte gleichwohl nicht, da sie als Syndici höchstens die Instruktion des Anwalts übernehmen könnten, die doppelte Bezahlung eines Syndikus und eines Anwalts aber den meisten Firmen zu teuer kommen werde. Konsulenten seien wegen des Anwaltszwanges nur beim Amtsgericht denkbar. Auch dort sei es aber dem Gericht möglich, sie zur Verhandlung nicht zuzulassen. Die Wiederzulassung der Juden in irgendeiner Art in der Rechtspflege werde die Bevölkerung erregen und einen geordneten Gerichtsbetrieb unmöglich machen. Schon vor den preußischen Maßnahmen hätten verschiedentlich Gerichtsbeamte vom Wachtmeister bis zum Richter erklärt, dass sie einfach nicht mehr arbeiten würden, ehe nicht alle Juden entfernt seien. Die Begriffsbestimmung des „Frontkämpfers" sei schwierig. Man müsse diesen Begriff eng auslegen, dann gehe die Zahl der Frontkämpfer nicht über die jetzt noch zugelassene Quote jüdischer Anwälte hinaus. Damit werde auch jede Autoritätserschütterung vermieden, weil in diesem Falle praktisch keine Maßnahmen der Länder rückgängig zu machen seien. Den Angestellten werde durch die rechtlich unbedenkliche Verpflichtung der neu zuzulassenden Anwälte in Preußen, sie zu übernehmen, geholfen. Etwa 4.000 Assessoren und 10.000 Referendare in Preußen, die jetzt brotlos seien, könnten nach Beseitigung der jüdischen Richter und Anwälte untergebracht werden und Angestellte übernehmen. Das englische System sei abzulehnen, da es den Juden ein Recht gebe, welches nicht nötig sei, und überdies die Gefahr bestehe, dass der deutsche barrister von dem jüdischen solicitor, mit dem er zusammenarbeiten müsse, wirtschaftlich abhängig werde.

Staatsminister Spangemacher (Oldenburg): In Oldenburg gebe es insgesamt drei jüdische Richter, drei jüdische Rechtsanwälte – davon zwei Notare –, einen jüdischen Regierungsrat, drei jüdische Referendare und vier Juden im Lehrerberuf.

Von allen diesen sei heute keiner mehr tätig. Das Volk werde sich eine Wiedereinstellung nicht gefallen lassen. Wenn der Führer Ausnahmen für Frontkämpfer wolle, beuge er sich, bitte aber um eine vorsichtige Auswahl. Nicht ein quoten- oder Aussterbesystem, sondern ein Auslöschsystem sei nötig. Wegen 20.000 Angestellten dürfe man nicht den Todfeind an das heilige Gut der Rechtspflege lassen. Die könnten bald von deutschen Anwälten aufgenommen werden.

Senator Dr. Rothenberger (Hamburg): Der Senat stelle sich hinter Preußen. Es sei nur eine Frage des Temperaments gewesen, ob die Länder von selbst vorgegangen seien oder die reichsrechtliche Regelung abgewartet hätten. In Hamburg seien 41% der Rechtsanwälte, 10% der Richter am Amtsgericht, 20% der Richter am Landgericht, 30% der Richter und 50% der Senatspräsidenten am Oberlandesgericht Juden. In den Großstädten bestehe die Gefahr, dass Juden, die ja vielfach mit Ariern assoziiert seien, in den Kanzleien blieben. Das englische System befürworte er nach seiner eigenen Kenntnis der Verhältnisse nicht, denn der solicitor sei die typische Vertrauensperson des Publikums, welches den barrister kaum kenne. In England lägen die Verhältnisse auch insofern anders, als dort jedenfalls vor den höheren Gerichten wegen der doppelten Kosten des solicitor und des barrister nur Reiche prozessieren können.

Komm. MinDir. Freisler: Ohne Bezahlung werde ein jüdischer Rechtskundiger kaum arbeiten. Nach dem Standpunkt des Ehrengerichtshofs der deutschen Anwälte sei eine Gebührenteilung des Anwalts mit einem andern unzulässig. Der deutsche Anwalt könne deshalb seine Gebühren nicht teilen, und doppelte Bezahlung werde niemand leisten sollen.

JM Kerrl und *JM Dr. Frank* beantragen, die Sitzung auf eine halbe Stunde zu unterbrechen, damit die Vertreter der nationalsozialistischen Landesjustizverwaltungen über einen Antrag beraten könnten.

StS Dr. Schlegelberger unterbricht hierauf die Sitzung für eine halbe Stunde.

RJM Dr. Gürtner eröffnet 13.45 Uhr erneut die Sitzung und begrüßt die Erschienenen.

JM Kerrl (preuß. JM) verliest hierauf den dem ersten Vermerk über diese Sitzung als Anlage beigefügten Antrag nebst Begründung.

RJM Dr. Gürtner: er bitte noch um Aufklärung darüber, wie der Gesetzesvorschlag in folgenden Punkten gemeint sei. Unter § 1 müssten auch die konzessionierten Betriebe, wie Apotheken z.B. sowie die Ärzte fallen. Die Ermächtigung der Landesregierung sei wohl nur dahin zu verstehen, dass sie im Einzelfall Hoheitsakte aufheben könnten. Vielleicht sei es zu empfehlen, diese Ermächtigung zu befristen. Der Herr Reichskanzler habe gelegentlich geäußert, dass jede Revolution zunächst Tatsachen schaffe, der Zeitraum hierfür aber begrenzt werden müsse. Die nach dieser Frist ausgesprochenen oder vorher ausgesprochenen, aber nicht widerrufenen Zulassungen hätten wohl nach dem Sinn des Vorschlags bestehen zu bleiben. Praktisch könne sich § 2 bei der Anwaltschaft wie die Einführung eines numerus clausus auswirken. Auch bestehe danach die Möglichkeit, eine praktische Tätigkeit in gewissem Umfang nach dem zweiten Staatsexamen als Voraussetzung für die Zulassung einzuführen und aus irgendwelchen Gründen unerwünschten arischen Anwälten die Zulassung zu versagen. Wenn man der Landesregierung entsprechend den Vorschlag plant, pouvoir einräume, sei keine gleichmäßige Behandlung in den Ländern gewährleistet.

JM Kerrl: Auch der Ärzteschaft werde es nichts schaden, wenn sie entsprechend der Anwaltschaft von Juden gereinigt werde und ebenso wenig den anderen konzessionierten Gewerben. Dies sei auch der Sinn des Vorschlags. Die Ermächtigung sei nur individuell gedacht und gegen eine Befristung etwa bis zum 30. September 1933 nichts einzuwenden. Die Unwiderruflichkeit der in diesem Zeitpunkt erteilten und unangefochten gebliebenen sowie der in Zukunft zu erteilenden Zulassungen solle bestehen bleiben. Die Möglichkeit, vor der Zulassung eine Zwischenprüfung über die Stellung des Bewerbers zur nationalen Erhebung, eine praktische Tätigkeit oder dergl. einzuführen, den numerus clausus zu verwirklichen oder unerwünschte Arier auszuschließen, sei zu begrüßen. Der gleichmäßige Gebrauch der Ermächtigung in den Ländern sei durch die Besetzung aller Landesjustizverwaltungen mit Nationalsozialisten gewährleistet, da diese alle gleicher Gesinnung seien und sich ihrem Führer stets unterordneten. Reglementieren solle man nur, so es nötig sei. Hier sei es nicht erforderlich, und überdies lägen die tatsächlichen Verhältnisse verschieden. Später könne man auf Grund der Entwicklung Grundsätze festlegen. Befehle der Herr Reichskanzler gewisse Ausnahmen, werde man sie in den Ländern ohne Murren ausführen. Innen- und außenpolitisch sei es vorteilhaft, dass der Gesetzesentwurf die Juden überhaupt nicht erwähne. Er umgehe damit auch die Schwierigkeit, den Begriff des Juden zu bestimmen.

RJM Dr. Gürtner: Der Herr Reichskanzler werde sicherlich Richtlinien geben. Er habe den Eindruck gehabt, dass er die Berücksichtigung von Frontkämpfern und von Vätern Gefallener wünsche. Er wolle auch die Möglichkeit erwähnen, wichtige Fragen ohne Reichsgesetz einheitlich für das Reich durch Vereinbarungen der Länder zu regeln.

RA von Savigny (preuß. Staatsmin.) schlägt einen Zusatz vor, nach dem die Reichsregierung Grundsätze erlassen könne.

RJM Dr. Gürtner: Dieser Vorschlag treffe sachlich das Richtige, sei aber unnötig. Der Gesetzgeber solle sich niemals selbst Regeln geben.

JM Dr. Frank (bayr. JM): Der Entwurf solle nur die in den Ländern geschaffenen Tatsachen legalisieren. Die reichsrechtliche Regelung dürfe keinesfalls das revolutionäre Ergebnis einengen. Um das zu vermeiden, sei den Landesjustizverwaltungen die Ermächtigung zu geben. Die Revolution habe gesiegt, sei aber noch nicht beendet. In Bayern werde jede rückläufige Maßnahme die größten Schwierigkeiten nach sich ziehen. Eine Beschränkung des Gesetzesvorschlags sei denkbar, soweit er Ärzte und Gewerbetreibende treffe, da diese Frage in anderen Ressorts geregelt werden könne.

RJM Dr. Gürtner: Vielleicht sei es psychologisch richtiger, einmal statt dreimal einen Schnitt zu machen. Die Lage in den Ländern sei verschieden. In Breslau habe man die Gerichte besetzt, in Berlin eine Quote der jüdischen Anwälte zugelassen, in Bayern schlechthin Juden vom gerichtlichen Betrieb ausgeschlossen. Daraus ergäbe sich die Forderung nach einer Gleichrichtung.

JM Kerrl: Die Breslauer Vorgänge lägen vor seinem Amtsantritt. Das Quotensystem habe er nicht als Grundsatz einführen wollen, sondern nur, um der reichsrechtlichen Regelung nicht vorzugreifen.

JM Dr. Frank fragt, welche Vorschläge das Reichsjustizministerium im Kabinett machen wolle.

RJM Dr. Gürtner: Eine Zulassung von Juden zur Anwaltschaft für die Zukunft dürfe völlig ausgeschlossen sein. Von außen sei bisher nur die Frontkämpferfrage an ihn herangetreten. Wenn das Reichsjustizministerium bisher zugewartet habe, so sei das nicht nach dem Grundsatz „laissez-faire – laissez-allez" geschehen, sondern deshalb, weil man auch außerhalb des Hauses der Meinung gewesen sei, dass man erst sehen wolle, was sich draußen entwickele. Er verspreche, noch heute die entscheidende Debatte im Reichskabinett herbeizuführen und diesem den gestellten Antrag nebst Begründung mitzuteilen; über die Dringlichkeit der Angelegenheit sei er unterrichtet.

Da auf Befragen keine weiteren Anträge gestellt werden und keine Wortmeldungen erfolgen, schließt RJM Dr. Gürtner die Sitzung.

Anhang:
Antrag der Justizministerien der Länder Preußen, Bayern, Sachsen, Württemberg, Baden, Thüringen, Hessen, Oldenburg, Schaumburg-Lippe, Mecklenburg-Schwerin, Hamburg, Bremen, Anhalt und Lübeck

Die von den preußischen und bayerischen Justizverwaltungen getroffenen Maßnahmen der Ausschaltung von Juden aus der Rechtspflege als Anwälte und Notare ermöglicht allein die Aufrechterhaltung eines würdevollen Gerichtsbetriebes. Die, wenn auch nur teilweise Rückgängigmachung dieser Maßnahmen würde die Gefahr schwerster Störungen der öffentlichen Sicherheit und Ordnung unabwendbar heraufbeschwören.

Um den nach unser aller Ansicht bereits für die bisherigen Maßnahmen gegebenen Rechtsgrundlagen auch die reichsgesetzliche Sanktion zu geben, beantragen wir daher: Das Reich wolle den beigehefteten Entwurf eines Ermächtigungsgesetzes zum Gesetz erheben.

Die Beschleunigung dieser gesetzgeberischen Maßnahme würde das Gefühl der Rechtssicherheit außerordentlich günstig beeinflussen.

Ein derartiges Reichsgesetz würde den Landesregierungen die Möglichkeit geben, nicht notwendige Härten etwa bei Frontkämpfern im eigentlichen Sinne zu vermeiden.

gez. Kerrl, Dr. Frank, Dr. Thierack, Mergenthaler, Rupp, Neuroth, Weber, Spangenmacher, Hollensteiner, Th. Laue, Dr. Rothenberger, Dr. Bergholter und Kinner.

Die Reichsregierung hat folgendes Gesetz beschlossen:

§ 1. In Fällen, in denen die Reichs- oder Landesgesetzgebung die Zulassung zu einem Beruf oder den Beginn des Ausübung eines Berufes von einem vorherigen Verwaltungsakt abhängig macht, werden die Länderregierungen ermächtigt, einen solchen bereits ergangenen Verwaltungsakt aufzuheben und über dessen Vornahme erneut zu beschließen.

Diese Ermächtigung gilt nur bis zum 30. September 1933 und nicht für entsprechende künftig ergehende Verwaltungsakte.

§ 2. In Fällen, in denen die Reichs- oder Landesgesetzgebung die Zulassung zu einem Beruf oder dem Beginn der Ausübung eines Berufes von einem vorherigen Verwaltungsakt abhängig macht und nach der bisherigen Rechtslage einem Einzelnen einen Anspruch auf Vornahme dieses Verwaltungsaktes, sei es auch unter Bedingungen, zuspricht, wird dieser Anspruch aufgehoben, und die Landesregierung ermächtigt, auch bei Vorliegen der gesetzlich festgelegten Voraussetzungen nach freiem Ermessen zu entscheiden.

§ 3. Die Landesregierungen können die Befugnis aus § 1 und § 2 an nachgeordnete Stellen übertragen.

§ 4. Dieses Gesetz tritt mit sofortiger Wirkung in Kraft.

II. Niederschrift über die Konferenz der Justizminister der Deutschen Länder am 22.04.1933 im Bayer. StMin. der Justiz

Anwesenheitsliste

Kerrl	Justizminister, Preußen
Dr. Freisler	MinDir., Preußen
Sting	Referent, Preußen
Dr. Frank	JMin., Bayern
Spangenberger	StRat, Bayern
Dr. Bühler	Amtsanwalt, Bayern
Dr. Fischer	Adjutant, Bayern
Thierack	Komm. JMin., Sachsen
Mergenthaler	StMin., Württemberg
Truckenmüller	LG-Dir., Württemberg
Cuhorst	AG-Rat, Württemberg
Schumm	Rechnungsrat, Württemberg
Dr. Wacker	Komm. Kultus- u. JMin., Baden
Reinle	AG-Rat, Baden
Dr. Weber	StRat, Thüringen
Dr. Müller	StMin., Hessen
Dr. Scharf	StMin., Mecklenburg-Schwerin
Dr. Bergholter	AG-Rat, Mecklenburg-Schwerin
Dr. Stichtenoth	StRat, Mecklenburg-Strelitz
Klagges	StMin., Braunschweig
Spangemacher	StMin., Oldenburg
Dr. Krappe	Präs. der Landesregierung, Lippe
Laue	Senator, Bremen
Rothenberger	Senator, Hamburg
Dr. Mößmer	Komm. Vors. d. Anwaltskammervorstandes, München

Schraut	Leiter d. rechtspol. Abt. der Reichsleiter der NSDAP
Dr. Heuber	Komm. Reichsgeschäftsführer des Bundes Nationalsozialistischer Juristen

Herbig u. Dr. Hartmann II. StA als Schriftführer.

Der *Bayr. JMin. Dr. Frank* eröffnet die Sitzung und heißt die Erschienenen im Namen der bayr. Staatsregierung willkommen. Er habe auf Anregung des Preuß. JMin. die Tagung einberufen. Der Preuß. JMin. stehe auf dem, auch von der Reichsleitung der NSDAP und dem Bayer. JMin. geteilten Standpunkt, dass das Verhältnis zwischen Reich und Ländern sich in einem kritischen Stadium befinde. Es zeige den Ernst der Lage, dass die JMin. der Länder sich ohne Teilnahme des RJMin. versammelten.

Es gehe um die Verwirklichung der nationalsozialistischen Ziele. Ohne den Führer wäre die Revolution nicht gekommen. Mit aller Schärfe müsse man an den Endzielen der Bewegung festhalten und sich von niemand etwas abringen lassen. Die Minister seien Repräsentanten der Staaten, aus denen sich das Reich zusammensetze, gleichzeitig Sachwalter des Nationalsozialismus. Die Fortführung der nationalsozialistischen Revolution müsse mit allen Mitteln gewährleistet werden. Der Führer sei durch gewisse politische Umstände zur Rücksichtnahme auf Mächte veranlasst, die mit der Reichsleitung der NSDAP nicht identisch seien; auch darauf habe er Rücksicht zu nehmen, dass nicht eine allzu weitgehende Offenlegung der Kampfziele auf dem Gebiete der Rasse außenpolitische Schwierigkeiten hervorrufe.

Man stehe in einer ernsten Epoche der deutschen Rechtsgeschichte. Deutschtumsfeindliche Elemente hätten als aktive Repräsentanten der Rechtsprechung mit der Gläubigkeit des deutschen Volkes Missbrauch getrieben und das Rechtsleben verseucht. Das Aufflammen der nationalen Revolution habe sich so methodisch, so hart und so klar in die Tat umgesetzt, dass der Sieg unausbleiblich sei. Die Minister hätten darum aber auch die Verpflichtung, den Apparat des Staates unter allen Umständen in der Hand zu behalten.

Der Preuß. JMin. oder sein Stellvertreter werde nunmehr die Stellungnahme der preuß. Staatsregierung bekanntgeben; nach anschließender Diskussion wolle man die Willensrichtung der Konferenz feststellen und telegrafisch nach Berlin übermitteln. Anschließen solle sich die Besprechung über die Organisation der Zusammenarbeit der LJMin., deren Arbeit hoffentlich nicht mehr lange im Gegensatz zum RJMin. geleistet werden müsse. Der Reichskanzler habe sich besonders über die Geschlossenheit der JMin. als Vorbilder revolutionären Wollens gefreut. Das Marschtempo und den Marschrhythmus habe der Führer zu bestimmen.

Der *preuß. JMin. Kerrl* dankte dem Bayer. JMin. für die auf seine Anregung erfolge Einberufung der Konferenz und schlug folgende TO vor:

1. Allgemeines (Aussprache über die Frage des Zusammenschlusses);

2. Stellungnahme zu den bisherigen Reichsjustizmaßnahmen, insbesondere zur Judenfrage;
3. Anträge einzelner Minister;
4. Organisation der Juristenschaft;
5. Sonstiges.
Die Versammlung erklärte sich mit dieser TO einverstanden.

Zum Punkt 1 der TO führt *JMin. Kerrl* aus: Der Zusammenschluss der LJMin. müsse eine feste Form annehmen. Neben der Versammlung der Minister solle noch ein besonderes Gremium eingesetzt werden, das diesen Zusammenschluss dauernd verkörpere, ein Ausschuss also, dessen Mitglieder er selbst, Min. Dr. Frank, der hoffentlich noch heute zum Reichskommissar für die Erneuerung des Rechts bestellt werde, und der Chef der JVerw. eines dritten Staates sein sollten. Dieser Ausschuss solle dem RJMin. gegenüber die Geschlossenheit der LJMin. verkörpern.

Der *Bayer. JMin. Dr. Frank* betonte, der Ausschuss solle in erster Linie Gelegenheit zu gemeinschaftlicher, gegenseitiger Aussprache bieten; sein Zweck sei nicht, die einzelnen Minister in ihren Rechten irgendwie zu beschränken. Es bleibe vorbehalten, die sämtlichen Minister im Bedarfsfall jeweils in München zusammenzurufen. Es handle sich nur darum, dem RJMin. ein Gremium als Beratungsstelle und Vertretung der LJVerw. gegenüberzustellen, das ein gemeinsames und übereinstimmendes Vorgehen der LJVerw. auf dem Gebiet der Gleichschaltung verbürge.

Als Mitglieder dieses Verhandlungsausschusses schlage er vor den Preuß. JMin. Kerrl, sich selbst und den Komm. JMin. Sachsens, Thierack. Ggfs. könne der Ausschuss auf fünf Mitglieder erweitert werden. – Die Versammlung nahm den Vorschlag an und beschloss auf Anregung von MinDir. Dr. Freisler – Preußen, dass jedes Ausschussmitglied im Falle der Verhinderung seinen Stellvertreter bezeichnen könne, sowie dass der Ausschuss seine eigene Geschäftsordnung und eine Geschäftsordnung für die Zusammenkünfte der JMin. beschließen solle.

MinDr. Dr. Freisler führte zu Punkt 2 der TO aus, die Rechtsentwicklung sei seit dem Beginn der nationalsozialistischen Revolution von dem Volk und von den Ländern getragen worden; Hemmschuh sei das RJMin. Am deutlichsten, aber nicht allein, sei das zum Ausdruck gekommen auf dem Gebiet der Säuberung der Justiz von rassefremden Elementen. Diese rassefremden Elemente waren in den beiden größten und in anderen Ländern so gut wie endgültig ausgeschlossen sowohl aus dem Beamtenkörper, als auch aus Notariat und Anwaltschaft. Schwierigkeiten bot die Rechtsgrundlage dieser Maßnahmen für den, der nicht anerkannte, dass die gelungene Revolution neues Recht zu schaffen imstande sei. Der Preuß. JMin. habe versucht, eine solche Rechtsgrundlage zu schaffen. Alle Betroffenen sollten freiwillig die Rechtsverbindlichkeit des Geschaffenen für sich anerkennen. Am schwierigsten sei dies bei der Anwaltschaft zu erreichen gewesen, weil sie am freiesten sei; aber auch hier seien 4.000 Zustimmungserklärungen eingegangen, die alle den vorgeschriebenen Satz enthielten, dass der Unterzeichnete seine Loyalität gegenüber der Regierung dadurch zum Ausdruck bringe, dass er die tatsächlich geschaffene Lage als für sich rechtsverbindlich anerkenne. Daraus ergebe sich, dass die Maßnahmen des Preuß. JMin. erfolgreich gewesen seien. Als Gegenleistung habe der Minister lediglich versprochen, Gesuche, die diese Erklärung enthielten, darauf zu prüfen, ob im Einzelfalle eine nicht notwendige Härte vorgekommen sei. Die Aktion sei unmittelbar vor dem Abschluss gestanden, als das Reichkabinett unter dem Einfluss des RJMin. die Gesetze beschlossen habe. Unbefriedigend sei die im Gesetz getroffene Regelung für die Anwaltschaft, weniger die für die Beamtenschaft. Die Gesetze seien erschienen, nachdem der RJMin. die Meinung der LJMin. gehört habe und nachdem diese Meinung vollkommen eindeutig ausgefallen sei.

Die reichsgesetzliche Regelung habe mit einem Schlag die Lage verändert. Besonders schwierig sei die Lage in Berlin, wo nach Berechnungen der Presse 1.200–1.400 jüdische Anwälte wieder zugelassen werden müssten, mehr als es dort deutsche Anwälte gebe. – Die Lage wäre schwierig, aber nicht katastrophal gewesen, wenn die Ausführung der Gesetze in das pflichtmäßige, keiner Kontrolle unterworfene Ermessen der LJVerw. gestellt worden wäre. Teilweise sei das nicht geschehen, sondern seien reichsrechtliche Ausführungsbestimmungen ergangen; teilweise stünden solche noch aus.

Man müsse nunmehr davon ausgehen, dass ein Reichsgesetz bestehe, das respektiert und ausgeführt werden müsse; eine Änderung des Gesetzes anzustreben, sei zurzeit aussichtslos.

Welche Möglichkeiten gebe das Gesetz? Bei den Anwälten lägen die Dinge folgendermaßen:

1. Die Anwälte, die bereits seit dem 01.08.1914 zugelassen seien, unterlägen keiner Beschränkung, wenn sie sich nicht kommunistisch betätigt hätten;

2. die Anwälte, die an der Front gekämpft hätten oder deren Väter oder Söhne im Weltkrieg gefallen seien, unterlägen keiner Beschränkung, wenn sie sich nicht kommunistisch betätigt hätten;

3. die anderen Anwälte könnten gestrichen werden.

Daraus ergäben sich folgende Möglichkeiten:

Einmal die Möglichkeit, den Frontkämpferbegriff festzustellen; sodann die den Begriff des Anwalts, der sich kommunistisch betätigt habe, auszulegen und festzustellen.

Nach Ansicht des Preuß. JMin. sei es eine ungeheure Gefahr, wenn das RJMin. hierzu Ausführungsbestimmungen erlasse. Auf diesem Gebiete müsse das pflichtgemäße Ermessen der Länderminister möglichst frei und ohne Kontrolle walten können.

Man könne sich auf den Standpunkt stellen, dass kommunistische Betätigung Betätigung im Sinne einer Weltanschauung oder Betätigung im Sinne einer Organisation sei. Nichts zwinge zu der letzteren engeren Auslegung. Man könne z.B. sehr wohl auf dem Standpunkt stehen, dass Anwälte, die systematisch die Rechtspflege durch ihr Auftreten lächerlich gemacht oder systematisch Verträge entworfen hätten, die deutsche Bauern in die Hand gewissenloser Grundstücksspekulanten gebracht hätten, im Sinne des Bolschewismus tätig gewesen seien und das sei auch kommunistische Betätigung. – Man könne mit diesem Begriff, solange er nicht durch Ausführungsbestimmungen umrissen werde, sehr viel anfangen.

Das gelte auch für den Begriff des Frontkämpfers. Es sei ein Unterschied zwischen „Frontriechern" und „Frontkämpfern", nicht nur zwischen Front und Etappe. Auch genüge die Anwesenheit bei einzelnen Kampfhandlungen nicht, vielmehr müsse eine gewisse seelische Einstellung dazukommen. Es müsse eine individuelle Prüfung Platz greifen, ob jemand als Frontkämpfer zu betrachten sei oder nicht. Diese individuelle Prüfung werde unmöglich gemacht, wenn Ausführungsvorschriften kämen, die mehr seien als die bayerischen, die ja eigentlich nur den Inhalt des Reichsgesetzes wiedergäben. Man müsse verhindern, dass reichsrechtliche Ausführungsbestimmungen kommen; man werde gut tun, auch keine landesrechtlichen Vorschriften herauszugeben, sondern das Gesetz einfach auszuführen. Den Erlass reichsrechtlicher Ausführungsvorschriften werde man am besten dadurch verhindern, dass das Reich erfahre, die einheitliche Ausführung des Reichsgesetzes sei auch ohne Reichsausführungsbestimmungen gesichert. Man müsse ihm das als Ergebnis einer Länderministerkonferenz notifizieren. Wenn das Reich nähere Darlegungen wünsche, werde der Verhandlungsausschuss die erforderlichen Erklärungen abgeben können.

Es werde der Einwand gemacht, dass eine der Voraussetzungen, nämlich die souveräne, natürlich pflichtmäßige Entscheidung des Länderministers nicht vorliege, weil die Entscheidung von den Gerichten nachgeprüft werden könne. In einem Fall sei diese Nachprüfung reichsgesetzlich ausgeschlossen, im Übrigen darüber nichts gesagt. Eine verwaltungsgerichtliche Nachprüfung könne jedenfalls nicht die Frage betreffen, ob das pflichtmäßige Ermessen der zuständigen Instanz auf nicht genügenden Voraussetzungen basiere. Auch die Frage finanzieller Ersatzansprüche könne wohl nicht nachgeprüft werden.

Was die *Notare* anlange, so sei die Lage nach Meinung des Preuß. JMin. nicht unbefriedigend, wenn nicht weitere Ausführungsbestimmungen kämen. Die Notare seien Amtsinhaber und Beamte im Sinne des Gesetzes. Sie könnten daher z.B. auch nach § 4 des Gesetzes wegen politischer Unzuverlässigkeit mit drei Viertel der Pension, das heiße bei Notaren ohne Pension, entlassen werden.

Bei den *Richtern* müsse ein nicht unerheblicher Prozentsatz wieder hereingenommen werden. Mit Ausführung sei hier nicht viel zu machen. Man habe die Möglichkeit, Richter z.B. im Grundbuchamt oder in Beschwerdekammern verschwinden zu lassen. Man könne sie so auf Stellen versetzen, auf denen zu bleiben sie keine Lust hätten. Sie würden dann in Pension gehen. Jedenfalls stürben sie aus. § 4 des Gesetzes gebe unbegrenzte Möglichkeiten. Freilich genüge nicht eine Gesinnung oder ein Verdacht, eine gewisse Betätigung müsse vorhanden sein. Es sei aber nicht eine Tätigkeit in Parlamenten usw. erforderlich, es genüge z.B. Mitgliedschaft beim Republikanischen Richterbund oder demokratischen Parteien.

Ziel der Politik der JMin. müsse es also sein

1. Ausführungsbestimmungen des Reichs zu verhindern;
2. selbst keine Ausführungsbestimmungen herauszugeben;
3. dem Reich zu erklären, dass die Einheitlichkeit der Durchführung gesichert ist;
4. dies durch den Verhandlungsausschuss näher zu erklären und
5. mit der Ausführung zu beginnen.

Es sei auch ohne mittelbares oder unmittelbares Zutun der JMin. der Länder sicher, dass ein Notstand, der zu polizeilichen Eingriffen führen müsse, kommen werde, wenn in erheblichem Umfang in gewissen Gebieten Juden an der Rechtspflege als Anwälte oder Richter beteiligt bleiben würden. Das werde zu polizeilichen Maßnahmen führen, die immer noch die praktische Durchführung des Gesetzes behindern könnten.

Der Vorstand des *Preuß. Richtervereins* habe dem Verlangen des Preuß. JMin., sich aufzulösen und seinen Mitgliedern den Beitritt zum Nationalsozialistischen Juristenbund zu empfehlen, einstimmig Folge geleistet. Die staatsanwaltschaftliche Abteilung des Richtervereins habe bereits drei Tage vorher den gleichen Schritt getan. In der übernächsten Woche werde der Deutsche Anwaltverein dasselbe beschließen. In Preußen fänden jetzt überall Neuwahlen zu den Anwaltskammern statt; es sei dafür gesorgt, dass sie überall nationalsozialistische Mehrheiten ergäben. Die Anwaltschaft werde dann selbst einen neuen Ehrenkodex aufstellen; der deutsche Anwalt werde den Rassefremden nicht als Kollegen anerkennen, werde ihn im schriftlichen Verkehr nicht als solchen bezeichnen und Versäumnisurteile gegen ihn auf die Minute nehmen.

Hinsichtlich der *Referendare* und *Assessoren* führte der Redner aus: Wer die zweite Prüfung bestehe, habe keinen Anspruch darauf, zum Assessor ernannt zu werden. Er habe nur den Anspruch auf das Zeugnis, dass er bestanden habe. Das bekomme jeder zugleich mit der Eröffnung, dass damit sein Staatsdienst beendet sei. Nach einer AV des Preuß. JMin. müsse jeder, der Assessor werden wolle, in Zukunft sich noch einer dritten Prüfung unterziehen, die vom Minister oder seinem Beauftragten vorgenommen werde; die Prüfung diene der Feststellung, ob der Bewerber das notwendige Einfühlungsvermögen und Verständnis für völkische Notwendigkeiten habe. Auf Fachwissen erstrecke sie sich nicht. – Wer bereits Referendar sei, werde zur zweiten Prüfung zugelassen, sofern von der Abweisung außenpolitische Verwicklungen zu erwarten seien wie z.B. bei den Danziger Referendaren. Bei den Übrigen sei die Frage der Zulassung ohne praktische Bedeutung. – Zur Referendarprüfung und zum Vorbereitungsdienst würden künftig Juden nicht mehr zugelassen. Dadurch werde verhindert, dass sie Volljuristen und Syndici wirtschaftlicher Unternehmungen würden.

Der *Komm. JMin. Sachsens, Thierack* begrüßte die Ausführungen des Vorredners und erklärte, Sachsen werde die Lösung für Referendare und Assessoren übernehmen. – Eines habe er jedoch an den Ausführungen des Vorredners vermisst. Seiner Ansicht nach gehöre keine Frau in den Vorbereitungsdienst. Er werde eine Stellungnahme der Versammlung zu dieser Frage begrüßen.

Die Länder wollten die Reichsgesetze in eigener Verantwortung durchführen. Dabei solle aber nicht jedes Land nach eigenem Gutdünken vorgehen. Er werde es daher begrüßen, wenn gewisse Richtlinien gefunden werden könnten, insbesondere wenn die Begriffe „Frontkämpfer", „kommunistische Betätigung" und „politische Unzuverlässigkeit" festgelegt würden. Er habe z.B. mit dem Begriff des Frontkämpfers merkwürdige Erfahrungen gemacht; u.a. habe ein Anwalt lediglich nachgewiesen, dass er am Sturm auf Dünaburg teilgenommen habe; er sei sich bisher nicht darüber im Klaren gewesen, ob dies als Nachweis des Kampfes an der Front betrachtet werden müsse. Als kommunistische Betätigung müsse genügen, wenn ein Anwalt sich der Roten Hilfe für die Verteidigung von Kommunisten zur Verfügung gestellt und von ihr das Honorar erhalten habe.

AG-Rat Reinle – Baden teilte mit, dass die Badische JVerw. beim RJMin. angefragt habe, wer als Beamter im Sinne des Reichsgesetzes anzusehen sei. Es frage sich, wer im Sinne des Gesetzes am 01.08.1914 Beamter gewesen sei. Solle ausschlaggebend sein die Tatsache des Diensteids als Referendar, die Übernahme als Assessor oder die planmäßige Anstellung? Baden habe sich für die Maßgeblichkeit der Übernahme als Assessor entschieden. Einheitliche Handhabung erscheine notwendig.

Der *Bayer. JMin. Dr. Frank* betonte zunächst, dass es nicht Zweck der heutigen Tagung sei, sich über die sämtlichen Grundsätze der Rechtspolitik zu unterhalten. Die Politik werde von den Parteiinstanzen gemacht. Es werde kein Schritt getan werden, ohne dass die JMin. Gelegenheit zur Stellungnahme hätten.

Von dem vom Vertreter Sachsens angeregten Ausschluss der Frauen bitte er unter allen Umständen abzusehen. Die deutsche Frau verdiene es nicht, so diffamierend behandelt zu werden. Keinesfalls sollten solche Probleme im einzelnen Land in Angriff genommen werden.

StMin. Mergenthaler – Württemberg sah die Gefahr darin, dass etwaige reichsrechtliche Ausführungsvorschriften zum Gesetz über die Wiederherstellung des Berufsbeamtentums auch auf das Gesetz über die Zulassung zur Rechtsanwaltschaft übertragen werden könnten. – Mit der vorgeschlagenen Lösung der Assessorenfrage sei er durchaus einverstanden. Die Referendare seien in Württemberg als Beamte zu behandeln.

Der Begriff Frontkämpfer müsse sehr eng gefasst werden; man müsse sich den einzelnen Fall sehr genau ansehen und u.U. über den Inhalt der Militärpapiere hinaus Nachforschungen anstellen. Ein paar Tage an der Front könnten nicht genügen. Eine für alle Fälle passende Definition sei nicht zu finden.

Auch er sei der Auffassung, dass die grundsätzliche Frage der beamteten Frau vorsichtig behandelt werden müsse. Er stehe auf dem Standpunkt, dass die Frau nicht Richterin über den Mann sein könne; aber eine unbedingte Ausschaltung der Frau komme jetzt nicht in Frage; sie könne auch in der Rechtspflege durchaus eine Rolle spielen, z.B. als Jugendrichterin, Beisitzerin in Ehescheidungskammern usw.

StRat Dr. Weber – Thüringen stimmte den Ausführungen des sächs. Vertreters in der Frauenfrage zu. Thüringen habe noch keine Maßnahmen getroffen; es werde sie nunmehr zurückstellen. – Die jüdischen Referendare seien in Thüringen zunächst beurlaubt und würden entfernt, sie seien als Beamte zu betrachten.

Senator Rothenberger – Hamburg gab bekannt, dass Hamburg zum 25.04.1933 eine Einladung nach Berlin erhalten habe. In der Berliner Sitzung sollten die Begriffe des Gesetzes zur Wiederherstellung des Berufsbeamtentums näher definiert werden. Die Gefahr sei groß, dass die Durchführungsbestimmungen zu diesem Gesetz ohne weiteres auf das Anwaltsgesetz übertragen werden sollten. – Über die Auslegung der Gesetze sei er mit MinDir. Dr. Freisler einig. – In der Möglichkeit richterlicher Nachprüfung der zu treffenden Maßnahmen sehe er erhebliche Gefahren. Nach der derzeitigen Gesetzeslage seien die Gerichte wohl in der Lage, die Maßnahmen nachzuprüfen. Auf Klage eines Beamten könnten sie zwar nicht auf Wiederanstellung, wohl aber u.U. auf Zahlung des vollen Gehalts erkennen.

Bei den Anwälten komme die verwaltungsgerichtliche Klage in Frage auf Anhebung der Zulassungszurücknahmeverfügung. Nach der Rechtsprechung sei Nachprüfung insoweit zulässig, als es sich um die Frage handle, ob nicht Ermessensmissbrauch vorliege. Die Gefahr, dass solcher Ermessensmissbrauch angenommen werden könne, sei nicht von der Hand zu weisen. – Die Referendare seien auch in Hamburg Beamte und würden entfernt werden.

StMin. Dr. Müller – Hessen stellte fest, dass die Einladung zu der Berliner Konferenz vom 25.04. nur an die Ministerpräsidenten und die Innenminister ergangen sei; die JMin. müssten unter allen Umständen teilnehmen. – Die jüdischen Anwälte und Beamten müssten den Nachweis führen, dass sie Frontkämpfer seien; dieser Nachweis werde nicht immer leicht zu führen sein. – Die Referendare könne er nicht für Beamte halten.

Der *Preuß. JMin. Kerrl* betonte, die Erlassung reichsrechtlicher Ausführungsbestimmungen müsse unterbunden werden. Auch Anfragen an das RJMin. über die Auslegung der Gesetze müssten vermieden werden. Die LJMin. müssten unter sich einig sein, sollten aber von der schriftlichen Festlegung von Richtlinien absehen. Die Ausführungsbestimmungen mache übrigens nicht das RJMin., sondern das RIMin., also Minister Dr. Frick. Bei der Besprechung am 25.04. werde man zugegen sein und die Ansichten der LJMin. durchzusetzen wissen. Auch er lege größten Wert auf die Tatsache, dass der Anwalt oder Beamte den Nachweis der Frontkämpfereigenschaft zu erbringen habe. Nach seiner Auffassung sei Kampf mit der Waffe zu fordern; wer an der Front z.B. telefoniert habe, habe nicht gekämpft.

Die Frauenfrage könne heute unmöglich zur Entscheidung gebracht werden. Sie sei vorwiegend eine wirtschaftliche Frage. Ziel der Entwicklung müsse es sein, dass die Frau auf die Ausübung eines Berufs nicht mehr angewiesen sei und sich wieder ihrem eigentlichen Wirkungskreis widmen könne. Solange diese Voraussetzungen nicht erfüllt seien, könne man ihr die Tätigkeit im öffentlichen Dienst nicht versagen.

Der *Komm. Vorstand der Anwaltskammer München Dr. Mößmer* warf die Frage auf, was unter „Zulassung seit dem 01.08.1914 zu verstehen sei. Schwierigkeiten ergäben sich bei der Unterbrechung der Zulassung; in den bayer. Ausführungsbestimmungen werde ununterbrochene Zulassung gefordert. – Mit dem Präs. des OLG München sei er einig, dass die formelle Zulassung nicht genüge; ausschlaggebend sei die Berufsausübung seit 01.08.1914.

Der *Vertreter der Rechtspolitischen Abteilung der Reichsleitung der NSDAP Schraut* fragte, was mit jenen jüdischen Richtern und Rechtsanwälten sei, denen die Weiterausübung ihres Berufs unmöglich werde, die aber nun begännen, sog. Schiedsgerichte aufzuziehen. Es handle sich dabei um den Versuch, sich wieder anwaltschaftliche Vertretung zu verschaffen und zugleich die Rechtspflege in weitem Umfang auszuschalten. Dies müsse unterbunden werden. Nötigenfalls müssten zu diesem Zweck die Bestimmungen der ZPO über das schiedsgerichtliche Verfahren geändert werden.

Schon vor Wochen habe die Rechtsabteilung an alle JMin. das Ersuchen gerichtet, mit ihr eng zusammenzuarbeiten. Anfragen, wie sie von Baden an das RJMin. gerichtet worden seien, würden zweckmäßiger an die Rechtsabteilung der Reichsleitung gerichtet. Es sei der Wille des Führers, dass diese Abteilung in erster Linie in Anspruch genommen werde. Es gebe nur ein Ziel: Das Recht so zu gestalten, dass es das Spiegelbild dessen darstelle, was im deutschen Volk verwurzelt sei als Anschauung von Anspruch und Pflicht.

MinDir. Dr. Freisler – Preußen erklärte es für selbstverständlich, dass die Reichsleitung herangezogen werde, wenn es gelte, einheitliches Recht zu schaffen. Vorerst stünde aber die Aufgabe im Vordergrund, revolutionäre Tatsachen zu schaffen. Auch in der Frage der Schiedsgerichte verlasse er sich auf die revolutionäre Macht. Auch als Winkelkonsulenten seien die Juden nicht zu fürchten. – Die Gefahr gerichtlicher Entscheidungen werde wohl überschätzt. Es sei doch fraglich, ob sich nicht die Gerichte dazu aufschwingen würden zu sagen, dass revolutionäre Tatsachen geschaffen seien. Zudem habe man bis zum 30.09.1933 nach dem Gesetz die Möglichkeit, die in Frage kommenden Gerichte geeignet zu besetzen.

Richtlinien brauche man nicht, weil ja überall die gleiche Einstellung herrsche. Richtlinien töteten die Tat. Anfragen sollten nur an die Reichsleitung oder an das Ministerium eines größeren Landes gerichtet werden, aber nicht amtlich, sondern nur unter persönlicher Anschrift. – Die Festlegung der Begriffe in der Sitzung vom 25.04. bilde zweifellos den Gegenstand einer ernsten Sorge. Die Sorge sei zu beseitigen durch die vorgeschlagenen Maßnahmen und durch eingehende Vorbereitung der Sitzung. – Der Begriff des Frontkämpfers sei überhaupt nicht zu bestimmen. – Wenn der Antragsteller in seinem Antrag seine Frontkämpfereigenschaft nicht ausreichend belege, so sei sofortige Abweisung am Platz; Aufforderung zur Ergänzung der Belege sei nicht gefordert. Auf jeden Fall warne er dringend vor persönlichen Erkundigungen.

Er schlage vor, Folgendes festzustellen:

1. Dass die versammelten LJMin. nach eingehender Aussprache einstimmig zu dem Ergebnis gelangt seien, dass die Vielgestaltigkeit des Lebens der Bestimmung der Begriffe Frontkämpfer und anderer Begriffe einer bestimmten Betätigungsart spotte und dass man bei Bestimmung dieser Begriffe zu Gunsten und zu Ungunsten der Juden nur fehlgreifen könne. Eine solche Begriffsbestimmung könne die loyale Ausführung des Gesetzes hemmen;

2. dass die Einheitlichkeit der Ausführung gesichert sei, weil alle das Gesetz gleich auffassen; dass diese Einheitlichkeit der Ausführung besonders dadurch sichergestellt sei, dass in Fällen, in denen dem Einzelminister die Entscheidung zweifelhaft erscheine, die Sache dem heute gebildeten Ausschuss vorgelegt und dessen Meinung gehört werde; schließlich solle

3. der Ausschuss beauftragt werden, in der geeigneten Weise den Herrn Reichskanzler, den Herrn RIMin. und den Herrn RJMin. davon zu unterrichten.

Der *Bayer. JMin. Dr. Frank* fasste das Ergebnis dahin zusammen, dass die versammelten LJMin. wünschten, der Verhandlungsausschuss solle zu der auf den 25.04. anberaumten Konferenz zugezogen werden. Diesen Wunsch werde er als einstimmigen Beschluss der heutigen Tagung sogleich dem Herrn RImin. telegrafisch bekanntgeben.

Die Stelle des Reichskomm. für die Erneuerung des Rechts sei dazu geschaffen, dem RJMin. jene gewisse Vitalität zu vermitteln, die man bisher bei ihm habe vermissen müssen. Sofort nach Bestätigung seiner Bestellung werde er die Arbeit aufnehmen. Reichskomm. und Ausschuss würden bestimmte Grundsätze aufstellen und sie von Person zu Person, nicht von Amt zu Amt bekanntgeben. Die Grundsätze würden so aufgestellt werden, dass sie von den Ministern der anderen Länder ihren Maßnahmen einfach zugrunde gelegt werden könnten. Die Reichsleitung, insbesondere der Führer, wünschte die einheitliche Durchführung.

Der Führer wünsche, dass in den Ländern Ausführungsbestimmungen zu den beiden Gesetzen ergingen. Es dürfe nicht der Eindruck entstehen, als ob die Länder grundsätzlich gegen die reichsrechtliche Regelung verstoßen wollten. Die Bestimmungen könnten ganz allgemein gehalten sein. Die außenpolitischen Vertreter müssten die Möglichkeit haben, die Autorität der Regierung Hitler beweisen zu können.

Die Wirkungen des Aussterbeprinzips, das dem Reichsgesetze zugrunde liege, müssten durch Auslegung der Gesetze im revolutionären Sinne und Schaffung revolutionärer Tatsachen beschleunigt werden. Die Innenminister erfassten oft nicht den ganzen Ernst der Judenfrage in der Justiz. Es sei unerhört, dass die Grundsätze des Berufsbeamtengesetzes auch auf die Anwaltschaft mit ihrer ganz anderen prozentualen Beteiligung von Juden angewandt werden sollten.

Die nächste Tagung werde vom Verhandlungsausschuss im Benehmen mit dem Reichskomm. einberufen werden. Sie werde der endgültigen Ausführung der Grundsätze dienen können.

Zur Schiedsgerichtsfrage führte der Minister aus, in Bayern sei eine NotVO aufgrund des Art. 48 Abs. 4 RV in Vorbereitung, wonach schiedsgerichtliche Entscheidungen unverbindlich seien, an denen ein Jude als Vorsitzender, Beisitzer oder Parteivertreter teilgenommen habe. Die Gefährdung der Ruhe, Ordnung und Sicherheit werde darin erblickt, dass die Schiedsgerichte offenbar der Umgehung der Gesetze dienten.

Man müsse hart sein nicht aus Hass gegen das Judentum, sondern aus Liebe zum deutschen Volk. – Der Verhandlungsausschuss werde an der Berliner Tagung vom 25.04. teilnehmen; er sei überzeugt, dass diese Tagung die gewünschten Ergebnisse zeitigen werde.

Zu Punkt 3 der TO verlas

MinDir. Dr. Freisler-Preußen zwei Gesetzentwürfe mit Begründung, die dieser Niederschrift als Anlage 2 und 3 beigegeben sind. Die Versammlung beschloss einstimmig, dass die Entwürfe als Anträge aller LJMin. durch den Verhandlungsausschuss den Reichsstellen zugeleitet werden sollten.

Zu Punkt 4 der TO wiederholte der Redner seine früheren Ausführungen über organisatorische Maßnahmen beim Preuß. Richterverein und beim Deutschen Anwaltverein. Er wies darauf hin, dass mit der Auflösung des Preuß. Richtervereins der Deutsche Richterbund praktisch gleichfalls erledigt sei. Damit werde auch die deutsche Richterzeitung und deren Bezieherkreis gewonnen werden.

In Preußen seien alle Gerichte verpflichtet, die Zeitschrift „Deutsches Recht" zu halten. Er bitte, in den anderen Ländern das Gleiche zu bestimmen.

Der *Bayer. JMin. Dr. Frank* dankte MinDir. Dr. Freisler für seine Ausführung und schloss sich seiner Anregung wegen des Bezugs der Zeitschrift „Deutsches Recht" an. Ein entsprechendes Rundschreiben an die LJVerw. werde ergehen.

Dem Preuß. JMin. dankte der besonders für das Verständnis und die Unterstützung, die dieser dem Nationalsozialistischen Juristenbund bewiesen habe; der Bund werde künftig sämtliche Beamten der JVerw., nicht nur der akademisch vorgebildeten, umfassen.

Allen Erschienenen dankte der Minister, namentlich aber den preußischen Herren für die gewaltige Arbeit, die sie zur Vorbereitung dieser Tagung geleistet hätten. Er bat, das Reichskommissariat in seiner weiteren Arbeit zu unterstützen.

Die Tagung schloss mit einem Treuegelöbnis für den Führer und das deutsche Volk.

Anlage 1: Gesetzentwurf I.

Die Reichsregierung hat folgendes Gesetz beschlossen, das hiermit verkündet wird.

§ 1. In den Art. 37 der RV wird als Abs. 3 folgende Bestimmung eingeschaltet: Solange der Reichstag oder ein Landtag nicht versammelt ist, steht die Erteilung der Genehmigung dem Ältestenrat zu. Bis zu dessen Zusammentritt hat der Präsident des Hauses das Recht, vorläufige Anordnungen zu treffen.

§ 2. Das Gesetz tritt mit dem Tage der Verkündung in Kraft.

Vermerk: Zurzeit schweben verschiedene Strafverfahren gegen Reichstagsabgeordnete, z.B. Esser in Köln und Verhülsdonk in Neuwied. Die Durchführung dieser Verfahren wird z.Zt. durch den Art. 37 d. RV gehindert. Danach sind Untersuchungshandlungen gegen Reichstagsabgeordnete während der Sitzungsperiode unzulässig. Da sich der letzte Reichstag nur vertagte, läuft die Sitzungsperiode noch und die Abgeordneten stehen unter dem Schutze des Art. 37. Nach Art. 37 Abs. 2 ist für die Einleitung einer Strafverfolgung die Genehmigung des Hauses nötig. Da dies Haus in absehbarer Zeit kaum zusammentreten wird, muss eine Möglichkeit des Einschreitens gegen Abgeordnete gegeben werden, um den umfangreichen Strafverfahren, die noch andere Angeklagte betreffen, ungehinderten Fortgang geben zu können. Es muss daher der Art. 37 derart geändert werden, dass in der Zwischenzeit bis zum Zusammentreten des Hauses eine Genehmigung zur Strafverfolgung ermöglicht wird.

Anlage 2: Gesetzentwurf II

Die Reichsregierung hat folgendes Gesetz beschlossen, das hiermit verkündet wird:

§ 1. In den §§ 263 und 266 des RStGB, 312 des HGB und § 146 des Gesetzes betreffend die Erwerbs- und Wirtschaftsgenossenschaften ist als Abs. 2 folgende Bestimmung einzuschalten: In den Fällen eines besonders hohen Schadens oder eines besonders arglistigen oder volksschädigenden Verhaltens kann auf Zuchthausstrafe erkannt werden.

§ 2. Das Gesetz tritt mit dem Tage der Verkündung in Kraft und zwar rückwirkend auf *die* Fälle, welche nicht bereits rechtskräftig entschieden sind.

Vermerk: Der RJMin. hat sich gegenüber der Frage, die Verjährungsfristen in Strafsachen zu verlängern, ablehnend geäußert. Es ist auch unerträglich, dass die großen Volksbetrüger wie Richard Kahn, für ihre Straftaten, die vor 1928 liegen, nicht mehr zur Verantwortung gezogen werden können, da sie nur mit Gefängnis bedroht sind und eine richterliche Unterbrechung der Verjährung nicht vorliegt. Es ist weiter unerträglich, dass solche, das Vermögen und die Moral des Volkes zerstörenden Straftaten regelmäßig nur mit Gefängnis bedroht sind, während ein einfacher Schaukasteneinbrecher, der 5 Pfg. erbeutet, mit Zuchthaus bestraft werden kann. Es wird daher vorgeschlagen, für die in Korruptionssachen wesentlichen Strafbestimmungen einen erschwerten, mit Zuchthaus strafbaren Fall zu schaffen, da hierdurch gleichzeitig die gewünschte Verlängerung der Verjährung erreicht wird. Gerade die Korruptionssachen sind regelmäßig derart verwickelt und umfangreich, dass eine Aufklärung erst nach Jahren möglich ist und daher die Gefahr der Strafverfolgungsverjährung naheliegt. Es wird daher anliegender Gesetzentwurf vorgeschlagen.

Anlage 3: Pressenotiz

Die auf Anregung des preuß. JMin. unter dem Vorsitz des Bayer. JMin. heute in München versammelten JMin. der deutschen Länder behandelten in mehrständigen Beratungen die Frage eines engeren Arbeitszusammenschlusses der LJMin., die Klärung von Fragen aktueller rechtspolitischer Bedeutung und Einzelanträge verschiedener Länderminister.

Über alle behandelten Fragen bestand von Anfang an und im Ergebnis volle Übereinstimmung sämtlicher Teilnehmer.

Insbesondere bestellten die JMin. einen dreigliedrigen Ausschuss zu Verhandlungen mit allen in Frage kommenden Stellen, vor allem mit den Reichsbehörden in allen Fällen, in denen solche Verhandlungen im Interesse einer gleichgerichteten Durchführung reichsgesetzlich vorgeschriebener oder sonst notwendiger Maßnahmen erwünscht sind. Der Ausschuss besteht aus den JMin. Preußens, Bayerns und Sachsens.

Aufs Lebhafteste begrüßt wurde die beabsichtigte Ernennung des JMin. Dr. Frank zum Reichskommissar für Neugestaltung der Rechtsordnung und Gleichschaltung der Justiz in den Ländern. Von dieser Maßnahme versprachen sich die versammelten JMin. die Sicherung eines höchstmöglichen Erfolges bei Verwirklichung der vordringlichen Aufgabe der Gestaltung eines lebendigen deutschen Rechtes.

Eingehend wurde ferner die Durchführung der Reichsgesetze über die Wiederherstellung des Berufsbeamtentums und über die Zulassung zur Rechtsanwaltschaft behandelt. Die Aussprache ergab zweifelsfrei, dass die Einheitlichkeit der Durchführung der reichsgesetzlichen Bestimmungen gewährleistet ist.

Auf Vorschlag Preußens wurde ferner ein Antrag betreffs Einführung eines erleichterten Verfahrens zur Entscheidung über Anträge auf Aufhebung der Abgeordnetenimmunität für die Zeit, in der das in Frage kommende Parlament nicht versammelt ist, sowie ein weiterer Antrag auf Verschärfung der Strafbestimmungen für volksschädigende Korruptionsfälle, die strafrechtlich als Betrug, genossenschaftliche, handelsrechtliche oder sonstige Untreue zu werten sind, angenommen und durch den bestellten Ausschuss der LJMin. dem RJMin. zugeleitet.

Die Justizministerkonferenz schloss mit dem Treuegelöbnis gegenüber dem Führer, dem deutschen Volk und dem nationalen Sozialismus.

III. Niederschrift über die Zusammenkunft der Reichs- und Landesjustizminister in Stuttgart am 06.05.1933. Marmorsaal des Neuen Schlosses

Tagesordnung:

1 Sicherstellung des gleichmäßigen Vollzugs der Reichsgesetze durch Vereinbarungen über die landesrechtlichen Ausführungsbestimmungen

2. Beseitigung der Auswüchse des Erziehungsstrafvollzugs im Wege einer Vereinbarung der Landesjustizverwaltungen

3. Frage der Vereinheitlichung des Notariatswesens, insbesondere Gleichschaltung der Gebührenordnungen

4. Zulassung zur Rechtsanwaltschaft im Sinne der Freizügigkeit der Rechtsanwälte

5. Einflussnahme der Justizverwaltungen auf die Besetzung der juristischen Lehrstühle

6. Freizügigkeit der Referendare

7. Verbot von Mischehen

8. Vereinheitlichung der Führung des Handelsregisters

9. Eugenische Sterilisation

10.Ausgleich in der Benennung der Beamtengruppen

11.Wahrung des Besitzstandes hinsichtlich der Stellen, für die juristische Vorbildung notwendig erscheint

Rednerliste

Württ. Justizminister Mergenthaler – Stuttgart
Reichsjustizkommissar Dr. Frank – München
Reichsjustizminister Dr. Gürtner – Berlin
Preuß. Justizminister Kerrl – Berlin
Oberregierungsrat Reinle – Baden
Ministerialdirektor Dr. Freisler
Sächs. Justizminister Thierack – Dresden
Ministerialdirektor Schmidt – Baden
Präsident Dr. Brappe – Lippe
Staatsrat Weber – Thüringen

Die Aussprache wird um 12.25 Uhr eröffnet.

JMin. Mergenthaler – Stuttgart: Meine sehr verehrten Herren, namens des Württ. Justizministeriums und des Württ. Staatsministeriums heiße ich Sie alle in Stuttgart herzlich willkommen.

Es ist uns Württembergern eine hohe Ehre, dass diese bedeutsame Tagung der Justizminister aller Länder in Stuttgart stattfindet. Ich darf besonders begrüßen den Einberufer der heutigen Tagung, den Reichsjustizkommissar Herrn Dr. Frank. Dann gebe ich der hohen Freude darüber Ausdruck, dass ebenfalls anwesend sind der Herr Reichsjustizminister Dr. Gürtner und der Herr Staatssekretär im Reichsjustizministerium. Sodann begrüße ich die alten Mitkämpfer aus Preußen, den Herrn Preuß. Justizminister Kerrl und seine Mitarbeiter. Ich darf wohl davon absehen, die Namen der übrigen Teilnehmer alle einzeln aufzuführen. Ich heiße Sie alle hier im Schwabenlande herzlich willkommen und begrüße die alten Kämpfer der nationalsozialistischen Bewegung, auch aus der Erwägung heraus, dass auf dem Gebiete des Rechts und der Rechtspflege uns große und hohe Aufgaben zur Lösung übertragen sind. Wir sind uns bewusst, dass diese deutsche Revolution sich auf allen Lebensgebieten auswirken wird und selbstverständlich auch auswirkt auf dem Gebiete der Justiz, des Rechts und der Rechtspflege. Ich darf der Hoffnung Ausdruck geben, dass unsere Verhandlungen zu einem ersprießlichen Ergebnis führen im Sinne der Gleichschaltung der Justiz mit den Bestrebungen der deutschen Revolution.

Nachdem der Herr Minister noch einige geschäftliche Mitteilungen gemacht hat, übernimmt die Leitung der Versammlung der Reichsjustizkommissar Herr Dr. Frank – München.

RJKomm. Dr. Frank: Herr Reichsminister, meine verehrten Parteigenossen und Herren. Ich möchte in diesem herrlichen Raum zunächst einmal in unser aller Namen, im Namen der Justizminister der Länder Ihnen, Herr Reichsjustizminister, für die große Gefälligkeit Ihres persönlichen Erscheinens in unserem Kreise aufs Herzlichste danken. Wir alle freuen uns, dass es Ihnen die Wiederherstellung ihrer Gesundheit ermöglicht hat, diese lange Reise durchzuführen, und wir hoffen, dass es Ihnen vergönnt ist, nunmehr mit frischer Kraft frei von jeder Krankheitsbelastung dem Werke zu dienen, das Ihnen bestimmt ist.

Wir, meine verehrten Parteigenossen, sind uns darüber klar, dass auf dem Gebiete der Rechtsgestaltung eine ganz entscheidende Epoche unseres deutschen Lebens überhaupt angebrochen ist. Es ist kein Zufall, dass gerade diese Zusammenkünfte der nationalsozialistischen Justizminister als Gremium eine Dauereinrichtung zu werden versprechen, denn auch den Wünschen des Herrn RJMin. entspricht die innigste Verbindung zwischen Reich- und Länderentwicklung in den Arbeiten der Justizverwaltung. Es ist mir daher auch eine besondere Freude, Ihnen, Herr württ. Justizminister, auf das Herzlichste für die Zurverfügungstellung dieser herrlichen Räume zu danken.

Meine Herren, als Erster wird hier das Wort erhalten der Herr RJMin., der Repräsentant der nationalen Regierung unseres Führers in unserem Kreis. Ich möchte Sie bitten, meine Herren, dass Sie sich darüber klar werden, und zwar schon jetzt, dass die heutige Tagung nicht etwa bestimmt ist, die auf der Tagesordnung stehenden elf Punkte bis ins Letzte hinein sachlich zu erörtern, sondern das Entscheidende ist der Umstand, dass Sie sich, meine Herren, in den nächsten Wochen mit diesen heute auf der Tagesordnung stehenden Punkten des Einzelnen beschäftigen wollen, sei es in der Form, wie wir nachher das noch beschließen werden, dass Sie über die einzelnen Punkte Referate übernehmen, sei es in der Form, dass die einzelnen Punkte durch Referenten Ihrer Ministerien vorbereitet werden und dann hier einer kommenden Tagung vorbehalten bleiben.

Der Geist des Deutschtums ist es, der jetzt in dieser nationalsozialistischen Revolution sich die Möglichkeiten für die Zukunft geschaffen hat, und glauben Sie, meine Herren, bei aller Berücksichtigung des Wollens, das uns heute beseelt, sind wir uns dessen bewusst, dass unsere revolutionären Ziele nur erreicht werden können und erreicht werden sollen in jener Art, in jener Form und nach jenem Entwicklungsschritt, den unser Führer angesichts der Weltlage, angesichts der Innenlage Deutschlands zu bestimmen für nötig und möglich hält. Wir bitten den Herrn RJMin., dem Herrn Reichskanzler gerade dieses Gelöbnis auch der Treue und der absoluten Geschlossenheit, mit der wir hinter unseren Führer in seiner schweren Aufgabe treten, zu übermitteln.

Ich möchte nun den Herrn RJMin. bitten, das Wort zu ergreifen.

RJMin. Dr. Gürtner: Meine sehr verehrten Herren! Ich habe vom Herrn Kanzler gestern am Schluss einer langen und sehr ernsten Unterredung, auf die ich später zurückkommen werde, den Auftrag bekommen, Ihnen seinen besonderen Gruß bei dieser Tagung zu entbieten. Ich entledige mich dieses Auftrags und freue mich, dass ein Zufall – möchte ich sagen – es gefügt hat, dass es mir möglich war, gestern Abend in einer ausgiebigen Besprechung mich mit dem Herrn Kanzler über eine ganze Reihe von Punkten auszusprechen, die auch uns heute hier beschäftigen.

Meine sehr verehrten Herren, Sie wissen, das zurzeit eines der meistgebrauchten Worte auf allen Gebieten des öffentlichen und wirtschaftlichen Lebens das der Gleichschaltung ist. Sie finden das Wort Gleichschaltung in der Bestellungsurkunde des Reichskommissars auf dem Gebiet der Justiz. Sie hören es bei der Gestaltung der Verwaltung aller öffentlich-rechtlichen Körperschaften, ja sogar bei den Berufsvertretungen der Wirtschaft, der Arbeiterschaft, kurzum im gesamten öffentlichen wirtschaftlichen Leben. Meine sehr verehrten Herren, dieses Wort, das – möchte ich sagen – rein zufällig von mir zuerst ausgesprochen worden ist und zwar im Verhältnis zwischen Preußen und dem Reich, das wollen wir auf dem Gebiet der Justiz und des Rechtswesens nicht als ein Schlagwort, sondern als ein sehr inhaltsreiches Richtungswort gelten lassen. Wenn wir eine Karte des Deutschen Reiches etwa aus dem 17. oder 16. Jht. ansehen, auf der die verschiedenen Rechtsgebiete etwa mit verschiedener Farbe abgegrenzt sind, so wissen wir, es gibt kaum eine Karte eines so kleinen Fleckens Erde, die in so viele Splitter aufgelöst erscheint als die Rechtskarte des deutschen Mittelalters. Die Entwicklung der Jahrhunderte hat dazu geführt, dass wenigsten in den großen Gesetzgebungen die Rechtseinheit in Deutschland entstanden ist und in den großen Linien seit dem Jahre 1871, oder wenn Sie wollen, seit dem HGB des Deutschen Bundes, das etwa ein halbes Menschenalter vorher liegt, sich erhalten hat.

Der Sinn des politischen Geschehens der Gegenwart kann nur der sein, dass, soweit es mit den Bedürfnissen der einzelnen Gebiete, der einzelnen Stämme überhaupt vereinbar ist, dieser Gedanke der Gleichrichtung des deutschen Rechts innerhalb der Grenzen des Deutschen Reiches neues Leben gewinnt.

Meine Herren, wir wissen alle genau, dass nach geltendem Recht die Länder auf dem Gebiet der Gesetzgebung eine gar nicht unbeträchtliche eigene Zuständigkeit haben und dass sie im Bereich der Notzuständigkeit – ich denke da an Art. 48 und seine verschiedenen Absätze – an sich in der Lage sind, für eine Augenblicksgesetzgebung überhaupt die Zuständigkeit des Reiches anzueignen. Das ist in den verschiedenen Fällen der Vergangenheit geschehen. Als langjähriger bayerischer Justizminister habe ich das selbst anzuwenden lange die Möglichkeit gehabt. Auch jetzt wieder besteht dieselbe Möglichkeit.

Meine Herren, ich möchte hier einen Gedanken aussprechen und bitte Sie, sich diesen Gedanken sehr zu überlegen. Was das Dauerrecht anbelangt, dürfen wir keiner Entwicklung Raum geben, die zu einer Aufspaltung des deutschen Rechts innerhalb der deutschen Reichsgrenzen führen würde. Und was das Notrecht anbelangt, ist es, soweit es sich nicht um Augenblicksbedürfnisse handelt, zweifellos auch nicht erwünscht, dass sehr weit abweichende und einander vielleicht sogar widersprechende Rechtsänderungen als Notrecht in einzelnen Ländern geschaffen werden, die entweder vom Reichsrecht nicht gedeckt sind oder am Ende gar mit dem Reichsrecht in Widerspruch stehen. Wir alle müssen von dem Gedanken beseelt sein, auf dem Gebiet der Gesetzgebung im Gleichschritt zu marschieren und müssen diesem Gedanken als erste Voraussetzung ein Höchstmaß von Vertrauen geben, das uns untereinander verbindet. Ich spreche vorerst nur vom Gebiet der Gesetzgebung.

Meine Herren, ich halte es, um ein Beispiel zu gebrauchen, von dem ich Kenntnis bekommen habe, für nicht ganz unbedenklich, wenn im Rahmen des jetzt bestehenden Vollzugsrechts oder des jetzt bestehenden Vollzugsschutzrechts etwa aus einem augenblicklichen – sei es wirtschaftlich, sei es politisch – Bedürfnis heraus in einem Land des Deutschen Reiches, sagen wir ein absolutes Vollzugsverbot, wenn auch auf Zeit begrenzt, geschaffen wird. Ich weiß nicht, aufgrund welcher Rechtsbasis das geschehen ist. Ich bin nicht ganz sicher, ob diese Rechtsbasis ganz fest einer Prüfung standhalten würde. Ich möchte auf den Fall nicht weiter eingehen. Ich bin der Meinung, dass die Erkenntnis von Bedürfnissen für die Gesetzgebung unmöglich allein etwa vom deutschen Justizministerium gefunden werden kann. Das ist weder möglich in Bezug auf das Gebiet des Deutschen Reiches, noch ist es möglich in Bezug auf die Bedürfnisse auch nur des Reiches, geschweige denn der Länder.

Auf eines möchte ich hinweisen. Wenn sich ein Bedürfnis der gesetzgeberischen Regelung irgendwo herausstellt, ist es erforderlich, dass davon, wenn es im Bereich der Reichsgesetzgebung liegt, die Reichsregierung mindestens in Kenntnis gesetzt wird, damit man sehen kann, ob etwa für das ganze Reich irgendeine Materie gesetzlich oder anders geregelt werden kann.

Meine Herren, das zweite große Gebiet, auf dem wir alle nach einer Gleichrichtung streben müssen, ist das weite Gebiet der Justizverwaltung, das ja den Hauptteil der Tätigkeit der Landesjustizministerien darstellt. Das Gebiet der

Justizverwaltung ist so verschieden in seiner Handhabung, wie man es bei der Gleichheit der Gesetze und bei der Gleichheit der sonstigen Lebensverhältnisse in den deutschen Staaten an sich von vornherein gar nicht für möglich halten sollte. Ich habe bei unserer letzten Zusammenkunft gesagt, man soll nicht mehr regieren als man muss, und ich bin durchaus zusammen mit der gesamten Reichsregierung der Meinung, dass nicht alles auf dem Gebiet der Justizverwaltung gleich sein muss. Ich bin freilich auch der Meinung, dass nicht alles und jedes verschieden sein muss. Es ist kein überzeugender Grund dafür anzugeben, warum zum Beispiel eine Auflassung bei einem Notariat in Baden mehr oder weniger kostet als bei einem Notariat in Bayern. Es ist kein ganz überzeugender Grund dafür zu finden, warum die Beurkundung ein und desselben Rechtsgeschäfts in dem einen Bundesstaat so und in dem anderen anders gesetzlich vorgeschrieben ist. Nur zwei von vielen Beispielen, die man geben könnte. Auf dem Gebiet der Justizverwaltung gibt es zweifellos weite Ausschnitte, in denen eine Angleichung und Anpassung bei den Bundesstaaten erwünscht, vielleicht sogar bis zu einem gewissen Grad notwendig ist.

Diesem Gebiet ist hauptsächlich die Tagesordnung gewidmet, die in Ihren Händen ist, mit einer einzigen Ausnahme, eines Punktes, der sich da hinein verirrt hat, und der außerdem noch falsch bezeichnet ist, das ist der Punkt, der die Mischehen betrifft. Das ist keine Frage der Justizverwaltung.

Meine Herren, die Errichtung eines Reichskommissariats für die Gleichschaltung der Justiz in den Ländern hat nicht etwa bloß die Bedeutung, dass der Reichskommissar so eine beobachtende oder berichtende Funktion ausüben soll, sondern er soll nach der Absicht des Schöpfers dieses Kommissariats eine kontrollierende Funktion auch ausüben und soll auf dem Gebiet der Gleichrichtung der Justizverwaltung auch Gelegenheit und die Möglichkeit haben, schöpferisch tätig zu sein. Unter den Gebieten, die Sie hier auf der TO sehen, sind eine ganze Reihe – ich nenne nur zwei, Notariat und Strafvollzug –, in denen nach meiner Ansicht ein Eingreifen des Reiches nicht geschehen soll.

Die Frage, wie die Länder ihr Notariat organisieren und ihre Notariatsgebührenordnung stellen, darum wird sich die Reichsjustizverwaltung von sich aus mit gesetzgeberischer Kraft nicht kümmern. Aber die Reichsjustizverwaltung hat ein gewisses Interesse daran, dass wenigstens in gewissem Umfang, soweit das Publikum die Verschiedenheit solcher Einrichtungen zu spüren bekommt, also beispielsweise auf dem Gebiet des Gebührenwesens, im Laufe der Zeit eine gewisse Gleichstellung auch innerhalb der Länder erfolgt.

Meine Herren, die Tätigkeit des Reichskommissariats erstreckt sich aber zweitens auch auf ein Weiteres: Die Gleichschaltung der Justiz soll sich nicht etwa darauf beschränken, die guten Erfahrungen der Justizverwaltungen auszutauschen, voneinander zu lernen und so im Laufe der Zeit zu ungefähr Gleichem zu kommen, sondern das Reichskommissariat soll auch eine Gewähr dafür übernehmen und finden, dass die Gesetze des Reiches einheitlich und gleichmäßig in den Ländern ausgeführt werden. Das ist nicht bloß eine Frage der Justiz, sondern das ist auch eine Frage der Staatsautorität, der Autorität der Reichsregierung schlechthin.

Welche Aufgaben dem Reichskommissariat zustehen bei der Neuschöpfung von Gesetzen, welche Aufgaben ihm da erwachsen, darauf werde ich nachher noch zu sprechen kommen.

Meine sehr verehrten Herren, ich habe vorhin gesagt, für die Handhabung der Gesetzgebung sowohl wie auch der Verwaltung ist eine Voraussetzung eines gedeihlichen Zusammenwirkens, ein gewisses Maß von Vertrauen, das die Länder untereinander und mit der Reichsregierung verbinden muss. Dazu gehört auf der einen Seite die rechtzeitige Mitteilung von etwaigen durch die Gesetzgebung zu deckenden Bedürfnissen ihrerseits; dazu gehört aber andererseits die rechtzeitige Unterrichtung und Information von Absichten, die die Reichsregierung auf dem Gebiet der Gesetzgebung hat, die rechtzeitige Unterrichtung von solchen Absichten, um die Länder instandzusetzen, zu solchen Absichten kritisch Stellung zu nehmen, mit Vorschlägen und Erfahrungen ihrerseits der Reichsregierung entgegenzukommen und so auf dem Gebiet, auf dem die Reichsregierung allein zur Gesetzgebung zuständig ist, die Erfahrungen nutzbar zu machen. Meine Herren, was ich Ihnen jetzt mitteile, soll nicht die Grundlage einer Diskussion werden, sondern hat den Zweck, Sie zu unterrichten, wie und in welcher Aufgabenteilung zwischen Reichsjustizministerium und Reichkommissar in der nächsten und nahen und fernen Zukunft sich die Reichsjustizverwaltung ihre Arbeit auf dem Gebiet der Gesetzgebung vorstellt.

Wir haben eine ganze Reihe von Gesetzgebungsarbeiten vor uns liegen, die sich in verschiedenem Stadium befinden, vom fertigen spruchreifen und nur noch zu genehmigenden Gesetze bis zum Torso, der als eine Gedankenskizze dasteht. In allen diesen Stadien befindet sich eine ganze Reihe von Gesetzgebungswerken. Ich nenne das Weltwechselrecht, das Scheckrecht, die durch internationale Verträge mit vielen Staaten zustande kommen und vor ihrer Verabschiedung stehen. Ich nenne als Beispiele für Gesetzgebungswerke, die sich im Werden befinden, noch nicht zur Vollendung kommen konnten, das Aktienrecht, das Urheberrecht, die Vergleichsordnung, die Vereinbarung und Anerkennung der Konkurse und ich nenne endlich als die großen Gesetzgebungswerke, die vor dieser Regierung als Hauptaufgaben stehen und zwar nicht bloß in der Reihenfolge ihrer Wichtigkeit, das StGB, die beiden Prozessordnungen und das allgemeine bürgerliche Recht. In dieser Reihenfolge gedenkt die Reichsregierung der Gesetzgebungsform entgegenzutreten. Es würde hier zu weit führen, wenn ich Sie über die einzelnen Gesetzeswerke, die bereits vorliegen, genau unterrichten würde. Es ist das auch gar nicht notwendig, weil bei den meisten der gegenwärtige Stand aus öffentlichen Publikationen zu ersehen ist. Z.B. existiert für das Urheberrecht ein Band, den das RJM herausgegeben hat und der schon seit ungefähr einem Jahr veröffentlicht ist.

Aber eines möchte ich mir doch nicht versagen, Ihnen in einer Skizze zu zeigen, wie wir uns etwa die Wiederaufnahme der Arbeiten des StGB denken. Sie wissen, die Vorarbeit zum StGB geht zurück auf den letzten Entwurf, der die Jahreszahl 1927 trägt. Dieser Entwurf hat eine ganze Reihe von Verhandlungen in den Rechtsausschüssen des Reichstags über sich ergehen lassen müssen und hat in vielen Teilen Bestimmungen bekommen aufgrund dieser vielfach auf Kompromiss aufgebauten Beschlüsse der Rechtsausschüsse, die weder für die alte noch viel weniger für die neue Zeit erträglich sind. Ich erinnere bloß, um ein Beispiel zu nennen, an die Verwirrung, die durch diese Kompromissbeschlüsse in den Strafbestimmungen über den Landesverrat angerichtet worden ist, an die Schwierigkeiten, die durch Kompromisse nicht zu lösen waren, auf dem Gebiet der Abtreibung, und anderer Tatbestände, auf die wir hier nicht näher einzugehen haben. Die Reichsjustizverwaltung denkt sich die Wiederaufnahme der Arbeiten folgendermaßen: Dieser Entwurf des Jahres 1927 soll zunächst von dem Beiwerk gesäubert werden und soll in einzelnen, allerdings ganz beschränkten Teilen umgestaltet werden auf die Gedanken, die wohl jetzt dem Strafrecht zugrunde gelegt werden. Die Herstellung dieses – ich will einmal kurz sagen – bereinigten Entwurfs wird eine Arbeit von wenigen Wochen sein und soll dann als Diskussionsgrundlage für eine Kommission dienen, an der als stellvertretender Vorsitzender mitzuwirken gerade der Herr Reichskommissar berufen sein wird. Diese Kommission soll klein gehalten werden. Über ihre Zusammensetzung sind erst Vorbesprechungen fertig. Der Entwurf soll in konzentrierter Arbeit von der Kommission zu einem Gesetzgebungswerk ausgebaut werden. Beteiligt an der Kommission sollen seine Männer der Wissenschaft, der Politik und der Praxis. Über die Zahl und Personen sind die Vorbesprechungen so weit gediehen, dass ich glaube, ernstliche Schwierigkeiten werden gar nicht mehr entstehen. Ich persönlich, ohne mich auf das festlegen zu wollen, bin zurzeit mit dem Herrn Kanzler der Meinung, dass das deutsche StGB ein so wichtiges und weittragendes Gesetzgebungswerk ist, dass wir es nicht allein aufgrund der Vorarbeiten in dieser Kommission und aufgrund eines Kabinettsbeschlusses verabschieden werden.

Vermutlich wird das StGB zu den Gesetzgebungswerken gehören, die, wenn Sie mir den Ausdruck erlauben, am Schluss also durch einen Segen des Reichstags sanktioniert werden sollen. Ich möchte auf diese Behandlungsmethode, wie ich nochmals wiederhole, mich nicht festlegen, aber zurzeit ist der Herr Reichskanzler und bin ich selbst der Meinung, dass das wünschenswert ist. Nicht daran gedacht ist, etwa ein StGB in der Form parlamentarisch zu behandeln wie bisher. Das würde wohl bei der Zusammensetzung des Reichstags und bei der Zusammensetzung jener Gesetzgebungskommission, von der ich vorhin gesprochen habe, auch nicht notwendig sein. Aber es scheint den Beteiligten zurzeit wünschenswert, ein Gesetz von diesem Ausmaß und, wie wir hoffen wollen, von einer großen Lebensdauer in einem feierlichen nach außen hin wirksamen Akt in die Welt treten zu lassen, während alle übrigen Gesetzgebungswerke, wie etwa das Aktienrecht und alles, was ich Ihnen genannt habe, einer solchen Sanktion, eines solchen Segens nach unserer Auffassung nicht bedürfen. So sehr nun diese Arbeit der Reform des StGB beschleunigt werden soll – und am RJM soll es dabei ganz gewiss nicht fehlen und an mir persönlich auch nicht –, denn wenn man mehr als zehn Jahre an einem solchen Werk mitarbeitet, so ist es rein menschlich sehr verständlich, dass jeder den Ehrgeiz, ich möchte beinahe sagen die Leidenschaft hat, das Ende eines solchen Werkes zu erleben – in Wochen, in Monaten wird das deutsche StGB nicht in Kraft treten können. Das ist auch bei einem Gesetz von dieser Ausdehnung gar nicht wünschenswert. Wenn es bei den Notgesetzen mehr auf die Fixigkeit ankommt, so wollen wir es bei den Dauergesetzen doch lieber bei der Richtigkeit lassen.

Nun haben sich auf manchen Gebieten des Strafrechts sehr starke Wünsche in den Vordergrund gedrängt, die mit ihrer Befriedigung nicht warten wollen, bis das StGB als Ganzes in Kraft tritt. Die RJVerw. ist deshalb entschlossen, unabhängig von dieser Reformarbeit und in allernächster Zeit – vielleicht schon in der nächsten Woche – eine Novelle zum StGB [v. 26.05.1933, RGBl. I 1933, S. 295] verabschieden zu lassen, in der eine mit großer Selbstbeschränkung ausgewählte Zahl von strafgesetzlichen Materien ihre Dauerregelung finden sollen, die dann später in das StGB übernommen werden. Es sind das lauter Materien, die im großen Ganzen der Diskussion nicht mehr unterliegen. Ich halte es für erwünscht, dass die Herren Chefs der LJVerw. wenigstens von dem Inhalt dieser Absicht Kenntnis bekommen und darf mir erlauben – eine Anzahl von Abdrucken stehen auch hier zur Verfügung – kurz Folgendes mitzuteilen: Diese StGB-Novelle soll enthalten eine Bestimmung über die Arbeit der Festungshaftgefangenen und zwar nach der Richtung, in der alle LJVerw. ohnehin einig sind: wenn die Festungsgefangenen sich nicht selbst in einer Weise beschäftigen, die sich mit der Ordnung und Sicherheit vereinbaren lässt, dann können sie auf eine angemessene Weise beschäftigt werden. Sie wissen alle, die mit dem Strafvollzug zu tun haben, dass sich unsere Festungen – wir brauchen nicht bloß an eine berühmt gewordene Festung zu denken – in politische Klubs umgewandelt haben, in denen sowjetische Literatur und Politik betrieben wird. Dem soll ein Ende gemacht werden. Das entspricht dem Übereinkommen sämtlicher Länderregierungen. Ein zweites, das nach meiner Meinung Erfüllung einer dringenden Notwendigkeit ist, ist die Möglichkeit, dass ein Gericht auf die Zulässigkeit der Ausweisung gegen einen Ausländer erkennen darf, wenn er zu einer Freiheitsstrafe von mindestens drei Monaten verurteilt ist. Der Gedanke ist ähnlich dem Umstand, dass jetzt auf die Zulässigkeit in der Unterstellung unter die Polizeiaufsicht erkannt werden kann. So soll das Gericht auf die Zulässigkeit der Ausweisung erkennen können und es soll Sache der Verwaltungsbehörde, der Polizeibehörde sein, von dieser Möglichkeit Gebrauch zu machen. Das ist eine Sache, die auch wohl kaum einer Diskussion untersteht.

Ein weiterer Punkt ist eine kleine Lücke, die heute bei der Regelung des Landesverrats besteht. Es ist zurzeit strafbar die Ausspähung militärischer Geheimnisse. Näheres nachzulesen im Spionagegesetz. Es ist aber zurzeit infolge einer eigentümlichen Überkreuzung der geltenden Vorschriften nicht unter Strafdrohung gestellt die *Ausspähung von sog. diplomatischen Geheimnissen.* Die Sache ist nicht durch einen aktuellen Vorfall oder Grund veranlasst, sondern lediglich eine Lücke muss ausgefüllt werden. Ein weiterer Punkt, der ebenfalls, ich möchte beinahe sagen, einem einstimmigen Wunsch der Öffentlichkeit jeder Richtung entspricht, ist die andere Behandlung der *Tierquälerei.* Wir haben bis jetzt die Tierquälerei als Übertretungsdelikt bestraft, das die Verfolgung erschwert, weil das Ärgernisnehmen ein Tatbestandsmerkmal ist. Jetzt soll vorgeschlagen werden: Das absichtliche Quälen von Tieren soll als ein Vergehen mit Gefängnis bestraft werden können.

Die Fassung entspricht der des Entwurfs, der damals schon in der ganzen Öffentlichkeit beifällig aufgenommen wurde.

Meine Herren, ich übergehe jetzt den nächsten Punkt, weil darüber etwas mehr zu sagen sein wird, und komme zum *Zweikampf mit Schlägern,* kurz zur Schlägermensur. Es ist mir wohl bekannt, dass eine Reihe von Bundesstaaten Preußen, Bayern und Baden, – wahrscheinlich werden andere es auch getan haben – die Verfolgung der Schlägermensur durch die Gerichtsbehörden abgestellt haben, will ich einmal sagen. Meine Herren, der Zustand ist natürlich, solange die oberste Rechtsprechung auf dem Standpunkt steht wie heute, nicht gerade erwünscht. Denn nach dem Juristiktionsrecht ist die Schlägermensur dem Zweikampf gleichgestellt. Es könnte sein, dass die Entscheidung des RG eine andere wird. Nun scheint es mir nach allgemeiner Auffassung über die Schlägermensur – auch das war eines jener Kapitel, wo in den Rechtsausschüssen schweißtreibende Arbeit geleistet worden ist – erwünscht, diesen Zwiespalt der zwischen dem heute bestehenden obersten Judikaturrecht und, ich will nicht einmal sagen der Praxis, sondern der Rechtsauffassung tatsächlich besteht, dadurch zu beseitigen, dass man die Mensur, also den Zweikampf mit Schlägern straflos stellt. – Einen Widerspruch aus diesem Kreise befürchte ich nicht, auch nicht von der Studentenschaft.

Ich komme nun zu einem Kapitel, das etwas schwierig ist. Dieses Kapitel hat, wie ich nachher noch sagen werde, bei der gestrigen Unterredung eine besondere Rolle gespielt. Ich möchte es kurz überschreiben: *Denunziationen.* Die Klagen im ganzen Deutschen Reich darüber, dass augenblicklich das Denunziantentum in eine besondere Blüte geschossen ist, scheinen ziemlich allgemein zu sein. Ich habe das nicht bloß aus dem Munde einer ganzen Reihe von Regierungsmitgliedern des Reichs und der Länder gehört, ich fürchte, dass auch in diesem Kreise vielleicht manche sind, die davon persönliche Erfahrungen haben, sondern ich hätte das, auch wenn ich das alles nicht gehört hätte, allein schon geschlossen aus den Verfügungen und Erlassen, die von den verschiedensten Stellen bis jetzt ergangen sind dahingehend, man solle die anonymen Zuschriften wegwerfen, man solle den Denunzianten dem Denunzierten gegenüberstellen, man solle gewisse Nachteile dienstlicher Art androhen innerhalb der SA usw. oder innerhalb des Beamtenverhältnisses, wenn etwas nicht stimmt. Man solle jede Gelegenheit benützen, um in einem solchen Falle seine moralische Verachtung gegen diese Form des Verkehrs mit dem Nächsten zum Ausdruck zu bringen. An sich ist das nicht verwunderlich, und ich glaube, man brauchte sich darüber nicht so sehr zu entrüsten. Das ist eine immer wiederkehrende Erscheinung beim Wechsel der Dinge oder der Menschen. Das ist zu allen Zeiten so gewesen und wird zu allen Zeiten so bleiben, solange die menschliche Natur so ist, wie sie nun einmal ist. Nun sind aber die Wünsche, und wie ich zugeben muss, auch das Bedürfnis, dem Denunziantentum einen gewissen strafrechtlichen Damm entgegenzustellen, so laut geworden, dass ich es für vertretbar, ja dass ich es für notwendig halte, den Versuch zu machen, auch auf strafrechtlichem Gebiete dem Denunziantentum einen Abwehrdamm entgegenzusetzen.

In dem Ihnen vorliegenden Entwurf ist Folgendes versucht: Es ist versucht, im Rahmen des § 164 StGB, der die falsche Anschuldigung darstellt, diesem Bedürfnis entgegenzukommen. Ich darf vielleicht hier einmal ausnahmsweise den Tatbestand verlesen: „Wer einen anderen bei einer Behörde oder einem zur Entgegennahme von Anzeigen zuständigen Beamten oder militärischen Vorgesetzten oder öffentlich wider besseres Wissen einer strafbaren Handlung oder der Verletzung einer Amts- oder Dienstpflicht – das ist geltendes Recht – in der Absicht verdächtigt, ein behördliches Verfahren oder andere behördliche Maßnahmen gegen ihn herbeizuführen usw. wird bestraft." – „Ebenso wird bestraft, wer in gleicher Absicht über einen andern bei einer Behörde oder einem zur Entgegennahme von Anzeigen zuständigen Beamten oder militärischen Vorgesetzten oder öffentlich wider besseres Wissen sonstige Behauptungen tatsächlicher Art aufstellt, die den andern als mit einem Makel behaftet erscheinen lassen."

Also auch in der Absicht, dass gegen diesen Menschen irgendetwas unternommen werden soll. Ich muss zugeben, dass das sehr weit geht. Die Erweiterung dieses Tatbestandes geht also über den Rahmen des § 164 in zwei Punkten hinaus: Einmal nicht bloß als strafbare Handlung, als disziplinwidrige Handlung, sondern auch in Bezug auf das unehrenhafte Verhalten und dann schlechthin eine Behauptung tatsächlicher Art, die wider besseres Wissen aufgestellt wird, also falsch ist, die den andern als mit einem Makel behaftet erscheinen lässt. Ob das die letzte Formulierung sein wird, lässt sich jetzt noch nicht sagen. Es sind sehr starke Wünsche an uns herangetragen worden, die ein Entgegenkommen in der Richtung einer Erweiterung gegenüber den Denunziationen rechtfertigen. – Es sind dann noch ein paar Nebenbestimmungen: Eine Mindeststrafe, wenn die Tat in der Absicht begangen wurde, sich oder einem Dritten Vorteile zu verschaffen. Das halte ich für notwendig, dagegen wird nichts zu sagen sein. Ebenso in besonders schweren Fällen – das steht nicht da –. „Neben der Strafe kann auf den Verlust der bürgerlichen Ehrenrechte erkannt werden". Das glaube ich, sollte man zulassen, denn es gibt Formen der Denunziation, die den wirtschaftlichen oder persönlichen Ruin oder auch die Zerstörung des Rufs eines Menschen verursachen können. – Nun darf ich gleich hier einschalten: Der Herr Kanzler, mit dem ich gestern über diese Frage ausführlich gesprochen habe, ist geneigt, jeder irgendwie strafrechtlich vertretbaren Erweiterung des Tatbestandes der falschen Anschuldigung zuzustimmen. Wir haben uns lediglich über den Wortlaut unterhalten. Ich wollte seinen Willen erkunden, wie er sich zu dem Gedanken überhaupt stellt. Ich möchte ausdrücklich hier das den Herren mit zur Kenntnis geben.

Es kommen dann in dieser Novelle zwei kleine Bestimmungen im Bereiche der *Abtreibung*. Das sind die vorbereitenden Handlungen, die darin bestehen, dass jemand sich oder seine persönlichen Dienste zu dem Zwecke der Abtreibung anbietet. Das ist auch keine neue Formulierung, sie stammt auch aus früheren Entwürfen und wurde vielfach gefordert.

Nun kommt eine weitere Materie, die, wie ich schon sagen darf, ein jahrzehntelanger Wunsch der deutschen Öffentlichkeit gewesen ist und die immer und immer wieder in Erscheinung trat, wenn nach einem Kindesmisshandlungsprozess

Strafen ausgesprochen wurden, die das Volk nicht befriedigt haben. Es ist hier ein besonderer Strafrahmen für die *Misshandlung von Kindern, Jugendlichen oder Gebrechlichen* aufgestellt, und zwar mit Verschärfung dann, wenn zwischen dem Misshandelnden und dem Misshandelten ein Dienst-, ein Treue- oder Arbeitsverhältnis besteht. In besonders schweren Fällen kann auf Zuchthaus bis zu fünf Jahren erkannt werden. Wer die Literatur, insbesondere die Fachliteratur über Kindermisshandlungsprozesse verfolgt hat, wird wohl kaum widersprechen, wenn ich sage, dass Gros aller dieser Kindermisshandlungsprozesse, wo also Monate, Jahre lang die schwersten Misshandlungen begangen wurden, die schon beinahe mit dem Tode des misshandelten Kindes geendigt haben, hat in der Mehrzahl der Urteile im großen Ganzen nicht befriedigt, ist der Meinung des Volkes nicht gerecht geworden. Ich muss das wenigstens von zwei Ländern, wo ich diese Prozesse genau kenne, mit aller Bestimmtheit behaupten.

Eine weitere Bestimmung findet sich auf dem Gebiete der *Körperverletzung*. Ich will zuerst die Bestimmung vorlesen und dann versuchen, sie zu erklären: „Wer eine Körperverletzung mit Einwilligung des Verletzten vornimmt, handelt nur dann rechtswidrig, wenn die Tat trotz der Einwilligung gegen die guten Sitten verstößt." Das ist derzeitiger Rechtszustand: Wenn der Verletzte mit der Körperverletzung einverstanden war, dann ist im großen Ganzen dem Strafrichter, von wenigen Ausnahmefällen abgesehen, die Möglichkeit der Verfolgung genommen. Das hat sich als außerordentlich misslich, ich möchte sogar sagen, geradezu als aufreizend fühlbar gemacht. In einem großen Prozess, der in einer bayerischen Stadt gespielt hat, wo es sich um die Verfolgung von raffinierten Sadisten gehandelt hat, die die Mädchen auf die grausamste Weise misshandelt haben, nicht bloß geschlagen, gegeißelt und gekreuzigt, ja mit dem Brenneisen behandelt haben, da ist die Strafverfolgung daran gescheitert im Großen und Ganzen, dass die alle erklärt haben, sie seien damit einverstanden gewesen. Dieser Fall würde nach diesem Paragraphen strafbar bleiben, weil trotz der Einwilligung eine Misshandlung zu sadistischen Zwecken, zur Befriedigung sadistischer Wollust, die gegen die guten Sitten verstößt, bestanden hat. Es würde im Rahmen dieses Gesetzes auch liegen, die Frage, die uns später noch wahrscheinlich sehr eingehend beschäftigen wird, nämlich die freiwillige Stellung des ... [!] Antrags. Auch hier kann der Fall so liegen, dass durch die Einwilligung die Sterilisation straflos wird, weil sie an sich aus dem Grunde, der hier vorliegt, nicht gegen die guten Sitten verstößt. Ich möchte das Thema jetzt nicht weiter verfolgen. Die Herren wissen ja, dass zurzeit die Meinungen sehr stark gegeneinander stehen wegen der sozialen, medizinischen und eugenischen Indikation. Immerhin, wenn man diesen Strafrechtsparagraphen hätte, dann wäre einmal überhaupt die strafrechtliche Grundlage geschaffen für ein Verfahren, das jetzt, meine Herren, tatsächlich schon geübt wird. Jeder, der Kenntnis von diesen Dingen auf diesem Gebiete hat, weiß, dass es auch jetzt schon, und zwar, wie mir berichtet wird, in gar nicht geringem Umfang eine Sterilisation mit Zustimmung des Betreffenden aus Gründen gibt, die von der Medizin als durchaus richtig, notwendig und im Interesse der Volksgesundheit gelegen, bezeichnet werden. Die

Fassung dieses Paragraphen ist auch an sich keine Neuheit, er hat nur gegenüber der früheren Fassung eine kleine stilistische Verbesserung erfahren.

Nun käme noch eine Materie, die letzte größere – alles andere sind Kleinigkeiten – das ist die Behandlung der *Untreue*, und zwar der Untreue in jedem Sinn, nicht bloß im Sinn des StGB, wo die Untreue im Allgemeinen geregelt ist, sondern auch im Sinne des Handelsrechts und der anderen, die mit diesem Gesetzesbegriff arbeiten. Die Herren Juristen werden sich ja vergegenwärtigen, dass der Begriff der Untreue nicht bloß im HGB vorkommt, sondern auch noch in einer Reihe anderer Gesetze: Dem Gesellschafts-, Genossenschafts-, Börsen- und Depotgesetz. Auch im Gesetz über die Privatversicherungsunternehmungen ist er verzeichnet. In allen diesen Fällen soll der Begriff der Untreue gegenüber der jetzigen Fassung erweitert werden, und zwar dahin, um es kurz zu sagen, dass Untreue nicht bloß begangen werden kann durch die Verfügung zu Ungunsten des Auftrag- oder Vollmachtgebers, also die rechtsgeschäftliche Verfügung, sondern auch allgemein durch jede Handlung, die den Interessen des Auftraggebers zuwider ist. (Sehr richtig!) Meine Herren, dieser Tatbestand ist sehr wichtig, denn er würde z.B. den Favag-Prozess anders gestaltet haben, als er verlaufen ist. Die Herren, die über den Ablauf des Favag-Prozesses Bescheid wissen, wissen, dass ein Teil der Verfolgung einfach daran gescheitert ist, weil im GmbH-Gesetz eine Bestimmung nicht so steht wie im HGB. Das halte ich für so wichtig, dass ich auch von der entgegenstehenden Überzeugung wenigstens einen Teil des Textes den Herren zur Kenntnis geben möchte. Er lautet: „Wer vorsätzlich die ihm durch Gesetz, behördlichen Auftrag – das ist neu – oder Rechtsgeschäft eingeräumte Befugnis, über fremdes Vermögen zu verfügen oder einen andern zu verpflichten, missbraucht oder die ihm kraft Gesetzes, behördlichen Auftrags, Rechtsgeschäfts oder eines Treueverhältnisses obliegende Pflicht, fremde Vermögensinteressen wahrzunehmen, verletzt und dadurch dem, dessen Vermögensinteressen er zu betreuen hat, Nachteil zufügt, wird wegen Untreue mit Gefängnis und mit Geldstrafe bestraft."

Die Herren, die den alten und den gegenwärtigen Tatbestand der Untreue vor Augen haben, werden unschwer erkennen, dass es im Rahmen dieses Tatbestandes kaum eine Lücke gibt, durch die ein ungetreuer Sach- oder Vermögensverwalter, aber auch ein ungetreuer Referent einer Stadtverwaltung oder ein ungetreuer Direktor eines Elektrizitätswerks entschlüpfen kann. Für besondere Fälle ist Zuchthaus vorgesehen. Diese Bestimmung würde nun genauso, auch mit den Strafverstärkungen in all den Gesetzen aufgenommen werden, die in Art. 3 oder 4 aufgeführt sind. Im Einzelnen interessiert das ja nicht, das ist eine juristisch-technische Frage.

Meine Herren, was sonst noch in dieser Novelle steht, beruht auf Wünschen, die von Polizeiministerien kommen. Es ist nicht der Mühe wert, das eingehender zu besprechen. Es handelt sich um den Missbrauch der Wappen des Reiches oder eines Landes, also um den Missbrauch des Reichsadlers zu Geschäftszwecken. Es handelt sich um eine Bestimmung aus dem Gesetz zur Bekämpfung der Unzucht, die ein wenig anders gefasst werden soll. Hierauf brauchen wir nicht einzugehen; denn das Gesetzgebungsbedürfnis liegt hier bei einem anderen Ressort. Wir müssen uns im Wesentlichen den Wünschen der Polizeiressorts einfach anschließen.

Für die Allgemeinheit und vielleicht auch in diesem Kreis wichtig zu sagen ist das, was unter Art. II steht. Das ist so, wie es hier steht, an sich gar nicht ganz verständlich. Die wesentlichen Worte in Art. 2 sind die, die aus dem MilStGB eine ganze Reihe von Paragraphen streichen, nämlich §§ 112 bis 112 f. Das, was im § 112 steht, ist gänzlich unwesentlich.

Die Herren erinnern sich, dass man einmal in besonderer Rage gegen alles, was Zweikampf heißt, eine Bestimmung gemacht hat, die für den Beamten den Amtsverlust, soviel ich unterrichtet bin, und für den Offizier den Verlust seiner Stellung zur Folge gehabt hat. Das war eine Bestimmung, die seinerzeit außerordentlich große Schwierigkeiten bei der Unterzeichnung durch den Herrn Reichspräsidenten gemacht hat, die aber trotzdem in das Gesetz hineinkam. Diese Diffamierung, diese ex effecto Diffamierung durch ein Zweikampfvergehen soll beseitigt werden. Die früheren Vorschriften beim Zweikampf militärischer Vorgesetzter und Untergebener sollen wiederhergestellt werden. Das wäre im Wesentlichen, abgesehen von den paar technischen Kleinigkeiten, der Inhalt dieser Strafgesetznovelle, die im jetzigen Stadium durchberaten ist durch mein Verwaltungsressort und von der ich die Absicht habe, in der nächsten Woche sie ins Kabinett zu bringen.

Da das dem Kabinett selbst noch nicht zugegangen ist, muss ich in diesem Fall um eine gewisse Vertraulichkeit bitten, weil es mir unerwünscht wäre, wenn das etwa in der Öffentlichkeit diskutiert würde, bevor auch noch das Kabinett und insbesondere der Herr Kanzler den Wortlaut der Sache in der Hand haben. – Kurz und gut, diese Materien, die hier aus dem Strafrecht herausgeschnitten sind, sollen ganz unabhängig von der Reform, die bald in Kraft tritt, betrachtet werden, einmal, um das Recht, das wirklich besteht, mit dem Geschriebenen in Einklang zu bringen und um so gut wie unbestrittene Wünsche auf dem Gebiet der Strafrechtsreform zu befriedigen. Der Einwand, den man früher gemacht hat, lasst die Novellengesetzgebung, sonst gefährdet ihr das endgültige Gesetz, hat kein Gewicht, weil wir für die Strafrechtsreform, wie ich hinzufügen darf, allein das Gesetz des Handelns in der Hand haben. Wir werden uns jedenfalls durch diese Strafgesetzesreform, durch diese Strafgesetzesnovelle uns nicht in der Reformarbeit behindern lassen. Im Gegenteil, ich wäre dankbar, wenn das endlich einmal aus ist, damit gewisse Arbeitskräfte, die jetzt gebunden sind, wieder arbeiten können. Meine Herren, das ist das zweite Kapitel, was ich kurz zur Kenntnis geben wollte.

Zum Schluss bitte ich noch einen Augenblick um Geduld, weil ich glaube, es wird auch Sie interessieren, was aus der sehr langen und ernsten Unterredung, die ich mit dem Herrn Kanzler hatte, für unseren Geschäftsbereich von Wichtigkeit ist. – Ich wurde gestern, nach der Kabinettssitzung, gebeten, mit dem Herrn Finanzminister und noch einem Mitglied des Kabinetts beim Herrn Kanzler zu bleiben. Wir wussten gar nicht, worum es sich handelte. Wir haben zunächst nur einen sehr ernsten und eingehenden Vortrag des Herrn Kanzlers angehört, dessen Grundgedanken so eindrucksvoll gewesen sind, dass ich sie, soweit ich das in dieser kurzen Zeit vermag, wiederholen möchte.

Der Herr Kanzler ist davon ausgegangen, was ich vorhin schon erwähnte, dass wir zurzeit in einem Meer von Denunziationen und menschlicher Gemeinheit leben. Er hat sich in den heftigsten Ausdrücken darüber ausgelassen, wie schamlos das wäre, dass zum Beispiel irgendjemand einen andern denunziert und sich selbst gleichzeitig als Nachfolger empfiehlt, was ja gelegentlich vorkommt. Er hat sich darüber ausgesprochen, dass es, wenn wir einen forschenden Blick in die Vergangenheit werfen – und damit kam er auf das Wirtschaftliche zu sprechen – kaum ein Unternehmen in Deutschland geben würde, das einer scharfen Durchprüfung anhand des Strafrechts standhalten würde. Er hat die Behauptung aufgestellt, und ich glaube, man wird kaum in der Lage sein, ihr wirksam zu widersprechen; die Vorschriften, die es in der früheren Zeit gegeben hat auf dem Gebiet des Steuerrechts, auf dem Gebiet des Devisenrechts usw. des Bilanzrechts sind so gewesen, dass ein Betrieb überhaupt gar nicht anders konnte, als bewusst diese zu übertreten. Er hat als eklatantestes Anfangsbeispiel dieses Zwiespalts zwischen gefordertem Recht und möglichem Recht nach meiner Meinung das richtigste Beispiel, nämlich die Zwangswirtschaft, genannt. Die Zwangswirtschaft nach dem Krieg hat diesen furchtbaren Zustand geschaffen. An jedem Tag wurden neue Gesetze gemacht, von denen sowohl der Gesetzgeber wie das gesamte Volk gewusst hat, dass sie nicht ausgeführt werden, weil sie nicht ausgeführt werden können. – Ich erinnere mich selbst eines Falls aus jener Zeit. Als ich einmal in jener Zeit in Berlin bei irgendeinem Gesetz einem Referenten sagte: Ja, glauben Sie, dass das praktisch durchgeführt werden kann, bekam ich die Antwort: Darauf kommt es gar nicht an. Es kommt bloß darauf an, dass das Gesetz erscheint. Ich erinnere mich ganz gut daran.

Der Herr Kanzler hat den Gedanken so fortgesponnen: Diese Gefahr, jeden Tag von irgendjemand, der davon Kenntnis hat, beim StA oder einer anderen Stelle denunziert zu werden, habe eine ungeheure Unruhe in die gesamte Wirtschaft gebracht. Es sei nicht möglich, und es sei auch nicht die Aufgabe des Dritten Reiches, alle Sünden des Zweiten Reiches zu sühnen. Das sind so Sätze, die mir wörtlich in der Erinnerung geblieben sind. Wir hätten mit der Gegenwart so viel zu tun, dass es unmöglich sein würde, die Vergangenheit in allen ihren Einzelheiten aufzublättern und nach dem Recht zu messen, von dem wir wollen, dass es Gemeingut des deutschen Volkes werden solle. Die Leute, die damals eine ganze Reihe von solchen Vorschriften übertreten haben, die haben ja gar nicht den Gedanken gehabt, Unrecht zu tun, sondern im Gegenteil, die waren vielfach der Meinung, dass der Staat ihnen Unrecht tut, und dass sie nichts anderes als eine Notwehr gegen ihn gebrauchten. Ein Gebiet hätte man hier als Beispiel erwähnen können, und wenn es der Herr Reichskanzler vor Augen gehabt hätte, hätte er es getan: Was sind die Vorschriften über die Bilanzerleichterungen anderes als die Wegbereitung zu einer Auffassung, dass die Bilanzwahrheit eben doch nicht so ganz notwendig sei? Die Vorschriften über die Bilanzerleichterungen haben bekanntlich die Gesetzgeber gemacht. Also insofern zeigt sich auch hier eine gewisse Wende der Auffassung, eine gewisse Wende der Anschauung.

Er hat nun bei dieser rückschauenden Betrachtung nach dem Sünder den Wunsch ausgesprochen, darüber nachzudenken, ob man nicht auf zwei Gebieten einen gewissen Strich auch unter die Vergangenheit ziehen müsste, nämlich erstens auf dem steuerrechtlichen Gebiet und zweitens auf dem kriminellen Gebiet. – Auf dem *steuerrechtlichen Gebiet* ließe sich das am besten noch manipulieren. Man hat hier sogar sich Einzelheiten durch den Kopf gehen lassen. Man könnte daran denken, dass also Vermögen, die sich der Vermögenssteuer entzogen und ins Ausland geflüchtet haben, wie das schon einmal geschehen ist, durch einen gewissen Anreiz zur Rückkehr veranlasst werden könnten. Man könnte daran denken, statt dass man Steuern einkassiert, dass man sie bei geringem Zinsfuß als Reichsanleihe übernimmt usw. Es ist nicht unser Ressort, es ist nicht unser spezieller Geschäftsbereich, und es ist auch gestern nicht eingehend behandelt worden. Es war nur der Gedanke, man sollte versuchen, irgendwie die Vergangenheit abzuschließen. Und wer willens ist, zurückzukehren, sollte nicht völlig verschlossene Türen finden.

Schwieriger ist es auf dem *kriminellen Gebiet.* Es war von vornherein klar und wurde auch von niemand widersprochen, dass es gewisse Formen des Verbrechens gibt, über die dieses Reich den Schleier der Vergessenheit nicht breiten kann, also beispielsweise ein ungeheurer Betrug, eine schwere Unterschlagung, eine schwere Depotunterschlagung, eine schwere Untreue. Das hat der Herr Reichskanzler selbst auf meinen Einwand zugegeben, dass ich mir das kaum vorstellen könnte. Dagegen gebe es doch eine ganze Reihe von strafbaren Handlungen, die man mit etwas anderen Augen ansehen könnte, und die also mehr auf dem Gebiet der Bilanzverschleierung lägen, der falschen Bilanzierung zum Zwecke der Erhaltung der Kreditwürdigkeit des Betriebs, zum Zweck der Erhaltung des Unternehmens, also im Allgemeinen nicht aus unmoralischer Gesinnung, aus verbrecherischer Gesinnung begangene, sondern aus anderen Motiven erfolgte strafbare Handlungen. Ich habe den Eindruck nicht verhehlen können, dass die Abgrenzung auf strafrechtlichem Gebiet hier sehr schwierig sein würde, aber dass das eine Sache sei, die des Nachdenkens wert wäre. Ich teile Ihnen das nicht zu dem Zweck mit, um das etwa einer öffentlichen Diskussion zu unterstellen, sondern zu dem Zweck, um Sie anzuregen, vielleicht selbst einmal nachzudenken, ob man das Strafrecht manipulieren kann und wie man das anfassen müsste.

In diesem Zusammenhang hat aber der Herr Reichskanzler noch einen anderen Gedanken ausgesprochen, nämlich den: Es sei ihm durchaus nicht wünschenswert und vorstellbar, dass die Brücken, die in die Vergangenheit reichten, zur Verfolgung strafbarer Handlungen noch verlängert werden sollen. Er hat sehr drastisch und nicht ganz ohne Humor gesagt: Wir haben ja mit dem Gegenwärtigen so viel zu tun, dass wir uns von der Vergangenheit das eine und andere, was nur irgendwie geht, vom Halse halten sollten. Die Frage dieser Rückwirkung von Strafdrohungen oder gar am Ende der Rückdatierung von Straftatbeständen wurde im Einzelnen bei dieser Gelegenheit nicht diskutiert. Sie ist an anderer Stelle vielfach erörtert worden. Sie wissen ja, dass die Reichsregierung selbst vor nicht sehr langer Zeit ein rückwirkendes Strafgesetz gemacht hat [Lex v.d. Lubbe, 29.03.1933, RGBl. I 151], welches ich kurzweg bezeichnen darf. Ich brauche mich über seinen Inhalt nicht auszusprechen.

Man hat vielfach aus diesem Akt den Schluss gezogen, man könnte das sehr wohl auch auf dem Gebiet des Strafrechts selbst tun oder mindestens auf dem

Gebiet des Verbrechens besonders hassenswerter Erscheinung. Ich kann nicht verschweigen, dass mir das affektive Wollen dabei durchaus verständlich ist. – Man kann sich vorstellen, welch einen Ärger ein StA empfindet, wenn er bei der Verfolgung einer strafbaren Handlung feststellen muss, dass sie gerade außerhalb der Verjährungszeit liegt. Ich habe mir erlaubt, das Gelände zu erkunden mit einem Referenten eines Landesjustizministeriums, das geradezu die Aufgabe hat, Korruptionen usw. zu behandeln, zu versuchen, einen Überblick zu bekommen, was denn da in der ferneren Vergangenheit an großen Fällen vorliegt. Dabei hat sich Folgendes ergeben: In sehr vielen Fällen reicht ein solches Korruptionsdelikt, das sich also meistens aus Untreue und Betrug zusammensetzt, wie Urkundenfälschung, als fortgesetztes Delikt in die Zeit der Verfolgbarkeit herein. Das ist *der eine Fall.*

Der *zweite Fall:* Wenn es kein fortgesetztes Delikt ist, hat der Lump, der im Jahr 1924 einer war, vielleicht auch noch im Jahre 1928 oder 1929 sich als solcher erwiesen. Und endlich und letztlich sind es eine Reihe von Fällen, wo zwar das Korruptionsdelikt in fernerer Vergangenheit liegt und verjährt ist, wo aber bei einem späteren Prozess über die Sache ein Meineid geschworen wurde. Das sind die drei Brücken, die über die Verjährungsfrist in die Vergangenheit zurückzugreifen wenigstens nach den Erfahrungstatsachen, die ich aus der unmittelbaren Praxis gehört habe. Ich möchte glauben, dass, wenn für eine und dieselbe Persönlichkeit ein schwerer Betrugsfall verjährt, wir jedem deutschen StA das anvertrauen dürfen in dem Sinn, dass auch das verjährte Delikt bei der Strafausmessung seine Berücksichtigung findet. Das Recht steht dem ja gar nicht entgegen. Meine Herren, es ist mir von ein paar Seiten, und zwar sehr ernsthaft zu nehmenden Seiten vorgehalten worden, wieso die Deutsche Reichsregierung sich bei der Lex Lubbe dazu hat verstehen können, den Gedanken, Strafgesetze durchzuführen, aufzuheben. Man hat darin einen Bruch eines allgemeinen internationalen Rechtssatzes gefunden. Ich bitte diese Mitteilung als ganz vertraulich zu behandeln. Und das ist auch der deutschen Regierung von einer anderen Regierung in der Zwischenzeit gesagt worden.

Ich selbst habe mich innerlich mit der Rückwirkung der Lex Lubbe abfinden können, und habe ihr zugestimmt und zwar aus folgendem Grund: Wenn wir das internationale Terroristentum bekämpfen wollen, also diejenigen Leute, die heute den dänischen Landtag, morgen den deutschen Reichstag anzünden, dort ein Schloss in die Luft sprengen, in eine Kirche in Sofia eine Bombe hineinschmeißen und was so ähnliche Terroristenakte sind, dann dürfen wir uns nicht an die Schranken halten, die das internationale Recht der Bekämpfung des politischen Vergehens zieht, dann ist es unmöglich, mit einem Auslieferungsrecht zu arbeiten, das den politischen Verbrecher anders behandeln will als den gemeinen Verbrecher. Ich persönlich könnte mir vorstellen, dass sämtliche europäische Staaten einer solidarischen Kompensation beitreten würden mit dem ausgesprochenen Zweck, das internationale Verbrechertum zu bekämpfen und zwar in der Form der 100%igen Rechtshilfe, gegenseitigen Rechtshilfe bis zum Vollzug der Todesstrafe. Ich meine dieser Art von Verbrechertum gegenüber, in dem ich eine europäische Gefahr oder eine Weltgefahr sehe, wenn Sie das sagen wollen, kann es nur einen

Willen geben, den Vernichtungswillen des Staates oder besser der Staaten. In diesem Rahmen kann man sich bereitfinden und ich habe mich dazu bereitgefunden, auch einen Grundsatz zu opfern, indem das StGB rückwirkend sein kann. Aber darüber hinaus ganz allgemein diesen Schritt zu unternehmen, schien mir augenblicklich wenigstens ohne genaueste Kenntnis des Erfolgs, den man damit erreichen würde, doch reichlich bedenklich zu sein.

Ich darf da noch eine Kleinigkeit einflechten, über die man sprechen kann, weil sie ja der Vergangenheit angehört. Die Herren erinnern sich, dass in Österreich vor einiger Zeit eine Kreditbank zusammengebrochen ist: die Österreichische Kreditbank, und dass dabei Depotunterschlagungen in riesenhaftem Ausmaß aufgekommen waren. Einer der Beschuldigten ist geflüchtet und wurde in Spanien festgenommen. Österreich hatte damals eine Art rückwirkendes Strafgesetz gemacht für diesen Spezialfall und zwar etwa in der Form: soweit Verjährungsfristen noch nicht abgelaufen sind, gilt eine höhere Strafdrohung als früher. Spanien hat damals die Auslieferung abgelehnt und zwar mit der Begründung, dieses Gesetz verstoße gegen einen internationalen allgemeinen Rechtsgrundsatz und deswegen würde Spanien die Auslieferung nicht billigen. Dass wir heute in der Welt etwa der gleichen Meinung gegenüberstehen würden, dafür habe ich faktische Anhaltspunkte und das dürfen wir uns, glaube ich, von niemand sagen lassen. Es widerspricht ja auch dem Empfinden des Volkes. Ich darf da an einen Fall erinnern, meine Herren, der Ihnen sicher gut im Gedächtnis ist. Das ist dieser Unglücksfall von Potempa [Mord durch SA-Leute; Umwandlung der Todesstrafe durch Gürtner, anschließend Amnestie; hierzu *P. Kluhe,* Vgh. für Zeitgeschichte 1957, 279 ff.]. Damals war eine höhere Strafdrohung in Kraft getreten um Mitternacht; in derselben Nacht ist eine strafbare Handlung begangen worden, die unter die neue Strafbestimmung fiel. Er war damals, soweit ich die Presse übersehe, mit einer einzigen Ausnahme von einem völlig sinnlosen Fanatiker, keine andere Stimme zu hören: was auch aus dem Prozess werden möge – das war lange vor dem Prozess – dieses Urteil kann mit dem neuen Recht nicht vollstreckt werden; denn die Täter konnten davon keine Kenntnis haben. Nach dem Buchstaben des Gesetzes wäre das sogar möglich gewesen. Aber wie ich damals mich überzeugen konnte, nach der Empfindung, die ganz allgemein im Volk war, auch bei denen, die die Tat als schrecklichste und gemeinste verurteilt haben, hat sich doch immer wieder die Erkenntnis gezeigt: das dürfe man nicht tun.

Meine Herren, ich mache Ihnen diese Ausführungen nicht deswegen, weil ich glaube, sie seien besonders aktuell in diesem Augenblick, sondern weil sie im Zusammenhang stehen mit dem Grundgedanken, den uns gestern der Kanzler entwickelt hat und dem wir in irgendeiner Form werden Rechnung tragen müssen. Dieser Grundgedanke geht also darauf hinaus, die von Tag zu Tag größer werdende Beunruhigung, die hauptsächlich in der Wirtschaft besteht, dadurch etwas zur Ruhe zu bringen, dass man für gewisse nicht aus gemeinstem Verbrecherwillen begangene strafbare Handlungen irgendwo in der Vergangenheit einen Strich zieht. Ich kann es nicht anders formulieren, denn es ist auch gestern nicht anders formuliert worden. Es wird unsere Sache sein, darüber nachzudenken, wie man das in eine gesetzestechnische Form gießen kann.

Meine sehr verehrten Herren, das war es, was ich mir vorgenommen habe, den Herren zur Kenntnis zu bringen. Ich habe das Motiv dazu am Anfang gesagt. Ich bin der Auffassung, dass für ein harmonisches Zusammenarbeiten zwischen dem Reich und zwischen den Ländern auf dem Gebiet, das uns zur Verwaltung anvertraut ist; Voraussetzung ist, dass wir uns gegenseitig auf dem Laufenden und im Bild halten. Ich wünsche, dass von Absichten der Reichsregierung auf irgendeinem Gebiet die Länder immer rechtzeitig in Kenntnis gesetzt werden. Wir brauchen dazu keinen Reichsrat. Das eignet sich ja auch nicht für den Reichsrat. Es sind eine ganze Reihe von Sachen da, die man leichter im kleinen Kreis besprechen kann als in der Öffentlichkeit. Darunter sind viele Sachen, die sich für die Verkündigung durch die Presse gar nicht eignen, wie z.B. Gesetzentwürfe, die noch nicht einmal das Kabinett hat oder Andeutungen und Mitteilungen diplomatischer Art. Aber den einen Zweck möchte ich dadurch erreichen, dass ein inniger Kontakt zwischen den Ländern und zwischen dem Reich auf dem Gebiet der Justiz entstehen und, soweit er schon entstanden ist, erhalten bleiben möge. Meine sehr verehrten Herren, das ist nicht nur mein persönlicher Wunsch – natürlich ist es auch persönlich sehr angenehm und überaus erwünscht, mit jedem einzelnen Chef der JVerw. bekannt zu sein und mit ihm gelegentlich das und jenes zu besprechen –, sondern in allererster Linie ein dienstlicher Wunsch. Ich bin der Auffassung, dass das das gemeinsame Ziel ist, dem wir dienen, und schließlich hat jeder von uns kein Ziel für sich, das wir auf dem Wege, wie er mir vorschwebt, am besten erreichen werden.

In diesem Sinne bitte ich die Stellung und das Amt des Reichskommissars aufzufassen und mit allen Kräften zu unterstützen. Über die Aufgaben des Herrn RJKomm. bestehen draußen in der Bevölkerung Mitteilungen, die nicht ganz mit der Wirklichkeit übereinstimmen. Wenn z.B. einer, der einen Prozess verloren hat, sämtliche Stellen von Preußen und dem Reich mit Eingaben überschwemmt hat, jetzt in der Zeitung liest, dass ein RJKomm. da ist, dann wissen Sie alle, dass er an den RJKomm. auch noch einen Brief schreibt, der Herr RJKomm. sei für Erneuerung der Rechtspflege da. Ich weiß, derselbe wird am wenigsten über diese Erweiterung seiner Kompetenz erfreut sein. Aber das, was uns vorgeschwebt hat beim Reichskommissariat, das war vor allem ein Verbindungsglied, und zwar nicht in der häufig gar nicht zu manipulierenden, überhaupt nicht darzustellenden Form der Reichsaufsicht des Art. 16 der Verfassung, sondern in der lockeren und legeren, aber nicht minder wirksamen Form der persönlichen Fühlungnahme auf den Gebieten sowohl der Gesetzgebung wie der JVerw. und, soweit es überhaupt möglich ist, der Rechtsprechung. Meine Herren, ich bitte Sie in diesem Punkt um Unterstützung. Seien Sie überzeugt, dass es nicht bloß zu unserem, sondern zum Vorteil des deutschen Rechts sein wird.

ReichsJKomm. Dr. Frank II München: Ich darf dem Herrn RJM für seine tiefschürfenden Ausführungen danken, und ich möchte nunmehr im Anschluss daran Ihnen, meine Herren, kurz noch Einiges sagen über die Einrichtung des

Reichskommissariat, insbesondere um den *Pkt. I der TO*, damit der Debatte zu unterstellen. Auf einen Punkt ist Herr RJM nicht eingegangen, nämlich gerade auf diesen Punkt, der in dem einen Fall ganz besonders aktuell erscheint, in dem es sich um die Durchsetzung der reichsrechtlichen Vorschläge, um die Wiederherstellung des Berufsbeamtentums in der Justiz handelt. Ich möchte Sie, liebe Parteigenossen, bitten, einmal ganz kurz jetzt gleich dazu Stellung zu nehmen, ob in allen Ländern nunmehr Ausführungsbestimmungen zu diesem Reichsgesetz bereits erlassen sind. Haben – darf ich mir die Frage erlauben – alle deutschen Länder, soweit sie hier vertreten sind, Ausführungsbestimmungen insbesondere zu dem Gesetz über die Rechtsanwälte, Notare usw. erlassen? In welchen Ländern sind derartige Ausführungsbestimmungen noch nicht erlassen? (*Zurufe* aus Lippe, Hamburg, Baden, Württemberg, Oldenburg, Mecklenburg-Schwerin, Mecklenburg-Strelitz, Lübeck nur eine Anordnung, keine Bestimmung!)

Mit anderen Worten nur in einem ganz kleine Kreis. Dagegen sind in Preußen und Bayern Ausführungsbestimmungen erlassen worden. Meine Herren, ich glaube, dass die Aufgabe des RJKomm. für die Gleichschaltung gerade auf diesem Gebiet natürlich eine wesentliche ist derart, dass ohne Rücksicht auf den Inhalt der Gesetze und eine Kritik oder einer kritischen Stellungnahme zum Inhalt der Reichsgesetze doch der RJKomm. dafür zu sorgen hat, dass dem Willen des Reichsgesetzgebers in den Ländern der Durchbruch eröffnet wird. Das sollte eigentlich selbstverständlich sein. Meine Herren, soweit Ausführungsbestimmungen noch nicht erlassen worden sind, sage ich das nicht in dem Sinn eines gegensätzlichen Willens gegenüber der Reichsinstanz. Aber ich würde Sie, verehrte Parteigenossen, die Chefs von Länderverwaltungen sind, in denen überhaupt noch nicht Ausführungsbestimmungen erlassen worden sind, doch bitten, derartige Ausführungsbestimmungen zur Aufklärung auch ihrer eigenen Länderöffentlichkeit unverzüglich erlassen zu wollen. Das gilt für alle Zukunft derart, dass der RJKomm. sich erlauben wird, beim Erlass von Reichsgesetzen grundsätzlicher Art mit den LJVerw. sofort wieder in Verbindung zu treten, um diese Ausführungsbestimmungen auch der Auswirkung nach möglichst einheitlich und übereinstimmend zu gestalten.

Die Einrichtung der Zusammenkünfte der LänderJMin. ist eine revolutionäre Errungenschaft. Wir nationalsozialistischen JMin. haben diese Einrichtung als erste in dem Sinn aufgezogen, wie wir sie bis jetzt durchgehalten haben, auch künftig durchhalten werden. Wir sind in dem Punkt altbekannte Gefährten. Aber ich möchte hier gleich eines sagen: Als LJMin., liebe Parteigenossen, haben Sie eine andere Aufgabe und Verantwortung denn als Mitglied in dem Propagandadienst der NSDAP.

Diese beiden Aufgabenbereiche dürfen nicht gegeneinander ausgetauscht werden. In eingehender Aussprache mit dem Führer, in der ich ihm immer wieder die Klagen unterbreitete, die hier durch das Reichsgesetz über die Wiederzulassung von jüdischen Anwälten entstanden sind, weil es m.E. für die Nationalsozialisten – ich sage das ganz offen, Herr RJMin. – eine Unmöglichkeit darstellt, die nicht vereinbar ist mit unserem eigenen Wollen, unvereinbar schon im Inhalt nach, auch mit dem Ziel unserer Bewegung, wurde dies erörtert. Als Führer des nationalsozialistischen Richterbundes erkläre ich, dass ich nicht ruhen und rasten werde, bis wir diese Programmgrundsätze unserer Bewegung auch im Recht restlos durchgesetzt haben werden. Ich muss aber doch als RJKomm. und JMin. des Landes Bayern betonen, meine Herren, dass wir diesen propagandistischen Aufgabenbereich im Rahmen der Parteiorganisation durchzuführen haben, dass aber das Landesjustizamt nicht dazu da ist, Parteipropaganda, sagen wir einmal, ausschließlich oder in erster Linie zu treiben, sondern dass wir in dem Gesamtrahmen des Dienstes uns dem Führer, der ja in dem Falle nicht der Führer unserer Partei, sondern der Reichskanzler im Reichsorganismus ist, nach seinem Willen und nach dem Tempo, das er gibt, zur Verfügung zu stellen haben. Ich möchte das ganz grundsätzlich zu Beginn der Aussprache feststellen, weil es auch dem Willen und Auftrag des Führers entspricht, dass dieses beachtet wird.

Meine Herren, ich bin fest überzeugt, dass Sie mit mir einverstanden sind, wie wir alle uns ja bereits wieder in lebendiger Kritik gegenüber manchen reichsrechtlichen Dingen befinden. Ich darf es hier gerade in diesem Kreise ganz offen aussprechen, Herr RJMin., dass es uns damals als Nationalsozialisten wehe getan hat, dass wir über den Inhalt des zu erwartenden Gesetzes und über die Anwendung des Gesetzes über die Wiederherstellung des Berufsbeamtentums, auch bei den Rechtsanwälten und Richtern bis zum letzten Augenblick keinerlei Möglichkeit hatten, von dem Inhalt Kenntnis zu nehmen. Ich entsinne mich, dass ein sehr prominenter LJMin. noch durch telefonischen Anruf versucht hat, irgendwelche Nachrichten aus dem RJMin. zu bekommen, dass er sie aber bis zum letzten Augenblick nicht bekam, bis die Presse selbst, soweit ich mich besinnen kann, von diesem Gesetz Nachricht gab. Ich freue mich, dass der Herr RJM an alle JVerw. das Ersuchen richtete, dass sie, wenn das RJMin. den Wunsch habe, voll Vertrauen mitwirken, möchte aber auch bitten, dass dieses Vertrauen auch den LJVerw. entgegengebracht wird, indem man derartige Ersuchen, die von LJM formell gestellt werden, soweit möglich berücksichtigt. Ich glaube, in jenen Tagen war es durchaus nötig, dass man dem preuß. JM den Inhalt des zu erwartenden Gesetzes bekannt gab.

Darüber hinaus, meine Herren, möchte ich Sie bitten, die Einrichtung des Reichs-Kommissariats dadurch zu unterstützen, dass Sie Ihre Wünsche und Anregungen, ich möchte sagen Ihren eigenen Länderbedarf an rechtspolitischen Maßnahmen dem RJMin. bekannt geben. Wir wissen ja Bescheid, wir kennen uns alle als Juristen, keiner ist hier unter den Nationalsozialisten, der nicht in allen diesen Kampfjahren dieser furchtbaren Zeit mit uns zusammengestanden wäre. Wir kennen uns alle aus Versammlungen, aus dem Ringen unserer Bewegung. Wir wissen genau, dass die ganze jetzige Entwicklung nicht da wäre, wenn unser Führer sie nicht eingeleitet hätte. Wir sind ein Stück von ihm, das hat er uns selbst vor einigen Tagen gesagt, aber trotzdem, meine Herren, kann ich ebenso ernst Ihnen sagen, dass diese Vermengung von parteipropagandistischen Aufgabenkreisen und Staatsaufgabenkreisen den Führer wiederholt mit ernster Sorge erfüllt hat. Wenn der Führer selbst erklärt, er kann einen gewissen Programmpunkt der Bewegung jetzt aus irgendwelchen Gründen nicht verwirklichen, dann hat nicht eine andere Parteidienststelle, die zufällig ein Staatsamt bekleidet, die Möglichkeit zu sagen, nein, jetzt werde ich irgendeinen Programmpunkt ohne Rücksicht auf den Führer doch durchsetzen. Das geht nicht. Hier muss absolute Geschlossenheit zwischen dem Führer und der Partei bestehen. Es geht nicht, dass man entgegen dem Willen und Wissen des Führers glaubt, ein Sondertempo in der revolutionären Entwicklung einschlagen zu können. Dieser Ehrgeiz – ein Land möchte das andere in den revolutionären Belangen übertrumpfen – wirkt sich hemmend für das Gesamtwollen unseres Führers aus und ist daher auch als Willensrichtung einzustellen.

Wir sind hier eine Kampffront, die in einer Linie vorrückt. Vordrängungen sind nicht erlaubt und sind für das Gesamte schädlich. Meine Herren, dazu kommt, dass wir eben leider diese Möglichkeit auch nicht erzwingen können dadurch, dass wir dem Führer kundtun, in dem einen oder anderen Land ginge etwas ohne weiteres. Das geht deshalb nicht, weil der Führer nicht nur an die Innenpolitik denken kann, sondern auch an die Gesamtmöglichkeiten des Deutschtums im Weltbereich zu denken hat. Und da sehen die Dinge doch oft ganz wesentlich anders aus, denn dass unsere außenpolitische Lage in diesem Augenblick keine sehr erfreuliche ist, ich glaube, das wissen wir alle, die an diesem Tische sitzen. Daher, meine Herren, teilt sich das Reichskommissariat in die beiden Aufgaben: Die eine wird sein, dass den Länderjustizministern erlaubt wird, mit Vorschlägen und Ausführungsbestimmungen zu kommen und dass auch erlaubt wird, an gewissen Ausführungsbestimmungen die Änderungen zu erbitten, die man im Interesse der Gleichschaltung für nötig erachtet. Weiter kommen in Betracht – das wäre also, möchte ich sagen, eine Gleichschaltung in der Zukunft – die jetzt entstehenden Reichsgesetze, die kommenden Ausführungsbestimmungen. Die Angleichung bereits bestehender landesrechtlicher Regelungen im Gesamtgebiet des Deutschen Reiches ist eine ganz große zweite Aufgabe, die eigentlich schon in das große Gebiet der Reichsreform hineingehört. Wir werden Ihnen in diesem Sinne, meine Herren, vom Reichskommissariat aus schon in den nächsten Tagen unsere Grundsätze bekanntgeben und ich möchte Sie sehr bitten, dass daraus eine stehende Einrichtung wird; dass wir uns genauso mit echt nationalsozialistischer Härte unsere Meinung sagen und dass wir nicht etwa mit irgendwelchen Floskeln oder aus Rücksichten anderer Art vor etwas zurückschrecken.

Nein, meine Herren, dazu bin ich ein zu alter Hitlerianer, als dass ich das von Ihnen verlangen könnte. Wo ich einen Fehler sehe, wo nach meiner Meinung etwas nicht richtig zusammenpasst, werde ich das ungeniert sagen. Wir kennen alle einander und wissen, dass das nicht übelzunehmen ist. Aber, meine Herren, dieses große Gebiet der Gleichschaltung, der bereits bestehenden landesrechtlichen Ordnung untereinander können wir heute in dieser Sitzung nicht grundsätzlich erörtern. Daher seien Ihnen etwa die Punkte 2, 3, 5, 6, 8, auch 10 heute schon zur Erörterung mit Ihren eigenen Referenten aufgegeben, und zwar derart, dass wir uns in einer in 14 Tagen, drei oder vier Wochen zu erwartenden neuen Tagung der Länderjustizminister über diese Dinge schon eingehender unterhalten können. Dabei möchte ich von vornherein sagen: Ich halte mich – dazu verpflichtet mich schon mein Bayerntum – für verpflichtet, mich mit aller Gewalt, Herr RJMin., gegen eine irgendwie geplante Vergewaltigung der Länder, und sei sie auch in der süßesten Form gedacht, zu verwahren. Ich bin überzeugt, dass da wertvolles Kulturgut zu vertreten ist, wie ja auch die Württemberger bereits für ihre echt schwäbischen Belange hinsichtlich der Notariate eingetreten sind. Ich halte es für notwendig, dass da, wo es nicht absolut notwendig ist, überhaupt nicht eingegriffen wird. Bei den Notariaten wird es sich im Wesentlichen auch nicht um den grundsätzlichen Aufbau und die Struktur handeln, vielmehr, wie der Herr RJMin. bereits sagte, um das Gebührenwesen, dass nicht in dem einen Lande die Gebühr in doppelter Höhe bezahlt werden muss als jenseits der Grenze, für ungefähr den gleichen Akt.

Meine Herren, zu Punkt 1 möchte ich Sie noch einmal bitten, diese Ausführungsbestimmungen etwa nach dem Muster, ich darf sagen, das der RJKomm. selbst in Bayern erlassen hat und nicht unbedingt nach dem Muster, das in einem anderen Lande für die Ausführungsbestimmungen erlassen wurde, zu verfahren. Die Ausführungsbestimmungen sind vor allem dazu da, dass das Land kundgibt: Jawohl, in meinem Lande werden bereits die Gesetze des Reichs vollzogen.

Punkt 2: Beseitigung der Auswüchse des Erziehungsstrafvollzugs im Wege einer Vereinbarung der LJVerw. ist ebenso wie Punkt 1, meine Herren, jetzt zur Debatte gestellt. Ich sehe zu beiden Punkten Ihren Wortmeldungen entgegen.

Preuß. JMin. Kerrl: Meine Herren, ich halte mich für verpflichtet, insbesondere noch einmal zu dem *ersten Punkt der Tagesordnung zu sprechen* und dabei darauf aufmerksam zu machen, dass wir heute die dritte JMinKonferenz haben. Die erste JMinKonferenz hat sich eigentlich ganz allein um die Frage der Erlassung eines Reichsgesetzes über die Zulassung zur Rechtsanwaltschaft gedreht. Ich möchte dabei erwähnen, dass mir die damalige JMinKonferenz sehr unangenehm in die Quere gekommen ist. Ich hätte es viel lieber gesehen, das Reich hätte sich damals noch gar nicht mit der Frage der Erlassung eines Gesetzes über die Zulassung zur Rechtsanwaltschaft befasst, denn wir in Preußen waren absolut so vorgegangen, dass unser Verfahren allein durch unsere Maßnahmen gedeckt wurde. Keinen Schritt haben wir getan, ohne zu prüfen, ob wir ihn tun konnten. Wir wären vier Tage später in der Lage gewesen, die Frage als geregelt anzusehen, es wäre alles in Ordnung gewesen für uns. Wir kamen aber an diesem Tage doch zusammen und haben uns damals sehr eingehend ausgesprochen. Wir waren sämtlich absolut einig in dem was wir wollten und für notwendig hielten. Wir haben mit dem RJM damals das zu erlassende Gesetz eingehend besprochen und haben uns alle damit, das ergab die Aussprache hinterher, der absoluten Hoffnung hingegeben, dass das, was wir wollten, auch unbedingt in der Reichsgesetzgebung in seinen Grundzügen durchgeführt wurde. Ich habe damals dem Herrn RJM gesagt, ich müsste darauf außerordentliches Gewicht legen, dass in das Gesetz selbst nicht etwa die von uns für selbstverständlich angesehenen Ausnahmen hineinkämen, sondern dass diese Ausnahmen absolut der Ausführung überlassen würden, die ohne weiteres gesichert seien, weil wir Justizminister ja nicht nur in der Hauptsache, sondern überhaupt sämtlich Nationalsozialisten wären, die sich ohne weiteres unter den Befehl des Reichskanzlers stellen, so dass die Einheitlichkeit der Durchführung von Reichsgesetzen ohne weiteres gewährleistet ist.

Wir haben dann nichts gehört. Ich habe ein paar Tage hinterher den Herrn StS Dr. Schlegelberger angerufen und gefragt, was ist eigentlich in dieser Sitzung geworden? Es wurde mir entgegnet, das Gesetz sei noch nicht redigiert und der Herr StS könne darüber nichts sagen. Ich glaube, wir waren wohl berechtigt zu verlangen, wenn das Kabinett die Sache beschlossen hatte, sofort zu erfahren, was eigentlich los war. Ich habe aber nichts bis zu dem Tage erfahren, wo es in der Presse allgemein veröffentlicht wurde. Da kann ich allerdings sagen, das war nicht nur eine Enttäuschung über das, was mir vorher gesagt wurde, sondern ich war auch außerordentlich enttäuscht über den Inhalt dieses Gesetzes, der genau entgegengesetzt den in der Länderministerkonferenz beschlossenen Richtlinien erlassen worden war. Gerade das, was wir nicht wünschten, war in das Gesetz hineingekommen. Ich habe mich darüber erkundigt, wie das hatte zustande kommen können, denn ich weiß genau, dass unser Führer von Anfang an selbstverständlich die Ausnahme gewollt hat. Selbstverständlich konnte der Führer das noch nicht juristisch im Einzelnen beurteilen, was in dieser Beziehung richtig war. Ich muss also sagen, die Fassung des Gesetzes in dieser Form kann ich natürlich nicht dem Führer zur Last legen, sondern nur dem RJMin. Der RJM hat sich in diesem ganz bestimmten Falle nicht um die LänderJMin. gekümmert, sondern ist seinen eigenen Weg gegangen. Über den Entwurf selbst, über das Gesetz selbst, über seinen Inhalt brauchen wir kein Wort zu verlieren. Es entspricht nicht unserem Willen und auch nicht dem unseres Führers. Ich habe mit dem Führer sehr häufig darüber gesprochen. Ich war gestern Nacht bis halb zwei mit ihm zusammen. Der Führer konnte selbstverständlich nicht wissen, wie das absolute Zahlenverhältnis der Juden zur Rechtsanwaltschaft war. Wenn er es gewusst hätte, wäre er nicht bereit gewesen, ohne weiteres die Bestimmung des Berufsbeamtengesetzes, die allen denen, die am 01.08.1914 im Amte waren, nun auch die Zulassung zur Rechtsanwaltschaft gestattet, gutzuheißen.

Das Zahlenverhältnis ist so, dass insgesamt als Beamte in Preußen an Juden zusammen vielleicht 150 angestellt waren, und dass als Rechtsanwälte weit über 2.000 zugelassen waren. Man konnte sie nicht über einen Kamm scheren. Wir kamen noch einmal als Landeskomm. [oben S. 481 ff.] zusammen. Bei dieser Zusammenkunft in München hat mein Kollege MinDir. Freisler den grundlegenden Vortrag gehalten und hat darin als ganz selbstverständlich vorangestellt, und darüber brauchen wir uns nach meiner Auffassung gar nicht zu unterhalten, dass für uns gar nicht in Frage kommen könnte, irgendwie ein Reichgesetz, das die Unterschrift unseres Führers trägt, zu sabotieren, nicht einmal den geheimen Gedanken für sich zu hegen, man wolle es sabotieren. Wir haben von vornherein erklärt: Wir denken nicht daran, sondern wir sind nicht nur loyal, wir sind überhaupt Soldaten. Wir sind nicht in das Amt hineingezogen – das habe ich auch bereits betont, als ich Justizminister wurde – als Standespersonen, sondern damals als politische Soldaten der nationalsozialistischen Weltanschauung. Als politische Soldaten unterscheiden wir uns von unseren Vorgängern dadurch, dass wir in absoluter Disziplin und Manneszucht hinter unserm Führer stehen, damit ihm in jeder Beziehung geholfen wird. Wir waren uns aber auch darüber einig, dass die Ausführungsverordnung des RJMin. absolut nicht den Tatsachen Rechnung trug.

Der Herr RJMin. erließ sofort eine Ausführungsverordnung, in der er einfach feststellte: Wer am 01.08.1914 als Rechtsanwalt zugelassen wurde, könne nunmehr ohne Rücksicht auf mein Vertretungsverbot wieder eintreten. Das stimmt nicht. Das war meine Auffassung. Sondern es war ganz selbstverständlich, dass jetzt von uns aus eine sorgfältige Prüfung stattfinden musste, und zwar deshalb, weil wir nicht nach dem Grundsatz verfahren können, heraus aus den Kartoffeln, rein in die Kartoffeln. Wir können nicht sagen: Wir lassen euch alle zu und prüfen hinterher nach, wen wir herausschmeißen wollen, sondern die jetzt von uns getroffene Durchführung des Gesetzes muss zur Folge haben, dass das, was in der VO bestimmt wurde, endgültig durchgeführt wird. Es wurde nach den Ausführungsbestimmungen gefragt, die von den Ländern erlassen werden. Wir haben uns damals in der Länderministerkonferenz allerdings alle darauf geeinigt, es wäre gar nicht notwendig, Ausführungsbestimmungen und AusführungsVO schriftlich zu erlassen, sondern wir alle waren uns ja über die Art der Durchführung so absolut einig in der Auffassung, dass es gar nicht notwendig sei, derartige Bestimmungen schriftlich zu erlassen, man könnte das schon jedem Einzelnen überlassen. Ich habe dann doch Ausführungsbestimmungen erlassen, weil ich in Berlin merken musste, dass von allen Seiten gegen mich gehetzt wurde, als ob ich etwa die Durchführung des Gesetzes nicht loyal betreiben würde. Ich habe die AusführungsVO erlassen, die m.E. über jeden Zweifel erhaben ist, und bei der ich nicht im Geringsten beabsichtige, die Durchführung illoyal durchzuführen. Ich habe es für notwendig gehalten, dass die anderen Herren genauso Ausführungsbestimmungen erlassen, wie wir es getan haben, oder sie konnten es auch lassen. Nach meinem Dafürhalten war durch die vorige JM-Konferenz das Verfahren gewährleistet wie wir es gemacht haben. Ich habe keinen Zweifel darüber gelassen, dass ich mir solche Vorwürfe, ja nicht einmal den Gedanken ihres Inhalts gefallen lasse, worin man mir vorwirft, ich würde irgendwie illoyal gegenüber einem Reichsgesetz handeln. Ich glaube, dass ich in Ihrer aller Namen spreche, dass Sie das genauso gedacht haben. In der Beziehung ist die Gleichschaltung gewährleistet. Da wäre nicht einmal die Einsetzung eines RJKomm. für die Gleichschaltung notwendig. Da wir Nationalsozialisten sind, versteht es sich für uns von selbst.

Die Durchführung dieses Judengesetzes ist allerdings unerhört in ihrem Erfolg für uns. Darüber besteht kein Zweifel. Wir können nichts daran ändern. Insofern muss auch das uns egal sein. Ich habe in Berlin sofort ein Dutzend von anonymen Anzeigen bekommen, die unerhört waren.

Wir sind in Berlin zu der Feststellung gekommen, dass insgesamt 3.398 Anwälte zugelassen waren; davon Arier 1892, Juden 1898. Damals hatten wir 36 Anwälte insgesamt zugelassen aufgrund des Rechtsanwaltsgesetzes. Nunmehr haben wir 1.135 allein in Berlin zulassen müssen. Insgesamt haben wir in Preußen 8.352 Arier unter den Anwälten und 3.482 Juden. Nach den bisherigen noch längst nicht endgültigen Feststellungen müssen wir voraussichtlich 1.706 Anwälte wieder zulassen.

Das ist bei uns immer die Grundlage unserer Überlegung gewesen: wir haben damals in der ersten Sitzung dem RJMin. nicht den geringsten Zweifel darüber gelassen, dass wir selbstverständlich loyal die Bestimmungen durchführen werden, dass wir aber befürchten, wenn sie etwa so durchgeführt würden, wie es nun der Fall ist, dass das Volk sich die Durchführung nicht gefallen lässt. Weil wir diese Gefahr sahen und weil wir nicht wollten, dass die Reichsregierung selbst in eine so unbequeme und unangenehme Lage hineinversetzt werde, dass das Volk selbst sich gegen die Durchführung eines Reichsgesetzes einsetzen werde, war für uns immer die Grundlage unserer sämtlichen Überlegungen: Wie vermeiden das? Wie sichern wir eine Durchführung des Reichsgesetzes in der Form, dass nicht das Volk etwa dagegen aufsteht? Weiteres habe ich nicht gewollt. Wir müssen sagen: Nachdem wir die Resultate festgestellt haben, weiß ich noch nicht, wie wir diese gehegten Befürchtungen für die Zukunft ausschalten wollen. Wir sind in Preußen vorläufig dazu gekommen, dass die Durchführung noch bis zum 11. für die jüdischen Anwälte in Berlin vertagt wird. Ich muss aber sagen, wenn das Kabinett auch nur eine Ahnung von diesen Resultaten gehabt hätte, würde es das Gesetz nicht in der Form erlassen haben. Darüber haben die Mitglieder des Reichskabinetts, soweit sie auch im preußischen Kabinett sitzen, sowohl der Herr MinDir. Dr. Popitz wie auch MinPräs. Göring keinen Zweifel gelassen.

Wenn sie davon eine Ahnung gehabt hätten, hätten sie sich mit allen Mitteln dagegen gesträubt. Beide Herren waren der Ansicht, dass es notwendig sei, eine Änderung vorzunehmen, und dass endlich für die Zukunft gewährleistet werden müsste, dass bei Reichskabinettsitzungen nicht nur Personen, die in Rahmengesetzen keine praktische Erfahrung haben, sondern zur Beratung die Minister der größten Länder, der preußische Fachminister hinzugezogen werden müssten. Ich hoffe, dass das für die Zukunft auch gewährleistet sein wird. Ich bin überzeugt, wäre ich in der Kabinettssitzung zugegen gewesen, wäre es ausgeschlossen gewesen, dass das Gesetz Tatsache geworden wäre. Ich weiß nicht, was werden soll, ob die Reichsregierung überhaupt in Betracht ziehen kann, heute schon eine Änderung des Gesetzes vorzunehmen. Ich muss das absolut der Reichsregierung überlassen, damit ich mich nicht dem Verdacht aussetze, dass ich irgendwie eine illoyale Durchführung erzwingen wollte.

Wir werden also das Gesetz so durchführen, wie ich aufgrund der reichsgesetzlichen Bestimmung dazu verpflichtet bin. Ich bin auch nicht mehr in der Lage, das vielleicht peu à peu zu tun, sondern ich bin nach meinem Dafürhalten verpflichtet, es mit einem Schlag zu tun. Wir müssen dann abwarten, was kommen wird. Das war das, was ich zum ersten Punkt der TO zu sagen hatte.

Zu den übrigen Ausführungen des Herrn RJMin. möchte ich noch sagen, dass das, was der Führer gestern ihm und dem RFMin. auseinandergesetzt hat, dass er das mir gestern Abend auch noch einmal auseinandergesetzt hat, dass er, der schon auf der vorigen Länderkonferenz der JMin. gesprochen hatte, jedenfalls absolut mit mir in der Ansicht konform geht, dass man die Sache in Bezug auf die Korruptionen der Vergangenheit bestimmt nicht übersteigen darf. Ich habe mich gestern gegen den Gedanken eines Generalpardons gewehrt habe gesagt: Das, was in meinem Korruptionsdezernat in Preußen – und das wird überhaupt wohl für Deutschland grundsätzliche Bedeutung haben – bisher zur Behandlung steht, sind überhaupt die Steuerfragen. In Steuerfragen würde ich von mir aus gesagt haben: Bitte sehr, das wollen wir mit dem Mantel der christlichen Liebe zudecken, denn wir haben damals auf dem Standpunkt gestanden: Dieser Staat hat in einer Weise gegen seine Volksgenossen verfahren, dass man bei einer Steuerhinterziehung es dem Volk nicht übelnehmen kann, wenn es sich geholfen hat. Ich bin überzeugt, wenn es sich nicht geholfen hätte, gäbe es in Deutschland keinen wirtschaftlichen Betrieb mehr, der überhaupt noch bestünde. In der Beziehung wäre ich von vornherein schon sehr nachgiebig gewesen. Aber die Korruptionsverfahren, um die es sich praktisch handelt, sind nun einmal von so großer krimineller Bedeutung, dass wir in der Beziehung nach meinem Dafürhalten keinen Generalpardon eintreten lassen dürfen.

Ich bin aber andererseits auch der Meinung, dass wir nicht eine Verlängerung der Fristen nach rückwärts eintreten lassen dürfen. Wir haben allerdings auf der vorhergehenden Konferenz einen dahingehenden Antrag gestellt. Ich ziehe ihn in diesem Zusammenhang zurück. Ich habe mich inzwischen überzeugt, dass es besser ist, keine Verlängerung der Fristen eintreten zu lassen. Wir haben mit der Gegenwart und der Vorbereitung hinreichend zu tun, und wenn man den einen oder andern auf diese Weise verstimmt, indem man berüchtigte Bösewichte nicht am Schlafittchen kriegt, dann ist die Sache auch nicht so schlimm. In der Beziehung dürfen wir sonst nicht lasch werden, sondern müssen energisch vorgehen. Es ist augenscheinlich von Seiten der Wirtschaft beim Führer der Eindruck erweckt worden, als wenn ein starker Rückgang in den letzten Monaten in geschäftlicher Richtung eingesetzt habe, der in der Hauptsache als Folge des Eingreifens in diese Korruptionserscheinungen aufzufassen sei. Das ist aber nach meinem Dafürhalten bestimmt nicht der Fall, sondern ich habe mit Freuden gesehen, wie bestimmte Größen in unserem bisherigen Wirtschaftsleben, von denen man annahm, dass ihr Sturz mit Freuden begrüßt würde, schlotternde Beine bekommen haben, und dass man hinterher versucht, immer wieder den Eindruck zu erwecken, als ob der durchaus erklärliche Niedergang die Folge dieses Eingreifens wäre.

Man soll sich nicht ins Bockshorn jagen lassen, sondern man kann überzeugt sein, es wird der Reichsregierung gelingen, die Ankurbelung der Wirtschaft in der nächsten Zeit hervorzurufen, und wir brauchen in keinem Fall große Verbrecher laufen zu lassen. Die Großen wollen wir nicht mehr laufen lassen, sondern nur die Kleinen. Bei den großen Verbrechern wollen wir ruhig weiter alle Korruptionen verfolgen und wollen sie auch zur Bestrafung bringen. Anders ist es allerdings und wirtschaftlich schädigend – darüber bin ich von vornherein klar gewesen und habe es niemals begrüßt –, wenn immer wieder in privatwirtschaftlichen Betrieben ein Kommissar auftaucht und dort unter der Behauptung, es wären kriminelle Vergehen vor sich gegangen, nunmehr einen Betrieb zur Stilllegung bringt, weil die meisten, ein Buchhalter oder ein anderer, den man hinsetzt, gar nicht in der Lage sind, einen derartigen Betrieb aufrecht zu erhalten. Das ist ein Verfahren, was nach meiner Auffassung tatsächlich kreditschädigend und wirtschaftserschütternd gewirkt hat. In dieser Beziehung haben wir schon von Preußen aus aufs Schärfste eingegriffen. An und für sich sind die Worte Gleichschaltung, der Beruf und das Amt des Kommissars nicht etwa lächerlich hinzustellen, sondern es sind Tatsachen der Revolution, die ihr nun einmal einen bestimmten Charakter und ein bestimmtes Gepräge geben.

Aber wir müssen dafür sorgen, dass das Kommissariatswesen auf privatwirtschaftlichem Gebiet unbedingt unterdrückt wird. Wir haben das in Preußen getan, und ich glaube, Ruhe, Vertrauen, Ordnung und Sicherheit werden schon in der allernächsten Zeit unbedingt im Wirtschaftsleben wieder einkehren. – Und dadurch wird bestimmt nicht die Verfolgung der Korruption gehindert. Den Generalpardon möchte ich allerdings auch in meinem Ministerium nachprüfen lassen bezüglich seines Umfangs, soweit er überhaupt in Frage kommt, bezüglich der beiden Fälle, die der Herr RJMin. erwähnt hat, nämlich in steuerlicher Beziehung und bei Bilanzverschleierung, soweit dies notwendig war zur Erhaltung der Kreditsicherheit des Unternehmens überhaupt. Es gibt allerdings eine Bilanzverschleierung, die unter keinen Umständen freigelassen werden darf. Gerade in der Beziehung haben wir zwei Fälle, wo man festgestellt hat, dass das keineswegs zur Sicherung der Kreditfähigkeit des Unternehmens an sich geschah, sondern nur zur Erreichung und Verdeckung eines unsauberen Geschäfts für einzelne wenige Leute. In der Beziehung werde ich auch die Fälle in meinem Ressort nachprüfen lassen, und die entsprechende Ausarbeitung dem RJM zugehen lassen.

Das waren die Ausführungen, die ich zum ersten Punkt der TO zu machen habe. Über das andere will ich noch nicht sprechen, sondern abwarten, was aus der Debatte sich ergeben wird.

JMin. Mergenthaler, Stuttgart: Die Schwierigkeiten mit dem Rechtsanwaltsgesetz sind vor allem auch dadurch entstanden, dass man offenbar in der Kabinettssitzung, wie das Parteigenosse Kerrl schon richtig betont hat, die zahlenmäßigen Verhältnisse vor allem in Preußen nicht berücksichtigt hat. In den anderen Ländern, z.B. in Württemberg, liegen die Verhältnisse ganz anders, so dass wir diese praktischen Schwierigkeiten, wie sie jetzt in Preußen zu unserem großen Leidwesen auftreten, nicht haben. Ich erinnere mich auch, dass wir vereinbart haben, dass wir keine Ausführungsbestimmungen erlassen. Ich stehe auf dem Standpunkt, dass wir die Maßnahme in Württemberg durchführen können, ohne nun vom Land eine Ausführungsbestimmung zu erlassen. Nebenbei muss man in den Ländern gewisse Ausführungsbestimmungen vom Reich erwarten. Ich erinnere nur an die Anrechnung der Referendarzeit. Ich habe damals den Standpunkt vertreten, dass die Referendare nach dem Württ. Beamtengesetz als Beamte anzusprechen sind, also wenn der Betreffende am 01.08.1914 Referendar war, er diesen Schutz genießt. Inzwischen ist im Zusammenhang mit dem Berufsbeamtengesetz dahin entschieden worden, dass die Referendarzeit nicht angerechnet wird, sondern dass diese Schutzbestimmung erst dann eintritt, wenn der Betreffende am 01.08.1914 ständiger Beamter war. Das wirkt sich natürlich auch auf die Rechtsanwälte insofern aus, als deren Referendarzeit nicht in Frage kommt. Auf diese Ausführungsbestimmungen müsste man warten, um den einzelnen Fällen praktisch gerecht zu werden.

Zu der grundsätzlichen Frage der Vereinheitlichung des ganzen Justizwesens bzw. des Gerichtswesens möchte ich auch vom Standpunkt Württembergs aus ausdrücklich betonen, dass der Herr RJMin. einen ähnlichen Standpunkt eingenommen ist. Ich glaube, man muss nun die Verhältnisse, wie sie in den einzelnen Ländern geworden sind, daraufhin ansehen, ob sie zweckmäßig sind, ob sie organisch gewachsen sind. In Württemberg z.B. wäre es sicher kein Vorteil, wenn man nun auf dem Gebiet der freiwilligen Gerichtsbarkeit eine Schematisierung durchführen würde. So wie die Ordnung in Württemberg ist, ist sie zweckmäßig. Das kann niemand bestreiten. Sie ist auch vom finanziellen Standpunkt aus für den Staat gut. Eine Änderung wäre finanziell für Württemberg kaum tragbar. Auch Widerstände von den in Frage kommenden Beamtengruppen würden außerordentlich stark ins Gewicht fallen, wollte man hier vorgehen, so dass ich glaube, dass gerade auf diesem Gebiet man ruhig der Eigenart der Länder Rechnung tragen darf, ohne dadurch einen Partikularismus, der nie in Württemberg üblich war, das Wort zu reden. Ich möchte also bitten, dass das organisch geschichtlich, kulturell Gewordene auch auf dem Gebiet der Justiz bei allen diesen Bestrebungen gewahrt wird, und ich glaube, dass dadurch auch den Interessen des Reiches am besten gedient ist.

ORR Reinle, Baden: Für Baden werden sich die Auslegungsverhältnisse genau so verheerend auswirken wie in Preußen. Bei uns ist es tatsächlich so, dass von 220 jüdischen Anwälten, die wir fast alle beurlaubt hatten, endgültig ungefähr 30 entfernt werden können, während 190 zurückkehren. Die Folge ist die, dass in der Tat starke Unruhe, vor allem in den Städten herrscht, wo das Judentum am meisten vertreten ist, z.B. in Mannheim, dass man geradezu Angst vor dem Moment hat, wo diese ganze Judenschar in die Gerichtssäle zurückkehrt; Angst vor der Volksstimmung, auch für uns, die wir diese Rechtsanwälte wieder hereinlassen müssen. Nicht viel besser ist es bei den Beamten. Wir haben ungefähr 40 jüdische Richter, Notare und Staatsanwälte und davon können wir vielleicht 15 entfernen. Die anderen kehren wieder. Auch da ist es so, wir haben alle beurlaubt zunächst und jetzt kommen da und dort eine Reihe von Richtern zurück, von denen wir bis jetzt noch nicht wissen, wo wir sie wieder hinschicken können, weil wir befürchten, die Städte, die sie zugewiesen bekommen, wehren sich dagegen. Wir haben hier bis jetzt von Ausführungsbestimmungen zurückgehalten, weil wir uns nicht festlegen wollten, vor allem auch ist der Begriff des Beamten mit dem 01.08.1914 noch terra incognita. Streng genommen müsste man mit dem Referendar in dem Moment anfangen, wo der Diensteid geleistet wurde, oder aber mit dem Moment, wo einer Gerichtsassessor geworden ist. Man kann aber auch wie Bayern, zur Auslegung sagen: Wer planmäßig unwiderruflich Beamter geworden ist, welche Regelung richtig ist und endgültig festgelegt werden kann, das steht zurzeit bei uns noch offen.

RKomm. Dr. Frank: Es ist auf die Berliner Verhältnisse hingewiesen worden. Ich muss gestehen, dass wir alle ein Interesse daran haben, den Kampf des Herrn preuß. JMin. mit ganz besonderem Ernst zu unterstützen. Wir können aus den Verhältnissen in den anderen Ländern überhaupt nicht schließen auf die geradezu trostlose Lage, die sich jetzt wieder ergibt, im Vollzug der Reichsgesetze in Preußen und ich möchte Ihnen, Herr RJMin. die ernste Sorge all der hier versammelten Justizminister übermitteln, dass der Vollzug des Reichsgesetzes, so wie er sich jetzt für Preußen ergibt, m.E. auch bei all den Gesichtspunkten, die ich vorhin betont habe, bei all dem notwendigen Entgegenkommen und Rücksichtnahme auf die gesamte Lage und die Notwendigkeiten des politischen Wollens einfach nicht erträglich ist, wenn in Berlin 1.135 Juden als Anwälte wieder zugelassen werden müssen und ich würde dem Herrn RJMin. dankbar sein, ob er uns nicht vielleicht schon an dieser Stelle die Liebenswürdigkeit hätte zu sagen, ob er nicht doch im Reichskabinett auf eine Änderung des Reichsgesetzes hinwirkt in dem Sinne, dass wenigstens, wenn ich das heute mir vorzuschlagen erlauben darf, eine Dislocierung der Anwälte ermöglicht wird als einen ersten Schritt, dass man die Anwälte nicht alle in Berlin in Massen zulassen muss, sondern der preuß. JMin. die Möglichkeit hat, den Ort zu bestimmen, an dem ein Jude zugelassen wird. Damit wäre die Möglichkeit gegeben, den Sinn des Reichsgesetzes zu erfüllen, aber auf der anderen Seite die Notwendigkeiten, die gerade den preuß. Staat betreffen, aber uns alle angehen, doch zu berücksichtigen.

RJMin. Dr. Gürtner: Meine Herren, wenn die Städte Berlin, Frankfurt, Breslau und Mannheim nicht wären, dann würden wir glaube ich beim Vollzug des Anwaltsgesetzes keine Schwierigkeiten bekommen haben. Ich glaube von meinem Heimatland sagen zu dürfen, dass dort kein Platz ist, der mit einem dieser Plätze auch nur annähernd konkurrieren kann und wenn der Herr Vertreter von Baden Mannheim aufnehmen würde, dann glaube ich, würde auch in seinem Land eine sehr große Schwierigkeit nicht entstanden sein. In Bayern ist ja bestimmt, wenn man einen Platz ausnimmt: das vereinigte Nürnberg-Fürth, nirgends eine Stadt, die sich auch nur annähernd mit Berlin vergleichen lässt, auf meilenweite Entfernung vorhanden. Nun sind mir die Sorgen, die her vorgetragen werden und die sich nach meiner Beobachtung tatsächlich auf ein paar Plätze in Deutschland besonders konzentrieren, natürlich ebenso bekannt wie Ihnen. Die Wege, wie man das überwinden könnte, die Möglichkeiten, an die man dabei denken könnte, habe ich erst vor wenigen Tagen mit dem Herrn MinDir. Freisler durchgesprochen. Den Weg, der an sich der nächstliegende wäre, eine Änderung der Bestimmungen des Beamtengesetzes und des Anwaltsgesetzes vorzunehmen, glaube ich können wir in diesem Augenblick nicht gehen, meine Herren, und zwar nicht aus irgendwelchen Gründen der Sympathie für die Betroffenen, sondern aus Gründen, die ganz abseits vom Inhalt der Gesetze liegen. Das ist jedenfalls in diesem Augenblick meine Meinung und ich weiß nicht, ob in Berlin eine andere sich bilden wird. Ich halte mich selbstverständlich für verpflichtet, den Inhalt auch dieser Besprechung vielleicht zunächst mit dem Herrn Kanzler, vielleicht auch in versammeltem Kabinett vorzutragen.

Dass sich eine gewisse Erleichterung bieten würde, wenn man eine Art Dislocierung der Anwälte vornehmen könnte, das möchte auf den ersten Blick sehr einleuchtend erscheinen. Ob es dazu einer gesetzlichen Änderung bedarf, ob man das nicht auf einem anderen Weg erzielen könnte, bedürfte einer Überlegung und

Prüfung der tatsächlichen Verhältnisse. Meine Herren, wenn wir die Prozentzahlen nicht von Berlin, sondern von Preußen nehmen und den Anteil an der gesamten Anwaltschaft wissen, so ergeben sich selbstverständlich ganz andere Zahlen. Die deutschen Zahlen habe ich nicht zur Hand. Ich nehme aber an, dass wir in kurzer Zeit im Besitz dieser Zahlen sein könnten. Für die kleineren Länder wird man in der Lage sein, diese Übersicht ohne Schwierigkeit herzustellen und es ist vielleicht zweckmäßig, wenn ich an der Stelle, wo alle JVerw. vertreten sind, die Herren einmal bitte, ohne dass das schriftlich zu geschehen braucht, uns in kürzester Frist den Zahlenstand zur Verfügung zu stellen, den ich von Preußen schon vor mir liegen habe. Diese Zahlen sollten einfach enthalten: die Zahl der Anwälte insgesamt, wie viele davon sind Arier und wie viele sind Juden. Das wären drei Spalten. Dann ist notwendig zu wissen, wie viele Juden müssen nach dem Reichsgesetz zugelassen werden und zwar a) als Frontkämpfer, b) als Altanwälte. Ich glaube das genügt für das, was wir wissen wollen. Wenn sich das für ganz Deutschland übersehen lässt, dann glaube ich, wird man ein klares Bild von der Auswirkung bekommen. Ein Punkt ist dabei, glaube ich, über den nicht diskutiert werden kann, der betrifft die Frontkämpfer. Ich glaube, von allen Richtungen ist dies untragbar. Ich meine, da ist kein Wunsch geltend gemacht worden. Ich habe bestimmte Anhaltspunkte zu glauben, dass sich das der Diskussion entziehen würde. (*Württ. JMin. Mergenthaler:* Das bezieht sich auf die endgültige planmäßige Zulassung vom 01.08.1914?)

RJMin. (fortfahrend): Ja, das bezieht sich auf diese Zulassung. Bei dieser Frage ergeben sich noch ein paar andere Fragen, die in der Praxis zu Zweifeln Anlass gegeben haben. Da ist z.B. folgende: Wenn ein Anwalt am 01.08.1914 zugelassen war und er hat in der Zwischenzeit seine Zulassung geändert, z.B. er ist vom LG an das KG oder OLG gegangen, fällt das in die Zulassung oder nicht? Es ist die Meinung laut geworden, dass er nicht mehr unter die Zulassung fallen soll. Ich bin der Auffassung, dass das eigentlich mit dem Gedanken des Reichsgesetzes nicht vereinbar ist, sondern dass das eine Fortsetzung der Zulassung darstellt; einfach ein Übertritt von einem Gericht in das andere. – Wie ist es nun, wenn ein Anwalt zugelassen war, wenn er die Zulassung aufgegeben hat und irgendetwas anderes geworden ist, z.B. Archivar oder sonst etwas und dann 1918/1919 wieder zugelassen worden ist. Der fällt doch natürlich aus. (*Zuruf:* Die Zulassung muss eine ununterbrochene sein.) Wie soll es sein, wenn derjenige, der im Jahr 1914 Beamter war, aus dem Beamtenverhältnis ausgeschieden ist zu dem Zweck, Anwalt zu werden, und nach dem 01.08.1914 Anwalt geworden ist. Auch dieser Fall ist zweifelhaft. (*Zuruf:* Der fällt aus.) – (*RJKomm. Dr. Frank:* Ja, denn das Reichsgesetz verlangt die Zulassung des Anwalts vor dem 01.08.1914.) – Das kann man, wenn man nach dem Buchstaben der Auslegung geht, wohl sagen, aber der Mann ist schlechter daran, als wenn er Beamter geblieben wäre, ich meine unter erschwerten Fällen. Da kann man wohl sagen, er fällt unter die politischen Bedingungen des Anwaltes und muss sich dafür die schwerere Bedingung der Zulassung gefallen lassen. Das lässt sich auch machen.

Nun eine besondere Frage: Die Juristen sind noch an der Frage interessiert, wie steht es bei einem Anwalt, der im Verdacht steht, separatistisch tätig gewesen zu sein. Das käme für Preußen, möglicherweise auch für Bayern, Baden und Hessen in Frage. Kann das politisch gegen ihn verwertet werden? Meine Herren, ich möchte da sehr dringend warnen, irgendetwas zu tun. Es ist da zunächst zu ergründen, wo das Wort Separatismus herkommt, das hängt mit dem Londoner Abkommen zusammen und wird uns wahrscheinlich in eine außerordentlich schwierige Lage hineinbringen, so dass das heute nicht in Betracht kommt.

Dann käme noch die Frage der Rechtspraktikanten, der Referendare. Da sind die Verhältnisse in den Bundesstaaten zweifellos nicht gleich. In Bayern wird kein Zweifel bestehen, dass der Referendar nicht als Beamter anzusehen ist. In Preußen ist die Auffassung anders, da gilt der Referendar als Beamter, und zwar mit Rücksicht auf seinen Beamteneid und seine kommissarische Verwendung. Ob man das also in allen Bundesstaaten gleich regeln kann, scheint mir zweifelhaft zu sein. (*RJKomm. Dr. Frank:* In der DurchführungsVO ist es zu Ungunsten der Referendare geregelt, es heißt da, sie sind zu entlassen.) – Aber in dem Anwaltsgesetz, von dem ich jetzt spreche, steht kaum etwas. (*RJKomm. Dr. Frank:* Das hängt mit der Auffassung der RJVerw. zusammen.)

Dann, meine Herren, eine weitere Frage, die von verschiedenen Seiten erwähnt worden ist. Man hat mir von Seiten der Rechtsanwälte und auch anderswoher manchmal gesagt, es gebe in der Rechtsanwaltschaft, und zwar bei dem vielfachen Versagen im Verfahren der Ehrengerichtsbarkeit der Rechtsanwälte, Mitglieder des Standes, die man sehr gerne aus dem Stande beseitigen würde. Nun muss ich sagen, die Ehrengerichtsbarkeit der Rechtsanwälte – das möchte ich ganz ohne Einschränkung sagen – war zweifellos nicht immer von der Anschauung getragen, die wir für die Anwaltschaft als richtig und notwendig erkennen. Das galt auch schon für die alte Zeit und nicht bloß für die untere Instanz, sondern da und dort sogar auch einmal für die oberste Instanz. Womit das zusammenhängt, das bedarf keiner langen Erklärung. Ich bin aber der Meinung, dass das Funktionieren der Ehrengerichte sehr wesentlich von der Persönlichkeit der mitwirkenden Richter abhängt, so dass, wenn jetzt die Anwaltskammern eine andere Prägung bekommen, auch die Ehrengerichte eine andere Prägung bekommen werden. Wir können das also ruhig abwarten, dass sich künftig eine etwas strengere Auffassung über die Berufsehre auch bei den Ehrengerichten durchsetzen wird. Ich meine also, es sollte keine gewaltsame Regelung Platz greifen, das wird organisch aus dem Boden wachsen, wie das auch bei anderen Berufen bereits geschehen ist.

Eine weitere Frage, die an uns gerichtet worden ist, ist die, sollen die weiterhin zugelassenen nichtarischen Anwälte zu Armenanwälten, Konkursverwaltern, Testamentsvollstreckern und dgl. bestellt werden dürfen? Es ist von vielen Seiten der Wunsch ausgesprochen worden, das schlechthin zu verbieten, etwa durch ein Gesetz. Das, meine Herren, möchte ich sehr widerraten. Ich würde der Meinung sein, man soll keine Gesetze machen, die nicht unbedingt notwendig sind, und wenn man auf die Bestellung als Armenanwalt, Konkursverwalter usw. verweist, so sollte man das letzten Endes ganz in das richterliche Ermessen stellen. Wir wissen doch alle, dass es Mittel und Wege gibt, darauf auch einen gewissen Einfluss auszuüben. Ich möchte also nicht empfehlen, nochmals eine Differenzierung unter den zugelassenen Anwälten vorzunehmen. Ich glaube der Zustimmung der Herren in diesen Punkten sicher zu sein und glaube, dass die Frage in der jetzigen Diskussion keine wichtige Rolle spielt.

RJKomm. Dr. Frank: Meine Herren, es würde sich empfehlen, dass man im Zusammenhang mit Punkt 4 der TO auch Punkt 6 heranzieht. Punkt 4 heißt: *Zulassung zur Rechtsanwaltschaft im Sinne der Freizügigkeit der Rechtsanwälte. – Punkt 6: Freizügigkeit der Referendare.* – Meine Herren, das sind zwei Punkte, über die wir uns heute wohl nicht abschließend werden aussprechen können. Das Wort hat der MinDir. Dr. Freisler.

MinDir. Dr. Freisler: Ich möchte zunächst, da der erste Punkt der TO noch nicht ganz abgeschlossen sein dürfte, die Anregung geben, eine Dislocierung der Anwälte dort zu ermöglichen, wo sie massiert auftrete, was namentlich für Preußen eine gewisse Erleichterung bedeuten würde. Allerdings ist ganz klar, dass die Orte, wo wir diese Leute hinschicken, wenig von dieser Maßnahme erbaut sein werden. (Heiterkeit und Zustimmung.) Wir haben aber die kleine Hoffnung, dass eine ganze Menge von Berliner Anwälten dann auf die Zulassung verzichten wird. Das ist allerdings Voraussetzung, dass der JMin. in weitgehendem Umfang das Recht haben muss, den Verbannungsort zu bestimmen, und zwar in einem weiten Umfang, nicht so, dass ein KG-Anwalt irgendwie an ein AG an der polnischen Grenze, wo bisher noch kein Anwalt war, gesetzt werden kann, sondern immerhin an ein Gericht gleicher Ordnung gesetzt wird. Ich glaube auch, dass sich das machen lässt ohne Abänderung des Reichsgesetzes, das ich allerdings jetzt auch für untragbar halte, aber durch einen Zusatz an diese Bestimmung. Diese Sache könnte sich sogar vielleicht auf einem anderen als reichsgesetzlichem Wege vollziehen. Ich möchte noch einmal bemerken, Voraussetzung dafür ist, dass wirklich eine Erleichterung für Preußen geschaffen wird. Für Preußen kommt hauptsächlich in Frage, dass der JMin. eine gewisse weitgehende Freiheit der Bestimmung des neuen Niederlassungsortes hat.

Ich möchte kurz zu den beiden weiteren Punkten namens des Herrn Preuß. JMin. Stellung nehmen. Die Stellung Preußens zu der Freizügigkeit der Anwälte ist absolut klar. Preußen ist der Meinung, dass es nicht angängig ist, dass innerhalb Deutschlands Mauern aufrecht erhalten werden, die nicht den geringsten Sinn haben. Preußen spricht das aus, obgleich es weiß, dass es dabei der Gebende ist, denn die Statistik beweist, dass die Anträge von Nichtpreußen, die in Preußen als Anwälte zugelassen werden, bedeutend zahlreicher sind als umgekehrt. Preußen kommt weitgehend entgegen. Man hatte bisher die Praxis, anzufragen, ob Gegenseitigkeit, Austausch verbürgt sei, es hat aber, wo dieser Austausch nicht verbürgt war, trotzdem ein oder zwei Augen zugedrückt. Ich sehe allerdings eine sehr erhebliche Schwierigkeit: Nach Berlin strömen nämlich jetzt Anwälte nicht nur von außerhalb Preußens, sondern auch aus Preußen selbst. Da muss der Preuß. JMin. die Möglichkeit haben, einschränkend zu wirken, da leider der Gesetzentwurf, der in einer der früheren LJMinKonferenzen als Wunsch aller Länder angenommen wurde, überhaupt ein gewisses pflichtmäßiges Ermessen, bei der Zulassung an der Stelle des individuellen Anspruchs die Antragstellung zu setzen, gesetzlich nicht durchgegangen ist. Das wäre auch ein Mittel gewesen, hier zu helfen. Berlin befindet sich augenblicklich in einer ungeheuren Not, und zwar in einer Not, von der nicht nur betroffen sind die jetzt in Berlin zugelassenen Anwälte, sondern genauso die Anwälte, die jetzt nach Berlin strömen, und betroffen sein werden alle, die der Meinung sind, sie fänden dort Gold und finden nur Hunger.

Was die Referendare anlangt, so ist ebenfalls der Standpunkt des preuß. JM Freizügigkeit, die übrigens in erheblichem Umfang von Preußen aus zugestanden ist. Im letzten Jahre sind über 60 Referendare von außerhalb Preußens im Vorbereitungsdienst in Preußen vorübergehend beschäftigt gewesen. Preußen würde auch gar keine Schwierigkeiten machen. Preußen ist auch der Meinung, dass in diesen beiden Punkten ohne lange und zeitraubende Vorbereitungen sehr bald der Termin kommen wird für eine Änderung durch Vereinbarung zwischen den einzelnen Ländern, das Ziel zu erreichen, wodurch es allein möglich sein wird, die Freizügigkeit zu sichern.

JMin. Thierack (Dresden): Ich möchte für Sachsen Einiges ausführen. Zunächst darf ich mir erlauben, noch einmal auf den Gesetzentwurf zurückzukommen, den der Herr RJMin. vorgelegt hat und so gezwungen zu § 164 [StGB; falsche Verdächtigung] Stellung zu nehmen. In dankenswerter Weise hat der Herr RJMin. darauf hingewiesen, dass das Denunziantentum in schamloser Weise hochkommt. Jeder, der an verantwortlicher Stelle steht, weiß davon. Ich halte aber die Fassung des Abs. 1 insofern nicht für glücklich, als dort wider besseres Wissen allein als inneres Tatmoment ausschlaggebend sein soll. Wer in der Praxis der Justiz gestanden hat, weiß, in wie wenigen Fällen eine Anklage auf den Nachweis wider besseres Wissen als inneres Tatbestandsmerkmal begründet werden kann. Es wird, kann ich wohl sagen, die Anklage meist unter den Tisch fallen, weil das der betreffende StA nicht nachweisen kann und es wird ein weiterer Prozentsatz unter den Tisch fallen, weil die Gerichte den Sachverhalt wider besseres Wissen einfach nicht nachweisen können. Deshalb würde ich mir erlauben, im Namen des Landes Sachsen die Anregung zu geben, hier auch grobe Fahrlässigkeit als ausreichend anzusehen. Aber, wie gesagt, nur bei Abs. 1, nicht etwa auch bei den anderen Absätzen, die ja an sich schon außerordentlich weit gefasst sind.

Ich hätte dann zu den anderen Fragen noch ganz kurz auszuführen: Zu Ziff. 1 hat, wie die Herren vielleicht in der Mehrheit nicht wissen, schon einmal eine Sitzung, nämlich am 24. und 25.05.1929 in München stattgefunden. Damals hat ihr der Herrn RJMin. als bayer. JMin. [vgl. unten S. 11] vorgesessen und da haben sich alle Länder dieser Angleichung in weitestem Maße zugewandt. Es ist aber damals, wohl aus den politischen Verhältnissen heraus, nichts weiter geworden, als dass drei Länder eine HausVO erlassen haben, und zwar im Sinne unseres heutigen Deutschlands, dass wir eine möglichst gleichmäßige Gesetzesanwendung in den einzelnen Ländern wünschen. Wir müssen uns aber klar darüber sein, dass wir mit einer möglichsten Angleichung nicht eine Vereinheitlichung herbeiführen können und wohl auch nicht wollen, denn die Länderbelange sind doch durch Stammesverschiedenheiten und auch durch den verschiedenen kulturellen Boden ganz verschieden. Aber dass wir möglichst angleichen wollen, wird unser aller Wunsch sein. Das bedingt meiner Ansicht nach zweierlei: Erstens einmal, dass wir vom RJM recht frühzeitig, möglichst noch vor Erlass des Gesetzes und der VO unterrichtet werden, was ja leider Gottes bei dem Gesetz zur Wiederherstellung des Berufsbeamtentums nicht der Fall gewesen ist.

Das erfordert weiterhin, meine Herren, dass wir möglichst in einem engen Rahmen die Arbeit der Angleichung vornehmen, dass es also unmöglich ist, dass wir vor jedem nennenswerten größeren Gesetz etwa in dem Gremium wie heute zusammenkommen. Es müsste die in München gewählte Kommission oder irgendein Gremium diese Angleichung unternehmen.

Zum *Punkt 4* möchte ich Folgendes erwähnen: Es ist, wie vielleicht den meisten Herren nicht bekannt ist, vielleicht auch nicht den Herren, die es angeht, bereits im Jahr 1921 zwischen den Ländern Preußen, Thüringen, Sachsen und Anhalt eine Vereinbarung über die Freizügigkeit der Rechtsanwälte getroffen worden. Und da muss ich dem Herrn MinDir. Freisler recht geben, das ist insofern ein Nachteil gewesen, als Preußen das gebende oder nehmende Land für unsere Rechtsanwälte gewesen ist.

Ich stehe für Sachsen auf dem Standpunkt, dass wir die Freizügigkeit der Rechtsanwälte in weitgehendem Maße unterstützen müssen, nicht aber hinsichtlich des Punktes 6. Ich weiß nicht, ob andere Länder in derselben Lage sind wie wir in Sachsen. Wir haben nicht wie Preußen die Referendare als Assistenten der Rechtspflege oder als nur Lernende, sondern wir haben sie in Sachsen als Mitarbeiter in den Gerichtsbetrieb eingeflochten. Sie sind Urkundsbeamte. Sie versehen nicht nur die Aufgabe des Protokollanten, sondern sie versehen auch den übrigen Betrieb. Sie nehmen Klagen entgegen, ja sie vernehmen als beamtete Richter. Sie sind auch im Vormundschaftswesen und Nachlasswesen ausgiebig beschäftigt. Das hat zur Folge, dass wir in Sachsen eine ganze Reihe von mittleren Beamten dadurch sparen. Die Referendare werden deshalb als Gegenleistung besoldet. Wir geben den 907 Referendaren, die wir in Sachsen haben, nach 1 1/2 Jahren eine Bezahlung, die sich zwischen 90 und 140 M im Monat brutto bewegt. Es ist das ein Millionenetat, etwas über eine Million. Wenn wir aber jetzt die Freizügigkeit bekommen – Sachsen würde sich selbstverständlich dem Wunsche der Allgemeinheit fügen müssen – würde für Sachsen die notwendige Folge sein, dass wir diese Bezüge den Referendaren sperren, denn es ist ganz selbstverständlich, dass die Zahl unserer Referendare binnen kurzem auf das Doppelte anwachsen würde, weil Sachsen in dieser Beziehung Beihilfen zum Lebensunterhalt zahlt. Deshalb würde sich Sachsen gegen die Freizügigkeit der Referendare aus diesem Grunde schon wenden müssen.

Aber ein anderer Grund, der nicht auf diesem Gebiet liegt: Erstrebenswert ist doch wohl, dass vor allem der junge Mensch, der noch nicht so fest im Leben steht wie der ältere Mensch, möglichst in dem Kreis gehalten wird, aus dem er stammt, in dem er fest verwurzelt ist. Es kann vorkommen, es ist mir heute zum Bewusstsein gekommen, wie ich – das mache ich sehr oft – über den Wochenmarkt gegangen bin, wie es mir unmöglich war, mich mit den Leuten zu verständigen. So kann es sein, dass ein Sachse, der aus Dresden kommt, sich nicht in Württemberg oder vielleicht noch schwerer in Oldenburg zurechtfindet. Ich fürchte, wir können Schaden anrichten in kultureller und sonstiger Beziehung.

Ein anderer Punkt, der noch hinzu kommt: Ich persönlich lege außerordentlichen Wert darauf, meine jungen Juristen zu überwachen und sie – das ist ja vielleicht neben den Kenntnissen die Hauptsache mit – charakterlich kennen zu lernen. Wenn die jungen Leute, die natürlich an und für sich – das bringt die Jugend mit sich – gern etwas sehen wollen, von einem Land ins andere strömen, kommen sie aus unserem Blickfeld. Es ist auch nicht möglich, wenn auch die Personalakten in jedem Land ihres Vorbereitungsdienstes mitwandern, sie charakterlich oder sonst nachprüfen zu können. Ich glaube, es wäre wünschenswert, wenn alle die jungen Leute zunächst in ihrem Land bleiben und man ihnen vielleicht späterhin die Möglichkeit der Freizügigkeit gibt, wenn sie ihr Assessorexamen bestanden haben, und dass das möglichst in Form der Vereinbarung zwischen den Ländern oder durch Reichsgesetz geregelt wird.

Ich möchte mich aus finanziellen Gründen also dagegen wenden und – das ist die Hauptsache – aus rein kulturellen ethischen Motiven die Freizügigkeit dieser jungen Leute nicht im Gesetz verankern.

RJKomm. Dr. Frank: Zu diesen Punkten 4 und 6, die jetzt nur ganz kurz vorbesprochen sind, müssen wir auch bitten, bis zum 20.05. dem Reichskommissar oder dem RJM die Stellungnahme der einzelnen LJVerw. bekannt zu geben. Die grundsätzliche Frage wegen der Freizügigkeit ist ja doch wohl die, meine Herren, dass eine Einschränkung der bereits sich entwickelnden Freizügigkeit natürlich durchaus nicht im Sinne der nationalen Entwicklung liegen kann, dass die Frage nur sein kann: Wie bauen wir die Freizügigkeit möglichst aus, um gleichzeitig dem großen Reichsethos zu dienen, aber andererseits auch die Interessen des LJVerw., soweit notwendig, zu berücksichtigen. Dass die Frage, wie sie der Herr Parteigenosse Thierack hier erörterte, nicht ganz in unser aller Sinn liegt, glaube ich wohl feststellen zu dürfen, der ich durchaus der Meinung bin, dass es sehr wohl nützlich wäre, wenn die jungen Referendare auch in anderen Ländern ihre Studien pflegen könnten, gerade im Sinn ihrer Weiterbildung. Dass das für die Sachsen, deren Charaktermerkmal doch eigentlich die Freizügigkeit ist, hier abgelehnt wird, das ist mir eine erfreuliche Überraschung dieser Sitzung gewesen.

Meine Herren, wir kommen dann zu den anderen Punkten, wobei ich gleichzeitig auch wieder betonen möchte: Das Ergebnis wird wohl heute das sein, dass wir im Reichskommissariat oder im RJM auch bis zu einem bestimmten Termin, wieder bis zum 20.05., zu diesen Punkten Ihre Vorschläge oder Stellung vom Standpunkt der LJVerw. aus bekommen.

Da wäre zunächst der *Punkt 2,* der bis jetzt eine Erörterung noch nicht gefunden hat. *Beseitigung der Auswüchse des Erziehungsstrafvollzugs im Wege einer Vereinbarung der LJVerw.:* Der Strafvollzug ist seit Jahren bereits eingehend und weitgehend den Vereinbarungen der LJVerw. unterstellt. Ich würde Sie bitten, wenn es gewünscht werden sollte, in die Debatte einzutreten.

RJMin. Dr. Gürtner: Wenn ich zum Punkt 2 das Wort nehme, so tue ich es nicht als RJMin., sondern als derjenige LJMin., der auf dem Gebiet der Modernisierung des Strafvollzugs glaube ich von allen Justizministern, die hier sind und die überhaupt das Reich gehabt hat, die längsten Erfahrungen besitzt. – In Bayern ist der Stufenstrafvollzug in dem Jahr eingeführt worden, in dem ich das Amt übernahm, im Jahr 1921. Wir können auf eine 10jährige Erfahrung zurückblicken. Was an Erfahrungen aus dem Stufenstrafvollzug überhaupt gewonnen werden kann, ist in Bayern gewonnen worden, und der bayer. JMin. verfügt als mein Erbe über den Schatz dieser Erfahrungen.

Die Entwicklung hat sich so vollzogen: Der Stufenstrafvollzug, beeinflusst hauptsächlich durch amerikanische Einflüsse, hat in der Form des Erziehungsstrafvollzugs sehr bald in Deutschland Boden gewonnen. Wie so oft in Deutschland ist aber dieser an sich gute und auch jetzt nicht zu verwerfende Gedanke in einer Form übersteigert worden, die an manchen Punkten das Groteske erreicht hat. Noch in den letzten Jahren meiner Amtszeit konnte ich selbst in Bayern, wo ich im Parlament auf ein 100%iges Verständnis für alle diese Experimente rechnen konnte, feststellen, dass sich eine leise Reaktion gegen den Ausbau des Strafvollzugs fühlbar machte, eine Reaktion, die ja jetzt, wie Sie in den letzten Tagen erlebt haben, in zwei Fällen schon einen Ausdruck in Form einer gesetzlichen Vereinbarung gefunden hat. Ich bin der Meinung, soweit ich den Strafvollzug der deutschen Länder kenne, ist zurzeit der Strafvollzug, insofern er nicht durch das StGB gesetzlich geregelt ist, außerordentlich verschieden. Er ist außerordentlich verschieden, selbst auf die Entfernung weniger Eisenbahnstunden. Er wird zwar von allen Seiten seit Jahren, hauptsächlich von der Linken ist das früher geschehen, auf eine reichsgesetzliche Regelung des Strafvollzugs gedrängt. Ich bin nicht der Meinung, dass das irgendwie pressiert, irgendwie eine Eile hat. Meine Herren, wenn Sie etwas nicht zu befürchten brauchen, ist es ein überstürztes Reichsstrafvollzugsgesetz. Das ist eine Sache, an die wir vom Standpunkt des Reiches zunächst nicht denken.

Aber ich möchte es als erwünscht bezeichnen, jetzt einer Gefahr zu begegnen, nämlich der Gefahr, der der Deutsche immer ausgesetzt ist, wenn er durch Übersteigerung einer guten Idee plötzlich merkt, dass das ein Unsinn wird, dann ist kein Volk auf der Welt so leicht versucht, nunmehr das absolute Gegenteil von dem zu tun, was jetzt geworden ist. Wir wissen, wie diese starken Pendelschläge sich auch auf anderen Gebieten fühlbar gemacht haben. Ich möchte Ihnen folgenden Rat geben: Überprüfen Sie und vergleichen Sie alle Erfahrungen. Hüten wir uns davor, das Gute, was in dem Erziehungsstrafvollzug liegt, achtlos über Bord zu werfen und schärfen wir unser Auge für die Irrtümer, denen wir selbst unterlegen sind. Der Hauptirrtum, zu dem ich mich persönlich ganz offen bekenne, ist der, dass der Prozentsatz der besserungsfähigen Verbrecher unendlich kleiner ist als wir angenommen haben. Meine Herren, das ist eine Erfahrung, die als Erfahrung ein ganz anderes Gewicht hat, denn als Schätzung. Die Scheidung zwischen Gewohnheits- und zwischen Gelegenheitsverbrechern, die ja die Voraussetzung jedes vernünftigen Strafvollzugs überhaupt ist, von der spreche ich nicht, denn daran werden wir nicht bloß in der Verwaltung, sondern auch in der Gesetzgebung festhalten müssen. Sie allein macht es nicht aus. Der Erziehungsstrafvollzug beschränkt sich im Wesentlichen auf das Gebiet der Gewohnheitsverbrecher. Der

Mann, der im Affekt einen Totschlag vollzogen hat, kann sehr oft ein anständiger Mensch sein. Die Kategorie der Gewohnheitsverbrecher dagegen enthält – ich muss das ganz offen sagen – einen sehr viel geringeren Prozentsatz von überhaupt besserungsfähigen Menschen, als wir im Jahre 1922 geglaubt haben. (*Sehr richtig.*)

Also so sehr ich davor warnen möchte, nun gar alles über Bord zu werfen und den Strafvollzug rein vom Vergeltungsstandpunkt aus anzusehen, so sehr möchte ich davor warnen, die alten Auffassungen, die hauptsächlich aus den caritativen Verbänden und allen möglichen christlichen Verbänden gekommen sind, hinzunehmen, dass grundsätzlich jeder Verbrecher ein bildungs- und besserungsfähiger Mensch sei. – Das sind die Grundgedanken, die ich der Arbeit mit auf den Weg geben möchte. Im Übrigen glaube ich, dass das hier ein reiches Feld wäre und ein Feld, das des praktischen Erfolgs sicher sein könnte. Ich wiederhole noch einmal: Vom Standpunkt der Reichsgesetzgebung aus wird dieses Feld in absehbarer Zeit nicht betreten werden.

Preuß. JMin. Kerrl: Ich wollte dazu nur eines sagen. Die Worte des Herrn RJMin. haben mich beruhigt, wir haben nicht mit einem Reichsstrafvollzug zu rechnen. Ich würde es auch nicht für richtig halten. Wir müssen erst wieder Erfahrungen sammeln, und aufgrund der gesammelten Erfahrungen glaube ich die nächste Woche benützen zu müssen, um an eine völlig grundlegende Änderung des Strafvollzugswesens in Preußen heranzugehen, bei dem ich auch nicht das Kind mit dem Bade ausschütten möchte und sagen: Die bisherigen Erfahrungen haben bewiesen, dass der Stufenstrafvollzug überhaupt keine wertvollen Gedanken enthält. Aber trotzdem wollte ich absolut organisatorisch vorgehen. Es ist besser, wir tun alles erst, nachdem wir Erfahrungen gesammelt haben und denken später an eine Vereinheitlichung durch das Reich selbst.

Ich glaube, dass zunächst einmal von den Ländern aus aufgrund der gesamten Erfahrungen die Verhältnisse neu zu ordnen sind und nach diesen Erfahrungen etwa an eine Vereinheitlichung vom Reich herangetreten werden kann.

RJKomm. Dr. Frank: Ich werde zu diesem Punkt mir erlauben eine Denkschrift des Bayr.JM über den Erziehungsstrafvollzug den Herren von den LJVerw. in der nächsten Zeit zur Verfügung zu stellen. Dann haben die Herren Gelegenheit, dazu Stellung zu nehmen und dem RJM mit Vorschlägen zu kommen. Bei Punkt 2 ist also ein Ersuchen an die Herren nicht gerichtet, in irgendeiner Form tätig zu werden bezüglich einer Übermittlung von Erfahrungen an den RJKomm. oder an das RJM.

Ich rufe auf Punkt 3 der TO: *Notariatswesen.*

RJMin. Dr. Gürtner: Meine Herren! Ich habe eigentlich den einzigen Satz, den ich aussprechen wollte, schon in meinen Eingangsausführungen gesprochen. Ich bin der Meinung, es geht um zweierlei. Insoweit, als der lokale Notar mit der Bevölkerung in Berührung kommt, also der Zwang zur notariellen Beurkundung in Frage kommt, besteht von meinem Standpunkt aus der Wunsch, dass die erheblichen Ungleichheiten, die jetzt zwischen den Ländern bestehen, eingeebnet werden können. Soweit die Organisation des Notariats in Frage kommt, besteht vom Standpunkt des Reichs ein vordringlicher Wunsch auf irgendeine Regelung oder ein Eingreifen durch das Reich zurzeit nicht. Der deutsche Notariatsverein hat sich zwar an das JM gewendet. Ich möchte aber auch hier den anderen Weg empfehlen, erstens zu prüfen, ob es notwendig ist, ob ein sachliches Bedürfnis besteht, das alles über einen Kamm zu scheren. Denn schließlich sind die Behörden nicht so wie eine Buchshecke im Garten, die man so mit einer Schere gleich schneiden muss. Wenn keine Klagen bestehen und die Kundschaft zufrieden ist, so sehe ich nicht ein, warum man den Laden ändern soll, aber immerhin könnte es sein, dass in den Staaten, in denen das Notariatswesen selbst innerhalb der Staatsgrenzen ganz verschieden gehalten ist, eine Angleichung erfolgt. Auch in diesem Punkt ist eine Spezialregelung in Bayern zurzeit vorhanden, die auch schon acht oder neun Jahre alt ist und sich in Bayern ausgezeichnet bewährt hat. Sie hat zwei große Vorteile, einmal, dass es keinen Notar gibt, der von seinem Amt nicht leben kann und dass der Notar vom Staat keinen Pfennig braucht. Weiter wird dadurch der Staat ganz beträchtlich alimentiert. Ich halte das nicht für richtig, wenn das Notariat aus seinem eigenen Geschäft ungefähr 1,5 Mio. RM Überschüsse hat. Derartige Mehreinnahmen sind zur Gebührensenkung und nicht zur Alimentation der allgemeinen Staatsfinanzen zu verwenden. Ich möchte mich darauf beschränken, und bloß empfehlen, in der Notariatsfrage in erster Linie der Gebührenfrage die Aufmerksamkeit zu schenken.

MinDir. Dr. Freisler (Berlin): Es ist festzustellen, dass der RJM der Meinung ist, die der preuß. JM hat. Preußen ist auch der Meinung, dass es selbst das Beste tut, um für eine spätere Zeit vielleicht einmal eine Vereinheitlichung vorzubereiten, wenn es im eigenen Landesgebiet sich mit der Frage beschäftigt, ob eine Vereinheitlichung zu erzielen ist. Denn solange in einem so großen Land wie Preußen grundverschiedene Systeme bestehen, ist es nicht möglich, über die Organisation des Notariats an sich in Verhandlungen der Länder untereinander einzutreten. Was die Gebühren anlangt, so bestehen Schwierigkeiten nicht nur in der Verknüpfung der Notariatsgebühren mit den Gebühren, die die Gerichte nehmen – in Preußen jedenfalls ist es so, dass die Gebühren absolut gleichgestaltet sind –, sondern auch deshalb, weil nicht nur die Justi [Lücke im Original] rie für die Frage der Notariatsgebühren sehr lebhaft ist.

MinDir. Schmidt (Baden): Ich möchte den Wunsch nach einer Gleichschaltung der Notariatsgebühren nach den badischen Erfahrungen dringend befürworten. Wir in Baden verspüren die verschiedenen Arten dieser Notariatsgebührenordnung. Bei uns nimmt jede AktG, die ein Notariat zu betätigen beansprucht, einen Syndikus der Handelskammer in Anspruch, um festzustellen, in welchem Land die Gebühren am billigsten sind. Sind die Gebühren in Baden am niedersten, dann geht die Gesellschaft ohne weiteres zum badischen Notar. Sind sie dagegen in einem anstoßenden Land niederer, so geht die AG weg auch vom badischen Notar. Das Notariat berichtet dann an das JM und bittet darum, einen entsprechenden Gebührennachlass von vornherein in Aussicht zu stellen. Baden ist finanziell als Grenzland so ungünstig gestellt, dass der badischen Justizverw. nichts anderes übrig bleibt, als diesen Gebührennachlass auszusprechen. Ich glaube, diese Konkurrenz sollte beseitigt werden. Es sollte aus diesem Grunde eine einheitliche Gebührenregelung Platz greifen.

Präs. Dr. Brappe (Lippe): Ich möchte kurz darauf hinweisen, dass Lippe kein Notariat kennt. Lippe kann aus finanziellen Gründen sich unter keinen Umständen mit der Einführung des Notariats solange einverstanden erklären, bis nicht auf eine andere Weise ein Ausgleich für 80.000 bis 200.000 RM geschaffen wird. Wir können also das Notariat in Lippe vorläufig nicht zur Einführung bringen.

JMin. Dr. Thierack (Dresden): Ich möchte sehen, in welche Schwierigkeiten ein JM kommt, wenn diese Frage akut wird. Sachsen hat einen Justizetat von 44 Mio. 27 Mio. werden aufgebracht, der Rest wird vom Staat zugezahlt. Von den 27 Mio. sind über 12 Mio. Notariatsgebühren, d.h., die Bevölkerung geht sehr wenig zu den Notaren. Das Durchschnittseinkommen des sächsischen Notars beträgt im Monat brutto 160 RM. Der Sachse geht lieber zu den Gerichten und infolgedessen haben wir in Sachsen die enormen Einnahmen aus den Beurkundungen der Gerichte. Ein Wegfall oder ein Ersatz der Gebühren ist darum für Sachsen außerordentlich wichtig. Ich gebe zu, dass wir mit die höchsten Gebühren im ganzen Reich haben. Der Finanzminister hat mir auf den Weg im Falle einer Änderung der Organisation die Erklärung mitgegeben, er würde einfach ein Veto einlegen. Jedenfalls bin ich in einer außerordentlich schwierigen Lage. Insoweit möchte ich diese Fragen nicht anders geregelt sehen, obgleich ich dafür bin, dass in allen Ländern einheitliche Gebühren bestehen. Für Sachsen müsste aber irgendwie ein Ausgleich bezüglich der 12 Mio. RM im Jahr geschaffen werden. – Mir ist berichtet worden – ich weiß nicht, ob das wahr ist, dass für jeden notariellen Akt, den Sachsen vornimmt, in Bayern eine Zuschlagsgebühr von 50% erhoben wird. Das müsste dann natürlich auch wegfallen.

RJKomm. Dr. Frank: Mit Gehässigkeit gegen Sachsen hat das nichts zu tun.

Staatsrat Weber (Thüringen): Die Notwendigkeit der Angleichung der Gebührenordnung gerade auf dem Gebiet des Notariatswesens möchte ich für Thüringen ganz besonders unterstreichen. Thüringen hat in seinem Gebiet sehr viele große Städte. Es ist durch die Ungleichheit der Gebührenordnung der Zustand eingetreten, dass vielfach dort, wo die Gebühren billiger sind, tatsächlich die Industrie beurkunden lässt. Man geht nach Erfurt in Preußen und dasselbe ist zwischen Sachsen und Thüringen der Fall. Es ist also hier eine Angleichung im Interesse aller. Ein Gesichtspunkt ist nicht außer Acht zu lassen. Wir erheben in Thüringen keinen Stempel, so dass also entweder die Stempelgebühren allgemein einzuführen wären, oder bei der Höhe der Gebühren wieder zu berücksichtigen wären.

RJKomm. Dr. Frank: Dann darf ich Sie bitten zu Punkt 3 Folgendes notieren zu wollen, dass gleichfalls bis 20.05. dem RJKomm. zum Punkt Gleichschaltung der Gebührenordnungen die bisherigen Erfahrungen und die auf diesen Erfahrungen beruhenden Wünsche der LJVerw. mitgeteilt werden. Dieser Punkt wird allgemein dahin ausgelegt, dass eine Vereinheitlichung des notariellen Gebührenwesens wohl in den wesentlichen Punkten gewünscht wird.

Zu Punkt 4 haben wir uns schon vorhin ausgesprochen. Ich bitte um die Stellungnahme der Länder bis 20.05.

Punkt 5 und 11 würde ich nun bitten zusammenzunehmen: *5. Einflussnahme der Justizverwaltung auf die Besetzung der juristischen Lehrstühle. – 11. Wahrung des Besitzstandes hinsichtlich der Stellen, für die juristische Vorbildung notwendig erscheint.“*

RJMin. Dr. Gürtner: Meine Herren! Diese zwei Fragen hängen innerlich ja ein wenig zusammen. Die Einflussnahme der JVerw. auf die Besetzungen der juristischen Lehrstühle ist ein Punkt, dem sich kein JM entziehen kann, wenn er auch nur kurze Zeit im Amt ist. In allen Städten, in denen juristische Fakultäten sind, besteht das natürliche und dringende Bedürfnis, dass das JM und die juristische Fakultät in irgendeiner Beziehung stehen. Zurzeit erfolgt die Besetzung der juristischen Lehrstühle zum mindesten außerhalb und neben dem Einfluss derjenigen Stelle, die später die an der Universität ausgebildete Jugend zu speisen [!] hat. Jeder, der eine juristische Ausbildung an irgendeiner deutschen Universität mitgemacht hat – dabei bitte ich, nicht etwa die eigene Universitätsausbildung allein zugrunde zu legen, denn diese liegt bei manchem schon so weit zurück, dass sich inzwischen allerhand geändert hat, sondern die gegenwärtige Ausbildung heranzuziehen –, wenn man das tut, so kann man sich dem Eindruck nicht verschließen, dass in Bezug auf die Ausbildung der Studenten an der juristischen Fakultät für unsere Zwecke, für die Zukunft des Mannes manches ein wenig anders sein könnte. Ich bin ein ausgesprochener Gegner des Gedankens und habe das bei den Verhandlungen, die vor ungefähr drei Jahren waren, über die Vereinheitlichung der Ausbildungsgrundsätze in Berlin ausführlich begründet, aus den Universitäten Fachschulen zu machen. Es ist genau das Gegenteil dessen, was wir brauchen. Eine Neigung, die an gewissen ganz großen Universitäten, ich will nicht sagen bei den Dozenten, aber zum mindesten bei den Studenten besteht, den Sinn der Universitätsausbildung darin zu sehen, dass man in der Technik seines künftigen Berufs geschult wird, kann nicht gutgeheißen werden. Ich bin der Überzeugung und kann das als langjähriger Personalchef bestätigen, dass das uns das schlechteste Beamtenmaterial liefern wird. Und dass darauf das entsteht, was man mit einem unfreundlichen Wort Banausentum nennt.

Ich bin der Auffassung, der Einfluss der JVerw. auf die Besetzung juristischer Lehrstühle sollte nach der Richtung gehen, dass die Universitas so bleibt, wie sie ist, aber man sollte nicht – wenn ich mich mit einer kleinen Übertreibung so ausdrücken darf – grundsätzlich den aus der Praxis hervorgehenden Juristen zum akademischen Lehrer für ungeeignet halten. Er sollte nicht – wie das leider in gewissen Kreisen manchmal geschieht – innerhalb des Körpers der Universität als ein Mann minderer Eignung empfunden werden – das scheint mir nicht richtig zu sein. Ich glaube bestimmt, dass es Männer der Praxis gibt, die den Studenten auch vom Katheder aus vieles zu sagen haben und vielleicht in dem und jenem Punkt mehr zu sagen hätten als jemand, der irgendein Fach nur von der Theorie aus beherrscht. In diesem Sinne wäre es meiner Meinung nach erwünscht, wenn sich die JVerw. in dem Bereich der Gesamtausbildung der Juristen noch ein wenig um die Besetzung der juristischen Lehrstühle bekümmern würden. In Ländern wie z.B. Baden, wo das Justiz- und KultusMin. in einer Hand vereinigt ist, wäre es ja sehr einfach zu machen. Aber auch in den größeren Ländern sollte, glaube ich, im eigenen Interesse ein solcher Weg gefunden werden. Es handelt sich um keine rein staatliche Aufgabe, es ist keine Sache, die sich allein durch die Gesetzgebung regeln lässt, sondern es müssen sich hier die beiderseitigen Verhältnisse einander anpassen und ich bin überzeugt, dass damit der Universität ebenso gedient sein wird wie der Praxis.

Preuß. JMin. Kerrl: Meine Herren, ich kann mich den Ausführungen des Herrn RJMin. nur anschließen. Es ist außerordentlich wichtig, dass von Seiten der JVerw. auf die Besetzung der juristischen Lehrstühle in irgendeiner Weise Einfluss genommen wird. Ich habe mich sehr gewundert, als ich das preuß. JM übernahm, in diesem Ministerium nicht einmal ein Dezernat, das sich mit dem Nachwuchs beschäftigt, vorzufinden. Ich habe es für meine Pflicht gehalten, dieses Dezernat sofort einzurichten und sein Ausbau wird mir gerade in nächster Zeit besonders angelegen sein. Die Befassung mit dem Nachwuchs an sich schon wird ja von selbst die Verbindung mit der Universität herstellen. Ich bin auch der Auffassung, dass es die juristische Wissenschaft allerdings notwendig hat, von der Technik, die sie jetzt zeigt, in der Wirklichkeit noch weiter fortzuschreiten zu einer wirklichen Wissenschaft. Wir haben heute noch kein wirkliches Recht, sondern heute finden wir immer noch bestätigt, was Mephisto im Faust ausspricht: „Vom Rechte, das mit uns geboren ist, von dem ist leider nie die Frage." Wir müssen ganz bestimmt schon aus Rücksicht auf die Rechtskenntnis auch auf die Unterrichtung des Nachwuchses Einfluss gewinnen. Wir müssen den Nachwuchs meines Erachtens in der Richtung beeinflussen, dass endlich das, was man früher die Objektivität nannte, das Abstrakte, das sog. ewige wirkliche Recht, das gar keine Verbindung mit dem einzelnen Menschen hat und das grundsätzlich neu gewonnene Recht, das, worauf sich der Mensch besinnt, das Recht des Menschen auf sich selbst, auch so herauskommt, als das Recht, das mit uns geboren ist. Das Wissen ist kein Recht, das abstrakt für sich objektiv betrachtet werden kann, sondern es gibt nur ein Recht, das verbunden ist mit dem Menschen, der von Natur aus ganz von selbst ein unauflöslich verbundener Teil der Weltgemeinschaft ist. Aber gerade von diesem Standpunkt aus kann ich auch den Gedanken nur unbedingt befürworten, dass jedes einzelne Ressort in der LJVerw. sich damit befasst, Einfluss auf die Besetzung der Lehrstühle zu gewinnen.

Wie man das macht, weiß ich heute noch nicht. Das ist eine Frage, die wird sich, nachdem wir das Ziel selbst kennen, schon ergeben. Das muss jedenfalls Gegenstand unseres persönlichen Wollens und Denkens sein, dann werden bestimmt in einigen Monaten Anregungen im Einzelnen gegeben werden können.

Ich möchte nur auf den *Punkt 11 der TO* eingehen: Wahrung des Besitzstandes hinsichtlich der Stellen, für die juristische Vorbildung notwendig erscheint. Schon die Fassung dieses Punktes der TO scheint mir anzudeuten, dass man eigentlich da aus den früher in der Parteiorganisation usw. vorhandenen wirtschaftlichen Gesichtspunkten heraus vorgegangen ist. Es wird aber nicht notwendig sein, nun unbedingt einen Besitzstand zu wahren an Stellen, die juristische Vorbildung erfordern, damit der Nachwuchs hineinkommen kann. Ich glaube, der Gesichtspunkt ist niemals richtig, wenn man ihn auch für die Zukunft anlegen will, sondern in der Zukunft müssen wir hier von ganz anderen Gesichtspunkten aus verfahren. Wir werden nicht mehr sagen können: Wir müssen ängstlich hüten, dass alles, was überhaupt irgendwie einem Richter vorbehalten werden kann, ihm auch vorbehalten wird, damit möglichst viele Stellen geschaffen werden. Das kann und darf nicht ausschlaggebend sein, sondern ausschlaggebend müsste uns sein die Erreichung des Zieles, das ich von Anfang an gestellt habe, nämlich endlich einen wirklichen Richterstand in die Welt hinauszusetzen, der nicht mehr nötig hat, sich mit allen möglichen Sachen zu beschäftigen, mit Dingen, die gar nicht zum Richterberuf gehören, sondern der nur wirklich seiner für die Gesetzgebung so außerordentlich wichtigen Aufgaben des Wahrens und wirklichen Richtens zugeführt wird.

Wenn wir uns zu diesem Standpunkt einmal durchgerungen haben, dann wird der Erfolg sein, dass man einen ganz erklecklichen Besitzstand in Zukunft aufzugeben gezwungen sein wird. Es ist nicht mehr notwendig, dass alle Teile der freiwilligen Gerichtsbarkeit, des Vormundschaftswesens usw. von Richtern wahrgenommen werden, sondern das Richtige wird sein, dass alle Kraft in der Justiz vom Justizminister herunter bis zum kleinsten Justizwachtmeister eine ganz unauflösliche und untrennbare Gemeinschaft bildet. Wir sind alle im Recht und müssen suchen, dass jeder seinen Fähigkeiten gemäß die Anerkennung findet, die er verdient. Wir müssen uns zu dem Standpunkt durchringen, dass die Arbeit, die tatsächlich jetzt der Richter macht, nicht von ihm, sondern auch von einem anderen gemacht werden kann, der auch die Verantwortung trägt, aber auch äußerlich Ehre und Anerkennung finden muss. Und ich glaube, dass wir alle vom Standpunkt der Nation in ihrer Gesamtheit, von der Auffassung einer absoluten Einigung in der Sache dahin kommen werden, wie die Änderungen einsetzen müssen. Ich bin auch der Ansicht, dass z.B. das Gebiet des Bagatellrichters, von dem man weiß, dass schon in der Vergangenheit immer ein absolutes Sträuben der Richter dagegen vorhanden war, z.B. dem Gerichtsschreiber, wie er früher hieß, übertragen werden könnte. Ich glaube aber, dass es in Zukunft notwendig sein wird, unbedingt die gewöhnlichen technischen Probleme, die doch eigentlich überhaupt keine juristische Vorbildung erfordern, abzutrennen, damit nicht etwa der Zustand bestehen bleibt, dass ein Richter in Einzelfragen 100 und 120 Zivilprozesssachen aburteilen muss, über die er in Wirklichkeit gar nicht entscheiden kann, sondern die notwendige Folge ist in solchem Falle auch wieder, dass das doch eigentlich festgelegte mündliche Verfahren in einem rein schriftlichen sich abwandelt. Es kann gar nicht mehr gerichtet werden, sondern es wird eben ein Schema, es wird eine Technik daraus, die mit dem Richten selbst gar nichts mehr zu tun hat. Wir müssen auf diesem Gebiet unbedingt zu einer Wandlung kommen und wir wollen das, was wir uns als Plan vorstellen und ausarbeiten müssen, nicht unter die formale Fassung der Wahrung des Justizstandes bringen, sondern in die Fassung, das Ziel der Richter soll sein, wirkliche Richter zu werden, die ihrer Aufgabe, die im Interesse des Volksganzen so außerordentlich notwendig und bedeutsam ist, auch voll und ganz gerecht werden.

Württ. JMin. Mergenthaler: Die Frage der Besetzung der Lehrstühle an den Hochschulen ist von ganz überragender Bedeutung, und selbstverständlich auch die Besetzung der besonderen juristischen Lehrstühle. Es ist bereits angedeutet worden, dass nach der formalen Seite hin die Einflussnahme heute keinen großen Schwierigkeiten begegnet. In vielen Fällen sind die JMin. zugleich Kultusmin., die die letzte Entscheidung über die Ernennung für die betreffende Professur haben und wenn das nicht der Fall ist, so ist doch, da die meisten deutschen JMin., die auch Kultusmin. sind, Nationalsozialisten sind, die persönliche Fühlungnahme ohne weiteres da. Wer schon einmal praktisch damit zu tun gehabt hat, weiß, dass bei der Besetzung eines Lehrstuhls die Schwierigkeiten auch nach einer anderen Seite hin vorhanden sind, nämlich nach der sachlichen Seite hin. Wenn die Fakultät Vorschläge macht, so kann man sich auf diese Vorschläge nicht ohne weiteres verlassen, denn der Maßstab, den die Fakultät anlegt, ist vielleicht ein ganz anderer als der Maßstab, den wir als Nationalsozialisten anzulegen haben. Die Schwierigkeiten gehen so weit, dass es bei dem gegenwärtigen Stand auch unserer nationalsozialistischen Berufsorganisation oft außerordentlich schwer ist, überhaupt eine einwandfreie sachliche Auskunft über die betreffende Persönlichkeit, die überhaupt in Frage kommen kann, zu erhalten.

Deshalb scheint mir die Arbeit dahin gehen zu müssen, dass wir uns in unserer berufsständischen Organisation, sei es nun eine Lehrerorganisation, sei es der nationalsozialistische Juristenbund, der z.B. in Württemberg noch sehr winzig ist, so weit durchschaffen, dass wir eine hervorragende Personalkenntnis haben. Dass wir, wenn die Frage praktisch wird, uns an die zuständigen Organisationen um Auskunft wenden können, und zwar nicht bloß nach der Seite der fachlichen Eignung, sondern auch nach der gesinnungsmäßigen Seite hin. Das erschwert heute die personelle Entscheidung außerordentlich, es nützt nichts, dass der Betreffende – das hat ja der Führer auch in München ausgesprochen – gesinnungsmäßig zu uns gehört, das ist eine ganz selbstverständliche Voraussetzung, wenn er für uns arbeiten will, sondern der Betreffende muss auch etwas können. Das Gesinnungsmäßige und die Leistung müssen zusammenkommen, und darin eine einwandfreie Auskunft zu bekommen, ist außerordentlich schwierig. Ich habe mehrere Fälle erst in der letzten Zeit erlebt. Es ist oft undenkbar, eine richtige, ganz sachliche und einwandfreie Auskunft darüber zu bekommen, ob ein Mann wirklich berufen ist für eine Stelle; das kann auch nicht das Dezernat im JM machen. Gewiss, es ist gut, wenn im JM eine solche Stelle vorhanden ist, die diese persönlichen Kenntnisse sammelt, aber ich bin überzeugt, das ist nicht so leicht. Da ist ja vor allem der nationalsozialistische Juristenbund da, der muss durch eine ganz enge Verzweigung über das ganze deutsche Sprachgebiet eine derartige Personalkenntnis sammeln, dass er nicht bloß Auskunft geben, sondern dass er sogar Persönlichkeiten präsentieren kann. Ich erinnere daran, was neulich der Führer in München gesagt hat: Es gibt keine drei hervorragenden Dirigenten großen Stils. Welche Schwierigkeiten zur Besetzung der Intendantenposten gegenwärtig in einer Reihe von Ländern entstehen, davon macht man sich keine Vorstellung, und ähnlichen Schwierigkeiten begegnet man bei der Besetzung von Lehrstühlen an den Hochschulen. Ich habe gegenwärtig einen solchen Fall, den man seit Wochen und Monaten wälzt und doch zu keiner Entscheidung kommt, weil man keine Persönlichkeit präsentieren kann, die nach der gesinnungsmäßigen *und* leistungsmäßigen Seite hin allgemein anerkannt ist. So möchte ich bitten, dass der nationalsozialistische Juristenbund es als ganz wichtige Aufgabe ansieht, nun in der Richtung Vorarbeit zu leisten, dass er erstens einmal begutachtet und dann auch Persönlichkeiten präsentieren kann, die geeignet sind, auf derartige Posten gestellt zu werden.

RJKomm. Dr. Frank: Zu Punkt 5 und 11 möchte ich zusammenfassend Folgendes sagen: Die Einflussnahme der JVerw. auf die Besetzung juristischer Lehrstühle ist als Problem eine Aufgabe für eine Justizverwaltung gegenüber der Universitäts- oder Hochschulverwaltung des gleichen Landes. Es ist also eine Aufforderung an die Herren Verwalter dieser Justizorganisationen in den einzelnen Ländern, sich um die Besetzung der juristischen Lehrstühle zu bekümmern. Insofern das bisher noch nicht geschehen sein sollte, bitte ich die Herren dringend, sich künftig diese Aufgabe ernstlich gelegen sein zu lassen. Bei der Neubesetzung der juristischen Lehrstühle bitte ich die Herren JM, unter allen Umständen darauf zu dringen, dass sie mitbestimmen, wer an die Stelle eines freien Lehrstuhls kommt. Dazu wird es nötig sein, dass Ihnen die Vorschläge, die bereits in einem kurzen Referat der betreffenden Länder vorliegen, übermittelt werden, damit Sie Stellung nehmen können, und dass diese Stellungnahme von Ihnen in der Form ausgeübt wird, dass Sie darauf bestehen, die Besetzung kann erst dann erfolgen, wenn Sie Ihre Stellungnahme zu einer bestimmten Persönlichkeit getroffen haben. Diese Methode wird, wie ich hoffe – die Vertreter des NS-Juristenbunds sind ja anwesend – binnen kurzem in einer Denkschrift des NS-Juristenbundes den einzelnen LJVerw. zugehen. In einzelnen Fällen, wo es sich um ganz bestimmte Personen handelt und bestimmte Vorschläge gewünscht werden, bitte ich, sich an die Reichsgeschäftsstelle des Nationalsozialistischen Deutschen Juristenbundes München, Braunes Haus, zu wenden.

Bei Punkt 11 der TO handelt es sich nicht darum, meine Herren, etwa in kleinlicher Weise nun den akademischen Dünkel in den Vordergrund treten zu lassen. Ich bedauere sehr, dass der Herr preuß. JMin. nicht anwesend ist. Dieses Thema sollte hier nur als ein Problem aufgeworfen werden, wie auch gegenüber den nationalrevolutionären Gewalten von heute das Ansehen des Juristentums, das gelitten hat, wieder hergestellt wird, dass mit der Meinung aufgeräumt wird: Ach was, Jurist! Wir brauchen keine Juristen! Wir setzen irgendeinen SA-Mann oder tüchtigen Parteigenossen hin. Gerade der Herr, der so nickt, weiß aus der Gesetzgebung seiner eigenen Regierungsbildung, worauf ich anspiele. Aber es ist trotzdem, meine Herren, außerordentlich wichtig, dass der Vertreter der LJVerw. nunmehr auch den eigenen nationalrevolutionären Regierungen die Interessen des Juristentums durchaus in der Gesamtauslegung des Begriffs, wie sie Herr Kerrl vorgetragen hat, zum Ausdruck bringt. Es ist möglich, dass Sie sich auch persönlich die Standessorgen um das Juristentum angelegen sein lassen und dass Sie in Ihrem Bezirk und in Ihrem politischen Machtbereich dafür sorgen, dass den juristischen Persönlichkeiten der Einfluss an den öffentlichen Stellen wieder eingeräumt wird, der ihnen gebührt. Das ist eine sehr ernsthafte Aufgabe, die auch weit in die Zukunft hineingeht.

Nun zu einem Punkt, den der Herr JM Kerrl angeschnitten hat. Wegen Auslegung des Begriffs Jurist sind wir uns vollkommen einig. Ich erlaube mir darauf hinzuweisen, dass der NSJB in einer Sonderjuristenabteilung die juristischen Beamten, die nicht die übliche richterliche Vorbildung haben, in den JB als vollwertige und gleichberechtigte Mitglieder aufgenommen hat. – In der Frage, die der Herr preuß. JMin. wegen der inneren Diensteinteilung hier angeschnitten hat, die hier in diesem Gremium nicht behandelt werden kann, wird der Herr preuß. JMin. mit mir einig sein.

Ich möchte zu Punkt 5 und 11 betonen: Bei 5 wird eine zusammenfassende Denkschrift ergehen vom NSDJ der Reichsleitung an die entsprechenden LJVerw. – Bei Punkt 11 bedarf es nur des erneuten Appells, den ich eben abgegeben habe. – Punkt 6 ist erledigt. Bezüglich der Freizügigkeit der Referendare haben wir uns geeinigt, dass bis zum 20.05. die Meinung der einzelnen LJVerw. vorliegt.

Punkt 7 (Verbot von Mischehen) ist ein Punkt, der auf die TO kam. Der Herr RJMin. wünscht vielleicht das Wort in der Form, dass er sagt: Es gehört eigentlich nicht auf die TO. (Heiterkeit. – RJMin. Dr. Gürtner bittet ums Wort.) Der Herr RJMin. bitte.

RJMin. Dr. Gürtner: Ich wollte nur Folgendes sagen: Meine Herren, ich glaube, ich habe schon angedeutet, dass das Wort Mischehe nicht ganz richtig ist. Mischehe ist etwas anderes. Gemeint sind mischblütige Ehen. Der Gedanke, aus dem heraus überhaupt das hergeschrieben wurde, ist folgender: Man hat im Gesetz für die Abkömmlinge von mischrassigen Ehen, die nunmehr abgeschlossen werden, eine beträchtliche Anzahl von Nachteilen festgesetzt. Daraus ergibt sich, dass eigentlich eine gewisse Verpflichtung entsteht, das Zustandekommen solcher mischrassigen Ehen zu verhindern, ganz abgesehen davon, dass auch aus anderen Gründen ein Volk sich verpflichtet fühlen könnte, mischrassige Ehen nicht zu privilegieren, sondern im Gegenteil mit irgendeinem Odium zu bedenken. Die Frage ist in anderen Kreisen schon einmal aufgeworfen worden. Sie steht hier bloß auf der TO als Punkt zum Nachdenken. Ich selber bin nicht in der Lage, Ihnen eine Formel vorzuschlagen, wie man das gesetzgeberisch machen könnte. Die Sache liegt auch nicht so, dass sie im deutschen Eherecht allein gemacht werden kann, denn wir müssen daran denken, dass Ehen, die im Ausland geschlossen werden, nicht ohne weiteres etwa von uns nicht anerkannt werden können. Endlich spielt da eine Reihe von anderen Fragen herein, etwa das Schicksal der unehelich Geborenen, der also von Mischrassigen unehelich geborenen Kinder, deren Habilitierung durch eine spätere Ehe man ja auch sehr erschweren wird, wenn man einer solchen mischrassigen Ehe etwa, bloß um ein Wort zu gebrauchen, ein impedimentum vehemens entgegensetzen wollte. Ich glaube, wir sollten das Thema nicht vertiefen und auch nicht behandeln. Es ist so im Anfangsstadium des Nachdenkens begriffen, dass es nur eine aufgeworfene Frage ist. Vielleicht habe ich Gelegenheit, später einmal darauf zurückzukommen. Ich möchte aber alle bitten, darüber nachzudenken, ob für sie ein gesetzgeberischer Weg sichtbar sei, auf dem man mischrassige Ehen verhindern könnte. Augenblicklich ist nach bürgerlichem Recht die mischrassige Ehe überhaupt kein Begriff. Gibt es einen Weg, das Zustandekommen mischrassiger

Ehen zu verhindern? Mehr als eine aufgeworfene Frage soll es nicht sein. Es wäre eine wichtige Frage, nicht bloß aus rechtlichen, sondern auch aus anderen Gründen. Ob sie gesetzgeberisch gelöst werden kann, vermag ich heute nicht zu sagen.

Preuß. JMin. Kerrl: Ich bin der Ansicht, dass die Frage eines Verbotes von Mischehen in unserem Sinne heute noch nicht durch Gesetz geregelt werden kann. Ich bin der Auffassung, dass da eine Legalisierung in der Folge eintreten muss. Das ist bereits in einem Gesetz festgelegt und wird sich sehr bald zeigen, dass es in Zukunft noch in verschiedenen anderen Gesetzen festgelegt sein muss. Ich habe die Frage auch nachprüfen lassen, ob man die Sache von diesem Standpunkt aus verantworten könnte. Meine Referenten sind zu der Überzeugung gekommen, dass man es ohne weiteres machen könnte, wenn man Dispens für Ausländer erteilte. Sonst kommt auch noch in Frage der Oberschlesische Vertrag, der bis zum Jahr 1938 geht. Der legt uns bestimmte Verpflichtungen auf. Ich bin aber der Ansicht, dass diese Frage endgültig erst dann geregelt werden kann, wenn man die Judenfrage an sich endgültig regelt. Wir wissen als nationalsozialistische Führer, dass man erst dann die Frage endgültig regeln kann, wenn man sie vom Standpunkt des Staatsbürgers aus regeln kann, wenn man sagen kann: Staatsbürger ist, wer deutschen Blutes ist. Erst dann kann man die Judenfrage und auch die Frage des Verbots der mischrassigen Ehe endgültig regeln. Wir können uns zwar mit der Frage beschäftigen, aber zu einer reichsgesetzlichen Regelung werden wir auch da in absehbarer Zeit noch nicht kommen. Schon die bisherigen Reichsgesetze zur Wiederherstellung des Berufsbeamtentums wirken m.E. fast wie ein Verbot auf die mischrassigen Ehen ein. Es wird sich heute jeder überlegen, ob er mit einer Jüdin eine Ehe eingeht, wenn er auch noch nicht überlegt, was aus seinen Söhnen werden kann, weil für sie nur beschränkte Berufsmöglichkeiten bestehen. In der Form hat dieses Gesetz schon die Wirkung eines gewissen Verbotes mit sich gebracht.

RJKomm. Dr. Frank: Ich würde Punkt 7 verlassen. Wir sind einig, dass die Frage nur als Anregung angeschlagen sein soll.

Ich fasse zusammen *Punkt 8, Vereinheitlichung der Führung des Handelsregisters und Punkt 11, Wahrung des Besitzstandes hinsichtlich der Stellen,* für die *juristische Vorbildung* notwendig erscheint. Ich möchte bitten, darüber keine weitere Debatte stattfinden zu lassen. Ich werde auch vom Reichskommissariat aus hierüber an die einzelnen LJVerw. Wünsche und derartiges ergehen lassen.

Der *Punkt 9, eugenische Sterilisation,* war auf die TO gesetzt worden im Hinblick auf die Ihnen vom RJMin. vorgetragene geplante Novellierung der Strafgesetze, insbesondere des § 226 a der Ihnen übergebenen Novellenvorschläge, die hier vorliegen. Es sollte betont werden, dass die Eugenische Sterilisation durch diese Novellierung wenigstens einigermaßen vorgetrieben werden könnte. Ich möchte das Problem als rechtspolitisches Problem heute nicht aufrollen, sondern habe es nur deshalb auf die TO gesetzt. Wenn aber ein Herr das Wort wünscht, kann es selbstverständlich erteilt werden. Damit sind wir am Ende unserer TO angelangt.

Ich möchte noch einmal Folgendes kurz betonen: Das RJM bzw. der RKomm. erbittet von den Herren eine Stellungnahme in der Form einer Denkschrift über die eigenen Landeserfahrungen und Wünsche auf Besserung auf diesen betreffenden

Gebieten zu Punkt 3 bezüglich der Gleichschaltung der Gebührenordnung und zu den Punkten 4 und 6 der TO bezüglich der Freizügigkeit der Referendare und Rechtsanwälte. Ich bitte diese Denkschrift mit Ihrer Stellungnahme bis 20.05. an das RJM, Reichskommissar, Berlin, einzuschicken.

Zum Punkt 2 bekommen die LJVerw. eine Denkschrift des bayer. JM über die bisherigen Erfahrungen beim Strafvollzug. – Zu Punkt 5 und 11 erhalten die LJVerw. eine Denkschrift des NSDJ über die Auswirkung und Stellungnahme zu diesen Punkten.

Meine Herren, die nächste Zusammenkunft der LJMin. mit der schon jetzt erbetenen Anwesenheit des Herrn RJMin. wird auf Einladung des Herrn preuß. JMin. in der Stadt Berlin unter seinen Auspitzien sich vollziehen. Sie wird in der Zeit zwischen dem 20. und 31.05. stattfinden. Der Zeitpunkt wird noch genau festgelegt im Einvernehmen mit Herrn Dir. Freisler. Wir wollen uns darüber klar sein, dass in der nächsten Zusammenkunft Fragen beachtlich sein werden, die vor allem die Reform des juristischen Erziehungswesens und das BGB betreffen. Ich bekomme jeden Tag Briefe und Telegramme über die sog. geplante Novellierung zum BGB und die Fragen, die die Reform des Zivilprozesses betreffen.

Meine Herren, ich danke Ihnen. Ich glaube, dass ich auch dem Herrn RJMin. den Dank aussprechen darf für das Interesse, das er durch seine heutige Teilnahme bekundet hat. Ich hoffe, dass Sie im Sinne der nationalsozialistischen Revolution fortfahren bis zum Sieg. Ich bitte Sie, mit mir einzustimmen in den Ruf:

Unser deutsches Vaterland, unser deutsches Volk und unser lieber Führer Adolf Hitler. Sieg Heil! Sieg Heil! Sieg Heil!

(Schluss der Sitzung 3.50 Uhr)

IV. Niederschrift über die Tagung des Herrn Reichsjustizministers mit den Länderjustizverwaltungen am 12.02.1934 in Dresden

(Beginn 11.10 Uhr)

Sächs. JMin. Dr. Thierack: Hochverehrter Herr Reichsminister! Meine Herren! Im Namen und Auftrag der sächs. Staatsregierung heiße ich Sie herzlich willkommen. Dank der Initiative des Herrn Reichskomm. war es möglich, die Tagung nach Dresden zu verlegen. Ich freue mich dessen ganz besonders und bedaure außerordentlich, dass der Herr Reichskomm. durch dringende politische Angelegenheiten verhindert ist, heute unter uns zu weilen.

Meine Herren! Die letzte Tagung und die letzte Zusammenkunft der LJMin. in Dresden fand am 28.09.1929 statt. Auch damals stand als letzter Punkt auf der TO: Die Vereinfachung und Vereinheitlichung der LJVerw. Es ist damals eine Kommission gewählt worden, die nie zusammengetreten ist.

Welch eine ungeheure Entwicklung seit jener Zeit! Wir stehen sicherlich alle unter dem Banne des letzten großen Gesetzes, das wir wohl als vorläufige Verfassung des Deutschen Reiches bezeichnen dürfen. Schon der klare Ausdruck dieses Gesetzes zeigt, dass es ein Verfassungsentwurf sein soll und auch sein wird. Meine Herren! Alles das wissen wir Juristen. Alles, was groß und erhaben ist, trägt auch die Einfachheit der Ausdrucksform in sich. So ist es auch in diesem Gesetz. Und wenn wir heute unter der Führung des Herrn RJMin. zusammenkommen, so kommen wir zusammen sicher in einer historischen Stunde, in der etwas erreicht worden ist, was wir Juristen erträumt haben und was wir vor langen, langen Jahrhunderten verloren haben, nämlich die Justizhoheit des Reiches.

Meine Herren! Wir LJMin. wissen genau, dass die Entwicklung über uns hinweggehen wird. Wir freuen uns dessen, und wir erklären dem Herrn RJMin. gegenüber, dass wir an der Wiedergeburt der alten deutschen Justizhoheit mitarbeiten wollen und, jeder an seiner Stelle, mitarbeiten werden, was seine Kräfte hergeben können. Und wenn ich jetzt Herrn RJMin. zurufe: Nicht morituri te salutant, sondern nasciturі, so bitte ich, das in diesem Sinne zu verstehen.

RJMin. Dr. Gürtner: Meine sehr verehrten Herren! Ich danke dem Herrn Kollegen von Sachsen für seine freundlichen Begrüßungsworte. Er hat in ihnen die Bedeutung der Konferenz, die wir jetzt eröffnen, treffend gekennzeichnet. Der Ausgangspunkt für das, was wir heute zu beraten und zu besprechen haben, ist das kürzlich erlassene Gesetz über den Neuaufbau des Deutschen Reiches, dessen Inhalt in diesem Kreise wohl nicht näher bezeichnet zu werden braucht.

Eine erste Auswirkung des Übergangs der Justizhoheit auf das Reich findet ihren Ausdruck in einem Gesetze, das inzwischen vom Reichskabinett verabschiedet worden ist und dessen Wortlaut [Erstes Gesetz zur Überleitung der Rechtspflege auf das Reich v. 16.02.1934, RGBl. I 1934, 91] ich Ihnen jetzt bekanntgeben möchte.

Dieses Gesetz hat fünf Artikel, die folgendermaßen lauten:

Art. 1. Sämtliche Gerichte sprechen Recht im Namen des Deutschen Volkes. – Das gilt nicht bloß von den Justizgerichten, sondern für Gerichte aller Art.

Art. 2. Der Reichspräsident übt neben dem Begnadigungsrecht das Recht aus, anhängige Strafsachen niederzuschlagen. – Amnestien können nur durch ein Reichsgesetz erlassen werden.

Art. 3. Wer die Befähigung zum Richteramt erlangt hat, muss nach Maßgabe der geltenden reichsgesetzlichen Vorschriften in jedem Lande zur Rechtsanwaltschaft zugelassen werden. – Diese Vorschrift tritt an die Stelle des § 2 der Rechtsanwaltsordnung; der § 4 fällt fort.

Damit ist also die Freizügigkeit der Anwaltschaft erreicht, ein von der Anwaltschaft seit langem erstrebtes Ziel

Art. 4. Notarielle Urkunden haben im gesamten Reichsgebiet dieselbe Wirksamkeit. Landesrechtliche Vorschriften, nach denen die Wirksamkeit einer notariellen Beurkundung oder Beglaubigung davon abhängig ist, dass die Beurkundung oder Beglaubigung von einem Notar des eigenen Landes oder eines bestimmten Landesteiles vorgenommen ist, treten außer Kraft.

Damit ist die Freizügigkeit der notariellen Urkunden im Deutschen Reiche geschaffen, ein Zustand, dessen Nichtvorhandensein auch jetzt schon nicht verstanden war.

Art. 5. Der Reichsminister der Justiz wird ermächtigt, alle Bestimmungen zu treffen, die durch den Übergang der Justizhoheit auf das Reich erforderlich werden.

Das Gesetz ist gezeichnet von einer ganzen Reihe von Mitgliedern des Reichskabinetts, namentlich von allen denen, in deren Geschäftsbereich überhaupt die Tätigkeit eines Gerichts in Frage kommt.

Das ist also eine erste und unmittelbare Auswirkung auf dem Gebiete der Justiz, die, wie ich soeben aus Berlin erfahren habe, die Billigung des Reichskabinetts gefunden hat, nachdem der Herr Reichskanzler schon am letzten Freitag seine freudige Zustimmung zu diesem Gesetze gegeben hatte.

Meine verehrten Herren! Ich habe bereits in einer kurzen Presseverlautbarung dem Gedanken Ausdruck gegeben, dass sie Übernahme der Justizhoheit auf das Reich natürlich auch eine RJVerw. erforderlich macht. Auf dem Gebiete der Justiz liegen ja, wenn man die Verhältnisse der Länder vergleicht, die Dinge etwas einfacher als auf anderen Verwaltungsgebieten. Ich brauche hier nicht erst noch darauf hinzuweisen, dass schon seit der Verfassung vom Jahre 1871 gleiches Recht auf den wichtigsten Gebieten des materiellen und formellen Rechts besteht, dass im Allgemeinen die Organisation der Gerichte sogar bis zu der Bezeichnung der höheren Beamten durch das ganze Deutsche Reich gleich ist, und dass auch die Zuständigkeiten im Großen dieselben sind, während in anderen Ressorts die Verhältnisse von Grund auf verschieden sind, nicht bloß organisatorisch, sondern auch rechtlich. Man kann also wohl ohne Übertreibung sagen, dass das, was jetzt zu geschehen hat im Bereiche der Justiz, nicht die schwierigste Aufgabe sein wird, gemessen an denen anderer Ressorts. Man darf aber die Aufgabe, die uns gemeinsam jetzt gestellt ist, auch nicht unterschätzen. Ich werde mir erlauben, das, was ich Ihnen zu sagen mir vorgenommen habe, unter zwei Fragen zu stellen: 1. *Was* hat eigentlich jetzt zu geschehen? Welche Aufgaben sind zu lösen? 2. *Wie* soll das gemacht werden?

Bevor ich darauf eingehe, möchte ich aber im Voraus Folgendes bemerken:

Meine Herren! Über den Neuaufbau des Reiches denken nicht etwa erst jetzt, sondern schon seit vielen Jahren viele Köpfe nach. Sie alle wissen, dass das Endziel nicht gedacht werden kann, ohne dass man sich auch die territoriale Gliederung eines künftigen Reiches klar macht. Den Herren ist ja aus früheren Jahren und auch aus der Literatur der Gegenwart geläufig, welche Vorstellungsbilder da gezeichnet worden sind. Wenn ich die beiden äußerst gegensätzlichen Punkte bloß markiere, so steht auf der einen Seite der Gedanke, man könnte ungefähr die Einteilung des Reiches in Länder bestehen lassen, man könnte die vorhandenen Länder sozusagen veredeln in der Form, dass man kleine und kleinste Gebilde an größere anschließt, im Übrigen sich aber an die historischen Einheiten hält. Der ausgesprochenste Gegensatz zu dieser Vorstellung ist der, man solle das Reich nach irgendwelchen verschieden nuancierten Gesichtspunkten, bald nach Stammesprinzipien, bald nach Wirtschaftsprinzipien in Gebiete einteilen, in Gaue oder in Provinzen, und die ganze Organisation des Reiches solle dann nur eine Spitze über einer Anzahl von solchen Gauen darstellen, deren Zahl etwa, um überhaupt nur eine Zahl zu nennen, zwei Dutzend sein könnte. Dazwischen gibt es dann eine ganze Reihe von Vorstellungen, die diese beiden grundsätzlich und gegensätzlich gegenüberstehenden Gebilde irgendwie in einer etwas anderen Lösung sich vorstellen.

Ich möchte im Voraus sagen, meine Herren, dass das, was wir zu tun haben, mit dieser Frage überhaupt gar nichts gemein hat. Die Frage der territorialen Gliederung am Schlusse der Entwicklung des Aufbaus des Reiches braucht uns in keinem Stadium unserer Arbeit zu interessieren, denn das, was wir für die territoriale Gliederung des Reiches zu leisten haben werden, ist nichts mehr und nichts weniger als die Einteilung der OLG-Bezirke. Ob zwischen den OLG-Präs. und der Spitze der RJVerw. irgendeine Instanz besteht, sagen wir ein Statthalter oder ein Gauleiter, der gewisse Hoheitsrechte ausübt, das braucht unsere Köpfe nicht heiß zu machen. Wir müssen in unserem Ressort jedenfalls dabei landen, uns das Deutsche Reich in vernünftiger Weise in eine Anzahl von OLG-Bezirke geteilt vorzustellen, und diese OLG-Bezirke sollten sich dann – das ist wenigstens meine persönliche Vorstellung – in ihren Grenzen decken mit den Verwaltungsbezirken, den Finanzbezirken, den Wehrbezirken, wobei an die Gaueinteilung zu denken ist, und damit eine gewisse Garantie geben, ich glaube wohl die höchste Garantie, für die Vereinfachung der gesamten Verwaltung überhaupt.

Ich sage das im Voraus deswegen, damit alles, was in unserem Bereiche verhandelt wird, frei bleibt von jeder politischen Erörterung. Ich bin so frei zu sagen: Das geht uns in diesem Kreise und in unserem Thema gar nichts an. Die örtliche Einteilung des Reiches in OLG-Bezirke ist ganz gewiss eine Sache, die auch uns betreffen muss, aber nicht am Anfange. Es gibt OLG-Bezirke in Deutschland, in denen z.B. der Sitz des OLG, bezogen auf den Umfang und die Größe, eigentlich nur historisch erklärt werden kann. Man wird diese Gelegenheit benutzen können, um hier gewisse Dinge auch räumlich, örtlich in eine etwas bessere Fasson zu bringen als es jetzt der Fall ist. Vorläufig brauchen wir uns mit dieser Frage gar nicht zu beschäftigen.

Das, was uns als Aufgabe jetzt gestellt worden ist, besteht darin, die Vorbereitungen zu treffen, die es ermöglichen, die RJVerw. wirklich einheitlich durchzuführen. Wenn ich jetzt von Verwaltung spreche, so meine ich etwa die Aufgabenkreise, die heute in den kleinen Ländern ausschließlich, in den größeren Ländern vorwiegend dem JMin. des Landes zustehen.

Auf diesem Gebiete teilen sich nun die Aufgaben auch schon auf den ersten Blick in zwei große Untergebiete, das eine ist das der Gesetzgebung, das andere das der Verwaltung im engsten Sinne.

Wenn ich hier von Gesetzgebung spreche, so meine ich vor allem die große Fülle von Gesetzen, die wir kennen unter der Überschrift: Ausführungsgesetze zu Reichsgesetzen. Es gibt ja kein Reichsgesetz, das nicht ein Ausführungsgesetz in den Ländern hätte, und es gibt wenige Ausführungsgesetze der Länder, von denen zwei übereinstimmen. Dazu kommt die Fülle der landeseigenen Gesetze, also der Gesetze, die besondere Verhältnisse in den Ländern regeln und ordnen und die auf das Gebiet der JVerw. Bezug haben.

Lediglich beispielgebend und illustrierend möchte ich etwa darauf hinweisen, dass es im Bereiche des bürgerlichen Rechtes gewisse landesrechtliche Besonderheiten gibt, sagen wir z.B. für das Leibgedinge; man denke ferner an die Auflassung, die Mündelsicherheit, das Hinterlegungswesen, das Schätzungswesen und das Personenstandswesen. Auf allen diesen Gebieten gibt es eine Reihe von Regelungen, die nach jeder Richtung hin verschieden sind. Hier kommt es nicht so sehr darauf an, ein System zu erdenken, das absolut das einzige und richtige ist. Man wird in technischer Beziehung das Problem so stellen können: Es muss ein gemeinsames System gefunden werden, das nach sorgfältigster Prüfung sich als das beste erwiesen hat. Ebenso gibt es zahlreiche Verschiedenheiten auf den Gebieten des Handelsrechts – man denke an das Registerwesen, den Wechsel- und Scheckprotest –, auf dem Gebiete der Gerichtsverfassung und des Zivilprozesses – z.B. beim Zustellungswesen, beim Rechtskonsulenten- und Sachverständigenwesen, beim Entmündigungsverfahren –, auf dem Gebiete der Zwangsversteigerung, der Zwangsverwaltung und des Grundbuchwesens. Gerade auf diesem Gebiete finden sich weithin leuchtende Unterschiede, z.B. wird in gewissen Ländern das Grundbuchwesen überhaupt nicht von den Justizbehörden betrieben. Ebenso könnte man vielleicht auch noch manches auf dem Gebiete der freiwilligen Gerichtsbarkeit erwähnen. Ich spreche da nur das eine Wort Notariat aus. Viele Verschiedenheiten finden sich weiter auf dem Gebiete des Kostenwesens, aber auch auf dem

Gebiete des Strafprozesses, hier etwa die Frage der Hilfsbeamten der StA usw. Auf allen diesen Gebieten wird es notwendig sein, ein gleiches Recht zu schaffen.

Wenn ich hier gleich ein Werturteil anfügen darf, mit dem wir uns später werden befassen müssen, so möchte ich ganz allgemein sagen, dass die Aufgaben, die sich aus diesen Dingen ergeben, die ich eben erwähnt habe, zeitlich nicht die vordringlichsten sind. Ich könnte mir vorstellen, dass schon jetzt die LJVerw. die ganze Summe ihrer Ausführungsgesetze und Spezialgesetze in aller Ruhe unter dem Gesichtspunkte prüfen, was davon in einem künftigen Reichsrecht erhalten bleiben muss. Es ist nicht daran zu denken, dass z.B. gewisse spezialrechtliche Vorschriften, die etwa in Mecklenburg oder in Bayern bestehen, für das ganze Reich übernommen werden müssen, und es ist ebenso wenig daran zu denken, dass solche spezialrechtliche Vorschriften nun vernichtet werden müssten. Eine solche Prüfung der Landesgesetzgebung kann unabhängig von den Geschäften erfolgen, deren Inangriffnahme durch die Natur des Gegenstandes vordringlich ist und sofort geschehen muss.

Der zweite, größere Teil der Aufgaben liegt auf dem Gebiete der reinen JVerw. Wenn ich davon ausgehe, womit es eine Verwaltung zu tun hat, so ergibt sich die Unterteilung ohne weiteres. Die Verwaltung hat es zu tun mit Menschen und mit Sachen.

Insoweit die JVerw. es mit Menschen zu tun haben, öffnet sich vor uns das ganz große und weite Gebiet der Personalfragen, und zwar mit allem, was darin steckt, also ich möchte sagen, von dem Tage an, wo, um bloß ein Beispiel zu gebrauchen, der für den künftigen höheren Dienst bestimmte junge Mann das Gymnasium verlässt, bis zu dem Tage, wo er in die Pension eingewiesen wird, der ganze Lebenskreis, in den er gesetzt wird, von seiner Ausbildung auf der Hochschule angefangen bis zur Herausstellung des Ruhegehaltsempfängers. Ich möchte darauf verzichten, im Einzelnen die Fragen aufzuführen, die uns da entgegentreten. Es ist aber, wenn man an Aufgaben herantritt, sehr wertvoll und nützlich, wenigstens durch Beispiele eine allgemeine Grenzziehung zu erkennen für die Aufgaben, die man lösen soll. Da ist ja auf dem Gebiete der JVerw. im engsten Sinne schon die Frage: Wer soll die JVerw. ausüben? Sie beginnt mit der Dienstaufsicht, mit den Rechten des Vorstandes der Behörden. Wer soll die Hoheitsrechte ausüben, die z.Zt. per Delegation an die Länder zurückgegeben worden sind? Das ist eine Frage, die für die Zukunft sehr wichtig sein wird, etwa hinsichtlich des Begnadigungsrechtes. Zurzeit ist das Begnadigungsrecht ja de facto nicht geändert. Aber wir werden uns doch sehr überlegen müssen, ob nicht später auf dem Gebiete der Ausübung dieses Rechtes starke Delegationen nach unten erfolgen müssen, also etwa an die OLG-Präs. oder GStA, weil die Zentralisation solcher Riesengebiete in der Reichsverwaltung außerhalb jeder Diskussion steht. Davon möchte ich von vornherein ausgehen: Was nicht an die Spitze gezogen werden muss, um überhaupt die Einheitlichkeit zu gewährleisten, das muss nach unten dezentralisiert werden. Die Verhältnisse in den Ländern sind hier außerordentlich verschieden, und zwar ergibt sich das ohne weiteres aus der Größe der Länder. Wenn man in Ländern wie Württemberg in der Zeit, die ich persönlich noch kenne – ich weiß nicht, ob das anders geworden ist –, das gesamte Begnadigungsrecht an das Ministerium gezogen hat (*Zuruf:* Das ist noch so!) – das ist also noch so –, so ist das bei den württembergischen Verhältnissen durchaus sachentsprechend und vernünftig, weil die Entfernungen, ich möchte sagen, die räumlichen und persönlichen Entfernungen vom Chef der JVerw. zu den Kunden im Gnadendienst so klein sind, dass sie noch überblickt werden können und das Gnadenrecht gehandhabt werden kann. Wenn Preußen das heute täte, dann würde das Begnadigungsrecht ein Papierwerk sein. Preußen hat das auch nicht getan und hat auch in den vergangenen Jahren nicht im Entferntesten daran gedacht, das zu tun. Länder, die in der Größe dazwischen liegen, haben es schon nicht mehr fertiggebracht, das Gnadenrecht schlechthin zu zentralisieren, z.B. Bayern. Eine strenge Zentralisation wird in Zukunft natürlich wegfallen; mit dem Unterschiede der verwaltungsgebietlichen Größen fallen auch diese Unterschiede, die zu einer Lösung drängen, weg.

Über das Gebiet des Personalwesens brauche ich in diesem Kreise nicht sehr viel zu sagen. Es genügt, einiges anzudeuten. Es käme hier besonders in Frage die Dienstpostenbewertung, die Besoldungsordnung. Wir haben viele Besoldungsordnungen im Deutschen Reiche, und wir haben auch eine Reichsbesoldungsordnung. Es wird sehr rasch notwendig sein, sich zu überlegen, wie eine künftige Reichsbesoldungsordnung von unserem, d.h. vom Justizstandpunkte aus, aussehen muss, dass sie von den Ländern ohne Erschütterung der gewordenen Verhältnisse und ohne Gefährdung der künftigen Entwicklung übernommen werden kann.

Auf dem Gebiete des Personalwesens drängen sich dann auch sofort die Fragen wieder auf: Sollen die Notare Beamte werden oder nicht, sollen die Rechtsanwälte Beamte werden usw.? Wir haben hier grundlegende Verschiedenheiten in den einzelnen Ländern. In einem Lande werden manche Tätigkeiten hauptamtlich betrieben, während das in anderen sehr großen Gebietsteilen grundsätzlich nicht der Fall ist. Wenn ich ferner bloß die Worte mittlerer und unterer Dienst ausspreche, so bin ich überzeugt, dass ich damit in der Erinnerung aller Personalreferenten, vielleicht auch bei einem großen Teile der Herren Chefs, den Blick auf höchst schwierige Verhältnisse lenke. Insbesondere will ich daran erinnern, dass der mittlere Dienst kein einheitlicher Begriff, sondern nur ein Sammelbegriff ist, wobei die Einzelheiten sorgfältig auseinandergehalten werden müssen. Auch der höhere Dienst ist ebenso wie der mittlere Dienst wieder in den einzelnen Gebietsteilen sehr verschieden. Ich habe schon darauf hingewiesen, dass wir den Juristen vom Tage seines Abituriums an in unsere Betrachtung hineinziehen müssen, beginnend mit der Universitätsausbildung und der Vorbereitungspraxis; hier stehen sich in den Ländern nicht etwa nur technisch verschiedene Regelungen gegenüber, sondern grundsätzlich verschiedene Einrichtungen, etwa das bayerische Prüfungssystem dem preuß. Prüfungssystem. Da wir aber im kommenden Deutschen Reiche nicht bloß eine Freizügigkeit der Rechtsanwälte, sondern auch grundsätzlich aller Beamten haben werden, ist es nicht möglich, grundsätzliche Verschiedenheiten bei der Anstellung von Beamten beizubehalten. Ich bin heute nicht in der Lage, beispielsweise einen Frankfurter Assessor mit einem bayerischen Rechtspraktikanten zu vergleichen. Zu einem Vergleiche gehört ein Maßstab; dieser Maßstab aber fehlt.

Es ist schon nicht ganz leicht, einen preuß. Assessor mit einem bayerischen zu vergleichen. Man hat früher, und wohl auch nicht ganz ohne Erfolg, den Versuch gemacht, einen solchen gemeinsamen Maßstab zu finden. Ein solcher muss aber für die Zukunft bestehen, denn sonst dann das Ziel einer Freizügigkeit der Beamten überhaupt nicht erreicht werden.

Dasselbe, was ich für den höheren Dienstes ausgeführt habe, gilt in genau der gleichen Weise für den mittleren Dienst. Für den höheren Dienst, für die Befähigung zum Richteramt, ist wenigstens eine kleine einheitliche Grundlage im GVG geschaffen; für den mittleren Dienst ist aber auch das nicht der Fall. Deswegen die Fülle von Voraussetzungen persönlicher Art, von Wartezeiten, von Prüfungen, von Qualifikationen usw.

Über die Rechtsverhältnisse der Beamten habe ich in einem Punkte schon gesprochen, nämlich in puncto Besoldung. Das ist etwas, was die Herren Kollegen wohl weniger interessieren wird und woran sich, wie ich fürchte, von der einen oder anderen Seite vielleicht ein wenig überschwängliche Hoffnungen knüpfen; wie ich das Bild sehe, werden sich diese Hoffnungen vielleicht umso weniger erfüllen lassen, je kleiner die Gebiete sind, in denen besonders günstige Regelungen bestehen. Ich denke z.B. daran, dass ein deutsches Land heute seinem OLG die Bedeutung beimisst und auch beizumessen in der Lage ist, seine OLG-Räte in der Klasse der LG-Präs. zu besolden. Das ist eine Singularität. Dass dies sich in etwa auf das Deutsche Reich übertragen ließe, halte ich, obwohl ich nicht Finanzminister bin, nicht für wahrscheinlich.

Ein Gebiet, das für die Richter von besonderer Wichtigkeit ist, ist das Disziplinarrecht. Auch hier haben wir eine Fülle von Formen und Systemen, wenn ich allein die beiden größten Länder vergleiche. Das ist ein Gebiet, das wir in der Justiz allein behandeln müssen, während das andere Reichsbeamtenrecht von uns nicht federführend behandelt wird. Ich rechne darauf, dass wir auch bei Gestaltung des künftigen Reichsbeamtenrechts allerhand zu sagen haben. Ein Richterdisziplinargesetz muss überhaupt neu geschaffen werden. Vorarbeiten dazu sind da; sie werden in vielen Teilen nicht mehr brauchbar sein. Wir werden uns sehr bald mit dieser Frage zu beschäftigen haben.

Dass zur Besoldung, gewissermaßen als Anhängsel, auch solche Dinge gehören wie Umzugskosten, Reisekosten, Unterstützungswesen, Notstandsbeihilfen, erwähne ich nur der Vollständigkeit halber. Hier scheinen besondere Schwierigkeiten nicht zu bestehen. Hier wird man vermutlich reichsrechtliche Regelungen, die da sind, ohne weiteres auf die Länder übernehmen können. Ich glaube nicht, dass das Umzugswesen, das erst unlängst vom Reiche neu geregelt worden ist, und das Reisekostenwesen sich etwa im Aufbau und Grundgedanken irgendwie unterscheidet von dem, was in den Ländern besteht.

Bei der Betreuung der Pensionierten sind auch verschiedene Wege gegangen worden. Bald werden sie von den Justizressorts betreut, bald werden sie den Finanzministern an die Brust gelegt. Das ist eine technische Frage, bei der es viel wichtiger ist, dass sie einheitlich gemacht wird, als wie sie gemacht wird.

Nun käme ich noch zu einem Punkte, der in das Gebiet der personellen Fragen hineingehört, obwohl er schon einen Übergang bildet zu dem zweiten großen Abschnitt der Sachenbehandlung. Das ist das Gebiet der Regelung des inneren Dienstes, also alles, was sich etwa knüpft an das Wort Dienstanweisungen. Wir haben Dienstanweisungen für jeden Typus der Behörden, für Gerichte, Geschäftsstellen, StA, Strafregister, Registraturen, Kanzleien, Büchereien usw. Diese Dienstanweisungen sind ja auch in früherer Zeit nicht ohne Fühlungnahme der größeren Länder untereinander gemacht worden. Aber immerhin glaube ich nicht, dass es zwei Dienstanweisungen, z.B. für StA gibt – vielleicht von den kleinen norddeutschen Ländern und Preußen abgesehen –, die von A bis Z übereinstimmten. Auch diese Frage ist nicht so vordringlich, dass man etwa befürchten müsste, der Betrieb der StA würde stille stehen, wenn nicht im ganzen Deutschen Reiche eine gleiche Dienstanweisung da ist. Das war bisher auch nicht so, und die StA haben doch bis heute noch im Großen und Ganzen funktioniert. Ich erwähne das Gebiet, weil es auch gleichgerichtet werden muss und weil der StA, der freizügig sagen wir von München nach Königsberg kommt, dort nicht andere Dienstverhältnisse antreffen darf als in seiner Heimat.

Hierher gehören auch scheinbare Nebenfragen, die in der praktischen Auswirkung aber doch einige Bedeutung haben: Amtstracht, Dienstkleidung, Bewaffnung, Geschäftsrevision – welche Kontrollen soll man der Behörde geben? Wer soll sie ausüben? Wann und in welcher Weise sollen sie stattfinden usw.?

Meine Herren! Damit hätte ich Ihnen einen sehr flüchtigen und ganz gewiss nicht erschöpfenden Überblick gegeben über die Dinge, die uns auf dem Gebiete des Personalwesens, der Dienstordnung usw. entgegentreten.

Es kommt dann weiter eine Reihe von Gebieten, auf denen wir nicht federführend sein werden, bei denen wir aber immerhin nicht nur mitzuhandeln und mitzuwirken haben werden, sondern an denen wir auch ein großes Interesse haben, z.B. das der Aufstellung der Haushaltspläne. Es ist phantastisch, zu erforschen, welche Formen der menschliche Geist erfunden hat, um einen Haushaltsvoranschlag zu machen. Man kann hier kaum zwei deutsche JVerw. miteinander vergleichen. Wenn man es tun will, – ich habe es zehn Jahre lang gemacht – so muss man schon eine Art Geheimwissenschaft studieren, um zu wissen, was sich in diesen an sich so nüchtern aussehenden und nichtssagenden Buchstaben und Zahlen darstellt. Aus Ihrer Zustimmung und aus Ihrem Lächeln kann ich entnehmen, dass da bei jedem Einzelnen besondere Erinnerungen ähnlicher Art wach werden.

Es ist eine außerordentlich wichtige Sache, diese Aufstellung eines Haushaltsplans. Die ganze Aufstellung müsste doch im ganzen Deutschen Reiche so sein, dass man etwa den Betriebsaufwand in der Verwaltung eines OLG A ohne weiteres mit dem eines OLG B bis X vergleichen kann. Ich sagte schon, dass wir für diese Art nicht ausschließlich federführend sein werden, sondern das geht natürlich in erster Linie die Reichsfinanzverwaltung an; man wird aber von den verschiedenen Ressorts, von uns und ebenso auch von den anderen, verlangen, dass wir selber mit Vorschlägen auftreten, wie man alles am praktischsten einrichten kann.

In diesem Zusammenhange möchte ich ganz kurz nur erwähnen das Kassenwesen, die Form der Einziehung von Gebühren, die ja auch in mindestens sechs verschiedenen Varianten im Deutschen Reiche vorhanden ist, von der einfachsten bis zur kompliziertesten. Inwieweit soll etwa die Gebühreneinziehung, wie es früher in Bayern der Fall war, durch die Finanzbehörden erfolgen, und inwieweit sollen die Gerichte selber eigene Organe dafür haben, wie es in Preußen der Fall ist, und inwieweit sollen etwa beide Systeme miteinander kombiniert werden, wie es z.B. jetzt in Bayern der Fall ist.

Eine andere Frage, die sich dabei ohne weiteres mit ergibt und die uns als selbstverständlich erscheint, ist die Frage der Rechnungslegung und Rechnungskontrolle, auch die Frage der Geldbeschaffung; denn so uninteressant die Frage der Geldbeschaffung ist, wie ich hier gern einräume, so wichtig ist doch immerhin, dass die Geldbeschaffung bei den Behörden des Deutschen Reiches nach einheitlichen Gesichtspunkten erfolgt. Es kommt weiter hinzu die Frage der Auszahlung der Gehälter hier und dort, die Zurückbehaltung der zum laufenden Betriebe notwendigen Summen usw.

Meine verehrten Herren! Eine Frage, die an sich weder mit Politik noch mit der Technik der JVerw. etwas zu tun hat, die aber mit zu den betrüblichsten gehört, ist die Kompliziertheit im Bauwesen. Das Bauwesen ist in den einzelnen Staaten auch sehr verschieden. Wir haben Staaten, in denen es sechs Instanzen gibt, die mit dieser Tätigkeit befasst werden müssen. Da wird es sich sehr fragen, welche dieser Instanzen wir für die Zukunft einmal im Deutschen Reiche haben sollen. Ob wir in der Bauverwaltung bei außerordentlich starker Dezentralisation der Befugnisse nach unten vielleicht etwa nur ganz monumentale Bauvorhaben der Zentrale vorbehalten, das bedarf nach meiner Meinung einer fleißigen und sorgfältigen Prüfung. Ich denke da nicht nur an die Herstellung von Bauten, sondern insbesondere auch an die Bauunterhaltung und Baureparaturen. Auch hier hängt uns ein ellenlanger bürokratischer Zopf vergangener Jahrzehnte noch hinten herunter. Ich bin der Meinung, eine künftige deutsche RJVerw. darf es nicht mehr zulassen, dass wegen der Reparatur eines Zaunes im Garten eines Amtsrichters große Bausachverständige notwendig sein werden. Einzelne Länder haben auf diesem Gebiete schon mutige Schritte vorwärts gewagt. Ich glaube, wir werden da keine großen Schwierigkeiten haben, zu einer vernünftigen Gestaltung zu kommen.

Ich darf in diesem Zusammenhange nur noch erwähnen die Dienstwohnungsfrage, die Werkwohnungsfrage, die Inanspruchnahme fremder Gebäude zu Justizzwecken. Auch hier werden sich gewisse Grundsätze herausbilden und leicht berücksichtigen lassen. Dann erinnere ich an das Kraftfahrwesen. Wer soll im Bereiche der Justiz überhaupt einen Kraftwagen fahren dürfen? Das ist eine Frage, die heute etwas anders beantwortet werden wird als vor zehn Jahren, wo der Besitz eines Kraftwagens schon an sich etwas Hassenswertes war und der Besitz eines Kraftwagens für einen Behördenvorstand von vornherein den Verlust der Sympathie der Bevölkerung mit sich brachte. Das ist heute etwas anders geworden. In verschiedenen Ländern habe ich entdeckt, dass da nicht nur die Meinungen, sondern auch die Praxis gewechselt hat.

Auf einem Gebiete, das uns bei anderen Gelegenheiten in der Vergangenheit oft zusammengeführt hat, auf dem Gebiete des Strafvollzugs liegen materiell sehr starke Annäherungen der einzelnen JVerw. bereits vor, und es ist nicht an dem, dass etwa die jüngste Strafvollzugsordnung, die preußische, große Differenzen aufgerissen hat, sondern ich bin der Meinung, dass durch die preuß. Strafvollzugsordnung große Differenzen eingeebnet worden sind. Die Abkehr des Strafvollzugs von der Linie dessen, was wir im Allgemeinen als vernünftig anerkennen, ist, glaube ich, in wenigen Ländern so groß gewesen wie in dem Preußen der Nachkriegszeit. Ich darf das vielleicht jetzt mit allem Vorbehalt hier aussprechen. Als persönlicher Beobachter auf dem Gebiete des Strafvollzugs bin ich der Auffassung, dass wir uns mit den einzelnen JVerw. auf diesem Gebiete viel näher stehen als auf manchen anderen Gebieten. Die Einheit der großen Grundsätze des Strafvollzugs, die ja an sich nicht technische Fragen, sondern wirkliche anschauliche Fragen sind, ist auf anderem Wege so gewährleistet, dass ich meine, die Lösung dieser Fragen liegt praktisch doch mehr auf dem Gebiete der technischen Lösung.

Ich erwähne nur der Vollständigkeit halber die Worte Notar, Rechtsanwalt und Gerichtsvollzieher, um daran zu erinnern, dass es auch auf diesem Gebiete allerhand Sachen gibt, die man gleichrichten und gleichstellen kann. Ich denke selbstverständlich nicht daran, etwa bewährte Systeme bei der Ausübung des Vollstreckungsdienstes nunmehr, sage ich von Hamburg aus, auf das ganze Reich zu übernehmen. Das wäre ja ein völlig mechanischer und, wie ich sagen möchte, unsinniger Gedanke. Es wird sich da, abgesehen von der Verschiedenheit der Übung in den Ländern noch ein anderer Maßstab ergeben, nämlich die Verschiedenheit der Betriebsgröße. Was sich für eine Großstadt eignet, wird sich bei aller Gleichrichtung und Gleichschaltung auch in Zukunft für ein AG mit zwei Richtern nicht eignen. Darüber müssen wir einig sein. Die Unterschiede, die sich aus der Betriebsgröße ergeben, wenn ich das Wort einmal auf die Gerichte anwenden darf, werden selbstverständlich auch in Zukunft bestehen. Ein Berliner AG oder ein Münchner AG muss anders organisiert sein als z.B. ein AG in Fürstenwalde. Das wird auch in Zukunft der Fall sein.

Das ist also und sollte nichts anderes sein als ein, wie ich nochmals betone, flüchtiger und gar nicht erschöpfender Überblick über das Gelände, das überhaupt zu beackern ist.

Die Frage, was nun vordringlicher ist und was man langsamer machen kann, ist sehr wichtig. Im Allgemeinen müssen wir dabei von dem Gedanken ausgehen, dass alle die Dinge, die eine lange Anlaufzeit und eine lange Anwendungszeit brauchen – ich nenne da als Beispiel die Ausbildungs- und Vorbereitungstätigkeit in der Praxis; es werden an die sieben Jahre nötig sein, bis sich die Neugestaltung an demselben Menschen ausgewirkt hat, der jetzt zu Ostern das Gymnasium verlässt –, dass diese Dinge mir die vordringlichsten zu sein scheinen. Alle die Sachen dagegen, die man einfach schlankweg übernehmen kann in demselben Augenblicke, wo es eine RJVerw. geben wird, die scheinen mir nicht sehr vordringlich zu sein. Wichtig aber scheint mir zu sein, dass alle Regelungen, die wir jetzt schon in den Ländern für die Zukunft treffen können, auch jetzt schon getroffen werden müssen. Das braucht dann gar nicht nach einem kunstvollen, architektonischen System aufgebaut zu sein, sondern das wird wahrscheinlich im Laufe dieser Jahre manchmal von außen her gewissermaßen zufällig geschehen. Aber die Übergangszeit muss dazu benutzt werden, um alle die Dinge, die man verwirklichen kann und die jedes Land von sich aus machen kann, ohne eigene innere Störungen davon zu bekommen, möglichst bald in die Praxis umzusetzen.

Ich käme nunmehr zu der zweiten Frage. Wenn wir uns darüber klar sind, *was* geschehen soll, so muss die Frage beantwortet werden: *Wie* macht man das? Auf welche Weise kann man dieses Ziel der Vereinheitlichung der JVerw., im engeren Sinne gemeint, am praktischsten durchsetzen und es so machen, dass eine Gewähr dafür besteht, dass alles das, was hier an Erfahrungen und an Gedankengut im Deutschen Reiche lebt, auch nutzbar gemacht werden kann. Da ist nun der Ausgangspunkt, von dem wir ausgehen müssen, der folgende:

Es ist der Wunsch des Kanzlers, mit dem ich über diese Fragen eingehend konferiert habe, dass zu diesem Zwecke, also zum Zwecke der Vorbereitung der Vereinheitlichung der JVerw. kein besonderer Apparat in der Zentrale geschaffen werden soll. Man kann die Vereinheitlichung und Vereinfachung nicht damit beginnen, dass man etwa ein Haus aufmacht und soundso viele Beamte hineinsetzt und sich dann die Aufgabe stellt, mit der Vereinheitlichung zu beginnen. Wie soll nun hier dieses Problem angefasst werden? Es wäre an sich denkbar, so zu verfahren, dass man aus allen Ländern die dort in zahlreicher Anzahl vorhandenen Sachverständigen zusammenholt und gewissermaßen von oben her nun das Dach der JVerw. baut. Der Vergleich ist an sich nicht sehr glücklich gewählt, da man ja von oben her ein Haus in der Regel nicht baut. Vielleicht aber ist er gerade aus diesem Grunde überzeugend. Will man das nicht und soll man das nicht, so kann diese Arbeit nur von unten her geleistet werden, und da sind verschiedene Gedanken möglich, die auch zu erwägen waren. Ich erzähle Ihnen das jetzt, um Ihnen den Eindruck zu überliefern, dass das Ergebnis, der Schluss, sagen wir nicht etwa zufällig oder willkürlich ist, sondern dass die Aufgabe sehr genau überlegt werden musste.

Die erste Möglichkeit dazu wäre die, etwa *den* Staat als Vorbild zu nehmen, der drei Fünftel des Reiches umfasst, und sein System nach Prüfung, Besserung und Veredelung auf das Reich zu übernehmen. Das wäre zweifellos technisch der einfachste Weg; er hätte auch den großen Vorzug, dass die Mehrzahl der hier anwesenden Herren sich nicht viel Kopfzerbrechen über diese Dinge zu machen brauchten, und dass man am Schluss immerhin sagen könnte, das sind Verfahren und Systeme, die sich im größten Gebiete des Reiches bewährt haben, und was für diese Gebiete recht und gut war, das wird auch für die anderen Gebiete erträglich sein. Der Haupteinwand, den man gegen diesen Gedanken machen würde, wäre nicht einer, der von der Verwaltungstechnik herkäme, sondern ein politischer Einwand. Es ist nach meiner Meinung nicht möglich, so zu verfahren, weil trotz aller, ich möchte einmal sagen innerlichen Übereinstimmung aller Beteiligten gewisse Betrachtungen politischer Art sofort auf den Plan gerufen würden, wenn dieses Verfahren beliebt würde. Ich verzichte darauf, das im Einzelnen auszumalen oder

Ihnen etwa gar in der Sprache meiner Heimat darzustellen (Heiterkeit), wie man ein solches Verfahren kritisieren würde.

Eine zweite, davon gänzlich abweichende Möglichkeit wäre die folgende. Wir haben 16 JVerw. im Deutschen Reiche. Man könnte diese 16 JVerw. zu einem Arbeitskollegium zusammenfassen, welches also von diesen 16 JVerw. beschickt würde. Man könnte das Kollegium in Berlin oder an einem anderen schönen Ort in Deutschland sich versammeln und tagen lassen und ihm die Aufgabe stellen: Ihr macht jetzt die deutsche JVerw. fertig. Diese technisch auch vorstellbare Möglichkeit hätte, glaube ich, den großen Nachteil, dass das ungewöhnlich lange dauern würde, dass unendlich viel Zeit mit Sprechen und Schreiben vertan würde und dass am Schlusse doch nicht ein Bild herauskäme, das alle nur halbwegs befriedigt. Der Kanzler, mit dem ich gesprächsweise auch alle diese Gedanken durchgegangen habe, hat sich von der Vorstellung eines von 16 JVerw. beschickten Gremiums mit Schaudern abgewendet und hat erklärt, von allem, was ich sagen würde, wäre das ganz gewiss das am wenigsten Mögliche.

Nun kommt eine dritte Vorstellung. Man könnte an sich sagen: Wir übertragen die Aufgabe, um die es sich zunächst handelt, und zwar ist das, um es nur in drei Worten zu sagen, die Aufgabe der Sammlung des Materials, welches überhaupt da ist – meine Herren, Sie, die hier versammelt sind, mit eingeschlossen, gibt es keinen Menschen, der das überhaupt weiß; ich glaube wenigstens nicht, dass es in Deutschland einen Menschen gibt, der auch nur auf einem Gebiet den bestehenden Rechtszustand kennt; fröhliche Zustimmung auf allen Seiten! – also die Sammlung des Materials, die Sichtung des Materials, die Kritik und der Vorschlag – das ist ungefähr das, was zunächst zu geschehen hat –, man könnte sich vorstellen, man überträgt diese Aufgabe den drei größten JVerw. Preußen, Bayern, Sachsen und betrachtet das übrige Deutschland als Objekt und nicht als Subjekt dieser Arbeit. Hiergegen könnte ich in der Sprache meiner Heimat zwar nicht das sagen, was ich Ihnen vorhin wohlweislich verschwiegen habe, denn diese Methode würde schon eine gewisse Beruhigung und Befriedigung mindestens für die drei Berufenen bedeuten; ob für die anderen 13, lasse ich dahin gestellt; sie würden ja so in das peinliche Gefühl versetzt werden, als ob sie nicht mehr da wären. Meine Herren! Ich bitte Sie, es mir nicht übelzunehmen und mir von keiner Seite innerlich einen Vorwurf zu machen, wenn ich sage: Nicht alles, was im größten Gebiete existiert, ist deswegen gut, weil es dort ist, und nicht alles, was im kleinsten Gebiete geübt worden ist, ist minderwertig, weil es nur auf einem sehr viel kleinerem Gebiete geübt worden ist. Das ist eine Erkenntnis, die jeder zugeben muss, der sich einigermaßen mit den Dingen befasst. Irgendeine Sicherheit dagegen, dass man ausgezeichnete Gedanken, die im kleinsten Landesgebiet mit Erfolg ausgeführt worden sind, gar nicht zu beachten in die Lage käme, vielleicht überhaupt ignorieren würde, eine Sicherheit dagegen wäre mit diesem System nicht geschaffen.

Und nun, wenn man also mit dieser Methode, das Unpraktische auszuscheiden, fortfährt, dann bleiben sehr viele denkbare Vorstellungsmöglichkeiten nicht mehr übrig. Wenn wir keine zentrale Inangriffnahme der Aufgaben machen können und dürfen, weil wir die Mittel dazu nicht haben, wenn wir nicht Preußen allein mit dieser Sorge und mit der Sichtung der Vorschläge beauftragen wollen, wenn wir nicht die drei großen JVerw. unter Ausschluss der übrigen damit betrauen wollen, so besteht, glaube ich, keine sehr große Schwierigkeit, auf das abzukommen, was ich schließlich dem Herrn Kanzler vorgeschlagen habe und dem er, ich darf das wohl sagen, ohne jede Debatte und ohne Widerspruch seine Zustimmung gegeben hat. Und diese Methode ist nun die folgende:

Man will die Sache nicht mit 16 JVerw. machen, sondern diese 16 JVerw. sollen zu Arbeitsgemeinschaften zusammengefasst werden, in Gruppen, und zwar im Anschluss an die drei großen JVerw., also an Preußen, Bayern und Sachsen. Wie diese Gruppenbildung erfolgt, das ist eine rein technische Frage und hat, wie auch der Herr Kanzler ausdrücklich betont hat, gar keine politische Bedeutung, weder im Hinblick auf die Vergangenheit noch im Hinsicht auf die Zukunft, sondern das ist eine rein technische Arbeitsfrage. Wie diese Gruppen dann aussehen werden, das ergibt sich unschwer durch einen Blick auf die Karte. Es würde zu der Gruppe, die die größte JVerw. führt, alles das gehören, was geografisch im Bereiche dieser JVerw. liegt. Es wird zu der Gruppe Süd gehören die Trias, die schon oft als Einheit aufgetreten ist, auch schon in der Vergangenheit, Bayern, Württemberg und Baden; und es würde in die dritte Gruppe gehören auch eine Vereinigung von drei Staaten, nämlich Sachsen, Thüringen und Hessen.

Man kann da natürlich sagen, es sind hier allerlei Dinge beieinander, die vielleicht sachlich gar nicht zusammenpassen. Das ist wohl Tatsache, darauf gehe ich nicht ein; im Gegenteil, wenn in diesen Gruppen verschiedene Systeme vertreten sind, so ist damit auch die Gewähr geschaffen, dass sie dort auch eingehend zur Diskussion kommen.

So wäre etwa der äußere Rahmen. Diese drei führenden Staaten, also die drei größten JVerw. – bei denen es überdies ein sehr erwünschter Zufall ist, dass sie auch räumlich so liegen, dass man sie einigermaßen mit ihrer Umgebung zusammennehmen kann – sie würden gemeinsam mit den ihnen angeschlossenen JVerw. die Aufgabe übernehmen, die Fragen, um deren Lösung wir jetzt ringen, zunächst unter sich zu behandeln, und zwar in der Richtung, vorerst einen Überblick über das zu gewinnen, was vorhanden ist, eine Sammlung unter Ausscheidung dessen, was vielleicht schon nach der Auffassung der einzelnen Länder unbrauchbar ist, Sichtung, Kritik und Bewertung dessen, was man für gut hält und was man nicht für gut hält. Welche Vorschläge wir Ihnen dann künftig machen werden, lässt sich natürlich nicht sagen. Dieser Vorschlag kann nicht nach einer einheitlichen Methode aussehen; er wird in gar keinem Falle darin bestehen, dass ein paragraphierter Entwurf ausgearbeitet wird, sondern er wird wahrscheinlich darin bestehen, dass man in den einzelnen Arbeitsgebieten ein bestimmtes System empfiehlt; sagen wir einmal, um etwas recht Naheliegendes zu nehmen, es handelt sich um die Frage: Soll die Stellenbesetzung nach dem Bewerbungssystem oder dem Ausschreibungssystem erfolgen? Das ist eine Frage, die etwa den Herren aus Bayern gar nicht so sehr zum Bewusstsein kommt, weil dieses System in Bayern völlig unbekannt ist; den Herren aus Sachsen dagegen wird es sehr geläufig sein, weil hier das System der Ausschreibung im weitesten Umfange geübt wird.

Das wird man grundsätzlich im Deutschen Reiche nicht verschieden machen können. Wir müssen darauf abkommen, wie wir es später technisch handhaben wollen, wenn ein LG-Direktorposten in Dresden zu besetzen ist oder meinetwegen in Düsseldorf. Soll es da so gehen, wie es in meiner Heimat ist, dass man eine Liste aufschlägt und sieht, der und der hat sich darum beworben, oder soll es so gehen, dass die Stelle bekanntgemacht wird und Bewerbungsgesuche eingereicht werden. Diese Frage ist nur scheinbar unwichtig. Sie ist in Wirklichkeit ungeheuer wichtig, und zwar aus folgendem Grunde: Wenn wir uns vorstellen, dass die Justizbeamtenschaft und, wie ich vielleicht sagen möchte, auch die übrige Beamtenschaft im Deutschen Reiche grundsätzlich die volle Freizügigkeit hat, so hat das natürlich keinen anderen als papiernen Wert, wenn auch in Zukunft der praktische Ablauf des Amtslebens so ist, dass einer von Oberbayern nach Niederbayern oder einer aus Niederbayern im äußersten Falle nach Oberfranken kommen könnte. Ich könnte auch ein anderes Beispiel erwähnen. Ich könnte meinetwegen sagen, zwischen Zwickau oder Gotha oder zwischen zwei anderen sächsischen und thüringischen Städten, da spielt sich das ganze Leben eines Richters ab. Ich möchte, dass das in Zukunft aus der Beamtenlaufbahn verschwindet. Ich bin der Meinung, dass wir aus der Einheit des Reiches wenigstens diesen einen großen Vorteil schöpfen müssen, dass der junge deutsche Beamte überhaupt sieht, dass es außerhalb seines Heimatstaates auch noch Deutschland gibt.

Meine Herren! Die Herren aus Preußen fühlen vielleicht gar nicht so tief die Wichtigkeit dieser Frage, weil ihnen ja ein größerer Bewegungsraum zur Verfügung steht. Wenn jemand, der aus Ostpreußen stammt, nach Köln versetzt wird und umgekehrt, so hat er schon zwei sehr verschiedene Eindrücke vom deutschen Volke bekommen. Aber sobald sie den preußischen Raum verlassen, wird das mit einem einzigen Male plötzlich so eng, dass sie nach Ausscheidung von drei, vier Staaten überhaupt in einem Raume landen, in dem man sich die Lebenstätigkeit eines deutschen Beamten gar nicht so richtig vorstellen kann. Ich bin also der Meinung, dass man z.B. – das sind nur so Gedanken – darauf abkommen könnte, den jungen Beamten grundsätzlich außerhalb seines Heimatgaues, wenn Sie den Ausdruck richtig verstehen wollen, zu verwenden; vielleicht sogar zwingenden Rechtes, jedenfalls in der administrativen Praxis. Ich bin durchaus der Meinung und habe zufällig auf diesem Gebiete ein paar persönliche Beobachtungen gemacht, dass nicht jeder, der aus Südbayern nach Schlesien gekommen ist, den Animus revertendi nach drei Jahren noch so sehr besitzt, dass er dort überhaupt nicht glücklich werden kann. Ich habe jedenfalls das Gegenteil beobachten können. Und wenn jemand, nachdem er die Lehrjahre, gewisse Wanderjahre, wenn Sie den Ausdruck zulassen wollen, hinter sich hat und im reiferen Alter die Sehnsucht nach den heimatlichen Bergen oder dem Rhein bekommt, dann wird er, dies ist meine Meinung, auch in seiner Heimat ein wertvollerer Beamter sein, als wenn er niemals aus ihrem Bereich hinausgekommen ist. Es ist nicht notwendig, über diese Gedanken viel zu reden. In einer Zeit, in der die Welt so klein geworden ist, ist auch Deutschland klein geworden – ich meine das verkehrstechnisch –, und es ist für mich persönlich ein bedrückendes Gefühl, dass gerade der große Teil unserer

Beamten, Verwaltungs- und Justizbeamten, von dem, was Deutschland ist, überhaupt kein Erleben hat. Wenn wir das aus einer Vereinheitlichung der Verwaltung als Erfolg schöpfen, so bin ich der Meinung, dass das für das gesamte deutsche Volk ein außerordentlicher Gewinn wäre.

Nach diesem Exkurs zurück zu meinem vorigen Beispiel. Weil das so ist, darum ist die Frage der Technik der Beamtenbewegung nur scheinbar nebensächlich, in Wirklichkeit aber sehr wichtig. Diese Technik der Beamtenbewegung muss gewährleisten, dass das auch möglich ist. Und deshalb wird das ein Gebiet sein, in dem es wohl der Mühe wert ist, die besten Köpfe anzustrengen und nachzudenken, wie man das technisch am besten machen kann.

Meine sehr geehrten Herren! Das wäre das, was ich als Unterrichtung, wie es auf der Einladung heißt, den Herren sagen wollte. Ich glaube, das Wesentlichste einer organisatorischen Bildung, wenn wir hier überhaupt von Organisation reden wollen, ist eigentlich die Entwicklung von technischen Arbeitsgemeinschaften. Das wäre so einfach und klar, dass man da praktisch auch bei der Arbeit selbst keinen Schwierigkeiten begegnen kann.

Ich habe nun noch eine Mitteilung zur Geschäftsordnung zu machen. Meine Herren! Ich muss die heutige Gelegenheit benutzen, um den Herren Chefs der JVerw. einige Mitteilungen zu machen aus einem Gebiete, das ganz abseits von dem liegt, das uns heute zusammengeführt hat, nämlich aus dem Gebiete der Verfolgung des Landesverrats und des Hochverrats. Ich möchte gern, dass dieses noch heute Vormittag am Schlusse unserer Besprechung geschehen kann. Die Zeit, die dazu gebraucht wird, wäre etwa 15–20 Minuten. Ich sage das jetzt schon, weil unsere Zeit, wie wir das aus der liebenswürdigen Einladung der sächsischen Regierung sehen, gemessen ist; wir sollen schon 2.30 Uhr im Stadtverordnetensaale des Ratskellers sein; wir haben also nicht allzu viel Zeit.

Ich würde nur die Herren, die zu diesem Problem das Wort zu nehmen wünschen bitten, auf meinen Wunsch Rücksicht zu nehmen, dass ich zum Schlusse für mich etwa noch 20 Minuten habe.

Preuß. JMin. Kerrl: Meine lieben Parteigenossen! Zu dem, was der Herr RJmin. uns soeben vorgetragen hat, dürfte nicht allzu viel zu sagen sein. Vielleicht sind Sie alle durch das Gesetz vom 30.01. ds. Js. etwas überrascht gewesen, da Sie von ihm vorher wahrscheinlich ebenso wenig wussten wie ich selbst, obwohl ich doch sozusagen an der Quelle sitze, dazu noch Vizepräsident des Reichstags bin. Ich habe das Gesetz erst in der Reichstagssitzung gesehen, mich aber – nachdem ich seinen Wortlaut kennengelernt hatte – darüber ganz außerordentlich gefreut. Das Eine steht fest: Wenn die Novemberverbrecher im Jahre 1918 ihre damalige Macht sofort benutzt hätten, um die Länder zu beseitigen und ein einheitliches Reich herzustellen, so brauchten sie wahrscheinlich heute nicht als Emigranten im Ausland zu sitzen, sondern säßen wahrscheinlich noch an der Spitze des Reiches, weil sie uns die Möglichkeit genommen hätten, den Hebel zu ihrer Erledigung anzusetzen.

Bei dieser Überzeugung versteht es sich für uns Nationalsozialisten von selbst, dass wir verpflichtet waren, mit möglichster Beschleunigung einem Zustande das wohlverdiente Ende zu bereiten, der dem Nutzen des Reiches und der Nation so wenig förderlich war. Hätte Deutschland so früh wie Frankreich und England über eine absolut einheitliche Reichsgewalt verfügt, so wäre Deutschland schon heute – der Führer hat das häufig betont – das mächtigste Reich der Welt überhaupt. Wir Nationalsozialisten begrüßen daher das Gesetz vom 30.01. aus freudigem Herzen. Das Gesetz vom 30.01. legt naturgemäß nur ein großes Ziel fest, das damit noch nicht erreicht ist. Über die Form, wie es zu erreichen ist, kann man gewissermaßen von zwei Standpunkten aus urteilen. Einmal aus der Vogelperspektive, aus dem Flugzeuge von oben herunter, von wo aus man sowohl den heutigen Stand wie auch die gerade Linie zu dem zu erreichenden Ziel sieht. Von hier aus scheint das Einfachste zu sein, geradewegs auf das Ziel zuzugehen und sich auf den mathematischen Grundsatz zu begeben: Die gerade Linie ist die kürzeste Verbindung zwischen zwei Punkten. In der Praxis sieht die Sache aber etwas anders aus. Da steht man als Wanderer festgegründet auf der Erde und stellt fest, dass das erkannte Ziel nicht auf dieser kürzesten geraden Linie zu erreichen ist, sondern dass zunächst noch ein großer Sumpf umgangen werden muss und dass hinter dem Sumpf ein breiter Fluss fließt, der erst durch Brückenschlag überbrückt werden muss.

Wie der Zustand aussehen soll, der durch die im Gange befindliche Reichsreform erreicht werden soll, das weiß jeder Nationalsozialist. Wir Nationalsozialisten haben die Reichsreform nicht so angefasst wie die früheren Machthaber, die seit 1918 glaubten, durch eine Vereinheitlichung und Verbilligung des Verwaltungsapparates, die wiederum durch eine territoriale Neugliederung herbeigeführt werden sollte, die ihnen immer mehr entschwindende Macht des Reiches wiederherstellen zu können. Adolf Hitler hatte erkannt, dass eine Reichsreform nicht von der Schale her, sondern vom Kern ausgehend in Angriff genommen werden muss. An der Wandlung des Kernes, d.h. an der Wandlung der Gesinnung der deutschen Nation haben wir 15 Jahre unter seiner Führung gearbeitet, und als Adolf Hitler die Macht übernahm, stand ein in der Gesinnung völlig gewandeltes Volk, ein neuer Kern da, der sich jetzt die ihm zugehörige Schale, d.h. die für das Volk zweckmäßigste Organisation, zu bilden hat. Die nationalsozialistische Reichsreform ist daher ein organischer Vorgang und die von ihr zu schaffende Organisation hat ihr Vorbild und kann es nur haben in der im Kampfe bewährten Organisation der NSDAP. Wir haben in der Bewegung niemals Länder gekannt und ebenso wenig Landesgrenzen, die Organisation teilte sich vielmehr zweckmäßig in Reichsleitung, Gauleitung und Ortsgruppen. Es ist selbstverständlich, dass genauso dereinst der Zustand der Organisation des gesamten deutschen Reiches beschaffen sein muss. Statt der bisherigen Länderregierungen werden wir notwendig demnächst Gauleitungen haben müssen, und für mich ist es wiederum selbstverständlich, dass an der Spitze dieser Gaue nicht irgendein Bürokrat stehen kann, sondern ein Nationalsozialist, der das unmittelbare und absolute Vertrauen des Führers besitzt, also sagen wir, ein Reichsstatthalter, denn mir will es scheinen, als sei diese Einrichtung für immer getroffen.

Am 31.01. hielt ich es für meine erste Pflicht, den Herrn RJMin. anzurufen und von ihm eine Aussprache über das zu erbitten, was werden soll. Er war dazu in liebenswürdiger Weise sofort bereit, und schon nach einer halben Stunde waren wir völlig über den Weg einig, der zu dem durch das Gesetz vom 30.01. gesteckte Ziel führen muss. Zunächst gilt es, die Verwaltungstechnik, die heute in den 16 Ländern des Reiches noch liebevoll differenziert ist, zu vereinheitlichen. Das wäre also gewissermaßen das Umgehen des großen Sumpfes, den ich vorhin in meinem Bilde erwähnte, und dieses Umgehen erzwingt eben eine gewisse Zeitdauer, während deren die Auflösung der Länder noch nicht möglich ist. Dann ist aber noch eine zweite Aufgabe zu erledigen, das wäre also der Brückenschlag über den Fluss in meinem Bilde. Wollte ich dem Herrn RJmin. mein preuß. JMin. übergeben, so müsste er mir notgedrungen sagen: Bleiben Sie mir damit um Gottes Willen vom Halse, soweit sind wir noch nicht, denn außer den preußischen müsste ich ja auch gleichzeitig die Ministerien von Bayern, Thüringen, Sachsen und weiteren zwölf bisherigen Ländern übernehmen. Das geht aber noch nicht, denn vorher müssen die Ministerien in ihrem Aufgabenkreis unbedingt beschränkt werden.

Was hier zu geschehen hat, liegt auf der Hand. Die Ministerien müssen in sich auseinander gegliedert werden. Ein Teil – ich weiß nicht, ob es der größere Teil ist, mir scheint es aber so – muss nach unten hin abgegliedert werden, seine Aufgaben müssen dem Reichsstatthalter, bzw. seinem Vertreter in der Justiz übergeben werden. Was übrig bleibt, muss der RJVerw. übertragen werden. Vielleicht ist dieses der schwierige Teil der beiden Aufgaben, die aber gelöst sein müssen, bevor eine territoriale Neugliederung vorgenommen werden kann.

Der Herr RJmin. hat mit Recht festgestellt, dass die territoriale Neugliederung uns an sich gar nichts angeht. Ich bin überzeugt, dass eine solche territoriale Neugliederung organisch wachsen muss und wachsen wird, und dass man sich ängstlich hüten muss, dabei gewissermaßen mit Zirkel und Lineal und rein abstrakten Erwägungen vorzugehen. Mögen sich Optimisten der fröhlichen Hoffnung hingeben, dass diese territoriale Neugliederung schon in einigen Monaten vorgenommen werden könne, ich befürchte, es wird nicht nur ein Jahr, sondern verschiedene Jahre dauern. Das kann ja aber auch gleichgültig bleiben, weil die Hauptsache bleibt, dass es richtig und organisch geschieht, zumal wir die nötige Ruhe dabei verwenden können, weil die Einheitlichkeit der Reichsgewalt schon jetzt in jeder Beziehung hergestellt ist. Schon heute gibt es keine souveränen Länder, die dem Reiche Schwierigkeiten machen können, mehr, sondern in der Hand des Reiches liegt die alleinige Gewalt der Gesetzgebung und ihre Durchführung.

Es ist fraglos gut, dass mit äußerster Ruhe und Zielsicherheit an eine solche Aufgabe herangetreten wird, weil in ihr immerhin gewisse Gefahren drohen. Es unterliegt keinem Zweifel, dass das gesamte deutsche Volk heute einheitlich gesonnen ist und ein einheitliches Deutsches Reich will. Nur bedenken wir immer, dass das Volk mit der Regierung selbst sehr wenig zu tun hat, umso mehr aber mit der Verwaltung. Wir haben da in Preußen viel Erfahrung sammeln können. Ich habe damals, als in der Kommissariatszeit Dr. Bracht eine Verwaltungsreform durchbringen wollte, diesen immer wieder gewarnt und ihm gesagt: Lassen Sie diese Dummheit. Ihre Verwaltungsreform hat nur fiskalische Interessen im Auge und will Landkreise und Gerichtsbezirke zusammenlegen, um ein paar Mark für den Staat zu sparen, die von der Bevölkerung doppelt und dreifach wieder ausgegeben werden müssen. Dr. Bracht schlug aber die Warnungen in den Wind und meinte mir gegenüber, der täte damit etwas Gutes, was uns nach der Machtübernahme helfen würde. Ich habe ihm damals vorausgesagt, dass wir die Reform wieder beseitigt würden. Ich hatte recht vorausgesehen, denn kaum hatten wir die Macht übernommen, da wurden wir derartig von Eingaben und Deputationen bestürmt, dass wir, um die Ruhe in der Bevölkerung wieder herzustellen, die Verwaltungsreform zum größten Teil wieder beseitigen mussten. Wenn man bedenkt, dass es sich hier um eine Neugliederung in einem absolut einheitlich regierten Lande handelte, so ergibt sich ohne weiteres, um wie viel schwerer die territoriale Neugliederung in dem vorläufig nicht mit einheitlicher Verwaltungstechnik versehenen großen Gebiete des deutschen Reiches sein wird.

Für den Augenblick interessiert uns aber nicht die territoriale Neugliederung, sondern die praktischen Aufgaben, die uns nach dem Vortrage des Herrn RJMin. bevorstehen. Sie werden mit mir der Überzeugung sein, dass die von dem Herrn RJMin. vorgeschlagene Gruppengliederung organisatorisch, zweckmäßig und richtig ist. Mit ihr kann sich auch ohne weiteres der JMin. abgeben, dem nicht die Geschäftsführung in einer der drei Gruppen zufällt. Zur irgendeiner Missstimmung liegt keine Berechtigung vor, weil hier nur der einzig zweckmäßige Weg benutzt wird, der zudem lediglich eine technische Maßnahme darstellt, die keinerlei Unterstellung der JVerw. der Länder unter die geschäftsführende JVerw. der Gruppe zur Folge hat.

Ich bin der Überzeugung, dass Preußen – ich darf davon sprechen mit Rücksicht auf das, was der Herr RJMin. über Bayern aufführte – nicht als Land im gleichen Sinne wie, sagen wir mal, Mecklenburg oder Braunschweig, angesprochen werden kann. Als Land hätte es sich ja ursprünglich Brandenburg nennen müssen, aber seine Könige wussten von vornherein, dass in Preußen nur eine Idee wirklich werden sollte, auf die alle Kräfte der in Preußen zusammengeschlossenen Bevölkerung angesetzt werden sollten. Und diese Idee war das Deutsche Reich, zu dessen Erreichung, wie die preußischen Könige richtig fühlten, eine Auseinandersetzung mit dem damaligen Österreich notwendig werden musste. Preußen ist den Weg zu Deutschland bewusst gegangen und hat sich immer für die Idee Deutschland geopfert und eigene Interessen zurückgestellt. Wenn Preußen seit 1866 Schleswig-Holstein, Hannover und Hessen in sich ohne große Schwierigkeiten aufnehmen konnte, so lag das nur daran, weil die Bevölkerung nicht eingepreußt, sondern eingedeutscht wurde. Ich weiß das aus eigener Erfahrung, weil ich als Niedersachse Musspreuße sein könnte. Weil Preußen immer im Gedanken „Deutschland" aufging, deshalb konnten die preußischen Könige ihre besten Männer, wie den Reichsfreiherrn vom Stein, Scharnhorst, Hardenberg, Motz und wie sie alle heißen, aus den anderen deutschen Ländern beziehen, und obwohl preußischer Beamter, konnte der Reichsfreiherr vom Stein feststellen: Ich kenne nur *ein* Vaterland, und das heißt Deutschland.

In diesem Sinne haben wir Nationalsozialisten immer nur preußisch gedacht und wollen insbesondere heute so denken und handeln, d.h. so schnell wie möglich den Zustand erreichen, der erreicht werden muss, um dieses Deutschland in einheitlicher Gewalt und einheitlich regiert herzustellen. Wir brauchen nicht zu fürchten, dass diese einheitliche Verwaltung, die nur noch Reichsregierung und Gaue kennt, irgendwie schematisierend wirkt und den Gauen ihr eigenartiges und mannigfaltiges Leben nehmen wird, ich bin vielmehr überzeugt, dass die vom Führer vorgesehene Lösung den Gauen Selbständigkeit und Mannigfaltigkeit in hinreichendem Umfange erhalten wird.

Die für das Justizressort vom Herrn RJMin. vorgeschlagene Methode wird uns am schnellsten dem ersehnten Ziele näher führen. Sie lässt uns in den Länderverwaltungen auch jede Selbständigkeit, die gerade für uns Nationalsozialisten notwendig ist, wenn wir innerhalb eines Gebietes die volle Verantwortung für unsere Maßnahmen tragen sollen. Verantwortung und Freiheit bedingen sich gegenseitig, es wäre unerträglich, wenn innerhalb unserer Länderverwaltungen in die einzelnen Dinge vom Reiche aus, solange die Länder noch bestehen, hineingeredet werden könnte, weil wir dann nicht in der Lage wären, voll verantwortlich arbeiten zu können.

Die Aufgabe der Gruppen besteht – wie der Herr RJMin. ausführte –, nur in der Vorbereitung, Prüfung und Sichtung des Materials, in der Kritik des Vorhandenen und dem Vorschlage dafür, wie die Vereinheitlichung am besten vorzunehmen ist. In die Verwaltung der einzelnen Länder der Gruppe hat also die geschäftsführende JVerw. in keiner Weise hineinzureden. Sollten die drei führenden Gruppen verschiedene Vorschläge zur Vereinheitlichung machen, so werden sie mit dem RJMin. zusammen sehr bald zu einem einheitlichen Vorschlage kommen. Auch ich bin der Überzeugung, dass nicht immer alles für das gesamte Reichsgebiet einheitlich geregelt zu werden braucht, haben wir doch selbst in Preußen in den verschiedenen Provinzen nicht alles einheitlich gestaltet.

Ich bin der Überzeugung, dass wir in der JVerw. für die anderen Ressorts beispielgebend vorgehen können, weil kein Ressort über eine so geschlossene Verwaltung und Durchgliederung verfügt wie die JVerw. Bei den Finanzministerien und Kultusministerien, die sich des Apparates der inneren Verwaltung bedient haben, liegen die Verhältnisse bedeutend schwieriger als bei uns. Deshalb müssen wir das Bestreben haben, so schnell wie möglich vor zu gehen, um den übrigen Ressorts auf diese Weise bei ihrer schwereren Aufgabe zu helfen. Gehen wir so an die Arbeit heran, dann wird diese erfolgreiche Arbeit dereinst von der Geschichte in der richtigen Art gewürdigt werden. Wir sind uns der auf unseren Schultern ruhenden Verantwortung bewusst, und ich weiß, wir werden alle an dem uns auferlegten Werke so tatkräftig arbeiten, dass es so schnell wie möglich Wirklichkeit wird.

Ich bin der Überzeugung, dass über den einfachen und klaren Vorschlag des Herrn RJMin. nicht viel mehr zu sagen sein wird, sondern dass uns nur übrig bleiben wird, so schnell wie möglich an die Arbeit zu gehen.

MinRat Dr. Meukel (bayer. StMin. d. Justiz): Meine Herren! Ich darf zunächst eine Selbstverständlichkeit aussprechen, und das ist die: Die bayer. JVerw. stellt sich natürlich rückhaltlos auf den Boden des neuen Verfassungsrechtes. Sie ist gerne bereit, loyal und mit besten Kräften mitzuarbeiten an der Gestaltung der neuen Rechtseinheit, ihre Erfahrungen dabei zur Verfügung zu stellen und dahin mitzuwirken, dass das erstrebte Ziel: ein Volk, ein Reich und ein Recht – in möglichster Bälde verwirklicht wird.

Ich möchte Ihnen, meine verehrten Herren, aber nicht verhehlen, dass ich mit einer gewissen Besorgnis hergekommen bin; diese Besorgnis wurzelte darin, es möchte vielleicht bei der Neugestaltung der Rechts- und Justizeinheit nicht originär verfahren und von Grund auf neu aufgebaut, sondern an bestehende Rechts- und Kräfteverhältnisse angeschlossen werden. Es waren das Besorgnisse, die dahin gingen, es möchten gewisse Systeme etwa – wenn auch bewährte – Verwaltungs- und Rechtssysteme des größten deutschen Landes, ohne weiteres in größerem oder geringerem Umfange auf unser Land übertragen werden. Der Herr RJMin. hat heute diese Besorgnisse von Grund aus zerstreut, und ich möchte ihm dafür im Namen der bayer. JVerw. herzlich danken.

Ich kann auch sagen, dass wir die Lösung, die er uns vorschlägt, als eine durchaus glückliche ansehen, und ich hoffe, dass die Länder, die mit uns gehen sollen, auch gerne mit uns gehen wollen. Die Unterstützung der bayer. JVerw. kann ich ihnen und der RJVerw. ohne weiteres zusichern.

RJMin. Dr. Gürtner: Meine Herren! Wenn das Wort nicht weiter gewünscht wird, so möchte ich bloß noch zwei kleine Anmerkungen machen, die vielleicht für die geschäftliche Behandlung unserer Sache hier an sich ganz belanglos sind, die aber am Ende für die Aufnahme, die diese Arbeit in der Öffentlichkeit findet, nicht ganz ohne Belang sind.

Wir müssen uns vor einem Eindruck hüten, nämlich vor dem Eindruck, als ob nun mit einer gewissen Stumpfsinnigkeit alles wie mit einem richtigen Hobel gleichgemacht werden müsste. Es gibt Gehirne, denen dieser Gedanke durchaus geläufig ist; es gibt immer wieder Menschen, deren Regierungskunst darin liegt, dass sie mit einem Lineal und mit einem richtigen Hobel das, was ihnen nicht eben genug ist, gleichmachen wollen. Ich erinnere mich da an ein witziges Zusammentreffen mit einem Kollegen, der sagte, das Gebirge gefalle ihm nicht, das sei zu unordentlich und mache einen unruhigen und unerquicklichen Eindruck. Wir dürfen also nicht, allen Ernstes nicht daran glauben, dass etwa in 100 Jahren die Verschiedenheit der deutschen Stämme verschwunden wäre. Ich bin ganz felsenfest davon überzeugt, dass ein holsteinischer Bauer und ein alt-bayerischer Bauer, soweit man menschlich überhaupt in die Zukunft denken kann, immer etwas Verschiedenes sein müssen, und ich bin weiter der festen Überzeugung, dass ein Hamburger Kaufmann immer etwas völlig anderes sein wird als der Vertreter des gleichen Berufes, sagen wir, in meiner Heimat. Das sind aber Dinge, die mit dem Rechtsleben nichts, wohl aber mit dem Leben an sich etwas zu tun haben; und insoweit solche Verschiedenheiten in Deutschland bestehen und bestehen bleiben, müssen wir uns glücklich schätzen; denn es ist ein so abgebrauchtes Wort, dass man es kaum wiederholen darf: die ganze Kraft des deutschen Volkes beruht gerade auf dem dauernden Vorhandensein innerer Differenzen in Kunst, Wissenschaft, Technik, Handel und in jeder anderen Beziehung. Wenn aber solche Lebensverschiedenheiten auf menschlich voraussehbare Zeit in dem – von der Welt her gesehen – einigen deutschen Volke bestehen bleiben müssen, dann ergeben sich daraus selbstverständlich auch für das Rechtsleben gewisse Folgerungen. Ich habe schon erwähnt: es gibt Rechtseinrichtungen, die werden wir nicht beseitigen dürfen, obwohl sie nur in einem kleinen Gebietsteil bestehen, ohne blutende Wunden zu reißen. Wir haben ja auf anderen Gebieten so ein klein wenig Beobachtungen zu machen Gelegenheit gehabt.

Also das, was bei Behandlung dieser Sache unter keinen Umständen als Eindruck entstehen darf, das ist der: eine Vernichtung von lebenswerter Eigenart darf nicht eintreten; und ein Zweites, und das ist vielleicht in noch höherem Maße gerade unsere Aufgabe in diesem Kollegium; es darf keine Besorgnis dieser Art, wie sie eben der Herr Vertreter von Bayern sehr dankenswerter Weise ausgesprochen hat, überhaupt auch nicht den Schein eines Grundes zu finden; es darf nicht der Eindruck entstehen, dass etwas kaputt regiert werden soll, damit in Zukunft die Karte des Deutschen Reiches anders aussieht; und der Geist, aus dem diese Reformen geschaffen werden müssen, die, wie ich immer wieder betone, zu ihrem ganz großen Teil technischer Art sind und nur zu einem kleinen Teil tiefgreifender, grundsätzlicher Art, muss von Anfang an der sein, den wir so oft in Reden politischen Inhalts gehört haben: Der Wille zum Reich, zum deutschen Volk und zur Einheit des deutschen Volkes. Tun wir aber das und vermeiden wir auch jeden Schein eines Grundes, der zu Befürchtungen dieser Art draußen Anlass geben könnte, dann erleichtern wir uns die Arbeit. Also gerade im eigensten Interesse müssen wir ein Bild dieser Art nicht entstehen lassen.

Noch eine zweite Anmerkung hätte ich zu machen, die bezieht sich auf die *Pressebehandlung* unserer heutigen Besprechung. Ich würde die Herren bitten, von sich aus keine Pressenotiz zu geben; es wird eine kurze Pressenotiz erscheinen, ich werde sie vorher einsehen; die einzelnen Fragen, die uns hier die Köpfe heiß machen, interessieren die Öffentlichkeit zunächst nicht, und man braucht sie nicht zu sehr zu belasten. Wir wollen diesen Ausschnitt – der nicht einmal sehr groß ist – aus dem gesamten Gebiete des Reichsaufbaues nicht künstlich durch eine vorzeitige Pressebehandlung aufblähen. Man muss vorsichtig verfahren, man muss auf Ressentiments Rücksicht nehmen, und Sie wissen, Ressentiments, die einmal erweckt worden sind, sind mit Gründen nicht zu beseitigen. Ich würde also dringend bitten, über diese Konferenz mir selbst den Pressebericht zu überlassen und von sich aus keine Nachricht in die Presse zu geben.

Das Wort wird nicht mehr gewünscht; und ich bitte die Herren Chefs der JVerw. und ihre persönlichen Vertreter, zur Erledigung des 2. Punktes noch einen Augenblick hierzubleiben.

(Schluss: 12.45 Uhr)

Pressebericht: Zusammenkunft der Justizminister in Dresden am 12.02.1934.

Die Tagung wurde durch eine Begrüßungsansprache des sächs. JMin. *Dr. Thierack* eröffnet. Er führte aus, dass die letzte Tagung der JMin. in Dresden im Sept. 1929 stattgefunden habe. Schon damals sei die Vereinfachung der LJVerw. Verhandlungsgegenstand gewesen und es sei eine Kommission eingesetzt, die aber nie zusammengetreten sei. Er sei überzeugt, dass alle deutschen LJVerw. mit Freuden an der Herstellung der Rechtseinheit und der Verwaltungseinheit mitarbeiten würden. Er verspreche sich hiervon eine Neubelebung der Rechtspflege und rufe in diesem Sinne dem RJMin. zu: non morituri, sed nascituri te salutant.

RJMin. Dr. Gürtner teilte zu Beginn seiner Ausführungen den Inhalt des inzwischen veröffentlichten neuen Gesetzes über die Rechtspflege mit, in dem u.a. bestimmt ist, dass sämtliche Gerichte im Namen des deutschen Volkes Recht sprechen, dass der Reichspräsident auch das Recht der Niederschlagung erhält, dass Amnestien eines Reichsgesetzes bedürfen, dass notarielle Urkunden im ganzen Reichsgebiet Gültigkeit haben und in dem vor allem die Freizügigkeit der Rechtsanwälte hergestellt wird. Der Minister fuhr dann fort, dass die materielle Rechtseinheit in Deutschland ja im Wesentlichen schon hergestellt sei. Die Überführung der Justizhoheit auf das Reich sei also nicht so schwierig, wie die Verreichlichung der Hoheitsrechte sich auf anderen Gebieten vielleicht erweisen werde. Bei der Justiz handle es sich jetzt vor allem um die Vereinheitlichung der JVerw. Es sei nicht seine Absicht, heute schon bestimmte Vorschläge zu machen. Zweck seiner Ausführungen sei vielmehr, einen Überblick über die zu lösenden Fragen zu geben. Dass die Bearbeitung und Lösung dieser Fragen eine gewisse Zeit erfordere, sei selbstverständlich. Er wolle nunmehr in großen Zügen darlegen 1. *was* zu geschehen habe und 2. *wie* das zu geschehen habe.

I. Was hat zu geschehen? Er betont zunächst, dass das sachliche Aufgabengebiet kaum einen Zusammenhang mit der viel erörterten Frage der territorialen Neugestaltung Deutschlands habe. Grundlage der Verreichlichung der JVerw. sei die Einteilung Deutschlands in OLG-Bezirke, und zwar zunächst in ihrer gegenwärtigen Form. Im Laufe der Zeit müsse eine räumliche Übereinstimmung zwischen den OLG-Bezirken und den Verwaltungs, Finanz- und Wehrbezirken usw. angestrebt werden. Eine spätere Frage sei es auch, ob zwischen der den OLG zu übertragenden Zuständigkeit auf dem Gebiet der JVerw. und dem RJMin. Zwischeninstanzen eingeschaltet werden sollten. Die Vereinheitlichung der JVerw. werde sich auszuwirken haben sowohl in der Gesetzgebung wie in der Verwaltung. Bei der Gesetzgebung kämen die Ausführungsgesetze zu Reichsgesetzen und die landeseigenen Gesetze in Betracht. Die Gesetzangleichung sei zeitlich nicht das Dringlichste. Aufgabe der Landesgesetzgebung sei es zunächst, von sich aus die bestehenden Anpassungsmöglichkeiten zu prüfen. Dringlicher seien Vereinheitlichungsmaßnahmen auf dem Gebiete der JVerw.

Die auf dem Gebiet der *JVerw.* zu treffenden Maßnahmen wolle er in zwei Kategorien scheiden, nämlich soweit sie sich auf Menschen und auf Sachen bezögen.

Unter den Maßnahmen, die es mit *Menschen* zu tun hätten, nenne er zunächst die Personalverwaltung, ferner das Begnadigungsrecht; bei letzterem werde eine weitere Delegation an untere Organe jedenfalls in den größeren Ländern zu erwägen sein. Weiter nenne er – immer nur um die Themen künftiger Bearbeitung anzudeuten – die Fragen der Besoldungsordnung, des Anwaltsnotariats, der Amtsanwaltschaft, des mittleren und unteren Dienstes, der Ausbildung der Justizbeamten, der

Rechtsverhältnisse der Beamten, die Disziplinargesetzgebung sowie der Regelung des inneren Dienstes.

An Maßnahmen, die es mit *Sachen* zu tun hätten, hebe er hervor das Haushaltswesen (eine völlige Vergleichbarkeit des Justizetats müsse hergestellt werden), das Kassenwesen, Gebührenwesen, Rechnungslegung und Kontrolle, Geldbeschaffung, Bauwesen (hier sei vielfach eine erschreckende Instanzenhäufung festzustellen), Kraftfahrwesen, Strafvollzug (in dem bekanntlich schon eine starke Angleichung geschehen sei), Gerichtsvollzieherwesen (wo es sich vielleicht darum handeln werde, Hamburgs vorbildliches System auch für andere Großstädte zu übernehmen) und Notariat. – Der Minister wiederholte nochmals, dass diese stichwortartige Aufzählung lediglich einen Überblick über das zu beackernde Gelände geben solle.

In der zeitlichen Reihenfolge werde man einen Unterschied je nach der Länge der notwendigen Anlaufzeit nehmen müssen. Aufgaben, die, wie z.B. das Prüfungswesen, die längste Anlaufzeit gebrauchten, erachte er für die dringlichsten. Wichtig sei aber vor allem, dass die Länder fortab alle ihre Maßnahmen auf dem Gebiete der Justiz unter dem Gesichtspunkt einer fortschreitenden Angleichung träfen.

II. Wie soll verfahren werden?

Es sei der Wunsch des Kanzlers, dass zur Vereinfachung der JVerw. kein besonderer Apparat an der Zentrale geschaffen, sondern die Arbeit von unten her in Angriff genommen werde. An methodischen Möglichkeiten seien erörtert gewesen: 1. Übernahme des preußischen Systems mit einigen Änderungen, 2. Zusammenfassung der jetzigen 16 LJVerw. zu einem Arbeitskollegium, 3. Einsetzung eines nur von der preuß., bayer. und sächs. JVerw. gebildeten Arbeitskollegiums.

Keinen dieser Wege habe er dem Kanzler empfehlen können, und gegen jeden ließen sich gewichtige Einwendungen erheben.

Der Weg, der unter voller Zustimmung des Kanzlers eingeschlagen werden solle, sei die Bildung von drei Arbeitsgemeinschaften unter der Führung von Preußen, Bayern und Sachsen. Das bedeute praktisch eine norddeutsche, süddeutsche und mitteldeutsche Arbeitsgemeinschaft. Aufgabe der Arbeitsgemeinschaften solle es sein, auf den ihnen nach sachlichen oder örtlichen Gesichtspunkten zugewiesenen Arbeitsgebieten das Material zu sammeln, kritisch zu sichten und Vorschläge für das künftige Reichsrecht zu machen. Dabei werde es sich durchaus nicht immer um formulierte Entwürfe, sondern z.T. um die Entscheidung zwischen verschiedenen Systemen handeln, in personeller Hinsicht z.B. um die Entscheidung zwischen dem Bewerbungs- und Ausschreibungssystem.

Der Reichsminister schloss seine Ausführungen mit einem Aufruf zu freudiger Mitarbeit an dem großen Werk.

Sodann nahm der *preuß. JMin. Kerrl* das Wort zu kurzen Ausführungen. Er stimmte in allem Wesentlichen dem RJMin. zu. Er sei durch das Gesetz vom 30.01. überrascht worden. Er habe sich über das Gesetz aber ehrlich gefreut, denn der jetzige Zustand sei Deutschlands unwürdig. Bei der praktischen Durchführung müsse man aber gewissermaßen den Blickpunkt des Flugzeugführers von dem

Blickpunkt des Wanderers unterscheiden. In letzterer Rolle befänden sich die LJVerw. Ihre Aufgabe sei es, die Schwierigkeiten auf dem Wege zur völligen Vereinheitlichung und Verreichlichung richtig zu erkennen und geschickt zu überbrücken. Bei dem allseits vorhandenen guten Willen zweifle er aber nicht am baldigen Gelingen.

Auch der Vertreter Bayerns, *MinRat Dr. Meukel,* erklärte seine Zustimmung zu den Ausführungen des RJMin. In Bayern sei man nicht ohne eine gewisse Besorgnis gewesen, dass die Verreichlichung der Justiz lediglich von oben her gemacht werden solle. Er begrüße es außerordentlich, dass nach der Erklärung des Reichsministers der Neubau der Reichsjustizverwaltung organisch von unten her begonnen werden solle.

Der RJMin. dankte abschließend für die kundgegebene Bereitwilligkeit zu loyaler und freudiger Mitarbeit. Er wiederholte nochmals, dass man auch nach seiner Auffassung sich vor öder Gleichmacherei zu hüten habe. Unterschiede, wie sie sich aus der Eigenart der deutschen Stämme oder aus betrieblichen Gesichtspunkten ergäben, müssten nach wie vor beachtet werden. Lebenswerte Eigenart solle nicht vernichtet werden. Bei der Frage der Verreichlichung der JVerw. handle es sich im Übrigen glücklicherweise überwiegend um technische und nur in geringem Ausmaße um grundsätzliche Fragen, so dass er nicht zweifle, dass in absehbarer Zeit eine allseits befriedigende Lösung zu erreichen sein werde. Er bitte die Arbeitsgemeinschaft nunmehr, mit Ernst und Eifer ihre Arbeit aufzunehmen. Mit einem Dank an das gastgebende Land schloss der Reichsminister die Besprechung.

Sachregister

1. Bayerische Justizverwaltung

2. Preußische Justizverwaltung

3. Beratungen der Landesjustizminister

Quellennachweis

1. *Bayerische Justizverwaltung:* Bay. HStA München: MJu 16977 (1917), 16834-16835 (1920-1934), StA Bamberg, K 1242-44(1931)
2. *Preußische Justizverwaltung:* Nieders. LA Abt. Hannover 173 Acc. 30/87 Nr. 38-45
3. *Landesjustizminister:* Sav. Zeitschrift für RG, Germ. Abt. 126 (2009), S. 281 ff. (7.4.1933); Bay HStA München; MJu 16833 (1933); Sächs. HStA Dresden (12.2.1934)

www.ingramcontent.com/pod-product-compliance
Ingram Content Group UK Ltd.
Pitfield, Milton Keynes, MK11 3LW, UK
UKHW021826290926
8980IPUK00004B/272

9 783631 893227